COLLE(

GU

PLUTARQUE

VIES PARALLÈLES II

TRADUCTION PAR
ROBERT FLACELIÈRE ET ÉMILE CHAMBRY

PRÉSENTATION PAR
JEAN SIRINELLI

* *

ROBERT LAFFONT

ISBN : 2-221-09393-3
Dépôt légal : février 2001. N° d'éditeur : L 09393

Ce volume contient :

AVERTISSEMENT

par Jean Sirinelli

Ce second volume contient les traductions de vingt *Vies* de Plutarque, seize *Vies parallèles* et quatre *Vies* isolées que la tradition nous a conservées. Les traductions sont empruntées aux volumes VIII à XIV de la Collection des Universités de France, et elles sont dues à Robert Flacelière et Émile Chambry.

L'ordre retenu pour la présentation de ces *Vies* est, rappelons-le, l'ordre de l'édition princeps et n'a rien à voir avec un quelconque ordre de composition ou de parution. On a souvent tenté de reconstituer l'ordre chronologique de rédaction. Les notices dont on a fait précéder chaque couple de *Vies*, ainsi que l'Introduction générale incluse dans le premier volume, font allusion à ce problème, mais il ne faut pas oublier que, sauf pour les couples Démosthène-Cicéron, Périclès-Fabius Maximus et Dion-Brutus, qui s'annoncent comme les cinquième, dixième et douzième livraisons, tout le reste n'est que suppositions plus ou moins solidement étayées.

Des notices précédant chaque couple s'efforcent d'en faire ressortir les caractéristiques. On trouvera dans l'édition des Belles Lettres, en tête de chaque *Vie*, des notices de Robert Flacelière éclairant des points d'histoire ou des problèmes de sources. La maison d'édition des Belles Lettres a permis de compléter le présent ouvrage par l'*Index des noms propres* établi en 1983 par Édouard Simon, qui suppléera utilement à des notes qui auraient été trop nombreuses et répétitives.

J. S.

VIES PARALLÈLES

à rendre les citoyens soumis aux lois et bien dressés, comme les chevaux domptés dès le début. 4 La loi dispense de cette contrainte les enfants élevés pour être rois. Mais le cas d'Agésilas a ceci de spécial, qu'il ne parvint au commandement qu'après avoir appris à obéir. 5 C'est pourquoi entre tous les rois il se montra de beaucoup le mieux accordé à ses sujets, car il joignait à ses dons naturels de roi et de chef la simplicité et l'affabilité qu'il tenait de son éducation.

2. 1 Quand il faisait partie de ce qu'on appelle les troupes d'enfants élevés ensemble, il fut aimé de Lysandre, qu'avait surtout frappé son honnête nature. 2 En effet, s'il était plein d'émulation et d'ardeur parmi les jeunes, s'il voulait être le premier en tout et s'il avait une fougue et une impétuosité irrésistibles et indomptables, il montrait aussi en revanche une telle docilité, une telle douceur que ce n'était jamais la crainte, mais le respect qui lui faisait exécuter les ordres reçus et que les reproches l'affectaient plus que les efforts ne lui coûtaient de peine. 3 Il boitait, mais la beauté de son corps, à la fleur de l'âge, dissimulait cette infirmité. De plus, la facilité et la bonne humeur avec lesquelles il la supportait, étant le premier à en plaisanter et à se moquer de lui-même, atténuaient beaucoup cette imperfection et rendaient son zèle plus manifeste, car sa claudication ne le fit jamais reculer devant aucune fatigue ni aucune entreprise. 4 Nous n'avons aucun portrait de lui (il n'en voulait pas et défendait même en mourant que son aspect physique fût représenté par la sculpture ou par tout autre procédé), mais l'on dit qu'il était petit et de physionomie médiocre. 5 Cependant sa gaieté, son entrain en toute circonstance, son enjouement, l'absence de toute humeur chagrine et de toute rudesse transparaissant dans sa voix ou sur son visage le rendirent plus séduisant, jusque dans sa vieillesse, que les jeunes gens d'une remarquable beauté. 6 Les éphores, à ce que rapporte Théophraste, avaient condamné Archidamos à l'amende pour avoir épousé une femme petite, « car, disaient-ils, elle ne nous donnera pas des rois, mais des roitelets ».

Avènement d'Agésilas. – **3.** 1 Sous le règne d'Agis, Alcibiade fugitif était venu de Sicile à Lacédémone, et il ne séjournait pas encore depuis longtemps dans cette ville lorsqu'il fut accusé d'avoir séduit la femme du roi, Timaïa. Elle eut un fils, qu'Agis, disant qu'il était d'Alcibiade, refusa de reconnaître. 2 Timaïa, si l'on en croit Douris, n'en fut pas trop fâchée ; au contraire, à la maison, devant les femmes hilotes qui la servaient, elle appelait l'enfant à voix basse Alcibiade, et non Léotychidas. Alcibiade lui-même disait : « Si je m'approche de Timaïa, ce n'est point par passion, mais parce que j'ai l'ambition de voir des rois de Sparte issus de mon sang. » 3 C'est justement pour cette raison qu'il s'échappa de Lacédémone, par crainte de la vengeance d'Agis. Quant à l'enfant, il resta toujours suspect aux yeux d'Agis, qui le garda chez lui, mais sans lui donner le rang de fils légitime. C'est seulement lorsqu'Agis fut tombé malade que le jeune homme, se jetant en larmes à ses pieds, le décida à le reconnaître pour son fils en présence de nombreux témoins. 4 Cependant, Agis étant mort, Lysandre, déjà vainqueur sur mer des Athéniens et devenu très puissant à Sparte, porta Agésilas à la royauté ; il disait que Léotychidas, étant bâtard, n'y avait aucun droit. 5 Beaucoup aussi, parmi les autres citoyens, en raison du mérite d'Agésilas et du fait qu'il avait été élevé avec eux selon la discipline spartiate, prenaient parti pour lui et agissaient avec zèle en sa faveur. 6 Mais un devin se trouvait alors à Sparte, nommé Diopeithès, homme tout plein d'antiques oracles et qui passait pour savant et profondément versé dans les choses divines ; 7 il affirmait qu'il était interdit qu'un boiteux devînt roi de Lacédémone et, au cours du litige, il lut un oracle de ce genre :

> Prends bien garde, malgré ton orgueil, Sparte ingambe,
> Qu'un jour ta royauté ne devienne boiteuse :
> Longtemps t'accableraient des maux inattendus
> Et l'ouragan de la guerre, tueuse d'hommes.

8 À quoi Lysandre répondait que, si les Spartiates avaient très peur de l'oracle, c'était de Léotychidas qu'ils devaient se garder, car un homme devenu boiteux à la suite d'un choc pouvait régner sans que le dieu s'en souciât, tandis que, si un roi n'était pas légitime et ne descendait pas d'Héraclès, cela rendrait la royauté boiteuse. 9 Agésilas, de son côté, affirmait que Poseidon lui-même avait témoigné de la bâtardise de Léotychidas en chassant Agis de sa chambre par un tremblement de terre, car Léotychidas était né plus de dix mois après.

4. 1 Voilà comment et pour quels motifs Agésilas fut proclamé roi et recueillit aussitôt la fortune d'Agis, Léotychidas étant exclu comme bâtard. Mais, voyant que les parents maternels du jeune homme étaient de braves gens extrêmement pauvres, il leur attribua la moitié des biens, s'acquérant ainsi de la bienveillance et de la popularité au lieu de la jalousie et de l'hostilité que pouvait provoquer cet héritage. 2 Quant à ce que dit Xénophon, qu'en obéissant en tout à sa patrie, Agésilas avait tellement d'autorité qu'il pouvait faire ce qu'il voulait, voici ce qu'il en est. 3 C'étaient alors les éphores et les sénateurs qui avaient le pouvoir le plus grand dans l'État. La charge des premiers ne durait qu'une année, mais les sénateurs gardaient à vie leur dignité. Ils avaient été institués pour empêcher les rois de pouvoir tout se permettre, comme je l'ai écrit dans la *Vie de Lycurgue*. 4 Il en était résulté que les rois, de bonne heure, dès l'époque la plus ancienne, n'avaient cessé de leur vouer une malveillance et une hostilité héréditaires. 5 Agésilas prit la voie contraire : il renonça à les heurter et à les combattre, et leur prodigua des égards ; il n'entreprenait jamais rien sans leur aveu ; quand ils le convoquaient, il se rendait auprès d'eux en pressant le pas ; lorsqu'il était assis sur le trône royal et donnait audience, si les éphores entraient, il se levait ; à chaque citoyen promu au rang de sénateur il envoyait comme marques d'honneur un manteau et un bœuf. 6 Il semblait ainsi respecter et accroître la dignité de ces magistratures, et l'on ne s'apercevait pas qu'il augmentait sa propre puissance et qu'il ajoutait à la royauté une grandeur qui lui venait de l'affection qu'on avait pour lui.

5. 1 Dans ses relations avec les autres citoyens, il était plus irréprochable comme ennemi que comme ami, car il ne nuisait jamais injustement à ses ennemis, mais il aidait ses amis jusque dans leurs entreprises injustes, 2 et il aurait rougi de ne pas honorer ses ennemis, quand ils avaient bien agi, mais il ne pouvait se résoudre à blâmer des amis en faute ; il se glorifiait même de leur venir en aide et de partager la responsabilité de leur faute. En effet, il pensait qu'il n'y a jamais rien de honteux dans les services que se rendent les amis. 3 Si ses adversaires essuyaient quelque échec, il était le premier à s'en affliger avec eux, et, s'ils l'en priaient, à les aider avec empressement. Il se rendait ainsi populaire et gagnait tous les cœurs. 4 Voyant cela et craignant sa puissance, les éphores lui infligèrent une amende en donnant pour motif qu'il s'appropriait les citoyens qui appartenaient à l'État. 5 Car, de même que les physiciens croient que, si l'on éliminait de l'univers la discorde et la guerre, les corps célestes s'arrêteraient, et que l'harmonie mutuelle de tous les êtres ferait cesser toute génération et tout mouvement, de même le législateur laconien semble avoir jeté dans l'État la rivalité et l'ambition comme stimulants de la valeur et avoir voulu qu'il y eût toujours entre les bons citoyens un conflit et une émulation, parce que la complaisance qui cède sans contestation, étant paresseuse et incapable de résister, ne mérite pas le nom de concorde. 6 C'est ce qu'Homère a sans doute bien compris, au dire de certains auteurs : il n'aurait pas montré Agamemnon se réjouissant de voir Ulysse et Achille en venir aux injures « avec des mots terribles », s'il n'avait pas regardé comme un grand bien pour l'intérêt commun cette animosité et cette querelle entre les meilleurs guerriers. 7 Cependant l'on ne saurait adhérer ainsi tout simplement à ce point de vue, car les conflits poussés à l'excès comportent de graves dangers et sont funestes aux États.

6. 1 Il n'y avait pas longtemps qu'Agésilas avait reçu la royauté lorsque des hommes venus d'Asie annoncèrent que le roi de Perse équipait une grande flotte pour chasser de la mer les Lacédémoniens. 2 Lysandre, qui désirait être envoyé de nouveau en Asie pour secourir les amis qu'il y avait laissés comme gouverneurs et maîtres des villes, mais qui avaient mal géré les affaires, avec une violence qui les avait fait chasser ou tuer par leurs concitoyens, conseilla à Agésilas de se charger de l'expédition, de franchir la mer et d'aller combattre pour la Grèce très loin d'elle en devançant les préparatifs du barbare. 3 En même temps il écrivit à ses amis d'Asie d'envoyer des ambassades à Lacédémone pour réclamer Agésilas comme général. 4 Agésilas se présenta donc devant le peuple et accepta de diriger la guerre, à condition qu'on lui donnerait trente Spartiates pour officiers et conseillers, deux mille néodamodes d'élite et un corps de six mille alliés. 5 Lysandre appuya toutes ces demandes ; les Spartiates s'empressèrent de les voter et envoyèrent en expédition Agésilas avec les trente Spartiates, dont Lysandre était le premier, non seulement en raison de sa gloire et de son crédit, mais encore à cause de l'amitié d'Agésilas, qui était convaincu que Lysandre avait fait plus pour lui en lui procurant ce commandement qu'en lui faisant obtenir la royauté elle-même.

6 Tandis que l'armée se rassemblait à Géraiste, Agésilas lui-même descendait avec ses amis à Aulis, et, y passant la nuit, il crut entendre pendant son sommeil une voix qui lui disait : 7 « Roi des Lacédémoniens, personne d'autre n'a été nommé chef de toutes les forces réunies de la Grèce, sinon Agamemnon jadis, et toi maintenant, après lui ; tu le sais sans doute. Puisque ton armée est formée comme la sienne, que tu as les mêmes ennemis et que tu pars des mêmes lieux pour la guerre, il est juste que, toi aussi, tu offres à la déesse le sacrifice qu'il offrit ici avant de s'embarquer. » 8 Agésilas se rappela aussitôt l'immolation de la jeune fille que son père égorgea à l'instigation des devins. Mais il ne se laissa pas troubler ; il se leva, raconta à ses amis ce qu'il avait entendu et leur dit qu'il rendrait à la déesse des honneurs propres à satisfaire une divinité, mais qu'il n'imiterait pas l'insensibilité du général d'autrefois. 9 Il fit alors couronner de bandelettes une biche et ordonna à son devin de l'offrir en prémice, ce qu'il fit sans observer les rites habituels du sacrificateur chargé de cet office par les Béotiens. 10 Les béotarques l'apprirent et se fâchèrent ; ils envoyèrent des messagers à Agésilas pour lui défendre de sacrifier sans tenir compte des lois et des usages béotiens ; les messagers signifièrent l'interdiction et jetèrent loin de l'autel les cuisses de la victime. 11 Agésilas était de mauvaise humeur lorsqu'il s'embarqua, irrité contre les Thébains et désespérant, à cause de ce présage, de mener son entreprise à bonne fin et d'atteindre le but de son expédition.

Expédition d'Asie. – **7.** 1 Dès qu'il fut arrivé à Éphèse, la grande considération dont jouissait Lysandre et son influence lui furent aussitôt pénibles et insupportables. La foule se pressait constamment à la porte de Lysandre ; tout le monde lui faisait cortège et lui rendait hommage ; on eût dit qu'Agésilas n'avait que le titre et l'apparence du commandement en vertu de la loi, tandis que Lysandre, en fait, était le maître de tout, pouvait et faisait tout. 2 De tous les généraux envoyés en Asie, aucun n'avait été plus glorieux ni plus redoutable que Lysandre, et personne au monde n'avait rendu de plus grands services à ses amis ni fait autant de mal à ses ennemis. 3 Ces événements étaient récents et les gens s'en souvenaient. D'autre part, ils voyaient qu'Agésilas était un homme simple, d'abord facile et de plain-pied avec tous, alors qu'ils retrouvaient chez Lysandre la même violence, la même rudesse, la même sécheresse de langage que naguère ; c'est pourquoi tous pliaient devant lui et ne prêtaient attention qu'à lui. 4 En premier lieu, ce furent les autres Spartiates qui trouvèrent mauvais d'être les serviteurs de Lysandre plutôt que les conseillers du roi. Puis Agésilas lui-même, bien qu'il ne fût pas envieux ni mécontent de voir honorer autrui, craignit, étant plein d'ambition et d'amour de la gloire, que, s'il accomplissait quelque action d'éclat, elle ne fût attribuée à Lysandre dont la renommée était si grande. 5 Voici donc ce qu'il fit. Il commença par rejeter les conseils que donnait Lysandre ; les entreprises auxquelles Lysandre s'intéressait le plus étaient celles qu'il écartait ou négligeait, et il en exécutait d'autres au lieu de celles-là. 6 Ensuite, s'il s'apercevait que ceux qui s'adressaient à lui pour demander une faveur étaient surtout dévoués à Lysandre, il les renvoyait sans leur rien accorder. 7 De même, dans les jugements qu'il rendait, les justiciables à qui Lysandre cherchait à nuire devaient avoir gain de cause ; en revanche, ceux que Lysandre avait visiblement à cœur de servir échappaient difficilement à la condamnation. 8 Comme tout cela n'était pas l'effet du hasard, mais d'un dessein prémédité et suivi, Lysandre en devinait la raison ; il ne la cachait pas à ses amis et leur disait que c'était à cause de lui qu'ils étaient maltraités et leur conseillait d'aller faire la cour au roi et à ceux qui avaient plus de crédit que lui-même.

8. 1 Cette attitude et ces propos de Lysandre paraissaient calculés en vue de susciter l'animosité contre le roi. Aussi Agésilas, voulant le blesser encore davantage, le nomma-t-il son intendant, et il ajouta, dit-on, devant plusieurs personnes : « À présent, que ces gens aillent donc faire leur cour à mon intendant ! » 2 Lysandre, plein de dépit, lui dit alors : « À ce que je vois, Agésilas, tu t'entends fort bien à abaisser tes amis. — Oui, répondit-il, ceux du moins qui veulent être plus puissants que moi. — Il se peut, reprit Lysandre, que tes paroles vaillent mieux que mes actes. Assigne-moi donc un poste et une région où je puisse t'être utile sans te causer de peine. » 3 À la suite de cette explication, il fut envoyé dans l'Hellespont, et il amena à Agésilas, du pays gouverné par Pharnabaze, un Perse nommé Spithridatès avec beaucoup d'argent et deux cents cavaliers. Néanmoins il ne cessa pas d'en vouloir à Agésilas, et, toujours mortifié de l'affront qu'il avait reçu, il complota pour enlever la royauté aux deux maisons régnantes et la remettre à la disposition de tous les citoyens. 4 Et l'on peut croire que ce différend l'aurait amené à susciter une grande révolution, s'il n'était mort auparavant en faisant campagne en Béotie. 5 C'est ainsi que les natures ambitieuses, qui ne savent pas se garder des excès dans la conduite politique, font plus de mal que de bien. 6 Et en effet, si Lysandre était insupportable (et, de fait, il l'était) et si son ambition dépassait la mesure convenable, Agésilas n'ignorait sans doute pas qu'il existait des moyens moins blâmables de corriger les fautes d'un homme illustre et d'un ami. Mais, semble-t-il, ce fut par l'effet de la même passion que l'un méconnut l'autorité du chef et que l'autre ne put supporter cette méconnaissance de la part d'un compagnon.

9. 1 Au début, Tissapherne, redoutant Agésilas, avait conclu avec lui un traité aux termes duquel le roi devait lui accorder l'indépendance des villes grecques ; mais ensuite, quand il crut avoir des forces suffisantes, il lui fit la guerre. Agésilas en fut ravi, 2 car il attendait beaucoup de cette campagne, et il trouvait intolérable, alors que les Dix mille avec Xénophon étaient arrivés à la mer après avoir battu le roi aussi souvent qu'ils l'avaient voulu, que, sous son commandement, les Lacédémoniens, maîtres de la terre et de la mer, n'eussent encore fait voir aux Grecs aucun exploit digne de mémoire. 3 Aussitôt donc, répondant au parjure de Tissapherne par une feinte légitime, il fit semblant de se diriger vers la Carie, puis, quand le barbare y eut rassemblé son armée, il leva le camp et envahit la Phrygie. 4 Il prit un grand nombre de villes et s'empara d'un butin considérable, montrant ainsi à ses amis que, si c'est mépriser les dieux que violer une convention, en revanche déjouer les calculs de l'ennemi non seulement satisfait la justice, mais aussi procure une grande gloire et un profit accompagné de plaisir.

5 Cependant, comme sa cavalerie avait subi un échec et que les victimes de sacrifice avaient présenté le foie dépourvu de lobes, il regagna Éphèse et s'y constitua un corps de cavaliers, en ordonnant aux riches, s'ils ne voulaient pas servir, de fournir chacun en remplacement un homme et un cheval. 6 Or les riches étaient nombreux, et Agésilas réussit ainsi à avoir en peu de temps beaucoup de cavaliers belliqueux au lieu de lâches hoplites. [En effet, ceux qui ne voulaient pas servir payaient des volontaires, et ceux qui ne voulaient pas être cavaliers payaient ceux qui y consentaient.] 7 Agésilas pensait qu'Agamemnon avait eu bien raison d'accepter une bonne jument en échange d'un homme riche et lâche qui fut ainsi exempté du service. 8 Comme, sur son ordre, les vendeurs de butin dépouillaient les prisonniers de leurs vêtements avant de les mettre en vente, il y avait beaucoup d'acheteurs pour les habits, mais non pour les hommes : en voyant nus ces corps entièrement blancs et tendres de gens habitués à vivre à l'ombre, on s'en moquait comme d'êtres inutiles et dénués de valeur marchande. Agésilas, survenant, dit : « Voilà ceux que vous combattez, et voici ce pour quoi vous combattez. »

10. 1 Quand le moment fut venu d'envahir à nouveau le pays ennemi, il annonça à l'avance qu'il irait en Lydie. Cette fois il ne trompait plus Tissapherne, mais celui-ci se trompa lui-même à cause de la précédente ruse d'Agésilas, qui l'avait mis en défiance, et il crut que le roi de Sparte, qui était de beaucoup inférieur en cavalerie, allait attaquer la Carie, région peu praticable aux chevaux. 2 Quand Agésilas fut arrivé, comme il l'avait annoncé, dans la plaine de Sardes, Tissapherne fut contraint de revenir en toute hâte pour porter secours à la Lydie, et, en traversant le pays avec sa cavalerie, il tua beaucoup de Grecs qui s'étaient dispersés dans la plaine pour la piller. 3 Alors Agésilas, s'apercevant que les ennemis n'avaient pas encore leur infanterie, quand il ne lui manquait à lui aucune partie de ses forces, se hâta de leur livrer bataille. Il mêla les peltastes aux cavaliers et leur ordonna de courir le plus vite possible et d'attaquer les adversaires qu'ils rencontreraient, et lui-même fit aussitôt avancer ses hoplites. 4 Les barbares furent mis en déroute ; les Grecs les poursuivirent, prirent leur camp et leur tuèrent beaucoup de monde. 5 À la suite de cette bataille, ils eurent le plaisir, non seulement de pouvoir piller et ravager sans crainte le pays du grand roi, mais encore de voir punir Tissapherne, qui était un méchant homme et l'ennemi le plus acharné de la race grecque. 6 Car le roi de Perse lui envoya aussitôt Tithraustès, qui le fit décapiter. Tithraustès demanda à Agésilas de conclure un accord, puis de retourner chez lui, et il lui fit offrir de l'argent. 7 Agésilas répondit que, pour la paix, c'était Sparte qui en était maîtresse, que, quant à lui, il avait plus de plaisir à enrichir ses soldats qu'à être riche lui-même, et que, d'ailleurs, les Grecs trouvaient beau, non pas de recevoir des présents des ennemis, mais de conquérir leurs dépouilles. 8 Cependant, voulant complaire à Tithraustès, qui avait puni Tissapherne, cet ennemi de tous les Grecs, il emmena son armée en Phrygie et accepta de Tithraustès, comme provision de route, trente talents.

9 Comme il était en chemin, il reçut des autorités de Lacédémone une scytale qui lui ordonnait de prendre aussi le commandement de la flotte, honneur qui n'échut qu'au seul Agésilas. 10 C'est qu'il était reconnu par tous comme le plus grand et le plus illustre des hommes de son époque, comme le dit quelque part Théopompe. Mais lui-même tirait plus de fierté de son mérite que des commandements qui lui étaient conférés. 11 Il mit alors Pisandre à la tête de la flotte, en quoi il semble avoir commis une faute, car, ayant avec lui des hommes plus âgés et plus avisés, au lieu de considérer l'intérêt de la patrie, il voulut honorer sa parenté et faire plaisir à sa femme, dont Pisandre était le frère, en lui confiant le commandement de la flotte.

11. 1 Quant à lui, il établit son armée dans le pays soumis à l'autorité de Pharnabaze ; non seulement il y trouvait de tout en abondance, mais il amassait encore de grandes richesses. Puis, s'avançant jusqu'à la Paphlagonie, il gagna l'appui de Cotys, le roi des Paphlagoniens, à qui le mérite et la loyauté d'Agésilas avaient fait désirer son amitié. 2 Spithridatès, depuis qu'il avait fait défection à Pharnabaze pour se rallier à Agésilas, l'accompagnait toujours dans ses déplacements et ses expéditions. Il avait un fils, Mégabatès, d'une grande beauté, qui était encore un enfant et qui inspira une violente passion à Agésilas ; il avait aussi une fille, également belle, en âge d'être mariée. 3 Agésilas persuada Cotys de l'épouser, puis, ayant reçu de lui mille cavaliers et deux mille peltastes, il retourna en Phrygie et dévasta le pays de Pharnabaze. Celui-ci, sans l'attendre ni se fier à ses places fortes, se retirait en emportant toujours ce qu'il avait de plus précieux et de plus cher, et se dérobait en passant sans cesse d'un lieu à un autre, jusqu'à ce que Spithridatès, qui l'épiait, emmenant avec lui le Spartiate Hérippidas, prit son camp et s'empara de toutes ses richesses. 4 Mais alors Hérippidas, en enquêtant âprement sur les objets volés et en forçant les barbares à les rendre, en contrôlant tout et en fouillant partout, exaspéra Spithridatès au point que celui-ci partit aussitôt pour Sardes avec les Paphlagoniens. 5 On dit qu'Agésilas ressentit de ce départ le chagrin le plus cuisant. Il s'affligeait d'avoir perdu un homme aussi brave que Spithridatès, et, avec lui, un corps d'armée qui n'était pas négligeable. Il rougissait aussi d'être accusé d'avarice et de mesquinerie, griefs qu'il mettait son point d'honneur à écarter de lui-même et de sa patrie. 6 Enfin, outre ces motifs manifestes de regrets, il n'était pas peu tourmenté par l'amour du jeune garçon, amour qui s'était insensiblement implanté en lui, bien qu'en sa présence il tînt à honneur de combattre énergiquement sa passion. 7 Un jour même que Mégabatès s'approchait de lui pour le saluer en lui donnant un baiser, il se détourna. L'enfant rougit et s'arrêta ; désormais il ne le salua plus qu'en restant à distance. De son côté, Agésilas était contrarié et regrettait d'avoir évité le baiser. Il feignit l'étonnement et demanda à ses familiers : « Qu'est-ce qui a retenu Mégabatès de me saluer en m'embrassant ? » 8 « C'est ta faute, lui répondirent-ils : au lieu d'accepter le baiser de ce bel enfant, tu l'as fui comme si tu avais peur ; même à présent, on peut le persuader de venir t'embrasser, mais ne va pas t'effaroucher de nouveau. » 9 Agésilas resta un moment pensif et silencieux, puis il reprit : « Non, il ne faut pas que vous le persuadiez, car il me semble que j'aurais plus de plaisir à engager de nouveau cette lutte au sujet du baiser qu'à voir tout ce que j'ai sous les yeux se changer en or. » 10 Tel était Agésilas tant que Mégabatès fut là, mais, quand il fut parti, sa passion devint à ce point brûlante qu'il est difficile d'affirmer que, si Mégabatès était revenu et avait paru devant lui, il aurait persisté à refuser ses baisers.

12. 1 Après cela, Pharnabaze voulut avoir une entrevue avec Agésilas. Elle leur fut ménagée par Apollophanès de Cyzique, leur hôte commun. 2 Agésilas, arrivé le premier avec ses amis au lieu du rendez-vous, s'étendit à l'ombre, sur une herbe épaisse, en attendant Pharnabaze. 3 Quand celui-ci arriva, on avait recouvert pour lui le sol de molles toisons et de tapis brodés, mais il eut honte devant Agésilas ainsi étendu, et il s'installa lui aussi, comme il était, à terre, sur l'herbe, bien qu'il fût vêtu d'un habit admirable de finesse et de coloris. 4 Les saluts une fois échangés, Pharnabaze exposa les nombreux et justes griefs qu'il avait contre les Lacédémoniens, qui, après tant de services qu'il leur avait rendus au cours de leur guerre contre les Athéniens, faisaient de lui maintenant la victime de leurs déprédations. 5 Agésilas, voyant les Spartiates qui l'entouraient baisser la tête de honte, tout pleins d'embarras en songeant à leurs torts envers Pharnabaze : 6 « Nous, dit-il, Pharnabaze, autrefois, lorsque nous étions amis du Roi, nous traitions en amis ses possessions, mais, maintenant que nous sommes devenus ses ennemis, nous les traitons en ennemis ; aussi, comme nous constatons que tu veux, toi aussi, appartenir au Roi, il est naturel que nous cherchions à lui nuire en ta personne. 7 Mais, du jour où tu jugeras préférable pour toi de te dire l'ami et l'allié des Grecs plutôt que l'esclave du Roi, considère cette phalange, nos armes, nos vaisseaux et nous tous tant que nous sommes comme les défenseurs de tes biens et de ta liberté sans laquelle il n'est rien de beau ni d'enviable pour les hommes. » 8 Pharnabaze lui découvrit alors le fond de sa pensée : « Pour moi, dit-il, si le roi envoie un autre général, je serai avec vous, mais, si c'est à moi qu'il confie le commandement, je mettrai tout mon zèle à vous repousser et à vous maltraiter en combattant pour lui. » 9 Enchanté de cette réponse, Agésilas lui prit la main et, se levant : « Puisses-tu, Pharnabaze, dit-il, avec de tels sentiments, être notre ami plutôt que notre ennemi ! »

13. 1 Comme Pharnabaze repartait avec ses amis, son fils, resté en arrière, courut vers Agésilas et lui dit en souriant : « Agésilas, je fais de toi mon hôte », et il lui offrit le javelot qu'il tenait à la main. 2 Agésilas l'accepta, et, charmé de la figure et de la bonne grâce de l'enfant, il jeta les yeux sur les personnes présentes pour voir si l'une d'elles n'aurait pas un objet qu'il pût donner en retour au beau et généreux garçon. Apercevant le cheval de son secrétaire Idaeos paré de phalères, il s'empressa de les arracher pour les lui donner. 3 Dans la suite il se souvint toujours de lui, et lorsque, plus tard, le jeune homme, chassé par ses frères de la maison paternelle, se fut réfugié à Lacédémone, il prit grand soin de lui et le servit même dans ses amours : 4 il s'était épris d'un jeune athlète d'Athènes ; comme cet athlète était grand et fort, il risquait d'être exclu du concours olympique ; le Perse recourut à Agésilas et l'implora en faveur du jeune homme, et Agésilas, voulant lui faire aussi ce plaisir, se donna beaucoup de peine et parvint, après maintes démarches, à arranger l'affaire. 5 En effet, si d'ordinaire il observait strictement les règles, il pensait qu'en amitié le respect d'une justice rigoureuse n'était que prétexte à dérobade. On cite à ce propos un billet qu'il écrivit à Hidrieus le Carien et qui était ainsi conçu : « Si Nicias n'est pas coupable, relâche-le. S'il est coupable, relâche-le pour l'amour de moi. De toute façon, relâche-le. » 6 Ainsi se comportait d'ordinaire Agésilas en faveur de ses amis. Pourtant, en certaines circonstances, il se souciait davantage de l'intérêt commun, comme il le montra un jour, au cours d'une retraite précipitée, où il abandonna malade un jeune homme qu'il aimait. 7 Celui-ci l'appelait et le suppliait alors qu'il partait ; Agésilas se détourna en disant qu'il était difficile d'être à la fois compatissant et sage. C'est du moins ce que rapporte le philosophe Hiéronymos.

14. 1 Son expédition entrait déjà dans sa deuxième année, et l'on parlait beaucoup d'Agésilas dans la Haute-Asie, où l'on admirait et vantait sa continence, sa simplicité, sa modération. 2 En voyage, il plaçait sa tente personnelle dans les sanctuaires les plus vénérés, et de cette intimité que nous laissons peu voir aux autres hommes, il rendait les dieux spectateurs et témoins. Parmi tant de milliers de soldats on n'aurait pas aisément trouvé un grabat plus médiocre que celui d'Agésilas. 3 À l'égard du chaud et du froid on eût pu croire qu'il était le seul dont la nature fût capable de supporter les saisons réglées par la divinité. 4 Mais le spectacle le plus agréable pour les Grecs établis en Asie, c'était de voir ces gouverneurs et ces généraux qui leur pesaient depuis longtemps, ces gens insupportables, pourris par la richesse et le luxe, redouter et courtiser un homme allant et venant vêtu d'un manteau simple et grossier, et se régler et changer d'attitude sur un mot bref et laconique qu'il leur adressait. Aussi ce vers de Timothée venait-il à l'esprit de beaucoup d'entre eux : « Arès est un tyran, mais la Grèce ne craint pas l'or. »

15. 1 Tandis que l'Asie bougeait et, en beaucoup d'endroits, inclinait vers la défection, Agésilas, après avoir réglé la situation des villes de la région et avoir rétabli un ordre convenable dans les affaires politiques sans faire périr ni bannir personne, avait résolu de pousser plus avant et de transporter la guerre loin de la mer grecque ; il voulait forcer le Roi à combattre pour sa personne et pour la félicité dont il jouissait à Ecbatane et à Suse, en commençant par l'arracher à son oisiveté, pour qu'on ne le vît plus, tranquillement assis sur son trône, arbitrer les guerres entre Grecs et corrompre les chefs politiques. 2 À ce moment arrive auprès de lui le Spartiate Épicydidas, qui lui annonce qu'une grande guerre a éclaté en Grèce contre Sparte et que les éphores le rappellent et lui ordonnent de venir au secours de sa patrie. 3 « Ô Grecs, inventeurs de maux barbares ! » Comment en effet qualifier autrement cette malveillance, cette coalition, cette conspiration des Grecs les uns contre les autres ? Ils arrêtèrent l'essor de leur Fortune et retournèrent contre eux-mêmes leurs armes dirigées contre les barbares et la guerre qu'ils avaient alors chassée hors de la Grèce. 4 Car, pour ma part, je ne partage pas l'opinion du Corinthien Démarate disant que ceux qui n'ont pas vu Alexandre assis sur le trône de Darios ont été privés d'une grande joie ; je pense au contraire que les Grecs auraient eu raison de pleurer, en pensant que cet honneur était laissé à Alexandre et aux Macédoniens par ceux qui avaient alors sacrifié les armées de la Grèce à Leuctres, à Coronée, à Corinthe et en Arcadie. 5 Cependant Agésilas n'a rien fait de mieux ni de plus grand que ce départ, et il n'existe pas de plus bel exemple de discipline et de loyauté. 6 Annibal, déjà mal en point et près d'être refoulé hors de l'Italie, n'écouta qu'à grand-peine ses concitoyens qui le rappelaient pour faire la guerre chez lui, et Alexandre alla jusqu'à plaisanter en apprenant le combat d'Antipatros contre Agis : « Il paraît, mes amis, dit-il, que, pendant qu'ici nous battions Darios, là-bas, en Arcadie, s'est livrée une bataille de souris. » Comment donc ne pas proclamer Sparte heureuse en raison du respect d'Agésilas pour elle et de sa soumission aux lois ? 7 Il n'eut pas plus tôt reçu la scytale qu'il abandonna la réussite et la puissance extraordinaires qu'il avait en main et renonça aux vastes espérances qui guidaient son chemin pour s'embarquer aussitôt, laissant « son œuvre inachevée » et de vifs regrets aux alliés. Il réfuta surtout par sa conduite le mot d'Érasistrate, fils de Phaiax, disant que les Lacédémoniens valent mieux en public et les Athéniens en privé : 8 en effet, s'il se montra excellent roi et excellent général, il apparut encore meilleur et plus agréable en particulier dans ses relations avec ses familiers et ses amis. Comme la monnaie perse était au type de l'archer, il dit en partant que le Roi le chassait d'Asie avec trente mille archers : c'était le nombre des dariques apportées à Athènes et à Thèbes et distribuées aux chefs politiques pour décider les peuples à entrer en guerre contre Sparte.

Retour en Grèce. – **16.** 1 Quand il eut franchi l'Hellespont, il traversa la Thrace, sans solliciter aucun des peuples barbares, en envoyant seulement demander à chacun d'eux s'il devait traverser leur pays en ami ou en ennemi. 2 Presque tous l'accueillirent amicalement et lui fournirent une escorte, chacun selon ses forces ; seuls, ceux qu'on appelle Tralles et auxquels Xerxès lui-même, dit-on, avait fait des présents, réclamèrent d'Agésilas, en paiement de son passage, cent talents d'argent et cent femmes. 3 Il se moqua d'eux et dit : « Pourquoi donc ne sont-ils pas venus les prendre tout de suite ? » En poursuivant son chemin, il les rencontra rangés en ordre de bataille ; il les mit en déroute et en tua beaucoup. 4 Il envoya poser la même question au roi de Macédoine, qui répondit qu'il en délibérerait. « Eh bien ! dit-il, qu'il en délibère, lui ; quant à nous, maintenant, continuons notre route. » Étonné de son audace et prenant peur, le roi le pria de passer en ami. 5 Comme les Thessaliens étaient alliés aux ennemis de Sparte, il ravagea leur pays. Cependant il envoya Xénoclès et Scythès à Larissa, avec des offres d'amitié. Ses deux émissaires furent appréhendés et emprisonnés. Ses conseillers étaient d'avis qu'Agésilas devait aller camper devant Larissa et en faire le siège, mais il déclara : « Même s'il s'agissait de la conquête de la Thessalie entière, je ne voudrais pas la payer de la perte de l'un de ces deux hommes », et il se les fit rendre en vertu d'une convention. 6 Sans doute ne faut-il pas s'étonner de ces paroles d'Agésilas, lui qui, apprenant qu'une grande bataille avait eu lieu à Corinthe, que beaucoup d'hommes d'un grand renom y étaient tombés en un temps extrêmement court et que, si les Spartiates avaient eu des pertes minimes, les ennemis en avaient eu d'importantes, n'en manifesta ni joie ni enthousiasme, mais poussa un profond soupir et s'écria : « Hélas ! malheureuse Grèce, combien d'hommes tu as perdus par ta faute, qui, s'ils vivaient, pourraient vaincre le monde barbare tout entier ! » 7 Comme les Pharsaliens harcelaient et maltraitaient son armée, il donna l'ordre à cinq cents cavaliers de charger avec lui ; il mit ainsi l'ennemi en fuite et dressa un trophée au pied du Narthakion. 8 Il était particulièrement heureux de cette victoire parce qu'ayant constitué sa cavalerie par ses propres moyens, il avait battu avec elle seule des gens qui mettaient tout leur orgueil dans la pratique de l'art équestre.

17. 1 En Thessalie il trouva l'éphore Diphridas, qui était venu de Sparte au-devant de lui, et qui lui ordonna d'envahir sur-le-champ la Béotie. 2 Agésilas avait l'intention de ne le faire que plus tard, avec de plus grands moyens d'action, mais il ne crut pas devoir désobéir en rien aux magistrats ; il dit à ceux qui l'entouraient que le jour était proche en vue duquel ils étaient rentrés d'Asie, et il fit venir deux bataillons des troupes campées devant Corinthe. 3 De plus, à Sparte, les citoyens, qui le tenaient en grand honneur, invitèrent par une proclamation publique à s'inscrire les jeunes gens qui voulaient aller en renfort auprès du roi. Tous s'empressèrent de donner leurs noms. Les magistrats choisirent parmi eux les meilleurs et les plus robustes, au nombre de cinquante, et les lui envoyèrent. 4 Agésilas, après avoir franchi les Thermopyles et traversé la Phocide, pays ami, entra en Béotie et campa près de Chéronée. Là, il vit le soleil s'éclipser et prendre la forme d'un croissant, et en même temps il apprit que Pisandre avait été vaincu et tué dans un combat naval près de Cnide par Pharnabaze et Conon. 5 Il en fut naturellement affligé, et pour l'homme et pour la cité, mais, voulant éviter que les soldats ne fussent saisis, au moment où ils marchaient au combat, de découragement et de crainte, il ordonna aux messagers venus de la mer d'annoncer, au contraire, qu'ils étaient vainqueurs dans la bataille navale, et lui-même, s'avançant avec une couronne sur la tête, offrit un sacrifice d'actions de grâce et envoya à ses amis des portions des victimes.

18. 1 En continuant sa marche, Agésilas arriva à Coronée. Dès qu'il aperçut l'ennemi et fut aperçu de lui, il rangea ses troupes en ordre de bataille, donnant l'aile gauche aux Orchoméniens et se mettant lui-même à la tête de l'aile droite. Les Thébains tenaient eux-mêmes l'aile droite de leur armée, et les Argiens la gauche. 2 Xénophon dit qu'il n'y eut jamais de son temps une bataille pareille à celle-là, et lui-même, revenu d'Asie, y combattit dans l'armée d'Agésilas. 3 Le premier choc ne comporta pas de violente mêlée ni de grand combat ; les Thébains mirent promptement en déroute les Orchoméniens, et Agésilas les Argiens. 4 Mais, lorsque les uns et les autres apprirent l'écrasement et la fuite de leur aile gauche, ils firent volte-face. Agésilas pouvait alors remporter la victoire sans danger, s'il avait voulu, en se dérobant au combat de front avec les Thébains, les suivre et les frapper pendant qu'ils passaient devant lui ; mais, emporté par son courage et son ardeur, il marcha droit à leur rencontre pour les repousser de vive force. 5 Ils le reçurent avec une égale vigueur. Le combat devint dès lors acharné sur toute la ligne, et spécialement à l'endroit où Agésilas lui-même se tenait avec les cinquante, qui paraissent avoir heureusement rivalisé de bravoure pour sauver le roi. 6 Ils combattaient et s'exposaient au danger avec fougue ; ils ne purent le préserver des blessures, et il reçut à travers sa cuirasse plusieurs coups de lance et d'épée, mais leurs durs efforts parvinrent à l'arracher vivant à la mêlée ; en lui faisant un rempart de leurs corps, ils tuèrent nombre d'ennemis et perdirent beaucoup des leurs. 7 Toutefois, c'était une grande affaire de refouler les Thébains et de les mettre en déroute, et les Lacédémoniens furent forcés de faire ce qu'ils avaient d'abord voulu éviter : 8 ils ouvrirent la phalange en leur livrant passage, puis, comme les Thébains s'avançaient en moins bon ordre après avoir traversé leurs rangs, ils les suivirent en courant à côté d'eux et en les frappant de flanc. 9 Cependant ils ne les mirent pas en fuite, et les Thébains se retirèrent vers l'Hélicon, très fiers d'un combat où, pour leur part, ils étaient restés invaincus.

19. 1 Bien qu'Agésilas souffrît cruellement de ses nombreuses blessures, il ne rentra pas sous sa tente avant de s'être fait porter sur un brancard auprès de la phalange et d'avoir vu les morts transportés à l'intérieur du camp. 2 Des ennemis s'étant réfugiés dans le sanctuaire, il ordonna de les laisser tous partir ; dans le voisinage en effet se trouve le temple d'Athéna Itonia, devant lequel se dressait un trophée, jadis élevé en cet endroit par les Béotiens qui, sous le commandement de Sparton, avaient battu les Athéniens et tué Tolmidès. 3 Au point du jour, Agésilas, voulant se rendre compte si les Béotiens allaient reprendre le combat, ordonna aux soldats de se couronner et aux musiciens de jouer de la flûte, tandis que l'on dresserait et ornerait un trophée, comme il convenait à des vainqueurs. 4 Les ennemis ayant envoyé demander l'autorisation de relever leurs morts, Agésilas conclut avec eux une trêve et, ayant ainsi confirmé sa victoire, il se rendit à Delphes, au moment où l'on y célébrait la fête Pythique. Il organisa la procession en l'honneur du dieu, et lui consacra la dîme des dépouilles rapportées d'Asie, qui se monta à cent talents.

5 De retour dans sa patrie, il fut aussitôt l'objet de l'affection de ses concitoyens et attira sur lui tous les regards par sa conduite et sa manière de vivre. 6 En effet, il ne revenait pas de l'étranger, comme la plupart des généraux, avec un esprit nouveau, fasciné par les mœurs des autres peuples, maugréant contre celles de son pays et refusant d'en subir le joug, mais, autant que ceux qui n'avaient jamais traversé l'Eurotas, il respectait et chérissait les usages de sa patrie, ne changeant rien à ses repas, à ses bains, à la toilette de sa femme, à la décoration de ses armes et à l'aménagement de sa maison, dont il laissa la porte dans un tel état de vétusté qu'on la prenait pour celle qu'y avait mise Aristodamos. 7 Xénophon dit que le cannathre de la fille d'Agésilas n'avait rien de plus imposant que les autres. 8 (On appelle cannathres des sièges de bois en forme de griffons ou de boucs-cerfs dans lesquels on porte les jeunes filles dans les processions). 9 Xénophon ne mentionne pas le nom de la fille d'Agésilas, et Dicéarque s'indigne que nous ne sachions rien de la fille d'Agésilas ni de la mère d'Épaminondas. 10 Mais moi, j'ai découvert dans les documents de Lacédémone que la femme d'Agésilas s'appelait Cléora et ses filles Eupolia et Proauga. 11 On peut voir aussi une

lance conservée jusqu'à présent à Lacédémone comme étant celle d'Agésilas : elle ne diffère en rien des autres.

20. 1 Voyant que quelques-uns de ses concitoyens se prenaient pour des personnages importants et se montraient très fiers parce qu'ils avaient une écurie de course, il persuada à sa sœur Kynisca de lancer un char à Olympie pour prendre part au concours, afin de montrer aux Grecs que ce genre de victoire n'est nullement affaire de mérite, mais de richesse et de dépense. 2 Il avait auprès de lui le philosophe Xénophon, à qui il s'intéressait beaucoup ; il le décida à faire venir ses fils pour les élever à Lacédémone, où on leur dispenserait le plus beau des enseignements : l'art d'obéir et de commander.

3 Après la mort de Lysandre, il découvrit une vaste conjuration que Lysandre, dès son retour d'Asie, avait formée contre lui. Son premier mouvement fut de faire connaître quel genre de citoyen avait été Lysandre de son vivant, 4 et, après avoir lu dans un libelle laissé par lui un discours qu'avait composé Cléon d'Halicarnasse et que Lysandre devait apprendre par cœur et prononcer devant l'assemblée du peuple pour provoquer une révolution et un changement de régime politique, Agésilas voulait le publier. 5 Mais un sénateur, qui l'avait lu aussi et en redoutait la dangereuse habileté, lui conseilla de ne pas déterrer Lysandre, mais d'enterrer plutôt son discours avec lui. Agésilas suivit cet avis et se tint tranquille. 6 Quant à ceux qui s'opposaient à sa politique, il ne leur nuisait pas ouvertement, mais il s'arrangeait pour faire envoyer successivement quelques-uns d'entre eux comme généraux ou gouverneurs, et il mettait ainsi en évidence leur médiocrité ou leur cupidité dans l'exercice de leurs fonctions ; puis, quand ils passaient en jugement, il changeait d'attitude, leur venait en aide et prenait leur défense ; d'ennemis qu'ils étaient, il s'en faisait ainsi des amis et se les attachait, si bien que personne ne pouvait contrebalancer sa puissance. 7 L'autre roi, Agésipolis, étant fils d'un banni et, d'ailleurs, très jeune et de caractère doux et modéré, se mêlait peu des affaires politiques. 8 Il sut du reste l'apprivoiser lui aussi. Les rois, quand ils séjournent dans la ville, prennent leurs repas ensemble dans le même réfectoire. 9 Sachant donc qu'Agésipolis était, comme lui-même, porté à l'amour, il amenait toujours la conversation sur les beaux garçons, engageait le jeune homme à faire comme lui, partageait et favorisait ses amours. L'amour lacédémonien, on le sait, n'a rien de honteux et comporte beaucoup de décence, de noble ambition et de zèle pour la vertu, comme je l'ai écrit dans la biographie de Lycurgue.

21. 1 Devenu très puissant dans l'État, il parvint à faire mettre à la tête de la flotte son frère utérin Téleutias. 2 Il dirigea ensuite une expédition contre Corinthe ; sur terre, il s'empara des Longs Murs, tandis que Téleutias, avec ses navires... 3 Les Argiens, qui occupaient alors Corinthe, étaient en train de célébrer la fête Isthmique lorsqu'il parut. Il les chassa au moment où ils venaient de sacrifier au dieu et leur fit abandonner tous leurs préparatifs. 4 Ceux des exilés de Corinthe qui se trouvaient là le prièrent d'organiser les concours. Il ne le fit point, mais, tandis qu'ils les organisaient eux-mêmes et en présidaient le déroulement, il resta auprès d'eux et veilla à leur sécurité. 5 Après son départ, les Argiens recommencèrent la célébration de la fête de l'Isthme ; certains concurrents furent à nouveau vainqueurs, mais il y en eut qui, inscrits comme vainqueurs la première fois, le furent ensuite comme vaincus. 6 En cette circonstance, Agésilas déclara que les Argiens s'accusaient eux-mêmes d'une grande lâcheté, puisque, regardant la présidence des concours comme un privilège auguste et important, ils n'avaient pas eu le courage de combattre pour la conserver. 7 En tout cela il pensait, quant à lui, qu'il convient de garder la mesure. Il donnait de l'éclat aux chœurs et aux concours de Sparte ; il y assistait toujours avec beaucoup d'empressement et d'intérêt, et il ne manquait pas de regarder les compétitions entre les garçons et entre les jeunes filles. Mais il semblait ne pas même connaître certains spectacles dont il voyait les autres épris. 8 Ainsi, un jour, Callippidès, l'acteur tragique connu et renommé en Grèce, dont tout le monde faisait grand cas, le rencontrant, commença par le saluer, puis il se mêla effrontément à ceux qui se promenaient avec le roi ; il plastronnait et espérait qu'Agésilas aurait pour lui un mot aimable. Il finit par dire : « Roi, tu ne me reconnais donc pas ? » À quoi Agésilas répondit en le regardant : « N'es-tu pas Callippidès le dikélicte ? » (C'est ainsi que les Lacédémoniens appellent les mimes). 9 Une autre fois, invité à entendre un homme qui imitait le chant du rossignol, il refusa en disant : « J'ai entendu le rossignol lui-même. » 10 Le médecin Ménécratès, ayant guéri certains malades dont les cas étaient désespérés, avait reçu le surnom de Zeus, dont il se parait lui-même avec une vanité grossière ; c'est ainsi qu'il osa écrire à Agésilas avec cette suscription : « Ménécratès-Zeus au roi Agésilas, salut. » Agésilas lui écrivit en retour : « Le roi Agésilas à Ménécratès, santé. »

22. 1 Alors qu'il se trouvait en Corinthie et qu'après s'être emparé du sanctuaire d'Héra, il regardait ses soldats emmener les prisonniers et emporter le butin, des ambassadeurs arrivèrent de Thèbes pour demander son amitié. 2 Mais lui, qui haïssait cette ville depuis toujours, crut alors qu'il était de son intérêt de les traiter avec hauteur ; il fit semblant de ne pas les voir et, quand ils parlèrent, de ne pas les entendre. 3 Mais il subit la vengeance de Némésis : les Thébains n'étaient pas encore partis qu'on vint lui annoncer que son bataillon avait été taillé en pièces par Iphicrate. 4 Un tel désastre n'était pas arrivé depuis longtemps aux Lacédémoniens : ils perdaient là beaucoup de braves ; en outre leurs hoplites avaient été battus par des peltastes, et des Lacédémoniens par des mercenaires. 5 Il bondit aussitôt pour aller au secours des vaincus, mais, apprenant que c'en était fait d'eux, il revint au sanctuaire d'Héra, fit dire aux Béotiens de s'approcher et leur donna audience. 6 Alors eux, lui rendant affront pour affront, ne firent plus aucune mention de la paix et se bornèrent à demander qu'il leur permît d'aller à Corinthe. Pris de colère, Agésilas leur répondit : « Si vous voulez voir vos amis fiers de leur succès, vous pourrez le faire demain tout à votre aise. » 7 Le lendemain, il les emmena avec lui, ravagea le territoire de Corinthe et s'approcha de la ville elle-même. Ayant ainsi prouvé que les Corinthiens n'osaient pas se défendre, il congédia l'ambassade. 8 Puis il recueillit les survivants du bataillon et les ramena à Lacédémone ; il se mettait en marche avant le jour et ne faisait halte qu'à la nuit tombée, afin de ne pas donner lieu de se réjouir à ceux des Arcadiens qui haïssaient et jalousaient Sparte.

9 Peu de temps après, pour complaire aux Achéens, il passa avec eux en Acarnanie à la tête d'une armée. Il fit beaucoup de butin et vainquit les Acarnaniens en bataille rangée. 10 Comme les Achéens le priaient de rester là pendant l'hiver afin d'empêcher les ennemis d'ensemencer leurs terres, il déclara qu'il ferait le contraire, car ils craindraient davantage la guerre, si leur pays était ensemencé en vue de la belle saison ; et c'est ce qui arriva : 11 à l'annonce d'une nouvelle invasion, ils se réconcilièrent avec les Achéens.

23. 1 Comme Conon et Pharnabaze, maîtres de la mer avec la flotte du Roi, ravageaient les côtes de Laconie, et que la ville d'Athènes avait reconstruit ses remparts avec l'argent fourni par Pharnabaze, les Lacédémoniens résolurent de faire la paix avec le Roi. 2 Ils envoyèrent donc Antalcidas auprès de Tiribaze, et commirent l'acte le plus déloyal et le plus honteux en abandonnant au Roi les Grecs d'Asie, pour lesquels Agésilas avait fait la guerre. 3 Il s'ensuivit qu'Agésilas ne participa en rien à cette infamie, car Antalcidas était son ennemi et travaillait à établir la paix à tout prix, dans la pensée que la guerre accroissait l'influence d'Agésilas et le rendait très illustre et très puissant. 4 Cependant, quelqu'un disant à Agésilas que les Lacédémoniens prenaient le parti des Mèdes, il répondit : « Ce sont plutôt les Mèdes qui prennent le parti des Lacédémoniens. » 5 Et, comme certains peuples ne voulaient pas accepter cette paix, il les menaça de la guerre et la leur déclara, les contraignant ainsi à s'en tenir à ce que le Perse avait trouvé juste. Il le fit surtout à cause des Thébains, afin de les affaiblir en les obligeant à laisser la Béotie indépendante. Les faits qui suivirent montrèrent bien que telle était son intention. 6 En effet, lorsque Phœbidas eut commis le crime de s'emparer de la Cadmée en dépit des traités et en pleine paix, tous les Grecs en furent révoltés, et les Spartiates eux-mêmes s'en indignèrent, mais surtout les adversaires d'Agésilas, qui demandèrent avec colère à Phœbidas sur l'ordre de qui il s'était livré à cet attentat ; ils voulaient faire tomber les soupçons sur Agésilas. 7 Celui-ci n'hésita pas à prendre le parti de Phœbidas et à dire ouvertement qu'il convenait d'examiner si cet acte était utile, car ce qui est dans l'intérêt de Lacédémone, il est beau, affirmait-il, de le faire, même spontanément et sans ordre. 8 Cependant, en paroles, il proclamait toujours que la justice est la première des vertus, le courage ne servant à rien sans la justice ; si tous les hommes étaient justes, on n'aurait nul besoin du courage. 9 Comme on lui disait : « Voilà ce que le Grand Roi pense là-dessus », « En quoi, rétorquait-il, celui-ci est-il plus grand que moi, s'il n'est pas plus juste ? » Il exprimait ainsi cette belle et judicieuse pensée que la justice est comme une mesure royale propre à déterminer la différence de grandeur. 10 La paix conclue, le Roi lui écrivit dans l'intention de nouer avec lui des liens d'hospitalité et d'amitié ; il refusa d'accepter cette lettre et dit que l'amitié publique suffisait, puisque, tant qu'elle durerait, il n'était nul besoin d'amitié privée. 11 Mais, dans ses actes, il n'observait plus ces principes et se laissait souvent emporter par l'ambition et l'animosité, surtout à l'égard des Thébains. En effet, non seulement il sauva Phœbidas, mais encore il décida la cité à prendre cette injustice à son compte, à garder la Cadmée en son propre nom et à rendre maîtres des affaires et du gouvernement, à Thèbes, Archias et Léontiadas, grâce à qui Phœbidas était entré dans la ville et avait pris la citadelle.

24. 1 Cette conduite fit aussitôt soupçonner que, si l'acte était de Phœbidas, le projet de l'entreprise venait d'Agésilas, et les événements qui suivirent firent reconnaître la justesse de cette imputation. 2 En effet, quand les Thébains eurent chassé la garnison et libéré leur ville, il leur reprocha d'avoir tué Archias et Léontiadas, tyrans de fait, mais polémarques de nom, et il leur fit déclarer la guerre. 3 Cléombrote, qui venait d'accéder à la royauté après la mort d'Agésipolis, fut envoyé en Béotie avec des troupes. Agésilas, qui servait dans l'armée depuis quarante ans et que les lois exemptaient du service militaire, évita de commander cette expédition ; il aurait eu honte, après avoir quelque temps auparavant fait la guerre aux gens de Phlious pour des exilés, qu'on le vît à présent maltraiter les Thébains pour des tyrans.

4 Il y avait un Laconien, nommé Sphodrias, du parti opposé à Agésilas, qui était harmoste de Thespies ; il ne manquait ni d'audace ni d'ambition, mais il était toujours plus rempli d'espérances que de bon sens. 5 Désirant se faire un grand nom et pensant que Phœbidas s'était acquis de la renommée et de la gloire par son coup de main sur Thèbes, il se persuada qu'il accomplirait un exploit bien plus beau et bien plus retentissant s'il s'emparait lui-même du Pirée et coupait de la mer les Athéniens, en les attaquant à l'improviste par terre. 6 On dit que cette idée lui fut suggérée par les béotarques Pélopidas et Mélon ; ceux-ci lui auraient envoyé secrètement de prétendus partisans de Lacédémone qui, en louant et portant aux nues Sphodrias, lui montèrent la tête et le décidèrent à assumer une action aussi injuste et illégale que l'autre, mais à laquelle firent défaut l'audace et la chance. 7 En effet le jour le surprit et rendit visible sa troupe dans la plaine de Thria, alors qu'il avait espéré arriver au Pirée avant la fin de la nuit. On dit aussi que ses soldats, en voyant une lumière qui provenait de certaines cérémonies d'Éleusis, frissonnèrent et

ambassadeurs venus de toute la Grèce se réunirent à Lacédémone pour en fixer les conditions. 6 Parmi eux se trouvait Épaminondas, homme illustre par sa culture et sa philosophie, mais qui n'avait pas encore donné sa mesure dans le commandement des armées. 7 Celui-ci, voyant tous les autres s'incliner devant Agésilas, osa seul parler avec une fierté pleine de franchise, et prononça un discours où il plaida, non pas la cause des Thébains, mais la cause commune de toute la Grèce, en montrant que, si la guerre faisait la grandeur de Sparte, c'était aux dépens et pour le malheur de tous les autres Grecs, et en demandant qu'on établît une paix fondée sur l'égalité et la justice, car cette paix ne pouvait durer que si tous les États étaient égaux.

Leuctres et Mantinée. – **28.** 1 Alors Agésilas, voyant que les paroles d'Épaminondas persuadaient les Grecs et les remplissaient d'une extraordinaire admiration, lui demanda s'il ne pensait pas que l'autonomie de la Béotie était juste et conforme à l'égalité. 2 Épaminondas aussitôt répliqua hardiment en lui demandant si, de son côté, il ne croyait pas juste que la Laconie fût indépendante. Agésilas bondit de colère et le somma de déclarer nettement s'il laisserait la Béotie indépendante. 3 À quoi Épaminondas riposta comme la première fois : « Oui, si tu laisses la Laconie indépendante. » Agésilas le prit si mal, et fut d'ailleurs si heureux du prétexte ainsi fourni qu'il effaça immédiatement du traité de paix le nom des Thébains et leur déclara la guerre. 4 Quant aux autres Grecs, il les invita à se retirer après s'être réconciliés, en confiant à la paix les maux guérissables et les maux incurables à la guerre, puisqu'il était bien difficile d'apaiser et de résoudre tous les conflits. 5 À ce moment Cléombrote se trouvait en Phocide avec une armée. Les éphores lui envoyèrent sur-le-champ l'ordre de conduire cette armée contre les Thébains, et ils dépêchèrent partout des émissaires pour rassembler leurs alliés ; ceux-ci manquaient de zèle et étaient las de la guerre, mais ils n'osaient pas encore résister et désobéir aux Lacédémoniens. 6 Des présages sinistres se manifestaient en grand nombre, comme je l'ai écrit dans la biographie d'Épaminondas, et le Laconien Prothoos s'opposait à l'expédition. Mais Agésilas ne relâcha rien de son intransigeance et s'obstina à faire la guerre, espérant, puisque la Grèce entière était avec Sparte et que les Thébains se trouvaient exclus du traité, que c'était le moment de se venger d'eux. 7 Ce qui montre que cette expédition fut inspirée par la colère plutôt que par la réflexion, c'est la date à laquelle elle eut lieu, car les accords avaient été conclus à Lacédémone le quatorze du mois Skirophorion, et c'est le cinq d'Hécatombéon, donc vingt jours après, que les Lacédémoniens furent vaincus à Leuctres. 8 Il périt là mille Lacédémoniens, parmi lesquels le roi Cléombrote et, autour de lui, les plus braves des Spartiates ; de ce nombre fut le beau Cléonymos, fils de Sphodrias, qui, dit-on, tomba trois fois devant le roi, se releva trois fois, et enfin expira en combattant contre les Thébains.

29. Ce fut pour les Lacédémoniens un échec inattendu et pour les Thébains un succès inespéré, tel que jamais n'en avaient connu des Grecs combattant d'autres Grecs. Cependant on ne saurait louer ni admirer le courage de la ville vaincue moins que celui de la ville victorieuse. 2 Xénophon dit qu'il y a dans les propos et les distractions des honnêtes gens, même quand ils boivent du vin et s'amusent, quelque chose de mémorable, et il a raison ; mais il n'est pas moins intéressant, il l'est même davantage d'observer et de contempler chez les honnêtes gens ce qu'ils font et disent dans le malheur en gardant bonne contenance. 3 Il se trouva que la ville était en fête et pleine d'étrangers, car c'étaient les Gymnopédies, et des chœurs étaient en train de concourir au théâtre, quand arrivèrent de Leuctres ceux qui venaient annoncer la nouvelle du désastre. 4 Les éphores comprirent aussitôt que c'en était fait et que leur hégémonie était perdue, mais ils ne permirent pas au chœur de se retirer ni à la ville de rien changer à son air de fête. Ils firent porter aux parents dans leurs maisons les noms des morts, puis ils continuèrent à s'occuper du spectacle et du concours des chœurs. 5 Le lendemain matin, quand la liste des survivants et celle des morts furent bien connues de tout le monde, les pères, les alliés, les parents des morts descendirent à l'agora, où ils se saluaient, le visage radieux, pleins de fierté et de joie, 6 tandis que les proches des survivants, comme s'ils étaient en deuil, restaient au logis avec leurs femmes, et, si l'un d'eux était forcé de sortir, on voyait à son attitude, à sa voix, à son regard qu'il était abattu et humilié. 7 Mais c'étaient surtout les femmes qu'il fallait voir et entendre : celle qui attendait son fils vivant au retour du combat était consternée et muette, tandis que celles dont on avait appris que les fils avaient succombé couraient sur-le-champ dans les sanctuaires, où elles s'abordaient joyeusement en se félicitant les unes les autres.

30. 1 Cependant les alliés faisaient défection, et la plupart des citoyens de Sparte pensaient qu'Épaminondas, fier de sa victoire, allait envahir le Péloponnèse. Alors le souvenir des oracles relatifs à la claudication d'Agésilas revint à l'esprit de beaucoup, qui furent pris d'un profond découragement, épouvantés d'avoir négligé l'avertissement des dieux ; on pensait que, si les affaires de la ville allaient si mal, c'est parce qu'on avait écarté du trône celui qui était ingambe pour choisir un boiteux, un estropié, ce dont la divinité leur avait recommandé de se préoccuper et de se garder avant tout. 2 Et pourtant, à cause du crédit dont Agésilas jouissait par ailleurs, à cause aussi de sa valeur et de sa gloire, Sparte l'employait non seulement comme roi et général à la guerre, mais encore comme arbitre et médecin dans les difficultés politiques. Ainsi, ceux qui s'étaient montrés lâches au combat et que les Lacédémoniens appellent des « trembleurs » étaient nombreux et influents, et l'on hésitait à les frapper de la dégradation civique, comme l'ordonnaient les lois, de peur qu'ils ne fissent une révolution. 3 En effet, non seulement les gens de cette sorte sont exclus de toute magistrature, mais l'on considère comme honteux de donner à l'un d'eux ou d'en recevoir une épouse. Qui les rencontre peut les frapper à volonté. 4 Ils doivent se résigner à sortir dans une tenue indigne et sale, à porter des manteaux rapiécés et de couleur sombre, à ne se raser qu'une partie de la barbe en laissant pousser le reste. 5 Il était donc grave de laisser dans la ville un si grand nombre de ces gens-là, et cela alors qu'on avait besoin de beaucoup de soldats. On choisit Agésilas comme interprète des lois. 6 Et lui, sans rien ajouter ni retrancher, sans rien changer aux dispositions légales, se présenta devant l'assemblée des Lacédémoniens et déclara : « Il faut aujourd'hui laisser dormir les lois, mais à partir de demain elles reprendront tout leur pouvoir à jamais. » C'est ainsi qu'il conserva à la cité ses lois et aux citoyens leur honneur. 7 Puis, voulant arracher les jeunes gens à leur découragement et à leur abattement, il envahit l'Arcadie, mais se garda très soigneusement d'engager la bataille avec les ennemis. Il prit aux Mantinéens une bourgade, et, par cette incursion sur leur territoire, il allégea les soucis de la ville et lui rendit l'espérance et la joie, en donnant à penser que sa situation n'était pas tout à fait désespérée.

31. 1 Après quoi Épaminondas entra en Laconie avec ses alliés. Il n'avait pas moins de quarante mille hoplites ; 2 et beaucoup de soldats d'infanterie légère, et même de gens sans armes qui le suivaient pour piller, faisaient monter ses effectifs à soixante-dix mille hommes au total, qui s'abattirent et déferlèrent sur la Laconie. 3 Il y avait au moins six cents ans que les Doriens occupaient Lacédémone, et depuis tout ce temps, c'était la première fois que l'on voyait des ennemis dans le pays ; jusque-là personne ne s'était risqué à y pénétrer. Les envahisseurs foulèrent cette terre inviolée et intacte ; ils allumèrent des incendies et pillèrent jusqu'au fleuve, personne ne sortant de la ville contre eux. 4 Agésilas en effet ne permit pas aux Lacédémoniens d'aller combattre un pareil flot, un pareil ouragan de guerre, selon l'expression de Théopompe. Il avait dispersé ses hoplites dans les positions centrales et les plus importantes de la ville, et il supportait avec sang-froid les menaces et les vantardises des Thébains, qui le défiaient nommément et le pressaient de combattre pour son pays, dont il avait causé les maux en suscitant la guerre. 5 Agésilas n'était pas moins inquiet de l'agitation de la ville, des cris, des allées et venues des vieillards, épouvantés de ce qui se passait, et des femmes, qui ne pouvaient se tenir tranquilles et qui perdaient la tête devant les clameurs des ennemis et les feux qu'ils allumaient. 6 Ce qui le chagrinait aussi, c'était l'opinion qu'on avait de lui : il avait reçu la ville au comble de la grandeur et de la puissance, et il la voyait déchue de son rang, en même temps que se trouvait rabaissée la fierté qu'il avait souvent montrée lui-même en disant que jamais femme laconienne n'avait aperçu de fumée ennemie. 7 On rapporte pareillement qu'Antalcidas, dans une discussion sur le courage avec un Athénien qui lui disait : « Tout de même, nous vous avons chassés plus d'une fois du Céphise », repartit : « Mais nous, nous n'avons jamais eu à vous chasser de l'Eurotas. » 8 C'est à peu près la même réplique qu'un Spartiate des plus obscurs fit à un Argien qui lui disait : « Beaucoup des vôtres sont enterrés en Argolide. » « Aucun des vôtres ne l'est en Laconie », riposta le Spartiate.

32. 1 On rapporte qu'alors Antalcidas, qui était éphore, fit passer secrètement ses enfants à Cythère pour les mettre en sûreté, tellement il avait peur ! 2 Agésilas, voyant les ennemis essayer de franchir le fleuve pour foncer sur la ville, abandonna toutes ses positions, sauf celles du centre et des hauteurs, en avant desquelles il rangea ses troupes en ordre de bataille. 3 À ce moment, l'Eurotas, grossi par des chutes de neige, était à son plus haut niveau, et la température de l'eau, plus encore que la violence du courant, rendait la traversée pénible et difficile pour les Thébains. 4 Comme Épaminondas marchait en tête de sa phalange, on le montra à Agésilas. Celui-ci, dit-on, le regarda longuement et, après l'avoir suivi des yeux, il ne prononça que cette seule parole : « Voilà donc l'homme des grandes entreprises ! » 5 Épaminondas brûlait du désir de livrer bataille dans la ville et d'y dresser un trophée, mais, ne pouvant décider Agésilas à sortir pour accepter son défi, il revint sur ses pas et recommença à ravager le pays. 6 Cependant il y avait à Lacédémone des gens qui depuis longtemps couvaient de mauvais desseins. Ils se rassemblèrent alors au nombre d'environ deux cents et s'emparèrent de l'Issorion, où se trouve le sanctuaire d'Artémis, position bien close et difficile à forcer. 7 Les Lacédémoniens voulaient aller les en déloger sur-le-champ, mais Agésilas, craignant la révolution, leur ordonna de rester tranquilles, et lui-même, en simple manteau, avec un seul serviteur, s'approcha d'eux en criant : « Vous avez mal compris mon ordre ; ce n'est pas là que je vous ai dit de vous réunir, ni tous ensemble, mais les uns devaient aller là-bas (et, du doigt, il leur montrait où), et les autres à un autre endroit de la ville. » 8 Ces gens se réjouirent de l'entendre parler ainsi, pensant qu'il ne savait rien de leur complot ; ils se dispersèrent et gagnèrent les postes qu'il leur avait indiqués. 9 Quant à lui, il fit venir aussitôt d'autres troupes pour occuper l'Issorion, puis il ordonna d'arrêter une quinzaine de conjurés, qui furent mis à mort pendant la nuit. 10 On lui dénonça ensuite une conspiration plus importante, celle d'un groupe de Spartiates qui tenait des réunions clandestines dans une maison pour préparer une révolution. Au milieu d'une telle agitation, il était aussi difficile de les juger que de négliger leurs menées. 11 Après en avoir délibéré avec les éphores, Agésilas les fit mettre à mort, eux aussi, sans jugement, bien que jusque-là aucun Spartiate n'eût été exécuté sans avoir comparu en justice. 12 Voyant, d'autre part, qu'un grand nombre des périèques et des hilotes enrôlés dans les rangs de l'armée désertaient pour passer à l'ennemi, ce qui causait un grand découragement, il prescrivit à ses serviteurs de se rendre au point du jour là où dormaient ces transfuges, et de prendre leurs armes pour les cacher, afin qu'on ne pût connaître leur nombre.

13 Certains historiens disent que les Thébains évacuèrent la Laconie quand survint le mauvais temps et que les Arcadiens commencèrent à partir en désordre et à se disperser, après que les envahisseurs furent restés trois mois entiers pendant lesquels ils avaient ravagé la plus grande partie du pays. 14 Mais Théopompe affirme que les béotarques, alors qu'ils avaient déjà résolu de partir, virent arriver un Spartiate nommé Phrixos, qui leur apportait de la part d'Agésilas dix talents pour prix de leur retraite, de sorte qu'en faisant ce qu'ils avaient décidé depuis longtemps, ils auraient en outre reçu de leurs ennemis des frais de route.

33. 1 Je ne sais comment ce détail, ignoré des autres historiens, a pu être connu du seul Théopompe. 2 Mais, si Sparte fut alors sauvée, tous conviennent que le mérite en revient à Agésilas, qui renonça à ses passions innées, l'amour des querelles et l'ambition, pour ne songer qu'à la sauvegarde de l'État. 3 Cependant il ne put relever après la défaite la puissance et la gloire de la cité. Comme il arrive dans un corps sain, mais constamment soumis à un régime trop sévère et trop rigoureux, une seule faute, un seul écart suffit pour faire déchoir la ville de toute sa prospérité, et ce ne fut pas sans raison : 4 l'État spartiate avait été parfaitement réglé pour la vertu, la paix et la concorde ; en y ajoutant des dominations et un empire acquis par la force, et dont Lycurgue pensait qu'une cité n'a aucun besoin pour vivre heureuse, les Spartiates s'égarèrent.

5 Agésilas lui-même avait alors renoncé aux expéditions en raison de son grand âge. Mais son fils Archidamos, ayant reçu de Sicile des secours envoyés par le tyran, remporta sur les Arcadiens la victoire dite sans larmes, parce qu'il ne perdit aucun des siens et tua un grand nombre d'ennemis. 6 Cependant cette victoire prouva au plus haut point l'état de faiblesse de la ville : jusque-là ils considéraient comme si ordinaire et si naturel de vaincre les ennemis qu'ils immolaient seulement aux dieux, dans la ville, en reconnaissance de la victoire, un coq, que les combattants ne prenaient pas de grands airs et que ceux qui apprenaient la nouvelle n'exultaient point de joie ; 7 même après la bataille de Mantinée, que Thucydide a racontée, les magistrats se contentèrent de faire porter à celui qui annonça la victoire une portion de viande du repas commun pour sa bonne nouvelle, et rien d'autre. 8 Cette fois, au contraire, quand on apprit l'issue de la bataille et qu'Archidamos arriva près de la ville, personne ne sut se contenir : son père, le premier, alla au-devant de lui, pleurant de joie, et, derrière lui, les magistrats ; les vieillards et les femmes descendirent en foule jusqu'au fleuve, en levant les bras et en remerciant les dieux, comme si Sparte avait effacé les indignes affronts subis par elle, comme

si elle revoyait briller l'éclat de son antique prestige. Car, avant cette journée, les hommes, dit-on, n'osaient même plus regarder en face leurs femmes, tant ils avaient honte de leurs défaites !

34. 1 Comme Épaminondas rebâtissait Messène et que, de tous côtés, les anciens habitants y affluaient, les Lacédémoniens n'osèrent pas prendre les armes et ne purent s'y opposer. Mais ils étaient mécontents et fâchés contre Agésilas, parce qu'ils avaient perdu sous son règne un pays aussi peuplé que la Laconie et le premier de la Grèce pour la qualité de la terre, après tant d'années de possession et d'exploitation. 2 C'est pourquoi, lorsque les Thébains offrirent la paix, Agésilas la refusa. Il ne voulait pas leur céder, par sa parole, un territoire qu'ils occupaient en fait. Pourtant, son obstination ne lui fit pas recouvrer la Messénie, et même il faillit perdre en outre Sparte en se laissant tromper par une manœuvre de l'ennemi. 3 En effet, les Mantinéens s'étaient à nouveau séparés des Thébains et avaient appelé à eux les Lacédémoniens ; Épaminondas, informé qu'Agésilas avait quitté Sparte avec une armée et qu'il approchait, décampa nuitamment de Tégée à l'insu des Mantinéens et conduisit son armée vers Lacédémone elle-même ; il avait pris un chemin différent de celui d'Agésilas, et peu s'en fallut qu'il ne prît d'emblée la ville privée de défenseurs. 4 Mais Euthynos de Thespies, selon Callisthène, ou, au dire de Xénophon, un Crétois avertit Agésilas, et celui-ci envoya en toute hâte un cavalier aux habitants de la ville pour les prévenir ; lui-même peu après regagna Sparte. 5 Les Thébains, de leur côté, ne tardèrent pas à franchir l'Eurotas et à attaquer la cité. Agésilas la défendit avec une extrême vigueur, en dépit de son âge, 6 car il vit que ce n'était plus, comme la première fois, le moment de se montrer prudent et circonspect, mais que les circonstances exigeaient l'audace et le courage du désespoir ; ces moyens auxquels, le reste du temps, il ne s'était jamais fié et qu'il n'avait pas employés furent alors les seuls dont il usa pour écarter le danger. Il arracha ainsi la ville aux mains d'Épaminondas, dressa un trophée, 7 et fit voir aux enfants et aux femmes que les Lacédémoniens payaient magnifiquement à leur patrie le salaire de leur éducation. Un de ceux qui se distinguèrent le plus fut Archidamos ; il combattit brillamment et se surpassa grâce à l'énergie de son âme et à l'agilité de son corps ; il courait vivement par les rues étroites aux points où la mêlée était la plus serrée, et partout, avec une poignée d'hommes, tenait l'ennemi en échec. 8 Quant à Isadas, le fils de Phœbidas, il offrit, je crois, non seulement aux citoyens, mais encore aux adversaires, un splendide et admirable spectacle : 9 remarquable par sa beauté et par sa haute taille, il avait la grâce de cet âge en fleur où l'on passe de la classe des enfants à celle des hommes ; nu, sans manteau et sans armes défensives, le corps frotté d'huile, une lance dans une main et une épée dans l'autre, il bondit hors de sa maison, se poussa à travers les combattants et fut bientôt au milieu des ennemis, frappant et renversant tous ceux qui se présentaient. 10 Il ne reçut aucune blessure, soit qu'un dieu le protégeât à cause de sa vaillance, soit qu'il apparût aux adversaires comme un être d'exception, supérieur à l'humanité. 11 On dit que les éphores, pour cette prouesse, lui décernèrent une couronne, puis lui infligèrent une amende de mille drachmes pour avoir osé affronter le danger sans cuirasse.

35. 1 Quelques jours plus tard eut lieu la bataille de Mantinée. Épaminondas avait déjà enfoncé les premiers rangs et pressait encore l'ennemi en hâtant la poursuite, lorsque le Laconien Anticratès l'attaqua et le frappa de sa lance, suivant le récit de Dioscoride, mais les Lacédémoniens appellent aujourd'hui encore Machaerions les descendants d'Anticratès, qui lui aurait donc donné un coup d'épée (*machaera*). 2 Ils eurent pour Anticratès tant d'admiration et d'affection, en raison de la crainte que leur inspirait Épaminondas vivant, qu'ils lui votèrent honneurs et présents, et qu'ils accordèrent à sa postérité l'exemption de tout impôt, privilège dont jouit encore de nos jours Callicratès, un de ses descendants. 3 Après la bataille et la mort d'Épaminondas, les Grecs firent la paix entre eux, mais Agésilas tint à exclure du serment les Messéniens, sous prétexte qu'ils n'avaient pas de cité. 4 Comme tous les autres peuples les avaient admis dans le traité et avaient reçu leurs serments, les Lacédémoniens firent bande à part et continuèrent seuls la guerre, dans l'espoir de reconquérir la Messénie. 5 Dès lors Agésilas eut la réputation d'un homme violent, entêté et insatiable de guerres, qui mettait tout en œuvre pour saper et détruire les accords des Grecs entre eux, 6 et qui, d'autre part, faute d'argent, était contraint d'importuner les amis qu'il avait dans la ville en leur faisant des emprunts et en exigeant d'eux des contributions ; il aurait dû, au contraire, débarrasser des maux de la guerre ses concitoyens, puisque le cours des circonstances lui en avait fourni l'occasion, et non pas, après avoir complètement perdu un si vaste empire, tant de villes et la domination sur la terre et sur la mer, s'agiter vainement pour récupérer les avantages et les revenus que procurait la Messénie.

En Égypte. – **36.** 1 Il se fit encore plus mal juger lorsqu'il se mit au service, comme général, de l'Égyptien Tachôs. 2 On s'indignait qu'un homme considéré comme le meilleur de la Grèce, et qui avait rempli le monde de sa renommée, prêtât à un barbare, rebelle au Grand Roi, sa personne et son nom, et lui vendît sa gloire pour de l'argent, en jouant le rôle d'un mercenaire et d'un chef de bande. 3 Même si, âgé de plus de quatre-vingts ans et le corps tout criblé de blessures, il avait recommencé sa belle et célèbre expédition pour la liberté de la Grèce, une telle ambition n'aurait pas paru à l'abri de tout reproche, 4 car ce qui est beau a son temps propre et sa saison, ou plutôt, d'une manière générale, la mesure fait la supériorité des belles actions sur les laides. 5 Agésilas n'avait pas de tels scrupules et pensait qu'aucun service public n'était inférieur à sa dignité ; il jugeait plutôt indigne de lui de vivre dans la ville sans rien faire et de rester oisif à attendre la mort. 6 Aussi rassembla-t-il des mercenaires avec l'argent que Tachôs lui avait envoyé, et, ayant équipé des navires, il prit le large ; il emmenait avec lui trente conseillers spartiates, comme lors de sa première expédition.

7 Lorsqu'il eut abordé en Égypte, aussitôt les plus importants des officiers et des fonctionnaires royaux vinrent à son navire pour lui rendre hommage. 8 Les autres Égyptiens aussi étaient pleins d'une grande attente et d'un vif empressement, et ils accouraient tous pour le contempler. 9 Mais, quand on vit qu'il n'y avait là aucun apparat, aucun éclat, mais seulement, couché dans l'herbe près de la mer, un vieillard chétif et de petite taille, couvert d'un manteau rude et commun, on se mit à rire et à plaisanter, en disant que cela ressemblait à la fable de la montagne en travail qui accouche d'une souris. 10 On fut encore plus étonné de sa bizarrerie, lorsqu'on lui apporta, pour les lui offrir, les présents de bienvenue ; il accepta bien la farine, les veaux et les oies, mais il refusa friandises, gâteaux et parfums, et, comme on insistait et qu'on voulait le forcer à les prendre, il dit à ceux qui lui présentaient ces cadeaux de les donner à ses hilotes. 11 Cependant Théophraste rapporte que le papyrus qui sert à faire les bandelettes lui plut beaucoup à cause de sa finesse et de sa pureté, au point qu'il en demanda au roi et en emporta lors de son départ.

37. 1 Pour le moment, il prit contact avec Tachôs, qui préparait son expédition, mais, au lieu d'être nommé chef de toute l'armée, comme il l'espérait, il ne reçut que le commandement des mercenaires. L'Athénien Chabrias fut mis à la tête de la flotte, le chef suprême étant Tachôs lui-même. 2 Ce fut pour Agésilas une première déception ; une autre lui vint de la vanité et de la forfanterie de l'Égyptien, qu'il était contraint de supporter. Il s'embarqua avec lui pour la Phénicie, se résignant, en dépit de sa dignité et de son naturel, à plier devant lui, jusqu'au jour où une occasion s'offrit de rompre. 3 Nectanébis, cousin de Tachôs, qui avait sous ses ordres une partie de l'armée, se révolta contre le roi ; proclamé lui-même roi par les Égyptiens, il envoya demander à Agésilas de se joindre à lui, et il adressa la même invitation à Chabrias, en leur promettant à tous deux d'importantes gratifications. 4 Tachôs, l'ayant appris, les supplia de rester avec lui, et Chabrias essaya de retenir Agésilas dans l'amitié de Tachôs par la persuasion et les remontrances. 5 Agésilas lui répondit : « Toi, Chabrias, tu es venu ici de toi-même et tu peux agir à ta guise, mais, moi, c'est ma patrie qui m'a donné pour général aux Égyptiens. 6 Il serait donc mal de ma part de combattre ceux à qui j'ai été envoyé comme allié, sauf si ma patrie me donne de nouveaux ordres. » 7 Cela dit, il envoya des émissaires à Sparte pour se plaindre de Tachôs et vanter Nectanébis. 8 Les deux rois aussi envoyèrent chacun plaider leur cause à Lacédémone, l'un comme allié et ami de longue date, l'autre promettant de montrer encore plus de zèle et de dévouement pour la cité. 9 Les Lacédémoniens, ayant entendu les ambassadeurs, répondirent ouvertement aux Égyptiens de s'en remettre sur ce point à Agésilas, et ils lui écrivirent à lui de voir comment il devait agir dans l'intérêt de Sparte. 10 Agésilas emmena alors ses mercenaires et passa du camp de Tachôs dans celui de Nectanébis, en prenant comme prétexte l'intérêt de la patrie pour une conduite aussi étrange et stupéfiante. En effet, ce prétexte enlevé, le nom le plus exact pour qualifier une telle attitude était celui de trahison. 11 Mais les Lacédémoniens, qui mettent au premier rang de leurs devoirs l'intérêt de la patrie, n'apprennent ni ne connaissent d'autre justice que ce qu'ils croient favorable à la grandeur de Sparte.

38. 1 Tachôs, isolé par la défection de ses mercenaires, prit la fuite ; mais, de Mendès, un autre prétendant s'éleva contre Nectanébis et se fit proclamer roi, puis, ayant rassemblé cent mille hommes, il entra en campagne. 2 Comme Nectanébis, pour rassurer Agésilas, lui disait : « Les ennemis sont nombreux, mais ce n'est qu'un ramassis d'ouvriers que leur inexpérience permet de dédaigner », 3 Agésilas répondit : « Ce n'est pas leur nombre que je crains, mais leur inexpérience et leur ignorance, qui les rendent difficiles à tromper. 4 Car les ruses ne déroutent que ceux qui songent à se défendre contre telle ou telle manœuvre qu'ils soupçonnent et attendent ; au contraire, celui qui ne prévoit rien et ne prête à l'ennemi aucune intention ne donne point de prise à qui veut l'égarer, tout comme, à la lutte, un adversaire qui ne bouge pas ne permet pas la feinte. » 5 Cependant l'homme de Mendès envoya sonder Agésilas. Alors Nectanébis prit peur, et, comme Agésilas le pressait de livrer bataille au plus vite et de ne pas laisser traîner la guerre en longueur contre des gens sans expérience militaire, mais qui disposaient de bras assez nombreux pour envelopper ses troupes, les entourer de tranchées, les devancer et les prévenir sur plusieurs points, Nectanébis n'en devint que plus soupçonneux et plus craintif, et il se retira dans une ville bien fortifiée par une vaste enceinte. 6 Agésilas était indigné de tant de méfiance et en éprouvait du ressentiment, mais, comme il avait honte de faire à nouveau défection pour passer dans le camp de l'autre prétendant, ou de s'en aller sans avoir absolument rien fait, il le suivit et entra avec lui à l'intérieur des remparts.

39. 1 Les ennemis survinrent et creusèrent des tranchées autour de la ville. Alors l'Égyptien, pris d'une peur nouvelle en se voyant assiégé, voulut livrer bataille, et les Grecs partageaient son ardeur, car il n'y avait pas de vivres dans la place. 2 Agésilas, loin d'approuver ce projet, s'y opposa, ce qui empira encore sa réputation chez les Égyptiens, qui l'accusaient de trahir le roi ; mais à présent il supportait plus patiemment les calomnies, et il épiait l'occasion d'une ruse de guerre. Voici ce qu'il en était : 3 les ennemis creusaient au-dehors, autour du rempart, un fossé profond, dans l'intention de les cerner complètement. 4 Quand les deux tronçons de ce fossé furent près de se rejoindre et d'encercler entièrement la ville, Agésilas attendit que le soir fût tombé, ordonna aux Grecs de s'armer et alla trouver l'Égyptien : « Jeune homme, dit-il, voici venu le moment du salut. Si je ne t'en ai pas parlé plus tôt, c'était par crainte de tout compromettre avant l'heure. 5 Les ennemis eux-mêmes ont travaillé de leurs mains à notre sûreté en creusant cet immense fossé : la partie qui est terminée les empêche de profiter de l'avantage du nombre, et la partie inachevée nous permet de les combattre sur un juste pied d'égalité. Allons ! mets maintenant tout ton zèle à te comporter en homme de cœur : suis-nous au pas de course et sauve à la fois ta personne et ton armée ! 6 Les ennemis que nous attaquerons de front ne soutiendront pas le choc, et les autres, à cause du fossé, ne pourront nous faire aucun mal. » 7 Nectanébis, admirant l'habileté d'Agésilas, se plaça au milieu des troupes grecques et s'élança avec elles sur les ennemis qui se trouvaient en face ; il les mit aisément en déroute. 8 Une fois qu'il eut regagné la confiance de Nectanébis, Agésilas eut recours de nouveau au même genre de stratagème, comme il arrive à ceux qui pratiquent la lutte, pour battre l'adversaire. 9 Tantôt fuyant et attirant les ennemis sur ses pas, tantôt tournant autour d'eux, il amena leur multitude en un endroit bordé sur deux côtés par un canal profond ; il barra l'intervalle en l'occupant avec le front de sa phalange ; il eut ainsi sur ce point un nombre de combattants égal à celui des adversaires, qui étaient hors d'état de le contourner et de l'encercler. 10 Aussi, après une résistance assez brève, ils prirent la fuite ; beaucoup furent tués, tandis que les autres se dispersaient en se sauvant de tous les côtés.

***La mort.* – 40.** 1 Dès lors, les affaires de l'Égyptien prirent un heureux cours, et sa sécurité se trouva solidement affermie. Il donna à Agésilas des témoignages de sa reconnaissance et de son affection, et le pria de rester et de passer l'hiver auprès de lui. 2 Mais Agésilas avait hâte de rejoindre son pays, qui était en guerre, sachant que la ville avait besoin d'argent et devait entretenir ses mercenaires. Nectanébis le laissa donc partir, en l'entourant d'honneurs et de splendides marques d'amitié : il le combla de distinctions et de présents, et lui donna en outre, pour la guerre, deux cent trente talents d'argent. 3 Comme l'hiver était venu, Agésilas dut toucher terre avec ses vaisseaux sur la côte de Libye, en un endroit désert qu'on appelle le port de Ménélas. C'est là qu'il mourut, âgé de quatre-vingt-quatre ans, après avoir régné quarante et un ans sur Sparte et avoir été pendant plus de trente ans le plus grand et le plus puissant des Grecs, et, jusqu'à la bataille de Leuctres, considéré comme le chef et le roi de presque toute la Grèce. 4 Les Lacédémoniens ont coutume, lorsqu'un des leurs meurt à l'étranger, de célébrer ses funérailles sur place et de l'y laisser, sauf pour les rois, dont on ramène le corps au pays. Les Spartiates qui accompagnaient Agésilas, n'ayant pas de miel, enduisirent de cire son cadavre et le ramenèrent ainsi à Lacédémone.

5 La royauté revint après lui à son fils Archidamos et demeura dans sa famille jusqu'à Agis, que Léonidas fit périr alors qu'il tentait de rétablir les anciennes institutions de Sparte ; Agis était le cinquième descendant d'Agésilas.

POMPÉE

Jeunesse (106-83). – **1.** 1 À l'égard de Pompée le peuple romain semble avoir éprouvé dès le début le même sentiment que le Prométhée d'Eschyle à l'égard d'Héraclès lorsque, sauvé par lui, il lui dit : « Je haïssais le père, et je chéris le fils. » 2 Car les Romains ne témoignèrent jamais à aucun autre général une haine aussi violente et aussi sauvage qu'au père de Pompée, Strabo. Vivant, ils le craignaient à cause de la puissance de ses armes (c'était en effet un grand homme de guerre), et, quand il fut mort, frappé de la foudre, ils arrachèrent son corps du lit funèbre sur lequel on l'emportait et le couvrirent d'outrages. 3 En revanche, aucun autre Romain n'obtint une popularité plus grande que Pompée, ni plus précoce, plus forte dans les succès et plus fidèle dans les revers. 4 La haine qu'on avait contre le père provenait d'un seul motif : son insatiable cupidité, mais il y eut plusieurs causes à l'amour qu'on eut pour le fils : la simplicité de son genre de vie, son application au métier des armes, son éloquence persuasive, la loyauté de son caractère, l'affabilité de son abord ; personne n'était capable de solliciter avec moins d'importunité, ni de rendre service à qui l'en priait avec plus de grâce, car, en plus de toutes ses qualités, il savait donner sans arrogance et recevoir avec dignité.

2. 1 Dès le début, son aspect physique contribua beaucoup à prévenir en sa faveur avant même qu'il parlât, car son air aimable s'accompagnait d'une dignité tempérée par la bonté, et, alors qu'il était encore dans la fleur et la fraîcheur de la jeunesse, sa beauté laissait transparaître de bonne heure un caractère imposant et royal. 2 Ses cheveux étaient légèrement relevés en arrière, et la vivacité mobile de ses yeux conférait à son visage une ressemblance plus vantée que réelle avec les portraits du roi Alexandre. 3 Aussi beaucoup de gens lui donnaient-ils ce nom dans son jeune âge, et Pompée ne le refusait point. D'autres, il est vrai, l'appelaient Alexandre pour se moquer de lui. 4 Voilà pourquoi Lucius Philippus, personnage consulaire, alors qu'il plaidait pour lui, dit que l'on ne devait pas trouver extraordinaire qu'étant Philippe, il aimât Alexandre.

5 On racontait que la courtisane Flora conservait jusque dans sa vieillesse un bon souvenir de sa liaison avec Pompée, et disait que, lorsqu'elle avait passé la nuit avec lui, elle ne le quittait jamais sans chagrin. 6 Flora racontait aussi qu'un des familiers de Pompée, Geminius, s'étant épris d'elle, l'importunait de ses sollicitations ; elle repoussait ses avances à

cause de Pompée ; alors Geminius en parla à Pompée, 7 qui la lui céda, mais, à partir de ce moment, Pompée ne la toucha plus et cessa tout rapport avec elle, bien qu'il parût toujours l'aimer ; quant à elle, elle ne supporta pas cette rupture en courtisane, mais elle fut longtemps malade de chagrin et de regret. 8 Or Flora, dit-on, avait tant de charme et était si renommée que Cæcilius Metellus, décorant de statues et de tableaux le temple de Castor et Pollux, fit peindre son portrait et l'y consacra à cause de sa beauté. 9 Cependant, à l'égard de la femme de son affranchi Démétrius, lequel avait joui auprès de lui d'un très grand crédit et avait laissé une fortune de quatre mille talents, il se comporta, contrairement à son caractère, sans bonté ni générosité ; c'est qu'il craignit de paraître céder à sa beauté, qui était célèbre et pour ainsi dire irrésistible. 10 Bien qu'il portât si loin la circonspection et se tînt en garde contre ce genre de tentations, il ne put échapper sur ce point au blâme de ses ennemis : on l'accusa de négliger et d'abandonner souvent les affaires publiques pour complaire aux femmes qu'il avait épousées.

11 Quant à la simplicité et à la frugalité de son genre de vie, on cite le trait suivant. Comme il était malade et manquait d'appétit, son médecin lui prescrivit de manger une grive. 12 On chercha à en acheter, mais en vain (ce n'était pas la saison). Quelqu'un dit qu'on en trouverait chez Lucullus, qui en élevait toute l'année. « Ainsi donc, dit Pompée, si Lucullus n'était pas un gourmet, Pompée ne pourrait vivre ! » Et, envoyant promener son médecin, il se fit servir une nourriture ordinaire. Mais ce fait n'eut lieu que plus tard.

3. 1 Comme il était encore un tout jeune homme et servait sous les ordres de son père contre Cinna, il avait pour camarade et compagnon de tente un certain Lucius Terentius. Celui-ci fut acheté par Cinna et devait tuer Pompée, tandis que d'autres mettraient le feu à la tente du général. 2 On dénonça le complot à Pompée pendant son dîner. Il ne manifesta aucun trouble et même but avec plus d'entrain que d'habitude en adressant à Terentius des paroles aimables. Puis, quand on alla se coucher, il se glissa hors de sa tente sans être aperçu, plaça une garde autour de celle de son père, et ensuite se tint tranquille. 3 Terentius, quand il jugea le moment venu, se leva, tira son épée et, s'approchant du lit de Pompée qu'il croyait couché, porta plusieurs coups dans les couvertures. 4 Il se fit alors un grand soulèvement provoqué par la haine qu'on portait au général ; les soldats, s'apprêtant à déserter, arrachaient les tentes et emportaient les armes. 5 Le général, effrayé par ce tumulte, ne se montra pas, mais Pompée, se plaçant au milieu des soldats, les suppliait en pleurant. Finalement il se jeta le visage contre terre devant la porte du camp et, couché en travers, les larmes aux yeux, il criait à ceux qui voulaient sortir de le fouler aux pieds, si bien que chacun reculait, saisi de honte, et que tous, à l'exception de huit cents hommes, changèrent d'attitude et se réconcilièrent avec leur général.

4. 1 À la mort de Strabo, Pompée eut à soutenir un procès contre l'accusation de vol de fonds publics intenté à son père. 2 Ayant découvert qu'un des affranchis de Strabo, nommé Alexandre, était l'auteur de la plupart de ces détournements, il le dénonça aux magistrats. Mais lui-même fut accusé de posséder des filets de chasse et des livres provenant du butin fait à Asculum. 3 Et, de fait, il avait bien reçu de son père ces objets après la prise d'Asculum, mais il les avait perdus lorsque les sbires de Cinna, à son retour, avaient forcé et pillé sa maison. 4 Au cours des nombreuses escarmouches qui l'opposèrent à son accusateur, il fit preuve d'une vive intelligence et aussi d'une fermeté au-dessus de son âge, qui lui valurent beaucoup de faveur et de réputation. C'est au point que le préteur Antistius, qui présidait le tribunal, se prit d'affection pour Pompée et voulut lui donner sa fille en mariage ; il communiqua son intention aux amis du jeune homme. 5 Pompée accepta, et les accordailles se firent en secret, mais l'affaire ne passa pas inaperçue du public, à cause du zèle d'Antistius. 6 Aussi quand, à la fin, celui-ci proclama la sentence d'acquittement rendue par les juges, la foule, comme sur un mot d'ordre, se mit à pousser le cri que, suivant une vieille coutume, on lance aux nouveaux mariés : « Pour Talasius ! » 7 Voici quelle fut, dit-on, l'origine de cette coutume. Lorsque les Romains du premier rang enlevèrent, pour en faire leurs femmes, les filles des Sabins venues à Rome afin d'y assister à des jeux, on vit des hommes du peuple et des pâtres saisir et emmener une grande et belle jeune fille ; 8 pour empêcher qu'elle ne leur fût arrachée en chemin par un des notables, ils criaient tout en courant : « Pour Talasius ! » Ce Talasius était un homme distingué et bien connu, de sorte que ceux qui entendaient son nom se mirent à applaudir et à crier pour manifester leur approbation et leur joie. 9 Depuis lors, ce mariage ayant été heureux pour Talasius, on répète cette exclamation, en manière de jeu, à l'adresse de ceux qui se marient. 10 Telle est l'explication la plus vraisemblable de celles que l'on donne à propos de Talasius. Quelques jours après la fin de son procès, Pompée épousa Antistia.

5. 1 Il se rendit ensuite au camp de Cinna, mais là, en butte à certaines accusations calomnieuses, il prit peur et se retira secrètement. Comme il ne reparaissait plus, une rumeur courut dans le camp, où l'on dit que Cinna avait fait périr le jeune homme. 2 Alors ceux qui depuis longtemps supportaient difficilement et haïssaient Cinna se jetèrent sur lui. Il s'enfuit, mais, rattrapé par un centurion qui le poursuivait l'épée nue, il tomba à ses genoux et lui offrit son cachet, qui avait une grande valeur. 3 Le centurion lui répondit très brutalement : « Je ne viens pas ici pour sceller un contrat, mais pour punir un tyran impie et criminel », et il le tua. 4 Telle fut la fin de Cinna. Carbo lui succéda à la direction des affaires, qu'il prit en main, et apparut comme un tyran plus stupide encore que le précédent. Le retour de Sylla combla les vœux de la plupart des Romains, qui, en raison de maux présents, considéraient même un changement de maître comme un grand bien. 5 Les malheurs de la ville l'avaient amenée à désespérer de la liberté et à ne souhaiter qu'une servitude plus supportable.

Au service de Sylla (83-78). – 6. 1 Pompée séjournait alors dans le Picenum, région d'Italie où il avait des propriétés et où il se plaisait surtout à cause des relations étroites et amicales qui, de père en fils, unissaient sa famille aux villes de ce pays. 2 Voyant les plus illustres et les meilleurs des citoyens abandonner leurs foyers pour accourir de tous côtés vers le camp de Sylla, comme vers un port de salut, il ne crut pas, lui, devoir s'y rendre à la façon d'un esclave fugitif ou d'un homme qui ne paye pas son écot et qui mendie un secours ; il voulut y arriver glorieusement, en rendant service le premier et en amenant une armée. 3 Il entreprit donc de convaincre et d'entraîner les Picéniens. Ils l'écoutèrent volontiers, et ne prêtèrent pas l'oreille aux émissaires de Carbo. 4 Un certain Vedius ayant dit : « Pompée, à peine sorti de chez le pédagogue, n'a fait qu'un saut pour bondir à la tribune et vous haranguer », ils furent si indignés qu'ils tombèrent sur ce Vedius et le tuèrent sur-le-champ. 5 Alors Pompée, qui n'avait que vingt-trois ans et qui n'avait été nommé général par personne, s'arrogea lui-même le commandement, fit dresser un tribunal sur la place publique d'Auximum, qui était une grande ville, et rendit une sentence ordonnant à deux frères, les Ventidii, hommes du premier rang qui travaillaient pour Carbo contre Sylla, de quitter la ville. Puis il enrôla des soldats, leur nomma des centurions et des tribuns conformément à la règle, et parcourut les villes d'alentour en procédant de même. 6 Tous les partisans de Carbo se retirèrent et lui laissèrent le champ libre ; les autres se joignirent à lui de bonne grâce, si bien qu'en peu de temps il eut levé trois légions complètes. S'étant procuré aussi des vivres, des bagages, des chariots et tout le reste du matériel nécessaire, il conduisit ses troupes à Sylla, sans se presser et sans chercher à se cacher ; au contraire, il s'arrêtait en route pour malmener les ennemis et travaillait à détacher de Carbo tous les pays de l'Italie par lesquels il passait.

7. 1 Trois généraux ennemis à la fois se dressèrent contre lui : Carrinas, Coelius et Brutus. Ils ne l'attaquèrent pas tous ensemble et de face, mais l'encerclèrent avec leurs trois armées, afin de s'emparer de lui. 2 Loin de se laisser effrayer, Pompée réunit toutes ses forces et fondit sur l'un de ces corps d'armée, celui de Brutus. Sa cavalerie, qu'il commandait lui-même, allait en tête. 3 Du côté des ennemis, les cavaliers gaulois s'élancèrent à sa rencontre. Il devança les coups du premier et du plus fort d'entre eux, le frappa de près avec sa lance et l'abattit. Les autres tournèrent le dos et jetèrent ainsi le désordre dans l'infanterie, de sorte que la déroute devint générale. 4 À la suite de cet échec, les généraux se disputèrent et chacun d'eux fit retraite au petit bonheur. Les villes se rendirent à Pompée, estimant que c'était la peur qui avait dispersé ses ennemis. 5 Le consul Scipion marcha à son tour contre lui, mais, avant que les armées fussent à portée de javelot, les soldats de Scipion firent des signes d'amitié à ceux de Pompée et passèrent de leur côté ; Scipion s'enfuit. 6 Enfin Carbo détacha contre lui plusieurs escadrons de cavalerie sur les bords de l'Aesis. Pompée leur résista vigoureusement, les mit en déroute et en les poursuivant les refoula tous dans des lieux difficiles et impraticables aux chevaux. Là, se voyant sans espoir de salut, ils se remirent entre ses mains avec leurs armes et leurs montures.

8. 1 Sylla d'abord n'avait pas été informé de ces événements, mais les premiers échos, les premières nouvelles qu'il en reçut lui firent craindre pour Pompée, qui se démenait contre tant de si grands généraux ennemis, et il marcha à son secours. 2 Pompée, apprenant qu'il approchait, ordonna à ses officiers d'équiper l'armée de toutes pièces et de la disposer de manière qu'elle parût très belle et brillante au général en chef, car il espérait de lui de grands honneurs ; il en obtint de plus grands encore. 3 En effet, dès que Sylla le vit s'avancer avec une armée admirable, formée d'une foule de braves qui se montraient fiers et joyeux de leurs succès, il sauta à bas de son cheval et, après avoir été salué, comme il était naturel, du titre d'*imperator*, il salua Pompée en retour du même nom, alors que personne ne se serait attendu à le voir partager avec un homme jeune et qui n'était pas encore sénateur ce titre pour lequel il faisait la guerre aux Scipions et aux Marius. 4 La suite ne démentit pas ces premiers témoignages d'amitié : il se levait à l'approche de Pompée et ramenait son manteau en arrière de sa tête, ce qu'on le voyait rarement faire pour un autre, bien qu'il eût autour de lui beaucoup d'hommes d'un grand mérite. 5 Cependant Pompée ne se laissa pas exalter par ces marques d'honneur, et, comme Sylla, tout aussitôt, voulait l'envoyer en Gaule, où Metellus, qui avait la charge de ce pays, semblait n'obtenir aucun résultat digne des moyens dont il disposait, il répondit qu'il ne convenait pas d'enlever le commandement à un homme plus âgé et plus renommé que lui-même, mais que, toutefois, si Metellus était d'accord et l'invitait à combattre avec lui et à l'aider, il était prêt à le rejoindre. 6 Metellus ayant accepté et lui ayant écrit de venir, il se rendit en Gaule. Non seulement il y accomplit personnellement d'admirables faits d'armes, mais il raviva et réchauffa l'ardeur et l'audace guerrières de Metellus, que l'âge commençait à éteindre. C'est ainsi, dit-on, que le bronze embrasé et en fusion, versé sur du bronze froid et solide, amollit celui-ci et le fond plus vite que le feu même. 7 Quand un athlète s'est montré le premier parmi ses rivaux et a vaincu glorieusement dans tous les concours d'hommes, on ne tient pas compte de ses succès dans les concours d'enfants et l'on n'en fait pas mention ; de la même manière, les exploits accomplis alors par Pompée, tout merveilleux qu'ils sont en eux-mêmes, se trouvent ensevelis sous le nombre et la grandeur des batailles et des guerres qu'il soutint ensuite, et j'ai craint d'y toucher, car je risquais, si je consacrais beaucoup de temps à ses premières actions, d'en manquer pour les plus importantes et pour les événements qui font le mieux connaître le caractère de ce grand homme.

9. 1 Donc, lorsque Sylla se fut rendu maître de l'Italie et eut été proclamé dictateur, il récompensa tous ses généraux et officiers en les faisant riches, en les élevant à des magistratures, en leur accordant avec empressement et libéralité tout ce que chacun d'eux demandait ; mais, en ce qui concernait Pompée, Sylla, plein d'admiration pour sa valeur et persuadé qu'il serait très utile à ses desseins, voulut à tout prix se l'attacher par un lien de parenté. 2 Sa femme Metella, qui était d'accord, et lui-même décidèrent Pompée à se séparer d'Antistia et à épouser Æmilia, belle-fille de Sylla, née de Metella et de Scaurus, qui était déjà mariée et se trouvait alors enceinte. 3 C'était là un acte de tyran, plus conforme aux intérêts de Sylla qu'aux mœurs de Pompée, que d'amener dans la maison de celui-ci Æmilia enceinte des œuvres d'un autre homme, et d'en chasser indignement et sans pitié Antistia, d'autant plus qu'elle venait d'être privée de son père à cause de son mari. 4 En effet, Antistius avait été égorgé dans le sénat, parce qu'on le croyait du parti de Sylla à cause de Pompée. La mère d'Antistia, témoin de ces malheurs, abandonna volontairement la vie, en sorte que ce suicide s'ajouta à la tragédie du mariage, sans compter qu'Æmilia mourut bientôt en couches dans la maison de Pompée.

10. 1 On apprit ensuite que Perpenna s'était emparé de la Sicile et qu'il avait fait de l'île une base d'opérations pour les survivants du parti opposé à Sylla, que Carbo croisait là-bas avec sa flotte, que Domitius avait envahi la Libye, et que beaucoup d'autres notables exilés, qui avaient échappé aux proscriptions par la fuite, s'étaient réfugiés dans ces pays. 2 Pompée fut envoyé contre eux avec une puissante armée. Perpenna lui abandonna aussitôt la Sicile. Pompée réconforta les villes épuisées et les traita toutes avec bonté, sauf les Mamertins de Messine. 3 Ceux-ci récusaient son tribunal et sa juridiction, sous prétexte qu'une vieille loi romaine interdisait de les juger. « Ne cesserez-vous pas, leur dit Pompée, de nous lire des lois, à nous qui portons l'épée au côté ? » 4 On trouva aussi qu'il insulta de façon inhumaine aux malheurs de Carbo. Car, s'il était contraint, comme il le fut sans doute, de le mettre à mort, il fallait le faire aussitôt après l'avoir pris, et la responsabilité serait tombée sur celui qui en avait donné l'ordre ; 5 mais en faisant amener enchaîné pour le juger devant le tribunal où lui-même siégeait un Romain qui avait été trois fois consul, il souleva la colère et l'indignation de l'assistance ; après quoi il ordonna l'exécution. 6 On dit qu'au moment où on l'emmenait, quand il vit l'épée tirée hors du fourreau, Carbo demanda un instant pour se retirer à l'écart et soulager son ventre qui le tourmentait. 7 Caïus Oppius, l'ami de César, rapporte que Pompée traita aussi Quintus Valerius avec la même inhumanité. 8 Sachant que c'était un savant et un lettré comme il y en a peu, il le prit à part quand il lui fut amené, fit une promenade avec lui, l'interrogea sur ce qu'il désirait savoir et, une fois instruit, ordonna aussitôt à ses licteurs de l'emmener pour le tuer. 9 Mais, quand Oppius parle des amis et des ennemis de César, il convient de n'ajouter foi à ses dires qu'avec beaucoup de circonspection. 10 Si Pompée était obligé de châtier les ennemis les plus en vue de Sylla, quand tout le monde savait qu'ils étaient arrêtés, il laissa échapper les autres autant qu'il le put et il remit même en liberté certains d'entre eux. 11 Il avait résolu de punir la ville d'Himère qui s'était rangée aux côtés des ennemis. L'homme politique Sthénios, ayant demandé la parole, déclara que Pompée agissait contre la justice en laissant échapper le coupable et en perdant ceux qui n'avaient rien fait de mal. 12 Pompée alors l'interrogea : « Qui est le coupable dont tu parles ? » « C'est moi, répondit Sthénios, moi qui ai décidé mes amis par la persuasion et entraîné mes adversaires par la force. » 13 Saisi d'admiration pour sa franchise et sa grandeur d'âme, Pompée fit grâce à lui le premier, puis à tous les autres. 14 Entendant dire que ses soldats se livraient à des désordres au cours de leurs marches, il fit mettre un sceau sur leur épée et châtia ceux qui le rompirent.

11. 1 Tandis qu'il réglait ainsi les affaires de Sicile, il reçut un décret du sénat et une lettre de Sylla lui ordonnant de passer en Libye pour y combattre en force contre Domitius : celui-ci avait rassemblé une armée beaucoup plus nombreuse que celle qu'avait Marius lorsque naguère, passant de Libye en Italie, il avait provoqué la révolution qui l'avait transformé d'exilé en tyran. 2 Pompée fit rapidement ses préparatifs, laissa en Sicile comme gouverneur Memmius, le mari de sa sœur, et prit lui-même la mer avec cent vingt vaisseaux de guerre et huit cents transports, chargés de vivres, d'armes, d'argent et de machines. 3 Quand cette flotte eut abordé, en partie à Utique et en partie à Carthage, sept mille hommes désertèrent du camp des ennemis et passèrent du côté de Pompée. Lui-même disposait de six légions complètes. 4 On raconte qu'il lui arriva alors une aventure plaisante. Quelques soldats, étant, à ce qu'il paraît, tombés sur un trésor, y trouvèrent beaucoup d'argent. La nouvelle s'en étant répandue, tous les autres s'imaginèrent que l'endroit était plein de richesses, déposées là lors des malheurs de Carthage. 5 Pendant plusieurs jours, Pompée ne put rien faire de ses soldats, occupés à chercher des trésors ; il se promenait parmi eux en riant de voir tant de myriades d'hommes fouiller et retourner la plaine. À la fin, désespérant de rien trouver et se jugeant assez punis de leur sottise, ils prièrent Pompée de les emmener où il voudrait.

12. 1 Domitius rangea ses troupes en bataille face à Pompée, derrière un ravin rocailleux et difficile à traverser. Mais, comme une pluie violente, accompagnée de vent, tombait depuis le lever du jour et qu'elle persistait, il renonça à combattre ce jour-là et ordonna la retraite. 2 Pompée, au contraire, saisissant l'occasion, s'avança promptement et traversa le ravin. Les ennemis, par suite du désordre et de la confusion où ils se trouvaient, ne soutinrent pas tous ni également le choc, et les tourbillons du vent leur envoyaient l'averse en pleine figure. 3 Cependant l'ouragan gênait aussi les Romains : ils ne se voyaient pas distinctement les uns les autres, et Pompée lui-même, faute d'être reconnu, faillit périr pour avoir tardé à répondre à un soldat qui lui demandait le mot d'ordre. 4 Enfin ses troupes enfoncèrent les ennemis, en firent un grand carnage (on dit que sur vingt mille hommes il ne s'en échappa que trois mille) et saluèrent Pompée du titre d'*imperator*. 5 Mais il déclara ne pas accepter cet honneur tant que le camp ennemi serait intact ; si donc ils le jugeaient digne de ce nom, ils devaient d'abord détruire ce camp. Ils s'élancèrent aussitôt sur le retranchement. Pompée ôta son casque pour combattre, afin de ne pas courir le même danger que précédemment. Le camp fut pris et Domitius tué. 6 Certaines villes se soumirent aussitôt, d'autres furent emportées de vive force. Il fit prisonniers aussi le roi Hiarbas qui avait combattu avec Domitius, et donna son royaume à Hiempsal. 7 Mettant à profit sa chance et la force de son armée, il envahit la Numidie, avança dans le pays à plusieurs jours de marche et vainquit tous les adversaires qu'il rencontra, ravivant ainsi et fortifiant la crainte des Romains, qui commençait à se perdre chez les barbares. Puis il déclara qu'il ne fallait pas laisser ignorer même aux bêtes sauvages qui vivaient en Libye la force et l'audace des Romains ; 8 aussi passa-t-il quelques jours à chasser les lions et les éléphants. Il n'avait mis, dit-on, que quarante jours en tout pour détruire les ennemis, soumettre la Libye et régler le sort des rois, et il était dans sa vingt-quatrième année.

13. 1 À son retour à Utique, on lui remit une lettre de Sylla, qui lui ordonnait de licencier son armée à l'exception d'une légion, avec laquelle il devait attendre sur place son successeur. 2 Il en fut vivement affecté, mais dissimula sa peine ; ses soldats, au contraire, ne cachèrent pas leur indignation. Ils prièrent Pompée de se montrer, et, tout en insultant Sylla, ils déclarèrent qu'ils ne le laisseraient pas seul et ne lui permettaient pas de se fier au tyran. 3 Tout d'abord Pompée essaya de les adoucir et de les calmer, mais, ne parvenant pas à les persuader, il descendit de son tribunal et rentra sous sa tente, les yeux pleins de larmes. Ils allèrent le chercher à nouveau et le ramenèrent à son tribunal. 4 Une grande partie du jour s'écoula ainsi, eux le pressant de rester en gardant le commandement, lui leur demandant d'obéir et de ne pas se révolter. À la fin, comme ils ne cessaient pas de le supplier avec des cris, il jura qu'il se tuerait plutôt que de subir leur contrainte, et c'est ainsi qu'à grand-peine il les apaisa. 5 La première nouvelle parvenue à Sylla fut que Pompée avait fait défection, et il dit à ses amis : « Décidément, mon destin est de combattre, vieux comme je suis, contre des enfants ! » Il songeait au jeune Marius, qui lui avait donné tant de mal et lui avait fait courir les plus extrêmes dangers. 6 Mais, quand il apprit la vérité et sut que tout le monde se portait au-devant de Pompée avec enthousiasme et lui faisait cortège, il se hâta d'enchérir sur les autres. 7 Il sortit à sa rencontre, l'accueillit avec le plus grand empressement possible, le salua à haute voix du nom de *Magnus* et ordonna à l'assistance de faire de même. Or *Magnus* signifie : grand. 8 D'autres disent que ce fut en Libye que ce titre lui fut donné pour la première fois par son armée tout entière, mais qu'il n'eut de valeur et de portée qu'une fois confirmé par Sylla. 9 Lui-même fut le dernier de tous à se l'attribuer, et ce fut beaucoup plus tard, lorsqu'il eut été envoyé comme proconsul en Espagne contre Sertorius, qu'il commença à signer ses lettres et ses décrets du nom de Pompeius Magnus, à un moment où ce surnom, en raison de l'accoutumance, n'excitait plus l'envie. 10 Aussi serait-il à propos de louer et d'admirer les Romains des anciens temps, qui non seulement récompensaient par de tels titres et de tels surnoms les succès militaires et guerriers, mais en honoraient aussi les actions et les mérites civiques. 11 C'est ainsi que le peuple avait appelé *Maximus*, c'est-à-dire très grand, deux citoyens : Valerius, pour avoir réconcilié le sénat et la plèbe à la suite d'une sédition, — et Fabius Rullus, pour avoir chassé du sénat certains riches, fils d'affranchis, qui y avaient été inscrits.

14. 1 Pompée demanda alors le triomphe. Sylla s'y opposa, parce que la loi accorde cet honneur seulement à un consul ou à un préteur et à nul autre. C'est pour cette raison que le premier Scipion, qui avait remporté en Espagne sur les Carthaginois de plus grandes et plus glorieuses victoires, n'avait pas demandé le triomphe, n'étant ni consul ni préteur ; 2 si Pompée, encore presque imberbe, entrait dans la ville en triomphateur, alors qu'il n'avait pas atteint l'âge d'être sénateur, l'autorité de Sylla et l'honneur accordé à Pompée paraîtraient tout à fait odieux. 3 Voilà ce qu'il dit à Pompée, et il ajouta qu'il ne lui permettrait pas de triompher, qu'il s'y opposerait et qu'il réprimerait son ambition, s'il désobéissait. 4 Mais Pompée ne se laissa pas intimider. Il pria Sylla d'observer que le soleil levant a plus d'adorateurs que le soleil couchant, voulant ainsi lui donner à entendre que sa puissance à lui grandissait tandis que celle de Sylla diminuait et déclinait. 5 Sylla, sur le moment, ne saisit pas ce propos, mais, voyant à l'attitude et à la physionomie de ceux qui l'avaient entendu qu'il les avait plongés dans l'étonnement, il leur demanda de le lui répéter. Quand il sut ce que Pompée avait dit, Sylla, stupéfait d'une telle audace, cria deux fois de suite : « Qu'il triomphe ! » 6 Beaucoup de gens manifestèrent leur désapprobation et leur indignation ; Pompée, voulant, dit-on, les exaspérer davantage, songea à faire son entrée sur un char traîné par quatre éléphants, car il avait ramené de Libye plusieurs de ces animaux, qu'il avait pris aux rois ; mais, la porte s'étant trouvée trop étroite, il dut renoncer à son projet et se rabattre sur les chevaux. 7 Ses soldats, n'ayant pas obtenu autant de gratifications qu'ils en espéraient, manifestaient l'intention de lui créer des ennuis et de faire du tapage ; Pompée déclara qu'il n'en avait cure et qu'il préférait renoncer au triomphe plutôt que de les aduler. 8 Alors Servilius, personnage illustre et qui s'était opposé le plus violemment au triomphe de Pompée, déclara que désormais il voyait en lui un homme véritablement grand et digne du triomphe. 9 Il est évident que, si Pompée l'avait voulu, il aurait alors obtenu facilement d'entrer au sénat, mais il ne s'en soucia pas, poursuivant, comme on dit, la renommée par des voies paradoxales. 10 Il n'aurait pas été surprenant qu'il devînt sénateur avant l'âge légal, mais c'était le comble de la gloire de triompher avant d'être sénateur. 11 Cette circonstance lui valut même auprès de la foule une grande popularité, car le peuple le voyait avec joie demeurer après son triomphe dans la classe des chevaliers.

15. 1 Sylla s'attristait de voir à quel point de gloire et de puissance s'élevait Pompée ; mais il avait scrupule à s'y opposer, et il ne se manifesta pas, sauf en une seule occasion : lorsque Pompée, malgré Sylla et contre sa volonté, fit arriver Lepidus au consulat en appuyant sa candidature et en mettant à son service sa propre popularité, Sylla, ayant aperçu Pompée qui se retirait du Forum avec la foule, lui dit : 2 « Je te vois, jeune homme, joyeux de ta victoire. N'est-ce pas vraiment un bel et noble exploit d'avoir fait proclamer consul, avant Catulus, le meilleur des citoyens, Lepidus, le pire de tous, grâce à la manière dont tu as su disposer le peuple ? Cependant, le moment est venu de ne pas t'endormir et de te montrer vigilant, car tu as fortifié contre toi ton adversaire. » 3 La preuve la plus évidente que Sylla n'était plus bien disposé pour Pompée, c'est le testament qu'il rédigea. Il laissa des legs à tous ses autres amis et institua des tuteurs pour son fils, mais il passa complètement Pompée sous silence. 4 Celui-ci pourtant supporta cet oubli avec beaucoup de modération et d'habileté politique : Lepidus et quelques autres s'opposant à ce qu'on enterrât le dictateur au Champ de Mars et qu'on lui fît des funérailles publiques, Pompée intervint et assura à la fois le calme et la grandeur des obsèques.

16. 1 Dès que Sylla fut mort, la justesse de ses prédictions apparut en pleine lumière : Lepidus, voulant s'approprier le pouvoir du dictateur, n'usa pas de détours ni de faux-semblants ; il prit aussitôt les armes, et tenta de ranimer, pour les grouper autour de lui, les restes depuis longtemps affaiblis de la faction que Sylla n'avait pu détruire complètement. 2 Son collègue Catulus, à qui les éléments les plus purs du sénat et du peuple étaient dévoués, se trouvait alors, par sa réputation de sagesse et de justice, le plus grand des Romains, mais on le jugeait plus propre à l'administration de l'État qu'à la conduite de la guerre, 3 de sorte que la situation elle-même réclamait Pompée. Il n'hésita pas sur la direction à prendre : il se joignit à l'aristocratie et fut nommé chef de l'armée qui devait marcher contre Lepidus. Celui-ci avait déjà soulevé plusieurs régions de l'Italie et tenait la Gaule cisalpine avec ses troupes grâce à Brutus. 4 Pompée, aussitôt arrivé, s'empara facilement de la plupart des villes du pays, sauf de Modène, en Gaule, où il campa un certain temps en face de Brutus, tandis que Lepidus, quant à lui, s'élançait vers Rome et, s'installant à l'extérieur de la ville, demandait un second consulat. La multitude qui l'accompagnait effrayait les Romains à l'intérieur des murs, 5 mais cette peur fut dissipée par une lettre de Pompée annonçant qu'il avait terminé la guerre sans coup férir : 6 Brutus en effet, soit qu'il eût livré de lui-même son armée, soit qu'il eût été trahi par la défection de celle-ci, avait remis sa personne entre les mains de Pompée, puis s'était retiré, suivi d'une escorte de cavaliers, dans une petite ville des bords du Pô, où, le lendemain de son arrivée, Geminius, envoyé par Pompée, le tua. 7 Cet acte suscita contre Pompée une violente réprobation ; en effet, après avoir écrit au sénat, dès que l'ennemi avait commencé à passer de son côté, que Brutus s'était rendu spontanément, il avait envoyé ensuite d'autres lettres dans lesquelles il accusait l'homme qu'il avait fait périr. 8 Ce Brutus était le père de celui qui, avec Cassius, tua César, mais le fils ne ressembla à son père ni par sa conduite à la guerre, ni par son genre de mort, comme on peut le voir dans la biographie que je lui ai consacrée. 9 Quant à Lepidus, chassé d'Italie, il passa aussitôt en Sardaigne, où il tomba malade et mourut de désespoir, non point, comme on le prétend, parce qu'il avait perdu la partie, mais parce qu'un billet tombé entre ses mains lui avait révélé un adultère de sa femme.

Contre Sertorius (78-71). – **17.** 1 Un général qui ne ressemblait en rien à Lepidus occupait à ce moment l'Espagne : c'était Sertorius, qui faisait planer sur les Romains une terrible menace. On eût dit que la maladie des guerres civiles s'était, pour un suprême accès, concentrée dans ce personnage. Il avait anéanti déjà plusieurs généraux de second ordre, et se trouvait alors aux prises avec Metellus Pius, 2 homme brillant, excellent soldat, mais qui, déjà vieux, semblait un peu lent à saisir les occasions qu'offre la guerre et se laissait ainsi arracher l'avantage par la promptitude et la vivacité de Sertorius ; celui-ci l'attaquait à l'improviste à la manière des bandes de brigands et troublait par des embuscades et des encerclements un athlète accoutumé à des batailles régulières et qui commandait une armée pesante et peu mobile. 3 Devant cette situation, Pompée, qui gardait son armée sous ses ordres, s'efforçait de se faire envoyer en renfort à Metellus et ne licenciait pas ses troupes, en dépit des ordres de Catulus, mais restait en armes autour de la ville, alléguant toujours de nouveaux prétextes, jusqu'au jour où on lui attribua ce commandement sur la proposition de Lucius Philippus. 4 On dit même qu'au sénat, en cette circonstance, quelqu'un demandant avec surprise à Philippus s'il croyait qu'il fallait envoyer Pompée en Espagne comme proconsul : « Non pas, répondit Philippus, mais comme tenant lieu des deux consuls », insinuant ainsi qu'il ne faisait aucun cas des consuls alors en charge.

18. 1 Quand Pompée fut arrivé en Espagne, la renommée du jeune chef produisant son effet habituel, il changea les esprits en leur faisant concevoir de nouvelles espérances, et il ébranla en les attirant à lui les peuples qui n'étaient pas très fermement attachés à Sertorius. Celui-ci répandit contre Pompée des propos méprisants : « Je n'aurais besoin, disait-il en manière de sarcasme, que d'une férule et d'un fouet pour corriger cet enfant, si je ne craignais cette vieille femme » (expression qu'il employait pour désigner Metellus). 2 Mais en réalité il se tenait bien sur ses gardes et, par crainte de Pompée, conduisait la guerre avec plus de précautions. Quant à Metellus, ce qui paraissait inimaginable, il se mit à mener une vie relâchée et à s'abandonner tout à fait aux plaisirs ; un grand changement s'était produit subitement en lui et le portait au faste et à la prodigalité. 3 Cette conduite de Metellus, par contraste, valut à Pompée une merveilleuse popularité et un surcroît de gloire, quand on le voyait augmenter encore la frugalité de son régime, qui n'avait pas besoin de grand amendement, Pompée étant par nature tempérant et modéré dans ses désirs. 4 Parmi les diverses vicissitudes de la guerre, celle qui chagrina le plus Pompée fut la prise de Lauro par Sertorius : alors qu'il croyait avoir encerclé l'adversaire et déjà s'en vantait, il s'aperçut soudain que lui-même était cerné de toutes parts, et, craignant alors de bouger, il dut laisser la ville brûler en sa présence. 5 En revanche, il vainquit à Valence Herennius et Perpenna, deux des généraux qui s'étaient réfugiés auprès de Sertorius et qui servaient sous ses ordres ; il leur tua plus de dix mille hommes.

19. 1 Exalté par ce succès et plein de fierté, il marcha en hâte contre Sertorius lui-même, afin que Metellus n'eût point de part à la victoire. 2 C'est près du fleuve Sucro que leurs armées en vinrent aux mains, vers la fin du jour. Les deux chefs craignaient l'arrivée de Metellus, l'un voulant combattre seul, et l'autre contre un seul. 3 L'issue du combat fut douteuse : des deux côtés l'une des ailes fut victorieuse, mais, des deux généraux, c'est Sertorius qui l'emporta, car il mit en déroute les troupes qui lui étaient opposées. 4 Pompée, étant à cheval, fut attaqué par un fantassin de haute taille ; dans la lutte qui s'engagea lorsqu'ils furent aux prises, les coups d'épée tombèrent sur leurs mains à tous deux, mais avec des effets différents : Pompée fut seulement blessé, tandis qu'il trancha la main de son adversaire. 5 D'autres accoururent alors en nombre contre lui, car les Romains à cet endroit étaient déjà en fuite ; il se sauva contre toute espérance en abandonnant aux ennemis son cheval qui portait un frontal d'or et des ornements de grand prix : en luttant les uns contre les autres pour se partager ce riche butin, ils laissèrent Pompée s'échapper. 6 Le lendemain, au point du jour, chacun des deux chefs rangea de nouveau ses troupes en ordre de bataille pour s'assurer la victoire complète, mais, comme Metellus approchait, Sertorius se retira et dispersa son armée. 7 De telles dislocations, suivies de regroupements, n'étaient pas rares, de sorte que souvent Sertorius errait tout seul et souvent reparaissait soudain avec cent cinquante mille hommes, comme un torrent qui se serait subitement rempli.

8 Après la bataille Pompée alla au-devant de Metellus et, quand ils furent l'un près de l'autre, il ordonna d'incliner ses faisceaux devant lui, pour faire honneur à Metellus et reconnaître la supériorité de son rang. 9 Mais Metellus s'y opposa et se montra parfait à tous égards envers Pompée, ne s'attribuant, comme consulaire et comme ancien, d'autre prérogative que de donner, quand ils campaient ensemble, le mot d'ordre à toute l'armée. D'ailleurs le plus souvent ils campaient à part, 10 car l'ennemi, fertile en ruses et habile à se montrer en un instant sur plusieurs points et à les attirer d'un combat à un autre, les séparait et empêchait leur réunion. 11 À la fin Sertorius, leur coupant les vivres, ravageant le pays et étant maître de la mer, les chassa tous les deux de la partie de l'Espagne qu'il dominait et les força à se réfugier, faute de ravitaillement, dans d'autres provinces.

20. 1 Pompée, qui avait employé et dépensé pour la guerre la plus grande partie de sa fortune, demanda de l'argent au sénat, déclarant qu'il retournerait en Italie avec son armée si on ne lui en envoyait pas. 2 Lucullus, alors consul, qui était hostile à Pompée, mais qui briguait pour lui-même la guerre contre Mithridate, se hâta de lui faire adresser l'argent qu'il réclamait, de peur de lui fournir le prétexte qu'il souhaitait pour laisser là Sertorius et se tourner contre Mithridate, adversaire dont la défaite procurerait au vainqueur une gloire éclatante et qui paraissait facile à vaincre. 3 Sur ces entrefaites, Sertorius mourut, traîtreusement assassiné par ses amis. Perpenna, qui avait joué dans l'affaire le rôle capital, essaya de le remplacer ; il disposait des mêmes troupes et des mêmes ressources, mais il n'avait pas autant d'intelligence pour s'en servir. 4 Pompée marcha donc tout de suite contre lui, et, sachant Perpenna irrésolu sur le parti à prendre, il détacha, en manière d'appât, dix cohortes qui avaient ordre de se disperser dans la plaine. 5 Perpenna se tourna contre elles et se mit à les poursuivre. Pompée parut alors avec toutes ses forces, engagea la bataille et remporta une victoire complète. La plupart des chefs ennemis périrent au cours de l'action ; 6 quant à Perpenna, il fut amené devant Pompée, qui le fit mettre à mort, non pas que Pompée fût ingrat et eût oublié les événements de Sicile, comme quelques-uns le lui reprochent, mais en vertu d'une haute pensée et dans une intention salutaire pour l'État. 7 En effet Perpenna, étant entré en possession des archives de Sertorius, montrait des lettres de personnages très influents à Rome qui, dans le dessein de faire une révolution et de changer le régime politique, appelaient Sertorius en Italie. 8 Pompée, craignant de voir ces révélations susciter des guerres aussi terribles que celles qui venaient de prendre fin, fit mourir Perpenna et brûla ces lettres sans même les lire.

Premier consulat (70). – **21.** 1 Il resta ensuite en Espagne le temps nécessaire pour mettre fin aux troubles les plus graves, pour apaiser et éteindre les difficultés les plus brûlantes, puis il ramena son armée en Italie, où il arriva par hasard au plus fort de la guerre des esclaves. 2 Aussi Crassus, qui commandait l'armée, se hâta-t-il témérairement d'engager la bataille ; il l'emporta et tua douze mille trois cents ennemis. 3 Cependant la Fortune mit en quelque sorte Pompée de moitié dans ce succès, car, après le combat, cinq mille fuyards étant tombés sur lui, il les fit tous périr. Alors, prenant les devants, il écrivit au sénat que Crassus avait, il est vrai, vaincu les gladiateurs en bataille rangée, mais qu'il avait, lui, coupé la guerre jusque dans ses racines. 4 Ces mots, les Romains, par affection pour Pompée, se plurent à les entendre et à les répéter. Quant à l'Espagne et à Sertorius, personne n'aurait osé dire, même par plaisanterie, que tout ce qui s'était fait fût l'œuvre d'un autre que Pompée. 5 Cependant à tant d'honneurs et aux espérances que l'on fondait sur lui se mêlaient quelque soupçon et quelque crainte ; on avait peur qu'il ne licenciât pas ses troupes et que, gardant ses armes et accédant seul au pouvoir, il ne marchât tout droit vers la dictature de Sylla. 6 Aussi ceux qui couraient au-devant de lui par affection pour l'acclamer sur la route n'étaient-ils pas plus nombreux que ceux qui le faisaient par crainte. 7 Mais, lorsque Pompée eut détruit ce soupçon en déclarant qu'il licencierait son armée après le triomphe, il ne resta plus à ses envieux qu'un seul grief contre lui : c'est qu'il était plus dévoué au peuple qu'au sénat et qu'il avait résolu de rétablir la dignité du tribunat de la plèbe, renversé par Sylla, et de faire ainsi plaisir au peuple, ce qui était vrai. 8 Car il n'y avait rien à quoi le peuple romain fût plus furieusement attaché, ni qu'il désirât plus vivement revoir que cette magistrature. Aussi Pompée regardait-il comme une heureuse chance l'occasion d'accomplir cet acte politique, sentant bien qu'il n'aurait pu trouver une autre façon de reconnaître l'affection de ses concitoyens, si quelqu'un d'autre s'en était avisé avant lui.

22. 1 On lui vota un second triomphe et le consulat. Mais ce n'est pas par là qu'il parut admirable et grand ; ce qui témoignait surtout de sa gloire aux yeux de tous, c'est que Crassus, le plus riche, le plus éloquent, le plus grand des hommes politiques du moment, qui regardait de haut tout le monde et Pompée lui-même, n'avait pas osé briguer le consulat avant d'avoir demandé l'accord de Pompée. 2 À coup sûr, cette démarche plut à Pompée, qui cherchait depuis longtemps à nouer avec lui des relations amicales. Aussi l'accueillit-il avec empressement, et, lorsqu'il sollicita le peuple, il déclara qu'il ne saurait pas moins gré aux électeurs de le lui donner pour collègue que de le nommer lui-même. 3 Cependant, une fois créés consuls, ils furent en désaccord l'un avec l'autre et se heurtèrent sur tous les points. Au sénat Crassus avait plus d'influence, mais Pompée jouissait d'un grand crédit auprès du peuple, 4 car il lui avait rendu le tribunat, et il laissa passer une loi qui remettait les jugements entre les mains des chevaliers. Mais le spectacle le plus agréable qu'il donna au peuple, ce fut de venir se libérer lui-même du service militaire. 5 En effet, c'est une coutume à Rome que les chevaliers, après avoir servi sous les armes le temps légal, amènent leur cheval au Forum devant deux hommes qu'on appelle les censeurs ; là, quand ils ont énuméré chacun des chefs et des généraux sous lesquels ils ont servi, et rendu compte de leurs campagnes, ils reçoivent leur congé, et l'on distribue à chacun l'honneur ou le déshonneur que mérite sa conduite. 6 À ce moment, les censeurs Gellius et Lentulus siégeaient majestueusement devant leur tribunal, et les chevaliers défilaient en face d'eux pour être examinés, quand on vit descendre vers le Forum Pompée entouré de tout l'appareil de sa charge et conduisant son cheval par la bride. 7 Lorsqu'il fut tout près et se trouva bien en vue, il ordonna aux licteurs d'ouvrir les rangs et amena son cheval devant le tribunal. Le peuple, saisi d'étonnement, gardait un profond silence, et les magistrats, à ce spectacle, étaient remplis de respect et de joie. 8 Puis le plus âgé des censeurs lui dit : « Je te demande, Pompée le Grand, si tu as fait toutes les campagnes exigées par la loi. » Pompée répondit à voix forte : « Je les ai toutes faites, et toutes avec moi-même pour général en chef. » 9 En l'entendant, le peuple se mit à crier, car l'enthousiasme l'empêchait de contenir ses acclamations, et les censeurs, se levant, reconduisirent Pompée jusqu'à sa maison pour faire plaisir aux citoyens qui les suivaient en battant des mains.

23. 1 Comme le consulat de Pompée touchait à son terme et que ses différends avec Crassus ne faisaient que croître, un certain Gaius Aurelius, qui avait rang de chevalier, mais qui vivait en dehors de la politique, monta à la tribune lors d'une assemblée du peuple et déclara : « Jupiter m'est apparu en songe et m'a ordonné d'engager les consuls à ne pas déposer leur charge avant d'être redevenus amis l'un de l'autre. » 2 À ces mots, Pompée resta immobile et garda le silence, tandis que Crassus prenait l'initiative de lui tendre la main et de dire : « Citoyens, je ne crois rien faire de bas ni de vil en cédant le premier à Pompée, que vous avez jugé digne du nom de Grand alors qu'il était encore imberbe, et à qui vous avez décerné deux triomphes avant qu'il ne fît partie du sénat. » 3 Là-dessus ils se réconcilièrent, puis déposèrent leur magistrature.

Après quoi Crassus continua à mener le genre de vie qu'il avait adopté dès le début. Pompée, au contraire, se déroba le plus possible aux plaidoiries qu'on lui proposait, abandonna peu à peu le Forum et ne se montra que rarement en public, mais toujours suivi d'une nombreuse escorte. 4 Il devenait difficile de l'aborder et de le voir en dehors de la foule, tant il aimait à s'entourer d'un cortège important et compact qui lui prêtait un air de solennelle majesté. Il pensait qu'il devait garder sa dignité à l'abri du contact et des familiarités de la multitude. 5 Et, de fait, le port de la toge risque de faire oublier la gloire de ceux qui sont devenus grands par les armes et qui ne peuvent s'adapter à l'égalité démocratique. Ils prétendent être les premiers à la ville comme aux camps, tandis que ceux qui n'ont joué à la guerre qu'un rôle secondaire ne peuvent se résigner à n'avoir pas davantage en temps de paix ; 6 c'est pourquoi, lorsque ceux-ci trouvent au Forum un homme qui s'est illustré par ses campagnes et ses triomphes, ils veulent le mettre sous leur dépendance et l'abaisser, mais, s'il s'abstient de toute intervention et se retire, ils laissent hors des atteintes de l'envie l'honneur et le crédit que la guerre lui a conférés. C'est ce que les événements eux-mêmes ne tardèrent pas à montrer.

Contre les pirates (67). – **24.** 1 En effet l'activité des pirates, partie d'abord de Cilicie, après des débuts dont la hardiesse passa inaperçue, avait pris une assurance et une audace nouvelles pendant la guerre de Mithridate, où elle s'était mise au service de ce roi. 2 Puis, quand les Romains lors des guerres civiles en vinrent aux mains les uns contre les autres aux portes de Rome, la mer laissée sans surveillance les attira peu à peu de plus en plus loin et ils se mirent non seulement à attaquer les navigateurs, mais à ravager les îles et les villes côtières. 3 Déjà des hommes puissants par leur richesse, de naissance illustre et d'une intelligence estimée supérieure s'engageaient dans la piraterie et prenaient part à ce genre d'expéditions, comme si elles devaient leur apporter honneur et gloire. 4 Il existait en beaucoup d'endroits des mouillages pour les bateaux des pirates et des postes fortifiés de signalisation ; ils ne disposaient pas seulement pour attaquer d'escadres qui, par l'importance des équipages, l'habileté des pilotes, la rapidité et la légèreté des embarcations, étaient bien adaptées à leur tâche : ce qu'il y avait là de redoutable était encore moins affligeant que l'appareil odieusement fastueux de ces mâts dorés, de ces tapis de pourpre, de ces rames plaquées d'argent, comme si les pirates s'enorgueillissaient et étaient fiers de leur malfaisance. 5 Sur tous les rivages, ce n'étaient que musiques de flûtes ou d'instruments à cordes, scènes d'ivresse, enlèvements de grands personnages, prises de villes et rançons exigées d'elles, à la honte de la puissance romaine. 6 Les navires des pirates dépassèrent le nombre de mille, et les cités dont ils s'emparèrent étaient plus de quatre cents. Parmi les sanctuaires jusqu'alors sacrés et inviolables ils attaquèrent et pillèrent ceux de Claros, de Didymes, de Samothrace, le temple de la déesse Chthonienne à Hermioné, ceux d'Asclépios à Épidaure, de Poseidon à l'Isthme, au Ténare et à Calaurie, d'Apollon à Actium et à Leucade, d'Héra à Samos, à Argos et au Lacinium. 7 Ils célébraient eux-mêmes les sacrifices étrangers d'Olympos et pratiquaient des cultes à mystères, dont celui de Mithra, qu'ils ont les premiers fait connaître et qui subsiste aujourd'hui encore. 8 Après tant d'outrages infligés aux Romains, ils allèrent jusqu'à pratiquer le brigandage sur les routes en s'éloignant de la mer et à dévaster les propriétés situées en bordure. 9 Ils enlevèrent même un jour deux préteurs, Sextilius et Bellienus, vêtus de leur robe bordée de pourpre, et avec eux ils emmenèrent leurs serviteurs et leurs licteurs. 10 Ils s'emparèrent aussi de la fille d'Antoine — un homme qui avait eu les honneurs du triomphe — alors qu'elle se rendait à la campagne, et ils ne la relâchèrent que contre une forte rançon. 11 Mais voici quel fut le comble de leur insolence ; quand un de leurs prisonniers s'écriait qu'il était romain et disait son nom, ils simulaient la stupeur et la crainte, ils se frappaient les cuisses et tombaient à ses pieds en implorant son pardon, et lui se fiait à leur posture humble et suppliante. 12 Puis ils le chaussaient à la romaine et lui mettaient une toge, pour éviter, disaient-ils, qu'il ne fût pas reconnu une autre fois. 13 Après s'être ainsi moqués de lui et l'avoir bafoué longtemps, finalement ils jetaient une échelle qui donnait sur la pleine mer et lui enjoignaient de descendre et de partir, accompagné de leurs bons vœux ; s'il refusait, ils le poussaient dans l'eau et le noyaient.

25. 1 Cette piraterie infestait à peu près entièrement toute la mer de nos contrées, qui était ainsi devenue impraticable aux navigateurs et fermée à toute espèce de commerce. 2 C'est cela surtout qui décida les Romains, pressés par le manque de ravitaillement et menacés d'une grande disette, à envoyer Pompée pour arracher la mer aux pirates. 3 Gabinius, un des familiers de Pompée, proposa une loi qui lui donnait non seulement le commandement de la flotte, mais vraiment un pouvoir absolu et une autorité sans contrôle sur le monde entier. 4 Cette loi en effet lui conférait la souveraineté sur mer jusqu'aux colonnes d'Hercule et sur terre en tout lieu situé à moins de quatre cents stades de la côte. 5 Peu de territoires occupés par les Romains se trouvaient en dehors de l'espace ainsi délimité, qui englobait les principaux peuples et les rois les plus puissants. 6 En outre, il avait le droit de choisir lui-même quinze légats dans le sénat pour commander chaque secteur particulier, de prendre au trésor public et à la ferme des impôts tout l'argent qu'il voudrait, et d'équiper une flotte de deux cents vaisseaux, en fixant à sa guise les effectifs et les conditions d'enrôlement des soldats et des rameurs. 7 La lecture de cette proposition fut accueillie par le peuple avec enthousiasme ; mais au sénat les plus grands personnages et les plus influents estimèrent que, si ce pouvoir indéfini et illimité était au-dessus de l'envie, il devait aussi susciter des craintes. 8 Aussi s'opposèrent-ils à la loi, sauf César, qui d'ailleurs, en soutenant ce projet, se souciait fort peu de Pompée, mais voulait dès le début s'insinuer dans les bonnes grâces du peuple et se le concilier. 9 Mais les autres attaquèrent violemment Pompée. L'un des consuls lui ayant dit que, s'il voulait imiter Romulus, il n'éviterait pas d'avoir la même fin que lui, faillit être tué par la multitude. 10 Catulus à son tour s'avança pour faire écarter la loi, et le peuple, qui le respectait, garda un profond silence ; l'orateur parla longtemps de Pompée avec éloge et sans trace de jalousie, puis il conseilla de le ménager et de ne pas exposer un tel homme à des guerres et à des périls continuels. « Qui d'autre aurez-vous, demanda-t-il, si vous perdez celui-ci ? » Le peuple lui répondit d'une seule voix : « Toi-même. » 11 Alors Catulus, renonçant à les persuader, se retira. Roscius voulut intervenir, mais, personne ne l'écoutant, il allongea deux doigts pour signifier qu'il ne fallait pas élire Pompée tout seul, mais lui donner un collègue. 12 On raconte qu'à ce moment le peuple impatienté poussa de telles clameurs qu'un corbeau qui volait au-dessus du Forum en fut étourdi et tomba dans la foule. 13 D'où il apparaît, semble-t-il, que ce n'est point par suite d'une rupture ou d'une déchirure de l'air, produisant un grand vide, que glissent et tombent les oiseaux, mais parce qu'ils sont frappés par la voix comme par un coup lorsque des cris poussés avec force et violence suscitent dans l'air une agitation tumultueuse et une tempête.

26. 1 Alors l'assemblée se sépara. Le jour où l'on devait voter, Pompée se retira discrètement à la campagne, et, quand il apprit que la loi était ratifiée, il rentra dans la ville de nuit, pour éviter l'envie qu'aurait causée l'empressement de la foule à venir à sa rencontre. 2 Au point du jour il parut en public et offrit un sacrifice. Puis il se présenta à l'assemblée du peuple et parvint à obtenir d'elle des moyens d'action très supérieurs à ceux qui avaient déjà été votés, en les portant presque au double. 3 On lui équipa cinq cents vaisseaux et l'on rassembla cent vingt mille fantassins et cinq mille cavaliers. Il choisit dans le sénat des officiers et des légats au nombre de vingt-quatre et s'adjoignit deux questeurs. 4 Le prix des vivres baissa aussitôt, ce qui fit dire au peuple tout joyeux que le nom seul de Pompée avait terminé la guerre. 5 Cependant il divisa l'étendue de la Méditerranée et les diverses mers en treize secteurs, à chacun desquels il assigna une escadre d'une force déterminée et un chef. Puis, grâce à cette flotte dispersée partout en même temps, il encerclait ceux des pirates qu'il rencontrait groupés, les prenait aussitôt en chasse et les poussait vers la terre. 6 Ceux qui avaient réussi à échapper en se séparant des autres à temps se portaient de toutes parts vers la Cilicie, où ils se réfugiaient comme les abeilles retournent à la ruche. Il s'apprêta à les y poursuivre avec ses soixante meilleurs navires. 7 Mais il ne voulut pas partir contre eux avant d'avoir entièrement purgé des brigands qui les infestaient les mers d'Étrurie, de Libye, de Sardaigne, de Corse et de Sicile, ce qu'il fit en quarante jours en tout, en payant inlassablement de sa personne et grâce au zèle de ses légats.

27. 1 Comme, à Rome, le consul Piso, inspiré par la colère et l'envie, cherchait à détruire ses préparatifs et à licencier ses équipages, Pompée envoya sa flotte à Brindes et remonta lui-même vers Rome à travers l'Étrurie. 2 À cette nouvelle, une grande foule de gens se répandit sur sa route, comme s'ils ne lui avaient pas déjà fait cortège peu de jours auparavant ; ce qui causait leur joie, c'était la rapidité inespérée du changement qui avait apporté une extraordinaire abondance de vivres. 3 Aussi Piso risqua-t-il d'être dépouillé du consulat, Gabinius ayant déjà rédigé une motion en ce sens. Mais Pompée s'y opposa, régla tout avec modération et, ayant obtenu ce dont il avait besoin, il descendit à Brindes pour s'y rembarquer. 4 Pressé par le temps, il passa devant la plupart des villes sans s'y arrêter, mais il fit pourtant escale à Athènes. Là, il monta offrir un sacrifice aux dieux et harangua le peuple. Repartant aussitôt après, il put lire des inscriptions en son honneur, formées chacune d'un seul vers, 5 l'une à l'intérieur de la porte de la ville : « Plus tu sais être un homme, et plus tu deviens dieu », et l'autre à l'extérieur : « Nous t'attendions, nous t'adorions, nous t'avons vu, nous t'escortons. » 6 Quelques pirates qui restaient encore groupés et qui erraient en dehors de leurs repaires vinrent le supplier ; il les traita avec indulgence, accepta la reddition de leurs vaisseaux et de leurs personnes et ne leur fit aucun mal. Les bandits qui restaient, en ayant conçu un bon espoir, évitèrent les autres généraux et vinrent se rendre à Pompée avec femmes et enfants. 7 Il les épargna tous, et c'est surtout grâce à eux qu'il dépista ceux qui se cachaient encore ; ceux-là, il les prit et les punit comme des gens qui avaient sur la conscience des crimes impardonnables.

28. 1 Mais la plupart des pirates les plus puissants avaient mis en sûreté leurs familles, leurs richesses et la foule inutile dans des châteaux et des villes fortes de la région du Taurus, et ils montèrent eux-mêmes sur leurs vaisseaux, pour résister à l'attaque imminente de Pompée, près de Coracesium en Cilicie. Le combat s'étant engagé, ils furent vaincus, puis assiégés. 2 Finalement ils envoyèrent demander grâce, et livrèrent leurs personnes en même temps que les villes et les îles qu'ils occupaient et qu'ils avaient si bien fortifiées qu'elles étaient difficiles à prendre et même à approcher. 3 La guerre était ainsi terminée, et les pirates avaient été partout chassés de la mer en trois mois au plus. Pompée avait capturé une quantité de navires dont quatre-vingt-dix armés d'éperons de bronze. 4 Il détenait aussi plus de vingt mille prisonniers ; il ne songea pas un instant à les faire périr, mais il pensa qu'il n'était pas prudent de relâcher, pour les laisser se disperser ou se grouper à nouveau, des gens dont la plupart étaient pauvres et belliqueux. 5 Faisant réflexion que l'homme n'est pas par nature, et dès sa naissance, un être sauvage et insociable, mais que, si la pratique du vice le fait dégénérer contre son naturel, il peut aussi être adouci par des mœurs nouvelles et un changement de lieu et d'existence, puisque les bêtes elles-mêmes, soumises à un régime plus doux, s'apprivoisent en dépouillant leur férocité et leur humeur farouche, il résolut de transférer ces hommes de la mer sur le continent et de leur faire goûter une vie normale, en les habituant à vivre dans des villes et à cultiver la terre. 6 Les bourgades à demi désertes de la Cilicie en accueillirent un certain nombre et se les assimilèrent après avoir reçu un territoire plus grand. Soles venait d'être dépeuplée par Tigrane, roi d'Arménie ; Pompée la releva et y établit beaucoup de pirates. 7 Le plus grand nombre reçut comme résidence une ville d'Achaïe, Dymé, qui était alors vide d'habitants et qui avait une campagne vaste et fertile.

29. 1 Ces mesures furent blâmées par ses ennemis, mais sa conduite à l'égard de Metellus en Crète ne plut pas même à ses meilleurs amis. 2 Ce Metellus, parent de celui qui avait été son collègue en Espagne, avait été envoyé en Crète avant la désignation de Pompée. La Crète en effet, comme nid de pirates, venait tout de suite après la Cilicie. Tous les brigands que Metellus avait pris en grand nombre avaient été exterminés par lui sans pitié. 3 Les survivants, que Metellus assiégeait, envoyèrent demander grâce et appelèrent Pompée dans leur île, qui était soumise à son autorité puisque aucun point n'en était éloigné de la mer au-delà de la distance fixée. Pompée accepte et écrit à Metellus de cesser la guerre. 4 Il écrit de même aux villes de ne plus obéir à Metellus, et il envoie en Crète un de ses lieutenants, Lucius Octavius. Celui-ci pénétra dans les murs des pirates qui étaient assiégés et combattit à leur côté. De la sorte, il rendit Pompée non seulement insupportable et odieux, mais ridicule aussi, quand on le voyait prêter son nom à des impies, à des athées et les entourer de sa gloire comme d'un talisman protecteur, tout cela par jalousie et haine envers Metellus. 5 Car, pensait-on, Achille lui-même n'agit pas comme un homme, mais à la façon d'un jeune sot follement épris de renommée, lorsqu'il fit signe aux autres guerriers qu'il leur interdisait de frapper Hector,

> Craignant que, de l'atteindre, un autre n'eût la gloire
> En ne lui laissant rien qu'un rôle de comparse.

6 Pompée, lui, alla jusqu'à vouloir sauver les ennemis publics en combattant pour eux, afin de priver des honneurs du triomphe un général qui s'était donné tant de peine. 7 Cependant Metellus ne céda pas : il s'empara des pirates et les châtia ; quant à Octavius, il l'accabla dans son camp d'insultes et d'outrages, puis il le congédia.

Contre Mithridate (66-63). – **30.** 1 Quand on eut annoncé à Rome que la guerre des pirates avait pris fin et que Pompée, n'ayant plus rien à faire, passait son temps à visiter les villes, un des tribuns de la plèbe, Manilius, rédigea un projet de loi qui attribuait à Pompée tous les pays et toutes les forces armées que Lucullus commandait, en y joignant la Bithynie qui était aux mains de Glabrio, ainsi que la conduite de la guerre contre les rois Mithridate et Tigrane, avec la disposition de la flotte et la domination de la mer dans les conditions auxquelles il les avait initialement reçues. 2 C'était en somme remettre l'Empire romain entre les mains d'un homme unique, car les seules provinces qui semblaient lui avoir échappé aux termes de la première loi : Phrygie, Lycaonie, Galatie, Cappadoce, Haute-Cilicie, Colchide, Arménie, lui étaient toutes affectées avec les camps et les troupes dont Lucullus avait disposé pour vaincre Mithridate et Tigrane. 3 Que Lucullus fût ainsi dépouillé de la gloire de ses hauts faits et qu'on lui donnât un successeur pour célébrer le triomphe plutôt que pour faire la guerre, cette considération n'était que secondaire aux yeux des nobles, en dépit de leur conviction que Lucullus était victime d'une injustice et de l'ingratitude du peuple, mais ce qu'ils avaient peine à supporter, c'était la puissance de Pompée qui se constituait en tyrannie. Aussi s'encourageaient-ils et s'exhortaient-ils entre eux à faire opposition au projet de loi et à ne pas sacrifier la liberté. 4 Cependant, le moment venu, la peur du peuple les fit renoncer à leur dessein, et la plupart gardèrent un silence complet. Catulus, lui, après avoir vivement combattu le projet de loi et le tribun, voyant qu'il ne persuadait personne, se mit à crier plusieurs fois du haut de la tribune en engageant les sénateurs à chercher, comme leurs ancêtres, un mont, une roche escarpée où ils se réfugieraient pour sauver la liberté. 5 La loi fut pourtant votée par les tribus unanimes, dit-on, et Pompée absent fut investi de presque tous les pouvoirs que Sylla avait conquis par la guerre et les armes en s'emparant de la ville. 6 Quand il reçut la lettre et prit connaissance de ce qui avait été décidé, on raconte qu'en présence de ses amis qui le félicitaient, il fronça les sourcils, se frappa la cuisse et s'écria, comme si le pouvoir désormais lui pesait et l'accablait : 7 « Ah ! ces luttes interminables ! Combien je préférerais être un homme obscur, si je ne dois jamais cesser de faire la guerre et si je ne puis me dérober à cette envie qui m'entoure en vivant à la campagne avec ma femme ! » 8 Ces paroles feintes déplurent même à ses intimes, car ils savaient qu'il ressentait une joie d'autant plus vive que son inimitié à l'égard de Lucullus attisait son ambition et son amour inné du pouvoir.

31. 1 Et, de fait, ses actes ne tardèrent pas à dévoiler ses sentiments. Il fit afficher partout des ordonnances, appela à lui les soldats et convoqua les dynastes et les rois soumis à Rome. 2 Il parcourut le pays et ne laissa intact rien de ce que Lucullus avait fait, allant jusqu'à remettre leurs peines à plusieurs condamnés et à retirer des récompenses attribuées : il fit absolument tout, par jalousie, pour montrer aux admirateurs de Lucullus que celui-ci n'était plus maître de rien. 3 Lucullus s'en étant plaint par l'intermédiaire de ses amis, ils décidèrent d'avoir une entrevue et ils se rencontrèrent en Galatie. 4 Comme il était naturel pour de très grands généraux, illustrés par les plus grandes victoires, les faisceaux que portaient leurs licteurs lorsqu'ils se rencontrèrent étaient les uns et les autres couronnés de laurier. Mais Lucullus arrivait d'un pays vert et ombragé, tandis que Pompée se trouvait avoir traversé une région sèche et sans arbres ; 5 les licteurs de Lucullus, voyant ceux de Pompée porter des lauriers desséchés et complètement flétris, leur en donnèrent des leurs, qui étaient frais, pour en orner et couronner les faisceaux de Pompée. 6 On vit là le signe que Pompée venait enlever à Lucullus le prix de ses victoires et la gloire qu'il s'était acquise. Lucullus était par la dignité consulaire et par l'âge le plus ancien, mais Pompée devait à ses deux triomphes un plus grand prestige. 7 Cependant, au début de leur entrevue, ils se témoignèrent toute la civilité et la courtoisie possibles, en glorifiant mutuellement leurs hauts faits et en se félicitant ensemble de leurs succès ; 8 mais, dans le cours de l'entretien, n'étant parvenus à aucun accord équitable et modéré, ils en vinrent même aux injures, Pompée reprochant à Lucullus son amour de l'argent, et Lucullus à Pompée son amour du pouvoir. Leurs amis eurent du mal à les séparer. 9 Lucullus, en Galatie, avait distribué les territoires conquis, et aussi d'autres récompenses à qui lui plaisait, mais Pompée, campé un peu plus loin, défendit de lui obéir, et lui enleva tous ses soldats, à l'exception de seize cents, qu'il considérait, à cause de leur arrogance, comme inutilisables pour lui-même et comme hostiles à Lucullus. 10 En outre il se moquait ouvertement de ses exploits : Lucullus, selon lui, « n'avait eu à combattre que l'appareil théâtral et illusoire des deux rois, et me laisse à moi la charge de lutter contre une armée véritable et sagement organisée, maintenant que Mithridate a recours aux boucliers, aux épées et aux chevaux ». 11 En revanche, Lucullus disait : « Pompée vient affronter un ennemi réduit à l'état d'ombre ou de fantôme, habitué qu'il est à s'abattre, comme un oiseau paresseux, sur des corps tués par d'autres et à déchirer les résidus des guerres. 12 C'est ainsi qu'il a inscrit son nom sur les campagnes contre Sertorius, Lepidus et les troupes de Spartacus, alors que le succès était l'œuvre de Crassus, de Catulus, de Metellus. 13 Il n'est donc pas étonnant de voir un tel homme s'approprier la gloire des guerres d'Arménie et du Pont, lui qui a réussi tant bien que mal, à force d'intrigues, à s'insinuer dans le triomphe sur les esclaves. »

32. 1 Puis Lucullus s'en alla. Pompée occupa avec toute sa flotte et mit ainsi sous bonne garde la mer comprise entre la Phénicie et le Bosphore ; ensuite il marcha lui-même contre Mithridate, qui avait avec lui trente mille fantassins et deux mille chevaux, mais qui n'osait pas livrer bataille. 2 Le roi, campé d'abord sur une montagne, abandonna cette position forte et difficile à attaquer, parce qu'il n'y avait pas d'eau. Pompée alors occupa ce même endroit et, conjecturant d'après la nature de la végétation et la configuration du terrain la présence de sources, il fit creuser partout des puits. 3 Aussitôt le camp eut de l'eau en abondance, et l'on s'étonna que Mithridate, pendant tout le temps qu'il avait passé là, eût ignoré cette particularité du lieu. 4 Pompée vint ensuite encercler et entourer d'un mur le camp ennemi. Mais Mithridate, après avoir été bloqué pendant quarante-cinq jours, s'échappa furtivement avec l'élite de ses troupes, non sans avoir fait tuer les malades et les inutiles. 5 Pompée le rejoignit près de l'Euphrate, revint camper non loin de lui et, craignant qu'il ne le devançât en traversant le fleuve, il fit avancer au milieu de la nuit ses troupes équipées pour le combat. 6 On dit qu'à ce moment Mithridate eut un songe prémonitoire : il lui semblait naviguer sur le Pont-Euxin avec un vent favorable, et apercevoir déjà le Bosphore, ce dont se félicitaient ses compagnons de voyage, comme lorsqu'on se réjouit de voir son salut clairement assuré, quand soudain il se vit seul, abandonné de tous et ballotté sur une mince épave. 7 Comme il était en proie à l'angoisse causée par cette vision, ses amis vinrent l'éveiller et lui dirent que Pompée attaquait. 8 Il fallait donc de toute nécessité combattre pour défendre le camp, et ses généraux firent sortir les troupes, qu'ils rangèrent en ordre de bataille. 9 Pompée, informé de ces préparatifs, hésitait à risquer le combat de nuit ; il pensait qu'il n'était besoin que d'encercler les ennemis pour les empêcher de fuir et qu'il fallait, étant le plus fort, attaquer de jour. 10 Cependant les plus vieux de ses officiers le décidèrent, par leurs instantes prières, à donner l'assaut, car l'obscurité n'était pas complète, et la lune, bien qu'elle fût déjà basse, laissait encore apercevoir assez nettement les gens. Et ce fut là la principale cause de la défaite des soldats royaux : 11 les Romains s'avançaient en ayant la lune dans le dos, et, comme l'astre penchait vers son couchant, les ombres projetées loin en avant des corps s'étendaient jusqu'aux ennemis ; ceux-ci, ne pouvant se rendre compte exactement de la distance et se croyant déjà à portée, lançaient dans le vide leurs javelots, qui n'atteignaient personne. 12 Voyant cela, les Romains se précipitent avec de grands cris sur leurs adversaires, qui n'osent plus les attendre et s'enfuient, épouvantés : beaucoup plus de dix mille d'entre eux sont tués et leur camp est pris.

13 Mithridate lui-même, dès le début de l'action, avait rompu les rangs des Romains et était passé au travers avec huit cents cavaliers, mais ceux-ci se dispersèrent rapidement, et il n'en demeura que trois avec lui, 14 parmi lesquels se trouvait sa concubine Hypsicratéia, qui montrait toujours un courage viril et une audace extraordinaire, si bien que le roi l'appelait Hypsicratès. 15 Elle portait alors un costume de soldat perse et elle était à cheval ; elle ne se laissait pas abattre par la longueur des étapes et ne cessait de soigner le roi, et aussi la monture de celui-ci, jusqu'à leur arrivée à Sinoria, place forte toute pleine de l'argent et des trésors royaux. 16 Mithridate y prit des habits de grand prix et les distribua à ceux des fuyards qui l'avaient rejoint. 17 Il munit aussi chacun de ses amis d'un poison mortel pour leur éviter de devenir malgré eux prisonniers des ennemis. 18 Puis, de là, il prit le chemin de l'Arménie pour se rendre auprès de Tigrane, mais, comme celui-ci refusa de le recevoir et mit sa tête à prix pour cent talents, il passa de l'autre côté des sources de l'Euphrate et s'enfuit à travers la Colchide.

33. 1 Pompée entra alors en Arménie où l'appelait le jeune Tigrane, qui déjà s'était révolté contre son père et qui vint au-devant de Pompée sur les bords de l'Araxe. Ce fleuve prend sa source aux mêmes lieux que l'Euphrate, mais se détourne vers l'est pour aller se jeter dans la mer Caspienne. 2 Ils s'avançaient donc et recevaient au passage la soumission des villes qui se rendaient. Quant au roi Tigrane, récemment défait par Lucullus, ayant appris que Pompée était d'un caractère doux et clément, il accepta de recevoir dans sa capitale une garnison romaine, puis, emmenant avec lui ses amis et ses parents, il partit pour se rendre à Pompée. 3 Quand il fut arrivé à cheval devant le camp, deux licteurs de Pompée s'approchèrent et lui ordonnèrent de descendre de sa monture pour entrer à pied, car on n'avait jamais vu personne à cheval à l'intérieur d'un camp romain. 4 Tigrane obéit et même détacha son épée qu'il donna aux licteurs. Enfin, lorsqu'il se trouva en présence de Pompée, enlevant son diadème, il allait le déposer à ses pieds, se jeter à terre et, pour comble d'humiliation, embrasser ses genoux. 5 Mais Pompée le prévint, lui prit la main droite, le releva, puis, l'ayant fait asseoir près de lui, avec son fils de l'autre côté, il lui dit qu'il devait s'en prendre à Lucullus des pertes qu'il avait subies, lorsque la Syrie, la Phénicie, la Cilicie, la Galatie et la Sophène lui avaient été enlevées, mais ce que Tigrane avait conservé jusqu'à son arrivée à lui, Pompée, il le garderait en payant aux Romains six mille talents d'indemnité pour le tort qu'il leur avait causé, et son fils serait roi de la Sophène. 6 Tigrane fut satisfait de ces conditions et, les Romains l'ayant salué roi, il en ressentit une telle joie qu'il promit de donner à chaque soldat une demi-mine d'argent, à chaque centurion dix mines et à chaque tribun un talent. 7 Mais son fils, lui, était très mécontent et, invité à un repas, il répondit qu'il ne se souciait pas de l'honneur que lui faisait Pompée et qu'il trouverait bien à sa place un autre Romain. Cette incartade le fit enchaîner et réserver pour le triomphe. 7 Peu de temps après, le Parthe Phraate envoya réclamer le jeune homme, sous prétexte qu'il était son gendre, et il demanda que leurs empires eussent pour frontière l'Euphrate. Pompée répondit que Tigrane tenait de plus près à son père qu'à son beau-père, et que lui-même prendrait pour frontière celle qui était équitable.

34. 1 Il laissa Afranius pour garder l'Arménie, et lui-même poursuivit Mithridate, ce qui l'obligeait à traverser les pays qui avoisinent le Caucase. 2 Là, les peuples les plus importants étaient les Albans et les Ibériens. Ceux-ci s'étendaient jusqu'aux monts Moschiques et au Pont, tandis que les Albans étaient tournés vers l'est et la mer Caspienne. 3 Les Albans accordèrent d'abord à Pompée le droit de passage qu'il demandait, mais, l'hiver ayant surpris son armée dans leur pays et les Romains célébrant la fête des Saturnales, ils les attaquèrent avec plus de quarante mille hommes, après avoir franchi le fleuve Cyrnos, qui sort des monts Ibériques, reçoit l'Araxe, descendu d'Arménie, et se jette par douze embouchures dans la mer Caspienne. 4 D'autres auteurs prétendent que l'Araxe n'est pas un affluent du Cyrnos, mais que son cours reste distinct et qu'il se jette non loin de lui dans la même mer. 5 Pompée aurait pu s'opposer à la traversée du fleuve par les ennemis, mais il les laissa passer tranquillement, puis soudain il les attaqua, les mit en déroute et en tua une grande foule. 6 Sur la prière de leur roi, qui lui envoya une ambassade, Pompée lui pardonna sa trahison et fit la paix avec lui. Puis il marcha contre les Ibériens, qui étaient aussi nombreux, mais plus belliqueux que les autres, et qui désiraient vivement complaire à Mithridate en repoussant Pompée. 7 Les Ibériens n'avaient jamais été soumis ni aux Mèdes ni aux Perses ; ils avaient même échappé à la domination macédonienne, Alexandre ayant quitté rapidement l'Hyrcanie. 8 Cependant Pompée les mit eux aussi en déroute dans une grande bataille, leur tua neuf mille hommes et en prit plus de dix mille. Puis il entra en Colchide, où Servilius vint à sa rencontre à l'embouchure du Phase, avec les vaisseaux qui lui servaient à surveiller le Pont-Euxin.

35. 1 La poursuite de Mithridate, qui s'était enfoncé dans les pays du Bosphore et de la Palus-Maeotis, présentait de grandes difficultés ; d'autre part, Pompée apprenait que les Albans avaient de nouveau fait défection. 2 Plein de ressentiment et de colère, il se retourna contre eux et repassa le Cyrnos non sans peine ni danger, car les barbares en avaient fortifié la rive par une palissade sur une grande étendue. Comme il avait à faire ensuite une longue et pénible route dans un pays complètement sec, il fit remplir d'eau dix mille outres, puis il marcha contre les ennemis, 3 et les trouva rangés en ordre de bataille près du fleuve Abas, au nombre de soixante mille fantassins et de douze mille cavaliers, mais la plupart étaient misérablement armés et couverts de peaux de bêtes. 4 Ils étaient commandés par un frère du roi nommé Cosis. Quand la bataille en fut venue au corps à corps, ce Cosis s'élança contre Pompée et l'atteignit d'un javelot au défaut de la cuirasse, mais Pompée le transperça de sa main et le tua. 5 On dit que, dans ce combat, des Amazones, descendues des montagnes voisines du fleuve Thermodon, luttèrent aux côtés des barbares, car les Romains, en dépouillant après la bataille les ennemis tués, trouvèrent des boucliers légers et des brodequins d'Amazones ; ils ne virent pourtant aucun corps de femme. 6 Ces Amazones habitent la partie du Caucase qui s'étend du côté de la mer Hyrcanienne, mais leur pays n'est pas limitrophe de celui des Albans ; elles en sont séparées par les Gèles et les Lèges, et chaque année elles vont pendant deux mois les fréquenter sur les bords du Thermodon, puis elles reviennent vivre seules chez elles.

36. 1 Après la bataille, Pompée se mit en route pour gagner l'Hyrcanie et la mer Caspienne, et il n'en était plus qu'à trois jours de marche quand les serpents qui pullulaient et dont le venin était mortel l'obligèrent à se détourner de son chemin pour se retirer dans la Petite-Arménie. 2 Là, le roi des Élyméens et celui des Mèdes lui ayant envoyé des ambassadeurs, il leur répondit par une lettre amicale. Quant au roi des Parthes, il s'était jeté sur la Gordyène et maltraitait les sujets de Tigrane ; Pompée envoya contre lui une armée avec Afranius, qui le chassa et le poursuivit jusqu'au pays d'Arbèles.

3 De nombreuses concubines de Mithridate furent amenées à Pompée ; il ne s'approcha d'aucune, et les renvoya toutes à leurs familles et à leurs proches. La plupart étaient filles ou femmes de généraux ou de princes,

4 mais Stratonice, la plus considérée de toutes et qui gardait la forteresse la plus riche en or, avait, paraît-il, pour père un musicien peu fortuné et déjà vieux. Un jour qu'elle jouait de la lyre dans un festin, elle conquit sur-le-champ Mithridate, au point qu'il l'emmena passer la nuit avec lui. Le vieillard dut partir, mécontent qu'on ne lui eût pas adressé la moindre parole aimable ; 5 cependant, le lendemain matin, à son réveil, il vit chez lui des tables chargées de coupes d'or et d'argent, une grande foule de serviteurs, des eunuques et des pages qui lui apportaient de riches vêtements, et enfin, devant sa porte, un cheval paré comme ceux des amis du roi. Croyant que tout cela n'était que plaisanterie et moquerie, il voulut sortir et s'enfuir. 6 Mais les serviteurs le retinrent et lui dirent que le roi lui faisait don de la vaste maison d'un homme riche qui venait de mourir, et qu'il n'apercevait là que des échantillons et de minces prémices de tous ses biens et de tous ses trésors. 7 On réussit, non sans peine, à le convaincre, mais alors il endossa la robe de pourpre et, sautant sur le cheval, il s'élança à travers la ville en criant : « Tout cela est à moi ! » 8 Et à ceux qui riaient il disait : « Ce n'est pas cela qui est étonnant ; c'est que, fou de joie comme je suis, je ne jette pas de pierres sur les passants ! » Telle était la lignée et le sang de Stratonice. 9 Celle-ci remit la forteresse aux mains de Pompée, et lui fit en outre porter beaucoup de cadeaux ; il ne prit que ceux qui lui parurent propres à orner les sanctuaires ou à rehausser l'éclat de son triomphe, et il laissa à Stratonice la propriété de tout le reste en la congédiant. 10 De son côté, le roi des Ibériens lui envoya un lit, une table et un trône, le tout en or, en le priant de les accepter ; Pompée les remit aux questeurs pour le trésor public.

37. 1 À Cainon Phrourion, Pompée trouva les archives secrètes de Mithridate, et il les examina avec un certain plaisir, car elles contenaient bien des renseignements sur le caractère du roi. 2 Il y avait là des Mémoires, où il découvrit que Mithridate avait empoisonné beaucoup de gens, notamment son fils Ariarathe et Alcée de Sardes, parce que celui-ci l'avait emporté sur lui au concours hippique. 3 On y trouvait aussi des interprétations de songes qu'avaient eus Mithridate et certaines de ses femmes, enfin des lettres passionnées de Monime à lui et de lui à elle. 4 Théophane prétend qu'on y découvrit aussi une harangue de Rutilius engageant le roi à massacrer les Romains d'Asie. Mais la plupart des auteurs conjecturent avec raison que c'est là un trait de méchanceté de Théophane, qui sans doute détestait Rutilius parce que celui-ci ne lui ressemblait en rien, et aussi, vraisemblablement, un moyen de complaire à Pompée, dont le père était représenté comme un scélérat dans l'Histoire de Rutilius.

38. 1 De là Pompée se rendit à Amisos, où son ambition lui inspira une conduite odieuse. Lui qui avait tant raillé Lucullus d'avoir, son ennemi étant encore vivant, pris des ordonnances et distribué présents et honneurs, ce que les vainqueurs ne font d'ordinaire qu'après la conclusion définitive d'une guerre, 2 lui-même, alors que Mithridate était encore le maître dans le Bosphore et avait rassemblé une puissante armée, agit de la même façon que Lucullus, comme si tout était achevé : il organisait les provinces et distribuait des récompenses, entouré d'une foule de chefs, de princes et de douze rois barbares qui étaient arrivés auprès de lui. 3 C'est pourquoi il ne jugea pas à propos, en répondant au roi des Parthes, de lui donner son titre habituel de roi des rois, afin de complaire aux autres. 4 Il éprouvait alors un désir passionné de conquérir la Syrie et de pousser à travers l'Arabie jusqu'à la mer Rouge afin de n'avoir pour borne de ses victoires que l'Océan qui entoure de tout côté la terre. 5 Et de fait, en Libye, il était le premier à s'être avancé en maître jusqu'à la mer Extérieure ; en Espagne, il avait également donné pour limite à l'Empire romain l'océan Atlantique, et, en troisième lieu, tout récemment, en poursuivant les Albans, il s'en était fallu de peu qu'il n'arrivât jusqu'à la mer Hyrcanienne. 6 Il partit donc pour compléter par la mer Rouge le circuit de ses expéditions. Il voyait d'ailleurs que Mithridate était difficile à poursuivre par les armes et plus dangereux dans la fuite qu'en bataille rangée.

39. 1 Il déclara donc : « Je vais laisser à Mithridate un ennemi plus fort que moi, la faim », et il fit croiser des vaisseaux pour arrêter les marchands naviguant vers le Bosphore, en décrétant la peine de mort pour ceux qui seraient pris. 2 Puis, emmenant avec lui le gros de son armée, il se porta en avant. Il rencontra sur sa route les corps restés sans sépulture de ceux qui, sous les ordres de Triarius, étaient tombés dans un combat malheureux contre Mithridate, et les enterra tous avec honneur et avec éclat, ce que Lucullus avait négligé de faire, omission qui semble avoir été la principale cause de la haine dont il fut l'objet. 3 Après avoir fait soumettre par Afranius les Arabes de l'Amanus, il descendit lui-même en Syrie et, comme ce pays n'avait pas de rois légitimes, il le déclara province et possession du peuple romain. Puis il conquit la Judée et fit prisonnier son roi Aristobule. 4 Il fonda des villes et en libéra d'autres en punissant les tyrans qui y régnaient. Mais sa principale occupation était de rendre la justice et d'arbitrer les conflits des villes et des rois ; là où il n'allait pas lui-même, il envoyait ses amis. 5 C'est ainsi qu'aux Arméniens et aux Parthes, qui s'en étaient remis à sa décision au sujet d'un territoire qu'ils se disputaient, il envoya trois arbitres pour juger l'affaire. 6 En effet, si sa puissance était en grand renom, sa vertu et sa mansuétude ne l'étaient pas moins. C'est ce qui lui faisait tenir cachées la plupart des fautes commises à son égard par ses amis et ses familiers : il n'était pas naturellement porté à empêcher ou à punir les mauvaises actions, et ceux à qui il avait affaire le trouvaient disposé à supporter de bonne grâce leur rapacité ou leur dureté.

40. 1 Celui qui avait le plus d'influence sur Pompée était un affranchi, Démétrius, jeune homme qui ne manquait pas d'intelligence, mais qui abusait de sa chance. Voici ce que l'on raconte à son sujet. 2 Caton le philosophe, alors qu'il était encore jeune, mais avait déjà une grande réputation et un esprit très élevé, montait à Antioche, à un moment où Pompée ne s'y trouvait pas, pour visiter la ville. Il allait lui-même à pied, comme toujours, tandis que ses compagnons de route étaient à cheval. 3 Il aperçut devant la porte une foule d'hommes en vêtements blancs, et, rangés le long du chemin, d'un côté les éphèbes, de l'autre les enfants. Il en fut contrarié, pensant que ces honneurs et cette cérémonie étaient pour lui, qui ne s'en souciait nullement. 4 Cependant il demanda à ses amis de descendre de cheval et de marcher à ses côtés. Mais, quand ils furent tout près, l'ordonnateur de toute cette pompe, une couronne sur la tête et une baguette à la main, s'avança à leur rencontre et leur demanda où ils avaient laissé Démétrius et quand il arriverait. 5 Les amis de Caton éclatèrent de rire, mais Caton dit simplement : « Ah ! la malheureuse ville ! », et il passa sans faire d'autre réponse. 6 Pourtant Pompée diminuait la jalousie des autres à l'égard de ce Démétrius en se laissant traiter par lui avec désinvolture sans se fâcher. 7 On dit en effet que souvent, dans les réceptions, alors que Pompée attendait et accueillait ses invités, Démétrius était déjà dédaigneusement couché, la toge repliée sur la tête jusqu'aux oreilles. 8 Démétrius, avant même son retour en Italie, possédait déjà dans les faubourgs de Rome les propriétés les plus agréables et les plus belles villas de plaisance, ainsi que de somptueux jardins, qu'on nommait jardins de Démétrius, alors que Pompée lui-même, jusqu'à son troisième triomphe, se contenta d'une maison toute simple et modeste. 9 C'est seulement plus tard, quand il eut élevé pour les Romains son splendide et célèbre théâtre, qu'il se fit bâtir, en annexe à ce monument, une maison de meilleure apparence que la première, mais qui, elle non plus, ne pouvait exciter l'envie, en sorte que celui qui en devint propriétaire après Pompée fut étonné en y entrant et demanda où dînait Pompée le Grand. Voilà du moins ce que l'on raconte.

41. 1 Le roi des Arabes de la région de Pétra, qui jusque-là ne faisait aucun cas des Romains, éprouva alors une grande peur et écrivit à Pompée qu'il était résolu à lui obéir absolument en tout. Pour le fortifier dans ces dispositions, Pompée mena son armée devant Pétra. Cette expédition fut généralement désapprouvée, 2 car on estimait que c'était là abandonner la poursuite de Mithridate et qu'il fallait au contraire se tourner contre ce vieil adversaire, au moment où celui-ci cherchait encore à rallumer la guerre et se préparait, disait-on, à faire traverser à ses troupes la Scythie et la Péonie pour les conduire en Italie. 3 Mais Pompée, jugeant plus facile de ruiner la puissance de Mithridate en le laissant faire la guerre que de s'emparer de sa personne dans sa fuite, ne voulait pas s'user dans une poursuite inutile et cherchait à opérer des diversions pour faire traîner la guerre en longueur. 4 La Fortune le tira d'embarras. Il n'était plus qu'à une petite distance de Pétra, et, ce jour-là, son retranchement une fois établi, il faisait de l'équitation près du camp, lorsque parurent des courriers à cheval qui arrivaient du Pont porteurs de bonnes nouvelles, comme on le voyait aussitôt aux lauriers dont étaient couronnées les pointes de leurs lances. 5 Les soldats, dès qu'ils les eurent aperçus, accoururent en foule auprès de Pompée. Il voulait d'abord achever son exercice, mais, devant leurs cris et leurs prières, il sauta à bas de son cheval, prit la lettre et entra dans le camp. 6 Comme il n'y avait pas de tribunal et que les soldats n'eurent pas le temps d'en élever un (ce qu'ils font d'ordinaire en prenant de grosses mottes de terre et en les entassant les unes sur les autres), dans leur hâte et leur enthousiasme ils apportèrent les bâts des bêtes de somme pour en former une sorte de tertre. 7 Pompée y monta et leur annonça la mort de Mithridate, réduit au suicide par la rébellion de son fils Pharnace. Celui-ci s'était adjugé tout le pays, et il écrivait qu'il en avait pris possession pour lui et pour les Romains.

Retour à Rome (62). – **42.** 1 À cette nouvelle, l'armée, transportée de joie, comme il était naturel, ne s'occupa plus que de sacrifices et de fêtes, comme si des milliers d'ennemis étaient morts dans la personne de Mithridate. 2 Pompée, lui, ayant couronné ses campagnes et ses exploits par une fin qu'il ne pouvait prévoir si aisée, quitta aussitôt l'Arabie, 3 et, traversant rapidement les provinces intermédiaires, il arriva à Amisos, où il reçut de nombreux présents envoyés par Pharnace, ainsi que plusieurs cadavres de princes, et notamment celui de Mithridate lui-même. Le corps était difficile à reconnaître d'après le visage (car les embaumeurs avaient oublié de faire écouler le cerveau), 4 mais ceux qui voulurent le regarder le reconnurent à ses cicatrices ; quant à Pompée, il ne put prendre sur lui de le voir et, pour détourner la Némésis, il l'envoya à Sinope. 5 Il admira pourtant la taille et l'éclat de ses vêtements et de ses armes, bien que Publius eût volé et vendu à Ariarathe le baudrier, qui avait coûté quatre cents talents, et que Gaios, qui avait été élevé avec Mithridate, eût donné en secret la tiare, œuvre d'un travail admirable, à Faustus, le fils de Sylla, qui la lui avait demandée. 6 Pompée alors n'en sut rien, mais Pharnace dans la suite, en ayant été informé, punit les voleurs.

7 Quand Pompée eut mis en ordre et réglé les affaires d'Asie, il poursuivit son voyage avec plus de solennité. 8 Arrivé à Mytilène, il donna la liberté à la ville par égard pour Théophane, et il assista au concours traditionnel des poètes, qui prirent alors ses exploits pour unique sujet. 9 Ravi de la beauté du théâtre, il en fit dessiner la forme et le plan, dans l'intention d'en élever à Rome un pareil, mais en plus grand et plus imposant. 10 Arrivé à Rhodes il entendit tous les sophistes et donna un talent à chacun d'eux. Posidonios a rédigé le discours qu'il prononça en sa présence pour réfuter le rhéteur Hermagoras à propos de la Recherche universelle. 11 À Athènes, il tint la même conduite à l'égard des philosophes, et fit présent à la ville de cinquante talents pour sa restaura-

tion. Il espérait aborder en Italie comme le plus illustre des hommes et être désiré par les gens de sa maison comme lui-même désirait les revoir. 12 Mais la divinité qui a soin de mêler toujours une part de malheur aux grandes et brillantes faveurs de la Fortune lui préparait sourdement et depuis longtemps à son foyer un retour douloureux. 13 Mucia l'avait trompé pendant son absence. Tant qu'il fut loin, il méprisa les propos qu'on tenait à ce sujet, mais, arrivé près de l'Italie, il réfléchit sans doute plus à loisir et pesa mieux ses griefs, si bien qu'il envoya à sa femme un acte de répudiation, sans lui écrire ni alors, ni plus tard, les raisons pour lesquelles il se séparait d'elle. Mais la cause en est indiquée dans des lettres de Cicéron.

43. 1 Il courait à Rome des bruits de toute sorte sur Pompée, et l'émotion y était grande : on craignait qu'il ne fît marcher immédiatement son armée contre la ville et n'y établît solidement un pouvoir absolu. 2 Crassus en sortit secrètement avec ses enfants et ses richesses, soit qu'il eût véritablement peur, soit plutôt, semblait-il, pour accréditer cette calomnie et rendre plus âpre l'envie qu'on portait à Pompée. 3 Mais, dès que Pompée eut mis le pied en Italie, il réunit ses soldats en assemblée, leur adressa une harangue appropriée à la circonstance, y ajouta des paroles amicales et leur enjoignit de se disperser chacun dans sa ville et de s'occuper de leurs affaires personnelles, en se souvenant seulement de venir le rejoindre pour son triomphe. 4 Quand l'armée se fut ainsi dissoute et que tout le monde le sut, l'effet produit fut extraordinaire : 5 les villes, voyant Pompée le Grand s'avancer sans armes, escorté par un petit nombre de ses familiers comme au retour d'un simple voyage, se répandirent affectueusement sur son passage et l'accompagnèrent jusqu'à Rome en une véritable armée, supérieure en nombre à la sienne, de sorte que, s'il avait songé à renverser le gouvernement en faisant une révolution, il n'aurait pas eu besoin de ses troupes.

44. 1 Comme la loi ne permettait pas d'entrer dans la ville avant le triomphe, Pompée envoya demander au sénat de différer les élections consulaires et de lui accorder cette faveur, afin qu'il pût appuyer de sa présence la candidature de Piso ; mais, Caton s'étant élevé contre cette demande, il dut renoncer à son dessein. 2 Plein d'admiration pour la franchise et l'énergie que Caton était le seul à employer ouvertement au service des causes justes, il désira à tout prix se le concilier, et, comme Caton avait deux nièces, il voulut prendre l'une d'elles pour femme et marier l'autre à son fils. 3 Caton soupçonna que cette proposition visait à le corrompre et, pour ainsi dire, à l'acheter au moyen de ces unions, mais sa sœur et sa femme étaient désolées qu'il rejetât l'alliance de Pompée le Grand. 4 Sur ces entrefaites, Pompée, voulant faire nommer consul Afranius, distribua pour lui de l'argent dans les tribus ; on descendait le toucher dans les jardins de Pompée, 5 de sorte que l'affaire s'ébruita et que Pompée fut blâmé de rendre vénale une magistrature que lui-même avait obtenue comme la plus haute récompense de ses succès, et cela en faveur de gens qui ne pouvaient y accéder par leur seul mérite. 6 « Voilà, dit alors Caton aux femmes de sa maison, les reproches dont nous aurions nous-mêmes partagé la honte, si nous étions devenus les alliés de Pompée », et celles-ci, en l'écoutant, convinrent qu'il jugeait mieux qu'elles de ce qu'il convenait de faire.

45. 1 Quant au triomphe, bien qu'il fût réparti entre deux journées, le temps fut trop court pour son importance, et l'on dut écarter du spectacle beaucoup d'objets qui avaient été préparés et qui auraient suffi pour décorer dignement une autre pompe. 2 En tête du cortège, des écriteaux indiquaient les pays dont Pompée triomphait, à savoir le Pont, l'Arménie, la Cappadoce, la Paphlagonie, la Médie, la Colchide, les Ibériens, les Albans, la Syrie, la Cilicie, la Mésopotamie, la Phénicie, la Palestine, la Judée, l'Arabie, et tous les pirates vaincus sur mer et sur terre. 3 On y lisait que Pompée avait pris au moins mille forteresses, près de neuf cents villes, enlevé aux pirates huit cents vaisseaux et fondé trente-neuf cités. 4 Les écriteaux disaient encore que les revenus de l'État, qui montaient auparavant à cinquante millions de drachmes, avaient été portés par lui à quatre-vingt-cinq millions, et qu'il apportait au trésor public, tant en numéraire qu'en objets d'argent et d'or, vingt mille talents, sans compter les dons faits aux soldats, dont le moins avantagé avait reçu pour sa part quinze cents drachmes. 5 Les prisonniers conduits dans le cortège furent, outre les chefs des pirates, le fils de Tigrane l'Arménien avec sa femme et sa fille, et la femme du roi Tigrane lui-même, Zosimè, le roi des Juifs Aristobule, la sœur, cinq enfants et des femmes scythes de Mithridate, des otages des Albans, des Ibériens et du roi de Commagène. On voyait en outre une foule de trophées, en nombre égal à toutes les victoires qu'il avait remportées par lui-même ou par ses lieutenants. 6 Mais ce qui mettait le comble à sa gloire et qui n'était jamais arrivé à aucun Romain, c'est qu'il célébrait son troisième triomphe sur le troisième continent : 7 d'autres sans doute avant lui avaient triomphé trois fois, mais Pompée, après avoir triomphé d'abord de la Libye, puis de l'Europe, semblait, en triomphant en dernier lieu de l'Asie, avoir en quelque sorte soumis par ses trois triomphes le monde entier.

46. 1 Au dire de ceux qui le comparent à Alexandre et veulent en tout le rapprocher de lui, Pompée avait alors moins de trente-quatre ans ; mais en réalité il s'avançait vers la quarantaine. 2 Combien il aurait gagné à finir sa vie alors qu'il avait la Fortune d'Alexandre ! Mais le temps qui suivit lui apporta, à côté d'enviables succès, des malheurs sans remède. 3 L'influence qu'il avait acquise à bon droit dans l'État, il l'employa au service des autres sans se soucier de la justice ; tout ce qu'il leur apportait en fait de puissance diminuait d'autant sa propre réputation, de sorte que c'est la force et la grandeur même du crédit dont il jouissait qui, à son insu, finirent par le perdre. 4 De même que les secteurs et les points les mieux fortifiés d'une ville ajoutent leur force à celle de l'ennemi quand celui-ci y est entré, ainsi c'est grâce à la puissance de Pompée que César put se dresser contre Rome, puis, celui-là même qui lui avait donné de la force contre les autres, il le renversa et l'abattit.

Voici comment cela se fit. 5 Quand Lucullus était revenu d'Asie où Pompée l'avait outrageusement traité, les sénateurs le reçurent aussitôt avec éclat, et, après le retour de Pompée, dont ils souhaitaient abaisser le prestige, ils incitèrent encore davantage Lucullus à s'occuper de politique. 6 Mais l'énergie de Lucullus était émoussée et son activité refroidie : il s'était abandonné aux plaisirs de l'oisiveté et aux passe-temps de la richesse. Néanmoins il n'hésita pas à se dresser contre Pompée en l'attaquant vigoureusement au sujet des ordonnances qu'il avait annulées ; il eut le dessus et l'emporta au sénat, où il fut appuyé par Caton. 7 Repoussé et tenu à l'écart, Pompée fut alors contraint de recourir aux tribuns de la plèbe et de s'acoquiner à des jeunes gens, 8 dont le plus odieux et le plus insolent, Clodius, s'empara de lui pour le livrer au peuple. Sans égard pour sa dignité, il le poussait à traîner sans cesse au Forum et il l'y promenait, l'employant comme garant des propositions écrites ou verbales qu'il faisait en vue de complaire au peuple et de le flatter. Il exigea même de Pompée un salaire (comme s'il l'obligeait, alors qu'il le déshonorait), et il l'obtint plus tard en l'amenant à abandonner Cicéron, qui était l'ami de Pompée et qui l'avait maintes fois soutenu dans sa carrière politique. 9 Cicéron, se voyant en danger, lui demanda de venir à son secours, mais Pompée ne se montra pas, il ferma même sa porte à ceux qui venaient le trouver, puis s'éclipsa par une autre issue. Cicéron, craignant d'être condamné, quitta Rome secrètement.

47. 1 Sur ces entrefaites, César, revenu d'un commandement militaire, accomplit un acte politique qui lui valut sur le moment beaucoup de popularité et par la suite une grande puissance, mais qui fut très nuisible à Pompée et à l'État. 2 Il briguait son premier consulat. Voyant que Crassus était brouillé avec Pompée et que, s'il s'attachait à l'un, il aurait l'autre pour ennemi, il entreprit de les réconcilier. C'était en soi une action honorable et de bonne politique, mais inspirée par une mauvaise intention et exécutée avec une habileté perfide. 3 Car il en va de l'État comme d'une embarcation où la charge également répartie maintient l'équilibre : si elle se trouve unifiée et concentrée en un seul point, elle se porte toute dans le même sens et, n'ayant pas de contrepoids, elle fait tout pencher, provoquant le naufrage et la ruine. 4 Aussi Caton, entendant dire un jour que l'État avait été perdu par le différend survenu entre César et Pompée, répondit-il que c'était une erreur de n'incriminer que la fin, et que leur accord et leur entente, et non leur haine, avaient constitué pour la ville le premier mal et le plus grand. 5 César en effet fut élu consul, et tout aussitôt, pour faire sa cour aux indigents et aux pauvres, il proposa de fonder des colonies et de distribuer des terres, abusant ainsi de la dignité de sa charge et faisant du consulat une sorte de tribunat de la plèbe. 6 Comme son collègue Bibulus s'y opposait et que Caton se disposait à soutenir de toutes ses forces Bibulus, César amena Pompée à la tribune, où tout le monde pouvait le voir, et, s'adressant à lui, lui demanda s'il approuvait ses projets de lois. 7 Pompée répondit qu'il les approuvait. « Alors, reprit César, si quelqu'un les attaque, viendras-tu les soutenir devant le peuple ? — Assurément, répondit Pompée, je viendrai, et contre ceux qui nous menacent de leurs épées, j'apporterai même le bouclier avec l'épée. » 8 Jusqu'à ce jour, Pompée n'avait, croit-on, rien dit ni fait de plus violent, et ses amis, pour le justifier, prétendirent que ces paroles lui étaient échappées sans réflexion. 9 Mais sa conduite postérieure prouva clairement qu'il s'était dès lors entièrement livré à César. 10 De fait, quelques jours plus tard, à la stupéfaction générale, il épousa Julia, la fille de César, qui avait été promise à Caepio, qui devait la prendre en mariage quelques jours plus tard ; pour calmer la colère de Caepio, Pompée lui donna sa propre fille, auparavant fiancée à Faustus, fils de Sylla. Quant à César, il épousa Calpurnia, fille de Piso.

48. 1 Dès lors Pompée remplit la ville de soldats et régla toutes les affaires par la violence. 2 Le consul Bibulus étant descendu au Forum avec Lucullus et Caton, on les attaqua à l'improviste, on brisa les faisceaux du consul et l'on vida sur la tête de Bibulus un panier d'ordures ; en outre deux tribuns du peuple qui l'accompagnaient furent blessés. 3 Ayant ainsi écarté du Forum les opposants, on fit ratifier la loi sur la distribution des terres. Le peuple, séduit par cet appât, fut dès lors apprivoisé et se montra enclin à approuver, sans se poser aucune question, tous les projets qu'on lui présentait et auxquels il apportait en silence son suffrage. 4 On confirma ainsi les ordonnances de Pompée contestées par Lucullus. César obtint pour cinq ans les Gaules cisalpine et transalpine, ainsi que l'Illyrie, avec quatre légions complètes, et l'on désigna comme consuls pour l'année suivante Piso, beau-père de César, et Gabinius, le plus excessif des flatteurs de Pompée. 5 Pendant ces événements, Bibulus, enfermé dans sa maison, n'en sortit pas des huit mois que dura encore son consulat ; il se contentait de faire afficher au-dehors des placards remplis d'accusations et d'invectives contre Pompée et César. 6 Caton, comme saisi d'une inspiration et de transports prophétiques, annonçait dans le sénat ce qui allait advenir à la ville et à Pompée. 7 Quant à Lucullus, il renonça aux affaires et se tint en repos, comme n'étant plus d'âge à s'occuper de politique ; c'est à cette occasion que Pompée déclara : « Il est moins de saison pour un vieillard de s'adonner aux plaisirs que de prendre part aux affaires. » 8 Mais bientôt lui-même se laissa aussi amollir par son amour pour sa jeune femme, ne s'occupant que d'elle et passant avec elle des jours entiers à la campagne ou dans ses jardins, sans s'inquiéter de ce qui pouvait arriver au Forum, en sorte que Clodius, alors tribun du peuple, en conçut pour lui du mépris et se porta aux pires insolences. 9 En effet, lorsque Clodius eut chassé Cicéron et envoyé Caton à Chypre sous le prétexte d'une expédition militaire, voyant que, César une fois parti pour la Gaule, c'était à lui-même que le peuple s'attachait, parce que tous ses actes et toute sa politique visaient à lui plaire, 10 il entreprit aussitôt de faire casser quelques-unes des ordonnances de Pompée, il enleva son prisonnier Tigrane et le garda avec lui, puis fit poursuivre en justice des amis de Pompée, pour mesurer sur eux jusqu'où allait le crédit du grand homme. 11 Enfin, un jour que Pompée était sorti pour paraître à un procès, Clodius, avec une bande de gens pleins d'impudence et d'impertinence qu'il avait sous ses ordres, se plaça dans un endroit bien en vue, et lança des questions comme celles-ci : 12 « Qui est l'*imperator* aux mauvaises mœurs ? Qui est l'homme qui cherche un homme ? Qui est celui qui se gratte la tête avec un seul doigt ? » Et tous, comme un chœur exercé à donner la réplique, répondaient à grands cris à chaque question, lorsque Clodius secouait sa toge : « C'est Pompée ! »

49. 1 Ces outrages affligeaient Pompée, qui n'avait pas l'habitude d'entendre mal parler de lui et manquait d'expérience pour ce genre d'affrontement, mais il était plus chagriné encore de savoir que le sénat se réjouissait de le voir bafoué et puni pour avoir sacrifié Cicéron. 2 Quand, au Forum, on en vint aux coups et aux blessures, et qu'un esclave de Clodius, qui s'était glissé jusqu'à Pompée à travers son entourage, eut été pris avec une épée à la main, Pompée saisit ce prétexte, et, comme il redoutait par ailleurs l'impudence et les calomnies de Clodius, 3 il ne parut plus au Forum tant que Clodius fut en charge. Il restait constamment chez lui et examinait avec ses amis les moyens d'apaiser la colère du sénat et de l'aristocratie à son égard. 4 Culleo lui conseillait de répudier Julia et de renoncer à l'amitié de César pour passer au parti du sénat. Il refusa, mais il se laissa persuader par ceux qui lui demandaient de faire rappeler Cicéron, le plus grand ennemi de Clodius et le meilleur ami du sénat. 5 Il conduisit devant le peuple, avec une troupe nombreuse, le frère de Cicéron, pour solliciter ce rappel ; il y eut au Forum des blessés, et même quelques morts, mais il l'emporta sur Clodius. 6 Cicéron, rappelé par une loi, réconcilia aussitôt Pompée avec le sénat et appuya le projet de loi sur l'approvisionnement en blé, qui rendit pour ainsi dire Pompée maître encore une fois de tout ce que les Romains possédaient sur terre et sur mer, 7 car il recevait pouvoir sur les ports, les marchés, la répartition des récoltes, en un mot sur le commerce maritime et l'agriculture. 8 Clodius prétendit que la loi n'avait pas été faite à cause de la disette, mais que l'on avait créé la disette pour faire proposer la loi ; il ajoutait que Pompée, comme au sortir d'un malaise qui avait anémié sa puissance, cherchait à ranimer et à restaurer celle-ci grâce à un nouveau commandement. 9 D'autres prétendent que ce fut une ruse du consul Spinther, qui enferma Pompée dans une charge plus importante, afin d'être lui-même envoyé au secours du roi Ptolémée. 10 Cependant le tribun de la plèbe Caninius proposa une loi en vertu de laquelle Pompée irait sans armée, accompagné seulement de deux licteurs, réconcilier le roi avec les Alexandrins. 11 Pompée ne paraissait pas mécontent de ce projet, mais le sénat le rejeta sous le spécieux prétexte qu'il craignait pour ce grand homme. 12 On put voir, répandus sur le Forum et près de la curie, des billets disant que Ptolémée demandait qu'on lui donnât comme général, non pas Spinther, mais Pompée. 13 Timagène fournit une autre version ; il prétend que Ptolémée était parti sans nécessité et avait quitté l'Égypte à l'instigation de Théophane, qui voulait procurer à Pompée une occasion de gagner de l'argent et de recevoir un nouveau commandement. 14 Mais la perversité de Théophane ne rend pas cette assertion aussi croyable que le caractère de Pompée la rend suspecte, car son ambition n'était pas de nature tellement basse et maligne.

50. 1 Chargé de l'organisation et de la direction du ravitaillement, il envoya des légats et des amis en beaucoup d'endroits, et lui-même s'embarqua pour la Sicile, la Sardaigne et la Libye, et fit procéder au ramassage des céréales. 2 Comme il était sur le point de repartir, un grand vent s'abattit sur la mer, et les pilotes hésitaient ; alors il monta le premier à bord du navire, donna l'ordre de lever l'ancre et s'écria : « Naviguer est nécessaire ; vivre ne l'est pas. » 3 Grâce à son audace et à son zèle, secondés par la Fortune, il remplit de blé les marchés et la mer de vaisseaux, si bien que l'abondance de ces approvisionnements fut suffisante même pour les peuples du dehors, comme une source dont les eaux intarissables coulent pour tout le monde.

51. 1 À cette époque les guerres en Gaule avaient grandi César. On le croyait très loin de Rome et accaparé par les Belges, les Suèves et les Bretons, et l'on ne se doutait pas que, grâce à son habileté, il était présent au milieu du peuple romain et au centre des affaires les plus importantes, en train de mener des intrigues politiques contre Pompée. 2 Il traitait la force militaire qui l'entourait comme s'il s'agissait de son propre corps, visant moins à vaincre les barbares qu'à exercer cette force comme à la chasse dans les combats qu'il livrait, à l'entraîner et à en faire une armée redoutable et invincible. 3 Il envoyait à Rome de l'or, de l'argent et les autres dépouilles et richesses conquises sur tant d'ennemis, pour séduire les Romains par des présents, pour subvenir aux dépenses des édiles, des préteurs, des consuls et de leurs épouses, et il se faisait ainsi de nombreux partisans. 4 Aussi, quand, ayant franchi les Alpes, il passa l'hiver à Lucques, une foule d'hommes et de femmes accoururent à l'envi auprès de lui, entre autres deux cents sénateurs, parmi lesquels Pompée et Crassus, et l'on vit à la porte de César jusqu'à cent vingt faisceaux de proconsuls et de préteurs. 5 Il les renvoya tous comblés d'espoirs et d'argent ; quant à Crassus et Pompée, il convint avec eux qu'ils brigueraient le consulat, qu'il les appuierait en envoyant voter un grand nombre de ses soldats et que, dès qu'ils seraient élus, ils se feraient attribuer des provinces et des armées, mais confirmeraient à César pour cinq autres années les commandements qui étaient les siens. 6 Lorsque ces conventions furent divulguées, elles excitèrent l'indignation des premiers citoyens, et Marcellinus, se levant dans l'assemblée du peuple en face de Pompée et de Crassus, leur demanda s'ils seraient candidats au consulat. 7 Le peuple les sommant de répondre, Pompée le premier dit que peut-être il se présenterait et peut-être ne se présenterait pas. Crassus, de façon plus politique, répondit qu'il ferait ce qu'il croirait devoir être utile au bien public. 8 Comme Marcellinus harcelait Pompée et semblait s'emporter, Pompée lui répliqua : « Tu es le plus injuste des hommes, de ne m'avoir aucune reconnaissance, quand, de muet que tu étais, je t'ai rendu éloquent, et, de famélique, glouton jusqu'à en vomir. »

Deuxième consulat (55). – **52.** 1 Cependant, alors que les autres s'abstenaient de briguer le consulat, Caton engagea Lucius Domitius à poser hardiment sa candidature et à ne pas renoncer, car, disait-il, l'enjeu de la compétition n'est pas une magistrature, mais la liberté, menacée par les tyrans. 2 Les amis de Pompée, redoutant l'énergie de Caton, et craignant qu'ayant déjà tout le sénat pour lui il n'entraînât et ralliât la partie saine du peuple, ne laissèrent pas Domitius descendre au Forum ; ils envoyèrent des hommes armés, et ceux-ci tuèrent l'esclave qui portait la lumière devant lui et mirent les autres en fuite. Caton se retira le dernier, blessé au coude droit en défendant Domitius. 3 Parvenus au consulat par de tels procédés, Pompée et Crassus ne se comportèrent pas avec plus de régularité dans la suite. Tout d'abord, comme le peuple était en train d'élire Caton préteur et lui apportait ses suffrages, Pompée congédia l'assemblée sous prétexte de mauvais présages, et au lieu de Caton, les tribus, corrompues à prix d'argent, nommèrent Vatinius. 4 Ensuite, par l'entremise du tribun de la plèbe Trebonius, ils proposèrent des lois qui prorogeaient les pouvoirs de César pour une seconde période de cinq ans, donnaient à Crassus la Syrie et le commandement de l'expédition contre les Parthes, et à Pompée lui-même toute la Libye, les deux Espagnes et quatre légions, dont il prêta deux à César, qui les lui avait demandées pour la guerre des Gaules. 5 Crassus, à l'issue de son consulat, partit pour sa province, et Pompée, inaugurant son théâtre, offrit à l'occasion de la dédicace des concours de gymnastique et de musique, ainsi que des luttes de bêtes, au cours desquelles cinq cents lions furent tués, et à la fin un combat d'éléphants, qui fut le spectacle le plus stupéfiant.

53. 1 Admiré et aimé pour ces largesses, il encourut de nouveau une impopularité qui ne fut pas moindre, parce que, abandonnant ses armées et ses provinces à des légats qui étaient de ses amis, il restait lui-même en Italie, et, se rendant d'une de ses villas de plaisance à une autre, y passait son temps auprès de sa femme, soit qu'il fût amoureux d'elle, soit que, la voyant éprise de lui, il ne pût se résoudre à la quitter ; car c'est aussi ce que l'on dit. 2 Et l'on parlait beaucoup de l'amour de la jeune femme pour son mari, qu'elle chérissait en dépit de l'âge de celui-ci. La cause semble en avoir été la fidélité de Pompée, qui ne voulait connaître que son épouse, et sa gravité qui n'était pas sévère et se prêtait à des relations pleines de charme et très attrayantes pour les femmes, s'il faut en croire le témoignage de la courtisane Flora. 3 En tout cas, lorsque, à l'occasion de l'élection des édiles, on en vint aux mains et que, plusieurs personnes ayant été tuées autour de lui, Pompée, tout couvert de sang, dut changer de vêtements, 4 les serviteurs qui rapportaient ses habits arrivèrent en courant et bouleversés à sa maison, où sa jeune femme, qui était enceinte, en voyant la toge ensanglantée, s'évanouit ; elle se remit à grand-peine, mais ce trouble et cette commotion la firent avorter. 5 Dès lors, même ceux qui blâmaient le plus l'amitié de Pompée pour César cessèrent de lui reprocher son amour pour sa femme. Enceinte à nouveau, elle mit au monde une fille, mais elle mourut à la suite de cet accouchement, et l'enfant ne lui survécut que peu de jours. 6 Pompée se disposait à ensevelir sa femme dans sa terre d'Albe, mais le peuple emporta de force le corps au Champ de Mars, plutôt par pitié pour la jeune femme que par désir de complaire à Pompée et à César, mais dans ces honneurs qu'il rendait le peuple semblait accorder une part plus grande à César absent qu'à Pompée présent.

7 Aussitôt après, la ville fut en effervescence, et toutes les affaires furent troublées et agitées par des bruits de rupture, puisque l'alliance de famille, qui jusque-là couvrait, plutôt qu'elle ne la refrénait, l'ambition des deux hommes, avait disparu. 8 Un peu plus tard on annonça que Crassus avait péri chez les Parthes, et le grand obstacle qui empêchait la guerre civile d'éclater se trouva ainsi supprimé ; car, comme ils le craignaient tous deux, ils s'en tenaient plus ou moins strictement à leurs conventions. 9 Mais quand la Fortune eut enlevé de la lice l'athlète de réserve, on put dire aussitôt avec le poète comique que l'un contre l'autre « Se frotta d'huile et se couvrit de poussière les mains ». 10 Tant la Fortune a peu de pouvoir sur la nature humaine, dont elle ne parvient pas à combler les désirs ! Une domination si absolue et une si vaste étendue de territoires ne purent apaiser les convoitises de ces deux hommes, car, tout en sachant bien, pour l'avoir lu et entendu que « du monde on fit trois parts pour que chacun des dieux reçût son apanage », ils ne crurent pas que l'Empire romain était assez grand pour eux deux.

Troisième consulat (52). – **54.** 1 Cependant Pompée dit un jour dans une harangue adressée au peuple qu'il avait obtenu toutes les charges plus tôt qu'il ne s'y attendait, et les avait déposées plus vite que l'on ne s'y attendait. Et à vrai dire, ce qui témoignait en sa faveur, c'est qu'il avait toujours licencié ses armées. 2 Mais alors, persuadé que César ne licencierait pas la sienne, il recherchait dans les magistratures politiques un rempart contre lui. D'ailleurs il n'avait aucune intention révolutionnaire et ne voulait pas paraître se méfier de lui ; il affectait plutôt de le dédaigner et de le mépriser. 3 Seulement, quand il vit que les magistratures n'étaient pas décernées à son gré, parce qu'on achetait les votes des citoyens, il laissa l'anarchie s'installer dans la ville. Il fut aussitôt question de nommer un dictateur. Le tribun Lucilius osa le premier en faire la proposition et il conseilla au peuple de désigner Pompée pour cette fonction. 4 Caton s'y opposa, et le tribun faillit perdre sa charge. Plusieurs amis de Pompée prirent la parole pour le justifier en disant qu'il ne demandait ni ne désirait ce pouvoir. 5 Caton en loua Pompée et l'invita à veiller au bon ordre ; Pompée, pris de scrupule, y veilla, et l'on nomma consuls Domitius et Messalla. Puis, l'anarchie ayant reparu, on parla davantage encore et plus hardiment de la nomination d'un dictateur. Caton, craignant d'avoir la main forcée, décida d'offrir à Pompée une magistrature légale afin de le détourner de ce pouvoir absolu et tyrannique. 6 Bibulus, ennemi de Pompée, fut le premier qui émit dans le sénat l'avis de nommer Pompée consul unique : par ce moyen, ou bien la ville serait débarrassée du désordre, ou bien, si elle devait être esclave, elle le serait du meilleur citoyen. 7 Cette opinion parut étrange dans la bouche de celui qui l'avait exprimée, et, Caton s'étant levé, on crut qu'il allait la contredire ; mais, le silence une fois établi, il déclara qu'il n'aurait pas pris lui-même l'initiative d'une telle proposition, mais que, puisqu'elle avait été faite par un autre, il conseillait de s'y rallier ; il préférait, dit-il, n'importe quel pouvoir à l'anarchie, et il était persuadé que Pompée commanderait mieux que personne au milieu de si grands troubles. 8 Le sénat adopta cet avis et décréta que Pompée, nommé consul, exercerait seul le pouvoir, et que, s'il souhaitait avoir un collègue, il pourrait le choisir lui-même en l'examinant, mais pas avant deux mois. Ainsi nommé et proclamé consul par l'interroi Sulpicius, il embrassa affectueusement Caton, en avouant qu'il lui devait une grande reconnaissance et en le priant de lui servir dans sa charge de conseiller privé. 9 Caton répondit : « Tu ne me dois aucune reconnaissance, car rien de ce que j'ai dit n'était dit à cause de toi ; tout était dit à cause de la ville. Je te conseillerai en particulier si tu m'y invites, et, si tu ne le fais pas, j'exprimerai publiquement l'avis qui me paraîtra bon. » Tel était Caton en toutes circonstances.

55. 1 Pompée, de retour à Rome, épousa Cornelia, fille de Metellus Scipion, qui n'était pas une jeune fille, mais une veuve : elle venait de perdre son premier mari, Publius, fils de Crassus, qui était mort chez les Parthes. 2 La jeune femme, en plus de sa beauté, avait bien des charmes : très cultivée, elle s'entendait à la littérature, à la musique, à la géométrie, et elle était accoutumée à lire avec fruit les ouvrages des philosophes. 3 À ces qualités s'ajoutait un caractère exempt de la prétention revêche que ces sortes d'études donnent aux jeunes femmes, et son père était d'une naissance et d'une réputation irréprochables. 4 Pourtant, parmi les Romains, les uns critiquèrent ce mariage à cause de la disproportion des âges, car à ce point de vue Cornelia aurait été mieux assortie à un fils de Pompée ; les autres, avec plus de délicatesse, trouvaient que Pompée négligeait les affaires de la ville : « Dans les circonstances graves où elle se trouve, disaient-ils, elle l'a choisi comme médecin, et s'est abandonnée à lui seul, 5 et lui, il se met des couronnes sur la tête et offre des sacrifices pour ses noces, alors qu'il devrait considérer comme un malheur ce consulat qui ne lui aurait pas été ainsi donné contrairement à la loi, si la patrie était heureuse ! »

6 Puis Pompée s'occupa des procès de vénalité et de corruption et rédigea des lois pour fixer les conditions dans lesquelles auraient lieu les jugements. D'ordinaire il exerçait son arbitrage avec dignité et désintéressement, assurant aux tribunaux la sécurité, l'ordre et le calme en les présidant lui-même, entouré d'hommes armés. 7 Cependant Scipion, son beau-père, étant cité en justice, il fit venir chez lui les trois cent soixante juges et leur demanda leur aide. Aussi l'accusateur, voyant Scipion reconduit par ses juges en sortant du Forum, décida-t-il de se désister de sa poursuite. 8 Cela fit à nouveau mal parler de Pompée, et ce fut pis encore lorsque, lui qui avait supprimé par une loi les éloges faits en faveur des accusés, il se présenta en personne pour louer Plancus. 9 Caton, qui se trouvait parmi les juges, se boucha les oreilles de ses deux mains, et déclara qu'il ne serait pas bien de sa part d'écouter un éloge interdit par la loi. Aussi fut-il récusé avant d'avoir à porter son suffrage, mais Plancus fut condamné par les votes des autres juges, à la honte de Pompée. 10 Peu de jours après, Hypsaeus, personnage consulaire poursuivi en justice, saisit le moment où Pompée, sortant du bain, allait se mettre à table pour le supplier en lui prenant les genoux ; Pompée passa sans s'arrêter et dit avec dédain : « Tu me gâtes mon dîner, c'est tout le résultat que tu obtiens ! » 11 En se montrant si partial, il prêta fort à la critique. Cependant, dans l'ensemble, il remit les affaires en ordre. Il s'adjoignit son beau-père comme consul pour les cinq derniers mois de sa charge. 12 Il fut maintenu par un vote dans le gouvernement de ses provinces pour une autre période de quatre ans, et on lui accorda une somme annuelle de mille talents pour la solde et l'entretien de ses troupes.

Préludes à la guerre civile (51-50). – **56.** 1 Les amis de César, forts de ce précédent, demandaient que l'on tînt compte aussi de César, qui livrait tant de combats pour l'Empire ; car, disaient-ils, il méritait bien d'obtenir un nouveau consulat ou la prorogation de son commandement, de peur qu'un autre, survenant, ne lui enlevât la gloire de ses travaux, et afin qu'il continuât lui-même à diriger son armée et à jouir tranquillement de ses honneurs après avoir remporté tant de victoires. 2 Un débat s'étant engagé sur cette proposition, Pompée, comme pour détourner par amitié l'envie qu'elle pouvait susciter contre César, déclara qu'il avait une lettre de lui qui demandait qu'on lui donnât un successeur et que l'on mît fin à son commandement, mais que pourtant il serait convenable de lui accorder le droit de poser, même absent, sa candidature au consulat. 3 Caton s'éleva contre cette motion et demanda que César attendît d'être redevenu un simple particulier et d'avoir déposé les armes pour solliciter quelque faveur de ses concitoyens. Pompée n'insista pas et fit comme s'il était à bout d'arguments, mais il laissa ainsi soupçonner ses vraies dispositions envers César. 4 Il envoya même réclamer les troupes qu'il lui avait prêtées, sous prétexte de faire la guerre aux Parthes. Et César, bien qu'il sût très bien pourquoi il lui redemandait ses soldats, les renvoya comblés de gratifications.

57. 1 Sur ces entrefaites, Pompée tomba dangereusement malade à Naples. Il se rétablit, et les Napolitains, sur le conseil de Praxagoras, offrirent des sacrifices d'actions de grâce pour sa guérison. 2 Leurs voisins suivirent leur exemple, qui fut ensuite imité un peu partout en Italie : chaque ville, petite ou grande, célébra des fêtes pendant plusieurs jours. 3 Il n'y avait pas d'endroit assez vaste pour contenir ceux qui venaient de toutes parts à sa rencontre ; les routes, les villages et les ports étaient remplis de gens qui festoyaient et sacrifiaient. 4 Beaucoup aussi, ornés de couronnes, allaient l'accueillir aux flambeaux et l'escortaient en lui jetant des fleurs, de sorte que son voyage de retour, avec ceux qui l'accompagnaient, offrait le plus beau et le plus brillant des spectacles. 5 On dit que ce fut là une des causes qui déterminèrent la guerre civile, et non la moindre : Pompée se laissa envahir par l'orgueil et par une immense joie, qui l'emportèrent sur les raisonnements que suggérait l'état des affaires. 6 Il en oublia la prudence, qui avait toujours assuré sa prospérité et le succès de ses entreprises ; il s'abandonna à une confiance absolue et à un tel mépris de la puissance de César qu'il se figura n'avoir besoin ni d'armes ni de pénibles efforts pour l'abattre beaucoup plus aisément qu'il ne l'avait élevé. 7 En outre, Appius arrivait, ramenant de Gaule les troupes que Pompée avait prêtées à César. Il déprécia beaucoup ce qui se faisait là-bas et se répandit en propos diffamatoires contre César : « Pompée lui-même, disait-il, ne se rend pas compte de sa puissance et de son prestige, puisqu'il cherche contre César l'appui d'une autre armée : ce sont les troupes mêmes de César qui lui donneront la victoire, dès qu'elles le verront, tant elles détestent César et désirent Pompée. » 8 Exalté par ces paroles, Pompée conçut tant de présomption et se laissa aller à une telle et si grande négligence qu'il se moquait de ceux qui redoutaient la guerre ; quand on lui disait ne pas voir, si César marchait contre la ville, avec quelles troupes on le repousserait, il répondait en souriant d'un air épanoui qu'il n'y avait pas lieu de s'inquiéter : 9 « En quelque endroit de l'Italie, disait-il, que je frappe la terre du pied, il en surgira des armées de fantassins et de cavaliers. »

58. 1 De son côté, César s'appliquait à ses affaires avec plus d'énergie que jamais. Il n'était plus loin de l'Italie et il envoyait continuellement ses soldats dans la ville pour voter aux élections ; il gagnait sous main une foule de gens et corrompait les magistrats à prix d'argent. 2 Parmi ceux-ci se trouvait le consul Paullus, qu'il fit changer de parti moyennant une somme de quinze cents talents, le tribun du peuple Curio, libéré par lui d'une masse incalculable de dettes, et Marc Antoine qui, en qualité d'ami de Curio, partageait ses profits. 3 On raconte que l'un des officiers venus de la part de César, se tenant près de la curie et apprenant que le sénat n'accordait pas à César la prolongation de son commandement, dit en frappant de la main sur son épée : « Eh bien, ceci la lui donnera ! » 4 Et c'est en effet le but que visaient les actes et les préparatifs de César. Toutefois, les requêtes et les instances de Curio en faveur de César étaient apparemment plus démocratiques. 5 Il demandait, de deux choses l'une : ou bien qu'on exigeât de Pompée aussi le renvoi de ses troupes, ou bien que César ne fût pas privé des siennes ; ainsi ils resteraient tranquilles dans les deux cas, car ou bien ils redeviendraient de simples particuliers avec des droits égaux, ou bien ils resteraient sur leurs positions actuelles et leurs forces s'équilibreraient : en affaiblissant un seul des deux camps, on double la puissance que l'on redoute. 6 En réponse, le consul Marcellus traita César de brigand et proposa de le déclarer ennemi public, s'il ne déposait pas les armes. Cependant Curio, soutenu par Antoine et par Piso, parvint à mettre le sénat en devoir de se prononcer. 7 Il invita ceux qui voulaient que César seul déposât les armes et que Pompée gardât son commandement à passer d'un côté ; la majorité y passa. 8 Mais il demanda ensuite de se déplacer à tous ceux qui entendaient faire déposer les armes aux deux rivaux sans laisser de commandement ni à l'un ni à l'autre : vingt-deux sénateurs seulement furent pour Pompée, tous les autres se rangeant à l'avis de Curio. 9 Le tribun triomphait et, rayonnant de joie, il sortit de la curie et s'élança vers le peuple, où on le reçut en l'applaudissant et en lui jetant des couronnes et des fleurs. Pompée n'avait pas assisté à la séance du sénat, car les chefs d'armée n'entrent pas dans la ville. 10 Marcellus se leva en déclarant qu'il ne resterait pas assis à écouter des discours, quand il voyait dix légions apparaître sur les Alpes, et qu'il allait lui-même leur envoyer l'adversaire qui défendrait contre elles la patrie.

59. 1 Dès lors on changea de vêtements comme pour un deuil. Marcellus, suivi des sénateurs, traversa le Forum pour aller trouver Pompée, et, une fois en face de lui : « Je t'ordonne, Pompée, dit-il, de défendre la patrie, d'employer à cette fin les forces dont tu disposes et d'en lever d'autres. » 2 La même sommation lui fut faite par Lentulus, un des consuls désignés pour l'année suivante. Pompée se mit donc à recruter des soldats, mais, parmi les appelés, les uns n'obéissaient pas, d'autres, en petit nombre, se réunirent difficilement et de mauvaise grâce, et la plupart réclamaient à grands cris une réconciliation. 3 Et en effet Antoine, malgré l'opposition du sénat, avait lu devant le peuple une lettre de César, qui contenait des propositions propres à séduire la foule : 4 il demandait que Pompée et lui, abandonnant tous deux leurs provinces et congédiant leurs armées, parussent devant le peuple pour rendre compte de leurs actions. 5 Mais Lentulus, maintenant consul, ne convoqua pas le sénat. Cicéron, récemment arrivé de Cilicie, négociait un compromis selon lequel César quitterait la Gaule et licencierait son armée, sauf deux légions, avec lesquelles il attendrait en Illyrie son deuxième consulat. 6 Comme Pompée regimbait, les amis de César consentirent à renoncer à l'une de ces deux légions. Mais, Lentulus s'opposant à cette solution et Caton se mettant à crier que Pompée avait tort de se laisser duper une fois de plus, les pourparlers n'eurent pas de résultat.

***Affrontement de Pompée et de César (49-48).* – 60.** 1 Sur ces entrefaites, on annonce que César a pris Ariminum, grande ville d'Italie, et qu'il marche droit sur Rome avec toute son armée. 2 La nouvelle était fausse, car il n'avait pour avancer avec lui pas plus de trois cents cavaliers et cinq mille fantassins. Il n'avait pas attendu le reste de ses forces, qui était au-delà des Alpes, parce qu'il voulait fondre à l'improviste sur des adversaires en pleine confusion et qui ne s'attendaient pas à son irruption, plutôt que de leur laisser le temps de se préparer au combat. 3 Arrivé au bord du Rubicon, rivière marquant la limite de la province qu'on lui avait donnée, il s'arrêta sans rien dire et resta quelque temps à réfléchir sur la grandeur de son coup d'audace. 4 Puis, comme les gens qui se lancent du haut d'une roche escarpée dans un abîme profond, il fit taire le raisonnement, et, se voilant le visage devant le danger, il cria ces seuls mots en grec à son entourage : « Que le sort en soit jeté ! », et il fit traverser le cours d'eau à son armée.

5 Aussitôt que la nouvelle fut arrivée et se répandit à Rome, il y régna un saisissement, un trouble et une épouvante sans précédent. À l'instant, le sénat accourut en hâte auprès de Pompée, ainsi que les magistrats. 6 Alors, Tullus l'interrogeant sur l'armée et les troupes dont il disposait, Pompée répondit timidement, après avoir un peu hésité, qu'il avait tout prêts les soldats renvoyés par César et qu'il croyait pouvoir rassembler rapidement les trente mille hommes qu'il avait enrôlés. Tullus s'écria : « Pompée, tu nous as trompés ! », et il conseilla d'envoyer à César des négociateurs. 7 Un certain Favonius, qui d'ailleurs n'était pas un méchant homme, mais qui souvent croyait imiter par sa brutalité et son insolence la liberté de langage de Caton, somma Pompée de frapper du pied la terre pour en faire sortir les armées qu'il avait promises. 8 Pompée supporta avec douceur cette raillerie intempestive, et il répondit à Caton, qui lui

rappelait les prédictions qu'il avait faites dès le début au sujet de César : « Tu as parlé en meilleur prophète, mais je me suis conduit, moi, de façon plus bienveillante. »

61. 1 Caton conseilla de nommer Pompée général avec pleins pouvoirs, ajoutant que c'est à ceux qui ont causé les plus grands maux qu'il appartient d'y mettre fin ; 2 quant à lui, il partit aussitôt pour la Sicile, province qui lui était échue, et chacun de ceux à qui le sort avait assigné une province fit de même. Cependant l'Italie presque entière se soulevait, et l'événement suscitait beaucoup de perplexité : 3 du dehors, des réfugiés affluaient en hâte de toute part à Rome, tandis que les habitants de la ville se précipitaient eux-mêmes au-dehors en abandonnant Rome, où, au sein d'une tourmente et d'un désordre immenses, la partie utile du corps civique se trouvait sans force, alors que la partie indocile était pleine de vigueur pour résister aux magistrats. 4 Il n'y avait pas moyen de calmer la panique, et Pompée n'était pas libre de suivre ses propres réflexions, car chacun, selon ses impressions du moment, crainte, tristesse ou désespoir, s'efforçait de lui faire partager son état d'esprit, 5 de sorte qu'il prenait en un même jour des résolutions contradictoires. Il ne pouvait d'ailleurs avoir sur les ennemis aucune information exacte, parce que beaucoup de gens lui rapportaient n'importe quoi et se fâchaient s'il refusait de les croire. 6 C'est dans de telles conditions qu'il décréta l'état de tumulte, puis, après avoir ordonné aux sénateurs de le suivre et déclaré qu'il tiendrait pour partisans de César tous ceux qui resteraient, il quitta la ville ce jour-là, tard dans la soirée. Les consuls s'enfuirent sans même avoir fait les sacrifices qui étaient d'usage avant toute guerre. Mais, jusque dans ces circonstances critiques, Pompée paraissait encore digne d'envie à cause de l'affection qu'on lui portait : 7 en effet, si beaucoup réprouvaient sa manière de mener cette campagne, personne ne haïssait le général, et l'on aurait pu constater que ceux qui fuyaient par amour de la liberté étaient moins nombreux que ceux qui partaient parce qu'ils ne pouvaient se résoudre à abandonner Pompée.

62. 1 Quelques jours plus tard, César entra dans Rome et occupa la ville. Il en traita les habitants avec douceur et les rassura ; cependant, un des tribuns du peuple, Metellus, voulant l'empêcher de prendre de l'argent dans le Trésor, il le menaça de mort et ajouta à la menace une parole plus rude : « Cela, dit-il, m'est plus difficile à dire qu'à faire. » 2 Ayant ainsi écarté Metellus, il prit ce dont il avait besoin et se mit à la poursuite de Pompée, pressé de le chasser d'Italie avant que son armée d'Espagne fût arrivée auprès de lui. 3 Pompée, ayant occupé Brindes, y trouva des bateaux en abondance. Il y fit aussitôt embarquer les consuls et les envoya devant lui à Dyrrachium, avec trente cohortes. Puis il dépêcha Scipion, son beau-père, et Cnaeus, son fils, en Syrie pour y équiper une flotte. 4 Quant à lui, il fit barricader les portes de Brindes, posta sur les remparts ses soldats les plus lestes, ordonna aux habitants de se tenir tranquilles dans leurs maisons, fit creuser partout à l'intérieur de la ville des tranchées et des fossés, et remplit de palissades les rues, à l'exception de deux par lesquelles il descendit lui-même à la mer. 5 Le troisième jour, la plupart de ses soldats s'étaient déjà embarqués sans obstacle ; alors, sur un signal qu'il leur donna soudain, ceux qui gardaient les remparts descendirent rapidement ; il les prit à bord et traversa la mer. 6 César, en voyant les remparts abandonnés, se rendit compte que Pompée avait fui, et peu s'en fallut qu'en voulant le poursuivre il ne tombât sur les pieux et dans les fossés, mais, averti par les gens de Brindes, il s'abstint d'entrer dans la ville ; il en fit le tour et constata que tous les bateaux avaient pris le large, sauf deux, qui ne contenaient qu'un petit nombre de soldats.

63. 1 On regarde généralement ce départ de Pompée par mer comme une des meilleures ruses de guerre. Cependant César s'étonnait que Pompée, possédant une ville forte, attendant ses troupes d'Espagne et étant maître de la mer, lui eût abandonné et livré l'Italie. 2 Et Cicéron aussi le blâme d'avoir imité la stratégie de Thémistocle plutôt que celle de Périclès, alors que sa situation ressemblait plus à celle de Périclès qu'à celle de Thémistocle. 3 Mais César montra bien par ses actes qu'il redoutait vivement que le temps ne jouât contre lui : ayant fait prisonnier Numerius, un ami de Pompée, il l'envoya à Brindes pour demander la conclusion d'un accord équitable ; Numerius s'embarqua d'ailleurs avec Pompée. 4 Dès lors, César, qui s'était rendu maître de l'Italie entière en soixante jours sans avoir versé le sang, voulait se mettre aussitôt à la poursuite de Pompée, mais, faute de vaisseaux, il se détourna vers l'Espagne et s'y rendit dans le dessein d'attirer à lui les troupes qui s'y trouvaient.

64. 1 Pendant ce temps, des forces considérables se rassemblèrent autour de Pompée. Sa flotte était absolument sans rivale : elle comptait cinq cents navires de combat et un nombre encore supérieur de bâtiments légers et de vedettes. Il avait sept mille cavaliers, la fleur de Rome et de l'Italie, tous distingués par la naissance, la richesse et la noblesse des sentiments. 2 Quant à son infanterie, formée d'éléments divers, elle avait certes besoin d'entraînement ; il l'exerça lui-même pendant son séjour à Berroea : loin de se ménager, il montrait dans ces exercices autant d'activité que s'il avait été dans toute la force de l'âge. 3 C'était un puissant motif d'encouragement de voir le grand Pompée, à cinquante-huit ans, combattre en armes à pied, puis monter à cheval et tirer aisément son épée en faisant galoper sa monture, et la rengainer avec la même facilité ; au lancement du javelot, ses coups étaient non seulement précis, mais si forts qu'ils portaient à une distance que beaucoup de jeunes gens ne pouvaient dépasser. 4 Des rois et des princes étrangers se présentaient en foule à son camp, et le nombre des dignitaires romains formait autour de lui un sénat complet. 5 On vit venir aussi Labienus, qui abandonna César après avoir été son ami et avoir fait campagne en Gaule avec lui, et Brutus, fils du Brutus qui avait été égorgé en Gaule, homme magnanime, qui n'avait jamais jusqu'alors adressé la parole à Pompée et ne l'avait jamais salué, parce qu'il voyait en lui le meurtrier de son père, mais qui à ce moment se rangea sous les ordres de celui qui voulait libérer Rome. 6 Cicéron, après avoir pensé et écrit dans un autre sens, rougit à son tour de n'être pas au nombre de ceux qui s'exposaient au danger pour la patrie. 7 Vint enfin en Macédoine un certain Teidius Sextus, homme d'une extrême vieillesse et qui était estropié d'une jambe ; son arrivée suscita rires et moqueries, mais Pompée, en le voyant, se leva et courut à lui, car il regardait comme un grand témoignage en sa faveur que des gens vinssent, en dépit de leur âge et de leur manque de vigueur, partager avec lui le péril plutôt que de demeurer en sécurité.

65. 1 Le Conseil, s'étant réuni, décréta, sur la proposition de Caton, qu'on ne tuerait aucun Romain en dehors d'une bataille et qu'on ne pillerait aucune ville soumise à Rome, ce qui fit aimer encore davantage le parti de Pompée. 2 Et, de fait, ceux qui n'avaient rien à faire dans la guerre, soit parce qu'ils habitaient loin, soit parce qu'on les négligeait en raison de leur faiblesse, adhéraient du moins en intention à la cause de Pompée et s'associaient en paroles au combat livré pour la justice, regardant comme un ennemi des dieux et des hommes quiconque n'envisageait pas avec plaisir la victoire de Pompée. 3 Cependant César aussi se montrait généreux dans le succès : après avoir fait prisonnières les armées de Pompée en Espagne et terminé la guerre à son avantage dans ce pays, il relâcha les généraux, tout en employant les soldats. 4 Puis il repassa les Alpes, traversa en hâte l'Italie et arriva à Brindes pour le solstice d'hiver ; 5 enfin il franchit la mer, débarqua à Oricos et envoya à Pompée Vibullius, ami de Pompée, qu'il tenait prisonnier, pour proposer à son rival une conférence où tous les deux s'engageraient à licencier toutes leurs troupes dans les trois jours, à se jurer amitié et à rentrer en Italie. 6 Pompée ne vit là qu'un nouveau piège. Il descendit promptement vers la mer, occupant les places fortes et les positions où l'infanterie pouvait solidement s'établir, ainsi que les ports et les rades favorables au trafic maritime. Aussi tous les vents qui soufflaient apportaient-ils à Pompée vivres, troupes et argent. 7 César, au contraire, était environné de difficultés à la fois sur terre et sur mer ; et se trouvait ainsi obligé de rechercher le combat. Il attaquait Pompée dans ses retranchements et le provoquait en toute occasion. Il était le plus souvent vainqueur et l'emportait dans les escarmouches, 8 mais une fois il fut sur le point d'être écrasé et de perdre son armée, Pompée ayant combattu si brillamment qu'il mit tous les ennemis en déroute et leur tua deux mille hommes, mais il ne put ou n'osa pas bousculer les fuyards et pénétrer avec eux dans leur camp. 9 Aussi César dit-il à ses amis : « Aujourd'hui la victoire était aux ennemis, si leur chef était capable de vaincre. »

66. 1 Exaltés par ce succès, les pompéiens avaient hâte de livrer la bataille décisive. Pompée lui-même écrivit aux rois, aux chefs et aux villes du dehors sur le ton d'un vainqueur, mais il redoutait le péril du combat, et il comptait sur le temps et la disette pour avoir raison de ces guerriers invincibles sous les armes et habitués depuis longtemps à vaincre ensemble, mais que leur âge de vétérans rendait impropres à supporter les autres obligations du service en campagne : longues marches, changements de position, fossés à creuser, murailles à construire, et qui, pour cette raison, étaient fort pressés d'en venir aux mains et d'engager au plus tôt la mêlée.

2 Cependant Pompée avait jusque-là réussi tant bien que mal à persuader aux siens de se tenir tranquilles, mais lorsque après le combat César, contraint par la disette, eut levé le camp et dut partir pour la Thessalie à travers le pays des Athamanes, il lui devint impossible de contenir la présomption de ses partisans : ils criaient que César fuyait ; les uns voulaient qu'on le poursuivît et qu'on lui donnât la chasse, les autres, que l'on retournât en Italie ; certains même envoyaient à Rome des serviteurs et des amis pour retenir à l'avance des logements près du Forum dans l'intention de briguer des charges dès leur arrivée. 3 Plusieurs s'embarquèrent spontanément pour Lesbos, voulant annoncer à Cornelia la bonne nouvelle que la guerre était finie, car c'est là que Pompée avait envoyé sa femme. 4 On réunit un conseil où Afranius proposa de reprendre l'Italie, car c'est l'Italie, disait-il, qui est le principal enjeu de la guerre, et ceux qui en sont maîtres voient aussitôt se joindre à eux la Sicile, la Sardaigne, la Corse, l'Espagne et toute la Gaule ; 5 en outre la patrie, à laquelle il faut songer en premier lieu, tend de près les bras vers Pompée, et il serait mal de souffrir qu'elle soit asservie par des esclaves et des flatteurs des tyrans. 6 Mais Pompée lui-même pensait qu'il ne serait pas beau pour sa gloire de fuir une seconde fois devant César et de se laisser poursuivre, alors que la Fortune lui permettait de le poursuivre lui-même, et, d'autre part, il trouvait indigne d'abandonner Scipion et les autres consulaires détachés en Grèce et en Thessalie, qui tomberaient aux mains de César avec des fonds et des troupes considérables ; il estimait enfin que l'on ne pouvait mieux prendre soin de Rome qu'en combattant le plus loin possible d'elle, afin de lui éviter de souffrir des maux de la guerre, et même de les connaître, de façon qu'elle n'eût qu'à attendre le vainqueur.

67. 1 Pompée, ayant fait approuver cet avis, se mit à la poursuite de César, bien résolu à éviter de lui livrer bataille, mais à le harceler et à l'user par la disette en le serrant de près. 2 Il croyait cette tactique utile, et, de plus, un mot d'ordre qui circulait parmi les cavaliers était venu jusqu'à lui, selon lequel il fallait défaire César pour éliminer ensuite Pompée lui-même. 3 Quelques historiens voient même là la raison pour laquelle Pompée n'avait confié à Caton aucune mission d'importance : en marchant contre César, il l'avait laissé au bord de la mer à la garde des bagages, craignant que, César une fois tué, il ne le forçât à abdiquer lui aussi son commandement. 4 En suivant ainsi les ennemis sans se presser, il fut bientôt en butte aux reproches et aux invectives : on prétendait que ce n'était pas à César qu'il faisait la guerre, mais à la patrie et au sénat, afin de commander sans cesse et de conserver comme serviteurs et gardes du corps des hommes qui se jugeaient dignes de gouverner le monde. 5 Domitius Ahenobarbus l'appelait Agamemnon et roi des rois pour susciter l'envie contre lui. Favonius ne lui était pas moins désagréable que ceux qui le raillaient avec une franchise intempestive, lorsqu'il criait : « Amis, ce n'est pas cette année encore que nous goûterons aux figues de Tusculum ! » 6 Lucius Afranius, celui qui avait causé la perte des armées d'Espagne et que l'on accusait de les avoir vendues, voyant alors Pompée refuser de combattre, disait : « Je m'étonne que mes accusateurs ne se présentent pas pour mettre en cause ce bradeur de provinces. » 7 Ces propos et beaucoup d'autres du même genre forcèrent la volonté de Pompée, qui était dominé par l'amour de la gloire et par une fausse honte à l'égard de ses amis. Il se laissa entraîner par les espérances et les impulsions de son entourage, qui l'amena ainsi à renoncer à ses plans les plus sages. Une telle conduite ne convient pas même à un pilote de navire, et moins encore à un général muni des pleins pouvoirs et ayant sous ses ordres tant de peuples et d'armées. 8 Et lui qui louait ceux des médecins qui ne cherchent jamais à complaire aux désirs de leurs malades, il céda aux éléments malsains du commandement, en craignant de les contrarier pour leur bien. 9 Comment en effet tenir pour sains ces hommes qui faisaient le tour du camp pour y briguer déjà des consulats et des prétures, un Spinther, un Domitius, un Scipion, qui se querellaient, intriguaient et montraient aux autres de l'affabilité, parce qu'ils se disputaient le pontificat suprême de César ? 10 On eût dit qu'ils campaient en face de Tigrane l'Arménien ou du roi des Nabatéens, et non pas de ce fameux César et de son armée avec laquelle il avait pris de vive force un millier de villes, soumis plus de trois cents peuples, livré, toujours invincible, d'innombrables combats contre les Germains et les Gaulois, fait un million de prisonniers et tué un autre million d'hommes mis en déroute dans des batailles rangées.

68. 1 Cependant l'agitation et les instances de son entourage, quand on fut descendu dans la plaine de Pharsale, contraignirent Pompée à tenir un conseil, où Labienus, commandant de la cavalerie, se leva et jura le premier qu'il ne se retirerait pas du champ de bataille avant d'avoir mis les ennemis en déroute ; tous prêtèrent le même serment. 2 Pendant la nuit, Pompée se vit en songe entrant dans son théâtre aux applaudissements de la foule, et ornant lui-même de nombreuses dépouilles le temple de Vénus Victrix. 3 Cette vision, d'un côté, était encourageante, mais, de l'autre, assez inquiétante, car il craignait d'apporter lui-même la gloire et l'éclat de la victoire à César, dont la race remontait à Vénus. Après quoi il fut éveillé en sursaut par les bruits d'une panique qui s'était emparée de son camp. 4 À la relève du matin, on vit briller une grande lumière au-dessus du camp de César, où régnait une tranquillité profonde, et surgir de cette lumière un flambeau ardent qui alla s'abattre sur le camp de Pompée. César lui-même affirme avoir vu ce prodige en faisant le tour des postes de garde. 5 Au point du jour César se disposait à partir pour Scotoussa. Déjà ses soldats abattaient leurs tentes et envoyaient devant eux bêtes de somme et valets, lorsque les guetteurs vinrent annoncer que l'on voyait dans le retranchement des ennemis un grand mouvement d'armes ainsi qu'une agitation et un tumulte de soldats s'apprêtant à sortir pour livrer bataille. Après ces guetteurs il en vint d'autres, qui assurèrent que les premières lignes déjà se formaient en ordre de combat. 6 César s'écria : « Le voici enfin arrivé, ce jour si attendu où nous allons lutter contre des hommes, et non plus contre la faim et le dénuement ! », puis il se hâta de faire arborer devant sa tente la tunique de pourpre, qui est chez les Romains le signal du combat. 7 À cette vue, les soldats lâchèrent leurs tentes en poussant des cris de joie et coururent aux armes. Leurs officiers les menèrent au poste qu'ils devaient occuper, et la mise en place de chacun, aussi bien réglée que celle d'un chœur, s'effectua tranquillement et sans confusion.

69. 1 Pompée, qui commandait en personne son aile droite, devait faire face à Antoine. Au centre il avait placé Scipion, son beau-père, opposé à Lucius Calvinus. L'aile gauche était sous les ordres de Lucius Domitius, et de nombreux cavaliers la renforçaient ; 2 car c'est là que presque tous s'étaient massés afin de bousculer César et de tailler en pièces la dixième légion, qui avait la plus grande réputation de bravoure et dans les rangs de laquelle César avait coutume de combattre. 3 Quand César vit l'aile gauche des ennemis appuyée par une si importante cavalerie, craignant pour les siens l'éclat de leur armement, il fit venir six cohortes de la réserve et les plaça derrière la dixième légion, avec ordre de ne pas bouger et de ne pas se laisser voir aux ennemis, 4 mais, quand les cavaliers chargeraient, de se précipiter à travers les premiers rangs, et, sans lancer leurs javelots, comme le font d'ordinaire les braves, pressés de dégainer leurs épées, de frapper en haut pour blesser les ennemis aux yeux et au visage : 5 ces beaux danseurs de pyrrhique, à la fleur de l'âge et soucieux de leur beauté, ne résisteraient pas et n'oseraient même pas regarder en face le fer brandi devant leurs yeux. 6 Voilà ce que faisait César. Quant à Pompée, examinant du haut de son cheval l'ordonnance de ses troupes et voyant que les adversaires attendaient tranquillement et en bon ordre le moment de l'attaque, mais que la plus grande partie de son armée à lui, au lieu de rester immobile, était agitée et tumultueuse par manque d'expérience, il craignit qu'elle ne se disloquât entièrement dès le début de l'action, et il fit passer aux premiers rangs l'ordre de se tenir en garde, sans bouger, et de demeurer serrés les uns contre les autres pour recevoir le choc de l'ennemi. 7 César blâme cette tactique : selon lui, elle émousse la force des coups qui sont plus violents lorsqu'on charge, et Pompée, en supprimant cet élan, qui est le principal stimulant de l'enthousiasme et de la fougue quand les soldats abordent l'adversaire avec une rapidité et des cris qui augmentent le courage, ne réussit qu'à figer et refroidir l'ardeur des siens. 8 César avait avec lui vingt-deux mille hommes, et Pompée un peu plus du double.

70. 1 Déjà le signal du combat était donné des deux côtés et la trompette se mettait à sonner l'attaque. Chacun des soldats ne songeait qu'à lui-même, mais un petit nombre de Romains, parmi les meilleurs, et quelques Grecs qui se trouvaient là hors du champ de bataille réfléchissaient, en voyant approcher le moment fatal, à quelle extrémité l'ambition et la discorde avaient entraîné l'empire. 2 Des armes de même famille, des formations sœurs, des enseignes communes, des troupes si vaillantes et si nombreuses appartenant à une seule ville qui les tournait contre elle-même, tout cela montrait combien la nature humaine entraînée par la passion est aveugle et folle. 3 Et, de fait, s'ils avaient voulu alors gouverner en paix et jouir de leurs conquêtes, la plus grande et la meilleure partie de la terre et de la mer se trouvait sous leur domination ; si au contraire ils désiraient assouvir leur amour des trophées et des triomphes et leur soif de conquêtes, ils pouvaient le faire en allant combattre les Parthes ou les Germains. 4 Il restait même un plus vaste champ ouvert à leur activité : la Scythie et l'Inde, où leur ambition aurait eu le glorieux prétexte de civiliser ces peuples barbares. 5 Et comment la cavalerie des Scythes, les flèches des Parthes, la richesse des Indiens auraient-elles pu arrêter l'invasion de soixante-dix mille Romains en armes, commandés par Pompée et César dont ils avaient entendu les noms bien avant de connaître celui de Rome, tant ces généraux avaient attaqué et vaincu des peuples divers, farouches et sauvages ? 6 Mais maintenant ils étaient aux prises l'un avec l'autre, sans pitié pour leur propre gloire, à laquelle ils sacrifiaient leur patrie, eux que jusqu'à ce jour on saluait du nom d'invincibles. 7 Car leur parenté, les charmes de Julia et ce fameux mariage n'avaient été dès le début que les gages trompeurs et suspects d'un rapprochement fondé sur l'intérêt et qui n'avait rien de commun avec une véritable amitié.

71. 1 Donc, quand la plaine de Pharsale fut couverte d'hommes, de chevaux et d'armes et que, des deux côtés, on eut donné le signal du combat, le premier à s'élancer de l'armée de César fut Gaius Crastinus, chef de cent vingt hommes, qui avait fait à César une grande promesse et qui la tint. 2 C'est lui que César avait vu le premier en sortant du camp ; il l'interpella et lui demanda ce qu'il pensait au sujet de la bataille. Crastinus, en lui tendant la main, dit à voix forte : « Tu remporteras une éclatante victoire, César, et, que je sois vivant ou mort, tu feras aujourd'hui même mon éloge. » 3 Il n'oublia pas ce qu'il avait dit : il s'élança hors des rangs, entraînant de nombreux soldats avec lui, et se jeta au milieu des ennemis. 4 Le combat s'engagea aussitôt à l'épée et fut très meurtrier. Crastinus fonçait devant lui et taillait en pièces les premiers rangs quand un ennemi, qui l'attendait de pied ferme, lui poussa son épée à travers la bouche avec tant de force que la pointe traversa le cou et ressortit par la nuque. 5 Crastinus tué, sur ce point le combat se poursuivit à égalité. Quant à Pompée, au lieu de faire donner rapidement son aile droite, il tournait les yeux de l'autre côté et s'attardait à regarder ce que faisaient ses cavaliers. 6 Déjà ceux-ci déployaient leurs escadrons pour envelopper César en rejetant sur son infanterie les quelques cavaliers rangés devant elle. 7 Mais, à un signal donné par César, ses cavaliers se dérobèrent, et les trois mille hommes des cohortes de réserve s'élancèrent au pas de course pour rompre l'encerclement et aborder l'ennemi ; chaque soldat se porta en face d'un cheval, en tenant son javelot en l'air, comme on le lui avait indiqué, pour viser le visage du cavalier. 8 Les pompéiens, qui n'étaient pas exercés à toutes les formes de combat, ne s'attendaient pas à celle-là et n'y avaient pas été préparés. N'ayant pas le courage de soutenir les coups qu'on leur portait dans les yeux et sur la bouche, ils se détournaient, tenaient leurs mains devant leur visage, puis ils prirent honteusement la fuite. 9 Sans s'inquiéter de ces fuyards, les soldats de César se jetèrent sur l'infanterie à l'endroit où les cavaliers avaient laissé l'aile découverte, ce qui permettait de la tourner et de l'envelopper. 10 Tandis que ceux-là attaquaient de flanc, la dixième légion la chargea de front. Les Pompéiens ne tinrent pas et se débandèrent en voyant que, au moment où ils espéraient encercler l'ennemi, ils étaient eux-mêmes victimes de cette manœuvre.

72. 1 Au moment où cette déroute eut lieu, Pompée, voyant s'élever un nuage de poussière, devina le désastre de sa cavalerie. Il serait difficile de dire quelles réflexions il fit alors, mais il avait tout l'air d'un homme pris de vertige ou de folie, et ne se souvenait même plus qu'il était Pompée le Grand ; il ne dit mot à personne et rentra à pas lents dans son camp. 2 On aurait pu très justement lui appliquer ces vers : « Le cœur d'Ajax est envahi pas la terreur, que suscite Zeus Père assis dans les hauteurs. Stupéfait, il s'arrête et rejette en arrière son bouclier que recouvrent sept peaux de bœufs. Il tremble en promenant ses regards sur la foule. »

3 Tel était Pompée lorsqu'il regagna sa tente, où il s'assit et resta muet jusqu'à l'instant où de nombreux ennemis, poursuivant les fuyards, pénétrèrent avec eux à l'intérieur du retranchement. Alors, prononçant cette seule parole : « Quoi ! jusque dans mon camp ! », sans rien ajouter d'autre, il se leva, mit un vêtement convenant à son présent malheur et sortit à la dérobée. 4 Ses autres légions prirent aussi la fuite, et il se fit dans le camp un grand massacre de gardiens de tentes et de valets. Quant aux soldats, il n'y en eut que six mille de tués, d'après Asinius Pollion, qui prit part à cette bataille du côté de César. 5 En s'emparant du camp, les césariens purent constater la folle légèreté des ennemis : toutes les tentes étaient décorées de myrte et ornées de tentures fleuries ; les tables

étaient chargées de coupes, 6 et des cratères étaient là, remplis de vin. C'étaient là les luxueux apprêts d'un sacrifice et d'une fête solennelle plutôt que les préparatifs de guerriers en train de s'armer. Tellement les pompéiens étaient grisés par leurs espérances et pleins, en marchant au combat, d'une présomption insensée.

73. 1 Parvenu à une petite distance du camp, Pompée mit pied à terre et continua sa route avec une suite très peu nombreuse. Comme personne ne le poursuivait, il cheminait en silence, plongé dans les réflexions qui devaient venir naturellement à l'esprit d'un homme habitué depuis trente-quatre ans à vaincre et à dominer tous ses adversaires et qui faisait alors pour la première fois, dans sa vieillesse, l'expérience de la défaite et de la fuite. 2 Combien de guerres et de combats avait-il affrontés pour porter si haut une gloire et une puissance qu'il venait de perdre en une heure ! Lui qui, un moment auparavant, était environné de tant de troupes, de chevaux et d'escadres, il fuyait, devenu si faible, si insignifiant qu'il échappait aux recherches de l'ennemi. 3 Après avoir dépassé Larissa, il arriva à Tempé, où, ayant soif, il se jeta la face contre terre pour boire de l'eau du fleuve, puis, s'étant relevé, il suivit la vallée et descendit jusqu'au bord de la mer. 4 Là il se reposa le reste de la nuit dans une cabane de pêcheur. Au point du jour, il monta dans une barque de rivière, prit avec lui, parmi ceux qui le suivaient, les hommes libres et dit aux esclaves d'aller trouver César sans avoir peur. Comme il longeait la côte, il aperçut un grand vaisseau de transport sur le point d'appareiller. Le patron de ce navire était un Romain, qui n'avait jamais eu de relations avec Pompée, mais le connaissait de vue ; il s'appelait Peticius. 5 Il était arrivé à cet homme, la nuit précédente, de voir Pompée en songe, non pas tel qu'il l'avait aperçu à plusieurs reprises, mais humilié et abattu, qui lui adressait la parole. 6 Il racontait justement cette vision à ceux qui naviguaient avec lui (les gens qui sont de loisir ont coutume de s'entretenir de la sorte). 7 Soudain un matelot dit qu'il venait de voir une barque de rivière qui s'éloignait du rivage à force de rames et où des hommes agitaient leurs vêtements et tendaient les mains vers eux. 8 Peticius arrêta aussitôt son vaisseau, et, reconnaissant Pompée tel qu'il l'avait vu en songe, il se frappa la tête et ordonna aux matelots de mettre la chaloupe à la mer, puis il leva le bras et appela Pompée, dont l'allure lui rendait sensibles le changement de fortune et le malheur. 9 C'est ainsi que, sans attendre de Pompée ni paroles ni prières, il le reçut à bord, lui et ceux qu'il souhaitait emmener avec lui (c'étaient les deux, Lentulus et Favonius), après quoi il prit la mer. Mais, quelques instants plus tard, ayant aperçu le roi Dejotarus qui venait de l'intérieur et se hâtait vers eux, ils le recueillirent aussi. 10 Quand vint l'heure du dîner, le patron du navire le fit préparer avec les ressources du bord. Alors Favonius, voyant que Pompée, faute de serviteur, se mettait à se déchausser lui-même, accourut vers lui, retira ses chaussures et le frotta d'huile. 11 Et, à partir de ce moment, il ne cessa de l'entourer de soins et d'attentions, comme les esclaves servent leur maître, jusqu'à lui laver les pieds et à lui apprêter ses repas, si bien qu'en le voyant s'acquitter si noblement de ce service, avec naturel et simplicité, on aurait pu dire : « Ah ! comme tout est beau chez les hommes de cœur ! »

74. 1 Ayant fait escale à Amphipolis, il passa de là à Mytilène pour y prendre Cornelia et son fils. 2 Quand il eut abordé au rivage de l'île, il envoya à la ville un messager, chargé de nouvelles bien différentes de celles qu'attendait Cornelia, car, n'ayant reçu, par lettre ou de vive voix, que des informations agréables, elle s'imaginait que la bataille de Dyrrachium avait mis fin à la guerre et qu'il ne restait à Pompée plus rien à faire d'autre que de poursuivre César. 3 Elle conservait ces illusions quand le messager arriva. Il n'eut pas le courage de s'attarder aux politesses et lui annonça par ses larmes plutôt que par ses paroles l'immensité de ses malheurs. Puis il lui demanda de se hâter si elle voulait voir Pompée sur le seul navire dont il disposait et qui n'était même pas à lui. 4 En entendant ces mots, elle s'affaissa et resta longtemps étendue sur le sol sans connaissance et sans voix, puis, reprenant à grand-peine ses sens et comprenant que le temps n'était pas aux pleurs et aux lamentations, elle traversa la ville en courant pour atteindre la mer. 5 Pompée s'élança à sa rencontre et la reçut dans ses bras, où elle tomba défaillante. « Je te vois, mon mari, dit-elle alors, réduit non point par ta Fortune, mais par la mienne, à cette unique embarcation, toi qui, avant d'épouser Cornelia, naviguais sur cette mer avec cinq cents vaisseaux ! 6 Pourquoi es-tu venu me voir et n'as-tu pas abandonné à son triste destin celle qui t'a plongé avec elle dans une si grande infortune ? Quel bonheur c'eût été pour moi de mourir avant d'apprendre que Publius, mon premier mari, était mort chez les Parthes, et comme j'aurais été sage si, après lui, j'avais abandonné la vie, comme j'en avais le dessein ! Je ne me suis conservée, je le vois, que pour faire le malheur de Pompée le Grand. »

75. 1 Telles furent, dit-on, les paroles de Cornelia. Pompée lui répondit : « Tu ne connaissais donc qu'une partie de ma Fortune, la meilleure, et elle t'a trompée peut-être parce qu'elle a duré plus longtemps qu'elle ne fait d'habitude. 2 Mais il faut supporter ces malheurs, puisque nous sommes de simples mortels, et tenter encore le destin, car on ne doit pas désespérer de revenir de l'état actuel à l'ancien, quand on est passé de l'ancien à celui-ci. » 3 Alors Cornelia envoya chercher à la ville ses serviteurs et tout ce qu'elle possédait. Les Mytiléniens vinrent saluer Pompée et l'invitèrent à entrer dans leur ville. Il refusa et les engagea à se soumettre eux aussi au vainqueur, et à ne pas perdre courage, César étant bon et clément. 4 Quant à lui, il se tourna vers le philosophe Cratippe, qui était descendu de la ville pour le voir. Il critiqua ses vues sur la Providence et engagea avec lui une courte discussion à ce sujet. Cratippe lui fit des concessions pour l'amener à de meilleurs espoirs, car il ne voulait pas, en le contredisant, le chagriner de façon intempestive. 5 En effet, si Pompée posait des questions sur la Providence, il voulait, quant à lui, montrer que la mauvaise situation des affaires publiques exigeait dès lors l'autorité d'un chef unique, puis lui demander : « Comment, Pompée, et par quelles preuves pourras-tu nous persuader que, vainqueur, tu aurais mieux usé de la Fortune que César ? Mais laissons cela de côté, comme étant l'affaire des dieux. »

***La mort (48).* – 76.** 1 Pompée, emmenant avec lui sa femme et ses amis, continua sa route et ne fit que les escales nécessaires pour prendre de l'eau ou acheter des vivres. La première ville où il entra fut Attalia, en Pamphylie. Il y trouva quelques trières qui venaient de Cilicie à sa rencontre ; il y rassembla aussi des troupes et il eut bientôt autour de lui soixante sénateurs. 2 Apprenant que sa flotte était encore intacte et que Caton passait en Libye avec de nombreuses troupes, il gémit devant ses amis : il se reprochait de s'être laissé forcer la main et d'avoir livré bataille avec son armée de terre sans faire aucun usage d'une force incontestablement supérieure et de n'avoir pas fait croiser près de lui sa flotte, où, en cas d'échec sur terre, il aurait pu aussitôt puiser des forces équivalentes et une armée aussi puissante. 3 Il n'y eut pas, en effet, de faute plus grande de la part de Pompée (ni de manœuvre plus habile de la part de César) que d'avoir engagé le combat si loin des renforts maritimes. 4 Cependant, contraint de prendre une décision et d'agir à partir de ses ressources présentes, Pompée envoya des messagers dans certaines villes et lui-même se rendit dans d'autres par voie de mer, pour demander de l'argent et équiper des vaisseaux. 5 Mais, comme il redoutait l'énergie et la promptitude de son adversaire, qui pouvait fondre sur lui et le surprendre en pleins préparatifs, il cherchait pour le moment un refuge et un asile. 6 Au conseil qu'il tint à ce sujet, aucune province ne paraissait devoir l'abriter. Quant aux royaumes, il émit personnellement l'avis que celui des Parthes était pour l'instant le plus propre à les recevoir et à protéger leur faiblesse pour leur donner une nouvelle vigueur et les renvoyer avec des forces considérables. 7 Les autres tournaient leurs pensées vers la Libye et Juba. Mais Théophane de Lesbos déclara : « Ce serait folie de laisser de côté l'Égypte, qui se trouve à trois jours de navigation, et Ptolémée, à peine sorti de l'enfance, il est vrai, mais qui a une dette d'amitié et de reconnaissance envers toi, en raison des services que tu as rendus à son père, 8 pour aller te confier aux Parthes, le plus perfide des peuples ; toi qui, pouvant occuper la seconde place après un Romain qui a été ton beau-père, as renoncé à être le premier des autres et à faire l'épreuve de la clémence du vainqueur, tu irais te mettre au pouvoir d'un Arsace qui n'a même pas pu s'emparer de Crassus vivant ! 9 Et tu mènerais une jeune femme de la maison de Scipion chez des barbares qui mesurent leur puissance à leur insolence et à leur luxure ! N'en recevrait-elle aucun outrage, ce serait déjà grave qu'elle puisse passer pour en avoir reçu, en séjournant chez des hommes capables de ce crime. » Ce dernier argument fut, dit-on, le seul qui détourna Pompée de se diriger vers l'Euphrate, si toutefois ce fut bien la réflexion, et non pas un dieu, qui lui fit prendre l'autre route.

77. 1 L'avis de se réfugier en Égypte ayant prévalu, il partit de Chypre avec sa femme sur une trière de Séleucie. Ses amis naviguaient, soit, comme lui, sur un navire de guerre, soit sur des transports. Il traversa la mer sans encombre. Informé que Ptolémée était à Péluse avec une armée pour faire la guerre à sa sœur, il fit arrêter là son navire et envoya prévenir le roi de son arrivée et lui demander asile. 2 Ptolémée était alors très jeune, et celui qui dirigeait toutes les affaires, Pothin, assembla le conseil, formé des personnages les plus puissants (cette puissance, il la conférait à qui il voulait). Il invita chacun d'eux à exprimer son opinion. 3 C'était pitié de voir délibérer sur le sort de Pompée le Grand l'eunuque Pothin, Théodote de Chios, engagé et rétribué comme maître de rhétorique, et l'Égyptien Achillas, car tels étaient les conseillers les plus éminents, choisis parmi les serviteurs attachés à la chambre et à l'éducation du roi, 4 et voilà le tribunal dont Pompée, dans son navire à l'ancre loin de la côte, attendait le verdict, alors qu'il jugeait indigne de lui de devoir son salut à César ! 5 Les avis furent extrêmement différents : les uns voulaient chasser Pompée, les autres, le faire venir et l'accueillir. 6 Mais Théodote, désirant faire montre de son art oratoire et de son talent, opina que ni l'une ni l'autre de ces deux conduites n'était sûre : s'ils le recevaient, ils auraient César pour ennemi et Pompée pour maître ; s'ils le repoussaient, Pompée leur en voudrait de l'avoir écarté, et César de l'avoir soustrait à sa poursuite ; 7 le mieux était donc, selon lui, d'aller chercher Pompée et de le tuer, car ainsi ils feraient plaisir à l'un et n'auraient pas à craindre l'autre. Et il ajouta, dit-on, en souriant : « Un cadavre ne mord pas. »

78. 1 Le conseil ratifia cet avis et chargea Achillas de l'exécution. Il prit avec lui un certain Septimius, qui jadis avait servi comme officier sous les ordres de Pompée et un centurion nommé Salvius, ainsi que trois ou quatre matelots, puis il se rendit en barque au vaisseau de Pompée, 2 où les plus considérés de ses compagnons de route étaient montés pour voir ce qui allait se passer. 3 Quand ils s'aperçurent qu'au lieu d'une réception royale, brillante et conforme aux espérances de Théophane, quelques hommes seulement s'avançaient sur une seule barque de pêcheur, ils soupçonnèrent qu'on faisait de lui peu de cas et lui conseillèrent de faire virer de bord le navire pour regagner la haute mer, tandis qu'on se trouvait encore hors de portée des flèches. 4 Mais, à ce moment, la barque approchait et Septimius se leva le premier pour saluer Pompée en latin du titre d'imperator. 5 Achillas le salua à son tour en grec et l'invita à passer dans la barque, alléguant qu'il y avait beaucoup de vase et que la mer encombrée de sable n'était pas assez profonde pour porter une trière. 6 En même temps, on voyait des navires du roi qui appareillaient et des soldats qui garnissaient le rivage, de sorte qu'il était impossible, même si l'on changeait d'avis, de s'échapper. En outre, c'eût été fournir aux meurtriers par cette méfiance une justification de leur crime. 7 Pompée embrassa Cornelia, qui par avance pleurait sa mort, et désigna pour descendre avec lui dans la barque deux centurions, un de ses affranchis, Philippus, et un esclave nommé Scythès, puis au moment où Achillas, de la barque, déjà lui tendait la main, il se retourna vers sa femme et son fils et dit ces vers iambiques de Sophocle : « Quiconque va trouver un tyran devient son esclave, même s'il est venu libre. »

79. 1 Ce furent là les dernières paroles qu'il dit aux siens avant de passer dans la barque. Comme la distance de la trière à la côte était assez grande et qu'aucun de ceux qui naviguaient avec lui ne lui adressait un mot d'amabilité, il jeta les yeux sur Septimius et lui dit : « Il me semble te reconnaître : n'es-tu pas un de mes anciens compagnons d'armes ? » Septimius se contenta de faire un signe de tête affirmatif, sans dire un mot, sans lui témoigner aucun bon sentiment. 2 Il se fit de nouveau un profond silence, pendant lequel Pompée, qui tenait à la main un petit rouleau où il avait écrit en grec un discours qu'il avait préparé pour Ptolémée, se mit à relire ce texte. 3 Lorsqu'ils arrivèrent près de la terre, Cornelia, en proie à une vive inquiétude, regardait toujours avec ses amis du haut de la trière ce qui allait se passer, et elle commençait à se rassurer en voyant beaucoup d'officiers du roi s'assembler vers le lieu du débarquement, comme s'ils voulaient saluer Pompée et lui rendre hommage. 4 À ce moment, comme il prenait la main de Philippus pour se lever plus facilement, Septimius, par-derrière, lui passa son épée au travers du corps, et, après lui, Salvius, puis Achillas dégainèrent. 5 Et lui, ramenant des deux mains sa toge sur son visage, sans rien dire ni rien faire d'indigne de lui, mais en poussant un gémissement, il subit fermement leurs coups. Il était âgé de cinquante-neuf ans, et il finit sa vie le lendemain du jour anniversaire de sa naissance.

80. 1 En voyant ce meurtre, ceux qui étaient sur les vaisseaux poussèrent des lamentations qui furent entendues même de la côte, puis ils levèrent les ancres en toute hâte et prirent la fuite. Un vent favorable les aida à gagner le large et à échapper aux Égyptiens, qui voulaient les poursuivre, mais qui durent y renoncer. 2 Les assassins coupèrent la tête de Pompée et jetèrent hors de la barque son corps nu, qu'ils abandonnèrent à ceux qui désiraient ce genre de spectacle. 3 Philippus resta auprès de lui jusqu'à ce qu'ils fussent rassasiés de le voir, puis il lava le corps dans la mer et l'enveloppa dans sa propre tunique. Il n'avait rien pour le brûler, mais, en regardant le rivage autour de lui, il aperçut les débris d'un petit bateau de pêche, débris bien vétustes, suffisants néanmoins pour fournir de quoi faire un bûcher capable de consumer un cadavre nu et qui n'était pas même entier. 4 Tandis qu'il transportait et entassait ces débris, survint un Romain déjà vieux, mais qui, lorsqu'il était encore jeune, avait fait ses premières campagnes sous les ordres de Pompée : « Qui donc es-tu, l'ami, lui dit-il, pour songer à ensevelir Pompée le Grand ? » 5 Philippus répondit qu'il était son affranchi. « Eh bien, reprit-il, tu ne seras pas seul à accomplir ce noble devoir. Laisse-moi m'associer à ton pieux office, puisque l'occasion m'en est offerte par cette rencontre. Je n'aurai pas alors à me plaindre en tout de mon séjour à l'étranger, si, en échange de tant de chagrins, j'ai la chance de toucher et d'ensevelir de mes mains le plus grand général de Rome. » Telles furent les funérailles de Pompée. 6 Le lendemain, Lucius Lentulus, ignorant ce qui s'était passé, arriva de Chypre et, en côtoyant le rivage, il aperçut le bûcher du mort et à côté Philippus, dont il ne distinguait pas encore le visage. « Quel est donc, s'écria-t-il, celui qui a accompli sa destinée et repose ici ? » Puis, après un court instant, il reprit en soupirant : « Mais peut-être est-ce toi, Pompée le Grand ? » Il ne tarda pas à descendre à terre, où il fut pris et mis à mort.

7 Ainsi finit Pompée. Peu après, César arriva au pays d'Égypte, qu'infectait la souillure d'un si grand crime. Quand on lui apporta la tête de Pompée, il se détourna avec horreur de celui qui la lui présentait, comme d'un maudit, et il fondit en larmes lorsqu'on lui remit le sceau de Pompée ; l'empreinte de ce sceau représentait un lion armé du glaive. 8 Il fit égorger Achillas et Pothin. Le roi lui-même, vaincu dans un combat près du fleuve, disparut. 9 Le sophiste Théodote échappa à la justice de César : il s'enfuit d'Égypte et erra en proie à la misère et à la haine. Marcus Brutus, quand il fut devenu puissant après le meurtre de César, le découvrit en Asie et le fit mettre à mort, après lui avoir infligé toute sorte d'outrages. 10 Les cendres de Pompée furent apportées à Cornelia, qui les déposa dans sa terre d'Albe.

Comparaison d'Agésilas et de Pompée

81 (1). 1 Après avoir exposé leurs vies, parcourons rapidement par la pensée ce qui met entre eux des différences, et comparons celles-ci une à une. 2 Voici ce qu'il en est. Tout d'abord, Pompée parvint à la puissance et à la gloire par la voie la plus juste, en se poussant lui-même et en aidant Sylla, en de multiples et importantes occasions, à délivrer l'Italie de ses tyrans, tandis qu'Agésilas semble bien avoir acquis la royauté par des moyens réprouvés à la fois des dieux et des hommes, en taxant de bâtardise Léotychidas, que son frère avait reconnu pour son fils légitime, et en tournant en ridicule l'oracle relatif à la royauté boiteuse. 3 En second lieu, Pompée ne cessa pas d'honorer Sylla vivant, et, après sa mort, lui rendit les honneurs funèbres en dépit de Lepidus ; il maria sa fille à Faustus, le fils de Sylla. Agésilas au contraire, sous le premier prétexte venu, évinça et humilia Lysandre. 4 Cependant Sylla n'avait pas reçu de

Pompée moins de services qu'il ne lui en avait rendus, tandis qu'Agésilas devait à Lysandre la royauté de Sparte et le commandement des armées de la Grèce. 5 En troisième lieu, les injustices politiques de Pompée furent provoquées par ses alliances de famille, car il commit la plupart de ses fautes en faveur de César et de Scipion, ses beaux-pères. 6 Agésilas, lui, n'arracha Sphodrias à la mort méritée par son attentat contre Athènes que pour favoriser l'amour de son fils ; quant à Phœbidas, qui avait violé le traité conclu avec Thèbes, il est évident que c'est à cause de son crime même qu'il le défendit avec chaleur. 7 En résumé, tous les maux que Pompée fut accusé d'avoir causés aux Romains advinrent par scrupule ou par irréflexion, alors qu'Agésilas fit du tort aux Lacédémoniens par colère et par point d'honneur en allumant la guerre de Béotie.

82 (2). 1 S'il faut attribuer à quelque coup de la Fortune les revers de ces deux hommes, ceux de Pompée ne pouvaient être prévus des Romains, tandis qu'Agésilas ne permit pas aux Lacédémoniens avertis et prévenus de se garder de la royauté boiteuse. 2 En effet, Léotychidas eût-il été mille fois convaincu de n'être qu'un étranger et un bâtard, les Eurypontides n'étaient pas en peine de fournir à Sparte un roi légitime et ingambe, si Lysandre n'avait pas obscurci l'oracle dans l'intérêt d'Agésilas. 3 Il faut dire que le remède apporté par Agésilas au problème posé par les « trembleurs » après le désastre de Leuctres, quand il ordonna de laisser dormir les lois ce jour-là, fut une astuce politique dont il n'y a pas d'autre exemple meilleur et à laquelle nous ne trouvons rien de comparable chez Pompée. Au contraire, ce dernier, pour étaler sa puissance aux yeux de ses amis, ne crut même pas devoir rester fidèle aux lois qu'il avait lui-même établies, 4 tandis qu'Agésilas, réduit à la nécessité de violer les lois pour sauver les citoyens, trouva le moyen de les empêcher de nuire aux Spartiates sans les abroger pour autant. 5 Je place aussi au nombre des actes politiques inimitables d'Agésilas le fait qu'au reçu de la scytale il abandonna ses conquêtes d'Asie. 6 Il n'agit pas comme Pompée qui ne servit l'État qu'en vue de sa propre grandeur ; il n'avait en vue, lui, que le bien de sa patrie, et il renonça pour elle à une puissance et à une gloire telles que personne n'en eut de pareilles, ni avant ni après lui, à l'exception d'Alexandre.

83 (3). 1 Si, d'un autre point de vue, on considère leurs campagnes et leurs exploits, je ne crois pas que, pour le nombre des trophées, l'importance des armées que Pompée a conduites et la quantité des batailles rangées qu'il a gagnées, Xénophon lui-même eût osé leur comparer les victoires d'Agésilas, bien qu'il dût à toutes ses grandes qualités le privilège extraordinaire de dire et d'écrire ce qu'il voulait de son héros. 2 Mais je crois aussi qu'en ce qui concerne la clémence envers les ennemis, il existe une grande différence entre les deux hommes : Agésilas, pour asservir Thèbes et dépeupler Messène, dont l'une avait reçu une part égale à celle de sa patrie, et dont l'autre était la métropole de sa race, fut sur le point de ruiner Sparte et lui fit perdre en tout cas l'hégémonie, 3 tandis que Pompée donna des villes aux pirates assagis, et que, pouvant traîner dans son triomphe le roi d'Arménie Tigrane tombé en son pouvoir, il s'en fit un allié, en disant qu'il préférait l'éternité à un seul jour. 4 Si toutefois l'importance et la supériorité des faits d'armes et des dispositions stratégiques font décerner à un général le prix du mérite, le Laconien laisse loin derrière lui le Romain. 5 Car, d'abord, il n'abandonna pas sa ville et ne la quitta point, quoiqu'elle fût attaquée par une armée de soixante-dix mille hommes et qu'il ne disposât que d'une poignée d'hoplites déjà vaincus à Leuctres. 6 Au contraire Pompée, quand César eut pris une seule ville d'Italie avec cinq mille trois cents hommes seulement, se laissa effrayer au point de quitter Rome, et céda honteusement la place à ce petit nombre de soldats, qu'il supposait peut-être plus élevé ; 7 il emmena avec lui ses enfants et sa femme et prit la fuite en abandonnant sans défense les familles des autres citoyens, alors qu'il aurait dû, soit vaincre en combattant pour la patrie, soit accepter du vainqueur un accommodement, car il était son concitoyen et son parent par alliance. 8 Mais non : lui qui trouvait exorbitant de prolonger le commandement de son rival et de le faire élire consul, il donna à César, devenu maître de la ville, le droit de dire à Metellus qu'il le considérait comme son prisonnier de guerre, lui ainsi que tous les autres.

84 (4). 1 La première tâche d'un bon général, c'est, s'il est le plus fort, de forcer les ennemis à combattre, et, s'il est le plus faible, de ne pas s'y laisser contraindre. En se conduisant ainsi, Agésilas se maintint toujours invincible. 2 César agit de même en face de Pompée : lorsqu'il était en état d'infériorité, il évitait le dommage que Pompée pouvait lui causer, et quand il eut la supériorité, il le contraignit à livrer avec son armée de terre une bataille décisive qui le fit échouer, et il devint aussitôt maître de l'argent, de l'approvisionnement et de la mer, avantages qui auraient dû permettre aux pompéiens, s'ils les avaient conservés, d'avoir raison de lui sans combat. 3 Ce qu'on allègue pour justifier Pompée sur ce point est en réalité la plus grande faute que l'on ait à reprocher à un si grand général : qu'un jeune chef, troublé par les murmures ou les clameurs de ceux qui le taxent de mollesse et de lâcheté, rejette les dispositions les plus sûres, cela est naturel et pardonnable ; 4 mais Pompée le Grand, lui dont le camp était appelé par les Romains une patrie, et la tente un sénat, alors qu'ils traitaient de déserteurs et de traîtres les préteurs et les consuls restés en fonction à Rome, lui dont on savait qu'il n'avait jamais eu de chef et qui avait magnifiquement mené toutes ses campagnes avec une autorité absolue, comment pourrait-on supporter que les railleries d'un Favonius et d'un Domitius, ou la crainte de s'entendre appeler Agamemnon l'aient forcé, ou peu s'en faut, à courir le risque d'une bataille où étaient en jeu l'empire et la liberté ? 5 S'il ne considérait même que la honte du moment, il aurait dû tout d'abord résister et combattre pour

Rome, puis, après avoir déclaré que cette fameuse fuite était un stratagème imité de Thémistocle, ne pas se croire déshonoré ensuite de temporiser en Thessalie au lieu de livrer bataille. 6 La plaine de Thessalie ne lui avait pas été désignée par la divinité comme le champ clos ou le théâtre où devait se disputer l'empire, et aucun héraut ne le sommait de descendre en lice à cet endroit pour y combattre, sous peine d'abandonner la couronne à un autre. Grâce à la facilité que lui offrait la mer, il pouvait disposer de bien d'autres plaines, de milliers de villes et d'immenses territoires, s'il voulait imiter Fabius Maximus, Marius, Lucullus et Agésilas lui-même. 7 Ce dernier supporta à Sparte des désordres non moins graves, quand ses concitoyens voulaient livrer bataille aux Thébains pour défendre leur pays, et en Égypte il soutint une foule de soupçons, de calomnies et d'accusations de la part du roi, auquel il conseillait de se tenir en repos ; 8 en suivant à sa guise les meilleurs plans d'action, non seulement il sauva les Égyptiens malgré eux, et, à Sparte, il maintint à lui seul la cité debout au milieu d'un si grand cataclysme, mais encore il dressa dans la ville un trophée sur les Thébains et fournit l'occasion d'une nouvelle victoire à ceux qui avaient voulu lui forcer la main pour leur perte. 9 De là vient qu'Agésilas fut loué dans la suite par ceux que sa résistance avait sauvés en dépit d'eux-mêmes, tandis que Pompée, dont l'erreur avait été de suivre l'avis des autres, eut pour accusateurs ceux-là mêmes qu'il avait écoutés. 10 Certains disent qu'il fut trompé par Scipion, son beau-père, qui, voulant s'approprier la plus grande partie des sommes qu'il avait rapportées d'Asie, les cacha et le pressa de livrer bataille parce qu'il n'y avait plus d'argent. 11 Mais, quand cela serait vrai, il reste que le général ne devait pas se troubler et se laisser si facilement circonvenir au point de mettre en péril les plus grands intérêts. En tout cela, nous voyons bien le caractère de l'un et de l'autre.

85 (5). 1 Tous deux allèrent en Égypte. Pompée s'y enfuit par nécessité, et Agésilas s'y rendit sans motif honnête et sans y être contraint, uniquement en vue du gain, afin de pouvoir faire la guerre aux Grecs avec l'argent qu'il aurait gagné à commander les barbares. 2 Les reproches que nous faisons aux Égyptiens à propos de Pompée ressemblent aux accusations des Égyptiens contre Agésilas. L'un fut victime de sa confiance en eux ; l'autre, à qui ils s'étaient fiés, les abandonna et passa au parti des ennemis de ses alliés, pour lesquels il avait traversé la mer.

Vies d'Alexandre et de César

Ce sont probablement les biographies les plus célèbres. Plutarque avait là une riche matière. César avait préparé lui-même le terrain en écrivant ses Commentaires. *Une foule d'historiographes ou de romanciers s'étaient intéressés à la vie d'Alexandre. Ainsi s'explique sans doute cette préface, manifeste où Plutarque expose avec la plus grande vivacité la distance qui sépare la biographie de l'histoire. Cette distinction reste encore très valable aujourd'hui. Elle arrivait sans doute à son heure sous le règne de Trajan, où il n'était pas rare que l'on confondît l'histoire d'une cité avec l'histoire de ses chefs. Très probablement Plutarque s'était vu reprocher de ne pas accorder aux actions de ses héros toute l'importance qu'elles avaient. La réponse que notre philosophe apporte est tout à fait raisonnable en ce qu'elle ne classe plus les comportements des héros d'après leur importance historique mais d'après leur signification et l'éclairage qu'ils projettent sur le caractère des personnages.*

Le problème est très réel et plus particulièrement à propos de ces deux héros qui ont changé la face du monde. Arrien, quelques lustres après Plutarque, adoptera la solution inverse et racontera tout au long dans son Anabase *l'épopée d'Alexandre. Plutarque, lui, a choisi la solution opposée et l'affirme hautement. Encore faut-il nuancer. Est-ce une biographie ou un portrait qu'il compose ? Sa définition initiale peut convenir à l'un et à l'autre projet. Avec un rare bonheur ou une suprême habileté, Plutarque combine les deux. À mesure que se déroulent les différents épisodes de la vie d'Alexandre ce sont les différentes facettes de son caractère qui apparaissent : l'intelligence, l'ambition, le courage, le sens de l'honneur, la colère. On pourrait, avec quelques variantes, en dire autant de la* Vie de César. *Portrait et biographie s'entremêlent harmonieusement.*

Il faut encore noter un perfectionnement qui commençait à se faire sentir dans quelques-unes des Vies *précédentes. La biographie s'étale parfois en scènes plus travaillées qui, sans constituer des scènes de théâtre, font image et donnent de la vie à ce qui ne serait qu'une relation. Certaines de ces images sont restées célèbres et demeurent dans les mémoires comme des tableaux : Alexandre domptant Bucéphale, Alexandre buvant le breuvage préparé par Philippe tout en lui faisant lire la lettre qui le dénonce comme empoisonneur* ***(19)****, la fureur aveugle d'Alexandre contre Cleitos le Noir* ***(50-51)****. On sent que, vers la période où il s'attaquait à ces deux grandes figures de l'Histoire, Plutarque retrouvait tout naturellement les procédés et les ambitions du théâtre ou du conte.*

J. S.

ALEXANDRE

Préface. – **1.** 1 Écrivant dans ce livre la vie du roi Alexandre et celle de César, qui abattit Pompée, nous ne ferons d'autre préambule, en raison du grand nombre de faits que comporte le sujet, que d'adresser une prière à nos lecteurs : nous leur demandons de ne pas nous chercher chicane si, loin de rapporter en détail et minutieusement toutes les actions célèbres de ces deux hommes, nous abrégeons le récit de la plupart d'entre elles. 2 En effet nous n'écrivons pas des Histoires, mais des biographies, et ce n'est pas surtout dans les actions les plus éclatantes que se manifeste la vertu ou le vice. Souvent, au contraire, un petit fait, un mot, une plaisanterie montrent mieux le caractère que des combats qui font des milliers de morts, que les batailles rangées et les sièges les plus importants. 3 Aussi, comme les peintres saisissent la ressemblance à partir du visage et des traits de la physionomie, qui révèlent le caractère, et se préoccupent fort peu des autres parties du corps, de même il faut nous permettre de pénétrer de préférence dans les signes distinctifs de l'âme et de représenter à l'aide de ces signes la vie de chaque homme, en laissant à d'autres l'aspect grandiose des événements et des guerres.

Naissance et jeunesse. – **2.** 1 Alexandre, du côté paternel, descendait d'Héraclès par Caranos, et, du côté maternel, d'Éaque par Néoptolème : c'est là un fait parfaitement admis. 2 On dit que Philippe, ayant été initié aux mystères de Samothrace en même temps qu'Olympias, alors qu'il était encore adolescent, et elle, une enfant orpheline de père et de mère, s'éprit d'elle et arrangea aussitôt leur mariage, avec le consentement d'Arybbas, frère d'Olympias. 3 Or, avant la nuit où ils furent enfermés dans la chambre nuptiale, la jeune femme crut qu'il tonnait, que la foudre tombait sur son ventre et qu'à la suite de ce coup un grand feu s'allumait qui, après s'être fractionné en flammes répandues de toutes parts, se dissipa. 4 De son côté, Philippe, quelque temps après son mariage, se vit lui-même en songe mettant un sceau sur le ventre de sa femme, et il lui sembla que l'empreinte de ce sceau représentait un lion. 5 La plupart des devins s'inquiétèrent de cette vision et pensèrent que Philippe devait surveiller plus étroitement sa femme ; seul, Aristandros de Telmessos dit que la femme était enceinte, puisqu'on ne scelle point ce qui est vide, et qu'elle l'était d'un enfant au grand courage et à la nature de lion. 6 En outre on vit un jour un serpent étendu auprès d'Olympias endormie, et l'on dit que c'est ce qui affaiblit le plus l'amour et la tendresse de Philippe, au point qu'il n'alla plus que rarement partager le lit de sa femme, soit qu'il craignît d'être victime de sa part de quelques maléfices ou de quelques philtres, soit qu'il eût scrupule à l'approcher parce qu'elle s'unissait à un être supérieur. 7 Mais il existe sur ce point une autre tradition : on dit que toutes les femmes de la région, s'adonnant aux rites orphiques et au culte orgiastique de Dionysos depuis un temps immémorial sous le nom de Clodones et de Mimallones, imitent en beaucoup de points les pratiques des Édoniennes et des femmes thraces du mont Hémon, 8 (c'est de là, semble-t-il, que vient le mot *threskeuein* appliqué à l'exercice des rites outrés et extravagants) ; 9 Olympias elle-même, étant plus ardente que d'autres à rechercher l'extase et se laissant emporter de façon plus barbare aux délires inspirés, traînait avec elle dans les cérémonies bachiques de grands serpents apprivoisés qui se glissaient souvent hors du lierre et des vans mystiques pour s'enrouler autour des thyrses et des couronnes des femmes, ce qui terrifiait les hommes.

3. 1 Cependant Philippe, après avoir vu l'apparition, envoya à Delphes Chairon de Mégalopolis, qui lui rapporta, dit-on, un oracle par lequel Apollon lui recommandait de sacrifier à Ammon et de vénérer ce dieu entre tous ; 2 l'oracle ajoutait que Philippe perdrait un de ses yeux, celui qu'il avait appliqué à la fente de la porte pour épier le dieu qui, sous forme de serpent, était couché avec sa femme. 3 Quant à Olympias, selon Ératosthène, alors qu'elle prenait congé d'Alexandre qui partait pour son expédition, elle lui révéla seule à seul le secret de sa naissance et l'engagea à avoir des sentiments dignes de son origine. 4 D'autres affirment au contraire qu'elle repoussait cette fable comme impie et disait : « Alexandre ne cessera-t-il pas de me calomnier auprès d'Héra ? »

5 Quoi qu'il en soit, Alexandre naquit le six du mois Hécatombaion, que les Macédoniens appellent Lôios, le jour même où fut incendié le temple d'Artémis à Éphèse. 6 Hégésias de Magnésie fait à ce propos une remarque capable par sa froideur d'éteindre cet incendie : « Il n'est pas étonnant, dit-il, que le temple ait été entièrement brûlé, Artémis étant alors occupée à mettre au monde Alexandre. » 7 Tous les mages qui se trouvaient en séjour à Éphèse, voyant dans la destruction du temple le présage d'un autre malheur, couraient çà et là en se frappant le visage et en criant que ce jour avait engendré un fléau et une calamité de grande

importance pour l'Asie. 8 Cependant Philippe, qui venait de prendre Potidée, reçut trois nouvelles presque en même temps : il apprit que les Illyriens avaient été vaincus par Parménion dans une grande bataille, qu'il avait eu un cheval de course vainqueur à Olympie, et qu'un fils, Alexandre, lui était né. 9 Tout cela lui causa naturellement beaucoup de joie, et son exaltation fut encore augmentée par les devins, selon qui l'enfant dont la naissance coïncidait avec trois victoires serait invincible.

4. 1 L'aspect physique d'Alexandre est rendu au mieux par celles de ses statues qui sont dues à Lysippe, le seul sculpteur par qui lui-même d'ailleurs voulait être représenté. 2 Et, de fait, les traits que plus tard beaucoup de ses amis et de ses successeurs s'attachèrent tout spécialement à imiter : l'inclinaison du cou légèrement penché vers la gauche et la fluidité des regards ont été fidèlement conservés par cet artiste. 3 Mais Apelle, qui le peignit en porte-foudre, n'a pas reproduit la couleur de son teint, qu'il a rendu trop brun et basané : on dit qu'Alexandre avait la peau blanche, mais que cette blancheur s'empourprait particulièrement sur la poitrine et au visage. 4 En outre sa peau exhalait une très agréable odeur ; sa bouche et tout son corps sentaient si bon que ses tuniques étaient imprégnées de ce parfum, comme nous l'avons lu dans les *Mémoires* d'Aristoxène. 5 Il en faut sans doute attribuer la cause à son tempérament, qui était très chaud et de nature ignée, car la bonne odeur, selon l'opinion de Théophraste, provient de la coction des liquides sous l'effet de la chaleur : 6 voilà pourquoi les pays secs et brûlants produisent les aromates les plus nombreux et les meilleurs, le soleil aspirant l'humidité qui se trouve, comme un principe de putréfaction, à la surface des corps. 7 Chez Alexandre, c'est aussi la chaleur du tempérament, semble-t-il, qui le rendit enclin à la boisson et à la colère.

8 Dès l'enfance, sa maîtrise de soi se laissait entrevoir dans le fait qu'en dépit de sa fougue et de son violent emportement dans presque toutes ses activités, il était peu sensible aux plaisirs du corps et n'y touchait qu'avec une grande retenue ; l'amour de la gloire tenait son esprit dans une gravité et une magnanimité au-dessus de son âge. 9 En effet il ne recherchait pas la renommée indistinctement, quelle qu'en fût la source ou la nature, comme Philippe, qui tirait vanité, en vrai sophiste, de son talent pour la parole et faisait graver sur ses monnaies les victoires de ses chars à Olympie. 10 Au contraire, comme les gens de son entourage demandaient à Alexandre s'il ne voudrait pas disputer le prix du stade à Olympie, car il était rapide à la course : « Oui, dit-il, si je devais avoir pour concurrents des rois. » 11 Il est certain qu'en général il avait de l'aversion pour l'engeance des athlètes et, bien qu'il eût institué de très nombreux concours d'acteurs tragiques, de joueurs de flûte et de joueurs de cithare, et même de rhapsodes, et aussi des compétitions pour toute espèce de chasse et d'escrime, il ne se soucia guère d'offrir des prix pour le pugilat ou le pancrace.

5. 1 Des ambassadeurs du roi des Perses étant arrivés alors que Philippe était absent, Alexandre les reçut et, ayant lié connaissance avec eux, les subjugua par la gentillesse de son accueil, et parce qu'il ne leur posait pas de question puérile ou frivole : 2 il s'informait de la longueur des routes et de la manière de voyager en Haute-Asie, de la personne du roi, de sa conduite à la guerre, de la bravoure et de la puissance des Perses, 3 si bien que les ambassadeurs furent émerveillés et pensèrent que les talents si vantés de Philippe n'étaient rien en comparaison de l'envergure et du génie de son fils. 4 D'ailleurs, chaque fois que l'on annonçait que Philippe avait pris une ville célèbre ou remporté quelque éclatante victoire, il ne montrait aucune joie à l'apprendre et disait à ses compagnons : « Enfants, mon père prendra tout d'avance et ne me laissera rien de grand et de brillant à accomplir avec vous. » 5 Et, de fait, comme il n'était avide ni de plaisir ni de richesse, mais de prouesse et de gloire, il pensait que, plus il recevrait de son père, moins il aurait à gagner par lui-même. 6 C'est pourquoi, persuadé que Philippe, en augmentant ses conquêtes, épuisait à son profit les belles actions à faire, il préférait recueillir une royauté où il trouverait, non pas de l'argent, du luxe et des délices, mais des combats, des guerres, des occasions de gloire.

7 Nombreux étaient naturellement ceux qui prenaient soin de lui, sous le nom d'éducateurs, pédagogues et maîtres. Ils étaient tous placés sous l'autorité de Léonidas, homme de mœurs austères, qui était parent d'Olympias ; bien que lui-même ne repoussât pas le titre de pédagogue, qui comporte l'idée d'une belle et noble tâche, les autres, par égard pour sa dignité et sa parenté, l'appelaient l'éducateur et le gouverneur d'Alexandre. 8 L'office et le titre de pédagogue étaient assumés par Lysimaque, originaire d'Acarnanie. Il n'avait aucune distinction, mais, parce qu'il se donnait à lui-même le nom de Phœnix, à Alexandre celui d'Achille et à Philippe celui de Pélée, il était en faveur et occupait la seconde place.

6. 1 Un jour le Thessalien Philonicos amena à Philippe Bucéphale, qui était à vendre pour treize talents. On descendit dans la plaine pour essayer ce cheval, et on le trouva rétif et tout à fait intraitable : il ne se laissait pas monter, et ne supportait la voix d'aucun des écuyers de Philippe, mais se cabrait contre tous. 2 Comme Philippe, impatienté, donnait l'ordre de l'emmener parce qu'il le jugeait absolument sauvage et indomptable, Alexandre, qui était présent, dit : « Quel cheval ils perdent, parce que, faute d'habileté et de courage, ils ne savent pas en tirer parti ! » Tout d'abord Philippe garda le silence, 3 mais, comme Alexandre continuait à murmurer et à se désoler, il lui adressa la parole : « En blâmant comme tu le fais des gens plus âgés que toi, crois-tu donc en savoir plus qu'eux et être mieux capable de manier ce cheval ? » 4 « Certes, répondit Alexandre, je le manierais mieux qu'un autre. » « Et, si tu n'y parviens pas, à quelle peine te soumettras-tu pour ta témérité ? » « Par Zeus, répliqua-t-il, je paierai le prix du cheval. » 5 Ces mots provoquèrent le rire, puis le père et le fils conclurent entre eux le pari. Aussitôt Alexandre courut au cheval et, saisissant la bride, le tourna face au soleil, car il avait observé, semble-t-il, que l'animal était effarouché par la vue de son ombre qui se projetait et dansait devant lui. 6 Il le flatta et le caressa un moment ainsi, tant qu'il le vit furieux et haletant, puis, rejetant tranquillement sa chlamyde, il sauta sur lui et l'enfourcha fermement. 7 Alors, tirant légèrement de côté et d'autre le mors avec les rênes, il le modéra sans le frapper ni lui déchirer la bouche. Puis, voyant qu'il abandonnait son attitude menaçante et qu'il avait envie de courir, il le lança à bride abattue en le pressant d'une voix plus hardie et en le frappant du talon. 8 Philippe et son entourage étaient d'abord restés muets d'angoisse ; mais, lorsqu'Alexandre, tournant bride, revint vers eux avec aisance, joyeux et fier, tous l'acclamèrent à grands cris, et son père, dit-on, versa des larmes de joie, puis, quand Alexandre eut mis pied à terre, il le baisa au front et dit : « Mon fils, cherche un royaume à ta taille : la Macédoine est trop petite pour toi. »

7. 1 Philippe, constatant que son fils avait une nature inflexible et qu'il luttait contre toute contrainte, mais se laissait aisément conduire à son devoir par la raison, essayait lui-même de le persuader plutôt que de le commander, 2 et, comme il ne se fiait pas entièrement aux maîtres chargés de son instruction littéraire et scientifique pour le surveiller et le former (la tâche, pensait-il, était trop grande et exigeait, comme dit Sophocle, « À la fois plusieurs freins et plusieurs gouvernails »), il fit venir le plus illustre et le plus savant des philosophes, Aristote, à qui il donna des honoraires magnifiques et dignes de lui : 3 en effet, il releva de ses ruines la ville de Stagire, patrie d'Aristote, qu'il avait lui-même détruite, et la repeupla avec ses citoyens exilés ou réduits en esclavage. 4 Il assigna au maître et à l'élève, pour y passer leur temps dans l'étude, le Nymphée de Miéza, où l'on montre aujourd'hui encore les bancs de pierre et les promenades ombragées d'Aristote. 5 Alexandre, à ce qu'il paraît, n'apprit pas seulement la morale et la politique, mais il eut part aussi aux leçons secrètes et plus profondes que les philosophes désignaient spécialement comme « acroamatiques » et « époptiques », et qu'ils se gardaient de divulguer. 6 En effet, alors qu'Alexandre était déjà passé en Asie, ayant appris qu'Aristote avait publié des livres traitant de ces matières, il lui écrivit au nom de la philosophie une lettre pleine de franchise, dont voici le texte : 7 « Alexandre à Aristote, salut. Tu as eu tort de publier tes leçons acroamatiques. Car en quoi serons-nous supérieurs aux autres, si les doctrines que tu nous as enseignées deviennent communes à tout le monde ? Pour moi, je préférerais me distinguer par la connaissance des plus grands biens plutôt que par la puissance. Porte-toi bien. » 8 Aristote, pour consoler Alexandre de son ambition déçue, se justifie au sujet de ces écrits en disant qu'ils étaient publiés sans l'être,

9 et il est vrai, en effet, que son traité de métaphysique n'est d'aucune utilité pour quiconque désire enseigner ou s'instruire : ce n'est qu'un aide-mémoire à l'usage de disciples déjà complètement formés.

8. 1 Il me semble que le goût d'Alexandre pour la médecine lui venait d'Aristote plus que d'aucun autre. Loin de se contenter de la théorie, il soignait aussi ses amis malades et leur prescrivait des traitements et des régimes, comme on peut le voir par ses lettres. 2 Il avait aussi un goût inné pour la littérature et pour la lecture. Il considérait l'*Iliade* comme un viatique pour la valeur guerrière, et il l'appelait ainsi ; il emporta la recension qu'Aristote avait faite de ce poème et qu'on appelle l'édition « de la cassette ». Il l'avait toujours sous son oreiller avec son épée, au témoignage d'Onésicrite. 3 Comme il ne pouvait trouver d'autres livres en Haute-Asie, il invita Harpale à lui en envoyer ; celui-ci lui expédia les œuvres de Philistos, un grand nombre de tragédies d'Euripide, de Sophocle et d'Eschyle, et les dithyrambes de Télestès et de Philoxène. 4 Au début il admirait Aristote et, comme il le disait lui-même, il ne l'aimait pas moins que son père, parce que, si l'un lui avait donné la vie, l'autre lui avait appris à bien vivre. Mais, dans la suite, il en vint à le traiter plutôt en suspect, non pas au point de lui faire du mal, mais ses attentions n'avaient plus la vivacité affectueuse d'autrefois, ce qui était le signe qu'il se détachait de lui. 5 Cependant cet ardent amour de la philosophie qui s'était implanté en lui de bonne heure et avait grandi avec lui ne disparut pas de son âme, comme en témoignent les honneurs accordés à Anaxarque, les cinquante talents envoyés à Xénocrate, et le vif intérêt qu'il montra pour Dandamis et Calanos.

9. 1 À l'époque de l'expédition de Philippe contre Byzance, Alexandre avait seize ans ; resté en Macédoine comme dépositaire du pouvoir et du sceau royal, il soumit ceux des Maides qui étaient en rébellion ; il prit leur ville, en chassa les barbares, y établit des colons de diverse provenance et lui donna le nom d'Alexandropolis. 2 À Chéronée, il prit part en personne à la bataille contre les Grecs, et l'on dit qu'il se jeta le premier sur le bataillon sacré de Thèbes. 3 On montrait encore de nos jours sur les bords du Céphise un vieux chêne qu'on appelle le chêne d'Alexandre, près duquel il avait fait alors dresser sa tente ; non loin de là se trouve la tombe commune des Macédoniens. 4 Ces exploits le rendirent naturellement très cher à Philippe, au point que celui-ci prenait plaisir à entendre les Macédoniens donner à Alexandre le titre de roi et à lui-même, Philippe, celui de général.

5 Mais les désordres de la maison de Philippe, dont les mariages et les amours causaient des troubles qui, du gynécée, s'étendaient par contagion en quelque sorte au royaume, firent naître une foule de griefs et de violentes querelles, qu'aggravait l'humeur difficile d'Olympias, femme jalouse et coléreuse, qui excitait Alexandre. 6 La dispute la plus éclatante fut causée par Attale au mariage de Cléopâtre, une jeune fille que Philippe

épousait, s'étant épris d'elle malgré la différence d'âge. 7 Attale, qui était l'oncle de Cléopâtre, ayant trop bu après le festin, invita les Macédoniens à demander aux dieux qu'il naquît de Philippe et de Cléopâtre un héritier légitime du royaume. 8 Là-dessus Alexandre en fureur s'écria : « Et moi, misérable, me prends-tu donc pour un bâtard ? », et il lui lança une coupe à la tête. 9 Alors Philippe se leva, dégaina son épée et s'avança vers son fils. Par bonheur pour tous les deux, la colère et le vin le firent trébucher et choir. 10 Sur quoi Alexandre l'insulta : « Voilà, mes amis, l'homme qui se préparait à passer d'Europe en Asie : en passant d'un lit à un autre, il est tombé à la renverse ! » 11 Après cette scène d'ivresse, Alexandre emmena Olympias, l'établit en Épire et séjourna lui-même en Illyrie. 12 Sur ces entrefaites le Corinthien Démarate, qui était un hôte de la maison et avait son franc-parler, arriva auprès de Philippe. 13 Celui-ci, après les premières salutations et les compliments d'usage, lui demanda ce qu'il en était de la concorde entre les Grecs. « Vraiment, Philippe, répondit Démarate, il te sied bien de t'inquiéter de la Grèce, toi qui as rempli ta propre maison de telles dissensions et de tels malheurs ! » 14 Alors Philippe, rentrant en lui-même, l'envoya chercher Alexandre, qui revint, persuadé par Démarate.

10. 1 Cependant Pixodaros, satrape de Carie, cherchant à s'insinuer par un mariage dans l'alliance de Philippe, voulut faire épouser sa fille aînée par Arrhidée, fils de Philippe, et envoya à cet effet Aristocritos en Macédoine. Alors Alexandre entendit à nouveau ses amis et sa mère tenir des propos de nature calomnieuse : Philippe projetait, disaient-ils, d'assurer le trône à Arrhidée par un mariage brillant et une grande position. 2 Bouleversé à cette idée, Alexandre envoie en Carie l'acteur tragique Thessalos pour représenter à Pixodaros qu'il devrait laisser de côté ce bâtard dont l'esprit était dérangé, et conclure plutôt cette union avec Alexandre. Ce projet plaisait beaucoup plus que le précédent à Pixodaros. 3 Mais Philippe, informé de l'affaire, emmenant avec lui un des amis et des familiers de son fils, Philotas, fils de Parménion, se rendit dans la chambre d'Alexandre pour le réprimander sévèrement et l'accabler d'injures amères : c'était, dit-il, se conduire de façon basse et indigne des biens dont il jouissait que de souhaiter devenir le gendre d'un Carien, esclave d'un roi barbare. 4 Puis il écrivit aux Corinthiens de lui envoyer Thessalos enchaîné. 5 Quant aux autres compagnons d'Alexandre, il en bannit de Macédoine plusieurs : Harpale et Néarque, ainsi qu'Érigyios et Ptolémée. Plus tard Alexandre les rappela et les combla des plus grands honneurs.

6 Sur ces entrefaites, Pausanias, qui avait été outragé à l'instigation d'Attale et de Cléopâtre, et qui n'avait pu obtenir justice, assassina Philippe. La principale responsabilité du meurtre fut attribuée à Olympias, qui aurait poussé et excité le jeune homme en colère, mais Alexandre lui-même n'échappa pas à une certaine suspicion : 7 on dit en effet que,

Pausanias étant venu le trouver après l'outrage qu'il avait subi et s'en étant plaint, Alexandre lui avait cité ce vers iambique de *Médée* : « L'auteur du mariage et l'époux et l'épouse ». 8 Cependant il fit rechercher et punir les complices de l'attentat, et, Olympias ayant traité Cléopâtre avec cruauté alors qu'il était absent, il s'en montra indigné.

***Alexandre roi.* – 11.** 1 Alexandre devint donc roi à l'âge de vingt ans. Le royaume était exposé de tous côtés à de violentes jalousies, à des haines terribles et à de graves dangers. 2 Les tribus barbares du voisinage ne pouvaient supporter la servitude et regrettaient leurs dynasties ancestrales. Quant à la Grèce, Philippe l'avait vaincue par les armes, mais il n'avait pas eu le temps de la dompter et de l'apprivoiser ; il n'avait fait que changer et troubler l'état des affaires, et avait laissé le pays, non encore habitué au joug, dans une agitation et une confusion extrêmes. 3 Les Macédoniens, effrayés de cette situation, pensaient qu'Alexandre devait abandonner complètement la Grèce et ne pas recourir à la violence ; quant aux barbares enclins à la dissidence, ils croyaient qu'il fallait les ramener en traitant avec douceur ces débuts de révolte. 4 Mais Alexandre lui-même raisonnait tout à l'inverse, et il entreprit d'assurer le salut et la sécurité du royaume à force d'audace et d'énergie, convaincu que, pour peu qu'on le vît se relâcher de sa fermeté, tous ses ennemis l'attaqueraient. 5 Il arrêta donc les mouvements des barbares et les guerres qui le menaçaient de ce côté en courant rapidement avec son armée jusqu'à l'Istros, et il vainquit dans une grande bataille Syrmos, le roi des Triballes. 6 Puis, apprenant que les Thébains avaient fait défection et que les Athéniens étaient d'intelligence avec eux, il fit immédiatement passer les Thermopyles à ses troupes : « Démosthène, dit-il, me traitait d'enfant tant que j'étais chez les Illyriens et les Triballes, puis de petit jeune homme quand je suis entré en Thessalie ; je veux lui faire voir sous les murs d'Athènes que je suis un homme. » 7 Arrivé devant Thèbes, et voulant permettre à la ville de rapporter sa décision, il se borna à demander qu'on lui livrât Phœnix et Prothytès, et fit proclamer l'amnistie pour ceux qui reviendraient à lui. 8 Les Thébains répondirent en exigeant que lui-même leur livrât Philotas et Antipatros, et firent proclamer que ceux qui voulaient concourir à la libération de la Grèce devaient se ranger de leur côté. Alors Alexandre lança les Macédoniens au combat. 9 Les Thébains luttèrent avec un courage et une ardeur bien au-dessus de leurs forces, car les ennemis qu'ils affrontaient étaient plusieurs fois plus nombreux qu'eux. 10 Lorsque la garnison macédonienne à son tour, sortant de la Cadmée, tomba sur eux par derrière, cernés de tous côtés, ils périrent pour la plupart sur le champ de bataille ; leur ville fut prise, pillée et complètement rasée. 11 Au fond, l'intention d'Alexandre était de frapper les Grecs par un si grand désastre, dans l'espoir qu'ils prendraient peur et se tiendraient tranquilles, mais de plus il se donna l'apparence d'agir ainsi pour satisfaire aux griefs de ses alliés, et en effet les Phocidiens et les Platéens avaient fait valoir leurs accusations contre les Thébains. 12 Mettant à part les prêtres, tous les hôtes des Macédoniens, les descendants de Pindare et ceux des Thébains qui avaient voté contre la défection, il fit vendre les autres, au nombre de trente mille. Le nombre des morts dépassait six mille.

12. 1 Parmi tant de terribles calamités qu'eut à subir la ville de Thèbes, des soldats thraces saccagèrent la maison de Timocléia, femme réputée et de bonnes mœurs, et pillèrent ses richesses, tandis que leur chef approchait de force Timocléia et la déshonorait. Puis il lui demanda si elle avait de l'or ou de l'argent caché quelque part. 2 Elle déclara qu'elle en avait et, l'ayant conduit seul dans son jardin, elle lui montra un puits où, dit-elle, au moment de la prise de la ville, elle avait déposé les plus précieux de ses biens. 3 Ensuite, comme le Thrace se penchait sur le puits et examinait l'endroit, Timocléia, qui se trouvait derrière lui, le poussa dedans et le tua en lançant sur lui une grêle de pierres. 4 Les Thraces l'amenèrent enchaînée devant Alexandre qui reconnut dès l'abord, à son air et à sa démarche, que c'était une femme distinguée et d'un grand courage, car elle suivait sans trouble ni crainte ceux qui la conduisaient. 5 Le roi lui demanda qui elle était. « Je suis, répondit-elle, la sœur de Théagénès qui a combattu contre Philippe pour la liberté de la Grèce, et qui est tombé à Chéronée, où il commandait en chef. » 6 Alexandre, admirant sa réponse et son acte, ordonna de la laisser partir libre avec ses enfants.

13. 1 Il se réconcilia avec les Athéniens, bien qu'ils eussent montré un extrême chagrin du malheur de Thèbes. En effet, étant alors en train de célébrer la fête des Mystères, ils y renoncèrent en signe de deuil, et ils traitèrent avec toute sorte d'égards les Thébains qui s'étaient réfugiés dans leur ville. 2 Cependant, soit que la colère d'Alexandre fût assouvie, comme celle des lions, soit qu'il voulût compenser son acte de cruauté féroce par une mesure de bonté, non seulement il fit taire tous ses griefs envers les Athéniens, mais encore il leur recommanda de veiller à leurs affaires, parce que, s'il lui arrivait à lui quelque malheur, c'est leur ville qui dirigerait la Grèce. 3 On dit aussi que dans la suite le malheur des Thébains fut souvent pour lui un sujet de tristesse, et le rendit plus doux à l'égard de beaucoup d'entre eux. 4 Au fond, l'attentat contre Cleitos, qu'il commit en état d'ivresse, et l'abandon des Macédoniens qui, aux Indes, en refusant de le suivre, laissèrent comme imparfaites son expédition et sa gloire, il attribua tout cela au ressentiment et à la vengeance de Dionysos. 5 Et il n'y eut pas un seul des Thébains survivants qui lui adressât quelque requête par la suite sans obtenir satisfaction. Voilà ce qui regarde Thèbes.

14. 1 Les Grecs assemblés à l'Isthme décidèrent par un vote de se joindre à Alexandre pour faire campagne contre la Perse et le proclamèrent chef de l'expédition. 2 À cette occasion, un grand nombre d'hommes politiques et de philosophes vinrent le saluer et le féliciter. Il pensait que Diogène de Sinope, qui séjournait à Corinthe, en ferait autant. 3 Mais comme celui-ci se souciait fort peu d'Alexandre et restait tranquillement au Cranéion, il se rendit lui-même auprès de lui. Il le trouva couché au soleil. 4 Diogène, voyant tant d'hommes venir à lui, se souleva légèrement et fixa ses regards sur Alexandre, qui le salua et lui adressa la parole pour lui demander s'il avait besoin de quelque chose. « Oui, répondit le philosophe, ôte-toi un peu de mon soleil. » 5 Ces mots, dit-on, frappèrent Alexandre et le remplirent d'admiration pour la fierté et la grandeur de cet homme qui le dédaignait. Aussi, comme les gens de sa suite, en s'en retournant, riaient et se moquaient du philosophe, il leur dit : « Eh bien, moi, si je n'étais Alexandre, je voudrais être Diogène. »

6 Désirant consulter le dieu sur son expédition, il se rendit à Delphes. Mais le hasard fit que l'on se trouvait dans l'un de ces jours néfastes où il n'est pas permis de rendre des oracles. Il commença par envoyer chercher la prophétesse. 7 Elle refusa de venir, alléguant la règle. Alors il alla lui-même la trouver et se mit en devoir de la traîner vers le temple. La Pythie, comme vaincue par son acharnement, dit : « Tu es invincible, mon fils. » À ces mots, Alexandre déclara qu'il n'avait pas besoin d'une autre prophétie et qu'il tenait d'elle l'oracle qu'il désirait.

8 Comme il s'apprêtait à partir pour son expédition, plusieurs présages se produisirent qui semblaient venir de la divinité. C'est ainsi que l'antique statue d'Orphée en bois de cyprès à Leibèthra se couvrit vers ces jours-là d'une sueur abondante. 9 Tout le monde fut effrayé de ce prodige, mais Aristandros dit qu'il n'y avait rien à craindre : selon lui, Alexandre accomplirait des exploits dignes d'être chantés et répandus partout, et qui coûteraient beaucoup de peine et de sueur aux poètes qui les célébreraient.

En Asie Mineure. – **15.** 1 Quant aux effectifs de son armée, les auteurs qui donnent les chiffres les plus bas les évaluent à trente mille fantassins et quatre mille cavaliers, et ceux qui donnent les chiffres les plus élevés à quarante-trois mille fantassins et cinq mille cavaliers. 2 Pour entretenir ces troupes, Aristoboulos rapporte qu'il n'avait pas plus de soixante-dix talents ; selon Douris, il n'avait de vivres que pour trente jours et, au dire d'Onésicrite, il avait même dû emprunter deux cents talents. 3 Cependant, bien qu'il partît avec de si minces et si maigres ressources, il ne s'embarqua pas avant de s'être enquis de la situation de ses compagnons et d'avoir donné à l'un une terre, à l'autre un village, à tel ou tel le revenu d'un bourg ou d'un port. 4 Comme déjà il avait dépensé pour cette liste de donations presque tous les biens du domaine royal, Perdiccas lui dit : « Mais pour toi, roi, que gardes-tu ? — L'espérance, répondit Alexandre. — Eh bien, reprit Perdiccas, nous la partagerons avec toi, nous, tes compagnons d'armes. » 5 Perdiccas refusa donc la propriété qui lui était assignée sur la liste, et plusieurs autres amis du roi firent de même. 6 Mais à tous ceux qui acceptaient ou sollicitaient ses présents, Alexandre les accordait généreusement, de sorte que ces distributions absorbèrent la plupart des biens qu'il possédait en Macédoine.

7 C'est avec ces dispositions d'esprit et cet enthousiasme qu'il traversa l'Hellespont. Il monta à Ilion, où il offrit un sacrifice à Athéna et des libations aux héros. 8 Au tombeau d'Achille, après s'être frotté d'huile et avoir couru, selon l'usage, nu avec ses compagnons, il déposa des couronnes, en disant : « Bienheureux es-tu, Achille, d'avoir eu de ton vivant un ami fidèle et, après ta mort, un grand héraut de ta gloire ! » 9 Comme il se promenait à travers la ville et la visitait, on lui demanda s'il voulait voir la lyre d'Alexandre ; il répondit qu'il ne se souciait guère de celle-là, mais désirait voir celle d'Achille, avec laquelle ce héros chantait la gloire et les exploits des preux.

***Le Granique.* – 16.** 1 Pendant ce temps les généraux de Darios avaient rassemblé une grande armée et l'avaient rangée en bataille au passage du Granique. Sans doute était-il nécessaire de combattre, comme aux portes de l'Asie, pour y entrer et commencer la conquête ; 2 mais la profondeur du fleuve et le rude escarpement de la rive opposée, qu'il fallait gravir en combattant, effrayaient la plupart des soldats. Certains pensaient même que l'on devait rester fidèle à l'usage observé pendant le mois Daesios, où les rois de Macédoine n'avaient pas coutume de se mettre en campagne avec leur armée ; Alexandre leva l'objection en ordonnant d'appeler ce mois le second Artémisios. 3 D'un autre côté, Parménion ne voulait pas que l'on prît un tel risque à cette heure tardive du jour ; Alexandre répondit que ce serait déshonorer l'Hellespont, après l'avoir traversé, que de trembler devant le Granique, et il se jeta dans le fleuve avec treize escadrons de cavaliers. 4 En s'élançant au-devant des flèches vers une position abrupte, couverte d'armes et de chevaux, au milieu du courant qui l'entraînait et risquait de le submerger, il semblait diriger son armée avec une folle témérité plutôt qu'en général avisé. 5 Cependant il s'obstina à passer et atteignit au prix de beaucoup d'efforts et de peines l'autre bord du fleuve, que la boue avait détrempé et rendu glissant. Aussitôt il fut obligé de combattre en plein désordre, homme contre homme, avec les ennemis qui l'attaquaient, avant que ses troupes qui traversaient eussent pu prendre une formation quelconque. 6 Les Perses chargeaient en poussant des cris, et, opposant cheval à cheval, frappaient de la lance, puis de l'épée, quand leur lance était brisée. 7 Une foule d'ennemis assaillirent Alexandre, reconnaissable à son bouclier et au panache de son casque, de chaque côté duquel se dressait une aigrette d'une grandeur et d'une blancheur remarquables. Une javeline l'atteignit au défaut de la cuirasse, mais sans le blesser. 8 Les généraux Rhœsacès et Spithridatès l'attaquant ensemble, il esquiva le second et prévint Rhœsacès, mais la cuirasse de celui-ci soutint le choc de la lance, qui se brisa ; il eut alors recours à son épée. 9 Comme ils étaient aux prises, Spithridatès, faisant avancer son cheval contre le flanc d'Alexandre, se dressa brusquement et lui asséna un coup de son cimeterre barbare, 10 arrachant ainsi son panache avec l'une des aigrettes ; le casque résista péniblement et de justesse, et le tranchant du cimeterre effleura le haut des cheveux. 11 Comme Spithridatès se soulevait à nouveau pour frapper un second coup, Cleitos le Noir le devança et lui transperça le corps de sa javeline. Au même instant Rhœsacès aussi tomba, tué par l'épée d'Alexandre.

12 Tandis que la cavalerie livrait ce dangereux combat, la phalange macédonienne traversait le fleuve, et les deux infanteries en venaient aux mains. 13 Mais celle des Perses n'offrit pas une résistance vigoureuse, et ne tint pas longtemps ; elle tourna le dos et s'enfuit, à l'exception des mercenaires grecs, qui se massèrent au flanc d'une colline et demandèrent à Alexandre de leur garantir la vie sauve. 14 Mais lui, obéissant à la colère plutôt qu'à la raison, les chargea le premier. Il perdit son cheval, frappé au flanc d'un coup d'épée (ce n'était pas Bucéphale, mais un autre), et c'est alors que tombèrent presque tous les soldats qui furent tués ou blessés ce jour-là, parce qu'ils avaient affaire à des hommes aguerris et luttant en désespérés.

15 On évalue les pertes des barbares à vingt mille fantassins et deux mille cinq cents cavaliers. Du côté d'Alexandre, au dire d'Aristoboulos, il n'y eut en tout que trente-quatre morts, dont neuf fantassins. 16 Le roi leur fit ériger des statues de bronze, dont il confia l'exécution à Lysippe. 17 Voulant associer les Grecs à sa victoire, il envoya aux Athéniens en particulier trois cents des boucliers pris à l'ennemi, et il fit graver sur l'ensemble des dépouilles cette glorieuse inscription : 18 « Alexandre, fils de Philippe, et les Grecs, à l'exception des Lacédémoniens, ont fait ce butin sur les barbares qui habitent l'Asie. » 19 Quant aux coupes, aux étoffes de pourpre et autres objets perses dont il s'était emparé, il les envoya presque tous à sa mère.

17. 1 Cette bataille eut aussitôt pour effet de modifier grandement la situation en faveur d'Alexandre, au point que Sardes, ce rempart de l'empire barbare sur sa façade maritime, tomba en son pouvoir, ainsi que le reste du pays. 2 Seules, Halicarnasse et Milet résistèrent ; il les prit de vive force et soumit toute la région environnante. Il se demanda alors quel plan de campagne il devait suivre : 3 tantôt il était impatient de joindre Darios et de risquer le tout pour le tout ; tantôt, au contraire, il songeait pour ainsi dire à s'exercer et à se fortifier d'abord par la conquête des provinces maritimes et de leurs ressources avant de monter dans le haut pays à la rencontre du roi. 4 Il y a en Lycie, près de la ville de Xanthos, une source qui, dit-on, sortit alors de son lit sans cause apparente et déborda en rejetant du fond de son cours une tablette de bronze qui portait des caractères archaïques où l'on voyait écrit que l'empire des Perses allait finir, détruit par des Grecs. 5 Exalté par cette prédiction, Alexandre se hâta de nettoyer le littoral jusqu'à la Phénicie et à la Cilicie. 6 La rapidité de sa course le long de la côte de Pamphylie a fourni à beaucoup d'historiens l'occasion de récits emphatiques, destinés à frapper l'imagination : selon eux, par l'effet d'une faveur divine, la mer se retira devant Alexandre, bien que la houle venue du large atteigne toujours ce rivage et ne découvre que rarement des petits chemins continus au pied des falaises escarpées de cette région montagneuse. 7 C'est à ce prodige que Ménandre fait plaisamment allusion dans une de ses comédies :

« Voilà qui rappelle bien Alexandre : si je cherche quelqu'un, il se présentera de lui-même, et s'il me faut traverser par mer quelque endroit, celui-ci se rendra accessible à mes pas. » 8 Mais Alexandre lui-même, dans ses lettres, ne mentionne aucune merveille de ce genre : il dit seulement qu'il s'est frayé une route à travers ce qu'on appelle l'Échelle et l'a parcourue au départ de Phasélis. 9 C'est pourquoi aussi il s'arrêta plusieurs jours dans cette ville. Ayant alors remarqué sur la place publique la statue de Théodecte de Phasélis qui, à cette époque, était mort, il s'y rendit après souper, étant ivre, en joyeuse compagnie et couvrit de couronnes cette statue, rendant ainsi de façon plaisante un hommage qui n'était pas dénué de grâce à ce personnage qu'Aristote et la philosophie lui avaient fait connaître.

18. 1 Il vainquit ensuite ceux des Pisidiens qui lui résistaient, puis il soumit la Phrygie. 2 Il s'empara aussi de la ville de Gordion, qui passait pour avoir été la capitale de l'antique Midas. Il y vit le fameux chariot, dont le joug était lié avec de l'écorce de cornouiller, et on lui apprit la tradition accréditée chez les barbares, selon laquelle celui qui dénouerait ce nœud deviendrait roi de l'univers. 3 La plupart des auteurs disent que, les extrémités de ces liens étant cachées parce qu'ils se trouvaient entrelacés plusieurs fois les uns dans les autres en de tortueux replis, Alexandre désespéra de dénouer le nœud et le trancha d'un coup d'épée qui fit apparaître les différentes extrémités des liens. 4 Aristoboulos affirme au contraire qu'il le dénoua très facilement en enlevant la pièce appelée cheville du timon, qui maintenait la courroie du joug, puis en détachant le joug de cette manière.

5 Il soumit ensuite la Paphlagonie et la Cappadoce, et il apprit la mort de Memnon, un des généraux de Darios préposé aux provinces maritimes, qui passait pour capable de susciter à Alexandre des embarras, des obstacles et des difficultés en nombre infini ; cette nouvelle le confirma dans son dessein de conduire l'expédition vers le haut pays. 6 Déjà Darios descendait de Suse, confiant dans la multitude de ses troupes (il avait une armée de six cent mille hommes), et encouragé par un songe que les mages interprétaient en se fondant plus sur le désir de lui complaire que sur la vraisemblance. 7 Il avait rêvé en effet que la phalange macédonienne était entourée de grandes flammes, et qu'Alexandre le servait, vêtu

d'une robe que Darios lui-même avait autrefois portée lorsqu'il était courrier du roi, puis entrait dans le sanctuaire de Bêl et soudain disparaissait. 8 Par là, semble-t-il, la divinité faisait entendre que la puissance des Macédoniens brillerait du plus vif éclat et qu'Alexandre se rendrait maître de l'Asie comme l'avait fait Darios qui, de courrier, était devenu roi, mais qu'il mourrait bientôt en pleine gloire.

***Issos.* – 19.** 1 La confiance de Darios s'accrut encore lorsqu'il soupçonna Alexandre de lâcheté, parce que celui-ci s'attardait longtemps en Cilicie. 2 Or cet arrêt avait pour cause une maladie du roi, que les uns attribuent à la fatigue, les autres à un bain pris dans les eaux glacées du Cydnos. 3 Aucun de ses médecins n'osait lui administrer un remède : persuadés que le mal était trop grave pour qu'on pût le guérir, ils craignaient, en cas d'échec, d'être accusés par les Macédoniens ; 4 seul, Philippe d'Acarnanie, voyant le triste état du roi et confiant dans son amitié, jugea qu'il serait scandaleux, quand il était en danger, de ne point partager ce danger et de ne pas tenter, à ses risques et périls, le traitement le plus énergique ; il prépara donc une drogue et le persuada de la boire résolument, s'il était pressé de recouvrer ses forces pour poursuivre la guerre. 5 Or, justement, Parménion venait d'envoyer du camp une lettre par laquelle il engageait le roi à se méfier de Philippe, parce que Darios l'avait persuadé, par de riches présents et par la promesse de faire de lui son gendre, de tuer Alexandre. Celui-ci lut la lettre, et, sans la montrer à aucun de ses amis, la mit sous son oreiller. 6 Puis, le moment venu, lorsque Philippe entra avec les compagnons du roi en apportant le breuvage dans une coupe, Alexandre lui tendit la lettre, et en même temps il prit le remède sans hésiter et sans manifester aucun soupçon. 7 Ce fut un spectacle admirable et digne du théâtre : l'un lisait tandis que l'autre buvait, et tous deux ensuite se regardèrent, avec des expressions bien différentes : Alexandre laissait voir sur son visage épanoui et radieux son amitié et sa confiance envers Philippe, 8 tandis que celui-ci, outré de la calomnie, tantôt invoquait les dieux en levant les bras au ciel, tantôt se jetait sur le lit du roi en le conjurant d'avoir bon espoir et de se fier à lui. 9 Le remède, tout d'abord, prenant possession du corps du malade, parut en chasser la force vitale pour la reléguer tout au fond de son être : la voix lui manqua, ses sensations devinrent très faibles et confuses, et il perdit connaissance. 10 Mais bientôt ranimé par Philippe et se sentant mieux, il se montra aux Macédoniens, qui ne sortirent de leur découragement qu'en voyant Alexandre.

20. 1 Il y avait dans l'armée de Darios un transfuge macédonien nommé Amyntas, qui n'était pas sans connaître le caractère d'Alexandre. 2 Quand il vit Darios prendre la route des défilés pour joindre Alexandre, il le conjura de l'attendre sur place, afin que sa grande armée livrât la bataille décisive en se déployant contre un ennemi inférieur en nombre dans des plaines vastes et largement ouvertes. 3 Darios répondit qu'il craignait que les ennemis ne prissent la fuite en le devançant et qu'Alexandre ne lui échappât. « Sur ce point du moins, roi, dit-il, tu peux avoir confiance : il marchera contre toi, et peut-être est-il déjà en marche. » 4 Ces paroles d'Amyntas ne persuadèrent pas Darios, qui leva son camp et fit route vers la Cilicie, tandis qu'Alexandre se dirigeait vers la Syrie pour l'attaquer. 5 Ils se manquèrent pendant la nuit, et durent alors revenir sur leurs pas. Alexandre, joyeux de la tournure que prenaient les événements, avait hâte de rencontrer l'ennemi dans les défilés, alors que Darios était pressé de regagner son premier campement et de dégager des défilés son armée. 6 En effet, il comprenait maintenant qu'il avait agi contre son intérêt en se jetant dans un endroit que la mer, les montagnes, le fleuve Pinaros qui coulait au milieu et maints accidents de terrain rendaient difficile pour la cavalerie, alors qu'il offrait une position favorable au petit nombre des ennemis. 7 Alexandre reçut donc de la Fortune l'avantage du lieu, mais sa stratégie fit plus encore pour la victoire que les faveurs du sort. 8 Inférieur en nombre comme il l'était en face d'une telle multitude de barbares, il les empêcha de l'encercler, et lui-même, débordant avec son aile droite la gauche des ennemis et les attaquant de flanc, mit en fuite ceux qui se trouvaient en face de lui. En combattant au premier rang, il fut blessé d'un coup d'épée à la cuisse par Darios, à ce que prétend Charès, d'après qui ils en étaient venus aux mains. 9 Mais dans la lettre qu'Alexandre écrivit à Antipatros sur la bataille, il ne nomme pas celui qui l'avait frappé ; il écrit seulement qu'il reçut un coup d'épée à la cuisse, et que cette blessure n'eut pas de suite fâcheuse.

10 Il remporta une victoire éclatante et abattit plus de cent dix mille ennemis, mais il ne s'empara pas de Darios, qui s'était enfui et avait sur lui une avance de quatre ou cinq stades ; il prit pourtant son char et son arc avant de revenir en arrière. 11 Il trouva alors les Macédoniens occupés à piller le camp barbare, qui regorgeait de fabuleuses richesses (et cependant les Perses étaient venus au combat avec un équipement léger, et ils avaient laissé à Damas la plupart de leurs bagages). On avait réservé pour lui la tente de Darios, pleine d'une somptueuse domesticité, de meubles et d'objets précieux. 12 Aussitôt il enleva sa cuirasse et alla se baigner, en disant : « Allons laver la sueur du combat dans le bain de Darios. » « Non, par Zeus, s'écria un de ses compagnons, mais dans le bain d'Alexandre, car les biens des vaincus doivent appartenir au vainqueur et être appelés de son nom. » 13 Quand il vit les bassins, les vases, les baignoires et les flacons de parfum, le tout en or, supérieurement travaillé, et la salle divinement embaumée d'essences et d'aromates, et qu'il fut passé de là dans la tente, dont on ne pouvait qu'admirer la grandeur et la hauteur, ainsi que le luxe du lit, des tables et du repas lui-même, il se tourna vers ses compagnons et leur dit : « Voilà, paraît-il, ce que c'était qu'être roi ! »

21. 1 Comme il s'apprêtait à prendre son repas, on vint lui dire que, parmi les prisonniers que l'on amenait, se trouvaient la mère, la femme et deux filles non mariées de Darios, et qu'à la vue du char et de l'arc du roi, elles se frappaient la poitrine et se lamentaient, croyant qu'il était mort. 2 Alexandre resta silencieux un long moment, puis, plus ému de leur infortune que de son bonheur, il envoya Léonnatos leur dire que Darios n'était pas mort et qu'elles n'avaient rien à craindre d'Alexandre, car il ne combattait Darios que pour lui disputer l'empire ; quant à elles, elles conserveraient tous les privilèges dont elles jouissaient sous le pouvoir de Darios. 3 Ces paroles leur parurent pleines de douceur et d'honnêteté, et elles furent suivies d'effets encore plus généreux : 4 il leur permit d'ensevelir tous les Perses qu'elles voudraient en utilisant des parures et des vêtements prélevés sur le butin, et, loin de rien retrancher de la domesticité et des honneurs qui les entouraient auparavant, il accrut même le montant de leurs revenus. 5 Mais la faveur la plus belle et la plus royale que ces femmes nobles et vertueuses reçurent de lui dans leur captivité, ce fut de n'entendre, ni d'avoir à craindre ou à appréhender, rien de déshonnête, et de vivre comme si, au lieu de se trouver dans un camp ennemi, elles étaient gardées dans un asile inviolable et sacré, réservé à des jeunes filles, en menant une existence retirée à l'abri de tous les regards. 6 Et pourtant la femme de Darios était, dit-on, de beaucoup la plus remarquable de toutes les reines, comme Darios lui-même surpassait tous les hommes en beauté et en prestance ; et leurs filles leur ressemblaient. 7 Mais Alexandre, persuadé sans doute qu'il est plus digne d'un roi de se vaincre lui-même que de triompher de ses ennemis, ne toucha point ces femmes, ni d'ailleurs aucune autre, avant son mariage, à l'exception de Barsine. 8 Celle-ci, devenue veuve à la mort de Memnon, avait été capturée à Damas. 9 Comme elle avait reçu une éducation grecque, qu'elle était de manières agréables et qu'elle avait pour père Artabaze, issu lui-même d'une fille du grand Roi, Alexandre en fit sa compagne, sur le conseil de Parménion qui, au dire d'Aristoboulos, le poussa à prendre cette femme aussi noble que belle. 10 Quant aux autres captives, qui étaient d'une beauté et d'une prestance remarquables, Alexandre, en les voyant, dit par manière de plaisanterie : « Les femmes perses sont le tourment des yeux. » 11 Mais à la vue de leurs attraits il opposait la beauté de sa propre vertu et de sa continence, et passait devant elles comme devant des statues sans vie.

***Genre de vie.* – 22.** 1 Philoxénos, gouverneur des provinces maritimes, lui écrivit qu'un certain Théodore de Tarente était venu le trouver avec deux jeunes garçons d'une beauté extraordinaire, qui étaient à vendre ; il lui demandait s'il voulait les acheter. Alexandre indigné s'écria à plusieurs reprises devant ses amis : « De quelle turpitude Philoxénos me sait-il donc coupable pour s'occuper de me faire des propositions si honteuses ? » 2 Alexandre lui répondit par une lettre pleine d'injures, et lui ordonna d'envoyer Théodore se faire pendre avec sa marchandise. 3 De même, il rabroua vigoureusement Hagnon qui lui avait écrit qu'il voulait acheter Crobylos, célèbre à Corinthe, et le lui amener. 4 Informé que les Macédoniens Damon et Timothée, qui servaient dans l'armée de Parménion, avaient corrompu les pauvres femmes de certains mercenaires, il écrivit à Parménion pour lui ordonner, si les deux hommes étaient convaincus de ce crime, de les punir et de les faire périr comme des bêtes féroces nées pour la destruction du genre humain. 5 Dans cette lettre il parle aussi de lui-même en disant textuellement : « Pour moi, non seulement personne ne saurait dire que j'ai regardé ou désiré voir la femme de Darios, mais je n'ai même jamais permis que l'on parlât de sa beauté devant moi. » 6 Il disait aussi que c'était surtout à deux choses qu'il se reconnaissait mortel, le sommeil et l'amour, parce que la fatigue et le plaisir naissent d'une seule et même faiblesse de notre nature.

7 Il était par ailleurs extrêmement frugal, et il en donna souvent la preuve, notamment dans sa réponse à Ada, qu'il honorait du nom de mère et qu'il avait faite reine de Carie. 8 Comme elle lui témoignait son affection en lui envoyant chaque jour beaucoup de mets et de gâteaux et qu'elle avait fini par lui offrir les cuisiniers et les pâtissiers réputés les plus habiles, il lui répondit qu'il n'avait besoin d'aucun d'eux, 9 possédant de meilleurs cuisiniers qui lui avaient été donnés par son précepteur Léonidas : pour son déjeuner, une marche avant le jour, et, pour son dîner, un déjeuner léger. 10 « Ce même Léonidas, ajoutait-il, visitait les coffres qui contenaient mes couvertures et mes vêtements, et les ouvrait pour voir si ma mère n'y avait pas placé quelque chose de luxueux ou de superflu. »

23. 1 Il était aussi moins porté sur le vin qu'il ne semblait : il en eut la réputation à cause du temps qu'il passait, chaque fois qu'on lui tendait une coupe, à causer plutôt qu'à boire, car il proposait toujours comme sujet de conversation une question longue à traiter, et encore lorsqu'il avait beaucoup de loisir. 2 En effet, lorsque les affaires l'appelaient, ni le vin, ni le sommeil, ni un jeu quelconque, ni l'amour, ni le spectacle ne pouvaient le retenir, comme il advint à d'autres chefs d'armées. Sa vie en est la preuve : extrêmement courte, il la remplit pourtant d'une multitude de grandes actions. 3 Quand il était de loisir, aussitôt levé, il offrait aux dieux un sacrifice et, immédiatement après, il déjeunait, assis ; puis il passait la journée à chasser, à régler quelque affaire militaire, à rendre la justice ou à lire. 4 Au cours des marches, quand il n'était pas trop pressé, il s'exerçait chemin faisant à tirer de l'arc ou à monter sur un char en pleine course et à en descendre ; souvent aussi il s'amusait à chasser les renards ou les oiseaux, comme on peut le voir dans les Éphémérides. 5 Arrivé à l'étape, il se baignait ou se frottait d'huile, puis demandait aux chefs préposés à la boulangerie et à la cuisine si le repas était prêt. 6 Il se mettait à dîner, étendu sur un lit, à une heure tardive et lorsqu'il faisait déjà nuit. Il surveillait la table avec une attention et un soin extraordinaires pour éviter toute inégalité et toute négligence dans la répartition des mets. Quant à la beuverie, il la prolongeait, comme je l'ai dit, par amour de la conversation. 7 Bien qu'il fût de relations plus agréables qu'aucun autre roi et qu'il eût beaucoup de charme, il devenait alors pénible par la jactance propre à la soldatesque : porté lui-même à vanter ses exploits, il laissait le champ libre à ses flatteurs, au point de mettre mal à l'aise les convives d'esprit plus délicat, qui ne voulaient ni rivaliser d'adulations ni lui marchander à leur tour les éloges, la première attitude leur paraissant honteuse, et la seconde comportant du danger. 8 Après boire, Alexandre prenait un bain, puis dormait souvent jusqu'au milieu du jour, parfois même toute la journée. 9 Il était si frugal que, chaque fois qu'on lui apportait de la côte les fruits et les poissons les plus rares, il en distribuait à chacun de ses amis, et souvent n'en gardait rien pour lui. 10 Cependant ses repas étaient toujours somptueux, et la dépense, s'accroissant avec ses succès, finit par monter jusqu'à dix mille drachmes ; elle ne dépassa pas cette somme, qui fut aussi la limite fixée pour ceux qui recevaient Alexandre.

***En Syrie.* – 24.** 1 Après la bataille d'Issos, il envoya prendre à Damas l'argent, les bagages, les enfants et les femmes des Perses. 2 Ceux qui en tirèrent le plus de profit furent les cavaliers thessaliens : comme ils s'étaient montrés supérieurement braves au combat, il leur avait confié cette mission à dessein pour les enrichir. 3 Cependant le reste de l'armée fut aussi comblé de butin. Dès lors, les Macédoniens, qui venaient de goûter pour la première fois à l'or, à l'argent, aux femmes et au genre de vie des barbares, se ruèrent comme des chiens sur la trace qu'ils ont flairée, et se mirent à chercher et à dépister la richesse des Perses.

4 Toutefois Alexandre crut devoir d'abord se rendre maître des côtes. Les rois du pays maritime vinrent aussitôt remettre entre ses mains Chypre et la Phénicie, à l'exception de Tyr. 5 Il assiégea Tyr pendant sept mois à l'aide de digues et de machines, et, du côté de la mer, avec deux cents trières ; durant le siège, il eut un songe, où il vit Héraclès qui lui tendait la main du haut des remparts et l'appelait. 6 Plusieurs Tyriens aussi crurent entendre Apollon leur dire pendant leur sommeil qu'il passait du côté d'Alexandre, parce qu'il n'approuvait pas ce qui se faisait dans la ville. 7 Alors les Tyriens, traitant le dieu comme un homme qui veut passer à l'ennemi et se fait prendre sur le fait, jetèrent des cordes autour de la statue colossale qui le représentait et la clouèrent au piédestal, en l'appelant Alexandriste. 8 Alexandre eut encore un autre songe durant son sommeil : il crut voir un satyre qui, de loin, semblait vouloir jouer avec lui et qui lui échappa lorsqu'il voulut le saisir, mais qui, finalement, à force d'objurgations et de poursuites, tomba entre ses mains. 9 Les devins, coupant en deux le mot « satyre », lui dirent de façon

convaincante : « Tyr sera tienne. » Et l'on montre encore une source près de laquelle Alexandre crut voir en songe ce satyre.

10 Vers le milieu du siège, il fit une expédition contre les Arabes qui habitent près de l'Anti-Liban, et c'est alors qu'il risqua sa vie à cause de son précepteur Lysimaque, qui avait voulu l'accompagner en disant qu'il n'était ni plus faible ni plus vieux que Phœnix. 11 Quand on approcha du pays montagneux, Alexandre laissa là les chevaux pour continuer la route à pied, et le gros des troupes prit beaucoup d'avance. Alors que le soir tombait et que l'ennemi n'était pas loin, Lysimaque fatigué perdit courage. Alexandre ne put se résoudre à l'abandonner ; il le soutint et le réconforta sans s'apercevoir qu'il était coupé de son armée avec une poignée d'hommes et qu'il avait à passer la nuit dans l'obscurité et par un froid rigoureux, en des lieux difficiles. 12 Il vit alors au loin un grand nombre de feux que les ennemis avaient allumés çà et là. Confiant dans son agilité et habitué à payer de sa personne pour encourager les Macédoniens dans l'embarras, il courut sur ceux qui entretenaient le feu le plus rapproché, 13 et il frappa de son épée deux barbares assis près du brasier, saisit un tison et le rapporta aux siens. 14 Ceux-ci allumèrent un grand feu et causèrent aussitôt à une partie des ennemis une telle frayeur qu'ils prirent la fuite ; les autres étant venus les attaquer, ils les mirent en déroute et purent bivouaquer en sécurité. Tel est le récit de Charès.

25. 1 Voici comment se termina le siège de Tyr. Alexandre faisait reposer le gros de ses troupes après les nombreux combats qu'elles avaient livrés, et il amenait devant les remparts un petit nombre d'hommes pour ne pas laisser de répit aux ennemis, lorsque son devin Aristandros, ayant fait un sacrifice et examiné les signes, affirma avec assurance devant l'assistance que la ville serait certainement prise ce mois même. 2 La prédiction fut accueillie par des éclats de rire et des sarcasmes, car on était au dernier jour du mois. Voyant l'embarras d'Aristandros, le roi qui lui-même faisait toujours grand cas des présages, donna l'ordre de ne plus compter ce jour-là comme le trentième du mois, mais comme le vingt-huitième ; puis, ayant donné le signal au son de la trompette, il attaqua les murs avec plus de vigueur qu'il n'en avait eu d'abord l'intention. 3 L'assaut fut si impétueux que les troupes laissées dans le camp ne purent se contenir ; elles accoururent en masse à la rescousse. Les Tyriens perdirent courage et Alexandre prit la ville ce jour-là.

4 Il mit ensuite le siège devant Gaza, ville très importante de Syrie. Là, une motte de terre lâchée du haut des airs par un oiseau tomba sur l'épaule du roi. Cet oiseau vint se percher sur une des machines de guerre et s'empêtra par mégarde dans le réseau de fibres qui servait à enrouler les cordes. 5 L'interprétation qu'Aristandros donna de ce signe fut vérifiée par l'événement, car Alexandre fut blessé à l'épaule, mais il prit la ville.

6 Il envoya une grande partie des dépouilles à Olympias, à Cléopâtre et à ses amis ; il expédia aussi à Léonidas, son précepteur, cinq cents talents

d'encens et cent de myrrhe, en souvenir de l'espoir qu'il lui avait inspiré dans son enfance : 7 il paraît, en effet, que Léonidas voyant un jour Alexandre, lors d'un sacrifice, empoigner l'encens à pleines mains pour le faire brûler, lui avait dit : « Alexandre, quand tu auras conquis le pays qui produit les aromates, tu pourras répandre ainsi l'encens à profusion, mais, à présent, sers-toi de ce que tu possèdes avec parcimonie. » 8 C'est pourquoi Alexandre lui écrivit alors : « Je t'envoie de l'encens et de la myrrhe en quantité, pour que tu cesses de lésiner à l'égard des dieux. »

***En Égypte et en Cyrénaïque.* – 26.** 1 On lui apporta une cassette, que les hommes chargés de recevoir les trésors et les bagages de Darios avaient estimée être l'objet le plus précieux de tous ; il demanda à ses amis de dire ce qui leur semblait le plus digne, par sa valeur, d'y être déposé. 2 Les avis furent nombreux et divers. Alors lui-même déclara qu'il y mettrait et y garderait l'*Iliade*. C'est ce dont témoignent beaucoup d'auteurs qui méritent créance. 3 Si l'on accepte pour vrai ce que les Alexandrins rapportent sur la foi d'Héraclide, Homère semble avoir été pour lui un compagnon de son expédition qui ne fut ni inactif ni inutile : 4 ils disent en effet qu'après s'être rendu maître de l'Égypte, il résolut d'y fonder une ville grecque qui serait grande et populeuse et porterait son nom ; or, sur l'avis des architectes, il était sur le point de mesurer et d'enclore un certain emplacement, 5 lorsqu'en dormant, pendant la nuit, il eut une vision merveilleuse ; il crut voir un homme d'aspect vénérable, aux cheveux tout blancs, apparaître auprès de lui et lui réciter ces vers :

> Puis, sur la mer houleuse, il existe un îlot
> En avant de l'Égypte ; on l'appelle Pharos.

6 Il se leva aussitôt et se rendit à Pharos, qui, en ce temps-là, était encore une île, un peu au-dessus de la bouche Canopique, mais qui est maintenant reliée au continent par une chaussée. 7 Il vit que la situation en était éminemment favorable (c'est en effet une langue de terre semblable à un isthme suffisamment large, qui s'étend entre une vaste lagune et la mer, et qui se termine par un grand port). Il dit alors qu'Homère, admirable à tous égards, était notamment un très habile architecte, et il fit tracer le plan de la ville en harmonie avec la configuration du terrain. 8 Comme on n'avait pas de craie, on prit de la farine et l'on traça ainsi sur le sol noirâtre une aire arrondie, dont le contour intérieur tendu par des lignes droites, partant pour ainsi dire des franges et rétrécissant régulièrement l'étendue de l'aire, figurait une chlamyde. 9 Le roi fut charmé de ce plan ; mais soudain une multitude infinie d'oiseaux de toute espèce et de toute taille vinrent du fleuve et de la lagune s'abattre sur le site comme des nuages et ne laissèrent pas la moindre parcelle de farine. Ce présage troubla fort Alexandre. 10 Cependant les devins l'engagèrent à avoir confiance (ils concluaient de là que la cité fondée par lui abonderait en ressources et nourrirait des hommes de tous pays). Alors il ordonna aux

maîtres d'œuvre de se mettre à la tâche, 11 tandis que lui-même partait pour le sanctuaire d'Ammon. La route était longue, très fatigante et pénible, et elle présentait deux dangers : le premier était le manque d'eau, qui rend le pays désert sur plusieurs journées de marche ; le second vient du vent du sud, quand il souffle avec violence et surprend les voyageurs parmi l'immensité des sables profonds. 12 C'est là ce qui jadis était arrivé, dit-on, à l'armée de Cambyse : le vent avait soulevé de grands amas de sable, qui, à la façon des vagues marines, avaient englouti et détruit dans cette plaine cinquante mille hommes. 13 Tous ces périls préoccupaient la plupart des compagnons d'Alexandre, mais il était difficile de le détourner d'un dessein une fois formé, quel qu'il fût. 14 Car la Fortune, en cédant devant ses efforts, l'affermissait dans ses projets, et l'ardeur qu'il déployait jusqu'au terme de ses entreprises rendait son ambition invincible en soumettant de force non seulement les ennemis, mais même les lieux et les temps.

27. 1 En tout cas, dans la marche qu'il fit alors, les secours qui lui vinrent du dieu au milieu de ses embarras trouvèrent plus de crédit que les oracles qu'il reçut ensuite, et ce furent en quelque sorte ces secours qui firent ajouter foi aux oracles. 2 Car tout d'abord Zeus fit tomber beaucoup d'eau ; des pluies suffisantes dissipèrent la crainte de la soif et supprimèrent la sécheresse du sable qui, devenant humide et compact, rendit l'air plus respirable et plus pur. 3 Ensuite, comme les bornes qui servaient de repères aux guides étaient devenues indistinctes et que les voyageurs, par ignorance de la route, erraient à l'aventure en s'éloignant les uns des autres, des corbeaux apparurent et prirent la direction de leur marche ; ces oiseaux volaient rapidement en avant quand on les suivait, et attendaient lorsqu'on restait en arrière et que l'on tardait. 4 Mais le plus merveilleux, au dire de Callisthène, c'est qu'ils appelaient de leurs cris ceux qui s'égaraient pendant la nuit et qu'ils les remettaient sur le bon chemin en croassant. 5 Quand Alexandre eut traversé le désert et fut arrivé au but, le prophète d'Ammon le salua de la part du dieu comme si Alexandre était son fils. Le roi lui demanda alors si quelqu'un des meurtriers de son père ne lui avait pas échappé. 6 Le prophète le pria de surveiller son langage, car il n'avait pas pour père un mortel. Changeant la forme de sa question, Alexandre lui demanda s'il avait châtié tous les meurtriers de Philippe ; puis il le questionna sur l'empire : le dieu lui accordait-il de devenir le maître du monde entier ? 7 Le dieu répondit qu'il le lui accordait aussi, et que Philippe avait été pleinement vengé. Alors Alexandre combla le dieu de magnifiques offrandes et donna de l'argent aux prêtres. 8 Voilà ce que relatent la plupart des auteurs au sujet de ces oracles. Mais Alexandre lui-même, dans une lettre adressée à sa mère, dit qu'il reçut des prédictions secrètes, dont il lui ferait part, à elle seule, lorsqu'il serait de retour. 9 Quelques-uns affirment que le prophète, voulant le saluer en grec d'un terme d'affection, l'avait appelé

« mon fils » (*paidion*), mais que, dans sa prononciation barbare, il achoppa sur la dernière lettre et dit, en substituant au *nu* un *sigma* : « fils de Zeus » (*paidios*) ; ils ajoutent qu'Alexandre goûta fort ce lapsus et que le bruit se répandit qu'il avait été appelé « fils de Zeus » par le dieu. 10 On raconte aussi qu'il fut en Égypte l'auditeur du philosophe Psammon et qu'il en approuva surtout cette maxime : « Dieu est le roi de tous les hommes parce qu'un principe divin commande et gouverne en chacun d'eux », 11 mais qu'Alexandre lui-même émit sur ce point une opinion encore plus hautement philosophique et dit que Dieu sans doute est le père commun de tous les hommes, mais qu'il adopte spécialement comme siens les meilleurs d'entre eux.

28. 1 En général, avec les barbares il était hautain et donnait l'impression d'être absolument convaincu de sa naissance et de sa filiation divine, tandis qu'avec les Grecs il mettait de la mesure et de la discrétion à se déifier. 2 Cependant il écrivit aux Athéniens à propos de Samos : « Moi, je ne vous aurais pas donné cette ville libre et illustre, mais gardez-la puisque vous la tenez de celui qui était alors le maître et qu'on appelait mon père. » Il désignait ainsi Philippe. 3 Mais, par la suite, blessé d'une flèche et en proie à de vives douleurs, il dit : « Ce qui coule ici, mes amis, c'est du sang, et non pas "L'*ichor*, ce liquide coulant dans les veines des dieux bienheureux". » 4 Un jour, comme un violent coup de tonnerre venait d'éclater en effrayant tout le monde et que le philosophe Anaxarque, qui était présent, lui demandait : « Pourrais-tu, toi, le fils de Zeus, en faire autant ? », Alexandre se mit à rire : « Je ne veux pas, dit-il, faire peur à mes amis, comme tu m'y invites, toi qui déprécies mes dîners, parce que tu vois servir sur la table des poissons, et non des têtes de satrapes. » 5 On dit, en effet, que, le roi ayant envoyé de petits poissons à Héphaestion, Anaxarque avait tenu le propos que je viens de citer, en homme qui veut rabaisser et railler ceux qui s'exposent à de grandes peines et à de grands dangers pour se mettre en vue, et qui pourtant, en fait de plaisirs et de jouissances, n'ont rien, ou si peu, de plus que les autres. 6 En tout cas, il ressort clairement de ce que je viens de dire qu'Alexandre pour sa part n'était ni ému ni aveuglé par sa prétendue divinité, mais que cette croyance était pour lui un instrument de domination.

29. 1 Étant revenu d'Égypte en Phénicie, il offrit des sacrifices et fit faire des processions en l'honneur des dieux ; il organisa aussi des concours de chœurs dithyrambiques et de tragédies, qui brillèrent d'un vif éclat, non seulement par leur somptuosité, mais aussi par l'émulation des concurrents. 2 Les rois de Chypre en furent les chorèges, comme à Athènes ceux qui sont tirés au sort par tribu, et ils mirent une ardeur extraordinaire à se disputer le prix. 3 La lutte fut particulièrement vive entre Nicocréon de Salamine et Pasicratès de Soles, car c'est eux que le sort avait désignés pour être les chorèges des acteurs les plus illustres, Pasicratès, d'Athénodore, et Nicocréon, de Thessalos. Alexandre lui-même appréciait fort Thessalos ; 4 cependant il ne laissa rien paraître de sa préférence avant qu'Athénodore eût été proclamé vainqueur par les suffrages des juges. Mais il paraît qu'alors, en quittant le théâtre, il dit : « J'approuve les juges, et pourtant j'aurais donné volontiers une partie de mon empire pour ne pas voir Thessalos vaincu. » 5 Toutefois, lorsqu'Athénodore, condamné à une amende par les Athéniens parce qu'il ne s'était pas présenté au concours des Dionysies, pria le roi de leur écrire en sa faveur, tout en refusant de le faire, il paya de son propre argent le montant de l'amende. 6 Lycon de Scarphée, dont le succès était grand au théâtre, glissa dans la comédie qu'il jouait un vers pour demander une gratification de dix talents ; Alexandre se mit à rire et lui donna la somme.

7 Darios envoya à Alexandre une lettre et des amis pour le prier d'accepter dix mille talents comme rançon des captifs, tout le pays en deçà de l'Euphrate, une de ses filles comme épouse, et de devenir ainsi son ami et son allié. Alexandre communiqua ces propositions à ses Hétaires : 8 « Si j'étais Alexandre, dit Parménion, j'accepterais ces offres. — Et moi aussi, par Zeus, reprit Alexandre, si j'étais Parménion. » 9 Et il répondit à Darios que, s'il venait à lui, il serait traité avec tous les égards ; sinon, qu'il allait marcher lui-même sans tarder à sa rencontre.

30. 1 Cependant il regretta bientôt sa conduite lorsque l'épouse de Darios mourut en couches, et l'on put voir le chagrin qu'il éprouvait d'avoir perdu une si belle occasion de manifester sa bonté. Aussi fit-il à cette femme des funérailles pour lesquelles il n'épargna aucune dépense. 2 Un des eunuques gardiens de la chambre qui avaient été capturés avec les femmes (il s'appelait Tiréos) s'échappa du camp et courut à cheval annoncer à Darios la mort de sa femme. 3 Alors le roi se frappa la tête et éclata en sanglots : « Hélas ! s'écria-t-il, malheureux destin des Perses ! Non seulement la femme et sœur de leur roi a connu de son vivant la captivité ; mais encore, morte, elle gît privée de la sépulture royale. » 4 Le gardien de la chambre l'interrompit : « Roi, quant à la sépulture et à tous les honneurs qui lui sont dus, tu n'as pas à accuser le mauvais génie des Perses. 5 Car ni ma maîtresse Stateira, de son vivant, ni ta mère, ni tes enfants n'ont manqué des biens et des égards dont ils jouissaient auparavant, sauf qu'ils ne voient pas ta lumière (puisse le seigneur Oromasdès la faire briller à nouveau de tout son éclat !) ; et ton épouse, morte, n'a été privée d'aucun hommage ; elle a même été honorée des larmes de nos ennemis. 6 Car Alexandre est aussi généreux après la victoire qu'il est terrible au combat. » 7 En entendant cela, Darios fut emporté par le trouble et l'affliction vers d'étranges soupçons. Il emmena l'eunuque dans le fond de sa tente : 8 « Si tu n'es pas, toi aussi, passé du côté des Macédoniens avec la Fortune des Perses, et si moi, Darios, je suis encore ton maître, dis-moi, par le respect que tu dois à la grande lumière de Mithra et à la main droite de ton roi : n'est-ce pas le moindre des malheurs de Stateira que je pleure ? n'en avons-nous pas de son vivant éprouvé de plus pitoyables, et n'aurions-nous pas été malheureux avec plus d'honneur si nous étions tombés sur un ennemi cruel et sauvage ? 9 Quelles relations honnêtes un jeune homme peut-il avoir avec la femme d'un ennemi pour qu'il lui rende de si grands honneurs ? » 10 Il parlait encore lorsque Tiréos, se jetant à ses pieds, le conjura de changer de langage, de ne point faire injure à Alexandre et de ne pas déshonorer sa sœur et femme morte, de ne point s'enlever la plus grande consolation dans ses revers, la pensée d'avoir été vaincu par un homme supérieur à l'humaine nature, et d'admirer plutôt Alexandre pour avoir montré plus de retenue à l'égard des femmes perses que de courage contre les Perses. 11 En même temps le gardien de la chambre confirmait ses paroles par des serments effrayants et vantait la continence et la grandeur d'âme d'Alexandre en toute circonstance. Darios sortit alors pour rejoindre ses amis et, levant les bras vers le ciel, il fit cette prière : 12 « Dieux de ma famille et de mon royaume, accordez-moi avant tout de redresser l'empire des Perses et de le transmettre dans la prospérité où je l'ai reçu, pour que la victoire me permette de rendre à Alexandre les bienfaits qu'après ma défaite j'ai reçus de sa générosité envers ce que j'ai de plus cher ! 13 Mais s'il est venu, le temps fatidique d'acquitter notre dette à Némésis et à la Fortune changeante, et de voir la fin de la grandeur perse, qu'aucun autre homme qu'Alexandre ne s'assoie sur le trône de Cyrus ! » 14 Voilà ce qui eut lieu et fut dit alors, selon la plupart des historiens.

En Mésopotamie. – **31.** 1 Après avoir soumis tout le pays en deçà de l'Euphrate, Alexandre marcha contre Darios, qui descendait à sa rencontre avec une armée d'un million d'hommes. 2 Un de ses Hétaires lui rapporte, à titre d'anecdote plaisante, que les valets de l'armée, pour s'amuser, s'étaient partagés en deux bandes et qu'à la tête de chacune d'elles ils avaient mis pour les commander un général, en appelant l'un Alexandre et l'autre Darios. 3 Ils avaient commencé par une escarmouche en lançant des mottes de terre, puis ils avaient lutté à coups de poing, et finalement beaucoup s'étaient échauffés par émulation au point d'en venir aux pierres et aux bâtons ; on avait eu du mal à les calmer. 4 Après avoir entendu cela, Alexandre ordonna aux deux chefs de s'affronter en combat singulier. Il arma lui-même l'un des deux, Alexandre, et Philotas arma l'autre, Darios. L'armée regardait le duel et cherchait dans ce qu'elle voyait une sorte de présage de l'avenir. 5 Après une lutte violente, celui qu'on avait surnommé Alexandre fut vainqueur et reçut en présent douze villages, ainsi que le droit de porter le costume perse. Voilà en tout cas ce que raconte Ératosthène.

Gaugamèles (Arbèles). – 6 Quant à la grande bataille livrée contre Darios, elle n'eut pas lieu à Arbèles, comme l'écrivent la plupart des historiens, mais à Gaugamèles. 7 On dit que ce terme signifie « maison du chameau » : un des anciens rois, ayant échappé à ses ennemis sur un chameau de course, aurait établi l'animal en cet endroit et assigné des villages et des revenus pour son entretien. 8 Il se produisit une éclipse de lune au mois de Boédromion, alors que commençait à Athènes la célébration des mystères ; la onzième nuit après l'éclipse, les armées se trouvèrent en présence. Darios tint ses troupes sous les armes et parcourut les rangs à la lumière des flambeaux. 9 De son côté, Alexandre, tandis que les Macédoniens dormaient, demeura devant sa tente avec son devin Aristandros pour accomplir certains rites secrets et sacrifier à la Peur. 10 Cependant les plus âgés de ses Hétaires, et surtout Parménion, voyant la plaine entre le Niphatès et les monts Gordyéens illuminée dans toute son étendue par les feux des barbares, tandis qu'un mélange confus de voix et un tumulte pareil au grondement d'une mer immense s'élevaient de leur camp, 11 furent frappés d'étonnement devant cette multitude et parlèrent entre eux de la grande difficulté qu'ils auraient à faire reculer cette horde guerrière s'ils l'attaquaient au grand jour. En conséquence, lorsque le roi eut terminé ses sacrifices, ils l'abordèrent et lui conseillèrent d'en venir aux mains avec les ennemis pendant la nuit, afin de dissimuler dans les ténèbres l'aspect le plus redoutable du combat qui allait se livrer. 12 Alexandre leur répondit alors par le mot fameux : « Je ne vole pas la victoire. » Certains ont jugé qu'il avait fait là une réponse de jeune homme présomptueux et vain, en plaisantant devant un pareil danger. 13 D'autres, au contraire, ont pensé qu'il avait confiance pour le présent et qu'il conjecturait l'avenir avec justesse en voulant ôter à Darios vaincu tout motif de reprendre courage et de tenter à nouveau sa chance en accusant de son échec la nuit et les ténèbres, comme il avait expliqué les précédents par les montagnes, les défilés et la mer ; 14 car ce ne serait pas faute d'armes et d'hommes que Darios cesserait la guerre, avec une si grande puissance et un si vaste territoire, c'est quand il aurait perdu sa fierté et ses espérances, contraint de s'avouer vaincu par une défaite incontestable.

32. 1 Après leur départ, Alexandre se coucha sous sa tente et dormit, dit-on, d'un profond sommeil le reste de la nuit, ce qui ne lui était pas habituel. Aussi, lorsque, au point du jour, ses généraux vinrent le trouver, ils en furent tout étonnés, et prirent d'abord sur eux de donner l'ordre aux soldats de préparer leur déjeuner. 2 Puis, comme le temps pressait, Parménion entra et, s'approchant du lit d'Alexandre, il l'appela deux ou trois fois par son nom. Quand il l'eut éveillé, il lui demanda comment il pouvait dormir comme s'il était déjà vainqueur, et non comme un homme qui allait livrer la plus importante de ses batailles. 3 Alexandre lui répondit en souriant : « Eh quoi ! Ne vois-tu pas que c'est déjà une victoire de n'avoir plus à courir de côté et d'autre dans un pays immense et dévasté à la poursuite de Darios refusant le combat ? » 4 Et ce n'est pas seulement avant la lutte, mais encore au cours de l'action elle-même, qu'il se montra grand et ferme par sa présence d'esprit et sa confiance. 5 En effet, pendant la bataille, l'aile gauche, que commandait Parménion, fut ébranlée et recula devant la charge que la cavalerie bactrienne mena contre les Macédoniens avec beaucoup de fougue et de violence ; et, d'autre part, Mazaios détacha du gros de ses troupes des cavaliers qui, faisant un détour, allèrent attaquer les gardiens des bagages d'Alexandre. 6 C'est pourquoi Parménion, troublé par ce double péril, envoya des messagers au roi pour lui dire que c'en était fait du camp et des bagages, s'il n'envoyait en toute hâte du front de la bataille vers l'arrière un solide renfort. 7 Alexandre, à ce moment précis, allait donner aux siens le signal de l'attaque. Quand il eut entendu le message de Parménion, il dit : « Il raisonne de travers, il a perdu le sens : son trouble lui fait oublier que, vainqueurs, nous ajouterons à nos bagages ceux de l'ennemi, et que, vaincus, nous n'aurons plus à nous soucier de richesses ni d'esclaves, mais seulement à nous efforcer de mourir noblement et glorieusement en combattant. » 8 Après avoir envoyé cette réponse à Parménion, il mit son casque. Quant au reste de son équipement, il en était déjà revêtu au sortir de sa tente : c'était une tunique sicilienne à ceinture et, par-dessus, une double cuirasse de lin, qui provenait du butin fait à Issos. 9 Son casque était de fer, mais il brillait comme de l'argent pur ; il avait été fait par Théophile. À ce casque était ajusté un gorgerin, également de fer, incrusté de pierres précieuses. 10 Il avait une épée d'une trempe et d'une légèreté admirables, don du roi de Kition ; c'était la sorte d'arme dont il était habitué à se servir surtout au combat. 11 Il portait, agrafé à l'épaule, un manteau d'un travail plus raffiné que le reste de son équipement ; il était l'œuvre d'Hélicon l'Ancien, et il l'avait reçu de la cité de Rhodes en hommage ; il s'en revêtait les jours de bataille. 12 Tant qu'il chevauchait le long des troupes pour ranger quelque partie de la phalange, exhorter les soldats, leur donner ses instructions, les passer en revue, il montait un autre cheval que Bucéphale, afin de le ménager parce qu'il n'était plus jeune ; mais, quand il allait entrer en action, on lui amenait Bucéphale, et, dès qu'il avait changé de monture, il commençait l'attaque.

33. 1 En cette occasion il harangua longuement les Thessaliens et les autres Grecs, qui l'encouragèrent en lui criant de les conduire contre les barbares. Alors, faisant passer sa javeline dans sa main gauche, avec la droite il invoqua les dieux en les priant, à ce que dit Callisthène, s'il était réellement issu de Zeus, de défendre et de soutenir les Grecs. 2 Son devin Aristandros, portant un manteau blanc et une couronne d'or, chevauchait auprès de lui ; il leur montra un aigle qui planait au-dessus de la tête d'Alexandre et se dirigeait en droite ligne vers les ennemis. 3 Ce spectacle inspira beaucoup de confiance aux soldats. Avec ardeur ils s'encourageaient les uns les autres. Les cavaliers s'élancèrent à toute vitesse sur les ennemis, et la phalange suivait à flots pressés. 4 Avant que les premiers rangs eussent engagé la lutte, les barbares lâchèrent pied. La poursuite fut vive, Alexandre rabattant les vaincus vers le centre, où se trouvait Darios. 5 Il l'avait en effet aperçu de loin à travers les hommes rangés devant lui, au fond de son escadron royal, où il se distinguait par sa beauté et sa haute taille, debout sur un char élevé, entouré d'un rempart de nombreux et brillants cavaliers, massés en bon ordre autour de son char et prêts à recevoir l'ennemi. 6 Mais si terrible était Alexandre à voir de près, tandis qu'il rejetait les fuyards sur ceux qui tenaient bon, qu'ils furent frappés d'effroi et que la plupart se débandèrent. 7 Cependant les meilleurs et les plus braves se firent tuer devant leur roi, et, tombant les uns sur les autres, ils gênaient la poursuite, en se débattant convulsivement et en s'agrippant aux hommes et aux chevaux. 8 Darios se vit alors dans le plus extrême péril : ses troupes rangées en avant refluaient sur lui, et il était difficile de faire tourner son char pour s'échapper à travers la foule, car les roues étaient retenues, empêtrées dans un monceau de cadavres, et les chevaux, pris et disparaissant sous cette multitude de morts, se cabraient et effrayaient leur cocher. Alors Darios abandonna son char et ses armes ; il enfourcha une jument, qui, dit-on, venait de mettre bas, et il s'enfuit. 9 On peut croire pourtant qu'il n'aurait pas échappé alors si, pour la seconde fois, Parménion n'avait envoyé des cavaliers appeler Alexandre à son aide, parce que d'importantes forces tenaient encore là-bas où l'ennemi ne cédait point. 10 On accuse généralement Parménion de s'être montré lent et peu actif dans cette bataille, soit que l'âge désormais affaiblît son audace, soit que, comme le prétend Callisthène, la puissance d'Alexandre, dans son arrogance et son éclat, eût excité son dépit et sa jalousie. 11 En tout cas, le roi, contrarié de cet appel, ne dit pas la vérité à ses soldats ; sous prétexte qu'il était rassasié de carnage et qu'il faisait nuit, il donna le signal de la retraite. Il se rendait vers la partie de ses troupes qu'il croyait en danger, lorsqu'il apprit en route que les ennemis étaient entièrement défaits et en fuite.

Roi de l'Asie. – **34.** 1 Cette bataille s'étant ainsi terminée, l'empire des Perses parut complètement détruit : Alexandre, proclamé roi de l'Asie, offrit aux dieux des sacrifices magnifiques et gratifia ses amis de richesses, de domaines et de hautes fonctions. 2 Puis, voulant se faire valoir aux yeux des Grecs, il leur écrivit que toutes les tyrannies étaient abolies et qu'ils pouvaient se gouverner selon leurs propres lois. Il invita en particulier les Platéens à reconstruire leur ville, parce que leurs ancêtres avaient offert aux Grecs leur territoire, afin d'y combattre pour la liberté. 3 Il envoya aussi aux Crotoniates en Italie une partie du butin, pour honorer le zèle et la valeur de l'athlète Phaÿllos, qui, au temps des guerres médiques, alors que les autres Italiotes se désintéressaient du sort de la Grèce, avait équipé un navire à ses frais et s'était rendu à Salamine pour prendre une part du danger. 4 Tant il est vrai qu'Alexandre était homme à favoriser toute espèce de vertu et à se faire le gardien attitré des belles actions !

35. 1 Il parcourut ensuite la Babylonie, qui tout entière s'était aussitôt soumise à lui. Ce qui l'y frappa le plus, ce fut, en Adiabène, le gouffre d'où jaillit continuellement du feu, comme d'une source, et le torrent de naphte, si abondant qu'il forme un lac non loin du gouffre. 2 Ce naphte ressemble presque en tous points au bitume, mais il est tellement sensible au feu qu'avant que la flamme le touche, il s'allume par la radiation même de la lumière et embrase souvent l'air intermédiaire. 3 Pour montrer la nature et les propriétés de cette substance, les barbares arrosèrent légèrement de ce produit la rue qui conduisait à la résidence du roi ; puis, se plaçant à une extrémité, ils approchèrent des endroits humectés leurs flambeaux (il faisait déjà nuit). 4 À peine les premières gouttes de naphte se furent-elles enflammées que la combustion s'était étendue jusqu'à l'autre extrémité en un temps imperceptible, à la vitesse de la pensée, en sorte que la rue n'était plus qu'une traînée de feu. 5 Or il y avait dans le personnel attaché au service ordinaire du roi pour les frictions et les bains un Athénien, Athénophanès, un de ceux qui savaient aussi distraire son esprit par des amusements appropriés. 6 Un jour qu'il se trouvait dans la salle de bain et qu'un jeune esclave de médiocre valeur et d'une figure ridicule, mais qui chantait agréablement, se tenait auprès du roi (il s'appelait Stéphanos), 7 Athénophanès dit : « Veux-tu, roi, que nous fassions l'épreuve de cette substance sur Stéphanos ? Si elle s'allume sur lui et ne s'éteint pas, j'oserai affirmer que sa puissance est absolument redoutable et invincible. » 8 Le jeune garçon se prêta assez volontiers à l'expérience. Dès qu'on l'eut enduit de naphte et touché avec le feu, son corps jeta de telles flammes et fut si complètement embrasé qu'Alexandre fut au comble de l'embarras et de l'anxiété. 9 S'il ne s'était pas trouvé là par bonheur plusieurs valets qui avaient en main des vases pleins d'eau pour le bain, le garçon aurait été consumé avant qu'on lui portât secours. On eut, même alors, beaucoup de peine à éteindre son corps qui était tout en feu, et il resta par la suite en piteux état. 10 C'est donc avec assez de vraisemblance que certains auteurs, désireux de sauver la fable en l'ajustant à la réalité, disent que le naphte était la drogue dont Médée enduisit la couronne et la robe dont il est question dans la tragédie. 11 Car le feu n'est pas sorti spontanément de ces objets et n'a pas pris par hasard ; mais on approcha d'eux une flamme qui fut attirée vivement et les toucha de façon imperceptible. 12 En effet les rayons et les émanations du feu qui viennent d'une certaine distance ne projettent sur la plupart des corps que de la lumière et de la chaleur ; mais, au contact de ceux qui possèdent une sécheresse subtile ou une humidité grasse et suffisamment abondante, ils s'amassent et éclatent en flammes impétueuses, modifiant instantanément leur matière. 13 Quelle est l'origine du naphte ? La question est embarrassante... N'est-ce pas plutôt une substance humide, propre à dégager de la flamme, qui coule d'une terre de nature grasse et génératrice de feu ? 14 De fait, le sol de la Babylonie est si brûlant que les grains d'orge sautent et rebondissent souvent de la terre, comme si l'échauffement produisait des pulsations dans le sol, et que les habitants, pendant les chaleurs, dorment sur des outres remplies d'eau. 15 Harpale, laissé dans ce pays comme gouverneur, ayant à cœur d'orner de plantes grecques les résidences et les parcs royaux, réussit à les y acclimater toutes, sauf le lierre, que le terrain repoussa et fit toujours périr, parce qu'il ne supportait pas la température, la terre étant brûlante et le lierre aimant le froid. 16 C'est là une digression, mais, à condition de ne pas excéder la mesure, peut-être les gens difficiles me la pardonneront-ils mieux.

36. 1 S'étant rendu maître de Suse, Alexandre prit au palais royal quarante mille talents d'argent monnayé, avec un mobilier et des richesses incalculables. 2 On dit qu'il y trouva aussi cinq mille talents de pourpre d'Hermionè, qui, bien que déposée là depuis cent quatre-vingt-dix ans, gardait encore sa couleur fraîche et vive. 3 La cause en est, dit-on, que la teinture des étoffes de pourpre se fait avec du miel, et la teinture des étoffes blanches avec de l'huile blanche ; car ces dernières aussi, quand elles datent de la même époque, gardent leur éclat pur et brillant. 4 En outre, Deinon rapporte que les rois de Perse faisaient venir de l'eau du Nil et de l'Istros, qu'ils mettaient en dépôt dans le trésor avec toutes leurs richesses, comme pour affirmer la grandeur de leur empire et leur domination universelle.

En Perse. – **37.** 1 La Perse est d'accès difficile à cause de l'aspérité du terrain, et elle était gardée par des Perses de première noblesse (Darios, lui, était en fuite). Mais Alexandre trouva un guide qui l'y conduisit par un détour peu considérable ; cet homme parlait les deux langues, ayant un père lycien et une mère perse. 2 C'est ce que la Pythie, dit-on, avait en vue lorsqu'elle avait prédit, Alexandre étant encore enfant, qu'il serait guidé par un Lycien dans sa marche contre les Perses...

3 Il se fit là un grand massacre des prisonniers. Alexandre lui-même écrit qu'il ordonna d'égorger ces hommes, parce qu'il jugeait que tel était son intérêt. 4 On dit qu'il trouva là autant d'argent monnayé qu'à Suse et que, pour emporter le mobilier et les richesses, il lui fallut dix mille paires de mulets et cinq mille chameaux. 5 Voyant une grande statue de Xerxès renversée malencontreusement par la foule de ceux qui se pressaient pour entrer dans le palais, il s'arrêta et lui adressa la parole comme à une personne vivante : « Dois-je passer, dit-il, en te laissant étendu à terre, à cause de ton expédition contre les Grecs, ou dois-je te relever à cause de la grandeur d'âme et du courage que tu as montrés par ailleurs ? » Finalement, après avoir réfléchi un long moment en silence, il passa outre. 6 Voulant refaire ses soldats (on était en hiver), il resta là pendant quatre mois. 7 On dit que, lorsqu'il s'assit pour la première fois

sous le dais d'or du trône royal, le Corinthien Démarate, qui lui était dévoué et qui était son ami comme il l'avait été de son père, se mit à pleurer de manière sénile en s'écriant : « De quelle joie se trouvent privés les Grecs qui sont morts avant de voir Alexandre assis sur le trône de Darios ! »

38. 1 Ensuite, comme il s'apprêtait à marcher contre Darios, il arriva que, voulant complaire à ses amis, il les réunit pour boire et se divertir. Des femmes même vinrent participer avec leurs amants à cette fête joyeuse. 2 La plus fameuse était l'Athénienne Thaïs, maîtresse de Ptolémée, qui fut roi dans la suite. Elle savait amuser Alexandre avec des louanges et des plaisanteries de bon ton ; dans la chaleur de l'ivresse, elle alla jusqu'à tenir des propos, conformes sans doute au caractère de sa patrie, mais au-dessus de sa condition : 3 « Je recueille en ce jour, dit-elle, la récompense des fatigues de cette longue errance à travers l'Asie, puisque je me prélasse dans le magnifique palais des rois de Perse ; 4 mais j'aurais encore plus de plaisir à mettre le feu, en bruyant cortège, à la demeure de Xerxès, qui a incendié Athènes, et à allumer ce feu moi-même en présence du roi, afin que l'on dise dans le monde entier que les femmes de la suite d'Alexandre ont vengé la Grèce en infligeant aux Perses un châtiment plus sévère que tous ces généraux et amiraux ! » 5 Ces paroles soulevèrent aussitôt applaudissements et acclamations. Ses amis le pressant à l'envi, le roi, entraîné par eux, bondit de son siège, une couronne sur la tête et une torche à la main, et ouvrit la marche. 6 Les autres le suivirent en dansant et en criant, et entourèrent le palais. Tous ceux des Macédoniens qui l'apprirent accoururent tout joyeux avec des torches, 7 car ils pensaient que, si le roi voulait brûler et détruire le palais, c'était le signe qu'il songeait à retourner dans son pays, et non pas à rester chez les barbares. 8 C'est ainsi que les choses se passèrent, suivant certains auteurs ; suivant les autres, l'incendie avait été prémédité. En tout cas le roi s'en repentit bien vite et donna l'ordre d'éteindre le feu : sur ce point, tous sont d'accord.

Caractère d'Alexandre. – **39.** 1 Très généreux par nature, il s'abandonna de plus en plus à ce penchant à mesure que sa puissance s'accrut. Il y joignait la gentillesse, qui, seule, rend les présents vraiment agréables. 2 J'en citerai quelques exemples. Ariston, chef des Péoniens, ayant tué un ennemi, en apporta la tête à Alexandre et lui dit : « Ce cadeau, roi, se paye chez nous d'une coupe d'or. » « Oui, répondit Alexandre en riant, d'une coupe vide, mais moi, je veux la remplir de vin pur et te la donner en buvant à ta santé. » 3 Un simple soldat macédonien conduisait un mulet qui portait de l'or appartenant au roi. Comme la bête était épuisée, le soldat prit la charge sur son dos et essaya de la porter. Le roi, voyant le soldat accablé sous le poids et informé de l'affaire au moment où l'homme allait déposer son fardeau, lui dit : « Ne faiblis pas ; continue seulement la route jusqu'à ta tente et portes-y cet or : il est à toi. » 4 En général, il se fâchait plutôt contre ceux qui refusaient ses dons que contre ceux qui les sollicitaient. C'est ainsi qu'il écrivit à Phocion qu'il ne le considérerait plus comme son ami, s'il repoussait ses faveurs. 5 À Sérapion, un des jeunes gens qui jouaient à la balle avec lui, il ne donnait rien, parce que celui-ci ne demandait rien. Or Sérapion, un jour qu'il participait au jeu, lançait la balle aux autres, jusqu'à ce que le roi lui dît : « Et à moi, tu ne la lances pas ? » « C'est que tu ne la demandes pas », répondit Sérapion. Sur quoi, le roi se mit à rire et lui fit beaucoup de cadeaux. 6 Un jour, il parut irrité contre Protéas, l'un de ceux qui faisaient les bouffons, non sans esprit, à sa table. Les amis de Protéas intercédant pour lui, et lui-même se mettant à pleurer, Alexandre dit qu'il lui rendait son amitié. « Alors, roi, dit Protéas, donne-m'en d'abord un gage. » Alexandre lui fit verser cinq talents. 7 À propos des richesses qu'il distribuait à ses amis et à ses gardes du corps, on voit quel orgueil elles leur inspiraient par une lettre qu'Olympias lui écrivit : « Il faut t'y prendre autrement quand tu veux faire du bien à tes amis et les mettre en vue ; à présent, tu les fais tous égaux aux rois, tu leur procures de nombreux amis, et tu te rends toi-même solitaire. » 8 Olympias lui écrivait souvent de telles lettres ; il les gardait secrètes, sauf une fois où Héphaestion lisait avec lui, comme il en avait l'habitude, une lettre qui était décachetée ; Alexandre ne l'en empêcha pas, mais retira l'anneau de son doigt et lui en appliqua le sceau sur la bouche. 9 Mazaios, qui avait été auprès de Darios l'homme le plus influent, avait un fils qui était pourvu d'une satrapie ; Alexandre lui en offrit une seconde, plus grande ; il la refusa en disant : « Roi, il n'y avait naguère qu'un Darios, mais toi, à présent, tu as fait beaucoup d'Alexandres. » 10 À Parménion, il donna la maison de Bagoas, où l'on trouva, dit-on, des vêtements magnifiques, d'une valeur de mille talents. 11 Il écrivit à Antipatros pour lui dire de prendre des gardes du corps, parce que l'on complotait contre lui. 12 À sa mère aussi il envoyait une quantité de présents, mais il ne lui permettait pas de s'immiscer dans les affaires civiles et militaires. Elle le lui reprochait, et il supportait sa mauvaise humeur avec douceur. 13 Cependant, un jour qu'Antipatros lui avait écrit une longue lettre contre elle, il dit, après l'avoir lue, qu'Antipatros ne savait pas qu'une seule larme d'une mère efface dix mille lettres.

40. 1 Il voyait son entourage se livrer à un luxe effréné et mener un train de vie insolent et très dispendieux. Hagnon de Téos, par exemple, portait des chaussures à clous d'argent. Léonnatos employait plusieurs chameaux à faire venir d'Égypte du sable pour ses exercices gymniques. Philotas se servait pour la chasse de filets longs de cent stades. Ils utilisaient pour les frictions et les bains de la myrrhe en plus grande quantité que précédemment l'huile, et ils traînaient partout avec eux des masseurs et des valets de chambre. 2 Alexandre le leur reprocha avec douceur et sur le ton d'un philosophe : « Je m'étonne de voir, disait-il, qu'après avoir livré tant et de si rudes combats, vous oubliez que ceux qui ont accablé les autres dorment d'un sommeil plus agréable que ceux qui se sont laissé accabler, et aussi que vous ne comprenez pas, en comparant votre vie à celle des Perses, qu'il n'y a rien de plus servile que la mollesse, rien de plus royal que l'effort. 3 Comment peut-on soigner soi-même son cheval, astiquer sa lance ou son casque, quand on a perdu l'habitude de toucher de ses mains ce corps si choyé ? Ne savez-vous pas, disait-il aussi, que le comble de notre victoire est de nous comporter autrement que les vaincus ? » 4 Quant à lui, il se dépensait plus encore à la guerre et à la chasse, peinant et s'exposant aux dangers, si bien qu'un ambassadeur laconien, qui se trouvait auprès de lui au moment où il abattait un grand lion, lui dit : « Tu as bien combattu contre la bête, Alexandre, pour décider qui serait roi. » 5 Cratère consacra cette scène de chasse à Delphes, où il fit faire des statues de bronze représentant le lion, les chiens, le roi aux prises avec le lion et lui-même Cratère se portant à son secours. Certaines de ces statues sont de Lysippe, les autres de Léocharès.

41. 1 Voilà donc comment Alexandre s'exposait au danger à la fois pour s'exercer lui-même et pour inciter les autres à la vertu. Mais ses amis, que la richesse et le faste avaient corrompus, voulaient vivre désormais dans le luxe et le repos ; ils supportaient mal ses courses vagabondes et ses expéditions, et ils en vinrent ainsi peu à peu à le critiquer et à médire de lui. 2 Il n'opposa d'abord à ces propos qu'une parfaite douceur, disant que c'était le sort d'un roi de faire le bien et d'entendre mal parler de lui. 3 Les moindres événements survenus à ses familiers provoquaient de sa part des marques de grand dévouement et d'estime. J'en donnerai quelques exemples. 4 Il écrivit à Peucestas pour lui faire des reproches parce que, mordu par un ours, il l'avait écrit aux autres sans l'en informer lui-même. « À présent, ajoutait-il, écris-moi pour me dire si tu te portes bien et si quelques-uns de tes compagnons de chasse ne t'ont pas abandonné, afin qu'ils soient punis. » 5 À Héphaestion, qui était absent à cause de certaines affaires, il écrivit que, tandis que l'on s'amusait à chasser un ichneumon, Cratère était tombé sur la javeline de Perdiccas et s'était blessé aux cuisses. 6 Peucestas ayant été guéri d'une maladie, il écrivit une lettre de remerciement au médecin Alexippos qui l'avait soigné. Cratère étant malade, le roi eut pendant son sommeil une vision à la suite de laquelle il offrit lui-même certains sacrifices et lui recommanda d'en offrir lui aussi. 7 Il écrivit également au médecin Pausanias, qui voulait donner de l'ellébore à Cratère, pour lui signifier son inquiétude et pour le conseiller sur la manière d'administrer cette drogue. 8 Il fit mettre aux fers Éphialtès et Cissos, qui furent les premiers à lui annoncer qu'Harpale avait pris la fuite et s'était échappé, parce qu'il pensait que c'était une calomnie. 9 Lorsqu'il renvoya chez eux ses soldats malades ou trop âgés, Eurylochos d'Aigai s'inscrivit sur la liste des malades. On s'aperçut qu'il n'avait aucun mal. Alors il avoua qu'il aimait Télésippa et qu'il voulait l'accompagner alors qu'elle partait vers la mer. « De quelle condition est cette femme ? » demanda Alexandre. 10 « C'est une courtisane de condition libre », répondit-il. « Alors, reprit le roi, je veux t'aider dans tes amours. Vois si nous ne pourrions persuader Télésippa par des paroles ou des présents, puisqu'elle est de naissance libre. »

42. 1 Il faut l'admirer d'avoir pris le temps, en écrivant à ses amis, de descendre à de tels détails : par exemple, il ordonne de rechercher un esclave de Séleucos, qui s'était enfui en Cilice ; il loue Peucestas d'avoir arrêté Nicon, esclave de Cratère ; il recommande à Mégabyze, au sujet d'un serviteur qui s'était réfugié dans son sanctuaire, de le saisir, si possible, après l'avoir engagé à sortir du lieu consacré, mais de ne pas mettre la main sur lui à l'intérieur du sanctuaire. 2 On dit aussi qu'au début, quand il jugeait des affaires capitales, il appliquait sa main sur l'une de ses oreilles pendant que l'accusateur parlait, afin de la garder pure et sans prévention en faveur de l'accusé. 3 Mais dans la suite, exaspéré par le grand nombre des procès, il laissa les accusations vraies faire passer les fausses et leur donner créance. 4 C'est surtout lorsqu'on disait du mal de lui qu'il perdait son sang-froid et devenait dur et inexorable, parce qu'il tenait à sa réputation plus qu'à la vie et à la royauté.

Dans les satrapies orientales. – 5 Il marchait alors contre Darios dans l'intention de lui livrer un nouveau combat quand il apprit que Bessos s'était saisi de la personne du roi ; il renvoya les Thessaliens dans leur patrie, après leur avoir fait présent de deux mille talents en sus de leur solde. 6 La poursuite fut pénible et longue (en onze jours il parcourut à cheval trois mille trois cents stades), et la plupart de ses soldats perdirent courage, surtout à cause du manque d'eau. 7 C'est alors qu'il rencontra des Macédoniens qui transportaient dans des outres à dos de mulets de l'eau qu'ils avaient puisée au fleuve. Ceux-ci, voyant Alexandre accablé par la soif à l'heure de midi, remplirent vite un casque et le lui tendirent. 8 Il leur demanda pour qui ils faisaient ce transport. « Pour nos propres fils, répondirent-ils ; mais, pourvu que tu vives, nous en aurons d'autres, si nous perdons ceux-là. » 9 À ces mots, il prit le casque dans ses mains, mais, ayant jeté les yeux autour de lui, il vit tous les cavaliers qui l'accompagnaient tourner la tête et regarder vers la boisson. Alors il la rendit sans avoir bu, et, en remerciant ceux qui la lui avaient offerte, il dit : « Si je bois tout seul, ces gens perdront cœur. » 10 Les cavaliers, voyant sa maîtrise de lui-même et sa grandeur d'âme, lui crièrent de les emmener hardiment, et ils fouettèrent leurs montures. « Nous ne pouvons admettre, se disaient-ils, que nous sommes fatigués, ou que nous avons soif, ou, en un mot, que nous sommes mortels, tant que nous aurons un tel roi. »

43. 1 Ils étaient donc tous pleins d'un même zèle, mais soixante seulement, dit-on, parvinrent avec lui jusqu'aux camps des ennemis. 2 Là, ils passèrent par-dessus des tas d'argent et d'or abandonnés sur place, et longèrent une foule de chariots chargés d'enfants et de femmes qui erraient sans conducteurs, puis ils poussèrent jusqu'aux premiers rangs de l'armée, comptant y trouver Darios. 3 Ils eurent de la peine à le découvrir, criblé de coups de javelots, étendu dans son chariot et sur le point de mourir. Cependant il demanda à boire, et, lorsqu'il eut bu de l'eau fraîche, il dit à Polystratos, qui la lui avait donnée : 4 « Mon ami, c'est pour moi le comble du malheur de recevoir un service et de ne pouvoir le rendre ; mais tu en seras récompensé par Alexandre, et Alexandre le sera par les dieux pour sa clémence envers ma mère, ma femme et mes enfants. Je lui donne ma main droite par ton intermédiaire. » En disant ces mots, il prit la main de Polystratos, puis il expira. 5 Quand Alexandre survint, il se montra visiblement affligé de l'événement. Il enleva sa chlamyde et la jeta sur le corps de façon à l'en couvrir. 6 Lorsque, plus tard, il eut trouvé Bessos, il le fit écarteler : on courba vers le même point deux arbres droits, et l'on attacha à chacun d'eux une partie du corps de Bessos, et, quand ces arbres furent relâchés, chacun d'eux, en se redressant avec vigueur, emporta la partie qui lui était liée. 7 Mais, pour l'instant, il fit revêtir d'ornements royaux le corps de Darios et l'envoya à sa mère, puis il admit son frère Exathrès au nombre des Hétaires.

44. 1 Lui-même, avec l'élite de ses troupes, descendit en Hyrcanie. Il y vit un golfe marin, qui paraissait être aussi grand que le Pont-Euxin, mais d'une eau plus douce que le reste de la mer. Il ne put rien apprendre de certain à son sujet, et il supposa, comme étant le plus vraisemblable, que c'était un épanchement du lac Maeotis. 2 Cependant les physiciens du moins n'avaient pas méconnu la vérité : bien des années avant l'expédition d'Alexandre, ils ont affirmé que, des quatre golfes qui s'enfoncent de la mer extérieure dans les terres, c'est le plus septentrional, qu'on appelle indifféremment mer Hyrcanienne ou Caspienne. 3 Là, quelques barbares, étant tombés à l'improviste sur ceux qui conduisaient son cheval Bucéphale, l'enlevèrent. 4 Il en fut extrêmement fâché, et il leur envoya un héraut pour les menacer de les exterminer tous avec leurs enfants et leurs femmes, s'ils ne lui renvoyaient pas son cheval. 5 Mais, quand ils vinrent le lui ramener et remettre leurs villes entre ses mains, il les traita tous avec humanité et paya la rançon de Bucéphale à ceux qui l'avaient pris.

45. 1 De là il se rendit chez les Parthes, et, se trouvant de loisir, il revêtit pour la première fois l'habit des barbares, soit qu'il voulût s'accommoder aux coutumes du pays, parce que la communauté d'habitudes et de mœurs est importante pour se concilier les hommes, soit qu'il essayât furtivement d'introduire la prosternation parmi les Macédoniens, en les accoutumant peu à peu à supporter le changement et la nouveauté de son genre de vie. 2 Pourtant, il n'adopta pas le fameux costume des Mèdes, si barbare et si étrange ; il ne prit ni les larges pantalons, ni la robe de dessus, ni la tiare, mais il fit un judicieux mélange, qui tenait le milieu entre l'habillement des Perses et celui des Mèdes, moins fastueux que ce dernier, et plus majestueux que l'autre. 3 Il porta ce costume d'abord dans ses relations avec les barbares et chez lui avec ses compagnons, puis il se montra ainsi vêtu en public, lorsqu'il sortait à cheval ou donnait audience. 4 Ce spectacle choquait les Macédoniens qui, cependant, admirant par ailleurs tous ses mérites, croyaient devoir lui pardonner quelques satisfactions de plaisir et d'amour-propre. 5 Alors qu'en plus de toutes ses autres blessures, il venait encore de recevoir à la jambe une flèche qui lui avait brisé et fait perdre l'os du tibia ; alors qu'il avait été aussi frappé au cou d'une pierre si violemment qu'un brouillard se répandit sur ses yeux et les obscurcit assez longtemps, 6 il ne cessait pas néanmoins de s'exposer sans ménagement au danger : il franchit même l'Orexartès, fleuve qu'il croyait être le Tanaïs ; il mit les Scythes en fuite et les poursuivit sur un espace de cent stades, bien qu'il fût incommodé par la dysenterie.

46. 1 C'est là que l'Amazone vint le trouver, au dire de nombreux auteurs, parmi lesquels Cleitarchos, Polycleitos, Onésicrite, Antigénès et Istros ; 2 mais Aristoboulos, Charès le chambellan, Ptolémée, Anticleidès, Philon de Thèbes, Philippe de Théangéla, et en outre Hécatée d'Érétrie, Philippe de Chalcis et Douris de Samos disent que c'est là pure invention. 3 Alexandre semble témoigner en faveur de ces derniers : en effet, dans une lettre adressée à Antipatros, où il fait un récit circonstancié de tout ce qui s'était passé, il écrit que le roi des Scythes lui offrit sa fille en mariage, mais il ne parle pas de l'Amazone. 4 On dit que, longtemps après, Onésicrite lut à Lysimaque, devenu roi, son quatrième livre, où il était question de l'Amazone, et que Lysimaque, en souriant doucement, lui demanda : « Et moi, où étais-je alors ? » 5 Du reste, que l'on ajoute foi ou non à ce récit, l'admiration pour Alexandre n'en sera ni diminuée ni accrue.

47. 1 Craignant de voir les Macédoniens renoncer à la suite de son expédition, il laissa sur place le gros de l'armée, et, n'ayant avec lui en Hyrcanie que l'élite de ses troupes, au nombre de vingt mille fantassins et trois mille cavaliers, il se les attacha en leur disant : « Maintenant les barbares, quand nous sommes en face d'eux, nous redoutent, mais, si nous partons après nous être bornés à jeter la confusion en Asie, ils nous attaqueront aussitôt comme si nous étions des femmes. » 2 Cependant il laissa partir ceux qui le souhaitaient, en prenant acte du fait qu'au moment où il s'employait à conquérir le monde pour les Macédoniens, il était abandonné au milieu de son entreprise, ne gardant que ses amis et ceux qui consentaient à faire campagne. 3 C'est là presque mot pour mot ce qui est écrit dans sa lettre à Antipatros, et il ajoute que, lorsqu'il eut prononcé ces paroles, tous lui crièrent de les mener en n'importe quel lieu de la terre qu'il voudrait. 4 L'épreuve ayant réussi sur ceux-là, il n'eut plus de difficulté à entraîner le reste de l'armée, qui le suivit sans maugréer.

5 Ainsi donc, pour son genre de vie, il s'assimilait davantage encore

aux gens du pays, tout en visant à rapprocher ceux-ci des coutumes macédoniennes. Il pensait que la bienveillance née de ce mélange et de cette communauté de mœurs l'aiderait plus que la violence à rendre son pouvoir stable, quand il serait parti au loin. 6 C'est pourquoi il choisit trente mille enfants, ordonnant qu'on leur enseignât le grec et qu'on leur donnât l'éducation militaire des Macédoniens ; il préposa beaucoup d'instructeurs à cette tâche. 7 En ce qui concerne Roxane, il agit par amour, car il l'avait trouvée belle et fraîche en la voyant dans un chœur de danse après un festin ; mais son mariage avec elle n'en parut pas moins approprié à ses desseins, 8 car les barbares, mis en confiance par l'union du roi avec une des leurs, conçurent pour lui une affection extrême, d'autant plus qu'en cette occasion il montra la plus grande continence, même à l'égard de la seule femme qui l'eût soumis à son empire, et qu'il ne voulut point la toucher avant de l'avoir légalement épousée.

9 Voyant que, parmi ses plus grands amis, Héphaestion l'approuvait et s'habillait comme lui, tandis que Cratère restait fidèle aux coutumes de sa patrie, il se servit du premier pour communiquer avec les barbares, et de l'autre pour les relations avec les Grecs et les Macédoniens. 10 Bref, il avait la plus grande affection pour Héphaestion et la plus grande estime pour Cratère ; il pensait et disait sans cesse qu'Héphaestion aimait Alexandre et que Cratère aimait le roi. 11 Aussi les deux hommes nourrissaient-ils en eux-mêmes l'un contre l'autre une antipathie profonde, et ils se heurtaient souvent. Une fois même, dans l'Inde, ils en vinrent aux mains et tirèrent l'épée. Comme leurs amis se portaient au secours de chacun des deux, Alexandre accourut à cheval : il blâma publiquement Héphaestion, disant qu'il était stupide et fou s'il ne se rendait pas compte que, séparé d'Alexandre, il n'était rien ; quant à Cratère, il lui fit aussi d'amers reproches, mais en particulier. 12 Puis il les réunit pour les réconcilier : il jura par Ammon et les autres dieux que, de tous les hommes, c'étaient eux qu'il aimait le plus, mais que, s'il les surprenait de nouveau en querelle, il les tuerait tous les deux, ou du moins celui qui aurait commencé. Aussi, dans la suite, ils ne dirent ni ne firent plus rien l'un contre l'autre, même en plaisantant, à ce que l'on affirme.

Affaire de Philotas. – **48.** 1 Philotas, fils de Parménion, jouissait d'une grande considération parmi les Macédoniens, car il avait la réputation d'être vaillant et endurant, et nul ne paraissait, après Alexandre, plus généreux ni plus attaché à ses amis. 2 En tout cas, on raconte qu'un de ses familiers lui demandant de l'argent, il ordonna de lui en donner, et comme son intendant objecta qu'il n'en avait pas : « Comment ? s'écria-t-il, n'as-tu pas même une coupe ou un vêtement ? » 3 Mais il était gonflé d'orgueil et fier de ses immenses richesses ; il déployait dans les soins de son corps et dans son régime de vie un luxe scandaleux pour un particulier. À ce moment, son affectation de grandeur et sa hauteur étaient sans mesure ; dénué de grâces, faisant figure d'homme maladroit et grossier, il excitait les soupçons et l'envie, si bien que Parménion lui-même lui dit un jour : « Mon fils, de grâce fais-toi plus petit ! » 4 Depuis très longtemps d'ailleurs Alexandre lui-même entendait dire du mal de lui. À l'époque où l'on prit à Damas les trésors de Darios vaincu en Cilicie, parmi les nombreux prisonniers qu'on amena dans le camp, se trouvait une femme, originaire de Pydna, d'une beauté remarquable, nommée Antigonè ; elle échut à Philotas. 5 Jeune, avec une femme aimée, il ne se gêna pas pour tenir en buvant beaucoup de propos de soldat fanfaron, s'attribuant, à lui et à son père, le mérite des plus grands exploits, et traitant Alexandre de gamin qui leur devait son renom de conquérant. 6 La femme rapporta ces propos à un de ses familiers, et celui-ci, comme il est naturel, à un autre, en sorte qu'ils parvinrent aux oreilles de Cratère, qui, emmenant Antigonè avec lui, la conduisit secrètement auprès d'Alexandre. 7 Celui-ci, l'ayant entendue, lui enjoignit de continuer ses relations avec Philotas et de venir lui rapporter tout ce qu'elle entendrait dire à son amant.

49. 1 Philotas ne se doutait pas qu'il était ainsi épié ; il vivait avec Antigonè, et il laissait échapper sur le compte du roi, par colère ou par vantardise, beaucoup de paroles et de discours déplacés. 2 Mais Alexandre, malgré la force des témoignages qu'on lui apportait contre Philotas, patienta en silence et se contint, soit qu'il se fiât au dévouement que Parménion avait pour lui, soit qu'il craignît d'affronter le crédit et l'influence du père et du fils. 3 Or, à ce moment, un Macédonien nommé Dimnos, originaire de Chalaestra, qui conspirait contre Alexandre, engagea Nicomaque, un jeune homme dont il était épris, à participer à son entreprise. 4 Nicomaque refusa et révéla le complot à son frère Cébalinos. Celui-ci se rendit chez Philotas et le pria de les introduire auprès d'Alexandre, parce qu'ils avaient à l'entretenir de questions graves et capitales. 5 Mais Philotas (pour quelle raison ? c'est ce qu'on ignore) ne les mena point auprès du roi, sous prétexte que celui-ci s'occupait d'autres affaires, plus importantes. Et il agit ainsi par deux fois. 6 Dès lors, se méfiant de Philotas, ils s'adressèrent à un autre. Conduits par lui en présence d'Alexandre, ils commencèrent par lui révéler la conspiration de Dimnos, puis ils firent doucement entendre que Philotas avait par deux fois négligé leur requête. 7 Leurs paroles émurent vivement Alexandre, puis, quand il apprit que Dimnos, se voyant pris, s'était défendu et avait été tué par l'homme envoyé pour l'arrêter, il fut encore plus profondément troublé, à la pensée que les preuves du complot lui échappaient. 8 Aigri contre Philotas, il convoqua ceux qui le haïssaient de longue main, et qui dirent dès lors ouvertement que c'était faiblesse de la part du roi de croire que Dimnos, un homme de Chalaestra, avait osé entreprendre seul une action si hardie, 9 qu'il n'était qu'un comparse, ou plutôt l'instrument d'une autorité supérieure et qu'il fallait rechercher les membres de la conspiration parmi ceux qui avaient le plus d'intérêt à la cacher. 10 Le roi ayant prêté l'oreille à ces paroles et à ces soupçons, on lui apporta dès lors mille accusations contre Philotas. 11 En conséquence celui-ci fut arrêté et mis à la question en présence des amis du roi, qui lui-même écoutait dehors derrière une tenture. 12 Comme Philotas, s'adressant à Héphaestion, recourait à d'humbles et pitoyables supplications, on dit qu'Alexandre s'écria : « Se peut-il que, manquant à ce point de fermeté et de courage, Philotas, tu aies mis la main à une telle entreprise ? » 13 Philotas fut mis à mort, et Alexandre envoya aussitôt des hommes en Médie pour tuer aussi Parménion, cet homme qui avait pris une grande part aux conquêtes de Philippe et qui, seul parmi les amis plus âgés d'Alexandre, ou du moins plus qu'aucun eux, l'avait engagé à passer en Asie. Lui qui avait trois fils, il en avait déjà vu mourir deux au cours de l'expédition, et il périt lui-même avec le troisième. 14 Ces exécutions rendirent Alexandre redoutable à beaucoup de ses amis, et surtout à Antipatros, qui envoya secrètement des émissaires aux Étoliens pour leur donner et recevoir d'eux des gages d'alliance. 15 En effet les Étoliens craignaient Alexandre parce qu'ils avaient détruit Œniades et que le roi, en apprenant cette nouvelle, avait dit : « Ce ne sont pas les enfants d'Œniades qui châtieront les Étoliens ; c'est moi-même. »

***Meurtre de Cleitos.* – 50.** 1 Peu de temps après eut lieu le meurtre de Cleitos, qui paraît, à s'en tenir au simple récit des faits, plus sauvage que celui de Philotas ; 2 mais, à la réflexion et si nous rapprochons la cause et les circonstances, nous nous rendons compte qu'il ne fut pas prémédité, mais qu'il résulta d'une malchance du roi, dont la colère et l'ivresse donnèrent libre carrière au mauvais génie de Cleitos. Voici comment ce malheur arriva. 3 Des gens venus de la côte avaient apporté des fruits de la Grèce à Alexandre, qui en admira la fraîcheur et la beauté, et appela Cleitos pour les lui montrer et lui en offrir. 4 Il se trouva qu'à ce moment Cleitos faisait un sacrifice ; il le quitta pour venir auprès du roi, et trois des moutons qui avaient déjà reçu les aspersions rituelles le suivirent. 5 Apprenant cela, Alexandre consulta les devins Aristandros et Cléoménès de Laconie, qui déclarèrent que c'était là un mauvais présage. Alexandre ordonna de faire en toute hâte un sacrifice d'expiation pour le salut de Cleitos, 6 d'autant plus que lui-même, deux nuits auparavant, avait eu en dormant un rêve étrange : il avait cru voir Cleitos assis en vêtements noirs au milieu des fils de Parménion, qui étaient tous morts. 7 Cependant Cleitos n'eut pas plus tôt fait ce sacrifice qu'il se rendit au dîner du roi, qui, lui, avait sacrifié aux Dioscures. 8 Quand la beuverie fut devenue fort animée, on chanta des vers d'un certain Pranichos (ou, selon d'autres, de Piérion), dans lesquels les généraux récemment battus par les barbares étaient honnis et ridiculisés. 9 Les convives les plus âgés s'en indignèrent et injurièrent à la fois le poète et le chanteur, mais Alexandre et son entourage, qui prenaient plaisir à entendre le chanteur, lui ordonnèrent de continuer. Alors Cleitos, qui était déjà ivre et dont la nature rude et fière était portée à la colère, se fâcha tout rouge, et dit qu'il était mal d'outrager ainsi, en présence de barbares et d'ennemis, des Macédoniens qui valaient beaucoup mieux que les rieurs en dépit de leur infortune. 10 Alexandre répondit que Cleitos plaidait sa propre cause en appelant infortune ce qui était lâcheté. 11 Alors Cleitos se mit debout et s'écria : « C'est pourtant cette lâcheté qui t'a sauvé, toi, le fils des dieux, quand déjà tu tournais le dos à l'épée de Spithridatès, et c'est par le sang des Macédoniens et par ces blessures que tu es devenu grand au point de te prétendre fils d'Ammon et de renier Philippe. »

51. 1 Alexandre fut piqué au vif : « Ah ! tête maudite, s'écria-t-il, voilà bien les propos que tu ne cesses de tenir sur mon compte pour diviser les Macédoniens ; crois-tu que tu auras lieu de t'en réjouir ? 2 — Mais dès maintenant, réplique Cleitos, nous n'avons pas lieu de nous réjouir d'être ainsi payés de nos peines, et nous envions le bonheur de ceux qui sont morts avant de nous voir, nous Macédoniens, déchirés par les bâtons des Mèdes et obligés de supplier des Perses pour avoir accès auprès de notre roi ! » 3 Entendant ces paroles hardies, les amis d'Alexandre se lèvent en face de Cleitos et le chargent d'injures, tandis que les plus âgés s'efforcent d'apaiser le tumulte, 4 et qu'Alexandre, se tournant vers Xénodochos de Cardia et Artémios de Colophon, leur dit : « N'avez-vous pas l'impression que les Grecs qui vivent au milieu des Macédoniens sont comme des demi-dieux parmi des bêtes sauvages ? » 5 Loin de céder, Cleitos somma Alexandre de dire devant toute la compagnie ce qu'il entendait par là, ou bien de ne pas inviter à sa table des hommes libres ayant leur franc-parler et de ne fréquenter que des barbares et des esclaves, qui se prosterneront devant sa ceinture perse et sa tunique blanche. Alexandre, ne pouvant plus maîtriser sa colère, prend une des pommes qui étaient sur la table, la lui lance et l'en frappe, puis cherche son épée. 6 Mais un des gardes du corps, Aristophanès, s'était hâté de la lui enlever. Les autres entourent le roi et le supplient, mais lui se lève d'un bond, se met à crier et appelle à lui ses hypaspistes en langue macédonienne, ce qui était le signe chez lui d'un grand trouble. Puis il ordonne au trompette de sonner l'alarme, et, comme celui-ci tarde et refuse, il le frappe à coups de poing. 7 Cet homme fut par la suite tenu en haute estime, parce qu'il avait contribué plus que personne à empêcher que le tumulte ne gagnât tout le camp. 8 Cleitos ne voulant toujours pas se calmer, ses amis le poussèrent à grand-peine hors de la salle. Mais il s'efforça d'y rentrer par une autre porte en récitant avec autant d'impertinence que d'audace ces iambes de l'*Andromaque* d'Euripide : « Las ! Comme il règne en Grèce un usage funeste ! » 9 Alors Alexandre, saisissant la lance d'un de ses gardes, au moment où Cleitos approchait de lui en écartant le rideau tendu devant la porte, le perça de part en part. 10 Cleitos s'abattit en gémissant et en hurlant. Aussitôt la colère du roi l'abandonne. 11 Il revient à lui, et, voyant ses amis immobiles et silencieux, il se précipite pour arracher la lance du cadavre et il tente de s'en frapper le cou, mais on l'en empêche. Les gardes du corps lui saisissent les mains et le portent de force dans sa chambre.

52. 1 Alexandre passa la nuit à pleurer amèrement, et, le jour suivant, ayant perdu la voix à force de crier et de se lamenter, il resta couché en poussant de profonds gémissements. Ses amis, alarmés de son silence, entrèrent de force dans sa chambre. 2 Il ne voulut pas les écouter ; il ne prêta attention qu'au devin Aristandros. Celui-ci lui rappela la vision qu'il avait eue au sujet de Cleitos, ainsi que le présage, signes que ces événements étaient depuis longtemps fixés par le destin ; il parut alors se calmer.

Callisthène. – 3 Aussi lui amena-t-on le philosophe Callisthène, parent d'Aristote, et Anaxarque d'Abdère. 4 Callisthène tenta d'alléger sa peine avec tact et douceur, en s'adressant à sa raison et en procédant par circonlocutions pour ne pas réveiller son chagrin. Quand à Anaxarque, qui dès le début suivait en philosophie une voie très personnelle et qui avait la réputation de dédaigner et mépriser ses collègues, il se mit à crier en entrant : 5 « Le voilà donc, cet Alexandre, qui est maintenant le point de mire de la terre entière ! Il s'est jeté à terre et pleure comme un esclave, en craignant la loi et le blâme des hommes, lui qui devrait être pour eux la loi et la règle de la justice, puisqu'il a vaincu pour commander et dominer, et non pas pour servir et être dominé par une vaine opinion. 6 Ne sais-tu pas, ajouta-t-il, que Zeus a pour assistantes, assises à ses côtés, Dikè et Thémis, afin que tout ce que fait le maître soit réputé légal et juste ? » 7 En recourant à de tels arguments, Anaxarque allégea la douleur du roi, mais il rendit son caractère à maints égards plus vaniteux et plus réfractaire à la loi. S'ajustant merveilleusement à ses penchants, il déprécia en outre l'enseignement de Callisthène, qui déjà plaisait peu à cause de son austérité. 8 On dit qu'un jour, à table, la conversation étant tombée sur les saisons et sur la température de l'air, Callisthène fut de l'avis de ceux qui affirmaient qu'il faisait plus froid et que l'hiver était plus rude là-bas qu'en Grèce ; Anaxarque soutenant avec âpreté l'opinion contraire, Callisthène répliqua : 9 « Il faut pourtant bien que tu conviennes qu'il fait plus froid ici que là-bas, puisque là-bas tu passais tout l'hiver dans un méchant manteau, alors qu'ici te voilà couché à table enveloppé dans trois couvertures. » Cette riposte aigrit encore davantage l'hostilité d'Anaxarque.

53. 1 Les autres sophistes et flatteurs souffraient de voir Callisthène recherché par les jeunes gens à cause de son éloquence, et non moins en faveur auprès des plus âgés à cause de sa conduite : celle-ci était régulière, digne, indépendante, et elle confirmait la raison que l'on donnait de son départ pour l'Asie ; c'était, disait-on, l'ambition de rétablir ses concitoyens dans leur ville et de restaurer sa patrie qui l'avait fait venir auprès d'Alexandre. 2 Jalousé en raison de sa renommée, il prêtait le flanc parfois à la calomnie : il refusait la plupart du temps les invitations, et, quand il s'y rendait, il semblait marquer par une attitude morose et silencieuse qu'il ne louait ni n'approuvait ce qu'il voyait. Aussi Alexandre allait-il jusqu'à dire de lui : « Je hais le sophiste qui n'est pas sage pour lui-même. » 3 On raconte qu'un jour où le roi avait à sa table de nombreux invités, Callisthène, quand la coupe vint à lui, fut prié de faire l'éloge des Macédoniens. Il traita ce thème avec une si heureuse abondance que les convives se levèrent pour l'applaudir et lui jetèrent leurs couronnes. 4 Là-dessus, Alexandre dit que, selon Euripide, quand on prend pour matière de ses discours : « De beaux sujets, il n'est pas difficile de bien parler. » « Mais montre-nous, ajouta-t-il, ton talent propre d'orateur en accusant les Macédoniens : ainsi pourront-ils devenir encore meilleurs, si tu leur apprends leurs défauts. » 5 Alors Callisthène, se livrant à la palinodie, parla longtemps avec une entière franchise contre les Macédoniens ; il déclara que la discorde entre les Grecs était la cause de l'agrandissement et de la puissance de Philippe, et il cita ce vers : « En temps de sédition même le scélérat peut atteindre aux honneurs. » 6 Par-là il s'attira de la part des Macédoniens une haine amère et profonde, et Alexandre dit que Callisthène avait donné la preuve, non de son habileté, mais de sa malveillance à l'égard des Macédoniens.

54. 1 Voilà ce que, suivant Hermippos, le lecteur de Callisthène, Stroebos, rapporta à Aristote, et il ajoute que Callisthène, s'étant aperçu de l'aversion du roi à son égard, lui dit deux ou trois fois en le quittant : « Patrocle est mort aussi, lui qui valait bien mieux que toi. » 2 Il semble donc qu'Aristote n'ait pas mal jugé en disant que Callisthène était éminent et grand par son éloquence, mais qu'il n'avait pas de bon sens. 3 Cependant, en repoussant énergiquement la prosternation au nom de la philosophie, et en disant seul ouvertement ce qui indignait secrètement tous les meilleurs et les plus âgés des Macédoniens, il épargna aux Grecs une grande honte, et une plus grande encore à Alexandre, en le détournant de se faire adorer, mais il se perdit lui-même, car il semble bien avoir contraint le roi plutôt que l'avoir persuadé. 4 Charès de Mytilène raconte qu'un jour, lors d'un banquet, Alexandre, après avoir bu, tendit la coupe à l'un de ses amis et que celui-ci, en la recevant, se leva et se tourna du côté du foyer, puis, après avoir bu, se prosterna d'abord devant Alexandre, lui donna ensuite un baiser, puis reprit sa place à table. 5 Tous les convives, les uns après les autres, firent de même. Callisthène à son tour prit la coupe à un moment où le roi ne faisait pas attention à lui, engagé qu'il était dans une conversation avec Héphaestion, puis, après avoir bu, il s'avança pour lui donner un baiser. 6 Mais Démétrios, surnommé Pheidon, dit : « Ne l'embrasse pas, roi, car il est le seul à ne s'être pas prosterné devant toi. » Alexandre se déroba au baiser, sur quoi Callisthène dit à haute voix : « Je m'en irai donc avec un baiser de moins. »

55. 1 Le roi étant devenu ainsi hostile à Callisthène, d'abord on crut Héphaestion, qui prétendit qu'après avoir convenu avec lui qu'il se prosternerait, Callisthène avait manqué à sa promesse. 2 Puis ce furent les Lysimaque et les Hagnon qui s'acharnèrent sur lui, en affirmant que le sophiste allait partout se vanter fièrement d'avoir détruit la tyrannie et que les jeunes gens accouraient à lui en foule et l'honoraient comme le seul homme libre entre tant de dizaines de milliers. 3 Aussi, quand Hermolaos conspira contre Alexandre et que les conjurés furent découverts, les accusations que ses détracteurs portèrent contre Callisthène parurent vraisemblables. Ils disaient notamment qu'à celui qui lui demandait comment on pouvait devenir très illustre, il avait répondu : « En tuant l'homme le plus illustre », 4 et qu'en poussant Hermolaos à l'action, il lui avait dit de ne pas avoir peur du lit d'or et de se souvenir qu'il attaquait un homme sujet à la maladie et aux blessures. 5 Cependant aucun des complices d'Hermolaos, même sous l'empire de la plus extrême contrainte, ne dénonça Callisthène. 6 Alexandre lui-même, écrivant aussitôt après à Cratère, Attale et Alcétas, dit que les jeunes gens, mis à la torture, reconnurent qu'ils avaient agi d'eux-mêmes et que personne d'autre n'était dans le complot. 7 Cependant, plus tard, dans une lettre à Antipatros, il incrimine aussi Callisthène, et dit : « Les jeunes gens ont été lapidés par les Macédoniens, mais, pour le sophiste, c'est moi qui le punirai, ainsi que ceux qui l'ont envoyé et ceux qui accueillent dans leurs villes les gens qui conspirent contre ma vie. » Il fait ici allusion évidemment à Aristote, 8 chez qui Callisthène avait été élevé, en raison de sa parenté, car il était fils de Hérô, cousine germaine d'Aristote. 9 En ce qui concerne la mort de Callisthène, les uns disent qu'il fut pendu par ordre d'Alexandre, les autres qu'il fut enchaîné et mourut de maladie. Quant à Charès, il rapporte qu'après son arrestation il fut gardé enchaîné pendant sept mois pour être jugé dans le Conseil en présence d'Aristote, mais qu'au moment où Alexandre fut blessé dans l'Inde, il mourut d'une excessive obésité et de la maladie pédiculaire.

56. 1 Cela, il est vrai, eut lieu plus tard. Cependant Démarate de Corinthe était déjà assez vieux lorsqu'il fut pris de l'ambition de rejoindre Alexandre en Asie. Quand il l'eut vu, il s'écria : « De quelle joie ont été privés les Grecs qui sont morts avant d'avoir vu Alexandre assis sur le trône de Darios ! » 2 Mais il ne jouit pas longtemps de l'affection du roi à son égard, car il mourut d'épuisement. On lui fit de magnifiques funérailles, et l'armée éleva en son honneur un tertre d'un immense périmètre et d'une hauteur de quatre-vingts coudées. Ses restes furent transportés jusqu'à la mer sur un quadrige splendidement paré.

Dans l'Inde. – **57.** 1 Sur le point de passer dans l'Inde, Alexandre voyait son armée alourdie par la masse du butin et difficile à mouvoir ; au point du jour, quand on eut chargé les chariots, il fit brûler d'abord les siens et ceux de ses amis, puis il donna l'ordre de mettre le feu à ceux des Macédoniens. 2 Il se trouva que l'exécution de ce dessein fut moins difficile et moins pénible que ne l'avait été la décision. Quelques-uns s'en affligèrent, mais la plupart l'accueillirent avec des cris de joie et des hurlements d'enthousiasme : partageant le nécessaire avec ceux qui en manquaient, ils brûlèrent et détruisirent eux-mêmes les bagages superflus, ce qui remplit Alexandre d'entrain et d'ardeur. 3 Le roi devint alors terrible et implacable dans la punition des coupables. Ainsi, il fit périr un certain Ménandre, qui était de ses Hétaires, qu'il avait préposé au commandement d'une forteresse et qui ne voulait pas y rester, et il perça lui-même d'une flèche Orsodatès, un des barbares qui s'étaient révoltés.

4 Cependant une brebis mit bas un agneau qui avait autour de la tête un appendice de la forme et de la couleur d'une tiare, avec des testicules de chaque côté. Alexandre fut horrifié de ce présage, et il se fit purifier par les Babyloniens qu'il avait coutume d'emmener avec lui pour ce genre de rites. En s'entretenant avec ses amis, il dit qu'il était troublé pour eux, non pour lui : il avait peur que, s'il venait à disparaître, la divinité ne fît passer le pouvoir aux mains d'un homme sans noblesse et sans courage. 5 Cependant un présage meilleur se présenta, qui dissipa son découragement. Un Macédonien, nommé Proxénos, le chef de ceux qui étaient préposés à la garde du mobilier, en faisant creuser au bord du fleuve Oxus un emplacement pour la tente du roi, découvrit une source de liquide huileux et gras. 6 Le premier jet une fois épuisé, il jaillit ensuite de la source une substance pure et transparente, qui ne semblait différer en rien de l'huile pour l'odeur et pour le goût et qui avait exactement le même éclat et la même onctuosité, bien que cette contrée ne produisît même pas d'oliviers. 7 On dit, il est vrai, que l'Oxus lui-même a une eau très grasse et qui fait luire la peau de ceux qui s'y baignent. 8 Quoi qu'il en soit, on voit quel merveilleux plaisir Alexandre ressentit de cette découverte par la lettre qu'il écrivit à Antipatros, où il la compte parmi les plus grandes faveurs qu'il ait reçues du dieu. 9 Les devins la considérèrent comme présageant une expédition glorieuse, encore que pénible et difficile, parce que la divinité a donné l'huile aux hommes pour les soulager de leurs fatigues.

58. 1 Alexandre courut souvent de grands périls dans les combats et y reçut de graves blessures ; mais ce qui causa le plus de pertes à l'armée, ce fut la pénurie de vivres et l'intempérie du climat. 2 Quant à lui, il se flattait de surmonter la Fortune par l'audace et la force par le courage ; il pensait qu'il n'y a rien d'imprenable pour les braves et rien de sûr pour les pusillanimes. 3 On raconte que, lorsqu'il assiégea la roche de Sisimithrès, qui était escarpée et inaccessible, voyant ses soldats découragés, il demanda à Oxyartès quel caractère avait Sisimithrès lui-même.

4 « C'est le plus lâche des hommes », répondit Oxyartès. « C'est là me dire, reprit Alexandre, que nous pouvons prendre cette roche, puisque celui qui la commande est sans force. » Et en effet il effraya Sisimithrès et s'empara de la citadelle. 5 À l'attaque d'une autre roche également escarpée, comme il exhortait les plus jeunes des Macédoniens, il s'adressa particulièrement à l'un d'eux, qui s'appelait Alexandre : « Toi, dit-il, tu dois te montrer brave, ne serait-ce qu'à cause de ton nom. » Le jeune homme tomba dans la bataille en faisant preuve d'une valeur éclatante. Le roi en fut très vivement affecté. 6 Une autre fois, comme les Macédoniens hésitaient à marcher contre la ville appelée Nysa, parce qu'elle était flanquée d'un fleuve profond, s'arrêtant sur la rive : « Pourquoi donc, s'écria-t-il, misérable, n'ai-je pas appris à nager ? » Et aussitôt, le bouclier en main, il voulut tenter de le traverser. 7 Quand il eut arrêté le combat, des envoyés se présentèrent de la part des assiégés pour négocier. Ils furent tout d'abord étonnés de le voir en armes et dans une tenue négligée ; puis, comme on lui apportait un coussin, il pria le plus âgé de le prendre pour s'asseoir dessus. Cet homme s'appelait Acouphis. 8 Plein d'admiration pour sa mansuétude et sa courtoisie, Acouphis lui demanda ce qu'il exigeait d'eux pour qu'ils devinssent ses amis. 9 « Que tes concitoyens te prennent pour les gouverner, répondit Alexandre, et qu'ils nous envoient les cent meilleurs d'entre eux. » Acouphis alors se mit à rire et dit : « Je gouvernerai mieux, roi, si je t'envoie les plus mauvais plutôt que les meilleurs. »

***Taxile.* – 59.** 1 Taxile régnait, dit-on, sur une partie de l'Inde aussi vaste que l'Égypte, couverte de prés et de champs extrêmement fertiles. Ce Taxile était un sage ; il salua Alexandre et lui dit : 2 « Qu'avons-nous besoin, Alexandre, de nous faire la guerre et de combattre l'un contre l'autre, si tu n'es pas venu pour nous enlever l'eau et la nourriture nécessaires à la vie, seules choses qui vaillent la peine que des hommes sensés luttent pour elles ? 3 Quant au reste, ce qu'on appelle biens et richesses, si j'en ai plus que toi, je suis prêt à t'en donner, et, si j'en ai moins, je ne refuse pas d'en recevoir de toi, et ce sera avec reconnaissance. » 4 Charmé de ces paroles, Alexandre lui tendit la main : « Crois-tu vraiment, dit-il, que notre entrevue se terminera sans combat à la suite de telles paroles et de telles gentillesses ? Non, tu n'auras pas le dessus avec moi, car je combattrai contre toi en luttant de bienfaits, pour que tu ne me surpasses pas en générosité. » 5 Alors, après avoir reçu beaucoup de présents et en avoir fait davantage encore, il finit par lui donner mille talents d'argent monnayé, ce qui contraria vivement ses amis, mais lui concilia un grand nombre de barbares.

6 Cependant les Indiens les plus belliqueux offraient leurs services comme mercenaires aux villes, qu'ils défendaient vigoureusement en maltraitant fort l'armée d'Alexandre. Il conclut une trêve avec eux dans

une certaine ville, et, tandis qu'ils se retiraient, ils les surprit en marche et les fit tous massacrer. 7 C'est là comme une tache sur la conduite militaire d'Alexandre qui, en toute autre occasion, fut loyale et digne d'un roi. 8 Les philosophes ne lui suscitèrent pas moins d'embarras que ces mercenaires, soit en décriant les rois qui se ralliaient à lui, soit en soulevant les peuples libres. Aussi en fit-il pendre un grand nombre.

***Poros.* – 60.** 1 Quant à la campagne contre Poros, il a raconté lui-même dans ses lettres comment elle se passa. Il dit que le cours de l'Hydaspe séparait les deux camps, et que Poros tenait constamment ses éléphants rangés de front pour garder le passage du fleuve. 2 Alexandre ajoute que lui-même faisait faire chaque jour dans son camp beaucoup de bruit et de vacarme, pour accoutumer les barbares à ne pas s'en effrayer. 3 Puis, par une nuit orageuse et sans lune, il prit une partie de son infanterie et l'élite de ses cavaliers, et, s'avançant loin des ennemis, il alla passer dans une petite île. 4 Là, une pluie violente, accompagnée de fréquentes rafales et de nombreux coups de tonnerre, s'abattit sur ses troupes. Cependant, bien qu'il vît périr certains de ses soldats brûlés par la foudre, il quitta l'île pour gagner la rive opposée. 5 L'Hydaspe, par suite de l'orage, montant et s'enflant dangereusement, fit dans la rive une grande brèche, où se porta surtout la force du courant. Les Macédoniens se trouvèrent au milieu, en péril, sur un terrain glissant et qui s'écroulait tout autour. 6 C'est alors, à ce que l'on prétend, que le roi s'écria : « Ô Athéniens, pourriez-vous croire à quels dangers je m'expose pour mériter vos louanges ? » Voilà du moins ce que rapporte Onésicrite, 7 mais Alexandre lui-même dit seulement que les Macédoniens, abandonnant leurs radeaux, franchirent la brèche avec leurs armes en ayant de l'eau jusqu'à la poitrine. Le fleuve une fois traversé, il alla se placer avec ses cavaliers à une distance de vingt stades en avant de l'infanterie ; il calculait que, si les ennemis attaquaient avec leur cavalerie, il l'emporterait aisément, et que, s'ils mettaient en mouvement leur phalange, son infanterie aurait le temps de le rejoindre. Et en effet l'une de ces deux hypothèses se réalisa : 8 mille cavaliers et soixante chars ayant foncé sur lui, il les mit en fuite, prit tous les chars sans exception et tua quatre cents cavaliers. 9 Poros, ayant ainsi compris qu'Alexandre avait traversé en personne, marcha contre lui avec toutes ses forces, sauf celles qu'il laissa pour s'opposer au passage du reste des Macédoniens. 10 Alexandre, craignant les éléphants et le grand nombre des ennemis, ne s'en prit lui-même qu'à leur aile gauche, et ordonna à Coenos d'attaquer la droite. 11 Les deux ailes ayant été mises en déroute, les fuyards se retirèrent et se regroupèrent chaque fois auprès des éléphants. Dès lors la mêlée fut générale, et c'est à peine si les ennemis cédèrent à la huitième heure. Voilà du moins ce que l'artisan de la victoire lui-même a rapporté dans ses lettres.

12 La plupart des historiens s'accordent pour dire que Poros avait

quatre coudées et un empan de haut, et que, en raison de sa taille et de sa corpulence, il était aussi bien proportionné par rapport à l'éléphant qui le portait qu'un cavalier par rapport à son cheval. Et cependant cet éléphant était énorme. 13 La bête montra une sollicitude pour le roi et une intelligence merveilleuses : tant que son maître fut en pleine possession de ses forces, elle le défendit vaillamment et repoussa les assaillants, puis, dès qu'elle le sentit faiblir sous l'avalanche des traits qui le blessaient, craignant qu'il ne tombât, elle s'agenouilla lentement sur le sol et, saisissant avec sa trompe les javelots l'un après l'autre, elle les retira doucement de son corps. 14 À la fin, Poros ayant été fait prisonnier, Alexandre lui demanda comment il fallait le traiter : « En roi » répondit-il. Alexandre lui demanda encore s'il n'avait rien d'autre à ajouter : « Non, dit-il ; tout est compris dans ce seul mot : en roi. » 15 Alexandre, non content de lui laisser le royaume qu'il avait auparavant, en lui conférant le titre de satrape, y adjoignit encore, après en avoir soumis les tribus indépendantes, un territoire qui comprenait, dit-on, quinze peuples, cinq mille villes importantes et une foule de bourgades. 16 On rapporte qu'il conquit en outre un pays trois fois plus grand, qu'il constitua en satrapie pour Philippe, un de ses Hétaires.

61. 1 À la suite de la bataille contre Poros, Bucéphale mourut, non pas tout de suite, mais un peu plus tard, alors qu'on le soignait de ses blessures, à ce que disent la plupart des auteurs — mais, selon Onésicrite, de vieillesse et d'épuisement, car il avait trente ans au moment de sa mort. 2 Alexandre en fut profondément affecté, pensant n'avoir perdu rien de moins qu'un familier ou un ami. Il bâtit en son honneur sur les bords de l'Hydaspe une ville qu'il appela Bucéphalie. 3 On dit aussi qu'ayant perdu un chien nommé Péritas, qu'il avait élevé lui-même et qu'il aimait, il donna son nom à une ville qu'il fonda : Sotion dit qu'il avait appris ce fait de Potamon de Lesbos.

Arrêt de la marche vers l'est. – **62.** 1 La lutte contre Poros avait émoussé l'ardeur des Macédoniens et leur fit perdre l'envie de pénétrer plus avant dans l'Inde. 2 En effet, ils avaient eu beaucoup de peine à repousser un ennemi qui ne leur avait opposé que vingt mille fantassins et deux mille cavaliers. Aussi résistèrent-ils énergiquement à Alexandre, qui voulait les forcer à traverser le Gange, quand ils apprirent que ce fleuve avait trente-deux stades de large et cent brasses de profondeur et que la rive escarpée, de l'autre côté, était couverte d'une multitude d'armes, de chevaux et d'éléphants. 3 On disait en effet que quatre-vingt mille cavaliers, deux cent mille fantassins, huit mille chars et six mille éléphants de combat les attendaient, sous les ordres des rois des Gandarides et des Praesiens. 4 Et ce n'était pas une exagération, car Sandrocottos, qui régna quelque temps après, fit don à Séleucos de cinq cents éléphants, et envahit l'Inde avec une armée de six cent mille hommes, si bien qu'il la soumit tout entière.

5 Tout d'abord le découragement et la colère poussèrent Alexandre à s'enfermer sous sa tente, où il resta couché ; il déclarait que, s'il ne passait pas le Gange, il ne saurait aucun gré à ses soldats de ce qu'ils avaient auparavant accompli, et qu'il considérait la retraite comme un aveu de défaite. 6 Mais, comme ses amis lui adressaient des exhortations inspirées par les circonstances et que les soldats assiégeaient sa porte et le suppliaient en gémissant et en criant, il se laissa fléchir et leva le camp, non sans imaginer beaucoup de procédés ingénieux et trompeurs en vue de sa gloire : 7 c'est ainsi qu'il fit faire des armes, des mangeoires à chevaux et des mors d'une grandeur et d'un poids extraordinaires et les laissa disséminés sur place. 8 Il éleva aussi aux dieux des autels, que les rois des Praesiens vénèrent encore aujourd'hui quand ils passent le fleuve, et sur lesquels ils sacrifient à la manière des Grecs. 9 Sandrocottos, encore adolescent, avait vu Alexandre lui-même, et l'on dit qu'il répétait souvent par la suite qu'il s'en était fallu de bien peu qu'Alexandre ne se rendît maître du pays, dont le roi était détesté et méprisé à cause de sa méchanceté et de sa basse extraction.

63. 1 Alexandre partit de là pour aller voir la mer Extérieure, et, après avoir fait construire un grand nombre de bateaux de transport et de radeaux, il s'y rendit en descendant le cours des fleuves sans se presser. 2 Cependant cette navigation n'était pas inactive ni pacifique : il débarquait pour attaquer les villes et soumettre tout le pays. Chez ceux qui se nomment les Malles, et qui passent pour les plus belliqueux des Indiens, il faillit être mis en pièces. 3 Sous une grêle de javelots il avait chassé les ennemis de leurs remparts, et il était monté le premier sur le mur au moyen d'une échelle. Mais celle-ci se rompit, et, d'en bas, les barbares qui résistaient le long de la muraille le criblaient de coups. Bien qu'il fût presque seul, il se ramassa sur lui-même et se jeta au milieu des ennemis ; par chance, il se retrouva debout. 4 Comme il brandissait ses armes, les barbares crurent voir une sorte de spectre lumineux se mouvoir devant lui. 5 Aussi commencèrent-ils par fuir et se disperser ; mais, quand ils constatèrent qu'il n'avait avec lui que deux écuyers, ils revinrent à la charge et, de près, le blessèrent à travers son armure à coups d'épée et de pique, en dépit de sa résistance. 6 L'un d'eux, posté un peu plus loin, lui décocha une flèche avec tant de raideur et de force qu'elle perça sa cuirasse et se ficha dans les os proches de la mamelle. 7 Comme Alexandre chancelait et pliait sous le coup, celui qui l'avait frappé, tirant son cimeterre, fondit sur lui, mais Peucestas et Limnaeos se jetèrent devant le roi. 8 Ils furent blessés tous les deux et Limnaeos succomba, mais Peucestas tint bon, et Alexandre tua le barbare. 9 Cependant lui-même, criblé de blessures et finalement frappé d'un coup de massue au cou, s'appuya contre le mur, le visage tourné vers les ennemis. 10 À ce moment, les Macédoniens accourus auprès de lui l'enlevèrent, sans qu'il eût conscience de ce qui se passait autour de lui, et le portèrent dans sa tente.

11 Aussitôt le bruit courut dans le camp qu'il était mort. On scia le bois de la flèche avec beaucoup de mal et de difficulté ; quand on eut réussi par ce moyen, non sans peine, à retirer la cuirasse, on pratiqua l'extraction de la pointe, qui avait pénétré dans une des côtes ; 12 on dit qu'elle avait trois doigts de large et quatre de long. Pendant l'opération, il eut des défaillances et fut tout près de mourir ; cependant il revint à lui. 13 Quand il se trouva hors de danger, il restait encore faible, et il lui fallut longtemps suivre un régime et se soigner. Pourtant, un jour, entendant les Macédoniens qui faisaient du bruit dehors et étaient impatients de le voir, il s'habilla et se montra. 14 Puis il sacrifia aux dieux et se rembarqua pour continuer son voyage, au cours duquel il soumit en passant beaucoup de pays et de grandes villes.

***Gymnosophistes.* – 64.** 1 Les gymnosophistes avaient été les principaux instigateurs de la révolte de Sabbas et ils avaient causé beaucoup de maux aux Macédoniens. Il en prit dix qui étaient renommés pour l'habileté et la concision de leurs réponses. Il leur proposa des questions insolubles, en les avertissant qu'il ferait mourir le premier qui aurait mal répondu, et les autres à la suite ; comme juge, il désigna le plus vieux. 2 Il demanda au premier quels étaient à son avis les plus nombreux, des vivants ou des morts : « Les vivants, répondit-il, puisque les morts ne sont plus. » 3 Au second il demanda si c'est la terre ou la mer qui produit les plus gros animaux ; il répondit : « La terre, car la mer n'en est qu'une partie. » 4 Au troisième, quel est l'animal le plus rusé ; la réponse fut : « Celui que l'homme ne connaît pas encore. » 5 Il demanda au quatrième pour quelle raison il avait poussé Sabbas à la révolte : « Pour qu'il vécût noblement, ou qu'il mourût noblement. » 6 Le cinquième, interrogé sur l'ancienneté relative du jour et de la nuit, répondit : « Le jour est plus ancien, d'un jour seulement. » 7 Devant l'étonnement du roi, il ajouta que les questions impossibles appellent nécessairement des réponses impossibles. 8 Passant au sixième, Alexandre lui demanda comment l'on se fait le mieux aimer : « En étant le plus puissant sans se faire craindre. » 9 Des trois derniers, le premier fut prié de dire comment d'homme on peut devenir dieu : « En faisant, dit-il, ce qu'il est impossible à l'homme de faire. » 10 Le suivant, interrogé sur la question de savoir laquelle est la plus forte, de la vie ou de la mort, répondit : « C'est la vie, parce qu'elle est capable de supporter tant de maux ! » 11 Enfin au dernier il demanda jusqu'à quand il est bon à l'homme de vivre : « Tant qu'il ne croit pas la mort préférable à la vie. » 12 Alors, se tournant vers le juge, Alexandre lui ordonna de prononcer sa sentence ; il déclara qu'ils avaient tous répondu plus mal les uns que les autres. « Eh bien, dit Alexandre, c'est toi qui mourras le premier pour ce beau jugement. — Non pas, roi, répondit-il, à moins que tu n'aies menti quand tu disais que tu mettrais à mort le premier celui qui aurait fait la plus mauvaise réponse. »

65. 1 Alexandre leur fit des présents et les congédia, puis il envoya Onésicrite à ceux qui étaient les plus réputés et qui vivaient entre eux dans le calme pour les prier de venir auprès de lui. 2 Onésicrite était un philosophe de l'école de Diogène le Cynique. Il rapporte que Calanos lui intima l'ordre, sur un ton très insolent et brutal, d'enlever sa tunique pour écouter nu ses paroles, et qu'autrement il ne s'entretiendrait pas avec lui, même s'il venait de la part de Zeus. 3 Il dit que Dandamis se montra plus courtois et qu'après l'avoir écouté discourir longuement sur Socrate, Pythagore et Diogène, il déclara que ces hommes lui paraissaient heureusement doués, mais qu'ils avaient vécu dans un trop grand respect des lois. 4 D'autres prétendent que Dandamis se borna à dire ces seuls mots : « Pourquoi Alexandre est-il venu jusqu'ici en faisant un si long chemin ? » 5 Cependant Taxile décida Calanos à se rendre auprès d'Alexandre. Le vrai nom de Calanos était Sphinès, mais, comme il disait à ceux qu'il rencontrait le mot indien « Calè » en guise de « salut », il fut appelé Calanos par les Grecs. 6 C'est lui, paraît-il, qui proposa à Alexandre un modèle imagé du gouvernement : il étendit à terre une peau de bête, toute sèche et racornie, et foula aux pieds l'une des extrémités ; pressée sur un point, la peau se redressa dans ses autres parties. 7 Il fit ainsi le tour de la peau, et montra que le même effet se produisait chaque fois qu'il la pressait, jusqu'au moment où, se plaçant au milieu, il tint ainsi toute la peau immobile. 8 Il voulait démontrer par ce symbole qu'Alexandre devait faire sentir son poids surtout au centre de son empire, et non pas s'égarer au loin.

Périple de Néarque. – **66.** 1 La descente par les fleuves vers la mer dura sept mois. Quand il eut débouché avec sa flotte dans l'Océan, il navigua vers une île qu'il appelle lui-même Scilloustis, et que d'autres nomment Psiltoucis. 2 Il y aborda, sacrifia aux dieux, puis examina la nature de la mer et de toute la partie de la côte qui était accessible. Enfin, ayant demandé aux dieux dans ses prières que jamais aucun homme après lui ne dépassât les bornes de son expédition, il se mit à revenir sur ses pas. 3 Il ordonna à sa flotte de faire un périple en gardant toujours l'Inde à sa droite ; il lui donna pour chef Néarque et pour premier pilote Onésicrite. 4 Quant à lui, il s'engagea par terre dans le pays des Oréites, où il fut réduit à une extrême disette, et où il perdit tant de monde qu'il ne ramena même pas de l'Inde le quart de ses forces combattantes, 5 qui montaient à cent vingt mille fantassins et quinze mille cavaliers. 6 Des maladies graves, un mauvais régime de vie, des chaleurs torrides et surtout la famine les firent périr ; en effet, le pays par où ils passèrent était stérile, et ses habitants, qui menaient une existence misérable, possédaient seulement quelques moutons chétifs, que l'on nourrissait habituellement avec des poissons de mer et dont la chair médiocre sentait mauvais. 7 La pénible traversée de ce pays lui demanda soixante jours, mais aussitôt qu'il parvint en Gédrosie, il eut tout en abondance, grâce aux provisions préparées par les satrapes et les rois les plus voisins.

67. 1 Là, il put refaire son armée, puis il partit et parcourut la Carmanie pendant sept jours en cortège bachique. 2 Il s'avançait lui-même avec ses Hétaires en char, traîné lentement par huit chevaux, sur une estrade fixée à un socle quadrangulaire qui était élevé et bien en vue ; sans cesse il faisait bonne chère, de nuit comme de jour. 3 Derrière lui venait une foule immense de chariots, soit couverts de dais de pourpre et d'étoffes brodées, soit ombragés de rameaux toujours frais et verdoyants, portant les autres amis et officiers du roi, qui buvaient, couronne en tête. 4 On ne pouvait voir ni bouclier, ni casque, ni sarisse ; ce n'étaient que vases, cornes à boire et coupes théricléennes, avec lesquels, tout au long du chemin, les soldats puisaient du vin dans des jarres et cratères de grandes dimensions pour boire à la santé les uns des autres ou bien tout en marchant et avançant, ou bien étendus comme à table. 5 Une grande musique de chalumeaux et de flûtes, des chants accompagnés par la lyre et des chœurs de bacchantes emplissaient tous les alentours. 6 Aux mouvements désordonnés et flottants de cette procession se mêlaient des jeux d'une licence bachique, comme si le dieu lui-même était présent et conduisait ce bruyant cortège. 7 Arrivé au palais royal de Gédrosie, il acheva de réconforter son armée en donnant de nouvelles fêtes. 8 On dit qu'il y assista, étant ivre, à des concours de danse, et que son mignon Bagoas, qui participait à un chœur, ayant remporté le prix, traversa le théâtre en costume de scène et vint s'asseoir auprès de lui. À cette vue, les Macédoniens applaudirent et crièrent au roi d'embrasser Bagoas, jusqu'à ce qu'Alexandre, le serrant dans ses bras, lui eût donné un baiser.

68. 1 C'est là que Néarque monta le rejoindre. Alexandre s'en réjouit et écouta le récit de sa navigation ; il forma alors le projet de descendre lui-même l'Euphrate avec une grande flotte, puis de longer l'Arabie et la Libye pour entrer enfin dans la Méditerranée par les colonnes d'Héraclès ; 2 il fit construire à Thapsaque des vaisseaux de toute espèce et rassembler de toutes parts des matelots et des pilotes. 3 Mais la pénible expédition qu'il avait faite dans le haut pays, sa blessure chez les Malles, et les pertes de son armée, que l'on disait considérables, en faisant douter de son salut, avaient excité à la révolte les peuples soumis et inspiré aux généraux et aux satrapes beaucoup d'injustices, d'exactions et de violences ; bref, l'agitation et le désir de changement s'étaient installés partout. 4 Olympias même et Cléopâtra, entrant en lutte avec Antipatros, s'étaient partagé le pouvoir : Olympias avait pris l'Épire, Cléopâtra la Macédoine. 5 En apprenant cette nouvelle, Alexandre dit que sa mère avait fait le meilleur choix, parce que les Macédoniens ne supporteraient pas d'être gouvernés par une femme. 6 C'est pourquoi, tandis qu'il renvoyait Néarque sur mer, ayant décidé de couvrir de villes tout le littoral, lui-même descendit vers le bas pays et châtia les mauvais gouverneurs. 7 Il tua de sa propre main l'un des fils d'Aboulitès, Oxyartès, en le transperçant d'un coup de sarisse, et, comme Aboulitès n'avait rien préparé en fait de vivres et s'était borné à lui apporter trois mille talents d'argent monnayé, Alexandre fit servir cet argent à ses chevaux, qui n'y goûtèrent pas : « À quoi peuvent bien me servir tes provisions ? » dit Alexandre, et il emprisonna Aboulitès.

69. 1 En Perse, son premier soin fut de distribuer de l'argent aux femmes, suivant la coutume des rois, qui, chaque fois qu'ils venaient en Perse, donnaient à chacune d'elles une pièce d'or. 2 C'est pour cette raison, dit-on, que certains rois s'y rendaient rarement, et que même Ochos n'y alla pas une seule fois, s'exilant ainsi de sa patrie par avarice. 3 Puis, ayant découvert que la tombe de Cyrus avait été violée, Alexandre punit de mort le coupable, bien que ce fût un notable de Pella, du nom de Poulamachos. 4 Ayant lu l'épitaphe, il la fit graver au-dessous en caractères grecs ; elle était ainsi conçue : « Ô homme, qui que tu sois et d'où que tu viennes (et je sais que tu viendras), je suis Cyrus, celui qui donna l'empire aux Perses. Ne m'envie donc pas ce peu de terre qui recouvre mon corps ! » 5 Ces mots affectèrent profondément Alexandre, qui se représenta l'incertitude et l'instabilité de la condition humaine.

6 C'est en Perse aussi que Calanos, qui souffrait du ventre depuis quelque temps, demanda qu'on lui dressât un bûcher. Il s'y rendit à cheval et, après avoir prié, fait des libations sur lui-même et offert en prémices une mèche de ses cheveux, il monta sur le bûcher, salua les Macédoniens présents et les engagea à passer ce jour-là dans la joie et à s'enivrer avec leur roi, ajoutant qu'il le reverrait bientôt à Babylone. 7 Ayant dit ces mots, il s'étendit, se voila la tête et ne bougea pas quand le feu s'approcha de lui ; ainsi, gardant l'attitude qu'il avait prise en se couchant, il s'immola lui-même en sacrifice favorable, selon l'usage traditionnel des sages de son pays. 8 Bien des années après, un autre Indien, qui se trouvait à Athènes avec César, se sacrifia de même, et l'on montre aujourd'hui encore son tombeau, appelé Tombeau de l'Indien.

70. 1 Au retour du bûcher, Alexandre réunit dans un banquet beaucoup de ses amis et de ses officiers, et proposa un concours de boisson : celui qui boirait le plus de vin pur recevrait une couronne. 2 Le convive qui en but le plus, Promachos, alla jusqu'à quatre conges. Il reçut comme prix une couronne de la valeur d'un talent, mais il ne survécut que trois jours. Quant aux autres, au dire de Charès, quarante et un d'entre eux moururent aussi d'avoir bu, ayant été saisis dans leur ivresse par un refroidissement glacial.

Les noces de Suse. – 3 À Suse, il célébra le mariage de ses Hétaires, et lui-même épousa la fille de Darios, Stateira. Il assigna les femmes les plus nobles aux plus nobles des siens. Quant aux Macédoniens déjà mariés, il leur offrit un festin de noces, où il les réunit tous ; il y eut, dit-on, neuf mille invités à ce festin, et chacun d'eux reçut une coupe d'or pour les libations. La munificence d'Alexandre était extraordinaire : c'est ainsi qu'il paya lui-même aux créanciers les dettes contractées par ses soldats ; il y dépensa en tout neuf mille huit cent soixante-dix talents. 4 Antigénès le borgne s'était fait inscrire faussement parmi les débiteurs et avait amené au comptoir de paiement un prétendu créancier ; il toucha l'argent, mais par la suite sa fraude fut découverte, et le roi irrité le chassa de sa cour en lui ôtant son commandement. 5 Or cet Antigénès était un guerrier brillant, et, jeune encore, au temps où Philippe assiégeait Périnthe, frappé à l'œil par un trait de catapulte, il avait refusé de se laisser arracher le trait et n'avait cessé de combattre qu'après avoir repoussé et renfermé les ennemis derrière leurs murailles. 6 Aussi fut-il profondément affecté de son déshonneur, et, visiblement, le chagrin et le désespoir allaient le conduire à se tuer. Le roi, éprouvant cette crainte, relâcha sa colère et lui dit de garder l'argent.

Sédition d'Opis. – **71.** 1 Les trente mille enfants qu'Alexandre avait laissés derrière lui pour les faire exercer et instruire étaient devenus des hommes vigoureux et de belle mine, et ils déployaient aussi dans leurs manœuvres une dextérité et une souplesse admirables. Alexandre en fut ravi, mais les Macédoniens éprouvèrent du dépit et de la crainte, à la pensée que le roi les tiendrait eux-mêmes en moindre considération. 2 Aussi, quand il renvoya vers la mer les malades et les impotents, ils dirent que c'était une insulte et un outrage, après avoir usé des gens pour toute espèce de services, de les mettre ignominieusement de côté et de les rejeter dans leurs patries et chez leurs parents, d'où il les avait reçus dans un tout autre état. 3 En conséquence, ils demandèrent au roi de les congédier tous et de traiter tous les Macédoniens comme des inutiles, puisqu'il avait ces jeunes danseurs de pyrrhique, avec lesquels il pouvait aller conquérir l'univers. 4 Ces plaintes irritèrent Alexandre ; dans sa colère, il les accabla de reproches, les chassa, confia sa sécurité à des Perses et choisit parmi ceux-ci ses gardes du corps et ses appariteurs. 5 Les Macédoniens, quand ils le virent escorté par ces étrangers tandis qu'eux-mêmes étaient tenus honteusement à l'écart, se sentirent humiliés, et, en se concertant, prirent conscience qu'ils étaient devenus presque fous de jalousie et de colère. 6 À la fin, se ressaisissant, d'un commun accord, ils se rendirent à sa tente, sans armes et en simple tunique ; criant et gémissant, ils se mirent à sa discrétion et le prièrent de les traiter comme des méchants et des ingrats. 7 Il ne les reçut pas, bien que déjà il se fût radouci, mais eux ne se retirèrent pas ; pendant deux jours et deux nuits, ils continuèrent à l'assiéger de leurs lamentations, en l'invoquant comme leur souverain. 8 Le troisième jour enfin, il se montra et, les voyant humbles et pitoyables, il pleura longtemps, puis il leur adressa des reproches modérés en leur parlant avec bonté. Après quoi, il congédia les soldats devenus inutiles, non sans leur donner de magnifiques présents. Il écrivit en outre à Antipatros pour que, dans tous les concours et au théâtre, on les fît asseoir au premier rang avec une couronne sur la tête. 9 Enfin il ordonna de verser une pension aux enfants orphelins dont les pères étaient morts à son service.

Mort d'Héphaestion. – **72.** 1 Arrivé à Ecbatane en Médie, il régla les affaires urgentes, puis s'occupa à nouveau de représentations théâtrales et de fêtes, trois mille artistes étant venus de Grèce auprès de lui. 2 Il se trouva qu'en ces jours-là Héphaestion eut un accès de fièvre ; ce jeune guerrier ne put s'astreindre à une diète rigoureuse, et son médecin Glaucos étant sorti pour aller au théâtre, il se mit aussitôt à table, dévora un coq bouilli et but tout le contenu d'un énorme vase de vin rafraîchi. Il se sentit fort mal et mourut peu après. 3 Sa mort causa au roi un chagrin tel que nulle réflexion ne put le modérer. Sur le champ il fit tondre tous les chevaux et tous les mulets en signe de deuil et abattre les remparts des villes d'alentour ; il ordonna de crucifier l'infortuné médecin ; il fit cesser le son des flûtes et toute espèce de musique dans le camp pour longtemps, jusqu'au jour où il reçut un oracle d'Ammon recommandant d'honorer Héphaestion et de lui sacrifier comme à un héros. 4 Puis, cherchant dans la guerre une diversion à sa douleur, il partit, et se mettant à traquer des hommes comme à la chasse, il soumit la tribu des Cosséens et massacra tous ceux qui étaient en âge de combattre ; on appela cela le sacrifice à Héphaestion. 5 Pour la tombe, les obsèques et la décoration funèbre, il avait l'intention de dépenser dix mille talents, et, comme il désirait surpasser encore cette dépense par le caractère artistique et grandiose de la construction, il préféra Stasicratès à tout autre architecte, celui-ci promettant que ses innovations auraient de la magnificence, de l'audace et du faste. 6 C'est ce Stasicratès qui, dans une entrevue qu'il avait eue auparavant avec Alexandre, lui avait dit que, parmi toutes les montagnes, c'était l'Athos de Thrace qui se prêterait le mieux à revêtir l'aspect et la ressemblance d'une forme humaine ; 7 si donc le roi l'ordonnait, il ferait de l'Athos la plus durable et la plus magnifique de ses statues : on le verrait tenant dans sa main gauche une ville de dix mille habitants, et, de la droite, versant en libation les flots abondants d'un fleuve qui s'écoulerait dans la mer. 8 Alexandre avait écarté cette offre, mais à présent il s'occupait à inventer et imaginer avec ses artistes des projets beaucoup plus extraordinaires et onéreux que celui-là.

Mort d'Alexandre. – **73.** 1 Comme il s'avançait vers Babylone, Néarque, qui était revenu de son second voyage à travers la grande mer jusqu'à l'Euphrate, lui dit avoir rencontré des Chaldéens, qui conseillaient à Alexandre de se détourner de Babylone. 2 Il ne tint aucun compte de cet avertissement et continua sa route. Arrivé près des remparts, il vit une foule de corbeaux qui luttaient entre eux et se frappaient les uns les autres ; quelques-uns même tombèrent à ses pieds. 3 Il reçut ensuite une dénonciation contre Apollodore, stratège de Babylone, qui aurait fait un sacrifice pour connaître l'avenir à son sujet, et il fit appeler le devin Pythagoras. 4 Celui-ci ne nia point le fait, et, Alexandre le questionnant sur l'état des victimes, il répondit que leur foie était sans lobe : « Grands dieux, s'écria Alexandre, ce présage est grave ! » 5 Il ne fit aucun mal à Pythagoras, mais il regretta de n'avoir pas écouté Néarque, et il passa presque tout son temps à camper hors de Babylone ou à naviguer sur l'Euphrate. 6 Il était troublé par de nombreux présages : c'est ainsi que le lion le plus grand et le plus beau de ceux qu'il faisait nourrir fut attaqué par un âne domestique et tué d'une ruade. 7 Comme il s'était dévêtu pour se faire frotter d'huile et jouait à la balle, les jeunes gens qui prenaient part au jeu, au moment où ils devaient se rhabiller, aperçurent un homme assis en silence sur son trône et portant le diadème et la robe du roi. 8 On demanda à cet homme qui il était ; il resta longtemps muet, puis, se ressaisissant à grand-peine, il dit se nommer Dionysios et être originaire de Messénie ; amené de la mer à Babylone en raison d'une inculpation judiciaire, il était resté longtemps enchaîné, 9 mais récemment Sarapis, lui étant apparu, l'avait délivré de ses chaînes, l'avait conduit là et lui avait ordonné de prendre la robe et le diadème, puis de s'asseoir sur le trône sans rien dire.

74. 1 Alexandre entendit ce récit, et, sur le conseil des devins, il fit disparaître l'homme. Mais lui-même commença à se décourager, à perdre confiance dans la divinité et à devenir soupçonneux à l'égard de ses amis. 2 Il craignait surtout Antipatros et ses fils, dont l'un, Iolas, était son grand échanson ; l'autre, Cassandre, récemment arrivé, en voyant des barbares se prosterner devant Alexandre, alors qu'il avait été élevé à la manière grecque et n'avait jamais rien vu de pareil, se mit à rire aux éclats. 3 Alexandre se fâcha et, lui empoignant violemment les cheveux à deux mains, il lui cogna la tête contre le mur. 4 Une autre fois, comme Cassandre voulait répondre à des gens qui accusaient Antipatros, il le rabroua : « Que dis-tu là ? Des gens qui n'auraient subi aucune injustice auraient-ils fait tant de chemin pour le plaisir de calomnier ? » 5 Cassandre répliqua que la preuve qu'ils calomniaient était justement la distance qu'ils avaient mise entre eux et celui qui pouvait les réfuter. Alexandre alors se mit à rire et dit : « Voilà bien les sophismes des disciples d'Aristote, habiles à prouver le pour et le contre ! Il vous en cuira, s'il apparaît que vous avez fait le moindre tort à ces gens-là. » 6 Finalement, à ce que l'on rapporte, la crainte pénétra de manière si terrible dans l'âme de Cassandre et y resta à ce point ineffaçable que, longtemps après, devenu roi de Macédoine et maître de la Grèce, un jour qu'il se promenait à Delphes et regardait les statues, en apercevant une effigie d'Alexandre, il fut soudain pris d'un frisson et d'un tremblement convulsif et qu'il eut de la peine à se remettre du vertige que cette vue lui avait causé.

75. 1 Dès lors Alexandre devint très sensible aux signes divins et il laissa le trouble et la crainte envahir son esprit. Il n'arrivait rien d'insolite ni d'étrange, si minime que ce fût, qu'il ne prît pour un prodige et un présage, et son palais fut plein de sacrificateurs, d'exorcistes, de devins et de gens qui remplissaient le roi de sottises et de terreurs. 2 Tant il est vrai que, si l'incroyance et le mépris des indications divines est un mal terrible, la superstition l'est aussi, elle qui toujours, comme l'eau, s'infiltre vers les parties basses... 3 Cependant, lorsque les oracles relatifs à Héphaestion lui eurent été apportés de la part du dieu, il mit fin à son deuil et recommença à sacrifier et à boire. 4 Il offrit à Néarque un magnifique banquet, après quoi il prit son bain, comme d'habitude, et s'apprêtait à dormir, lorsque, à la prière de Médios, il se rendit chez lui pour une partie de plaisir. 5 Là, il but toute la nuit et le jour suivant, et il commença à avoir la fièvre. Ce ne fut point parce qu'il avait vidé la coupe d'Héraclès, ni parce qu'il fut soudain frappé d'une douleur dans le dos, comme d'un coup de lance : ces détails sont imaginés par certains auteurs, qui ont cru nécessaire d'inventer pour un grand drame un dénouement tragique et pathétique. 6 Aristoboulos, lui, dit que, pris d'un fort accès de fièvre et ayant très soif, Alexandre but du vin, qu'il se mit alors à délirer et qu'il mourut le trente du mois Daesios.

76. 1 Voici ce qui est écrit dans les Éphémérides sur sa maladie : « Le dix-huit du mois Daesios, il coucha dans la salle de bain à cause de la fièvre. 2 Le lendemain, après s'être baigné, il revint dans sa chambre et joua aux dés toute la journée avec Médios ; puis il prit son bain à une heure tardive, fit un sacrifice aux dieux et dîna ; pendant la nuit, il eut la fièvre. 3 Le vingt, après un nouveau bain, il fit le sacrifice habituel ; puis, couché dans la salle de bain, il passa le temps à écouter Néarque et ses officiers parler de leur voyage et de la grande mer. 4 Le vingt et un, il fit comme la veille, mais sa température monta et la nuit fut mauvaise. Le jour suivant, la fièvre fut très forte. 5 On le changea de place, et il coucha auprès de la grande piscine ; là, il s'entretint avec ses officiers des postes vacants dans le commandement, et il les engagea à ne nommer que des hommes éprouvés. 6 Le vingt-quatre, toujours très fiévreux, il se fit porter à l'endroit où il sacrifiait ; il ordonna à ses principaux lieutenants de demeurer au palais, et aux taxiarques et pentacosiarques de passer la nuit dehors. 7 Transporté dans le palais situé sur l'autre rive, le vingt-cinq il dormit un peu, mais la fièvre ne céda pas, et quand ses officiers entrèrent, il ne parlait plus. Il en fut de même le vingt-six. 8 Aussi les Macédoniens, le croyant mort, vinrent aux portes en criant et contraignirent par leurs menaces les Hétaires à les laisser entrer ; les portes une fois ouvertes, ils défilèrent tous, un à un, en simple tunique, devant le lit. 9 Ce jour-là, Python, Séleucos et d'autres furent envoyés au sanctuaire de

Sarapis pour demander s'il fallait y porter Alexandre. Le dieu répondit de le laisser où il était. Le vingt-huit, vers le soir, il mourut. »

77. 1 La plupart de ces faits sont relatés ainsi mot pour mot, tels qu'ils figurent dans les Éphémérides. 2 Quant au soupçon d'empoisonnement, sur le moment il ne vint à l'idée de personne. Ce fut cinq ans plus tard qu'Olympias, dit-on, à la suite d'une dénonciation, fit mourir de nombreuses personnes et jeter au vent les restes d'Iolas mort, sous prétexte que c'était lui qui avait versé le poison. 3 Quant à ceux qui prétendent qu'Aristote avait conseillé ce crime à Antipatros et finalement lui avait procuré le poison, ils disent qu'ils tiennent ce récit d'un certain Hagnothémis, à qui le roi Antigone l'aurait fait. 4 Ce poison était, paraît-il, une eau froide et glacée, provenant d'un rocher qui se trouve à Nonacris, où on la recueille comme une rosée légère ; puis on met cette eau dans un sabot d'âne, parce qu'aucun autre récipient ne peut la contenir, sa froideur et son acidité les faisant tous éclater. 5 Mais la plupart des auteurs sont d'avis que cette histoire d'empoisonnement est pure invention, et ils fondent leur opinion sur une preuve sérieuse : durant les querelles des généraux, qui durèrent plusieurs jours, le corps, abandonné sans soin dans un endroit où la chaleur était étouffante, n'offrit aucune marque de mort par empoisonnement ; au contraire, il resta pur et frais.

6 Roxane se trouvait enceinte, et, à ce titre, elle était honorée des Macédoniens. Mais, jalouse de Stateira, elle lui demanda par une lettre hypocrite et menteuse, de venir auprès d'elle, puis, quand elle fut là avec sa sœur, Roxane les fit tuer et fit jeter leurs corps dans un puits qui fut comblé. Elle avait agi ainsi avec la complicité et l'aide de Perdiccas. 7 Celui-ci jouit aussitôt de la plus grande autorité ; il traînait à sa suite, comme un figurant qui lui conférait la majesté royale, Arrhidée, fils de Philinnè, femme obscure et commune. Arrhidée était faible d'esprit à cause d'une maladie qu'il avait eue, mais qui ne lui était point venue naturellement ou par hasard : 8 on affirme même qu'étant enfant, il montrait un caractère aimable et noble, mais que, par la suite, Olympias lui fit prendre des drogues qui altérèrent sa santé et troublèrent sa raison.

CÉSAR

***Jeunesse.* – 1.** 1 Cornelia était la fille de Cinna, qui exerça le pouvoir absolu ; Sylla, quand il fut devenu le maître, ne put ni par ses promesses, ni par ses menaces amener César à la répudier ; alors il confisqua sa dot. 2 La cause de la haine de César contre Sylla était sa parenté avec Marius ; en effet, Marius l'ancien avait épousé Julia, qui était la sœur du père de César, et il avait eu d'elle Marius le jeune, qui était ainsi cousin germain de César. 3 Tout d'abord, Sylla, parmi tant de meurtres et d'affaires, ne s'était pas occupé de César, mais celui-ci, au lieu de se féliciter de cet oubli, se présenta devant le peuple pour briguer le sacerdoce, bien qu'il fût encore à peine un tout jeune homme ; il échoua en raison de l'opposition secrète de Sylla, 4 qui, de plus, songeait à le faire disparaître. Comme certaines gens disaient à Sylla qu'il n'était pas raisonnable de tuer un garçon de cet âge, il répondit que c'étaient eux qui manquaient de sens, s'ils ne voyaient pas qu'il y avait en cet enfant plusieurs Marius. 5 César, à qui ce mot fut rapporté, alla se cacher assez longtemps dans le pays des Sabins, en passant d'un endroit à l'autre. 6 Mais, comme il était malade et se faisait transporter de nuit dans une autre maison, il tomba sur des soldats de Sylla qui fouillaient la région pour arrêter ceux qui s'y trouvaient cachés. 7 Il persuada leur chef, Cornelius, de le relâcher moyennant deux talents. Puis il descendit aussitôt vers la mer, où il s'embarqua pour la Bithynie afin d'aller auprès du roi Nicomède. 8 Après avoir séjourné là quelque temps, il se réembarqua et fut pris, dans les parages de l'île de Pharmacoussa, par des pirates, dont les grandes flottes et les innombrables embarcations, à cette époque déjà, dominaient la mer.

2. 1 Tout d'abord, comme les pirates lui demandaient vingt talents pour sa rançon, il se moqua d'eux en leur disant qu'ils ne savaient pas qui ils avaient pris, et il leur en promit cinquante. 2 Puis, ayant envoyé ses compagnons dans différentes villes pour se procurer cette somme, il resta au milieu des pirates ciliciens, les plus sanguinaires des hommes, avec un seul ami et deux serviteurs, et les traita avec tant de mépris que, toutes les fois qu'il voulait dormir, il leur faisait dire d'avoir à garder le silence. 3 Pendant trente-huit jours, comme s'ils formaient non pas une garde, mais une escorte à ses ordres, il se mêla en toute sérénité à leurs jeux et à leurs exercices. 4 Il composait des poèmes et des discours qu'il leur lisait, et, lorsqu'ils n'admiraient pas, il les traitait en face d'illettrés et de barbares, et il les menaça souvent en riant de les faire pendre ; cela les amusait, car ils mettaient cette franchise sur le compte de la naïveté et de l'enjouement. 5 Quand sa rançon fut arrivée de Milet et qu'il l'eut payée, il ne fut pas plus tôt relâché qu'il équipa des navires dans le port de Milet, avec lesquels il cingla vers ces pirates. Il les surprit encore au mouillage sur la côte de l'île et s'empara de la plupart d'entre eux. 6 Il fit main basse sur l'argent ; quant aux hommes, il les jeta en prison à Pergame et alla trouver le gouverneur de la province d'Asie, Juncus, à qui il appartenait, en tant que préteur, de punir les captifs. 7 Juncus jeta un œil de convoitise sur leur trésor qui était considérable, et répondit qu'il examinerait le cas des prisonniers à loisir. Alors César laissa là le préteur, retourna à Pergame, tira les pirates de prison et les fit tous mettre en croix, comme il le leur avait annoncé plusieurs fois dans l'île en paraissant plaisanter.

3. 1 Ensuite, comme la puissance de Sylla déclinait, César, rappelé par ses amis de Rome, se rendit à Rhodes pour y suivre les leçons d'Apollonios, fils de Molon, dont Cicéron aussi avait été l'élève. Apollonios était un professeur brillant, et passait pour un homme de noble caractère. 2 On dit que César était né avec les plus heureuses dispositions pour l'éloquence politique et qu'il avait cultivé ce talent naturel avec une telle ardeur qu'il y tenait incontestablement le second rang, 3 mais qu'il avait renoncé à obtenir la première place, préférant consacrer ses efforts à devenir le premier par la puissance et par les armes : s'il n'atteignit pas la perfection oratoire à laquelle sa nature le destinait, la cause en est aux expéditions et à la politique par quoi il obtint l'empire. 4 En tout cas, par la suite, dans sa réplique à Cicéron au sujet de Caton, lui-même demande qu'on ne mette pas en parallèle le discours d'un soldat avec l'éloquence d'un orateur excellemment doué par la nature et ayant beaucoup de temps à y consacrer.

Débuts politiques. – **4.** 1 De retour à Rome, il accusa Dolabella d'avoir commis des malversations dans sa province, et beaucoup de cités grecques l'appuyèrent de leurs témoignages. 2 Dolabella, il est vrai, fut acquitté, mais César, voulant récompenser le bon vouloir des Grecs, se fit leur avocat contre Publius Antonius, accusé de vénalité devant Marcus Lucullus, préteur de Macédoine. 3 Il plaida avec tant de force qu'Antonius en appela aux tribuns de la plèbe, alléguant que la partie n'était pas égale pour lui en Grèce contre des Grecs. 4 À Rome, César s'acquit une grande et brillante popularité par son éloquence judiciaire, et, d'autre part, ses manières affables, ses poignées de main et la grâce de sa conversation lui gagnèrent une immense faveur auprès de ses concitoyens, qu'il savait flatter avec une habileté au-dessus de son âge. 5 Par ailleurs, les festins qu'il offrait, sa table et, en général, l'éclat de son train de vie accroissaient insensiblement son influence politique. 6 D'abord ses envieux, persuadés que, ses ressources une fois épuisées, cette influence disparaîtrait rapidement, ne s'inquiétèrent pas de la voir florissante parmi le peuple ; 7 mais, quand elle eut grandi, fut devenue difficile à renverser et marchait droit vers une révolution totale de l'État, ils s'aperçurent trop tard que nulle entreprise à son début ne doit être tenue pour insignifiante, car il n'en est aucune que la continuité ne puisse rendre vite considérable, lorsque le mépris qu'on a pour elle empêche d'en arrêter les progrès. 8 En tout cas, le premier qui parut soupçonner et craindre les sourires de cette politique, comme ceux de la mer, et qui pénétra le redoutable caractère que recélaient cette amabilité et cet enjouement, fut Cicéron : il disait qu'il apercevait dans tous ses desseins et tous ses actes politiques une intention tyrannique, 9 et il ajoutait : « Cependant, quand je vois sa chevelure si artistement arrangée, quand je le vois se gratter la tête avec un seul doigt, il ne me semble plus concevable que cet homme ait pu se mettre dans l'esprit un crime tel que le renversement de la Constitution romaine. » Ces propos, il est vrai, ne furent tenus que plus tard.

5. 1 La première marque qu'il reçut de la bienveillance du peuple lui fut donnée lorsqu'il se trouva en compétition avec Caius Popilius pour le tribunat militaire : il passa avant son concurrent ; 2 il en reçut une seconde, plus éclatante, lorsqu'à la mort de la femme de Marius, Julia, dont il était le neveu, il fit d'elle au Forum un brillant éloge, et qu'il osa étaler dans le convoi les images de Marius, que l'on revit alors pour la première fois depuis le gouvernement de Sylla, Marius et les siens ayant été déclarés ennemis publics. 3 Quelques assistants poussèrent des cris hostiles à César, mais le peuple manifesta de manière éclatante en sa faveur et ne lui ménagea ni les applaudissements ni les témoignages d'admiration pour avoir, après si longtemps, fait remonter pour ainsi dire de l'Hadès dans la ville les honneurs de Marius. 4 C'était chez les Romains un usage traditionnel de prononcer l'oraison funèbre des femmes âgées, mais cette coutume n'existait pas pour les jeunes femmes ; César fut le premier qui prit la parole aux funérailles de sa propre épouse. 5 Cela lui valut un surcroît de popularité et, joint à son malheur, poussa le peuple à s'attacher à lui comme à un homme plein d'affection et de sensibilité. 6 Après les funérailles de sa femme, il accompagna comme questeur en Espagne l'un des préteurs, Vetus, qu'il eut toujours en haute estime, et dont il prit le fils à son tour comme questeur quand lui-même fut devenu préteur. 7 Au sortir de cette charge, il épousa une troisième femme, Pompeia. Il avait de Cornelia une fille qui fut dans la suite mariée au grand Pompée. 8 Comme il dépensait sans compter, il avait l'air de payer à grand prix une gloire courte et éphémère, alors qu'en réalité il achetait à peu de frais les plus grands avantages. On assure qu'avant d'avoir occupé aucune charge, il était déjà endetté de treize cents talents. 9 Ensuite, nommé curateur de la voie Appienne, il contribua à la dépense par de fortes sommes prélevées sur ses fonds propres ; puis, devenu édile, il fournit trois cent vingt paires de gladiateurs ; enfin, par ses autres largesses et prodigalités pour les théâtres, les processions et les festins, il éclipsa l'ambitieuse munificence de tous ses prédécesseurs : de la sorte, il disposa le peuple si favorablement à son égard que chacun cherchait de nouvelles magistratures et de nouveaux honneurs à lui attribuer pour le payer de retour.

6. 1 Il y avait deux partis dans la ville, celui de Sylla, qui était tout-puissant, et celui de Marius, qui, caché et dispersé, faisait alors piètre figure. César, qui voulait ranimer et s'attacher le second, fit faire secrètement, au moment où les largesses de son édilité revêtaient le plus d'éclat, des images de Marius et des victoires porte-trophées, qui furent par son ordre placées et dressées de nuit au Capitole. 2 Au lever du jour, ceux qui virent briller ces effigies resplendissantes d'or et faites avec un art consommé (les inscriptions rappelaient les succès remportés sur les Cimbres), furent stupéfaits de l'audace de celui qui les avait offertes (et dont personne ne pouvait ignorer le nom). Le bruit s'en répandit rapidement, et tout le monde accourut pour les voir. 3 Les uns criaient que

César visait à la tyrannie en exhumant des honneurs enterrés par des lois et des décrets, et que c'était là une épreuve qu'il tentait sur le peuple, dont il avait déjà capté la bienveillance, pour voir si, apprivoisé par ses prodigalités, il lui permettrait de se livrer à des plaisanteries et à des innovations de ce genre. 4 Mais les Marianistes, s'encourageant les uns les autres, apparurent soudain en nombre étonnant et remplirent le Capitole de leurs applaudissements. 5 Même beaucoup d'entre eux, en voyant la figure de Marius, versaient des larmes de joie. Leurs louanges élevaient César aux nues, et ils disaient que, seul entre tous, un tel homme était digne de la parenté de Marius. 6 Le sénat s'étant réuni à propos de cette affaire, Catulus Lutatius, qui était alors le plus estimé des Romains, se leva pour accuser César et prononça cette parole mémorable : « Ce n'est plus par des cheminements souterrains, César, c'est maintenant avec des machines de guerre que tu bats en brèche la République. » 7 Mais César présenta sa défense et gagna sa cause au sénat. Alors ses admirateurs s'enhardirent encore davantage et l'encouragèrent à ne rien rabattre de sa fierté devant personne, car la volonté du peuple le ferait triompher de tous et le porterait au premier rang.

Grand pontife. – **7.** 1 Sur ces entrefaites, le grand pontife Metellus étant mort, le sacerdoce, dignité fort recherchée, fut brigué par Isauricus et Catulus, personnages très en vue et qui avaient une très grande influence dans le sénat ; loin de leur céder le pas, César se présenta devant le peuple et posa contre eux sa candidature. 2 Comme le zèle des partisans était visiblement égal dans tous les camps, Catulus, craignant d'autant plus l'incertitude du résultat qu'il occupait un plus haut rang, envoya un émissaire à César pour l'amener, moyennant une grosse somme d'argent, à se désister de sa prétention. Mais lui, ayant emprunté une somme encore plus considérable, déclara qu'il soutiendrait la lutte jusqu'au bout. 3 Quand le jour de l'élection fut arrivé, comme sa mère l'accompagnait à la porte non sans verser des larmes, César lui dit en l'embrassant : « Aujourd'hui, mère, tu verras ton fils grand pontife ou fugitif. » 4 Le vote ayant eu lieu, César l'emporta dans la compétition, ce qui fit craindre au sénat et à l'aristocratie qu'il ne poussât le peuple à tout oser.

5 Aussi Pison et Catulus reprochèrent-ils à Cicéron d'avoir épargné César, qui avait donné prise sur lui dans l'affaire de Catilina. 6 Catilina avait projeté, non seulement de changer la Constitution, mais de détruire toutes les autorités constituées et de bouleverser la république de fond en comble. Il avait été, il est vrai, chassé de la ville, bien qu'il n'y eût contre lui que des indices assez légers, avant que ses intentions dernières eussent été découvertes ; mais il avait laissé à Rome Lentulus et Cethegus pour le remplacer à la tête de la conjuration. 7 César donna-t-il à ceux-ci des encouragements et de l'aide ? On n'en est pas certain, mais ce qui est sûr, c'est que ces deux hommes ayant été reconnus coupables dans le sénat de

manière accablante, et Cicéron, qui était consul, demandant l'avis de chacun sur leur punition, tous les sénateurs jusqu'à César opinèrent pour la mort, 8 tandis que César, s'étant levé à son tour, prononça un discours étudié, où il soutint qu'en dehors d'une extrême nécessité, il ne lui paraissait conforme ni aux coutumes des ancêtres ni à la justice de mettre à mort sans jugement des hommes distingués par leur rang et leur naissance ; 9 il ajouta : « Si on les garde enchaînés dans telles villes de l'Italie que Cicéron choisira lui-même, jusqu'à ce que Catilina soit complètement vaincu, le sénat pourra ensuite décider, en paix et à loisir, du sort de chacun d'eux. »

8. 1 Cet avis parut si humain et il fut exprimé avec tant de force oratoire que non seulement ceux qui se levèrent après César s'y rallièrent, mais que beaucoup même de ceux qui avaient parlé avant lui, rétractant les opinions qu'ils avaient émises, se rangèrent à la sienne, jusqu'à ce que le tour de parole arrivât à Caton et à Catulus. 2 Ceux-ci s'opposèrent vigoureusement à la proposition de César ; Caton souleva même dans son discours des soupçons contre lui et l'attaqua avec force. Les conjurés furent livrés au bourreau pour être mis à mort et, lorsque César sortit du sénat, plusieurs des jeunes gens qui servaient alors de gardes à Cicéron accoururent et levèrent sur lui leurs épées nues ; 3 mais Curio, dit-on, le couvrit de sa toge et le fit échapper. Quant à Cicéron, que les jeunes gens consultèrent du regard, il fit un signe de tête négatif, soit qu'il craignît le peuple, soit qu'il jugeât un tel meurtre tout à fait injuste et illégal. 4 Si ce fait est vrai, je ne sais pourquoi Cicéron ne l'a pas relaté dans son ouvrage intitulé *Sur mon consulat*. Cependant, on le blâma par la suite de n'avoir pas tiré tout le parti possible de l'occasion qui s'offrait alors contre César, en lui reprochant d'avoir eu peur du peuple et du singulier attachement dont celui-ci entourait César. 5 Quelques jours plus tard, César vint au sénat et tenta de se justifier des soupçons qui pesaient sur lui, mais il se heurta à des démonstrations hostiles. Comme la séance du sénat se prolongeait plus qu'à l'ordinaire, le peuple accourut en criant et entoura la curie, réclamant son héros et exigeant qu'on le laissât sortir. 6 Aussi Caton, redoutant par-dessus tout l'agitation révolutionnaire des indigents, qui étaient les boutefeux de toute la foule et avaient placé leurs espérances en César, persuada au sénat de leur servir une allocation mensuelle de blé. 7 Cette mesure politique accrut les dépenses de l'État de sept millions et demi de drachmes par an, mais elle eut un effet évident : elle éteignit la grande terreur du moment, en brisant et dissipant en majeure partie l'influence de César. Il était temps, car il allait être préteur et devenir, grâce à cette charge, plus redoutable.

Préteur. – **9.** 1 Cependant cette préture ne fut marquée par aucun trouble politique, mais un incident désagréable pour César se produisit dans sa maison. 2 Publius Clodius était un homme de naissance patricienne, remarquable par sa fortune et par son éloquence, mais qui, pour l'audace et l'insolence, ne le cédait à aucun des Romains décriés à cause de leur dépravation. 3 Il aimait Pompeia, l'épouse de César, qui, elle-même, n'était pas insensible à sa passion. Seulement, le gynécée était rigoureusement gardé, et la mère de César, Aurelia, personne d'une grande sagesse, veillait sans cesse autour de la jeune femme, et rendait la rencontre des amants difficile et dangereuse pour eux. 4 Les Romains ont une divinité qu'ils appellent la Bonne Déesse, et les Grecs, Gynaecéia ; les Phrygiens, qui la revendiquent pour eux, prétendent qu'elle était la mère du roi Midas ; les Romains voient en elle une nymphe des bois, épouse de Faunus ; les Grecs enfin, une des mères de Dionysos, celle qu'il est interdit de nommer. 5 De là vient que les femmes qui célèbrent sa fête couvrent leurs tentes de sarments de vigne et qu'un serpent sacré est placé près de l'image de la déesse, conformément au mythe. 6 Alors il n'est permis à aucun homme de participer à la célébration des mystères ni de se trouver dans la maison où elle a lieu ; les femmes, demeurées seules et entre elles, accomplissent, dit-on, dans leur service religieux beaucoup de rites analogues à ceux de l'orphisme. 7 En conséquence, lorsque arrive la date de la fête, le consul ou le préteur sort de chez lui, ainsi que tous les mâles du logis ; sa femme prend possession de la maison et la dispose comme il convient. 8 Les cérémonies les plus importantes se font de nuit, et cette fête nocturne est mêlée de divertissements, où la musique tient une large place.

10. 1 Comme, cette année-là, la fête était célébrée par Pompeia, Clodius, qui était encore imberbe et qui espérait passer ainsi inaperçu, prit les vêtements et l'attirail d'une joueuse de harpe et vint à la maison sous l'apparence d'une jeune femme. 2 Il trouva la porte ouverte et fut introduit en toute sécurité par une servante qui était complice et qui courut avertir Pompeia. Mais un certain temps s'écoula, pendant lequel Clodius, n'ayant pas la patience d'attendre à l'endroit où on l'avait laissé, se mit à errer dans la maison, qui était grande, en essayant d'éviter les lumières. Une suivante d'Aurelia le rencontra et, croyant s'adresser à une femme, elle l'invita à jouer un air. Comme il refusait, elle le tira au milieu de la pièce et lui demanda qui elle était et d'où elle venait. 3 Clodius répondit qu'il attendait la servante favorite (*habra*) de Pompeia (Habra était justement son nom), mais sa voix le trahit, et la suivante s'élança aussitôt vers les lumières et vers l'assemblée en criant qu'elle avait surpris un homme. L'épouvante saisit les femmes ; Aurelia fit cesser la cérémonie et voiler les objets sacrés, puis elle ordonna de fermer les portes et parcourut la maison avec des flambeaux à la recherche de Clodius. 4 On le trouva réfugié dans la chambre de la jeune servante qui l'avait introduit. Les femmes le reconnurent et le jetèrent à la porte. 5 Puis aussitôt, alors qu'il faisait encore nuit, elles sortirent et allèrent conter l'affaire à leurs maris. Avec le jour, le bruit se répandit par la ville que Clodius avait commis un sacrilège et qu'il devait une satisfaction non seulement à ceux qu'il avait outragés, mais encore à la cité et aux dieux. 6 En conséquence, un des tribuns de la plèbe le poursuivit pour impiété, tandis que les sénateurs les plus influents se groupaient contre lui et attestaient qu'entre autres abominations il s'était rendu coupable d'inceste avec sa sœur, qui était la femme de Lucullus. 7 Mais leurs efforts se heurtèrent à l'opposition du peuple, qui défendit Clodius et lui fut d'un grand secours auprès des juges effrayés et redoutant la foule. 8 César répudia aussitôt Pompeia, mais, appelé au procès comme témoin, il déclara qu'il ne savait rien des faits reprochés à Clodius. 9 Cette déclaration parut étrange, et l'accusateur lui demanda : « Pourquoi donc as-tu répudié ta femme ? » « Parce que, répondit-il, j'ai estimé que la mienne ne devait pas même être soupçonnée. » 10 Les uns prétendent qu'en parlant ainsi César était sincère ; les autres, qu'il voulait plaire au peuple, bien décidé à sauver Clodius. 11 Quoi qu'il en soit, Clodius fut absous de l'accusation qui pesait sur lui, la plupart des juges ayant écrit leur verdict de façon illisible : ils voulaient ainsi éviter à la fois de s'exposer au danger devant la foule par une condamnation, et de perdre leur réputation auprès des nobles par un acquittement.

Propréteur en Espagne. – **11.** 1 Aussitôt après sa préture, César reçut la province d'Espagne. Comme il ne parvenait pas à un arrangement avec ses créanciers qui, le voyant sur le point de partir, l'assiégeaient de leurs réclamations et de leurs cris, il eut recours à Crassus, le plus riche des Romains, qui avait besoin de la force et de l'énergie de César dans la lutte politique qu'il menait contre Pompée. 2 Crassus se chargea des créanciers les plus difficiles et les plus intraitables, et se porta garant pour huit cent trente talents ; César put alors partir pour sa province.

3 Un jour, dit-on, qu'en traversant les Alpes, il passait près d'une bourgade barbare, qui avait très peu d'habitants et un aspect misérable, il entendit ses compagnons dire en riant et plaisantant : « Peut-être y a-t-il ici aussi des brigues pour les charges, des rivalités pour le premier rang et des jalousies entre les notables ? » 4 « Pour ma part, déclara César sur un ton très sérieux, j'aimerais mieux être le premier ici que le second à Rome. » 5 De même, encore, en Espagne, un jour qu'étant de loisir il lisait un ouvrage sur Alexandre, il resta longtemps à réfléchir absorbé en lui-même, puis il se mit à pleurer. 6 Ses amis, étonnés, lui demandèrent la cause de ses larmes : « Ne vous semble-t-il pas, dit-il, qu'il est digne d'affliction de penser qu'à l'âge où je suis Alexandre avait déjà un si vaste empire, et que moi, je n'ai encore rien fait de grand ? »

12. 1 Une fois arrivé en Espagne, il déploya aussitôt une intense activité : en peu de jours il rassembla dix cohortes et les ajouta aux vingt qui s'y trouvaient déjà, puis, marchant contre les Calaeciens et les Lusitaniens, il les battit, et s'avança jusqu'à la mer extérieure en soumettant les peuples qui n'obéissaient pas encore aux Romains. 2 Ayant ainsi mené la guerre avec succès, il ne fut pas moins efficace dans l'organisation de la paix : il rétablit la concorde dans les villes et s'appliqua surtout à calmer les conflits entre débiteurs et créanciers ; 3 il décréta que, sur les revenus des personnes endettées, le créancier prélèverait les deux tiers chaque année en laissant au débiteur l'usage du reste, et cela jusqu'à extinction de la dette. 4 Il s'était acquis ainsi l'estime générale quand il quitta sa province, non sans s'être enrichi lui-même grâce à ses expéditions et en avoir fait profiter ses soldats, qui le saluèrent du titre d'*imperator*.

Le consulat. – **13.** 1 Les aspirants au triomphe devaient rester hors de la ville, tandis que les candidats au consulat devaient être présents à Rome pour faire campagne. Pris entre ces exigences contradictoires, César, qui était arrivé juste pour les comices consulaires, envoya demander au sénat l'autorisation de briguer le consulat par l'intermédiaire de ses amis, tout en étant lui-même absent. 2 Caton combattit d'abord sa requête en s'appuyant sur la loi, puis, voyant que César avait gagné à sa cause un grand nombre de sénateurs, il fit de l'obstruction pour traîner l'affaire en longueur et passa toute la journée à discourir. César alors décida de renoncer au triomphe pour s'attacher au consulat. 3 Il se présenta dans la ville, et sur-le-champ exécuta une manœuvre qui trompa tout le monde, sauf Caton : ce fut la réconciliation, par ses soins, de Pompée et de Crassus, les personnages les plus influents de l'État. 4 César les rapprocha, fit de ces ennemis des amis et concentra en lui-même ce qu'ils avaient de force à eux deux, dissimulant ainsi sous l'apparence d'un acte généreux une véritable révolution. 5 En effet, ce n'est pas, comme on le croit généralement, le différend de César et de Pompée qui fut la cause des guerres civiles, mais plutôt leur amitié, car ils s'unirent d'abord pour renverser l'aristocratie, et ce n'est qu'ensuite qu'ils entrèrent en conflit. 6 Caton, qui prédit souvent ce qui devait arriver, n'y gagna sur le moment que la réputation d'un fâcheux et d'un brouillon, mais plus tard celle d'un conseiller à la fois avisé et malchanceux.

14. 1 Cependant César, qui se trouvait placé entre Crassus et Pompée, grâce à leur amitié, comme entre deux gardes du corps, se mit sur les rangs pour le consulat. 2 Il obtint un succès éclatant et fut proclamé consul avec Calpurnius Bibulus. Une fois entré en charge, il proposa aussitôt des lois dignes, non pas d'un consul, mais d'un tribun extrêmement audacieux ; pour plaire à la foule, il envisageait des fondations de colonies et des distributions de terres. 3 L'opposition des nobles au sénat lui fournit le prétexte qu'il cherchait depuis longtemps ; il se mit à crier et à protester qu'on le poussait malgré lui vers la plèbe qu'il était contraint de courtiser à cause de l'insolence et de la dureté du sénat ; puis il s'élança vers l'assemblée du peuple. 4 Là, encadré d'un côté par Crassus et de l'autre par Pompée, il demanda à la foule si elle approuvait ses lois ; sur sa réponse affirmative, il lui demanda de le soutenir contre ceux qui menaçaient de résister l'épée à la main. 5 La foule promit. Pompée ajouta même qu'il viendrait opposer aux épées son épée et son bouclier. 6 Cette attitude de Pompée choqua les aristocrates, de tels propos paraissant indignes du respect dont on l'entourait et peu conformes aux égards qu'il devait au sénat ; c'était là le langage d'un jeune écervelé. Mais le peuple, lui, fut ravi. 7 César voulut accroître encore par des voies détournées sa mainmise sur la puissance de Pompée : il avait une fille, Julia, fiancée à Servilius Caepio ; il l'accorda à Pompée, et promit d'unir Servilius à la fille de Pompée, qui, elle-même, n'était pas libre, car elle était promise à Faustus, fils de Sylla. 8 Peu de temps après, César lui-même épousa Calpurnia, fille de Pison, qu'il fit élire consul par la suite. Ici encore Caton protesta en criant avec véhémence : « Il est intolérable que l'on prostitue l'autorité publique par des mariages et qu'on se serve de femmes pour se distribuer entre compères provinces, armées et pouvoirs. » 9 Le collègue de César, Bibulus, voyant que son opposition à ces lois n'aboutissait à rien et qu'il risquait souvent d'être tué au Forum avec Caton, s'enferma chez lui et y resta jusqu'à la fin de son consulat. 10 Pompée, aussitôt après son mariage, remplit d'hommes armés le Forum ; il fit ratifier les lois par le peuple et attribuer à César la Gaule cisalpine et toute la Gaule transalpine, en y ajoutant l'Illyrie, avec quatre légions, pour cinq ans. 11 Caton essaya de s'opposer à ces mesures ; César le fit alors conduire en prison, pensant qu'il en appellerait aux tribuns du peuple, 12 mais il se laissa emmener sans mot dire ; César, voyant que les meilleurs citoyens n'étaient pas seuls mécontents de cet acte, mais que le peuple, par respect pour la vertu de Caton, le suivait en silence et la tête baissée, pria lui-même en secret un des tribuns de délivrer Caton. 13 Parmi tous les sénateurs, un petit nombre seulement se réunissaient au sénat avec César ; les autres marquaient leur désapprobation en se tenant à l'écart des séances. 14 Un certain Considius, qui était d'un âge avancé, dit que c'était la crainte des armes et des soldats qui empêchait les sénateurs de s'assembler. « Pourquoi donc, lui demanda César, la même crainte ne te retient-elle pas, toi aussi, au logis ? » 15 « Parce que, répondit Considius, ma vieillesse fait que je n'ai pas peur : le peu de vie qui me reste ne demande pas tant de précaution. » 16 Parmi les actes politiques de cette époque, le plus honteux parut être l'élection au tribunat, sous le consulat de César, de ce Clodius qui avait violé la loi du mariage et le secret des fêtes nocturnes. 17 Il fut choisi en vue de perdre Cicéron, et César ne partit rejoindre son armée qu'après avoir soulevé une faction contre Cicéron avec l'aide de Clodius et l'avoir fait bannir hors de l'Italie.

César homme de guerre. – **15.** 1 Voilà, dit-on, ce qui se passa avant son commandement en Gaule. 2 Les guerres qu'il fit ensuite et les expéditions par lesquelles il soumit le pays des Celtes marquent dans sa carrière comme une seconde étape, car il s'engagea alors dans un genre de vie différent et dans de nouvelles affaires. Il s'y révéla comme un guerrier et un stratège égal en tout aux généraux les plus admirés et les plus grands. 3 Qu'on le compare aux Fabius, aux Scipion, aux Metellus, et à ceux de son temps ou à ceux qui vécurent un peu avant lui : Sylla, Marius, les deux Lucullus ou Pompée lui-même, dont la gloire florissante montait alors jusqu'au ciel grâce aux talents militaires les plus variés, 4 et l'on verra que César, par ses exploits, l'emporte sur tous : il surpasse l'un par la difficulté des lieux où il combattit, l'autre par l'étendue du pays conquis, celui-ci par le nombre et la force des ennemis vaincus, celui-là par l'étrangeté et la perfidie des peuples qu'il sut se concilier, cet autre par sa modération et sa douceur envers les prisonniers, cet autre encore par les faveurs et les présents accordés à ses compagnons d'armes, 5 tous enfin par le nombre des batailles livrées et des adversaires tués : dans la guerre des Gaules qui dura moins de dix ans, il prit de vive force plus de huit cents villes, soumit trois cents peuples, combattit en différentes batailles trois millions d'ennemis, fit un million de tués et autant de prisonniers.

16. 1 Il inspirait à ses soldats un tel dévouement et une telle ardeur que même ceux qui ne s'étaient nullement distingués dans leurs autres campagnes devenaient avec lui irrésistibles et invincibles, se jetant dans n'importe quel péril pour la gloire de César. 2 Tel fut Acilius, qui, lors du combat naval livré près de Marseille, étant monté sur un vaisseau ennemi et ayant eu la main droite tranchée d'un coup d'épée, loin de lâcher son bouclier de l'autre main, en frappa les ennemis au visage, leur fit tourner le dos à tous et resta maître du navire. 3 Tel fut aussi Cassius Scaeva, qui, à la bataille de Dyrrachium, ayant eu un œil crevé par une flèche, ainsi qu'une épaule et une cuisse traversées par deux javelots, et ayant reçu cent trente traits sur son bouclier, appela les ennemis comme s'il voulait se rendre, 4 et, deux d'entre eux s'approchant, il trancha l'épaule du premier d'un coup d'épée et, frappant l'autre au visage, le mit en fuite, tandis que lui-même était sauvé par ses camarades accourus autour de lui. 5 De même, en Grande-Bretagne, un jour que les centurions dont les troupes marchaient en tête étaient tombés dans un endroit marécageux et plein d'eau où l'ennemi les attaquait, un soldat, en présence de César lui-même qui suivait des yeux le combat, se jeta au milieu des assaillants, et, par maints exploits d'une audace éclatante, mit en fuite les barbares, sauvant ainsi les centurions ; 6 puis lui-même, traversant le marais à grand-peine après tous les autres, se jeta dans l'eau bourbeuse et s'en sortit difficilement, tantôt nageant, tantôt marchant, mais sans son bouclier ; 7 César et les siens, pleins d'admiration, courent à sa rencontre avec des cris de joie, mais lui, baissant la tête et les yeux pleins de larmes, se jette aux pieds de César en lui demandant pardon d'avoir abandonné son bouclier. 8 En Afrique enfin, Scipion, s'étant emparé d'un vaisseau de César, où se trouvait Granius Petro, questeur désigné, réduisit l'équipage en servitude, mais dit au questeur qu'il lui accordait la vie sauve. 9 Celui-ci répondit que les soldats de César avaient coutume de faire grâce aux autres, mais non d'en recevoir leur salut, et il se tua d'un coup d'épée.

17. 1 De tels actes de courage et d'émulation pour la gloire, César lui-même les suscitait et les entretenait, d'abord par les faveurs et les honneurs qu'il prodiguait à ses soldats ; il montrait en effet que, s'il amassait des richesses au moyen de ses guerres, ce n'était pas pour son luxe et ses plaisirs personnels, mais pour les tenir en réserve et les conserver auprès de lui comme un trésor commun destiné à récompenser la bravoure ; on voyait qu'il ne prenait sa part des richesses que dans la mesure où il pouvait ainsi faire des présents à ceux de ses soldats qui le méritaient. En second lieu, il s'exposait volontairement à tous les périls et ne reculait devant aucune fatigue. 2 Ce mépris du danger n'étonnait pas ses troupes, qui connaissaient son amour de la gloire ; mais ce qui les frappait, c'était de le voir supporter la fatigue avec une endurance qui semblait au-dessus de ses forces physiques, car il était frêle de constitution ; il avait la peau blanche et délicate, il était sujet aux maux de tête et à des crises d'épilepsie (mal dont il sentit, dit-on, les premières atteintes à Cordoue). 3 Au lieu de prendre prétexte de sa faiblesse physique pour vivre dans la mollesse, il chercha la guérison de ses maux dans les exercices de la guerre, et c'est par des marches continuelles, par un régime frugal, par l'habitude de coucher en plein air et de mener une vie dure qu'il combattait la maladie et gardait son corps dispos. 4 Il dormait le plus souvent en voiture ou en litière, pour faire servir à l'action même ses heures de repos. Le jour, il visitait les forteresses, les villes et les camps, n'ayant à ses côtés qu'un esclave accoutumé à écrire sous sa dictée tout en voyageant, et derrière lui un unique soldat armé d'une épée. 5 Il voyageait si vite que, la première fois qu'il quitta Rome pour son expédition, il parvint le huitième jour au bord du Rhône. 6 Il avait acquis dès l'enfance une grande pratique du cheval, car il s'était habitué à chevaucher à toute allure avec les bras ramenés en arrière et croisés dans le dos. 7 Dans cette guerre des Gaules, il s'exerça en outre à dicter ses lettres du haut de sa monture et à occuper ainsi deux secrétaires à la fois, ou même davantage, au dire d'Oppius. 8 On rapporte aussi que César avait imaginé le premier de communiquer par lettres avec ses amis, lorsque l'urgence des affaires ne lui laissait pas le temps de les voir en personne, à cause du grand nombre de ses occupations et de l'étendue de la ville. 9 Quant à la simplicité de son régime, voici une preuve qu'on en donne. Comme il dînait à Milan chez Valerius Leo dont il était l'hôte, celui-ci fit servir des asperges assaisonnées à l'huile de senteur au lieu d'huile d'olive ; César en mangea sans mot dire et, comme ses amis se plaignaient, il leur fit ce reproche : 10 « Vous n'aviez qu'à ne pas manger ce qui vous déplaisait, mais faire remarquer ce manque de savoir-vivre, c'est en manquer soi-même. » 11 Un jour qu'il était en route, le mauvais temps le contraignit d'entrer dans la cabane d'un homme pauvre. N'y trouvant qu'une seule pièce, tout juste suffisante pour loger une personne, il dit à ses compagnons : « S'il faut céder les places d'honneur aux plus dignes, les plus faibles ont droit aux places qui leur sont nécessaires », et il fit coucher Oppius dans la chambre tandis qu'il allait lui-même dormir avec les autres sous l'auvent de la porte.

La guerre des Gaules. – **18.** 1 La première de ses campagnes en Gaule fut dirigée contre les Helvètes et les Tigurins qui, après avoir incendié les douze villes et les quatre cents villages de leur pays, s'avançaient à travers la Gaule soumise à Rome, comme autrefois les Cimbres et les Teutons, auxquels ils ne semblaient inférieurs ni pour l'audace, ni pour le nombre, car ils comptaient également trois cent mille hommes en tout, dont cent quatre-vingt-dix mille combattants. 2 De ces deux peuples, les Tigurins furent écrasés sur les bords de l'Arar, non par lui-même, mais par Labienus, qu'il avait envoyé contre eux. Lui-même, tandis qu'il conduisait ses troupes vers une ville amie, fut attaqué en route, à l'improviste, par les Helvètes, mais, pressant sa marche, il se réfugia sur une forte position. 3 Là il rassembla et rangea son armée en bataille. Comme on lui amenait son cheval : « Je m'en servirai, dit-il, après la victoire pour poursuivre l'ennemi ; maintenant marchons sur lui », et il s'élança à pied pour l'attaque. 4 Après une lutte longue et pénible, il enfonça les combattants adverses, mais ce fut autour des chariots et du retranchement qu'il eut le plus de mal, car là, les hommes ne furent pas seuls à lutter et à lui tenir tête : leurs enfants et leurs femmes s'y défendirent jusqu'à la mort et se firent tous tailler en pièces, si bien que le combat ne prit fin qu'au milieu de la nuit. 5 À la gloire de la victoire, il en ajouta une autre, plus belle encore : il réunit ceux des barbares survivants qui s'étaient enfuis du champ de bataille et les contraignit à regagner leur pays qu'ils avaient abandonné et leurs villes qu'ils avaient détruites ; ils étaient plus de cent mille. 6 Il prit cette mesure dans la crainte que, si cette région restait déserte, les Germains ne franchissent le fleuve pour l'occuper.

19. 1 Sa deuxième campagne fut dirigée contre les Germains, afin de défendre ouvertement la Gaule contre eux. Il avait pourtant fait reconnaître à Rome précédemment Arioviste, leur roi, comme allié. 2 Mais c'étaient, pour les peuples soumis à César, des voisins insupportables, et l'on pouvait croire que, si l'occasion leur en était offerte, ils ne resteraient pas en paix sur leur territoire, mais qu'ils envahiraient et occuperaient la Gaule. 3 César, voyant ses officiers remplis de frayeur, surtout les jeunes gens d'illustre famille, qui l'avaient suivi dans l'espoir de profiter de son expédition pour mener joyeuse vie et s'enrichir, les réunit en assemblée et les engagea à partir et à ne pas affronter le danger contre leur gré, lâches et mous comme ils étaient. 4 Il ajouta que lui-même marcherait contre les barbares en n'emmenant que la dixième légion, que les ennemis qu'il avait à combattre n'étaient pas supérieurs aux Cimbres, et qu'il n'était pas lui-même, comme général, inférieur à Marius. 5 À la suite de ce discours, la dixième légion lui envoya des délégués pour lui témoigner sa reconnaissance, et les autres légions désavouèrent leurs officiers, si bien que toute l'armée, remplie d'une ardeur impétueuse, le suivit pendant plusieurs journées de route et vint camper à deux cents stades de l'ennemi. 6 Son arrivée suffit à rabattre quelque peu l'audace d'Arioviste, 7 car il ne s'attendait pas à se voir attaqué par les Romains qui ne pouvaient, d'après lui, soutenir le choc des Germains. Aussi fut-il étonné de la hardiesse de César, dont il s'aperçut qu'elle avait jeté le trouble dans son armée. 8 Ce qui émoussait encore davantage l'ardeur des barbares, c'étaient les prédictions de leurs prêtresses, qui annonçaient l'avenir en observant les remous des fleuves et en se fondant sur les tourbillons et le clapotement du courant. Or, ces femmes leur défendaient de livrer bataille avant l'apparition de la nouvelle lune. 9 César, informé de cette défense et constatant l'inaction des Germains, pensa qu'il avait avantage à les attaquer dans cet état de découragement plutôt qu'à rester en repos et à attendre le moment qui leur serait favorable. 10 En conséquence, il lança des escarmouches contre les retranchements et les collines où ils campaient ; ainsi il les irrita et les amena à descendre en colère pour livrer le combat décisif. 11 César les mit brillamment en fuite, puis les poursuivit sur un espace de quatre cents stades jusqu'au Rhin, en remplissant de cadavres et de dépouilles toute cette plaine. 12 Arioviste, qui avait pris de l'avance en fuyant, passa le Rhin avec quelques hommes. Le nombre des morts s'éleva, dit-on, à quatre-vingt mille.

20. 1 Cette campagne terminée, César laissa son armée chez les Séquanes pour les quartiers d'hiver, tandis que lui-même, désireux de surveiller ce qui se passait à Rome, descendit dans la Gaule de la région du Pô, qui faisait partie de sa province. C'est le fleuve appelé Rubicon qui sépare de la Gaule cisalpine le reste de l'Italie. 2 Durant son séjour dans ce pays, il travaillait à se rendre populaire ; on venait à lui en foule, et il donnait à chacun ce qu'on lui demandait ; il renvoyait tous ses visiteurs, soit comblés de ses faveurs, soit pleins d'espoir. 3 Même, pendant tout le reste de son expédition, Pompée ne se douta pas que César, alternativement, soumettait les ennemis grâce aux armes des citoyens, puis gagnait et assujettissait les citoyens grâce à l'argent pris aux ennemis.

4 Cependant, ayant appris que les Belges, les plus puissants des Celtes et qui occupaient le tiers de toute la Gaule, s'étaient soulevés et avaient réuni plusieurs dizaines de milliers d'hommes armés, il revint aussitôt sur ses pas en toute hâte, 5 et, alors qu'ils ravageaient les terres des Gaulois alliés de Rome, il tomba sur eux, mit en déroute ceux qu'il trouva rassemblés en plus grand nombre, après une lutte où ils se conduisirent honteuse-

ment, et en tua tellement que les Romains purent traverser des étangs et de profondes rivières sur les cadavres qui les remplissaient. 6 Tous les peuples rebelles qui habitaient sur les côtes de l'Océan se soumirent sans combat. Il marcha alors contre les Nerviens, les plus sauvages et les plus belliqueux habitants de ce pays. 7 Les Nerviens s'installaient dans des forêts impénétrables, et ils retiraient leurs familles et leurs biens au fond des bois, le plus loin possible de l'ennemi. Tandis que César faisait construire un retranchement et ne s'attendait pas alors à combattre, ils fondirent tout à coup sur lui, au nombre de soixante mille, mirent en déroute ses cavaliers et enveloppèrent la douzième et la septième légion, dont ils massacrèrent tous les centurions. 8 Si César, arrachant le bouclier d'un soldat et écartant ceux qui combattaient devant lui, ne s'était pas jeté sur les barbares, et si la dixième légion, voyant des hauteurs qu'elle occupait le danger où il se trouvait, ne fût descendue au pas de course et n'eût coupé en deux les rangs ennemis, on peut penser qu'aucun Romain n'aurait survécu. 9 Mais les soldats, animés par l'audace de leur chef, soutinrent une lutte, comme on dit, au-dessus de leurs forces. Et malgré tout ils ne firent pas tourner le dos aux Nerviens, qui se laissèrent tailler en pièces en combattant. 10 On dit que, sur soixante mille qu'ils étaient, cinq cents seulement sauvèrent leur vie, et trois sénateurs sur quatre cents.

21. 1 Le sénat, instruit de ces succès, décréta quinze jours de fête, où l'on sacrifierait aux dieux et où toute activité serait suspendue ; jamais encore on n'en avait décrété autant pour aucune victoire. 2 C'est qu'on avait senti la grandeur du danger, en voyant le soulèvement simultané de tant de peuples ; et, parce que le vainqueur était César, sa popularité conférait à sa victoire plus d'éclat. 3 César lui-même, après avoir bien réglé les affaires de Gaule, passa l'hiver, cette fois encore, dans la région du Pô, pour s'occuper de ses intérêts à Rome. 4 Non seulement les candidats aux magistratures, trouvant en lui un bailleur de fonds, se faisaient élire en achetant le peuple avec son argent, puis s'efforçaient par tous les moyens d'augmenter sa puissance, 5 mais encore la plupart des hommes les plus en vue et les plus grands se réunirent auprès de lui à Lucques : Pompée et Crassus, Appius, gouverneur de Sardaigne, et Nepos, proconsul d'Espagne, si bien qu'il y eut là cent vingt licteurs et plus de deux cents sénateurs. 6 Ils tinrent une conférence, où furent prises les décisions suivantes : Pompée et Crassus seraient nommés consuls, et César recevrait de l'argent et cinq autres années de commandement. 7 Cela parut exorbitant aux gens sensés, puisque ceux qui recevaient de César tant d'argent engageaient le sénat à lui en donner, comme s'il n'en avait pas — ou plutôt ils forçaient la main au sénat, qui déplorait ses propres votes. 8 Il est vrai que Caton était absent : on l'avait à dessein envoyé en mission à Chypre, et Favonius, son fidèle partisan, voyant que son opposition à ces décrets n'avait aucun effet, s'élança hors du sénat et porta ses protestations devant le peuple. 9 Personne n'y prêta attention, les uns par respect pour Pompée et Crassus, les autres, les plus nombreux, pour complaire à César ; vivant dans l'espoir de ses faveurs, ils ne bougèrent pas.

22. 1 De retour à nouveau auprès de ses troupes de Gaule, César trouva le pays en proie à une grande guerre : deux peuples importants de Germanie venaient de franchir le Rhin en quête de terres à conquérir ; on appelle les uns Usipètes, les autres Tentères. 2 César, parlant de la bataille qu'il leur livra, a écrit dans ses *Commentaires* que ces barbares, tout en lui envoyant des députés au cours d'une trêve, l'avaient attaqué en chemin, et que grâce à cette perfidie ils avaient mis en déroute, avec huit cents cavaliers des leurs, ses cinq mille cavaliers à lui, qui ne s'attendaient pas à cela, 3 puis qu'ils lui envoyèrent d'autres députés pour le tromper encore, mais qu'il les fit arrêter et mena son armée contre ces barbares, estimant que ce serait sottise de montrer de la bonne foi envers ces perfides violateurs de traités. 4 Cependant Tanusius dit que, lorsque le sénat décréta des fêtes et des sacrifices pour célébrer cette victoire, Caton émit l'avis qu'il fallait livrer César aux barbares pour purifier la ville de la violation de la trêve et faire retomber la malédiction sur le coupable. 5 De ces barbares qui avaient traversé le Rhin, quatre cent mille furent taillés en pièces ; ceux qui, en petit nombre, purent repasser le fleuve furent recueillis par les Sugambres, peuple de Germanie. 6 César leur en fit grief et, comme d'ailleurs il aspirait à la gloire d'être le premier des hommes à franchir le Rhin avec une armée, il construisit un pont sur ce fleuve qui, pourtant, était fort large et, à l'endroit où il le passa, particulièrement rude, impétueux et en crue. De plus, des pièces de bois et des troncs d'arbres emportés dans son cours venaient frapper et détruire les supports du pont, 7 mais César leur opposa de gros pilotis qu'il fit enfoncer sur le passage et, refrénant ainsi la violence du courant, il fit voir ce tour de force incroyable : un pont achevé en dix jours.

23. 1 Il y fit passer son armée sans que personne osât s'y opposer. Même les Suèves, le peuple le plus dominateur de la Germanie, se retirèrent dans des vallons profonds et boisés. César brûla le pays ennemi et rendit confiance à ceux qui étaient des amis constants de Rome, puis il revint en Gaule, après avoir passé dix-huit jours en Germanie.

2 Son expédition contre les Bretons fut célèbre pour l'audace dont elle témoignait : il fut le premier à lancer une flotte sur l'Océan occidental et à naviguer à travers l'Atlantique avec une armée en vue de la guerre. 3 Ce qu'on rapportait de la grandeur de cette île faisait douter de son existence et donnait lieu à bien des controverses entre de nombreux auteurs, dont certains prétendaient que la Bretagne était le nom imaginaire et fictif d'un pays qui n'existait pas et n'avait jamais existé. César entreprit de la soumettre et de porter la domination romaine au-delà du monde connu. 4 Il conduisit deux expéditions dans cette île à partir des côtes de la Gaule, située en face ; il livra plusieurs batailles, où il fit plus de mal aux ennemis

que de bien à ses soldats (car il n'y avait rien qui valût la peine d'être pris à des peuples réduits à une vie pauvre et misérable) ; aussi termina-t-il cette guerre, non pas certes de la manière qu'il souhaitait, mais tout de même en obtenant des otages du roi et en lui imposant un tribut avant de quitter l'île.

5 Au moment où il allait se rembarquer, il reçut des lettres de ses amis de Rome lui annonçant le décès de sa fille, morte en couches dans la maison de Pompée. 6 Ce fut un grand deuil pour Pompée en personne et un grand deuil pour César. Leurs amis aussi furent gravement troublés, en pensant que la parenté qui maintenait la paix et la concorde dans l'État, déjà gravement atteint par ailleurs, était désormais rompue, d'autant plus que l'enfant ne tarda pas à mourir, n'ayant survécu que quelques jours à sa mère. 7 Quant à Julia, le peuple, en dépit des tribuns, enleva son corps et le porta au Champ de Mars, où il fut enterré après y avoir reçu les honneurs funèbres.

24. 1 Comme l'armée de César était devenue considérable, il fut contraint de la répartir entre plusieurs quartiers d'hiver, puis il se dirigea, suivant sa coutume, vers l'Italie. Cependant toute la Gaule se souleva de nouveau ; de grandes armées se mirent en campagne, qui tentèrent de détruire les quartiers d'hiver en attaquant les retranchements des Romains. 2 Les plus nombreux et les plus forts des rebelles, commandés par Ambiorix, massacrèrent Cotta et Titurius avec leur armée. 3 Puis la légion que commandait Cicéron fut cernée et assiégée par soixante mille hommes et faillit être prise d'assaut, tous les soldats étant blessés et se défendant avec une ardeur au-dessus de leurs forces. 4 Quand ces nouvelles parvinrent à César qui était loin, il revint précipitamment sur ses pas, et, ayant rassemblé en tout sept mille hommes, il accourut en hâte pour dégager Cicéron de l'encerclement. 5 Mais son approche n'échappa point aux assiégeants, qui allèrent à sa rencontre pour s'emparer de lui, car ils méprisaient ses faibles effectifs. 6 César les trompa en évitant constamment la bataille, puis, quand il eut trouvé une position commode pour combattre avec peu d'hommes contre un grand nombre, il y établit un camp fortifié ; il défendit aux siens de tenter aucun combat et les contraignit à surélever le retranchement et à fermer les portes par un mur, comme s'ils avaient peur : ce stratagème avait pour intention de le faire mépriser. 7 Ainsi enhardis, les ennemis attaquèrent en ordre dispersé ; il fit une sortie, les mit en déroute et en tua beaucoup.

Vercingétorix. – **25.** 1 Les nombreux soulèvements des Gaulois de ces régions furent apaisés par cette victoire et par la présence de César qui, pendant l'hiver, se rendit partout et surveilla avec une vive attention les mouvements insurrectionnels. 2 Il avait reçu d'Italie, pour remplacer les légions qu'il avait perdues, trois légions, dont deux lui furent prêtées par

Pompée, qui les prit parmi celles qu'il avait sous ses ordres ; la troisième venait d'être levée dans la Gaule cisalpine.

3 Mais, dans des régions éloignées de celles-là, les chefs les plus puissants avaient depuis longtemps jeté et disséminé en secret parmi les peuples les plus belliqueux les germes de la plus grande et de la plus dangereuse des guerres menées en Gaule ; ces germes commençaient alors à se manifester. La révolte tirait sa vigueur d'une jeunesse nombreuse, rassemblée de toutes parts en armes, de grandes richesses réunies en un trésor commun, de la force des citadelles, de la difficulté d'accès de ces territoires. 4 En outre, on était alors en hiver ; les rivières gelées, les forêts couvertes de neige, les plaines transformées en étangs par les torrents, les chemins rendus indiscernables, ici par l'épaisseur de la neige, là par les marécages et les rivières débordées, en sorte qu'il était bien difficile de trouver sa route, tout semblait absolument empêcher César de rien entreprendre contre les rebelles. 5 Un grand nombre de peuples avaient fait défection ; à leur tête étaient les Arvernes et les Carnutes. Ils avaient choisi, pour diriger la guerre avec l'autorité suprême, Vercingétorix, dont le père, soupçonné d'aspirer à la tyrannie, avait été mis à mort par les Gaulois.

26. 1 Donc ce chef, ayant partagé son armée en plusieurs corps et placé plusieurs commandants à leur tête, gagna à sa cause tout le pays d'alentour jusqu'aux peuples établis sur les bords de l'Arar ; sachant qu'il se formait alors à Rome un parti opposé à César, il se proposait de dresser toute la Gaule en armes. 2 S'il s'y était pris un peu plus tard, au moment où César était engagé dans la guerre civile, l'Italie eût été en proie à des terreurs aussi vives que celles qu'avaient causées autrefois les Cimbres. 3 Mais César avait le génie de tirer le meilleur parti de tout ce qui arrive à la guerre et surtout de saisir l'occasion qui se présente. Dès qu'il apprit la révolte, il se mit en route et montra aux barbares, par l'itinéraire même qu'il suivit, ainsi que par la vigueur et la rapidité de sa marche au milieu d'un hiver si rude, qu'ils allaient avoir affaire à une armée irrésistible et invincible : 4 en effet, bien qu'il fût à peine croyable que l'un de ses messagers ou de ses courriers pût faire le trajet en y mettant beaucoup de temps, ils le virent soudain sur place avec toutes ses troupes, ravageant leur pays, démantelant leurs places fortes, soumettant des villes et accueillant ceux qui passaient de son côté, 5 jusqu'au moment où le peuple des Éduens entra à son tour dans la guerre contre lui. Les Éduens, précédemment, s'étaient déclarés frères des Romains, et ceux-ci leur avaient donné de grandes marques d'honneur. En se joignant aux rebelles, ils provoquèrent un profond découragement dans l'armée de César. 6 C'est pourquoi celui-ci leva le camp de l'endroit où il se trouvait, et franchit le territoire des Lingons dans l'intention de gagner celui des Séquanes, peuple ami qui se situait devant l'Italie, face au reste de la Gaule. 7 Alors, attaqué et cerné par plusieurs dizaines de milliers d'ennemis, il entreprit de livrer une bataille décisive ; il défit les barbares en lançant toutes ses forces et resta vainqueur, mais, pour les réduire, il lui fallut beaucoup de temps et une mêlée meurtrière. 8 Il semble même qu'au début de l'action il avait subi un échec, car les Arvernes montrent une épée courte suspendue dans un de leurs sanctuaires, en affirmant que c'est une dépouille prise sur César. Il la vit lui-même par la suite et ne fit qu'en sourire ; comme ses amis l'engageaient à l'enlever, il refusa, disant que l'objet était consacré à la divinité.

***Alésia.* – 27.** 1 Cependant la plupart des Gaulois qui s'étaient échappés se réfugièrent alors avec leur roi dans la ville d'Alésia. 2 César vint assiéger cette place, bien qu'elle parût imprenable à cause de l'importance de ses remparts et de la multitude de ses défenseurs. Au cours du siège, il fut en butte à un danger venu de l'extérieur et dont la gravité dépasse toute expression. 3 Ce qu'il y avait de plus brave en Gaule chez les différents peuples du pays s'assembla et vint en armes au secours de la ville, au nombre de trois cent mille hommes. 4 D'autre part, l'effectif des combattants qui étaient dans la place ne montait pas à moins de cent soixante-dix mille. Ainsi, César, enfermé et assiégé lui-même entre deux armées si nombreuses, fut obligé d'élever deux murailles de protection, l'une face à la ville, l'autre du côté de ceux qui venaient à son aide, car, si les deux armées opéraient leur jonction, c'en était fait de lui. 5 C'est donc à bon droit et pour plusieurs raisons que le danger couru devant Alésia fut si renommé : jamais, dans aucune de ses campagnes, César n'eut à déployer autant d'audace et d'habileté. Mais le plus étonnant, c'est que ceux de la ville ne se doutèrent pas que César avait engagé le combat avec tant de dizaines de milliers de soldats venus du dehors et qu'il avait eu le dessus ; et, ce qui fut plus étonnant encore, c'est que ceux des Romains qui gardaient les remparts face à la ville ne s'en doutèrent pas davantage ; 6 car ceux-ci n'apprirent le succès qu'en entendant les gémissements poussés par les hommes d'Alésia et les lamentations des femmes, qui aperçurent de l'autre côté l'immense quantité de boucliers garnis d'or et d'argent, de cuirasses souillées de sang, et aussi de coupes et de tentes gauloises que les Romains rapportaient dans leur camp. 7 Telle fut la fin rapide de cette si grande armée : elle s'évanouit comme un fantôme ou un songe et se dispersa après avoir perdu la plupart de ses hommes dans la bataille. 8 Quant à ceux qui tenaient Alésia, après avoir donné beaucoup de mal à César et avoir eux-mêmes beaucoup souffert, ils finirent par se rendre. 9 Le chef suprême de la guerre, Vercingétorix, prit ses plus belles armes, para son cheval et franchit ainsi la porte de la ville. 10 Il vint caracoler en cercle autour de César qui était assis, puis, sautant à bas de sa monture, il jeta toutes ses armes et s'assit lui-même aux pieds de César, où il ne bougea plus, jusqu'au moment où César le remit à ses gardes en vue de son triomphe.

***Préludes à la guerre civile.* – 28.** 1 Depuis longtemps César avait résolu d'abattre Pompée, de même que celui-ci sans doute était décidé à l'abattre lui-même. Crassus, qui pouvait prendre la place de l'un ou de l'autre, avait péri chez les Parthes ; il ne restait donc à l'un, pour devenir le plus grand, que de perdre celui qui l'était, et à l'autre, pour éviter sa propre perte, que de le prévenir et de ruiner celui qu'il craignait. 2 Cette crainte n'était entrée que depuis peu de temps dans l'esprit de Pompée ; il avait jusque-là dédaigné César, pensant qu'il ne lui serait pas difficile d'éliminer celui qu'il avait lui-même élevé. 3 Mais César, qui dès le commencement s'était fixé ce but, et qui, comme un athlète, s'était tenu loin de ses rivaux et, en s'exerçant dans les campagnes de Gaule, avait aguerri ses troupes et accru sa renommée, en s'élevant par ses exploits au point d'égaler les succès de Pompée, 4 saisit les prétextes que lui fournit Pompée lui-même et ceux que lui offraient les circonstances et les déplorables mœurs politiques de Rome, où les candidats aux magistratures dressaient des comptoirs de banquiers sur la place publique et corrompaient effrontément la foule ; le peuple stipendié descendait alors au Forum et soutenait la lutte pour celui qui l'avait payé, non pas avec ses suffrages, mais avec des arcs, des épées et des frondes. 5 Souvent même on ne se séparait qu'après avoir souillé de sang et de cadavres la tribune. La ville, abandonnée à l'anarchie, allait à la dérive comme un navire sans pilote. Aussi les gens raisonnables se seraient-ils tenus pour satisfaits si un tel comble de démence et d'agitation n'aboutissait à rien de pire pour eux que la monarchie. 6 Beaucoup même osaient déclarer publiquement que l'État ne pouvait plus être guéri que par la monarchie, et que ce remède, il fallait le recevoir des mains du médecin le plus doux, faisant ainsi allusion à Pompée. 7 Celui-ci affectait en paroles de décliner cet honneur, mais en fait il n'avait rien de plus pressé que d'agir de manière à être proclamé dictateur. Caton et ses amis s'entendirent pour persuader au sénat de le nommer consul unique, afin qu'il n'enlevât pas de force la dictature et se consolât avec une monarchie plus légale. 8 En même temps on le prorogea dans ses gouvernements ; il en avait deux : l'Espagne et la Libye tout entière ; il les administrait par l'intermédiaire de légats, et il avait des armées pour lesquelles il recevait du Trésor public mille talents chaque année.

29. 1 À la suite de ces décisions, César envoya demander le consulat et une prorogation similaire de ses gouvernements. Pompée garda d'abord le silence, mais Marcellus et Lentulus s'opposèrent à la demande de César, que par ailleurs ils détestaient, et ils ajoutèrent à une réponse nécessaire des actes qui ne s'imposaient pas, afin de l'humilier et de le bafouer : 2 ils privèrent du droit de cité les habitants de Novum Comum, ville que César avait récemment fondée en Gaule ; en outre Marcellus, qui était consul, fit battre de verges un des sénateurs de cette cité qui était venu à Rome, en disant qu'il lui infligeait ces marques pour faire voir qu'il n'était pas romain, et en l'engageant, quand il retournerait chez lui, à les montrer à César. 3 Après le consulat de Marcellus, César laissa désormais tous les hommes politiques puiser abondamment dans les richesses qu'il avait amassées en Gaule ; il paya les dettes considérables de Curio, qui était tribun de la plèbe, et remit à Paulus, qui était consul, quinze cents talents, avec lesquels celui-ci orna le Forum d'un monument célèbre, la basilique qui fut bâtie à la place de la basilique Fulvia. 4 Pompée, voyant tous ces gens se grouper contre lui, prit peur, et dès lors il agit ouvertement par lui-même et par ses amis pour que l'on désignât un successeur à César dans son commandement. Il lui fit redemander les soldats qu'il lui avait prêtés pour les campagnes de Gaule ; César les lui renvoya, après avoir donné à chaque homme une gratification de deux cent cinquante drachmes. 5 Les officiers qui ramenèrent ces troupes à Pompée répandirent dans le peuple des bruits malveillants et faux sur le compte de César et corrompirent Pompée lui-même par des espérances illusoires : ils lui firent croire que l'armée de César désirait l'avoir pour chef et que, s'il éprouvait à Rome des difficultés par suite de l'envie qui infectait le corps politique, son armée là-bas était prête à le servir et qu'il suffisait qu'elle revînt en Italie pour se mettre aussitôt de son côté, tellement César lui était devenu insupportable par ses campagnes continuelles, et tant la crainte de la monarchie le rendait suspect. 6 En entendant ces propos, Pompée se rengorgeait ; il négligeait de se procurer des troupes, persuadé qu'il n'avait rien à craindre ; il s'imaginait triompher de César par des discours et par les motions qu'il faisait voter, 7 ce dont César ne se souciait nullement. On rapporte qu'un centurion qu'il avait envoyé à Rome, se trouvant devant la curie et apprenant que le sénat refusait à César la prorogation de son commandement, s'écria : « Mais voilà qui la lui donnera », en frappant de la main la poignée de son épée.

30. 1 Cependant la demande de César avait une éclatante apparence de justice : il offrait de déposer les armes à condition que Pompée fît de même ; redevenus tous deux de simples particuliers, ils s'adresseraient comme tels aux citoyens pour obtenir leurs faveurs ; mais lui ôter son armée et confirmer Pompée à la tête de la sienne, c'était discréditer l'un et faire de l'autre un tyran. 2 Curio porta ces propositions devant le peuple au nom de César et fut bruyamment applaudi ; certains allèrent jusqu'à lui jeter des couronnes et des fleurs, comme à un athlète. 3 De son côté, Antoine, qui était tribun de la plèbe, apporta au peuple une lettre qu'il avait reçue de César à ce sujet et la lut en dépit des consuls. 4 Mais au sénat, Scipion, le beau-père de Pompée, introduisit une motion aux termes de laquelle, si à un jour fixé César n'avait pas déposé les armes, il serait déclaré ennemi public. 5 Les consuls demandèrent si le sénat était d'avis que Pompée renvoyât ses soldats, puis s'il était d'avis que César renvoyât les siens : très peu de sénateurs acquiescèrent à la première proposition, et presque tous se prononcèrent en faveur de la seconde. Mais ensuite, Antoine et ses amis ayant demandé à nouveau qu'ils déposassent tous les deux leur commandement, les sénateurs se rallièrent tous également à cette motion. 6 Comme Scipion s'y opposait violemment et que le consul Lentulus criait que contre un brigand il fallait des armes, et non pas des décrets, les sénateurs se séparèrent et prirent des habits de deuil en raison de cette dissension.

31. 1 Là-dessus il arriva des lettres de César, où il paraissait modérer ses prétentions (il consentait à abandonner tout le reste, à condition qu'on lui donnât la Gaule cisalpine et l'Illyrie avec deux légions, jusqu'à ce qu'il briguât son deuxième consulat). Cicéron, l'orateur, récemment arrivé de Cilicie, essaya de réconcilier les deux partis et d'adoucir Pompée. Celui-ci cédait sur tout le reste, mais persistait à vouloir ôter à César ses soldats. 2 Alors Cicéron conseilla aux amis de César de faire des concessions en se contentant des deux provinces indiquées et de six mille soldats seulement pour aboutir à un accord. Pompée se laissa fléchir et accepta, mais Lentulus, qui était consul, opposa un refus, et même il chargea d'invectives Antoine et Curio et les expulsa honteusement du sénat. 3 Il fournissait ainsi lui-même à César le plus spécieux des prétextes, car c'est par là surtout que celui-ci excita ses soldats, en leur montrant des hommes importants, des magistrats qui s'étaient enfuis dans une voiture de louage et sous des habits d'esclaves ; en effet, pris de peur, ils s'étaient ainsi déguisés pour sortir de Rome à la dérobée.

Passage du Rubicon. – **32.** 1 César n'avait pas alors autour de lui plus de trois cents cavaliers et cinq mille fantassins, car il avait laissé au-delà des Alpes le reste de son armée, que des officiers envoyés à cette fin devaient lui ramener. 2 Mais il voyait que le début de son entreprise et l'attaque qu'il projetait n'exigeaient pas, pour le moment, un grand nombre de bras, qu'il avait plutôt avantage à agir en stupéfiant ses ennemis par son audace et sa promptitude à saisir l'occasion, et qu'il les effraierait plus aisément en tombant sur eux à l'improviste qu'en voulant les réduire après avoir achevé de grands préparatifs ; 3 il ordonna donc à ses tribuns militaires et à ses centurions de ne prendre que leurs épées et, sans autres armes, d'aller occuper Ariminum, grande ville de Gaule, en évitant autant que possible de tuer et de causer du tumulte, sous le commandement d'Hortensius. 4 Quant à lui, il passa la journée en public et assista en spectateur à des exercices de gladiateurs. Un peu avant le crépuscule, il prit un bain, puis entra dans la salle à manger, où il passa quelques instants avec ceux qu'il avait invités à dîner, mais, alors qu'il faisait déjà sombre, il se leva, après s'être entretenu aimablement avec les convives et les avoir priés de l'attendre, en disant qu'il allait revenir. Auparavant il avait enjoint à quelques-uns de ses amis de le suivre, non pas tous ensemble, mais l'un par un chemin et l'autre par un autre. 5 Lui-même monta alors dans une des voitures de louage et s'engagea d'abord sur une autre route, puis tourna en direction d'Ariminum. Quand il fut arrivé au cours d'eau qui sépare du reste de l'Italie la Gaule cisalpine, et qui s'appelle le Rubicon, il se prit à réfléchir ; à mesure qu'il approchait davantage du danger, il se sentait troublé par la grandeur et l'audace de son entreprise ; il arrêta sa course. 6 Pendant cette halte, il pesa silencieusement en lui-même diverses résolutions en passant d'un parti à l'autre, et il changea alors d'avis plusieurs fois. 7 Il en conféra longuement avec ceux de ses amis qui étaient là, parmi lesquels se trouvait notamment Asinius Pollion. Il se représentait tous les maux dont le passage du fleuve serait cause pour l'humanité, et tous les jugements qu'en porterait la postérité. 8 À la fin, cédant à une impulsion, comme s'il renonçait à la réflexion pour se jeter dans l'avenir, il prononça ces mots qui sont le prélude ordinaire des entreprises difficiles et hasardeuses : « Que le sort en soit jeté ! », et il s'élança pour traverser le fleuve. À partir de là, il avança à toute vitesse et, avant le jour, il atteignit Ariminum, qu'il occupa. 9 On raconte que, la nuit qui précéda le passage du fleuve, il avait eu un songe contre nature : il lui avait semblé avoir avec sa mère des rapports inavouables.

33. 1 La prise d'Ariminum parut ouvrir toutes grandes les portes de la guerre à la fois sur terre et sur mer, partout, comme si César avait renversé, en même temps que les frontières de sa province, toutes les lois de l'État. On eût dit que ce n'étaient pas seulement les hommes et les femmes que l'on voyait courir éperdus, comme en d'autres circonstances, à travers l'Italie, mais que les villes elles-mêmes se mettaient en mouvement pour s'enfuir les unes à travers les autres. 2 Quant à Rome, inondée pour ainsi dire par l'afflux torrentueux des foules qui, fuyant les pays d'alentour, s'y réfugiaient, elle semblait n'être plus disposée à obéir aux magistrats, ni à se laisser retenir par la raison, et peu s'en fallut qu'au milieu d'une agitation et d'une tempête si terribles, elle ne se détruisît elle-même. 3 Ce n'étaient partout que passions contraires et mouvements violents : ceux que l'événement réjouissait ne restaient pas tranquilles, mais, rencontrant à chaque pas dans cette grande ville des gens qui s'en affligeaient et s'en effrayaient, ils montraient leurs espoirs avec insolence et provoquaient ainsi des querelles. 4 Pompée lui-même, déjà déconcerté, fut troublé par les propos qu'on lui tenait de divers côtés : c'était lui, disaient les uns, qui avait fait grandir César contre lui-même et contre l'État, et qui en portait la responsabilité ; pour les autres, il était coupable, au moment où César cédait et proposait un compromis raisonnable, d'avoir laissé Lentulus le couvrir d'outrages. 5 Favonius enfin lui conseilla de frapper du pied la terre, parce que Pompée, un jour où il parlait au sénat avec jactance, avait déclaré à l'assemblée qu'elle n'avait à s'inquiéter de rien ni à s'occuper de préparatifs de guerre : « Moi-même, dit-il, dès que César arrivera, je n'aurai qu'à frapper du pied le sol pour remplir d'armées l'Italie. » 6 Cependant, même à ce moment, les troupes de Pompée étaient plus nombreuses que celles de César. Mais personne ne lui permit de suivre ses propres sentiments, et, sous l'influence d'une masse de nouvelles fausses et terrifiantes qui faisaient croire que la guerre était aux portes et s'étendait partout, il céda et se laissa entraîner par le désarroi général : il décréta l'état de tumulte et il quitta la ville, en ordonnant au sénat de le suivre et en interdisant de rester à tous ceux qui préféraient à la tyrannie la patrie et la liberté.

La guerre civile. – **34.** 1 Donc les consuls s'enfuirent, sans même offrir les sacrifices que l'usage prescrit lorsqu'ils sortent de la ville. La plupart des sénateurs prirent aussi la fuite, en emportant ceux de leurs biens qui leur tombaient sous la main, à la manière dont ils auraient pillé ceux d'autrui. 2 On en vit même qui, fortement attachés précédemment au parti de César, furent alors tellement effrayés qu'ils en perdirent la tête, et, sans aucune nécessité, se laissèrent entraîner par le torrent de cette débâcle. 3 Mais le spectacle le plus pitoyable était celui de la ville emportée dans cette terrible tempête qui fondait sur elle, comme un navire que des pilotes désespérés laissent errer à l'aventure. 4 Cependant, si lamentable que fût cet exode, on regardait l'exil, à cause de Pompée, comme la patrie, en considérant Rome, que l'on quittait, comme le camp de César. 5 Labienus lui-même, un des meilleurs amis de César, qui avait été son légat et avait combattu auprès de lui avec le plus grand zèle dans toutes les campagnes de Gaule, abandonna alors son parti pour rejoindre Pompée ; malgré cela, César lui renvoya son argent et ses bagages, 6 puis il marcha contre Domitius, qui, avec trente cohortes sous ses ordres, occupait Corfinium, et il établit près de lui son camp. Domitius, désespérant de sa position, demanda du poison à son médecin, qui était esclave, et, prenant la potion que celui-ci lui donna, il l'avala pour mourir. 7 Mais, peu après, apprenant que César traitait ses prisonniers avec une clémence merveilleuse, il se lamenta sur son sort et se reprocha d'avoir pris une décision si précipitée. 8 Son médecin le rassura : il lui avait fait boire un narcotique, non une drogue mortelle. Domitius se leva tout joyeux, alla trouver César, qui lui tendit la main, après quoi il retourna auprès de Pompée. 9 Ces nouvelles, portées à Rome, réconfortèrent les habitants, et plusieurs de ceux qui en avaient fui y revinrent.

35. 1 César prit avec lui les troupes de Domitius, et, devançant les agents de Pompée, il y adjoignit toutes celles qu'ils étaient en train de lever dans les villes. Comme il disposait désormais de forces nombreuses et redoutables, il marcha contre Pompée lui-même. 2 Celui-ci n'attendit pas son attaque ; il s'enfuit à Brindes. De là, il envoya d'abord les consuls avec une armée à Dyrrachium, puis, quelque temps après, quand César fut arrivé, il y passa lui-même, comme on le verra dans le récit détaillé que j'écrirai à son sujet. 3 César aurait voulu le poursuivre sur-le-champ, mais il n'avait pas de vaisseaux. Il retourna donc à Rome. En soixante jours il s'était rendu maître, sans verser le sang, de toute l'Italie.

4 Il trouva la villc plus calmc qu'il ne s'y attendait, et constata la présence de beaucoup de sénateurs. Il s'entretint avec eux de façon conciliante et affable, et les invita même à envoyer à Pompée une délégation pour conclure avec lui des accords convenables. 5 Mais aucun d'eux ne l'écouta : ou bien ils redoutaient Pompée pour l'avoir abandonné, ou bien ils croyaient que César n'était pas sincère et tenait un langage spécieux. 6 Le tribun de la plèbe Metellus voulut empêcher César de prendre de l'argent dans le Trésor public en alléguant certaines lois qui l'interdisaient. Il répondit que le temps des armes n'était pas celui des lois : 7 « Pour toi, si tu es mécontent de ce qui se passe, retire-toi à l'instant. La guerre n'a que faire de franc-parler. Quand j'aurai déposé les armes et que des arrangements seront intervenus, alors tu pourras venir avec tes harangues. 8 Et en te disant cela, ajouta-t-il, je relâche de mes droits, car tu m'appartiens, toi comme tous ceux de mes adversaires que j'ai pris. » 9 Après avoir ainsi parlé à Metellus, il s'avança vers l'entrée du Trésor, et, comme on n'en trouvait pas les clefs, il fit appeler des serruriers et leur ordonna de faire sauter la fermeture. 10 Metellus voulut encore s'y opposer, et certains l'en approuvaient. Alors César, élevant le ton, menaça de le tuer s'il continuait à l'importuner : « Et tu n'ignores pas, jeune homme, ajouta-t-il, que cela m'est plus difficile à dire qu'à faire. » 11 Ces paroles effrayèrent Metellus, qui s'en alla, si bien que César obtint aisément et vite tous les fonds dont il avait besoin pour la guerre.

En Espagne. – **36.** 1 Il conduisit ensuite son armée en Espagne, décidé à en chasser d'abord Afranius et Varron, légats de Pompée, et à s'emparer de leurs troupes et de leurs provinces, pour marcher ensuite contre Pompée en ne laissant aucun ennemi derrière lui. 2 Il y courut bien des dangers, soit pour sa vie, exposée dans mainte embuscade, soit pour son armée, qui eut surtout à souffrir de la disette. Il ne relâcha pourtant rien de son ardeur à poursuivre les ennemis, à les provoquer, à les entourer de tranchées, jusqu'à ce qu'il eût réduit de vive force leurs troupes et leurs camps. Les chefs prirent la fuite et rejoignirent Pompée.

Pharsale. – **37.** 1 Lorsque César fut de retour à Rome, son beau-père Pison lui conseilla d'envoyer des émissaires à Pompée en vue d'une réconciliation ; mais Isauricus, voulant plaire à César, émit un avis contraire. 2 Nommé dictateur par le sénat, César rappela les bannis, rendit leurs droits civiques aux enfants de ceux qui avaient souffert du temps de Sylla, et déchargea les débiteurs d'une partie des intérêts de leurs dettes. Il prit aussi quelques autres mesures du même genre, mais peu nombreuses, car il abdiqua la dictature au bout de onze jours et se nomma lui-même consul avec Servilius Isauricus, puis il partit en campagne. 3 Pressant sa marche, il devança le gros de ses troupes et, avec six cents cavaliers d'élite et cinq légions, en plein solstice d'hiver, au début de janvier (ce qui correspond au mois athénien de Poséidéon), il s'embarqua, 4 traversa la mer Ionienne et s'empara d'Oricos et d'Apollonie, puis renvoya ses navires de transport à Brindes pour prendre les troupes qui, dans leur marche, étaient restées en arrière. 5 Pendant toute la route, ces soldats qui n'avaient plus la vigueur physique de la jeunesse et qui étaient rebutés par tant de guerres murmuraient contre César : 6 « Où donc, disaient-ils, et vers quel but cet homme veut-il nous conduire, en nous traînant partout et en nous employant comme des outils inusables et sans âme ? Le fer même s'émousse à force de frapper, et, quand la guerre dure si longtemps, il faut ménager le bouclier et la cuirasse. 7 Nos blessures elles-mêmes ne font-elles donc pas voir à César qu'il commande à des mortels, et que nous sommes nés pour n'endurer que des peines et des souffrances de mortels ? Un dieu même ne saurait faire violence à la saison des tempêtes et des vents marins. Et pourtant il brave les périls, à croire qu'il fuit devant l'ennemi au lieu de le poursuivre ! » 8 C'est en tenant de tels propos qu'ils s'acheminaient lentement vers Brindes. Mais lorsqu'en arrivant ils apprirent que César avait pris la mer, ils changèrent vite de sentiments : ils se reprochaient à eux-mêmes d'avoir trahi leur général et reprochaient aussi à leurs chefs de n'avoir point pressé leur marche. 9 Assis sur les hauteurs face à la mer et à l'Épire, ils cherchaient à apercevoir les vaisseaux qui devaient les transporter auprès de lui.

38. 1 À Apollonie, César n'avait pas assez de troupes pour livrer bataille, parce que celles qui se trouvaient de l'autre côté de la mer tardaient à le rejoindre. Embarrassé et anxieux, il prit une décision extrême : à l'insu de tous il naviguerait vers Brindes, monté sur une embarcation à douze rames, bien que la mer fût couverte d'importantes escadres ennemies. 2 Donc, déguisé en esclave, il s'embarqua de nuit et se mit dans un coin comme un passager sans importance et resta là sans rien dire. 3 Comme le fleuve Aôos portait le bateau vers la mer, la brise matinale qui d'ordinaire, à cette heure du jour, assurait le calme à l'embouchure en refoulant au loin le flot, fut abattue par un fort vent de mer qui s'était mis à souffler pendant la nuit. 4 Le fleuve, contrarié par le flux marin et la résistance des vagues, s'agitait à grand bruit au milieu des terribles remous qui le repoussaient, en sorte que le pilote, ne pouvant en venir à bout, ordonna aux matelots de virer pour rebrousser chemin. 5 César, entendant cet ordre, se fait connaître ; il prend la main du pilote, stupéfait de le voir, et lui dit : « Va, mon brave, enhardis-toi et ne crains rien : tu portes à ton bord César et la Fortune de César. » 6 Aussitôt les matelots, oubliant la tempête, appuient sur les rames et s'emploient de toute leur ardeur à passer de force. Comme ils n'y parvenaient pas, César, après avoir reçu beaucoup d'eau de mer et risqué sa vie à l'embouchure, autorisa, bien malgré lui, le pilote à revenir en arrière. 7 À son retour, ses soldats, accourant en foule à sa rencontre, se plaignirent beaucoup et lui reprochèrent de s'être cru incapable de vaincre même avec eux seuls et de s'inquiéter au point de risquer sa vie pour ses troupes absentes, comme s'il n'avait pas confiance en celles qui étaient là.

39. 1 Là-dessus Antoine débarqua, amenant les troupes de Brindes. Réconforté, César se mit à provoquer Pompée qui, installé dans une bonne position, était suffisamment ravitaillé par terre et par mer, tandis que lui-même, qui au début des opérations déjà n'était pas dans l'abondance, eut ensuite beaucoup à souffrir du manque de vivres. 2 Ses soldats se nourrissaient d'une certaine racine qu'ils coupaient, puis pétrissaient avec du lait ; un jour même, en ayant façonné des pains, ils coururent aux avant-postes des ennemis, jetèrent de ces pains à l'intérieur de leurs retranchements et en lancèrent de tous côtés, en disant que tant que la terre produirait de telles racines, ils ne cesseraient pas d'assiéger Pompée. 3 Mais celui-ci ne laissait parvenir au gros de son armée ni ces pains, ni ces propos, car ses soldats étaient découragés, redoutant la férocité et l'insensibilité des ennemis comme s'ils avaient affaire à des bêtes fauves. 4 Cependant des escarmouches avaient lieu constamment autour des retranchements de Pompée, et elles tournaient toutes à l'avantage de César ; une fois, seulement, ses troupes furent mises en pleine déroute et il risqua de perdre son camp. 5 En effet, devant l'assaut de Pompée, personne ne tint ferme ; les fossés se remplirent de morts, les hommes tombant autour de leurs retranchements et de leurs murs d'enceinte où ils étaient rejetés en débandade. 6 César, venant à leur rencontre, essayait de faire retourner les fuyards, mais il n'arrivait à rien : s'il saisissait les enseignes, ceux qui les portaient les jetaient à terre, de sorte que trente-deux tombèrent au pouvoir des ennemis, et peu s'en fallut qu'il ne pérît lui-même, 7 car, mettant la main sur un soldat grand et fort qui passait près de lui en fuyant, il lui ordonna de s'arrêter et de faire face à l'ennemi ; l'homme, affolé par le danger, leva son épée pour le frapper, mais l'écuyer de César le devança en lui tranchant l'épaule. 8 César jugea sa situation désespérée, et, lorsque Pompée, soit par prudence, soit par hasard, au lieu d'exploiter à fond ce grand succès, se fut retiré après s'être contenté d'enfermer les fuyards dans leur retranchement, César, en s'en retournant, dit à ses amis : « Aujourd'hui la victoire appartenait aux ennemis, si leur chef savait vaincre. » 9 Puis il rentra sous sa tente, se coucha et passa la plus triste des nuits, perdu dans des réflexions sans issue. Il se reprochait d'avoir mal conduit les opérations : alors qu'il avait devant lui un pays fertile et les villes opulentes de la Macédoine et de la Thessalie, il avait négligé d'y attirer la guerre pour s'installer ici, au bord de la mer dominée par la flotte ennemie, où il était assiégé par la disette plus qu'il n'assiégeait Pompée par les armes. 10 Ainsi agité et tourmenté par l'insoluble difficulté de la situation, il fit lever le camp, dans l'intention de marcher contre Scipion en Macédoine ; 11 il espérait ainsi, soit attirer Pompée dans un endroit où il combattrait sans disposer des mêmes facilités d'approvisionnement par mer, soit écraser Scipion réduit à ses seules forces.

40. 1 Cette retraite exalta l'armée et les officiers de Pompée, au point qu'ils souhaitaient poursuivre César, le croyant déjà vaincu et en fuite. 2 Quant à Pompée lui-même, il voulait se garder prudemment d'affronter le risque d'une bataille dont l'enjeu était si considérable ; excellemment pourvu de tout le nécessaire pour une longue guerre, il se proposait d'user et de ruiner la vigueur de l'ennemi, qu'il croyait peu durable. 3 En effet, si les meilleurs soldats de l'armée de César étaient expérimentés et doués d'une audace irrésistible dans les combats, en revanche, en ce qui concernait les marches et le service des camps, comme la garde des retranchements et les veilles de nuit, ils succombaient à la fatigue parce qu'ils étaient vieux ; trop lourds pour le travail, leur faiblesse physique leur faisait perdre leur ardeur. 4 On disait en outre qu'une maladie contagieuse, causée par la nourriture étrange qu'ils prenaient, se répandait alors dans leurs rangs. Enfin le plus grave pour César, c'est que, mal pourvu d'argent et de vivres, il semblait devoir en peu de temps se consumer de lui-même.

41. 1 Telles étaient les raisons pour lesquelles Pompée ne voulait pas livrer bataille. Caton était le seul à l'approuver, parce qu'il souhaitait épargner la vie de ses concitoyens ; même il n'avait pu voir les ennemis qui étaient tombés dans le combat au nombre de mille sans se voiler la tête et verser des larmes alors qu'il quittait le champ de bataille. 2 Tous les autres blâmaient Pompée de fuir le combat et cherchaient à le piquer en l'appelant Agamemnon et Roi des rois, donnant à entendre qu'il ne voulait pas déposer le pouvoir absolu et qu'il était fier de voir tant de chefs dépendre de lui et fréquenter sa tente. 3 Favonius, qui affectait le franc-parler de Caton, se lamentait follement en disant que cette année encore on ne pourrait savourer les figues de Tusculum à cause de l'amour de Pompée pour le commandement. 4 Afranius, qui venait d'arriver d'Espagne, où il avait mal dirigé la guerre, et que l'on accusait d'avoir trahi son armée pour de l'argent, demandait pourquoi on ne combattait pas ce trafiquant qui lui avait, paraît-il, acheté ses provinces. 5 Poussé par tous ces propos, Pompée marcha à la bataille malgré lui et se mit à la poursuite de César. 6 Celui-ci eut beaucoup de mal à achever la première partie de sa route, personne ne lui vendant de vivres et tout le monde le méprisant à cause de sa récente défaite ; 7 mais, lorsqu'il eut pris Gomphi, ville de Thessalie, non seulement il eut de quoi nourrir ses troupes, mais encore il les délivra d'une manière paradoxale de leur maladie. 8 En effet ses soldats trouvèrent du vin en abondance et en burent sans mesure, puis se livrèrent à des festins et à des orgies tout le long de la route, et l'ivresse, en modifiant les dispositions de leurs corps, eut pour effet de chasser leur mal et de les guérir.

42. 1 Quand les deux généraux furent entrés dans le territoire de Pharsale et y eurent établi leurs camps, Pompée revint à son premier raisonnement, d'autant plus qu'il eut des apparitions et une vision de mauvais augure pendant son sommeil : il rêva qu'il se voyait dans son théâtre, applaudi par les Romains... 2 Mais son entourage était si plein de présomption et anticipait la victoire avec tant d'espérance que Domitius, Spinther et Scipion se disputaient la charge de grand pontife qui appartenait à César, en soutenant avec acharnement leurs prétentions les uns contre les autres, et que plusieurs envoyèrent à Rome louer et retenir d'avance des maisons propres à loger des consuls et des préteurs, comme s'ils devaient être investis de ces magistratures aussitôt après la guerre. 3 Les plus impatients de combattre étaient les cavaliers, superbement parés d'armes éclatantes, très fiers du bon entretien de leurs chevaux, de la beauté de leurs personnes et tirant aussi vanité de leur nombre, car ils étaient sept mille contre les mille cavaliers de César. 4 Pour les fantassins aussi les effectifs étaient disproportionnés : les pompéiens en avaient quarante-cinq mille en face des vingt-deux mille de César.

43. 1 César rassembla ses soldats et leur annonça que Cornificius approchait en lui amenant deux légions, et que, par ailleurs, quinze cohortes étaient stationnées à Mégare et à Athènes sous les ordres de Calenus, puis il leur demanda s'ils voulaient attendre ces renforts ou risquer à eux seuls la bataille. 2 Ils le conjurèrent à grands cris de ne pas temporiser, mais plutôt de s'ingénier et de manœuvrer de manière à en venir aux mains avec l'ennemi le plus tôt possible. 3 Comme il procédait à la lustration de l'armée, aussitôt qu'on eut immolé la première victime, le devin lui déclara qu'une bataille décisive avec l'ennemi aurait lieu dans les trois jours. 4 César demandant alors s'il voyait aussi dans le sacrifice quelque signe favorable relativement à l'issue du combat, le devin dit : « C'est toi qui peux le mieux répondre à ta propre question, car les dieux indiquent un grand changement et un renversement en sens contraire de la situation présente : si donc tu crois être actuellement en bonne posture, attends-toi à une Fortune moins heureuse, et, si tu crois être en mauvaise posture, à un sort meilleur. » 5 La nuit qui précéda la bataille, comme il visitait vers minuit les postes de garde, on aperçut dans le ciel une traînée de feu qui devint brillante et flamboyante en passant au-dessus du camp de César, puis qui sembla tomber dans le camp de Pompée. 6 Durant la veille de l'aube, on remarqua aussi qu'une peur panique s'était emparée des ennemis. 7 Cependant César ne s'attendait pas à combattre ce jour-là, et il commençait à lever le camp pour se diriger vers Scotoussa.

44. 1 On avait déjà plié les tentes, lorsque les éclaireurs à cheval vinrent lui annoncer que les ennemis descendaient de leur camp pour livrer bataille. Rempli de joie à cette nouvelle, il pria les dieux et rangea en bataille son infanterie, qu'il divisa en trois corps : 2 il plaça le centre sous les ordres de Calvinus Domitius, une des ailes fut confiée à Antoine et lui-même prit l'aile droite, où il devait combattre avec la dixième légion. 3 Voyant que la cavalerie des ennemis se rangeait en face de son aile, et redoutant cette troupe brillante et nombreuse, il ordonna à six cohortes de la dernière ligne de contourner l'armée et de venir à lui sans se laisser voir ; il les plaça derrière l'aile droite, en leur prescrivant ce qu'elles auraient à faire quand les cavaliers ennemis se porteraient en avant. 4 Pompée commandait lui-même une de ses ailes, Domitius l'aile gauche, et Scipion, beau-père de Pompée, le centre. 5 Toute sa cavalerie se massa sur l'aile gauche pour envelopper la droite des ennemis et mettre brillamment en déroute le corps où se trouvait le chef lui-même ; 6 elle était sûre que l'infanterie, si profonds que fussent ses rangs, ne tiendrait pas et que tout serait écrasé et rompu chez l'adversaire, aussitôt qu'un tel nombre de cavaliers auraient chargé. 7 Comme les deux généraux étaient sur le point de donner le signal du combat, Pompée ordonna à son infanterie de se tenir immobile et sur la défensive, et d'attendre fermement l'attaque des ennemis jusqu'à ce qu'ils fussent à portée de javelot. 8 César dit qu'en cela aussi Pompée commit une faute, en ignorant combien la course et l'élan au début de l'action ajoutent de force aux coups et contribuent à enflammer le courage insufflé par le choc. 9 César allait faire avancer son infanterie et entrait déjà en action lorsque le premier homme qu'il aperçut fut un de ses centurions qui lui était dévoué et qui avait l'expérience de la guerre, en train d'encourager ses hommes et de les inciter à rivaliser de vaillance ; 10 l'ayant appelé par son nom : « Que pouvons-nous espérer, Caius Crastinus, lui demanda-t-il, et avons-nous confiance ? » Crastinus, en tendant la main, lui cria d'une voix forte : « Nous vaincrons brillamment, César ; quant à moi, tu feras aujourd'hui mon éloge, que je sois mort ou vif. » 11 À ces mots, il s'élance le premier au pas de course sur l'ennemi, entraînant avec lui ses cent vingt hommes. 12 Il taille en pièces le premier rang, puis fonce en avant et tue beaucoup de monde en se frayant de force un passage, jusqu'à ce qu'il soit arrêté par un coup d'épée si violent à travers la bouche que la pointe ressort au-dessus de la nuque.

45. 1 Pendant que les fantassins se heurtaient et combattaient ainsi au centre, les cavaliers de Pompée s'élançaient impétueusement à partir de l'aile et déployaient leurs escadrons pour envelopper l'aile droite de César. 2 Mais, prévenant leur attaque, les cohortes mises en réserve par César accourent, et au lieu de se servir de leurs javelots comme de traits, suivant leur habitude, ou de frapper de près les cuisses ou les mollets des ennemis, elles les visent aux yeux et les blessent au visage, comme César leur avait appris à le faire, 3 car il se doutait que des hommes peu familiers avec les combats et les blessures, jeunes et fiers de leur beauté en fleur, redouteraient particulièrement ce genre de coups et ne tiendraient pas contre la crainte du danger présent et la perspective d'être défigurés à l'avenir. 4 C'est précisément ce qui arriva : ils ne supportaient pas les javelots pointés vers le haut et n'osaient pas regarder le fer brandi devant leurs yeux ; ils se détournaient et se couvraient la tête pour préserver leur visage. 5 Finalement, ayant eux-mêmes disloqué leurs rangs, ils prirent la fuite, et cette honteuse débâcle causa la perte de toute l'armée, 6 car ceux qui les avaient vaincus encerclèrent aussitôt l'infanterie, et, l'assaillant par-derrière, la taillèrent en pièces.

7 Lorsque Pompée, de l'autre aile, aperçut ses cavaliers dispersés et en fuite, il ne fut plus le même et ne se souvint plus qu'il était Pompée le Grand. Semblable à un homme dont un dieu a complètement égaré l'esprit, ou atterré par une défaite d'origine divine, il se retira sous sa tente sans dire un mot, s'assit et attendit la suite des événements, jusqu'au moment où, la déroute étant devenue générale, les ennemis assaillirent son retranchement et engagèrent la lutte contre ceux qui le gardaient. 8 Alors, comme s'il revenait à lui, il prononça, dit-on, ces seuls mots : « Quoi, jusque dans mon camp ! », puis il dépouilla sa tenue de combat et ses insignes de général, mit un vêtement plus convenable pour un fuyard et sortit en se cachant. 9 Quelles furent ensuite ses vicissitudes, comment il se livra aux Égyptiens et fut assassiné par eux, je l'indiquerai dans sa biographie.

46. 1 Lorsque César eut pénétré dans le camp de Pompée, voyant les ennemis déjà tués dont les corps gisaient à terre et ceux que l'on était encore en train de tuer, il dit en soupirant : « Ils l'ont voulu ; ils m'ont réduit à cette nécessité, puisque moi, Caius César, qui ai gagné de si grandes guerres, si j'avais congédié mon armée, ils seraient allés jusqu'à me condamner. » 2 Asinius Pollion dit que César à ce moment-là prononça ces paroles en grec et que lui les a traduites en latin ; 3 il ajoute que la plupart des morts furent des valets d'armes abattus lors de la prise du camp, et qu'en ce qui concerne les soldats, il n'en périt pas plus de six mille. 4 Quant aux survivants qu'il fit prisonniers, César les incorpora pour la plupart dans ses légions, et il accorda l'impunité à plusieurs personnages en vue, au nombre desquels figurait Brutus, qui plus tard le tua ; on dit que César, ne le voyant point paraître, avait été très inquiet, et que, lorsqu'il vint sain et sauf auprès de lui, il en ressentit une joie extraordinaire.

47. 1 Parmi les nombreux prodiges qui avaient annoncé la victoire, le plus remarquable est celui dont on raconte qu'il se produisit à Tralles. 2 Il y avait là, au sanctuaire de la Victoire, une statue de César ; le sol d'alentour était naturellement ferme, et, de plus, il était dallé en pierre dure ; il en sortit, dit-on, un palmier près du piédestal de la statue. 3 À Padoue, Caius Cornelius, devin réputé, compatriote et familier de l'historien Tite-Live, était par hasard assis ce jour-là pour observer le vol des oiseaux. 4 Tout d'abord, au dire de Tite-Live, il connut l'instant de la bataille et dit à ceux qui se trouvaient là que juste à ce moment l'affaire était en train et que les hommes en venaient aux mains. 5 Il se remit ensuite en observation et, ayant vu les signes, il bondit de sa place et s'écria dans un transport d'enthousiasme : « Tu es vainqueur, César. » 6 En voyant la surprise de ceux qui étaient près de lui, il ôta la couronne de sa tête et jura qu'il ne la remettrait pas avant que l'événement eût porté témoignage en faveur de son art. En tout cas Tite-Live affirme que les choses se passèrent ainsi.

En Égypte. – **48.** 1 César donna la liberté au peuple thessalien comme présent de victoire, puis il se mit à la poursuite de Pompée. Ayant touché terre en Asie, il affranchit les Cnidiens pour faire plaisir à Théopompe, auteur d'un recueil de récits mythologiques, et remit à tous les habitants de l'Asie un tiers de leurs impôts. 2 Il débarqua à Alexandrie aussitôt après le meurtre de Pompée ; il se détourna de Théodote, qui lui présentait la tête de Pompée, et, en recevant son sceau, il fondit en larmes. 3 Il traita généreusement tous les compagnons et familiers de Pompée qui, errant dans le pays, avaient été pris par le roi, et se les attacha ; 4 il écrivit à ses amis de Rome que le plus grand et le plus doux plaisir qu'il tirait de sa victoire, c'était de sauver à tout moment quelques-uns de ses concitoyens qui avaient porté les armes contre lui. 5 Quant à la guerre d'Égypte, les uns disent qu'elle n'était pas nécessaire et que c'est son amour pour Cléopâtre qui lui fit entreprendre cette campagne sans gloire et pleine de périls ; les autres mettent en cause les ministres du roi, et surtout l'eunuque Pothin, le plus influent d'entre eux, qui venait de faire tuer Pompée, avait chassé Cléopâtre et complotait en secret contre César. 6 C'est pour cette raison, dit-on, qu'à partir de ce moment César se mit à passer les nuits à boire pour veiller à sa sécurité. D'ailleurs, même en public, Pothin s'était rendu insupportable : en actes comme en paroles, il se montrait arrogant et odieux envers César. 7 Il faisait distribuer à ses soldats le grain le plus mauvais et le plus vieux, et leur disait d'avoir à s'en accommoder et à le trouver bon, puisqu'ils mangeaient le bien d'autrui. Il faisait servir les repas dans de la vaisselle de bois et de terre cuite, sous prétexte que César détenait tous les plats d'or et d'argent en paiement d'une dette ; 8 en effet le père du roi régnant devait dix-sept millions et demi à César, qui en avait précédemment remis une partie aux enfants de son débiteur, mais demandait maintenant le reste, à savoir dix millions, pour l'entretien de son armée. 9 Pothin le pressait de partir sur-le-champ pour aller s'occuper de ses grandes affaires, après quoi il recevrait le solde avec des remerciements ; à cela César répondit qu'il n'avait nullement besoin d'Égyptiens pour le conseiller, et il fit dire secrètement à Cléopâtre de revenir d'exil.

49. 1 Cléopâtre, prenant avec elle un seul de ses amis, le Sicilien Apollodore, monta sur un petit bateau et aborda au palais alors qu'il faisait déjà nuit. 2 N'ayant pas d'autre moyen de passer inaperçue, elle se glissa dans un paquet de couvertures où elle s'étendit de tout son long ; Apollodore lia le paquet avec une courroie et le porta à l'intérieur jusqu'à César. 3 On dit que celui-ci se laissa prendre par cette première ruse de Cléopâtre. Il la trouva hardie ; captivé ensuite par sa conversation et sa grâce, il la réconcilia avec son frère, dont il lui fit partager la royauté. 4 Puis, lors du banquet qui réunissait tout le monde à l'occasion de cet accord, un serviteur de César, son barbier, qui, étant l'homme le plus craintif de la terre, furetait partout, s'inquiétait de tout, avait l'oreille à tout, découvrit un complot que tramaient contre César le général Achillas et l'eunuque Pothin. 5 César, les ayant pris sur le fait, mit une garde autour de la salle et fit tuer Pothin, mais Achillas put s'enfuir dans son camp et suscita contre lui une guerre dure et difficile à mener, où César dut se défendre avec fort peu de troupes contre une si grande ville et une si grande armée. 6 Le premier danger qu'il courut fut la privation d'eau, les ennemis ayant bouché les canaux d'adduction. En second lieu, menacé d'être coupé de sa flotte, il fut contraint d'écarter ce péril au moyen du feu, qui, en se répandant à partir de l'arsenal, détruisit la grande bibliothèque. 7 En troisième lieu, un combat s'étant engagé à Pharos, il sauta du môle dans une barque pour aller au secours de ses troupes engagées dans la lutte, puis, comme les bateaux égyptiens arrivaient sur lui de plusieurs côtés, il se jeta dans la mer et s'échappa à grand-peine et difficilement à la nage ; 8 on dit qu'il tenait alors un grand nombre de papiers et qu'il ne les lâcha pas, bien qu'il fût plongé dans l'eau et exposé aux traits de l'ennemi : il tenait d'une main ces papiers au-dessus de la mer et nageait de l'autre ; quant à la barque, elle avait été tout de suite coulée. 9 À la fin, le roi s'étant joint à ses ennemis, César marcha contre lui et le vainquit dans une bataille où beaucoup d'hommes périrent et où le roi lui-même disparut. 10 Alors, laissant sur le trône d'Égypte Cléopâtre qui, peu de temps après, eut de lui un fils que les Alexandrins appelèrent Césarion, il partit pour la Syrie.

***Veni, vidi, vici.* – 50.** 1 De là il passa en Asie, où il apprit que Domitius, battu par Pharnace, fils de Mithridate, s'était enfui du Pont avec quelques hommes, et que Pharnace, insatiable dans l'exploitation de sa victoire, occupait la Bithynie et la Cappadoce, menaçait le pays qu'on appelle la Petite Arménie et y soulevait tous les rois et tous les tétrarques. 2 Il marcha donc aussitôt contre lui avec trois légions, lui livra une grande bataille près de la ville de Zèla, le mit en fuite, le chassa du Pont et détruisit entièrement son armée. 3 En annonçant à l'un de ses amis de Rome, Matius, cette bataille si vivement et si rapidement gagnée, il écrivit ces trois mots : « Je suis venu, j'ai vu, j'ai vaincu. » 4 En latin ces mots, qui ont la même désinence, sont très expressifs dans leur concision.

***À Rome.* – 51.** 1 Après sa victoire il passa en Italie et regagna Rome à la fin de l'année pour laquelle il avait été nommé à sa seconde dictature, charge qui jusque-là n'avait jamais été annuelle. Il fut porté au consulat pour l'année suivante. 2 On le critiquait vivement parce que, ses troupes s'étant mutinées et ayant tué deux anciens préteurs, Cosconius et Galba, il ne leur infligea pas d'autre punition que de les appeler « citoyens » au lieu de « soldats », et distribua à chaque homme mille drachmes ainsi que des lots de terre considérables en Italie. 3 On lui reprochait aussi la folle conduite de Dolabella, la cupidité de Matius et l'ivrognerie d'Antoine, qui bouleversait la maison de Pompée et la faisait transformer parce qu'il ne la jugeait pas suffisante pour lui. Tout cela indignait les Romains. 4 César connaissait ces excès, et ne les approuvait pas, mais, en raison de ses projets politiques, il était contraint d'employer de tels agents.

***En Afrique.* – 52.** 1 Après la bataille de Pharsale, Caton et Scipion s'étaient enfuis en Libye, et là, avec l'aide du roi Juba, ils avaient réuni des troupes considérables. César résolut de marcher contre eux. 2 Vers le solstice d'hiver il passa en Sicile, et, pour couper court dans l'esprit de ses officiers à tout espoir de retard et de délai, il fit dresser sa tente au bord de la mer, puis, au premier vent favorable, il s'embarqua et partit avec trois mille fantassins et quelques cavaliers. 3 Il les fit débarquer et reprit la mer secrètement, parce qu'il était inquiet pour le gros de ses forces. Il rencontra ces autres troupes alors qu'elles étaient déjà en mer, et les fit toutes aborder vers son camp. 4 Il apprit que les ennemis appuyaient leur confiance sur un ancien oracle, selon lequel la race des Scipions devait toujours être victorieuse en Libye. Se fit-il un jeu de rabaisser Scipion, qui commandait les ennemis, ou voulut-il sérieusement mettre l'oracle de son côté ? Il est difficile de le dire : 5 comme il avait avec lui un homme, d'ailleurs méprisable et insignifiant, mais de la famille des Africains (il s'appelait Scipion Salvito), il le mettait au premier rang dans les batailles, comme s'il était le chef de l'armée. César en effet était souvent contraint d'attaquer l'ennemi et de chercher le combat, 6 car il n'avait guère de vivres pour les hommes ni de fourrage pour les bêtes, et il fallait nourrir les chevaux d'algues marines, lavées pour en ôter la saumure et assaisonnées d'un peu de chiendent. 7 Les Numides, qui apparaissaient sans cesse, nombreux et rapides, étaient maîtres de la campagne. Un jour même que les cavaliers de César n'étaient pas de service, il se trouva qu'un Libyen leur donna une représentation, où il dansait et jouait de la flûte avec un talent digne d'admiration ; ayant confié leurs chevaux aux valets, ils étaient assis et tout au charme du spectacle, lorsque, tout à coup, les ennemis fondent sur eux, les enveloppent, tuent les uns et poursuivent les autres en débandade jusqu'au camp, où ils se jettent avec eux. 8 Si César et, avec César, Asinius Pollion n'étaient pas venus du retranchement à la rescousse et n'avaient pas arrêté les soldats dans leur fuite, c'en était fini de la guerre. 9 Il arriva aussi que les ennemis prirent le dessus dans un autre combat où l'on raconte que César, voyant au milieu de la mêlée un porte-enseigne qui fuyait, le saisit au cou et l'obligea à tourner la tête en lui disant : « C'est de ce côté-ci que sont les ennemis. »

53. 1 Ces succès encouragèrent Scipion à livrer une bataille décisive. Laissant alors d'un côté Afranius et de l'autre Juba, qui campèrent séparément à peu de distance, il se mit à fortifier son camp au-dessus d'un lac, près de la ville de Thapsus, afin d'en faire pour toute l'armée une base d'opérations et un refuge. 2 Tandis qu'il y travaillait, César, traversant avec une incroyable rapidité des lieux boisés qui avaient des issues insoupçonnées, encercle les uns, attaque les autres de front, 3 les met en fuite, puis, profitant de l'occasion et se laissant porter par la Fortune, il enlève au premier assaut le camp d'Afranius, et du même coup fait fuir Juba et saccage le camp des Numides. 4 Ainsi, dans une petite fraction d'une seule journée, il s'empare de trois camps et tue cinquante mille ennemis, sans perdre même cinquante de ses hommes. 5 Voilà ce que certains historiens rapportent sur cette bataille ; mais d'autres disent que César ne fut pas présent à l'action, et qu'au moment où il rangeait ses troupes et prenait ses dispositions pour le combat, il eut un accès de sa maladie habituelle, 6 et qu'aussitôt qu'il en sentit les premières atteintes, sans attendre que le mal eût complètement troublé et maîtrisé ses sens déjà ébranlés, il se fit porter dans une des tours voisines, où il resta en repos pendant la lutte. 7 Parmi les personnages consulaires et prétoriens qui s'échappèrent du champ de bataille, les uns se tuèrent eux-mêmes au moment où ils furent capturés, et César en fit périr plusieurs autres, après les avoir pris.

54. 1 Désireux de prendre Caton vivant, il se dirigea en toute hâte vers Utique, car, chargé de la garde de cette ville, Caton n'avait pas pris part au combat. 2 En apprenant qu'il s'était suicidé, César fut manifestement affligé, mais on ignore pour quelle raison. En tout cas, il s'écria : « O Caton, je t'envie ta mort, car tu m'as envié l'occasion de te sauver la vie. » 3 Quoi qu'il en soit, le livre qu'il écrivit contre Caton après sa mort ne paraît pas être l'œuvre d'un homme disposé à la douceur et à la réconciliation ; or, comment l'aurait-il épargné vivant, alors qu'il déversa sur lui, quand il fut devenu insensible, tant de bile ? 4 Il est vrai que sa clémence envers Cicéron, Brutus et des milliers d'autres qui avaient porté les armes contre lui, fait conjecturer que, s'il composa cet ouvrage, ce ne fut point par haine, mais par point d'honneur politique et pour la raison que je vais dire. 5 Cicéron avait écrit un éloge de Caton, qu'il avait intitulé *Caton*, et ce livre eut du succès auprès de beaucoup de gens, ce qui était naturel, puisqu'il était l'œuvre du plus grand des orateurs et qu'il traitait le plus beau des sujets. 6 César en était contrarié, et il regardait comme une accusation portée contre lui l'éloge de celui dont il avait causé la mort. Aussi composa-t-il cet écrit où il rassembla toutes sortes de griefs contre Caton et il intitula son livre *Anticaton*. Les deux ouvrages eurent chacun beaucoup de lecteurs passionnés à cause de César, de Cicéron et de Caton.

***Triomphes.* – 55.** 1 Revenu de Libye à Rome, César prononça d'abord devant le peuple un discours où il exaltait sa victoire, disant notamment que les pays conquis étaient assez grands pour fournir chaque année à l'État deux cent mille médimnes attiques de blé et trois millions de livres d'huile. 2 Puis il célébra ses triomphes sur la Gaule, sur l'Égypte, sur le Pont et sur la Libye ; pour ce dernier, Scipion n'était pas nommé, mais seulement le roi Juba. 3 Lors de ce triomphe, Juba, fils de ce roi, qui n'était encore qu'un tout jeune enfant, fut mené dans le cortège, et sa capture fut pour lui un grand bonheur, car, de barbare et numide qu'il était, il devint l'un des plus savants historiens grecs. 4 Après ces triomphes, César fit de grandes largesses à ses soldats, et il s'attacha le peuple par des festins et des spectacles. Il offrit un banquet à tous à la fois sur vingt-deux mille tables à trois lits chacune, et il donna des spectacles de gladiateurs et des joutes navales en l'honneur de sa fille Julia, morte depuis longtemps. 5 Ces spectacles furent suivis d'un recensement, et, au lieu de trois cent vingt mille citoyens qu'il y avait auparavant, on n'en dénombra que cent cinquante mille en tout, 6 tant la guerre civile avait causé de pertes, tant elle avait fait disparaître de citoyens, et cela en laissant hors du compte les malheurs qui avaient frappé le reste de l'Italie et les provinces !

***En Espagne.* – 56.** 1 Après tous ces actes, César fut nommé consul pour la quatrième fois, et alla combattre en Espagne les fils de Pompée. Ils étaient encore jeunes, et cependant ils avaient réuni des troupes en nombre surprenant, et ils montraient une audace qui les rendait dignes du commandement, au point de mettre César dans un extrême péril. 2 La grande bataille se livra près de la ville de Munda. Là, César, voyant que les siens étaient durement pressés et n'offraient qu'une faible résistance, courut à travers les rangs de ses soldats en leur criant : « Si vous n'avez pas honte, prenez-moi pour me livrer à ces gamins ! » 3 Ce fut à grand-peine et par des efforts soutenus qu'il parvint à repousser les ennemis, auxquels il tua plus de trente mille hommes, tandis qu'il perdait mille des siens, les plus braves. 4 En quittant le champ de bataille il dit à ses amis : « J'ai souvent combattu pour la victoire, mais c'est la première fois que j'ai lutté pour ma vie. » 5 Il fut vainqueur le jour des fêtes de Dionysos, jour où l'on dit que Pompée le Grand était parti pour faire la guerre ; il s'était écoulé quatre ans dans l'intervalle. 6 Des deux fils de Pompée, le plus jeune s'échappa, mais quelques jours plus tard, Didius apporta à César la tête de l'aîné. 7 Cette guerre fut la dernière que conduisit César. Il célébra son triomphe, et rien d'autre n'affligea autant les Romains, 8 car les vaincus n'étaient pas des chefs étrangers ni des rois barbares ;

César avait anéanti les fils et la race du meilleur des Romains, victime des vicissitudes de la Fortune. Il n'était pas beau de triompher ainsi des malheurs de la patrie, 9 et de se glorifier d'actes qui n'avaient d'autre excuse devant les dieux et devant les hommes que la nécessité de les accomplir, et cela alors que jusque-là il n'avait envoyé ni messager ni lettres à titre officiel pour annoncer ses victoires dans les guerres civiles et qu'il en avait repoussé la gloire par un sentiment de pudeur.

Dictateur à vie. – **57.** 1 Cependant les Romains s'inclinèrent devant la Fortune de César ; ils acceptèrent le joug et, pensant que la monarchie leur permettrait de respirer après les malheurs des guerres civiles, ils le nommèrent dictateur à vie ; c'était une tyrannie avouée, puisque ce pouvoir absolu joignait à l'irresponsabilité la perpétuité. 2 Les premiers honneurs que Cicéron proposa au sénat de lui décerner étaient d'une grandeur qui ne dépassait pas, somme toute, les bornes de l'humaine mesure, mais d'autres firent de la surenchère et, rivalisant entre eux, finirent par rendre César insupportable et odieux aux citoyens les plus modérés par la masse des honneurs extraordinaires qu'ils firent voter. 3 On pense que les ennemis de César n'y contribuèrent pas moins que ses flatteurs, afin d'avoir contre lui le plus de griefs possible et de paraître l'attaquer pour les motifs les plus graves. 4 D'ailleurs, les guerres civiles une fois terminées, il se montra irréprochable, et ce n'est pas sans raison qu'un sanctuaire de la Clémence lui fut dédié par décret pour reconnaître la modération dont il fit preuve. 5 En effet il pardonna à beaucoup de ceux qui avaient combattu contre lui. Il conféra même des honneurs et des charges à certains d'entre eux, notamment à Brutus et à Cassius, qui tous les deux furent nommés préteurs. 6 Il ne resta pas indifférent au sort des statues de Pompée qui avaient été renversées ; il les fit relever, et Cicéron dit à ce propos : « En relevant les statues de Pompée, César a affermi les siennes. » 7 Ses amis estimaient qu'il devait se donner des gardes du corps et s'offraient pour cet office ; il refusa, en disant qu'il vaut mieux mourir une fois que craindre toujours. 8 Persuadé que l'affection du peuple était la garde la plus honorable et la plus sûre dont il pût s'entourer, il s'appliqua de nouveau à se concilier le peuple par des repas et des distributions de blé, et l'armée par l'établissement de colonies, dont les plus fameuses furent Carthage et Corinthe ; il arriva ainsi que ces deux villes qui avaient été prises autrefois en même temps furent aussi relevées ensemble.

58. 1 En ce qui concerne les notables, César promit aux uns des consulats et des prétures pour l'avenir, consola les autres par divers honneurs et charges, et donna à tous des espérances pour en obtenir l'obéissance volontaire qu'il souhaitait. 2 C'est ainsi que, le consul Maximus étant mort la veille de la fin de son consulat, il nomma consul pour ce seul jour Caninius Rebilus ; 3 comme, suivant l'usage, on allait en foule le féliciter et lui faire cortège, Cicéron dit : « Hâtons-nous, de peur que notre homme ne sorte de charge avant notre arrivée. »

4 L'ambition de César et son amour inné des grandes actions ne lui permettaient pas de jouir en paix des nombreux succès acquis par ses travaux ; ces succès ne faisaient que l'enflammer et l'enhardir en vue de l'avenir et lui inspiraient des projets toujours plus vastes et le désir d'une gloire nouvelle, celle qu'il possédait ne lui suffisant jamais. 5 Cette passion n'était rien d'autre qu'une sorte de jalousie à l'égard de lui-même, comme s'il avait été un autre, et une espèce de rivalité entre ce qu'il avait fait et ce qu'il se proposait de faire. 6 Il projetait et préparait une expédition contre les Parthes, et il envisageait, après les avoir soumis, de traverser l'Hyrcanie le long de la mer Caspienne et du Caucase pour contourner le Pont-Euxin et envahir la Scythie, 7 puis de marcher contre les pays voisins de la Germanie et contre la Germanie elle-même, de revenir enfin en Italie par la Gaule et de boucler ainsi le cercle de l'empire, borné de tous côtés par l'Océan.

8 En attendant cette expédition, il projeta de percer l'isthme de Corinthe, entreprise à laquelle il préposa Anienus, puis de faire écouler le Tibre juste au sortir de la ville dans un canal profond pour le détourner vers le Circaeum et le faire déboucher dans la mer près de Terracine, de façon à ménager une route à la fois sûre et facile aux trafiquants qui fréquentaient Rome. 9 Il voulait aussi assécher les marais de Pometium et de Setia et en faire une plaine cultivable pour des dizaines de milliers d'hommes, 10 enfin opposer des barrières à la partie de la mer la plus proche de Rome en élevant des digues, et, après avoir nettoyé la côte d'Ostie des obstacles cachés qui en rendaient l'accès difficile, y aménager des ports et des mouillages sûrs pour une si intense activité maritime. Tels étaient les projets qu'il avait en préparation.

59. 1 La réforme du calendrier et la correction des anomalies dans le calcul du temps, savamment méditées et conduites à bonne fin par César, furent d'une très précieuse utilité. 2 Car non seulement dans les temps très anciens la relation entre l'année et les mois était si confuse chez les Romains que les sacrifices et les fêtes, peu à peu décalées, tombaient dans des saisons opposées à leurs dates primitives, 3 mais au temps de César encore la plupart des gens n'y comprenaient absolument rien, alors que les prêtres, qui seuls avaient la connaissance du temps réel, ajoutaient tout à coup et sans que personne s'y attendît un mois intercalaire qu'ils appelaient Mercedonius. 4 Ce mois fut introduit, dit-on, pour la première fois par le roi Numa, qui n'avait trouvé là qu'un remède médiocre et de faible portée aux erreurs commises sur le retour périodique des astres, comme je l'ai indiqué dans sa biographie. 5 César proposa le problème aux plus savants des philosophes et des mathématiciens de l'époque, et, partant des méthodes déjà appliquées, il y joignit une réforme personnelle et plus rigoureuse ; les Romains en font usage aujourd'hui encore, et passent pour se tromper moins que les autres peuples en ce qui concerne la divergence entre les mois et l'année. 6 Cependant les envieux et ceux qui ne pouvaient souffrir la domination de César trouvèrent jusque dans cette réforme des sujets de blâme ; il paraît en tout cas que Cicéron, l'orateur, entendant dire à quelqu'un que la Lyre allait se lever le lendemain : « Oui, fit-il, par ordre », comme si les Romains n'acceptaient cette réforme elle-même que sous l'empire de la contrainte.

60. 1 Mais ce qui provoqua contre César la haine la plus manifeste et la rendit le plus meurtrière, ce fut son désir d'être roi ; il fournit ainsi au peuple le premier grief contre lui et à ses ennemis secrets, depuis longtemps à l'affût, le prétexte le plus spécieux. 2 De leur côté, ceux qui voulaient lui procurer cet honneur répandirent dans la foule le bruit que, d'après les livres sibyllins, les Romains pourraient se rendre maîtres de l'empire des Parthes, s'ils marchaient contre lui avec un roi, qu'autrement il resterait hors de leurs prises ; 3 et, un jour que César descendait d'Albe à Rome, ils osèrent le saluer du titre de roi. Le peuple s'en émut ; alors César, dépité, dit qu'il ne s'appelait pas roi, mais César, et, voyant que ces mots étaient accueillis par un silence général, il passa son chemin d'un air sombre et mécontent. 4 Un autre jour, le sénat venait de lui voter des honneurs extraordinaires, et il se trouvait assis à la tribune aux harangues quand les consuls et les préteurs s'approchèrent, suivis du sénat au complet : il ne se leva pas, comme s'il donnait audience à de simples particuliers, et dit qu'il convenait de diminuer, plutôt que d'augmenter, ses honneurs. 5 Cette conduite n'offensa pas seulement le sénat, mais aussi le peuple, qui crut voir l'État méprisé dans la personne des sénateurs, et tous ceux que leurs fonctions ne contraignaient pas à rester se retirèrent aussitôt, en proie à un morne abattement. 6 César lui-même s'en aperçut, il retourna chez lui sur-le-champ, et cria à ses amis, en rejetant sa toge de son cou : « Je suis prêt à tendre la gorge à qui voudra me tuer. » Plus tard il s'excusa sur sa maladie, 7 en disant que les sens de ceux qui se trouvent dans cet état ne sauraient rester fermes quand ils parlent debout devant la foule, mais que, vite secoués, égarés, en proie aux vertiges, ils perdent connaissance. 8 Mais les choses alors ne s'étaient pas passées ainsi : il avait la ferme intention de se lever devant le sénat, mais, dit-on, l'un de ses amis, ou plutôt de ses flatteurs, Cornelius Balbus, l'avait retenu en lui disant : « Ne te souviendras-tu pas que tu es César, et n'accepteras-tu pas les égards qui te sont dus comme à un être supérieur ? »

61. 1 À ces procédés offensants vint s'ajouter l'outrage fait aux tribuns du peuple. C'était lors de la fête des Lupercales, qui, suivant plusieurs auteurs, était anciennement célébrée par les bergers, et qui a même quelque rapport avec la fête du Lycée d'Arcadie. 2 Ce jour-là, beaucoup de jeunes gens de bonne famille, et aussi des magistrats, courent nus à travers la ville et frappent ceux qu'ils trouvent sur leur chemin, en manière de jeu et de plaisanterie, avec des lanières de peau garnies de leurs poils ; 3 de nombreuses femmes en âge d'être mères se placent à dessein sur leur passage, et, comme les enfants à l'école, tendent les deux mains pour recevoir les coups, persuadées que c'est là le bon moyen d'avoir un heureux accouchement, si elles sont enceintes, ou de devenir enceintes, si elles sont stériles. 4 César assistait à cette fête, assis aux Rostres sur un siège d'or et paré de sa tenue de triomphateur. 5 Antoine figurait dans la course sacrée, car il était consul. Quand il arriva au Forum et que la foule se fut écartée devant lui, on vît qu'il portait un diadème auquel s'entrelaçait une couronne de laurier ; il tendit ce diadème à César. Il y eut des applaudissements de commande, peu enthousiastes et peu nourris. 6 César repoussa le diadème ; alors tout le peuple applaudit. Antoine le lui présentant de nouveau, rares furent les applaudissements. César l'ayant refusé une seconde fois, de nouveau les applaudissements furent unanimes. 7 L'épreuve étant ainsi concluante, César se lève et ordonne que l'on porte la couronne au Capitole. 8 On vit alors que les statues de César avaient été couronnées de diadèmes royaux. Deux des tribuns, Flavius et Marullus, survinrent et les arrachèrent, puis, ayant découvert ceux qui avaient les premiers salué César du titre de roi, ils les firent conduire en prison. 9 Le peuple suivait les tribuns en les applaudissant et les appelait Brutus, parce que c'était Brutus qui avait mis fin à la succession des rois et avait transféré de la monarchie au sénat et au peuple le pouvoir suprême. 10 César, piqué au vif, priva Marullus et son collègue de leur charge, et, dans son réquisitoire contre eux, il insulta du même coup le peuple, en traitant à plusieurs reprises ces tribuns de Brutus et de Cyméens.

***Les ides de mars.* – 62.** 1 Dans ces conditions, la plupart des citoyens se tournèrent vers Marcus Brutus, qui passait pour appartenir, du côté paternel, à la race de l'antique Brutus, et qui, du côté maternel, descendait des Servilii, autre famille illustre, et qui était gendre et neveu de Caton. 2 Mais, de lui-même, il n'eût pas entrepris de renverser la monarchie, paralysé qu'il était par les honneurs et les bienfaits reçus de César. 3 Car non seulement il avait eu la vie sauve à Pharsale après la fuite de Pompée et avait, par son intercession, sauvé beaucoup de ses amis, mais il jouissait aussi d'un grand crédit auprès de César. 4 Il avait reçu celle des prétures qui était alors la plus honorable, et il devait être consul trois ans après, ayant eu la préférence sur son concurrent Cassius. 5 En effet César avait déclaré, dit-on, que Cassius présentait de meilleurs titres, mais que pourtant il ne passerait pas devant Brutus. 6 Aussi, un jour que l'on attaquait Brutus en sa présence, à un moment où la conjuration était déjà commencée, il n'y prêta pas attention, et, mettant la main sur lui-même, il répondit aux accusateurs : « Brutus attendra bien la fin de ce corps », faisant entendre par là que Brutus méritait le pouvoir par sa vertu, mais que cette vertu même l'empêcherait de devenir ingrat et criminel. 7 Cependant les partisans de la révolution avaient les yeux fixés sur lui seul, ou du moins sur lui en premier lieu ; ils n'osaient pas lui en parler, mais, la nuit, ils couvraient le tribunal et le siège où il s'asseyait pour donner ses audiences de préteur de billets généralement conçus en ces termes : « Tu dors, Brutus », ou « Tu n'es pas un Brutus ». 8 Cassius, s'étant aperçu que ces reproches éveillaient insensiblement son zèle, le pressait et l'excitait plus que jamais, ayant lui-même une haine particulière envers César pour des motifs que j'ai exposés dans la biographie de Brutus. 9 De son côté, César le suspectait, et il dit un jour à ses amis : « Que pensez-vous que projette Cassius ? Pour moi, il ne me plaît guère : il est trop pâle. » 10 On rapporte aussi qu'Antoine et Dolabella étant accusés auprès de lui de tramer une révolution, il dit : « Je ne crains pas ces gens gras et chevelus, mais plutôt ceux qui sont pâles et maigres », faisant ainsi allusion à Cassius et Brutus.

63. 1 Il semble qu'il soit plus facile de prévoir que d'éviter sa destinée, car on vit alors, dit-on, des apparitions et des signes extraordinaires. 2 Sans doute les lueurs dans le ciel, les bruits nocturnes entendus en plusieurs endroits, les oiseaux de proie qui descendirent sur le Forum ne valent-ils pas la peine d'être mentionnés à propos d'un si grand événement. 3 Mais Strabon le philosophe raconte que beaucoup de gens crurent voir accourir des hommes embrasés, que le valet d'un soldat fit jaillir de sa main une grande flamme, que les spectateurs crurent qu'il brûlait, et que, lorsque le feu s'éteignit, l'homme n'avait aucun mal ; 4 ensuite que, lors d'un sacrifice offert par César lui-même, on ne trouva pas de cœur à la victime, prodige qui parut effrayant, puisque la nature ne saurait produire un animal dépourvu de cœur. 5 On peut encore entendre beaucoup de gens raconter qu'un devin avertit César qu'il devait se garder d'un grand danger le jour de mars que les Romains appellent les ides, 6 et que, ce jour venu, César, sortant pour se rendre au sénat, salua le devin et lui dit en plaisantant : « Eh bien, les voici venues, les ides de mars », à quoi le devin répondit tranquillement : « Oui, les voici, mais elles ne sont pas encore passées. » 7 La veille, il dînait chez Marcus Lepidus et scellait des lettres, selon son habitude, tout en étant étendu à table, lorsque la conversation tomba sur le point de savoir quelle est la meilleure des morts ; César, devançant tous les autres convives, s'écria : « Celle à laquelle on ne s'attend pas. » 8 Après le dîner il se coucha, comme à l'ordinaire, auprès de sa femme ; tout à coup les portes et les fenêtres de la chambre s'ouvrirent en même temps ; tout troublé par le bruit et par la clarté de la lune qui illuminait la pièce, il entendit Calpurnia prononcer, bien qu'étant profondément endormie, des paroles indistinctes et pousser dans son sommeil des gémissements inarticulés ; 9 elle rêvait qu'elle tenait dans ses bras son mari égorgé et qu'elle le pleurait ; d'autres disent que sa femme n'eut pas cette vision, mais une autre : on avait surmonté la maison de César, comme pour l'orner et la distinguer, d'une sorte d'acrotère, voté par le sénat au dire de Tite-Live, et c'est ce pinacle que Calpurnia avait vu brisé dans son rêve, ce qui provoquait ses lamentations et ses pleurs. 10 En tout cas, le jour venu, elle supplia César de ne pas sortir, si c'était possible, et d'ajourner la séance du sénat : « Si tu n'attaches pas d'importance à mes songes, ajouta-t-elle, enquiers-toi de l'avenir par d'autres moyens divinatoires et par des sacrifices. » 11 Il eut lui aussi, semble-t-il, quelque soupçon et quelque inquiétude, car auparavant il n'avait jamais remarqué que Calpurnia, comme tant de femmes, fût superstitieuse, et il la voyait alors bouleversée. 12 Comme, en outre, les devins, après plusieurs sacrifices, lui déclarèrent que les signes étaient défavorables, il décida d'envoyer Antoine congédier le sénat.

64. 1 Sur ces entrefaites, Decimus Brutus, surnommé Albinus, en qui César avait une telle confiance qu'il l'avait institué son héritier en second, mais qui participait à la conjuration avec l'autre Brutus et Cassius, 2 craignant que, si César échappait à la séance de ce jour-là, l'entreprise ne s'ébruitât, se mit à railler les devins et remontra vivement à César quelles accusations et quelles calomnies il allait s'attirer de la part du sénat qui se croirait bafoué, 3 car il s'était réuni sur son ordre et il était prêt à voter à l'unanimité pour décider que César fût proclamé roi des provinces en dehors d'Italie et qu'il portât le diadème quand il se rendrait dans tout le reste du monde, sur terre et sur mer. 4 « Si l'on invite les sénateurs, disait-il, à se retirer, maintenant qu'ils sont assis sur leurs sièges, et à revenir une autre fois, lorsque Calpurnia aura fait de meilleurs rêves, que ne diront pas les envieux ? 5 Et qui voudra écouter tes amis quand ils tenteront de prouver qu'il n'y a là ni servitude ni tyrannie ? Si néanmoins, ajouta-t-il, tu es absolument résolu à sacrifier cette journée par scrupule religieux, il vaut mieux que tu ailles toi-même notifier au sénat la remise de la séance. » 6 Tout en parlant ainsi, Brutus le prit par la main et l'emmena. César avait à peine fait quelques pas hors de sa porte qu'un esclave du dehors, qui s'efforçait de le joindre, se voyant incapable de percer la foule pressée autour de lui, se fraya de force un chemin jusqu'à la maison et se remit aux mains de Calpurnia, en la priant de le garder jusqu'au retour de César, parce qu'il avait à lui faire une communication importante.

65. 1 Artémidoros, originaire de Cnide, qui enseignait les lettres grecques et qui par là avait suffisamment pénétré dans l'intimité de quelques-uns des complices de Brutus pour savoir en grande partie ce qui se tramait, vint apporter un billet contenant les révélations qu'il voulait faire ; 2 mais, voyant que César remettait aux gens de sa maison tous les billets qu'il recevait, il s'approcha tout près de lui et lui dit : « Lis ceci, César, seul et tout de suite ; il s'agit d'affaires d'une extrême importance pour toi. » 3 César prit le billet et essaya à plusieurs reprises de le lire, mais il en fut empêché par la foule des solliciteurs. C'est en tenant à la main ce billet, le seul qu'il eût gardé, qu'il entra au sénat. 4 Cependant quelques auteurs disent que c'est un autre qui remit ce billet et qu'Artémidoros ne put même pas approcher de César, ayant été repoussé tout le long du chemin par la cohue.

66. 1 Ce que j'ai rapporté jusqu'ici peut être l'effet du hasard ; mais la salle où eut lieu la scène du meurtre, celle où le sénat se réunit ce jour-là, contenait une statue de Pompée, qui avait dédié cet édifice comme un ornement ajouté à son théâtre : cette circonstance prouve manifestement que l'action fut conduite par un dieu qui avait assigné et marqué ce lieu pour un tel événement. 2 On dit aussi que Cassius avant l'assassinat tourna les yeux vers la statue de Pompée et l'invoqua en silence, bien qu'il fût attaché à la doctrine d'Épicure : 3 l'imminence du drame répandait dans son âme, semble-t-il, un enthousiasme et une émotion qui chassaient ses anciennes opinions. 4 Antoine, qui restait fidèle à César, et dont la force physique était grande, fut retenu au-dehors par Brutus Albinus, qui engagea avec lui à dessein une longue conversation. 5 Quand César entra, les sénateurs, par déférence, se levèrent. Aussitôt, tandis que certains des complices de Brutus se plaçaient en cercle derrière le siège de César, les autres allèrent au-devant de lui, comme pour joindre leurs prières à celles de Tillius Cimber qui intercédait pour son frère exilé, et ils le supplièrent tous ensemble en l'accompagnant jusqu'à sa place. 6 Une fois assis, il continua à repousser leurs sollicitations, et, comme ils insistaient plus vivement, il témoigna à chacun d'eux son mécontentement. Alors Tillius saisit sa toge à deux mains et la tira en bas du cou, ce qui était le signal de l'attaque. 7 Casca, le premier, le frappe de son épée à la nuque, mais la blessure n'était pas mortelle ni profonde : sans doute fut-il troublé d'avoir à commencer une entreprise si grande et si hardie. César se retourne, saisit le glaive et le retient dans sa main. 8 Ils s'écrient tous deux presque en même temps, le blessé, en latin : « Maudit Casca, que fais-tu ? », et l'agresseur, s'adressant en grec à son frère : « Frère, au secours ! » 9 C'est ainsi que l'affaire débuta. Ceux qui n'étaient pas dans le complot furent saisis d'un frisson d'épouvante en voyant ce qui se passait, et n'osèrent ni fuir, ni défendre César, ni même proférer un son. 10 Mais ceux qui s'étaient armés pour le meurtre tirèrent chacun leur épée nue. César, enveloppé de toutes parts, ne voit en face de lui, de quelque côté qu'il se tourne, que des glaives acharnés à le frapper au visage et aux yeux ; ballotté entre les mains de tous, il se débat comme un fauve. 11 Tous doivent prendre part au sacrifice et goûter au meurtre ; aussi Brutus lui porte-t-il un coup dans l'aine. 12 Certains disent que César se défendait contre les autres, en se jetant de tout côté et en criant, mais que, lorsqu'il vit Brutus lever son épée nue, il tira sa toge sur sa tête et se laissa tomber, poussé par le hasard ou par ses meurtriers, près du piédestal sur lequel se dressait la statue de Pompée. 13 Ce piédestal fut couvert de son sang, en sorte qu'il semblait que Pompée présidait en personne à la vengeance que l'on tirait de son ennemi gisant à ses pieds et palpitant sous le grand nombre de ses blessures, 14 car on dit qu'il en avait reçu vingt-trois. Plusieurs des conjurés se blessèrent entre eux, en assénant tant de coups sur un seul homme.

67. 1 Quand César fut mort, Brutus s'avança au milieu de l'assemblée, comme pour parler de ce qui venait de s'accomplir, mais les sénateurs ne voulurent rien entendre et se précipitèrent au-dehors. Leur fuite remplit le peuple d'un trouble et d'une frayeur insurmontables : les uns fermaient leurs maisons, les autres abandonnaient leurs comptoirs et leurs commerces ; partout couraient en tous sens ceux qui allaient au sénat pour voir ce qui s'était passé, et ceux qui en revenaient après avoir vu. 2 Antoine et Lépide, les plus grands amis de César, s'esquivèrent et cherchèrent refuge dans des maisons autres que les leurs. 3 Brutus et ses compagnons, encore tout chauds du meurtre et brandissant leurs épées nues, se groupèrent tous ensemble au sortir du sénat et se dirigèrent vers le Capitole, non pas comme des gens qui fuient, mais avec des visages radieux et pleins d'assurance, appelant le peuple à la liberté et saluant les notables qu'ils rencontraient. 4 Même quelques-uns de ceux-ci se mêlèrent à leur groupe et montèrent avec eux, comme s'ils avaient pris part à l'action et en revendiquaient la gloire. De ce nombre étaient Caius Octavius et Lentulus Spinther, 5 qui dans la suite furent bien punis de cette fanfaronnade : Antoine et le jeune César les firent exécuter et ils n'avaient pas même joui de la gloire pour laquelle ils mouraient, parce que personne ne les crut : 6 ceux-là mêmes qui les châtièrent punirent en eux non pas l'acte, mais l'intention. 7 Le jour suivant, Brutus et les conjurés descendirent au Forum et haranguèrent le peuple, qui écouta leurs discours sans manifester ni blâme ni approbation de ce qui s'était fait, mais qui laissait voir par son profond silence que, s'il plaignait César, il respectait Brutus. 8 Le sénat vota des amnisties et tenta une réconciliation générale : d'un côté, il décréta qu'on rendrait à César les honneurs divins et qu'on ne toucherait pas à la moindre des mesures qu'il avait prises quand il était au pouvoir ; 9 de l'autre, il attribua des provinces à Brutus et à ses complices, et leur accorda des distinctions convenables, si bien que tout le monde crut la situation rétablie et arrangée de la façon la plus satisfaisante.

68. 1 Mais lorsque, le testament de César ayant été ouvert, on apprit qu'il laissait à chaque Romain un legs considérable, et que l'on vit porter à travers le Forum son corps défiguré par les blessures, la foule ne garda plus ni ordre ni retenue : elle entassa autour du cadavre des bancs, des barrières et des tables qu'elle prit sur le Forum, y mit le feu et brûla le corps sur place, 2 puis, saisissant des tisons enflammés, elle courut aux maisons des meurtriers pour les incendier, tandis que d'autres parcouraient la ville en tous sens pour s'emparer d'eux et les mettre en pièces, mais ils n'en rencontrèrent aucun, car ils étaient tous bien barricadés. 3 Cependant il se trouva qu'un certain Cinna, ami de César, avait eu, dit-on, la nuit précédente un songe étrange. Il avait rêvé que César l'invitait à dîner et que, sur son refus, César le prenait par la main et l'emmenait contre sa volonté et en dépit de sa résistance. 4 Quand il apprit qu'on brûlait le corps de César au Forum, il se leva et y alla pour lui rendre honneur, bien que son rêve l'inquiétât et qu'il eût aussi de la fièvre. 5 En le voyant, un homme, dans le peuple, dit son nom à un autre qui le lui demandait ; celui-ci le redit à un autre, et le bruit courut par toute la foule que c'était l'un des meurtriers de César. 6 Et, de fait, il y avait parmi les conjurés un homme qui portait le même nom que lui et s'appelait Cinna. On le prit pour celui-ci ; on se jeta aussitôt sur lui et on le mit en pièces sur-le-champ. 7 Ce meurtre effraya au plus haut point Brutus et Cassius, qui, peu de jours après, quittèrent la ville. Ce qu'ils firent et ce qu'ils subirent avant de mourir se trouve écrit dans la *Vie de Brutus*.

69. 1 Quand César mourut, il avait atteint cinquante-six ans ; il n'avait pas survécu à Pompée beaucoup plus de quatre ans. De ce pouvoir et de cette domination qu'il avait poursuivis toute sa vie à travers tant de périls et qu'il avait obtenus avec tant de peine, il ne recueillit que le nom et une gloire qui excita l'envie de ses concitoyens. 2 Cependant le puissant démon qui l'avait assisté pendant sa vie l'accompagna même après sa mort pour le venger ; il poursuivit et traqua ses assassins sur toute l'étendue de la terre et de la mer, jusqu'à ce qu'il n'en restât plus un seul et que même il eût puni tous ceux qui avaient en quelque manière mis la main à l'acte ou n'avaient pris part au complot qu'en intention. 3 Le plus extraordinaire des faits humains qui l'attestent, c'est ce qui arriva à Cassius ; vaincu à Philippes, il se tua avec l'épée dont il s'était servi contre César. 4 Quant aux faits divins, il y eut la grande comète qui, après le meurtre de César, apparut, éclatante, sept nuits de suite avant de disparaître. Il y eut aussi l'obscurcissement de la lumière du soleil : 5 toute cette année-là, le disque solaire se leva pâle et sans rayons éblouissants ; la chaleur qui en descendait était débile et languissante, au point que l'air restait obscur et lourd par suite de la faiblesse de la chaleur qui le pénétrait, et que les fruits, ne mûrissant qu'à moitié, se flétrissaient et se gâtaient à cause de la fraîcheur de l'atmosphère. 6 Mais c'est surtout le fantôme apparu à Brutus qui montra que le meurtre de César n'avait pas été agréable aux dieux. Voici quelle fut cette apparition : 7 Brutus, sur le point de faire passer son armée d'Abydos sur l'autre continent, se reposait la nuit à son ordinaire sous sa tente ; il ne dormait pas, mais il songeait à l'avenir, 8 car il était, dit-on, de tous les généraux, le moins dormeur, celui à qui sa constitution permettait les plus longues veilles. 9 Il crut entendre du bruit à la porte, et, en regardant à la lumière d'une lampe qui commençait à baisser, il eut une vision épouvantable, celle d'un homme d'une taille démesurée et d'un aspect terrible. 10 D'abord saisi d'effroi, quand il vit que le spectre ne faisait ni ne disait rien et restait silencieux près de son lit, il lui demanda : « Qui es-tu ? » 11 Le fantôme lui répondit : « Je suis ton mauvais démon, Brutus ; tu me verras à Philippes. » Brutus reprit alors hardiment : « Eh bien, je t'y verrai », sur quoi le spectre disparut aussitôt. 12 Le moment venu, à Philippes, Brutus se mit en ligne contre Antoine et César ; vainqueur dans le premier engagement, il défit les ennemis qui lui faisaient face, les dispersa et saccagea le camp de César. 13 Mais, comme il était sur le point de livrer le second combat, le même fantôme revint le visiter pendant la nuit ; il ne dit pas un mot, mais Brutus, comprenant l'arrêt du destin, se jeta tête baissée au-devant du danger ; 14 cependant il ne tomba pas en combattant ; ses troupes étant mises en déroute, il se réfugia sur un endroit escarpé et appuya sa poitrine sur son épée nue, aidé, dit-on, par un ami qui renforça le coup ; c'est ainsi qu'il mourut.

Vies de Phocion et de Caton le Jeune

Rien apparemment ne semblait de nature à rapprocher ces deux biographies qui paraissent même antithétiques. Phocion à nos yeux est un politique opportuniste dont le mérite est d'avoir tenté de gérer les « débris du naufrage d'Athènes » et qui a été mis à mort par ses concitoyens lors d'un renversement du pouvoir en Macédoine et à Athènes. Caton d'Utique demeure le pur héros qui préféra se donner la mort plutôt que de céder aux vainqueurs, destructeurs de la République.

Mais ce n'est pas une grossière erreur d'appréciation. C'est un parallèle très délibérément construit et Plutarque qui pressent l'étonnement du lecteur commente assez longuement ce choix dans une préface célèbre et complexe où il rappelle que les sentiments, non plus que les qualités, ne sont pas choses simples et uniformes : il y a, dit-il, courage et courage, intelligence et intelligence, justice et justice. Mais il observe en même temps qu'il faut savoir faire des concessions à ceux que l'on veut commander. C'est un art difficile qui s'apparente à la marche du soleil qui n'est pas rectiligne mais en spirale. Ces deux remarques ne sont pas aussi éloignées l'une de l'autre que l'on pourrait croire. Elles caractérisent la conduite de l'homme politique intelligent. Il n'y a ni justice ni courage absolus. Tout doit être relatif aux circonstances dont il est bon de tenir compte, ce que ni Caton ni Phocion n'ont fait autant qu'il eût fallu.

Là se rejoignent les deux destins en apparence si contraires. Ni l'un ni l'autre n'ont su adapter leur comportement à la « conjoncture », dirions-nous. Et ils ont été victimes de cette rigueur. Le parallèle peut paraître audacieux et fallacieux puisque Caton se tue pour protester contre le nouvel état d'esprit incivique des Romains tandis que Phocion est exécuté pour être resté fidèle à des occupants étrangers, eux-mêmes victimes d'un coup d'État.

Au total c'est à une réhabilitation de Phocion que vise Plutarque en recourant à un parallèle avec Caton et en comparant explicitement Phocion à Socrate. Il n'est pas coupable d'avoir accepté une certaine collaboration des Athéniens avec la Macédoine, mais de s'être refusé à changer de partenaire quand les Macédoniens avaient changé de chef. Si notre auteur s'étend si longuement sur la complexité de la situation de Phocion et sur ses mérites, on ne peut s'empêcher de penser qu'il a à l'esprit des situations comparables et plus actuelles qui le touchent de près. N'est-ce pas vers la même époque qu'il compose ces écrits politiques où il apporte à la Politique *de Platon les rectificatifs nécessaires en montrant que toutes les décisions relatives à la politique extérieure et à la guerre ne sont plus entre les mains de la cité mais d'un pouvoir supérieur. La* Vie de Phocion *est une illustration de cette situation de dépendance subie et assumée avec honnêteté et lucidité. C'est, sinon un plaidoyer* pro domo *(Plutarque serait bien étonné si on lui disait qu'il en avait besoin), du moins une admonestation adressée aux agités et aux factieux.*

Il était naturel dans ces conditions que Plutarque insistât sur l'honnêteté personnelle de Phocion, ce qu'il fit très longuement pour bien montrer que sa politique de collaboration ne lui fut, à la différence de Démade, dictée que par l'intérêt de la cité. De même en ce qui concerne Caton, il insista sur son désintéressement qui excusait son intransigeance.

J. S.

PHOCION

Préface. – **1.** 1 L'orateur Démade, dont la grande influence à Athènes provenait de sa politique de complaisance à l'égard des Macédoniens et d'Antipatros, étant contraint de faire beaucoup de discours et de propositions contraires à la dignité et au caractère de la ville, disait : « Je mérite le pardon parce que j'administre les débris du naufrage de la cité. » 2 Cette parole, si elle paraissait pleine d'effronterie dans la bouche de Démade, pourrait bien être vraie, appliquée au gouvernement de Phocion. 3 De fait, Démade était lui-même un débris du naufrage d'Athènes ; ses mœurs et sa politique étaient si impudentes qu'Antipatros disait de cet orateur, devenu vieux, qu'il ne restait de lui, comme d'une victime de sacrifice dépecée, que la langue et le ventre. 4 Tout au contraire, la vertu de Phocion, par un effet du sort, eut à se mesurer à des circonstances pénibles et cruelles, au point d'être éclipsée et privée de l'éclat de la gloire par les malheurs de la Grèce. 5 Car il ne faut pas en croire Sophocle, qui fait paraître faible la vertu en disant : « Ce qu'on a de raison ne peut tenir, ô roi, / en face du malheur et lui cède la place. »

6 Tout ce qu'il faut accorder à la Fortune, quand elle s'attaque aux hommes de cœur, c'est qu'elle attire à quelques-uns d'entre eux, au lieu de la reconnaissance et de l'honneur qui leur sont dus, de méchantes critiques et des calomnies, qui font paraître plus faible leur réputation de vertu.

2. 1 On pourrait croire pourtant que les peuples maltraitent surtout les hommes de cœur dans les périodes heureuses où le succès et la puissance exaltent les esprits, mais c'est le contraire qui a lieu. 2 En effet, les malheurs aigrissent les caractères, qui alors s'affligent d'un rien, deviennent irascibles et rendent les oreilles si chatouilleuses, si délicates qu'elles sont choquées de toute parole, de tout discours prononcé sur un ton un peu haut. Celui qui blâme les gens pris en faute semble insulter à leurs malheurs, et celui qui parle aux autres avec franchise paraît les mépriser. 3 De même que le miel, appliqué aux blessures ou aux ulcères du corps, cause de la douleur, ainsi arrive-t-il souvent que les propos véridiques et sensés mordent et exacerbent les malheureux, à moins de comporter quelque chose de doux et de conciliant. Et voilà sans doute pourquoi le poète a appelé la douceur « joie du cœur », parce qu'elle cède au penchant de l'âme sans le combattre ni lui résister. 4 Un œil enflammé se repose avec un vif plaisir sur des couleurs sombres et ternes, tandis qu'il se détourne de celles qui brillent et réfléchissent la lumière ; de même une ville tombée dans des malheurs imprévus craint le moindre bruit, se laisse aller et, dans sa faiblesse, n'a pas le courage de supporter la franchise, au moment où elle en a le plus besoin, alors que la situation ne lui permet pas de réparer son erreur. 5 Aussi est-il très dangereux de gouverner une telle ville, car elle entraîne dans sa ruine l'orateur complaisant après avoir fait périr d'abord celui qui ne la flatte pas. 6 Le soleil, au dire des mathématiciens, ne se meut pas du même mouvement que le ciel, sans suivre pourtant une route directement opposée et contraire, mais sa marche oblique et inclinée décrit une spirale, dont la révolution courbe, souple et flexible assure la conservation de l'univers et la meilleure distribution des saisons : 7 de même, en politique, si une conduite trop rectiligne et opposée en tout aux volontés populaires est d'une rigueur dure et sévère, c'est en revanche glisser sur une pente périlleuse que se laisser entraîner à la remorque des erreurs de la foule. 8 Au contraire, savoir faire des concessions à ceux que l'on veut persuader et leur accorder ce qui leur plaît pour exiger ensuite d'eux ce qui est utile (les hommes rendent volontiers et avec douceur beaucoup des services qu'on leur demande, s'ils ne sont pas menés de façon despotique et violente), c'est là un système de gouvernement salutaire, encore que laborieux et difficile, parce qu'on n'allie pas sans peine la sévérité à la bonté. 9 Quand cette alliance est obtenue, c'est alors la fusion la plus juste et la plus musicale de tous les rythmes et de toutes les harmonies, celle par laquelle, dit-on, Dieu gouverne le monde, sans user de violence, mais en amenant doucement la nécessité par la persuasion et la raison.

3. 1 Ces réflexions peuvent s'appliquer aussi à Caton le Jeune. Lui non plus n'avait pas un caractère propre à persuader ni à séduire le peuple, et son prestige politique ne dut rien à la complaisance. 2 Cicéron dit de lui que c'est en voulant se comporter comme dans la République de Platon, et non pas comme dans la fange de Romulus, qu'il échoua lors de sa candidature au consulat. Il lui advint, selon moi, ce qui arrive aux fruits venus hors saison : 3 on les voit avec plaisir, on les admire, mais on n'en use pas. De même, les mœurs antiques de Caton, apparaissant après plusieurs siècles dans une société corrompue et dépravée, lui valurent beaucoup de renommée et de gloire, mais elles n'étaient pas ajustées aux nécessités de la politique, à cause de l'austérité et de la grandeur de sa vertu, disproportionnées par rapport à l'époque où il vivait. 4 En fait, lorsque parut Caton, sa patrie ne penchait pas encore vers la ruine, comme celle de Phocion, mais elle était agitée par une grande tempête, et, dans la direction du vaisseau de l'État, il mit seulement la main aux voiles et aux cordages à côté d'hommes plus puissants que lui, et il fut écarté du gouvernail et de la barre, ce qui d'ailleurs ne l'empêcha pas de livrer un grand combat contre la Fortune. 5 Si celle-ci renversa et perdit la République grâce à d'autres que lui, ce fut à grand-peine, lentement et après de longs efforts, et encore s'en fallut-il de peu que la République ne triomphât grâce à Caton et à la vertu de Caton. 6 Si à cette vertu nous comparons celle de Phocion, ce n'est point à cause d'une ressemblance générale qu'ils présentaient en tant qu'hommes de cœur et hommes d'État, 7 car il existe certainement une différence entre courage et courage, comme par exemple celui d'Alcibiade et celui d'Épaminondas, entre intelligence et intelligence, celle de Thémistocle et celle d'Aristide, entre justice et justice, celle de Numa et celle d'Agésilas. 8 Mais les vertus des deux hommes dont nous parlons montrent, jusqu'en leurs nuances dernières et les plus menues, le même caractère, le même aspect et une seule qualité morale formée des mêmes composantes, comme si l'on y avait mêlé à doses égales l'austérité et l'humanité, le courage et la prudence, la sollicitude pour autrui et l'intrépidité pour son propre compte, l'aversion pour le mal et l'ardeur pour la justice, harmonieusement alliées. 9 Aussi faut-il un discernement très fin qui serve d'instrument pour découvrir et discerner les différences entre ces deux caractères.

Origine et caractère. – **4.** 1 Pour Caton, c'est un fait reconnu qu'il appartenait à une famille illustre, comme nous le dirons. Quant à Phocion, je conjecture qu'il n'était pas d'une origine tout à fait obscure et basse : 2 s'il avait eu pour père, comme le prétend Idoménée, un fabricant de pilons, Glaucippe, fils d'Hypéride, dans le discours où il a ramassé et proféré contre lui mille injures, n'aurait pas omis la médiocrité de sa naissance ; d'autre part, Phocion n'aurait pas bénéficié de ces nobles principes de vie et de cette sage éducation qu'il dut, étant encore jeune, aux leçons de Platon, et plus tard à celles de Xénocrate, à l'Académie, et il n'aurait pas eu tant de zèle dès le début pour les plus belles occupations. 3 Les Athéniens ne le virent guère rire ni pleurer, ni fréquenter les bains publics, à ce que rapporte Douris, ni tenir les mains hors de son manteau, quand il en portait un. 4 Lorsqu'il marchait dans la campagne on était en expédition militaire, il allait toujours pieds nus et légèrement vêtu, à moins qu'il ne fît un froid excessif et intolérable. Aussi les soldats qui l'accompagnaient disaient-ils en plaisantant que c'était le signe d'un rude hiver que de voir Phocion couvert d'un manteau.

5. 1 Bien qu'il fût de caractère très doux et très humain, son visage lui donnait un air si insociable et si morose qu'on ne l'abordait pas volontiers seul à seul, quand on n'était pas de ses familiers. 2 Un jour, Charès le plaisantait sur ses sourcils, et les Athéniens en riaient : « Ces sourcils, répliqua Phocion, ne vous ont jamais causé aucun chagrin, tandis que le rire de ces gens-là a souvent fait pleurer la ville. » 3 C'est ainsi que l'éloquence de Phocion, grâce à des trouvailles et à des idées heureuses, avait un effet salutaire, avec une concision impérieuse, austère et sans agrément. 4 Zénon disait que le philosophe doit tremper ses pensées dans le sens avant de les exprimer en paroles ; ainsi, les discours de Phocion renfermaient le plus de sens dans le moins de mots. 5 C'est aussi en songeant à cela, je crois, que Polyeucte de Sphettos a dit que Démosthène était le meilleur des orateurs, et Phocion le plus habile. 6 En effet, si la qualité d'une monnaie est d'avoir la valeur la plus grande sous le plus petit volume, de même l'habileté du langage paraît consister à signifier beaucoup d'idées en peu de paroles. 7 On dit qu'un jour Phocion lui-même, alors que le théâtre se remplissait de monde, se promenait au pied de la scène, plongé dans ses réflexions ; 8 un de ses amis lui dit : « Tu as l'air tout pensif, Phocion. — Oui, par Zeus, répondit-il, je pense à ce que je puis retrancher dans le discours que je dois prononcer devant les Athéniens. » 9 Démosthène méprisait beaucoup les orateurs autres que Phocion, mais, quand celui-ci se levait, il avait coutume de dire tout bas à ses amis : « Voici la hache de mes discours. » 10 Mais peut-être faut-il rapporter ce mot au caractère de Phocion, car une seule parole, un simple signe de tête d'un honnête homme inspire autant de confiance que des milliers de raisonnements et de périodes.

Expéditions militaires. – **6.** 1 Dans sa jeunesse, Phocion se lia d'amitié avec le stratège Chabrias, et il le suivait partout. Il apprit beaucoup de lui pour l'expérience de la guerre, et, de son côté, il corrigea parfois le caractère inégal et excessif de ce général. 2 En effet, Chabrias, d'ordinaire nonchalant et difficile à émouvoir, une fois dans l'action s'animait et enflammait son courage au point de se précipiter témérairement avec les plus audacieux. C'est ainsi précisément qu'il perdit la vie à Chios, en s'élançant le premier avec sa trière pour tenter de force un débarquement. 3 Donc Phocion, qui, lui, se montrait à la fois actif et sûr, tantôt échauffait la lenteur de Chabrias, tantôt, au contraire, retenait la fougue intempestive de ses élans. 4 Aussi Chabrias, qui était bienveillant et bon, l'aimait-il et le poussait-il aux entreprises et aux commandements, en le faisant connaître aux Grecs et en l'employant dans les affaires de la plus haute importance. 5 À la bataille navale de Naxos, en particulier, il procura à Phocion une renommée et une gloire éclatantes, en lui donnant le commandement de l'aile gauche, où la lutte fut vive et la décision rapide. 6 Ce fut le premier combat qu'Athènes soutint sur mer contre les Grecs avec ses seules forces après la prise de la ville ; ce succès redoubla l'affection des Athéniens pour Chabrias et leur fit concevoir de l'estime pour Phocion, qu'ils jugèrent capable de commander en chef. 7 La victoire de Naxos eut lieu pendant la célébration des Grands Mystères ; c'est pourquoi Chabrias faisait chaque année, le seize de Boédromion, une distribution de vin aux Athéniens.

7. 1 Comme ensuite Chabrias, à ce que l'on rapporte, l'envoyait lever les contributions des îles en lui proposant vingt vaisseaux, Phocion dit que, si c'était pour faire la guerre, il lui faudrait des forces plus considérables, mais que, s'il allait chez des alliés, il lui suffisait d'un unique navire. 2 Il prit donc la mer avec sa seule trière, puis engagea des pourparlers avec les villes et traita leurs chefs avec douceur et simplicité, si bien qu'il revint avec un grand nombre de vaisseaux qui transportaient l'argent envoyé aux Athéniens par les alliés.

3 Non content de cultiver l'amitié de Chabrias et de l'honorer du vivant de celui-ci, il s'occupa encore généreusement des siens après sa mort, et il voulut faire de son fils Ctésippe un homme de bien. Quoiqu'il le vît léger et difficile, il ne renonça pourtant pas à tenter de le corriger et à cacher ses défauts. 4 Une fois pourtant, dit-on, au cours d'une expédition, importuné par le jeune homme, qui le fatiguait de questions et d'avis intempestifs, comme s'il voulait lui faire la leçon et partager son commandement, Phocion s'écria : « Ô Chabrias, Chabrias, je te paie grandement ma dette d'amitié en supportant ton fils ! »

5 Il voyait que les citoyens qui dirigeaient les affaires publiques s'étaient partagé, comme par tirage au sort, la conduite des armées et la tribune de l'assemblée, les uns — Eubule, Aristophon, Démosthène, Lycurgue et Hypéride — se bornant à parler au peuple et à rédiger des décrets, tandis que les autres — Diopeithès, Ménesthée, Léosthénès et Charès — s'illustrant par les commandements et par la guerre ; il voulut, lui, reprendre et restaurer l'héritage de Périclès, Aristide et Solon, dont l'action formait un tout et réunissait harmonieusement les deux aspects, politique et militaire. 6 Et, de fait, chacun de ces trois hommes paraissait,

suivant l'expression d'Archiloque, être « à la fois serviteur du dieu Ényalios / et comblé du charmant privilège des Muses », et il constatait que la déesse est également guerrière et politique, et qu'elle porte ces deux appellations.

Conduite politique et propos. – **8.** 1 S'étant fixé cette ligne de conduite, il menait toujours sa politique en vue de la paix et de la tranquillité. Néanmoins, il fut plus souvent stratège qu'aucun de ses contemporains, et même de ses devanciers, et cela sans demander ni briguer le commandement, mais aussi sans le fuir ni s'y dérober quand la ville l'appelait. 2 Car c'est un fait reconnu qu'il fut quarante-cinq fois stratège sans avoir assisté une seule fois aux élections, mais toujours rappelé par ses concitoyens, qui votaient pour lui bien qu'il fût absent. 3 Aussi les gens peu sensés s'étonnaient-ils de cette conduite du peuple à l'égard de Phocion, qui heurtait presque constamment les Athéniens et ne disait ni ne faisait jamais rien pour leur plaire. On approuve que les rois n'utilisent leurs flatteurs qu'après s'être lavé les mains ; de même le peuple ne se servait des démagogues spirituels et plaisants qu'en guise d'amusement, mais, toujours sage et sérieux quand il s'agissait de pourvoir les charges, il y appelait le plus austère et le plus raisonnable des citoyens, celui qui, seul, ou du moins, plus que tout autre, s'opposait à ses velléités et à ses caprices. 4 Un jour, on donna lecture d'un oracle, venu de Delphes, disant que tous les Athéniens étaient d'accord à l'exception d'un seul, dont l'opinion s'opposait à celle de la ville ; Phocion, montant alors à la tribune, déclara que l'on n'avait pas à se mettre en peine de chercher : « C'est moi qui suis visé, dit-il, car je suis le seul à qui rien ne plaise de ce qui se fait ici. » 5 Une fois même qu'exprimant son avis devant le peuple il avait du succès et voyait que tout le monde également approuvait ses paroles, il se retourna vers ses amis pour leur dire : « Ne m'est-il pas échappé quelque sottise ? »

9. 1 Comme les Athéniens demandaient des contributions volontaires en vue d'un sacrifice et que tous en apportaient, sauf Phocion, on le sollicita à plusieurs reprises : « Demandez à tous ces riches, dit-il ; moi, je rougirais de vous donner, alors que je n'ai pas rendu à cet homme-là l'argent que je lui dois », et il montrait l'usurier Calliclès. 2 Comme ils ne cessaient de crier et de vociférer contre lui, il leur conta cet apologue : « Un poltron sortait de chez lui pour aller à la guerre, mais, entendant croasser des corbeaux, il déposa ses armes et ne bougea plus, puis il les reprit et se remit en route ; comme les corbeaux croassaient encore, il s'arrêta et leur dit à la fin : « Vous aurez beau croasser aussi fort que vous pourrez, vous ne goûterez pas à ma chair. » 3 Une autre fois, les Athéniens le pressant de les mener à l'ennemi, il refusa ; ils le traitèrent alors de lâche et de couard : « Vous ne pouvez, leur répondit-il, me rendre téméraire, ni moi vous rendre craintifs, et cependant nous nous connaissons bien. » 4 Dans des circonstances critiques, le peuple s'emporta violemment contre lui et lui demanda de rendre compte de son commandement : « Hommes étonnants ! dit-il, échappez d'abord au danger. » 5 À la guerre, les Athéniens s'étaient montrés médiocres et peureux, puis, la paix conclue, ils s'enhardirent et poussèrent des cris contre Phocion, qui, disaient-ils, les avait privés de la victoire : « Vous avez de la chance, répondit-il, d'avoir un stratège qui vous connaît ; autrement, il y a longtemps que vous seriez perdus. » 6 Les Athéniens refusant de soumettre à l'arbitrage un différend territorial qu'ils avaient avec les Béotiens et voulant faire la guerre à ceux-ci, il leur conseilla de combattre avec des discours, en quoi ils étaient supérieurs, plutôt qu'avec les armes, en quoi ils étaient inférieurs. 7 Un jour qu'il parlait et qu'on ne voulait pas admettre son avis, ni même l'écouter, il dit : « Vous pouvez bien me forcer à faire ce que je ne veux pas ; quant à dire ce qui ne convient pas et parler contre mon opinion, vous ne m'y contraindrez pas. » 8 Un des orateurs opposés à sa politique, Démosthène, lui disant : « Les Athéniens te tueront, Phocion, s'ils ont un accès de fureur. — Et toi, répliqua-t-il, ils te tueront, s'ils sont dans leur bon sens. » 9 Un jour de grande chaleur, Polyeucte de Sphettos conseillait aux Athéniens de faire la guerre à Philippe. Phocion, voyant Polyeucte, qui était très gros, s'essouffler, transpirer abondamment et avaler de l'eau à plusieurs reprises, remarqua : « Il vous sied vraiment de voter la guerre en vous fiant à cet homme : que croyez-vous qu'il fera sous la cuirasse et le bouclier, au contact de l'ennemi, lui qui, pour prononcer seulement un discours tout préparé, risque d'étouffer ? » 10 Comme Lycurgue l'avait couvert d'injures dans l'assemblée du peuple et lui reprochait de surcroît d'avoir conseillé de livrer les dix citoyens demandés par Alexandre, Phocion répondit : « J'ai souvent donné à ceux-là de bons et utiles conseils, mais ils ne m'écoutent pas. »

10. 1 Il y avait un certain Archibiade, surnommé le Laconisant, qui portait une barbe d'une longueur démesurée, s'habillait toujours d'un manteau grossier et affectait une mine sombre. Phocion, étant un jour au Conseil l'objet de cris hostiles, appela cet homme à témoigner en sa faveur et à soutenir son avis. 2 Archibiade se leva, mais pour conseiller aux Athéniens ce qui leur faisait plaisir. Alors Phocion lui prit la barbe en disant : « Archibiade, pourquoi ne t'es-tu pas rasé ? » 3 Aristogiton, le sycophante, se montrait belliqueux dans les assemblées et poussait le peuple à l'action, mais, lors de l'enrôlement des troupes, il se présenta appuyé sur un bâton et les jambes bandées ; Phocion, l'apercevant de loin du haut de son estrade, cria au scribe : « Écris : Aristogiton boiteux et lâche. »

4 Aussi peut-on se demander avec surprise comment et pourquoi un homme si rude et si austère avait reçu le surnom de Bon. 5 C'est qu'il n'est pas impossible, je crois, bien que ce soit difficile, que le même

homme, comme le même vin, ait tout ensemble de l'agrément et de l'âpreté ; inversement, on en voit qui paraissent doux et qui sont très désagréables et nuisibles à l'usage. 6 On rapporte qu'Hypéride dit un jour au peuple : « Athéniens, ne regardez pas seulement si je suis violent, mais si ma violence est désintéressée », comme si l'avidité seule rendait les gens insupportables et odieux, et comme si ce n'étaient pas plutôt ceux qui abusent de leur pouvoir par insolence, envie, colère ou entêtement que la foule craint et repousse. 7 Or Phocion ne fit jamais de mal par haine à aucun de ses concitoyens, et jamais il ne vit en aucun d'eux un ennemi. C'est seulement quand il le fallait pour tenir tête à ceux qui s'opposaient aux mesures proposées par lui pour le bien de la patrie qu'il se montrait rude, inflexible, inexorable ; le reste du temps, il était bienveillant pour tous, accessible et humain, 8 au point de venir en aide à ses adversaires malheureux et de prendre leur défense en justice. Ses amis lui reprochaient d'avoir parlé devant le tribunal en faveur d'un méchant homme ; il répondit que les gens de bien n'avaient pas besoin d'assistance. 9 Aristogiton, le sycophante, ayant été condamné, envoya prier Phocion, de lui rendre visite ; Phocion accueillit cette requête ; il se mit en route vers la prison, et, comme ses amis voulaient l'en empêcher : « Laissez-moi, hommes étonnants ! dit-il : en quel lieu pourrait-on voir Aristogiton avec plus de plaisir ? »

11. 1 Les alliés et les insulaires regardaient les chefs de la flotte athénienne envoyée vers eux comme des ennemis, quand un autre que Phocion la commandait, et ils mettaient leurs remparts en état de défense, fermaient leurs ports et ramenaient des champs dans les villes bétail, esclaves, femmes et enfants ; mais si le chef était Phocion, ils allaient loin à sa rencontre sur leurs propres navires, des couronnes sur la tête, avec joie, et ils le conduisaient ainsi chez eux.

Campagnes contre Philippe. – **12.** 1 Philippe, alors, s'insinuait en Eubée, y faisant passer des troupes venues de Macédoine et plaçant les villes sous son influence par l'intermédiaire de tyrans. Plutarque d'Érétrie appela les Athéniens et les pria d'arracher l'île au Macédonien qui l'occupait. On envoya Phocion comme stratège avec une armée peu nombreuse, dans la pensée que les gens du pays étaient tout disposés à se joindre à lui. 2 Mais il trouva tout rempli de traîtres, corrompu et miné par la vénalité, et il fut mis en grand danger. Alors s'emparant d'une colline séparée de la plaine de Tamynai par un ravin profond, il réussit à y rassembler et à y maintenir l'élite de son armée. 3 Quant aux soldats indisciplinés, beaux parleurs et mutins qui s'échappaient du camp et désertaient, il engagea les officiers à ne pas s'en inquiéter : sur place, ces déserteurs seraient inutiles à cause de leur indiscipline et même nuisibles pour les combattants, et là-bas, conscients de leur faute, ils crieraient moins contre lui et ne le calomnieraient pas trop fort.

13. 1 Quand les ennemis attaquèrent, il donna l'ordre à ses troupes de rester immobiles sous les armes, en attendant qu'il eût sacrifié, ce à quoi il employa beaucoup de temps, soit que les signes fussent mauvais, soit qu'il voulût attirer les ennemis plus près. 2 C'est pourquoi, tout d'abord, Plutarque pensa qu'il hésitait parce qu'il avait peur, et sortit lui-même au pas de course avec ses mercenaires. En le voyant, les cavaliers ne purent se contenir et chargèrent aussitôt l'ennemi, sans ordre, en s'égaillant à mesure qu'ils sortaient du camp. 3 Les premiers rangs ayant été battus, tous se dispersèrent, et Plutarque s'enfuit. Quelques-uns des adversaires, croyant à une victoire complète, s'approchèrent de la palissade du camp et essayèrent de la briser et de l'arracher. 4 À ce moment, le sacrifice fut achevé ; alors, tout aussitôt, les Athéniens, sortant de leur camp, foncent sur eux, les mettent en déroute et en tuent une grande partie autour du retranchement alors qu'ils fuyaient. Quant à Phocion, il ordonna à sa phalange de rester sur place pour attendre et recueillir ceux qui s'étaient auparavant dispersés dans leur fuite ; et lui-même, avec ses meilleurs soldats, s'élança sur les ennemis. 5 La bataille fut acharnée, et tous combattirent avec cœur et sans se ménager. Thallos, fils de Cinéas, et Glaucos, fils de Polymède, rangés autour du stratège lui-même, s'y distinguèrent. 6 Cléophane aussi fit preuve de la plus haute valeur dans ce combat : il rallia les cavaliers en déroute, leur criant, leur enjoignant d'aller au secours du stratège en danger, et c'est en leur faisant faire volte-face qu'il consolida la victoire des hoplites. 7 Ensuite Phocion chassa d'Érétrie Plutarque et s'empara de Zarètra, place forte très bien située à l'endroit où la largeur de l'île se rétrécit le plus, resserrée des deux côtés par la mer, en formant un petit isthme. Enfin il relâcha tous les Grecs qu'il avait faits prisonniers, parce qu'il avait peur des orateurs d'Athènes qui auraient pu entraîner le peuple à prendre contre eux, dans un accès de colère, des mesures extrêmes.

14. 1 Lorsque Phocion, après avoir mené son expédition à bonne fin, se fut rembarqué, les alliés regrettèrent bientôt sa bonté et sa justice, et bientôt aussi les Athéniens reconnurent son expérience et son énergie, 2 car Molossos, qui lui succéda dans la conduite de cette guerre, s'y comporta de telle façon qu'il tomba vivant aux mains des ennemis.

3 Philippe, qui avait conçu de vastes espérances, entra dans l'Hellespont avec toute son armée, comptant soumettre d'un seul coup la Chersonèse, Périnthe et Byzance. Les Athéniens s'apprêtèrent à secourir ces villes, et les orateurs mirent tout en œuvre pour y faire envoyer Charès comme stratège. 4 Mais celui-ci, ayant pris la mer, ne fit rien qui fût digne des forces qu'il commandait. Les villes refusèrent de recevoir sa flotte ; suspect à tout le monde, il errait çà et là, extorquant de l'argent aux alliés et méprisé des ennemis. Le peuple, excité par les orateurs, manifesta son mécontentement et regretta d'avoir envoyé ce secours aux Byzantins. 5 Phocion alors se leva et dit qu'il ne fallait pas en vouloir

aux alliés de se méfier, mais aux stratèges de susciter la méfiance : « Ce sont eux, dit-il, qui vous font craindre même des villes qui ne peuvent se sauver sans vous. » 6 Ému par ces paroles, le peuple changea de sentiment, et ordonna que lui-même, Phocion, emmenant une autre armée, irait secourir les alliés dans l'Hellespont, ce qui fut d'un grand poids pour le salut de Byzance. 7 Car la renommée de Phocion était déjà grande, et Léon, le premier des Byzantins par le mérite, et qui avait été condisciple de Phocion à l'Académie, s'étant porté garant pour lui envers la ville, les Byzantins ne le laissèrent pas camper au-dehors, comme il le voulait, mais ils lui ouvrirent leurs portes, le reçurent et accueillirent chez eux les Athéniens, qui, touchés par cette confiance, se montrèrent non seulement irréprochables et modérés dans leur conduite, mais encore pleins d'ardeur dans les combats. 8 De la sorte, Philippe fut alors chassé de l'Hellespont et devint objet de mépris, lui qui avait passé pour imbattable et invincible. Phocion s'empara d'un certain nombre de ses vaisseaux, reprit des villes où Philippe avait mis des garnisons, fit des descentes en plusieurs endroits de ses frontières, enfin courut et ravagea le pays jusqu'au jour où, blessé par des ennemis venus à la rescousse, il dut s'en retourner.

15. 1 Comme les Mégariens l'appelaient secrètement à leur secours, Phocion, craignant d'être devancé par les Béotiens, si ceux-ci apprenaient qu'il allait aider Mégare, convoqua l'assemblée du peuple au point du jour et fit part aux Athéniens de la démarche des Mégariens. Dès que fut acquis le vote favorable à l'expédition, il fit sonner de la trompette au sortir de l'assemblée pour que les citoyens prissent aussitôt les armes, et il les emmena. 2 Les Mégariens le reçurent avec empressement. Il fortifia Nisaia, et, édifiant deux longs murs depuis la ville jusqu'au port, il joignit la cité à la mer, de façon que Mégare, n'ayant plus guère à s'inquiéter désormais des ennemis du côté de la terre, se trouvât sous l'entière dépendance d'Athènes.

16. 1 Déjà la guerre contre Philippe était bien engagée, et, en l'absence de Phocion, d'autres stratèges avaient été désignés pour la conduire. De retour des îles, il conseilla d'abord au peuple d'accepter de traiter avec Philippe, qui était disposé à faire la paix et qui redoutait fort l'issue de la guerre. 2 Un de ceux qui avaient l'habitude de rôder autour de l'Héliée et d'exercer le métier de sycophante, s'éleva contre son avis et dit : « Oses-tu bien, Phocion, détourner de la guerre les Athéniens, quand ils ont déjà les armes à la main ? » « Oui, répondit-il, quoique je sache que, si la guerre a lieu, c'est moi qui te commanderai, tandis que, si la paix se fait, c'est toi qui me commanderas. » 3 Mais il ne persuada pas le peuple. Comme l'avis de Démosthène l'emportait, qui recommandait aux Athéniens de livrer bataille le plus loin possible de l'Attique : « Mon ami, lui dit Phocion, ne cherchons pas où nous combattrons, mais comment nous vaincrons : ainsi la guerre restera loin, tandis que tous les dangers sont toujours proches des vaincus. » 4 Après la défaite, ceux qui dans la ville poussaient au désordre et à la révolution traînèrent Charidème à la tribune et voulurent le faire nommer stratège. Mais les notables prirent peur et, ayant avec eux le Conseil de l'Aréopage, ils persuadèrent difficilement le peuple, à force de prières et de larmes, de confier l'État à Phocion. 5 Celui-ci pensait qu'il fallait accepter toutes les mesures proposées par Philippe et s'en remettre à son humanité, sauf sur un point : Démade ayant proposé un décret portant que la ville serait comprise dans la paix générale et qu'elle entrerait dans le Conseil commun des Grecs, Phocion s'y opposa en disant qu'il fallait auparavant savoir ce que Philippe prétendait exiger des Grecs. 6 Son avis ne prévalut pas, en raison des circonstances, mais bientôt après, voyant les Athéniens se repentir à cause des trières et des cavaliers qu'ils devaient fournir à Philippe : 7 « Voilà, dit-il, ce que je redoutais quand je m'opposais au décret, mais, maintenant que vous avez conclu le traité, il ne faut pas vous affliger ni perdre courage. Souvenez-vous que vos ancêtres, tantôt vainqueurs, tantôt vaincus, se sont si bien conduits dans les deux cas qu'ils ont sauvé leur ville et la Grèce. » 8 Philippe étant mort, il voulut empêcher le peuple d'offrir un sacrifice d'action de grâces : « Il serait vil de se réjouir de cette nouvelle, dit-il : l'armée qui a combattu contre nous à Chéronée ne compte qu'un homme de moins. »

Sous le règne d'Alexandre. – **17.** 1 Comme Démosthène invectivait contre Alexandre, alors que celui-ci marchait déjà sur Thèbes, Phocion lui dit : « "Veux-tu exaspérer, malheureux, un sauvage" à la recherche d'une grande gloire ? Ou veux-tu, quand un immense incendie s'approche de nous, y précipiter notre ville ? Mais nous ne permettrons pas aux Athéniens de se perdre, même s'ils le veulent, nous qui avons accepté dans cette intention la charge de stratège. » 2 Après la destruction de Thèbes, Alexandre exigea qu'on lui livrât notamment Démosthène, Lycurgue, Hypéride et Charidème. L'assemblée tourna les yeux vers Phocion et l'appela par son nom à plusieurs reprises. Il se leva, 3 et faisant approcher un de ses amis, celui à qui il avait toujours témoigné le plus de confiance et d'affection : « Ces gens-là, dit-il, ont amené notre ville à un tel point que, si quelqu'un me demandait de livrer Nicoclès que voici, j'y consentirais, car je regarderais comme un bonheur de mourir moi-même pour vous tous. 4 J'ai pitié, Athéniens, des Thébains qui se sont réfugiés ici, mais il suffit aux Grecs d'avoir à pleurer Thèbes. Aussi vaut-il mieux tenter de persuader et de fléchir les vainqueurs en faveur des deux peuples que de prendre les armes. » 5 On dit qu'Alexandre, recevant le premier décret, le jeta et s'éloigna en tournant le dos aux ambassadeurs, 6 mais il accepta le deuxième, apporté par Phocion, en apprenant des gens âgés que Philippe lui-même admirait ce grand homme. Et non seulement il voulut bien le recevoir et accueillir sa prière, mais encore il écouta ses conseils. 7 Or Phocion lui conseillait, s'il aspirait au repos, de renoncer à la guerre, et, s'il aspirait à la gloire, de se détourner de la Grèce et de porter la guerre chez les barbares. 8 Il ajouta beaucoup d'autres propos bien appropriés au caractère et à l'humeur d'Alexandre, parvenant ainsi à le transformer et à l'adoucir, au point que le roi lui dit : « Les Athéniens doivent s'appliquer aux affaires, car, s'il m'arrivait quelque chose, c'est à eux que reviendrait le pouvoir. » 9 À titre personnel, il fit de Phocion son ami et son hôte, et lui donna des marques d'estime telles que peu de ses familiers en obtinrent de pareilles. 10 Douris rapporte qu'Alexandre, au faîte de la grandeur, après sa victoire sur Darios, omit dans ses lettres le mot « Salut », excepté pour celles qu'il adressait à Phocion, qui était le seul, avec Antipatros, qu'il saluait ainsi. C'est aussi ce que raconte Charès.

18. 1 En ce qui concerne l'argent, c'est un fait établi qu'Alexandre lui envoya en présent cent talents. Cette somme lui étant apportée à Athènes, Phocion demanda aux messagers pourquoi, entre un si grand nombre d'Athéniens, Alexandre ne faisait qu'à lui seul un pareil don. 2 « C'est parce que le roi, répondirent-ils, juge que tu es le seul homme de bien et d'honneur de ce pays. » « Eh bien ! dit Phocion, qu'il me permette de paraître et d'être toujours tel ! » 3 Les envoyés l'ayant suivi dans sa maison y constatèrent la grande simplicité de son ménage : sa femme pétrissait le pain, et lui-même allait au puits tirer de l'eau pour se laver les pieds. Alors ils insistèrent encore davantage et se fâchèrent, disant que c'était une indignité pour un ami du roi de mener une vie si misérable. 4 Phocion, avisant un vieillard pauvre qui passait, vêtu d'un manteau sale, demanda s'ils le jugeaient lui-même inférieur à ce vieillard. Comme ils se récriaient : « Cet homme, dit Phocion, vit de moins que moi, et il s'en contente. Bref, ou bien je ne me servirai pas de cet argent, et alors à quoi bon l'accepter en telle quantité ? — ou, si je m'en sers, je déconsidérerai Alexandre et moi-même devant la ville. » 5 C'est ainsi que l'argent revint d'Athènes, après avoir montré aux Grecs que celui qui n'en a pas besoin est plus riche que celui qui en offre des monceaux. 6 Alexandre s'irrita, et écrivit de nouveau à Phocion, disant qu'il ne tenait pas pour ses amis ceux qui ne lui demandaient rien. Mais, même après cette lettre, Phocion n'accepta pas d'argent de lui ; il lui demanda seulement de relâcher le sophiste Échécratide, Athénodore d'Imbros et deux Rhodiens, Démarate et Sparton, qui, pour je ne sais quelles raisons, avaient été arrêtés et emprisonnés à Sardes. 7 Alexandre les fit aussitôt libérer, et, comme il envoyait Cratère en Macédoine, il lui ordonna de faire choisir à Phocion une de ces quatre villes d'Asie : Cios, Gergithe, Mylasa, Élées, et de la lui donner, ajoutant avec plus d'insistance encore qu'un refus le fâcherait. 8 Malgré cela, il refusa, et bientôt après Alexandre mourut. La maison de Phocion se voit encore à Mélitè ; elle est ornée de lamelles de bronze, mais pour le reste, simple et nue.

19. 1 Des deux femmes qu'épousa Phocion, on ne sait rien de la première, sinon qu'elle était la sœur du sculpteur Céphisodote, mais la seconde était aussi renommée à Athènes pour sa vertu et sa simplicité que Phocion pour sa bonté. 2 Un jour que les Athéniens assistaient à la représentation d'une tragédie nouvelle, un acteur qui jouait le rôle d'une reine, sur le point d'entrer en scène, demanda au chorège de lui fournir plusieurs suivantes richement parées, et, comme on ne les lui donnait pas, il se fâcha et il refusa de paraître, faisant ainsi attendre le public. 3 Le chorège, nommé Mélanthios, le poussa sur la scène en criant : « Ne vois-tu pas la femme de Phocion sortir toujours avec une seule suivante ? Et toi, tu prends de grands airs, et tu gâtes nos femmes ! » Ces mots ayant été entendus, les spectateurs les accueillirent par de bruyants et longs applaudissements. 4 Comme une Ionienne, qui était de passage chez la femme de Phocion, lui montrait ses bijoux d'or, ses pierreries, ses chaînes et ses colliers : « Moi, dit-elle, ma parure, c'est Phocion, qui est depuis vingt ans stratège des Athéniens. »

20. 1 Le fils de Phocion, Phocos, voulait concourir aux Panathénées. Phocion lui permit de le faire comme *apobate*, non pas qu'il souhaitât le voir vainqueur, mais pour qu'en soignant et exerçant son corps il devînt meilleur, car le garçon était par ailleurs buveur et débauché. 2 Phocos remporta le prix, et plusieurs amis demandèrent de lui offrir le banquet de la victoire. Phocion les refusa tous, sauf un seul, à qui il accorda cet honneur. 3 Il se rendit lui-même au banquet, mais, quand il vit les préparatifs somptueux et les bassins de vin aromatisé qu'on présentait aux convives pour se laver les pieds, il appela son fils et lui dit : « Phocos, n'empêcheras-tu pas ton camarade de gâter ta victoire ? » 4 Voulant arracher complètement l'adolescent à ce genre de vie, il l'emmena à Lacédémone et le mêla aux jeunes gens élevés à la façon qu'on nomme spartiate. 5 Cela fâcha les Athéniens, qui pensèrent que Phocion dédaignait et méprisait leurs institutions. 6 Démade lui dit : « Pourquoi, Phocion, ne conseillons-nous pas aux Athéniens d'adopter le régime des Lacédémoniens ? Si tu le veux, je suis prêt à rédiger un décret et à prendre la parole dans ce sens. » À quoi Phocion repartit : « En vérité, il te siérait bien, à toi qui sens si fort la myrrhe et qui portes une si belle chlamyde, de prôner devant les Athéniens les repas en commun et de faire l'éloge de Lycurgue ! »

21. 1 Alexandre avait écrit qu'on lui envoyât des trières, et les orateurs s'y opposaient ; le Conseil invita Phocion à donner son avis : « Mon avis, dit Phocion, est que vous devez soit être les plus forts par les armes, soit être les amis des plus forts. » 2 Pythéas commençait alors à parler devant le peuple athénien et il se montrait déjà bavard et effronté : « Ne te tairas-tu pas, lui dit Phocion, toi que le peuple vient d'acheter tout récemment ? »

3 Quand Harpale, qui s'était enfui de chez Alexandre, eut passé d'Asie en Attique avec de grandes richesses, les orateurs habitués à tirer des profits de la tribune accoururent, et les hommes corrompus se précipitè-

rent à l'envi auprès de lui. Il sacrifia et leur jeta comme appât quelques petits morceaux de ses trésors, mais il envoya offrir à Phocion sept cents talents et voulut mettre en dépôt chez lui seul tout le reste de sa fortune et, avec cela, sa propre personne. 4 Phocion répondit rudement qu'il en cuirait à Harpale s'il ne cessait pas de corrompre la ville. Harpale, découragé, n'insista pas. Peu de temps après, les Athéniens délibérèrent sur cette affaire, et Harpale constata que ceux qui avaient reçu de lui de l'argent changeaient d'attitude et parlaient contre lui, afin de n'être pas découverts, tandis que Phocion, qui n'avait rien touché, faisait entrer en ligne de compte en même temps l'intérêt public que le salut d'Harpale. 5 Aussi chercha-t-il de nouveau à se l'attacher, mais il eut beau l'assiéger de toutes parts, il le trouva inaccessible à l'or et imprenable comme une forteresse. Cependant il parvint à se faire un familier et un ami de Chariclès, gendre de Phocion, et, en lui confiant tout et en l'employant à tout, il lui valut une mauvaise réputation.

22. 1 Après la mort de sa maîtresse, la courtisane Pythonicè, qui l'avait rendu père d'une fille, Harpale voulut lui élever un tombeau somptueux, et il confia la réalisation de ce projet à Chariclès. 2 Cette tâche, déjà honteuse en elle-même, devint encore plus déshonorante par la manière dont ce monument fut bâti : le tombeau subsiste aujourd'hui encore à Herméion, sur le chemin qui conduit d'Athènes à Éleusis, et il ne vaut certes pas les trente talents que Chariclès, dit-on, fit payer à Harpale pour les frais de la construction. 3 Cependant, Harpale étant mort à son tour, l'enfant fut recueilli par Chariclès et par Phocion, qui lui donnèrent tous leurs soins. 4 Cité plus tard en justice pour l'affaire d'Harpale, Chariclès pria Phocion de l'assister et de se présenter avec lui au tribunal ; Phocion refusa en disant : « Si j'ai fait de toi mon gendre, Chariclès, c'était seulement en vue de ce qui est juste. »

5 Asclépiade, fils d'Hipparque, ayant annoncé le premier aux Athéniens la mort d'Alexandre, Démade conseilla de ne pas ajouter foi à cette nouvelle, car, disait-il, « l'odeur du cadavre emplirait déjà la terre entière ». Mais Phocion, voyant le peuple en effervescence et prêt à faire une révolution, essaya de le retenir et de le calmer. 6 Comme plusieurs orateurs bondissaient à la tribune en criant qu'Asclépiade avait dit vrai et qu'Alexandre était bien mort : « Eh bien, observa Phocion, si aujourd'hui il se trouve mort, il le sera encore demain et après-demain ; nous pouvons donc délibérer en paix, ou plutôt en toute sécurité. »

La guerre lamiaque et ses conséquences. – **23.** 1 Quand Léosthène, de gaieté de cœur, jeta la ville dans la guerre hellénique, Phocion en manifesta son mécontentement ; Léosthène alors lui demanda sur un ton moqueur quel bien il avait fait à la ville pendant tant d'années où il avait été stratège : « Un bien qui n'est pas mince, répondit Phocion : que les citoyens soient ensevelis dans leurs tombeaux de famille. » 2 Comme

Léosthène se vantait impudemment devant le peuple, Phocion lui dit : « Tes discours, jeune homme, ressemblent aux cyprès : ils sont grands et élevés, mais ne portent pas de fruits. » 3 Hypéride se leva et lui demanda : « Quand donc, Phocion, conseilleras-tu aux Athéniens de faire la guerre ? » « Quand je verrai, répondit Phocion, les jeunes gens bien décidés à ne pas abandonner leur poste, les riches à contribuer de leur argent et les orateurs à s'abstenir de voler le Trésor public. » 4 Nombre de gens admiraient l'armée rassemblée par Léosthène, et l'on demandait à Phocion ce qu'il pensait de cet appareil guerrier : « Pour une course de petite distance, dit-il, c'est bien, mais je crains que la guerre ne soit une course de fond, alors que la ville ne possède ni argent, ni navires, ni hoplites de rechange. » 5 Et l'événement confirma ces paroles, car tout d'abord Léosthène remporta de brillants succès : il battit les Béotiens et enferma Antipatros dans Lamia. 6 On dit qu'alors la ville, pleine de grands espoirs, célébra ces bonnes nouvelles par des fêtes et des sacrifices incessants, mais que Phocion, s'adressant à ceux qui pensaient le confondre en lui demandant s'il ne voudrait pas avoir accompli ces exploits, leur dit : « Oui, certes, je le voudrais, mais l'avis que j'ai donné me paraît toujours le meilleur. » 7 Et, comme il arrivait sans cesse de l'armée, par écrit ou de vive voix, bonnes nouvelles sur bonnes nouvelles : « Nos victoires, dit-il, n'auront-elles pas de fin ? »

24. 1 Léosthène étant mort, ceux qui craignaient que Phocion, s'il était envoyé comme stratège, ne mît fin à la guerre, apostèrent un homme assez obscur qui se leva dans l'assemblée et dit qu'étant condisciple et ami de Phocion, il conseillait de ménager et de conserver ce grand homme parce que l'on n'avait pas son pareil, et d'envoyer Antiphile à l'armée ; les Athéniens approuvèrent cette proposition. 2 Alors Phocion monta à la tribune et affirma qu'il n'avait jamais été le condisciple de cet homme, qu'il ne le connaissait pas du tout et n'entretenait aucune relation avec lui : « Mais maintenant, ajouta-t-il, je te fais à partir d'aujourd'hui mon ami et mon intime, car tu as conseillé ce qui était dans mon intérêt. »

3 Les Athéniens se disposaient à partir en campagne contre les Béotiens. Phocion s'y opposa d'abord, et, comme ses amis lui disaient que, s'il contrecarrait la volonté des Athéniens, il serait mis à mort : « Ils auront tort, dit-il, si j'agis pour leur bien ; dans le cas contraire, ils auront raison. » 4 Puis, voyant que, loin de céder, ils criaient, il fit proclamer par le héraut l'ordre, pour tous les Athéniens, depuis l'âge de l'éphébie jusqu'à soixante ans, de prendre des vivres pour cinq jours et de le suivre immédiatement au sortir de l'assemblée. 5 Il se fit alors un grand tumulte, et, comme les plus âgés sursautaient et se récriaient : « Il n'y a là, dit-il, rien d'extraordinaire, puisque moi, qui ai quatre-vingts ans, je serai avec vous comme stratège. » C'est ainsi qu'en cette circonstance il les calma et les fit changer d'avis.

25. 1 La Paralie étant ravagée par Micion, qui, avec un corps nombreux de Macédoniens et de mercenaires, avait débarqué à Rhamnonte et faisait des incursions dans le pays, Phocion conduisit les Athéniens contre lui. 2 Comme, accourant à lui de tous côtés, les citoyens se mêlaient du commandement et conseillaient de s'emparer ici d'une colline, d'envoyer là les cavaliers ou, à tel ou tel endroit, de former l'armée en bataille : « Par Héraclès ! s'écria Phocion, combien je vois ici de stratèges, et peu de soldats ! » 3 Il venait de ranger les hoplites lorsque l'un d'eux s'avança loin en avant des autres, puis, à la vue d'un ennemi qui lui faisait face, il prit peur et rentra dans le rang : « Jeune homme, lui dit Phocion, ne rougis-tu pas d'avoir abandonné deux fois ton poste, celui où tu avais été placé par ton stratège, puis celui où tu t'es placé toi-même ? » 4 Il chargea ensuite les ennemis, les mit en fuite de vive force et fit périr Micion lui-même avec beaucoup d'autres. 5 Quant à l'armée grecque de Thessalie, elle combattit et vainquit Antipatros, auquel s'étaient joints Léonnatos et les Macédoniens venus d'Asie. Léonnatos fut tué. Le chef de la phalange était Antiphile, et le Thessalien Ménon commandait la cavalerie.

26. 1 Peu de temps après, Cratère ayant passé d'Asie en Grèce avec une armée considérable, un nouveau combat eut lieu à Crannon. Les Grecs furent vaincus, mais ce ne fut pas un désastre, et ils ne subirent pas de grandes pertes. C'est la désobéissance à l'égard de chefs trop jeunes et indulgents, et aussi les menées d'Antipatros dans les cités qui furent cause qu'ils se dispersèrent et trahirent honteusement la cause de la liberté. 2 Aussitôt Antipatros fit avancer son armée en direction d'Athènes. Démosthène et Hypéride quittèrent la ville ; 3 quant à Démade, qui ne pouvait rien payer de ce qu'il devait à l'État pour ses condamnations (il avait été condamné sept fois pour illégalité, et, frappé d'atimie, il n'avait plus le droit de parler au peuple), il fut alors amnistié, et proposa un décret portant qu'on enverrait à Antipatros des ambassadeurs avec pleins pouvoirs pour négocier la paix. 4 Le peuple effrayé appela Phocion et dit qu'il n'avait confiance qu'en lui seul : « Ah ! s'écria Phocion, si vous aviez eu confiance en moi quand je vous conseillais, nous ne délibérerions pas aujourd'hui sur de telles affaires ! » 5 Le décret une fois ratifié, Phocion fut envoyé auprès d'Antipatros, qui campait dans la Cadmée et se préparait à marcher aussitôt sur l'Attique. La première demande que présenta Phocion, ce fut de négocier en restant sur place. 6 Cratère dit alors : « La proposition de Phocion n'est pas équitable : il veut que nous demeurions installés sur le territoire de nos alliés et amis, qui souffre de notre présence, alors que nous pouvons aller vivre sur celui de l'ennemi. » Antipatros, lui prenant la main, déclara : « Il faut accorder cette faveur à Phocion. » 7 Mais, pour le reste, il ordonna aux Athéniens de s'en remettre à eux, comme Léosthène, à Lamia, avait fait pour lui.

27. 1 Phocion revint donc dans la ville, apportant aux Athéniens ces conditions, qu'ils acceptèrent par force. Après quoi, il repartit pour

Thèbes avec les autres ambassadeurs et le philosophe Xénocrate, que les Athéniens leur avaient adjoint. 2 La vertu de Xénocrate était si estimée, sa réputation et sa gloire étaient si universelles que l'on croyait qu'il n'y avait ni passion, ni cruauté, ni colère dans une âme humaine qui, à la seule vue de Xénocrate, ne fût réduite par le respect et la vénération qu'il inspirait. 3 Le contraire arriva pourtant, par la faute de l'intransigeance d'Antipatros et de sa haine du bien : tout d'abord, il ne salua pas Xénocrate, alors qu'il accueillait courtoisement les autres ; sur quoi le philosophe remarqua, dit-on, qu'Antipatros faisait bien de rougir devant lui seul de la dureté qu'il allait montrer à l'égard de la ville. 4 Ensuite, comme Xénocrate prenait la parole, Antipatros, impatienté, le rabroua rudement et le fit taire. 5 Puis, Phocion ayant engagé la discussion, Antipatros répondit qu'il ferait amitié et alliance avec les Athéniens, s'ils lui livraient Démosthène et Hypéride, s'ils rétablissaient l'ancienne constitution censitaire, s'ils acceptaient l'installation d'une garnison à Munychie, enfin s'ils payaient les frais de la guerre et une amende. 6 Tous les ambassadeurs acceptèrent ces conditions, qu'ils jugeaient humaines, à l'exception de Xénocrate, qui déclara : « Si Antipatros traite les Athéniens en esclaves, ces conditions sont modérées, mais, s'il les traite en hommes libres, elles sont lourdes. » 7 Phocion pria instamment Antipatros de leur épargner la garnison : « Ô Phocion, rétorqua, dit-on, Antipatros, nous voulons t'accorder tout ce que tu souhaites, sauf ce qui te perdrait aussi bien que nous. » 8 D'autres écrivains racontent cela différemment : ils disent qu'Antipatros lui demanda, pour le cas où lui-même céderait à propos de la garnison, s'il consentait à se porter garant pour les Athéniens que la ville resterait en paix et cesserait de se mêler de tout. 9 Comme Phocion se taisait et tardait à répondre, Callimédon la Langouste, homme violent et ennemi de la démocratie, bondit et s'écria : « Si celui-ci continue à dire des niaiseries, Antipatros, vas-tu le croire et renoncer à ce que tu as décidé ? »

28. 1 C'est ainsi que les Athéniens reçurent une garnison macédonienne, commandée par Ményllos, homme modéré et ami de Phocion, mais cette exigence d'Antipatros paraissait insultante, et l'on y vit l'étalage d'une autorité fondée sur la violence plutôt qu'une occupation imposée par les circonstances. 2 La date de l'événement accrut beaucoup l'émotion qu'il provoqua : ce fut en effet le vingt de Boédromion que la garnison s'installa, pendant la célébration des mystères, le jour où l'on conduit Iacchos de la ville à Éleusis. En voyant le trouble apporté aux initiations, la plupart des citoyens comparaient les cérémonies présentes à celles d'autrefois : 3 jadis, au temps des grandes victoires, il y avait des apparitions et des voix mystérieuses qui frappaient d'effroi et d'épouvante les ennemis ; maintenant, dans les mêmes solennités, les dieux avaient sous les yeux les plus pénibles malheurs de la Grèce et voyaient profaner les jours les plus saints et les plus joyeux pour eux, marqués désormais par les plus terribles épreuves. 4 Quelques années auparavant, les prophétesses de Dodone avaient rendu un oracle recommandant aux Athéniens de veiller sur les promontoires d'Artémis, s'ils ne voulaient pas les voir pris par d'autres. 5 En ces jours-là, les bandelettes dont on entoure les corbeilles mystiques ayant été trempées dans l'eau, on les en retira, non plus de couleur pourpre, mais d'une teinte jaunâtre et cadavérique, et, ce qui était plus grave, tous les linges des particuliers lavés dans la même eau, conservaient leur couleur habituelle. 6 Comme un initié baignait un porcelet dans le port de Cantharos, un gros poisson saisit l'animal et avala les parties inférieures de son corps jusqu'au ventre. Visiblement la divinité annonçait par là aux Athéniens que, privés des parties basses de la ville, voisines de la mer, ils garderaient les hauts quartiers. 7 La garnison, grâce à Ményllos, ne molesta pas les Athéniens, mais il y eut plus de douze mille citoyens exclus des affaires à cause de leur pauvreté. Les uns restèrent, et leur situation était visiblement humiliante et lamentable ; les autres, quittant la ville pour cette raison, émigrèrent en Thrace, où Antipatros leur assigna une ville et un territoire, comme à des gens expulsés de chez eux à la suite d'un siège.

29. 1 La mort de Démosthène à Calaurie et d'Hypéride à Cléones, dont nous avons parlé ailleurs, fit presque aimer et regretter aux Athéniens Alexandre et Philippe. 2 Plus tard, lorsque Antigone eut été tué et que ses vainqueurs se furent mis à tyranniser et à molester les peuples, comme on demandait à un paysan phrygien qui fouillait la terre : « Que fais-tu là ? », il répondit en soupirant : « Je cherche Antigone » : 3 c'est ce mot qui venait à la bouche de bien des gens, quand ils se rappelaient le cœur de ces rois, leur grande et généreuse clémence, en tel contraste avec Antipatros, qui, tout en dissimulant hypocritement son pouvoir sous les dehors d'un simple particulier, sous une pauvre chlamyde, sous un régime frugal, n'en était que plus odieux à ceux qu'il maltraitait en despote et en tyran. 4 Cependant Phocion préserva de l'exil beaucoup de citoyens en intervenant auprès d'Antipatros ; il obtint aussi que des bannis ne fussent pas relégués comme les autres au-delà des monts Cérauniens et du Ténare, hors de Grèce, et qu'ils pussent habiter le Péloponnèse ; de ce nombre était le sycophante Hagnonidès. 5 Phocion veillait sur les affaires de l'État avec mansuétude et dans le respect des lois ; il maintenait toujours dans leurs charges les hommes justes et modérés ; quant aux agités et aux révolutionnaires, que consumait le fait même de ne pas gouverner ni de pouvoir causer du désordre, il leur apprit à se plaire chez eux et à se contenter de cultiver leurs champs. 6 Voyant un jour Xénocrate payer sa taxe de métèque, il voulait l'inscrire parmi les citoyens, mais le philosophe refusa, disant qu'il ne prendrait pas part à un régime politique dont il avait, comme ambassadeur, combattu l'établissement.

30. 1 Comme Ményllos lui offrait en cadeau de l'argent, Phocion répondit que ce personnage n'était pas supérieur à Alexandre et qu'il n'avait pas, lui, de meilleur motif pour accepter maintenant ce qu'il avait refusé jadis. 2 Alors Ményllos le pria d'accepter du moins pour son fils Phocos : « Si Phocos, répondit Phocion, change de conduite et s'assagit, le bien de son père lui suffira ; mais, tel qu'il est à présent, rien ne peut lui suffire. » 3 Il répliqua avec plus de rudesse à Antipatros, qui lui demandait un service malhonnête, car il dit : « Antipatros ne peut faire de moi à la fois son ami et son flatteur. » 4 On prétend qu'Antipatros lui-même disait que, de deux amis qu'il avait à Athènes, Phocion et Démade, il n'avait jamais pu ni décider l'un à accepter ses présents, ni en rassasier l'autre. 5 Et assurément Phocion étalait comme un mérite la pauvreté dans laquelle il vieillissait après avoir été tant de fois stratège des Athéniens et avoir eu des rois pour amis, tandis que Démade se glorifiait de ses richesses au moment même où il violait les lois : 6 il y avait alors à Athènes une loi qui défendait d'admettre un étranger dans un chœur, sous peine d'une amende de mille drachmes infligée au chorège ; or, Démade fit paraître un chœur formé uniquement d'étrangers, au nombre de cent, et il apporta en même temps au théâtre l'amende de mille drachmes pour chacun de ces choreutes. 7 Quand il maria son fils Déméas, il lui dit : « Moi, mon garçon, quand j'ai épousé ta mère, mon voisin lui-même ne s'en est pas aperçu ; toi, pour contribuer aux frais de tes noces, tu as des rois et des princes. »

8 Les Athéniens importunaient Phocion pour qu'il décidât Antipatros à retirer la garnison. Mais, soit qu'il n'espérât pas le persuader, soit plutôt qu'il vît le peuple, assagi par la crainte, se soumettre à l'ordre établi, Phocion remettait toujours à plus tard l'ambassade (cependant il obtint d'Antipatros de ne pas exiger le paiement de l'indemnité de guerre, mais de surseoir et d'accorder des délais). Le peuple, dans ces conditions, se détourna de lui et fit appel à Démade. 9 Celui-ci se chargea volontiers de l'ambassade, et il partit avec son fils pour la Macédoine. Il semble qu'un démon l'y amena à un moment où Antipatros était déjà accablé par la maladie, et où Cassandre, devenu maître du pouvoir, avait récemment découvert une lettre adressée par Démade à Antigone en Asie, afin de l'engager à venir se montrer à la Grèce et à la Macédoine, qui ne tenaient plus, disait-il, qu'à un fil vieux et pourri (c'est ainsi qu'il désignait Antipatros par dérision). 10 Aussitôt que Cassandre vit arriver Démade, il le fit arrêter, puis, ordonnant à son fils d'avancer d'abord, il l'égorgea, de sorte que le père reçut le sang sur ses vêtements, qui en furent tout inondés. Après quoi, Cassandre, lui ayant vivement reproché son ingratitude et sa trahison, et l'ayant insulté et outragé de nombreuses manières, le mit à mort.

31. 1 Lorsque Antipatros, après avoir nommé Polyperchon stratège et Cassandre chiliarque, eut rendu le dernier soupir, Cassandre, s'étant élevé aussitôt au pouvoir, prit en main les affaires et se hâta d'envoyer Nicanor pour succéder à Ményllos dans le commandement de la garnison, en lui ordonnant de garder Munychie avant que la mort d'Antipatros ne fût connue. 2 Cela fut fait, et quelques jours après, les Athéniens, apprenant qu'Antipatros était mort, accusèrent Phocion en lui reprochant d'avoir su la nouvelle avant eux et de s'être tu par complaisance pour Nicanor. 3 Phocion, sans s'inquiéter de ces mauvais propos, prit contact et conféra avec Nicanor, à qui il inspira de la mansuétude et de la bienveillance à l'égard des Athéniens, obtenant même de lui qu'il leur fît à ses frais des largesses à titre d'agonothète.

32. 1 À ce moment, Polyperchon, qui avait la tutelle du roi et qui voulait supplanter Cassandre, envoya aux Athéniens de la ville une lettre disant que le roi leur rendait le régime démocratique et ordonnait que tous les Athéniens eussent part à la direction des affaires suivant la coutume de leurs ancêtres. 2 C'était une manœuvre dirigée contre Phocion, car Polyperchon, qui voulait placer la ville sous sa loi, comme ses actes le prouvèrent peu après, n'espérait y parvenir qu'en en faisant chasser Phocion, 3 et il serait chassé dès que les exclus afflueraient de nouveau en recouvrant leurs droits civiques et que les démagogues et les sycophantes redeviendraient maîtres de la tribune. 4 Cette lettre mit en émoi les Athéniens ; Nicanor, désirant conférer avec eux, se présenta devant le Conseil réuni au Pirée, après avoir confié sa sauvegarde à Phocion. 5 Or, Dercylos, stratège du territoire, ayant voulu l'arrêter, Nicanor, averti à temps, s'échappa avec l'intention visible de se venger aussitôt de la ville. 6 Phocion, accusé de l'avoir laissé échapper, alors qu'il pouvait le retenir, répondit qu'il avait confiance en Nicanor et qu'il ne craignait rien de mal de sa part, que, d'ailleurs, s'il se trompait, il préférait qu'on le vît subir plutôt que commettre une injustice. 7 Cette réponse, s'il ne se fût agi que de lui seul, paraîtrait à l'examen généreuse et noble, mais, comme il mettait ainsi en danger le salut de sa patrie, dont il était magistrat et stratège, je ne sais s'il ne transgressait pas un devoir plus grand et plus vénérable, celui qu'il avait envers ses concitoyens. 8 On ne peut même pas dire que c'est par crainte de lancer la ville dans la guerre que Phocion ne toucha pas à Nicanor et qu'il prétexta faussement le respect de la parole donnée et la justice, afin que Nicanor, par pudeur, se tînt tranquille et ne fît pas de mal aux Athéniens. 9 Il semble plutôt qu'il eut réellement pleine confiance en Nicanor, au point qu'il n'écouta ni ne crut les nombreux citoyens qui reprochaient d'avance à Nicanor et l'accusaient de vouloir attaquer le Pirée, de faire passer des mercenaires dans l'île de Salamine et de corrompre certains habitants du Pirée. 10 Il y a plus : Philomélos de Lamptrai ayant fait voter un décret qui enjoignait à tous les Athéniens de prendre les armes et d'obéir au stratège Phocion, celui-ci n'en tint aucun compte, jusqu'au moment où Nicanor emmena ses troupes de Munychie et fit creuser des tranchées autour du Pirée.

33. 1 Lors de ces événements, Phocion, qui voulait faire une sortie avec les Athéniens, fut en butte aux clameurs hostiles et au mépris des citoyens, tandis qu'Alexandre, fils de Polyperchon, arrivait avec une armée, sous prétexte de secourir Athènes contre Nicanor, mais en réalité pour s'emparer, s'il le pouvait, de la ville, que ses discordes intestines conduisaient à la ruine. 2 Car les bannis, qui le suivaient, se jetèrent aussitôt dans la cité, et, les étrangers et les gens frappés de dégradation civique accourant se joindre à eux, il se forma une assemblée hétéroclite et tumultueuse, où l'on démit Phocion de sa charge et où l'on élut d'autres stratèges. 3 Si l'on n'avait pas vu Alexandre s'entretenir seul avec Nicanor près des remparts et si, agissant ainsi à plusieurs reprises, ils n'avaient éveillé les soupçons des Athéniens, la ville n'aurait pas échappé au danger. 4 L'orateur Hagnonidès attaqua aussitôt Phocion et ses partisans, en les accusant de trahison. Callimédon et Chariclès, effrayés, quittèrent la ville. Quant à Phocion, avec ceux de ses amis qui étaient restés, il alla trouver Polyperchon ; 5 Solon de Platées et Dinarque de Corinthe, qui passaient pour être en relations familières et étroites avec Polyperchon, l'accompagnèrent par amitié pour lui. 6 Mais Dinarque tomba malade, ce qui les contraignit à s'arrêter à Élatée et à y demeurer plusieurs jours ; pendant ce temps, par un décret qu'avait rédigé Archéstratos et que fit voter Hagnonidès, le peuple envoya une ambassade ayant pour mission d'accuser Phocion. 7 Les uns et les autres arrivèrent en même temps auprès de Polyperchon, qui voyageait avec le roi, dans un village de Phocide appelé Pharyges, situé au pied du mont Acrourion, que l'on nomme aujourd'hui Galatè. 8 Là, Polyperchon fit dresser le dais d'or, sous lequel il installa le roi et ses amis. Sur son ordre, Dinarque, aussitôt qu'il se présenta, fut arrêté, puis torturé et exécuté. Ensuite, il donna la parole aux Athéniens. 9 Comme ils faisaient du tapage et poussaient des cris en s'accusant mutuellement devant le Conseil, Hagnonidès intervint pour dire : « Mettez-nous tous dans une cage et renvoyez-nous nous expliquer devant les Athéniens. » Le roi se mit à rire, mais les Macédoniens qui entouraient le Conseil et les étrangers qui n'avaient rien à faire, désireux de les entendre, faisaient signe aux ambassadeurs d'exposer sur-le-champ leurs griefs. 10 La partie n'était pas égale : quand Phocion commença à parler, Polyperchon l'interrompit plusieurs fois, si bien que l'Athénien, frappant le sol de son bâton, renonça et se tut. 11 Hégémon ayant pris Polyperchon à témoin de son dévouement pour le peuple, Polyperchon repartit en colère : « Cesse de me calomnier devant le roi. » Le roi bondit et fit mine de frapper Hégémon de sa lance, 12 mais aussitôt Polyperchon le saisit à bras-le-corps, et là-dessus la séance du Conseil prit fin.

La mort. – **34.** 1 Une garde entoura Phocion et ses amis qui étaient auprès de lui. Voyant cela, ceux de ses compagnons qui ne se trouvaient pas à proximité immédiate se voilèrent la tête et s'enfuirent, assurant ainsi leur salut. 2 Les autres furent ramenés à Athènes par Cleitos, en apparence pour y être jugés, en fait comme condamnés déjà à mort. 3 Outre la tristesse de leur situation, ce fut un pitoyable spectacle que celui de ces gens menés en chariot à travers le Céramique jusqu'au théâtre, car c'est là que Cleitos les conduisit et les garda jusqu'à ce que les magistrats eussent réuni l'assemblée. On n'exclut de celle-ci ni les esclaves, ni les étrangers, ni les personnes privées de leurs droits civiques, et on laissa la tribune et le théâtre ouverts à tous et à toutes. 4 Après la lecture d'une lettre du roi, qui se déclarait convaincu de la trahison des prisonniers, mais en remettait le jugement aux Athéniens, puisque ceux-ci étaient un peuple libre et indépendant, lorsque Cleitos eut introduit les accusés, 5 à la vue de Phocion, les bons citoyens se voilèrent le visage, baissèrent la tête et se mirent à pleurer ; l'un d'eux se leva et osa dire que, le roi ayant remis au peuple un jugement si grave, les esclaves et les étrangers devaient quitter l'assemblée. 6 Mais la foule s'y opposa et cria qu'il fallait frapper les oligarques et les ennemis du peuple. Aucun autre n'essaya de parler en faveur de Phocion, 7 et lui-même, comme on ne l'écoutait qu'à grand-peine et de mauvais gré, « Voulez-vous, dit-il, nous tuer justement ou injustement ? » Quelques-uns répondirent : « Justement ». « Comment pouvez-vous le savoir, si vous ne m'écoutez pas ? » repartit Phocion. 8 On ne l'écouta pas davantage, alors il se rapprocha de la foule et dit : « J'avoue que je suis coupable et que ma conduite politique mérite la peine de mort ; mais ceux-ci, Athéniens, pourquoi les tuer, alors qu'ils sont innocents ? » 9 Un grand nombre de voix lui répondirent : « Parce qu'ils sont tes amis. » Dès lors Phocion renonça et garda le silence. Hagnonidès, qui tenait le décret tout préparé, le lut : il y était stipulé que le peuple devrait décider par un vote si les accusés étaient coupables et qu'en cas de condamnation ils seraient exécutés.

35. 1 Le décret une fois lu, quelques-uns demandèrent d'y ajouter que Phocion serait torturé avant de mourir, et déjà ils ordonnaient d'apporter la roue et d'appeler les bourreaux. 2 Mais Hagnonidès, voyant Cleitos lui-même s'indigner, et jugeant de son côté que ce serait un acte barbare et odieux : « Quand nous prendrons, dit-il, ce scélérat de Callimédon, nous le mettrons à la torture, Athéniens, mais, pour Phocion, je ne propose, quant à moi, rien de tel. » 3 Alors un homme de jugement sain dit à voix basse : « Tu as raison, car, si nous torturons Phocion, que te ferons-nous, à toi ? » 4 Le décret fut approuvé ; on alla aux voix, personne ne resta assis ; tout le monde se leva, et la majorité des présents, une couronne sur la tête, vota la mort. 5 Avec Phocion se trouvaient Nicoclès, Thoudippos, Hégémon et Pythoclès. Démétrios de Phalère, Callimédon, Chariclès et quelques autres furent condamnés à mort par contumace.

36. 1 L'assemblée fut dissoute et l'on emmena les condamnés à la prison. Tous les autres, tandis que leurs parents et leurs amis les embrassaient, marchaient en gémissant et déplorant leur sort ; seul, Phocion conservait le même visage que lorsque, nommé stratège, on lui faisait escorte au sortir de l'assemblée, et l'on admirait, en le voyant, son impassibilité et sa grandeur d'âme. 2 Ses ennemis couraient à ses côtés en l'accablant d'insultes ; l'un d'eux même s'approcha et osa venir en face lui cracher au visage ; on rapporte qu'alors Phocion, se tournant vers les magistrats, leur dit : « Ne mettra-t-on pas fin à ces inconvenances ? » 3 Lorsque Thoudippos, une fois en prison, vit broyer la ciguë, il s'emporta et se lamenta sur son malheur, en disant qu'il était honteux qu'on le mît à mort avec Phocion. « Eh quoi ! lui dit celui-ci, tu n'es donc pas heureux de mourir avec Phocion ? » 4 Un de ses amis lui demandant s'il avait quelque chose à faire dire à Phocos, son fils : « Oui, certainement, répondit-il : je lui fais dire de ne pas en vouloir aux Athéniens. » 5 Nicoclès, qui était le plus fidèle de ses amis, le pria de le laisser boire la ciguë le premier : « Ta demande, Nicoclès, répondit-il, me peine et me chagrine ; mais, puisque je ne t'ai jamais rien refusé pendant ma vie, je t'accorde encore cette faveur. » 6 Quand tous les autres eurent bu, il ne resta plus de poison, et le bourreau déclara qu'il n'en broierait pas d'autre, si on ne lui donnait douze drachmes, prix de la dose. 7 Comme le temps passait et que l'on prenait du retard, Phocion, appelant un de ses amis, lui dit que, « puisque l'on ne pouvait pas même mourir gratuitement à Athènes », il le priait de donner à l'homme cette somme.

37. 1 C'était le dix-neuf du mois de Munychion, et les cavaliers, escortant la procession qui avait lieu ce jour-là en l'honneur de Zeus, passèrent devant la prison ; les uns ôtèrent leur couronne, les autres regardèrent la porte en pleurant. 2 Ceux des Athéniens qui n'étaient pas entièrement féroces et dont l'âme n'était pas aveuglée par la colère ou par l'envie considéraient comme une très grave impiété de n'avoir pas sursis à l'exécution ce jour-là, pour éviter que la ville en fête ne fût souillée par un meurtre public. 3 Cependant les ennemis de Phocion, comme si leur victoire était incomplète, décidèrent que son corps serait jeté hors des frontières du pays et qu'aucun Athénien n'allumerait un bûcher pour ses funérailles. 4 Aussi nul de ses amis n'osa-t-il toucher à son cadavre, mais un certain Conopion, habitué à faire moyennant salaire ces sortes de besognes, le transporta au-delà d'Éleusis et le brûla avec du feu pris sur le territoire de Mégare. 5 La femme de Phocion, venue là avec ses servantes, éleva sur place un tertre en guise de cénotaphe et y versa des libations, puis, recueillant les ossements dans son sein, elle les emporta de nuit dans sa maison et les enfouit près de son foyer en disant : « C'est à toi, cher foyer, que je confie ces restes d'un homme de bien ; tu les rendras aux tombeaux de ses ancêtres, quand les Athéniens seront revenus à la raison. »

Réhabilitation. – **38.** 1 Cependant, au bout de peu de temps, les événements montrèrent aux Athéniens quel chef, quel gardien de la sagesse et de la justice ils avaient fait périr ; ils lui élevèrent une statue de bronze et ensevelirent ses ossements aux frais de l'État. 2 Quant à ses accusateurs, les Athéniens votèrent eux-mêmes la peine capitale contre l'un d'eux, Hagnonidès, et le firent exécuter ; d'autres, Épicure et Démophile, s'étaient enfuis de la ville, mais le fils de Phocion les découvrit et les châtia.

3 Ce fils ne fut pas, dit-on, pour le reste un homme estimable. Il s'était épris d'une jeune pensionnaire d'un mauvais lieu, et il avait assisté par hasard à une leçon de Théodore l'athée, qui développait au Lycée la thèse suivante : « S'il n'est pas honteux de délivrer un ami, pareillement il ne l'est pas non plus de délivrer une amie, et, s'il ne l'est pas de payer rançon pour un compagnon, il ne l'est pas non plus de le faire pour une compagne. » 4 Considérant ce raisonnement comme juste, il l'appliqua à sa passion, et il racheta sa maîtresse.

5 La façon dont périt Phocion rappela aux Grecs la mort de Socrate : ce fut pour la ville une faute et un malheur tout à fait semblables.

CATON LE JEUNE

Famille et enfance. – **1.** 1 La famille de Caton avait commencé à devenir illustre et glorieuse avec son bisaïeul Caton, qui fut par sa vertu l'un des hommes les plus renommés et les plus puissants de Rome, ainsi que je l'ai écrit dans sa biographie. Caton le Jeune resta orphelin de père et de mère avec son frère Caepio et sa sœur Porcia. Il avait aussi une sœur utérine, Servilia. 2 Ils furent tous nourris et élevés chez Livius Drusus, leur oncle maternel, alors très lancé dans la carrière politique ; c'était en effet un homme fort éloquent, sage entre tous dans sa conduite et qui ne le cédait à aucun Romain pour l'élévation des sentiments. 3 Dès l'enfance, dit-on, Caton laissait paraître dans sa voix, sur son visage et dans ses amusements un caractère inflexible, impassible et ferme à tous égards. 4 Il avait pour réaliser ses désirs une force au-dessus de son âge. Âpre et rude envers les flatteurs, il était encore plus inaccessible à la crainte. 5 Il était bien malaisé de le faire rire, et même il ne se déridait pas souvent pour sourire. Ni prompt, ni enclin à la colère, une fois irrité, il était impossible à calmer. 6 Quand il en vint aux études, il se montra paresseux et lent à saisir, mais, ce qu'il avait une fois saisi, il le retenait et le gardait dans sa mémoire. 7 C'est d'ailleurs ce qui se produit naturellement : ceux qui sont bien doués apprennent plus vite, mais ceux qui n'apprennent qu'avec peine et application retiennent mieux, car chaque connaissance fait comme une brûlure qui se marque dans l'âme. 8 Il semble aussi que la lenteur de Caton à se laisser persuader lui rendait l'étude encore plus pénible. Apprendre, c'est en somme recevoir une impression, et l'on se laisse vite convaincre quand on est moins capable de résister. 9 Voilà pourquoi les jeunes gens sont plus faciles à persuader que les vieillards, et les malades plus que les gens en bonne santé. En général, ceux chez qui la faculté de douter est le plus faible sont les plus prompts à consentir. 10 On dit pourtant que Caton obéissait à son pédagogue et faisait tout ce qui lui était prescrit, mais qu'il exigeait de savoir la raison de chaque chose et demandait le pourquoi. Il est vrai que son pédagogue était un homme aimable, plus porté à employer le raisonnement que les gifles ; il s'appelait Sarpédon.

2. 1 Caton était encore enfant lorsque les alliés des Romains s'efforcèrent d'obtenir le droit de cité à Rome. 2 Un certain Pompedius Silo, homme de guerre jouissant d'un très grand prestige et ami de Drusus, séjourna chez celui-ci quelques jours et se familiarisa avec les enfants. « Allons ! dit-il, priez votre oncle de nous aider à obtenir le droit de cité. » 3 Caepio sourit et fit un signe affirmatif, mais Caton ne répondit rien et fixa sur les étrangers un regard sévère et dur. « Et toi, mon garçon, fit Pompedius, qu'en dis-tu ? N'es-tu pas disposé à aider vos hôtes auprès de ton oncle, comme ton frère ? » 4 Caton ne soufflant mot, mais paraissant, par son silence et l'expression de son visage, repousser la demande, Pompedius le souleva au-dessus de la fenêtre, faisant mine de le lâcher, et il le somma de consentir, sinon il le lancerait en bas ; il prononça ces mots d'un ton assez rude, et, tenant l'enfant en l'air, de ses deux mains il le secoua plusieurs fois par la fenêtre. 5 Caton resta longtemps ainsi suspendu, impassible et impavide. À la fin Pompedius le reposa, à terre et dit tout bas à ses amis : « Quel bonheur pour l'Italie que ce ne soit qu'un enfant ! S'il était un homme, je crois qu'il n'y aurait pas un seul suffrage en notre faveur à l'assemblée du peuple. »

6 Une autre fois, un de ses parents, célébrant l'anniversaire de sa naissance, invita à dîner Caton avec d'autres enfants. Quand ils furent de loisir, ils se mirent à jouer entre eux dans une partie de la maison, grands et petits ensemble. Le jeu consistait à représenter un tribunal, des accusations et des condamnés, que l'on emmenait. 7 Or, l'un des condamnés, un bel enfant, fut emmené et enfermé dans une chambre par un plus grand ; il appela Caton à son secours. 8 Caton se douta vite de ce qui se passait ; il courut à la porte de la chambre et, écartant ceux qui se tenaient devant et voulaient l'arrêter, il fit sortir l'enfant, l'emmena et, tout en colère, le reconduisit chez lui, escorté par d'autres garçons.

3. 1 Il était déjà très renommé lorsque Sylla organisa le spectacle de la course sacrée des enfants à cheval, qu'on appelle « Troie ». Sylla réunit à cet effet les enfants nobles et désigna deux chefs ; les enfants acceptèrent l'un à cause de sa mère, car il était fils de Metella, l'épouse de Sylla, 2 mais ils refusèrent l'autre, Sextus, neveu de Pompée, et ne voulurent ni s'exercer sous ses ordres ni le suivre, Sylla leur demanda qui ils voulaient : « Caton » crièrent-ils tous, et Sextus se retira de lui-même pour céder cet honneur à Caton comme au plus digne.

3 Il se trouva que Sylla, qui avait été l'ami de son père, faisait quelquefois venir les enfants auprès de lui et conversait avec eux, marque de bienveillance qu'il n'accordait qu'à un très petit nombre de gens, en raison de l'importance de sa fonction et de la grandeur de sa puissance. 4 Sarpédon, estimant ces visites très importantes pour l'honneur, et aussi pour la sécurité de son élève, emmenait fréquemment Caton saluer Sylla dans sa maison, qui, pour l'apparence, ne différait alors en rien du lieu de séjour des impies à cause de la foule de ceux qu'on y amenait pour les mettre à la torture. 5 Caton était dans sa quatorzième année. Il voyait emporter les têtes de personnages réputés illustres et entendait gémir en cachette les assistants. Il demanda à son pédagogue pourquoi personne ne tuait cet homme-là. 6 Sarpédon lui répondit : « On le craint, mon enfant, plus encore qu'on ne le hait. » « Pourquoi donc, répliqua Caton, ne m'as-tu pas donné une épée, afin de le tuer et de délivrer ainsi de l'esclavage la patrie ? » 7 En entendant ces mots et en voyant en même temps ses yeux et son visage enflammés d'ardeur et de colère, Sarpédon eut peur et, dès lors, observa et surveilla de près son élève, de peur qu'il ne tentât un coup trop téméraire.

8 Alors qu'il était encore un petit enfant, on lui demanda qui il aimait le plus : « Mon frère », répondit-il. « Et ensuite ? » Il répondit de même : « Mon frère », et pareillement à une troisième question, et ainsi de suite, si bien que le questionneur se lassa et renonça. 9 Devenu jeune homme, son affection fraternelle ne fit que se fortifier davantage. À l'âge de vingt ans, il n'avait jamais dîné, ni voyagé, ni paru au Forum sans Caepio. Seulement, quand celui-ci se parfumait, il cherchait à l'en détourner, et dans tout son train de vie il se montrait rigoureux et sévère. 10 Aussi Caepio, dont on admirait la tempérance et la modération, avouait-il qu'il méritait ces louanges si on le comparait aux autres, « mais, ajoutait-il, quand je compare ma vie à celle de Caton, je ne me trouve pas différent de Sittius », nommant ainsi un des hommes décriés pour leur luxe et leur mollesse.

***Jeunesse.* – 4.** 1 Quand lui fut conférée la prêtrise d'Apollon, Caton changea de domicile et prit sa part des biens paternels, cent vingt talents ; il réduisit encore davantage son train de maison. 2 Il se lia d'amitié avec Antipatros de Tyr, un des philosophes du Portique, et s'appliqua tout particulièrement aux doctrines morales et politiques ; avec un enthousiasme qui semblait procéder d'une inspiration divine, il s'attacha à toute forme de vertu et s'éprit surtout de cet aspect du bien qu'est une justice rigide et inflexible qui ne cède ni à la complaisance ni à la faveur. 3 Il s'exerça aussi à l'éloquence, comme instrument d'action sur les foules, persuadé que la sagesse politique a besoin, comme une grande ville, d'entretenir une force de combat. 4 Cependant il ne faisait pas ses exercices avec d'autres, et personne ne l'entendit déclamer. Un ami lui disant : « On blâme ton silence, Caton », il répondit : « Soit, pourvu qu'on ne blâme pas ma vie. Je commencerai à parler quand j'aurai à dire des choses qui ne méritent pas d'être tues. »

5. 1 La basilique appelée Porcia était un monument que Caton l'Ancien avait dédié quand il était censeur. Les tribuns du peuple avaient coutume d'y donner leurs audiences, et, jugeant qu'une colonne était gênante pour leurs sièges, ils projetaient de l'enlever ou de la déplacer. 2 C'est là ce qui, pour la première fois, amena Caton malgré lui au Forum. Il s'opposa à la tentative des tribuns, et donna de son éloquence et de sa hauteur morale un aperçu qui lui valut l'admiration. 3 De fait, sa parole n'avait rien de juvénile ni de fleuri, mais elle était directe, passionnée et rude. Néanmoins une grâce attrayante pour l'oreille recouvrait cette rudesse de la pensée, et le caractère de l'orateur y répandait un mélange de sérieux et de charme souriant qui ne manquait pas d'humanité. 4 Sa voix, d'une ampleur suffisante, était assez forte pour être entendue d'une si grande foule, et elle avait une puissance et une intensité invincibles et inaltérables. Souvent il parla un jour entier sans se fatiguer. 5 Cette fois-là, il gagna sa cause, puis se renferma dans le silence et les exercices. 6 Il endurcit aussi son corps par une gymnastique énergique, s'accoutumant à supporter tête nue aussi bien les chaleurs extrêmes que les chutes de neige, et à marcher sur les chemins en toute saison, sans utiliser de monture. 7 Ceux de ses amis qui voyageaient avec lui étaient à cheval, et souvent il s'approchait tour à tour de chacun d'eux pour converser, lui à pied, eux sur leurs bêtes. 8 Dans ses maladies, il était d'une endurance et d'une maîtrise de soi admirables. Quand il avait la fièvre, il passait toute la journée seul, sans recevoir personne, jusqu'à ce qu'il sentît une amélioration et un changement certain de son état.

6. 1 Dans les repas on tirait au sort au sujet des parts ; si la chance défavorisait Caton, ses amis le priaient de se servir le premier, mais il refusait en disant que ce serait mal de désobéir à Vénus. 2 Au début, quand il avait bu une fois, il mettait fin au repas, mais, avec le temps, il se mit à boire beaucoup, au point de passer souvent la nuit dans le vin jusqu'à l'aube. 3 La cause en était, au dire de ses amis, la politique et les affaires publiques qui l'occupaient toute la journée et l'empêchaient de s'entretenir de sujets élevés ; c'est pourquoi il passait la nuit à converser en buvant avec les philosophes. 4 Cela fit dire, dans une réunion, à un certain Memmius que Caton s'enivrait des nuits entières. « Mais tu n'ajoutes pas, répliqua Cicéron, qu'il joue aux dés toute la journée ? » 5 En général, Caton pensait qu'il devait prendre le contre-pied des mœurs et des habitudes de son temps, qui, selon lui, étaient mauvaises et exigeaient un grand changement ; voyant que la pourpre saturée de rouge vif était à la mode, il portait lui-même de la pourpre foncée. 6 Après le déjeuner il sortait souvent nu-pieds et sans tunique pour traiter les affaires en public, non pas qu'il cherchât à se faire remarquer par cette étrangeté, mais pour s'accoutumer à n'avoir honte que de ce qui est vraiment honteux et à mépriser lc reste de ce que condamne l'opinion. 7 Son cousin Caton lui ayant laissé un héritage de cent talents, il le convertit en argent qu'il prêtait sans intérêts à ceux de ses amis qui en avaient besoin ; il donna même à quelques-uns des terres et des esclaves que, sous sa caution, ils mirent en gage auprès du Trésor public.

7. 1 Quand il se vit en âge de se marier, n'ayant eu encore de rapports avec aucune femme, il projeta de s'unir à Lepida, fiancée auparavant à Metellus Scipion, mais qui alors se trouvait libre, parce que Scipion s'était dédit et avait rompu ses fiançailles. Mais voilà que Scipion, avant le mariage, se ravisa, mit tout en œuvre pour reprendre la jeune fille et y réussit. 2 Caton, piqué au vif et enflammé de colère, voulut le poursuivre en justice, mais ses amis l'en détournèrent et il exhala son dépit juvénile dans des iambes où il accablait d'injures Scipion avec l'amertume d'Archiloque, sans aller toutefois jusqu'à l'obscénité et la puérilité. 3 Il épousa Atilia, fille de Serranus, qui fut sa première femme, mais non pas la seule, à la différence de Laelius, l'ami de Scipion, qui, plus heureux, au cours de sa longue vie, n'approcha qu'une seule femme, sa première et son unique épouse.

8. 1 La guerre servile, qu'on appelait guerre de Spartacus, étant survenue, et Gellius ayant le commandement, Caton prit part à la campagne comme volontaire, à cause de son frère Caepio, qui était tribun militaire ; 2 mais il n'eut pas l'occasion de déployer autant qu'il l'eût voulu le zèle et le courage auxquels il s'était entraîné, parce que cette guerre fut mal conduite. Cependant, au milieu de la mollesse et du relâchement de l'armée chargée de cette expédition, il montra une discipline, une vaillance, une audace en toute rencontre et une intelligence qui parurent ne le céder en rien à celles de Caton l'Ancien. 3 Gellius lui décerna le prix de la valeur et des honneurs éclatants, qu'il ne voulut pas agréer ni recevoir, prétendant qu'il n'avait rien fait qui méritât de telles distinctions. 4 Il acquit ainsi une réputation de bizarrerie. Une loi ayant été portée qui interdisait aux candidats à une charge de se faire accompagner de nomenclateurs, Caton, qui briguait le tribunat militaire, fut le seul qui obéit à la loi. 5 Il s'acquitta tout seul du soin de saluer et d'appeler par leur nom ceux qu'il rencontrait. Il déplut ainsi même à ceux qui louaient cette conduite, car, plus ils en sentaient la beauté, plus ils étaient fâchés de ne pas réussir à l'imiter.

9. 1 Nommé tribun militaire, il fut envoyé en Macédoine auprès du préteur Rubrius. On dit qu'à ce moment, sa femme se désolant et fondant en larmes, un des amis de Caton, Munatius, lui dit : « Rassure-toi, Atilia ; moi, je te le conserverai. » 2 « Certainement », dit Caton, et après un jour de route, s'adressant à Munatius aussitôt après le dîner : « Allons ! Munatius, fit-il, tiens ta promesse à Atilia en ne me quittant ni de jour ni de nuit. » 3 Et désormais il ordonna de mettre deux lits dans la même chambre et recommanda à Munatius en plaisantant de coucher toujours ainsi sous sa garde. 4 Il menait à sa suite quinze esclaves, deux affranchis et quatre amis, qui étaient à cheval, tandis que lui-même allait toujours à pied et s'approchait tour à tour de chacun d'eux pour converser. 5 Quand il fut arrivé au camp, où il y avait plusieurs légions, le préteur lui en donna une à commander. Il ne trouvait pas grand ni royal de mettre en lumière sa propre valeur, celle qui n'était qu'à lui, mais, désireux avant tout de rendre semblables à lui ceux qu'il avait sous ses ordres, sans leur ôter la crainte de son autorité, il y ajouta le pouvoir de la raison. 6 C'est à l'aide de la raison qu'il les persuadait et les instruisait en toute rencontre, l'honneur ou la punition ne venant qu'après, et il eût été difficile de dire s'il les rendait plus amis de la paix que de la guerre, plus vaillants que justes, 7 tant on les voyait redoutables aux ennemis, doux envers les alliés, peu portés à faire le mal et ambitieux de louanges. 8 Ce dont il s'inquiéta le moins fut ce qu'il obtint le plus, je veux dire la gloire, la reconnaissance, les honneurs insignes et l'affection des soldats. 9 Ce qu'il commandait aux autres, il l'exécutait volontiers. Par son vêtement, son train de vie et sa manière de se déplacer, il ressemblait aux soldats plus qu'aux chefs, tandis que son caractère, sa grandeur d'âme, son éloquence l'élevaient au-dessus de ceux qu'on salue du titre de généraux et d'impérators, tout en lui attirant en même temps insensiblement l'amitié de ses hommes. 10 Car le vrai zèle pour la vertu ne naît que d'un attachement et d'une estime extrêmes pour celui qui donne l'exemple ; ceux qui louent les hommes de cœur sans les aimer respectent sans doute leur gloire, mais ne sauraient admirer ni imiter leur vertu.

10. 1 Athénodore, surnommé Cordylion, philosophe très versé dans la doctrine stoïcienne et déjà vieux, séjournait à Pergame après avoir énergiquement décliné les invitations des généraux et des rois désireux d'entrer en relations d'amitié avec lui ; 2 Caton, ayant appris cela, pensait qu'il ne servirait à rien de lui envoyer un messager ou une lettre ; c'est pourquoi, profitant d'un congé de deux mois que lui accordait la loi, il s'embarqua pour l'Asie afin d'aller le voir, en se fiant à ses qualités personnelles pour réussir dans cette sorte de chasse. 3 Arrivé auprès d'Athénodore, il discuta victorieusement avec lui, le fit changer de résolution et l'emmena dans son camp, très joyeux et très fier, comme s'il avait fait la plus belle des prises et une conquête plus brillante que celles de Pompée et de Lucullus, qui à cette époque soumettaient par les armes, de tous côtés, des peuples et des royaumes.

11. 1 Comme il était encore à l'armée, son frère, qui se rendait en Asie, tomba malade en Thrace, à Ænos. 2 Une lettre en informa aussitôt Caton. Une violente tempête agitait la mer, et il ne se trouvait pas de bateau d'une suffisante grandeur ; Caton prit une petite embarcation marchande et, emmenant seulement deux amis et deux serviteurs, il partit de Thessalonique. 3 Sur le point de sombrer, il ne fut sauvé que par une chance inespérée, mais, lorsqu'il arriva, Caepio venait de mourir. Il sembla éprouver ce malheur avcc plus de sensibilité que de philosophie, comme on le vit, non seulement à ses larmes, à la façon dont il étreignit le cadavre, à la profondeur de son chagrin, mais encore aux dépenses et aux soins qu'il consacra aux funérailles, à la profusion des parfums et des vêtements précieux brûlés avec le corps, et au tombeau de marbre poli de Thasos, du prix de huit talents, qu'il fit élever sur la place d'Ænos. 4 Certaines gens blâmaient cette conduite contraire à la simplicité ordinaire de Caton : ils ne voyaient pas quelle douceur et quelle affectivité se joignaient chez lui à une inflexible fermeté contre les plaisirs, les craintes et les demandes impudentes. 5 À cette occasion, des villes et des princes lui envoyèrent une foule de présents pour honorer le mort ; il n'accepta d'argent de personne et il ne prit que les parfums et les parures en en payant le prix à ceux qui les lui avaient adressés. 6 Héritier de son frère conjointement avec la fille en bas âge de Caepio, il ne réclama dans le partage aucun remboursement des frais qu'il avait faits pour le tombeau. 7 Et cependant, en dépit de sa conduite passée et présente, il s'est trouvé quelqu'un pour écrire qu'il avait déplacé les cendres du mort et les avait passées au crible pour y chercher l'or fondu au feu ! 8 Tant cet auteur croyait que l'irresponsabilité et l'impunité étaient acquises à son écritoire comme à son épée !

12. 1 Lorsque Caton eut achevé son temps de service, son départ ne fut pas accompagné seulement par des vœux, comme il est banal, ni par des éloges, mais par des larmes et des embrassements interminables ; partout où il marchait, les hommes jetaient leurs manteaux sous ses pas et lui baisaient les mains, marques d'honneur que les Romains d'alors n'accordaient qu'à peine à un petit nombre de leurs généraux en chef. 2 Avant d'aborder la carrière politique, il voulut parcourir l'Asie pour son instruction, afin d'observer les mœurs, les coutumes et les forces de chaque province, et, du même coup, il souhaitait ne pas désobliger le Galate Dejotarus qui, lié à son père par des liens d'hospitalité et d'amitié, le priait de venir le voir. Voici comment il voyageait. 3 À l'aube, il envoyait en avant son boulanger et son cuisinier là où il voulait faire étape. Ceux-ci entraient dans la ville très modestement et sans bruit. S'il ne s'y trouvait aucun ami de son père ou de lui-même, ils lui préparaient un repas dans une auberge, sans déranger personne. 4 S'il n'y avait pas d'auberge, ils s'adressaient aux magistrats et se contentaient de l'hospitalité qu'on leur offrait. 5 Souvent on se méfiait d'eux et on les dédaignait, parce qu'ils faisaient cette démarche auprès des magistrats sans bruit ni menaces, et, lorsque Caton arrivait, ils n'avaient rien pu préparer. Lui-même était encore moins bien considéré, et, lorsqu'on le voyait assis en silence sur ses bagages, on le prenait pour un pauvre homme apeuré. 6 Cependant il convoquait alors les magistrats et leur disait d'ordinaire : « Méchantes gens, corrigez-vous de ces façons inhospitalières. Il ne vous viendra pas toujours des Catons ! Désarmez par votre bon accueil la rigueur de ceux qui cherchent un prétexte pour prendre de force ce qu'ils n'auront pas reçu de vous de plein gré. »

13. 1 En Syrie, il lui arriva, dit-on, une aventure plaisante. Comme il se rendait à Antioche, il vit aux abords de la ville, près de la porte, une foule de gens rangés des deux côtés du chemin, d'une part, des éphèbes en chlamydes et, de l'autre, des enfants parés avec soin, et aussi quelques hommes, prêtres des dieux ou magistrats, avec des vêtements immaculés et des couronnes. 2 La première pensée de Caton fut qu'il s'agissait là d'un honneur et d'une réception que lui ménageait la ville, et il se fâcha contre ceux de ses gens qu'il avait envoyés en avant, parce qu'ils ne s'y étaient pas opposés ; puis il fit descendre de cheval ses amis et s'avança à pied avec eux. 3 Quand ils furent tout près, celui qui avait ordonné le cortège et rangé la foule en bon ordre, un homme d'âge, baguette à la main et couronne sur la tête, vint à la rencontre de Caton en avant des autres, et, sans même le saluer, lui demanda où ils avaient laissé Démétrius, et quand il arriverait. 4 Or ce Démétrius se trouvait être un serviteur de Pompée, et, comme alors tout le monde, pour ainsi dire, avait les yeux fixés sur Pompée, on faisait la cour à Démétrius, qui jouissait auprès de lui d'un crédit considérable, bien qu'immérité. 5 Les amis de Caton furent alors pris d'un tel fou rire qu'ils ne parvenaient pas à reprendre leur sérieux en traversant la foule. Sur le moment, Caton se détourna, tout confus, et dit : « Ah ! la malheureuse ville ! » sans rien ajouter d'autre ; mais, dans la suite, il riait lui aussi de cette aventure, quand il la racontait ou qu'elle lui revenait en mémoire.

14. 1 Cependant Pompée en personne corrigea l'erreur des gens qui, par ignorance, manquaient ainsi d'égards envers Caton. 2 En effet, arrivant à Éphèse, Caton alla saluer Pompée qui était plus âgé que lui, qui l'emportait de beaucoup en renommée et qui commandait les plus grandes armées de ce temps ; Pompée le vit, et, au lieu de l'attendre en restant assis sur son siège, il se leva, comme devant un supérieur, alla à sa rencontre, lui donna la main, 3 l'embrassa avec des paroles affectueuses, le combla d'éloges sur-le-champ, et, quand il fut parti, loua davantage encore sa vertu. Dès lors, tout le monde tourna ses regards et son attention vers Caton, admira ce qui l'avait fait auparavant dédaigner et reconnut sa douceur et sa grandeur d'âme. 4 De fait, on ne fut pas sans remarquer que l'empressement de Pompée à son égard venait plutôt du désir de l'honorer que d'une véritable affection, et l'on s'aperçut que, s'il l'admirait présent, il était content de le voir partir. 5 Car lui qui mettait tout en œuvre pour retenir les autres jeunes gens qui se rendaient auprès de lui, et qui souhaitait les voir rester à ses côtés, il ne demanda rien de tel à Caton, et, comme s'il eût été exposé à avoir à rendre compte devant lui de son commandement, il le congédia avec joie, tout en lui recommandant, ce qu'il ne fit guère que pour lui seul de ceux qui rentraient à Rome, ses enfants et sa femme, qui d'ailleurs n'étaient pas sans lien de parenté avec lui. 6 Désormais la réputation de Caton fut bien établie, et les villes s'empressèrent à l'envi autour de lui, prodiguant les invitations et les festins. Dans ces circonstances, il ordonnait à ses amis de veiller sur lui, de peur qu'il n'en vînt à confirmer sans le vouloir le mot de Curion. 7 Curion, en effet, contrarié de l'austérité de Caton, qui était son familier et son ami, lui avait demandé s'il ne désirait pas, après son service à l'armée, visiter l'Asie. 8 Comme Caton lui répondait : « Certainement si », Curion reprit : « Tu as raison, car tu reviendras de là-bas plus aimable et plus courtois. » Tels sont à peu près les termes qu'il employa.

15. 1 Dejotarus le Galate, déjà avancé en âge, fit venir Caton auprès de lui pour lui recommander ses enfants et sa famille. Dès son arrivée, il lui fit porter toutes sortes de présents, en le priant et en insistant de mille façons pour les lui faire accepter. Caton en fut tellement irrité qu'étant arrivé le soir, il ne passa qu'une nuit chez Dejotarus et partit dès le lendemain à la troisième heure. 2 Ensuite, ne s'étant avancé que d'un seul jour de marche, il trouva à Pessinous des présents encore plus nombreux qui l'attendaient là avec une lettre du Galate lui demandant de les accepter lui-même, ou, s'il n'y était pas disposé, de permettre d'en profiter à ses amis, qui méritaient parfaitement d'être bien traités à cause de lui, dont la fortune personnelle était insuffisante pour de telles libéralités. 3 Caton refusa encore cette offre, bien qu'il vît quelques-uns de ses amis se laisser tenter et blâmer sourdement son attitude. Il leur dit que l'on peut toujours trouver un prétexte pour agréer des cadeaux, mais que ses amis ne partageraient avec lui que ce qu'il posséderait pour l'avoir acquis avec justice et honnêteté, et il renvoya à Dejotarus ses présents. 4 Comme il allait partir pour Brindes, ses amis pensaient qu'il convenait de placer les restes de Caepio dans un autre navire ; il leur répondit que, plutôt que de s'en séparer, il aimerait mieux quitter la vie, et il s'embarqua. Le hasard fit, dit-on, qu'il courut les plus grands dangers au cours de cette traversée, qui fut assez bonne pour les autres.

Questeur. – **16.** 1 De retour à Rome, il passait tout son temps à converser dans sa maison avec Athénodore, ou au Forum à assister ses amis. 2 Le moment étant venu pour lui de briguer la questure, il ne posa sa candidature qu'après avoir lu les lois relatives à cette magistrature, après s'être informé de tout dans le détail auprès des gens d'expérience, enfin après s'être fait une image idéale du pouvoir attaché à la fonction. 3 Aussi, à peine entré en charge, opéra-t-il une grande réforme parmi les agents et les scribes du Trésor. Lorsque ces employés, qui avaient toujours en main les documents officiels et les lois, voyaient arriver de jeunes questeurs dont l'inexpérience et l'ignorance avaient absolument besoin de maîtres et de guides, ils ne se soumettaient pas à leur autorité, et c'étaient eux les véritables magistrats. 4 Mais, lorsque Caton eut pris énergiquement la direction des affaires, il ne se contenta pas du titre et de l'honneur de sa magistrature, il en prit l'esprit, la dignité et le ton, et il traita les scribes en simples subalternes, ce qu'ils étaient, confondant ceux qui commettaient des méfaits, instruisant ceux qui se trompaient par manque d'expérience. 5 Comme ils étaient effrontés et se mirent à lui faire la guerre, tout en flattant et flagornant ses collègues, il convainquit lui-même le premier de fraude dans une affaire de succession et le chassa du Trésor, puis il intenta un procès à un second pour négligence coupable. 6 Le censeur Lutatius Catulus se présenta pour défendre ce dernier. Catulus tirait de sa charge un grand prestige, et un plus grand encore de sa vertu, car il l'emportait sur tous les Romains en équité et en sagesse ; d'ailleurs, il était lié avec Caton et l'admirait à cause de sa conduite. 7 Se voyant battu sur le terrain du droit, il demanda ouvertement la grâce de l'accusé. Caton eut beau le prier de n'en rien faire, il insista davantage encore. Alors Caton lui dit : « Il serait honteux, Catulus, pour toi qui es censeur et qui dois surveiller nos vies, de te faire chasser par nos serviteurs. » 8 Lorsque Caton eut proféré ces mots, Catulus le regarda comme s'il allait lui répondre, mais il ne dit rien, et, sous l'effet de la colère ou bien de la honte, il se retira en silence tout déconfit. 9 Cependant l'homme n'était pas vraiment condamné : certes, les suffrages portés contre lui dépassaient d'une unité ceux qui l'absolvaient, mais, comme Marcus Lollius, collègue de Caton, étant malade, n'avait pas assisté au procès, Catulus envoya chez lui un message le priant de venir en aide à l'accusé ; Lollius se fit porter en litière, et, arrivé après le procès, il déposa le suffrage d'acquittement. 10 Malgré cela, Caton n'employa plus ce greffier, ne lui fit pas payer son salaire et ne tint absolument aucun compte du vote de Lollius.

17. 1 Quand il eut ainsi rabaissé et soumis à son autorité les scribes, il traita les affaires comme il l'entendait et rendit en peu de temps l'administration du Trésor plus respectable que le sénat même, à tel point que tout le monde disait et pensait que Caton avait conféré à la questure le prestige du consulat. 2 D'abord, ayant découvert qu'un grand nombre de particuliers avaient de vieilles dettes à payer au Trésor, et le Trésor de son côté à beaucoup de particuliers, il mit un terme aux torts faits à l'État et à ceux dont l'État était cause, exigeant des uns avec une inflexible énergie ce qu'ils devaient, et payant les autres promptement et de bonne grâce. Aussi le peuple se réjouissait-il de voir s'acquitter les uns, qui comptaient frustrer le Trésor, et les autres toucher ce qu'ils n'espéraient plus. 3 En second lieu, comme beaucoup de gens présentaient des titres au Trésor de façon irrégulière, et aussi de fausses ordonnances que ses prédécesseurs acceptaient d'ordinaire pour faire plaisir à qui les en priait, aucune de ces pratiques ne lui échappa. 4 Un jour même qu'il doutait de la validité d'une ordonnance, bien qu'elle fût attestée par plusieurs témoins, il ne s'y fia pas et refusa de la régler jusqu'à ce que les consuls vinssent la garantir par serment. 5 Il y avait un grand nombre de meurtriers à qui le fameux Sylla, au temps de ses prescriptions, avait alloué une prime de douze mille drachmes pour chaque tête. Tout le monde les détestait comme des maudits et des scélérats, mais personne n'osait s'en prendre à eux. 6 Caton, lui, les cita en justice l'un après l'autre, comme détenant injustement des deniers publics, qu'il les força à restituer, en leur reprochant avec autant d'éloquence que de colère l'impiété et l'illégalité de leur conduite. 7 Après quoi, tout aussitôt, ils étaient inculpés d'assassinat et, en quelque sorte, condamnés d'avance, ils étaient traînés devant les juges et payaient la peine de leurs crimes, à la grande joie de tous les citoyens, qui croyaient voir effacer la tyrannie de naguère et punir Sylla en personne.

18. 1 Ce qui frappait la foule, c'était son application assidue et infatigable à la tâche : aucun de ses collègues ne monta jamais à la Questure avant lui, ni ne s'en retira après lui. 2 Il ne manqua jamais une séance de l'assemblée ou du sénat, craignant et surveillant ceux qui étaient prêts à voter par complaisance des remises de dettes ou d'impôts, ou des gratifications à n'importe qui. 3 En montrant le Trésor inaccessible, purgé des sycophantes et plein d'argent, il prouva que la ville pouvait s'enrichir sans commettre d'injustices. 4 Au début, il avait paru incommode et insupportable à plusieurs de ses collègues, mais par la suite il gagna leur affection, parce que, en refusant toute faveur préjudiciable au Trésor public, et aussi toute décision injuste, il s'exposait seul, à la place de tous, aux inimitiés, et fournissait cette excuse à ceux que l'on implorait ou que l'on tentait de contraindre : « C'est impossible : Caton s'y oppose. » 5 Le dernier jour de sa questure, comme il rentrait chez lui, escorté par presque tous les citoyens, il apprit que beaucoup d'amis et de gens influents s'étaient précipités à la Questure et assiégeaient Marcellus pour l'obliger à enregistrer une reconnaissance de dette de l'État. 6 Marcellus était un amis d'enfance de Caton et s'était montré pour lui un excellent collègue, mais, livré à lui-même, il cédait par timidité aux solliciteurs et accordait aisément toutes sortes de faveurs. 7 Aussitôt Caton rebroussa chemin et trouva Marcellus qu'on avait contraint à avaliser le paiement. Il demanda les tablettes et les effaça en présence de Marcellus lui-même, qui gardait le silence. 8 Cela fait, il l'emmena dehors et l'accompagna jusque chez lui. Or Marcellus ne se plaignit ni à ce moment-là, ni par la suite, et il ne cessa jamais d'être pour lui un fidèle compagnon et ami. 9 Même quand il eut atteint le terme de sa questure, il ne laissa pas le Trésor sans surveillance : ses serviteurs allaient chaque jour prendre note des actes administratifs, et lui-même, ayant acheté au prix de cinq talents des registres contenant les comptes des finances publiques depuis Sylla jusqu'à sa propre questure, il les gardait constamment sous la main.

Sénateur. – **19.** 1 Entré le premier au sénat, il en sortait le dernier. Souvent, lorsque ses collègues tardaient à se réunir, il lisait tranquillement, assis, en tenant sa toge devant son livre. Il ne s'absentait jamais quand le sénat tenait séance. 2 Dans la suite, Pompée, voyant que les projets injustes qui lui tenaient à cœur trouvaient en Caton un adversaire obstiné et toujours difficile à vaincre, essaya tous les moyens de le retenir hors du sénat par des plaidoyers en faveur de ses amis, des arbitrages ou d'autres affaires, mais Caton comprit vite le piège ; il renonça à tout et s'arrangea, les jours où siégeait le sénat, pour n'avoir rien d'autre à faire. 3 De fait, ce n'était pas par amour de la renommée, ni par cupidité, ni par hasard et à l'aventure, comme d'autres, qu'il était venu à la politique, mais il avait choisi cette carrière comme la tâche propre d'un homme de cœur, et il se croyait tenu de travailler au bien public plus activement que l'abeille à son rayon de miel. 4 Il prenait même soin de se faire envoyer par les hôtes et les amis qu'il avait partout l'état des affaires des provinces, avec les décrets, les jugements et les actes les plus importants.

5 Un jour il se dressa devant le démagogue Clodius, qui jetait des semences de troubles et de grandes révolutions en calomniant devant le peuple des prêtres et des prêtresses, mettant ainsi en danger notamment Fabia, sœur de Terentia, femme de Cicéron. 6 Il couvrit Clodius de honte et le contraignit à s'enfuir de Rome. Comme Cicéron l'en remerciait, il répondit : « C'est la ville qu'il te faut remercier, car c'est pour elle que j'accomplis tous mes actes politiques. » 7 Cette conduite lui valut une immense réputation : dans un procès où l'on ne produisait qu'un seul témoignage, un orateur dit aux juges : « Il ne convient pas de se fier à un témoignage unique, fût-ce celui de Caton. » Et désormais beaucoup de gens, parlant de récits extraordinaires et incroyables, se mirent à dire à la façon d'une locution toute faite : « On ne saurait le croire, même si c'est Caton qui l'affirmait. » 8 Un homme vil et dépensier ayant fait au sénat un discours sur la simplicité et la tempérance, Amnaeus se leva : « Eh ! l'homme, dit-il, qui pourra donc supporter que tu dînes comme Crassus, bâtisses comme Lucullus et nous harangues comme Caton ? » 9 Quand des gens méprisables qui se conduisaient mal se donnaient des airs graves et austères dans leurs discours, on les appelait par ironie des Catons.

Tribun de la plèbe. – **20.** 1 Beaucoup de gens l'engageaient à briguer le tribunat de la plèbe, mais il ne croyait pas opportun d'appliquer la grande autorité de cette charge, comme la force d'un remède violent, à des situations qui ne l'exigeaient pas ; 2 et, comme les affaires publiques lui laissaient du loisir, il prit avec lui des livres et des philosophes, et partit pour la Lucanie, où il avait des terres qui lui offraient un séjour convenant à un homme libre. 3 Là-dessus, il rencontra en route une longue file de bêtes de somme et de bagages accompagnés par des esclaves. On lui dit que c'était Metellus Nepos qui rentrait à Rome pour préparer sa candidature au tribunat. Il s'arrêta sans rien dire, et, peu de temps après, il ordonna à ses gens de rebrousser chemin. 4 Devant l'étonnement de ses amis : « Ne savez-vous pas, dit-il, que Metellus à lui seul est déjà redoutable pour cause de stupidité, et qu'à présent qu'il arrive appelé par Pompée, il va s'abattre comme un ouragan sur les affaires publiques et y jeter partout le trouble ? 5 Ce n'est donc pas le moment de s'accorder du loisir et de s'absenter ; il faut mater cet homme, ou mourir glorieusement en combattant pour la liberté. » 6 Cependant, sur le conseil de ses amis, il se rendit d'abord dans ses terres, mais n'y passa pas longtemps et revint vite à la ville. 7 Arrivé un soir, il descendit au Forum dès le lendemain à la pointe du jour pour y briguer le tribunat afin de s'opposer à Metellus. 8 Cette charge en effet a plus de force pour empêcher que pour agir : même si tous les tribuns ont voté quelque motion à l'exception d'un seul, la prépondérance appartient à l'unique opposant qui refuse de la laisser passer.

21. 1 Tout d'abord Caton n'eut avec lui que quelques-uns de ses amis ; mais, quand ses intentions furent connues, en peu de temps tous les gens de bien et tous les notables accoururent à lui, l'applaudirent et l'encouragèrent en disant : « Ce n'est pas Caton qui recevra une faveur, mais la patrie et les meilleurs des citoyens à qui il rendra le plus grand des services : en effet, ayant pu mainte fois obtenir cette charge en période calme, il n'en a point voulu, tandis que maintenant qu'il va combattre pour la liberté et la république, il descend dans l'arène en dépit du danger. » 2 On raconte qu'entouré d'un grand nombre de gens qui, par zèle et amitié, se poussaient vers lui, il fut en péril et eut grand-peine, en raison de la foule, à atteindre le Forum. 3 Désigné comme tribun avec d'autres, et notamment avec Metellus, et voyant qu'on achetait les voix pour les comices consulaires, il admonesta le peuple et finit son discours en jurant qu'il mettrait en accusation tous ceux, quels qu'ils fussent, qui auraient distribué de l'argent. Il n'en excepta que Silanus, à cause de leur parenté, Silanus étant le mari de sa sœur Servilia. 4 C'est pour cette raison qu'il le laissa de côté, mais il poursuivit Lucius Murena, qui n'était parvenu qu'à prix d'argent à se faire nommer consul avec Silanus. 5 Une loi autorisait l'accusé à entretenir toujours un garde auprès de l'accusateur, afin d'être renseigné sur ce qu'il recueillait en fait de preuves et préparait pour son réquisitoire. Le garde que Murena avait placé auprès de Caton pour le suivre et le surveiller, voyant qu'il ne tendait aucun piège et ne commettait aucune injustice, mais procédait avec franchise et courtoisie, et suivait une voie simple et droite dans son accusation, 6 admira tellement sa loyauté et son caractère que, descendant au Forum et passant devant la porte de Caton pour s'informer s'il s'apprêtait ce jour-là à accomplir quelque acte relatif au procès, si Caton lui répondait que non, il le croyait sur parole et s'en allait. 7 Quand les débats furent ouverts, Cicéron, qui était alors consul et défendait Murena, se railla et se moqua si bien, à cause de Caton, des philosophes stoïciens et de leurs fameuses opinions que l'on appelle paradoxes, qu'il fit rire les juges. 8 On rapporte que Caton lui-même dit en souriant à ses voisins : « Mes amis, quel plaisant consul nous avons là ! » 9 Murena fut acquitté, et il ne se comporta pas envers Caton en homme rancunier et déraisonnable ; au contraire, pendant son consulat il prit les conseils de Caton dans les affaires les plus importantes et ne cessa pas de lui témoigner en tout estime et confiance. 10 La cause de cette conduite était Caton lui-même, qui, intraitable et redoutable à la tribune et au sénat quand il s'agissait de la justice, se comportait ensuite avec bienveillance et humanité envers tout le monde.

22. 1 Avant d'entrer en charge comme tribun, Caton soutint l'autorité de Cicéron, alors consul, en plusieurs débats, et l'aida surtout à mener à bonne fin ses grandes et belles actions contre Catilina. 2 Celui-ci tramait alors une révolution complète qui eût causé la perte de Rome, il soulevait des séditions et des guerres, quand il fut confondu par Cicéron et contraint de quitter la ville. 3 Mais Lentulus, Cethegus, et avec eux beaucoup d'autres complices de la conjuration accusaient Catilina de lâcheté et de mesquinerie dans ses coups d'audace, et songeaient eux-mêmes à détruire la ville de fond en comble par le feu et à ruiner l'empire par des défections de peuples et des guerres extérieures. 4 Leurs desseins ayant été découverts, et Cicéron, comme il a été dit dans sa *Vie*, ayant porté la question à l'ordre du jour du sénat, le premier qui opina, Silanus, déclara que, selon lui, ces individus devaient subir les derniers supplices, et ceux qui parlèrent successivement après lui furent du même avis jusqu'à César. 5 Mais César se leva ; excellent orateur, et désirant voir grandir plutôt que laisser périr tous les mouvements et les changements dans l'État, comme fournissant un aliment à ses propres desseins, il prononça un long discours, insinuant et plein d'humanité, où il s'opposait à ce qu'on tuât ces gens sans les juger et demandait qu'on les gardât en prison. 6 Il fit ainsi changer les dispositions du sénat, qui craignait le peuple, si bien que Silanus lui-même se rétracta et dit que lui non plus n'avait pas voulu parler de la mort, mais de la prison, celle-ci constituant le châtiment suprême pour un Romain.

23. 1 Après un tel revirement, tous les sénateurs se laissèrent gagner au parti le plus doux et le plus humain. Caton se leva aussitôt et parla en s'opposant avec colère et véhémence à cette opinion. Il reprocha à Silanus d'avoir changé d'avis, puis il s'attaqua à César : « En affectant des airs démagogiques et des discours philanthropiques, tu bouleverses la république, et tu cherches à effrayer le sénat, quand tu devrais craindre pour toi-même, heureux si tu te tires de ce qui s'est passé sans être puni ni soupçonné, 2 lorsque tu arraches si ouvertement et si effrontément à la justice les ennemis publics, toi qui avoues n'éprouver aucune pitié pour une patrie si grande et si glorieuse, sur le point de périr ; en revanche, tu pleures sur des gens qui n'auraient pas dû naître ni grandir, et tu te désoles à la pensée que leur mort délivrerait la ville de tant de meurtres et de si grands dangers ! » 3 On dit que, de tous les discours prononcés par Caton, celui-ci est le seul qui se soit conservé, grâce au soin qu'avait pris Cicéron, étant consul, de faire enseigner aux scribes les plus prompts des signes qui, sous une forme brève et courte, équivalaient à plusieurs lettres, et de disséminer ces scribes en différents endroits de la salle des séances. 4 On ne formait pas encore et l'on ne connaissait pas ceux qu'on appelle sténographes, mais c'est alors, dit-on, qu'on en trouve trace pour la première fois. 5 L'opinion de Caton prévalut ; il fit changer les avis, de sorte que la mort des conjurés fut votée.

***Caton et les femmes.* – 24.** 1 S'il convient de ne pas négliger les moindres traits de mœurs quand on peint pour ainsi dire le portrait d'une âme, on dit qu'alors, au plus fort de la polémique et de la lutte entre Caton et César, au moment où le sénat tenait les yeux fixés sur eux, on apporta du dehors un petit billet à César. 2 Caton, trouvant cela suspect et prétendant que certaines gens communiquaient ainsi avec lui, somma César de lire le contenu de ce billet. Alors César le passa à Caton, qui était debout auprès de lui, 3 et Caton lut un message d'amour adressé par sa sœur Servilia à César, qui l'avait séduite et qu'elle aimait. Il le jeta à César en disant : « Garde-le, ivrogne ! », puis il reprit le fil de son discours. 4 Il apparaît que Caton eut vraiment beaucoup de malchance avec les femmes de sa maison. Cette Servilia était décriée pour ses relations avec César, et l'autre Servilia, également sœur de Caton, ne se conduisit pas mieux : 5 mariée à Lucullus, un des Romains les premiers en renommée, et mère d'un fils, elle fut renvoyée de chez lui pour impudicité. 6 Le plus honteux, c'est que la femme même de Caton, Atilia, ne fut pas exempte non plus de tels écarts, et qu'après avoir eu d'elle deux enfants, il fut contraint de la chasser pour inconduite.

25. 1 Il épousa ensuite Marcia, fille de Philippus, qui passait pour une honnête femme. On parle beaucoup d'elle, car cette partie de la vie de Caton comporte, comme dans un drame, un point embarrassant et qui prête à controverse. 2 Voici le fait, tel que le rapporte Thrasea, sur la foi de Munatius, ami et familier de Caton. 3 Parmi les nombreux admirateurs fanatiques de Caton, certains étaient plus en vue et plus marquants que d'autres ; c'était le cas de Quintus Hortensius, homme d'une réputation brillante et d'un noble caractère. 4 Désireux de n'être pas seulement l'ami et l'intime de Caton, mais de mêler en quelque sorte et d'unir par une alliance toute leur famille et leur sang, il entreprit de le persuader de lui accorder à lui-même sa fille Porcia, mariée à Bibulus à qui elle avait donné deux enfants, comme un champ fertile pour y semer à nouveau une descendance. 5 Dans l'opinion des hommes, c'était là, disait-il, une proposition étrange, mais, suivant la nature, elle était belle et politique : une femme dans la fleur et la vigueur de l'âge ne devait pas rester inutile et laisser éteindre sa fécondité ni procurer plus d'enfants qu'il ne convenait à une maison qui n'en avait pas besoin et s'en trouverait gênée et appauvrie ; 6 mais, en se donnant successivement à des hommes méritants, elle rendrait la vertu abondante, la propagerait dans les familles et fondrait la ville elle-même en un seul corps par ces unions. 7 Que si Bibulus tenait absolument à sa femme, il la lui rendrait quand elle aurait enfanté, et lui-même se trouverait plus étroitement lié à Bibulus et à Caton par la communauté des enfants. 8 Caton répondit qu'il aimait Hortensius et appréciait son alliance, mais qu'il trouvait étrange de l'entendre parler d'épouser sa fille mariée à un autre homme. 9 Alors Hortensius, changeant de projet, n'hésita pas à dévoiler toute sa pensée et à demander la femme de Caton lui-même, qui était encore assez jeune pour enfanter, alléguant que la succession de Caton était assurée. 10 Et l'on ne peut dire qu'il présentait cette demande parce qu'il pensait que Caton négligeait sa femme, 11 car on affirme qu'elle se trouvait alors enceinte. Caton, voyant le désir et la passion d'Hortensius, n'y fit point d'opposition, mais déclara qu'il fallait aussi l'approbation de Philippus, père de Marcia. 12 Philippus, consulté, consentit au mariage et fiança Marcia en présence de Caton lui-même, qui donna aussi son accord. 13 Au reste, cela n'arriva que plus tard ; mais, comme je parlais des femmes, j'ai cru pouvoir anticiper.

***Face à Pompée.* – 26.** 1 Lentulus et les autres conjurés ayant été mis à mort, César, qui avait été dénoncé et décrié devant le sénat, chercha un appui auprès du peuple en soulevant et attirant à lui les nombreux éléments malsains et corrompus de l'État. Caton effrayé conseilla au sénat de récupérer la foule indigente et sans ressources par une distribution de céréales d'une dépense annuelle de douze cent cinquante talents, et l'on vit clairement que cette largesse, dictée par l'humanité, avait dissipé la menace de sédition. 2 Bientôt après, Metellus, qui avait pris ses fonctions de tribun, convoqua des assemblées tumultueuses et proposa une loi qui rappelait d'urgence Pompée le Grand en Italie avec ses troupes, pour garder et sauver la ville mise en péril par Catilina. 3 Ce n'était là qu'un prétexte spécieux, l'intention et le but de la loi étant de mettre les affaires entre les mains de Pompée et de lui conférer une autorité absolue. 4 Le sénat s'étant réuni, Caton, au lieu d'attaquer violemment Metellus selon son habitude, lui donna force conseils avec douceur et modération ; il finit même par en arriver aux prières et fit l'éloge de la maison de Metellus comme ayant toujours été aristocratique ; Metellus, exalté encore davantage et plein de mépris pour Caton comme pour un homme qui cède et qui prend peur, se répandit en menaces hautaines et en discours impudents, disant qu'il irait jusqu'au bout en dépit du sénat. 5 Alors Caton, changeant d'attitude, de ton et de langage, déclara hautement à la fin de son discours que, lui vivant, Pompée n'entrerait pas en armes dans la ville. À la suite de ce débat, le sénat jugea que ni l'un ni l'autre ne se possédait plus ni n'usait d'arguments solides, mais que la politique de

Metellus était celle d'un furieux emporté par l'excès de sa perversité vers la ruine et la confusion générale, tandis que celle de Caton était d'un homme enthousiasmé par la vertu et luttant pour le bien et la justice.

27. 1 Le jour où le peuple devait voter la loi, Metellus avait amené et rangé sur le Forum des étrangers, des gladiateurs et des esclaves en armes. La partie du peuple qui désirait le retour de Pompée dans l'espoir d'un changement était fort nombreuse et tirait une grande force de la présence de César, alors préteur. 2 Caton avait pour lui les premiers citoyens : ils partageaient son indignation, mais ils étaient plus frappés de l'injustice que disposés à la combattre avec lui. Sa maison était en proie à la consternation et à la crainte, à tel point que quelques-uns de ses amis passèrent ensemble la nuit sans manger, se demandant avec inquiétude à quoi il se résoudrait. Sa femme et ses sœurs, en larmes, imploraient les dieux. 3 Quant à lui, sans peur et plein d'assurance, il s'entretenait avec tous, les encourageait tous. Il prit son repas comme il en avait l'habitude, et dormit d'un profond sommeil jusqu'à ce que Minucius Thermus, un de ses collègues, vînt le réveiller. 4 Ils descendirent au Forum, suivis d'un cortège peu nombreux, mais beaucoup de gens se portaient à leur rencontre et les avertissaient de se tenir sur leurs gardes. 5 Lorsque Caton arriva et vit le temple de Castor et Pollux entouré d'armes et les marches occupées par des gladiateurs, et en haut Metellus lui-même assis à côté de César, il se retourna vers ses amis et dit : « Ô l'impudent et lâche personnage qui a rassemblé de telles bandes contre un homme nu et sans armes ! » 6 En même temps il s'avançait avec Thermus. Ceux qui occupaient les degrés s'écartèrent pour eux, mais ne laissèrent passer personne d'autre, et Caton eut beaucoup de peine à faire monter Munatius avec lui en le tirant par la main. 7 Aussitôt, s'avançant comme il put, il alla s'asseoir entre Metellus et César, de façon à interrompre leur colloque. 8 Les deux hommes se trouvèrent fort embarrassés, mais les honnêtes gens, en voyant et admirant le visage, la fierté et l'audace de Caton, s'approchèrent en lui criant de ne rien craindre et en s'encourageant les uns les autres à tenir bon, à se grouper et à ne pas abandonner la liberté ni celui qui combattait pour elle.

28. 1 À ce moment le greffier prit en main le projet de loi, mais Caton l'empêcha d'en donner lecture. Metellus s'en saisit et commençait à le lire lorsque Caton lui arracha la tablette. Et comme Metellus, qui savait la loi par cœur, la récitait, Thermus lui appliqua la main sur la bouche et étouffa sa voix. 2 À la fin, Metellus, voyant qu'il était impossible de lutter avec ces deux hommes et que le peuple cédait et en revenait au sens de l'intérêt public, fit venir de chez lui des hommes armés qui accoururent en poussant des cris pour inspirer la terreur. 3 À leur arrivée, tout le monde se dispersa. Seul, Caton tint ferme, en butte aux pierres et aux bâtons qui pleuvaient d'en haut. Mais Murena, celui qu'il avait poursuivi et accusé, ne l'abandonna pas ; il le couvrit de sa toge, cria à ceux qui le

cette loi et la fit repousser. Alors Pompée s'entendit avec Clodius, le plus audacieux des démagogues de cette époque, et se rapprocha de César, ce dont Caton lui-même, pour ainsi dire, lui avait fourni l'occasion. 3 César, de retour de sa propréture d'Espagne, voulait à la fois briguer le consulat et demander le triomphe. 4 Mais comme, d'après les lois, ceux qui étaient candidats à une charge devaient être présents, et ceux qui sollicitaient le triomphe rester en dehors des murs, il pria le sénat de lui permettre de briguer le consulat par l'entremise de ses amis. 5 Beaucoup étaient disposés à y consentir, mais Caton prit la parole pour s'y opposer, et, sentant les sénateurs prêts à complaire à César, il garda la parole toute la journée et causa ainsi l'échec du projet. 6 Dans ces conditions, César renonça au triomphe et, entrant aussitôt dans la ville, il s'attacha à Pompée et au consulat. Élu consul, il donna Julia en mariage à Pompée et, désormais ligués ensemble contre l'État, l'un proposait des lois qui accordaient aux pauvres une colonie avec un partage de terres, et l'autre appuyait en personne ces projets. 7 Ils se heurtèrent à l'opposition de Lucullus et de Cicéron, qui se concertaient avec l'autre consul, Bibulus, et surtout à celle de Caton, qui dès lors suspectait l'entente de César et de Pompée et pensait que leur alliance n'avait en vue rien de juste. Il disait que ce qu'il craignait, ce n'était pas le partage des terres, mais le salaire qu'exigeraient en échange les complaisants qui s'en servaient comme d'un appât pour gagner le peuple.

Face à César. – **32.** 1 En parlant ainsi, Caton emporta les suffrages du sénat. Des hommes du dehors en assez grand nombre se joignirent aussi à lui, parce que l'étrange conduite de César les indignait. 2 Les mesures que les tribuns les plus audacieux et les plus arrogants proposaient pour complaire à la multitude, César les appliquait, en abusant de son pouvoir consulaire, pour se glisser honteusement et bassement dans les bonnes grâces du peuple. 3 Effrayés de cette résistance, César et Pompée eurent recours à la violence. Tout d'abord, comme Bibulus descendait au Forum, on lui versa sur la tête un panier d'ordures, 4 puis on assaillit ses licteurs et on brisa leurs faisceaux ; enfin, comme des javelots volaient et blessaient beaucoup de gens, tous les autres s'enfuirent du Forum en courant ; Caton, lui, se retira lentement et le dernier, en se retournant et en maudissant les citoyens. 5 Non seulement on ratifia la distribution de terres, mais encore on décida que le sénat tout entier devrait prêter serment de maintenir la loi et de la défendre, si quelqu'un y faisait opposition, et l'on porta des peines sévères contre ceux qui refuseraient de jurer. 6 Ils jurèrent tous sous l'effet de la contrainte en se remémorant le malheur de Metellus l'Ancien, que le peuple avait laissé partir d'Italie pour l'exil parce qu'il n'avait pas voulu jurer à propos d'une loi analogue. 7 C'est pourquoi, dans la maison de Caton, les femmes en pleurs le suppliaient instamment de céder et de jurer, et ses amis et familiers joignaient leurs instances aux leurs. 8 Mais celui qui réussit le mieux à le persuader et qui l'amena à prêter le serment, ce fut l'orateur Cicéron. Il lui fit observer et lui remontra que peut-être il n'était pas même juste de se croire obligé de résister seul à des décisions prises en commun, et que, dans l'impossibilité de rien changer à ce qui s'était passé, il était absolument sot et insensé de s'exposer sans ménagement ; 9 « ce serait, disait-il, la pire des catastrophes que de livrer et d'abandonner la ville, pour laquelle il faisait tant, à ceux qui voulaient la mettre à mal, et de renoncer, comme de gaieté de cœur, à combattre pour elle ; 10 car si Caton n'avait pas besoin de Rome, Rome avait besoin de Caton, et tous ses amis avaient aussi besoin de lui, Cicéron lui-même tout le premier, car il était en butte aux complots de Clodius qui, à la faveur du tribunat, l'attaquait directement. » 11 On dit qu'ébranlé par ces arguments et par d'autres du même genre, ainsi que par les supplications dont il était assailli dans sa maison et au Forum, Caton finit à grand-peine par se laisser forcer la main, et il alla prêter le serment, ce qu'il fit le dernier de tous, à l'exception de Favonius, un de ses amis et familiers.

33. 1 Exalté par le succès, César proposa une autre loi pour partager aux indigents et aux pauvres la Campanie presque entière. Personne ne s'y opposa, sauf Caton. 2 César le fit arracher de la tribune et conduire en prison, sans que Caton relâchât rien de son franc-parler : tout en marchant, il continuait à dire ce qu'il pensait de la loi et il adjurait que l'on mît fin à une telle politique. 3 Le sénat suivait, d'un air consterné, ainsi que la meilleure partie du peuple, muette d'indignation et de douleur. Ce mécontentement n'échappa point à César, mais il s'entêtait, attendant que Caton en appelât aux tribuns et leur adressât des prières ; il le fit donc emmener. 4 Mais, comme il était visible que Caton ne songeait même pas à rien de tel, César, vaincu par la honte et la peur de l'opinion, persuada lui-même secrètement un des tribuns d'aller délivrer Caton.

5 Ayant gagné le peuple par ces lois et ces largesses, les amis de César lui firent attribuer par un vote pour cinq ans le gouvernement de l'Illyrie et de la Gaule tout entière avec quatre légions. Caton prédit alors aux citoyens qu'ils établissaient eux-mêmes par leurs propres suffrages le tyran dans la citadelle. 6 On fit passer, au mépris des lois, Publius Clodius de l'ordre des patriciens dans celui des plébéiens, et on le nomma tribun, en lui promettant pour salaire l'exil de Cicéron, s'il faisait tout pour complaire à ses protecteurs. 7 Et l'on choisit pour consuls Calpurnius Piso, qui était le père de la femme de César, et Aulus Gabinius, un ami très intime de Pompée, à ce qu'affirment ceux qui connaissaient son caractère et sa conduite.

À Chypre. – **34.** 1 Mais, bien qu'étant solidement maîtres du pouvoir et dominant la ville, en partie grâce à la reconnaissance des uns, en partie par l'effet de la terreur qu'éprouvaient les autres, les amis de César n'en redoutaient pas moins Caton ; 2 car, s'ils l'emportaient sur lui, c'était après bien des difficultés, à grand-peine et non sans honte, et, convaincus par lui de dures violences, ils en étaient contrariés et chagrinés. 3 De son côté, Clodius non plus n'espérait pas abattre Cicéron tant que Caton serait présent. Voici donc ce qu'il imagina aussitôt qu'il fut entré en charge. Il fit venir Caton et lui dit que, le regardant comme le plus pur des Romains, il était prêt à lui donner une preuve effective de sa confiance, 4 que, beaucoup de gens demandant à être envoyés à Chypre auprès de Ptolémée et sollicitant cette mission, il jugeait Caton seul digne de la remplir et avait le plaisir de lui offrir cette faveur. 5 Comme Caton se récriait en disant que cette proposition était un piège et un outrage, bien loin d'être une faveur, « Eh bien, reprit Clodius d'un ton hautain et dédaigneux, si tu ne vois pas là une faveur, tu iras à ton corps défendant. » Et il se rendit aussitôt à l'assemblée du peuple, où il fit ratifier par une loi la mission de Caton. 6 À son départ, il ne lui donna ni un vaisseau, ni un soldat, ni un appariteur, mais seulement deux scribes, dont l'un était un voleur et un très malhonnête homme, et l'autre un client de Clodius. 7 Enfin, comme s'il ne l'eût chargé que d'une petite tâche en lui assignant Chypre et Ptolémée, il lui ordonna en outre de ramener chez eux les exilés de Byzance, dans l'intention d'être débarrassé de lui le plus longtemps possible pendant son tribunat.

35. 1 Caton, ayant subi une telle contrainte, conseilla à Cicéron, que l'on voulait chasser, de ne pas se révolter et de ne pas jeter la ville dans les luttes armées et les massacres, mais de céder aux circonstances et de sauver ainsi encore une fois la patrie. 2 Puis il se fit précéder à Chypre par un de ses amis, Canidius, qui devait persuader Ptolémée de céder sans combat en l'assurant qu'il mènerait une existence où il ne manquerait ni d'argent ni d'honneur, car le peuple lui confierait la prêtrise de la déesse de Paphos. 3 Caton lui-même s'arrêta à Rhodes, pour y faire des préparatifs et attendre la réponse de Ptolémée. 4 Sur ces entrefaites, Ptolémée, le roi d'Égypte, ayant quitté Alexandrie dans un accès de colère contre ses sujets, avec lesquels il était en conflit, s'embarqua pour Rome, dans l'espoir que Pompée et César le ramèneraient avec une armée ; il désira voir Caton et lui envoya un message, espérant qu'il viendrait le trouver. 5 Mais Caton, juste à ce moment, était en train de se purger, et fit dire à Ptolémée de venir chez lui, s'il voulait. Quand il entra, Caton n'alla pas à sa rencontre, ne se leva pas à son approche, mais, le saluant comme le premier venu, il le pria de s'asseoir. Cet accueil troubla d'abord le roi, surpris de trouver, sous cet extérieur empreint d'une simplicité démocratique, un caractère si sévère et hautain. 6 Mais, quand il eut commencé à lui parler de ses affaires, il entendit des propos pleins de sens et de franchise. Caton blâma sa démarche et lui représenta à quelle félicité il renonçait pour aller se soumettre à des humiliations, à des fatigues, à la vénalité et à la cupidité des puissants personnages de Rome, dont l'Égypte, monnayée tout entière en argent, aurait peine à satisfaire les exigences. Il lui conseilla de s'en retourner et de se réconcilier avec ses sujets ; il était prêt à partir avec lui et à contribuer à l'apaisement. 7 Ptolémée, en écoutant ces paroles, revint à la raison comme au sortir d'un accès de folie et de fureur ; il comprit la véracité et l'intelligence de Caton, et se disposa à profiter de ses judicieux avis ; mais il en fut détourné par ses amis, et il ne fut pas plus tôt à Rome qu'étant allé frapper à la porte d'un magistrat, il gémit de sa fâcheuse résolution, qui lui avait fait mépriser, non les discours d'un homme de bien, mais l'oracle d'un dieu.

36. 1 Cependant Ptolémée de Chypre, ce qui fut une chance pour Caton, s'empoisonna. 2 Comme on disait qu'il laissait de grandes richesses, Caton, qui avait décidé de partir pour Byzance, envoya à Chypre son neveu Brutus, parce qu'il ne se fiait pas entièrement à Canidius. 3 Quand il eut réconcilié les bannis et rétabli la concorde à Byzance, il s'embarqua pour Chypre. 4 Le trésor royal était considérable ; il consistait en coupes, tables, pierreries, étoffes de pourpre, qu'il fallait vendre et convertir en argent. Caton se mit en devoir de tout inventorier avec exactitude, de faire tout monter à sa plus haute valeur, d'assister lui-même à toutes les enchères et de pousser les prix à l'extrême ; il ne se fiait pas non plus aux habitués du marché et il suspectait également tout le monde : employés, crieurs, acheteurs et amis. Finalement il s'adressait lui-même directement aux acquéreurs en faisant approcher chacun d'eux. C'est ainsi qu'il vendit la plus grande partie de ces objets. 5 Aussi choqua-t-il par sa méfiance tous ses amis, et notamment le plus intime de tous, Munatius, qui en conçut un ressentiment presque irrémédiable : ce fut au point que, lorsque César écrivit son pamphlet contre Caton, Munatius lui fournit avec cet épisode la partie la plus acerbe de sa diatribe.

37. 1 Toutefois Munatius raconte que ce ne fut pas à cause de la défiance de Caton, mais à cause de son manque d'égards envers lui, et aussi d'une certaine jalousie éprouvée par lui, Munatius, envers Canidius, qu'il se mit en colère. En effet Munatius a publié sur Caton un ouvrage que Thrasea a surtout suivi. 2 Il dit qu'arrivé le dernier à Chypre, il reçut un logement dont personne n'avait voulu, et que, s'étant présenté à la porte de Caton, il avait été éconduit, parce que Caton était occupé à l'intérieur à examiner certaine question avec Canidius. 3 Munatius s'étant plaint en termes mesurés, on lui avait répondu en termes qui ne l'étaient pas : « Trop aimer risque souvent, au dire de Théophraste, de devenir cause de haine ; 4 ainsi toi, poursuivait Caton, parce que ton affection pour moi est extrême et que tu te crois moins estimé qu'il ne convient, tu te fâches. Si j'emploie Canidius de préférence aux autres, c'est à cause de son expérience et de sa fidélité, parce qu'il est arrivé dès le début et se montre incorruptible. » 5 Cet entretien, qui avait eu lieu en tête à tête, Caton le rapporta à Canidius. L'ayant appris, Munatius n'alla plus dîner chez Caton et ne se rendit plus au Conseil lorsqu'il y était appelé. 6 Caton le menaça de prendre des gages, comme c'est l'usage à l'encontre des récalcitrants. Munatius ne s'en soucia pas ; il se rembarqua et garda longtemps son ressentiment. 7 Plus tard, à la suite d'un entretien avec Marcia (elle n'avait pas encore quitté la maison de Caton), il se trouva qu'ils furent invités à dîner par Barca. Caton, étant arrivé le dernier et voyant que tout le monde était placé, demanda où il devait se mettre. 8 « Où tu veux », répondit Barca. Caton jeta les yeux autour de lui et dit : « Auprès de Munatius. » En effet il fit le tour de la pièce et s'installa près de lui, mais sans lui adresser de tout le repas aucune autre marque d'amitié. 9 Mais, de nouveau à l'instigation de Marcia, Caton lui écrivit qu'il souhaitait le voir. Munatius se rendit dès le matin à la maison de Caton, où Marcia le retint jusqu'à ce que tout le monde fût parti. Caton entra alors et, le serrant dans ses bras, lui fit l'accueil le plus affectueux. 10 Nous avons pensé que ces détails, pour découvrir et faire connaître un caractère, ne sont pas moins instructifs que les grandes actions publiques, et c'est pourquoi nous les avons rapportés plus longuement.

38. 1 Caton recueillit près de sept mille talents d'argent. Comme il craignait la longueur de la traversée, il fit faire un grand nombre de vases dont chacun contenait deux talents et cinq cents drachmes, puis il fit attacher à chacun d'eux une longue corde au bout de laquelle on mit un gros morceau de liège, afin que, si le vaisseau se brisait, le liège indiquât l'endroit où était immergé le vase auquel il était relié. 2 Tout cet argent, à peu de chose près, arriva à bon port. En revanche les deux registres où il avait consigné avec soin les comptes de sa gestion ne purent être sauvés ni l'un ni l'autre : 3 un de ses affranchis, nommé Philargyre, qui était chargé de l'un, fit naufrage au sortir de Cenchrées et perdit le registre avec la cargaison ; Caton lui-même garda l'autre jusqu'à Corcyre, où il fit dresser des tentes pour camper sur la place publique ; là, les matelots ayant allumé pendant la nuit beaucoup de feux à cause du froid, la flamme gagna les tentes et le registre disparut dans l'incendie. 4 Il est vrai que les administrateurs royaux qui se trouvaient là devaient fermer la bouche à ses ennemis et à ses calomniateurs, mais cette perte n'en fut pas moins cuisante pour Caton, car ce n'était pas pour prouver son intégrité personnelle qu'il avait tenu ses comptes, mais il avait l'ambition de donner aux autres un exemple de rigueur ; les dieux lui envièrent cette satisfaction.

Retour à Rome. – **39.** 1 La nouvelle de son arrivée avec sa flotte s'étant répandue à Rome, tous les magistrats et les prêtres, le sénat tout entier et une grande partie du peuple accoururent à sa rencontre au bord du fleuve, si bien que les deux rives furent couvertes de monde et que son retour ne différa en rien d'un triomphe pour le coup d'œil et l'empressement des spectateurs. 2 Cependant quelques-uns regardèrent comme une marque de fierté déplacée qu'à la vue des consuls et des préteurs il n'eût pas débarqué devant eux en arrêtant la marche de son vaisseau, mais que, passant à toute vitesse le long de la rive sur un navire royal à six rangs de rames, il ne le quittât pas avant que sa flotte ne fût mouillée dans le port. 3 Quoi qu'il en soit, quand ces richesses traversèrent le Forum, le peuple en admira la quantité, et le sénat, s'étant assemblé, vota, avec les éloges de circonstance, qu'on investirait Caton d'une préture extraordinaire et qu'il assisterait aux spectacles avec une toge bordée de pourpre. 4 Caton refusa ces honneurs, mais il persuada le sénat d'accorder la liberté à Nicias, l'intendant des biens royaux, dont il attesta le zèle et la probité. 5 Philippus, père de Marcia, était alors consul, et la considération et la puissance de cette dignité rejaillirent en quelque sorte sur Caton, d'autant que le collègue de Philippus n'honora pas moins Caton pour son mérite que Philippus lui-même en raison de la parenté.

40. 1 Cicéron, lorsqu'il fut de retour de l'exil auquel Clodius l'avait fait condamner, jouit d'une grande influence ; il fit enlever de force et détruire, en l'absence de Clodius, les tablettes tribuniciennes que celui-ci avait rédigées et déposées au Capitole. Le sénat s'étant assemblé à ce sujet, Cicéron répondit aux accusations de Clodius que, celui-ci ayant été nommé tribun contrairement à la loi, tout ce qu'il avait fait et écrit devait être tenu pour nul et sans valeur. 2 Mais Caton manifesta son désaccord pendant ce discours, et à la fin il se leva pour dire qu'à son avis Clodius pendant toute sa magistrature n'avait rien fait de sain ni de bon, mais que, si l'on annulait tous les actes qu'il avait accomplis en qualité de tribun, on annulait par là tout ce que lui-même avait fait à Chypre et que sa mission devenait illégale si un magistrat élu contrairement à la loi la lui avait fait voter. 3 Il ajouta que l'élection de Clodius comme tribun n'avait pas été illégale, puisque la loi l'autorisait à passer d'une famille patricienne dans une famille plébéienne, et que, s'il avait été, comme d'autres, un mauvais magistrat, c'était à lui, le coupable, d'en rendre compte, mais qu'il ne convenait pas pour autant d'annuler la magistrature à laquelle ses fautes aussi avaient fait tort. 4 Cicéron fut irrité de ce discours et cessa longtemps de traiter Caton en ami ; cependant ils se réconcilièrent dans la suite.

41. 1 Là-dessus, Pompée et Crassus s'étant rencontrés avec César, qui avait passé les Alpes, décidèrent de briguer ensemble un second consulat, et, une fois revêtus de cette magistrature, de faire voter pour César une seconde période de commandement égale à la première, et pour eux-mêmes les provinces les plus importantes, avec de l'argent et des armées. 2 Il s'agissait là d'une conjuration en vue du partage de l'Empire et de la ruine de la République. 3 Plusieurs citoyens honnêtes se disposaient alors à briguer le consulat, mais, en voyant leurs concurrents, ils renoncèrent à poser leur candidature, sauf Lucius Domitius, mari de Porcia, sœur de Caton, celui-ci le décidant à ne pas se retirer ni se dérober à une lutte dont l'enjeu n'était pas une magistrature, mais la liberté de Rome. 4 Cependant on disait communément dans la partie encore raisonnable de la ville qu'il ne fallait pas permettre à Crassus et à Pompée d'unir leur puissance, parce que leur magistrature serait d'un poids insupportable, mais qu'il convenait d'exclure l'un des deux. 5 Ceux qui pensaient ainsi firent alliance avec Domitius, en l'excitant et encourageant à maintenir sa candidature, car il aurait même pour lui les suffrages d'un grand nombre de citoyens que la peur réduisait au silence. 6 Dans la crainte de cette éventualité, Pompée tendit un guet-apens à Domitius, alors qu'il descendait au Champ de Mars avec des flambeaux, au point du jour. 7 L'esclave qui accompagnait Domitius et l'éclairait fut frappé le premier et tomba mort ; après lui, d'autres furent blessés, et tous s'enfuirent, sauf Caton et Domitius. 8 Caton en effet, bien que blessé au bras, retint Domitius, l'exhortant à rester et à ne pas abandonner, tant qu'ils auraient un souffle de vie, la lutte pour la liberté contre les tyrans, qui faisaient bien voir de quelle manière ils useraient de leur pouvoir en s'y acheminant par de telles violences.

42. 1 Domitius, renonçant à braver le danger, se retira dans sa maison, et Pompée et Crassus furent élus consuls. Mais Caton ne se découragea pas ; il se présenta, lui, pour briguer la préture, afin d'avoir une base d'opérations dans ses luttes contre eux et de pouvoir s'opposer à des magistrats autrement qu'en simple particulier. 2 Mais eux, craignant que la préture aux mains de Caton ne fût capable de tenir tête au consulat, assemblèrent le sénat à l'improviste et à l'insu du plus grand nombre, et lui firent décréter que les préteurs désignés entreraient aussitôt en charge, sans attendre le délai légal pendant lequel on pouvait poursuivre ceux qui avaient corrompu le peuple. 3 Puis, ayant obtenu par ce vote que l'on pût donner de l'argent sans être soumis à un contrôle, ils poussèrent en avant pour la préture leurs créatures et leurs amis, fournirent eux-mêmes l'argent et surveillèrent eux-mêmes le déroulement du vote. 4 Cependant la vertu et la réputation de Caton l'emportèrent même sur leurs intrigues : dans son respect pour lui, le peuple jugea qu'il y avait un grand scandale à vendre par ses suffrages un homme tel que Caton, qu'il eût été beau pour la ville d'acheter comme préteur, et la première tribu appelée vota pour lui. Alors soudain Pompée déclara qu'il avait entendu le tonnerre, et par ce honteux mensonge il fit dissoudre l'assemblée. En effet les Romains ont l'habitude de faire des expiations en pareil cas et de ne rien décider quand un signe céleste s'est manifesté. 5 Ils recoururent de nouveau à une corruption effrénée ; ils chassèrent du Champ de Mars les meilleurs citoyens, et ils parvinrent, à force de violence, à faire élire préteur Vatinius au lieu de Caton. 6 On raconte que ceux qui avaient émis des suffrages si illégaux et si injustes se sauvèrent aussitôt comme des esclaves en fuite, que les autres s'amassèrent et exprimèrent leur indignation et que, un tribun ayant sur-le-champ réuni une assemblée du peuple, Caton y intervint et, comme inspiré par les dieux, prédit à la ville tout ce qui allait lui arriver. On ajoute qu'il excita les citoyens contre Pompée et

Crassus ; ils avaient, disait-il, conscience de leurs crimes, et la politique qu'ils pratiquaient était telle qu'ils avaient eu peur de Caton, qui, nommé préteur, l'eût emporté sur eux. 7 Finalement, quand il retourna chez lui, il fut escorté par une foule plus nombreuse que celle qui accompagnait à la fois tous les préteurs désignés.

43. 1 Caïus Trebonius avait proposé une loi pour attribuer leurs provinces aux consuls ; elle mettait sous les ordres de l'un l'Espagne et la Libye, sous ceux de l'autre la Syrie et l'Égypte, avec pouvoir d'attaquer et de soumettre qui ils voudraient avec des armées de terre et de mer. 2 Désespérant de pouvoir lutter contre eux et leur faire obstacle, les citoyens renoncèrent même à parler contre cette loi ; seul, Caton monta à la tribune avant le vote, résolu à prendre la parole, et il obtint à grand-peine deux heures pour son intervention. 3 Quand il eut employé son temps en remarques, avertissements et prédictions, on ne lui permit pas de continuer, et, comme il ne bougeait pas, un licteur s'approcha et le tira à bas de la tribune ; 4 mais, une fois en bas, il se remit à crier, et ceux qui l'entendaient partageaient son indignation ; alors le licteur le saisit de nouveau et l'entraîna hors du Forum. 5 Il ne fut pas plus tôt relâché que, revenant sur ses pas, il bondit à la tribune, appelant à grands cris les citoyens à son aide. 6 Le même manège s'étant renouvelé plusieurs fois, Trebonius, hors de lui, ordonna de le conduire en prison. Mais la foule le suivait et l'écoutait parler tout en marchant, si bien que Trebonius, effrayé, le libéra. 7 C'est ainsi que Caton fit perdre cette journée. Les jours suivants, les consuls, intimidant les uns, gagnant les autres par des faveurs et des largesses, empêchèrent par la force des armes un des tribuns, Aquilius, de sortir du sénat, chassèrent du Forum Caton criant qu'il avait entendu le tonnerre, firent blesser un assez grand nombre de gens, en firent même tuer quelques-uns, et enfin, par la violence, obtinrent la ratification de la loi. Aussi nombre de citoyens s'assemblèrent-ils en colère pour aller renverser les statues de Pompée. 8 Mais Caton survint et les en empêcha. On proposa ensuite une loi sur les provinces et les armées à attribuer à César ; alors Caton, au lieu de s'adresser au peuple, se tourna vers Pompée, l'adjura et lui prédit 9 qu'en se mettant César sur les épaules, bien qu'il ne s'en rendît pas compte pour l'instant, quand il commencerait à être écrasé sous le poids, il ne pourrait ni le déposer ni continuer à le porter, il s'écroulerait sur la ville avec lui, et qu'à ce moment-là il se souviendrait des avertissements de Caton et s'apercevrait qu'ils n'étaient pas moins conformes aux intérêts de Pompée qu'à l'honneur et à la justice. 10 Bien que ces conseils lui fussent souvent répétés, Pompée n'en tint pas compte ; il passa outre, ne croyant pas à un changement d'attitude de César, à cause de la confiance qu'il avait dans sa propre chance et sa propre puissance.

Préteur. – **44.** 1 Élu préteur pour l'année suivante, Caton parut moins ajouter à la majesté et à la grandeur de sa charge en l'exerçant noblement que la rabaisser et l'avilir en se rendant souvent pieds nus et sans tunique à son tribunal et en présidant dans cette tenue à des causes capitales où étaient impliqués des hommes en vue. 2 Quelques-uns disent même qu'il donnait audience après déjeuner et après boire, mais cette assertion est fausse.

3 Comme le peuple se laissait acheter par les largesses des ambitieux et que la plupart usaient de la corruption comme d'une pratique courante, il voulut couper court à ce fléau de la République, et il persuada le sénat de prendre un décret portant que les magistrats désignés pour une charge, si personne ne les accusait, seraient tenus de comparaître d'eux-mêmes devant un tribunal assermenté pour y rendre leurs comptes. 4 Ce décret mécontenta ceux qui briguaient des charges, et plus encore la foule qui vendait ses suffrages. Aussi Caton, un matin qu'il se rendait à son tribunal, fut-il assailli par une horde compacte qui vociférait, invectivait et lançait des pierres ; tout le monde s'enfuit du tribunal, et lui-même, bousculé et entraîné par tant de gens, ne parvint qu'à grand-peine à la tribune aux harangues. 5 De là il se dressa, et fit preuve d'une contenance visiblement si hardie et si ferme qu'il domina aussitôt le tumulte et fit taire les cris. Il prononça ensuite quelques paroles appropriées à la circonstance, qui furent écoutées dans le calme, et ainsi il fit cesser entièrement le vacarme. 6 Comme le sénat le félicitait : « Eh bien, moi, dit-il, je ne vous félicite pas d'avoir abandonné un préteur en danger et de ne l'avoir pas secouru. »

7 Cependant les candidats aux magistratures se trouvaient dans un grand embarras, chacun d'eux craignant de donner lui-même de l'argent, et craignant aussi, si un autre en donnait, d'échouer dans la compétition. 8 En conséquence ils se réunirent et décidèrent de déposer chacun cent vingt-cinq mille drachmes d'argent, puis de briguer les charges avec droiture et loyauté, en spécifiant que celui qui enfreindrait les conventions et se livrerait à la corruption perdrait la somme déposée. 9 S'étant ainsi mis d'accord, ils choisirent Caton pour dépositaire, arbitre et témoin, et apportèrent l'argent pour le lui confier ; ils passèrent le contrat en sa présence, mais il refusa l'argent et se contenta de prendre des garants. 10 Le jour de l'élection venu, Caton, placé près du tribun qui présidait, s'aperçut en surveillant le vote que l'un des déposants était en faute, et il lui ordonna de payer aux autres la somme convenue. 11 Ceux-ci louèrent et admirèrent sa droiture, et ils annulèrent l'amende, s'estimant suffisamment vengés du délinquant. Toutefois cette conduite de Caton chagrina les autres citoyens et suscita contre lui une vive jalousie, parce qu'il s'était arrogé la puissance du sénat, des tribunaux et des magistrats. 12 De fait, il n'est pas de vertu dont le renom et le crédit exposent plus à l'envie que la justice, parce que c'est elle surtout qui entraîne l'influence sur la foule et la confiance de celle-ci. 13 Car on ne se contente pas d'honorer l'homme juste, comme le courageux, ni de l'admirer, comme

l'homme habile ; on l'aime, on se repose sur lui, on le croit, 14 tandis qu'on craint le courageux et qu'on se méfie de l'homme habile. En outre on pense que ceux-ci doivent leur supériorité à la nature plutôt qu'à leur volonté, le courage et l'habileté ne paraissant être, l'une que vivacité d'esprit et l'autre force d'âme, alors que, comme on peut être juste dès qu'on le veut, on a honte surtout de l'injustice comme d'un vice inexcusable.

45. 1 Voilà pourquoi tous les grands personnages faisaient la guerre à Caton : il était pour eux un vivant reproche. En outre Pompée, jugeant que la renommée de Caton ruinait sa propre puissance, lançait sans cesse contre lui des gens pour l'insulter. 2 De ce nombre était le démagogue Clodius qui, s'étant entendu secrètement une fois de plus avec Pompée, vociférait contre Caton, l'accusant d'avoir détourné beaucoup d'argent à Chypre et de ne combattre Pompée que parce que celui-ci n'avait pas daigné épouser sa fille. 3 Caton répondit que, sans avoir reçu ni un cheval ni un soldat, il avait ramassé à Chypre pour l'État plus d'argent que Pompée n'en avait rapporté de tant de guerres et de triomphes, après avoir bouleversé la terre entière, 4 et que s'il n'avait jamais choisi Pompée pour gendre, ce n'était pas qu'il l'en jugeât indigne, mais parce qu'il lui voyait faire une politique différente de la sienne : 5 « Moi, dit-il, quand on m'a offert après ma préture une province, je l'ai refusée ; lui, au contraire, en a pris certaines pour lui et en donne d'autres à ses amis, 6 et il vient à présent de prêter à César pour la guerre des Gaules un corps de six mille fantassins, que César ne vous a pas demandé et dont Pompée a disposé sans votre aveu. Oui, des troupes, des armes et des chevaux en nombre si considérable sont des présents qui s'échangent entre particuliers ! 7 Salué du titre de général et d'*imperator*, il distribue à d'autres les armées et les provinces, et lui, restant tranquillement dans la ville, il y organise des séditions dans les comices et machine des troubles, et tout cela montre bien que l'anarchie est pour lui le moyen de prétendre à la monarchie. »

46. 1 C'est ainsi qu'il se défendit contre Pompée. D'autre part, il avait un ami et imitateur, Marcus Favonius, qui était à son égard ce que fut, dit-on, Apollodore de Phalère pour Socrate l'Ancien, dont la parole l'émouvait et le troublait, non pas peu à peu et doucement, mais comme si du vin pur lui montait à la tête et égarait sa raison. 2 Ce Favonius briguait l'édilité ; il fut battu, mais Caton, qui l'assistait, s'aperçut que les tablettes étaient écrites de la même main. 3 Il prouva la fraude et, en faisant appel aux tribuns, il obtint que l'élection fût annulée. Plus tard, Favonius ayant été nommé édile, Caton s'intéressa aux affaires de sa charge et s'occupa notamment des spectacles du théâtre ; 4 il donnait aux artistes des couronnes, non pas d'or, mais d'olivier sauvage, comme à Olympie, et, en guise de présents, il distribuait aux Grecs, au lieu de riches cadeaux, des bettes, des laitues, des raves et des poires, et aux Romains, des pots pleins de vin, de la viande de porc, des figues, des concombres et des brassées de bois. 5 Les uns raillaient le bon marché de ces présents ; les autres se réjouissaient de voir l'austérité et la rudesse de Caton se changer doucement en bonne humeur. 6 À la fin, Favonius alla se placer dans la foule, et, assis parmi les spectateurs, il applaudissait Caton, lui criait de donner cadeaux et honneurs aux vainqueurs, et il exhortait les spectateurs à l'imiter, en homme qui avait délégué à Caton les pouvoirs de sa charge. 7 Dans l'autre théâtre, Curion, collègue de Favonius, donnait des représentations somptueuses, mais les gens les abandonnaient pour se rendre à celles de Favonius, et s'amusaient de bon cœur à voir Favonius jouer le rôle de simple particulier et Caton, celui d'agonothète. 8 En agissant ainsi, Caton voulait se moquer de ce genre d'affaire et montrer que, lorsqu'on se distrait, il faut que ce soit un jeu et qu'il soit accompagné d'une grâce modeste plutôt que des apprêts et des prodigalités de ceux qui, pour des bagatelles, se font de grands soucis et déploient beaucoup de zèle.

47. 1 Scipion, Hypsaeus et Milon briguaient le consulat, non seulement par des moyens injustes désormais courants et passés dans les mœurs politiques : les distributions d'argent et l'achat des suffrages, mais encore à force ouverte, par les armes et le meurtre, en se jetant dans la guerre civile avec une folle témérité. Quelques-uns estimaient qu'il fallait faire présider les élections par Pompée. Caton d'abord s'y opposa en disant que les lois ne devaient pas tirer de Pompée leur sûreté, mais Pompée la sienne des lois. 2 Cependant, comme l'anarchie se prolongeait, que chaque jour trois armées entouraient le Forum et que le mal était devenu presque impossible à contenir, il résolut de faire octroyer spontanément à Pompée par le sénat, comme une faveur, la direction des affaires sans attendre la dernière extrémité, recourant ainsi à l'illégalité la plus modérée pour sauver les plus grands intérêts et acceptant le commandement d'un seul plutôt que de laisser la dissension aboutir à l'anarchie. 3 Bibulus, parent de Caton, émit alors au sénat la proposition d'élire Pompée seul consul : ainsi, ou bien la situation redeviendrait bonne, quand Pompée aurait mis de l'ordre, ou bien, si la ville devait être esclave, elle le serait du meilleur citoyen. 4 Caton se leva, et, contre l'attente de tous, il approuva cet avis et déclara que n'importe quel pouvoir valait mieux que l'anarchie et qu'il comptait bien que Pompée traiterait au mieux les affaires présentes et, si l'on se fiait à lui, sauverait l'État.

48. 1 Ainsi nommé consul, Pompée pria Caton de venir le voir à sa maison du faubourg. 2 Il s'y rendit ; Pompée l'accueillit en lui serrant la main et en l'embrassant amicalement, puis lui témoigna sa reconnaissance et lui demanda d'être son conseiller et son assistant dans ses fonctions. 3 Caton répondit que ce n'était point par hostilité qu'il avait naguère pris la parole contre lui, ni par complaisance qu'il venait de le soutenir, mais que tout ce qu'il faisait était fait dans l'intérêt de l'État ; 4 il répondrait donc à son appel, si Pompée voulait le consulter en privé,

demandèrent alors que Pompée eût à déposer également les armes et à rendre ses provinces, à moins qu'on ne laissât les siennes à César. Caton s'écria que ce qu'il avait prédit était maintenant arrivé, que César recourait à la violence et employait désormais ouvertement la puissance qu'il avait acquise en trompant et dupant la ville ; mais il n'obtint aucun résultat en dehors du sénat : le peuple ne cessa pas de vouloir que César fût au-dessus de tous. Caton ne réussit donc qu'a persuader le sénat, qui redoutait le peuple.

Guerre civile. – **52.** 1 Quand Ariminum fut pris et que l'on annonça que César marchait sur Rome avec une armée, tout le monde alors tourna les yeux vers Caton, le peuple aussi bien que Pompée, parce que l'on reconnaissait que seul il avait pressenti dès le début et le premier prédit clairement ce que projetait César. 2 Dans ces circonstances, Caton dit : « Ah ! citoyens, si l'un de vous avait cru ce que je ne cessais de vous annoncer et de vous conseiller, vous n'auriez pas peur aujourd'hui d'un seul homme, et vous ne placeriez pas vos espoirs dans un seul. » 3 Pompée répondit : « Tu as parlé en meilleur prophète, mais je me suis conduit, moi, en meilleur ami. » Caton conseilla au sénat de remettre les affaires entre les mains du seul Pompée, parce que c'est à ceux qui ont causé de grands maux qu'il revient d'y mettre fin. 4 Mais Pompée, qui n'avait pas d'armée prête et qui voyait que les soldats enrôlés par lui manquaient de zèle, abandonna Rome. Caton, décidé à le suivre et à fuir avec lui, envoya secrètement son jeune fils dans le Bruttium, auprès de Munatius, et garda l'aîné avec lui. 5 Comme sa maison et ses filles avaient besoin d'une tutelle, il reprit Marcia, devenue veuve avec d'immenses richesses, car Hortensius en mourant l'avait laissée son héritière. 6 C'est là surtout ce que César reproche à Caton ; il l'accuse d'avoir aimé l'argent et d'avoir vendu sa femme, 7 « car, dit-il, s'il avait besoin de sa femme, pourquoi la cédait-il, et, s'il n'en avait pas besoin, pourquoi la reprenait-il, à moins que cette malheureuse n'eût été dès l'abord qu'un appât offert à Hortensius, à qui il la prêta jeune pour la reprendre riche ? » 8 À de telles accusations répondent assez bien ces vers d'Euripide :

> Il y a d'abord le sacrilège, et à mon avis,
> Héraclès, c'est un sacrilège que te taxer de lâcheté.

En effet c'est tout un de reprocher à Héraclès d'être veule, et d'accuser Caton d'être cupide. Quant à savoir s'il y a quelque chose à redire, à un autre point de vue, dans cette affaire de mariage, on peut en discuter. 9 En tout cas, ayant renouvelé son union avec Marcia, Caton lui confia sa maison et ses filles, et lui-même suivit Pompée.

53. 1 On dit qu'à partir de ce jour-là il ne se fit plus couper les cheveux ni la barbe, qu'il ne porta plus de couronne et qu'il garda jusqu'à la fin, que son parti fût vainqueur ou vaincu, le même vêtement de deuil qu'il avait pris sous le coup de la douleur et de la consternation causées par les malheurs de la patrie. 2 Le sort lui ayant alors attribué comme province la Sicile, il passa à Syracuse. Là, il apprit qu'Asinius Pollion, envoyé par l'ennemi, était arrivé à Messine avec une armée ; il envoya lui demander la raison de sa traversée. 3 Pollion lui répondit en lui demandant à son tour la cause du bouleversement de l'État. Alors, apprenant que Pompée avait abandonné complètement l'Italie et campait à Dyrrachium, Caton dit : « Les voies divines sont obscures et impénétrables : tant que Pompée ne faisait rien de sensé ni de juste, il a été invincible ; à présent qu'il veut sauver sa patrie et combat pour la liberté, la Fortune le quitte. » 4 Il ajouta qu'il était capable de chasser Asinius de la Sicile, mais que, comme une autre armée plus nombreuse venait le renforcer, il ne voulait pas ruiner l'île en en faisant un champ de bataille. Il conseilla donc aux Syracusains d'assurer leur salut en se ralliant au parti du plus fort, et il s'embarqua. 5 Arrivé auprès de Pompée, il s'en tint toujours à un seul et même avis, qui était de faire traîner la guerre en longueur, dans l'espoir d'un accommodement ; il ne voulait pas que la ville en vînt aux mains avec elle-même et subît les dernières extrémités, en tranchant la querelle par le fer. 6 Il persuada Pompée et ses conseillers de prendre d'autres mesures conformes à ce principe : c'est ainsi qu'ils décrétèrent qu'on ne pillerait aucune ville sujette des Romains, et qu'on ne tuerait aucun Romain en dehors du champ de bataille. Ces décisions accrurent la réputation de Pompée et attirèrent à son parti une foule de gens, qui rendaient hommage à sa modération et à sa douceur.

54. 1 Envoyé en Asie pour seconder ceux qui y rassemblaient des vaisseaux et des troupes, il emmena avec lui sa sœur Servilia et le jeune enfant qu'elle avait eu de Lucullus. 2 Elle était veuve, et en l'accompagnant elle affaiblit beaucoup les mauvais bruits qui couraient sur ses mœurs, parce qu'elle se soumit volontairement à la garde de Caton, le suivit dans ses voyages et partagea son régime de vie. César pourtant n'épargna à Caton aucune calomnie, même en ce qui concernait sa sœur. 3 Il semble que les généraux de Pompée n'eurent en rien besoin de Caton ; cependant il gagna les Rhodiens par la persuasion ; il laissa chez eux Servilia et son enfant, puis retourna vers Pompée, qui avait désormais autour de lui une brillante armée de terre et de mer. 4 C'est alors qu'apparut le plus nettement le fond de la pensée de Pompée. 5 Il avait songé à confier à Caton le commandement de sa flotte, qui ne comprenait pas moins de cinq cents navires de combat, sans compter les bâtiments légers, les vedettes et les embarcations non pontées, en très grand nombre. 6 Mais bien vite, comprenant de lui-même ou averti par ses amis que toute la politique de Caton ne visait qu'à un seul but essentiel : rendre la liberté à sa patrie, et que, s'il devenait le maître de si grandes forces, le jour même où l'on aurait vaincu César, il exigerait que Pompée aussi déposât les armes et se soumît aux lois, il se ravisa, bien qu'il en eût déjà parlé à Caton, et il nomma Bibulus commandant de la flotte. 7 Cependant Pompée n'eut pas à constater que le zèle de Caton en fût pour autant émoussé. On dit même que, lors d'un combat devant Dyrrachium, comme Pompée, exhortant ses troupes, avait donné l'ordre à chacun de ses officiers de dire un mot d'encouragement aux soldats, ceux-ci avaient écouté froidement et en silence ; 8 mais que, lorsque Caton, après tous les autres, eut exposé avec passion tout ce qu'une pareille circonstance inspirait de dire à un philosophe sur la liberté, la vertu, la mort et la gloire, et qu'il eut terminé son discours en invoquant les dieux, et en disant que ceux-ci étaient présents et avaient les yeux fixés sur le combat livré pour la patrie, 9 il y eut de telles clameurs et il se fit un tel mouvement dans l'armée que tous les chefs coururent pleins d'espoir au-devant du danger. 10 Ils mirent l'ennemi en déroute et remportèrent la victoire, mais celle-ci resta incomplète, parce que le bon génie de César lui permit de profiter de la circonspection de Pompée et de sa défiance à l'égard du succès, comme je l'ai écrit dans la *Vie de Pompée*. 11 Tandis que tous se réjouissaient et célébraient l'événement, Caton pleurait sur la patrie et déplorait cette pernicieuse et maudite ambition, en voyant que tant de bons citoyens étaient tombés sous les coups les uns des autres.

55. 1 Lorsque Pompée leva le camp pour poursuivre César en Thessalie, il laissa à Dyrrachium une grande quantité d'armes et d'argent, avec plusieurs de ses parents et de ses amis, et désigna Caton comme chef et gardien de tout, avec quinze cohortes, montrant ainsi à la fois la confiance et la crainte que lui inspirait l'homme : 2 il pensait en effet qu'en cas d'échec, Caton resterait le plus ferme de ses partisans, mais qu'en cas de victoire, sa présence auprès de lui l'empêcherait de mener ses affaires à sa guise. 3 Plusieurs autres personnages en vue furent aussi laissés de côté à Dyrrachium avec Caton.

4 Après la défaite de Pharsale, Caton décida en lui-même que, si Pompée avait péri, il ferait rembarquer ses compagnons pour l'Italie, et que lui-même irait vivre en exil le plus loin possible de la tyrannie, mais que, si Pompée survivait, il lui conserverait à tout prix son armée. 5 C'est ainsi qu'il passa à Corcyre, où se trouvait la flotte. Là, il voulut céder le commandement à Cicéron, comme ancien préteur à un ancien consul. 6 Cicéron refusa et se disposa à partir pour l'Italie. Caton, voyant que le fils de Pompée voulait, avec une fierté et une arrogance hors de saison, sévir contre ceux qui faisaient mine de se rembarquer et porter la main sur Cicéron tout le premier, le prit à part, lui fit des remontrances et parvint à le calmer. Ainsi il sauva certainement de la mort Cicéron, et procura aux autres le salut.

En Afrique. – **56.** 1 Présumant que Pompée le Grand s'échapperait vers l'Égypte ou vers la Libye, et pressé de le rejoindre, il s'embarqua avec tous ses hommes, mais il ne partit qu'après avoir laissé libres de le quitter et de rester là ceux qui faisaient cette campagne à contrecœur. 2 Comme il avait atteint la Libye et qu'il naviguait le long de la côte, il rencontra Sextus, le plus jeune des fils de Pompée, qui lui annonça la mort de son père en Égypte. 3 Tous en furent profondément affligés, mais aucun ne voulut même entendre parler d'avoir après Pompée un autre chef que Caton, qui était là. 4 Aussi, touché du sort de ces hommes de cœur qui avaient prouvé leur fidélité, Caton eut-il honte de les abandonner seuls et sans ressources sur une terre étrangère ; il assuma donc le commandement et passa à Cyrène, dont les habitants l'accueillirent, bien qu'ils eussent quelques jours auparavant fermé leurs portes à Labienus. 5 Là, il apprit que Scipion, le beau-père de Pompée, avait été reçu par le roi Juba et qu'Attius Varus, qui avait été nommé par Pompée gouverneur de Libye, était avec eux et avait une armée. 6 Il partit par terre pendant l'hiver pour les rejoindre, après avoir rassemblé un grand nombre d'ânes pour porter de l'eau ; il emmenait beaucoup de bétail, et aussi des chars et les hommes appelés Psylles, qui guérissent les morsures des serpents en suçant le venin avec la bouche et qui apprivoisent et charment les reptiles eux-mêmes par leurs incantations. 7 Pendant les sept jours consécutifs que dura le trajet, il marcha toujours en tête, sans se servir de cheval ni de bête de somme. Depuis le jour où il avait appris la défaite de Pharsale, il prenait ses repas assis, et aux autres marques de deuil il ajoutait l'habitude de ne plus s'étendre que pour dormir. 8 Quand il eut passé le reste de l'hiver en Libye, il emmena son armée, qui comptait près de dix mille hommes.

57. 1 Les affaires allaient mal pour Scipion et Varus, qui, par suite de la dissension qui les opposait l'un à l'autre, flattaient, pour s'insinuer dans ses bonnes grâces, Juba, insupportable par son arrogance brutale et par la vanité que lui inspiraient sa richesse et sa puissance. 2 Alors qu'il allait donner audience pour la première fois à Caton, Juba fit disposer son propre siège entre celui de Scipion et celui de Caton, 3 ce que voyant, Caton prit son siège et alla le mettre de l'autre côté, plaçant ainsi Scipion au milieu, bien que celui-ci fût son ennemi et eût publié contre lui un libelle diffamatoire. 4 On ne lui tient pourtant aucun compte de cette action, alors qu'on lui reproche d'avoir, en Sicile, au cours d'une promenade avec Philostrate, mis celui-ci au milieu pour honorer la philosophie. 5 Quoi qu'il en soit, il empêcha alors Juba de continuer à considérer Scipion et Varus presque comme ses satrapes, et il réconcilia les deux Romains. 6 Comme tout le monde demandait qu'il prît le commandement, et que Scipion et Varus étaient les premiers à vouloir s'en défaire pour le lui céder, Caton déclara qu'il ne violerait pas les lois au nom desquelles ils combattaient contre celui qui les violait, et que lui, propréteur, ne prendrait pas le premier rang quand il y avait là un proconsul : 7 Scipion en effet avait été élevé à cette dignité, et son nom inspirait confiance à la plupart des soldats, qui pensaient être vainqueurs si un Scipion les commandait en Libye.

58. 1 Scipion, ayant pris le commandement, voulut aussitôt, pour complaire à Juba, faire périr tous les habitants d'Utique en âge de porter les armes et raser la ville, sous prétexte qu'elle était du parti de César. Caton ne le souffrit pas : il protesta, se récria dans le Conseil, invoqua les dieux et parvint à grand-peine à sauver de la cruauté de Scipion et de Juba la population. 2 À la prière de celle-ci et à la demande de Scipion, il accepta la charge de garder la cité, afin d'éviter qu'elle se ralliât, de gré ou de force, à César. 3 C'était en effet une place qui offrait toutes sortes d'avantages et qui pouvait suffire à tous les besoins de ceux qui la tenaient. Caton la fortifia encore davantage : 4 il y fit entrer une énorme quantité de blé, remit les remparts en état, y éleva des tours et protégea la ville par des fossés profonds et des retranchements. 5 Il logea dans ces retranchements les habitants d'Utique d'âge militaire, après qu'ils lui eurent remis leurs armes, confina les autres dans la cité et veilla avec fermeté à ce qu'ils ne fussent ni lésés ni maltraités par les Romains ; 6 il envoya au camp beaucoup d'armes, d'argent et de vivres : en un mot, il fit de la ville le centre d'approvisionnement de la guerre. 7 Le conseil qu'il avait naguère donné à Pompée, il le donna alors à Scipion : c'était de ne pas livrer bataille à un homme de guerre redoutable et d'attendre que le temps fît dépérir la vigueur de la tyrannie. Mais Scipion, par présomption, méprisait ces avis. 8 Un jour même il écrivit à Caton pour le taxer de lâcheté, puisque, non content de rester tranquillement dans une ville à l'abri des murs, il ne permettait même pas aux autres de saisir l'occasion pour exécuter hardiment leurs plans. 9 À ces reproches Caton répondit par lettre qu'il était prêt à passer en Italie avec les fantassins et les cavaliers qu'il avait amenés en Afrique, pour modifier les intentions de César et l'attirer sur lui-même en le détournant de Scipion. 10 Celui-ci se moqua aussi de cette proposition, et Caton ne dissimula pas ses regrets de lui avoir cédé le commandement, puisque Scipion conduirait mal la guerre, et que, même si la chance le favorisait contre toute attente, il n'userait pas de la victoire avec modération à l'égard de ses concitoyens. 11 Aussi Caton en vint-il à penser et à dire à ses familiers que l'inexpérience et la témérité des généraux ne lui laissaient rien augurer de bon pour la guerre ; 12 si par bonheur César était abattu, il ne resterait pas lui-même à Rome, mais il fuirait la dureté et l'aigreur de Scipion, qui déjà proférait contre beaucoup de gens de terribles et hautaines menaces. 13 L'événement fut plus grave qu'il ne s'y attendait : soudain, très tard dans la soirée, un courrier arriva de l'armée le troisième jour après la bataille, pour annoncer qu'un grand combat avait eu lieu près de Thapsus, que tout était perdu, que César s'était rendu maître des camps, que Scipion et Juba s'étaient enfuis avec quelques hommes et que le reste de l'armée avait péri.

59. 1 Quand cette nouvelle parvint à la ville, les habitants, comme il était naturel la nuit et en période de guerre, furent presque frappés de démence par une telle annonce et eurent peine à se contenir à l'intérieur des murailles. 2 Alors Caton se montra, il arrêta ceux qu'il rencontrait courant et criant, et ôta à leur frayeur ce qu'elle comportait d'excès et d'agitation, en leur disant que la défaite n'était peut-être pas aussi grave qu'on le racontait et que les récits en étaient exagérés ; il parvint ainsi à apaiser le trouble. 3 Au point du jour il fit proclamer l'ordre donné aux Trois Cents, dont il avait formé le Conseil, et qui étaient des Romains s'occupant en Afrique de négoce et de banque, de se réunir dans le sanctuaire de Jupiter avec tous les sénateurs présents et leurs enfants. 4 Ils étaient encore en train de se rassembler lorsque Caton s'avança, très calme, avec une contenance aussi ferme que s'il ne s'était rien produit de nouveau ; il lisait un registre qu'il tenait à la main et qui donnait l'état des moyens dont on disposait pour la guerre : armes, blé, arcs et fantassins. 5 Quand ils furent réunis, il s'adressa d'abord aux Trois Cents, les comblant d'éloges pour le zèle et la loyauté dont ils avaient fait preuve, et pour les grands services qu'ils avaient rendus en payant de leur argent, de leurs personnes et de leurs conseils ; puis il les exhorta à ne pas mettre fin à leurs espoirs et à ne pas fuir ou s'évader chacun de son côté : 6 s'ils restaient groupés, César les mépriserait moins comme combattants, ou les épargnerait davantage comme suppliants. 7 Il les invita ensuite à délibérer eux-mêmes sur leurs propres affaires, ajoutant qu'il ne blâmerait aucun des deux partis qu'ils pouvaient prendre : si leurs sentiments se modifiaient au gré de la Fortune, il mettrait ce changement sur le compte de la nécessité ; 8 mais, s'ils faisaient face aux épreuves et assumaient le danger de combattre pour la liberté, il ne se contenterait pas de les en louer, il admirerait leur courage et s'offrirait pour se mettre à leur tête et lutter avec eux, jusqu'à ce qu'ils eussent épuisé la dernière chance de la patrie, qui n'était pas Utique ni Hadrumète, mais Rome, dont la grandeur s'était souvent relevée de revers plus accablants. 9 Ils avaient plusieurs raisons d'espérer le salut et la sécurité, dont la plus grande était qu'ils faisaient la guerre à un homme tiraillé par les événements dans plusieurs directions : l'Espagne avait fait défection pour passer à Pompée le Jeune, et Rome elle-même n'avait pas encore tout à fait accepté le mors, dont elle n'avait pas l'habitude ; elle s'indignait d'être maltraitée et se dressait contre tout changement. 10 Il ne fallait donc pas fuir le danger, mais prendre des leçons d'un ennemi qui ne ménageait pas sa vie en vue des plus grandes injustices, sans avoir comme eux, pour terme des incertitudes de la guerre, ou la vie la plus heureuse en cas de succès, ou la mort la plus glorieuse en cas d'échec. 11 Cependant ils devaient, dit-il, en délibérer entre eux, et il priait les dieux de les récompenser de leur valeur et de leur zèle de naguère en faisant tourner à leur profit ce qu'ils auraient décidé.

60. 1 Ainsi parla Caton. Sur certains de ses auditeurs ses paroles n'eurent d'autre effet que de leur faire reprendre confiance, mais la plupart, devant l'intrépidité, la noblesse et l'humanité de ses sentiments, oublièrent presque la situation présente et, le regardant comme le seul chef invincible et supérieur à toute espèce de vicissitude, le conjurèrent d'user à sa guise de leurs personnes, de leurs biens et de leurs armes, 2 car il valait mieux mourir en lui obéissant que se sauver en trahissant une si grande vertu. 3 Quelqu'un ayant proposé que l'on décrétât de donner la liberté aux esclaves, la majorité approuva cette motion, mais Caton dit qu'il la refusait, car elle n'était ni légale ni juste ; que, néanmoins, si les maîtres eux-mêmes affranchissaient leurs esclaves, il accepterait ceux qui étaient en âge de porter les armes. 4 Plusieurs promirent cet affranchissement ; Caton fit enregistrer ces promesses et se retira. 5 Peu après, il reçut des lettres de Juba et de Scipion. Juba, caché dans une montagne avec une poignée d'hommes, lui demandait ce qu'il avait résolu de faire : il attendrait Caton, si celui-ci abandonnait Utique, et, s'il y était assiégé, il viendrait à son secours avec son armée. Quant à Scipion, sur un navire à l'ancre près d'un promontoire non loin d'Utique, il était également dans l'expectative.

61. 1 Caton résolut de faire attendre les courriers jusqu'à ce qu'il se fût assuré des dispositions des Trois Cents. 2 Les sénateurs sans doute étaient pleins de zèle et aussitôt ils affranchissaient et armaient leurs esclaves, mais les Trois Cents, qui étaient des armateurs et des banquiers, et dont la fortune était constituée en majeure partie de leurs esclaves, ne s'en tinrent pas longtemps aux discours de Caton, et les laissèrent échapper de leur esprit. 3 Les corps peu consistants reçoivent facilement la chaleur et, dès qu'on les éloigne du feu, la perdent et se refroidissent : c'est à peu près de la même façon que ces hommes, échauffés et enflammés par Caton quand celui-ci était devant leurs yeux, se détachèrent, une fois livrés à leurs propres réflexions et sous l'effet de la peur qu'ils avaient de César, du respect éprouvé pour Caton et pour l'honneur. 4 « Qui sommes-nous, disaient-ils, et de qui refuserons-nous d'exécuter les ordres ? César n'est-il pas l'homme en qui s'est concentrée toute la puissance romaine ? Aucun de nous n'est un Scipion, ni un Pompée, ni un Caton. 5 Mais c'est dans un temps où tous les gens abattus par la crainte ont des sentiments plus bas qu'il ne faudrait, c'est dans un tel temps que nous, nous allons faire la guerre hors d'Utique pour défendre la liberté de Rome contre un homme à qui Caton, fuyant avec Pompée le Grand, a cédé l'Italie, 6 et que nous affranchirons nos esclaves pour lutter contre César, nous à qui il ne reste de liberté que ce qu'il veut bien nous en laisser ! Revenons plutôt à nous, malheureux, pendant qu'il en est temps encore ; demandons grâce au vainqueur et envoyons implorer sa clémence. » 7 Voilà ce que conseillaient les plus modérés des Trois Cents, mais la plupart d'entre eux allaient jusqu'à conspirer contre les sénateurs, dans la pensée qu'en les arrêtant ils apaiseraient la colère de César contre eux-mêmes.

62. 1 Caton, soupçonnant leur changement, ne voulut pas les confondre, mais il écrivit à Scipion et à Juba de se tenir éloignés d'Utique parce qu'il se méfiait des Trois Cents, et il renvoya les courriers. 2 Les cavaliers qui s'étaient échappés du champ de bataille en nombre respectable s'étant approchés d'Utique, envoyèrent à Caton trois hommes qui n'exprimaient pas de la part de tous la même intention : 3 les uns voulaient se rendre auprès de Juba, d'autres se joindre à Caton ; d'autres enfin craignaient d'entrer dans Utique. 4 Instruit de ces différents avis, Caton chargea Marcus Rubrius de surveiller les Trois Cents et de recevoir sans bruit les déclarations écrites de ceux qui affranchissaient leurs esclaves, sans y contraindre personne ; 5 et lui-même sortit d'Utique en emmenant les sénateurs et prit contact avec les commandants des cavaliers ; il les conjura de ne pas abandonner tant de sénateurs de Rome, de ne pas choisir Juba pour général au lieu de Caton, mais de se sauver eux-mêmes et de sauver les autres avec eux, en entrant dans une ville imprenable par la force et pourvue de blé et de toutes sortes de ressources pour de nombreuses années. 6 Les sénateurs leur firent les mêmes prières en versant des larmes. Les commandants allèrent en conférer avec leurs cavaliers, et Caton, assis sur un tertre avec les sénateurs, attendait leurs réponses.

63. 1 À ce moment Rubrius arriva irrité, accusant les Trois Cents de causer beaucoup de désordre et de trouble, car ils se révoltaient et bouleversaient la ville. 2 À cette nouvelle, tous les sénateurs, désespérant entièrement de leur salut, se répandirent en larmes et en gémissements ; Caton entreprit de les rassurer et envoya dire aux Trois Cents de l'attendre. 3 Les délégués des cavaliers arrivèrent, porteurs de dures exigences : ils disaient qu'ils n'avaient pas besoin de se mettre à la solde de Juba et qu'avec Caton pour chef ils ne craindraient pas César, 4 mais qu'il était dangereux de s'enfermer avec les gens d'Utique, ces Phéniciens versatiles, qui, même si pour l'instant ils ne bougeaient pas, quand César surviendrait, attaqueraient à ses côtés et les trahiraient. 5 Si donc on avait besoin de leur présence à eux, les cavaliers, et de leur assistance militaire, il fallait chasser ou tuer tous les habitants d'Utique, et l'on pourrait alors les appeler dans la ville purgée d'ennemis et de barbares. 6 Caton jugea ces propositions terriblement sauvages et féroces. Il répondit avec douceur qu'il en délibérerait avec les Trois Cents. 7 Mais, revenu dans la ville, il eut affaire à des hommes qui, ne cherchant plus de prétextes ni de détours par respect pour lui, s'indignaient ouvertement qu'on prétendît les forcer à faire la guerre à César, alors qu'ils ne le pouvaient ni ne le voulaient. 8 Quelques-uns même insinuaient qu'il fallait retenir les sénateurs dans la ville en raison de l'approche de César. Caton fit comme s'il n'avait pas entendu ces derniers mots, et, de fait, il était un peu sourd. 9 Mais, quand on vint lui annoncer que les cavaliers s'en allaient, il eut peur que les Trois Cents, perdant complètement la tête, ne fissent un mauvais parti aux sénateurs. Il se leva et sortit de la ville avec ses amis ;

10 voyant les cavaliers déjà loin, il prit un cheval et se mit à leur poursuite. C'est avec joie qu'ils le virent venir à eux ; ils lui firent bon accueil et l'invitèrent à se sauver avec eux. 11 On dit qu'alors Caton alla jusqu'à pleurer, en les suppliant, les bras tendus, pour les sénateurs, et qu'il fit tourner bride à quelques-uns dont il saisit les armes, si bien qu'il parvint à les faire rester au moins ce jour-là pour assurer la fuite des sénateurs.

***La mort.* – 64.** 1 De retour avec les cavaliers, il plaça les uns aux portes de la ville et donna aux autres la citadelle à garder. Les Trois Cents, craignant d'être punis pour leur changement d'attitude, envoyèrent prier instamment Caton de se rendre auprès d'eux. 2 Mais les sénateurs, se groupant autour de lui, ne voulaient pas le laisser partir et protestaient qu'ils n'abandonneraient pas leur protecteur et leur sauveur à des gens sans foi, à des traîtres. 3 Il semble que l'impression produite par la vertu de Caton ne fut jamais plus manifeste qu'à ce moment-là : tous ceux qui se trouvaient alors à Utique avaient pour lui la même affection et la même admiration, car il n'y avait dans ses actes rien de faux ni de trompeur. 4 Résolu depuis longtemps à se tuer, il se donnait des peines, des douleurs et des tracas excessifs pour les autres, afin de mettre tout le monde en sûreté avant de quitter la vie. Car on ne pouvait douter de son intention de se donner la mort, bien qu'il n'en dît mot. 5 Il se rendit donc à l'invitation des Trois Cents, après avoir réconforté les sénateurs, et il alla les trouver seul. Ils lui témoignèrent leur reconnaissance et le prièrent d'user de leurs services pour tout le reste et d'avoir confiance en eux, mais de prendre en pitié leur faiblesse s'ils n'étaient pas des Catons et n'avaient pas le grand cœur de Caton : 6 ils avaient résolu d'implorer César, de lui adresser des envoyés et de solliciter sa grâce pour lui d'abord et surtout ; s'ils échouaient à le persuader, ils n'accepteraient pas pour eux-mêmes la grâce qu'on pourrait leur offrir, mais ils combattraient pour Caton tant qu'ils conserveraient un souffle de vie. 7 Caton répondit en louant leur bon vouloir, et leur conseilla d'envoyer au plus tôt demander la vie sauve pour eux, mais non pas pour lui : « C'est aux vaincus de recourir aux prières, aux coupables de demander leur pardon. 8 Or je n'ai jamais été vaincu durant toute ma vie, je suis même vainqueur autant que je le veux, puisque je l'emporte sur César en honneur et en justice. 9 C'est donc César qui a le dessous et qui est vaincu, car, s'il niait jadis qu'il travaillait contre sa patrie, il en est aujourd'hui reconnu coupable, et pris sur le fait. »

65. 1 Après cet entretien avec les Trois Cents, il se retira, puis, apprenant que César était déjà en route et amenait toute son armée : « Oh ! dit-il, il nous traite en hommes ! » 2 puis, se tournant vers les sénateurs, il leur recommanda de ne pas tarder et de pourvoir à leur salut tant que les cavaliers étaient encore là. 3 Il fit alors fermer les portes, sauf une, celle qui conduisait à la mer et par laquelle il passa ; il répartit les vaisseaux entre les hommes qui dépendaient de lui et veilla au bon ordre, empêchant les injustices, dissipant les troubles et donnant des provisions de voyage à ceux qui étaient sans ressources.

4 Cependant Marcus Octavius, à la tête de deux légions, vint camper près de la ville et envoya demander à Caton de délimiter avec lui le partage de leurs pouvoirs. Caton ne lui fit aucune réponse, 5 mais il dit à ses amis : « Et nous nous demandons comment notre cause a été perdue, quand nous voyons l'ambition de commander persister chez nous au moment où nous marchons en plein désastre ! » 6 Sur ces entrefaites, ayant entendu dire que les cavaliers, en partant, pillaient et emportaient comme butin les biens des habitants d'Utique, il courut vers eux et fit lâcher prise aux premiers qu'il rencontra. Alors chacun des autres se hâta de jeter et d'abandonner son butin, et tous s'en allèrent en silence, les yeux baissés. 7 Caton assembla dans la ville les gens d'Utique, les pria au sujet des Trois Cents de ne pas exciter César contre eux, mais de travailler les uns avec les autres à leur salut commun. 8 Ensuite il retourna vers la mer pour surveiller l'embarquement, embrassant et escortant tous ceux de ses amis et de ses hôtes qu'il avait déterminés à partir. 9 Quant à son fils, il ne put le décider à prendre un navire, et, comme il s'attachait à son père, il ne crut pas devoir le repousser.

10 Il y avait là un certain Statyllius, jeune encore, mais qui se piquait d'une grande force d'âme et voulait imiter l'impassibilité de Caton. 11 Caton le pressait de s'embarquer, car on savait qu'il haïssait César. Comme il refusait, Caton se tourna vers le stoïcien. Apollonidès et le Péripatéticien Démétrios et leur dit : « C'est à vous qu'il appartient de guérir son enflure et de le ramener à son intérêt. » 12 Et lui-même, continuant d'accompagner les autres et prêtant l'oreille à toutes les demandes qu'on lui faisait, passa dans ces occupations la nuit entière et la plus grande partie du jour suivant.

66. 1 Lucius César, parent du grand César, sur le point d'aller en ambassade pour intercéder au nom des Trois Cents, pria Caton de l'aider à préparer un discours persuasif, qu'il prononcerait pour eux, « car pour toi, je me ferai un devoir de baiser les mains et de me jeter aux genoux de César ». Caton lui défendit d'en rien faire : 2 « Si, dit-il, je voulais être sauvé par une grâce de César, il me faudrait aller la lui demander en personne seul à seul. Mais je ne veux pas avoir à remercier le tyran d'une illégalité, car il violerait la loi en sauvant, comme en étant le maître, ceux à qui il n'avait aucun droit de commander. Cependant voyons ensemble, si tu veux, comment tu pourras obtenir la grâce des Trois Cents. » 3 Il en conféra donc avec Lucius, et, quand celui-ci s'apprêta à partir, il lui recommanda son fils et ses compagnons, 4 et, après l'avoir reconduit et lui avoir serré la main, il rentra chez lui, réunit son fils et ses amis, les entretint de divers sujets et défendit au jeune homme de se mêler de politique, 5 car l'état des affaires ne permettait plus de s'en occuper d'une façon digne d'un Caton, et s'en occuper autrement serait une honte.

6 Vers le soir, il songea à prendre un bain. En se baignant, il se souvint de Statyllius, et se mit à crier : « Apollonidès, as-tu fait partir Statyllius après l'avoir guéri de son infatuation, et le jeune homme s'est-il embarqué sans même nous dire adieu ? » 7 « Comment cela ? répondit Apollonidès. Pourtant nous avons longuement discuté, mais il est hautain et inflexible : il dit qu'il reste et fera la même chose que toi. » 8 À ces mots, on rapporte que Caton sourit et dit : « C'est ce que l'on verra tout à l'heure. »

67. 1 Après le bain, il dîna avec une nombreuse compagnie, assis comme il en avait l'habitude depuis la bataille, car il ne s'étendait plus que pour dormir. Avec lui dînaient tous ses amis et les magistrats d'Utique. 2 Le dîner fini, on s'entretint agréablement, en buvant, de nombreuses questions philosophiques, et les discussions se succédèrent jusqu'à en arriver à ce qu'on appelle les paradoxes stoïciens, à ceci par exemple que l'homme de bien est seul libre et que tous les méchants sont esclaves. 3 Sur ce point, naturellement, le Péripatéticien apporta la contradiction ; alors Caton l'attaqua avec violence, et, employant un ton de voix rude et sévère, développa longuement ce sujet et argumenta de manière admirable, si bien que nul ne put ignorer qu'il avait résolu de mettre fin à sa vie pour s'affranchir des maux présents. 4 Ses paroles ayant provoqué parmi tous les assistants un morne silence, Caton voulut les réconforter et, pour détourner leurs soupçons, leur posa de nouveau des questions sur les affaires présentes en leur faisant part de ses préoccupations : il craignait pour ceux qui s'embarquaient, et il craignait aussi pour ceux qui s'engageaient dans un pays désertique et barbare.

68. 1 Ayant ainsi congédié les convives, il fit avec ses amis sa promenade habituelle après le dîner et donna aux chefs des gardes les instructions appropriées aux circonstances. Puis il se retira dans sa chambre où il fit entrer son fils et chacun de ses amis, et leur témoigna son affection plus qu'à l'ordinaire, ce qui réveilla leurs soupçons sur ce qui allait arriver. 2 Étant dans sa chambre et couché, il prit en main le dialogue de Platon sur l'âme. Il parcourut la plus grande partie du livre, puis il leva les yeux au-dessus de sa tête, et, ne voyant pas son épée suspendue à son chevet (son fils l'avait enlevée alors qu'il était encore en train de dîner), il appela un esclave et lui demanda qui avait pris son épée. 3 Celui-ci gardant le silence, il se remit à lire. Il attendit ensuite quelques instants, en homme qui n'est ni pressé ni impatient et, comme s'il cherchait simplement son épée, il ordonna de la lui apporter. 4 Mais le temps passait, et personne ne la lui apportait. Alors il acheva de lire le livre, puis de nouveau il appela successivement chacun de ses esclaves, en élevant davantage la voix, pour demander son épée. 5 Il frappa même un serviteur au visage d'un coup de poing si violent qu'il se mit la main en sang.

Il s'exaspérait et criait très haut qu'il était livré tout nu à l'ennemi par son fils et ses esclaves. Enfin son fils tout en pleurs accourut avec ses amis et se jeta au cou de son père en gémissant et en le suppliant. 6 Caton se leva, et, jetant sur lui un regard terrible : « Quand donc, dit-il, et où ai-je perdu la raison sans m'en apercevoir, pour que chacun, sans essayer de m'éclairer ni de me dissuader d'un mauvais parti que j'aurais pris, veuille m'empêcher de suivre mon idée en me privant de mon arme ? 7 Pourquoi donc, généreux fils, n'enchaînes-tu pas ton père et ne lui attaches-tu pas les mains derrière le dos, jusqu'à ce que César arrive et me trouve hors d'état de me défendre ? 8 Car pour m'ôter la vie je n'ai pas besoin d'épée : il me suffit de retenir un instant mon souffle ou de me frapper une fois la tête contre le mur pour mourir. »

69. 1 Tandis qu'il parlait ainsi, le jeune homme sortit en versant des larmes, et tous les autres avec lui, sauf Démétrios et Apollonidès qui restèrent auprès de Caton. Il leur parla plus doucement : 2 « Est-ce que vous aussi, dit-il, vous avez décidé de retenir de force dans la vie un homme de mon âge et de rester ici pour m'épier sans rien dire, ou bien êtes-vous venus pour me prouver qu'il n'est ni étrange ni honteux pour Caton, qui n'a pas d'autre moyen d'assurer son salut, d'attendre celui-ci de son ennemi ? 3 Que ne parlez-vous donc pour me convaincre et me faire changer d'avis, afin que, rejetant ces fameuses opinions et doctrines avec lesquelles nous avons vécu jusqu'ici, et rendus plus sages grâce à César, nous lui créions un plus grand titre à notre reconnaissance ? 4 Cependant je n'ai encore rien décidé pour mon compte ; mais, quand je l'aurai fait, il faut que je sois maître d'exécuter ce que j'aurai résolu. 5 C'est en quelque sorte avec vous que je vais délibérer, puisque je délibère avec les traités dont vous vous servez vous-mêmes dans vos études philosophiques. Partez donc tranquilles, et recommandez à mon fils de ne pas essayer d'obliger son père par la force à faire ce qu'il ne peut obtenir par la persuasion. »

70. 1 Démétrios et l'autre philosophe ne répondirent rien à ces paroles ; ils sortirent en pleurant. On envoie à Caton son épée par un petit esclave ; il la prit, la tira du fourreau et l'examina, 2 puis, voyant que la pointe était droite et le tranchant intact, il dit : « Maintenant je m'appartiens. » Il déposa l'épée et reprit son livre ; on dit même qu'il le lut deux fois en entier. 3 Il s'endormit ensuite d'un sommeil si profond qu'on l'entendait du dehors. Au milieu de la nuit, il appela deux de ses affranchis, Cléanthe, le médecin, et Butas, qu'il employait de préférence dans les affaires politiques. 4 Il envoya ce dernier vers la mer pour voir si tout le monde avait pris le large et revenir l'en informer, puis il tendit au médecin sa main enflée par le coup qu'il avait porté à l'esclave, afin qu'il la bandât. Cette demande rendit la joie à tout le monde : on crut qu'il tenait encore à la vie. 5 Peu de temps après, Butas revint annoncer que tous étaient partis, sauf Crassus, qui était retenu par quelque affaire, mais allait bientôt s'embarquer lui aussi ; il ajouta qu'il faisait un gros temps et qu'un grand vent agitait la mer. 6 À cette nouvelle, Caton soupira de compassion pour ceux qui naviguaient, et il renvoya Butas à la côte afin de voir si quelqu'un n'avait pas rebroussé chemin pour demander quelque secours indispensable ; il reviendrait le lui dire. Déjà des oiseaux chantaient, et il retomba un peu dans le sommeil. 7 Butas, de retour, annonça qu'il régnait un grand calme autour des ports. Caton lui ordonna de fermer la porte, puis il se recoucha comme pour reposer encore le reste de la nuit. 8 Mais, quand Butas fut sorti, il dégaina son épée et se l'enfonça sous la poitrine. L'enflure de sa main rendit le coup trop léger, et il ne mourut pas aussitôt. Il tomba du lit, agonisant, et fit du bruit en renversant un tableau placé près de lui, sur lequel il traçait des figures géométriques. Les serviteurs entendirent et poussèrent des cris ; immédiatement le fils de Caton et ses amis entrèrent dans la chambre. 9 En l'apercevant tout ensanglanté, avec presque toutes les entrailles sorties du corps, mais encore vivant et voyant, ils furent tous saisis d'horreur. Le médecin s'approcha, et constatant que les intestins restaient intacts, il entreprit de les remettre en place et de recoudre la plaie. 10 Mais dès que Caton, revenant à lui, reprit connaissance, il repoussa le médecin et arracha de ses mains ses entrailles en rouvrant la blessure ; il expira.

71. 1 En un temps moindre que celui qui paraissait nécessaire pour que tous les gens de la maison apprissent l'événement, les Trois Cents se trouvaient déjà devant la porte, et peu après le peuple d'Utique y était rassemblé. Tous proclamaient d'une seule voix Caton comme leur bienfaiteur et leur sauveur, le seul homme libre et le seul invincible. 2 Et ils agissaient ainsi au moment où l'on annonçait l'approche de César, mais ni la crainte, ni le désir de flatter le vainqueur, ni les dissensions et les factions qui les divisaient n'affaiblirent le respect qu'ils avaient pour Caton. 3 Ils parèrent splendidement son corps, lui firent un convoi magnifique et l'ensevelirent au bord de la mer, là où se dresse aujourd'hui encore sa statue, l'épée à la main. C'est après cela seulement qu'ils songèrent à leur salut et à celui de la ville.

72. 1 César, informé par ceux qui venaient le rejoindre que Caton restait dans Utique et ne fuyait point, mais qu'il faisait partir les autres, tandis que lui-même, ses amis et son fils continuaient à y demeurer sans crainte, pensa qu'il se comportait ainsi dans un dessein difficile à deviner, et, comme il faisait le plus grand cas de lui, il se hâta d'avancer avec son armée. 2 Quand il apprit son suicide, on rapporte qu'il se borna à dire : « Caton, je t'envie ta mort, car toi, tu m'as envié ton salut. » 3 Et, de fait, si Caton eût consenti à devoir la vie à César, il semble bien qu'il aurait moins avili sa propre renommée que rehaussé celle de César. Qu'aurait fait celui-ci ? On l'ignore, mais l'on peut conjecturer de la part de César le parti le plus clément.

73. 1 Quand il mourut, Caton avait quarante-huit ans. 2 Son fils ne fut nullement maltraité par César. On dit qu'il était léger et se laissait prendre à l'amour des femmes. 3 En Cappadoce, il reçut l'hospitalité chez un certain Marphadatès, de famille royale, qui avait une femme très belle ; il passa chez eux plus de temps qu'il n'était convenable, et il s'attira des railleries comme celles-ci, que l'on écrivit à son sujet :

4 « Caton s'en va demain, ... dans trente jours », et : « Porcius et Marphadatès : deux amis, une seule âme », car la femme de Marphadatès s'appelait Psyché (âme). Et encore : « Caton est noble et brillant : il a une âme royale. » 5 Mais sa mort effaça et détruisit cette mauvaise réputation, car, comme il combattait à Philippes pour la liberté contre César et Antoine, et qu'il voyait l'armée en train de plier, il ne voulut pas fuir ni se cacher, mais, défiant les ennemis et se montrant au premier rang, il entraîna ceux qui restaient avec lui, et il tomba en faisant admirer aux adversaires son courage. 6 Plus admirable encore fut la fille de Caton, qui ne le cédait à son père ni en sagesse ni en vaillance. Mariée à Brutus, celui qui tua César, elle prit part elle-même à la conjuration, puis renonça à la vie d'une manière digne de sa naissance et de sa vertu, comme je l'ai écrit dans la *Vie de Brutus*.

7 Quant à Statyllius, celui qui avait dit imiter Caton, il voulut se tuer, mais en fut empêché par les philosophes. Plus tard, après s'être montré très fidèle et très utile à Brutus, il mourut à Philippes.

Vies d'Agis et de Cléomène. Les Gracques

Cet étrange quadrille, unique dans le recueil des Vies, *tourne en grande partie autour du problème du pouvoir. C'est ainsi du moins que Plutarque l'annonce dans le préambule à la* Vie d'Agis. *C'est aussi le problème du pouvoir qui est agité dans les* Vies de Phocion et de Caton. *Ce dernier recueil traite d'un pouvoir exercé contre les aspirations du peuple et la marche de l'histoire. Ici le sujet, c'est le rapport du politique avec la recherche de la popularité ou la crainte de décevoir. Rarement a été décrit avec autant de finesse cet entraînement sans frein, cet enchaînement de causes et d'effets qu'on ne peut plus maîtriser. « En grande faveur auprès de leurs concitoyens dès le début, ils (Agis et Cléomène) voyaient là une dette dont ils auraient eu honte de ne pas s'acquitter. S'évertuant sans cesse à surpasser par d'excellentes mesures politiques les honneurs qu'ils recevaient et honorés toujours davantage pour leurs actes favorables au peuple, ils s'enflammèrent ainsi d'une égale ambition eux-mêmes à l'égard de la foule et la foule à leur égard sans s'apercevoir qu'ils s'engageaient eux-mêmes dans des affaires où il n'était plus honnête de persévérer, mais où il était désormais honteux de s'arrêter »* (Agis et Cléomène, **2.** 8). *Plutarque va traiter ou a traité également ce sujet à propos de Coriolan* (Coriolan, **4.** 1-2).

Nous sommes au centre du problème que pose le pouvoir dont on est prisonnier autant qu'on le possède. Il ne serait pas étonnant que Plutarque ait été captivé par cette question dans la période même où ses amis politiques redéfinissaient le rôle de l'empereur (et ses devoirs) et où lui-même relisait Platon pour mettre à jour la Politique. *C'est la période où Plutarque explore les biographies des grands ambitieux et analyse leurs rapports avec cette ivresse particulière qui est celle du pouvoir. Même si l'on hésite sur la datation relative des différentes biographies, on distingue bien ce qu'ont alors de commun les héros de Plutarque : une ambition sans limite, un esprit d'entreprise qui fait de leur biographie une aventure et de leur carrière un destin.*

*Plus curieuse, sous la plume de Plutarque, est la teneur des réformes qui ont illustré l'action de ces quatre héros. Tout en stigmatisant l'entêtement, voire la hâte dont ils firent preuve, Plutarque semble approuver et même louer leurs intentions. De la part du grand propriétaire terrien qu'est Plutarque, cette attitude mérite d'être relevée. Sans doute ne faut-il pas oublier qu'un des principaux problèmes de l'Empire est la remise en valeur des terres en friche. Exactement à la même date Dion Chrysostome exalte dans l'*Euboïque *l'activité et le bonheur des petits paysans d'Eubée qui ont pris l'initiative de remettre en culture leurs champs, Plutarque n'a donc probablement fait que suivre, avec modération, un mouvement général et illustrer un mot d'ordre officiel.*

J. S.

AGIS ET CLÉOMÈNE

Agis

Préface. – **1.** 1 Il n'est ni absurde ni sot de supposer avec quelques auteurs que c'est à l'adresse des hommes épris de gloire qu'a été composée la fable d'Ixion, qui saisit la nuée à la place d'Héra et donna ainsi naissance aux Centaures. 2 En effet les ambitieux, en étreignant la gloire comme un fantôme de la vertu, n'accomplissent rien de pur ni d'avouable, mais bien des actions bâtardes et hybrides. Ils sont emportés tantôt dans un sens, tantôt dans un autre, au gré de leurs désirs et de leurs passions. 3 Ce que les bergers de Sophocle disent de leurs troupeaux : « Nous leurs maîtres, pourtant nous leur sommes soumis, et, tout muets qu'ils sont, il faut les écouter », c'est là réellement la condition des hommes politiques qui suivent les tendances et les caprices de la foule ; ils s'en font les esclaves et les acolytes pour être appelés chefs et conducteurs du peuple. 4 Car de même que les guetteurs de proue voient plus tôt que les pilotes ce qui se présente à l'avant, mais fixent les yeux sur eux et exécutent leurs ordres, de même les hommes d'État qui ont en vue la gloire sont les serviteurs de la multitude, bien qu'ils portent le nom de chefs.

2. 1 L'homme de bien accompli et parfait n'aurait pas du tout besoin de la gloire, sauf dans la mesure où celle-ci, en attirant la confiance, donne accès à l'action ; mais à un ambitieux encore jeune il faut permettre de s'applaudir et de s'enorgueillir du renom que lui vaut sa belle conduite. 2 Car les vertus qui naissent et croissent chez de tels hommes sont, comme le dit Théophraste, fortifiées par les louanges dues au succès et grandissent ensuite en même temps que la fierté. 3 L'excès est dangereux en tout, mais, dans le cas des ambitions politiques, il est mortel : il emporte jusqu'à la folie et à une extravagance manifeste ceux qui sont investis d'une grande autorité quand, au lieu de vouloir que le bien procure la gloire, ils se mettent à penser que la gloire est le bien. 4 Comme Antipatros demandait un service malhonnête à Phocion, celui-ci lui répondit : « Tu ne peux faire de Phocion à la fois ton ami et ton flatteur » ; c'est là ce qu'il faut dire, ou quelque chose de semblable, à la foule : « Vous ne pouvez faire du même homme votre chef et votre valet. » 5 Autrement il en va d'un État comme du serpent de la fable, dont la queue, révoltée contre la tête, prétendit conduire à son tour, au lieu de la suivre partout ; quand elle eut pris la direction, elle alla à l'aveuglette et s'en tira fort mal à la fois pour elle-même et pour la tête, qu'elle meurtrissait, celle-ci étant forcée, en dépit de la nature, de suivre un corps sans oreilles et sans yeux. 6 Voilà ce qui est arrivé, comme nous le voyons, à beaucoup de ceux dont toute la politique consistait à plaire ; en se mettant à la remorque de multitudes emportées à l'aventure, ils furent incapables ensuite de se ressaisir et d'arrêter le désordre.

7 Ces réflexions sur la popularité nous sont venues à l'esprit en considérant les effets qu'elle produit d'après ce qui arriva à Tiberius et à Caïus Gracchus. Parfaitement doués par la nature, parfaitement élevés, entrés dans la politique avec des intentions parfaites, ils furent perdus moins par un désir immodéré de la gloire que par la crainte de l'impopularité, crainte dont le motif n'était pas sans noblesse : 8 en grande faveur auprès de leurs concitoyens dès le début, ils voyaient là une dette dont ils auraient eu honte de ne pas s'acquitter. S'évertuant sans cesse à surpasser par d'excellentes mesures politiques les honneurs qu'ils recevaient, et honorés toujours davantage pour leurs actes favorables au peuple, ils enflammèrent ainsi d'une égale ambition eux-mêmes à l'égard de la foule et la foule à leur égard, sans s'apercevoir qu'ils s'engageaient dans des affaires où il n'était plus honnête de persévérer, mais où il était désormais honteux de s'arrêter. 9 Tu en jugeras toi-même d'après notre récit. Mettons en parallèle avec eux une paire laconienne d'hommes d'État, les rois Agis et Cléomène. 10 Ceux-ci, comme ceux-là, voulant relever la condition du peuple et rétablir une Constitution belle et juste qui avait subi une longue éclipse, s'attirèrent pareillement la haine des puissants, qui refusaient de renoncer à leur avidité habituelle. 11 Les deux Laconiens, il est vrai, n'étaient pas frères, mais leurs politiques furent parentes et fraternelles. Voici quel en fut le point de départ.

Généalogies et caractères d'Agis et de Léonidas. – **3.** 1 Dès que la passion de l'or et de l'argent eut envahi Sparte, la cupidité et l'avarice accompagnèrent l'acquisition des richesses dont l'usage et la jouissance introduisirent la débauche, la mollesse et le luxe ; Sparte perdit alors la plupart de ses vertus, et fut réduite à un état de bassesse indigne jusqu'à l'époque où régnèrent Agis et Léonidas. 2 Agis était un Eurypontide, fils d'Eudamidas, et le sixième roi à partir d'Agésilas, celui qui passa en Asie et fut le plus puissant des Grecs. 3 Agésilas eut pour fils Archidamos, qui fut tué en Italie à Mandonion par les Messapiens. Archidamos eut deux fils, dont l'aîné s'appelait Agis et le cadet Eudamidas. Agis ayant été tué par Antipatros près de Mégalopolis et n'ayant pas laissé d'enfant, la royauté revint à Eudamidas. De celui-ci naquit Archidamos, et d'Archidamos un autre Eudamidas, qui fut le père de cet Agis dont nous racontons l'histoire.

4 Quant à Léonidas, fils de Cléonymos, il appartenait à l'autre maison royale, celle des Agiades. C'était le huitième roi à partir de Pausanias, celui qui vainquit Mardonios à la bataille de Platées. 5 Pausanias eut pour fils Pleistonax, et Pleistonax donna naissance à Pausanias. Celui-ci s'étant exilé de Lacédémone à Tégée, son fils aîné, Agésipolis, devint roi, et, comme il mourut sans enfant, son frère cadet, Cléombrote, prit sa succession. 6 De Cléombrote naquirent un autre Agésipolis et Cléomène. Agésipolis ne régna pas longtemps et n'eut pas d'enfant ; Cléomène devint donc roi après lui ; il perdit de son vivant son fils aîné Acrotatos et laissa le plus jeune, Cléonymos, qui ne régna point, la royauté étant passée à Areus, petit-fils de Cléomène et fils d'Acrotatos. 7 Areus fut tué près de Corinthe, et son fils Acrotatos lui succéda. Celui-ci mourut à son tour à la bataille de Mégalopolis, où il fut vaincu par le tyran Aristodème. Il laissait sa femme enceinte ; 8 elle mit au monde un garçon, dont Léonidas, fils de Cléonymos, eut la tutelle. Cet enfant étant mort en bas âge, la royauté revint à Léonidas. Celui-ci n'était pas du tout en accord avec ses concitoyens. 9 En effet, bien que la corruption eût causé le déclin général de l'État, Léonidas se signalait par son dédain du genre de vie ancestral. Il avait longtemps fréquenté les palais des satrapes et avait été le courtisan de Séleucos, puis il avait mal à propos transporté l'ostentation orientale dans la pratique des affaires grecques et dans une ville régie par des lois.

4. 1 Au contraire Agis surpassait grandement par ses dons naturels et l'élévation de son âme non seulement Léonidas, mais presque tous les rois qui avaient régné après le grand Agésilas. Bien qu'il n'eût pas encore vingt ans et qu'il eût été élevé dans l'opulence et le luxe par deux femmes, sa mère Agésistrata et sa grand-mère Archidamia, qui étaient les personnes les plus riches de Lacédémone, 2 il se raidit de bonne heure contre les plaisirs, renonça à la parure qui contribue si fort à faire briller la grâce d'un beau corps, dépouilla et évita toute espèce de somptuosité, se faisant gloire de son manteau grossier et recherchant les repas, les bains et tout le régime de vie laconien. Il disait qu'il n'avait que faire de la royauté, s'il ne pouvait grâce à elle restaurer les lois et la discipline traditionnelles.

Décadence de Sparte et projets d'Agis. – **5.** 1 La corruption et l'état morbide dont souffraient les affaires des Lacédémoniens remontaient à peu près au temps où, après avoir détruit l'hégémonie d'Athènes, ils s'étaient gorgés d'or et d'argent. 2 Cependant, comme ils conservaient dans les successions le nombre des patrimoines fixés par Lycurgue, et que le père laissait son lot à son fils, cet ordre et cette égalité qui persistaient tant bien que mal remédiaient aux autres vices de l'État. 3 Mais un homme influent, de caractère chagrin et arrogant, nommé Épitadeus, étant devenu éphore, et se trouvant en différend avec son fils, fit une *rhétra* qui permettait de donner de son vivant à qui l'on voulait son patrimoine et son lot ou d'en disposer par testament. 4 Cet homme n'avait introduit une telle loi que pour satisfaire une rancune personnelle ; mais les autres, l'acceptant et la ratifiant par cupidité, ruinèrent ainsi la meilleure des institutions. 5 En effet, dès lors, les puissants acquirent sans retenue les biens des parents privés de leur héritage ; bientôt, tandis que la richesse se concentrait dans les mains de quelques-uns, la pauvreté régna dans la ville, où elle provoqua l'indifférence au bien et la bassesse, ainsi que la jalousie et la haine à l'égard des possédants. 6 Il ne resta pas plus de sept cents Spartiates, et, parmi eux, une centaine seulement conservaient une terre et un patrimoine. 7 La foule des autres, sans ressources et sans honneurs, croupissait dans la ville, en se défendant mollement et à contrecœur contre les ennemis du dehors et en ne cessant d'épier l'occasion d'un changement et d'une révolution.

6. 1 C'est pourquoi Agis, considérant à juste titre qu'il serait beau de rétablir l'égalité dans la ville et de compléter le corps civique, se mit à sonder les dispositions des gens. Les jeunes entrèrent dans ses idées avec une promptitude inespérée et s'équipèrent pour le combat en faveur de la vertu, changeant, comme un vêtement, leur régime de vie en vue de la liberté. 2 Mais les plus âgés, en qui la corruption était plus profonde, pour la plupart, comme des esclaves fugitifs qu'on ramène à leur maître, prenant peur et tremblant au seul nom de Lycurgue, blâmèrent âprement Agis de déplorer la situation présente et de regretter l'antique prestige de Sparte. 3 Cependant Lysandre, fils de Libys, Mandrocléidas, fils d'Écphanès, et aussi Agésilas approuvèrent son ambition et l'exhortèrent à donner suite à son projet. 4 Lysandre était le plus renommé des citoyens ; Mandrocléidas, le plus habile des Grecs pour conduire des intrigues, joignait l'audace à l'intelligence et à la ruse. 5 Quant à Agésilas, oncle du roi, c'était un bon orateur, mais, pour le reste, un homme mou et cupide. En apparence, il cédait aux instances et aux objurgations de son fils Hippomédon, héros de plusieurs guerres qui exerçait une grande influence par sa popularité auprès des jeunes ; 6 mais le véritable motif qui décidait Agésilas à prendre part à la réforme qui se préparait, c'était l'importance de ses dettes, dont il espérait se libérer par la révolution. 7 Dès qu'il l'eut gagné à sa cause, Agis entreprit avec lui de convaincre sa propre mère, qui était sœur d'Agésilas et qui, par le nombre de ses clients, de ses amis et de ses débiteurs, jouissait d'une autorité considérable dans la ville, où elle se mêlait beaucoup des affaires publiques.

7. 1 En écoutant son fils, elle fut d'abord effrayée et voulut détourner le jeune homme d'un dessein qu'elle jugeait impossible et inutile. 2 Mais Agésilas sut lui faire voir la beauté et l'intérêt de l'entreprise, et le roi lui-même pria sa mère de consacrer sa richesse à la gloire et à l'ambition de son fils : « Jamais, disait-il, je ne pourrai m'égaler pour l'argent aux autres rois (car les serviteurs des satrapes et les esclaves des intendants de Ptolémée et de Séleucos en possèdent plus que n'en eurent ensemble tous les rois de Sparte). 3 Mais si, par ma tempérance, ma frugalité et ma grandeur d'âme, j'éclipse leur luxe et si je rétablis l'égalité et le partage des biens parmi les citoyens, c'est alors que j'acquerrai vraiment le nom et la gloire d'un grand roi. » 4 Les femmes de la maison changèrent alors de sentiment et, dans l'exaltation que leur causa l'ambition du jeune homme, elles furent saisies d'une sorte d'enthousiasme pour le bien ; ensemble elles l'encouragèrent et elles le pressèrent de se mettre à l'œuvre ; elles firent venir leurs amis pour les inviter à se joindre à lui ; enfin elles s'adressèrent aux autres femmes, sachant que les Lacédémoniens écoutent toujours leurs épouses et leur permettent de se mêler des affaires publiques plus qu'ils ne s'occupent eux-mêmes des affaires domestiques. 5 Or la plus grande partie des richesses de la Laconie étaient alors aux mains des femmes, et c'est là justement ce qui rendit difficile et pénible l'action d'Agis, 6 car elles s'y opposèrent, voyant non seulement qu'on voulait les priver du luxe, qu'elles considéraient dans leur ignorance du vrai bien comme le bonheur, mais encore qu'elles allaient perdre l'honneur et la puissance que leur procurait la fortune. 7 Elles se tournèrent vers Léonidas et l'engagèrent, puisqu'il était le plus âgé des deux rois, à s'en prendre à Agis pour mettre fin à ses projets. 8 Or, si Léonidas était porté à favoriser les riches, il avait peur du peuple, qui désirait le changement ; il ne fit donc point d'opposition ouverte, mais il chercha en secret à contrecarrer et à ruiner l'entreprise ; il en appelait aux magistrats et calomniait Agis : « Celui-ci, disait-il, fait miroiter aux yeux des pauvres les biens des riches comme prix de la tyrannie qu'il convoite, et, par le partage des terres et la remise des dettes, il achète pour lui-même en grand nombre des gardes du corps, et non pas des citoyens pour Sparte. »

8. 1 Cependant Agis, étant parvenu à faire désigner comme éphore Lysandre, présenta aussitôt, par son entremise, une *rhétra* aux *Gérontes* ; les dispositions essentielles en étaient l'abolition des dettes et le partage des terres. La région située entre le ravin de Pellène et le Taygète, Malée et Sellasie serait divisée en quatre mille cinq cents lots ; en dehors de ces limites, le reste du pays fournirait quinze mille lots ; 2 les lots de la périphérie seraient attribués aux périèques en état de porter les armes, et ceux de l'intérieur aux Spartiates eux-mêmes, 3 dont le nombre serait complété par des périèques et des étrangers qui, pourvus d'une éducation libérale et en outre bien constitués de leur personne, se trouveraient à la fleur de l'âge. 4 Les Spartiates seraient répartis en quinze *phidities* de quatre cents ou deux cents convives, et leur régime de vie serait celui que suivaient leurs ancêtres.

9. 1 La *rhétra* ayant été proposée, les *Gérontes* ne purent se mettre d'accord. Alors Lysandre convoqua une assemblée du peuple et harangua lui-même les citoyens. Ensuite Mandrocléidas et Agésilas les prièrent de ne pas laisser fouler aux pieds le prestige de Sparte par quelques hommes dont le luxe insultait à leur misère, et de se souvenir à la fois des anciens oracles qui recommandaient de se garder de la cupidité comme d'un fléau, et des oracles récents qui leur étaient venus de Pasiphaé. 2 Pasiphaé avait à Thalamai un sanctuaire et un oracle révérés. Certains rapportent que cette Pasiphaé était une des filles d'Atlas et que, s'étant unie à Zeus, elle enfanta Ammon ; d'autres, que c'était Cassandre, fille de Priam, morte en cet endroit, et qui avait été surnommée Pasiphaé, parce qu'elle montrait ses oracles à tous ; 3 mais Phylarque assure que c'était une fille d'Amyclas, appelée Daphné, et que, fuyant Apollon qui voulait s'unir à elle, elle avait été changée en la plante du même nom et fut honorée par le dieu qui lui conféra la faculté prophétique. 4 Ils disaient donc que les oracles de Pasiphaé, eux aussi, ordonnaient aux Spartiates de revenir tous à l'égalité prescrite au début par la législation de Lycurgue. 5 Après tous les autres orateurs, le roi Agis s'avança devant l'assemblée et prononça une courte allocution, déclarant notamment : « J'apporte la plus forte contribution à la communauté civique que j'institue, car je mets à la disposition de tous d'abord mon propre avoir, qui consiste en un grand nombre de champs cultivés et de pâturages, sans compter six cents talents d'argent monnayé. 6 En outre, ma mère et ma grand-mère font de même, ainsi que mes parents et amis ; ce sont les plus riches des Spartiates. »

Opposition de Léonidas. – **10.** 1 Le peuple fut saisi d'admiration pour la grandeur d'âme du jeune homme, et rempli de joie à la pensée qu'au bout de près de trois cents ans apparaissait enfin un roi digne de Sparte. Mais c'est alors surtout que l'opposition de Léonidas se déchaîna. 2 Il calculait qu'il serait forcé d'imiter Agis et que les citoyens ne lui en auraient pas la même reconnaissance : si tout le monde déposait pareillement ses biens, l'honneur en reviendrait à celui-là seul qui avait pris l'initiative de l'opération. Il demanda donc à Agis s'il croyait que Lycurgue avait été un homme juste et bon. 3 « Oui », répondit Agis. « Eh bien, reprit Léonidas, où donc a-t-il accordé l'abolition des dettes et l'admission des étrangers dans l'État, lui qui ne croyait pas du tout que la ville pût rester saine si elle ne pratiquait l'expulsion des étrangers ? » 4 Agis riposta : « Je ne m'étonne pas que Léonidas, nourri en terre étrangère, époux de la fille d'un satrape qui lui a donné des enfants, ignore que Lycurgue avait banni de la cité les prêts et les dettes avec la monnaie, et qu'il haïssait moins les étrangers vivant dans les villes que les citoyens incapables de s'adapter à nos institutions et à notre régime de vie. 5 Il ignore aussi que, si Lycurgue chassait les étrangers, ce n'était pas qu'il fût hostile à leurs personnes : il craignait seulement leur conduite et leurs mœurs, et il avait peur qu'en se mêlant aux citoyens ils ne fissent naître en eux l'amour du luxe, de la mollesse et de la cupidité. 6 Aussi Terpandre, Thalès et Phérécyde, qui étaient des étrangers, mais qui, dans leurs chants ou leurs écrits philosophiques, professèrent toujours les mêmes principes que Lycurgue, ont-ils été singulièrement en honneur à Sparte. 7 Toi-même, ajouta-t-il, tu loues Ecprépès qui, étant éphore, coupa d'un coup de hache deux des neuf cordes de la lyre du musicien Phrynis, et ceux qui en firent autant à Timothée, 8 et cependant tu nous blâmes de vouloir bannir de Sparte le luxe, la somptuosité, l'ostentation, comme si ceux qui ont retranché de la musique ces orgueilleuses superfluités ne l'avaient pas fait pour empêcher que l'on en vînt à ce point où l'absence ou le défaut de mesure dans la conduite et les mœurs priverait la cité de tout accord avec elle-même et de toute harmonie. »

11. 1 À la suite de ce débat, la multitude se déclara en faveur d'Agis. Mais les riches conjurèrent Léonidas de ne pas les abandonner, et ils parvinrent, à force de prières instantes auprès des *Gérontes*, qui décidaient souverainement de la présentation d'un projet de loi, à leur faire rejeter la *rhétra* à la majorité d'une voix. 2 Alors Lysandre, qui était encore en charge, engagea des poursuites contre Léonidas, en invoquant une ancienne loi, qui défendait aux Héraclides d'avoir des enfants d'une femme non spartiate et décrétait la mort contre celui d'entre eux qui sortait de Lacédémone pour s'établir à l'étranger. 3 Lysandre incita d'autres citoyens à reprendre ces accusations contre Léonidas, puis il alla lui-même avec ses collègues observer le signe, 4 qui consiste en ceci : tous les neuf ans, les éphores choisissent une nuit pure et sans lune et s'asseyent en silence pour regarder le ciel ; 5 s'ils voient une étoile filer d'une partie du ciel vers une autre, ils jugent que les rois sont coupables envers la divinité et les suspendent tant qu'un oracle de Delphes ou d'Olympie ne vient pas innocenter les rois condamnés. 6 Lysandre affirma qu'il avait vu le signe ; il intenta un procès à Léonidas et fournit des témoins attestant que celui-ci avait eu deux enfants d'une femme d'Asie, qu'un gouverneur dépendant de Séleucos lui avait donnée en mariage, et que, devenu insupportable et odieux à son épouse, il était revenu malgré lui dans sa patrie, où il s'était emparé de la royauté devenue vacante par défaut d'héritier. 7 En même temps qu'il faisait ce procès, il engageait Cléombrote, qui était gendre de Léonidas et de race royale, à revendiquer la royauté. 8 Léonidas, effrayé, se réfugia comme suppliant dans le sanctuaire de la déesse Chalcioicos, où sa fille, abandonnant Cléombrote, le rejoignit pour s'associer à sa supplication. 9 Cité en justice, Léonidas ne descendit pas pour comparaître ; sa déchéance fut votée et la royauté fut conférée à Cléombrote.

12. 1 À ce moment Lysandre, ayant atteint le terme de son éphorat, quitta sa charge. Les nouveaux éphores firent sortir Léonidas du sanctuaire où il se trouvait en suppliant, puis ils intentèrent un procès à Lysandre et à Mandrocléidas comme étant coupables d'avoir, contrairement à la loi, fait voter l'abolition des dettes et le partage des terres. 2 Ceux-ci, étant accusés, entreprirent de persuader les rois de s'unir et d'envoyer promener les décisions des éphores : « En effet, disaient-ils, ces magistrats ne tirent leur force que du désaccord des rois ; ils appuient alors de leur vote celui qui donne les meilleurs avis, quand l'autre en conteste l'utilité ; 3 mais, si les deux rois sont d'accord, leur autorité est infrangible et la loi interdit de leur résister ; c'est seulement lorsqu'ils ne s'entendent pas que les éphores ont le droit de se poser en arbitres et de trancher, mais ils ne peuvent se mêler de rien quand les deux rois sont du même avis. » 4 Les rois se laissèrent convaincre, et, descendant tous les deux à l'agora avec leurs amis, ils firent lever les éphores de leurs sièges et en nommèrent d'autres à leur place, parmi lesquels Agésilas. 5 Ils armèrent ensuite un grand nombre de jeunes gens, délivrèrent les prisonniers et se rendirent redoutables à leurs adversaires, qui craignirent un grand massacre. 6 Mais on ne tua personne ; et même, comme Agésilas voulait faire périr Léonidas, qui s'enfuyait vers Tégée, et avait aposté des hommes pour l'attaquer en route, Agis, l'ayant appris, en envoya d'autres, dont il était sûr, qui escortèrent Léonidas et le conduisirent sain et sauf jusqu'à Tégée.

13. 1 L'entreprise des rois était donc maintenant en bonne voie, sans nulle opposition, sans aucun obstacle, quand un seul homme, Agésilas, renversa et ruina tout, en corrompant le projet le plus beau et le plus digne de Sparte par l'effet du vice le plus honteux : l'amour de l'argent. 2 C'était un des principaux propriétaires du pays, il avait beaucoup d'excellentes terres, mais, criblé de dettes, qu'il ne pouvait payer, il ne voulait pas non plus lâcher ses domaines ; il persuada donc à Agis que, si les deux réformes se faisaient à la fois, il se produirait dans la ville une grande révolution, tandis que, si l'on amadouait les possédants en se bornant d'abord à la remise des dettes, ils accepteraient plus tard le partage des terres aisément et sans se plaindre. 3 Tel fut aussi l'avis de Lysandre, trompé par Agésilas. Alors on apporta à l'agora les billets des débiteurs, que l'on appelle *claria*, on en fit un tas et on y mit le feu. 4 Quand la flamme s'éleva, les riches et les créanciers s'en allèrent la mort dans l'âme, mais Agésilas, comme pour les narguer, s'écria qu'il n'avait jamais vu lumière ni feu plus purs que ceux-là. 5 Le peuple demanda que l'on fît aussi sans délai le partage des terres et les rois en donnèrent l'ordre, mais Agésilas, mettant sans cesse en avant l'urgence d'autres affaires et inventant des prétextes, traîna le temps en longueur, jusqu'au moment où Agis fut contraint de partir en expédition, appelé par les Achéens qui demandaient du secours à leurs alliés lacédémoniens, 6 car on présumait que les Étoliens allaient envahir le Péloponnèse en traversant la Mégaride, et, pour les en empêcher, Aratos, le stratège des Achéens, rassemblait une armée et avait adressé une lettre aux éphores.

Agis en expédition. – **14.** 1 Les éphores envoyèrent aussitôt Agis, qu'exaltaient le désir de se distinguer et le zèle de ses compagnons d'armes. 2 Ceux-ci étaient pour la plupart des jeunes gens pauvres, qui, désormais rassurés en ce qui concernait les dettes dont ils venaient d'être délivrés et comptant sur le partage des terres à leur retour d'expédition, se montraient merveilleusement dévoués à Agis. 3 Ce fut un beau spectacle pour les villes qui les voyaient traverser le Péloponnèse sans causer de dommage, doucement et presque sans bruit. Les Grecs, étonnés, se demandaient entre eux quelle devait être autrefois l'ordonnance de l'armée lacédémonienne sous le commandement d'Agésilas ou du fameux Lysandre ou de Léonidas l'Ancien, puisque cette armée, conduite par un adolescent qui était presque le plus jeune de toute la troupe, lui témoignait tant de respect et de crainte. 4 Ce jeune homme, il est vrai, ne se faisait gloire lui-même que de son amour pour la vie frugale et laborieuse et de la simplicité de sa mise, son armure et ses vêtements n'étant en rien plus brillants que ceux d'un simple soldat. Il était donc objet d'admiration et d'affection pour la multitude, 5 mais les riches, eux, n'approuvaient pas sa réforme et redoutaient que ce mouvement ne servît d'exemple et ne s'étendît à tous les peuples.

15. 1 C'est à Corinthe qu'Agis opéra sa jonction avec Aratos, au moment où celui-ci délibérait encore sur l'opportunité d'une bataille rangée contre les ennemis. Agis fit montre d'une vive ardeur et d'une audace qui n'avait rien de déraisonnable et d'irréfléchi. 2 Il dit qu'à son avis il fallait livrer bataille pour empêcher que la guerre ne franchît les portes du Péloponnèse, mais il ajouta qu'il se conformerait à la décision d'Aratos, 3 parce que celui-ci, plus âgé que lui, était le stratège des Achéens, et qu'il ne venait pas lui-même dans l'intention de les commander ou de les régir, mais seulement pour leur porter secours et combattre avec eux. 4 Baton de Sinope prétend qu'Agis refusa de combattre alors qu'Aratos le lui ordonnait : il n'a donc pas lu ce qu'Aratos lui-même a écrit à ce sujet pour se justifier, à savoir que, les paysans ayant déjà rentré presque toutes leurs récoltes, il jugea préférable de laisser passer les ennemis plutôt que de risquer dans une bataille le tout pour le tout. 5 Ainsi Aratos, ayant renoncé à combattre, remercia ses alliés et les congédia. Agis, entouré d'admiration, revint à Sparte et trouva la ville en proie à l'agitation et au désordre.

Nouveaux troubles à Sparte. – **16.** 1 En effet, Agésilas, étant éphore et se voyant délivré de la crainte qui l'avait jadis amené à des platitudes, ne s'abstenait d'aucun méfait qui pût rapporter de l'argent : il ajouta à l'année un treizième mois, bien qu'alors le comput du temps ne l'exigeât pas et qu'il rompît ainsi l'ordre du calendrier conforme à l'usage, afin d'obtenir un surcroît d'impôts de manière frauduleuse. 2 Comme il tremblait devant les victimes de ses injustices et qu'il était haï de tout le monde, il entretenait des gardes armés et s'en faisait escorter lorsqu'il descendait au lieu de réunion des magistrats. 3 Quant aux rois, il laissait paraître un profond mépris pour l'un, et il se donnait l'air de tenir Agis en quelque estime à cause de leur parenté plutôt que de sa dignité royale. D'autre part il répandit le bruit qu'il serait éphore à nouveau.

4 C'est pourquoi ses ennemis, pressés par le danger, se hâtèrent de s'unir et d'aller chercher ouvertement Léonidas à Tégée pour lui rendre sa royauté. Le peuple vit ce changement avec joie, parce qu'il s'irritait d'avoir été joué et privé du partage des terres. 5 Agésilas ne dut de conserver la vie qu'à son fils Hippomédon, qui supplia les citoyens et qui, aimé de tous pour sa bravoure, réussit à l'emmener en secret et à le sauver. 6 Des deux précédents rois, Agis se réfugia auprès de la déesse Chalcioicos, et Cléombrote s'enfuit en suppliant au sanctuaire de Poséidon. 7 C'est à ce dernier que Léonidas semblait surtout en vouloir : laissant de côté Agis, il monta vers Cléombrote avec des soldats, et lui reprocha avec colère d'avoir comploté contre lui, alors qu'il était son gendre, de l'avoir dépouillé de la royauté et d'avoir contribué à le chasser de sa patrie.

17. 1 Cléombrote, n'ayant rien à répondre, restait assis silencieux et en proie à la détresse. 2 Mais Chilonis, fille de Léonidas, qui avait naguère partagé le sort injuste fait à son père et s'était séparée de Cléombrote, usurpateur de la royauté, pour assister son père dans le malheur, s'étant faite suppliante auprès de lui, puis déplorant son exil et toujours irritée contre Cléombrote, 3 à ce moment-là changea à nouveau d'attitude en même temps que changeait la Fortune, et on la vit installée en suppliante cette fois auprès de son mari, qu'elle tenait serré entre ses bras, avec ses deux jeunes enfants à ses pieds, un de chaque côté. 4 Tous les assistants versaient des larmes d'admiration en voyant la bonté et la tendresse de cette femme ; quant à elle, montrant à Léonidas ses vêtements et sa chevelure en désordre, 5 elle lui dit : « Mon père, la tenue et l'attitude que tu me vois ne proviennent pas de ma pitié pour Cléombrote ; c'est toujours le deuil de tes malheurs et de ton exil que je porte à demeure et sans jamais l'oublier. 6 Faut-il donc, quand tu règnes en vainqueur à Sparte, que je passe ma vie dans ces infortunes, ou dois-je prendre un vêtement éclatant de splendeur royale après avoir vu tuer par toi l'époux de ma jeunesse ? 7 S'il ne te fléchit pas et ne t'amène pas à céder aux larmes de ses enfants et de sa femme, il sera puni de sa faute passée plus cruellement que tu ne le veux toi-même, en me voyant, moi qui lui suis très chère, mourir avant lui. 8 De quel front oserais-je vivre devant les autres femmes, si mes prières ne peuvent émouvoir ni mon mari, ni mon père, et si je n'ai été fille et épouse que pour partager l'infortune et le déshonneur des miens ? 9 En supposant même que mon mari ait pu invoquer naguère quelque prétexte spécieux, je le lui ai enlevé en faisant alors cause commune avec toi et en portant témoignage contre sa conduite. 10 Mais toi-même, tu rends facile sa justification, en montrant dans la royauté un bien si grand et si glorieux à conquérir que, pour l'obtenir, il est juste de tuer son gendre et de se désintéresser du sort de ses enfants. »

18. 1 En prononçant cette supplication, Chilonis appuya son visage sur la tête de Cléombrote et tourna vers les assistants ses yeux consumés et flétris par le chagrin. 2 Léonidas, après avoir conféré avec ses amis, permit à Cléombrote de se lever et de partir pour l'exil, mais il pria sa fille de rester et de ne pas l'abandonner, lui qui la chérissait au point de lui faire grâce de la vie de son mari. 3 Cependant elle ne se laissa pas convaincre : elle mit dans les bras de son mari, qui se relevait, un des deux enfants, et elle prit l'autre, puis, après s'être prosternée devant l'autel du dieu, s'en alla avec Cléombrote. Celui-ci, s'il n'avait pas eu l'esprit complètement gâté par la passion de la vaine gloire, aurait regardé l'exil avec une telle femme comme un bonheur plus grand que la royauté.

4 Dès que Léonidas eut chassé Cléombrote et déposé les précédents éphores pour en mettre d'autres à leur place, il tendit des pièges à Agis. 5 Tout d'abord, il essaya de le persuader de se lever pour venir régner avec lui, l'assurant que les citoyens lui avaient pardonné parce que, jeune et ambitieux, il avait été trompé par Agésilas. 6 Mais Agis se méfia et ne bougea pas, en sorte que Léonidas cessa de se charger lui-même de le séduire et de le circonvenir. 7 Ampharès, Damocharès et Arcésilaos avaient l'habitude de monter s'entretenir avec Agis, et parfois venaient le prendre dans le sanctuaire pour descendre ensemble au bain et ensuite l'en ramener, 8 car tous trois étaient liés avec lui, mais Ampharès, qui avait récemment emprunté à Agésistrata des vêtements et des coupes à boire de grand prix, complota, pour ne pas avoir à les rendre, contre le roi et les femmes de sa famille. 9 On dit que c'est lui qui se fit surtout le complice de Léonidas et qui excita contre Agis les éphores, au nombre desquels il se trouvait lui-même.

La mort. – **19.** 1 Comme Agis passait tout son temps dans le sanctuaire et ne le quittait parfois que pour aller au bain, ils décidèrent de le saisir là au moment où il serait hors du sanctuaire. 2 Ils l'épièrent donc au sortir du bain, vinrent à sa rencontre, le saluèrent et l'accompagnèrent en causant et plaisantant avec lui comme avec un jeune ami. 3 Il y avait sur le chemin un embranchement qui obliquait vers la prison ; quand ils y furent arrivés, Ampharès, en vertu de sa charge, mit la main sur Agis : « Je t'emmène, Agis, dit-il, devant les éphores pour que tu leur rendes compte de tes actes politiques. » 4 De son côté, Damocharès, qui était grand et fort, lui jeta son manteau autour du cou et l'entraîna, tandis que d'autres hommes, apostés là, le poussaient par-derrière. Personne ne venant à son aide (l'endroit était désert), ils le jetèrent en prison. 5 Aussitôt Léonidas arriva avec une nombreuse troupe de mercenaires dont il entoura la prison au-dehors. Les éphores entrèrent auprès d'Agis, et, ayant mandé dans le local ceux des *Gérontes* qui étaient de leur parti, afin de le juger, ils lui ordonnèrent de justifier sa conduite. 6 Le jeune homme se mit à rire de leur hypocrisie. Ampharès lui dit qu'il lui en cuirait et qu'il serait châtié de son insolence. Un autre éphore, comme s'il voulait atténuer la faute d'Agis et lui indiquer une échappatoire, lui demanda s'il avait agi ainsi contraint par Lysandre et par Agésilas. 7 Agis répondit qu'il n'avait subi aucune pression et qu'il avait voulu suivre et imiter Lycurgue pour en revenir à la même Constitution. Le même éphore lui demanda s'il se repentait de ce qu'il avait fait. 8 « Non, répondit le jeune homme, je ne me repentirai pas d'avoir pris de si belles résolutions, même si je me vois condamné au dernier supplice. » Alors ils votèrent sa mort et ordonnèrent aux exécuteurs de le conduire au lieu appelé Céadas ; c'est la salle de la prison où l'on met à mort les condamnés en les étranglant. 9 Voyant que les exécuteurs n'osaient pas toucher Agis et que ceux des mercenaires qui étaient là se détournaient eux aussi et refusaient cette tâche, parce qu'il est interdit et illégal de porter la main sur la personne d'un roi, Damocharès les menaça et les injuria, puis traîna lui-même Agis dans le local. 10 En effet beaucoup de gens avaient déjà appris l'arrestation, et il y avait du bruit à la porte et beaucoup de lumières. La mère d'Agis et sa grand-mère arrivaient et demandaient en criant que le roi des Spartiates fût entendu et jugé devant les citoyens. 11 Aussi pressa-t-on vivement sa mort, de peur qu'il ne fût enlevé pendant la nuit, si la foule augmentait.

20. 1 Agis, en marchant au supplice, vit un des exécuteurs qui pleurait et se lamentait : « Mon ami, cesse de pleurer sur moi, dit-il, car, subissant une mort si contraire aux lois et à la justice, je vaux mieux que mes meurtriers », après quoi il présenta de lui-même son cou au lacet. 2 Ampharès sortit sur le pas de la porte et y trouva Agésistrata, qui tomba à ses pieds, en invoquant leurs relations et leur amitié. Il la releva et lui dit qu'Agis n'avait pas à craindre une peine rigoureuse et irréparable, et que, si elle le voulait, elle pouvait entrer pour rejoindre son fils. 3 Elle demanda qu'on laissât aussi passer avec elle sa propre mère. Ampharès répondit que rien ne s'y opposait. Il les fit donc entrer toutes les deux et ordonna de refermer derrière elles la porte de la prison, puis il livra en premier lieu au bourreau Archidamia, qui était alors très âgée et qui avait vieilli entourée de plus de considération qu'aucune autre Spartiate. Quand elle fut morte, il fit venir Agésistrata. 4 À son entrée, elle vit son fils gisant à terre et sa mère, morte, encore suspendue au lacet. Elle la descendit elle-même, aidée par les exécuteurs, étendit son cadavre près de celui d'Agis, le recouvrit et l'enveloppa, 5 puis, se jetant sur son fils et lui baisant le visage : « Mon enfant, dit-elle, c'est ta grande piété, ta douceur et ton humanité qui ont causé ta perte et la nôtre. » 6 Ampharès, qui, de la porte, voyait ce qui se passait et entendait ces paroles, entra et, s'adressant avec colère à Agésistrata : « Eh bien ! dit-il, puisque tu partageais les idées de ton fils, tu vas subir aussi le même traitement. » 7 Alors Agésistrata se mit debout pour recevoir le lacet, en disant : « Que seulement tout cela puisse être utile à Sparte ! »

21. 1 Comme la nouvelle de ce drame s'était répandue dans la ville et qu'on emportait hors de la prison les trois cadavres, la terreur ne fut pas suffisante pour empêcher les citoyens de manifester la douleur qu'ils ressentaient de ces événements et la haine qu'ils éprouvaient pour Léonidas et Ampharès, car ils pensaient qu'il ne s'était rien fait à Sparte de plus terrible et de plus impie depuis que les Doriens habitaient le Péloponnèse. 2 Il semble que même les ennemis qui rencontraient dans les combats un roi de Sparte ne portaient pas volontiers la main sur lui, mais se détournaient par crainte et respect pour sa dignité. 3 Aussi, dans les nombreuses batailles livrées par les Lacédémoniens contre des Grecs, un seul roi, avant les guerres de Philippe, tomba frappé d'une javeline : ce fut, à Leuctres, Cléombrote. 4 Il est vrai que les Messéniens prétendent que Théopompe aussi fut tué par Aristoménès, mais les Lacédémoniens le nient et affirment qu'il fut seulement blessé ; c'est donc là un fait contesté. 5 Mais, de toute façon, à Lacédémone, Agis fut le premier roi tué par des éphores, et cela pour avoir tenté une entreprise noble et digne de Sparte, à un âge où les fautes sont pardonnables. Encore Agis fut-il blâmé plus justement par ses amis que par ses ennemis, pour avoir sauvé la vie à Léonidas et avoir fait confiance à autrui, lui, le plus conciliant et le plus doux des hommes.

Cléomène

Caractère et formation de Cléomène. – **1.** 1 Agis mort, Léonidas n'eut pas le temps de mettre la main sur son frère Archidamos, qui avait pris aussitôt la fuite, mais il enleva de sa maison sa femme avec son enfant nouveau-né, et il la contraignit à épouser son fils Cléomène, qui était à peine en âge de se marier, car il ne voulait pas que cette femme fût donnée à un autre. 2 C'est qu'Agiatis était l'unique héritière de la grande fortune de son père Gylippe ; elle surpassait de beaucoup les autres femmes grecques en fraîcheur et en beauté, et elle avait un caractère très doux. 3 Elle mit tout en œuvre, dit-on, pour n'être point contrainte à ce mariage, mais, en dépit de ses instances, elle fut unie à Cléomène. Elle conserva sa haine contre Léonidas, tandis qu'à l'égard de son jeune mari elle se montra bonne et affectueuse. Quant à Cléomène, il s'éprit d'elle aussitôt qu'il l'eut épousée et s'associa même en quelque sorte à l'attachement qu'elle gardait à la mémoire d'Agis, au point qu'il la questionnait souvent sur ce qui s'était passé, et qu'il l'écoutait attentivement lui retracer la pensée et le projet d'Agis.

4 Cléomène avait de l'ambition et de la grandeur d'âme. Il était par nature aussi bien doué qu'Agis pour la tempérance et la simplicité, mais il ne possédait point sa circonspection extrême et sa douceur. À son humeur se mêlait un aiguillon de colère, et sa fougue le portait violemment vers tout ce qui lui paraissait beau. 5 Si le plus beau, à ses yeux, était de gouverner des sujets dociles, il jugeait beau aussi de briser les résistances et de forcer les gens au bien.

2. 1 Il n'était pas satisfait de la situation de la ville, où les citoyens se laissaient séduire par l'oisiveté et les plaisirs, où le roi envoyait promener toutes les affaires, pourvu que personne ne l'empêchât de jouir à loisir, comme il le voulait, de son opulence et de son luxe, où l'intérêt public était négligé et où chacun pour sa part tirait les profits à soi ; quant à la tempérance et à l'entraînement des jeunes gens, à l'endurance et à l'égalité, il n'était même pas sans risque d'en parler depuis qu'Agis était mort. 2 On dit que Cléomène, étant encore adolescent, avait étudié la philosophie, lorsque Sphairos le Borysthénite était venu à Lacédémone et y avait donné des leçons suivies aux tout jeunes gens et aux éphèbes. 3 Sphairos était l'un des principaux disciples de Zénon de Cition. Il semble avoir aimé Cléomène en raison de son caractère viril et avoir enflammé son ambition. 4 On rapporte que Léonidas l'Ancien, à qui l'on demandait ce qu'il pensait du poète Tyrtée, répondit : « Il excelle à pousser les jeunes gens au sacrifice », 5 et ceux-ci en effet, remplis d'enthousiasme par ses poèmes, ne se ménageaient pas au combat. 6 C'est ainsi que la doctrine stoïcienne, si elle comporte quelque risque et quelque danger pour les natures grandes et impétueuses, lorsqu'elle imprègne un caractère profond et doux, l'aide éminemment à trouver sa voie propre.

Cléomène roi. – **3.** 1 Léonidas étant mort, Cléomène lui succéda comme roi. Il voyait les citoyens entièrement corrompus : les riches, occupés tout entiers de leurs plaisirs et de leurs profits personnels, ne se souciaient nullement de l'intérêt général ; quant au peuple, par suite de l'état misérable de ses affaires domestiques, il n'avait aucun zèle pour la guerre ni aucun goût pour la discipline. Cléomène lui-même n'avait du roi que le nom, toute l'autorité appartenant aux éphores. 2 Aussitôt il se mit en tête de changer et de réformer cet état de choses. Il avait un ami, Xénarès, qui avait été son amant (liaison que les Lacédémoniens appellent « inspiration »). Il le sondait en lui demandant quel roi avait été Agis, comment et avec quels hommes il s'était engagé dans la voie qu'il avait suivie. 3 Xénarès d'abord l'entretint volontiers de ces événements et lui raconta en détail tout ce qui s'était passé ; 4 mais, quand il s'aperçut que Cléomène l'écoutait avec trop d'attention, qu'il se passionnait à l'excès pour le projet de réforme d'Agis et qu'il voulait lui entendre répéter souvent le même récit, il le réprimanda avec colère, en disant qu'il n'était pas dans son bon sens, et, à la fin, il cessa de converser avec lui et de le fréquenter. Cependant il ne révéla à personne la cause de leur brouille, et se contenta de dire que le roi la savait. 5 Ainsi rebuté par Xénarès, Cléomène, jugeant que les autres étaient dans les mêmes sentiments, résolut de combiner seul en lui-même son entreprise. 6 Il pensa qu'il changerait plus aisément la situation présente en temps de guerre que pendant une période de paix, et il fit entrer la ville en conflit avec les Achéens, qui lui fournissaient eux-mêmes des sujets de plaintes. 7 En effet, Aratos, l'homme le plus puissant en Achaïe, voulait, dès le principe, réunir tous les Péloponnésiens en une seule confédération : c'était là le but de ses nombreux commandements militaires et de sa longue activité politique, car il pensait que c'était pour les gens du Péloponnèse l'unique moyen de se garantir des ennemis du dehors. 8 Presque tous les autres peuples s'étaient joints à lui : il ne restait plus que les Lacédémoniens, les Éléens, et ceux des Arcadiens qui s'entendaient avec Lacédémone. Dès la mort de Léonidas, Aratos avait commencé à harceler les Arcadiens et à piller surtout ceux qui étaient limitrophes de l'Achaïe, voulant ainsi tâter les Lacédémoniens et Cléomène, qu'il méprisait pour sa jeunesse et son inexpérience.

4. 1 En conséquence, les éphores envoyèrent d'abord Cléomène s'emparer de l'Athénaion de Belbina. Cette place, qui est une des portes de la Laconie, donnait lieu alors à contestations entre les Spartiates et les Mégalopolitains. 2 Cléomène la prit et la fortifia. Aratos ne fit aucune réclamation, mais il se mit en marche de nuit pour attaquer Tégée et Orchomène. 3 Cependant, les traîtres ayant pris peur, Aratos se retira, persuadé qu'il n'avait pas été vu. Mais Cléomène lui adressa une lettre ironique, comme s'il voulait avoir des nouvelles d'un ami pour lui demander où il était allé en sortant nuitamment. 4 Aratos répondit qu'ayant entendu dire qu'il s'apprêtait à fortifier Belbina, il était descendu dans l'intention de l'en empêcher. Cléomène lui écrivit alors une seconde lettre où il disait : « Je suis persuadé que tu dis vrai, mais les flambeaux et les échelles, apprends-nous, si cela ne t'ennuie pas, pourquoi ils te suivaient. » 5 Aratos rit de cette plaisanterie et demanda ce qu'était ce jeune homme ; un Lacédémonien banni de sa patrie, Damocratès, lui répondit : « Si tu médites de t'en prendre aux Lacédémoniens, c'est le moment de te hâter, avant que les ergots n'aient poussé à ce jeune coq. »

6 Ensuite, comme Cléomène campait en Arcadie avec quelques cavaliers et trois cents fantassins, les éphores, craignant la guerre, lui envoyèrent l'ordre de se retirer. 7 Mais, lorsqu'il se fut en effet retiré, Aratos prit Caphyes. Alors les éphores firent de nouveau sortir Cléomène en expédition. 8 Celui-ci s'empara de Méthydrion et il ravageait l'Argolide, lorsque les Achéens se mirent en marche avec vingt mille fantassins

et mille cavaliers sous les ordres du stratège Aristomachos. 9 Cléomène alla au-devant d'eux à Pallantion et leur offrit la bataille. Mais Aratos, effrayé de son audace, ne permit pas au stratège de courir le risque du combat et il se retira sous les injures des Achéens, sous les railleries et le mépris des Lacédémoniens, qui n'étaient pas même cinq mille. 10 Très fier de ce succès, Cléomène s'enhardit à l'égard de ses concitoyens ; il leur remettait en mémoire ce qu'avait dit, non sans motif, un de leurs anciens rois : « Les Spartiates ne s'inquiètent pas de savoir combien sont les ennemis, mais seulement où ils sont. »

5. 1 Cléomène se porta ensuite au secours des Éléens attaqués par les Achéens. Comme ceux-ci se retiraient, il fondit sur eux près du mont Lycée et mit en déroute leur armée entière où il jeta la panique, leur tua beaucoup de monde et fit de nombreux prisonniers, si bien que le bruit se répandit en Grèce qu'Aratos avait péri. Mais Aratos, exploitant au mieux cette circonstance, marcha aussitôt après sa défaite sur Mantinée ; contre toute attente il s'empara de cette ville et y établit une garnison. 2 Alors les Lacédémoniens perdirent complètement courage et s'opposèrent aux expéditions de Cléomène. Celui-ci se mit en tête de rappeler de Messène le frère d'Agis, Archidamos, héritier de l'autre maison royale, avec lequel il devait partager le pouvoir ; il pensait ainsi affaiblir la puissance des éphores par le contrepoids d'une royauté au complet. 3 Mais les meurtriers d'Agis, informés de ce projet et craignant d'être punis si Archidamos revenait, allèrent secrètement à sa rencontre, le ramenèrent dans la ville et l'y tuèrent aussitôt, soit contre la volonté de Cléomène, comme le croit Phylarque, soit que ses amis eussent réussi à le persuader de leur abandonner Archidamos, 4 car c'est eux surtout que l'on rendit responsables du meurtre et qui passèrent pour avoir forcé la main à Cléomène.

6. 1 Cependant Cléomène, résolu à changer immédiatement le régime de la ville, persuada aux éphores, à prix d'argent, de lui voter une expédition. 2 Il gagna aussi à sa cause beaucoup d'autres citoyens grâce à sa mère, Cratésicléia, qui lui fournit des ressources sans les ménager parce qu'elle partageait son ambition. Bien qu'elle n'eût, dit-on, aucune envie de se remarier, elle épousa, pour complaire à son fils, un citoyen que sa renommée et sa puissance plaçaient au premier rang. 3 Cléomène se mit en campagne avec son armée et s'empara de Leuctra, place du territoire de Mégalopolis. Les Achéens étant accourus promptement en renfort contre lui sous le commandement d'Aratos, Cléomène livra sous les murs mêmes de la ville une bataille, où il fut vaincu avec une partie de son armée. 4 Mais, comme Aratos ne permettait pas aux Achéens de franchir un profond ravin et arrêtait là la poursuite, le Mégalopolitain Lydiadas, indigné, entraîna avec lui ses cavaliers et s'élança sur les traces de l'ennemi. Il s'engagea ainsi dans un terrain plein de vignes, de fossés et de murs, où ses hommes se dispersèrent, et d'où ils avaient le plus grand mal à sortir. Voyant cela, Cléomène envoya contre lui ses Tarentins et ses

Crétois, sous les coups desquels Lydiadas tomba en se défendant vigoureusement. 5 Enhardis par ce succès, les Lacédémoniens se jetèrent à grands cris sur les Achéens et mirent en déroute leur armée entière. 6 Beaucoup furent tués ; Cléomène les rendit en vertu d'une convention, sauf Lydiadas dont le corps, sur son ordre, lui fut apporté : il le revêtit d'un manteau de pourpre, lui mit une couronne sur la tête et le fit déposer, ainsi paré, à la porte de Mégalopolis. 7 C'est ce Lydiadas qui, après avoir abdiqué la tyrannie et rendu la liberté à ses concitoyens, avait fait entrer sa ville dans la Confédération achéenne.

7. 1 Cléomène, dès lors plein de fierté et convaincu que, s'il disposait des circonstances à sa guise en guerroyant contre les Achéens, il serait aisément vainqueur, entreprit de montrer au mari de sa mère, Mégistonous, qu'il fallait se débarrasser des éphores, mettre en commun les propriétés entre les citoyens, relever Sparte par l'égalité et lui rendre l'hégémonie sur la Grèce. 2 Mégistonous une fois gagné, il s'adjoignit pour la même cause deux ou trois autres de ses amis. 3 Il arriva, vers ces jours-là, que l'un des éphores, couché dans le sanctuaire de Pasiphaé, eut une vision singulière : il lui sembla que, dans le lieu où les éphores ont coutume de siéger et de traiter les affaires, il n'y avait plus qu'un seul siège, que les quatre autres avaient été enlevés, et, comme il s'en étonnait, qu'une voix provenant du fond du sanctuaire lui disait : « Cela vaut mieux pour Sparte. » 4 L'éphore raconta cette vision à Cléomène, qui en fut d'abord profondément troublé, à la pensée qu'on voulait le sonder parce qu'on le suspectait, mais s'étant convaincu enfin que l'autre disait la vérité, il se rassura. 5 Prenant alors avec lui tous ceux des citoyens qu'il soupçonnait d'être le plus opposés à son projet, il alla s'emparer d'Héraïa et d'Aséa, villes qui s'étaient rangées sous l'autorité des Achéens, il ravitailla Orchomène et campa devant Mantinée ; bref, il épuisa les Lacédémoniens par de longues marches en tous sens, si bien qu'ils le prièrent de les laisser en Arcadie ; il les y laissa presque tous, et, emmenant avec lui ses mercenaires, il se dirigea vers Sparte. 6 En chemin, il fit part de son dessein à ceux qu'il croyait le mieux disposés à son égard, puis il ralentit la marche de façon à surprendre les éphores à l'heure de leur repas.

Meurtre des éphores. – **8.** 1 Arrivé près de la ville, il envoya Eurycléidas à la salle à manger des éphores, comme s'il apportait de sa part des nouvelles de l'armée. Thérycion et Phoibis, deux des compagnons de Cléomène, élevés avec lui, de ceux qu'on appelle *mothaces*, accompagnaient Eurycléidas avec quelques soldats. 2 Pendant qu'Eurycléidas parlait encore aux éphores, les autres, accourant avec leurs épées nues, les frappèrent. 3 Agylaios le premier tomba sous le coup qu'il reçut et on le crut mort ; mais il reprit lentement ses sens et, se traînant hors de la salle, il se glissa sans être aperçu dans un petit édifice, qui était un sanctuaire de la Peur, et qui, d'ordinaire fermé, se trouvait alors par hasard ouvert. Dès qu'il y fut entré, il en referma sur lui la petite porte. 4 Les quatre autres furent tués, avec une dizaine de personnes au plus, qui tentèrent de les secourir. On épargna les citoyens qui se tinrent tranquilles, et l'on n'empêcha personne de quitter la ville ; on épargna même Agylaios, qui sortit du sanctuaire le lendemain.

9. 1 Les Lacédémoniens ont des sanctuaires non seulement de la Peur, mais aussi de la Mort, du Rire, et de tout ce qui peut leur arriver de ce genre. 2 Ils honorent la Peur, non parce qu'ils la jugent nuisible comme les démons dont on veut écarter l'influence, mais parce qu'ils pensent que c'est elle surtout qui maintient l'État. 3 C'est pourquoi, quand les éphores entraient en charge, ils faisaient proclamer par le héraut, au dire d'Aristote, que les citoyens devaient se raser la moustache et se soumettre aux lois, pour qu'ils n'eussent pas à les punir. Je crois qu'en mettant en avant la moustache, ils entendaient habituer les jeunes gens à obéir jusque dans les moindres détails. 4 Quant au courage, je pense que les Anciens le faisaient moins consister dans l'absence de peur que dans la peur du blâme et la crainte du déshonneur, 5 car les plus timorés devant les lois sont les plus hardis devant les ennemis, et l'on craint d'autant moins la souffrance que l'on redoute davantage la mauvaise réputation. 6 On a donc eu raison de dire : « Là où est la crainte, là aussi est le respect », et Homère, de même : « Je te respecte, cher beau-père, autant que je te crains », et « La crainte des chefs les tenait en silence. » 7 Aussi le peuple révère-t-il surtout ceux qu'il redoute. Voilà pourquoi les Lacédémoniens établirent le sanctuaire de la Peur près de la salle à manger des éphores, quand ils eurent élevé cette magistrature presque aussi haut que le pouvoir royal.

10. 1 Lorsque le jour fut levé, Cléomène proscrivit quatre-vingts citoyens, qui durent quitter la ville, et il fit enlever les sièges des éphores à l'exception d'un seul, qu'il avait l'intention d'occuper lui-même pour tenir audience. 2 Puis il réunit l'assemblée pour se justifier de ce qu'il avait fait. Il dit : « Lycurgue avait associé aux rois le sénat des *Gérontes*, et pendant longtemps la ville fut ainsi administrée, sans avoir nul besoin d'une autre magistrature, 3 mais plus tard, à cause de la longueur de la guerre de Messénie, les rois, occupés par les expéditions, choisirent eux-mêmes, pour rendre la justice, certains de leurs amis, qui tenaient leur place auprès des citoyens avec le titre d'éphores. 4 Ces éphores ne furent d'abord et pendant longtemps que les auxiliaires des rois, mais ensuite ils attirèrent insensiblement à eux l'autorité et se constituèrent, sans que l'on y prît garde, en magistrature indépendante. 5 La preuve de tout cela, c'est que, jusqu'à ces derniers temps, quand les éphores convoquaient le roi, celui-ci pouvait refuser de leur obéir une première, puis une seconde fois, et qu'à la troisième sommation seulement, il devait se lever à leur appel et se rendre auprès d'eux ; d'ailleurs, celui qui avait fortifié et étendu leur pouvoir, Astéropos, n'était devenu éphore que plusieurs générations après l'établissement de cette magistrature. 6 Tant que les éphores, ajouta Cléomène, se comportèrent avec modération, il valait mieux les supporter, mais quand ils détruisirent le pouvoir traditionnel au moyen d'une autorité usurpée, allant jusqu'à chasser des rois, à en faire périr d'autres sans jugement et à menacer ceux qui désiraient revoir à Sparte la plus belle et la plus divine des Constitutions, ce n'était plus tolérable. 7 S'il avait été possible d'éliminer sans effusion de sang ces fléaux de Lacédémone, venus de l'étranger, à savoir la débauche, le luxe, les dettes, l'usure, et ces maux plus anciens encore, la pauvreté et la richesse, je me serais estimé le plus heureux de tous les rois d'avoir, comme un médecin, guéri ma patrie sans douleur. 8 Mais, en fait, pour excuser une violence nécessaire, j'ai l'exemple de Lycurgue, qui, n'étant ni roi, ni magistrat, mais simple particulier, voulut agir en roi et se rendit en armes à l'agora, où il causa une telle peur au roi Charilaos que celui-ci se réfugia auprès d'un autel ; 9 mais, étant bon et aimant sa patrie, Charilaos ne tarda pas à s'associer à l'entreprise de Lycurgue et à approuver le changement de Constitution. En réalité, la conduite de Lycurgue prouve qu'il est difficile de changer un régime politique sans violence et sans terreur. 10 J'ai usé de tels moyens avec la plus grande modération pour débarrasser Lacédémone de ceux qui s'opposaient à son salut. 11 Quant à tous les autres citoyens, je déclare que je mets pour eux en commun toutes les terres, que je libère les débiteurs de leurs dettes, que j'examinerai et choisirai les étrangers en sorte que les meilleurs d'entre eux, devenus spartiates, protègent la ville par les armes et que nous cessions de voir la Laconie, faute de défenseurs, devenir la proie des Étoliens et des Illyriens. »

Réforme et genre de vie. – **11.** 1 Après quoi Cléomène fut le premier à mettre en commun ce qu'il possédait ; Mégistonous, son beau-père, en fit autant, puis chacun de ses amis et ensuite tous les autres citoyens, et l'on partagea les terres. 2 Cléomène assigna même un lot à chacun de ceux qu'il avait exilés, et il promit de les rappeler tous, dès que la tranquillité serait assurée. 3 Il compléta le corps civique avec l'élite des périèques, forma un corps de quatre mille hoplites, et leur apprit à se servir, au lieu de la lance, de la sarisse, que l'on tient à deux mains, et à porter le bouclier par une courroie, et non par une poignée. Il s'occupa ensuite de l'éducation des jeunes et de ce qu'on appelle la discipline spartiate. 4 En cela il fut grandement aidé par Sphairos, qui se trouvait là. Puis il rétablit promptement l'ordre convenable dans les gymnases et dans les repas en commun. Quelques-uns ne s'y résignèrent que par contrainte, mais la plupart se soumirent volontiers à la simplicité laconienne de ce régime. 5 Toutefois, pour donner meilleure apparence au nom de monarchie, il proclama roi avec lui son frère Eucléidas ; ce fut alors la seule fois où les Spartiates eurent deux rois de la même maison.

12. 1 Persuadé que les Achéens et Aratos, sachant combien la situation était pour lui délicate à la suite de cette révolution, ne croiraient pas qu'il pût sortir de Lacédémone et quitter la ville alors qu'elle se trouvait en suspens au milieu d'une si grande agitation, Cléomène pensa qu'il serait aussi noble qu'utile de faire voir aux ennemis l'ardeur de son armée. 2 Il envahit donc le territoire de Mégalopolis, y ramassa un butin considérable et causa de grands dommages au pays. 3 Finalement, ayant rencontré une troupe d'artistes dionysiaques qui venaient de Messène, il les retint, fit dresser un théâtre en territoire ennemi, et, proposant pour le concours un prix de quarante mines, il resta toute une journée assis à regarder la représentation, non qu'il fût avide de spectacles, mais parce qu'il voulait ainsi bafouer les ennemis et montrer par cette marque de mépris la supériorité de sa puissance. 4 Par ailleurs, de toutes les armées grecques et royales, la sienne était la seule à ne pas traîner à sa suite des mimes, des faiseurs de tours, des danseuses, des joueuses de cithare ; elle était pure de tous dérèglements, bouffonneries et fêtes foraines. Les jeunes gens passaient presque tout leur temps à s'exercer, et les hommes plus âgés à les instruire ; quand on était de loisir, les amusements consistaient dans les plaisanteries habituelles, dans les traits spirituels et laconiques qu'on se lançait les uns aux autres. 5 L'utilité de cette sorte de jeu se trouve indiquée dans la *Vie de Lycurgue*.

13. 1 Cléomène en personne donnait l'exemple à tous, proposant sa vie simple et frugale, sans insolence ni affectation de supériorité, comme un modèle de tempérance, ce qui lui conféra une certaine influence sur les affaires de la Grèce. 2 Les gens qui se rendaient auprès des autres rois étaient moins frappés de leurs richesses et de leurs prodigalités que révoltés par leur dédain, leur faste et l'insupportable dureté avec laquelle ils traitaient ceux qui s'adressaient à eux. 3 Au contraire, quand ils approchaient Cléomène, qui était roi lui aussi et en portait le titre, ils ne voyaient autour de lui ni pourpre, ni riche manteau, ni mobilier de lits et de litières ; ils constataient qu'il n'avait pas recours à une foule de messagers, de portiers, de secrétaires pour répondre de mauvaise grâce et à grand-peine aux solliciteurs ; ils le trouvaient lui-même vêtu d'un manteau quelconque, venant à leur rencontre, leur tendant la main, causant et écoutant leurs demandes d'un air affable et gai. Ils étaient alors charmés et conquis par ses manières démocratiques, et ils disaient de lui qu'il était le seul vrai descendant d'Héraclès. 4 Le régime quotidien de ses repas se réduisait à une table à trois lits, et était strictement laconien. Seulement, s'il recevait des ambassadeurs ou des étrangers, il faisait ajouter deux autres lits, et les serviteurs garnissaient un peu mieux la table, non point d'assaisonnements recherchés ni de pâtisseries, mais d'un plus grand nombre de mets et d'un vin plus généreux. 5 Il réprimanda un de ses amis quand il apprit que, pour traiter des étrangers, il ne leur avait servi que du brouet noir et du pain d'orge, ce qui était l'ordinaire des *phidities*. Il disait qu'en ces occasions et avec les étrangers il ne fallait pas se montrer trop rigoureusement spartiate. 6 La table enlevée, on apportait un trépied, sur lequel était placé un cratère de bronze, plein de vin, deux vases d'argent d'une contenance de deux cotyles et des coupes d'argent en très petit nombre, où buvait qui voulait, car on ne présentait jamais de coupe à qui n'en voulait pas. 7 Il n'y avait pas de musique, et l'on n'en demandait pas. Cléomène animait lui-même la réunion par sa conversation, tantôt questionnant, tantôt racontant ; la gravité de ses paroles n'était pas sans agrément, et, quand il badinait, il le faisait avec grâce et convenance. 8 Cette sorte de chasse à l'homme que pratiquaient les autres rois en appâtant et corrompant les gens par des présents et de l'argent était considérée par lui comme une manière grossière et immorale. 9 Mais gagner et attirer ceux qui avaient affaire à lui au moyen de la causerie et de propos aimables et confiants lui paraissait une conduite très belle et très digne d'un roi, car la seule différence qu'il voyait entre un ami et un mercenaire, c'est que l'on acquiert l'un par la manière d'être et les paroles, l'autre par de l'argent.

Expéditions en Arcadie et en Achaïe. – **14.** 1 Les Mantinéens furent les premiers qui l'appelèrent à eux. Il se jeta de nuit, à l'improviste, dans leur ville ; les habitants l'aidèrent à chasser la garnison achéenne et se remirent entre ses mains. Il leur rendit leurs lois et leur Constitution, et, le jour même, marcha sur Tégée. 2 Peu de temps après, faisant un détour à travers l'Arcadie, il descendit à Pharai d'Achaïe, dans le dessein soit de livrer bataille aux Achéens, soit de discréditer Aratos, si celui-ci se dérobait et lui abandonnait le pays. 3 En effet, si Hyperbatas était alors stratège, Aratos n'en détenait pas moins tout le pouvoir en Achaïe. 4 Les Achéens firent une sortie en masse et campèrent sur le territoire de Dymé, près de l'Hécatombaion. Cléomène survint, et il parut être en mauvaise posture pour bivouaquer entre la ville ennemie de Dymé et l'armée des Achéens, 5 mais il provoqua hardiment ceux-ci et les obligea à combattre. Il les vainquit de vive force, mit leur phalange en déroute, leur tua beaucoup de monde dans la bataille et fit un grand nombre de prisonniers. De là, il marcha sur Lasion, en expulsa la garnison achéenne et rendit cette ville aux Éléens.

15. 1 Les Achéens ayant été ainsi écrasés, Aratos, qui d'ordinaire était stratège une année sur deux, déclina le commandement et y renonça en dépit des sollicitations et des prières ; il eut tort d'abandonner le gouvernail à un autre, au plus fort de la tempête qui secouait les affaires, et de déposer son autorité. 2 Quant à Cléomène, il paraissait d'abord ne vouloir imposer aux délégués des Achéens que des conditions modérées, mais il leur envoya à son tour une ambassade pour les sommer de lui céder l'hégémonie, moyennant quoi il promettait de se montrer accommodant pour tout le reste et de leur rendre aussitôt les prisonniers et les places. 3 Les Achéens acceptèrent ces conditions de paix et appelèrent Cléomène à Lerne, où ils devaient tenir leur assemblée. Mais il se trouva que Cléomène, ayant bu mal à propos de l'eau froide après une marche forcée, cracha beaucoup de sang et eut une extinction de voix. 4 C'est pourquoi, après avoir renvoyé aux Achéens leurs prisonniers les plus importants, il remit le colloque à plus tard et retourna à Lacédémone.

***Aratos s'allie à la Macédoine.* – 16.** 1 Ce délai gâta les affaires de la Grèce, qui pouvait encore, d'une façon ou d'une autre, se relever de sa situation présente et échapper à l'insolence et à l'avidité des Macédoniens. 2 En effet, Aratos, soit par défiance et crainte à l'égard de Cléomène, soit qu'il enviât le bonheur inattendu de celui-ci, en pensant combien il était intolérable pour lui-même, après avoir occupé le premier rang pendant trente-trois ans, de voir un jeune homme l'attaquer et lui ravir à la fois la gloire et la puissance en prenant sur les affaires l'autorité qu'il avait, lui, acquise par ses travaux et conservée pendant si longtemps, essaya d'abord de faire violence aux Achéens pour les détourner de leur projet. 3 Mais ils ne l'écoutèrent pas, frappés de stupeur comme ils l'étaient par l'audace de Cléomène, et même ils trouvaient juste la prétention des Lacédémoniens de ramener le Péloponnèse à son organisation ancestrale ; alors il eut recours à un acte indigne de tout Grec, et particulièrement déshonorant pour lui, en complet désaccord avec toute sa conduite politique passée : il appela Antigone en Grèce et remplit le Péloponnèse de Macédoniens, 4 lui qui les en avait chassés dans sa jeunesse en délivrant l'Acrocorinthe, lui qui s'était rendu suspect et odieux à tous les rois, lui qui a dit tant de mal de cet Antigone dans les *Mémoires* qu'il a laissés : 5 il y affirme avoir pris beaucoup de peine et s'être exposé lui-même au danger pour délivrer la ville d'Athènes de sa garnison et des Macédoniens. Et, après cela, il introduisit en armes ces mêmes Macédoniens dans sa patrie, à son foyer et jusque dans son gynécée, 6 tandis que ce roi de Sparte, descendant d'Héraclès, qui réaccordait, comme une harmonie relâchée, la Constitution des ancêtres en vue de la ramener à cette sage législation et à cette fameuse discipline dorienne de Lycurgue, Aratos ne le jugea pas digne du titre de chef des Sicyoniens et des Tritéens ! 7 Par aversion pour le pain d'orge et le manteau grossier, et, ce qui était son pire grief contre Cléomène, pour la suppression de la richesse et la réhabilitation de la pauvreté, il se prosterna avec l'Achaïe devant le diadème et la pourpre, devant les ordres des Macédoniens et des satrapes pour ne point paraître obéir à ceux de Cléomène ; Aratos célébrait les fêtes en l'honneur d'Antigone, chantait des péans et se couronnait de fleurs pour un homme consumé par la phtisie. 8 Au reste, si nous écrivons cela, ce n'est point pour accabler Aratos (qui, en maintes circonstances, se montra un grand homme, digne de la Grèce) ; c'est que nous déplorons la faiblesse de la nature humaine, qui, même dans des caractères si nobles et si bien disposés pour la vertu, ne peut atteindre à la perfection au-dessus de tout blâme.

17. 1 Les Achéens s'étant assemblés de nouveau à Argos en vue du colloque, et Cléomène y étant descendu de Tégée, tout le monde espérait grandement la réconciliation. 2 Mais Aratos, qui s'était déjà mis d'accord avec Antigone sur l'essentiel, craignant que Cléomène n'arrivât à ses fins, soit en persuadant le peuple, soit même en le contraignant, lui fit signifier de venir seul à Argos, en recevant trois cents otages pour sa sûreté, ou bien, si son armée l'accompagnait, de ne s'avancer que jusqu'au gymnase Cylarabion en dehors de la ville pour conférer. 3 Ayant entendu ce message, Cléomène répondit que ce procédé était injuste : c'était d'avance et tout de suite qu'il aurait fallu l'avertir alors, au lieu d'attendre le moment où il se trouvait aux portes d'Argos pour lui marquer de la méfiance et le tenir éloigné. 4 Il écrivit là-dessus aux Achéens une lettre remplie surtout d'accusations contre Aratos, qui, de son côté, l'accabla d'injures devant le peuple. Puis Cléomène décampa rapidement et envoya un héraut déclarer la guerre aux Achéens, non pas à Argos, mais à Aigion, comme le dit Aratos, afin de devancer leurs préparatifs. 5 Une grande agitation s'était produite parmi les Achéens, et les villes songeaient à faire défection, parce que les gens du peuple avaient espéré le partage des terres et l'abolition des dettes, et que les notables, en beaucoup d'endroits, ne supportaient Aratos qu'avec impatience, quelques-uns même avec colère en voyant qu'il appelait les Macédoniens dans le Péloponnèse. 6 Exalté par ces nouvelles, Cléomène se jeta sur l'Achaïe ; il prit d'abord Pellène qu'il attaqua à l'improviste et en chassa la garnison achéenne, puis il s'attacha Phénéos et Pentéléion. 7 Les Achéens, craignant une trahison qui se tramait à Corinthe et à Sicyone, envoyèrent d'Argos leur cavalerie et leurs mercenaires pour garder ces places, et descendirent eux-mêmes à Argos afin d'y célébrer les concours néméens. Cléomène, espérant (en quoi il avait raison) que, s'il se jetait par surprise sur une ville remplie d'une foule en fête et de spectateurs, il y répandrait plus de trouble, amena de nuit son armée sous les murs, 8 s'empara du quartier voisin de l'Aspis, au-dessus du théâtre, position forte et d'accès difficile, et il épouvanta tellement les habitants que personne ne songea à résister ; ils reçurent une garnison, donnèrent vingt de leurs citoyens comme otages et devinrent alliés des Lacédémoniens, sous l'hégémonie de Cléomène.

Prestige de Cléomène. – **18.** 1 Ce ne fut pas là un mince accroissement de sa renommée et de sa puissance. En effet les anciens rois de Lacédémone, en dépit de tous leurs efforts, n'avaient pu s'attacher solidement Argos, et le plus habile des généraux, Pyrrhos, qui y était entré de force, n'avait pas gardé la ville : il y avait été tué, et une grande partie de son armée avait péri avec lui. 2 Aussi admirait-on la rapidité de décision et l'intelligence de Cléomène ; ceux qui, antérieurement, se moquaient de ses prétentions à imiter Solon et Lycurgue par la remise des dettes et l'égalisation des fortunes, crurent alors fermement qu'il était bien l'auteur de la transformation des Spartiates, 3 car ceux-ci, avant lui, étaient tombés si bas et étaient devenus si incapables de se défendre que les Étoliens, faisant une incursion en Laconie, leur avaient enlevé cinquante mille esclaves (on raconte qu'à cette occasion un vieillard de Sparte prétendit que les ennemis leur avaient ainsi rendu service, en soulageant d'autant la Laconie). 4 Mais peu de temps après, à peine furent-ils revenus aux usages de leurs ancêtres et se furent-ils remis dans les pas de l'ancienne discipline, comme s'ils avaient avec eux Lycurgue pour les gouverner, qu'ils firent montre de courage et d'obéissance, au point de rendre à Lacédémone l'hégémonie sur la Grèce et de reconquérir le Péloponnèse.

19. 1 Après la prise d'Argos, Cléones et Phlious se joignirent aussitôt à Cléomène. Aratos se trouvait alors à Corinthe, où il recherchait ceux que l'on disait amis de Sparte. 2 Quand la nouvelle de ces événements lui parvint, il en fut profondément troublé, et, comme il sentait que Corinthe penchait vers Cléomène et voulait se débarrasser des Achéens, il convoqua les citoyens au siège du Conseil et se glissa à leur insu jusqu'à la porte de la ville. 3 Là, s'étant fait amener son cheval, il l'enfourcha et s'enfuit à Sicyone. 4 Les Corinthiens s'empressèrent à l'envi de courir à Argos informer Cléomène ; Aratos dit qu'ils crevèrent tous leurs chevaux, et que Cléomène leur reprocha de l'avoir laissé échapper au lieu de l'arrêter, 5 mais que pourtant Mégistonous vint le trouver de la part du roi de Sparte pour lui demander de lui céder l'Acrocorinthe (où les Achéens tenaient garnison), en lui offrant beaucoup d'argent, et que lui-même, Aratos, répondit que, loin de tenir en main les affaires, c'étaient plutôt elles qui le tenaient. Voilà ce qu'a écrit Aratos. 6 Cléomène, parti d'Argos, gagna à sa cause Trézène, Épidaure, Hermioné, et se rendit à Corinthe. 7 Il investit la citadelle, que les Achéens refusaient de lui livrer, et manda les amis et les hommes de confiance d'Aratos, à qui il ordonna de se charger de sa maison et de ses biens pour veiller sur eux et les administrer. 8 Puis il envoya à Aratos un nouveau messager, le Messénien Tritymallos, pour lui proposer de faire garder l'Acrocorinthe par des troupes mixtes, à la fois achéennes et lacédémoniennes, et pour lui promettre à titre privé une pension double de celle qu'il recevait du roi Ptolémée. 9 Aratos ne voulut rien entendre ; même il envoya son fils à Antigone avec les autres otages, et persuada aux Achéens de décréter que l'Acrocorinthe serait remis à Antigone. Alors Cléomène se jeta sur le territoire de Sicyone, le ravagea et reçut en présent les biens d'Aratos, que les Corinthiens lui attribuèrent par un vote.

Arrivée des Macédoniens. – **20.** 1 Comme Antigone franchissait la Géranéia avec une nombreuse armée, Cléomène ne crut pas devoir fortifier l'Isthme et jugea qu'il valait mieux garder les accès de l'Onéion par des retranchements et des murs, afin d'user les Macédoniens par une guerre de positions, plutôt que d'en venir aux mains avec une phalange bien entraînée. 2 L'exécution de ce plan mit Antigone dans l'embarras, car il n'avait pas prévu suffisamment de vivres, et il n'était pas facile de forcer les passages gardés par Cléomène. 3 Il essaya bien de se glisser de nuit à travers le Léchaion, mais il fut repoussé et perdit un certain nombre de ses soldats. Alors Cléomène fut rempli de confiance, et ses troupes allèrent dîner, exaltées par la victoire, tandis qu'Antigone, découragé, était réduit par la nécessité à former des projets malaisés : 4 il méditait de se retirer vers le promontoire de l'Héraion, et de transporter de là son armée dans des bateaux en direction de Sicyone, ce qui devait exiger beaucoup de temps et de sérieux préparatifs. 5 Mais voici que, vers le soir, arrivèrent d'Argos par mer des amis d'Aratos, qui venaient l'appeler en disant que les Argiens s'étaient révoltés contre Cléomène. 6 Celui qui avait machiné la défection se nommait Aristotélès ; il n'avait pas eu de peine à persuader le peuple, indigné que Cléomène n'eût pas aboli les dettes, comme on l'espérait. 7 Aratos prit avec lui quinze cents hommes d'Antigone et s'embarqua pour Épidaure. 8 Mais Aristotélès ne l'attendit pas ; emmenant ses concitoyens, il attaqua la garnison de l'acropole ; il avait à ses côtés Timoxénos, venu de Sicyone avec les Achéens pour le secourir.

21. 1 Cléomène, apprenant ces nouvelles vers la deuxième veille de la nuit, appela Mégistonous et lui ordonna avec colère de partir immédiatement combattre à Argos (c'était lui en effet qui s'était surtout porté garant auprès du roi de la fidélité des Argiens et l'avait empêché d'expulser les suspects). 2 Ayant ainsi envoyé Mégistonous avec deux mille soldats, lui-même ne perdit pas de vue Antigone, et tenta de rassurer les Corinthiens en leur disant qu'à Argos il ne s'était passé rien de grave et qu'il y avait eu seulement quelques désordres provoqués par une poignée d'hommes. 3 Cependant Mégistonous, qui s'était jeté sur Argos, périt au combat, et la garnison, qui avait peine à tenir, envoyait courriers sur courriers à Cléomène. Celui-ci, craignant de voir les ennemis, une fois maîtres d'Argos, lui barrer les passages et aller eux-mêmes ravager impunément la Laconie et assiéger Sparte vide de défenseurs, emmena de Corinthe son armée. 4 La ville fut aussitôt perdue pour lui : Antigone y entra et y mit une garnison. 5 Arrivé devant Argos, Cléomène entreprit d'escalader les murs, tout en regroupant ses troupes dispersées par la marche. Faisant abattre les voûtes au-dessous de l'Aspis, il gravit le rempart et se joignit à ceux de l'intérieur qui résistaient encore aux Achéens. Il s'empara, en appliquant des échelles, de quelques quartiers de la ville et vida d'ennemis les rues, ses Crétois ayant reçu l'ordre de faire usage de leurs flèches. 6 Mais, quand il vit Antigone dévaler des hauteurs dans la plaine avec sa phalange et ses cavaliers, qui déjà s'élançaient en foule dans la ville, il désespéra de la victoire. 7 Rassemblant alors tout son monde auprès de lui, il descendit en sûreté et se retira le long du rempart. En très peu de temps il avait remporté de très grands succès, et il s'en fallut de peu qu'en une seule campagne il ne se rendît maître de tout le Péloponnèse ; avec la même rapidité il perdit tout. 8 Parmi les alliés qui marchaient avec lui, les uns l'abandonnèrent aussitôt ; les autres, peu de temps après, livrèrent leurs villes à Antigone.

22. 1 Il en était là de son expédition, et il ramenait son armée lorsque, vers le soir, des messagers arrivèrent de Sparte aux environs de Tégée pour lui annoncer un malheur aussi grand que celui qu'il venait de subir : la mort de sa femme. Même au cours de ses campagnes les plus heureuses il avait peine à supporter son absence, et fréquemment il descendait à Sparte, car il était épris d'Agiatis et faisait d'elle le plus grand cas. 2 Il fut donc bouleversé et ressentit un profond chagrin, comme il était naturel pour un homme jeune qui perdait la plus belle et la plus sage des femmes, mais il n'avilit ni n'abaissa sous l'effet du malheur sa hauteur de caractère et sa grandeur d'âme. Il conserva à sa voix, à son maintien, à tout son extérieur la même fermeté qu'auparavant, donna ses ordres à ses officiers et pourvut à la sécurité des Tégéates. 3 Au point du jour, il descendit à Lacédémone, donna cours à sa douleur dans sa maison avec sa mère et ses enfants, et tout de suite après se remit à réfléchir sur l'ensemble de la situation.

4 Ptolémée, roi d'Égypte, avait promis de le secourir, mais il demandait comme otages ses enfants et sa mère. Cléomène, pendant longtemps, eut honte d'en informer sa mère. Souvent, en entrant chez elle et sur le point de parler, il gardait le silence, de sorte qu'elle conçut des soupçons et demanda aux amis de son fils s'il n'hésitait pas à lui communiquer un dessein qu'il voulait lui dire. 5 À la fin, Cléomène s'enhardit à parler. Alors elle éclata de rire : « C'est donc là, dit-elle, le secret que tu as eu souvent envie de me révéler sans oser le faire ? Mets-nous donc au plus vite dans un bateau et envoie-nous là où tu crois que ma personne pourra être le plus utile à Sparte, avant que je ne meure de vieillesse en restant ici sans servir à rien. » 6 Quand tout fut prêt, ils se rendirent par terre au Ténare, escortés par les troupes en armes. Au moment de s'embarquer, Cratésicléia prit son fils à part dans le temple de Poséidon, l'entoura de ses bras, le couvrit de baisers et, le voyant plein de trouble et de douleur : 7 « Allons, dit-elle, roi de Lacédémone, tâchons, lorsque nous sortirons d'ici, que personne ne nous voie pleurer, ni rien faire qui soit indigne de Sparte. Cela seul est en notre pouvoir ; quant au reste, les événements arrivent comme la divinité les donne. » 8 Après ces mots, elle composa son visage, monta sur le navire en tenant son petit-fils par la main, et commanda au pilote de partir au plus vite. 9 Arrivée en Égypte, elle apprit que Ptolémée recevait d'Antigone des propositions et des ambassades, et aussi que Cléomène, invité par les Achéens à faire la paix, avait

peur, à cause d'elle, de cesser la guerre sans l'accord de Ptolémée ; elle lui écrivit de faire ce qui était convenable et utile pour Sparte, sans craindre constamment Ptolémée à cause d'une vieille et d'un gamin. 10 Telle fut la conduite de cette femme, dit-on, en face des coups du sort.

23. 1 Antigone ayant pris Tégée et pillé Orchomène et Mantinée, Cléomène, retiré en Laconie même, affranchit ceux des hilotes qui purent payer cinq mines attiques et recueillit ainsi cinq cents talents, puis il arma deux mille hommes à la façon macédonienne pour les opposer aux Leucaspides d'Antigone, et conçut une grande entreprise à laquelle personne ne s'attendait. 2 Mégalopolis n'était alors nullement, en elle-même, une ville plus petite ni plus faible que Lacédémone, et elle avait le soutien des Achéens et d'Antigone qui, campé à ses côtés, semblait avoir été appelé par les Achéens surtout à la requête des Mégalopolitains. 3 Dans l'intention d'enlever cette ville (il n'est pas de mot qui convienne mieux à la promptitude et à l'imprévu de cette action), il commanda à ses troupes de prendre des vivres pour cinq jours et les mena à Sellasie comme s'il voulait aller ravager l'Argolide. 4 De là, il descendit sur le territoire de Mégalopolis, et, après avoir fait dîner ses soldats près du Rhoitéion, il prit aussitôt le chemin d'Hélicous en direction de la ville. 5 Arrivé à proximité de celle-ci, il détacha Panteus avec deux compagnies de Lacédémoniens en lui ordonnant de se saisir d'une partie du rempart située entre deux tours, qu'il savait être la plus mal gardée par les Mégalopolitains, et il suivit lentement avec le reste de ses troupes. 6 Panteus, ayant trouvé non seulement cet endroit, mais encore une grande étendue de la muraille sans défense, abattit une section du rempart et ailleurs y pratiqua des brèches, en tuant tous les gardes qu'il rencontra. Alors Cléomène se hâta de le rejoindre, et, avant que les Mégalopolitains s'en fussent rendu compte, il était à l'intérieur de la ville avec son armée.

24. 1 À peine ce désastre fut-il devenu manifeste pour les habitants que les uns s'enfuirent aussitôt en emportant les biens qu'ils trouvèrent à leur portée, tandis que les autres se rassemblaient avec leurs armes, faisaient face à l'ennemi et l'attaquaient ; s'ils ne furent pas assez forts pour le repousser, ils donnèrent du moins à leurs concitoyens fugitifs le temps de s'en aller en sûreté. Il ne resta pas plus de mille personnes enfermées dans la ville, toutes les autres, avec femmes et enfants, parvenant à se réfugier à Messène. 2 La plupart des combattants venus en renfort s'échappèrent aussi, et il n'y eut qu'un tout petit nombre de prisonniers, parmi lesquels se trouvaient Lysandridas et Théaridas, deux des hommes les plus illustres et les plus influents de Mégalopolis. Aussi les soldats qui les avaient pris les conduisirent-ils aussitôt à Cléomène. 3 En l'apercevant de loin, Lysandridas s'écria : « Il ne tient maintenant qu'à toi, roi des Lacédémoniens, d'accomplir un exploit plus beau et plus royal que le précédent, et d'atteindre au faîte de la gloire. » 4 Cléomène, se doutant de ce qu'il allait demander, répondit : « Que veux-tu dire, Lysandridas ? Tu ne vas pas m'engager, je pense, à vous rendre la ville ? » 5 Alors Lysandridas : « C'est là précisément ce que je veux dire et ce que je te conseille, de ne pas détruire une si grande ville, mais de la remplir d'amis et alliés fidèles et sûrs, en rendant aux Mégalopolitains leur patrie et en te faisant le sauveur d'un tel peuple. » 6 Cléomène garda le silence pendant un petit moment, puis il reprit : « Il est difficile de compter là-dessus, mais puisse la gloire l'emporter toujours chez nous sur l'intérêt ! » 7 Après ces mots, il envoya les deux hommes à Messène, avec son propre héraut, pour offrir de rendre la ville aux Mégalopolitains, à condition qu'ils abandonneraient les Achéens et deviendraient ses alliés et ses amis. 8 En dépit de ces propositions de Cléomène, pleines de générosité et d'humanité, Philopœmen ne permit pas aux Mégalopolitains d'abandonner la foi jurée aux Achéens, il accusa Cléomène de chercher, non pas à rendre la ville, mais à capter en outre ses habitants, et il chassa de Messène Théaridas et Lysandridas. 9 C'est ce même Philopœmen qui dans la suite devint le premier des Achéens et s'acquit la plus grande renommée parmi les Grecs, comme je l'ai écrit dans le livre qui lui est spécialement consacré.

25. 1 À cette nouvelle, Cléomène, qui avait gardé la ville entièrement intacte au point que l'on n'avait pu voir personne enlever même le moindre objet, fut tellement exaspéré et indigné qu'il laissa piller les biens des habitants, envoya à Sparte statues et peintures, enfin détruisit et rasa la plupart des quartiers les plus importants de la ville. Puis il reprit le chemin de son pays, par crainte d'Antigone et des Achéens, qui d'ailleurs ne bougèrent pas. 2 Ils se trouvaient alors à Aigion, où ils tenaient conseil. Aratos monta à la tribune et y demeura un long moment à pleurer, le visage couvert d'un pan de sa chlamyde. Comme on s'étonnait et qu'on le pressait de parler, il dit : « Mégalopolis a été détruite par Cléomène. » Aussitôt les Achéens mirent fin à l'assemblée, consternés de la soudaineté et de la grandeur du désastre. 3 Antigone essaya bien de porter secours, mais, comme son armée tardait à sortir de ses quartiers d'hiver, il donna un contrordre et la fit rester sur place, tandis que lui-même se rendait à Argos en n'emmenant avec lui qu'un petit nombre de soldats. 4 C'est pourquoi une deuxième entreprise de Cléomène, qui fit l'effet d'un coup de folle témérité, fut au contraire un modèle de prévoyance, comme le dit Polybe, 5 car, sachant que les Macédoniens étaient dispersés dans différentes villes où ils prenaient leurs quartiers d'hiver et qu'Antigone hivernait à Argos avec ses amis et seulement un petit nombre de mercenaires, il envahit l'Argolide en calculant qu'il vaincrait Antigone, si celui-ci cédait au point d'honneur, ou bien, si Antigone n'osait pas livrer bataille, qu'il le perdrait de réputation auprès des Argiens. 6 C'est ce qui arriva : les Argiens, indignés de voir leur pays ravagé et pillé de fond en comble, s'assemblèrent à la porte du roi, le sommant à grands cris de combattre ou de céder le commandement aux chefs meilleurs que lui. 7 Antigone, en stratège avisé, jugea qu'il serait plus honteux de s'exposer à la légère et de compromettre sa sécurité que d'être décrié auprès des gens de l'extérieur ; il ne fit donc pas de sortie et persista dans sa résolution. 8 Cléomène s'avança jusqu'aux remparts avec son armée, prodigua les sévices et les dommages, puis se retira tranquillement.

26. 1 Peu de temps après, ayant appris qu'Antigone s'avançait de nouveau vers Tégée comme pour se jeter de là sur la Laconie, il rassembla rapidement ses troupes, et, faisant un détour par d'autres routes, il apparut soudain au point du jour devant la ville d'Argos ; il ravageait la plaine sans couper le blé, comme font les autres, avec des faux et des coutelas, mais en le frappant avec de grands bâtons en forme de sabres à deux tranchants, que ses hommes maniaient comme en se jouant pour abattre sans peine dans leur marche et détruire toute la récolte. 2 Arrivés au gymnase de Cylarabis, ils voulurent y mettre le feu, mais Cléomène les arrêta, disant que ce qu'il avait fait à Mégalopolis était un effet de sa colère plutôt qu'une belle action. 3 Antigone, en premier lieu, revint sur-le-champ à Argos, puis occupa les montagnes et tous les points de passage, qu'il garnit de troupes. Cléomène fit semblant de ne pas s'en inquiéter et de mépriser son adversaire, et il envoya des hérauts lui demander les clefs de l'Héraion pour offrir un sacrifice à la déesse avant de se retirer. 4 Après s'être ainsi moqué de lui par cette requête ironique, il sacrifia à la déesse devant le temple fermé, puis il conduisit son armée à Phlious. 5 De là, il chassa la garnison d'Olygyrtos et descendit sur Orchomène. Non seulement il inspirait ainsi de la fierté et de l'audace à ses concitoyens, mais il donnait aux ennemis eux-mêmes une haute idée de ses talents de chef d'armée et de son aptitude à conduire de grandes affaires. 6 De fait, soutenir la guerre avec les moyens d'une seule ville à la fois contre les forces macédoniennes et contre tous les Péloponnésiens, dotés par le roi d'une aide financière, cela en gardant non seulement la Laconie inviolée, mais encore en dévastant le pays des ennemis et en leur prenant des villes si importantes, c'était, semble-t-il, l'effet d'une habileté et d'une grandeur d'âme peu communes.

Bataille de Sellasie. – **27.** 1 Cependant le premier qui a dit que l'argent est le nerf des affaires paraît l'avoir dit surtout en songeant aux affaires de la guerre. 2 Démade, un jour que les Athéniens voulaient mettre à flot leurs trières et y faire embarquer les équipages alors qu'ils n'avaient pas d'argent, s'écria : « Avant de piloter, il faut pétrir. » 3 On rapporte aussi qu'Archidamos l'Ancien, au début de la guerre du Péloponnèse, étant prié par les alliés de déterminer la contribution financière de chacun, déclara : « La guerre ne se nourrit pas à prix fixe. » 4 De même que les athlètes bien entraînés terrassent et battent au bout du compte leurs adversaires même souples et adroits, ainsi Antigone, pourvu d'immenses ressources pour la guerre, épuisa et vainquit Cléomène, qui avait peine à fournir une maigre solde à ses mercenaires et leur nourriture aux citoyens. 5 À un autre point de vue, le temps travaillait pour Cléomène, car Antigone était rappelé chez lui par ses affaires : 6 les barbares en son absence parcouraient ct ravageaient la Macédoine ; à ce moment même, une nombreuse armée d'Illyriens y était descendue, et les Macédoniens, pillés par eux, réclamaient le retour d'Antigone. 7 Il s'en fallut de peu que leurs lettres lui fussent apportées avant la bataille ; si elles lui étaient parvenues alors, il serait parti sur-le-champ, en envoyant promener pour longtemps les Achéens. 8 Mais la Fortune, qui décide des plus grandes affaires en un instant, fit voir alors l'influence et le pouvoir du moment critique : ce fut en effet aussitôt après la bataille de Sellasie, où Cléomène perdit son armée et sa cité, qu'arrivèrent les courriers qui rappelaient Antigone. 9 Voilà ce qui surtout rendit plus pitoyable le malheur de Cléomène : 10 s'il avait attendu seulement deux jours et remis la bataille à plus tard, il n'aurait pas eu besoin de combattre et il aurait fait la paix avec les Achéens aux conditions voulues par lui, après le départ des Macédoniens, 11 mais, comme nous l'avons dit, le manque d'argent lui fit jouer son va-tout par les armes, et il fut contraint, dit Polybe, de combattre avec vingt mille hommes contre trente mille.

28. 1 C'est en admirable stratège que Cléomène se comporta dans cette action ; ses concitoyens se montrèrent pleins d'ardeur, et même ses mercenaires combattirent d'irréprochable manière, mais il fut écrasé par la supériorité de l'armement macédonien et par le poids de la phalange. 2 Phylarque, d'autre part, affirme qu'une trahison fut la principale cause de la défaite de Cléomène : 3 Antigone avait ordonné aux Illyriens et aux Acarnaniens d'opérer secrètement un mouvement tournant pour encercler celle des deux ailes de l'ennemi que commandait Eucléidas, le frère de Cléomène ; après quoi il rangeait le reste de son armée en ordre de bataille ; Cléomène, du poste d'observation où il se trouvait, ne voyant nulle part les troupes illyriennes et acarnaniennes, craignit qu'Antigone ne les utilisât pour quelque manœuvre de ce genre ; 4 il appela donc Damotélès, le préposé à la cryptie, et lui ordonna d'aller voir et examiner ce qui se passait sur les arrières et autour de son armée ; 5 Damotélès (qui avait été précédemment, à ce que l'on dit, corrompu à prix d'or par Antigone) prétendit qu'il n'y avait pas à s'inquiéter, que tout allait bien, et qu'il fallait seulement s'occuper de ceux qu'on voyait en face de soi pour les repousser ; Cléomène le crut et marcha contre Antigone. Grâce à l'impétuosité des Spartiates qui l'entouraient, il refoula la phalange macédonienne, qui recula d'environ cinq stades, et il la suivit en la pressant victorieusement. 6 Puis, voyant qu'à l'autre aile Eucléidas était enveloppé, il s'arrêta, et, prenant conscience du péril, il s'écria : « Je te perds, mon frère bien-aimé ; je perds en toi un brave, objet d'émulation pour les enfants de Sparte et digne d'être chanté par les femmes ! » 7 Eucléidas et ses soldats ayant été ainsi massacrés, leurs adversaires victorieux se retournèrent contre Cléomène qui, voyant que ses troupes ébranlées n'osaient plus tenir tête, songea à son propre salut. 8 On dit que la plupart de ses mercenaires périrent, et aussi tous les Lacédémoniens, sauf deux cents ; or, ils étaient six mille.

29. 1 Arrivé dans la ville, Cléomène conseilla aux citoyens qui vinrent à sa rencontre d'accueillir Antigone et dit que lui-même ferait, soit en continuant à vivre, soit en mourant, ce qui serait utile à Sparte. 2 Voyant les femmes accourir vers ceux qui s'étaient enfuis avec lui pour les décharger de leurs armes et leur apporter à boire, il se retira lui-même dans sa maison. 3 La jeune fille de condition libre qu'il avait prise à Mégalopolis et qu'il gardait chez lui depuis la mort de sa femme, s'approcha et voulut lui prodiguer ses soins, comme d'habitude au retour de ses expéditions, mais il ne consentit ni à boire, bien qu'il eût très soif, ni à s'asseoir, bien qu'il fût harassé ; tel qu'il était, sans ôter sa cuirasse, il appuya de biais son bras sur l'une des colonnes, mit sa tête sur son coude et se reposa ainsi quelques instants, puis, après avoir passé en revue les différents partis qu'il pouvait envisager, il partit avec ses amis pour Gythion. 4 Là, ils s'embarquèrent sur des vaisseaux préparés à cette fin, et ils prirent le large.

30. 1 Antigone, ayant pris possession de la ville dès son arrivée, traita les Lacédémoniens avec humanité, sans avilir ni outrager la dignité de Sparte. Il lui rendit ses lois et sa Constitution, offrit des sacrifices aux dieux et s'en retourna le troisième jour, à la nouvelle que la Macédoine se trouvait en proie à une grande guerre et que le pays était ravagé par les barbares. 2 Déjà la maladie dont il était atteint aboutissait à une phtisie grave et à un intense flux d'humeurs. 3 Néanmoins il ne renonça pas à la lutte et il tint bon dans les combats qui se livrèrent en Macédoine, de sorte qu'une très grande victoire qu'il remporta et le massacre d'une foule de barbares rendirent sa mort d'autant plus glorieuse. Phylarque rapporte, et le fait est vraisemblable, qu'à force de crier dans la bataille il se rompit les poumons. 4 On entendait dire dans les écoles qu'en hurlant de joie après la victoire : « O la belle journée ! », il cracha une grande quantité de sang, fut pris d'une fièvre violente et mourut. Voilà ce qui concerne Antigone.

Cléomène en Égypte. – **31.** 1 De Cythère, Cléomène alla relâcher dans une autre île, Aigilia. 2 Comme il s'apprêtait à passer de là à Cyrène, un de ses amis, nommé Thérycion, homme qui avait fait preuve d'un grand courage dans l'action et qui montrait toujours dans ses paroles un esprit élevé et fier, le prit à part et lui dit : 3 « La plus belle des morts, roi, celle qui se produit sur le champ de bataille, nous l'avons fuie. Cependant tous nous avaient entendu dire qu'Antigone ne triompherait pas du roi de Sparte vivant. 4 Mais le genre de mort qui vient en second lieu pour le mérite et pour la gloire reste encore maintenant en notre pouvoir. Ou allons-nous naviguer sans réflexion, en évitant un mal qui est près de nous pour en chercher un autre au loin ? Car, s'il n'y a pas de honte pour les descendants d'Héraclès à servir le successeur de Philippe et d'Alexandre, nous nous épargnerons une longue traversée en nous livrant à Antigone, qui doit sans doute l'emporter sur Ptolémée autant que les Macédoniens sur les Égyptiens. 5 Si nous refusons d'être sujets de ceux qui nous ont vaincus par les armes, pourquoi ferions-nous notre maître d'un homme qui ne nous a pas vaincus ? Voulons-nous donc nous montrer inférieurs à deux rois au lieu d'un, en fuyant Antigone et en flattant Ptolémée ? 6 Ou bien, dirons-nous que nous allons en Égypte à cause de ta mère ? Tu serais certes pour elle un beau spectacle et digne d'envie, quand elle montrerait aux femmes de Ptolémée son fils devenu, de roi qu'il était, fugitif et prisonnier ! 7 Pourquoi, tant que nous possédons encore nos épées et que nous restons en vue de la Laconie, ne pas nous affranchir ici de la Fortune et nous justifier auprès de ceux qui sont tombés pour Sparte à Sellasie ? Irons-nous plutôt croupir en Égypte pour y apprendre quel satrape Antigone a laissé aux Lacédémoniens ? » 8 Telles furent à peu près les paroles de Thérycion. Cléomène lui répondit : « Tu crois donc, malheureux, te montrer brave en poursuivant l'acte le plus facile du monde et qui est à la portée de tous, le suicide, alors que ce serait une fuite plus honteuse que la première ? 9 On a déjà vu des hommes qui nous étaient supérieurs céder à l'ennemi, trahis par la Fortune ou écrasés sous le nombre. Mais se dérober devant les fatigues et les souffrances ou devant l'opinion et le blâme, c'est être vaincu par sa propre lâcheté. 10 La mort volontaire ne doit pas être fuite devant l'action, mais en elle-même une action. Car il est honteux de vivre et de mourir seulement pour soi, et c'est ce que tu nous conseilles en ce moment, dans ta hâte de nous délivrer de nos maux actuels, mais sans rien faire qui soit noble ou utile. 11 Quant à moi, je pense que nous ne devons, ni toi, ni moi, abandonner nos espoirs de sauver la patrie. Si ces espoirs un jour nous abandonnent eux-mêmes, alors il nous sera très facile de mourir à notre gré. » 12 À ces mots Thérycion ne répondit rien, mais, à la première occasion qu'il trouva de s'éloigner de Cléomène, il s'en alla le long du rivage à l'écart, et il se tua.

32. 1 Parti d'Aigilia, Cléomène aborda en Libye et, escorté par les officiers du roi, arriva à Alexandrie. 2 À la première entrevue, il trouva auprès de Ptolémée un accueil courtois, mais banal et médiocre. 3 Cependant, quand il eut donné la preuve de son intelligence, qu'il se fut montré plein de sens, ayant dans les entretiens journaliers une simplicité toute laconienne et une grâce d'homme libre qui jamais ne ternit l'éclat de sa noblesse ni ne se courbe sous les coups du sort, il fut dès lors plus écouté que ceux qui conversaient avec le roi pour lui plaire et le flatter. 4 Ptolémée conçut pour lui beaucoup de respect et se repentit d'avoir négligé un tel homme au point de l'abandonner à Antigone, qui avait acquis ainsi tant de gloire et de puissance ; il le combla d'honneurs et de marques d'amitié, et même lui rendit courage en lui promettant de le renvoyer en Grèce avec des navires et de l'argent pour lui faire recouvrer la royauté. 5 Il lui accorda aussi une pension annuelle de vingt-quatre talents, sur lesquels Cléomène pourvut à son entretien et à celui de ses amis avec économie et frugalité, mais dont il consacra la plus grande partie aux libéralités et aux dons qu'il faisait aux exilés qui arrivaient de Grèce en Égypte.

33. 1 Le vieux Ptolémée mourut avant d'avoir exécuté sa promesse de renvoyer Cléomène. La cour tomba aussitôt dans un extrême dérèglement, dans l'ivrognerie et sous la domination des femmes, ce qui fit négliger avec le reste les affaires de Cléomène. 2 Le nouveau roi lui-même avait l'âme si corrompue par les femmes et par la boisson que, à ses meilleurs moments de sobriété et de raison, il célébrait des fêtes orgiastiques en rassemblant les gens de son palais au son du tambourin dont il jouait. Il laissait régler les affaires les plus importantes du royaume par sa maîtresse Agathocléia et par la mère de celle-ci, l'entremetteuse Oinanthè. 3 Cependant, au début du moins, il semble avoir eu recours à Cléomène : comme il redoutait son frère Magas, qui, par sa mère, avait beaucoup d'influence sur l'armée, il prit Cléomène avec lui et le fit participer aux délibérations secrètes sur le meurtre de son frère. 4 Alors que tout le monde était d'avis de le faire mourir, Cléomène seul le déconseilla, disant qu'il faudrait plutôt, si c'était possible, donner au roi des frères plus nombreux pour la sûreté et la stabilité de ses affaires. 5 Alors Sosibios, le plus puissant des amis du roi, affirma que les mercenaires ne seraient jamais sûrs tant que vivrait Magas. Cléomène lui répondit qu'il n'y avait pas à s'inquiéter à ce sujet, 6 et il exposa que parmi ces mercenaires se trouvaient plus de trois mille Péloponnésiens, qui étaient prêts à l'écouter et à venir, au moindre signe, se ranger avec empressement à ses côtés avec leurs armes. 7 Ce langage, tout d'abord, contribua beaucoup à renforcer la confiance du roi dans le dévouement de Cléomène et lui donna une haute idée de sa puissance, mais, par la suite, la faiblesse de Ptolémée aggravant sa poltronnerie, et, comme il arrive d'ordinaire à ceux qui manquent de sens, le parti de tout craindre et de se méfier de tout le monde lui paraissant le plus sûr, ce même langage rendit Cléomène redoutable aux courtisans, à cause de son ascendant sur les mercenaires, 8 et l'on put en entendre beaucoup dire : « C'est là un lion qui circule parmi ces moutons ! » Et, de fait, tel était bien le caractère qu'il montrait parmi les amis du roi, les dévisageant tranquillement et observant de haut leurs agissements.

34. 1 Cléomène renonça à demander des vaisseaux et une armée, mais, apprenant qu'Antigone était mort, que les Achéens étaient engagés dans une guerre contre les Étoliens, et que la situation elle-même réclamait impérieusement sa présence, le Péloponnèse étant en proie aux désordres et aux déchirements, il pria qu'on le laissât partir seul avec ses amis. 2 Mais il ne persuada personne : le roi, qui ne cessait de se consacrer aux femmes, aux thiases et aux fêtes bruyantes, ne l'écouta pas ; quant à celui qui dirigeait toutes les affaires et était à l'origine des décisions, Sosibios, il estimait que, si Cléomène restait contre son gré, il serait intraitable et dangereux, mais qu'il serait plus dangereux encore si on laissait partir un homme aussi audacieux et entreprenant, qui avait pu observer combien la royauté égyptienne était malade. 3 Même les présents ne parvenaient pas à l'adoucir, car, comme le bœuf Apis, qui vit dans l'abondance et paraît comblé de délices, conserve le désir d'une existence conforme à sa nature, où il pourrait courir et s'ébattre en liberté, et supporte mal visiblement de demeurer entre les mains des prêtres, ainsi Cléomène ne goûtait nullement cette vie pleine de mollesse : « Il se rongeait le cœur », comme Achille, « Et restait là, sur place, à regretter le cri de guerre et la bataille ».

35. 1 Les affaires de Cléomène en étaient là quand Nicagoras de Messène arriva à Alexandrie. C'était un homme qui haïssait Cléomène tout en faisant semblant d'être son ami. Il lui avait vendu jadis une belle propriété, mais Cléomène, à la fois faute d'argent, à ce que je crois, et aussi, comme il peut sembler, faute de loisir, à cause des guerres, ne lui avait pas versé l'argent. 2 Cléomène, le voyant débarquer de son navire de transport (car il se promenait juste à ce moment sur le quai du port), le salua avec empressement et lui demanda quel motif l'amenait en Égypte. 3 Nicagoras lui rendit son salut avec cordialité, et lui dit qu'il amenait au roi de beaux chevaux de guerre : « J'aimerais mieux, fit Cléomène en riant, que tu fusses venu lui amener des joueuses de sambuque et des mignons, car c'est cela qu'il est maintenant le plus pressé d'avoir. » 4 Alors Nicagoras sourit, mais quelques jours après il lui rappela sa propriété et lui demanda de lui en payer maintenant le prix, protestant qu'il ne l'importunerait pas s'il n'avait fait de grosses pertes sur sa cargaison. 5 Cléomène ayant répondu qu'il ne lui restait rien des sommes qu'on lui avait données, Nicagoras, mécontent, alla rapporter à Sosibios la plaisanterie de Cléomène. 6 Sosibios l'entendit avec joie, et, voulant avoir un motif plus sérieux pour provoquer la colère du roi, il engagea Nicagoras à écrire une lettre contre Cléomène et à la lui laisser ; selon les termes de cette lettre, Cléomène aurait formé le projet, si Sosibios lui faisait donner des trières et des soldats, de s'emparer de Cyrène. 7 Après avoir écrit cela, Nicagoras reprit la mer. Quatre jours plus tard, Sosibios porta la lettre au roi, comme si elle venait de lui être remise, et il excita si bien le jeune homme que celui-ci décida de faire mener Cléomène dans une grande maison, où on lui fournirait de quoi vivre comme auparavant, mais avec interdiction d'en sortir.

36. 1 Il y avait là déjà de quoi contrister Cléomène, mais il conçut des craintes encore plus fâcheuses pour l'avenir à la suite de l'incident que voici. 2 Ptolémée, fils de Chrysermos et ami du roi, avait de tout temps entretenu des relations cordiales avec Cléomène, marquées par une familiarité et une franchise réciproques. 3 À ce moment, Cléomène l'ayant prié de lui faire visite, il vint et s'entretint avec lui de façon courtoise en tâchant de dissiper ses soupçons et de justifier le roi. 4 Mais, en sortant de la maison, il lui échappa que Cléomène le suivait par-derrière jusqu'à la porte, et il reprocha âprement aux gardiens de ne pas surveiller avec assez d'attention et de soin cette grande bête féroce difficile à retenir. 5 Ayant entendu ces mots de ses propres oreilles, Cléomène se retira avant que Ptolémée ne s'aperçût de sa présence, et il les rapporta à ses amis. 6 Tous aussitôt, abandonnant les espoirs qu'ils avaient entretenus jusqu'alors, résolurent, dans un élan de colère, de se venger de l'injustice et de l'outrage de Ptolémée, et de mourir de façon digne de Sparte, sans attendre qu'on les engraissât comme des victimes nourries pour être dépecées. 7 Il serait affreux qu'un Cléomène, après avoir dédaigné de faire la paix avec Antigone, authentique et énergique homme de guerre, dût attendre dans l'inaction le bon plaisir d'un roi saltimbanque au premier jour où il déposerait son tambourin et suspendrait les danses du thiase pour le faire mettre à mort.

La mort. – **37.** 1 Cette décision une fois prise, et comme Ptolémée, par chance, était parti pour Canope, ils commencèrent par répandre le bruit que le roi libérait Cléomène de sa détention, 2 puis, suivant une coutume royale, qui consistait à offrir un repas et des présents à ceux qui vont être relaxés, les amis de Cléomène préparèrent au-dehors un festin de ce genre et le lui envoyèrent, en trompant les gardiens qui crurent que cela venait de la part du roi. 3 Cléomène offrit un sacrifice, donna une large part des victimes à ses geôliers et leur distribua des couronnes, puis il se mit à table pour banqueter avec ses amis. 4 On dit qu'il passa à l'action plus tôt qu'il ne l'avait prévu, ayant appris que l'un de ses serviteurs, qu'il avait mis dans la confidence du complot, était allé coucher à l'extérieur avec une femme qu'il aimait ; 5 craignant donc une dénonciation, quand il fut midi et qu'il vit les gardes endormis par l'ivresse, il revêtit sa tunique, dont il déchira la couture sur l'épaule droite, et bondit dehors, l'épée nue, avec ses amis équipés de la même manière, au nombre de treize. 6 Hippitas, qui était boiteux, les suivit avec entrain dans leur premier élan, puis, voyant que les autres ralentissaient la marche à cause de lui, il les pria de le tuer et de ne pas compromettre leur entreprise en attendant un homme inutile ; 7 heureusement un Alexandrin qui conduisait un cheval passa devant la porte ; on le lui prit, on y fit monter Hippitas, et ils se mirent à courir à travers les rues en appelant la foule à la liberté. 8 Mais le peuple, paraît-il, avait juste assez de courage pour louer et admirer l'audace de Cléomène ; quant à le suivre et à lui apporter du renfort, nul ne s'y risqua. 9 Ils tombèrent sur Ptolémée, fils de Chrysermos, qui sortait du palais ; trois d'entre eux l'assaillirent et le tuèrent. Un autre Ptolémée, chef de la garnison de la ville, s'avança contre eux sur un char ; ils s'élancèrent à sa rencontre, dispersèrent ses serviteurs et ses gardes du corps, et, l'ayant tiré à bas de son char, ils le tuèrent. 10 Puis ils marchèrent sur la citadelle, dans l'intention de forcer la prison et d'enrôler la masse des détenus ; 11 mais les gardiens les avaient devancés en se barricadant solidement. Repoussé dans cette tentative, Cléomène se remit à courir au hasard par la ville, sans que personne se joignît à lui : tout le monde fuyait avec épouvante. 12 Alors il s'arrêta et dit à ses amis : « Il n'est nullement surprenant, en vérité, que des femmes gouvernent un pays dont les habitants fuient la liberté ! », et il les exhorta à mourir tous d'une manière digne de lui et de leurs exploits. 13 Le premier, Hippitas, sur sa demande, fut frappé par l'un des jeunes, puis chacun des autres se tua volontiers et sans crainte, à l'exception de Panteus, qui avait pénétré le premier dans Mégalopolis : 14 c'était un adolescent d'une très grande beauté et le mieux doué des jeunes gens pour les exercices de l'éducation spartiate ; le roi, qui l'avait aimé, lui avait ordonné de ne se tuer qu'après l'avoir vu tomber, lui ainsi que les autres. 15 Donc, lorsque tous furent étendus à terre, Panteus s'approcha de chacun, les tâtant de son épée pour s'assurer que l'un d'eux ne conservait pas un reste de vie. 16 En piquant Cléomène à la cheville, il remarqua que son visage se contractait ; il l'embrassa, puis s'assit auprès de lui. Quand le roi fut mort, il l'entoura de ses bras et se trancha la gorge sur son corps.

38. 1 C'est ainsi que Cléomène termina sa vie, après avoir régné seize ans sur Sparte et s'être montré tel que nous l'avons dépeint. 2 Quand le bruit s'en fut répandu dans toute la ville, Cratésicléia, si noble femme qu'elle fût, perdit sa fermeté devant la grandeur du désastre, et, prenant entre ses bras les enfants de Cléomène, elle se lamenta. 3 L'aîné des deux enfants, alors que personne ne s'y serait attendu, s'échappa d'un bond et se précipita du haut du toit la tête la première. Il se blessa grièvement, mais n'en mourut pas, et on le releva furieux et poussant des cris parce qu'on l'empêchait de mourir. 4 Ptolémée fut informé de tout ; il ordonna de pendre le corps de Cléomène, enfermé dans un sac de cuir, et de faire périr ses enfants, sa mère et les femmes qui l'entouraient. 5 De ce nombre était l'épouse de Panteus, femme d'une beauté et d'une noblesse admirables. Ils étaient nouveaux mariés et au plus fort de leurs amours quand le malheur tomba sur eux. 6 Au départ de Panteus pour l'Égypte, elle avait voulu s'embarquer aussitôt avec lui, mais ses parents l'en avaient empêchée et l'avaient de force gardée recluse. Pourtant, peu après, s'étant procuré un cheval et une petite quantité d'or, elle s'était échappée de nuit et elle avait couru tout d'une traite au Ténare, où elle était montée sur un vaisseau qui naviguait vers l'Égypte. 7 Arrivée auprès de son mari, elle partagea sa vie sur cette terre étrangère joyeusement et sans regret. 8 Lorsque Cratésicléia fut emmenée par les soldats, elle l'accompagna en la tenant par la main, en rajustant les plis de sa robe et en l'encourageant, bien que Cratésicléia, elle non plus, ne tremblât pas devant la mort et qu'elle ne demandât qu'une seule chose : mourir avant les enfants.

9 Mais, quand elles furent arrivées au lieu où se faisaient les exécutions, les bourreaux commencèrent par tuer les enfants sous les yeux de Cratésicléia ; ensuite ce fut son tour à elle, et, dans une telle catastrophe, elle ne laissa échapper que ces mots : « O mes enfants, où étiez-vous venus ? » 10 Quant à la femme de Panteus, qui était robuste et de grande taille, elle serra son vêtement à la ceinture pour prendre soin, en silence et avec calme, de chacune des mourantes et les couvrir de ce qu'elle put trouver. 11 Finalement, après toutes les autres, elle s'ajusta elle-même, laissa tomber sa robe jusqu'aux pieds et ne permit à personne de s'approcher d'elle ni de la toucher, sauf à l'homme chargé de son exécution ; elle mourut en héroïne, sans avoir besoin de quiconque pour l'arranger et l'envelopper après sa mort, 12 tant elle sut conserver jusqu'à la fin la sagesse de son âme et garder la décence dont elle avait entouré son corps pendant sa vie.

39. 1 Ainsi Lacédémone, dans ce drame où les femmes, à l'instant suprême, rivalisèrent de courage avec les hommes, montra qu'il n'est pas donné à la Fortune d'outrager la Vertu. 2 Quelques jours plus tard, ceux qui gardaient le corps de Cléomène suspendu au gibet virent un serpent de grande taille enroulé autour de sa tête et qui lui cachait le visage, de sorte qu'aucun oiseau de proie ne pouvait venir s'y poser. 3 Ce prodige frappa le roi d'une crainte superstitieuse, et la peur fit faire aux femmes, de leur côté, des sacrifices expiatoires, dans la pensée que l'on avait tué un homme aimé des dieux, et d'une nature supérieure. 4 Les gens d'Alexandrie se rendaient même fréquemment à cet endroit, en saluant Cléomène du nom de héros et de fils des dieux, 5 jusqu'à ce que les gens plus instruits les fissent cesser, en expliquant que, comme les bœufs putréfiés engendrent des abeilles, les chevaux des guêpes, et que des scarabées vivants sortent du corps des ânes morts, de même les cadavres humains, quand s'écoulent et se coagulent les humeurs de la moelle, produisent des serpents ; 6 et c'est pour avoir observé ce phénomène que les Anciens ont associé aux héros, de préférence aux autres animaux, le serpent.

LES GRACQUES

Tiberius Graccus

Préface. – **1.** 1 Après avoir donné la précédente histoire, nous avons maintenant à considérer des événements non moins tristes à propos de la paire romaine de Tiberius et de Caïus, dont nous mettons les vies en parallèle avec celles des deux premiers. 2 Ils étaient fils de Tiberius Gracchus, qui fut censeur des Romains, deux fois consul, remporta deux triomphes, et qui dut plus d'éclat encore au prestige de sa vertu. 3 C'est pourquoi il fut jugé digne d'épouser Cornelia, fille de Scipion, le vainqueur d'Annibal, après la mort du père de Cornelia, dont il n'était pas l'ami, mais l'adversaire. 4 On raconte qu'un jour il trouva un couple de serpents sur son lit, et que les devins, ayant observé le prodige, ne permirent ni de les tuer ni de les chasser tous les deux à la fois, et déclarèrent, quant au choix de l'un ou de l'autre, que, si l'on tuait le mâle, cela provoquerait la mort de Tiberius, et la femelle, celle de Cornelia. 5 Tiberius donc, qui aimait sa femme et jugeait que c'était plutôt à lui, le plus âgé, de mourir, alors qu'elle était encore jeune, tua le serpent mâle et lâcha la femelle ; il mourut peu de temps après, en laissant douze enfants qu'il avait eus de Cornelia. 6 Celle-ci assuma la charge des enfants et de la maison, et montra tant de sagesse, de tendresse maternelle et de nobles sentiments qu'il parut que Tiberius avait eu raison de choisir de mourir à la place d'une pareille femme. 7 Le roi Ptolémée offrit de partager son diadème avec Cornelia et la demanda en mariage ; elle refusa. Durant son veuvage elle perdit la plupart de ses enfants ; il ne lui resta qu'une de ses filles, qui épousa Scipion le Jeune, et deux fils, Tiberius et Caïus, qui font le sujet de ce livre, et qu'elle éleva avec tant de soin que nés, de l'avis unanime, les mieux doués de tous les Romains, l'excellence de leur éducation paraît avoir eu une part plus grande encore dans leur vertu que leur nature.

2. 1 De même que la ressemblance des Dioscures, dans les statues et les peintures, comporte quelque différence de conformation entre le pugiliste et le coureur, ainsi entre ces jeunes gens qui se ressemblaient tellement par le courage, la tempérance, et aussi la générosité, l'éloquence et la grandeur d'âme, de grandes différences se firent jour et apparurent dans leurs actions et leur conduite politique, et je crois qu'il n'est pas mauvais de commencer par les exposer. 2 Tout d'abord, en ce qui concerne l'aspect du visage, le regard et les gestes, Tiberius était doux et posé, Caïus vif et véhément. En haranguant le peuple, l'un se tenait modestement à la même place, l'autre fut le premier des Romains à se promener à la tribune et à rabattre sa toge de dessus son épaule en parlant, comme on le raconte de l'Athénien Cléon, qui fut le premier des orateurs à rabattre son manteau de ses épaules et à se frapper la cuisse. 3 En second lieu, l'éloquence de Caïus était imposante et passionnée jusqu'à l'exagération, celle de Tiberius plus agréable et plus propre à inspirer la pitié. La diction de Tiberius était pure et rigoureusement châtiée ; celle de Caïus entraînante et brillante. 4 Quant au régime de vie et à la table, Tiberius était simple et frugal ; Caïus, comparé aux autres, était tempérant et austère, mais il différait de son frère par sa hardiesse juvénile et sa tendance à l'excès ; c'est ainsi que Drusus lui reprocha d'avoir acheté des dauphins en argent au prix de douze cent cinquante drachmes la livre. 5 Leur caractère différait comme leur langage : l'un était calme et doux, l'autre rude et irascible, au point que souvent, en parlant, il se laissait malgré lui emporter par la colère, haussait le ton, lançait des propos insultants et prononçait des paroles désordonnées. 6 Aussi, pour remédier à ces écarts, avait-il recours à Licinius, un de ses esclaves, qui ne manquait pas d'intelligence : celui-ci, au moyen d'un instrument de musique fait pour régler les sons, se tenait derrière lui pendant qu'il parlait, et lorsqu'il s'apercevait à sa voix que Caïus s'enflammait et éclatait de colère, il lui soufflait un ton doux, qui lui faisait relâcher à la fois la violence de sa passion et celle de sa voix en l'adoucissant et le calmant.

3. 1 Telles étaient à peu près les différences qui existaient entre eux ; mais leur courage en face des ennemis, leur justice envers les subordonnés, leur zèle à exercer les magistratures et leur retenue dans les plaisirs étaient identiques. 2 Tiberius avait neuf ans de plus que son frère ; cet intervalle de temps entre leurs carrières respectives fut ce qui surtout nuisit à leurs entreprises : comme ils n'arrivèrent pas ensemble à l'âge d'homme, ils ne purent mettre en commun leur puissance, qui, si elle avait été exercée par les deux à la fois, aurait été considérable et irrésistible. 3 Il faut donc parler de chacun d'eux à part, en commençant par l'aîné.

Débuts de Tiberius. – **4.** 1 Au sortir de l'enfance, il avait déjà une telle réputation qu'on le jugea digne du sacerdoce dit des Augures, plus à cause de son mérite que de la noblesse de sa naissance. 2 C'est ce que fit bien voir Appius Claudius, personnage consulaire, ancien censeur, désigné en raison de son prestige comme prince du sénat romain, et qui surpassait de beaucoup ses contemporains par la hauteur de ses vues. Comme les prêtres prenaient ensemble leur repas, il s'adressa à Tiberius en termes affectueux et lui demanda lui-même d'épouser sa fille. 3 Tiberius accepta avec joie et, l'accord étant ainsi conclu, Appius, en rentrant chez lui, appela aussitôt sa femme dès le seuil de la porte et lui cria à voix forte : « Antistia, je viens de fiancer notre Claudia. » Surprise, Antistia lui dit : « Pourquoi cette hâte, pourquoi cette précipitation ? À moins que tu ne lui aies trouvé Tiberius Gracchus pour mari ? » 4 Je n'ignore pas que certains auteurs rapportent cette histoire à Tiberius, père des Gracques, et à Scipion l'Africain, mais la plupart la racontent comme nous venons de l'écrire, et Polybe dit que ce fut seulement après la mort de Scipion l'Africain que ses proches choisirent entre tous Tiberius comme mari pour Cornelia, son père l'ayant laissée à son décès sans époux ni fiancé.

5 Quant à Tiberius le Jeune, servant en Libye avec le second Scipion, il vécut sous la même tente que son général, mari de sa sœur. Bien vite, il reconnut que la nature d'Émilien était propre à exciter, par beaucoup de grands exemples, le zèle pour la vertu et l'imitation en vue de belles actions ; bien vite aussi, il dépassa en discipline et en bravoure tous les autres jeunes gens. 6 Il monta le premier sur la muraille d'une ville ennemie, à ce que dit Fannius, qui assure y être monté avec lui et avoir

eu part à cet exploit. Tant qu'il fut au camp, il jouit de l'affection de tous et, à son départ, y fut regretté.

5. 1 Après cette expédition, il fut élu questeur et désigné par le sort pour faire campagne avec l'un des consuls, Caïus Mancinus, contre les Numantins. Mancinus n'était pas un homme dénué de toute valeur, mais il fut le plus malchanceux des généraux romains. 2 Ses malheurs imprévus et la Fortune contraire mirent mieux en lumière non seulement l'intelligence et la vaillance de Tiberius, mais encore, ce qui était surprenant, le grand respect et la déférence qu'il gardait à son chef, alors que celui-ci, sous le coup du désastre, ne savait même plus bien lui-même s'il était général. 3 Vaincu dans de grandes batailles, Mancinus entreprit de se retirer en quittant son camp de nuit, mais les Numantins s'en étant aperçus prirent aussitôt le camp, puis, tombant sur les fuyards et massacrant les derniers, ils enveloppèrent l'armée tout entière et l'acculèrent dans des endroits difficiles et n'offrant aucune issue. Désespérant de trouver le salut par la force, Mancinus envoya aux ennemis des hérauts pour conclure une trêve et un arrangement. 4 Ils répondirent qu'ils ne se fiaient qu'au seul Tiberius et demandèrent qu'on le leur adressât. 5 La raison de cette attitude se trouvait dans l'estime où ils tenaient ce jeune homme (car on faisait le plus grand cas de lui dans leur armée), et aussi dans le souvenir de son père Tiberius, qui, lorsqu'il faisait la guerre en Espagne, avait obtenu de nombreuses soumissions et conclu la paix avec les Numantins, puis fait en sorte que le peuple observât toujours ce traité avec une stricte équité. 6 C'est ainsi que Tiberius fut envoyé aux Numantins ; il conféra avec eux, et, les persuadant sur un point, cédant sur un autre, il conclut une trêve qui sauva à l'évidence vingt mille citoyens romains, sans compter les hommes des services et ceux qui suivaient hors rang.

6. 1 Les Numantins prirent tout ce qui avait été laissé dans le camp et le pillèrent entièrement. Or, dans le butin se trouvaient des tablettes qui contenaient les écritures et les comptes de la gestion de Tiberius comme questeur. Comme il désirait beaucoup les recouvrer, il quitta l'armée déjà en marche et retourna à la ville avec trois ou quatre compagnons. 2 Il fit demander les chefs des Numantins et les pria de lui rendre ses dossiers, pour éviter de prêter le flanc aux calomnies de ses adversaires, s'il ne pouvait se justifier en ce qui concernait son administration. 3 Les Numantins se réjouirent de cette occasion de lui rendre service et l'invitèrent à entrer dans la ville. Comme il restait là à se demander ce qu'il devait faire, ils s'approchèrent de lui, lui prirent les mains et le prièrent instamment de ne plus les regarder comme des ennemis, mais d'en user avec eux comme avec des amis et d'avoir confiance en eux. 4 Il se résolut à le faire parce qu'il tenait à ses dossiers et qu'il craignait d'irriter les Numantins en leur manifestant de la méfiance. 5 Quand il fut entré dans la ville, ils lui servirent d'abord à déjeuner et insistèrent beaucoup pour le faire asseoir et manger avec eux, puis ils lui rendirent ses tablettes et l'engagèrent à prendre ce qu'il voudrait sur le reste du butin. 6 Il ne prit que l'encens dont il se servait pour les sacrifices publics, puis il salua amicalement les Numantins et s'en alla.

7. 1 Quand il fut de retour à Rome, toute cette affaire, regardée comme très grave et déshonorante pour la ville, souleva des reproches et des accusations. Mais les parents et les amis des soldats, qui formaient une grande partie du peuple, accoururent autour de Tiberius, rejetant sur le commandant en chef la honte de ce qui s'était passé et proclamant que c'était grâce à Tiberius que tant de citoyens avaient été sauvés. 2 Mais ceux qu'indignait le traité recommandaient que l'on prît exemple sur les ancêtres, qui avaient renvoyé nus aux Samnites les généraux qui avaient trouvé bon d'être relâchés par eux, en leur adjoignant ceux qui avaient mis la main et pris part au traité, tels que questeurs et tribuns militaires ; ils rejetaient ainsi sur eux le parjure et la violation des conventions. 3 C'est surtout à cette occasion que le peuple montra son dévouement et son zèle pour Tiberius : 4 il décréta que le consul serait livré nu et enchaîné aux Numantins, mais il épargna tous les autres à cause de Tiberius. 5 Il semble que Scipion aussi, qui était alors le plus grand et le plus puissant des Romains, lui vint en aide, mais il n'en fut pas moins blâmé pour n'avoir pas sauvé Mancinus ni essayé de faire ratifier le traité conclu avec les Numantins par un homme qui était son parent et son ami, Tiberius. 6 Il paraît que ce fut surtout l'ambition de celui-ci et les excitations de ses amis et des sophistes qui amenèrent entre eux cette mésintelligence, qui du reste n'aboutit à rien d'irrémédiable ni de mesquin. 7 Je crois pour ma part que Tiberius n'aurait pas éprouvé les malheurs qu'il subit par la suite, si Scipion l'Africain avait été présent lors de ses luttes politiques, mais en fait il était déjà à Numance où il conduisait la guerre lorsque Tiberius entreprit son action en vue de ses lois. Voici la raison de cette entreprise.

Loi agraire. – **8.** 1 Quand les Romains avaient conquis un territoire sur leurs voisins, ils en vendaient une partie et annexaient l'autre au domaine public en la donnant à cultiver aux citoyens dénués de propriétés et de ressources, moyennant une légère redevance à verser au trésor de l'État. 2 Mais, les riches s'étant mis à faire monter les redevances et chassant ainsi les pauvres, on fit une loi interdisant de posséder plus de cinq cents arpents de terre. 3 Pendant quelque temps cette loi opposa un frein à la cupidité et vint en aide aux pauvres restés sur leurs terres moyennant le prix de location fixé et cultivant le lot que chacun d'eux avait reçu au début ; 4 mais, plus tard, les voisins riches s'adjugèrent les fermages grâce à des prête-noms, puis finirent par occuper ouvertement sous leurs propres noms la plupart des domaines. Dès lors, les pauvres, expulsés de chez eux, cessèrent de se prêter volontiers au service militaire et ne se soucièrent plus d'élever des enfants, de sorte que bientôt l'Italie tout entière s'aperçut qu'elle n'avait plus d'hommes libres qu'en petit nombre, et qu'elle fut remplie de prisonniers barbares, que les riches employaient à cultiver les terres d'où ils avaient chassé les citoyens. 5 Caïus Laelius, l'ami de Scipion, essaya de redresser la situation, mais, s'étant heurté à l'opposition des puissants, il craignit le tumulte et renonça à son projet, ce qui lui valut le surnom de Sage ou de Prudent (le mot *sapiens* ayant, je crois, ce double sens). 6 Tiberius, nommé tribun du peuple, reprit aussitôt cette tâche avec ardeur, à l'instigation, disent la plupart des historiens, du rhéteur Diophanès et du philosophe Blossius. Diophanès était un exilé de Mitylène ; Blossius était d'Italie même : il était né à Cumes, mais il avait été lié à Rome avec Antipatros de Tarse, qui lui avait fait l'honneur de lui dédier plusieurs traités philosophiques. 7 Quelques auteurs mettent aussi en cause sa mère Cornelia, qui se plaignait souvent à ses fils d'être toujours appelée par les Romains la belle-mère de Scipion, et pas encore la mère des Gracques. 8 D'autres attribuent la raison de son entreprise à un certain Spurius Postumius, camarade d'âge et rival de Tiberius en renommée pour l'éloquence judiciaire : ayant constaté, à son retour de l'armée, que ce Postumius le devançait en réputation et en influence et qu'on l'admirait, il voulut, paraît-il, le surpasser en se vouant à une politique extraordinaire qui éveillât une grande attente. 9 Toutefois son frère Caïus a écrit dans un livre que Tiberius, traversant l'Étrurie pour se rendre à Numance et voyant le pays désert, sans autres cultivateurs ou bergers que des esclaves venus d'ailleurs ou des barbares, eut alors pour la première fois l'idée de l'entreprise qui devait leur causer tant de maux. 10 Mais ce fut le peuple lui-même qui contribua surtout à enflammer son zèle et son ambition en l'appelant par des inscriptions tracées sous les portiques, sur les murs et les tombeaux, à faire rendre aux pauvres les terres du domaine public.

9. 1 Cependant il ne rédigea pas tout seul le texte de la loi, mais prit conseil des citoyens les plus éminents par leur mérite et leur renommée. De ce nombre étaient le grand pontife Crassus, le jurisconsulte Mucius Scaevola, alors consul, et le beau-père de Tiberius, Appius Claudius. 2 Il semble d'ailleurs que jamais loi plus douce ni plus modérée n'ait été proposée contre tant d'injustice et de cupidité. En effet ceux qui auraient dû être punis de leur désobéissance et payer une amende en restituant les terres dont ils jouissaient contrairement aux lois étaient seulement tenus de sortir, moyennant une indemnité, des domaines injustement acquis et d'y accueillir les citoyens nécessiteux. 3 Cependant, si accommodante que fût la réforme, le peuple s'en contenta, oubliant le passé, du moment qu'il cesserait désormais d'être en butte à l'injustice. Mais les riches et les propriétaires, hostiles à la loi par cupidité et animés par la colère et l'entêtement contre le législateur, entreprirent de détourner le peuple du projet, sous prétexte que Tiberius voulait instituer le partage des terres pour bouleverser l'État et faire une complète révolution. 4 Cependant ils n'aboutirent à rien, car Tiberius, luttant pour une belle et juste cause avec une éloquence qui aurait pu donner des couleurs spécieuses à des affaires moins nobles, était redoutable et invincible lorsqu'il se dressait à la tribune entourée par la foule populaire et parlait en faveur des pauvres, disant : 5 « Même les bêtes sauvages qui vivent en Italie ont chacune une tanière, un gîte, un refuge, tandis que ceux qui combattent et meurent pour l'Italie n'ont que l'air et la lumière, et rien d'autre ; sans maison, sans résidence, ils errent avec leurs enfants et leurs femmes. Et les généraux en chef mentent aux soldats quand ils les engagent dans les batailles à repousser les ennemis pour défendre tombeaux et sanctuaires, 6 car aucun, parmi tant de Romains, n'a d'autel familial ni de lieu de culte des ancêtres ; ils font la guerre et périssent uniquement pour le luxe et l'opulence d'autrui ; ces maîtres du monde, comme on les appelle, n'ont pas même une motte de terre à eux. »

10. 1 Ces paroles, inspirées par un grand cœur et prononcées avec une passion vraie, tombaient du haut de la tribune sur le peuple, qu'elles enthousiasmaient et soulevaient, au point qu'aucun des adversaires de Tiberius n'osa lui tenir tête. Renonçant à le contredire, ils s'adressèrent à Marcus Octavius, un des tribuns du peuple, jeune homme d'un caractère grave et paisible, ami et familier de Tiberius. 2 Aussi se déroba-t-il d'abord, par égard pour son collègue ; puis, sur les pressantes sollicitations d'un grand nombre de gens puissants, il céda à leur contrainte, s'opposa à Tiberius et fit obstruction à sa loi. 3 Or c'est celui des tribuns qui fait opposition qui l'emporte : tous les autres ne peuvent rien contre le veto d'un seul. 4 Irrité de cet obstacle, Tiberius retira sa loi, qui était pleine d'humanité, et en proposa une autre, plus agréable au peuple et plus énergique envers les coupables, à qui elle enjoignait de sortir sans délai des terres qu'ils avaient acquises en violation des anciennes lois. 5 Il y eut donc presque tous les jours des débats à la tribune entre Octavius et lui, mais, tout en se heurtant avec une ardeur et une opiniâtreté extrêmes, on dit qu'ils ne laissèrent jamais échapper l'un contre l'autre, sous l'effet de la colère, un mot malsonnant ni un propos déplacé ; 6 car ce n'est pas seulement, semble-t-il, dans les transports bachiques, mais encore dans les rivalités et les emportements qu'un bon naturel et une sage éducation retiennent et règlent l'esprit. 7 Voyant qu'Octavius tombait lui-même sous le coup de la loi, parce qu'il détenait beaucoup de terres du domaine public, il lui offrit, s'il voulait renoncer à sa contestation, de lui rembourser le montant de ses pertes sur ses biens propres, quoique ceux-ci ne fussent pas considérables. 8 Octavius n'accepta pas. Alors Tiberius suspendit par une ordonnance l'exercice des autres magistratures jusqu'à ce qu'on eût voté sur la loi. Il mit son sceau personnel sur le temple de Saturne pour empêcher les questeurs d'y rien prendre et d'y rien apporter, et il fit proclamer que ceux des préteurs qui désobéiraient seraient frappés d'une amende, de sorte que tous les magistrats, effrayés, cessèrent d'exercer la fonction propre à chacun d'eux. 9 De leur côté, les propriétaires prirent des habits de deuil et parcoururent ainsi le Forum avec des mines humiliées et pitoyables ; ils conspiraient en secret contre Tiberius et recrutèrent des tueurs pour l'assassiner ; c'est pourquoi, quant à lui, sans se cacher de personne, il porta sur lui une de ces armes de brigand qu'on appelle *dolons*.

11. 1 Quand le jour du vote fut venu, Tiberius appela le peuple à se prononcer, mais les riches enlevèrent les urnes, et il s'ensuivit une grande confusion. 2 Cependant les partisans de Tiberius étaient assez nombreux pour avoir raison des opposants par la force et ils se groupaient dans cette intention, lorsque Manlius et Fulvius, personnages consulaires, se jetèrent aux genoux de Tiberius, lui prirent les mains, et le supplièrent en pleurant de s'arrêter. 3 Et lui, comprenant que ce qui allait se passer deviendrait vite très grave, et par déférence pour ces deux hommes, il leur demanda ce qu'ils voulaient qu'il fît. Ils répondirent qu'ils n'étaient pas compétents pour le conseiller dans une affaire si importante, et en le priant avec insistance, le persuadèrent d'en référer au sénat. 4 Le sénat s'assembla donc, mais il n'aboutit à rien, parce que les riches étaient influents dans son sein. Alors Tiberius eut recours à un acte illégal et violent, qui consistait à déposer Octavius de sa charge, car il ne voyait plus d'autre moyen de faire voter la loi. 5 Et tout d'abord il conjura publiquement Octavius, avec des paroles pleines de bonté et en lui prenant les mains, de céder et d'accorder cette grâce au peuple, qui ne demandait rien que de juste et ne recevrait qu'un mince dédommagement en échange de si grands travaux et de si grands dangers. 6 Octavius rejetant cette requête, Tiberius déclara : « Puisqu'il est impossible que deux magistrats d'égal pouvoir, en désaccord sur d'importantes affaires, terminent sans guerre le temps de leurs fonctions, je ne vois qu'un seul remède à cette situation : c'est de retirer sa charge à l'un des deux », 7 et en conséquence il demanda à Octavius de faire voter le peuple sur lui-même, Tiberius, le premier, disant qu'il descendrait aussitôt de la tribune pour redevenir un simple citoyen, si le peuple en décidait ainsi. 8 Octavius refusant, il dit qu'il ferait voter le peuple sur lui, si, après réflexion, il ne changeait pas d'avis.

12. 1 Là-dessus, il congédia l'assemblée. Le lendemain, le peuple s'étant à nouveau réuni, il monta à la tribune et essaya encore une fois de persuader Octavius. Celui-ci demeurant inflexible, il proposa une loi qui lui ôtait le tribunat, et il appela aussitôt les citoyens à voter. 2 Sur les trente-cinq tribus, dix-sept avaient déjà approuvé la proposition, et il suffisait du vote d'une seule de plus pour qu'Octavius redevînt un simple particulier. Tiberius fit alors suspendre les opérations et se remit à implorer Octavius ; il le serrait dans ses bras et lui donnait des baisers sous les yeux du peuple, en le suppliant, en le conjurant de ne pas se laisser imposer à lui-même une telle humiliation et de ne pas le charger, lui, Tiberius, de la responsabilité d'une mesure si pénible et si mortifiante.

3 On dit qu'Octavius ne resta pas tout à fait impassible et insensible à ces prières, que ses yeux se remplirent de larmes et qu'il garda longtemps le silence ; 4 mais, ses regards s'étant portés du côté des riches et des propriétaires qui s'étaient groupés, il parut avoir honte et, craignant d'être décrié par eux, il s'exposa au pire, non sans noblesse, en disant à Tiberius : « Fais ce qui te semble bon. » 5 La loi fut donc ratifiée, et Tiberius ordonna à l'un de ses affranchis d'arracher Octavius de la tribune (il employait ses propres affranchis comme appariteurs), ce qui rendit plus pitoyable encore le spectacle d'Octavius entraîné de force. 6 Le peuple s'élança sur lui, mais les riches accoururent et étendirent les bras pour le protéger ; Octavius ne fut sauvé et arraché à la foule qu'à grand-peine. Un esclave fidèle qui s'était placé devant lui pour le couvrir eut les yeux crevés, en dépit de Tiberius qui, dès qu'il se fut aperçu de ce qui se passait, était descendu en hâte de la tribune pour arrêter la bagarre.

13. 1 À la suite de ces incidents la loi agraire fut votée, et l'on choisit trois hommes pour décider du recensement et de la répartition des terres, Tiberius lui-même, Appius Claudius, son beau-père, et Caïus Gracchus, son frère, qui était absent de Rome et servait sous Scipion à Numance. 2 La fin de cette affaire ayant eu lieu sans trouble ni opposition, Tiberius fit en outre élire tribun, à la place d'Octavius, non pas un personnage en vue, mais un certain Mucius, son client. Indignés de tout cela et redoutant l'accroissement de la puissance de Tiberius, les nobles le traitèrent outrageusement au sénat : 3 comme il demandait qu'on lui fournît aux frais de l'État, suivant l'usage, une tente qu'il aurait à sa disposition lors de la distribution des terres, on la lui refusa, alors qu'on l'avait souvent accordée à d'autres pour des missions moins importantes, et on lui alloua pour ses dépenses neuf oboles par jour, sur la proposition de Publius Nasica, qui s'abandonnait sans retenue à sa haine contre Tiberius, parce qu'il possédait beaucoup de terres publiques et qu'il supportait mal d'être obligé d'en sortir. 4 Cependant le peuple s'enflammait encore davantage. Un ami de Tiberius était mort subitement et des taches suspectes étaient apparues sur son cadavre ; les gens se précipitèrent en criant qu'il avait été empoisonné et s'assemblèrent pour ses obsèques ; ils portèrent le lit funèbre et assistèrent à la sépulture. Et ce n'était pas sans raison, semble-t-il, qu'ils soupçonnaient un empoisonnement, 5 car le corps éclata, et il en jaillit une si grande quantité d'humeurs fétides qu'elles éteignirent la flamme ; on en approcha une autre, qui ne brûla pas davantage avant qu'on eût transféré le corps à un autre endroit, et ce ne fut qu'à grand-peine et après beaucoup d'efforts qu'on put enfin faire prendre le feu. 6 Pour exciter encore plus la foule à cet égard, Tiberius revêtit ses habits de deuil, et, amenant ses enfants au Forum, il demanda au peuple de veiller sur eux et sur leur mère, comme s'il désespérait lui-même de son salut.

Nouveaux projets de lois. – **14.** 1 Attale Philomètor étant mort, Eudème de Pergame apporta un testament qui instituait comme héritier du roi le peuple romain. Aussitôt Tiberius proposa en faveur du peuple une loi stipulant que l'argent du roi qui était apporté serait distribué aux citoyens à qui le sort avait fait attribuer des terres, pour leurs premiers frais d'installation et de culture du sol ; 2 quant aux villes qui faisaient partie du royaume d'Attale, il déclara que le sénat n'avait pas le droit d'en délibérer et qu'il en référerait lui-même au peuple. 3 Cette attitude blessa le sénat au plus haut point, et Pompeius se leva pour dire qu'étant voisin de Tiberius, il savait qu'Eudème de Pergame lui avait fait don de la pourpre et du diadème royaux, comme s'il devait régner sur Rome. 4 Puis Quintus Metellus s'en prit à Tiberius en ces termes : « Lorsque ton père était censeur, chaque fois qu'il rentrait chez lui après dîner, les citoyens éteignaient leurs lumières, pour qu'il ne vît pas qu'ils prolongeaient outre mesure leurs festins et leurs beuveries ; toi, au contraire, tu te fais éclairer la nuit par les gueux les plus impudents ! » 5 Titus Annius, homme qui n'était ni juste ni sage, mais qui passait pour imbattable dans les discussions menées par questions et réponses, mit Tiberius au défi de prouver qu'il avait agi selon les lois en destituant son collègue, qui était sacré et inviolable. 6 Il y eut un grand tumulte ; Tiberius bondit, assembla le peuple et donna l'ordre d'amener Annius, qu'il voulait mettre en accusation. 7 Annius, qui lui était très inférieur en éloquence et en réputation, eut recours à sa subtilité habituelle et le pria de répondre avant le débat à quelques petites questions. 8 Tiberius lui permettant de l'interroger, le silence se fit, et Annius dit : « Si tu veux m'enlever mes droits de citoyen et me déshonorer, et si, moi, j'en appelle à un de tes collègues, que celui-ci se lève pour me venir en aide, et que tu te mettes en colère, le priveras-tu de sa charge ? » 9 On dit que cette demande embarrassa Tiberius au point que lui qui, plus qu'aucun autre, avait la parole facile et était résolu et hardi, il garda le silence.

15. 1 Il congédia alors l'assemblée, mais, sentant que la déposition d'Octavius était celui de ses actes politiques qui avait le plus heurté, non seulement les notables, mais aussi le peuple (parce qu'il semblait avoir outragé et réduit à rien la puissance tribunicienne maintenue jusqu'à ce jour-là dans sa grandeur et son éclat), il fit un long discours au peuple. Il n'est pas hors de propos de citer quelques-uns de ses arguments pour donner une idée de la force persuasive de son éloquence. 2 « Le tribun, disait-il, est sacré et inviolable, parce qu'il est consacré au peuple et le défend. Si donc, ayant changé de conduite, il lèse le peuple, amoindrit sa puissance et l'empêche de voter, il se prive lui-même de sa charge en ne faisant pas ce pour quoi il l'a reçue. 3 Il faudra le laisser, étant tribun, saper le Capitole et incendier l'arsenal : s'il agit ainsi, certes, il est un mauvais tribun, mais, s'il détruit l'autorité du peuple, il n'est plus tribun du tout. 4 Comment ne serait-il pas exorbitant qu'un tribun puisse arrêter un consul et que le peuple ne puisse ôter au tribun sa fonction, quand il en use contre celui qui la lui a confiée ? Car c'est le peuple qui choisit également le consul et le tribun. 5 La royauté concentrait en elle tous les pouvoirs et elle était consacrée à la divinité par les plus grandes cérémonies du culte, et pourtant la ville chassa Tarquin à cause de ses crimes, et ce pouvoir traditionnel, auquel Rome avait dû d'être fondée, fut aboli à cause de l'injustice d'un seul homme. 6 Qu'y a-t-il dans Rome d'aussi saint et d'aussi vénérable que les vierges qui entretiennent et gardent le feu perpétuel ? Et pourtant, si l'une d'elles vient à faillir, elle est enterrée vivante, car, en offensant les dieux, elles perdent l'inviolabilité qu'elles ne possèdent qu'à cause des dieux. 7 Il n'est donc pas juste non plus qu'un tribun qui fait tort au peuple conserve l'inviolabilité qui est la sienne à cause du peuple, puisqu'il tente alors de détruire la puissance dont il tire la sienne. Et si c'est à juste titre qu'il tient son tribunat de la majorité du vote des tribus, comment n'en serait-il pas dépouillé plus justement encore par l'unanimité des suffrages ? 8 Rien n'est si saint et inviolable que les ex-voto offerts aux dieux, et cependant personne n'a jamais empêché le peuple d'en disposer, de les faire bouger et de les transférer à sa guise ; il lui était donc permis de transférer le tribunat à un autre, comme s'il s'agissait d'un ex-voto. 9 Ce qui prouve clairement que le tribunat n'est pas inviolable ni inamovible, c'est que souvent des tribuns, spontanément, ont demandé à en être déchargés et s'en sont démis. »

Tiberius brigue un second tribunat. – **16.** 1 Tels étaient les principaux points du discours par lequel Tiberius tenta de se justifier. Ses amis, en voyant les menaces de ses adversaires ligués contre lui, estimèrent qu'il devait briguer un second tribunat pour l'année suivante. Dès lors il chercha de nouveau à se concilier la foule par d'autres lois, qui abrégeaient la durée du service militaire, donnaient le droit d'en appeler au peuple des sentences judiciaires, adjoignaient aux juges d'alors, qui étaient des sénateurs, des chevaliers en nombre égal et amoindrissaient de toute manière la puissance du sénat ; il agissait ainsi par colère et par esprit d'émulation, plutôt qu'en vue de la justice et du bien public. 2 Comme on votait, ses amis s'aperçurent que leurs adversaires l'emportaient (car le peuple n'était pas là au complet). Ils se mirent alors à invectiver contre les autres tribuns, afin de gagner du temps, puis ils congédièrent l'assemblée en lui ordonnant de tenir séance le lendemain. 3 Tiberius descendit d'abord au Forum ; le visage abattu et les yeux pleins de larmes, il suppliait le peuple. Puis il dit qu'il craignait que ses ennemis ne vinssent forcer sa maison pendant la nuit pour le tuer, et il émut tellement les gens que beaucoup campèrent autour de sa maison et la gardèrent toute la nuit.

17. 1 Au point du jour arriva l'homme qui apportait les poulets servant à la divination, et il leur présenta leur nourriture. Mais l'homme eut beau secouer fortement la cage, ils ne sortirent pas, sauf un seul, qui d'ailleurs ne toucha même pas à la nourriture, mais leva l'aile gauche, étendit la patte et rentra dans la cage. 2 Ce présage en rappela à Tiberius un autre, qui était antérieur : il avait un casque qu'il portait dans les combats, remarquablement beau et orné ; des serpents s'y glissèrent sans qu'on les vît, y déposèrent leurs œufs et les firent éclore. C'est pourquoi Tiberius fut encore plus troublé par le présage des poulets. 3 Néanmoins il voulut sortir de chez lui en apprenant que le peuple était assemblé en haut, auprès du Capitole, mais, avant d'être dehors, il heurta le seuil, et le coup fut si violent qu'il se fendit l'ongle du gros orteil et que le sang coula à travers sa chaussure. 4 À peine avait-il fait quelques pas que l'on vit à sa gauche des corbeaux se battre sur un toit, et, bien qu'il y eût, comme on peut le croire, beaucoup de gens qui passaient là en même temps que lui, une pierre, poussée par un des corbeaux, tomba juste à ses pieds. 5 Ce nouveau signe arrêta même les plus hardis de ceux qui l'entouraient, mais Blossius de Cumes, qui était présent, dit que ce serait le comble de la honte et de l'indignité si Tiberius, fils de Gracchus, petit-fils de Scipion l'Africain et chef du peuple romain, refusait, par crainte d'un corbeau, de se rendre à l'appel des citoyens : 6 au lieu de tourner cette pusillanimité en dérision, disait Blossius, les ennemis de Tiberius crieraient devant le peuple que c'est là le fait d'un tyran qui manifeste son dédain. En même temps, plusieurs messagers envoyés par les amis de Tiberius qui étaient au Capitole accoururent pour le presser de se hâter en assurant que là-bas tout allait bien. 7 Et tout d'abord on y fit à Tiberius un brillant accueil ; dès qu'il parut, il souleva des acclamations amicales ; tandis qu'il montait, on le reçut avec empressement et l'on se rangea autour de lui, pour qu'aucun inconnu ne pût l'approcher.

***La mort.* – 18.** 1 De nouveau Mucius se mit à appeler les tribus à voter, mais il ne put mener à bonne fin la procédure habituelle à cause du tumulte provoqué par les derniers venus, qui, étant poussés et poussant, voulaient pénétrer de force dans les rangs de ceux qui étaient en face d'eux. 2 À ce moment, Fulvius Flaccus, membre du sénat, comme sa voix ne pouvait parvenir jusqu'à Tiberius, se plaça en évidence et lui fit signe de la main qu'il voulait lui dire un mot en particulier. 3 Tiberius ordonna à la foule de s'écarter. Flaccus, non sans peine, monta auprès de lui et lui annonça qu'à la séance du sénat les riches, ne pouvant y décider le consul, avaient résolu de le tuer eux-mêmes, et qu'ils avaient dans cette intention beaucoup d'amis et d'esclaves en armes.

19. 1 Lorsque Tiberius eut communiqué cette nouvelle à ceux qui l'entouraient, ils roulèrent leurs toges autour de la ceinture, et, brisant les piques des appariteurs, qui servent à contenir la foule, ils s'en partagèrent les tronçons pour se défendre contre les assaillants. 2 Ceux qui étaient plus loin, étonnés de ce qui se passait, cherchaient à savoir. Alors Tiberius porta la main à sa tête pour leur indiquer le péril qui le menaçait, car sa voix ne pouvait les atteindre. 3 Ses adversaires, voyant ce geste, coururent annoncer au sénat que Tiberius demandait un diadème, la preuve étant qu'il touchait sa tête de la main. Ce fut au sénat un tumulte général ; Nasica somma le consul de sauver la république et d'anéantir le tyran. 4 Le consul répondit avec douceur qu'il ne prendrait pas l'initiative de la violence et qu'il ne ferait périr aucun citoyen sans jugement, que toutefois, si le peuple, persuadé ou contraint par Tiberius, votait une mesure illégale, il ne la ratifierait point. 5 Alors Nasica bondit et s'écria : « Puisque le premier magistrat trahit la ville, vous qui voulez sauvegarder les lois, suivez-moi ! » En disant cela, il se couvrit la tête d'un pan de sa toge et marcha vers le Capitole. 6 Tous ceux qui le suivaient, la toge enroulée autour du bras, poussaient ceux qui leur faisaient obstacle, mais personne n'opposait de résistance à des personnages d'un si haut rang : tous s'écartaient et tombaient les uns sur les autres. 7 Les gens de la suite des sénateurs apportaient de chez eux des massues et des bâtons, 8 et les sénateurs eux-mêmes, s'armant des morceaux et des pieds des bancs brisés par la foule en fuite, montèrent jusqu'à Tiberius en frappant ceux qui étaient placés devant lui. 9 Ce fut une déroute et un massacre. Tiberius lui-même voulut s'enfuir ; quelqu'un l'ayant saisi par sa toge, il la lâcha et courut en tunique, mais il glissa et tomba sur certains de ceux qui étaient renversés devant lui. 10 Il se relevait lorsque, le premier, sous les yeux de tous, l'un de ses collègues, Publius Satureius, le frappa à la tête avec le pied d'un banc. Le second coup qu'il reçut fut revendiqué par Lucius Rufus, qui s'en vantait comme d'un glorieux exploit. Quant aux partisans de Tiberius, il en périt plus de trois cents, tués à coups de bâtons et de pierres, aucun avec le fer.

20. 1 On dit que cette sédition fut à Rome, depuis l'abolition de la royauté, la première qui s'achevât dans le sang et par le meurtre de citoyens : les autres, bien qu'étant graves et portant sur de graves sujets, avaient pris fin par les concessions mutuelles que faisaient les puissants parce qu'ils craignaient le peuple, et le peuple parce qu'il respectait le sénat. 2 Il paraissait même qu'à ce moment Tiberius aurait abandonné la lutte sans difficulté, si on le lui eût demandé, et qu'il aurait cédé plus facilement encore, si ses adversaires s'étaient abstenus de frapper et de tuer, car il n'avait pas plus de trois mille hommes autour de lui. 3 Mais il semble que la colère et la haine des riches contribuèrent plus que les motifs qu'ils mirent en avant au complot ourdi contre lui ; une grande preuve en est l'injuste cruauté avec laquelle ils outragèrent son cadavre, 4 car ils ne permirent pas à son frère, qui les en priait, d'emporter le corps et de l'ensevelir de nuit ; ils le jetèrent au fleuve avec les autres cadavres. Et ils ne s'en tinrent pas là : ils bannirent sans jugement nombre de ses amis, arrêtèrent les autres et les firent périr, notamment le rhéteur Diophanès, qui perdit ainsi la vie. 5 Ils enfermèrent un certain Caïus Villius dans un sac où l'on avait mis des vipères et d'autres serpents pour le faire mourir. Quant à Blossius de Cumes, il fut amené devant les consuls. Interrogé sur les événements, il reconnut qu'il avait agi en tout sur l'ordre de Tiberius. 6 « Et si Tiberius t'avait ordonné de mettre le feu au Capitole ? » lui demanda Nasica. Il répondit d'abord que Tiberius ne lui aurait pas donné cet ordre, puis, comme plusieurs autres lui posaient à mainte reprise la même question : « Eh bien ! dit-il, s'il me l'avait commandé, j'aurais cru bien de le faire, car Tiberius ne l'aurait pas commandé, si cela n'avait pas été utile au peuple. » 7 Blossius se tira d'affaire ; plus tard il se rendit en Asie auprès d'Aristonicos et, quand celui-ci eut perdu la partie, il se donna la mort.

21. 1 Le sénat, pour calmer le peuple dans les circonstances présentes, ne s'opposa plus au partage des terres, et il proposa à l'assemblée de choisir un commissaire pour remplacer Tiberius. 2 On passa au vote et l'on élut Publius Crassus, qui était allié aux Gracques, sa fille Licinia ayant épousé Caïus Gracchus. 3 Cornelius Nepos, il est vrai, prétend que Caïus avait épousé, non pas la fille de Crassus, mais celle de Brutus, qui triompha des Lusitaniens ; cependant la plupart des historiens sont d'accord avec ce que nous venons d'écrire. 4 Comme le peuple, affligé par la mort de Tiberius, attendait visiblement l'occasion de la venger, et que déjà l'on se préparait à intenter des procès à Nasica, le sénat, craignant pour celui-ci, décréta sans nécessité aucune de l'envoyer en Asie. 5 Et, de fait, les gens qui le rencontraient ne cachaient pas leur animosité à son égard ; sa vue, quand ils l'apercevaient, ne manquait pas de les exaspérer et de les faire crier en l'appelant un maudit, un tyran qui avait souillé par le meurtre d'un homme inviolable et sacré le sanctuaire le plus saint et le plus vénérable de la ville. 6 C'est ainsi que Nasica s'échappa hors de l'Italie, bien qu'il fût attaché aux cérémonies religieuses les plus importantes, étant le plus grand et le premier des pontifes. Errant misérablement çà et là en terre étrangère, il mourut peu de temps après à Pergame. 7 Il ne faut pas s'étonner que le peuple ait tellement haï Nasica, puisque Scipion l'Africain, l'homme que les Romains semblent avoir aimé à plus juste titre et plus qu'aucun autre, faillit se voir privé et dépossédé de l'affection du peuple parce que, quand il apprit à Numance la mort de Tiberius, il dit aussitôt à haute voix ce vers d'Homère : « Périsse comme lui qui voudrait l'imiter ! » 8 Dans la suite, comme Caïus et Fulvius lui demandaient dans une assemblée du peuple ce qu'il pensait de la mort de Tiberius, il donna une réponse dans laquelle il désapprouvait la politique du tribun. Dès lors le peuple, quand il parlait, se mit à protester, ce qu'il n'avait jamais fait auparavant, et Scipion se laissa emporter à injurier la foule. 9 Cela est rapporté en détail dans notre biographie de Scipion.

Caïus Gracchus

Débuts de Caïus. – **1.** 1 Caïus Gracchus, au début, soit par crainte des adversaires, soit pour amasser la haine contre eux, se tint éloigné du Forum et vécut tranquille chez lui, en homme qui pour le moment demeure dans l'obscurité et qui a l'intention de vivre dans l'avenir à l'écart des affaires. C'est au point qu'il fournit un prétexte à certaines gens pour dire qu'il désapprouvait et rejetait la politique de Tiberius. 2 Il était d'ailleurs tout jeune, car il avait neuf ans de moins que son frère, et celui-ci n'avait pas trente ans quand il mourut. 3 Mais le temps révéla peu à peu son caractère ennemi de l'oisiveté, de la paresse, de la boisson et du lucre. Ses exercices oratoires lui préparaient des ailes permettant de voler rapidement vers la politique, et l'on vit bien qu'il ne mènerait pas une vie inactive : Vettius, un de ses amis, ayant été cité en justice, il le défendit, et il souleva l'enthousiasme et les transports de joie du peuple en faisant voir que les autres orateurs n'étaient auprès de lui que des enfants. Dès lors les nobles furent à nouveau saisis par la peur, et ils ne parlaient entre eux que des moyens d'empêcher Caïus de parvenir au tribunat. 4 Il arriva par hasard que le sort le désigna pour aller en Sardaigne comme questeur du consul Orestes, ce qui fit plaisir à ses ennemis et ne lui déplut pas, 5 car, doué pour la guerre et non moins exercé au métier des armes qu'aux procès, et, de plus, redoutant la politique et la tribune, mais ne pouvant résister à l'appel du peuple et de ses amis, il envisagea avec beaucoup de plaisir ce séjour à l'étranger. 6 Cependant c'est une opinion fort répandue qu'il était un pur démagogue et qu'il recherchait la popularité beaucoup plus ardemment que Tiberius, mais telle n'est pas la vérité, et il paraît s'être jeté dans la politique par suite d'une certaine nécessité plutôt que par un choix délibéré. 7 Même, l'orateur Cicéron raconte ceci : alors que Caïus fuyait toute espèce de charge et avait pris le parti de rester en repos, son frère lui apparut en songe et, lui adressant la parole : « Pourquoi, Caïus, tardes-tu donc ? dit-il. Tu ne peux t'y soustraire : il n'y a pour nous deux qu'une seule vie et une seule mort, que le destin nous impose pour la défense du peuple. »

2. 1 En Sardaigne Caïus donna toute sorte de preuves de son mérite : il se montra de beaucoup supérieur à tous les jeunes gens par sa valeur dans les combats contre l'ennemi, par sa justice envers ses subordonnés, par son dévouement et sa déférence pour son général, et il surpassa même ses aînés en tempérance, en simplicité et en application à la tâche. 2 Comme l'hiver était rude et malsain en Sardaigne, le général demanda aux villes des vêtements pour ses soldats, mais celles-ci envoyèrent une délégation à Rome pour être dispensées de cette charge ; 3 le sénat ayant fait droit à leur requête et ordonnant au général de trouver d'autres moyens pour couvrir ses troupes, le chef se vit dans un grand embarras et les soldats continuèrent à souffrir. Alors Caïus parcourut les cités et fit si bien qu'elles envoyèrent d'elles-mêmes des vêtements pour venir en aide aux Romains. 4 Cette nouvelle apportée à Rome fut interprétée comme annonçant une tendance à la démagogie et troubla encore davantage le sénat. 5 En premier lieu, des ambassadeurs venus de Libye, d'auprès du roi Micipsa, étant arrivés à Rome et disant que le roi, par égard pour Caïus Gracchus, envoyait du blé en Sardaigne au général, le sénat en fut si mécontent qu'il les congédia. 6 En second lieu, il décréta qu'on remplacerait les troupes de Sardaigne, mais qu'Orestes y resterait ; il comptait bien que Caïus y demeurerait aussi en raison de sa charge. 7 Mais, aussitôt que Caïus eut appris cette décision, il s'embarqua sous le coup de la colère. Lorsqu'on le vit arriver à Rome contre toute attente, non seulement il fut mis en accusation par ses ennemis, mais le peuple lui-même trouva étrange qu'étant questeur il eût abandonné son chef. 8 Traduit pour ce motif devant les censeurs, il demanda la parole et changea si bien les dispositions des auditeurs que, lorsqu'il se retira, ils étaient convaincus qu'il avait été victime d'une très grande injustice. 9 Il dit qu'il avait servi douze ans, alors que les autres s'en tenaient aux dix années obligatoires, qu'étant questeur il était resté trois ans auprès de son général, alors que la loi l'autorisait à revenir au bout d'un an, 10 que, seul de toute l'armée, il avait rapporté vide une bourse qu'il avait emportée pleine, tandis que les autres, après avoir bu le vin qu'ils avaient apporté dans des amphores, étaient revenus à Rome avec ces amphores pleines d'argent et d'or.

Caïus tribun du peuple. – **3.** 1 On lui intenta ensuite d'autres procès ; on l'accusa notamment d'avoir entraîné les alliés à la défection et d'avoir trempé dans la conspiration découverte à Frégelles. 2 Mais il dissipa tout soupçon et prouva son innocence, puis se mit aussitôt à briguer le tribunat. Les notables se liguèrent tous ensemble contre lui, mais la foule afflua d'Italie en si grand nombre dans la ville pour soutenir sa candidature que beaucoup de gens ne trouvèrent pas à se loger et que le Champ de Mars ne put contenir cette multitude, en sorte que certains faisaient entendre leurs voix du haut des toits, parmi les tuiles. 3 Tout ce que les riches purent faire pour contrecarrer le peuple et tromper les espoirs de Caïus, c'est qu'au lieu d'être proclamé le premier, comme il s'y attendait, il ne fut nommé que le quatrième ; 4 cependant, à peine en fonction, il fut aussitôt le premier de tous, puissant par la parole autant qu'aucun autre, et tirant de son malheur une grande liberté de langage pour déplorer la mort de son frère. 5 Car c'est là qu'à tout propos il ramenait le peuple, en évoquant le passé et en mettant en parallèle la conduite des ancêtres, qui avaient fait la guerre aux Falisques parce que ceux-ci avaient insulté un tribun, Genucius, et qui avaient condamné à mort Caïus Veturius, parce que, seul, il n'avait point cédé le pas à un tribun qui traversait le Forum. 6 « Et c'est sous vos yeux, dit-il, que ces individus ont assommé Tiberius à coups de bâtons, que son cadavre a été traîné du Capitole à travers la ville pour être jeté au fleuve, et que ceux de ses amis que l'on a pris ont été mis à mort sans jugement. 7 Et pourtant c'est chez nous un usage ancestral que, lorsqu'un homme accusé d'un crime capital ne comparaît pas, un trompette se rende à sa porte dès l'aube et l'appelle au son de son instrument, les juges ne pouvant prononcer auparavant leur sentence. Tant nos pères étaient prudents et circonspects dans les jugements ! »

4. 1 Après avoir secoué le peuple par de tels propos (il parlait d'une voix très haute et très forte), il présenta deux lois, portant, l'une, que, si le peuple ôtait sa charge à un magistrat, celui-ci ne pourrait plus en obtenir une nouvelle ; l'autre, que, si un magistrat bannissait un citoyen sans procès, le peuple aurait le droit de le juger. 2 La première de ces lois, s'appliquant directement à Marcus Octavius, le privait de ses droits, puisque Tiberius l'avait fait démettre du tribunat ; l'autre atteignait Popillius, qui, étant consul, avait banni les amis de Tiberius. 3 Popillius, sans attendre le jugement, s'enfuit d'Italie. Quant à la première loi, Caïus la retira de lui-même en disant que sa mère Cornelia lui avait demandé de faire grâce à Octavius. 4 Le peuple y consentit avec joie par égard pour Cornelia, qu'il honorait autant à cause de ses enfants qu'à cause de son père, et plus tard il lui éleva même une statue de bronze avec cette inscription : « Cornelia, mère des Gracques ». 5 On rapporte également de Caïus plusieurs traits d'une éloquence populaire qu'il lança à l'un de ses ennemis pour défendre sa mère : « Toi, dit-il, tu insultes Cornelia, qui mit au monde Tiberius ! » 6 Et comme l'insulteur passait pour un efféminé : « De quel droit oses-tu te comparer à Cornelia ? As-tu enfanté comme elle ? Cependant tous les Romains savent que, femme, elle a été plus longtemps que toi, homme, sans mari. » Tel était le caractère mordant de son langage, et l'on pourrait extraire de ses écrits beaucoup de passages analogues.

5. 1 Parmi les lois qu'il proposa pour favoriser le peuple et abaisser le sénat, l'une était domaniale et partageait entre les pauvres les terres publiques. Une autre concernait le service militaire et ordonnait d'habiller les soldats aux frais du Trésor, sans pour autant rien retrancher de leur solde à ceux qui faisaient campagne ; elle interdisait aussi d'enrôler un homme âgé de moins de dix-sept ans. 2 Une troisième visait les alliés et accordait aux Italiotes le même droit de vote qu'aux citoyens. Une quatrième avait trait aux céréales et rendait l'achat du blé moins onéreux pour les pauvres. Une cinquième, relative à la justice, enlevait au sénat la plus grande partie de ses prérogatives judiciaires : 3 comme les sénateurs étaient seuls juges des procès et par là redoutables au peuple et aux chevaliers, Caïus adjoignit aux trois cents membres du sénat trois cents chevaliers, et désormais les procès furent jugés en commun par les six cents.

4 En proposant cette loi, il prit, dit-on, toutes dispositions d'une façon remarquable, et, notamment, tandis qu'avant lui tous les orateurs regardaient vers le sénat et ce qu'on appelle le comice, il fut le premier à parler en se tournant au-dehors vers le Forum, et c'est ce qui fut toujours fait depuis. Par cette petite déviation et modification d'attitude, il opéra une grande révolution : il fit en quelque sorte passer le régime politique de l'aristocratie à la démocratie, en montrant que les orateurs devaient avoir en vue le peuple, et non pas le sénat.

6. 1 Non content d'approuver cette loi, le peuple confia même à Caïus le soin de choisir les juges pris parmi les chevaliers, ce qui l'investit d'une sorte de pouvoir monarchique, au point que même le sénat accepta ses avis ; mais, dans les conseils qu'il donna, il ne proposa jamais que ce qui convenait à la dignité de cette assemblée. 2 Tel fut par exemple le décret très modéré et très beau qu'il présenta à propos du blé envoyé d'Espagne par le propréteur Fabius : il persuada au sénat de vendre ce blé, d'envoyer l'argent aux villes et de blâmer en outre Fabius de rendre la domination romaine insupportable et odieuse. Cet acte valut à Caïus dans les provinces une grande renommée et beaucoup d'affection. 3 Il proposa aussi de fonder des colonies, de construire des routes et d'établir des greniers à blé. Il prit lui-même la direction et la surveillance de toutes ces entreprises, et, loin de succomber sous tant de tâches considérables, il les menait à bien avec une activité et une rapidité admirables, comme si chacune de celles dont il s'occupait était la seule, en sorte que ceux-là mêmes qui le craignaient et le haïssaient le plus étaient stupéfaits de le voir achever et mener à terme tout ce dont il se chargeait. 4 Le peuple, quant à lui, admirait aussi le spectacle même qu'offrait la foule qui dépendait de lui : entrepreneurs, ouvriers, ambassadeurs, magistrats, soldats et lettrés. Il parlait à tous avec aménité, sans que sa cordialité lui fît rien perdre de sa dignité, et en traitant chacun avec les égards qui lui revenaient en propre. Il faisait voir ainsi la méchanceté des calomniateurs qui le représentaient comme un homme redoutable, tout à fait grossier ou violent. 5 Tant il savait se rendre populaire par sa conversation familière et ses actes plus encore que par ses discours à la tribune !

7. 1 Il s'attacha particulièrement à la construction des routes, en veillant tout ensemble à l'utilité, à l'agrément et à la beauté. Il les fit tracer toutes droites et fermes à travers les terres, et paver de pierres polies solidement reliées par du sable entassé entre elles. 2 Il fit combler ou traverser par des ponts les dépressions formées par les ravins ou les torrents, et obtint ainsi une hauteur égale et parallèle des deux côtés, de façon que l'ouvrage, parfaitement égal, présentât partout un bel aspect. 3 En outre, il mesura chaque route par milles (le mille vaut près de huit stades), et fit dresser des colonnes de pierre indiquant les distances. 4 Il fit placer enfin aux deux bords de la route d'autres pierres moins éloignées les unes des autres, pour permettre aux cavaliers d'enfourcher facilement leur monture sans avoir besoin d'écuyer.

8. 1 En conséquence le peuple portait Caïus aux nues, et était prêt à tout faire pour lui témoigner son dévouement. Un jour, au cours d'une harangue, Caïus annonça qu'il demanderait aux citoyens une faveur qu'il mettait au-dessus de tout, tout en se gardant de leur faire aucun reproche s'il ne l'obtenait pas. On comprit ces mots comme exprimant le souhait de devenir consul, et tout le monde crut qu'il allait briguer à la fois le consulat et le tribunat. 2 Mais, la date des élections consulaires étant arrivée, on le vit, au milieu de l'attente générale, amener Caïus Fannius au Champ de Mars et soutenir avec ses amis la candidature de celui-ci. C'était là un appoint considérable pour Fannius, qui fut élu consul. Lui-même fut nommé tribun pour la seconde fois, sans avoir postulé ni brigué cette charge, par la seule faveur du peuple. 3 Cependant, voyant que le sénat lui était devenu franchement hostile, et que l'amitié de Fannius pour lui s'émoussait, il s'attacha de nouveau le peuple par d'autres lois : il proposa d'envoyer des colonies à Tarente et à Capoue et appela les Latins à participer au droit de cité.

Déclin de Caïus. – 4 Alors le sénat, craignant qu'il ne devînt tout à fait invincible, essaya de détourner de lui le peuple par un moyen nouveau et sans précédent : ce fut de capter à son tour la faveur de la foule en lui complaisant à l'encontre du bien public. 5 Il y avait parmi les collègues de Caïus un homme qui ne le cédait par la naissance et l'éducation à aucun des Romains, Livius Drusus ; par son caractère, son éloquence et sa richesse il pouvait rivaliser sur tous ces points avec les citoyens les plus considérés et les plus puissants. 6 C'est à lui que les principaux notables eurent recours ; ils l'invitèrent à se joindre à eux pour s'en prendre à Caïus, mais sans violence et sans heurter la foule, en gouvernant au contraire de manière à plaire à celle-ci et à lui faire des concessions qu'il eût été convenable de lui refuser en s'attirant sa haine.

8. 1 Dans ce dessein, Livius mit donc son tribunat à la disposition du sénat, et proposa des lois sans tenir compte du bien, ni de l'utile, mais en songeant uniquement à surpasser Caïus en faveurs et complaisances à l'égard de la multitude et à lutter avec lui de zèle et d'empressement, comme dans une comédie. 2 Par là le sénat laissa voir très clairement que ce n'étaient pas tellement les actes politiques de Caïus qu'il réprouvait, mais que c'était l'homme lui-même qu'il voulait absolument abattre ou rabaisser. 3 Caïus avait proposé l'envoi de deux colonies en faisant appel aux citoyens les plus honnêtes, et on l'avait accusé de démagogie ; Livius proposa d'en créer douze en envoyant trois mille indigents dans chacune d'elles, et les sénateurs l'appuyèrent. 4 Caïus avait distribué des terres aux pauvres en astreignant chacun à verser une redevance au trésor public, et l'on s'était indigné en disant qu'il flagornait le peuple ; Livius dégreva les exploitants de cette imposition, et ils l'approuvèrent. 5 Ils avaient aussi trouvé mauvais que Caïus accordât l'égalité de suffrage aux Latins, et ils soutinrent la loi par laquelle Livius interdisait de frapper de verges un Latin, fût-ce même à l'armée. 6 D'ailleurs Livius ne manquait pas de dire lui-même dans ses harangues que les mesures proposées par lui l'étaient en accord avec le sénat, plein de sollicitude pour la foule. Il n'y eut du reste que cela d'utile dans sa politique : 7 le peuple se montra plus doux à l'égard du sénat ; alors qu'auparavant il suspectait et détestait les nobles, Livius diminua et apaisa cette rancune et cette hostilité, en faisant croire que c'était à l'instigation du sénat qu'il voulait plaire au peuple et le satisfaire.

10. 1 Ce qui inspira la plus grande confiance dans le dévouement et la justice de Drusus à l'égard du peuple, c'est que visiblement il ne proposait rien pour lui-même et dans son propre intérêt. Il envoyait pour fonder les colonies d'autres commissaires que lui, et il ne touchait pas à l'administration des fonds publics, tandis que Caïus s'attribuait la plupart de ces missions et les plus importantes. 2 Rubrius, un de ses collègues, ayant proposé de relever Carthage, qui avait été détruite par Scipion, le sort désigna Caïus pour y procéder, et il s'embarqua pour la Libye afin d'établir la nouvelle colonie. Drusus profita de son absence pour s'en prendre à lui plus violemment encore, tout en circonvenant et s'attachant le peuple surtout par ses attaques contre Fulvius. 3 Ce Fulvius était un ami de Caïus et avait été choisi avec lui pour répartir les terres, mais c'était un homme turbulent, ouvertement détesté du sénat, et même suspect à l'autre parti, qui le soupçonnait de créer de l'agitation parmi les alliés et d'inciter secrètement les Italiotes à faire défection. 4 Ces bruits ne reposaient sur aucune preuve, sur aucune certitude, mais Fulvius lui-même leur donnait de la consistance en pratiquant une politique qui n'était ni saine ni pacifique. Ce fut une des principales causes de la perte de Caïus, qui se trouva enveloppé dans la même haine. 5 Lorsque Scipion l'Africain avait été trouvé mort sans aucune cause apparente, bien que l'on crût discerner sur son corps des traces de coups et de violences, comme il est dit dans sa biographie, c'est surtout à Fulvius que s'en prit la calomnie, parce qu'il était l'ennemi de Scipion et qu'il l'avait ce jour-là insulté à la tribune, mais les soupçons atteignirent aussi Caïus. 6 Un attentat si horrible, commis sur un homme qui était le premier et le plus grand des Romains, ne donna pas lieu à un procès et ne fut suivi d'aucune enquête, car le peuple s'y opposa et empêcha les poursuites, dans la crainte que Caïus ne fût impliqué dans l'accusation, si l'on recherchait l'auteur du meurtre. Mais ce fait est antérieur à ceux que nous rapportons.

11. 1 En Libye, où Caïus relevait Carthage, qu'il avait nommée Junonia, c'est-à-dire ville d'Héra, on raconte que les dieux lui suscitèrent de nombreux obstacles : 2 la première enseigne fut enlevée par le vent, malgré la vigoureuse résistance de celui qui la portait, et finalement brisée ; un ouragan dispersa les entrailles des victimes posées sur l'autel et les entraîna au-delà des bornes de l'enceinte tracée pour la nouvelle ville ; enfin ces bornes elles-mêmes furent arrachées par des loups qui survinrent et qui les emportèrent au loin. 3 Caïus n'en avait pas moins tout organisé et réglé lorsqu'il rentra à Rome, soixante-dix jours en tout après son départ, en apprenant que Fulvius était harcelé par Drusus et que la situation exigeait sa présence. 4 En effet, si Lucius Opimius, homme du parti oligarchique et influent dans le sénat, avait échoué précédemment dans sa candidature au consulat, parce que Caïus, en mettant Fannius en avant, l'avait fait écarter, 5 on pensait alors qu'Opimius, soutenu par un parti nombreux, allait être élu consul, et, une fois en place, s'efforcerait d'abattre Caïus, dont la puissance en quelque sorte s'exténuait, parce que le peuple était rassasié des mesures démagogiques proposées pour lui plaire par une foule de gens et volontiers acceptées par le sénat.

12. 1 À son retour, il quitta d'abord sa maison du Palatin pour s'établir dans un quartier plus populaire, au-dessous du Forum, où habitaient la plupart des gens modestes et pauvres. 2 Puis il exposa le reste de ses projets de lois dans l'intention de les faire voter. Comme la foule se rassemblait de toutes parts autour de lui, le sénat persuada au consul Fannius de chasser tout ce monde à l'exception des Romains. 3 Une proclamation extraordinaire et inouïe interdit donc à tous les alliés et amis de Rome de se trouver dans la ville pendant ces jours-là. De son côté, Caïus émit une protestation contre le consul, et promit aux alliés, s'ils restaient, de les secourir. 4 Cependant il ne les soutint pas, car voyant un de ses hôtes et amis traîné en prison par les licteurs de Fannius, il passa outre sans lui porter assistance, soit qu'il craignît de faire apparaître le déclin déjà sensible de sa puissance, soit qu'il ne voulût pas, comme il le dit, fournir lui-même à ses ennemis l'occasion qu'ils cherchaient d'une échauffourée et d'un combat. 5 Il lui arriva aussi d'irriter ses collègues pour la cause que voici : le peuple devait assister à un combat de gladiateurs au Forum, et la plupart des magistrats avaient fait dresser des tribunes à l'entour pour les louer. 6 Caïus leur enjoignit de les enlever pour que les pauvres pussent disposer des lieux et voir le spectacle gratuitement ; comme personne ne l'écoutait, il attendit la nuit qui précédait les jeux, et, prenant sous ses ordres tous les ouvriers qu'il put trouver pour ce travail, il fit disparaître les tribunes et, le lendemain matin, il montra au peuple la place dégagée. 7 La foule estima que Caïus était un homme, mais ses collègues, mécontents, le jugèrent excessif et violent. C'est aussi, semble-t-il, ce qui lui fit manquer son troisième tribunat : on dit qu'il avait obtenu la majorité des suffrages, mais que ses collègues, en proclamant les résultats, les auraient injustement et honteusement falsifiés ; cependant cela a été contesté. 8 En tout cas, Caïus fut très affecté de son échec, et, comme ses ennemis riaient de lui, il leur lança, à ce que l'on raconte, avec une insolence outrée : « Vous riez d'un rire sardonique, faute de voir dans quelle obscurité ma politique vous a plongés ! »

La mort. – **13.** 1 Quand ses ennemis eurent fait nommer consul Opimius, ils entreprirent d'abroger plusieurs de ses lois et mirent en question les dispositions prises pour Carthage, dans l'intention de l'irriter et de trouver dans ce qu'il ferait sous l'empire de la colère un prétexte pour le tuer. Il se montra d'abord patient, puis, excité par ses amis et surtout par Fulvius, il commença à rassembler de nouveau des gens à opposer au consul. 2 On dit même qu'en cette circonstance sa mère s'associa à ses projets séditieux, qu'elle soudoya secrètement des étrangers et les fit venir à Rome, déguisés en moissonneurs ; on prétend que cela est écrit d'une manière voilée dans les billets adressés à son fils. Mais d'autres disent au contraire que Cornelia fut très mécontente de ces manœuvres. 3 Quoi qu'il en soit, le jour où Opimius devait faire casser les lois de Caïus, dès l'aurore les deux partis occupèrent le Capitole. Le consul offrit un sacrifice. Un de ses licteurs, Quintus Antyllius, alors qu'il transportait ailleurs les entrailles des victimes, dit à Fulvius et aux siens : « Faites place aux honnêtes gens, mauvais citoyens. » 4 Certains racontent qu'en parlant ainsi il étendit son bras nu comme pour faire un geste insultant. Aussitôt Antyllius est tué sur place, percé avec de grands stylets, fabriqués, dit-on, pour la circonstance. 5 Ce meurtre jeta le trouble parmi la foule. Quant aux chefs, ils en furent diversement affectés : Caïus, mécontent, reprocha à ceux qui l'entouraient d'avoir fourni aux adversaires le prétexte qu'ils souhaitaient depuis longtemps pour les attaquer ; Opimius, au contraire, comme tenant l'occasion cherchée, fut enchanté et excita le peuple à la vengeance.

14. 1 À ce moment la pluie se mit à tomber, et ils se dispersèrent. Mais le lendemain, au point du jour, le consul réunit le sénat et tint séance à l'intérieur de la curie, tandis que des gens exposaient sur un lit le corps nu d'Antyllius et, à dessein, le transportaient à travers le Forum jusque devant la curie, en poussant plaintes et gémissements. Opimius savait ce qui se passait, mais il fit semblant d'être étonné, de sorte que les sénateurs sortirent pour voir. 2 Le lit funèbre ayant été déposé bien en vue, ils se lamentèrent comme en présence d'un grand et terrible malheur. Ce spectacle ne fit au contraire que ranimer la haine et la réprobation de la foule contre les oligarques, à la pensée qu'ils avaient tué eux-mêmes au Capitole Tiberius Gracchus, bien qu'il fût tribun, et qu'en outre ils avaient jeté son cadavre à l'eau, tandis que le licteur Antyllius, qui peut-être n'avait pas mérité son sort, mais qui tout de même en avait été le principal artisan, était exposé au Forum, que le sénat romain l'entourait en gémissant et suivait le convoi d'un employé avec l'espoir de faire périr le dernier défenseur du peuple. 3 Ensuite les sénateurs, revenus à la curie, votèrent le décret qui prescrivait au consul Opimius de sauver la république par tous les moyens et d'exterminer les tyrans. 4 Le consul enjoignit aux sénateurs de prendre les armes et donna l'ordre aux chevaliers d'amener chacun avec lui à l'aube deux serviteurs armés. De son côté, Fulvius fit ses préparatifs et assembla la foule. Caïus, lui, en revenant du Forum, s'arrêta devant la statue de son père, la regarda longuement sans mot dire, et s'en alla après avoir pleuré et gémi. 5 Beaucoup de ceux qui le virent le prirent en pitié ; se reprochant d'avoir abandonné et trahi un tel homme, ils le suivirent à sa maison et passèrent la nuit à sa porte, mais autrement que ceux qui gardaient Fulvius. 6 Ceux-ci en effet ne firent que boire, en criant, vociférant et se livrant à des fanfaronnades. Quant à Fulvius, il fut le premier à s'enivrer et à s'abandonner à des propos et à des actes indignes de son âge. Les amis de Caïus, au contraire, comme à la veille d'un malheur commun à toute la patrie, se tinrent en repos, la pensée tournée vers l'avenir, et ils passèrent la nuit à veiller et à dormir à tour de rôle.

15. 1 Au point du jour, Fulvius ayant été éveillé à grand-peine du sommeil de l'ivresse par ses amis, ils s'équipèrent avec le butin de guerre qu'il gardait dans sa maison et qui provenait de sa victoire remportée, lorsqu'il était consul, sur les Gaulois, puis ils se mirent en marche en proférant des cris et des menaces pour aller occuper la colline de l'Aventin. 2 Caïus, lui, ne consentit pas à s'armer ; il quitta sa maison en toge, comme s'il se rendait au Forum, n'ayant qu'un petit poignard glissé à sa ceinture. Comme il sortait, sa femme l'arrêta sur le seuil de la porte, se jeta à ses pieds, et, le tenant d'un bras, tandis que, de l'autre, elle tenait son petit enfant : 3 « Ce n'est point pour monter à la tribune, Caïus, dit-elle, que je te vois partir comme naguère en tribun et en législateur, ni pour aller faire une guerre glorieuse, où, s'il t'arrivait un malheur commun à tous les hommes, tu me laisserais du moins un deuil entouré d'honneurs. Non, tu te livres toi-même aux assassins de Tiberius, sans armes, ce qui est beau, afin de subir le mal plutôt que le commettre, mais tu mourras sans aucun profit pour l'État. 4 Déjà le pire triomphe : c'est par la violence et par le fer que se règlent les procès. Si ton frère était tombé à Numance, une trêve nous aurait rendu son corps. Peut-être irai-je moi aussi supplier un fleuve ou la mer pour qu'ils me montrent où ils gardent le tien. Car comment se fier encore aux lois ou aux dieux après le meurtre de Tiberius ? » 5 Comme Licinia exhalait ces plaintes, Caïus se dégagea doucement de son étreinte et s'éloigna en silence avec ses amis. Elle s'efforça de le retenir par son vêtement, puis s'écroula sur le sol et resta longtemps étendue sans voix, jusqu'à ce que ses serviteurs vinssent la relever, évanouie ; ils la portèrent alors chez son frère Crassus.

16. 1 Fulvius, quand tous ses partisans furent rassemblés, envoya au Forum, sur le conseil de Caïus, son plus jeune fils avec un caducée de héraut à la main. C'était un très bel adolescent, et alors, avec une contenance modeste et respectueuse, les larmes aux yeux, il fit au consul et au sénat des propositions en vue d'un accord. 2 La plupart de ceux qui se trouvaient là accueillirent volontiers l'idée d'une entente, mais Opimius déclara qu'il ne convenait pas d'envoyer des messagers pour tenter de persuader le sénat, et que les citoyens qui avaient des comptes à rendre devaient descendre pour se faire juger et se livrer eux-mêmes, seul moyen de fléchir la colère qu'ils avaient encourue. Puis il dit au jeune homme de ne revenir que pour accepter ces conditions, sinon de rester auprès des siens. 3 Alors Caïus voulut, dit-on, se rendre auprès des sénateurs pour essayer de les convaincre, mais aucun de ses amis n'y consentit, et Fulvius envoya de nouveau son fils porter en leur nom des propositions semblables aux premières. 4 Mais Opimius, pressé d'engager la bataille, arrêta aussitôt le jeune homme et le plaça sous bonne garde, puis il marcha sur les gens de Fulvius avec un corps nombreux de fantassins et d'archers crétois. Ce furent ces derniers surtout qui, en frappant les adversaires de leurs flèches et en les couvrant de blessures, les mirent en déroute. 5 Après cette défaite, Fulvius se réfugia dans un établissement de bains désaffecté, où il fut bientôt découvert et égorgé avec son fils aîné. Quant à Caïus, personne ne le vit combattre. Horrifié de ce qui se passait, il se retira dans le sanctuaire de Diane ; 6 là, il voulut se tuer, mais il en fut empêché par ses amis les plus fidèles, Pomponius et Licinius, qui, se trouvant près de lui, lui enlevèrent son poignard et l'engagèrent à fuir encore. 7 On dit qu'alors il se jeta à genoux, et, tendant les mains vers la déesse, la pria de faire en sorte que le peuple romain, en punition de son ingratitude et de sa trahison, fût à jamais esclave, car la plupart des citoyens, à la proclamation de l'amnistie, avaient visiblement changé de camp.

17. 1 Dans sa fuite, Caïus, poursuivi par ses ennemis, fut rejoint au pont de bois. Ses deux amis le forcèrent à prendre les devants, tinrent tête eux-mêmes aux hommes lancés à sa poursuite et combattirent à l'entrée du pont sans laisser passer personne jusqu'au moment où ils furent tués. 2 Alors Caïus, toujours fuyant, n'avait plus qu'un seul compagnon, un esclave nommé Philocratès ; tous les autres, comme dans une compétition, l'encourageaient, mais aucun ne le secourut et ne voulut lui procurer le cheval qu'il demandait, car ceux qui le poursuivaient le serraient de près. 3 Cependant il les devança un peu et se réfugia dans un bois consacré aux Furies, où il fut tué par Philocratès, qui se tua lui-même sur son cadavre. Quelques auteurs disent qu'ils furent tous deux pris vivants par les ennemis, et que l'esclave étreignait si étroitement son maître entre ses bras que l'on ne put tuer Caïus avant que Philocratès n'eût péri sous les nombreux coups qu'on lui portait. 4 On dit qu'un homme coupa la tête de Caïus et qu'il l'emportait lorsqu'un des amis d'Opimius, Septimuleius, la lui arracha, parce qu'au début de la bataille on avait fait proclamer que les têtes de Caïus et de Fulvius seraient payées leur pesant d'or à ceux qui les apporteraient. 5 Celle de Caïus fut donc présentée au bout d'une pique à Opimius par Septimuleius. On la mit sur une balance et l'on trouva qu'elle pesait dix-sept livres et demie ; Septimuleius avait ajouté la fraude au crime : il avait retiré la cervelle et coulé du plomb à la place. Ceux qui apportaient la tête de Fulvius ne reçurent rien (c'étaient des gens obscurs). 6 Les corps de ces deux hommes et ceux de tous les autres furent jetés au fleuve : il y avait trois mille tués. On vendit leurs biens au profit du trésor public ; on défendit à leurs veuves de porter le deuil, et celle de Caïus, Licinia, se vit même confisquer sa dot. 7 On se comporta avec la dernière cruauté à l'égard du plus jeune fils de Fulvius : il n'avait levé la main sur personne et ne s'était pas trouvé dans la bataille ; on l'avait arrêté comme il venait pour traiter avant le combat ; on le tua après le combat. 8 Mais ce qui indigna le peuple plus encore que la mort de ce jeune homme et de tous les autres, ce fut la construction par Opimius d'un sanctuaire de la Concorde ; en effet il semblait ainsi s'enorgueillir, se vanter et, pour ainsi dire, triompher du meurtre de tant de citoyens. 9 Aussi écrivit-on de nuit sous la dédicace du temple ce vers : « La Discorde bâtit ce temple à la Concorde. »

18. 1 Opimius, qui fut le premier à avoir eu, étant consul, le pouvoir d'un dictateur et qui avait fait tuer sans jugement, outre trois mille citoyens, Caïus Gracchus et Fulvius Flaccus — celui-ci, personnage consulaire et triomphateur, celui-là, le premier des hommes de son temps par le mérite et la renommée — ne s'abstint pas de prévariquer : envoyé en ambassade au Numide Jugurtha, il se laissa corrompre par lui à prix d'argent, 2 et, après avoir été ignominieusement condamné pour vénalité, il vieillit privé de ses droits civiques, haï et méprisé par le peuple, qui, pendant les événements, avait été déprimé et abattu, mais qui, peu après, fit voir combien il aimait et regrettait les Gracques. 3 Il leur éleva des statues en les dressant dans un lieu public et consacra les endroits où ils avaient été tués ; on y offrait les prémices des fruits de chaque saison ; beaucoup même y faisaient chaque jour des sacrifices et venaient souvent s'y prosterner comme devant les sanctuaires des dieux.

19. 1 On raconte que Cornelia supporta son malheur avec noblesse et grandeur d'âme, et qu'en parlant des endroits consacrés où ses enfants avaient été tués elle dit : « Leurs corps ont des tombeaux dignes d'eux. » 2 Elle passa le reste de sa vie au lieu appelé Misène, sans rien changer à son régime habituel. Elle avait beaucoup d'amis et une bonne table pour les accueillir. Elle était toujours entourée de Grecs et de lettrés, et tous les rois recevaient d'elle et lui envoyaient des présents. 3 Elle était très agréable pour ses visiteurs et leur retraçait dans la conversation l'existence et la façon de vivre de son père, l'Africain ; mais ce qui étonnait le plus, c'est qu'elle évoquait sans tristesse et sans larmes le souvenir de ses enfants et, lorsqu'on le lui demandait, racontait leurs actions et leurs malheurs comme si elle parlait de héros des anciens temps. 4 Aussi quelques-uns crurent-ils que la vieillesse ou la grandeur de ses maux lui avait fait perdre la raison ou l'avait rendue insensible à ses infortunes ; mais, à la vérité, ce sont eux au contraire qui étaient insensibles en ne comprenant pas combien une heureuse nature reçue à la naissance et une bonne éducation aident les hommes contre l'emprise du chagrin, et en ignorant que, si la Vertu, bien qu'étant sur ses gardes contre les maux, est souvent vaincue par la Fortune, elle ne peut être empêchée par elle, une fois dans l'adversité, de supporter raisonnablement le malheur.

Comparaison d'Agis et Cléomène et des Gracques

20 (1). 1 Maintenant qu'à son tour ce récit prend fin, il nous reste à considérer ces vies en les comparant les unes aux autres. 2 Pour les Gracques, ceux-là mêmes qui disent d'eux beaucoup de mal et qui les haïssent n'ont pas osé nier qu'ils furent, de tous les Romains, les mieux doués pour la vertu et qu'ils reçurent une éducation et une formation excellentes. 3 Mais la nature d'Agis et de Cléomène fut évidemment plus forte que la leur, en ce sens que, privés d'une éducation droite et élevés dans les mœurs et le régime qui avaient corrompu depuis longtemps leurs aînés, ils n'eurent qu'eux-mêmes pour guides dans la voie de la frugalité et de la tempérance. 4 En outre, les Gracques, en un temps où Rome avait atteint son plus grand éclat et jouissait du plus grand prestige, auraient eu honte de renoncer à l'émulation pour les belles actions, qui étaient pour eux comme un héritage des vertus paternelles et ancestrales ; 5 Agis et Cléomène, dont les pères avaient suivi de tout autres principes, ayant trouvé leur patrie en mauvaise posture et malade, ne laissèrent pas pour autant émousser leur zèle pour la vertu. 6 Le plus grand éloge que l'on puisse accorder au désintéressement des Gracques et à leur mépris de l'argent, c'est de dire que, dans l'exercice de leurs charges et dans leurs actes politiques, ils se gardèrent purs des gains injustes ; 7 mais Agis se serait même indigné si on l'avait loué de n'avoir rien pris à autrui, lui qui offrit à ses concitoyens sa propre fortune, comprenant, outre ses propriétés, six cents talents d'argent monnayé : 8 n'aurait-il pas regardé comme un grand crime de s'enrichir injustement, lui qui considérait que c'était le fait d'un avare de posséder justement plus qu'un autre ?

21 (2). 1 Le dessein et la hardiesse de leurs innovations différèrent beaucoup par la grandeur. L'un des Gracques prit des mesures pour construire des routes et fonder des colonies ; l'entreprise la plus audacieuse de Tiberius fut de récupérer les terres publiques, et celle de Caïus de rendre mixtes les tribunaux, en y adjoignant trois cents chevaliers ; 2 mais la révolution opérée par Agis et Cléomène, comprenant que vouloir guérir et retrancher l'une après l'autre les petites défectuosités de l'État, c'était, comme dit Platon, couper des têtes de l'hydre, apporta un changement capable d'écarter tous les maux et de transformer l'ensemble de la situation. 3 Peut-être serait-il plus vrai de dire que leur action élimina le changement qui avait produit tous les maux, ramenant ainsi la cité dans l'état qui lui était propre et qu'ils rétablirent. 4 On pourrait aussi remarquer que la politique des Gracques fut combattue par les plus grands des Romains, tandis que la réforme inaugurée par Agis et achevée par Cléomène se fondait sur le plus beau et le plus prestigieux des modèles, à savoir les *rhètres* ancestrales sur la tempérance et l'égalité, les unes ayant pour garant Lycurgue, et les autres le Pythien. 5 Mais le plus important, c'est que l'action politique des Gracques n'accrut en rien la puissance de Rome, tandis que, grâce à celle de Cléomène, la Grèce vit Sparte devenir en peu de temps maîtresse du Péloponnèse et disputer l'hégémonie aux plus grandes puissances d'alors dans un combat qui avait pour but de délivrer la Grèce des armes des Illyriens et des Gaulois et de la ranger à nouveau sous l'autorité des Héraclides.

22 (3). 1 Je crois que leur fin aussi laisse voir une certaine différence entre leur vertu. Les Gracques trouvèrent la mort en combattant contre leurs concitoyens, puis en fuyant, tandis que, des deux Spartiates, Agis, pour ne faire périr aucun de ses concitoyens, mourut presque volontairement, et Cléomène, injustement outragé, entreprit de se venger et, les circonstances ne le permettant pas, se tua lui-même courageusement. 2 Si l'on cherche encore les différences, Agis n'accomplit aucun acte de grand chef d'armée : il mourut trop tôt. Aux nombreuses et belles victoires de Cléomène on peut opposer le glorieux exploit de Tiberius s'emparant des remparts de Carthage et le traité de Numance par lequel il sauva vingt mille soldats romains qui n'avaient pas d'autre espoir de salut. 3 Quant à Caïus, il donna, en combattant dans cette campagne, puis en Sardaigne, maintes preuves de sa valeur. Et tous deux auraient rivalisé avec les premiers des généraux romains, s'ils n'étaient morts prématurément.

23 (4). 1 Quant à la politique, il semble qu'Agis s'en occupa trop mollement. Il se laissa détourner de son dessein par Agésilas et frustra les citoyens du partage des terres ; en un mot, il laissa inachevée et imparfaite la réforme qu'il avait résolue et annoncée, par suite d'une timidité due à son jeune âge. 2 Cléomène, au contraire, apporta à sa réforme de l'État trop d'audace et de violence, en tuant les éphores sans respect pour les lois, alors qu'il lui eût été facile de les gagner par la force des armes, dont il disposait, ou de les bannir de la ville, comme il le fit pour beaucoup d'autres. 3 Car employer le fer sans une extrême nécessité, c'est n'être ni bon médecin, ni bon politique, mais, dans les deux cas, signe d'incapacité, et, chez l'homme d'État, c'est joindre l'injustice à la cruauté. 4 Aucun des deux Gracques ne prit l'initiative du massacre de ses concitoyens. Caïus, dit-on, même sous les coups dont on le frappait, ne songea pas à se défendre, et autant il s'était montré brillant à la guerre, autant, dans la sédition, il resta passif. 5 Il était sorti sans armes et se retira de la mêlée ; bref, on le vit mettre plus de soin à ne pas faire de mal qu'à n'en pas souffrir. 6 Aussi la fuite des Gracques ne doit-elle pas être prise pour un signe de lâcheté, mais de circonspection, car il leur fallait, soit céder aux assaillants, soit, s'ils les attendaient de pied ferme, se défendre en leur faisant du mal pour éviter d'en subir.

24 (5). 1 Le principal des reproches faits à Tiberius est d'avoir dépouillé du tribunat son collègue et d'avoir brigué pour lui-même un second tribunat. Pour Caïus, c'est injustement et faussement qu'on lui imputa le meurtre d'Antyllius, qui eut lieu malgré lui et dont il s'indigna. 2 Quant à Cléomène, pour ne pas parler du massacre des éphores, il affranchit tous les esclaves et, en fait, il régna seul, bien qu'il y eût un deuxième roi de nom lorsqu'il s'adjoignit son frère Eucléidas, de la même maison que lui. Il fit revenir de Messène Archidamos, qui appartenait à l'autre maison royale et avait le droit de régner avec lui ; mais celui-ci fut tué, et Cléomène, en s'abstenant de poursuivre ses meurtriers, confirma le soupçon qu'il n'était pas étranger à ce meurtre. 3 Et pourtant Lycurgue, qu'il affectait d'imiter, avait rendu spontanément la royauté à Charillos, fils de son frère, et, craignant que, si le jeune homme venait à mourir d'une façon ou d'une autre, il ne fût lui-même en butte à quelque soupçon, il resta longtemps à voyager à l'étranger, et ne revint que lorsque Charillos eut un fils pour lui succéder. 4 Il est vrai qu'aucun Grec ne peut même être comparé à Lycurgue, mais les innovations et les illégalités de Cléomène, comme on l'a vu, ont dépassé la mesure. 5 Cependant ceux qui critiquent le caractère des uns et des autres accusent les deux Lacédémoniens de s'être montrés dès le début tyranniques et belliqueux, tandis que ceux qui détestaient les deux Romains n'avaient rien d'autre à leur reprocher que l'excès d'une ambition innée, et ils reconnaissaient que c'était dans le feu de la lutte et de la colère contre leurs adversaires qu'ils s'étaient laissé porter dans leurs actes politiques, comme poussés par un ouragan, contrairement à leur nature, aux pires extrémités. 6 Qu'y avait-il en effet de plus beau et de plus juste que leur premier projet, si les riches, abusant de leur force et de leur puissance, n'avaient entrepris de faire repousser la loi et ne les avaient réduits tous les deux à combattre, l'un pour défendre sa vie, l'autre pour venger son frère, tué sans jugement ni décret, ni par ordre d'un magistrat ?

7 Tu vois toi-même, par ce que j'ai dit, en quoi ils diffèrent, et, s'il faut se prononcer sur chacun en particulier, j'estime que Tiberius est le premier de tous pour la vertu, que le jeune Agis fut celui qui commit le moins de fautes, et que Caïus fut de beaucoup inférieur à Cléomène en activité et en audace.

Vies de Démosthène et de Cicéron

C'est, chronologiquement, la cinquième livraison des Vies des hommes illustres. *Elle est marquée d'un caractère original, du moins à nos yeux. Elle compte deux personnages historiques que, de nos jours, on rangerait plutôt parmi les écrivains. C'est l'occasion pour Plutarque, dans une préface remarquée, de rappeler que ce n'est pas cet aspect qui l'intéresse pour la raison simple que, n'ayant qu'une connaissance approximative du latin, il se sent incapable de juger des mérites comparés de ses héros sur ce plan. Sa modestie est excessive : ses observations sont, même dans ce domaine, fort pertinentes.*

Mais on le sent plutôt gêné par d'autres facteurs. Vis-à-vis de Démosthène il est embarrassé par la réputation qu'a l'orateur d'être accessible à la corruption, gêné par son patriotisme excessif. Il préfère Phocion à qui il le compare et dont l'attitude préfigure celle que Plutarque lui-même adoptera cinq siècles plus tard à l'égard du pouvoir romain. La phrase dans laquelle il vante la modération de Philippe est en elle-même caractéristique (Démosthène, **22.** 4).

En revanche, il est plus à l'aise avec Cicéron, le notable libéral, cultivé et philhellène : l'honnête homme. Plutarque n'a guère d'illusion sur ses qualités d'homme d'action : le Romain est aussi peu doué à cet égard que l'Athénien, mais ses préoccupations philosophiques, son admiration pour les lettres grecques, son humanité séduisent notre auteur qui suit Cicéron dans toutes ses tergiversations et changements de cap, et s'attendrit sur une fin imméritée due à un esclave nommé, par une ironie du destin, Philologus.

J. S.

DÉMOSTHÈNE

***Préface.* – 1.** 1 L'auteur de l'éloge d'Alcibiade composé à l'occasion de sa victoire aux courses de chars d'Olympie — que ce soit Euripide, comme on le dit généralement, ou quelque autre poète — prétend, Sossius Sénécion, que la première condition du bonheur est d'appartenir à « une ville célèbre ». Quant à moi, je pense que, si l'on veut jouir du véritable bonheur, qui dépend surtout du caractère et des dispositions morales, il est aussi indifférent d'être né dans une patrie humble et obscure que d'être le fils d'une mère petite et sans beauté. 2 Car il serait ridicule d'estimer que, si Ioulis, petite partie de l'île de Céos qui n'est pas grande, et Égine, dont un Athénien voulait débarrasser le Pirée comme d'un grain de chassie, ont produit des acteurs et des poètes de qualité, elles ne pourraient jamais donner naissance à un homme juste et maître de lui, plein de raison et de grandeur d'âme. 3 En effet, il est naturel sans doute que les arts et les métiers constitués en vue du gain et de la renommée végètent dans les villes obscures et médiocres, mais aussi que la vertu, comme une plante vivace et forte, s'enracine en tout lieu, pour peu qu'elle trouve une nature bien douée et une âme capable d'effort. 4 Ainsi nous-même, si nous ne réussissons pas à penser et à vivre comme il faut, nous n'attribuerons pas ces déficiences à la petitesse de notre patrie, mais, en toute justice, à nous-même.

2. 1 Cependant, quand on a entrepris de composer un ouvrage historique d'après des textes que l'on n'a pas à sa portée chez soi, mais dont la plupart se trouvent à l'extérieur et dispersés en divers endroits, il serait alors réellement nécessaire, d'abord et avant tout, d'habiter « une ville célèbre », amie du beau et très peuplée, afin d'avoir en abondance des livres de toute sorte et aussi de recueillir en écoutant et en questionnant tous les détails qui ont échappé aux écrivains et qui, conservés dans la mémoire des hommes, ont une autorité plus manifeste ; on pourrait ainsi publier une œuvre où rien d'essentiel ne manquerait. 2 Pour moi, j'habite une petite ville et je me plais à y demeurer pour qu'elle ne devienne pas encore plus petite, mais, étant à Rome et lors de mes séjours en Italie, je n'ai pas eu le loisir de m'appliquer à apprendre le latin, à cause de mes occupations d'ordre politique et des auditeurs qui suivaient mes leçons de philosophie ; ce n'est donc que tardivement, et déjà avancé en âge, que j'ai commencé à lire des ouvrages rédigés en latin. 3 Et j'ai éprouvé alors une impression surprenante, mais réelle : ce n'est pas d'après les mots que j'arrivais à comprendre et à connaître les choses, mais d'après les choses, dont j'avais déjà quelque expérience, que je suivais le sens des mots. 4 Quant à sentir la beauté et la concision de l'élocution latine, les figures de style, le rythme et les autres ornements du discours, c'est là, je pense, un plaisir plein de charme, mais l'exercice et l'entraînement à cet égard ne sont pas faciles, sinon pour ceux qui ont plus de loisir et à qui l'âge permet encore de telles ambitions.

3. 1 C'est pourquoi, en traitant de Démosthène et de Cicéron dans ce livre, qui est le cinquième de nos Vies parallèles, il nous faut examiner d'après leurs actes privés et publics les caractères et les dispositions morales de ces deux hommes, en vue d'un parallèle, mais, quant à comparer leurs discours et à prononcer lequel des deux est le plus agréable ou le plus habile orateur, il ne nous convient pas de le faire. 2 Car, comme le dit Ion, « la force du dauphin ne vaut rien sur la terre ferme », ce que Caecilius, excessif en tout, a oublié lorsqu'il a eu la témérité de publier une Comparaison de l'éloquence de Démosthène et de celle de Cicéron ; il est vrai que si le « Connais-toi toi-même » était à la portée de tout le monde, il ne passerait sans doute pas pour un précepte divin. 3 Il paraît que la divinité a façonné dès le début Démosthène et Cicéron semblables l'un à l'autre en mettant dans leur nature beaucoup de traits identiques, comme par exemple l'ambition et l'amour de la liberté dans leur vie politique, le manque d'audace en face du danger et à la guerre ; elle semble avoir mis aussi beaucoup d'analogies dans les hasards de leurs carrières. 4 Je ne crois pas en effet que l'on puisse trouver deux autres orateurs qui, d'abord obscurs et petits, soient devenus forts et grands, qui aient heurté de front des rois ou des tyrans, qui aient perdu chacun une fille, qui aient été bannis de leur patrie et y soient rentrés avec honneur, qui aient de nouveau pris la fuite et aient été capturés par leurs ennemis, enfin qui aient terminé leur vie en même temps que leurs concitoyens perdaient leur liberté ; 5 en sorte que, s'il y avait rivalité entre la nature et la Fortune comme entre des artisans, il serait difficile de décider si la nature a rendu ces hommes plus semblables par le caractère que la Fortune ne l'a fait par les circonstances de leur vie. Mais il nous faut parler du plus ancien en premier lieu.

Famille et jeunesse. – **4.** 1 Le père de Démosthène, qui s'appelait Démosthène, était, à ce que rapporte Théopompe, de bonne famille. On l'avait surnommé l'armurier, parce qu'il avait un grand atelier où il faisait faire ce travail par des esclaves. 2 Quant à l'assertion de l'orateur Eschine disant de la mère de Démosthène qu'elle était fille d'un certain Gylon, banni de la ville pour trahison, et d'une femme barbare, je ne puis dire si cela est vrai ou si c'est une calomnie injurieuse. 3 Démosthène avait sept ans à la mort de son père, qui le laissa dans l'opulence (le montant total de sa fortune était évalué à près de quinze talents) ; mais il fut lésé par ses tuteurs, qui détournèrent une partie de sa fortune et gérèrent le reste avec négligence, de telle sorte que même ses maîtres furent privés de leur salaire. 4 C'est pour cette raison qu'il semble n'avoir pas reçu la belle éducation qui convient à un enfant de condition libre ; mais il y avait aussi une autre raison, c'est qu'il était de complexion faible et délicate, ce qui détournait sa mère de le pousser à faire des efforts et ses pédagogues de l'y contraindre. 5 Il fut toujours maigre et maladif, et l'injurieux surnom de Batalos lui fut donné, dit-on, par les autres enfants pour se moquer de son aspect physique. 6 Selon quelques auteurs, Batalos était un joueur de flûte du genre efféminé, qu'Antiphanès avait tourné en ridicule pour ce motif dans une petite pièce ; mais d'autres parlent de Batalos comme d'un poète qui a composé des vers licencieux et des chansons à boire. 7 En outre il paraît que les Attiques appelaient alors « batalos » une partie du corps qu'il est indécent de nommer. 8 Quant au nom d'Argas (qui fut aussi, dit-on, un sobriquet de Démosthène), il lui fut donné, soit à cause de son caractère jugé sauvage et âpre (argas est en effet le nom donné au serpent par quelques poètes), soit à cause de sa manière de parler, qui choquait les auditeurs (Argas étant le nom d'un poète qui avait composé des chansons médiocres et pénibles). Mais voilà qui suffit là-dessus.

5. 1 Voici quelle fut, dit-on, l'occasion qui éveilla la vocation oratoire de Démosthène. L'orateur Callistratos devait plaider au tribunal dans le procès relatif à Oropos, et ces débats suscitaient une grande attente, en raison du talent de l'orateur, qui était alors à l'apogée de sa réputation, et en raison de l'affaire elle-même, dont on parlait beaucoup. 2 Or, Démosthène, ayant entendu maîtres et pédagogues convenir entre eux d'assister à ce procès, persuada son propre pédagogue, à force de prières instantes, de le mener à l'audience. 3 Celui-ci, ayant des accointances avec les appariteurs du tribunal, réussit à obtenir une place où l'enfant pourrait s'asseoir sans être remarqué et entendre les discours. 4 Callistratos triompha et fut prodigieusement admiré. Démosthène envia sa gloire en voyant la foule l'escorter et le féliciter, mais il admira davantage encore la puissance de la parole, en observant qu'elle était capable de dompter et de dominer tout. 5 Dès lors il abandonna les autres études et les occupations de l'enfance pour s'exercer et s'entraîner lui-même à l'éloquence, dans la pensée qu'il pourrait lui aussi devenir orateur.

6 Il prit Isée pour le guider vers l'art de la parole, bien qu'Isocrate tînt alors école. Certains prétendent qu'étant orphelin, il ne pouvait payer les dix mines qu'Isocrate avait fixées comme salaire de ses leçons, mais il est plus vraisemblable qu'il préféra l'éloquence d'Isée parce qu'il la jugeait efficace et pleine d'habileté pratique. 7 Hermippos dit avoir trouvé des Mémoires anonymes où il était écrit que Démosthène avait étudié auprès de Platon et en avait retiré un grand profit pour ses discours ; il cite aussi Ctésibios, selon qui Démosthène aurait reçu secrètement de Callias de Syracuse et de certains autres les traités de rhétorique d'Isocrate et ceux d'Alcidamas et les aurait étudiés à fond.

Premiers discours. – **6.** 1 Quoi qu'il en soit, dès qu'il eut atteint l'âge requis, il commença par intenter un procès à ses tuteurs et à composer contre eux des plaidoiries. Ils recoururent à beaucoup d'échappatoires et d'actions en révision, mais Démosthène, « s'aguerrissant » selon l'expression de Thucydide « grâce à ces exercices qui n'allaient pas sans risque ni effort », gagna sa cause, sans réussir pourtant à recouvrer même une minime part de son héritage, mais il avait ainsi acquis de la hardiesse et une pratique suffisante de la parole, et il avait goûté à l'ardeur et à la force des débats oratoires ; aussi entreprit-il de paraître devant le peuple et de s'occuper des affaires publiques. 2 Laomédon d'Orchomène, dit-on, pour se guérir d'une maladie de la rate, se mit à faire de longues courses sur la prescription des médecins, puis, ayant ainsi fortifié sa constitution, il entreprit de gagner la couronne dans les grands concours et devint un champion des courses de fond ; c'est là ce qui arriva à Démosthène : au début, il voulait seulement descendre dans l'arène pour parler afin de redresser ses affaires privées, puis ayant de cette façon acquis de l'habileté et de la vigueur, il se lança dans la politique comme dans les concours où le prix est une couronne, et il parvint au premier rang des orateurs qui rivalisaient à la tribune.

3 Cependant, la première fois qu'il prit la parole devant le peuple, il fut accueilli par des clameurs et des railleries à cause de l'étrangeté de son langage, que des périodes confuses et des raisonnements forcés faisaient paraître exagérément pénible et fastidieux. 4 Il semble en outre que sa voix était faible, son élocution peu nette et son souffle court, ce qui obscurcissait le sens de ses paroles par le morcellement des phrases. 5 Finalement il quitta l'assemblée, et il errait au Pirée, découragé, quand Eunomos de Thria, déjà très vieux, l'aperçut et lui fit des reproches : alors que son éloquence ressemblait beaucoup à celle de Périclès, il s'abandonnait lui-même par timidité et mollesse, au lieu d'affronter hardiment la multitude et d'entraîner aux luttes de la tribune son corps, qu'il laissait s'étioler par nonchalance.

7. 1 On raconte qu'après une autre tentative malheureuse, comme Démosthène s'en retournait chez lui, triste et déconcerté, l'acteur Satyros, avec qui il était en relations, le suivit et entra avec lui dans sa maison. 2 Démosthène se plaignit à lui : il avait beau, disait-il, être le plus laborieux de tous les orateurs et avoir presque épuisé ses forces physiques pour réussir, il ne trouvait pas grâce devant le peuple, et, alors que des matelots avinés et ignorants se faisaient écouter et occupaient la tribune, on ne lui prêtait aucune attention. 3 « Cela est vrai, Démosthène, » dit Satyros, « mais moi, je vais remédier bien vite à la cause du mal, si tu consens à me réciter par cœur une tirade d'Euripide ou de Sophocle ». 4 C'est ce que fit Démosthène ; après quoi, Satyros, reprenant la même tirade, la débita et la déclama conformément au caractère et aux dispositions du personnage, si bien qu'aussitôt elle parut tout autre à Démosthène. 5 Il comprit ainsi combien l'art de l'acteur ajoute d'ornement et de grâce au discours, et se rendit compte que l'exercice est peu de chose, ou même n'est rien, si l'on néglige le débit et le ton appropriés aux sentiments exprimés. 6 Après cette expérience, il se fit, dit-on, aménager une salle d'étude souterraine, qui a été conservée même jusqu'à notre époque. Il y descendait tous les jours sans exception pour s'exercer à l'action oratoire et cultiver sa voix ; souvent même il y restait deux ou trois mois de suite, se faisant raser un seul côté de la tête, afin d'être empêché de sortir, même s'il en avait grande envie, par le respect humain.

***Caractères de son éloquence.* – 8.** 1 Cependant ses rencontres avec les gens du dehors, ses conversations avec eux et les affaires dont ils l'entretenaient lui fournissaient les sujets et les points de départ de ses travaux, car, aussitôt qu'il les avait quittés, il descendait dans sa salle d'étude et déclamait de bout en bout sur ces faits et sur les arguments allégués à leur propos. 2 Il reprenait aussi, une fois seul, les discours qu'il avait entendu prononcer, les mettait en sentences et en périodes, y apportait des retouches de toute sorte et tournait de manière nouvelle ce que les autres lui avaient dit et ce qu'à son tour il avait dit aux autres. 3 De là, lui vint la réputation de n'être pas bien doué par la nature et de n'avoir acquis que par le travail l'habileté et la puissance oratoires. On en voyait une forte preuve aussi dans le fait qu'il n'était pas facile de l'entendre improviser ; il lui arriva même souvent, alors qu'il était assis à l'assemblée, d'être appelé nommément par le peuple à prendre la parole, et de refuser s'il n'avait pas réfléchi à la question et préparé son intervention. 4 Beaucoup d'orateurs le raillaient sur ce point : Pythéas notamment, pour se moquer de lui, dit que ses raisonnements sentaient la mèche de lampe ; à quoi Démosthène fit cette réplique cinglante : 5 « Ma lampe et la tienne, Pythéas, ne sont pas témoins des mêmes spectacles. » Avec les autres il ne niait pas absolument ce qu'on disait de lui : il reconnaissait que ses discours, sans être entièrement écrits, n'étaient pas entièrement improvisés. 6 Il déclarait d'ailleurs qu'un vrai démocrate doit s'exercer à la parole, car une telle préparation marque de la déférence pour le peuple, tandis que, si l'on ne s'inquiète pas de ce que la foule pensera de son discours, on fait voir qu'on est un oligarque et que l'on compte plus sur la force que sur la persuasion. 7 Une autre preuve que l'on donne de son manque de hardiesse pour improviser, c'est que, lorsqu'il était interrompu par les cris de la foule, souvent Démade se leva et parla d'abondance pour soutenir Démosthène, tandis que lui-même ne fit jamais rien de pareil en faveur de Démade.

9. 1 Mais alors, dira-t-on, d'où vient qu'Eschine appelle Démosthène l'homme le plus étonnant qui soit pour l'audace de ses discours ? Et comment se fait-il aussi que, lorsque Python de Byzance répandit effrontément un flot d'invectives contre les Athéniens, Démosthène fut le seul à se lever pour lui répondre ? Et quand Lamachos de Smyrne, qui avait écrit un Éloge des rois Alexandre et Philippe, où il disait beaucoup de mal des Thébains et des Olynthiens, vint le lire à Olympie, comment se fait-il que Démosthène se leva après lui, et qu'en énumérant, avec preuves historiques à l'appui, tous les services que les Thébains et les gens de Chalcidique avaient rendus à la Grèce, et, en regard, tous les maux causés par les flatteurs des Macédoniens, il retourna si bien l'assistance que le sophiste, effrayé du tumulte, s'éclipsa hors de l'assemblée ?

2 Démosthène, à ce qu'il semble, ne pensait pas devoir rechercher pour lui-même la plupart des qualités de Périclès, mais il enviait et imitait son élocution et sa contenance à la tribune, ainsi que son souci de ne point parler vite et sur n'importe quel sujet à l'improviste, car il estimait que la grandeur de Périclès venait de là, et il refusait absolument une gloire de circonstance, ne voulant pas consentir à faire dépendre de la Fortune à tout coup la force de son éloquence. 3 En tout cas, ses discours tels qu'il les prononça avaient plus de hardiesse et de véhémence que n'en montre leur rédaction écrite, s'il faut en croire Ératosthène, Démétrios de Phalère et les poètes comiques : 4 Ératosthène dit que souvent en parlant il était transporté par une fureur bachique, et l'homme de Phalère, qu'un jour devant le peuple il prononça, comme frappé d'une inspiration divine, ce serment en vers : « Par la terre, par les sources, par les fleuves, par les rivières ». 5 L'un des comiques le traite de « bonimenteur » ; un autre, raillant l'usage qu'il faisait de l'antithèse, dit : « Il a repris comme il a pris. — Voilà un mot que Démosthène aurait été heureux de s'approprier. »

6 À moins que, ma foi, cela aussi ne soit une plaisanterie d'Antiphanès à propos du discours sur l'Halonnèse, où Démosthène conseilla aux Athéniens, non pas de prendre cette île, mais de la reprendre à Philippe, en chicanant sur les syllabes.

10. 1 Du reste, tout le monde convenait que Démade était invincible grâce à ses dons naturels, et que ses improvisations surpassaient les discours préparés et médités de Démosthène. 2 Ariston de Chios a rapporté une opinion de Théophraste sur ces deux orateurs. Comme on lui demandait ce qu'il pensait de Démosthène en tant qu'orateur, il répondit : « Il est digne de la ville » ; et ce qu'il pensait de Démade au même point de vue : « Il est au-dessus de la ville. » 3 Selon le même philosophe, Polyeuctos de Sphettos, un des hommes politiques d'Athènes à cette époque, déclarait que Démosthène était le plus grand orateur, mais que Phocion était le plus puissant, parce que c'était lui qui mettait le plus de sens dans la phrase la plus brève. 4 On dit d'ailleurs que Démosthène lui-même, toutes les fois que Phocion montait à la tribune pour parler contre lui, disait à ses familiers : « Voici la hache de mes discours qui se lève. » 5 On ignore si cette impression avait pour cause l'éloquence de Phocion, ou bien sa conduite et sa réputation, Démosthène jugeant qu'un simple mot et un seul signe de tête de la part d'un homme qui inspire confiance a plus d'efficacité que les périodes les plus nombreuses et les plus longues.

11. 1 Pour corriger ses défauts physiques, il eut recours aux exercices que voici, comme le rapporte Démétrios de Phalère, qui dit avoir appris cela de Démosthène lui-même, devenu vieux : il parvint par ses efforts à se défaire de sa prononciation vicieuse et de son zézaiement, et à articuler nettement en se mettant des cailloux dans la bouche tout en déclamant des tirades. Pour exercer sa voix, il parlait en courant et en gravissant des pentes, et prononçait d'un seul trait, sans reprendre haleine, des discours ou des vers. Enfin il avait chez lui un grand miroir, en face duquel il se plaçait pour s'exercer à la déclamation. 2 On raconte qu'un homme vint le prier de l'assister en justice et lui raconta comment quelqu'un l'avait battu. « Allons donc ! lui dit Démosthène, tu n'as pas reçu un seul des coups dont tu parles. » Alors l'homme, élevant la voix, se mit à crier : « Moi, Démosthène, je n'ai pas reçu de coups ! » « Si, ma foi, reprit Démosthène, j'entends à présent la voix d'un homme maltraité et battu. » 3 Telle était l'importance qu'il attachait à l'accent et à l'attitude des gens qui parlent, s'ils veulent être crus. En tout cas, son action oratoire plaisait merveilleusement à la foule, mais les délicats jugeaient ses intonations vulgaires, molles et grossières ; parmi ces critiques figurait Démétrios de Phalère.

4 Hermippos nous apprend qu'Aision, interrogé sur les orateurs d'autrefois et ceux de son temps, répondit qu'on ne pouvait qu'admirer, à l'audition, la manière noble et majestueuse avec laquelle les premiers parlaient au peuple, mais que les discours de Démosthène, à la lecture, l'emportaient de beaucoup par la composition et la puissance. 5 D'ailleurs, que ses discours écrits soient empreints de gravité et d'âpreté, à quoi bon le dire ? Mais, dans ses répliques instantanées, il employait aussi la plaisanterie. Par exemple, Démade ayant dit : « Démosthène me faire la leçon ! C'est la truie qui en remontre à Athéna », Démosthène répondit : « Cette Athéna s'est fait prendre l'autre jour à Collyte en flagrant délit d'adultère. » 6 Le voleur qu'on surnommait « l'homme de bronze » essayait de l'attaquer sur ses veilles et ses travaux nocturnes : « Je sais, dit-il, que je te gêne en allumant ma lampe. Quant à vous, Athéniens, ne vous étonnez pas des vols qui se commettent, quand nous avons des voleurs de bronze et des murs de torchis ! » 7 Bien que j'aie encore beaucoup à dire sur ce sujet et d'autres plaisanteries à citer, je m'arrêterai ici. Pour les autres traits de sa manière d'être et de son caractère, c'est d'après ses actes et sa conduite politique qu'il est juste de les étudier.

Contre Philippe. – **12.** 1 Donc, il se lança dans les affaires publiques alors que la guerre de Phocide était engagée, comme il le dit lui-même, et comme on peut le conclure de ses harangues contre Philippe, 2 car les unes datent du temps où les Phocidiens étaient déjà réduits, tandis que les plus anciennes touchent aux événements qui précédèrent de peu leur défaite. 3 Il est certain que, lorsqu'il se préparait à plaider contre Midias, il était âgé de trente-deux ans, mais il n'avait pas encore d'influence ni de réputation politique. 4 C'est surtout, je crois, cette infériorité de sa position qui, en lui inspirant des craintes, l'amena à renoncer à sa haine contre cet homme pour de l'argent, car Démosthène « Était bien loin d'avoir le cœur bon, l'âme douce » ; il était au contraire ardent et violent pour se défendre. 5 Mais, considérant comme une tâche difficile et au-dessus de ses forces d'abattre un homme tel que Midias, bien muni d'argent, d'éloquence et d'amis, il céda à ceux qui le priaient pour lui, 6 car je ne crois pas que les trois mille drachmes qu'il reçut auraient à elles seules désarmé la colère de Démosthène, s'il avait espéré et pu avoir le dessus.

7 Cependant, lorsqu'il eut pris comme noble principe de sa politique la défense des Grecs contre Philippe, défense pour laquelle il lutta de façon si valeureuse, il acquit rapidement de la renommée, ses discours et son franc-parler concentrèrent sur lui tous les regards, il s'attira l'admiration de la Grèce et les attentions du grand Roi, et il fut, de tous les orateurs, celui dont Philippe faisait le plus de cas. Ceux-là mêmes qui le haïssaient reconnaissaient avoir en lui un adversaire illustre. 8 C'est en effet ce qu'ont dit de lui, tout en l'accusant, Eschine et Hypéride.

13. 1 Aussi, je ne sais comment il est venu à l'esprit de Théopompe de dire qu'il avait un caractère inconstant et était incapable de rester attaché longtemps aux mêmes affaires et aux mêmes hommes. 2 Car il est visible qu'il garda jusqu'au bout parmi les événements le parti et la position politiques qu'il avait adoptés dès le début, et que non seulement il ne changea pas au cours de sa vie, mais encore qu'il sacrifia même sa vie pour ne pas changer. 3 Il ne fit pas comme Démade, qui prétendait justifier son revirement politique en disant que dans ses discours il avait été parfois en contradiction avec lui-même, mais jamais avec l'intérêt de la ville, — ni comme Mélanopos, qui, tout en combattant la politique de Callistratos, se laissait acheter par lui pour changer souvent de parti et avait coutume de dire au peuple : « Cet homme est mon ennemi, c'est vrai, mais le bien de l'État doit passer avant tout », — 4 ni comme Nicodémos de Messène qui, d'abord attaché à Cassandre, fit ensuite une politique favorable à Démétrios, et qui prétendait qu'il ne se contredisait pas, parce qu'il est toujours utile d'écouter ceux qui sont les maîtres. Nous ne pouvons en dire autant de Démosthène et parler de lui comme d'un homme qui se détourne de son chemin et qui louvoie en paroles ou en actions ; au contraire, comme à partir d'un seul et même système musical, loin d'en changer, sa politique resta toujours fidèle au même ton.

5 Le philosophe Panaitios dit aussi que la plupart de ses discours ont été écrits dans l'idée que le bien seul doit être choisi pour lui-même : c'est le cas des discours *Sur la couronne, Contre Aristocratès, Sur les immunités, Contre Philippe.* 6 Dans toutes ces œuvres, loin de pousser ses concitoyens vers ce qui est le plus agréable, le plus facile ou le plus avantageux, il exprime l'opinion que l'on doit souvent faire passer sa

sûreté ou son salut au deuxième rang, après l'honneur et la dignité. C'est pourquoi, si à son zèle pour défendre ses principes et à la noblesse de ses discours il avait joint la bravoure guerrière et l'intégrité de tous ses actes, il aurait mérité d'être placé, non point au nombre des orateurs tels que Moiroclos, Polyeuctos et Hypéride, mais au rang élevé de Cimon, Thucydide et Périclès.

14. 1 En tout cas, parmi ses contemporains, Phocion, bien qu'il dirigeât un parti peu considéré et qu'il parût favorable aux Macédoniens, n'en fut pas moins regardé, en raison de son courage et de sa justice, comme un homme égal en tous points à Éphialte, Aristide et Cimon. 2 Quant à Démosthène, on ne pouvait avoir confiance en lui sous les armes, comme le dit Démétrios, et en outre il ne savait absolument pas se défendre contre la corruption : si l'or de Philippe et de la Macédoine ne réussit jamais à le séduire, il fut accessible à celui de la haute Asie, de Suse et d'Ecbatane, et s'en laissa inonder ; il était très capable de louer les vertus des ancêtres, mais non pas de les imiter. 3 Cependant, même dans la conduite de sa vie, il surpassa les orateurs de son temps, à l'exception de Phocion, que je place hors de pair. Il est manifeste qu'il parlait au peuple avec plus de franchise que les autres, qu'il résistait aux passions de la foule et s'acharnait à lui reprocher ses fautes, comme on peut s'en rendre compte par ses discours eux-mêmes. 4 Théophraste raconte même que, les Athéniens voulant l'amener à intenter une accusation et, comme il refusait, manifestant bruyamment, il se leva et dit : « Athéniens, vous m'aurez pour conseiller, même si vous ne le voulez pas, mais non point pour sycophante, même si vous le voulez. » 5 On observe aussi de sa part une attitude vraiment aristocratique dans l'affaire d'Antiphon, que l'assemblée avait relâché absous : Démosthène le saisit, le fit monter devant le Conseil de l'Aréopage et, sans se soucier aucunement de heurter le peuple, le convainquit d'avoir promis à Philippe d'incendier les arsenaux, en sorte que, livré au châtiment par le Conseil, l'homme fut mis à mort. 6 Il accusa aussi la prêtresse Théoris de commettre de nombreux méfaits, et notamment d'enseigner la tromperie aux esclaves ; il demanda pour elle la peine de mort, et elle fut exécutée.

15. 1 On dit aussi que la plaidoirie contre le stratège Timothée, dont Apollodore se servit pour faire condamner Timothée à cause de sa dette, c'est Démosthène qui l'avait écrite pour Apollodore, comme il écrivit aussi les discours relatifs à Phormion et Stéphanos, ce qui naturellement nuisit à sa réputation, 2 car Phormion plaidait contre Apollodore avec un discours de Démosthène : c'était absolument comme si Démosthène en personne avait vendu aux adversaires, pour s'en servir l'un contre l'autre, deux poignards provenant de la même armurerie. 3 Parmi ses plaidoyers politiques, les discours *Contre Androtion, Contre Timocratès* et *Contre Aristocratès* furent écrits pour être prononcés par d'autres, alors qu'il n'avait pas encore abordé la carrière publique, car il paraît qu'il n'avait que trente-deux ou trente-trois ans lorsqu'il composa ces discours. Il prononça lui-même le discours *Contre Aristogiton*, et aussi celui *Sur les immunités* pour complaire à Ctésippos, fils de Chabrias, comme il le dit lui-même, mais, à en croire quelques auteurs, parce qu'il recherchait en mariage la mère de ce jeune homme. 4 Il ne l'épousa d'ailleurs pas, mais se maria avec une Samienne, à ce que rapporte Démétrios de Magnésie dans son ouvrage *Sur les homonymes*. 5 Quant au discours contre Eschine *Sur l'ambassade infidèle*, on ne sait s'il fut prononcé. Idoménée pourtant dit qu'Eschine se tira du procès avec trente voix seulement de majorité, mais il ne semble pas avoir dit vrai, s'il faut en juger par les discours *Sur la couronne* écrits par chacun des deux adversaires, 6 car ni l'un ni l'autre ne mentionne clairement et nettement ce débat comme ayant été porté devant un tribunal. Je préfère laisser à d'autres le soin d'en décider.

16. 1 La politique de Démosthène était manifeste alors que la paix subsistait encore : il ne laissait passer aucun acte du Macédonien sans le critiquer ; à l'occasion de chacun d'eux il excitait et enflammait les Athéniens contre lui. 2 Aussi Philippe, de son côté, faisait-il de Démosthène le plus grand cas, et, lorsqu'il vint en ambassade avec neuf collègues en Macédoine, le roi sans doute les écouta tous, mais c'est au discours de Démosthène qu'il répondit avec le plus de soin. 3 Cependant, pour le reste, en ce qui concerne les marques d'honneur et les attentions, il ne traita pas Démosthène aussi bien que les autres, et chercha surtout à gagner Eschine et Philocratès. 4 Comme ceux-là louaient Philippe et disaient qu'il était très habile à parler, très beau à voir, et, ma foi, excellent buveur, Démosthène se crut forcé de le dénigrer et de dire plaisamment : « Le premier de ces éloges convient à un sophiste, le second à une femme, et le troisième à une éponge ; aucun ne convient à un roi. »

Préparatifs de guerre. – **17.** 1 Mais comme la situation inclinait vers la guerre, parce que Philippe ne pouvait rester tranquille et que les Athéniens étaient tenus en éveil par Démosthène, celui-ci les poussa d'abord à attaquer l'Eubée, que ses tyrans avaient asservie à Philippe. En vertu d'un décret proposé par lui, ils franchirent le détroit et chassèrent les Macédoniens. 2 En second lieu, il fit porter secours aux Byzantins et aux Périnthiens à qui le Macédonien faisait la guerre, en persuadant le peuple de renoncer à sa rancune, d'oublier les fautes commises par chacune de ces deux cités lors de la guerre des alliés et de leur envoyer une armée, qui les sauva. 3 Ensuite il partit en ambassade et, conférant avec les Grecs, il les excita si bien qu'il les ligua presque tous contre Philippe : ils réunirent une armée de quinze mille fantassins et de deux mille cavaliers, sans parler des contingents formés de citoyens, et ils fournirent volontiers de l'argent pour la solde des mercenaires. 4 Théophraste rapporte qu'en cette occasion, comme les alliés demandaient que l'on déterminât le montant de leurs contributions, l'orateur Crobylos dit que la guerre ne se nourrit pas de rations fixes. 5 La Grèce était alors en suspens dans l'attente de l'avenir. Une coalition s'était formée par peuples et par villes, qui comprenait les Eubéens, les Achéens, les Corinthiens, les Mégariens, les Leucadiens, les Corcyréens. Mais la tâche la plus importante restait encore à remplir pour Démosthène : c'était d'amener les Thébains à se joindre à cette alliance ; leur pays était limitrophe de l'Attique, ils avaient une armée aguerrie, et leur force militaire était alors la plus réputée de la Grèce. 6 Mais il n'était pas facile de les faire changer de camp, alors que Philippe se les était conciliés par les services qu'il leur avait rendus récemment dans la guerre de Phocide, et surtout parce que les querelles de voisinage envenimaient sans cesse l'hostilité entre les deux cités.

18. 1 Cependant Philippe, exalté par son succès à Amphissa, tomba soudain sur Élatée et occupa la Phocide. La consternation fut grande à Athènes ; personne n'osait monter à la tribune et ne savait ce qu'il fallait dire ; la perplexité et le silence régnaient dans l'assemblée. Démosthène seul s'avança et conseilla de s'attacher les Thébains. Puis, après avoir rassuré le peuple et relevé son courage, comme il le faisait d'habitude, en lui rendant l'espoir, il fut envoyé à Thèbes comme ambassadeur avec d'autres citoyens. 2 Philippe de son côté, à ce que dit Marsyas, y délégua les Macédoniens Amyntas, Cléandros et Cassandros, et les Thessaliens Daochos et Thrasydaios pour donner la réplique. Les Thébains se rendaient bien compte du côté où était leur intérêt, et chacun avait devant les yeux les dangers de la guerre, d'autant plus que les blessures de la campagne de Phocide restaient encore fraîches. Néanmoins la puissance de l'orateur, comme dit Théopompe, en ravivant leur courage et en enflammant leur amour de l'honneur, rejeta dans l'ombre toutes les autres considérations, si bien qu'ils bannirent la crainte, le calcul et la reconnaissance, tant son discours leur inspira d'enthousiasme pour le devoir. 3 Le succès de l'orateur fut si grand et si éclatant que Philippe envoya aussitôt des hérauts pour demander la paix, que la Grèce se dressa et se coalisa en vue de l'avenir ; non seulement les stratèges athéniens, mais aussi les béotarques obéissaient à Démosthène et faisaient ce qu'il ordonnait ; son influence prévalait alors dans toutes les assemblées, aussi bien à Thèbes qu'à Athènes. Aimé chez les deux peuples, il y exerçait un pouvoir, non pas injuste et immérité, comme le prétend Théopompe, mais pleinement légitime.

Bataille de Chéronée. – **19.** 1 Il semble qu'une sorte de destin surnaturel ou le cours même des événements ait fixé à ce moment-là le terme de la liberté des Grecs et se soit opposé à leurs efforts, l'avenir étant annoncé par de nombreux signes, notamment par de terribles oracles de la Pythie et par une antique prophétie chantée dans ces vers Sibyllins :

> Puissé-je rester loin de la bataille du Thermodon
> et la voir comme un aigle dans les nuages, du haut des airs.
> Le vaincu pleure ; quant au vainqueur, il est perdu.

2 On prétend que le Thermodon se trouve dans mon pays, à Chéronée, et que c'est une petite rivière qui se jette dans le Céphise ; mais moi, je ne connais aucun cours d'eau qui porte aujourd'hui ce nom. Je conjecture que celui qu'on appelle Haimon était alors nommé Thermodon ; il coule le long du sanctuaire d'Héraclès, où les Grecs établirent leur camp ; j'imagine qu'après la bataille il fut rempli de sang et de cadavres et que c'est pour cela qu'il changea de nom. 3 Douris, de son côté, prétend que ce Thermodon n'est pas une rivière, mais que des gens qui dressaient une tente et creusaient tout autour trouvèrent une statuette de pierre, avec une inscription spécifiant que c'était Thermodon portant dans ses bras une Amazone blessée, et il dit que l'on chantait une autre prophétie qui s'appliquait à lui :

Attends le combat du Thermodon, oiseau tout noir :
là, on te servira en abondance de la chair humaine.

20. 1 La vérité sur ce point est difficile à discerner. — On dit que Démosthène, plein de confiance dans les armes des Grecs et manifestement exalté par la force et l'ardeur de tant de combattants qui défiaient les ennemis, ne permit pas de prêter attention aux oracles ni d'écouter les prophéties, soupçonnant même la Pythie d'être du parti de Philippe. Il rappela aux Thébains le souvenir d'Épaminondas et aux Athéniens celui de Périclès, en affirmant que ces grands hommes regardaient toutes les révélations de ce genre comme des prétextes pour la lâcheté et n'agissaient que selon leurs propres calculs. 2 Jusque-là il s'était montré homme de cœur, mais dans la bataille elle-même il ne fit rien de beau ni qui s'accordât avec ses discours : il abandonna son poste, jeta ses armes et s'enfuit de la manière la plus honteuse, sans respecter même, comme le dit Pythéas, l'inscription de son bouclier qui portait en lettres d'or : « À la bonne Fortune ».

3 Aussitôt après la victoire, Philippe, dont la joie augmentait l'insolence, se mit à danser, étant ivre, au milieu des morts, et à déclamer le début du décret de Démosthène, qu'il scandait en battant du pied la mesure : « Démosthène, fils de Démosthène, du dème de Paiania, a proposé ceci. »

Mais, une fois dégrisé et réfléchissant à la grandeur du danger qu'il avait couru, il frissonna à la pensée de l'habileté et de l'influence de l'orateur qui l'avait contraint à mettre en jeu son hégémonie et sa vie dans une petite fraction d'un seul jour. 4 La renommée de Démosthène parvint jusqu'au roi de Perse, qui envoya des lettres à ses satrapes de la côte d'Asie, avec ordre de donner de l'argent à Démosthène et d'avoir plus d'égards pour lui que pour tout autre Grec, parce qu'il était capable de détourner de ses desseins et d'occuper le Macédonien par les troubles suscités en Grèce. 5 Ce sont là des faits qu'Alexandre découvrit plus tard : il trouva à Sardes des lettres de Démosthène et des archives des généraux du roi, où étaient indiquées les sommes qui lui furent versées.

21. 1 Alors, après le désastre subi par les Grecs, les orateurs du parti opposé à Démosthène, insultant à son échec, s'employaient à lui demander des comptes et à lui intenter des actions en justice. 2 Mais le peuple l'absolvait, et même continuait à l'honorer et l'appelait de nouveau aux affaires, comme un homme qui lui était dévoué. Aussi, quand les ossements des morts furent apportés de Chéronée pour être ensevelis, c'est à lui que le peuple confia le soin de faire leur éloge. Dans le malheur qui avait frappé les Athéniens, on ne leur vit pas de sentiments bas et vulgaires, comme l'écrit Théopompe sur le ton tragique ; au contraire ils montrèrent par le respect et les honneurs particuliers qu'ils rendirent à leur conseiller qu'ils ne se repentaient pas du parti qu'ils avaient pris. 3 Démosthène prononça donc le discours. Cependant, dans les décrets qu'il proposa, il n'inscrivit pas son nom, mais tour à tour celui de chacun de ses amis pour conjurer le destin et son mauvais génie, jusqu'au moment où la mort de Philippe vint lui rendre courage. 4 Philippe en effet ne survécut pas longtemps à sa victoire de Chéronée. Cette mort aussi semble avoir été prédite par le dernier vers de l'oracle : « Le vaincu pleure ; quant au vainqueur, il est perdu. »

22. 1 Démosthène fut secrètement informé de la mort de Philippe. Voulant inspirer d'avance aux Athéniens la confiance dans l'avenir, il se rendit au Conseil le visage radieux et dit qu'il avait eu un songe qui lui faisait espérer un grand bonheur pour Athènes. Peu après arrivèrent les messagers qui annoncèrent la mort de Philippe. 2 Aussitôt les Athéniens offrirent un sacrifice pour la bonne nouvelle et votèrent l'attribution d'une couronne à Pausanias. 3 Démosthène sortit en public avec un vêtement de fête et une couronne sur la tête, bien que sa fille fût morte six jours auparavant, comme le dit Eschine, qui l'insulte à ce propos et l'accuse d'être un mauvais père, alors que lui-même, Eschine, montrait son manque de noblesse et de fermeté d'âme en regardant le deuil et les gémissements comme les signes d'un cœur tendre et affectueux et en réprouvant le fait de supporter de telles pertes avec douceur et sérénité. 4 Quant à moi, je ne saurais dire qu'il était honorable pour les Athéniens de porter des couronnes et de sacrifier à l'occasion de la mort d'un roi qui, vainqueur, les avait traités avec tant de clémence et d'humanité dans leur défaite : en effet, outre qu'ils s'exposaient à la vengeance divine, c'était aussi une chose indigne, après avoir honoré Philippe de son vivant et l'avoir fait citoyen d'Athènes, quand un autre l'eut tué, de ne pas porter leur joie avec modération et de danser sur son cadavre en entonnant le péan, comme s'ils avaient eux-mêmes accompli un exploit. 5 En revanche, je loue Démosthène d'avoir laissé aux femmes les pleurs et les lamentations sur ses malheurs domestiques pour faire ce qu'il croyait être utile à la cité, et je tiens que c'est le devoir d'un homme d'État et d'une âme courageuse de rester toujours ferme en vue du bien commun et de subordonner aux affaires publiques ses tristesses et chagrins familiaux :

il garde ainsi sa dignité beaucoup mieux que les acteurs tenant des rôles de rois et de tyrans, que nous voyons dans les théâtres pleurer ou rire, non pas comme ils en ont eux-mêmes envie, mais comme l'exige l'action de la pièce qu'ils jouent. 6 Ajoutons encore ceci : si nous ne devons pas laisser un homme tombé dans le malheur s'abandonner sans consolation à sa douleur, mais alléger son chagrin par de bonnes paroles et diriger sa pensée vers des choses plus agréables (comme les gens qui conseillent à ceux qui ont les yeux malades de détourner la vue des couleurs brillantes et dures vers celles qui sont vertes et douces), comment pourrait-on obtenir de meilleure consolation qu'en tempérant, grâce à un mélange où le bien efface le mal, si la patrie est heureuse, les malheurs domestiques par le bonheur commun ? 7 J'ai été amené à faire ces considérations en constatant que beaucoup de personnes se laissent attendrir et amollir de pitié par ce passage du discours d'Eschine.

23. 1 Les villes, dont Démosthène rallumait l'ardeur, se coalisèrent de nouveau, et les Thébains, à l'armement desquels Démosthène avait contribué, attaquèrent la garnison et lui tuèrent beaucoup de monde ; de leur côté, les Athéniens se préparaient à combattre avec eux. 2 Démosthène était maître de la tribune, et il écrivait aux généraux du Roi en Asie, pour les inciter à faire la guerre à partir de là-bas à Alexandre, qu'il traitait d'enfant et de Margitès. Mais, lorsqu'Alexandre eut réglé les affaires de son pays et arriva lui-même en Béotie avec son armée, l'audace des Athéniens était tombée, et celle de Démosthène, éteinte. Les Thébains, abandonnés par les Athéniens, combattirent seuls et perdirent leur cité. 3 Un grand trouble agita Athènes. Démosthène fut choisi pour être envoyé en ambassade avec d'autres auprès d'Alexandre ; mais, redoutant sa colère, il quitta ses collègues au Cithéron et rebroussa chemin, en renonçant à sa mission. 4 Aussitôt Alexandre fit demander qu'on lui livrât dix orateurs, à ce que rapportent Idoménée et Douris, — ou, suivant les historiens les plus nombreux et les plus dignes de foi, huit seulement, à savoir Démosthène, Polyeuctos, Éphialte, Lycurgue, Moiroclès, Démon, Callisthène et Charidémos. 5 C'est à cette occasion que Démosthène raconta au peuple la fable des moutons qui livrèrent leurs chiens aux loups, en se comparant, lui et ses collègues, à des chiens qui combattaient pour le peuple, alors qu'il appelait Alexandre le loup solitaire de Macédoine. 6 Il ajouta : « Nous voyons les marchands de blé colporter un échantillon dans un bol et, grâce à quelques grains, en vendre une immense quantité : de même, en nous livrant, vous vous livrez tous en même temps sans vous en douter. » C'est là du moins ce que rapporte Aristoboulos de Cassandréia. Tandis que les Athéniens, perplexes, délibéraient, Démade, ayant reçu cinq talents des orateurs, convint qu'il irait en ambassade et intercéderait pour eux auprès du roi, soit qu'il comptât sur l'amitié d'Alexandre à son égard, soit qu'il s'attendît à le trouver rassasié, comme un lion gorgé de meurtre. Mais c'est Phocion qui persuada le roi de faire grâce à ces hommes, et qui le réconcilia avec la ville.

24. 1 Après le départ d'Alexandre, le pouvoir de Phocion et de Démade fut grand, et le rôle de Démosthène, très réduit. Cependant, quand le Spartiate Agis se souleva, il fit de nouveau quelques efforts pour le soutenir, puis il se tint coi : les Athéniens n'avaient pas voulu se joindre à la révolte de Sparte, Agis périt et les Lacédémoniens furent écrasés. 2 C'est alors aussi que le procès intenté à Ctésiphon au sujet de la couronne vint devant le tribunal : il avait été introduit sous l'archontat de Chairondas, un peu avant l'événement de Chéronée, mais ne fut jugé que dix ans plus tard, sous l'archontat d'Aristophon. Il eut plus de retentissement qu'aucune autre cause d'ordre public, non seulement en raison de la réputation des orateurs, mais aussi en raison des nobles sentiments des juges, qui refusèrent de voter contre Démosthène, bien qu'il fût poursuivi par le parti alors le plus puissant, celui des orateurs dévoués à la Macédoine. Démosthène fut même acquitté de façon si éclatante qu'Eschine n'obtint pas la cinquième partie des suffrages. 3 En conséquence, il quitta aussitôt la ville et alla passer le reste de sa vie à Rhodes et en Ionie, où il exerça le métier de sophiste.

Affaire d'Harpale. – **25.** 1 Peu de temps après, Harpale vint d'Asie à Athènes. Il fuyait Alexandre, ayant conscience d'avoir gaspillé son argent et mal géré ses affaires, et craignant le roi, qui était devenu désormais sévère pour ses amis. 2 Il se réfugia auprès du peuple athénien et se mit entre ses mains avec ses richesses et ses navires. Aussitôt les orateurs, jetant des regards de convoitise sur sa fortune, lui vinrent en aide et essayèrent de persuader les Athéniens de recevoir et de sauver le suppliant. 3 Au contraire, Démosthène conseilla tout d'abord au peuple de chasser Harpale et de bien se garder de jeter la ville dans la guerre sans nécessité et pour un motif injuste. Cependant, quelques jours plus tard, comme on faisait l'inventaire de ses richesses, Harpale, voyant que Démosthène regardait avec plaisir une coupe barbare et en examinait avec soin la ciselure et le style, lui dit de la soupeser et d'évaluer le poids de l'or. 4 Démosthène, étonné de la trouver si lourde, demanda combien elle valait. Harpale sourit et répondit : « Pour toi elle vaudra vingt talents », et, dès que la nuit fut venue, il lui fit porter la coupe avec les vingt talents. 5 Harpale était apparemment habile à découvrir les sentiments d'un homme épris d'amour pour l'or, d'après l'expression de son visage et ses coups d'œil épanouis. Démosthène ne résista pas : vaincu par le cadeau corrupteur, comme s'il avait reçu chez lui une garnison, il passa au parti d'Harpale. Le jour suivant, il s'enveloppa bien soigneusement le cou de lainages et d'écharpes avant de se rendre à l'assemblée, et, quand on le pressa de se lever et de prendre la parole, il refusa en faisant signe qu'il avait la voix coupée. 6 Les gens d'esprit disaient en s'esclaffant que l'orateur avait été pris pendant la nuit, non d'une esquinancie, mais d'une argyrancie. Plus tard, quand tout le peuple sut qu'il s'était laissé acheter, il voulut se défendre et tenter de se justifier, mais on ne le laissa pas faire, on s'indigna et l'on fit du vacarme. Alors quelqu'un se leva et lança cette raillerie : « Athéniens, n'écouterez-vous pas celui qui tient la coupe ? » 7 À ce moment, les Athéniens renvoyèrent donc Harpale hors de la ville, et, craignant d'avoir à rendre compte de l'argent que les orateurs s'étaient partagé, ils en firent une stricte recherche et perquisitionnèrent dans les maisons, sauf dans celle de Calliclès, fils d'Arrhénidès : 8 son domicile fut le seul qu'ils ne permirent pas de fouiller, parce qu'il venait de se marier et que sa femme était à l'intérieur ; c'est ce que rapporte Théophraste.

26. 1 Cependant Démosthène, prenant les devants, fit passer un décret stipulant que le Conseil de l'Aréopage examinerait l'affaire et que ceux qu'il estimerait coupables seraient châtiés. 2 Or il fut l'un des premiers que ce Conseil condamna. Il comparut donc devant le tribunal, et, frappé d'une amende de cinquante talents, il fut mis en prison. La honte qu'il ressentit de ce procès et sa faiblesse physique, qui ne lui permettait pas de supporter l'emprisonnement, l'amenèrent, dit-il, à s'évader, ce qu'il fit à l'insu des uns et avec la connivence des autres. 3 On raconte du moins qu'il n'était pas encore loin de la ville quand il s'aperçut que certains de ses adversaires politiques le poursuivaient ; il voulut se cacher, mais eux, l'ayant appelé par son nom et s'étant approchés de lui, le prièrent d'accepter de leurs mains un viatique ; c'est dans cette intention précisément, dirent-ils, qu'ils apportaient de l'argent de chez eux, et c'est pourquoi ils l'avaient poursuivi. En même temps ils l'exhortèrent à avoir bon courage et à ne pas se laisser abattre par ce qui lui était arrivé. Là-dessus, Démosthène se mit à gémir encore plus fort et s'écria : 4 « Comment ne serais-je pas triste de quitter une ville où les ennemis sont tels qu'il serait difficile de trouver des amis pareils dans une autre ? » 5 Il subit l'exil sans fermeté, séjournant la plupart du temps à Égine et à Trézène, et versant des larmes quand ses regards se tournaient vers l'Attique. On rapporte de lui des propos qui manquent de noblesse et qui ne s'accordent pas avec l'audace de ses actes politiques. 6 On dit en effet qu'en s'éloignant de la ville il leva les mains vers l'Acropole et s'exclama : « O souveraine Polias, quel charme trouves-tu à ces trois bêtes intraitables : la chouette, le serpent et le peuple ? » 7 On raconte aussi que, lorsque des jeunes gens venaient le voir et conversaient avec lui, il les détournait de la politique en disant : « Si deux routes s'étaient ouvertes à moi au début, l'une menant à la tribune de l'assemblée, l'autre directement au trépas, et si j'avais su d'avance les maux que réserve la politique : craintes, jalousies, calomnies et périls, c'est vers celle qui conduit droit à la mort que je me serais élancé. »

Guerre lamiaque. – **27.** 1 Comme Démosthène se trouvait encore dans l'exil dont j'ai parlé, Alexandre mourut, et les États grecs se coalisèrent à nouveau ; Léosthénès se conduisait en brave, enfermant Antipatros dans Lamia et y mettant le siège. 2 Les orateurs Pythéas et Callimédon, surnommé le Crabe, bannis d'Athènes, avaient pris le parti d'Antipatros et parcouraient la Grèce avec les amis et les ambassadeurs de celui-ci pour empêcher les Grecs de faire défection et de s'attacher aux Athéniens. 3 Démosthène, quant à lui, se joignant aux ambassadeurs de la ville, unit ses efforts aux leurs pour tenter de décider les cités à attaquer ensemble les Macédoniens et à les chasser de la Grèce. 4 Phylarque rapporte qu'en Arcadie Pythéas et Démosthène en vinrent aux injures réciproques dans une assemblée, l'un parlant en faveur des Macédoniens, l'autre en faveur des Grecs ; 5 Pythéas aurait alors dit : « Quand on apporte du lait d'ânesse dans une maison, c'est pour nous le signe qu'il y a là certainement quelqu'un de malade ; de même il est inévitable qu'une ville où se présente une ambassade athénienne soit mal en point. » Sur quoi Démosthène retourna la comparaison en disant : « C'est pour rétablir la santé qu'on apporte du lait d'ânesse, et, quand les Athéniens se présentent, c'est en vue du salut des villes malades.

6 Cette conduite de Démosthène enchanta le peuple d'Athènes, qui vota son rappel. Le décret fut proposé par Démon, de Paiania, cousin de Démosthène. On envoya une trière le chercher à Égine. 7 Quand il monta du Pirée à Athènes, il ne resta dans la ville ni un archonte, ni un prêtre : tous les citoyens en masse se portèrent à sa rencontre et l'accueillirent avec enthousiasme. À ce moment, selon Démétrios de Magnésie, il leva les bras au ciel en se félicitant de cette journée, où il rentrait avec plus d'honneur qu'Alcibiade, car il devait son retour, décidé par ses concitoyens, à la persuasion, et non pas à la nécessité. 8 Il est vrai qu'il lui restait à payer l'amende (car il était interdit de remettre une peine par faveur), mais on rusa avec la loi. C'était l'habitude, quand on sacrifiait à Zeus Sôtèr, de donner de l'argent à ceux qui préparaient et ornaient l'autel ; on chargea alors Démosthène des préparatifs et des fournitures moyennant cinquante talents, qu'on lui alloua et qui correspondaient au montant de son amende.

La mort. – **28.** 1 Mais après son retour il ne jouit pas longtemps de sa patrie : la Grèce fut bientôt écrasée ; au mois de Métageitnion eut lieu la bataille de Crannon ; en Boédromion Munychie reçut sa garnison, et en Pyanepsion Démosthène mourut de la manière suivante. 2 Lorsqu'on annonça qu'Antipatros et Cratère marchaient sur Athènes, Démosthène et ceux de son parti prirent les devants et s'échappèrent secrètement de la ville ; le peuple les condamna à mort sur la proposition de Démade. 3 Comme ils s'étaient dispersés, les uns allant d'un côté, les autres d'un autre, Antipatros, pour les arrêter, envoya partout des soldats sous les ordres d'Archias, qui fut surnommé « le traqueur des proscrits ». On dit que cet Archias, originaire de Thurii, avait autrefois joué la tragédie, et l'on rapporte que Pôlos d'Égine, qui surpassa dans son art tous les autres acteurs, fut un de ses élèves. Hermippos compte Archias parmi les disciples du rhéteur Lacritos ; Démétrios, en revanche, prétend qu'il appartenait à l'école d'Anaximène. 4 Comme l'orateur Hypéride, Aristonicos de Marathon et Himéraios, frère de Démétrios de Phalère, s'étaient réfugiés à Égine dans le sanctuaire d'Éaque, cet Archias les en arracha et les envoya à Antipatros à Cléonai où ils furent mis à mort ; on dit aussi qu'Hypéride, avant de mourir, eut la langue tranchée.

29. 1 Ayant appris que Démosthène était assis en suppliant à Calaurie dans le sanctuaire de Poséidon, Archias, au moyen d'embarcations légères, passa dans l'île et y prit pied avec une troupe de gardes thraces, puis il essaya de le persuader de se lever pour venir avec lui auprès d'Antipatros, dont il n'aurait à souffrir, disait-il, rien de fâcheux. 2 Justement cette nuit-là Démosthène avait eu en dormant un songe étrange : il avait rêvé qu'il jouait une tragédie et disputait le prix à Archias, mais bien qu'il eût réussi à captiver l'auditoire, il avait été vaincu à cause de l'insuffisance du décor et de la mise en scène. 3 Aussi, quand Archias se fut adressé à lui avec beaucoup d'affabilité, il resta assis comme il était, et, levant les yeux vers lui : « Archias, dit-il, ton jeu ne m'a jamais paru persuasif, et ce n'est pas maintenant non plus que tu me persuaderas par tes promesses. » Puis, Archias s'étant mis alors à le menacer avec colère : « À présent, dit Démosthène, tu parles du haut du trépied macédonien, alors que tout à l'heure tu jouais un rôle. Attends donc un peu, le temps que je rédige une lettre pour les miens. » 4 À ces mots, il se retira à l'intérieur du temple et, ayant pris une feuille de papyrus comme pour écrire, il approcha de sa bouche le calame, le mordit (selon son habitude quand il réfléchissait en composant un discours), l'y garda quelque temps, puis il se voila la tête et la pencha. 5 Les gardes, qui étaient debout près de la porte, croyant qu'il avait peur, se moquaient de lui et le traitaient de lâche et de poltron, tandis qu'Archias s'approchait de lui, l'engageait à se lever et, reprenant les mêmes paroles, promettait à nouveau de le réconcilier avec Antipatros. 6 Mais Démosthène, qui sentait déjà le poison l'imprégner et le tuer, se découvrit le visage, et, regardant Archias en face : « Tu peux te hâter à présent, dit-il, de jouer le Créon de la tragédie et de faire jeter mon corps sans sépulture. Pour moi, cher Poséidon, je sors de ton sanctuaire encore vivant, tandis qu'Antipatros et les Macédoniens n'ont même pas respecté la pureté de ton temple. » 7 Après ces mots, il pria qu'on le soutînt, parce que déjà il tremblait et chancelait. Dès qu'il fut sorti et eut dépassé l'autel, il tomba et, en gémissant, il rendit l'âme.

30. 1 Ariston rapporte que le poison qu'il prit se trouvait dans son calame, comme il a été dit. Mais un certain Pappos, chez qui Hermippos a pris ce qu'il raconte, dit que, lorsqu'il fut tombé près de l'autel, on trouva écrit sur la feuille de papyrus en début de lettre : « Démosthène à Antipatros », et rien de plus ; 2 que, comme on s'étonnait de la soudaineté de sa mort, les Thraces qui étaient à la porte prétendirent qu'il avait pris dans sa main le poison renfermé dans un petit linge, l'avait porté à sa bouche et l'avait avalé, et qu'ils avaient supposé que ce qu'il avait ainsi absorbé était de l'or ; qu'enfin la jeune esclave qui le servait, interrogée par Archias, dit que depuis longtemps déjà Démosthène portait ce linge noué comme sauvegarde. 3 Ératosthène lui-même rapporte qu'il conservait le poison dans un anneau creux et qu'il portait cet anneau en guise de bracelet. 4 Mais il n'est pas nécessaire d'exposer les différentes versions de tous ceux (et ils sont très nombreux) qui ont écrit sur Démosthène. Je fais une exception pour Démocharès, parent de Démosthène, qui déclare qu'à son avis il fut arraché à la cruauté des Macédoniens, non par le poison, mais par la Providence des dieux qui l'honorèrent en lui procurant une mort rapide et sans douleur. 5 Il mourut le seize du mois de Pyanepsion, au jour le plus triste des Thesmophories, celui que les femmes célèbrent en jeûnant auprès de la déesse.

Peu de temps après, le peuple athénien lui rendit l'honneur qu'il méritait : il lui éleva une statue de bronze en décrétant que l'aîné de ses descendants serait nourri au Prytanée et que l'on graverait sur le piédestal de la statue l'inscription fameuse : « Si tu avais eu, Démosthène, autant de pouvoir que de volonté, jamais l'Arès macédonien n'eût dominé la Grèce. » 6 Ceux qui prétendent que Démosthène lui-même composa ces vers à Calaurie au moment d'absorber le poison disent une pure sottise.

31. 1 Quelque temps avant mon arrivée à Athènes, il s'était passé, dit-on, le fait que voici : un soldat, appelé en jugement par l'un de ses chefs, mit la petite somme d'or qu'il possédait dans les mains de la statue de Démosthène, 2 qui était représenté tenant les doigts entrelacés. Un platane de taille médiocre avait poussé à côté. De nombreuses feuilles de cet arbre s'amoncelèrent autour de l'or, soit que le vent les eût par hasard détachées, soit que celui-là même qui avait déposé là son trésor s'en fût servi pour le dissimuler, et l'or était ainsi resté longtemps caché. 3 Finalement l'homme revint et retrouva son dépôt. Le bruit s'en étant répandu, beaucoup de gens d'esprit y virent l'occasion de célébrer à l'envi dans leurs épigrammes l'incorruptibilité de Démosthène.

4 Quant à Démade, il ne jouit pas longtemps de son odieuse renommée : la Justice qui vengeait Démosthène l'amena chez les Macédoniens, dont il était le flatteur éhonté, pour périr à bon droit de leurs mains. Déjà peu estimé d'eux auparavant, il tomba alors sous le coup d'une accusation irréfutable : 5 une lettre de lui fut surprise dans laquelle il pressait Perdiccas d'attaquer la Macédoine et de sauver les Grecs qui, disait-il, n'y étaient rattachés que par un vieux fil tout pourri (il désignait ainsi Antipatros). 6 Dinarque de Corinthe l'accusa de ce fait, et Cassandre exaspéré égorgea le fils de Démade dans les bras de son père, puis le fit tuer lui-

même. Cette extrême infortune apprit à Démade que les traîtres se vendent eux-mêmes les premiers, ce dont Démosthène l'avait souvent averti sans parvenir à le convaincre.

7 Voilà donc pour toi, Sossius, cette *Vie de Démosthène* que j'ai écrite d'après ce que j'ai lu ou entendu.

CICÉRON

Origine et formation. – **1.** 1 On dit que la mère de Cicéron, Helvia, fut d'une naissance et d'une conduite honorables. Quant à son père, on n'a pu recueillir sur lui que des appréciations extrêmes : 2 les uns disent qu'il naquit et fut élevé dans l'atelier d'un foulon ; les autres font remonter l'origine de sa race à Tullius Attius, qui régna chez les Volsques avec éclat et mena contre les Romains une guerre vigoureuse. 3 En tout cas, le premier de la famille qui fut surnommé Cicéron semble avoir été un homme remarquable ; c'est pour cette raison que ses descendants, au lieu de rejeter le surnom, s'y attachèrent, bien qu'il fût souvent un objet de raillerie. 4 Le mot *cicer* désigne en latin le pois chiche, et sans doute le premier qui fut ainsi appelé avait-il au bout du nez une petite fente qui ressemblait au sillon d'un pois chiche et qui lui valut ce surnom. 5 Au reste, Cicéron lui-même, celui qui est le sujet du présent livre, quand il brigua sa première charge et aborda les affaires publiques, répondit fièrement à ses amis qui lui conseillaient de quitter ce nom et d'en prendre un autre, qu'il saurait lutter de façon à rendre le nom de Cicéron plus illustre que celui des Scaurus et des Catulus. 6 En outre, quand il fut questeur en Sicile, il offrit aux dieux un ex-voto en argent sur lequel il fit inscrire les deux premiers de ses noms, Marcus et Tullius, mais, au lieu du troisième, il ordonna par plaisanterie à l'artiste de graver un pois chiche à la suite des lettres. Voilà ce que l'on raconte à propos de son nom.

2. 1 On dit que la mère de Cicéron le mit au monde sans douleur et sans peine le troisième jour des calendes nouvelles, jour auquel les magistrats font aujourd'hui des prières et des sacrifices pour le salut de l'empereur. Il paraît que sa nourrice eut une apparition qui lui prédit que l'enfant qu'elle allaitait serait d'une grande utilité pour tous les Romains. 2 Ces présages passent ordinairement pour des songes vains et des sornettes, mais Cicéron prouva bientôt lui-même que la prophétie était vraie, car, lorsqu'il fut en âge d'apprendre, il montra les plus brillantes dispositions et acquit parmi les enfants tant de renom et de gloire que leurs pères venaient souvent à l'école pour voir de leurs yeux Cicéron et pour vérifier les éloges que l'on faisait de sa promptitude à s'instruire et de son intelligence, mais les plus grossiers se fâchaient contre leurs fils en voyant que, dans les rues, ils plaçaient Cicéron au centre de leur groupe pour lui faire honneur. 3 Cependant, bien qu'il eût les qualités que Platon exige d'une nature éprise de savoir et de sagesse, et qu'il fût capable d'embrasser toutes les connaissances sans dédaigner aucun genre d'instruction ni de culture, c'est à la poésie qu'il s'adonna avec une ardeur particulière. On a conservé de lui un petit poème, *Pontius Glaucus*, qu'il composa étant encore enfant, en vers tétramètres. 4 En avançant en âge, il aborda divers genres de poésie, et fut considéré comme le meilleur, non seulement des orateurs, mais aussi des poètes romains. 5 Mais, si la gloire qu'il acquit par ses discours dure encore jusqu'à nos jours en dépit du grand changement qu'a subi l'éloquence, il arriva, en raison des nombreux poètes de grand talent qui parurent après lui, que sa poésie sombra entièrement dans l'oubli et le discrédit.

3. 1 Au sortir des études de l'enfance, il suivit les leçons de Philon, philosophe de l'Académie, celui des disciples de Clitomaque que les Romains admirèrent le plus pour son éloquence et aimèrent le mieux pour son caractère. 2 En même temps il fréquentait Mucius, homme d'État qui tenait la première place au Sénat et qui le fit profiter de sa connaissance des lois. Puis, pendant quelque temps, il prit part sous Sylla à la guerre contre les Marses. 3 Ensuite, voyant la République tomber dans la dissension, et de la dissension dans une monarchie absolue, il revint à la vie studieuse et spéculative, fréquenta des lettrés grecs et s'appliqua à l'étude des sciences, jusqu'au moment où, Sylla étant devenu le maître, la ville parut recouvrer une certaine stabilité.

4 En ce temps-là, Chrysogonus, affranchi de Sylla, ayant fait mettre en vente la fortune d'un homme dont on prétendait qu'il avait été tué comme proscrit, l'acheta lui-même pour deux mille drachmes. 5 Mais Roscius, fils et héritier du mort, s'indigna et prouva que la valeur de cette fortune était de deux cent cinquante talents. Sylla, irrité de voir ses actes mis en question, intenta à Roscius, à l'instigation de Chrysogonus, une accusation de parricide. Personne ne venait à l'aide de Roscius ; on se détournait de lui par crainte de la colère de Sylla. Ainsi abandonné, le jeune homme eut recours à Cicéron ; les amis de celui-ci le poussèrent tous à défendre Roscius, dans la pensée qu'il ne trouverait aucune autre occasion d'un début plus brillant et plus honorable pour établir sa réputation. 6 Il se chargea donc de la défense et gagna sa cause, ce qui lui valut d'être admiré. Mais, redoutant Sylla, il alla faire un séjour en Grèce, après avoir répandu le bruit qu'il avait besoin de soigner sa santé. 7 Effectivement il était, de complexion, maigre et décharné. Malade de l'estomac, il ne prenait qu'à peine, et tard dans la journée, un repas mince et léger. Sa voix était forte et bien timbrée, mais rude et sans souplesse, et, comme elle s'élevait toujours aux tons les plus hauts par suite de la passion et de la véhémence de son débit, elle faisait craindre pour sa santé.

4. 1 Arrivé à Athènes, il suivit l'enseignement d'Antiochos d'Ascalon : il était charmé par l'heureuse abondance et la grâce de sa parole, bien qu'il n'approuvât pas ses innovations en matière de doctrine. 2 En effet

Antiochos se détachait déjà de l'école qu'on appelle la Nouvelle Académie et abandonnait le groupe de Carnéade, soit qu'il y fût porté par l'évidence et les certitudes des sens, soit que, selon quelques auteurs, il eût changé de camp par esprit de rivalité et pour se distinguer de l'entourage de Clitomaque et de Philon en adoptant sur la plupart des questions le point de vue stoïcien. 3 Cicéron aimait ce genre d'études et s'y appliquait de préférence à tout le reste. Il projetait même, s'il devait rester définitivement à l'écart des affaires publiques, de transférer sa résidence habituelle en ce lieu, loin du Forum et de la politique, pour mener une vie tranquille au sein de la philosophie. 4 Mais, lorsqu'il apprit la mort de Sylla, comme son corps, fortifié par la gymnastique, avait pris une robuste vigueur, et que sa voix, mieux formée et plus souple, était devenue agréable à entendre, pleine et suffisamment adaptée à ses forces physiques, étant sollicité d'un côté par les lettres et les multiples instances de ses amis de Rome, de l'autre par Antiochos, qui l'engageait vivement à aborder les affaires publiques, il se mit de nouveau à préparer son instrument, je veux dire son talent d'orateur, et à ranimer ses aptitudes politiques en s'exerçant à la déclamation et en fréquentant les rhéteurs en vogue. 5 Il s'embarqua pour l'Asie et Rhodes. Parmi les rhéteurs asiatiques, c'est avec Xénoclès d'Adramyttion, Denys de Magnésie et Ménippos le Carien qu'il travailla, — à Rhodes, avec le rhéteur Apollonios, fils de Molon, et le philosophe Posidonios. 6 On dit qu'Apollonios, qui ne savait pas le latin, le pria de déclamer en grec ; Cicéron y consentit volontiers, pensant qu'ainsi ses fautes seraient mieux corrigées. 7 Quand il eut déclamé, tous les assistants, frappés de son talent, rivalisèrent d'éloges ; seul, Apollonios ne s'était pas déridé en l'écoutant, et, quand Cicéron eut fini, il resta longtemps songeur. Enfin, voyant que Cicéron était peiné de son silence, il dit : « Je te loue et t'admire, Cicéron, mais je m'afflige du sort de la Grèce, en constatant que les seuls avantages qui nous restaient sont aussi, grâce à toi, passés aux Romains, je veux dire : la culture et l'éloquence. »

5. 1 Donc Cicéron, plein d'espérances, se portait vers la politique, quand un oracle ralentit son élan. Comme il avait demandé au dieu de Delphes le moyen d'acquérir le plus de gloire possible, la Pythie lui enjoignit de prendre pour guide de sa vie sa propre nature, et non pas l'opinion de la foule. 2 Aussi, de retour à Rome, il se conduisit dans les premiers temps avec circonspection. Il hésitait à briguer les magistratures, et l'on faisait peu de cas de lui : il s'entendait appeler de ces noms de Grec et d'écolier, que le bas peuple de Rome a l'habitude d'employer si facilement. 3 Mais, étant naturellement ambitieux, et, comme son père et ses amis l'y encourageaient, il s'adonna à la profession d'avocat, et il ne mit pas longtemps à s'approcher du premier rang ; il acquit tout de suite une brillante réputation et surpassa de beaucoup ses rivaux au Forum.

4 On affirme que sa diction n'était pas moins défectueuse que celle de

Démosthène, et que, pour cette raison, il s'appliqua à écouter attentivement le comédien Roscius et le tragédien Æsopus. 5 À propos d'Æsopus, on raconte que cet acteur, jouant au théâtre le rôle d'Atrée au moment où celui-ci médite sa vengeance contre Thyeste, et voyant tout à coup un serviteur passer en courant devant lui, comme il avait perdu sous l'empire de la passion le contrôle de lui-même, le frappa de son sceptre et le tua. 6 L'action de Cicéron contribua grandement à sa force persuasive. Il se moquait des orateurs qui ont recours aux grands éclats de voix : « C'est par faiblesse, disait-il, qu'ils se mettent à crier, comme les boiteux enfourchent un cheval. » Cette facilité qu'il avait pour le sarcasme et la plaisanterie était regardée comme un mérite et un agrément de ses plaidoyers, mais il en usait à satiété, blessant ainsi beaucoup de gens et s'attirant une réputation de méchanceté.

Questeur en Sicile (75). – **6.** 1 Nommé questeur à un moment où le blé manquait, et désigné par le sort pour la Sicile, il déplut d'abord aux habitants en les forçant d'envoyer du blé à Rome. Mais ensuite, quand ils eurent éprouvé son zèle, son équité et sa douceur, ils l'honorèrent plus qu'ils n'avaient fait jusque-là aucun magistrat. 2 Comme plusieurs jeunes Romains illustres et de noble famille, accusés d'indiscipline et de mollesse à la guerre, avaient été déférés devant le préteur de Sicile, Cicéron les défendit brillamment et les sauva. 3 Très fier de ces succès, il raconte qu'il lui advint en retournant à Rome une aventure plaisante. Il rencontra en Campanie un grand personnage, qu'il considérait comme un ami, et lui demanda ce que l'on disait et pensait à Rome de ce qu'il avait fait, car il s'imaginait avoir rempli toute la ville du renom et de la gloire de ses actions. 4 « Où donc étais-tu ces temps derniers, Cicéron ? » lui dit cet homme. Il se sentit alors tout à fait découragé en constatant que le bruit de sa conduite était tombé dans la ville comme dans l'abîme marin sans produire sur sa réputation aucun effet visible. Plus tard, dit-il, en se raisonnant il retrancha beaucoup de son ambition et se convainquit que la gloire pour laquelle il luttait était chose infinie et sans terme accessible. 5 Cependant le plaisir extraordinaire qu'il prenait aux louanges et sa passion excessive pour la gloire lui restèrent jusqu'à la fin et troublèrent souvent en lui maints calculs de la droite raison.

7. 1 Comme il s'adonnait à la politique avec plus d'ardeur, il pensa qu'il serait honteux, alors que les artisans qui se servent d'instruments et d'outils inanimés n'ignorent ni le nom, ni la place, ni l'usage d'aucun d'eux, que l'homme d'État appelé par l'exercice de ses fonctions publiques à manier les hommes se montrât négligent et paresseux pour connaître les citoyens. 2 En conséquence, il s'accoutuma non seulement à se rappeler leurs noms, mais encore à savoir quelle demeure habitait chacun des notables, quelles propriétés, quels amis et quels voisins ils avaient, et, lorsqu'il voyageait en Italie sur n'importe quelle route, il pouvait aisément nommer et montrer les terres et les fermes de ses amis. 3 Il possédait une fortune peu considérable, mais suffisante pour satisfaire à ses dépenses. Aussi s'étonnait-on qu'il ne voulût accepter comme avocat ni honoraires ni présents, surtout lorsqu'il se chargea du procès contre Verrès. 4 Celui-ci avait été préteur de Sicile et avait commis une foule de méfaits pour lesquels il fut poursuivi par les Siciliens. Cicéron le fit condamner, non pas en parlant, mais pour ainsi dire par le fait même de s'abstenir de parler. 5 Les préteurs qui favorisaient Verrès avaient à force de délais et de remises rejeté le procès jusqu'au dernier jour possible, parce qu'il était évident que la durée d'une journée ne suffirait pas aux débats et que le procès ne serait pas terminé. Mais Cicéron se leva et déclara qu'il n'était pas besoin de discours, puis il fit avancer les témoins, les interrogea et pria les juges de porter leurs suffrages. 6 Cependant on mentionne plusieurs bons mots de lui au cours de cette affaire. *Verres*, en latin, désigne le porc châtré. Or un affranchi, nommé Caecilius, que l'on soupçonnait de judaïsme, prétendait se substituer aux Siciliens pour accuser Verrès. « Quoi de commun entre un Juif et un porc ? » dit alors Cicéron. 7 Verrès avait un fils déjà grand, qui passait pour prostituer honteusement sa jeunesse. Cicéron, comme Verrès lui reprochait sa mollesse, répliqua : « C'est là un reproche à faire à ses fils, à huis clos. » 8 L'orateur Hortensius n'avait pas voulu défendre Verrès ouvertement, mais, quand on en vint à la fixation de l'amende, il consentit à l'assister et reçut de lui en récompense un sphinx d'ivoire. Cicéron lui ayant alors lancé une phrase ambiguë, Hortensius rétorqua qu'il ne savait pas résoudre les énigmes : « Et pourtant, dit Cicéron, tu as à domicile le sphinx ! »

Édile (69). – **8.** 1 Verrès ayant été ainsi condamné, Cicéron qui avait estimé l'amende à sept cent cinquante mille drachmes fut accusé d'avoir touché de l'argent pour rabaisser son évaluation. 2 Cependant les Siciliens reconnaissants lui amenèrent ou lui apportèrent de leur île, lors de son édilité, une grande quantité de présents. Il n'en tira aucun profit personnel et n'usa de leur libéralité que pour faire baisser le prix des vivres.

3 Il avait un beau domaine à Arpinum, une propriété près de Naples et une autre près de Pompéi, mais toutes deux petites. À cela s'ajouta la dot de sa femme Terentia, qui se montait à cent vingt mille drachmes, et un héritage, qui s'élevait à quatre-vingt-dix mille deniers. 4 Avec ces ressources il menait une vie à la fois digne et sobre dans la société des lettrés grecs et romains. Il était rare, si tant est que cela lui soit arrivé, qu'il se mît à table avant le coucher du soleil, non pas tellement à cause de ses occupations qu'en raison du mauvais état de son estomac. 5 Il était également exact et minutieux dans tous les autres soins qu'il prenait de sa santé, à tel point qu'il s'imposait un nombre réglé de massages et de promenades. En ménageant ainsi sa constitution physique, il se garda à l'abri des maladies et acquit assez de force pour supporter les nombreuses et

grandes luttes et tous les travaux qu'il eut à soutenir. 6 Il céda la maison paternelle à son frère, et lui-même habitait au Palatin, afin d'épargner le désagrément d'une longue marche à ses clients. Or, tous les jours sa porte était assiégée d'autant de visiteurs qu'en valait à Crassus la richesse et à Pompée le prestige militaire, ces deux personnages étant les plus admirés et les plus grands des Romains. 7 Pompée lui-même cultivait l'amitié de Cicéron dont la politique contribua beaucoup à sa puissance et à sa gloire.

Préteur (66). – **9.** 1 Quand il brigua la préture, bien qu'il eût de nombreux et nobles concurrents, il fut élu le premier de tous. Les jugements qu'il rendit alors lui valurent la réputation d'un magistrat intègre et équitable. 2 On raconte que Licinius Macer, homme qui jouissait par lui-même d'un grand crédit dans la ville et qui était soutenu par Crassus, fut accusé de malversation devant Cicéron. Comptant sur sa puissance et sur les efforts faits en sa faveur, il s'en retourna chez lui au moment où les juges étaient encore en train de voter, se fit couper les cheveux, prit en hâte une robe blanche, comme s'il avait gagné son procès, et sortit pour rejoindre le Forum. Mais Crassus, étant venu à sa rencontre, le trouva dans la cour de sa maison et lui apprit qu'il avait été condamné par l'unanimité des suffrages. Alors il rentra chez lui, se mit au lit et mourut. Cette affaire fit honneur à Cicéron, qui avait scrupuleusement dirigé les débats.

3 Vatinius, homme de manières rudes, sans égards pour les magistrats dans ses plaidoiries, et dont le cou était gonflé par un goitre, vint trouver Cicéron pour lui présenter une requête. Comme Cicéron ne lui donnait pas satisfaction et mettait beaucoup de temps à délibérer, Vatinius lui dit que lui-même, s'il était préteur, n'hésiterait pas en pareille matière, à quoi Cicéron, se tournant vers lui, répliqua : « Mais moi, je n'ai pas une encolure comparable à la tienne ! »

4 Alors que Cicéron n'avait plus que deux ou trois jours à exercer sa charge, Manilius fut amené devant lui sous l'accusation de concussion. Celui-ci avait la sympathie et la faveur du peuple, qui croyait qu'on le poursuivait à cause de Pompée, dont il était l'ami. 5 Manilius demanda quelques jours de délai, mais Cicéron ne lui en accorda qu'un seul, le lendemain. Le peuple fut indigné, parce que les préteurs, d'ordinaire, accordaient au moins dix jours aux accusés. 6 Les tribuns firent comparaître Cicéron et l'accusèrent ; il demanda à être entendu. Il dit qu'ayant toujours traité les prévenus avec douceur et humanité autant que les lois le permettaient, il jugerait indigne de ne pas se comporter de la même façon à l'égard de Manilius, mais, comme il ne disposait plus, comme préteur, que d'un seul jour, il l'avait à dessein fixé pour le procès, car renvoyer cette affaire à un autre magistrat n'eût pas été le fait d'un homme disposé à soutenir l'accusé. 7 Ces paroles produisirent un merveilleux changement dans les dispositions du peuple. Cicéron fut couvert d'éloges et prié de se charger de la défense de Manilius. Il y consentit

volontiers, surtout par égard pour Pompée, qui était absent, et, reprenant l'affaire à son origine, il parla devant le peuple en attaquant vigoureusement les partisans de l'oligarchie et les ennemis de Pompée.

Consul (63). – **10.** 1 Il fut porté au consulat non moins par les aristocrates que par le peuple, les deux partis l'appuyant dans l'intérêt de l'État pour la raison suivante. 2 Le changement introduit par Sylla dans la constitution avait d'abord paru étrange, mais, avec le temps et l'habitude, il semblait avoir acquis dès lors aux yeux de la plupart des citoyens une stabilité qui n'était pas à dédaigner ; cependant il y avait des gens qui cherchaient à ébranler et à bouleverser l'état présent, en vue non pas du bien commun, mais de leurs intérêts particuliers. Pompée faisait encore la guerre aux rois du Pont et de l'Arménie, et aucune force à Rome n'était capable de s'opposer aux révolutionnaires. 3 Ceux-ci avaient pour coryphée un homme de caractère audacieux, entreprenant et rusé, Lucius Catilina, qui était soupçonné de plusieurs grands crimes, entre autres d'inceste avec sa fille et du meurtre de son frère. Craignant d'être poursuivi à ce propos, il avait persuadé Sylla d'inscrire le nom de son frère, comme s'il était encore vivant, sur la liste des proscrits destinés à la mort. 4 Prenant donc cet homme pour chef, les factieux se donnèrent mutuellement différents gages, et ils immolèrent un homme dont ils goûtèrent les chairs. Catilina avait corrompu une grande partie de la jeunesse de la ville, procurant sans cesse à chacun des plaisirs, des beuveries, des femmes, et fournissant l'argent sans compter pour faire face à ces dépenses. 5 D'autre part toute l'Étrurie et la plus grande partie de la Gaule cisalpine s'étaient soulevées, prêtes à faire défection, et Rome risquait fort de glisser à la révolution à cause de l'inégalité des fortunes : tandis que les hommes les plus renommés et les plus généreux s'étaient appauvris en frais de spectacles, de banquets, de campagnes électorales et de constructions, les richesses étaient tombées aux mains d'hommes sans noblesse et d'humble condition. Ainsi la plus légère impulsion pouvait suffire pour renverser le régime et faire passer tout le pouvoir à celui qui oserait abattre la République, minée par un mal qui venait d'elle-même.

11. 1 Cependant Catilina, voulant s'assurer d'abord une solide base d'opérations, briguait le consulat, et il avait de brillants espoirs de le partager avec C. Antonius, homme par lui-même incapable de prendre aucune initiative soit en bien, soit en mal, mais qui devait renforcer le pouvoir de celui qui prendrait la direction. 2 Pressentant ce danger, la plupart des notables mirent en avant la candidature de Cicéron, que le peuple accueillit avec empressement. Catilina échoua ; Cicéron et C. Antonius furent élus. 3 Pourtant Cicéron était le seul de tous les candidats qui n'eût pas pour père un sénateur, mais un chevalier.

12. 1 Les desseins de Catilina restaient encore ignorés de la foule ; mais de grandes luttes préliminaires marquèrent l'arrivée de Cicéron au consulat. 2 D'un côté, ceux que les lois de Sylla avaient exclus des charges publiques (ils étaient nombreux et puissants) postulaient des magistratures, haranguaient le peuple et alléguaient contre la tyrannie de Sylla une foule de griefs justes et fondés, mais ils tendaient ainsi à bouleverser, sans nécessité ni à propos, la constitution. D'un autre côté, les tribuns du peuple proposaient des lois dans le même sens : ils voulaient établir une commission de décemvirs, investis de droits souverains, qui, partout en Italie, en Syrie et dans toutes les provinces que Pompée venait d'ajouter à l'Empire, pourraient adjuger les biens de l'État, citer en justice les gens qu'ils voudraient et les envoyer en exil, fonder des villes, prendre de l'argent au Trésor public, enrôler enfin et entretenir tous les soldats qu'il leur faudrait. 3 Aussi plusieurs citoyens en vue se prononçaient-ils en faveur de cette loi, Antonius tout le premier, collègue de Cicéron, qui comptait être au nombre des décemvirs ; on croyait aussi qu'il était au courant des desseins révolutionnaires de Catilina et ne les voyait pas d'un mauvais œil parce qu'il avait d'énormes dettes. C'est là ce qui alarmait le plus l'aristocratie. 4 Pour parer d'abord à ce danger, Cicéron fit attribuer à Antonius le gouvernement de la Macédoine, et refusa pour lui-même la Gaule qu'on lui offrait. Par cette faveur, il obtint d'Antonius qu'il jouât, comme un acteur rétribué, le second rôle dans l'intérêt de la patrie. 5 Quand il eut gagné Antonius et l'eut rendu traitable, Cicéron dès lors se dressa plus hardiment contre les novateurs. Il attaqua délibérément la loi devant le sénat et accabla tellement les auteurs mêmes du projet qu'aucun d'eux ne le contredit. 6 Mais ils revinrent à la charge et, après s'être bien préparés, ils citèrent les consuls devant le peuple. Cicéron ne se laissa pas intimider : ayant ordonné aux sénateurs de le suivre, il s'avança devant l'assemblée, et non seulement il fit rejeter le projet, mais encore il amena les tribuns à renoncer à leurs autres propositions, tant son éloquence les avait subjugués.

13. 1 Nul autre que Cicéron ne fit mieux sentir aux Romains combien l'éloquence ajoute d'attrait à ce qui est moralement beau, et ne leur montra que la justice est invincible quand elle trouve un exact interprète et que, pour gouverner droitement, il faut toujours dans ses actes préférer ce qui est beau à ce qui flatte, mais dans ses discours écarter ce que l'utile peut avoir de désagréable. 2 Une autre preuve de la séduction de son éloquence est celle qu'il donna sous son consulat à propos des spectacles. Jusqu'alors les chevaliers, au théâtre, avaient été mêlés à la foule et prenaient place au hasard dans les rangs du peuple pour assister aux représentations. Le premier, Marcus Otho, étant préteur, sépara de la masse des citoyens les chevaliers pour leur faire honneur, et leur assigna une place particulière, qu'on leur réserve encore aujourd'hui. 3 Le peuple considéra cette mesure comme un affront, et, quand Otho parut au théâtre, il fut injurié et sifflé. Les chevaliers au contraire l'accueillirent et l'applaudirent avec enthousiasme. Le peuple siffla de plus belle ; les chevaliers, de leur côté, redoublèrent leurs applaudissements. 4 Puis, se tournant les uns contre les autres, ils s'insultèrent mutuellement, et le théâtre fut en proie au désordre. Cicéron, informé de l'incident, arriva ; il appela le peuple à le suivre au sanctuaire de Bellone, où il le réprimanda et l'admonesta. Après quoi le peuple, retournant au théâtre, applaudit bruyamment Otho et rivalisa avec les chevaliers pour lui marquer estime et honneur.

14. 1 Cependant Catilina et les autres conjurés, d'abord intimidés et craintifs, reprenaient courage ; ils se rassemblaient et s'exhortaient entre eux à mettre la main à l'œuvre avec plus d'audace avant le retour de Pompée qui, disait-on, revenait maintenant avec son armée. 2 Ceux qui excitaient le plus Catilina étaient les anciens soldats de Sylla : ils étaient implantés à travers toute l'Italie, mais les plus nombreux et les plus belliqueux se trouvaient répartis entre les villes d'Étrurie et ils rêvaient de reprendre leurs pillages et de se partager les richesses qui s'offraient à eux. 3 Ils avaient pour chef Mallius, un de ceux qui avaient brillamment servi sous Sylla, et, s'étant ligués avec Catilina, ils vinrent à Rome appuyer sa candidature, car il briguait de nouveau le consulat et il était résolu à tuer Cicéron dans le tumulte même des élections. 4 La divinité elle-même semblait présager ce qui se tramait par des tremblements de terre, des coups de tonnerre et des apparitions ; quant aux dénonciations venant des hommes, elles étaient véridiques, mais encore insuffisantes pour confondre un homme en vue et très puissant comme l'était Catilina. 5 C'est pourquoi Cicéron fit reculer le jour des comices, cita Catilina devant le Sénat et l'interrogea sur les bruits qui couraient. 6 Catilina, pensant que beaucoup de sénateurs souhaitaient une révolution, et voulant du même coup se mettre en valeur aux yeux des conjurés, répondit à Cicéron avec fureur : « Que fais-je donc d'extraordinaire, si, voyant deux corps, l'un maigre et usé, mais avec une tête, l'autre sans tête, mais vigoureux et grand, je veux, moi, fournir une tête à ce dernier ? » 7 Ces paroles énigmatiques qui faisaient allusion au sénat et à la plèbe redoublèrent les craintes de Cicéron. Il revêtit une cuirasse, et tous les nobles et beaucoup de jeunes gens l'escortèrent tandis qu'il descendait de sa maison au Champ de Mars. 8 Il avait à dessein détaché sa toge de ses épaules pour laisser entrevoir sa cuirasse et montrer le danger à ceux qui le verraient. Le peuple indigné se pressa autour de lui, et finalement, par son vote, rejeta de nouveau Catilina, en élisant consuls Silanus et Murena.

15. 1 Peu de temps après, comme les soldats de Catilina se rassemblaient déjà en Étrurie et s'organisaient en cohortes, et que le jour fixé pour l'attaque était proche, des hommes qui comptaient parmi les premiers et les plus influents des Romains : Marcus Crassus, Marcus Marcellus et Scipion Metellus se rendirent vers minuit à la maison de Cicéron. Ils frappent à la porte, appellent le portier et lui ordonnent d'éveiller Cicéron et de lui annoncer leur présence. 2 Voici ce dont il s'agissait : le portier de Crassus avait remis à son maître après le dîner des lettres apportées par un inconnu et adressées à divers personnages ; une seule était pour Crassus, et elle était anonyme ; 3 Crassus ne lut que celle-là ; comme elle lui annonçait qu'un grand massacre allait être commis par Catilina et qu'elle lui conseillait de s'échapper de la ville, il ne décacheta pas les autres, mais s'en vint aussitôt trouver Cicéron, car il était effrayé du danger et voulait aussi se laver des accusations dont il était l'objet à cause de son amitié avec Catilina. 4 Cicéron, après en avoir délibéré, convoqua le sénat au lever du jour et, ayant apporté les lettres, les remit à leurs destinataires en les priant de les lire tout haut. Toutes dénonçaient également le complot. 5 Aussi, lorsque Quintus Arrius, ancien préteur, annonça la formation de cohortes en Étrurie, et lorsqu'on apprit que Mallius menaçait avec des forces considérables les villes de cette région et n'attendait toujours pour agir que des nouvelles de Rome, le sénat décréta de remettre les affaires aux mains des consuls, ceux-ci devant en prendre la charge et administrer du mieux qu'ils pourraient la ville pour la sauver. Ce genre de décret est exceptionnel : le sénat ne le prend que lorsqu'il redoute un péril extrême.

16. 1 Investi de ce pouvoir, Cicéron confia les affaires extérieures à Quintus Metellus, et garda en main celles de la ville. Chaque jour il sortait escorté par un tel nombre d'hommes que ceux-ci occupaient une grande partie du Forum quand il y pénétrait ainsi accompagné. Catilina, qui ne pouvait plus supporter de retard, décida qu'il se rendrait en personne à l'armée de Mallius, mais il ordonna à Marcius et à Cethegus d'aller avec des épées frapper au petit jour à la porte de Cicéron, comme pour le saluer, de se jeter sur lui et de le tuer. 2 Fulvia, femme de haut rang, vint de nuit dénoncer ce complot à Cicéron et lui recommanda de se garder de Cethegus et de son complice. 3 Ceux-ci se présentèrent au point du jour ; comme on les empêchait d'entrer, ils s'indignèrent et poussèrent les hauts cris à la porte, ce qui les rendit encore plus suspects. Ensuite Cicéron sortit et réunit le sénat dans le sanctuaire de Jupiter Stésios, ou Stator, comme l'appellent les Romains, sanctuaire situé à l'entrée de la Voie Sacrée quand on monte au Palatin. 4 Catilina s'y rendit avec les autres dans l'intention de se défendre. Mais aucun sénateur ne voulut prendre place auprès de lui ; tous s'écartèrent de son siège. 5 Dès qu'il commença à parler, il fut hué, et finalement Cicéron, s'étant levé, lui enjoignit de quitter la ville, en disant que, lui-même agissant par la parole et Catilina par les armes, il fallait mettre entre eux le rempart de Rome. 6 Catilina sortit aussitôt de la ville avec trois cents hommes en armes et, s'entourant, comme s'il était magistrat, de faisceaux et de haches, il fit lever les enseignes et se mit en marche vers Mallius. Il rassembla environ vingt mille soldats et parcourut les cités pour les gagner à sa cause et les soulever. La guerre étant ainsi ouvertement engagée, Antonius fut envoyé pour lui livrer bataille.

17. 1 Les gens corrompus par Catilina qui étaient restés dans la ville furent assemblés et réconfortés par Cornelius Lentulus surnommé Sura. Celui-ci était d'une naissance illustre, mais sa vie honteuse et ses débauches l'avaient fait précédemment exclure du sénat ; il était alors préteur pour la seconde fois, comme c'est l'usage pour ceux qui veulent à nouveau revêtir la dignité sénatoriale. 2 Son surnom de Sura lui fut donné, dit-on, pour la cause suivante : comme il était questeur au temps de Sylla et qu'il avait perdu et dilapidé une grande partie des fonds publics, 3 Sylla indigné lui en demanda compte au sénat ; Lentulus se présenta d'un air désinvolte et hautain et déclara qu'il ne rendait pas de comptes, mais qu'il offrait sa jambe, comme c'est l'habitude des enfants quand ils ont fait une faute au jeu de la balle. 4 C'est de là que lui vint le surnom de Sura, car *sura* en latin signifie la jambe. Une autre fois, étant poursuivi en justice, il avait acheté quelques-uns de ses juges ; il s'en tira à la majorité de deux voix seulement, et dit alors que ce qu'il avait donné à l'un des deux était de l'argent perdu, puisqu'il lui suffisait d'une voix pour être acquitté. 5 Tel était le caractère de cet homme. Séduit par Catilina, il fut corrompu en outre par de vaines espérances qu'éveillèrent en lui de faux prophètes et des charlatans : ceux-ci lui débitaient des vers et des oracles forgés par eux, qu'ils prétendaient tirés des prophéties de la Sibylle, et déclarant que le destin avait marqué trois Cornelius pour être monarques à Rome ; deux d'entre eux avaient déjà rempli leur destinée, à savoir Cinna et Sylla ; restait ce troisième Cornelius, à qui la divinité venait offrir la monarchie ; il devait à tout prix l'accepter et ne pas laisser échapper les occasions par sa lenteur, comme le faisait Catilina.

18. 1 En conséquence Lentulus projetait un crime absolument inexpiable : il avait résolu de massacrer le sénat tout entier et tous les autres citoyens qu'ils pourraient, d'incendier complètement la ville et de n'épargner personne, sauf les enfants de Pompée, qu'ils enlèveraient et garderaient comme otages en vue d'un accommodement avec lui, car le bruit courait partout, et se confirmait, que Pompée revenait de sa grande expédition. 2 Une nuit des Saturnales avait été fixée pour l'exécution de l'attentat. Les conjurés avaient apporté et caché dans la maison de Cethegus des épées, de l'étoupe et du soufre. 3 Ils avaient désigné cent hommes, divisé Rome en autant de secteurs et attribué par le sort un secteur à chacun, afin qu'avec un tel nombre d'incendiaires la ville flambât de tous côtés en peu de temps. D'autres devaient obstruer les conduites d'eau et égorger ceux qui voudraient y puiser.

4 Pendant ces préparatifs il se trouva que séjournaient à Rome deux envoyés des Allobroges, peuple alors très misérable et qui supportait mal la domination romaine. 5 Lentulus et ses complices, pensant que ces députés leur seraient utiles pour remuer et soulever la Gaule, les mirent dans la conspiration. Ils leur donnèrent une lettre pour le sénat de leur province, auquel ils promettaient la liberté, et une pour Catilina, où ils

l'engageaient à affranchir les esclaves et à marcher sur Rome. 6 Ils envoyaient avec eux à Catilina un certain Titus de Crotone, qui devait servir de courrier. 7 Mais les conjurés étaient des déséquilibrés qui se rencontraient le plus souvent pour boire en compagnie de femmes, tandis que Cicéron employait à pénétrer leurs desseins de la diligence, un jugement sobre et une sagacité supérieure : il avait à son service beaucoup d'agents étrangers à la conspiration qui surveillaient leurs démarches et l'aidaient à les dépister ; beaucoup d'autres aussi, que l'on croyait être du nombre des conjurés, mais dont il était sûr, lui faisaient des rapports secrets. C'est ainsi qu'il eut connaissance de leurs relations avec les étrangers. En conséquence il fit tendre de nuit une embuscade et s'empara ainsi du Crotoniate et de ses lettres, grâce à la coopération secrète des Allobroges.

19. 1 Au point du jour Cicéron assembla le sénat au sanctuaire de la Concorde, lut tout haut les lettres et fit parler les dénonciateurs. De son côté, Junius Silanus déclara que l'on avait entendu dire à Cethegus que trois consuls et quatre préteurs devaient être tués. Le consulaire Pison rapporta lui aussi des propos du même genre. 2 Gaius Sulpicius, l'un des préteurs, envoyé chez Cethegus, y trouva une grande quantité de javelots et d'armes, et surtout des épées et des poignards, tous fraîchement aiguisés. 3 Enfin le sénat ayant voté l'impunité au Crotoniate à condition qu'il fît des révélations, Lentulus, confondu, abdiqua sa charge (il était alors préteur), quitta sa toge prétexte dans le sénat et prit un habit convenant à sa situation. 4 Lui et ses complices, pour être gardés à vue, furent alors remis aux préteurs. Déjà le soir était venu, et le peuple attendait, massé auprès du temple. Cicéron sortit et informa de l'affaire les citoyens. Puis, escorté par eux, il se rendit dans la maison d'un ami qui était son voisin, parce que la sienne était occupée par les femmes qui célébraient des cérémonies secrètes en l'honneur de la divinité appelée par les Romains la Bonne Déesse, et par les Grecs Gynaecéia. 5 Chaque année, dans la maison du consul, la femme ou la mère de celui-ci lui offre un sacrifice auquel assistent les Vestales. Cicéron entra donc chez son ami et se prit à réfléchir en lui-même, en présence d'un très petit nombre de personnes, sur la conduite à tenir envers les conjurés. 6 Il reculait devant le dernier supplice, châtiment approprié à de si grands forfaits ; il hésitait à la fois parce qu'il était de caractère modéré et parce qu'il ne voulait pas paraître se porter à un excès de pouvoir et fouler aux pieds impitoyablement des hommes du premier rang par leur naissance et qui avaient dans la ville des amis puissants. Mais, s'il les traitait trop doucement, il avait des dangers à redouter de leur part, 7 car ils ne se résigneraient pas à leur sort s'ils subissaient une peine moindre que la mort ; au contraire, ils déchaîneraient toute leur audace si un nouveau sujet de ressentiment s'ajoutait à leur ancienne perversité, et lui-même passerait pour un homme lâche et faible, d'autant qu'il n'avait pas déjà auprès du peuple une grande réputation de hardiesse.

20. 1 Pendant que Cicéron était en proie à cette perplexité, un signe fut donné aux femmes qui offraient le sacrifice. Le feu de l'autel semblait déjà assoupi quand s'éleva, de la cendre et des écorces brûlées, l'éclat d'une immense flamme. 2 La plupart des femmes furent saisies d'effroi, mais les vierges sacrées engagèrent Terentia, épouse de Cicéron, à aller en toute hâte trouver son mari pour lui dire d'accomplir ce qu'il avait résolu pour le bien de la patrie, car la déesse lui envoyait une grande lumière comme gage de salut et de gloire. 3 Terentia (qui n'était pas particulièrement douce ni timide de nature, mais qui avait de l'ambition et, comme le dit Cicéron lui-même, prenait part à ses soucis politiques plus qu'elle ne lui faisait part des affaires domestiques) lui rapporta les paroles des Vestales et l'excita contre les conjurés. Il fut également pressé d'agir par son frère Quintus et par Publius Nigidius, un de ses compagnons dans l'étude de la philosophie, qui lui rendait de fréquents et très grands services pour ses actes politiques.

4 Le lendemain, le sénat délibéra sur la punition à infliger aux conspirateurs. Le premier dont l'avis fut demandé, Silanus, dit qu'il fallait les conduire en prison et leur faire subir la peine suprême. 5 Tous les sénateurs se rangèrent successivement à cette opinion jusqu'à ce que vînt le tour de C. César, le futur dictateur. 6 En ce temps-là, il était encore jeune et au tout début de son ascension, mais déjà, par sa politique et ses espérances, il était entré dans la voie qui devait le conduire à changer la république romaine en monarchie. Personne ne se doutait de ses desseins, sauf Cicéron, qui avait conçu bien des soupçons, mais sans que César lui eût donné prise pour le confondre. On pouvait même entendre dire que César, sur le point d'être pris, avait échappé au consul ; 7 d'autres prétendent que Cicéron négligea et laissa de côté volontairement les révélations faites contre César, par crainte de ses amis et de son crédit, car il était clair pour chacun que César, le cas échéant, sauverait les conjurés avec lui plutôt qu'il ne serait enveloppé dans leur châtiment.

21. 1 Donc César, quand son tour d'opiner fut venu, se leva et déclara qu'il n'était pas d'avis de mettre à mort les conjurés, mais de confisquer leurs biens, de les reléguer eux-mêmes dans les villes d'Italie que désignerait Cicéron et de les tenir prisonniers jusqu'à la défaite de Catilina. 2 À cette opinion indulgente soutenue par un homme très habile à parler, Cicéron ajouta un appoint considérable : 3 s'étant levé lui-même, il manœuvra en effet dans les deux sens, appuyant tantôt le premier avis, tantôt celui de César. Tous les amis de Cicéron, pensant que la proposition de César était avantageuse pour lui (car il serait moins sujet aux accusations s'il ne faisait pas mettre à mort les conjurés) adoptèrent de préférence ce second avis, si bien que Silanus lui-même, revenant sur son opinion, s'excusa en disant que lui non plus n'avait pas voulu porter une sentence de mort, car il regardait la prison comme la peine suprême pour un sénateur romain. 4 Cet avis une fois exprimé, Catulus Lutatius fut le premier à s'y opposer. Caton, qui parla après lui, insista fortement dans son discours sur les soupçons que l'on avait contre César, et il inspira aux sénateurs tant de colère et de courage qu'ils votèrent la mort des conjurés. 5 Quant à la confiscation de leurs biens, César voulut y faire obstacle en disant qu'il n'était pas juste qu'après avoir repoussé ce que son avis avait d'humain, on en adoptât uniquement la partie la plus sévère, et, comme de nombreux sénateurs s'opposaient violemment à lui, il en appela aux tribuns du peuple ; ceux-ci refusèrent d'écouter son appel, mais Cicéron céda et abandonna de lui-même la proposition de confiscation.

22. 1 Il se rendit ensuite avec le sénat auprès des condamnés. Ils n'étaient pas tous au même endroit, mais différents préteurs les gardaient séparément. 2 Il prit d'abord Lentulus au Palatin, et l'emmena par la Voie Sacrée et à travers le Forum. Les personnages du plus haut rang l'entouraient et lui servaient de gardes du corps. Le peuple frissonnait en voyant ce qui s'accomplissait, et il suivait en silence. Les jeunes gens surtout avaient comme le sentiment d'être initiés, dans la crainte et le tremblement, aux mystères ancestraux d'un pouvoir aristocratique. 3 Lorsque Cicéron eut traversé le Forum et atteint la prison, il mit Lentulus entre les mains du bourreau, avec ordre de le faire périr. Ce fut ensuite le tour de Cethegus, et chacun des autres fut de même amené et tué. 4 Voyant qu'il restait encore beaucoup de conjurés assemblés et massés au Forum, lesquels ignoraient l'exécution et attendaient la nuit dans la pensée que les prisonniers étaient encore en vie et qu'on pourrait les délivrer, Cicéron leur cria d'une voix forte : « Ils ont vécu. » C'est ainsi qu'à Rome on exprime la mort, quand on veut éviter des paroles de mauvais augure.

5 Le soir était venu lorsque Cicéron remonta chez lui à travers le Forum, non plus escorté en bon ordre par les citoyens silencieux, mais accueilli avec des acclamations et des applaudissements par ceux devant qui il passait, et salué des noms de sauveur et de fondateur de la patrie. Un grand nombre de lumières éclairaient les rues où l'on avait dressé des flambeaux et des torches devant les portes. 6 Les femmes aussi tendaient leurs lampes du haut des toits pour lui faire honneur et pour le voir tandis qu'il remontait chez lui en grande pompe, entouré par les citoyens les plus nobles, dont la plupart avaient mené à bien des guerres importantes, étaient rentrés à Rome en triomphateurs et avaient ajouté à l'empire de vastes étendues de terre et de mer. Cependant, tout en marchant, ils reconnaissaient entre eux que, si beaucoup de chefs et de généraux d'alors avaient droit à la reconnaissance du peuple romain pour les richesses, les dépouilles et la puissance qu'ils lui avaient procurées, ce peuple ne devait sa sûreté et son salut qu'à Cicéron seul, qui l'avait tiré d'un si grand et si redoutable danger. 7 Ce que l'on trouvait d'admirable dans sa conduite, ce n'était pas tant d'avoir arrêté les intrigues et puni les meneurs, c'était

d'avoir étouffé la plus terrible révolution qu'on eût jamais vue aux moindres frais, sans troubles ni guerre civile. 8 Et en effet ceux qui avaient rejoint Catilina n'eurent pas plus tôt appris le sort de Lentulus et de Cethegus qu'ils l'abandonnèrent et partirent. Avec ceux qui demeurèrent auprès de lui, Catilina livra bataille à Antonius, et périt lui-même avec son armée.

23. 1 Cependant il se trouvait des gens disposés à dénigrer ces actes de Cicéron et à lui faire du mal. Ils avaient pour chefs, parmi les magistrats désignés, d'une part César, qui devait être prêteur, d'autre part Metellus et Bestia, tribuns du peuple. 2 Ceux-ci étant entrés en fonction alors que Cicéron avait encore quelques jours à rester en charge, s'opposèrent à ce qu'il haranguât le peuple. Ils placèrent des bancs sur les rostres pour l'empêcher de passer, et ne lui permirent pas de parler : ils exigeaient, s'il voulait le faire, qu'il se contentât de prêter le serment usuel à l'expiration de sa charge, après quoi il descendrait de la tribune. 3 Cicéron, acceptant ces conditions, s'avança pour jurer, mais, quand il eut obtenu le silence, au lieu de prononcer la formule traditionnelle, il fit un serment personnel et inusité : il jura qu'il avait sauvé la patrie et maintenu l'empire. Le peuple tout entier répéta ce serment. 4 Cela fâcha davantage encore César et les tribuns. Ils s'ingénièrent à susciter de nouveaux tracas à Cicéron : ils proposèrent notamment une loi qui rappelait Pompée avec son armée pour mettre fin au pouvoir absolu de Cicéron. 5 Mais Caton, alors tribun, fut d'un grand secours pour Cicéron et pour tout l'État : il s'opposa aux menées de ses collègues, disposant d'une autorité égale à la leur et d'une plus grande renommée. 6 Il fit écarter facilement toutes leurs propositions, et, dans un discours adressé au peuple, il exalta si bien le consulat de Cicéron qu'on lui vota les plus grands honneurs jamais décernés et qu'on le proclama « père de la patrie ». Cicéron fut, semble-t-il, le premier qui reçut ce titre, et c'est Caton qui le lui conféra dans l'assemblée du peuple.

L'esprit de Cicéron. – **24.** 1 Étant alors très puissant dans l'État, Cicéron s'attira beaucoup d'inimitiés, non qu'il commît aucune mauvaise action, mais sa constante habitude de se louer et de se vanter indisposa beaucoup de gens. 2 Il n'y avait aucune assemblée du sénat ou du peuple, aucun tribunal où l'on ne dût entendre ressasser les noms de Catilina et de Lentulus. 3 Il finit même par remplir de ses propres louanges ses livres et tous ses écrits, et, si attrayants et pleins de charme que fussent ses discours, il les rendit ainsi pénibles et insupportables à ses auditeurs, cet aspect déplaisant étant toujours comme une sorte de fatalité, inséparable de sa personne. 4 Pourtant, si excessif que fût son amour de la gloire, Cicéron était exempt de jalousie et prodiguait les éloges à ses prédécesseurs et à ses contemporains, comme on peut le voir par ses écrits. 5 On rapporte de lui beaucoup de louanges de cette sorte. Il disait par exemple d'Aristote que c'était un fleuve qui charrie de l'or, et des dialogues de Platon que, si Jupiter est doué du langage, c'est ainsi qu'il parle. 6 Il avait aussi coutume d'appeler Théophraste « son délice personnel. » Comme on lui demandait quel était celui des discours de Démosthène qu'il trouvait le plus beau, il répondit : « Le plus long. » Cependant quelques-uns de ceux qui font profession d'admirer Démosthène lui reprochent avec insistance un mot qu'il a écrit dans une lettre à un de ses amis, à savoir que Démosthène dans ses discours sommeille parfois. Ces gens-là oublient les grandes et merveilleuses louanges dont il comble souvent le grand orateur ; ils oublient aussi qu'il a donné à ceux de ses propres discours qu'il a le plus travaillés, les discours contre Antoine, le titre de *Philippiques*. 7 De tous ses contemporains renommés dans l'éloquence ou la philosophie, il n'en est aucun dont il n'ait accru la réputation par ce qu'il dit ou écrivit avec bienveillance à leur sujet. Pour Cratippe le Péripatéticien, il obtint de César, alors au pouvoir, le droit de cité romaine ; il obtint aussi de l'Aréopage un décret qui priait ce philosophe de demeurer à Athènes et de s'y entretenir avec les jeunes gens pour rehausser le prestige de la ville. 8 On possède à ce sujet des lettres de Cicéron à Hérodès, et d'autres à son fils, où il le presse d'étudier la philosophie auprès de Cratippe. En revanche il reproche au rhéteur Gorgias d'inciter le jeune homme à s'adonner aux plaisirs et à la boisson, et il le bannit de la société de son fils. 9 De ses lettres rédigées en grec, il n'y a guère que celle-là, et une autre adressée à Pélops de Byzance qui aient été écrites dans un mouvement de colère. Pour Gorgias, il avait raison de s'en prendre à lui, s'il était réellement dissolu et méprisable comme il en avait la réputation ; au contraire, il chicanait Pélops à propos de vétilles, en le blâmant parce qu'il avait négligé d'obtenir des Byzantins certains décrets honorifiques en faveur de Cicéron.

25. 1 C'est la vanité qui lui inspirait ces plaintes, et l'orgueil qu'il avait de son talent oratoire lui fit plus d'une fois sacrifier les convenances. Par exemple, comme il avait défendu Munatius, et que celui-ci, ayant ainsi échappé à la condamnation, poursuivait Sabinus, ami de Cicéron, il se laissa, paraît-il, emporter par la colère au point de lui dire : « Est-ce donc à toi-même, Munatius, que tu dois ton acquittement, et non pas à moi, qui ai répandu en plein jour une nuit profonde devant le tribunal ? » 2 Un jour il fit du haut de la tribune l'éloge de Marcus Crassus et fut applaudi, mais quelques jours après il parla de lui en mal, et comme Crassus lui disait : « N'est-ce pas ici même que tu m'as loué l'autre jour ? — Oui, repartit Cicéron, je voulais m'entraîner à disserter sur un sujet ingrat. » 3 Une autre fois, Crassus, après avoir dit qu'aucun des Crassus à Rome n'avait dépassé la soixantaine, se rétracta ensuite et ajouta : « Quelle idée avais-je donc pour m'exprimer ainsi ? — Tu savais, dit Cicéron, que les Romains entendraient cela avec plaisir, et tu voulais ainsi te rendre populaire. » 4 Le même Crassus ayant dit qu'il approuvait les Stoïciens de soutenir que l'homme de bien est riche : « Prends garde, dit Cicéron, que ce ne soit plutôt parce qu'ils affirment que tout appartient au sage. » Or Crassus était décrié à cause de son amour de l'argent. 5 Un des deux fils de Crassus passait pour ressembler à un certain Axius, ce qui faisait accuser sa mère de relations honteuses avec ce personnage. Un jour que le jeune homme s'était fait applaudir en prononçant un discours au Sénat, on demanda à Cicéron ce qu'il en pensait. « Il est digne (*axios*) de Crassus », répondit-il.

26. 1 Crassus, sur le point de partir pour la Syrie, voulut avoir Cicéron pour ami plutôt que pour ennemi. Aussi lui dit-il avec amabilité qu'il désirait dîner chez lui. Cicéron le reçut avec empressement. 2 Quelques jours plus tard des amis intervinrent auprès de lui en faveur de Vatinius, qui désirait, disaient-ils, se réconcilier avec lui (ils étaient brouillés) et devenir son ami. « Vatinius ne prétend pas, j'imagine, dîner lui aussi chez moi ? » dit Cicéron. Voilà donc comment il en usait avec Crassus. 3 Ce Vatinius avait au cou un goitre ; comme il plaidait dans un procès, Cicéron le qualifia d'orateur enflé. Ayant entendu dire que Vatinius était mort, puis, quelque temps après, apprenant de source sûre qu'il était vivant, il s'écria : « Puisse-t-il mourir misérablement, ce misérable qui nous a frustrés ! » 4 Lorsque César fit décréter que le territoire de la Campanie serait réparti entre les soldats, plusieurs sénateurs manifestèrent leur indignation, et Lucius Gellius, qui était à peu de chose près le doyen de l'assemblée, déclara que cela ne se ferait pas tant qu'il vivrait : « Patientons, dit Cicéron, car Gellius ne demande pas un long délai. » 5 Il y avait un certain Octavius que l'on soupçonnait d'être originaire de Libye ; un jour que Cicéron plaidait, il dit qu'il ne l'entendait pas : « Ce n'est pourtant pas faute, dit Cicéron, d'avoir les oreilles percées. » 6 Metellus Nepos reprochant à Cicéron d'avoir fait périr plus de gens en témoignant contre eux qu'il n'en avait sauvé en les défendant : « J'avoue, en effet, dit-il, que ma bonne foi est plus grande que mon habileté. » 7 Un jeune homme qu'on accusait d'avoir donné du poison à son père dans un gâteau, prenait des airs insolents et menaçait de l'accabler d'injures : « De ta part, dit Cicéron, j'aime mieux cela qu'un gâteau. » 8 Publius Sestius, ayant un procès, avait pris Cicéron avec d'autres orateurs pour le défendre, mais il voulait tout dire lui-même sans permettre à personne de parler. Comme il était clair qu'il allait être acquitté par les juges, qui déjà portaient leurs suffrages : « Profite de l'occasion aujourd'hui, Sestius, lui dit Cicéron, car demain tu ne seras plus qu'un homme quelconque. » 9 Il avait cité comme témoin dans un procès Publius Costa, qui voulait être juriste, mais était dénué à la fois d'intelligence et de savoir. Ce Publius déclara qu'il ne savait rien. « Tu crois sans doute, dit Cicéron, que l'on te questionne sur un point de droit ? » Metellus Nepos, se disputant avec lui, lui demanda à plusieurs reprises : « Qui est ton père, Cicéron ? — À toi, répondit Cicéron, ta mère t'a rendu la réponse plus difficile qu'à moi. »

La mère de Nepos passait pour avoir de mauvaises mœurs. Metellus lui-même avait la réputation d'être un homme changeant : 10 un jour il abandonna brusquement sa charge de tribun du peuple pour prendre la mer et rejoindre Pompée en Syrie, puis il en revint avec moins de raison encore. 11 Il ensevelit avec un soin particulier son maître Philagros et plaça sur son tombeau un corbeau de marbre, ce qui fit dire à Cicéron : « En cela tu as été très sage, car il t'a enseigné à voler plutôt qu'à parler. » 12 Comme Marcus Appius commençait un plaidoyer en disant que son ami l'avait prié d'apporter à sa défense du soin, de l'éloquence et de la bonne foi, « Et ainsi, lui dit Cicéron, as-tu donc un cœur de pierre, toi qui n'as rien apporté à ton ami de tout ce qu'il te demandait ? »

27. 1 Les railleries assez mordantes contre des ennemis ou des adversaires semblent faire partie de l'arsenal de la rhétorique ; mais, en heurtant les premiers venus pour provoquer le rire, Cicéron amassa contre lui beaucoup de haine. 2 J'en citerai aussi quelques exemples. Marcus Aquilius avait deux gendres en exil ; Cicéron l'appelait Adraste. 3 Lucius Cotta, qui remplissait la fonction de censeur, aimait fort le vin ; Cicéron, alors candidat au consulat, eut soif et, au milieu des amis qui l'entouraient, il se mit à boire en disant : « Vous avez raison de craindre que le censeur ne se fâche contre moi, parce que je bois de l'eau. » 4 Ayant rencontré Voconius accompagné de ses trois filles qui étaient très laides, il récita ce vers : « En dépit de Phoebos cet homme eut des enfants. » 5 Marcus Gellius passait pour n'être pas né de parents libres ; comme il venait de lire une lettre au Sénat d'une voix haute et éclatante : « Ne vous étonnez pas, dit Cicéron, il est de ceux qui ont crié pour leur liberté. » 6 Faustus était le fils de ce Sylla qui avait exercé à Rome le pouvoir absolu et avait fait périr tant de proscrits dont les noms étaient affichés ; Faustus s'étant endetté et ayant dissipé une grande partie de sa fortune, fit afficher la vente des biens qui lui restaient : « J'aime mieux cette affiche-là, dit Cicéron, que celle de son père. »

Du consulat à l'exil (62-58). – **28.** 1 Tout cela valut à Cicéron de nombreuses inimitiés, et les partisans de Clodius se liguèrent contre lui pour la raison suivante. Clodius était un jeune noble, de caractère hardi et présomptueux. 2 Étant épris de Pompeia, femme de César, il pénétra secrètement dans sa maison avec le costume et l'attirail d'une joueuse de lyre. Les femmes y célébraient le sacrifice secret dont la vue est interdite à l'autre sexe, et aucun homme ne se trouvait là. Mais Clodius, étant tout jeune et encore imberbe, espérait se glisser avec les femmes chez Pompeia sans être reconnu. 3 Cependant, comme il était entré de nuit et que la maison était grande, il ne savait par où passer. Tandis qu'il errait ici et là, une servante d'Aurelia, mère de César, l'aperçut et lui demanda son nom. Contraint de parler, il dit qu'il cherchait une suivante de Pompeia, du nom d'Habra. La servante s'aperçut que sa voix n'était pas une voix féminine ; elle poussa un cri et appela les femmes. 4 Celles-ci ferment les portes, fouillent toute la maison et surprennent Clodius réfugié dans la chambre de la jeune esclave qui l'avait fait entrer. L'affaire s'ébruita ; César répudia Pompeia, et Clodius se vit intenter une action d'impiété.

29. 1 Cicéron était ami de Clodius, et dans l'affaire de Catilina il avait trouvé en lui un auxiliaire très zélé et un garde du corps. Clodius se défendit contre ses accusateurs en affirmant qu'il ne se trouvait même pas à Rome à ce moment-là et séjournait très loin de la ville sur ses terres. Mais Cicéron déposa contre lui et déclara que Clodius était venu dans sa maison et l'avait entretenu de certaines affaires. Cela était vrai ; 2 néanmoins l'on crut que ce n'était pas par amour de la vérité que Cicéron faisait cette déposition, mais pour se justifier aux yeux de sa femme Terentia. 3 Elle détestait Clodius parce qu'elle s'imaginait que sa sœur Clodia voulait épouser Cicéron et machinait ce mariage par l'entremise d'un certain Tullus de Tarente, un des amis les plus intimes de Cicéron. Comme ce Tullus fréquentait assidûment chez Clodia, qui habitait dans son voisinage et qu'il était empressé auprès d'elle, il éveilla les soupçons de Terentia. 4 Celle-ci, de caractère difficile et habituée à gouverner Cicéron, l'excita à se joindre à ceux qui attaquaient Clodius et à témoigner contre lui. Beaucoup de notables aussi attestèrent que Clodius était un parjure et un fourbe, qu'il avait acheté des foules de citoyens et débauché des femmes. Lucullus produisit même des servantes qui déposèrent que Clodius avait eu des relations intimes avec la plus jeune de ses sœurs, au temps où elle était la femme de Lucullus. 5 On croyait généralement aussi que Clodius avait eu des rapports avec ses deux autres sœurs, dont l'une, Tertia, était la femme de Marcius Rex, et l'autre, Clodia, celle de Metellus Celer. Cette dernière était surnommée *Quadrantaria*, parce qu'un de ses amants avait mis dans une bourse des pièces de bronze et les lui avait envoyées au lieu d'argent (*quadrans* est le nom que donnent les Romains à la plus petite des pièces de monnaie de bronze). C'était surtout à propos de cette dernière sœur que de mauvais bruits couraient sur Clodius. 6 Cependant, comme le peuple en cette occasion prenait parti contre ceux qui, d'un commun accord, témoignaient contre lui, les juges prirent peur, s'entourèrent d'une garde et la plupart d'entre eux mirent dans l'urne des tablettes sur lesquelles ils avaient brouillé les lettres. Toutefois ceux qui étaient pour l'acquittement parurent être les plus nombreux. La corruption aussi, dit-on, joua un rôle, 7 ce qui fit dire à Catulus, quand il rencontra ces juges : « On ne peut nier que ce soit pour votre sûreté que vous avez réclamé une garde : vous avez craint qu'on ne vous enlevât l'argent. » 8 De son côté, Cicéron, comme Clodius lui disait que son témoignage n'avait pas eu de crédit auprès des juges, répondit : « Vingt-cinq juges ont eu confiance en moi, c'est le nombre exact de ceux qui ont voté contre toi ; quant aux trente autres, ils n'ont pas eu confiance en toi, car ils ne t'ont pas acquitté avant d'avoir reçu ton argent. » 9 Cependant César, cité au tribunal, refusa de témoigner contre Clodius : il déclara qu'il n'accusait pas sa femme d'adultère et que, s'il l'avait répudiée, c'était « parce que la femme de César devait être à l'abri de la honte, non seulement dans sa conduite, mais aussi dans sa réputation ».

30. 1 Clodius, ayant échappé au péril, fut élu tribun du peuple. Il s'acharna aussitôt sur Cicéron, lui suscitant toute sorte de tracas, liguant et ameutant tout le monde contre lui. 2 Il s'attacha le peuple par des lois humanitaires et fit attribuer à chacun des deux consuls des provinces importantes : à Pison la Macédoine, à Gabinius la Syrie. Il procura à un grand nombre d'indigents l'entrée dans le corps politique, et se fit escorter par des esclaves armés. 3 Des trois hommes alors les plus puissants, Crassus était ouvertement ennemi de Cicéron, Pompée était en coquetterie avec les deux autres, et César allait partir pour la Gaule avec une armée. Cicéron s'insinua auprès de César, bien qu'il ne fût pas son ami et qu'il le tînt pour suspect depuis l'affaire de Catilina, et demanda à l'accompagner dans son expédition en qualité de légat. 4 César donna son accord, mais Clodius, voyant Cicéron échapper à sa puissance tribunicienne, feignit d'être disposé à la conciliation : rejetant sur Terentia la principale responsabilité, il ne parlait plus de Cicéron qu'en termes modérés, tenait sur son compte des propos bienveillants, comme un homme sans haine et sans rancune ; il ne se plaignait de lui qu'avec mesure et sur le ton de l'amitié, si bien qu'il dissipa entièrement les craintes de Cicéron, qui renonça à la lieutenance de César et se remit à la politique. 5 César, exaspéré de ce revirement, encouragea Clodius contre Cicéron et lui aliéna totalement Pompée, tandis qu'il attestait lui-même devant le peuple qu'il ne trouvait ni juste ni légal qu'on eût mis à mort sans jugement Lentulus, Cethegus et leurs complices. 6 Telle était l'accusation portée contre Cicéron, et c'est pour ce motif qu'il fut cité en justice. Se voyant poursuivi et en danger, il changea de vêtement, laissa ses cheveux en désordre et parcourut la ville en suppliant le peuple. 7 Clodius se portait à sa rencontre partout dans les rues, avec une bande d'hommes effrontés et violents, qui le harcelaient de moqueries insolentes sur son changement d'habit et de tenue, souvent même lui jetaient de la boue et des pierres, et faisaient obstacle à ses supplications.

31. 1 Cependant ce fut d'abord presque tout l'ordre des chevaliers qui prit le deuil avec Cicéron, et non moins de vingt mille jeunes gens l'accompagnèrent, les cheveux en désordre, et supplièrent le peuple de concert avec lui ; puis le sénat se réunit pour décréter que le peuple changerait de costume, comme pour un deuil ; mais les consuls s'y opposèrent et, comme Clodius faisait entourer d'hommes armés la salle des séances, plusieurs sénateurs s'élancèrent au-dehors en déchirant leurs toges et en poussant des cris. 2 Ce spectacle pourtant ne suscita ni pitié ni honte, et Cicéron se vit contraint ou de s'exiler ou de trancher entre Clodius et lui par la violence et par le fer. Il demanda alors le secours de Pompée, qui s'était retiré volontairement à l'écart et séjournait dans sa campagne d'Albe. Tout d'abord Cicéron y envoya son gendre Pison intercéder pour lui, puis il monta en personne. 3 Pompée, informé de sa venue, n'osa pas soutenir sa vue, car il avait terriblement honte devant l'homme qui avait mené pour lui de grands combats et fait adopter tant de mesures politiques en sa faveur, mais, étant le gendre de César, à la demande de celui-ci, il sacrifia ses anciennes obligations et, s'échappant par une autre porte, il évita l'entrevue. 4 Ainsi trahi par lui et resté seul, Cicéron eut recours aux consuls. Gabinius le traitait toujours avec rudesse, mais Pison s'entretint plus doucement avec lui ; il lui conseilla de se retirer en cédant à la violence de Clodius, de se résigner à ce changement de Fortune et d'être encore une fois le sauveur de la patrie, que Clodius plongeait dans les séditions et les malheurs. 5 Ayant reçu une telle réponse, Cicéron délibéra avec ses amis. Lucullus lui conseilla de rester, disant qu'il aurait le dessus ; d'autres l'engagèrent à s'exiler, persuadés que le peuple ne tarderait pas à le regretter, quand il serait rassasié de la fureur et de la folie de Clodius. 6 C'est le parti auquel Cicéron se rangea. Il prit la statue de Minerve qu'il conservait depuis longtemps dans sa maison et entourait d'une vénération particulière, et la porta au Capitole, où il la consacra avec cette inscription : « À Minerve, gardienne de Rome. » Puis il accepta de ses amis une escorte et s'échappa de la ville au milieu de la nuit. Il prit par voie de terre le chemin de la Lucanie, dans l'intention de gagner la Sicile.

32. 1 Lorsqu'il fut manifeste que Cicéron s'était enfui, Clodius fit voter son bannissement, et un décret fut affiché qui lui interdisait le feu et l'eau et défendait de le recevoir sous un toit à moins de cinq cents milles de l'Italie. 2 On tint généralement très peu compte de cette décision parce qu'on respectait Cicéron ; on l'escortait à son passage en lui prodiguant les marques d'attachement. Mais à Hipponium, ville de Lucanie qu'on appelle aujourd'hui Vibo, Vibius Sicca, un homme qui avait retiré de l'amitié de Cicéron une quantité de profits et qui notamment était devenu sous son consulat préfet des ouvriers, refusa de l'accueillir dans sa maison et lui envoya dire qu'il lui assignait pour résidence son domaine à la campagne. Quant à Caïus Vergilius, préteur de Sicile, qui avait été l'un des principaux obligés de Cicéron, il lui écrivit d'avoir à se tenir à l'écart de la Sicile. 3 Alors Cicéron, découragé, partit pour Brindes, et de là il s'embarqua par un temps favorable pour passer à Dyrrachium, mais, un vent contraire s'étant élevé en pleine mer, il dut le lendemain rebrousser chemin, puis il s'embarqua de nouveau. 4 On raconte que, alors qu'il avait fait la traversée en direction de Dyrrachium et qu'il était sur le point d'aborder, il se produisit un tremblement de terre et un raz de marée, qui firent conjecturer aux devins que son exil ne durerait pas, car c'étaient là des signes de changement. 5 Beaucoup de gens venaient le voir par sympathie, et sans cesse les villes grecques lui adressaient à l'envi des députations. Cependant, plein de tristesse et d'abattement, il passait la plus grande partie du temps à regarder vers l'Italie, comme les amants malheureux en direction de l'objet de leur amour. L'infortune avait considérablement rabaissé sa fierté, en l'humiliant et le déprimant plus qu'on ne s'y serait attendu chez un homme dont une si grande culture avait rempli la vie. 6 Il priait souvent ses amis de ne pas l'appeler orateur, mais philosophe, disant qu'il avait choisi comme profession la philosophie et ne se servait de l'art oratoire que comme d'un instrument, pour les besoins de la politique. 7 Mais l'opinion a une grande force pour effacer la raison, comme un vernis, de l'âme d'un homme et, pour imprimer, chez ceux qui dirigent l'État, les passions de la foule par l'effet de la fréquentation habituelle des citoyens, sauf si l'on est bien sur ses gardes et si l'on se comporte envers les autres avec la résolution de prendre part aux affaires toutes seules, et non aux passions qu'elles suscitent.

***Retour à Rome (57).* – 33.** 1 Après avoir chassé Cicéron, Clodius incendia ses villas et incendia sa maison, sur l'emplacement de laquelle il bâtit un temple de la Liberté. Il mit en vente ses autres biens et renouvelait tous les jours la mise aux enchères, car personne ne voulait rien acheter. 2 Clodius, devenu ainsi redoutable à l'aristocratie et entraînant après lui le peuple qui se laissait aller à des actes de violence et d'excessive audace, s'attaqua à Pompée lui-même et voulut faire annuler certaines des mesures qu'il avait prises au cours de son expédition. 3 Voyant sa réputation ébranlée par ces manœuvres, Pompée se reprocha d'avoir abandonné Cicéron, et, changeant d'attitude, il mit tout en œuvre avec ses amis pour obtenir son rappel. Comme Clodius s'y opposait, le sénat décida de ne ratifier dans l'intervalle aucune mesure et de ne traiter aucune affaire publique tant que Cicéron ne serait pas rappelé. 4 Sous le consulat de Lentulus, le désordre alla si loin que des tribuns furent blessés au Forum et que Quintus, le frère de Cicéron, fut par mégarde laissé pour mort au milieu des cadavres. Alors le peuple commença à changer d'avis ; le tribun Annius Milon osa le premier citer Clodius en justice pour violences, et beaucoup de gens du peuple de Rome et des villes environnantes se joignirent à Pompée. 5 Celui-ci, s'avançant à leur tête, refoula Clodius hors du Forum et appela les citoyens à voter. On dit que jamais encore une décision n'avait été prise avec une telle unanimité. 6 Le sénat, rivalisant avec le peuple, décréta que des éloges seraient décernés aux villes qui avaient témoigné des égards à Cicéron pendant son exil, et que sa maison et ses villas, détruites par Clodius, seraient relevées aux frais de l'État.

7 Cicéron revint à Rome le seizième mois qui suivit son exil, et telle fut la joie des villes et la hâte des gens à se porter à sa rencontre que ce qu'il en dit par la suite est encore au-dessous de la vérité. 8 Il déclara en

effet qu'il était revenu à Rome porté sur les épaules de l'Italie. Dans la ville, Crassus lui-même, qui était son ennemi avant son exil, s'empressa alors de venir à sa rencontre et se réconcilia avec lui, pour faire plaisir, comme il disait, à son fils Publius, partisan zélé de Cicéron.

34. 1 Peu de temps après, Cicéron, ayant attendu un moment où Clodius était absent, se rendit avec beaucoup de monde au Capitole, et là il arracha et détruisit les tablettes tribuniciennes où étaient inscrits les actes de l'administration de Clodius. 2 Celui-ci l'ayant attaqué à ce sujet, Cicéron répondit qu'il était passé illégalement des rangs des patriciens au tribunat de la plèbe et qu'aucun des actes accomplis par lui n'était valide. Mais Caton, indigné, s'éleva contre Cicéron : ce n'était pas qu'il approuvât Clodius, mais, si hostile qu'il fût à sa politique, il exprimait l'opinion que le sénat commettait un étrange abus de pouvoir en abrogeant tant d'actes et d'édits, parmi lesquels figurait sa propre administration à Chypre et à Byzance. 3 Il s'ensuivit un froissement entre Cicéron et Caton, qui n'apparut nullement au grand jour, mais qui refroidit leur mutuelle amitié.

Procès de Milon (52). – **35.** 1 Après ces événements Milon tua Clodius, et, poursuivi pour meurtre, il prit comme défenseur Cicéron. Mais le sénat, craignant que le procès d'un accusé renommé et impétueux comme l'était Milon n'occasionnât des troubles, chargea Pompée de présider à cette affaire et aux autres en assurant la sécurité dans la ville et dans les tribunaux. 2 Alors que la nuit durait encore, Pompée fit donc entourer de soldats le Forum à partir des collines. Milon, craignant que Cicéron, troublé à la vue de ce dispositif inaccoutumé, ne plaidât moins bien, le persuada de se faire porter en litière au Forum et d'y rester tranquillement jusqu'au moment où les juges seraient réunis et le tribunal au complot. 3 Cicéron, paraît-il, n'était pas seulement timoré sous les armes, mais il éprouvait de la crainte même quand il devait parler, et, dans beaucoup de procès, il cessait à peine d'être ému et de trembler lorsque son éloquence atteignait tout son éclat et toute sa fermeté. 4 Lorsqu'il avait défendu Licinius Murena, poursuivi par Caton, Cicéron, mettant son point d'honneur à surpasser Hortensius, qui avait eu du succès, ne s'était accordé aucun repos de toute la nuit, si bien qu'exténué par l'excès de méditation et de veille, il avait paru inférieur à lui-même. 5 Cette fois, au procès de Milon, quand Cicéron, sortant de sa litière, vit Pompée assis tout en haut, comme au milieu d'un camp, et les armes qui étincelaient tout autour du Forum, il se troubla et eut de la peine à commencer son discours. Il frissonnait et sa voix s'étranglait, alors que Milon lui-même assistait aux débats plein de hardiesse et d'assurance, et avait jugé indigne de lui de laisser croître ses cheveux et de prendre un habit de couleur sombre. Cette attitude semble avoir été d'ailleurs la principale cause de sa condamnation. Quant à Cicéron, on attribua son émotion à la chaleur de son amitié plutôt qu'à la crainte.

Proconsulat en Cilicie (51-50). – **36.** 1 Il fut aussi au nombre des prêtres que les Romains appellent augures, à la place de Crassus le Jeune, après la mort de celui-ci chez les Parthes. Puis le sort le désigna pour gouverner la province de Cilicie. On lui donna une armée de douze mille fantassins et de mille six cents cavaliers. Il s'embarqua, ayant pour instructions d'assurer au roi Ariobarzane l'amitié et l'obéissance de la Cappadoce. 2 Il accomplit cette mission et arrangea tout à la perfection sans recourir à la guerre, et voyant les Ciliciens excités par l'échec des Romains chez les Parthes et la tentative de révolution en Syrie, il les calma par la douceur de son gouvernement. 3 Il n'accepta pas de présents, même quand c'étaient des rois qui lui en offraient, et il dispensa les gens de sa province d'organiser des banquets, tandis que lui-même recevait chaque jour à sa table les Ciliciens distingués, non pas somptueusement, mais libéralement. 4 Sa maison n'avait pas de portier, et personne jamais ne le vit au lit : debout au point du jour ou se promenant devant son domicile, il accueillait ceux qui venaient le saluer. 5 On dit qu'il ne fit donner les verges ni déchirer les habits à qui que ce fût, que la colère ne lui arrachait pas d'injures et qu'il ne joignait jamais à une pénalité des procédés violents. Ayant découvert qu'une grande partie des fonds publics avait été détournée, il rendit aux villes leur prospérité en obligeant les coupables à restituer, mais sans leur infliger d'autre châtiment ni les noter d'infamie. 6 Il fit aussi la guerre et mit en déroute les brigands qui habitaient autour de l'Amanus, et il fut même à cette occasion proclamé *imperator* par ses soldats. Comme l'orateur Caelius l'avait prié de lui envoyer de Cilicie à Rome des panthères pour un spectacle qu'il voulait donner, Cicéron lui écrivit en faisant valoir ses succès : « Il n'y a point de panthères en Cilicie, car elles ont fui en Carie, indignées d'être seules en butte à la guerre quand tout est en paix. » 7 En revenant de sa province, il commença par aborder à Rhodes, puis il fit à Athènes un séjour qu'enchantait le souvenir de ses anciennes études. Il y fréquenta les hommes qui tenaient le premier rang par leur culture, salua ses amis et connaissances, et après avoir reçu de la Grèce de justes tributs d'admiration, il rentra à Rome, où les affaires, comme sous l'effet d'une inflammation, tournaient déjà à la guerre civile.

Entre Pompée et César (49-46). – **37.** 1 On décida au sénat de lui décerner le triomphe. Il déclara qu'il aurait plus de plaisir à suivre le triomphe de César, si un accord était conclu avec lui. Il multipliait les conseils à titre personnel par ses lettres à César et, d'autre part, par ses démarches auprès de Pompée, tâchait de les adoucir et de les calmer l'un et l'autre. 2 Quand la crise devint irrémédiable et que César marcha sur la ville,

Pompée, au lieu de l'attendre, quitta Rome, accompagné d'un grand nombre de notables. Cicéron ne participa pas à cette fuite et parut ainsi se joindre à César. Sa volonté était manifestement tiraillée dans les deux sens, et il ne parvenait pas à se décider. 3 Il écrit en effet dans ses lettres qu'il ne sait vers quel parti se tourner, parce que, d'un côté, Pompée a pour faire la guerre un motif honorable et glorieux, et que, d'autre part, César conduit mieux ses affaires et est plus capable d'assurer son salut et celui de ses amis, en sorte qu'il voit bien lequel il faut fuir, mais ne sait auprès duquel fuir. 4 Un certain Trebatius, ami de César, lui écrivit que César pensait que le devoir de Cicéron était avant tout de se ranger à son côté et de partager ses espérances, mais que, s'il s'y dérobait en raison de son âge, il ferait bien de se rendre en Grèce et de s'y tenir tranquille à l'écart des deux partis. Cicéron, étonné que César ne lui eût pas écrit lui-même, répondit dans un mouvement de colère qu'il ne ferait rien qui fût indigne de sa carrière politique. C'est du moins ce que l'on trouve écrit dans ses lettres.

38. 1 César étant parti pour l'Espagne, Cicéron s'embarqua aussitôt pour rejoindre le camp de Pompée. Tous l'accueillirent avec plaisir, sauf Caton qui, dans le privé, le blâma vivement d'avoir embrassé le parti de Pompée : lui-même, Caton, disait-il, ne pouvait honorablement déserter la position politique qu'il avait choisie dès le début, mais Cicéron aurait été plus utile à sa patrie et à ses amis si, restant neutre, il se fût adapté là-bas aux événements, et c'était sans raison et sans nécessité qu'il s'était fait ennemi de César et qu'il était venu prendre ici sa part d'un si grand danger. 2 Ces propos retournèrent les dispositions de Cicéron, d'autant plus que Pompée ne lui confiait aucun emploi important. La faute en était à lui seul, car il ne niait pas qu'il regrettait d'être venu ; il dépréciait les préparatifs de Pompée, désapprouvait en secret ses décisions et ne pouvait se retenir de railler et de faire sans cesse de l'esprit aux dépens de ses compagnons d'armes ; il se promenait sans cesse dans le camp sans rire lui-même et en gardant un air sombre, mais il faisait rire les autres bien qu'ils n'en eussent aucune envie. 3 Il convient de citer aussi quelques exemples. Comme Domitius voulait donner un commandement à un homme dépourvu de qualités militaires et disait qu'il était doux de caractère et prudent : « Pourquoi donc, demanda Cicéron, ne le gardes-tu pas pour être le précepteur de tes enfants ? » 4 On louait Théophane de Lesbos, qui était dans le camp préfet des pionniers, d'avoir bien su consoler les Rhodiens de la perte de leur flotte : « Quel bonheur, dit Cicéron, d'avoir un Grec pour préfet ! » 5 César avait presque toujours l'avantage et tenait en quelque sorte ses adversaires assiégés ; Lentulus dit qu'il avait été informé que les amis de César étaient tristes : « Veux-tu dire, répliqua Cicéron, qu'ils en veulent à César ? » 6 Un certain Marcius, qui venait d'arriver d'Italie, dit que le bruit prévalait à Rome que Pompée était assiégé : « Alors, s'écria Cicéron, tu as pris la mer pour t'en assurer de tes yeux ? » 7 Après la défaite, Nonius ayant dit qu'il fallait garder bon espoir puisqu'il restait sept aigles dans le camp de Pompée : « Tu nous donnerais là un bel encouragement, remarqua Cicéron, si nous faisions la guerre à des geais. » 8 Labienus affirmait en s'appuyant sur certains oracles que Pompée devait l'emporter : « C'est donc, dit Cicéron, une ruse de guerre que la perte de notre camp ? »

39. 1 Après la bataille de Pharsale, à laquelle Cicéron ne participa point parce qu'il était malade, Pompée s'enfuit. Caton, qui avait à Dyrrachium une armée nombreuse et une flotte considérable, pria Cicéron d'en prendre le commandement selon la loi comme étant au-dessus des autres par sa dignité consulaire. 2 Cicéron repoussa l'offre, et, comme il refusait absolument de prendre part à la lutte, il faillit être tué par le jeune Pompée et ses amis, qui l'appelèrent traître et tirèrent l'épée contre lui ; Caton s'interposa et, non sans peine, l'emmena et le fit sortir du camp. 3 Cicéron aborda à Brindes et y séjourna en attendant César, que retenaient les affaires d'Asie et d'Égypte. 4 Quand on lui annonça que César avait abordé à Tarente et qu'il gagnait Brindes par terre, Cicéron partit à sa rencontre, n'étant sans doute pas sans espoir, mais ressentant quelque honte d'avoir à éprouver en présence de nombreux témoins les dispositions d'un ennemi vainqueur. 5 Cependant il n'eut besoin de faire ni de dire rien d'indigne de lui : dès que César l'aperçut qui s'avançait loin en avant des autres, il descendit de cheval, l'embrassa et fit un grand nombre de stades en causant seul à seul avec lui. À partir de ce moment il ne cessa de lui témoigner honneur et amitié. C'est ainsi que, Cicéron ayant écrit un traité à l'éloge de Caton, il rédigea une réplique où il louait l'éloquence et la vie de Cicéron, qu'il trouvait tout à fait comparable à celles de Périclès et de Théramène. 6 Le traité de Cicéron est intitulé *Caton*, et celui de César *Anti-Caton*. Quintus Ligarius, poursuivi en justice parce qu'il avait été l'un des ennemis de César, fut défendu par Cicéron. On rapporte que César dit alors à ses amis : « Qu'est-ce qui nous empêche d'écouter parler Cicéron, que nous n'avons pas entendu depuis un long intervalle, puisqu'il y a longtemps que son client est jugé comme un méchant homme et un ennemi ? » 7 Mais, lorsque Cicéron eut commencé son discours, il émut singulièrement César, et, en avançant, ses paroles furent d'un pathétique si varié et d'un charme si admirable que le visage de César changea plusieurs fois de couleur et qu'il ne put cacher les divers sentiments qui se partageaient son âme. Enfin, quand l'orateur en vint à parler de l'affrontement de Pharsale, César, hors de lui, se mit à trembler de tout son corps et laissa échapper de sa main quelques-uns des écrits qu'il tenait. En tout cas, c'est contraint par ce discours qu'il acquitta l'accusé.

Retraite. – **40.** 1 À partir de ce moment Cicéron, voyant que l'État s'était transformé en monarchie, renonça à s'occuper des affaires publiques et consacra ses loisirs à ceux des jeunes gens qui voulaient étudier la philosophie ; on peut dire que par ses relations avec eux, qui étaient les plus nobles et les premiers de la ville, il acquit à nouveau une influence considérable. 2 Il se donna alors pour tâche de composer et de traduire des dialogues philosophiques et de faire passer en latin les différents termes du vocabulaire de la dialectique et de la physique. C'est lui, dit-on, qui rendit le premier en latin les notions d'imagination, de suspension du jugement, d'assentiment et de compréhension, et aussi celles d'atome, d'indivisible, de vide, et beaucoup d'autres du même genre, et qui s'ingénia le plus à les rendre intelligibles et familières aux Romains, soit par des métaphores, soit autrement par des termes propres. 3 Il usait aussi par jeu de sa facilité pour la poésie : on dit que, lorsqu'il s'adonnait à une telle occupation, il composait cinq cents vers en une nuit. Il passa la plus grande partie de cette période dans son domaine de Tusculum, d'où il écrivait à ses amis qu'il menait la vie de Laërte, soit qu'il plaisantât comme il en avait l'habitude, soit que, tout en restant plein d'ambition et de goût pour la politique, il fût découragé par l'état des affaires. 4 Il descendait rarement à la ville, et seulement pour faire sa cour à César ; quand il s'agissait de lui décerner des honneurs, il était le premier de ceux qui prenaient la parole et qui se piquaient de dire toujours quelque chose de nouveau à la gloire du grand homme et de ses actions. Tel est le mot qu'il prononça à propos des statues de Pompée, qu'on avait abattues et enlevées, mais que César ordonna de relever, et qui le furent en effet ; 5 Cicéron dit à cette occasion : « Par cet acte de générosité, César redresse les statues de Pompée et consolide les siennes. »

41. 1 Il avait, dit-on, l'intention d'écrire toute l'histoire de sa patrie, d'y mêler une bonne partie de l'histoire grecque et d'y rapporter en masse les traditions et les mythes qu'il avait rassemblés. Il en fut empêché par un grand nombre d'affaires, tant privées que publiques, où sa volonté n'avait aucune part, et aussi par des malheurs dont il fut responsable dans une large mesure. 2 En premier lieu, il répudia sa femme Terentia parce qu'elle l'avait négligé pendant la guerre à tel point qu'à son départ il manquait même du nécessaire pour le voyage et qu'à son retour en Italie il ne trouva pas chez elle que de bons sentiments à son égard : 3 elle n'était pas venue à Brindes, où il faisait un long séjour, et, quand sa fille, encore toute jeune, entreprit un voyage si considérable, elle ne lui avait donné ni une escorte convenable ni suffisamment d'argent. Elle avait même dépouillé et vidé la maison de Cicéron de tout ce qu'elle contenait, et fait en outre beaucoup de dettes importantes. Telles sont les raisons les plus convenables que l'on donne de leur divorce. 4 Mais Terentia les niait, et Cicéron lui-même lui fournit une éclatante justification en épousant peu après une jeune fille, soit à cause de sa beauté dont il s'était épris, au dire de Terentia, soit à cause de sa fortune pour avoir le moyen de payer ses dettes, selon ce qu'a écrit Tiron, l'affranchi de Cicéron ; 5 car la jeune fille était fort riche, et Cicéron, désigné comme héritier fiduciaire, en eut la garde. Comme il devait plusieurs dizaines de milliers de drachmes, il se laissa persuader par ses amis et ses proches d'épouser cette adolescente, malgré la différence d'âge, et de se servir des biens de celle-ci pour désintéresser ses créanciers. 6 Antoine, qui fait mention de ce mariage dans ses répliques aux *Philippiques*, dit que Cicéron chassa une femme auprès de laquelle il avait vieilli ; il raille finement et du même coup la vie sédentaire de Cicéron en le présentant comme un oisif et un homme impropre à la guerre. 7 Il était remarié depuis peu quand sa fille mourut en couches chez Lentulus, qu'elle avait épousé après la mort de Pison, son précédent mari. 8 Les amis de Cicéron vinrent de toutes parts pour le consoler, car ce malheur lui causa un chagrin si excessif qu'il renvoya sa seconde femme parce qu'elle avait paru se réjouir de la mort de Tullia.

Après la mort de César (15 mars 44). – **42.** 1 Telles étaient les affaires domestiques de Cicéron. Il ne participa point à la conjuration qui se formait contre César, bien qu'il fût un des meilleurs amis de Brutus, et qu'il parût, plus que personne, être mécontent de la situation présente et regretter l'ancien ordre de choses ; 2 mais les conjurés se défièrent de son caractère, qu'ils jugeaient timide, et de son âge, auquel les natures les mieux trempées manquent d'audace. 3 Quoi qu'il en soit, quand Brutus, Cassius et les autres eurent accompli leur acte, les amis de César se liguèrent contre les meurtriers, et l'on put craindre à nouveau que la ville ne retombât dans les guerres civiles. Antoine, alors consul, assembla le sénat, et parla brièvement de concorde, mais Cicéron fit un long discours approprié aux circonstances, et persuada le sénat d'imiter les Athéniens en votant une amnistie pour l'attentat contre César et en assignant des provinces à Brutus, à Cassius et à leurs amis. 4 Cependant aucune de ces décisions ne fut appliquée, car le peuple, déjà enclin de lui-même à la compassion pour la victime, quand il vit le corps de César porté à travers le Forum et qu'Antoine lui eut montré le vêtement du mort plein de sang et partout percé de coups d'épée, fut transporté de colère, se mit à rechercher les conjurés au Forum et courut à leurs maisons avec des torches enflammées pour y mettre le feu. 5 Mais les meurtriers, qui avaient pris à l'avance leurs précautions, échappèrent au danger, et, comme ils s'attendaient à beaucoup d'autres grands périls, ils quittèrent la ville.

43. 1 Aussitôt Antoine dressa la tête, et tout le monde le craignait, et Cicéron plus que personne, comme le futur seul maître de l'État. De son côté, Antoine, voyant renaître l'autorité de Cicéron dans la politique et le sachant ami de Brutus, supportait mal sa présence à Rome. 2 Déjà auparavant d'ailleurs ils se suspectaient l'un l'autre en raison de la différence et du contraste de leurs mœurs. 3 Redoutant donc cette antipathie, Cicéron projeta d'abord de prendre la mer pour se rendre en Syrie comme légat de Dolabella. Mais les consuls élus pour succéder à Antoine, Hirtius et Pansa, hommes de bien et chauds partisans de Cicéron, le prièrent de ne pas les abandonner, se chargeant d'abattre Antoine pourvu que Cicéron restât auprès d'eux. Alors, sans douter entièrement de leur promesse ni s'y fier complètement, il renonça à suivre Dolabella, et convint avec Hirtius et Pansa qu'il passerait l'été à Athènes, puis reviendrait quand ils seraient entrés en charge, et il s'embarqua tout seul. 4 Mais la traversée subit des retards, et des bruits nouveaux, comme il s'en répand souvent, arrivèrent de Rome et lui apprirent qu'Antoine avait étonnamment changé, qu'il agissait en tout et gouvernait d'accord avec le sénat, et que les affaires ne réclamaient que sa présence à lui Cicéron pour aller au mieux. Alors il se reprocha son excès de circonspection et retourna à Rome. 5 Au début ses espérances ne furent pas déçues : une immense foule, qui avait regretté son absence et se réjouissait de son retour, accourut à sa rencontre, et il passa presque toute la journée à recevoir saluts et félicitations à la porte de la ville et à l'entrée de sa maison. 6 Le lendemain Antoine réunit le sénat et convoqua Cicéron qui ne vint pas et resta couché sous prétexte qu'il était affaibli par la fatigue du voyage ; la vérité était, paraît-il, qu'il craignait un guet-apens que lui faisait soupçonner une dénonciation reçue en cours de route. 7 Antoine, irrité d'être calomnié, envoya des soldats avec ordre de l'amener ou de mettre le feu à sa maison ; mais plusieurs sénateurs s'interposèrent, et, sur leurs prières il se contenta de prendre des gages. 8 Désormais ils ne cessèrent plus de se harceler mutuellement, mais sans faire d'éclat, et de se surveiller l'un l'autre, jusqu'au jour où le jeune César, arrivé d'Apollonie, revendiqua l'héritage du grand César, et entra en contestation avec Antoine au sujet des vingt-cinq millions de drachmes que celui-ci retenait de la succession.

44. 1 Là-dessus, Philippus, qui avait épousé la mère du jeune César, et Marcellus, qui était le mari de sa sœur, allèrent avec le jeune homme trouver Cicéron, et ils convinrent entre eux que Cicéron lui prêterait au sénat et devant le peuple l'influence qu'il devait à son éloquence et à sa carrière politique, et que lui, de son côté, garantirait la sécurité de Cicéron par ses richesses et par ses armes ; car déjà le jeune homme avait autour de lui un bon nombre des soldats qui avaient servi sous César. 2 Il y eut aussi, croyait-on, une cause plus importante pour que Cicéron acceptât volontiers l'amitié du jeune César. 3 Il paraît qu'au temps où Pompée et César étaient encore vivants, Cicéron avait eu un songe ; il rêva qu'on appelait les fils des sénateurs au Capitole, où Jupiter devait désigner l'un d'eux comme chef des Romains, que les citoyens s'empressèrent d'y courir et se rangèrent autour du temple, tandis que les enfants, vêtus de la robe prétexte, s'asseyaient en silence. 4 Soudain la porte du temple s'ouvrit, les enfants, un à un, se levèrent et passèrent autour de la statue du dieu, qui les examinait tous et les renvoyait affligés. Mais lorsque le jeune César s'approcha de lui, Jupiter étendit le bras droit et dit : « Romains, vous verrez la fin des guerres civiles quand celui-ci sera devenu votre chef. » 5 Ce songe, dit-on, laissa gravée dans l'esprit de Cicéron l'image de cet enfant et il en garda un souvenir très net, alors qu'il ne le connaissait pas. Le lendemain, comme il descendait au Champ de Mars, les enfants revenaient à ce moment de leurs exercices physiques, et le premier qu'il aperçut fut le jeune César, tel qu'il l'avait vu en songe. Frappé de surprise, il lui demanda qui étaient ses parents. 6 Il avait pour père Octavius, qui n'était pas un homme très en vue, et pour mère Attia, nièce de César. C'est pourquoi César, qui n'avait pas d'enfants à lui, lui laissa par testament sa fortune et son nom. 7 Depuis ce jour, dit-on, Cicéron n'omit jamais de s'entretenir avec l'enfant chaque fois qu'il le rencontrait, et celui-ci accueillait gentiment ces marques d'amitié. De plus, le destin l'avait fait naître sous le consulat de Cicéron.

45. 1 Telles étaient sans doute les raisons que l'on donnait, mais c'est avant tout la haine de Cicéron pour Antoine, puis sa nature sensible aux honneurs qui lui firent prendre le parti de César, sur le pouvoir de qui il comptait pour accroître son autorité dans l'État. 2 Le fait est que le jeune homme s'insinuait dans sa faveur au point de l'appeler son père. Tout cela révoltait Brutus, qui, dans ses lettres à Atticus, a vivement critiqué Cicéron : « En faisant sa cour à César par crainte d'Antoine, écrit-il, il montre bien qu'au lieu de travailler à la liberté de la patrie, il recherche pour lui-même la bienveillance d'un maître. » 3 Cependant Brutus voulut bien prendre avec lui le fils de Cicéron, qui étudiait la philosophie à Athènes ; il lui confia des commandements et remporta grâce à lui des succès. 4 La puissance de Cicéron dans la ville atteignit alors son apogée : disposant du pouvoir à sa guise, il évinça Antoine, forma un parti contre lui, envoya pour le combattre les deux consuls, Hirtius et Pansa, et fit voter par le sénat l'attribution de licteurs et des ornements de la préture à César sous prétexte qu'il combattait pour la patrie. 5 Mais après qu'Antoine eut été défait et que la bataille eut causé la mort des deux consuls, comme les armées s'étaient réunies autour de César, le sénat, redoutant un jeune homme dont la chance était si éclatante, essaya par des honneurs et des gratifications de débaucher ses troupes et de lui retirer sa puissance : le sénat pensait n'avoir plus besoin de défenseurs depuis qu'Antoine s'était enfui. Alors César prit peur et envoya secrètement à Cicéron des émissaires chargés de le prier et de le persuader de briguer le consulat à la fois pour eux deux, en l'assurant qu'il disposerait du pouvoir à son gré dès qu'il aurait revêtu cette charge, et qu'il gouvernerait le jeune homme, qui n'ambitionnait du consulat que le titre et l'honneur. 6 César reconnaît lui-même que c'est parce qu'il craignait le licenciement de ses troupes et risquait d'être abandonné, qu'il avait profité à propos de la soif de Cicéron pour le pouvoir et l'avait poussé à briguer le consulat tandis que lui-même le seconderait et soutiendrait sa candidature.

***La mort.* – 46.** 1 C'est en cette occasion surtout que Cicéron se laissa mener et duper, lui un vieillard, par un jeune homme, dont il appuya la candidature et à qui il concilia la faveur du sénat. Aussitôt il fut blâmé par ses amis, et il ne tarda pas à s'apercevoir qu'il s'était perdu lui-même et avait sacrifié la liberté du peuple. 2 Le jeune homme, devenu puissant et nommé consul, laissa de côté Cicéron, se lia d'amitié avec Antoine et Lépide, et, après avoir réuni ses forces aux leurs, partagea l'empire avec eux, comme s'il s'agissait d'une propriété quelconque. Ils firent une liste des gens qui devaient être mis à mort, au nombre de plus de deux cents. 3 Dans leurs débats, ce fut la proscription de Cicéron qui donna lieu à la contestation la plus vive : Antoine se refusait à tout accommodement si l'orateur ne périssait pas le premier ; Lépide se joignit à Antoine ; César leur tenait tête à tous les deux. 4 Pendant trois jours ils restèrent réunis secrètement entre eux seuls près de la vile de Bononia ; les entrevues avaient lieu en avant des camps dans un endroit entouré d'une rivière. 5 On dit que César, après avoir bataillé en faveur de Cicéron les deux premiers jours, céda le troisième jour et l'abandonna. Ils se firent mutuellement les concessions suivantes : César devait livrer Cicéron ; Lépide, son frère Paulus ; et Antoine, Lucius César, qui était son oncle maternel, 6 tant la colère et la rage leur avaient fait oublier la raison et les sentiments humains, ou plutôt tant ils firent voir qu'il n'y a pas de bête plus sauvage que l'homme quand il joint le pouvoir à la passion !

47. 1 Pendant que ces décisions étaient prises, Cicéron se trouvait dans son domaine campagnard de Tusculum, et il avait son frère avec lui. Informés des proscriptions, ils projetèrent de se rendre à Astura, où Cicéron avait une propriété au bord de la mer, et de passer de là en Macédoine, auprès de Brutus, car déjà le bruit courait qu'il y était en force. 2 Ils se firent porter dans des litières, accablés de chagrin. Ils s'arrêtaient en chemin, et, rapprochant leurs litières, ils mêlaient leurs gémissements. 3 Quintus était le plus abattu : il était tracassé par l'idée de son dénuement, car il n'avait pas eu le temps de rien emporter de chez lui, et Cicéron lui-même n'avait que de maigres provisions pour le voyage. Il valait donc mieux, pensèrent-ils, que Cicéron prît les devants dans leur fuite, et que Quintus courût après lui, quand il se serait pourvu du nécessaire dans sa maison. 4 Ils en décidèrent ainsi, puis ils s'embrassèrent en pleurant et se séparèrent. Quelques jours après, Quintus, livré par ses serviteurs aux hommes qui le recherchaient, fut tué avec son fils. Cicéron, arrivé à Astura, y trouva un navire, s'embarqua aussitôt, et, favorisé par le vent, il longea le rivage jusqu'au Circaeum. 5 Les pilotes voulaient en repartir immédiatement, mais Cicéron, soit qu'il craignît la mer, soit qu'il n'eût pas encore perdu toute confiance en César, débarqua et longea la côte par terre sur un espace de cent stades, en direction de Rome. 6 Cependant l'inquiétude le reprit, et, changeant d'intention, il descendit vers la mer à Astura. Il y passa la nuit en proie à des réflexions terribles et désespérées ; il songea même à se glisser secrètement dans la maison de César et à se tuer à son foyer pour attacher à sa personne un démon vengeur. 7 Mais la crainte des tortures le fit encore renoncer à ce projet. Roulant en son esprit maints desseins confus et contradictoires, il se remit entre les mains de ses serviteurs pour le conduire par mer à Caïète, où il avait une propriété et un refuge agréables pendant l'été, quand les vents étésiens sont le plus rafraîchissants. 8 Il y a aussi en cet endroit un petit temple d'Apollon, un peu au-dessus de la mer. Une nuée de corbeaux s'en éleva pour se porter à grand bruit vers le vaisseau de Cicéron, dont l'équipage ramait vers la terre. Les oiseaux se posèrent de chaque côté de la vergue, les uns croassant, les autres becquetant les bouts des cordages. Tout le monde vit là un mauvais présage. 9 Cicéron débarqua, et, une fois entré dans sa villa, il se coucha pour prendre du repos. Alors la plupart des corbeaux se perchèrent à la fenêtre en poussant des cris tumultueux ; l'un d'eux même s'abattit sur son lit et avec son bec écarta peu à peu le manteau dont Cicéron s'était voilé le visage. 10 À ce spectacle, les serviteurs se reprochèrent d'attendre tranquillement d'être les témoins du meurtre de leur maître et de ne pas le protéger, alors que des bêtes venaient à son secours et prenaient soin de lui dans son malheur immérité : usant à la fois de persuasion et de violence, ils l'emportèrent en litière vers la mer.

48. 1 À ce moment survinrent les meurtriers. C'étaient le centurion Herennius et le tribun militaire Popillius, que Cicéron avait autrefois défendu dans une accusation de parricide, et avec eux une troupe de satellites. 2 Voyant les portes fermées, ils les enfoncèrent, mais ils ne trouvèrent pas Cicéron, et les gens de la maison affirmaient ne pas savoir où il était. Alors, dit-on, un adolescent, instruit par Cicéron dans les belles-lettres et dans les sciences, nommé Philologus, affranchi de Quintus, son frère, dit au tribun qu'on portait sa litière par les allées boisées et ombragées vers la mer. 3 Le tribun, prenant quelques hommes avec lui, se précipita en faisant un détour pour gagner l'issue des allées, tandis qu'Herennius parcourait celles-ci au pas de course. Cicéron l'entendit arriver et ordonna à ses serviteurs de déposer là sa litière. 4 Lui-même, portant, d'un geste qui lui était familier, la main gauche à son menton, regarda fixement les meurtriers. Il était couvert de poussière, avait les cheveux en désordre et le visage contracté par l'angoisse, en sorte que la plupart des soldats se voilèrent les yeux tandis qu'Herennius l'égorgeait. 5 Il tendit le cou à l'assassin hors de la litière. Il était âgé de soixante-quatre ans. 6 Suivant l'ordre d'Antoine, on lui coupa la tête et les mains, ces mains avec lesquelles il avait écrit les *Philippiques*, car c'est ainsi que Cicéron avait intitulé ses discours contre Antoine, qui ont gardé jusqu'à maintenant le même titre.

49. 1 Lorsque la tête et les mains de Cicéron furent apportées à Rome, il se trouva qu'Antoine procédait à des élections. Ayant appris que ces trophées étaient là, et les ayant vus, il s'écria : « Les proscriptions ont maintenant atteint leur terme. » 2 Il ordonna de placer la tête et les mains sur les Rostres au-dessus de la tribune. Ce spectacle fit frissonner les Romains, qui croyaient voir, non pas le visage de Cicéron, mais l'image de l'âme d'Antoine. Cependant il accomplit en cette occasion un acte louable, un seul ; il livra Philologus à Pomponia, femme de Quintus. 3 Celle-ci, devenue maîtresse de la personne de l'adolescent, lui infligea de terribles châtiments et l'obligea notamment à se couper les chairs morceau par morceau, à les faire rôtir, puis à les manger. 4 C'est là ce que racontent quelques historiens, mais Tiron, l'affranchi de Cicéron lui-même, ne mentionne même pas du tout la trahison de Philologus.

5 On m'a rapporté que longtemps après, César étant entré chez un de ses petits-fils, celui-ci, qui avait en main un livre de Cicéron, fut saisi de peur et le cacha sous son vêtement ; mais César avait vu le livre, il le prit et en lut debout un long passage, puis le rendit au jeune homme en disant : « C'était un homme éloquent, mon enfant, éloquent et patriote. » 6 Dès qu'il eut définitivement vaincu Antoine, étant lui-même consul, il prit pour collègue le fils de Cicéron, et c'est pendant ce consulat que le Sénat fit enlever les statues d'Antoine, abolit tous ses autres honneurs et décréta en outre qu'aucun des *Antonii* ne pourrait porter le prénom de *Marcus*. C'est ainsi que la divinité réserva à la descendance de Cicéron l'achèvement de la punition d'Antoine.

Comparaison de Démosthène et de Cicéron

50 (1). 1 Voilà les faits dignes de mémoire, entre tous ceux que rapportent les historiens au sujet de Démosthène et de Cicéron, qui sont parvenus à ma connaissance. 2 J'ai renoncé à comparer leur style d'éloquence, mais il est une chose que je ne crois pas devoir taire, c'est que Démosthène consacra à l'art de la parole tous les dons oratoires qu'il tenait de la nature ou de l'exercice et qu'il surpassa par l'expressivité et la véhémence de ses discours tous ses émules dans les débats politiques et judiciaires, l'emportant en éclat et en magnificence sur les orateurs d'apparat, en précision et en habileté sur les rhéteurs, 3 tandis que Cicéron qui, en s'adonnant à l'étude des lettres, avait acquis une foule de connaissances très variées, a laissé un bon nombre de traités proprement philosophiques à la façon de l'Académie, et que, même dans ses discours écrits pour les procès et pour la tribune, on voit qu'il tient à étaler à l'occasion une certaine connaissance des belles-lettres. 4 On peut aussi apercevoir dans leurs discours le caractère de chacun d'eux. Le style de Démosthène, éloigné de tout enjolivement et de toute plaisanterie, concentré en vue de la véhémence et de la gravité, ne sent pas la mèche de lampe, comme le disait Pythéas en se moquant, mais bien le buveur d'eau, les méditations et ce caractère sombre et amer qu'on lui reconnaît. Au contraire, Cicéron, doué pour la raillerie, se laisse aller fréquemment jusqu'à la bouffonnerie ; dans les procès, pour arriver à ses fins, il arrive qu'il traite ironiquement, en riant et badinant, des affaires dignes d'être prises au sérieux, et qu'il s'écarte de la bienséance. Ainsi, dans son plaidoyer pour Caelius, il dit : « Il n'est nullement étonnant que cet homme, vivant dans le luxe et la prodigalité, s'abandonne aux plaisirs, car c'est folie de ne pas profiter des biens dont il est permis de jouir, d'autant plus que les philosophes les plus illustres font consister le bonheur dans le plaisir. » 5 On raconte encore ceci : lorsque Caton poursuivit Murena, Cicéron, qui était consul, le défendit, et, visant Caton, il prodigua les railleries à l'école stoïcienne à propos de l'extravagance de ces opinions que l'on appelle paradoxes ; comme les éclats de rire passaient de l'assistance jusqu'aux juges, Caton, souriant sans s'émouvoir, dit à ses voisins : « En vérité, citoyens, nous avons un consul bien plaisant ! » 6 Il semble que Cicéron était naturellement porté au rire et enclin à la moquerie, et son visage offrait un aspect souriant et serein. Celui de Démosthène en revanche exprimait toujours la gravité, et ne quittait pas facilement son air pensif et réfléchi ; de là vient que ses ennemis, comme il le dit lui-même, le déclaraient ouvertement acariâtre et morose.

51 (2). 1 On peut voir encore dans leurs ouvrages que l'un n'entamait son propre éloge qu'avec mesure et sans que l'on pût s'en choquer, lorsqu'il lui fallait le faire en vue d'une fin supérieure ; il était partout ailleurs modeste et réservé ; au contraire, Cicéron parlait de lui-même avec une intempérance qui décelait un amour sans borne de la gloire, lui qui s'écriait : « Les armes doivent céder à la toge, et le laurier triomphal à l'éloquence. » 2 Finalement, ce n'étaient plus seulement ses travaux et ses actes qu'il vantait, mais encore les discours qu'il avait prononcés ou écrits. On aurait dit un adolescent qui veut rivaliser avec les rhéteurs Isocrate et Anaximène, et non pas un homme qui prétendait conduire et relever le peuple romain, « Ce guerrier écrasant et pesamment armé, terrible aux ennemis. » 3 Sans doute est-il nécessaire que l'éloquence apporte de la force à l'homme d'État, mais il est indigne de lui de rechercher et de convoiter ardemment la renommée que procure la parole. Aussi Démosthène, à ce point de vue, le dépasse-t-il en gravité et en grandeur quand il déclare que son talent oratoire lui vient de l'expérience et exige des auditeurs beaucoup de bienveillance, et quand il considère comme bas et vulgaires (ce qu'ils sont en effet) ceux que leur éloquence enfle d'orgueil.

52 (3). 1 Ils eurent tous deux un talent égal pour les harangues et pour la politique, au point que ceux-là mêmes qui disposaient des armes et des camps avaient besoin d'eux : Charès, Diopeithès et Léosthénès eurent besoin de Démosthène, Pompée et le jeune César, de Cicéron, comme César lui-même le dit dans ses Mémoires dédiés à Agrippa et à Mécène. 2 Mais ce qui, comme on le croit et comme on le dit, est le plus propre à faire connaître et à éprouver le caractère d'un homme, à savoir l'exercice du pouvoir et de l'autorité, qui met en branle toutes les passions et découvre tous les défauts, cela a manqué à Démosthène : il ne put donner sa mesure à cet égard, n'ayant exercé aucune charge importante, lui qui ne commanda même pas l'armée rassemblée par lui contre Philippe. 3 Au contraire, Cicéron fut envoyé comme questeur en Sicile et comme proconsul en Cilicie et en Cappadoce ; dans un temps où l'amour des richesses connaissait un paroxysme, où ceux que l'on envoyait comme préteurs et gouverneurs, jugeant le vol mesquin, s'adonnaient au pillage, où le fait de prendre ne paraissait pas grave, et où l'on appréciait ceux qui ne le faisaient qu'avec modération, Cicéron donna maintes preuves de son mépris de l'argent, maintes preuves aussi de son humanité et de sa bonté. 4 À Rome même où, sous le titre de consul, il fut investi d'un pouvoir autocratique et dictatorial contre Catilina et ses complices, il rendit témoignage à la prophétie de Platon disant : « Les États ne verront la fin de leurs maux que lorsque la puissance souveraine et la sagesse accompagnée de la justice se rencontreront ensemble par une heureuse chance. » 5 On reproche à Démosthène d'avoir trafiqué de son éloquence en écrivant secrètement des plaidoyers pour Phormion et pour Apollodore, les deux parties adverses d'un procès ; il fut aussi accusé d'avoir reçu de l'argent du grand roi, et condamné pour en avoir reçu d'Harpale. 6 Même si nous disions que ceux qui écrivent cela (et ils ne sont pas peu nombreux) mentent, il reste en tout cas impossible de nier que Démosthène n'aurait pas su résister à l'attrait des présents que des rois lui offraient pour lui plaire et l'honorer (ce dédain n'étant pas le propre d'un homme qui faisait des prêts à la grosse aventure). 7 Mais Cicéron, lui, nous l'avons dit, lorsque les Siciliens, pendant son édilité, le roi de Cappadoce, pendant son proconsulat, et enfin ses amis de Rome, lorsqu'il fut banni de la ville, lui offrirent des dons considérables en le priant de les accepter, opposa à tous un refus.

53 (4). 1 En outre, l'exil de l'un fut honteux, puisqu'il suivit une condamnation pour vol, tandis que l'exil de l'autre lui fit grand honneur, la cause en étant qu'il avait débarrassé de scélérats sa patrie. 2 Aussi le départ de l'un resta-t-il sans conséquence, tandis que pour le second le Sénat changea d'habit, prit le deuil et ne consentit à émettre d'avis sur rien avant d'avoir voté son rappel. Il est vrai que Cicéron passa tout le temps de son exil dans l'inaction en Macédoine, alors que, pour Démosthène, l'exil même constitua une partie importante de sa carrière politique, 3 puisque, comme je l'ai dit, il parcourut les villes, luttant aux côtés des Grecs et chassant les ambassadeurs macédoniens : en cela il se montra bien meilleur citoyen que Thémistocle et Alcibiade dans les mêmes circonstances ; de plus, revenu dans sa patrie, il continua de mener cette même politique et ne cessa pas de combattre Antipatros et les Macédoniens. 4 Cicéron, lui, s'entendit reprocher en plein sénat par Laelius d'être resté assis en silence lorsque le jeune César, encore imberbe, briguait illégalement le consulat, et Brutus aussi, dans une de ses lettres, l'accuse d'avoir favorisé la croissance d'une tyrannie plus grande et plus lourde que celle que lui-même avait détruite.

54 (5). 1 Tout compte fait, si l'on considère leur fin, on peut avoir pitié d'un vieillard sans énergie, qui se fait porter çà et là par ses domestiques, qui fuit devant la mort, cherche à se cacher de ceux qui la lui apportent en devançant de peu la nature, et finalement est égorgé ; 2 quant à Démosthène, bien qu'il se soit abaissé un peu au rôle de suppliant, admirable est la précaution qu'il avait prise de préparer et de conserver du poison, et admirable aussi l'usage qu'il en fit : le dieu ne lui assurant pas un asile inviolable, il se réfugia pour ainsi dire auprès d'un autel plus grand, et il disparut en s'échappant du milieu des armes et des gardes, narguant ainsi la cruauté d'Antipatros.

Tout le monde a présente à l'esprit cette surprenante préface de la Vie de Démétrios *où Plutarque rappelle à ses lecteurs que pour juger de quelque chose, il faut pouvoir juger de son contraire et où il prend l'exemple des Spartiates qui montraient à leurs enfants des hilotes ivres pour les détourner de l'ivresse. On discutera encore longtemps pour savoir s'il s'agit d'un subtil approfondissement de cette littérature morale ou d'un prétexte facile, voire plaisant, pour adjoindre à son œuvre des personnages passionnants mais peu recommandables. En fait, Plutarque avait déjà mis en scène ou décrit des héros à la moralité au moins partiellement contestable. Cette préface n'introduit pas en réalité une véritable galerie d'antimodèles. Par elle Plutarque s'assure plus de liberté et il se donne le droit de raconter l'existence pittoresque de Démétrios, Antoine ou Alcibiade.*

Ce tournant n'en est que plus important. Il ne s'agit donc vraisemblablement pas d'une réplique en négatif d'une galerie de modèles de vertu mais tout simplement d'un glissement de programme. D'une entreprise à divers titres édifiante, Plutarque passe sans à-coups à un projet plus ouvert : raconter des Vies *intéressantes, c'est-à-dire en fait raconter pour le plaisir. Nous rejoignons ici la littérature et c'est en romancier plutôt qu'en historien ou en moraliste que notre auteur va choisir et camper ses personnages. Pourvu que l'on trouve un point commun entre deux destinées, tous les héros sont de bonne prise.*

Nous verrons ainsi défiler un cortège pittoresque. Le choix de Démétrios est significatif. Il n'a pas une importance historique capitale ; il n'est pas plus méchant qu'un autre, pas plus pervers contrairement à ce que semble annoncer Plutarque. Mais il est original : un soudard sentimental, qui bouscule les traditions. Et Antoine n'est certainement pas plus immoral que ses adversaires. Il est seulement plus accessible à toutes les tentations. Sa conduite n'a rien de répugnant ni de monstrueux.

Elle est seulement d'une frivolité qui ne s'accorde pas avec ses dignités, ses responsabilités, ses ambitions. Les jeux de la société de « la vie inimitable » sont puérils mais non honteux. Il y a entre les avertissements de Plutarque et le contenu des récits une distance qui fait sourire et permet de prendre la mesure de ce que Plutarque considérait comme scandaleux.

À l'opposé Plutarque décrit avec complaisance toutes sortes de sentiments délicats. Nous ne sommes plus dans la biographie des débuts mais dans un genre littéraire hybride qui emprunte beaucoup au roman et à la tragédie. La tragédie, nous le savons, lui est familière. Tous ses écrits sont émaillés de citations des tragiques et les Vies *notamment contiennent des comparaisons empruntées aux représentations dramatiques, à leur déroulement, à leurs pratiques. Quant au roman, c'est justement à cette époque qu'il connaît un développement particulier. Il est naturel que Plutarque y puise des procédés et des thèmes. Les épisodes de la mort des deux amants, Antoine et Cléopâtre, en particulier paraissent avoir subi cette influence.*

J. S.

DÉMÉTRIOS

Préface. – **1.** 1 Ceux qui, les premiers, ont pensé que les arts ressemblent aux sens me paraissent avoir eu surtout en vue la faculté de jugement, qui nous rend capables de saisir également les contraires dans l'un et l'autre cas, car c'est là ce qu'ils ont de commun ; mais ils diffèrent entre eux par la fin à laquelle ils rapportent ce dont ils jugent. 2 En effet les sens ne sont nullement faits pour distinguer plutôt le blanc que le noir, le doux que l'amer, le mou et l'instable plutôt que le dur et le ferme, mais leur fonction propre est d'être affectés par tous les objets qui se présentent, et, une fois affectés, de transmettre leurs impressions à l'entendement ; 3 les arts, eux, aidés de la raison, se proposent de choisir et de recevoir ce qui leur convient, comme de fuir et de rejeter ce qui leur est hostile ; ils considèrent par eux-mêmes essentiellement ce qui leur est propre et ne s'occupent de ce qui leur est étranger que de façon accidentelle et pour s'en garder. Ainsi, s'il arrive à la médecine d'examiner la nature de la maladie, et à la musique celle de la dissonance, c'est en vue de produire leurs contraires. 4 Les plus parfaits de tous les arts, à savoir la sagesse, la justice et la prudence, qui jugent non seulement du bien, de l'équitable et de l'utile, mais aussi du nuisible, du honteux et de l'injustice, n'approuvent pas l'innocence qui se vante d'ignorer le mal : ils la regardent au contraire comme une sotte ignorance de ce qu'il convient surtout de connaître pour vivre correctement. 5 Voilà pourquoi les anciens Spartiates, aux jours de fête, contraignaient les hilotes à boire beaucoup de vin pur et les menaient ensuite aux repas pris en commun, pour faire voir à leurs jeunes ce que c'est que l'ivresse. Si, quant à nous, nous regardons cette manière de corriger les uns en corrompant les autres comme contraire aux principes de l'humanité et de la politique, nous pensons qu'il n'est peut-être pas plus mauvais d'introduire parmi les modèles exemplaires que présentent nos biographies une ou deux paires de ces hommes qui se sont conduits de façon trop inconsidérée et dont les vices ont été rendus éclatants par la grandeur du pouvoir qu'ils ont exercé et des affaires qu'ils ont dirigées. Ce n'est point, par Zeus ! que nous voulions charmer et distraire nos lecteurs par la variété de nos récits, 6 mais nous imitons Isménias de Thèbes montrant à ses élèves de bons et de mauvais flûtistes et ayant coutume de leur dire : « Voilà comme il faut jouer », puis : « Voilà comme il ne faut pas jouer. » Quant à Antigénidas, il déclarait aussi que les jeunes gens entendent avec plus de plaisir les bons joueurs de flûte s'ils ont également quelque expérience des mauvais. Je crois de même que nous serons des spectateurs et des imitateurs plus zélés des vies les meilleures si nous n'ignorons pas non plus celles qui sont mauvaises et méritent d'être blâmées.

7 Ce livre contiendra donc la biographie de Démétrios le Poliorcète et celle d'Antoine l'*imperator*, deux hommes qui ont spécialement confirmé cette maxime de Platon, que les fortes natures produisent de grands vices comme de grandes vertus. 8 Livrés l'un et l'autre à l'amour et au vin, bons soldats, magnifiques dans leurs présents, prodigues, insolents, ils eurent aussi en conséquence des destins analogues : non seulement ils connurent au cours de leur vie de grands succès et de grands revers, firent de nombreuses conquêtes et subirent des pertes nombreuses, échouèrent de façon inattendue et se relevèrent sans cesse contre tout espoir, mais encore ils finirent, l'un prisonnier de ses ennemis, et l'autre tout près d'éprouver le même sort.

Naissance et jeunesse. – **2.** 1 Antigone eut deux fils de Stratonice, fille de Corragos. Il appela l'un Démétrios, du nom de son frère, et l'autre Philippe, du nom de son père. C'est là ce que disent la plupart des auteurs ; cependant quelques-uns prétendent que Démétrios n'était pas le fils, mais le neveu d'Antigone, qu'il était encore tout à fait en bas âge lorsque son père mourut, et que, sa mère ayant aussitôt après épousé Antigone, il avait passé pour être le fils de celui-ci. 2 Il arriva que Philippe, de quelques années plus jeune que Démétrios, mourut. Démétrios, bien qu'il fût grand, avait une taille moindre que celle de son père, mais son apparence physique et les traits de son visage étaient d'une beauté si merveilleuse et extraordinaire que jamais un sculpteur ou un peintre n'attrapa sa ressemblance. Sa physionomie réunissait le charme et la gravité ; elle inspirait la crainte sans faire tort à la grâce ; à un air de jeunesse et d'audace se joignaient une mine héroïque et une majesté royale difficiles à imiter. 3 Son caractère offrait le même contraste : il avait de quoi effrayer et plaire tout à la fois. Il était très agréable en société, et quand il se trouvait de loisir et s'adonnait à la boisson, à la débauche et à toutes ses habitudes de vie, c'était le plus voluptueux des rois ; mais en revanche, dans l'action, il montrait une vigueur, une énergie, une persévérance et une efficacité de tout premier ordre. Aussi était-ce entre tous les dieux Dionysos qu'il se proposait surtout comme modèle, comme étant le plus redoutable à la guerre et aussi le plus apte à faire succéder aux combats la joie et les plaisirs de la paix.

3. 1 Il était particulièrement attaché à son père, et son amour pour sa mère faisait voir qu'il honorait aussi son père par un sentiment d'affection véritable plutôt que par un respect intéressé de sa puissance. 2 Un jour qu'Antigone était occupé à recevoir une ambassade, Démétrios arriva, revenant de la chasse ; il s'approcha de son père, l'embrassa et s'assit auprès de lui, tout en gardant ses flèches. Antigone, comme les ambassadeurs se retiraient après avoir reçu ses réponses, leur adressa ces mots d'une voix forte : « Dites aussi dans votre rapport, Messieurs, comment nous sommes ensemble, mon fils et moi. » Il voulait ainsi leur faire entendre que c'est une force pour un royaume et une garantie de puissance que la concorde et la confiance entre père et fils. 3 Tant il est vrai que le pouvoir se partage très difficilement et est si plein de défiance et de soupçons que le plus grand et le plus vieux des successeurs d'Alexandre se glorifiait de ne pas craindre son fils et de l'admettre en armes à ses côtés ! 4 Aussi cette maison royale est-elle presque la seule qui, dans une longue suite de générations, se soit conservée pure de tels forfaits ; ou plutôt, entre tous les descendants d'Antigone, Philippe fut le seul qui fit mourir un fils. 5 Presque toutes les autres dynasties sont pleines de meurtres d'enfants, de mères et d'épouses ; quant à l'exécution des frères, c'était une coutume générale, une sorte de postulat comparable aux postulats admis par les géomètres et que l'on accordait aux rois en vue de leur sécurité.

4. 1 Que Démétrios ait été au début naturellement humain et attaché à ses amis, on peut le prouver par l'exemple que voici. Mithridate, fils d'Ariobarzane, était son camarade d'âge et son compagnon habituel. Il faisait sa cour à Antigone, et n'était ni ne passait pour être un méchant, mais, à la suite d'un rêve, Antigone conçut des soupçons contre lui : 2 il lui sembla qu'il parcourait une grande et belle plaine et y semait de la limaille d'or ; cette limaille fit pousser une moisson d'or, puis, étant revenu là quelque temps après, il ne vit plus rien que de la paille coupée. Affligé et profondément affecté, il entendit des gens dire que Mithridate sans doute était parti pour le Pont-Euxin après avoir récolté la moisson d'or. 3 Antigone, troublé par ce songe, le raconta à son fils, après lui avoir fait jurer de garder le secret, et il lui dit qu'il était absolument décidé à se débarrasser de Mithridate et à le faire périr. 4 Ces mots chagrinèrent beaucoup Démétrios. Le jeune homme étant venu, à son ordinaire, occuper ses loisirs avec lui, il n'osa pas lui parler ni lui révéler de vive voix le secret, à cause de son serment, mais il le tira peu à peu à l'écart de ses autres amis, et, quand ils furent seuls, il écrivit à terre sous ses yeux avec la pointe de sa lance : « Fuis, Mithridate. » Celui-ci comprit ; il s'échappa de nuit en direction de la Cappadoce, et bientôt le destin réalisa la vision qu'Antigone avait eue en rêve : 5 Mithridate se rendit maître d'une vaste et riche contrée, et fonda cette dynastie des rois du Pont, qui ne fut détruite par les Romains que vers la huitième génération. Un trait de ce genre montre bien l'heureuse disposition de Démétrios pour la bonté et la justice.

Premières armes. – **5.** 1 Comme les éléments d'Empédocle, par l'effet de la Discorde, sont en état de lutte et de conflit les uns avec les autres, surtout quand ils s'approchent et se touchent mutuellement, de même tous les successeurs d'Alexandre se firent continuellement la guerre, et, pour quelques-uns, celle-ci fut rendue plus vive et plus ardente par la contiguïté des frontières et des intérêts. Tel fut alors le cas d'Antigone par rapport à Ptolémée. Antigone, séjournant en Phrygie, apprit que Ptolémée, venu de Chypre, ravageait la Syrie et s'en appropriait les villes de gré ou de force ; 2 il envoya contre lui son fils, âgé de vingt-deux ans, et qui, dans une occasion si importante, dirigeait pour la première fois une expédition avec pleins pouvoirs. 3 Jeune et sans expérience, il s'attaquait à un athlète formé à la palestre d'Alexandre et qui avait soutenu pour son compte beaucoup de grands combats. Aussi Démétrios échoua-t-il : il fut défait près de la ville de Gaza, où huit mille de ses soldats furent pris, et cinq mille, tués. 4 Il y perdit aussi sa tente, son argent et absolument tous ses effets personnels. Mais Ptolémée les lui renvoya avec ses amis, et lui fit dire ces mots pleins de bienveillance et d'humanité : « Ce n'est pas pour tous les biens à la fois, mais seulement pour la gloire et la prépondérance que nous devons nous faire la guerre. » 5 En recouvrant ce qu'il avait perdu, Démétrios pria les dieux de ne pas le laisser longtemps débiteur d'un bienfait envers Ptolémée, mais de pouvoir bientôt lui rendre la pareille. 6 Il ne réagit pas à la façon d'un jeune homme abattu par un désastre en début de carrière, mais en général consommé et rompu aux vicissitudes de la Fortune : il se mit à lever des troupes et à rassembler des armes ; il tenait les villes bien en main et exerçait ses recrues.

6. 1 En apprenant l'issue de la bataille, Antigone dit que Ptolémée venait de battre des jeunes gens imberbes, mais qu'à présent il allait avoir à affronter des hommes. Cependant, ne voulant pas détruire ni affaiblir la fierté de son fils, il ne s'opposa pas à sa demande de combattre seul à nouveau, et il le laissa partir. 2 Peu de temps après, Cillès, général de Ptolémée, arriva avec une brillante armée, décidé à chasser de toute la Syrie Démétrios, qu'il méprisait en raison de la précédente défaite de celui-ci. 3 Mais Démétrios fondit sur lui à l'improviste, le mit en fuite et prit son camp et sa personne ; il fit sept mille prisonniers et s'empara de nombreux trésors. 4 Il se réjouissait de cette victoire, non point pour ce qu'il allait y gagner, mais pour ce qu'il allait restituer, et il était moins sensible à la richesse et à la gloire qu'elle lui procurait qu'au plaisir de rendre le bienfait reçu et d'en témoigner sa reconnaissance. Pourtant il n'agit pas de son propre chef : il en écrivit à son père, 5 qui l'approuva et l'engagea à faire tout ce qu'il voulait. Il renvoya donc à Ptolémée Cillès lui-même et ses amis après les avoir comblés de présents. Cette défaite chassa Ptolémée de Syrie et fit sortir de Célaenes Antigone, joyeux de la victoire et désireux de voir son fils.

7. 1 Après cette campagne, Démétrios, envoyé pour soumettre ceux des Arabes que l'on appelle Nabatéens, s'engagea dans des régions sans eau où il fut en danger, mais son intrépidité et son sang-froid intimidèrent les barbares, auxquels il prit un butin considérable et sept cents chameaux avant de se retirer. 2 Lorsque Séleucos, qui, chassé auparavant de Babylonie par Antigone, avait ensuite repris le pouvoir par ses seules forces et y dominait à nouveau, monta avec une armée contre les nations voisines de l'Inde et les provinces du Caucase, qu'il voulait annexer, 3 Démétrios, espérant trouver la Mésopotamie sans défenseurs, passa soudain l'Euphrate et, devançant Séleucos, se jeta sur Babylone ; il battit et chassa de l'une des citadelles (il y en avait deux) la garnison de Séleucos, et y installa sept mille des siens. 4 Mais, en ordonnant à ses soldats de faire dans le pays et d'emporter tout le butin qu'ils pourraient, puis en regagnant la mer, il affermit la domination de Séleucos, car, en se retirant de cette satrapie après l'avoir ravagée, il semblait reconnaître que son père et lui n'avaient plus de droits sur elle. 5 Cependant, comme Ptolémée assiégeait Halicarnasse, il se porta rapidement au secours de la ville et la lui arracha.

À Athènes (307). – **8.** 1 Cette ambition qui rendait célèbres Antigone et Démétrios leur inspira un merveilleux dessein, celui d'affranchir toute la Grèce asservie par Cassandre et par Ptolémée. 2 Jamais aucun roi n'entreprit de guerre plus belle et plus juste que celle-là. Toutes les ressources qu'ils avaient amassées en humiliant les barbares, ils les employèrent en faveur des Grecs par amour de la gloire et de l'honneur. 3 Un des amis d'Antigone, le jour où il décida l'expédition navale vers Athènes, lui dit : « Si vous prenez la ville, il faut la garder pour vous, comme un moyen d'accès en Grèce », mais Antigone n'écouta pas ce conseil : « Un beau et inébranlable moyen d'accès, dit-il, c'est l'affection que l'on s'attire, et Athènes, ce phare de l'univers, répandra bientôt dans le monde entier la lumière de la gloire sur nos actions. » 4 Démétrios s'embarqua pour Athènes avec cinq mille talents d'argent et une flotte de deux cent cinquante vaisseaux, alors que Démétrios de Phalère administrait la ville pour le compte de Cassandre et qu'une garnison résidait à Munychie. 5 La Fortune ayant secondé sa prévoyance, Démétrios apparut au Pirée le vingt-cinq de Thargélion, sans que personne s'y attendît : quand la flotte approcha et fut en vue, tout le monde se prépara à recevoir ces navires comme étant ceux de Ptolémée, mais les stratèges, s'apercevant tardivement de la méprise, se mirent en état de défense, et le trouble fut grand, comme il est naturel quand on se voit contraint de repousser des ennemis débarquant à l'improviste. 6 Démétrios, ayant trouvé ouvertes les passes des ports, pénétra à l'intérieur, et, tout le monde déjà ayant les yeux braqués sur lui, il fit signe du haut de son vaisseau qu'il demandait le calme et le silence. 7 Quand il les eut obtenus, il fit proclamer par un héraut placé auprès de lui que son père l'envoyait sous de bons auspices pour libérer les Athéniens, les débarrasser de la garnison et leur rendre leurs lois et leur Constitution ancestrale.

9. 1 Après cette proclamation, la plupart déposèrent aussitôt leurs boucliers devant leurs pieds, applaudirent et crièrent à Démétrios de débarquer, en le saluant des noms de Bienfaiteur et de Sauveur. 2 Démétrios de Phalère et les siens, tout en pensant qu'il fallait absolument recevoir le vainqueur, dût-il ne tenir aucune de ses promesses, lui envoyèrent pourtant des ambassadeurs pour l'implorer ; Démétrios les reçut aimablement et les fit reconduire par un des amis de son père, Aristodémos de Milet. 3 L'homme du Phalère, en raison de ce changement de régime, craignant plus ses concitoyens que les ennemis, Démétrios ne se désintéressa pas de lui : plein d'estime pour sa réputation et son mérite, il l'envoya en sécurité, comme il le souhaitait, à Thèbes. 4 Quant à lui, il déclara que, malgré son impatience d'entrer dans la ville, il ne le ferait pas avant de l'avoir entièrement libérée en la débarrassant de sa garnison. Il entoura Munychie d'un retranchement et d'un fossé, puis, sans attendre, il gagna par mer Mégare, qui était occupée par les troupes de Cassandre.

5 Là, ayant appris que Cratésipolis, veuve d'Alexandre, fils de Polyperchon, qui séjournait à Patras, ne serait pas fâchée de le rencontrer, comme elle était d'une beauté célèbre, il laissa son armée en Mégaride et se mit en route avec quelques soldats des troupes légères, 6 puis il les éloigna et fit dresser sa tente à distance pour que la femme pût venir à lui sans être aperçue. Mais quelques ennemis, informés de ce rendez-vous, fondirent soudain sur lui. 7 Effrayé, il saisit une petite chlamyde quelconque et s'enfuit à toutes jambes ; peu s'en fallut qu'à cause du dérèglement de ses mœurs il ne fût fait prisonnier de la manière la plus honteuse. Les ennemis emportèrent sa tente avec tout ce qui s'y trouvait.

8 Mégare une fois prise, les soldats s'apprêtaient au pillage, mais les Athéniens, à force de prières, obtinrent que la ville fût épargnée : Démétrios en chassa la garnison et rendit la liberté aux citoyens. 9 Étant encore occupé à cela, il se souvint du philosophe Stilpon, réputé pour la vie tranquille qu'il avait choisi de mener. Il l'envoya chercher et lui demanda si

on lui avait pris quelqu'un de ses biens : « Non, répondit Stilpon, je n'ai vu personne emporter ma science. » 10 Comme les esclaves avaient presque tous été enlevés clandestinement, un jour que Démétrios de nouveau s'entretenait amicalement avec Stilpon, il lui dit enfin en le quittant : « Je laisse libre votre ville, Stilpon », à quoi celui-ci repartit : « C'est bien vrai, car tu ne nous as pas laissé un seul de nos esclaves. »

10. 1 Une fois de retour, Démétrios établit son camp devant Munychie, en chassa la garnison, puis rasa le fort. Alors il répondit à l'appel des Athéniens, qui le reçurent : il entra dans leur ville, assembla le peuple et lui rendit la Constitution de ses ancêtres. Il leur promit en outre que son père allait leur envoyer cent cinquante mille médimnes de blé et du bois de construction en quantité suffisante pour cent trières. 2 C'est ainsi que les Athéniens recouvrèrent la démocratie quinze ans après l'avoir perdue : pendant le temps qui s'était écoulé depuis la guerre lamiaque et la bataille de Crannon, leur régime avait été oligarchique de nom, mais monarchique de fait, à cause du pouvoir de l'homme du Phalère. Quant à Démétrios, qui s'était montré si magnifique et si grand dans ses bienfaits, les Athéniens le rendirent insupportable et odieux par l'importance démesurée des honneurs qu'ils lui votèrent. 3 Ils furent en effet les premiers de tous les hommes à décerner à Démétrios et à Antigone le titre de rois, qu'ils se faisaient scrupule de prendre, parce que, de toutes les prérogatives royales que semblaient posséder encore les descendants de Philippe et d'Alexandre, c'était la seule qui restât inaccessible et incommunicable à d'autres. 4 Les Athéniens furent aussi les seuls à les proclamer dieux Sauveurs, et, abolissant le privilège traditionnel de leur archonte éponyme, ils décrétèrent que l'on élirait chaque année un prêtre des Sauveurs, et ils inscrivirent son nom en tête des décrets et des documents. 5 Ils décidèrent aussi que les images d'Antigone et de Démétrios seraient tissées parmi celles des dieux sur le péplos. Ils consacrèrent l'endroit où Démétrios, à son arrivée, était descendu de son char, et y élevèrent un autel de Démétrios surnommé Cataibatès. 6 Ils ajoutèrent deux tribus aux anciennes : la Démétrias et l'Antigonis, et le précédent Conseil des cinq cents fut porté à six cents membres, puisqu'il y avait cinquante conseillers de chaque tribu.

11. 1 Mais voici quelle fut la trouvaille la plus extraordinaire de Stratoclès (car c'était lui l'inventeur de ces ingénieuses et excessives flatteries) : il proposa que les citoyens qu'on enverrait en vertu d'un décret du peuple auprès d'Antigone ou de Démétrios ne seraient pas dénommés ambassadeurs, mais théores, comme ceux qui, lors des fêtes helléniques, conduisent à Delphes et à Olympie de la part des villes les sacrifices traditionnels. 2 Ce Stratoclès était d'ailleurs un effronté qui menait une vie de débauche et qui, par ses bouffonneries et son impudence, semblait vouloir imiter la désinvolture de l'ancien Cléon à l'égard du peuple. 3 Il avait pris chez lui la courtisane Phylacion ; un jour que celle-ci, au marché, lui avait acheté pour dîner des cervelles et des cous d'animaux : « Oh ! oh ! fit-il, voilà donc tes emplettes : c'est avec cela que nous jouons à la balle, nous les hommes politiques. » 4 Lors de la défaite de la flotte athénienne à Amorgos, ce Stratoclès, devançant les messagers, traversa le Céramique avec une couronne sur la tête, et, annonçant que les Athéniens étaient vainqueurs, il proposa de décréter pour la bonne nouvelle des sacrifices, et fit une distribution de viande par tribus ; 5 mais peu après, ceux qui ramenaient les débris de la flotte vaincue étant arrivés, le peuple irrité le cita devant lui. Il soutint sans broncher le tumulte : « Eh quoi, dit-il, est-ce un mal si terrible, d'avoir eu deux jours de joie ? » Tel était l'aplomb de Stratoclès.

12. 1 Il y eut encore, on le vit bien, « plus chaud que le feu », comme dit Aristophane. Un autre orateur, enchérissant en vilenie sur Stratoclès, fit décréter que, toutes les fois que Démétrios viendrait à Athènes, on le recevrait avec les mêmes présents d'hospitalité que l'on offre à Déméter et à Dionysos, et que le citoyen qui surpasserait les autres par l'éclat et la somptuosité de sa réception toucherait de l'État une somme d'argent en vue d'une offrande aux dieux. 2 Enfin le mois de Munychion fut appelé Démétrion, et le dernier jour de chaque mois Démétrias ; quant à la fête des Dionysia, elle prit le nom de Démétria.

3 La divinité signifia son sentiment sur la plupart de ces mesures. Le péplos, où l'on avait décidé de tisser les images de Démétrios et d'Antigone auprès de celles de Zeus et d'Athéna, pendant qu'on le promenait à travers le Céramique, fut déchiré en deux par une bourrasque. 4 Autour des autels que l'on avait élevés aux deux rois, la terre produisit une grande quantité de ciguë, plante qui ne pousse pas en beaucoup d'autres endroits du pays. 5 Le jour de la célébration des Dionysia, on dut interrompre la procession par suite de fortes gelées survenues hors saison et d'un givre si épais que le froid non seulement brûla les vignes et tous les figuiers, mais détruisit même la plus grande partie du blé en herbe. 6 Aussi ces vers furent-ils composés dans une comédie par le poète Philippidès contre Stratoclès, dont il était l'ennemi : 7 « C'est par sa faute que la gelée a brûlé les vignes ; c'est à cause de son impiété que le péplos s'est rompu par le milieu, parce qu'il a rendu les honneurs divins à des hommes. C'est cela, et non pas la comédie, qui perd un peuple. » 8 Philippidès était un ami de Lysimaque, et le peuple reçut grâce à lui de nombreux bienfaits de ce roi. Lorsque Lysimaque s'apprêtait à une entreprise ou à une expédition, il regardait comme un heureux présage de rencontrer et de voir Philippidès. Celui-ci d'ailleurs était estimé pour son caractère, ne se montrant ni importun, ni rempli de l'indiscrète curiosité des courtisans. 9 Un jour Lysimaque, le comblant d'amabilités, lui demandait : « Que puis-je partager avec toi, Philippidès, de ce qui m'appartient ? » « Tout, répondit-il, roi, sauf tes secrets. » C'est à dessein que nous avons placé Philippidès en face de Stratoclès, l'homme de théâtre en face de l'homme de tribune.

13. 1 Mais, de tous ces honneurs, voici quel fut le plus outré et le plus étrange : Dromocleidès de Sphettos fit passer un décret qui, à propos de la consécration des boucliers à Delphes, demandait à Démétrios de rendre un oracle. 2 Je vais transcrire tels quels les termes de cette décision : « À la bonne Fortune ! Qu'il plaise au peuple d'élire parmi les Athéniens un citoyen qui se rendra auprès du Sauveur et qui, après avoir fait un sacrifice de bon augure, interrogera le Sauveur sur la manière la plus pieuse, la meilleure et la plus rapide dont le peuple pourra mettre en place ces offrandes. Quelle que soit la réponse de l'oracle, le peuple s'y conformera. » 3 C'est en se moquant ainsi de Démétrios que l'on acheva de lui gâter l'esprit, que d'ailleurs il n'avait déjà pas très sain.

14. 1 Se trouvant alors de loisir à Athènes, il épousa une veuve, Eurydice, qui descendait de Miltiade l'Ancien ; elle avait été la femme d'Ophellas, qui avait gouverné Cyrène, et elle était revenue à Athènes après la mort de son mari. 2 Les Athéniens regardèrent cette union comme une faveur et un honneur pour leur cité. Démétrios avait d'ailleurs le mariage facile, et il vivait avec plusieurs femmes à la fois : la première de toutes en considération et en dignité était Phila, parce qu'elle était fille d'Antipatros et avait eu pour premier époux Cratère, celui des successeurs d'Alexandre pour qui les Macédoniens conservaient la plus grande affection. 3 Démétrios, à ce qu'il paraît, était tout à fait jeune lorsque son père l'engagea à épouser Phila, qui lui était mal assortie à cause de son âge plus avancé. Comme il montrait peu d'empressement pour une telle union, on raconte qu'Antigone lui dit à l'oreille ce vers d'Euripide : « Qui veut le gain doit épouser contre nature », substituant ainsi tout bonnement à « s'asservir » un mot de même mesure : « épouser ». 4 Mais les égards que Démétrios avait pour Phila et ses autres épouses n'étaient pas tels qu'il s'abstînt de fréquenter à sa guise beaucoup de courtisanes et aussi beaucoup de femmes libres. Ces débauches faisaient de lui le plus décrié des rois de son temps.

À Chypre et en Égypte (306). – **15.** 1 Comme son père le rappelait pour faire la guerre à Ptolémée au sujet de Chypre, il était contraint d'obéir, mais, désolé d'abandonner la guerre, plus honorable et plus brillante, qu'il faisait pour la Grèce, il envoya des messagers à Léonidès, stratège de Ptolémée, qui tenait garnison à Sicyone et à Corinthe, pour lui offrir de l'argent s'il consentait à laisser libres ces villes. 2 Léonidès ayant refusé, Démétrios prit aussitôt la mer et navigua vers Chypre avec une armée. Dès son arrivée, il engagea la lutte avec Ménélaos, frère de Ptolémée, et le battit. 3 Ptolémée en personne étant alors apparu avec des forces considérables à la fois sur mer et sur terre, il y eut des pourparlers qui consistèrent en menaces et bravades réciproques : Ptolémée enjoignait à Démétrios de se rembarquer avant d'être écrasé par toutes ses troupes réunies, et Démétrios offrait à Ptolémée de le laisser partir s'il consentait à délivrer Sicyone et Corinthe de leurs garnisons. 4 Cette confrontation, en raison de l'avenir incertain qui était en suspens, suscitait une grande attente, non seulement chez les deux adversaires, mais aussi chez tous les autres souverains, car ce n'étaient pas uniquement Chypre et la Syrie, mais encore la puissance suprême que la victoire devait aussitôt donner à celui qui l'emporterait.

16. 1 Ainsi donc Ptolémée lui-même approchait avec cent cinquante vaisseaux. Il fit dire à Ménélaos de sortir de Salamine avec soixante navires, lorsqu'on serait au plus fort du combat, et d'attaquer par-derrière ceux de Démétrios pour les intercepter et rompre son ordre de bataille. 2 À ces soixante navires Démétrios n'en opposa que dix (ce nombre suffisait pour barrer l'issue du port, qui était étroite) ; quant à lui, après avoir déployé et rangé son armée de terre sur les promontoires qui s'avançaient dans la mer, il prit le large avec cent quatre-vingts vaisseaux, 3 et il attaqua avec tant de force et de violence qu'il mit Ptolémée en déroute ; celui-ci, se voyant vaincu, s'enfuit en toute hâte avec huit navires seulement (de toute sa flotte, il n'y en eut pas davantage de sauvés ; parmi les autres, les uns avaient été détruits au cours du combat naval, et soixante-dix furent pris avec leurs équipages). 4 De la foule de ses serviteurs, de ses amis et de ses femmes, qui remplissaient les transports au mouillage, et aussi de ses armes, de ses biens, de ses machines de guerre, absolument rien n'échappa à Démétrios, qui prit et ramena tout dans son camp. 5 Au nombre des captifs se trouvait la célèbre Lamia, qui, d'abord recherchée pour son talent musical (elle passait pour jouer remarquablement de la flûte), s'illustra dans la suite par ses galanteries. 6 Elle atteignait alors déjà au déclin de sa beauté, et Démétrios était beaucoup plus jeune qu'elle ; elle le séduisit néanmoins, le domina par son charme et sut si bien le retenir qu'il ne fut amoureux que d'elle seule, lui que les autres femmes aimaient. 7 Après la bataille navale, Ménélaos ne prolongea même pas la résistance : il livra à Démétrios Salamine avec ses vaisseaux et son armée de terre, douze cents cavaliers et douze mille fantassins.

17. 1 Cette victoire si belle et si brillante, Démétrios la rehaussa encore par sa clémence et son humanité : il fit aux morts des ennemis de magnifiques obsèques et relâcha les prisonniers ; il préleva sur le butin douze cents armures complètes et en fit présent aux Athéniens. 2 Pour porter à son père la nouvelle de la victoire, il envoya Aristodémos de Milet, le plus expert de tous les courtisans dans l'art de la flatterie et qui s'était alors préparé, semble-t-il, à couronner l'événement par un chef-d'œuvre de flagornerie. 3 Quand il arriva de Chypre, il ne laissa pas aborder le navire, mais ordonna de jeter l'ancre et enjoignit à tout le monde de rester à bord sans bouger ; lui-même se mit dans la chaloupe, débarqua seul et monta vers Antigone, que l'attente de nouvelles au sujet de la bataille tenait en suspens, dans cette disposition d'esprit où l'on se trouve naturellement quand on est préoccupé par de si graves affaires. 4 Antigone, apprenant alors l'approche d'Aristodémos, fut encore plus troublé qu'auparavant et, ayant peine à rester chez lui, il envoya coup sur coup à plusieurs reprises des serviteurs et des amis demander à Aristodémos ce qui était arrivé. 5 Mais le messager ne répondit rien à personne et poursuivit son chemin à pas lents, le visage compassé, dans un silence absolu. Antigone, tout à fait bouleversé et n'y tenant plus, vint à sa rencontre à la porte du palais, vers lequel une foule nombreuse était déjà accourue et accompagnait Aristodémos. 6 Celui-ci, lorsqu'il fut près du souverain, étendit la main droite et cria d'une voix forte : « Salut, roi Antigone, nous avons vaincu Ptolémée en bataille navale ; nous tenons Chypre et seize mille huit cents soldats prisonniers. » « Salut à toi aussi, par Zeus, répondit Antigone, mais tu seras puni de nous avoir ainsi mis à la torture : tu attendras pour recevoir la récompense de cette bonne nouvelle. »

18. 1 C'est alors pour la première fois que la foule salua à grands cris Antigone et Démétrios du titre de rois, et sans tarder les amis d'Antigone lui couronnèrent la tête, puis lui-même envoya un diadème à son fils en lui écrivant une lettre où il l'appelait roi. 2 Apprenant cette nouvelle, les gens d'Égypte, eux aussi, proclamèrent roi Ptolémée, car ils ne voulaient pas paraître abaisser leur fierté à cause de la défaite subie. 3 La jalousie eut pour effet l'extension de cette innovation aux autres diadoques : Lysimaque se mit à porter un diadème, et Séleucos fit de même en donnant audience aux Grecs, alors qu'auparavant il ne se faisait appeler roi que dans ses rapports avec les barbares. 4 Cassandre seul, quoiqu'il fût salué par les autres du nom royal dans leurs lettres et de vive voix, conserva dans sa correspondance les mêmes formules dont il usait autrefois. 5 Cette appellation nouvelle ne signifia pas seulement pour ces personnages un accroissement de titres et un changement vestimentaire ; elle accrut aussi leur fierté et exalta leur esprit, mettant dans leur manière de vivre et leurs rapports avec autrui une gravité et une majesté pareilles à celles des acteurs tragiques, qui, en prenant leur costume de théâtre, changent aussi leur démarche, leur voix, leur maintien et leur langage. 6 Elle renforça aussi la violence de leurs prétentions et fit disparaître cet effacement volontaire de leur puissance qui auparavant les rendait, à beaucoup d'égards, plus supportables et plus doux envers leurs sujets. 7 Si grand fut l'effet d'un seul mot prononcé par un flatteur, et qui produisit dans le monde entier un tel changement !

19. 1 Antigone, exalté par les exploits de Démétrios à Chypre, entreprit aussitôt une expédition contre Ptolémée. Il conduisit lui-même par terre son armée, tandis que Démétrios l'accompagnait en suivant la côte avec une flotte considérable. 2 La façon dont devait être tranché ce conflit fut révélée par un songe à Médios, ami d'Antigone : il crut voir Antigone en personne disputer avec toute son armée l'épreuve de la double course, d'abord avec énergie et vitesse, puis, ses forces l'abandonnant peu à peu, une fois la borne tournée, devenir finalement si faible et si essoufflé qu'il eut de la peine à s'en remettre. 3 Antigone en effet rencontra sur terre beaucoup de difficultés, et Démétrios, ballotté sur les flots par une violente tempête, risqua d'être jeté sur des côtes inhospitalières et dépourvues de ports, et il perdit un grand nombre de vaisseaux. Antigone revint donc sans avoir obtenu aucun résultat.

4 Il avait alors près de quatre-vingts ans, et, moins à cause de son âge que de la grosseur et de la lourdeur de son corps, il se déplaçait difficilement en vue de ses expéditions. Aussi employait-il son fils qui, grâce à sa chance et à son expérience, dirigeait déjà fort habilement les plus grandes affaires, et il tolérait sa vie dissolue, ses prodigalités et ses excès de boisson. 5 Car si, en temps de paix, Démétrios s'abandonnait à ces excès effrénés et profitait de son loisir pour se plonger sans contrainte et jusqu'à satiété dans tous les plaisirs, à la guerre il se montrait aussi sobre que ceux qui sont tempérants par nature. 6 On raconte qu'en un temps où Lamia exerçait déjà ostensiblement son empire sur Démétrios, celui-ci, revenant de l'étranger, embrassa tendrement son père, et qu'Antigone alors lui dit en riant : « Ne crois-tu pas, mon fils, donner un baiser à Lamia ? » 7 Démétrios, une autre fois, ayant passé plusieurs jours à boire, prétexta qu'il avait été incommodé par un rhume : « Je le savais, dit Antigone, mais était-ce un rhume de Thasos ou de Chios ? » 8 Apprenant que Démétrios était de nouveau malade, il alla le voir et rencontra à sa porte un beau garçon ; il entra, s'assit près de lui et lui tâta la main ; Démétrios dit que la fièvre venait de le quitter : « C'est bien vrai, cher petit, fit-il, je viens de la rencontrer à la porte qui sortait. » 9 C'est ainsi qu'Antigone supportait avec douceur les frasques de son fils en considération du reste de sa conduite. 10 Quand les Scythes boivent et s'enivrent, ils touchent légèrement les cordes de leurs arcs, comme pour ranimer leur courage assoupi par le plaisir, mais Démétrios, lui, se donnait tout entier tantôt aux voluptés, tantôt aux affaires, sans jamais mélanger les unes et les autres, et il n'en était pas moins habile dans ses préparatifs de guerre.

20. 1 On pensait même qu'il était meilleur général pour équiper une armée que pour s'en servir ; il voulait avoir en abondance tout ce qui était utile ; il était toujours insatisfait de la grandeur de ses navires et de ses machines de guerre et ne se lassait pas du plaisir de les examiner. 2 Naturellement bien doué pour l'observation, il n'appliqua pas son goût de l'art à des amusements et des passe-temps frivoles, comme d'autres rois qui jouent de la flûte, peignent ou cisèlent. 3 Aéropos de Macédoine, par exemple, passait son temps, quand il était de loisir, à fabriquer de petites tables et de petites lampes. Attale Philométor cultivait les plantes pharmaceutiques, non seulement la jusquiame et l'ellébore, mais aussi la ciguë, l'aconit et le dorycnion ; il les semait ou les plantait lui-même dans les jardins royaux ; il s'appliquait à connaître leurs sucs et leurs fruits et à les soigner au fil des saisons. 4 Les rois des Parthes se vantaient de façonner et d'aiguiser eux-mêmes les pointes de leurs flèches. 5 Mais Démétrios, lui, élevait le travail artisanal à un niveau royal, et sa méthode avait de la grandeur : ses ouvrages montraient, avec la perfection technique, une telle hauteur de conception et de sentiments qu'ils apparaissaient comme dignes de la main d'un roi autant que de son intelligence et de l'abondance de ses moyens. 6 Leur grandeur frappait de stupeur même ses amis, et leur beauté charmait même ses ennemis. Ce que je dis là n'est pas un enjolivement, mais la pure vérité : 7 ses vaisseaux à seize ou à quinze rangs faisaient l'admiration de ses adversaires, quand, de l'endroit où ils se tenaient, ils les voyaient longer les côtes de leur pays, et ses *hélépoles* étaient un spectacle pour ceux qu'il assiégeait, comme le prouvent les faits eux-mêmes. 8 En effet, Lysimaque qui était, de tous les rois, le plus hostile à Démétrios et qui s'était rangé contre lui alors qu'il assiégeait Soles en Cilicie, l'envoya prier de lui faire voir ses machines et ses vaisseaux en mer ; il le fit, et Lysimaque, émerveillé, se retira. 9 Les Rhodiens, que Démétrios avait longtemps assiégés, lui demandèrent, quand la guerre eut cessé, quelques-unes de ses machines, afin de conserver un souvenir de sa puissance et aussi de leur propre courage.

À Rhodes (305-304). – **21.** 1 Il combattit contre les Rhodiens parce qu'ils étaient alliés de Ptolémée. Il fit approcher de leurs murs la plus grande de ses *hélépoles*. La base en était carrée, chacun de ses côtés ayant quarante-huit coudées de long ; la hauteur était de soixante-six coudées, et les plateaux supérieurs, plus étroits que la base, allaient en s'amoindrissant jusqu'au sommet. 2 L'intérieur était cloisonné en plusieurs étages et plusieurs postes ; à chaque étage la face tournée vers les ennemis était percée de fenêtres d'où jaillissaient des projectiles de toute sorte, car la machine était remplie de toute espèce de combattants. 3 Quand on la mettait en mouvement, elle n'oscillait ni ne penchait, mais, toujours droite sur sa base, toujours stable et en équilibre, elle avançait avec un grondement et un bruit intenses, inspirant en même temps à l'âme l'effroi et une sorte de plaisir aux yeux des spectateurs. 4 On apporta aussi de Chypre à Démétrios pour cette guerre deux cuirasses de fer, pesant chacune quarante mines. 5 Leur fabricant, Zoïle, pour en montrer la force et la résistance, demanda qu'on lançât sur l'une d'elles, à une distance de vingt pas, un trait de catapulte : celui-ci l'atteignit sans briser le fer, qui reçut à peine une mince égratignure, comme celle qu'aurait pu faire un stylet. 6 C'est cette cuirasse que portait Démétrios ; l'autre appartint à Alcimos d'Épire, le plus belliqueux et le plus fort de ses compagnons, qui, seul, avait un armement complet du poids de deux talents, tandis que celui des autres ne pesait qu'un talent. Alcimos fut tué en combattant à Rhodes, près du théâtre.

22. 1 Les Rhodiens se défendant vigoureusement, Démétrios ne faisait aucun progrès digne de mention, mais il continuait la lutte par rancune, parce que, Phila, sa femme, lui ayant envoyé des lettres, des couvertures et des vêtements, les Rhodiens avaient pris le navire et l'avaient expédié tel quel à Ptolémée. 2 Ils n'imitèrent pas en cela la courtoisie des Athéniens, qui, s'étant emparés du courrier de Philippe, avec qui ils étaient en guerre, lurent toutes les lettres, sauf celle d'Olympias qu'ils n'ouvrirent pas et lui renvoyèrent cachetée comme elle était. 3 Cependant, bien qu'il fût vivement irrité de ce procédé, Démétrios ne saisit pas une occasion de se venger que lui offrirent bientôt les Rhodiens : 4 il se trouva en effet que Protogène de Caunos peignait pour eux une composition relative à Ialysos, et que Démétrios prit dans un des faubourgs de la ville le tableau, qui était tout près d'être achevé. 5 Les Rhodiens lui envoyèrent un héraut pour le prier d'épargner et de ne pas détruire cet ouvrage ; il répondit qu'il brûlerait plutôt les portraits de son père qu'une si belle œuvre d'art. On dit que Protogène avait passé sept ans à faire son tableau, 6 et Apelle déclara qu'il fut si frappé en le voyant que la voix d'abord lui fit défaut et qu'enfin, après un moment, il s'écria : « Quel grand travail ! Quel ouvrage admirable ! » tout en ajoutant qu'il y manquait cependant les charmes qui élevaient jusqu'au ciel ses propres œuvres. 7 Ce tableau de Protogène, entassé avec les autres dans un même local, fut consumé à Rome dans un incendie. 8 Comme les Rhodiens soutenaient toujours la guerre et que Démétrios ne cherchait qu'un prétexte pour en finir, des Athéniens, arrivant à propos, les réconcilièrent, à cette condition que les Rhodiens deviendraient les alliés d'Antigone et de Démétrios, sauf contre Ptolémée.

***À Athènes de nouveau (304-301).* – 23.** 1 Les Athéniens appelèrent à leur secours Démétrios contre Cassandre, qui assiégeait leur ville. 2 Il prit la mer avec trois cent trente vaisseaux et une nombreuse infanterie. Non seulement il chassa Cassandre de l'Attique, mais il le poursuivit dans sa retraite jusqu'aux Thermopyles. Là, il le mit en déroute et occupa Héraclée, qui se donna spontanément à lui, tandis que six mille Macédoniens passaient dans son camp. 3 En revenant, il accorda la liberté aux Grecs qui habitaient en deçà des Thermopyles, fit alliance avec les Béotiens et prit Cenchrées ; il s'empara aussi de Phylé et de Panacton, forteresses de l'Attique où Cassandre avait des garnisons, et il les rendit aux Athéniens.

4 Ceux-ci, qui pourtant avaient déjà prodigué et épuisé pour lui toutes les marques d'honneur, trouvèrent encore le moyen d'inventer des flatteries nouvelles et inouïes. 5 Ils lui assignèrent pour demeure l'opisthodome du Parthénon, où il séjourna, et l'on disait qu'Athéna l'y recevait et lui donnait l'hospitalité, mais c'était un hôte totalement dépourvu de la décence et de la discrétion convenables chez une vierge ! 6 Et pourtant l'on rapporte qu'un jour, comme Philippe, son frère, était descendu dans une maison où vivaient trois jeunes femmes, son père, l'ayant appris, sans s'adresser directement à lui, mais en sa présence, dit à l'officier chargé

des logements qu'il avait convoqué : « Toi, ne pourrais-tu faire sortir mon fils d'une demeure où il est si à l'étroit ? »

24. 1 Démétrios, qui aurait dû respecter Athéna, sinon pour d'autres motifs, du moins au titre de sœur aînée (c'est ainsi qu'il voulait qu'on l'appelât), souilla l'Acropole de tant d'outrages commis sur des garçons de condition libre et des femmes citoyennes que la pureté de ce lieu ne paraissait plus du tout profanée lorsqu'il s'y livrait à la débauche avec Chrysis, Lamia, Démo et Anticyra, ces fameuses courtisanes. 2 Il ne convient pas, pour l'honneur de la ville, de rapporter en détail toutes ces turpitudes, mais il serait injuste de passer sous silence la vertu et la continence de Démoclès. 3 C'était un garçon encore impubère. L'attention de Démétrios fut attirée sur lui par le surnom qui dénonçait sa beauté, car on l'appelait le beau Démoclès. 4 Il ne se laissait prendre à aucune des nombreuses tentatives, offres de présents ou menaces dont il était assailli, et finalement, fuyant les palestres et le gymnase, il allait faire ses ablutions dans une salle de bain privée ; Démétrios épia le moment et entra après lui, alors que l'enfant était tout seul. 5 Démoclès, voyant son isolement et l'extrême danger où il se trouvait, enleva le couvercle de la chaudière et sauta dans l'eau bouillante, périssant ainsi d'une mort qu'il n'avait pas méritée et qui témoignait d'une hauteur de sentiments digne de sa patrie et de sa beauté. 6 Il n'en fut pas de même de Cléainétos, fils de Cléomédon : celui-ci, ayant fait ce qu'il fallait pour obtenir que son père fût tenu quitte d'une amende de cinquante talents à laquelle il avait été condamné, apporta au peuple une lettre de Démétrios ; ainsi, non seulement il se couvrit de honte, mais encore il jeta le trouble dans la ville, 7 car les Athéniens, tout en faisant remise à Cléomédon de son amende, prirent un décret interdisant à tout citoyen de présenter une lettre de Démétrios. 8 Lorsque celui-ci l'apprit, loin de garder la mesure, il laissa éclater sa colère, si bien que les Athéniens, effrayés, non seulement revoquèrent leur décret, mais encore mirent à mort ou exilèrent ceux qui l'avaient proposé et ceux qui l'avaient soutenu. 9 Ils votèrent en outre que, par décision du peuple athénien, tout ce que le roi Démétrios pourrait ordonner était saint envers les dieux et juste envers les hommes. 10 À cette occasion, un bon citoyen ayant dit : « Stratoclès est fou de proposer de tels décrets », Démocharès de Leuconoé déclara : « Dis plutôt qu'il serait fou s'il ne faisait pas ces folies » : 11 Stratoclès en effet tirait grand profit de ses flatteries. Accusé à cause de ce mot, Démocharès fut banni. 12 Voilà comme se comportaient les Athéniens alors qu'apparemment ils étaient débarrassés de toute garnison et jouissaient de la liberté !

25. 1 Démétrios pénétra dans le Péloponnèse et n'y rencontra pas de résistance : tous ses adversaires s'enfuirent en abandonnant leurs villes. Il acquit la région appelée Actè et l'Arcadie, à l'exception de Mantinée, et il délivra Argos, Sicyone et Corinthe, moyennant cent talents donnés à ceux qui y tenaient garnison. 2 C'était alors le temps de la fête des Héraïa à Argos ; il y prit part avec les Grecs, présida les concours et épousa la fille d'Éacide, roi des Molosses, et sœur de Pyrrhos, Déidaméia. 3 Ayant dit que les Sicyoniens habitaient à côté de leur ville, il les engagea à transporter leur résidence à l'endroit où ils demeurent à présent, et, en en changeant le site, il changea aussi le nom de la cité, qu'il appela Démétrias au lieu de Sicyone. 4 Une réunion commune, marquée par une grande affluence, eut lieu à l'Isthme, où il fut proclamé chef de la Grèce, comme l'avaient été auparavant Philippe et Alexandre, 5 auxquels il se croyait bien supérieur, exalté qu'il était par sa Fortune et sa puissance présentes. 6 Alexandre, quant à lui, n'avait privé aucun des autres rois de son titre et ne s'était pas fait appeler lui-même roi des rois, bien qu'il eût, de son propre chef, conféré à plus d'un la royauté de nom et de fait, 7 alors que Démétrios, raillant et tournant en ridicule ceux qui donnaient à d'autres qu'à son père et à lui-même le titre de rois, avait plaisir à entendre ses flatteurs, en buvant, porter les santés du roi Démétrios, du maître des cornacs Séleucos, de l'amiral Ptolémée, du trésorier Lysimaque, du gouverneur insulaire Agathocle de Sicile. 8 Quand on rapportait ces plaisanteries aux rois, tous ne faisaient qu'en rire, sauf Lysimaque : il s'indignait que Démétrios le traitât d'eunuque, car c'est aux eunuques que l'on avait généralement coutume de confier la garde du Trésor. 9 Donc Lysimaque, plus que tous les autres, le détestait, et, s'en prenant de façon injurieuse à sa passion pour Lamia, il disait qu'il voyait pour la première fois une prostituée paraître sur la scène tragique, à quoi Démétrios répliquait que sa prostituée était plus pudique que la Pénélope de Lysimaque.

26. 1 Comme il s'apprêtait alors à rentrer à Athènes, il écrivit qu'il voulait dès son arrivée être initié et parcourir le cycle entier depuis les petits mystères jusqu'à l'*époptie*. 2 Cela n'était pas permis et ne s'était jamais fait auparavant : les petits mystères se célébraient au mois d'Anthestérion, et les grands au mois de Boédromion, et, après les grands, il fallait au moins un an d'intervalle pour devenir *époptе*. 3 La lettre ayant été lue, un seul homme osa s'opposer à la demande qu'elle contenait, Pythodoros, le porte-flambeau, mais ce fut en vain : les Athéniens, sur la proposition de Stratoclès, décrétèrent que le mois Munychion serait appelé et réputé Anthestérion, et l'on célébra pour Démétrios les mystères d'Agra. 4 Puis le mois Munychion, d'Anthestérion qu'il était devenu, changea encore de nom pour recevoir celui de Boédromion ; on y accomplit le reste de l'initiation, et du même coup l'*époptie* fut aussi conférée à Démétrios. 5 C'est à ce propos que Philippidès attaqua Stratoclès dans le vers où il le désigne comme « Celui qui a réduit l'année à un seul mois ». Il écrivit aussi au sujet de l'installation de Démétrios au Parthénon : « C'est lui qui fit de l'acropole une auberge, / et introduisit les courtisanes chez la vierge. »

27. 1 Aucun abus, entre tous ceux qui furent alors commis dans la ville en violation des lois, ne mécontenta plus les Athéniens, dit-on, que celui-ci : il leur fut ordonné de fournir et de payer sans délai deux cent cinquante talents, et cet argent fut exigé durement et sans aucune remise, après quoi Démétrios, voyant la somme réunie, la fit donner à Lamia et aux autres courtisanes pour leur savon. 2 En effet la honte plus que la perte d'argent et le mot plus que le fait lui-même furent ce qui choqua le peuple. Quelques auteurs prétendent que Démétrios fit cet affront, non pas aux Athéniens, mais aux Thessaliens. 3 Indépendamment de cela, Lamia, de son propre chef, leva des contributions sur de nombreux citoyens en vue d'offrir un festin au roi, et ce festin fit tant de bruit, en raison de sa somptuosité, que Lyncée de Samos l'a raconté. 4 C'est pourquoi un poète comique dit non sans esprit que Lamia était vraiment *Hélépole*. Démocharès de Soli appelait Démétrios lui-même *Fable*, parce qu'il avait comme elle une Lamia. 5 Ce n'était pas seulement aux épouses de Démétrios, mais encore à ses amis que cette femme heureuse et aimée inspirait de la jalousie et de l'envie : 6 certains d'entre eux s'étant rendus de sa part en ambassade auprès de Lysimaque, celui-ci, dans un moment de loisir, leur montra les cicatrices profondes que les griffes d'un lion avaient faites à ses cuisses et à ses bras, et il leur raconta le combat qu'il avait livré au fauve, quand il avait été enfermé avec lui par le roi Alexandre ; 7 les ambassadeurs dirent en riant que leur roi aussi portait au cou les morsures d'une terrible bête féroce, Lamia. 8 On s'étonnait d'ailleurs que Démétrios qui, au début, s'accommodait mal de Phila à cause de la différence d'âge, se fût laissé subjuguer par Lamia et s'en montrât épris, alors que depuis si longtemps elle n'était plus jeune. 9 Aussi Démo, surnommée Mania, à qui Démétrios demandait, lors d'un dîner où Lamia jouait de la flûte, ce qu'elle en pensait, lui répondit : « C'est une vieille femme, roi. » 10 Une autre fois, comme on servait des friandises, il lui dit : « Vois-tu tout ce que Lamia m'envoie ? », à quoi Démo repartit : « Ma mère t'en enverra bien davantage, si tu veux aussi coucher avec elle. » 11 On rapporte encore l'objection que fit Lamia au célèbre jugement de Bocchoris. 12 Un Égyptien était amoureux de la courtisane Thonis, qui lui demandait une somme considérable, sur quoi il crut en songe s'unir à elle, et son désir s'apaisa. Thonis lui intenta alors un procès au sujet de sa rétribution. 13 Bocchoris, instruit de l'affaire, ordonna à l'homme d'apporter dans un vase exactement la somme en question et de la faire passer de côté et d'autre avec la main devant la courtisane, afin qu'elle jouît de l'ombre de l'argent, puisque l'apparence est l'ombre de la réalité. 14 Lamia ne trouvait pas juste cette sentence, car l'ombre n'avait pas délivré la courtisane de son désir d'avoir l'argent, au lieu que le songe avait mis fin à la passion du jeune homme. Mais en voilà assez sur Lamia.

Ipsos (301). – **28.** 1 Notre récit va être ramené, pour ainsi dire, de la scène comique à la scène tragique par les vicissitudes et les actions de l'homme dont nous racontons la vie. 2 Tous les autres rois, s'étant ligués contre Antigone, avaient réuni leurs armées. Démétrios quitta la Grèce afin de se joindre à son père, qui montrait pour la guerre une ardeur au-dessus de son âge, et lui-même se sentit des forces nouvelles. 3 Il semble pourtant qu'Antigone, s'il avait fait de petites concessions et restreint son ambition excessive, aurait pu conserver pour lui jusqu'au bout et laisser à son fils le premier rang. 4 Mais, naturellement dur et dédaigneux, aussi rude dans ses paroles que dans sa conduite, il aigrit et exaspéra beaucoup de jeunes souverains. 5 Il prétendait qu'il dissiperait leur ligue et leur coalition comme on disperse en lançant une pierre ou en faisant du bruit une volée d'oiseaux en train de picorer. 6 Il menait contre eux plus de soixante-dix mille fantassins, dix mille cavaliers et soixante-quinze éléphants. Ses adversaires disposaient de soixante-quatre mille hommes d'infanterie, de cinq cents cavaliers de plus que lui, de quatre cents éléphants et de cent vingt chars de guerre. 7 Quand il fut près de l'ennemi, il s'opéra dans son esprit un changement, qui affecta plus ses espérances que sa résolution. 8 Il avait l'habitude de se montrer fier et hautain dans les combats, de parler d'une voix forte, de tenir des propos arrogants, souvent même de plaisanter et de railler au fort de la mêlée pour étaler sa fermeté et son mépris ; ce jour-là, on le vit pensif et presque constamment silencieux ; il présenta son fils aux troupes et l'institua son successeur. 9 Mais ce qui étonna le plus tout le monde, c'est qu'il s'entretint seul à seul avec Démétrios sous sa tente, car il n'avait pas coutume de communiquer ses secrets même à son fils ; il gardait à part lui ses décisions avant de donner publiquement ses ordres et de faire exécuter ce qu'il avait arrêté en lui-même. 10 On dit à ce propos qu'un jour Démétrios, encore adolescent, lui avait demandé quand on devait faire retraite et qu'Antigone lui avait répondu avec colère : « As-tu peur d'être le seul à ne pas entendre la trompette ? »

29. 1 Mais à ce moment en outre de mauvais présages abattirent leur courage. 2 Démétrios crut voir en rêve Alexandre magnifiquement armé qui lui demandait quel mot d'ordre ils allaient donner pour la bataille ; il répondit : « Zeus et Victoire. » « Alors, je m'en vais, dit Alexandre, du côté des ennemis, car eux, ils m'accueillent. » 3 D'autre part la phalange se mettait déjà en ligne quand Antigone, en sortant de sa tente, fit un faux pas, tomba tout de son long sur le visage et se trouva très mal en point. En se relevant, il tendit les mains vers le ciel et pria les dieux de lui accorder la victoire ou une mort sans souffrance avant la défaite. 4 Quand on en fut venu aux mains, Démétrios, avec la plus grande et la meilleure partie de ses cavaliers, fondit sur Antiochos, fils de Séleucos, et chargea si brillamment les ennemis qu'il les mit en déroute, mais, en les poursuivant avec une impétuosité et une ardeur intempestives, il gâcha son succès : 5 lui-même, en revenant en arrière, ne put rejoindre l'infanterie parce qu'il trouva les éléphants entre elle et lui, et Séleucos, voyant la phalange dégarnie de cavalerie, ne l'attaqua pas, mais, en faisant mine de vouloir l'attaquer, il l'effraya et, tournoyant autour d'elle, il lui permit de changer de camp, 6 ce qui arriva effectivement, car une grande partie, coupée du reste, passa volontairement de son côté, et les autres prirent la fuite. 7 Les ennemis alors se portèrent en nombre sur Antigone, et l'un de ceux qui l'entouraient lui ayant dit : « C'est à toi qu'ils en veulent, roi », « En effet, dit-il, qui peuvent-ils viser, sinon moi ? Mais Démétrios va venir à mon secours. » 8 Il conserva cet espoir jusqu'à la fin, et, cherchant partout des yeux son fils, il tomba accablé par la grêle de traits lancés sur lui. Tous ses compagnons et amis l'abandonnèrent, sauf Thorax de Larissa, qui resta seul auprès de son cadavre.

Succès et revers (301-294). – **30.** 1 La bataille s'étant ainsi terminée, les rois vainqueurs dépecèrent tout l'empire d'Antigone et de Démétrios, comme un grand corps dont ils prirent chacun un morceau, répartissant entre eux les provinces des deux rois pour les joindre à celles qu'ils possédaient déjà. 2 Démétrios, fuyant avec cinq mille fantassins et quatre mille cavaliers, alla d'une seule traite à Éphèse. Tout le monde pensait que, dans le grand besoin d'argent où il se trouvait, il ne respecterait pas le sanctuaire. Au contraire, la crainte de voir ses soldats le piller le fit partir en toute hâte, et il s'embarqua pour la Grèce, car il fondait ses dernières et plus grandes espérances sur les Athéniens. 3 Il avait en effet laissé chez eux ses vaisseaux, son trésor et sa femme Déidaméia, et il croyait n'avoir pas dans ses revers un recours plus sûr que le dévouement de ce peuple. 4 Mais, quand il fut arrivé dans les parages des Cyclades, il y rencontra des ambassadeurs d'Athènes, qui l'engagèrent à se tenir à distance de leur ville, le peuple ayant décidé de n'y recevoir aucun des rois ; quant à Déidaméia, ils l'avaient envoyée à Mégare, avec le cortège et les honneurs dus à son rang. Démétrios éprouva alors une colère qui le mit hors de lui : il avait supporté très aisément ses autres malheurs et n'avait montré dans un si grand changement de Fortune ni faiblesse ni abattement, 5 mais se voir déçu dans ses espoirs relatifs aux Athéniens et découvrir à la lumière des faits que leur prétendue affection était superficielle et feinte, ce fut pour lui une souffrance. 6 En effet, semble-t-il, c'est le plus mauvais témoignage de l'attachement des foules pour les rois et les princes que l'excès des honneurs qu'ils reçoivent. La valeur en réside dans l'intention de ceux qui les donnent ; or la peur en retranche la sincérité, car la crainte et l'affection suscitent les mêmes décrets. 7 Aussi les princes avisés ne s'en rapportent-ils pas aux statues, aux tableaux et aux apothéoses, mais plutôt à leurs œuvres et à leurs actes propres pour juger si les honneurs décernés doivent leur inspirer confiance ou s'il convient qu'ils s'en méfient, comme étant arrachés par la contrainte :

8 bien souvent, alors même qu'ils les honorent, les peuples ont la plus grande haine pour ceux à qui ils adressent malgré eux ces hommages démesurés et excessifs.

31. 1 Démétrios, indigné d'être ainsi traité, mais incapable de se venger, envoya faire aux Athéniens des reproches modérés, et leur réclama ses vaisseaux, parmi lesquels se trouvait son navire à treize rangs. 2 Lorsqu'il les eut reçus, il longea la côte en direction de l'Isthme, et, comme ses affaires allaient mal (partout ses garnisons étaient chassées des villes, qui étaient toutes passées à l'ennemi), il laissa Pyrrhos en Grèce et lui-même s'embarqua pour la Chersonèse. 3 Il ravagea les États de Lysimaque, et, du même coup, enrichit et maintint groupée son armée, qui commençait à se remettre et à redevenir redoutable. 4 Les autres rois se souciaient peu de Lysimaque, qu'ils trouvaient moins conciliant que Démétrios, et qui, étant plus fort, était aussi plus à craindre.

5 Peu de temps après, Séleucos envoya demander en mariage la fille de Démétrios et de Phila, Stratonice, bien qu'il eût déjà de la Persane Apama un fils, Antiochos, mais il pensait que ses États pouvaient suffire à plusieurs héritiers et qu'il avait besoin de cette alliance avec Démétrios, parce qu'il voyait Lysimaque épouser l'une des filles de Ptolémée et marier son fils Agathoclès à une autre. 6 C'était pour Démétrios une chance inespérée que de devenir le beau-père de Séleucos. Aussi, emmenant sa fille avec lui, il partit pour la Syrie avec toute sa flotte. Plusieurs fois contraint de toucher terre, il aborda notamment en Cilicie, domaine de Pleistarchos, à qui les rois avaient donné ce pays comme sa part après la défaite d'Antigone. Or Pleistarchos était frère de Cassandre ; 7 considérant que son territoire était lésé par ces descentes de Démétrios et voulant se plaindre de ce que Séleucos s'était réconcilié avec l'ennemi commun sans l'accord des autres rois, il alla trouver son frère.

32. 1 Quand Démétrios en fut informé, il s'éloigna de la mer pour atteindre Kyinda, où il trouva douze cents talents, qui restaient du Trésor de son père. Il s'en empara, se hâta de les embarquer et aussitôt prit le large. 2 Sa femme Phila était déjà présente lorsque Séleucos vint au-devant de lui à Rhosos. Leur entrevue fut dès l'abord franche et sans méfiance, vraiment royale. Le premier, Séleucos invita Démétrios à dîner sous sa tente, dans son camp, et Démétrios à son tour le reçut sur son navire à treize rangs. 3 Ils passèrent des journées entières à se distraire et à deviser, sans gardes, sans armes, jusqu'au moment où Séleucos, ayant épousé Stratonice, remonta en brillant appareil à Antioche. 4 Démétrios occupa la Cilicie et envoya sa femme Phila auprès de Cassandre, dont elle était la sœur, avec mission de le justifier des accusations de Pleistarchos. 5 À ce moment, Déidaméia vint de Grèce le rejoindre et, après avoir passé peu de temps avec lui, tomba malade et mourut. 6 Une réconciliation ayant eu lieu entre Démétrios et Ptolémée par l'entremise de Séleucos, il fut convenu que Démétrios épouserait Ptolémaïs, fille de Ptolémée.

7 Jusque-là Séleucos s'était conduit courtoisement envers lui, mais il demanda à Démétrios de lui céder la Cilicie à prix d'argent, et, sur son refus, se mettant en colère, il lui réclama Sidon et Tyr. Ce procédé parut violent et injuste : maître de tout le pays qui s'étend de l'Inde à la mer de Syrie, Séleucos était-il dépourvu et démuni au point de chasser à cause de deux villes son beau-père, qui venait d'éprouver un revers de Fortune ? 8 Il rendait ainsi un éclatant témoignage à Platon recommandant, au lieu d'augmenter son bien, de réduire sa cupidité, si l'on veut être véritablement riche, car celui qui ne met pas de bornes à son avidité n'est jamais délivré de la pauvreté ni du besoin.

33. 1 Démétrios ne se laissa pas intimider ; il déclara que, même s'il subissait dix mille autres défaites d'Ipsos, il n'accepterait pas de payer pour avoir Séleucos comme gendre, et il mit des garnisons dans les deux villes. Puis, ayant appris que Lacharès avait profité des dissensions des Athéniens pour gouverner en tyran, il pensa qu'il lui suffisait de se montrer pour prendre aisément la ville. 2 Il traversa la mer en toute sûreté avec une grande flotte, mais, en longeant l'Attique, il fut surpris par une tempête, qui lui fit perdre la plupart de ses vaisseaux et une grande partie de ses soldats. 3 Lui-même en réchappa et commença à guerroyer contre les Athéniens. Comme il n'arrivait à rien, il envoya des officiers chargés de lui rassembler une nouvelle flotte, passa lui-même dans le Péloponnèse et mit le siège devant Messène. 4 Là, en combattant sous les murs, il courut un grand danger : un trait de catapulte le frappa au visage et à la bouche en lui traversant la joue. 5 Guéri de sa blessure, il remit la main sur quelques villes rebelles, puis envahit à nouveau l'Attique, s'empara d'Éleusis et de Rhamnonte, et ravagea le pays. Ayant capturé un navire qui apportait des céréales à Athènes, il fit pendre le marchand et le pilote. Les autres importateurs, effrayés, se détournèrent de l'Attique, et la ville fut en proie à une sévère famine, la pénurie des autres denrées s'ajoutant au manque de blé : 6 le médimne de sel monta à quarante drachmes, et celui de blé à trois cents. 7 Les Athéniens respirèrent un peu en voyant paraître vers Égine cent cinquante vaisseaux que Ptolémée envoyait à leur secours. 8 Mais alors Démétrios, ayant reçu du Péloponnèse beaucoup de navires, beaucoup aussi de Chypre, en avait trois cents au total, si bien que l'escadre de Ptolémée leva l'ancre et s'enfuit ; le tyran Lacharès s'échappa en abandonnant la ville.

34. 1 Bien qu'ils eussent décrété la peine de mort contre quiconque parlerait de paix et d'arrangement avec Démétrios, les Athéniens ouvriront aussitôt la porte voisine de son camp et lui envoyèrent des ambassadeurs, non qu'ils s'attendissent à rien de bon de sa part, mais parce que la disette les y contraignait. 2 Parmi les nombreux cas de détresse provoqués par la famine, on rapporte en particulier ceci : un père et son fils étaient assis dans une chambre, désespérant de leur vie, lorsqu'il tomba du plafond un rat mort ; à cette vue, ils bondirent tous les deux et se battirent pour l'avoir. 3 On raconte aussi qu'alors le philosophe Épicure se nourrissait, lui et ses disciples, en partageant des fèves dont le nombre était compté. 4 La ville en était donc là quand Démétrios y fit son entrée. Il ordonna que tout le monde se réunît au théâtre, entoura la scène de soldats en armes et munit de gardes l'estrade des acteurs, puis, en descendant lui-même par les galeries du haut, à la façon des tragédiens, il accrut encore davantage la peur des Athéniens ; mais le début de son discours mit fin à leurs craintes. 5 S'abstenant d'enfler la voix et de prononcer des paroles amères, il leur fit sur un ton amical des reproches mesurés, se réconcilia avec eux, leur offrit cent mille médimnes de blé et rétablit les magistratures qui étaient les plus chères au peuple. 6 L'orateur Dromocléidès, voyant la joie de la foule, qui poussait toute sorte d'acclamations et enchérissait à l'envi sur les éloges prodigués du haut de la tribune par les démagogues, proposa de remettre au roi Démétrios le Pirée et Munychie. 7 Ce décret fut adopté, et Démétrios mit en outre, de son propre chef, une garnison au Mouséion, pour empêcher le peuple de secouer à nouveau le joug et de lui susciter l'embarras d'autres affaires.

35. 1 Maître d'Athènes, il forma aussitôt des projets d'attaque contre Lacédémone. Le roi Archidamos étant venu à sa rencontre jusqu'à Mantinée, il le défit dans un combat, le mit en fuite et envahit la Laconie. 2 Devant Sparte même, il livra une nouvelle bataille rangée, où il fit cinq cents prisonniers et tua deux cents hommes. Il paraissait être sur le point de s'emparer de la ville, qui jusqu'à cette époque n'avait jamais été prise. 3 Mais il semble que la Fortune n'effectua avec aucun des rois d'aussi grands et prompts changements, et que, dans les affaires des autres, elle ne passa pas aussi souvent de la petitesse à la grandeur, puis de l'éclat à l'obscurité, et à nouveau de la faiblesse à la force. 4 C'est pourquoi l'on dit que, dans ses pires vicissitudes, Démétrios adressait à la Fortune ce vers d'Eschyle : « Tu gonfles ma voile, et, me semble-t-il, tu me consumes. » 5 Et en effet, au moment où sa situation était si prospère et lui promettait la puissance et l'empire, on lui annonça que Lysimaque d'abord lui avait enlevé ses villes d'Asie, et que Ptolémée ensuite avait pris Chypre, à la seule exception de Salamine, où il tenait assiégés ses enfants et sa mère. 6 Cependant la Fortune, comme la femme du poème d'Archiloque, qui « traîtreusement, portait de l'eau d'une main et de l'autre du feu », après l'avoir éloigné de Lacédémone par des nouvelles si fâcheuses et inquiétantes, lui apporta aussitôt d'autres espérances, relatives à de récentes et importantes affaires dont je vais dire quelle fut l'occasion.

36. 1 Cassandre étant mort, l'aîné de ses fils, Philippe, régna peu de temps sur les Macédoniens et disparut à son tour. Les deux autres fils entrèrent alors en lutte. L'un d'eux, Antipatros, ayant fait périr sa mère, Thessalonicè, l'autre appela à son secours d'Épire Pyrrhos, et du Péloponnèse Démétrios. 2 Pyrrhos, arrivé le premier, s'appropria une grande partie de la Macédoine pour prix de l'aide qu'il apportait, et devint pour Alexandre un voisin redoutable. 3 Démétrios, au reçu de la lettre, s'était mis en marche avec son armée. Le jeune homme, qui le craignait plus encore que Pyrrhos, à cause de son prestige et de sa gloire, alla au-devant de lui jusqu'à Dion, le salua et lui fit beaucoup de démonstrations d'amitié, mais lui déclara que la situation de ses affaires ne réclamait plus sa présence. 4 Dès lors ils se suspectèrent mutuellement, et, au moment où Démétrios se rendait à un repas auquel il avait été convié par l'adolescent, il fut averti qu'un complot avait été formé et qu'on devait le tuer pendant la partie de boisson. 5 Démétrios, sans se troubler, ralentit un peu sa marche, ordonna à ses officiers de tenir leurs troupes sous les armes, et il enjoignit à sa suite ainsi qu'à tous les esclaves qui l'accompagnaient (et ils étaient beaucoup plus nombreux que ceux d'Alexandre) d'entrer avec lui dans la salle du festin et d'y rester jusqu'au moment où il se lèverait. 6 Alexandre, rendu craintif par ces dispositions, n'osa pas exécuter son dessein. De son côté, Démétrios, prétextant que l'état de sa santé ne lui permettait pas de boire, se retira bientôt. 7 Le lendemain, il fit tout préparer pour se retirer, alléguant que de nouvelles affaires lui étaient survenues, et il pria Alexandre d'excuser son départ précipité en lui promettant de faire auprès de lui une autre fois un plus long séjour quand il en aurait le loisir. 8 Alexandre, charmé de le voir quitter son pays de son plein gré et sans ressentiment, l'accompagna jusqu'en Thessalie. 9 Arrivés à Larissa, ils s'invitèrent réciproquement à dîner, en se tendant toujours des pièges. C'est là surtout ce qui mit Alexandre à la merci de Démétrios : 10 hésitant à prendre des précautions, de peur de suggérer à son partenaire d'en faire autant, il se laissa devancer et subit, alors que lui-même différait d'agir pour que l'autre ne pût échapper, le sort qu'il lui préparait. 11 Invité à dîner, il se rendit chez Démétrios. Celui-ci se levant au milieu du repas, Alexandre effrayé se leva aussi et le suivit pas à pas jusqu'à la porte, 12 où Démétrios, se trouvant au milieu de ses gardes, ne dit que ces seuls mots : « Frappe celui qui me suit », après quoi il sortit. Alexandre fut abattu par eux, et, avec lui, ceux de ses amis qui tentèrent de le défendre. L'un d'eux, comme on l'égorgeait, déclara, dit-on, que Démétrios ne les avait prévenus que d'un jour.

Roi de Macédoine (294-287). – **37.** 1 Cette nuit-là, comme on peut le croire, fut fort agitée. Au point du jour, les Macédoniens alarmés redoutaient la puissance de Démétrios, mais, voyant que personne ne venait les inquiéter et qu'au contraire Démétrios leur envoyait dire qu'il voulait leur parler et se justifier de ses actes, ils reprirent confiance et décidèrent de lui faire bon accueil. 2 Quand il fut arrivé, il n'eut pas besoin de longs discours ; ils haïssaient Antipatros, meurtrier de sa mère, et ils n'avaient pas de meilleur chef à choisir. Ils proclamèrent donc Démétrios roi des Macédoniens, et, le prenant aussitôt avec eux, ils le ramenèrent en Macédoine. 3 Quant aux Macédoniens qui étaient restés dans leur pays, ils ne furent pas non plus mécontents du changement : ils se rappelaient toujours et détestaient les crimes commis par Cassandre envers la famille d'Alexandre, 4 et, s'ils gardaient encore quelque souvenir de la modération d'Antipatros l'Ancien, Démétrios en recueillait le fruit, comme mari de Phila, dont il avait un fils destiné à lui succéder et qui, déjà adolescent, servait alors dans l'armée de son père.

38. 1 Après un si brillant succès, il apprend que Ptolémée a libéré ses enfants et sa mère en les comblant de présents et d'honneurs. Il apprend aussi que sa fille, mariée à Séleucos, vient d'épouser Antiochos, fils de ce roi, et qu'elle a été proclamée reine des barbares du haut pays. 2 Voici, à ce qu'il paraît, ce qui s'était passé. Antiochos s'était épris de Stratonice, qui était jeune, mais qui avait déjà un enfant de Séleucos. Il était très malheureux et faisait de grands efforts pour dominer sa passion. Finalement, se condamnant lui-même pour ce désir criminel et voyant que son mal était incurable et sa raison vaincue, il cherchait un moyen pour en finir avec la vie et s'éteindre tranquillement, en négligeant le soin de son corps et s'abstenant de nourriture sous le prétexte d'une maladie quelconque. 3 Érasistrate, son médecin, s'aperçut aisément qu'il était amoureux, mais, comme il était difficile de savoir de qui, il passait tout son temps dans la chambre du malade afin de découvrir son secret ; s'il voyait entrer quelque garçon ou quelque femme à la fleur de l'âge, il observait le visage d'Antiochos et examinait les réactions des parties du corps qui sont le plus affectées par les émotions de l'âme. 4 Or, il n'apercevait aucun changement quand d'autres personnes se présentaient, mais lorsque Stratonice, fréquemment, lui rendait visite, soit seule, soit avec Séleucos, il voyait sur le jeune homme tous les symptômes décrits par Sapho : perte de la voix, rougeurs enflammées, obscurcissement de la vue, sueurs soudaines, désordre et trouble du pouls, et à la fin, quand l'âme est entièrement abattue, détresse, stupeur et pâleur. 5 En outre Érasistrate pensa avec vraisemblance que l'amour d'une autre femme n'aurait pas amené le fils du roi à persévérer dans son silence jusqu'à la mort. Mais il jugeait difficile de parler et de révéler ce secret ; cependant, confiant dans l'affection de Séleucos pour son fils, il finit par se risquer et dit que la maladie du jeune homme était l'amour, mais un amour impossible et sans remède. 6 « Comment, sans remède ? » s'écria Séleucos stupéfait. « Oui, par Zeus, répondit Érasistrate, parce que c'est de ma femme qu'il est épris. » 7 « Eh bien, Érasistrate, reprit Séleucos, toi qui es son ami, ne céderais-tu pas ta femme à mon fils, et cela quand tu vois que c'est notre seule planche de salut ? » « Mais toi-même, qui es son père, tu ne l'aurais pas fait si Antiochos avait désiré Stratonice. » 8 « Ah ! mon ami, s'écria Séleucos, plaise au ciel qu'un dieu ou un homme puisse bien vite changer sa passion et la tourner de ce côté, car il serait beau pour moi de renoncer même à la royauté par amour pour Antiochos. » 9 Séleucos prononça ces mots avec tant d'émotion et en versant des larmes si abondantes qu'Érasistrate lui prit la main en disant : « Tu n'as pas besoin d'Érasistrate : étant père, mari et roi, tu es, du même coup, le meilleur médecin pour ta maison. » 10 Là-dessus, Séleucos, réunissant une assemblée générale, déclara son intention et sa volonté de proclamer Antiochos roi et Stratonice reine de tous les hauts pays, en les mariant ensemble. 11 « Je pense, ajouta-t-il, que mon fils, accoutumé à m'écouter et à m'obéir en tout, ne fera aucune objection à ce mariage, et, si ma femme répugne à cette union contraire à l'usage, je prie ses amis de lui faire comprendre et de la persuader qu'elle doit trouver beau, juste et utile ce que le roi estime tel. » 12 Voilà, dit-on, quel fut le motif du mariage d'Antiochos et de Stratonice.

39. 1 Démétrios, qui, après la Macédoine, s'était emparé de la Thessalie et qui était maître de la plus grande partie du Péloponnèse ainsi que de Mégare et d'Athènes en deçà de l'Isthme, marcha contre les Béotiens. 2 Ceux-ci lui firent d'abord des propositions d'amitié raisonnables, mais le Spartiate Cléonymos s'étant jeté dans Thèbes avec une armée, ils reprirent confiance et, poussés en même temps par Peisis de Thespies, qui occupait alors chez eux le premier rang en réputation et en influence, ils rompirent avec Démétrios. 3 Celui-ci fit alors avancer ses machines contre Thèbes et assiégea la ville. Cléonymos, effrayé, en sortit à la dérobée, et les Béotiens, découragés, se rendirent. 4 Démétrios mit des garnisons dans leurs cités, leur imposa de fortes contributions et leur laissa comme gouverneur et *harmoste* l'historien Hiéronymos. La conduite de Démétrios parut clémente, surtout à cause de Peisis : 5 en effet, l'ayant pris, il ne lui fit aucun mal ; au contraire il l'accueillit avec une amicale bonté, et le nomma polémarque à Thespies. 6 Peu de temps après, Lysimaque fut fait prisonnier par Dromichaitès. À cette nouvelle, Démétrios marcha en toute hâte sur la Thrace, pensant la trouver sans défense et l'occuper. Les Béotiens firent alors à nouveau défection, et l'on annonça en même temps que Lysimaque avait été relâché. 7 Transporté de colère, Démétrios rebroussa chemin promptement, et trouva les Béotiens déjà vaincus dans une bataille par son fils Antigone ; il remit le siège devant Thèbes.

40. 1 Comme Pyrrhos faisait des incursions en Thessalie et s'était montré jusqu'aux Thermopyles, Démétrios laissa Antigone continuer le siège et marcha lui-même contre Pyrrhos. 2 Celui-ci ayant pris rapidement la fuite, il laissa en Thessalie dix mille fantassins et mille cavaliers, et revint presser le siège de Thèbes. Il en fit approcher la machine appelée *hélépole*, si lourde et si grande qu'on avait beaucoup de peine à la manier, qu'elle n'avançait que petit à petit et qu'elle parcourut à peine deux stades en deux mois. 3 Les Béotiens se défendaient vigoureusement, et Démétrios forçait souvent ses soldats à combattre et à s'exposer, plutôt par entêtement que par besoin. Antigone, les voyant tomber en grand nombre, en était très affecté et lui dit : « Pourquoi, père, laissons-nous sans nécessité périr ces gens ? » 4 « Mais toi, répondit Démétrios exaspéré, pourquoi te fâches-tu ? Est-ce que tu dois une ration à ceux qui meurent ? » 5 Cependant il voulut faire voir qu'il n'exposait pas seulement les autres, mais qu'il partageait les dangers des combattants, et il fut atteint d'un trait qui lui transperça le cou. La blessure était grave, mais il ne se relâcha pas et prit Thèbes pour la seconde fois. 6 Il entra dans la ville d'un air menaçant et terrible, comme s'il allait infliger aux habitants les traitements les plus cruels, mais, après en avoir tué treize et banni quelques-uns, il fit grâce aux autres. Il n'y avait pas encore dix ans que Thèbes était reconstruite, et elle fut prise deux fois dans ce laps de temps. 7 L'époque des jeux Pythiques étant arrivée, Démétrios se permit de faire une innovation extraordinaire : 8 comme les Étoliens occupaient les défilés autour de Delphes, c'est à Athènes qu'il fit célébrer lui-même la fête et les concours, sous prétexte qu'il convenait que le dieu fût particulièrement honoré dans une ville dont il était le protecteur ancestral et qui tirait de lui, disait-on, son origine.

41. 1 Ensuite il retourna en Macédoine : étant par nature ennemi du repos et voyant que ses sujets l'écoutaient davantage au cours des expéditions, alors que, dans leur pays, ils se montraient agités et turbulents, il alla faire campagne contre les Étoliens, 2 ravagea leur pays et y laissa Pantauchos avec une importante fraction de son armée, puis il marcha lui-même contre Pyrrhos, tandis que Pyrrhos marchait contre lui. 3 Mais ils se manquèrent, et, tandis que l'un dévastait l'Épire, l'autre tomba sur Pantauchos et lui livra bataille ; ils en vinrent aux mains ensemble et se blessèrent mutuellement, mais Pyrrhos mit Pantauchos en déroute, lui tua beaucoup de monde et fit cinq mille prisonniers. 4 Cet échec fut très dommageable pour Démétrios, car Pyrrhos, moins haï pour les maux causés par lui qu'admiré pour tant d'exploits personnels, acquit à la suite de cette bataille une grande et brillante renommée auprès des Macédoniens, 5 et beaucoup d'entre eux en vinrent à dire qu'il était, parmi tous les rois, le seul en qui l'on vit une image de l'audace d'Alexandre, tandis que les autres, et surtout Démétrios, ne représentaient, à la façon des acteurs tragiques, que l'orgueil et le faste de ce héros. 6 Et, de fait, Démétrios étalait sur sa personne un véritable appareil de théâtre : non content de se vêtir et de se coiffer avec magnificence, de porter des chapeaux à double mitre et de la pourpre bordée d'or, il s'était fait faire des chaussures dans lesquelles la pourpre pure était incorporée au feutre et qui étaient brochées d'or. 7 On lui tissait depuis longtemps une chlamyde sur laquelle étaient représentés l'univers et les phénomènes célestes, ouvrage d'un luxe inouï, 8 qu'il laissa inachevé par suite du changement survenu dans ses affaires, et personne après lui n'osa porter cette chlamyde, bien que la Macédoine ait eu par la suite plus d'un roi épris de faste.

42. 1 Ce n'est pas seulement par ces exhibitions qu'il chagrinait ses sujets, qui n'y étaient pas habitués ; ils avaient peine aussi à supporter son genre de vie et ses débauches, et surtout la difficulté qu'ils éprouvaient à l'approcher et à lui parler : ou bien il n'accordait pas un moment d'audience, ou bien il se montrait rude et désagréable à ceux qui se présentaient. 2 C'est ainsi qu'il retint pendant deux ans une ambassade des Athéniens, ceux des Grecs pour lesquels il avait le plus d'égards. Et, comme un ambassadeur unique lui était venu de Lacédémone, il se crut méprisé et se fâcha, 3 mais cet ambassadeur lui fit une repartie spirituelle et toute laconienne ; comme Démétrios venait de s'écrier : « Que dis-tu, toi ? Les Lacédémoniens ne m'ont-ils envoyé qu'un seul ambassadeur ? » « Oui, roi, répondit-il, un seul à un seul. » 4 Lors d'une de ses sorties, il semblait avoir pris des allures plus populaires et être disposé à accueillir les gens sans déplaisir. Quelques personnes accoururent pour lui tendre des requêtes écrites. 5 Il les reçut toutes et les mit dans sa chlamyde. Ces gens l'accompagnèrent, pleins de joie. Mais, lorsqu'il fut arrivé au pont de l'Axios, il ouvrit sa chlamyde et jeta toutes les suppliques dans le fleuve, 6 ce qui vexa profondément les Macédoniens ; ils se jugeaient opprimés, et non pas gouvernés. Ils se souvenaient d'avoir vu ou d'avoir entendu raconter à ceux qui s'en souvenaient combien Philippe à cet égard était sage et accueillant : 7 un jour que, sur son passage, une vieille femme l'importunait en lui demandant à plusieurs reprises de l'écouter, il répondit qu'il n'avait pas le temps ; elle se récria et dit : « Ne sois donc pas roi. » Ce mot l'atteignit gravement et le fit réfléchir ; de retour chez lui, il laissa de côté toutes ses autres affaires pour recevoir les personnes qui voulaient l'entretenir, en commençant par la vieille, et il ne fit pas autre chose pendant plusieurs jours. 8 En effet, rien ne convient mieux à un roi que de rendre la justice. Car, si Arès est un tyran, comme dit Timothée, c'est la loi qui règne sur tous, selon Pindare, 9 et Homère affirme que les rois reçoivent de Zeus, non pas des *hélépoles* ni des navires aux éperons de bronze, mais les règles de la justice qu'il leur donne à garder et à protéger ; le même poète a proclamé confident et disciple de Zeus, non pas le roi le plus belliqueux, le plus injuste et le plus sanguinaire, mais celui qui était le plus juste. 10 Démétrios, au contraire, aimait à prendre le titre le plus opposé à ceux du roi des dieux : alors que Zeus est appelé Polieus ou Poliouchos, il porta, lui, le surnom de Poliorcète. 11 C'est ainsi que le mal, se glissant à la place du bien par l'effet d'une puissance grossière, associa l'injustice à la gloire.

43. 1 Démétrios tomba très dangereusement malade à Pella, et faillit alors perdre la Macédoine, où Pyrrhos, faisant de promptes incursions, s'avança jusqu'à Édessa. 2 Dès que Démétrios alla mieux, il chassa très facilement Pyrrhos et conclut avec lui des accords, ne voulant pas l'avoir toujours dans les jambes et se heurter continuellement à lui dans une guerre sur le terrain, qui l'affaiblissait pour l'exécution de ses projets. 3 Or ces projets n'avaient rien de médiocre : il voulait reconquérir tout l'empire sur lequel avait régné son père, et ses préparatifs n'étaient pas inférieurs à l'ampleur de cette espérance et de cette ambition. Il avait déjà rassemblé une armée de quatre-vingt-dix-huit mille fantassins, avec, en outre, un peu moins de douze mille cavaliers. 4 En même temps, il faisait construire une flotte de cinq cents vaisseaux, dont on fabriquait les carènes au Pirée, à Corinthe, à Chalcis et dans la région de Pella. Il allait en personne dans chacun de ces endroits, montrant ce qu'il fallait faire et aidant de son talent les ingénieurs. Tout le monde était frappé non seulement du nombre, mais aussi de la grandeur des bâtiments. 5 Car on n'avait jamais vu jusque-là de navire à quinze ou seize rangs. Plus tard, Ptolémée Philopator en fit construire un à quarante rangs, qui avait deux cent quatre-vingts coudées de longueur et quarante-huit de hauteur jusqu'au sommet de la poupe. Il y avait place pour quatre cents matelots, sans compter les rameurs qui étaient au nombre de quatre mille ; en outre, un peu moins de trois mille combattants pouvaient se tenir sur les coursives et sur le pont. 6 Mais ce vaisseau ne fut jamais qu'un objet de curiosité : peu différent des édifices construits sur la terre ferme, il semblait être fait pour la montre, et non pour l'usage, tant il était pénible et dangereux de le mouvoir ! 7 Au contraire, la beauté des navires de Démétrios ne les empêchait pas d'être propres au combat, et la perfection de leur aménagement ne retranchait rien de leur utilité ; leur vitesse et leur efficacité étaient encore plus spectaculaires que leur grandeur.

Déclin (287-285). – **44.** 1 L'Asie étant donc menacée par un armement si formidable, tel que personne n'en avait eu auparavant depuis Alexandre, Séleucos, Ptolémée et Lysimaque se liguèrent tous les trois contre Démétrios, 2 puis ils envoyèrent à Pyrrhos une ambassade commune pour le pousser à attaquer la Macédoine et à ne pas respecter un traité par lequel Démétrios ne s'était engagé à ne pas lui faire la guerre que pour se réserver à lui-même le droit de la faire d'abord à qui il voudrait. 3 Pyrrhos s'étant rendu à leur demande, Démétrios fut pris dans un grand conflit, alors qu'il en était encore aux préparatifs. Tandis que Ptolémée, arrivé avec une flotte considérable, détachait de lui la Grèce, Lysimaque, partant de la Thrace, et Pyrrhos, venant du pays limitrophe, envahissaient et pillaient la Macédoine. 4 Démétrios, laissant son fils en Grèce, s'élança lui-même au secours de la Macédoine, tout d'abord contre Lysimaque. 5 Mais on lui annonça que Pyrrhos avait pris la ville de Béroia. La nouvelle s'en étant répandue rapidement parmi les Macédoniens, il n'y eut plus aucune discipline parmi les troupes de Démétrios : son armée se remplit de gémissements, de larmes, de cris de colère et d'injures contre lui ; les hommes, refusant de rester, voulaient se retirer, soi-disant pour rentrer chez eux, en réalité pour passer à Lysimaque. 6 Démétrios jugea donc à propos de s'éloigner le plus possible de Lysimaque pour se tourner contre Pyrrhos, parce que Lysimaque était macédonien comme ses soldats et que beaucoup le connaissaient à cause d'Alexandre, tandis que Pyrrhos était un étranger et un intrus, que les Macédoniens, pensait-il, ne pouvaient lui préférer. 7 Mais il se trompait lourdement dans ses calculs : quand il fut arrivé près de Pyrrhos, il établit son camp à côté de lui, et les Macédoniens, qui avaient sans cesse admiré la brillante valeur de Pyrrhos à la guerre, qui étaient accoutumés depuis toujours à regarder comme le plus digne de régner celui qui se montrait le meilleur au combat, qui apprenaient alors que Pyrrhos traitait les prisonniers avec douceur et qui cherchaient de toute manière à se débarrasser de Démétrios pour passer à un autre chef, Lysimaque ou Pyrrhos, 8 commencèrent à déserter secrètement et par petits groupes, puis le trouble et le désordre gagnèrent ouvertement toute l'armée, et finalement quelques-uns osèrent s'approcher de Démétrios pour l'engager à partir et à sauver sa vie, les Macédoniens étant las de faire la guerre pour entretenir son luxe. 9 Ces paroles parurent encore très modérées à Démétrios, en comparaison d'autres propos plus brutaux. Il rentra dans sa tente, et, à la façon d'un acteur, et non pas d'un roi, il revêtit une chlamyde sombre au lieu de cette chlamyde de théâtre qu'il portait, et il s'en alla sans être vu. 10 La plupart de ses hommes se ruèrent aussitôt au pillage, et, se battant entre eux, mirent sa tente en pièces. Mais Pyrrhos apparut, s'empara du camp au premier assaut et l'occupa. 11 Il partagea ensuite avec Lysimaque tout le territoire de la Macédoine, que Démétrios avait fermement gouvernée pendant sept ans.

45. 1 Ainsi déchu, Démétrios se réfugia à Cassandréia. Sa femme Phila, vivement affligée, ne put supporter de le voir redevenu simple particulier, fugitif et le plus malheureux des rois ; perdant toute espérance et maudissant la Fortune de son mari, plus constante dans le malheur que dans la prospérité, elle absorba du poison et mourut. 2 Cependant Démétrios, songeant à rassembler les débris de son naufrage, partit pour la Grèce et réunit ceux de ses généraux et de ses amis qui s'y trouvaient. 3 Le Ménélas de Sophocle donne de ses propres vicissitudes l'image suivante :

Sans cesse mon destin tourne au gré de la roue
Instable de la déesse, et change de nature :
Il ressemble à la lune, que l'on ne peut jamais voir
Garder deux nuits de suite le même aspect,
Mais, d'abord invisible, elle arrive, nouvelle,
Va complétant et embellissant sa face,
Puis, chaque fois qu'elle a brillé d'un plein éclat,
De nouveau elle décline et se réduit à rien.

4 Cette image conviendrait mieux encore à la carrière de Démétrios, à ses périodes de croissance et de déclin, de plénitude et d'abaissement : même en ce temps-là, sa puissance, qui paraissait complètement éclipsée et éteinte, jeta de nouveaux feux, et des troupes affluant peu à peu auprès de lui comblaient ses espérances. 5 Alors qu'on le voyait tout d'abord parcourir les villes en simple particulier, dépouillé de ses ornements royaux,

quelqu'un, qui le rencontra à Thèbes en cet état, lui appliqua, non sans esprit, ces vers d'Euripide :

> C'est en quittant la forme d'un dieu pour prendre celle d'un homme
> Qu'il est venu à la source de Dircé, aux eaux de l'Isménos.

46. 1 Mais, une fois qu'il se fut engagé dans ces espérances comme sur une route royale et qu'il eut réuni à nouveau autour de lui le corps et l'apparence du pouvoir, il rendit aux Thébains leur Constitution. 2 Cependant les Athéniens lui firent défection, rayèrent du tableau des éponymes Diphilos, qui y était inscrit comme prêtre des dieux Sauveurs, et décidèrent que les archontes seraient de nouveau choisis selon l'usage traditionnel ; puis, voyant Démétrios devenir plus fort qu'ils ne s'y étaient attendus, ils appelèrent de Macédoine Pyrrhos. 3 Irrité, Démétrios marcha contre eux et assiégea leur ville avec vigueur, mais le peuple lui envoya le philosophe Cratès, homme illustre et influent, qui le pria si bien en faveur des Athéniens et lui fit si bien voir où étaient ses véritables intérêts qu'il le persuada, à la réflexion, de lever le siège. 4 Puis, rassemblant tout ce qu'il avait de vaisseaux, il y fit embarquer ses troupes, qui se montaient à onze mille hommes, y compris les cavaliers, et il cingla vers l'Asie, dans l'intention d'enlever à Lysimaque la Carie et la Lydie. 5 Il fut reçu à Milet par Eurydice, sœur de Phila, qui amenait avec elle Ptolémaïs, une des filles qu'elle avait eues de Ptolémée, et qui avait été promise à Démétrios par l'entremise de Séleucos. Démétrios l'épousa avec l'agrément d'Eurydice. 6 Aussitôt après la noce, il se tourna contre les villes. Plusieurs passèrent volontairement à son parti ; il en prit aussi plusieurs par la force. Il s'empara même de Sardes, et quelques-uns des généraux de Lysimaque se joignirent à lui, avec de l'argent et des troupes. 7 Mais, comme Agathoclès, fils de Lysimaque, marchait contre lui à la tête d'une armée, il monta en Phrygie, résolu, s'il prenait pied en Arménie, à soulever la Médie et à se rendre maître du haut pays, où il trouverait, s'il était repoussé, beaucoup de refuges et de retraites. 8 Agathoclès l'y suivit, et, dans les engagements qui se produisirent, Démétrios eut l'avantage ; mais, empêché de se procurer des vivres et du fourrage, il se trouva dans un grand embarras, d'autant plus que ses soldats soupçonnèrent qu'il les emmenait en Arménie et en Médie. 9 En même temps la famine augmentait, et, à la suite d'une méprise au passage du Lycos, il perdit beaucoup d'hommes emportés par le courant. 10 Cependant les soldats ne se privaient pas de le railler, et l'un d'eux inscrivit devant sa tente le début d'*Œdipe* avec un léger changement :

> Enfant du vieil aveugle Antigone,
> Où sommes-nous ici ?

47. 1 Finalement, une épidémie s'étant jointe à la famine, comme il arrive d'habitude lorsqu'on est forcé de recourir à n'importe quels aliments, Démétrios, après avoir perdu en tout non moins de huit mille hommes, ramena en arrière ceux qui lui restaient. 2 Descendu à Tarse, il souhaitait ne causer aucun dommage à ce pays, qui était alors sous la dépendance de Séleucos, afin de ne fournir à ce roi aucun grief. Mais cela était impossible, parce que ses soldats étaient réduits à une extrême détresse, et qu'Agathoclès avait fortifié les passages du Taurus ; 3 aussi écrivit-il à Séleucos une lettre, qui n'était qu'une longue lamentation sur son infortune, où il le suppliait et le conjurait instamment de prendre en pitié un homme qui lui était allié et dont les malheurs méritaient la compassion même de ses ennemis. 4 Séleucos se laissa fléchir et écrivit à ceux de ses généraux qui se trouvaient sur les lieux de fournir à Démétrios lui-même des subsides royaux et à son armée une nourriture abondante. Mais Patroclès, qui passait pour un homme intelligent et un ami fidèle de Séleucos, vint le trouver et lui représenta que la dépense à faire pour l'entretien des soldats de Démétrios n'était pas le plus important, mais qu'il ne convenait pas de laisser séjourner dans le pays le plus violent et le plus intrigant des rois, présentement réduit à une situation qui rend audacieux et injustes même les caractères naturellement modérés. 5 Ces paroles excitèrent Séleucos, qui s'élança avec une nombreuse armée vers la Cilicie. 6 Démétrios, décontenancé par un changement si subit, prit peur et se réfugia dans les lieux les plus sûrs du Taurus, puis envoya demander à Séleucos, en tout premier lieu, de lui permettre de se conquérir un fief sur les barbares autonomes, afin d'y achever sa vie en mettant un terme à ses courses errantes — sinon, de nourrir son armée l'hiver durant là où elle se trouvait, et de ne pas le chasser nu et dépourvu de tout, à la merci de ses ennemis.

48. 1 Séleucos, se méfiant de toutes ces prières, lui accorda de prendre ses quartiers d'hiver, s'il le voulait, pendant deux mois dans la Cataonie, à condition de livrer comme otages les premiers de ses amis ; en même temps, il fit boucler les passages qui donnaient accès à la Syrie. Enfermé comme une bête fauve que l'on encercle de tout côté, Démétrios se vit contraint d'employer la force, courut le pays et, attaqué par Séleucos, il eut le dessus dans toutes les rencontres. 2 Un jour même que Séleucos avait lancé contre lui ses chars armés de faux, il soutint leur choc et les mit en fuite, puis il chassa les hommes qui fortifiaient les passages menant en Syrie et s'en rendit maître. 3 Tout à fait exalté par ses succès et voyant que ses soldats avaient repris courage, il se prépara à tout risquer dans de grandes batailles contre Séleucos. Celui-ci, de son côté, était très perplexe : 4 il avait en effet renvoyé le contingent de secours de Lysimaque, dont il se défiait et qu'il craignait, et, réduit à ses seules forces, il hésitait à engager la lutte contre Démétrios, redoutant son désespoir et ces perpétuelles vicissitudes de la Fortune, qui, des plus extrêmes revers, l'élevaient à la plus grande prospérité. 5 Mais à ce moment Démétrios fut atteint d'une grave maladie, qui le mit fort mal en point et ruina complètement ses affaires : une partie de ses soldats passa à l'ennemi, une autre se dispersa de côté et d'autre. 6 À peine rétabli, au bout de quarante jours, il reprit en main ce qui lui restait de troupes, fit mine de les conduire vers la Cilicie pour donner le change à ses adversaires, puis décampa de nuit sans trompette pour prendre l'autre direction, franchir l'Amanus et ravager le bas pays jusqu'à la Cyrrhestique.

49. 1 Séleucos survenant et établissant son camp à proximité, Démétrios fit lever son armée pendant la nuit et marcha contre lui. Séleucos ignora longtemps cette attaque ; il dormait, 2 mais quelques transfuges arrivèrent et l'avertirent du péril ; effrayé, il se mit debout, fit sonner l'alarme, et, tout en se chaussant, cria à ses amis qu'il avait affaire à une dangereuse bête fauve. 3 Démétrios, jugeant par le tumulte des ennemis qu'il était découvert, se retira précipitamment. Au point du jour, étant serré de près par Séleucos, il envoya l'un de ses officiers à l'autre aile et fit tourner le dos aux adversaires qu'il avait en face de lui. 4 Là-dessus cependant, Séleucos en personne mit pied à terre, ôta son casque et, ne gardant que son bouclier, se porta au-devant des mercenaires, se fit connaître et les engagea à passer dans son armée en comprenant enfin que c'était pour les épargner eux, et non pas Démétrios, qu'il avait si longtemps attendu. Alors tous le saluèrent du titre de roi et se joignirent à lui. 5 Démétrios, se rendant compte que c'était là le plus grave échec de tous ceux qu'il avait subis, s'esquiva et prit la fuite en direction des portes Amanides. Accompagné de quelques amis et d'un très petit nombre de soldats, il se jeta dans un bois épais et y attendit la nuit, dans l'intention, s'il le pouvait, de prendre la route de Caunos et de descendre vers la mer, où il espérait trouver sa flotte. 6 Mais, s'étant aperçu qu'ils n'avaient pas même de vivres pour ce jour-là, il envisagea d'autres projets. 7 Pourtant, lorsqu'arriva un de ses amis, Sosigénès, qui portait dans sa ceinture quatre cents pièces d'or, ils espérèrent que, grâce à cette somme, ils pourraient atteindre la mer, et ils s'acheminèrent dans l'obscurité vers les passages. 8 Mais, voyant les feux allumés là par les ennemis, ils renoncèrent de nouveau à cette route et revinrent au même endroit, mais non pas tous (quelques-uns s'étaient échappés), et ceux qui restaient n'étaient plus aussi déterminés. 9 Quelqu'un ayant osé dire que Démétrios devrait se livrer à Séleucos, le roi tira son épée et fit mine de se tuer. Cependant ses amis l'entourèrent, essayèrent de le réconforter et le décidèrent à suivre ce conseil. Il envoya dire à Séleucos qu'il se rendait à lui.

Captivité et mort (285-283). – **50.** 1 Apprenant cette nouvelle, Séleucos déclara : « Démétrios doit son salut, non pas à sa Fortune, mais à la mienne, qui, après beaucoup d'autres faveurs, me donne l'occasion de montrer mon humanité et ma bonté. » 2 Il convoqua ses intendants et leur ordonna de dresser une tente digne d'un roi et, pour le reste, de tout faire et préparer pour un accueil et une hospitalité magnifiques. 3 Il y avait auprès de Séleucos un certain Apollonidès, qui avait été un familier de

Démétrios ; il le lui envoya aussitôt, pour que Démétrios en eût du plaisir et se présentât avec confiance comme il sied lorsqu'on va voir un ami et un gendre. 4 Quand on connut ces dispositions du roi, Démétrios vit accourir auprès de lui un petit nombre d'abord, puis la plupart de ses amis, rivalisant à qui arriverait le premier, car on pensait qu'il allait jouir tout de suite d'un immense crédit auprès de Séleucos. 5 Mais cela même changea la compassion en jalousie, et ce fut pour les méchants et les envieux l'occasion de détourner et de gâter les bons sentiments du roi : ils l'effrayèrent en lui disant que, sans délai, dès l'instant où Démétrios apparaîtrait, de grands bouleversements se produiraient dans son camp. 6 Apollonidès venait d'arriver tout joyeux auprès de Démétrios, et les autres le suivaient, apportant de merveilleuses nouvelles au sujet de Séleucos ; Démétrios qui, après un tel échec et un tel malheur, croyait s'être déshonoré en se livrant, commençait alors à changer d'avis et à reprendre confiance et espoir lorsque survint Pausanias, avec un millier environ d'hommes de troupes, tant fantassins que cavaliers ; 7 il fit brusquement entourer Démétrios en le séparant des autres, et, au lieu de le conduire en présence de Séleucos, il l'emmena à Chersonésos de Syrie. 8 Démétrios resta là dès lors sous bonne garde, mais Séleucos lui assurait un train de maison suffisant ; pour l'argent et le régime quotidien, rien ne manquait ; on lui attribua des terrains d'exercice, des promenades royales et des parcs pleins de gibier. 9 On permit même à ceux de ses amis qui l'avaient accompagné dans sa fuite de demeurer avec lui, s'ils le voulaient. Des envoyés de Séleucos venaient également le voir, lui apportant de bonnes paroles et l'exhortant à garder confiance, dans la pensée qu'il serait relâché dès qu'Antiochos arriverait avec Stratonice.

51. 1 Démétrios, tombé dans une telle infortune, écrivit à son fils, à ses généraux et à ses amis d'Athènes et de Corinthe de cesser de se fier à ses lettres et à son sceau, mais de le considérer comme mort et de veiller sur ses villes et sur le reste de son empire pour le compte d'Antigone. 2 Celui-ci, à la nouvelle de la capture de son père, fut profondément affligé ; il prit des habits de deuil et écrivit aux autres rois et à Séleucos lui-même une lettre suppliante, offrant de leur livrer tout ce qu'il possédait encore, et surtout se déclarant prêt à servir lui-même d'otage pour son père. 3 De nombreuses villes et plusieurs souverains, à l'exception de Lysimaque, joignirent leurs prières aux siennes. Lysimaque, lui, envoya offrir à Séleucos une grosse somme d'argent pour faire mourir Démétrios. 4 Séleucos, qui avait d'ailleurs des griefs contre Lysimaque, le jugea encore plus détestable et barbare après cette démarche. Il ne gardait si longtemps Démétrios que pour laisser le soin de lui faire grâce à son fils Antiochos et à Stratonice.

52. 1 Démétrios sut dès l'abord endurer le malheur qui l'avait atteint, et dans la suite il s'habitua à supporter plus aisément sa situation. Au début, il se donnait pour ainsi dire du mouvement autant qu'il le pouvait, à la chasse et à la course ; 2 puis peu à peu il se laissa gagner à cet égard par la paresse et la nonchalance, se livra à la boisson et au jeu de dés, et passa ainsi la plus grande partie de son temps. 3 Voulait-il éviter les réflexions qui lui venaient sur sa situation présente quand il était à jeun et noyer ses pensées dans l'ivresse ? Ou bien avait-il conscience que ce genre de vie était celui qu'il avait toujours souhaité et poursuivi vainement, quand il errait, poussé par le fol amour d'une gloire creuse, et se causait à lui-même et aux autres des tracas sans fin en cherchant dans les armes, les flottes et les camps ce bonheur qu'il trouvait maintenant, sans s'y être attendu, dans l'inaction, le loisir et le repos ? 4 En effet, quel autre but ont donc les guerres et les dangers pour les mauvais rois qui, poussés par des idées funestes et insensées, non seulement poursuivent le luxe et le plaisir au lieu de la vertu et de l'honnêteté, mais encore ne savent même pas goûter réellement cette vie de voluptueuse mollesse ? 5 Confiné depuis trois ans à Chersonésos, Démétrios mourut d'une maladie provoquée par l'inaction et les excès de nourriture et de vin. Il était alors âgé de cinquante-quatre ans. 6 Cette mort nuisit à la réputation de Séleucos, qui se repentit grandement d'avoir conçu naguère des soupçons contre Démétrios, et de n'avoir pas même imité Dromichaitès, un barbare de Thrace, qui avait traité si humainement et si royalement son prisonnier Lysimaque.

53. 1 Cependant les funérailles mêmes de Démétrios revêtirent une sorte de pompe tragique et théâtrale. 2 Son fils Antigone, dès qu'il apprit qu'on lui apportait ses restes, alla à leur rencontre dans les îles en emmenant tous ses vaisseaux. Il reçut l'urne d'or et la plaça sur le plus grand de ses navires de commandement. 3 Les villes où l'on accostait ou bien déposaient des couronnes sur l'urne, ou bien envoyaient des hommes en habit de deuil pour prendre part aux obsèques et escorter le convoi. 4 Quand la flotte aborda à Corinthe, on aperçut distinctement à la poupe l'urne parée de la pourpre et du diadème royaux, et, debout à côté d'elle, de jeunes gardes du corps en armes. 5 Xénophantos, le plus célèbre des joueurs de flûte de ce temps, assis près de l'urne, exécutait les airs les plus religieux, dont les cadences accompagnaient le battement rythmique des rames, comparable au bruit des coups dont on se frappe la poitrine. 6 Mais ce qui éveilla surtout la compassion et les gémissements parmi la foule assemblée au bord de la mer, ce fut la vue d'Antigone lui-même, abattu et fondant en larmes. 7 Quand les cendres eurent reçu à Corinthe honneurs et couronnes, Antigone les fit transporter et déposer à Démétrios, ville qui tirait son nom de Démétrios et qui avait été formée de la réunion de petites bourgades autour d'Iolcos.

8 Démétrios laissait comme descendants Antigone et Stratonice, qu'il avait eus de Phila, et deux Démétrios, l'un, Leptos, né d'une femme illyrienne, l'autre, né de Ptolémaïs, et qui régna sur Cyrène. Il avait eu aussi de Déidaméia Alexandre, qui passa sa vie en Égypte. 9 On dit enfin

qu'Eurydice lui avait donné un fils nommé Corragos. Sa lignée régna jusqu'à Persée, le dernier roi de Macédoine, sous lequel les Romains soumirent ce pays.

10 Maintenant que le drame macédonien est joué, c'est le moment de mettre en scène le drame romain.

ANTOINE

Origine et jeunesse. – **1.** 1 Antoine avait pour grand-père l'orateur Antonius, que Marius fit mettre à mort parce qu'il avait embrassé le parti de Sylla, et pour père Antonius surnommé le Crétois, qui n'avait pas acquis une réputation aussi brillante dans les affaires publiques, mais qui était un homme bienveillant et bon, et notamment enclin à de larges libéralités, comme on peut en juger d'après le seul trait suivant. 2 Il ne possédait qu'une fortune médiocre et, pour cette raison, sa femme l'empêchait de pratiquer la bienfaisance. Un jour, un de ses amis vint le prier de lui prêter de l'argent. Comme il n'en avait pas, il commanda à un jeune esclave de verser de l'eau dans un bassin d'argent et de le lui apporter. Quand ce fut fait, il se mouilla les joues comme s'il allait se raser, 3 puis, renvoyant le garçon sous un autre prétexte, il donna le bassin à son ami, en lui disant d'en faire ce qu'il voudrait. Le bassin fut minutieusement recherché parmi les gens de la maison ; voyant sa femme en colère et prête à mettre chaque esclave à la question, Antonius avoua et implora son pardon.

2. 1 Cette femme était Julia, de la maison des Césars ; elle pouvait rivaliser avec les Romaines les meilleures et les plus sages de son temps. Leur fils Antoine fut élevé par elle ; quand il eut perdu son père, Julia, se remaria avec Cornelius Lentulus, que Cicéron fit mettre à mort comme complice de Catilina. 2 Ce fut là, semble-t-il, l'origine et la cause de la haine violente d'Antoine contre Cicéron. Antoine prétend qu'on ne leur rendit le corps de Lentulus que lorsque sa mère fut allée implorer la femme de Cicéron, 3 mais c'est un mensonge reconnu, car aucun de ceux que Cicéron fit alors exécuter ne fut privé de sépulture.

4 Antoine était dans sa jeunesse d'une éclatante beauté. On dit que l'amitié et l'intimité de Curio tombèrent sur lui comme un fléau : ce Curio était grossièrement adonné aux plaisirs, et, pour rendre Antoine plus complaisant envers lui, il le jeta dans les beuveries, les femmes et les dépenses somptuaires et honteuses, 5 qui lui firent contracter une lourde dette, énorme pour son âge, de deux cent cinquante talents. Curio s'était porté garant du tout, mais son père, l'ayant su, chassa Antoine de sa maison. 6 Antoine s'attacha pendant un court moment à Clodius, le plus insolent et le plus dépravé des démagogues de l'époque, dont l'audace troublait toutes les affaires. 7 Mais bientôt, lassé de la folie de Clodius et

redoutant ceux qui se liguaient contre lui, il quitta l'Italie pour se rendre en Grèce, où il passa son temps à s'entraîner physiquement en vue des luttes guerrières et à étudier l'éloquence. 8 Il pratiquait ce style exubérant qu'on appelle asiatique, dont la vogue était grande surtout en ce temps-là, et qui avait beaucoup de ressemblance avec sa vie, pleine d'orgueil et d'arrogance, de vaine emphase et de prétention capricieuse.

3. 1 Le consulaire Gabinius, qui se rendait en Syrie, l'engagea à le suivre dans cette expédition. Antoine refusa de l'accompagner comme simple particulier. Alors Gabinius le nomma chef de la cavalerie, et l'emmena avec lui. 2 Envoyé d'abord contre Aristobule, qui soulevait les Juifs, il monta le premier à l'assaut de la plus forte place du pays et chassa Aristobule de toutes ; 3 ensuite il lui livra bataille et le mit en déroute avec des troupes très inférieures en nombre aux siennes ; tous les ennemis furent tués, sauf quelques-uns. Aristobule lui-même fut prisonnier avec son fils.

4 Ensuite, Ptolémée offrant dix mille talents à Gabinius pour l'engager à envahir avec lui l'Égypte afin de lui rendre son royaume, la plupart des officiers s'y opposèrent, et Gabinius lui-même hésitait à entreprendre cette guerre, bien qu'il fût tout à fait subjugué par les dix mille talents. 5 Mais Antoine, épris de grandes actions et désireux de complaire à Ptolémée qui l'en priait, entraîna et décida Gabinius à faire cette campagne. 6 Cependant on redoutait plus la route de Péluse que la guerre elle-même : il fallait passer à travers des sables profonds et sans eau potable le long de la dépression et des marais de Serbonis, que les Égyptiens appellent les soupiraux de Typhon, mais qui paraissent être un écoulement de la mer Rouge s'infiltrant sous terre dans la partie la plus étroite de l'isthme qui sépare cette mer de la Méditerranée. 7 Aussi Antoine fut-il envoyé en avant avec ses cavaliers ; non seulement il s'empara des défilés, mais il prit aussi Péluse, une grande ville, dont il fit prisonnière la garnison, rendant ainsi du même coup la route sûre pour l'armée, et ferme pour le général l'espérance de la victoire. 8 Son désir de gloire profita aussi aux ennemis, car, à peine entré dans Péluse, Ptolémée, poussé par la colère et la haine, voulait massacrer les Égyptiens ; il s'y opposa et l'en empêcha. 9 Dans les batailles et les rencontres importantes et nombreuses qui eurent lieu alors, il accomplit souvent des prouesses d'audace et montra une clairvoyance digne d'un général, qui éclata surtout lorsque, enveloppant et chargeant les ennemis par-derrière, il assura le succès de ceux qui les attaquaient de face. Il reçut le prix de la valeur et des distinctions méritées. 10 Le peuple remarqua aussi son humanité envers Archélaos mort : celui-ci avait été son ami et son hôte ; forcé de le combattre lorsqu'il était vivant, il para son corps retrouvé sur le champ de bataille et lui fit des funérailles royales. 11 Par tous ces actes il acquit un très grand renom auprès des Alexandrins, et fut considéré par les Romains de l'armée comme un chef des plus brillants.

4. 1 Il avait aussi dans son extérieur un grand air de dignité : sa barbe majestueuse, son large front et son nez aquilin semblaient reproduire l'aspect viril que les peintres et les sculpteurs prêtent au visage d'Héraclès. 2 Il existait d'ailleurs une antique tradition selon laquelle les Antonii étaient des Héraclides, qui descendaient d'Anton, fils d'Héraclès. 3 Et il pensait confirmer cette tradition par son apparence physique, comme je l'ai dit, et par son accoutrement : toujours, lorsqu'il devait se montrer à la foule, il retroussait sa tunique sur la cuisse, portait suspendue à son côté une grande épée et revêtait une grosse casaque. 4 Même ce que les autres trouvaient vulgaire, son habitude de se vanter, de railler, de boire en public, de s'asseoir auprès des dîneurs ou de manger debout à la table des soldats, tout cela inspirait à ses troupes une sympathie et une affection extraordinaires. 5 Ses amours non plus n'étaient pas sans grâce, et là encore il se rendait populaire auprès de beaucoup de gens en servant leurs passions et en se laissant volontiers plaisanter sur les siennes. 6 Sa libéralité et les faveurs qu'il accordait à ses soldats et à ses amis d'une main largement ouverte et sans compter lui frayèrent une route brillante vers le pouvoir, et, quand il fut devenu un grand personnage, accrurent encore davantage son influence, malgré les milliers de fautes qui pouvaient par ailleurs la compromettre. 7 Je vais rapporter un seul exemple de sa prodigalité. Il avait commandé de donner à l'un de ses amis deux cent cinquante mille drachmes, somme que les Romains nomment *decies*. 8 Son intendant, étonné et voulant lui faire voir l'importance du don, étala l'argent par terre bien en vue. Antoine en passant lui demanda ce que c'était. 9 « C'est, dit l'intendant, ce que tu as commandé de donner. » Antoine, comprenant sa malice, répliqua : « Je croyais, moi, que le *decies* faisait bien davantage. C'est vraiment peu ; ajoutes-en encore autant ! »

Dans le parti de César. – **5.** 1 Mais cela n'eut lieu que plus tard. Rome était alors divisée en deux partis : celui des aristocrates, qui s'était joint à Pompée, présent dans la ville, et celui des démocrates, qui appelait César de Gaule, où il faisait la guerre. 2 Curio, l'ami d'Antoine, s'étant rallié au parti de César, y attira Antoine, et, comme son éloquence lui donnait un grand pouvoir sur la foule et qu'il dépensait sans compter les fonds que César lui fournissait, il fit nommer Antoine tribun du peuple, puis membre du collège des prêtres affectés aux présages, que l'on appelle augures. 3 Dès qu'il fut entré en charge, Antoine seconda puissamment les partisans de César. 4 D'abord il s'opposa au consul Marcellus, qui avait promis à Pompée de lui remettre les troupes déjà levées et qui l'autorisait à en recruter d'autres. Antoine fit décréter que l'armée qui était rassemblée serait embarquée pour la Syrie, afin d'y renforcer celle de Bibulus, qui combattait les Parthes, et que les hommes que Pompée voulait enrôler ne devaient pas répondre à son appel. 5 En second lieu, comme les sénateurs refusaient de recevoir les lettres de César et ne permettaient pas qu'on les lût, lui-même, fort de sa charge, en donna lecture et changea les dispositions de beaucoup de gens, qui jugèrent, d'après ce qu'écrivait César, qu'il ne demandait rien que de juste et de raisonnable. 6 Enfin, deux questions ayant été posées au sénat : la première, si l'on jugeait que Pompée devait licencier ses troupes, la seconde, si César devait renvoyer les siennes, quelques-uns furent d'avis que Pompée devait déposer les armes, mais presque tous que c'était à César de le faire. Alors Antoine se leva et demanda s'il ne paraissait pas juste de faire déposer les armes et licencier leurs armées à la fois à Pompée et à César. 7 Tous firent un brillant accueil à cette motion : on acclama Antoine et l'on réclama la mise aux voix. 8 Mais les consuls s'y opposèrent. Les amis de César firent alors d'autres propositions, qui parurent modérées. Cependant Caton s'éleva contre elles, et le consul Lentulus chassa Antoine du sénat. 9 En sortant, Antoine accabla de ses imprécations les sénateurs, puis il prit un habit d'esclave, loua une voiture avec Quintus Cassius et partit rejoindre César. 10 Tous deux, arrivés à la vue de l'armée, se mirent à crier que tout ordre public avait cessé d'exister à Rome, puisque les tribuns eux-mêmes n'y avaient plus le droit de parler, et que l'on chassait et menaçait quiconque se déclarait pour la justice.

6. 1 Là-dessus César se mit en marche avec son armée et entra en Italie. Voilà pourquoi Cicéron a écrit dans ses *Philippiques* que, comme Hélène avait été la cause de la guerre de Troie, Antoine fut la cause de la guerre civile. Mais cela est manifestement faux. 2 Caïus César n'était pas si influençable ni si prompt à dévier de ses plans dans un mouvement de colère : si son dessein n'avait pas été formé depuis longtemps, il n'aurait pas subitement porté la guerre contre sa patrie, pour avoir vu Antoine et Cassius se réfugier auprès de lui pauvrement vêtus et dans une voiture de louage. Mais cela lui fournit un prétexte spécieux et un motif décent, qu'il cherchait depuis longtemps, d'entamer les hostilités. 3 Ce qui le poussait à faire la guerre au monde entier, c'est ce qui avait déterminé auparavant Alexandre et, plus anciennement, Cyrus, à savoir l'amour insatiable du pouvoir, le désir effréné d'être le premier et le plus grand, but qu'il ne pouvait atteindre qu'en abattant Pompée.

4 Quoi qu'il en soit, aussitôt arrivé, César se rendit maître de Rome, chassa d'Italie Pompée, et résolut de se tourner d'abord contre les armées pompéiennes d'Espagne, puis, dès qu'il aurait équipé une flotte, de traverser la mer pour attaquer Pompée. Il confia donc Rome au préteur Lépide, et l'Italie avec ses armées à Antoine, tribun du peuple. 5 Celui-ci sut aussitôt se faire aimer des soldats : il partageait leurs exercices et presque toute leur existence, et leur faisait des largesses selon ses ressources. Mais il se rendit insupportable aux civils, 6 car il négligeait par insouciance de punir les injustices et entendait avec colère ceux qui venaient le solliciter ; il avait d'ailleurs mauvaise réputation à cause de sa conduite avec les femmes d'autrui. 7 Bref, la domination de César, qui,

s'il n'eût tenu qu'à ce grand homme lui-même, aurait paru très différente d'une tyrannie, devint odieuse à cause de ses amis, parmi lesquels Antoine, dont les fautes semblaient d'autant plus grandes qu'il avait plus de puissance, fut le plus gravement responsable.

7. 1 Cependant César, à son retour d'Espagne, ferma les yeux sur les accusations portées contre Antoine, et, voyant en lui un homme actif, courageux et fait pour commander, il l'employa pour la guerre et ne fut nullement déçu. 2 Parti lui-même de Brindes avec peu de troupes, il traversa la mer Ionienne et renvoya ses vaisseaux à Gabinius et à Antoine, avec ordre d'embarquer leurs armées et de les faire passer au plus vite en Macédoine. 3 Gabinius recula devant la traversée, que la saison hivernale rendait difficile, et conduisit son armée par voie de terre au prix d'un long détour. Antoine, craignant pour César, qu'entouraient de nombreux ennemis, repoussa Libon de l'entrée du port où il avait mouillé sa flotte, en encerclant ses trières avec une grande quantité de navires légers, puis, embarquant dans ses vaisseaux huit cents cavaliers et vingt mille fantassins, il prit le large. 4 Les ennemis l'aperçurent et se mirent à sa poursuite. Il échappa au danger qui le menaçait de ce côté grâce à un violent vent du sud, qui souleva les grandes vagues d'une mer houleuse contre leurs trières, mais, poussé lui-même avec sa flotte vers des côtes abruptes bordées de profonds abîmes, il n'avait plus d'espoir de salut, 5 quand tout à coup, du fond du golfe, un fort vent du sud-ouest se mit à souffler, qui fit refluer l'agitation des flots de la terre vers la haute mer. Ainsi repoussé de la côte, Antoine continuait fièrement sa traversée, quand il vit le rivage couvert d'épaves : 6 le vent y avait jeté les trières qui le poursuivaient, et dont beaucoup avaient fait naufrage. Antoine prit une quantité d'hommes et de butin, puis il s'empara de Lissos, et il releva considérablement l'audace de César en arrivant si à propos avec cet immense renfort.

8. 1 Dans les nombreux combats qui se succédèrent sans interruption, Antoine se distingua en toute occasion : par deux fois les soldats de César furent mis en déroute ; il se porta à leur rencontre, leur fit faire volte-face, les contraignit à tenir ferme et à reprendre la lutte contre ceux qui les poursuivaient, et il fut vainqueur. 2 Aussi était-ce lui qui, après César, avait la plus grande réputation dans le camp. César en personne fit connaître l'opinion qu'il avait de lui : 3 sur le point de livrer la dernière bataille, celle de Pharsale, qui décida de tout, il prit pour lui l'aile droite et confia le commandement de la gauche à Antoine, comme au meilleur guerrier d'entre ses lieutenant.

4 Après la victoire, César, qui avait été proclamé dictateur, comme il se lançait lui-même à la poursuite de Pompée, désigna Antoine comme maître de la cavalerie et l'envoya à Rome. 5 Cette charge est la seconde lorsque le dictateur est présent ; s'il est absent, c'est la première et

presque la seule, puisque, à l'exception du tribunat de la plèbe qui subsiste, la nomination d'un dictateur suspend toutes les autres charges.

9. 1 Cependant Dolabella, alors tribun du peuple, homme jeune et porté au changement, proposa une amputation des dettes, et il voulut persuader Antoine, qui était son ami et qui cherchait toujours à plaire au peuple, de le seconder et de s'associer à cette mesure politique. 2 Mais Asinius et Trebellius lui conseillaient le contraire, et il se trouva qu'Antoine conçut un terrible soupçon : il se crut outragé dans la personne de sa femme par Dolabella. 3 Prenant très mal cette affaire, il chassa de chez lui son épouse, qui était sa cousine germaine (étant fille de Caïus Antonius, celui qui avait été consul avec Cicéron), et il se rangea au parti d'Asinius pour entrer en lutte avec Dolabella. 4 Celui-ci s'étant emparé du Forum afin de faire passer de force sa loi, Antoine, muni d'ailleurs d'un décret du sénat portant qu'il fallait employer les armes contre Dolabella, marcha sur lui, engagea le combat, lui tua quelques-uns de ses partisans et perdit lui-même un certain nombre des siens. 5 La foule en ressentit pour lui de la haine ; quant aux gens honnêtes et sages, comme le dit Cicéron, ils n'approuvaient pas le reste de sa conduite : ils le détestaient, ils avaient en horreur ses beuveries à des heures indues, ses dépenses scandaleuses, ses ébats avec les filles, son habitude de dormir en plein jour, de se promener et de flâner en cuvant son vin, et, la nuit, ses bruyantes parties de plaisir, sa présence aux théâtres, aux mariages des mimes et des bouffons. 6 On dit en tout cas qu'au repas de noces du mime Hippias il passa la nuit à boire, et que, le lendemain matin, le peuple l'appelant au Forum, il se présenta tellement gorgé de nourriture qu'il vomit sur le manteau que lui tendit un de ses amis. 7 Il y avait aussi le mime Sergius, un de ceux qui avaient le plus de crédit auprès de lui, et une femme qu'il aimait, Cythéris, qui appartenait à la même troupe d'acteurs. Dans toutes les villes où il se rendait, il la faisait porter dans une litière, qui était accompagnée d'autant de serviteurs que celle de la mère d'Antoine. 8 On s'affligeait aussi du spectacle des coupes d'or promenées dans ses déplacements comme dans des processions, des tentes dressées sur son chemin, de ses somptueux repas servis près des bois sacrés et des rivières, des lions attelés à ses chars, des maisons d'hommes et de femmes honnêtes assignées comme logement à des prostituées et à des joueuses de sambuque. 9 On trouvait révoltant, alors que César lui-même bivouaquait hors d'Italie pour éteindre les restes de la guerre au prix de fatigues et de dangers immenses, de voir que d'autres, grâce à lui, outrageaient par leur vie de plaisirs les citoyens.

10. 1 Il semble que ces excès augmentèrent la discorde et lâchèrent la bride aux convoitises et aux violences terribles de la soldatesque. 2 C'est pour cette raison que César, à son retour, pardonna à Dolabella et, nommé consul pour la troisième fois, ne choisit pas comme collègue Antoine, mais Lépide. 3 La maison de Pompée étant mise en vente, Antoine l'acheta, et, quand on lui en réclama le prix, il se fâcha ; il déclara lui-même que c'est pour cette raison qu'il ne prit pas part à l'expédition de César en Afrique, n'ayant pas été bien récompensé de ses succès antérieurs. 4 Il apparaît d'ailleurs que César ne resta pas insensible à ses débordements et le corrigea en grande partie de sa grossièreté et de son libertinage. 5 En effet, renonçant à ce genre de vie, Antoine songea à se remarier, et il épousa Fulvia, qui avait été la femme de Clodius le démagogue. C'était une personne peu faite pour filer la laine et garder le foyer : dédaignant de régner sur un simple particulier, elle voulait dominer un dominateur et commander à un commandant d'armée. 6 Aussi Cléopâtre aura-t-elle été redevable à Fulvia des leçons de soumission aux femmes qu'Antoine reçut d'elle et qui firent de lui un homme apprivoisé et dressé de longue date, quand il passa aux mains de Cléopâtre, à écouter les ordres des femmes. 7 Cependant Antoine tenta de rendre Fulvia plus gaie en badinant et se livrant avec elle à des gamineries. Ainsi, lorsque César revint à Rome, après sa victoire d'Espagne, et que l'on sortit en foule à sa rencontre, Antoine y alla lui aussi, puis, le bruit ayant couru soudain en Italie que les ennemis envahissaient le pays et que César était mort, il retourna à Rome, 8 où il prit un habit d'esclave, arriva de nuit dans sa maison, dit qu'il apportait une lettre d'Antoine à Fulvia, et fut introduit, la tête voilée, auprès d'elle. 9 Fulvia, très émue, lui demanda avant de prendre la lettre si Antoine était vivant. Il lui tendit la missive sans mot dire, et, quand elle se fut mise à la décacheter et à la lire, alors il la prit dans ses bras et lui donna des baisers. 10 J'ai rapporté ce trait, choisi entre beaucoup d'autres, à titre d'exemple.

11. 1 Quand César, donc, revint d'Espagne, les premiers citoyens allèrent tous à sa rencontre à plusieurs journées de marche, et Antoine reçut de lui des honneurs particuliers. 2 Dans la voiture qui le transportait à travers l'Italie, César avait à son côté Antoine, et par-derrière Brutus Albinus et le fils de sa nièce, Octavien, qui plus tard prit le nom de César et gouverna Rome pendant fort longtemps. 3 Nommé consul pour la cinquième fois, il s'adjoignit aussitôt Antoine comme collègue ; puis, renonçant à sa charge, il voulut la remettre à Dolabella et il exposa cette intention au sénat. 4 Antoine s'y opposa farouchement et accabla d'injures Dolabella, qui lui rendit la pareille, si bien que César, honteux de cette inconvenance, se retira, 5 mais ensuite il revint et voulut proclamer Dolabella ; alors Antoine cria que les présages étaient contraires. César céda et abandonna Dolabella, qui en fut dépité. 6 Il paraissait d'ailleurs aussi dégoûté de Dolabella que d'Antoine, car on raconte qu'un jour où quelqu'un les critiquait tous les deux devant lui, il déclara qu'il ne craignait pas ces hommes gros et chevelus, mais les gens pâles et maigres, désignant ainsi Brutus et Cassius, qui devaient conspirer contre lui et le tuer.

12. 1 À ceux-ci c'est Antoine qui fournit sans le vouloir le prétexte le plus spécieux. On célébrait à Rome la fête des Lycaia, que les Romains appellent Lupercales. César, en costume de triomphateur et assis au Forum sur la tribune, regardait les coureurs, 2 car on y voit courir beaucoup de jeunes gens nobles et de magistrats frottés d'huile, qui, en manière de jeu, frappent ceux qu'ils rencontrent avec des lanières de peau garnies de leurs poils. 3 Antoine était l'un des coureurs ; sans tenir compte des usages traditionnels, il entoura un diadème d'une couronne de laurier, puis, bondissant vers la tribune et soulevé par ses compagnons de course, il voulut placer le diadème sur la tête de César, comme si la royauté lui revenait de droit. 4 Mais César fit des manières et déclina cet honneur ; enchanté à cette vue, le peuple applaudit. Antoine cependant présentait à nouveau le diadème, et César à nouveau l'écartait. 5 Cette sorte de lutte dura un certain temps. Lorsqu'Antoine essayait d'imposer de force la couronne à César, il était applaudi d'un petit nombre d'amis ; quand César refusait, c'était tout le peuple qui battait des mains et poussait des cris. Il était vraiment extraordinaire de voir des hommes qui supportaient effectivement tout ce que supportent les sujets des rois rejeter le titre de roi, comme signifiant la destruction de la liberté. 6 Enfin César, dépité, se leva de la tribune et, écartant de son cou son manteau, il cria qu'il s'offrait à qui voulait l'égorger. 7 La couronne ayant été posée sur une des statues de César, certains tribuns du peuple l'en arrachèrent, et le peuple leur fit escorte en les félicitant et les applaudissant, mais César les démit de leur charge.

13. 1 Cela confirma Brutus et Cassius dans leur dessein. Dressant la liste de leurs amis les plus sûrs en vue de l'attentat, ils s'interrogèrent au sujet d'Antoine. 2 La plupart songeaient à se l'adjoindre, mais Trebonius s'y opposa et leur dit qu'au temps où ils allaient au-devant de César à son retour d'Espagne, il avait voyagé et logé avec Antoine, et lui avait touché quelques mots du complot avec mesure et précaution, qu'Antoine l'avait bien compris, mais n'avait pas accueilli l'ouverture, que toutefois il n'avait pas fait non plus de dénonciation à César et avait loyalement gardé le secret. 3 Alors ils délibérèrent de nouveau en se demandant si, après avoir tué César, ils n'égorgeraient pas Antoine. Mais Brutus fit écarter cette suggestion, parce qu'il estimait que leur audacieuse entreprise, ayant pour but le maintien des lois et du droit, devait rester pure et n'être entachée d'aucune injustice. 4 Cependant, comme ils redoutaient la force d'Antoine et le prestige de sa charge, ils placèrent auprès de lui quelques-uns des conjurés, qui devaient, après que César serait entré dans le sénat et que viendrait le moment de passer à l'acte, le retenir au-dehors par une conversation animée.

Après le meurtre de César. – **14.** 1 Tout se passa comme il avait été convenu et, César ayant été tué dans le sénat, Antoine revêtit aussitôt un habit d'esclave et se cacha. 2 Mais, quand il eut appris que les conjurés n'entreprenaient rien contre personne et qu'ils s'étaient rassemblés au

Capitole, il les persuada d'en descendre en leur donnant son fils comme otage, et il invita lui-même Cassius à dîner, tandis que Lépide en faisait autant pour Brutus. 3 Puis, ayant réuni le sénat, il parla lui-même en faveur d'une amnistie et de l'attribution de provinces à Cassius, à Brutus et à leurs complices. Le sénat ratifia ces propositions et décréta que l'on ne changerait rien à ce qu'avait fait César. 4 Antoine sortit du sénat comme le plus glorieux des hommes : il paraissait avoir évité la guerre civile et traité avec la prudence d'un politique consommé des affaires difficiles et qui pouvaient entraîner de grands troubles. 5 Mais la popularité dont il jouissait auprès de la foule le fit rapidement changer de projets, et il conçut le ferme espoir de devenir le premier, s'il abattait Brutus. 6 Lors du convoi funèbre de César, il eut à prononcer, comme c'était l'usage, l'éloge du mort au Forum : 7 voyant le peuple singulièrement ému et attendri, il mêla à ses louanges des paroles faites pour exciter la pitié et souligner le caractère révoltant de ce meurtre, et, à la fin de son discours, il agita les habits du défunt tout ensanglantés et percés de coups d'épée, en appelant les auteurs de l'attentat assassins et scélérats. Il inspira ainsi aux assistants une telle colère 8 qu'après avoir brûlé le corps de César au Forum en entassant les bancs et les tables, ils prirent au bûcher des tisons enflammés et coururent aux maisons des meurtriers pour leur donner l'assaut.

15. 1 Brutus et les autres conjurés étant pour cette raison sortis de la ville, les amis de César se groupèrent autour d'Antoine, et sa veuve, Calpurnia, se fiant à lui, fit porter hors de sa maison et mettre en dépôt chez lui presque tout ce qu'elle avait d'argent, soit au total quatre mille talents. 2 Il reçut aussi les registres de César où étaient mentionnés par écrit ses choix et ses intentions. 3 Antoine y inséra les noms qu'il voulut, nommant ainsi beaucoup de magistrats, beaucoup de sénateurs, rappelant quelques bannis, libérant certains prisonniers ; il présentait toutes ces mesures comme des décisions de César. 4 Aussi les Romains appelaient-ils par raillerie tous ces gens-là des Charonites, parce que, si on les pressait de produire leurs titres, ils allaient les chercher dans les Mémoires du mort. 5 D'ailleurs Antoine disposait de tout en maître absolu, étant lui-même consul et se trouvant assisté de ses deux frères, l'un, Caïus, préteur, et l'autre Lucius, tribun du peuple.

16. 1 Telle était la situation quand le jeune César arriva à Rome. C'était, comme je l'ai dit, le fils d'une nièce du défunt, qui l'avait institué héritier de sa fortune ; il séjournait à Apollonie au moment où César fut tué. 2 Dès son arrivée, il alla saluer Antoine, comme ami de son père, et lui parla du dépôt, car il devait donner à chaque Romain soixante-quinze drachmes, que César leur avait léguées dans son testament. 3 Tout d'abord, Antoine, méprisant sa jeunesse, lui dit qu'il serait fou pour lui, avec le peu de capacités et d'amis qu'il avait, de se charger d'un fardeau aussi lourd que la succession de César. 4 Le jeune homme ne se rendant pas à ces raisons et réclamant l'argent, Antoine s'attacha dès lors à dire et à faire continuellement tout ce qui pouvait le blesser : 5 comme il briguait le tribunat, Antoine y fit obstacle, et quand il voulut mettre en place le siège d'or qu'un vote avait attribué à son père, Antoine le menaça, s'il ne cessait pas ses menées démagogiques, de le faire arrêter et emprisonner. 6 Cependant, lorsque le jeune homme eut confié sa cause à Cicéron et à tous ceux qui haïssaient Antoine, et se fut grâce à eux concilié le sénat, et que lui-même eut gagné la faveur du peuple et eut rassemblé les soldats venus des colonies, Antoine prit peur : il eut une entrevue avec lui au Capitole et ils se réconcilièrent. 7 Puis, la nuit suivante, Antoine eut dans son sommeil une vision étrange : il lui sembla être frappé de la foudre à la main droite, et quelques jours après lui parvint le bruit que César préparait un attentat contre lui. 8 César s'en défendit, mais sans convaincre Antoine. Alors leur haine se ranima, et ils se mirent tous les deux à parcourir l'Italie, appelant à eux par de grandes largesses les vétérans déjà fixés dans les colonies et ralliant les soldats encore présents sous les armes, en cherchant à se devancer l'un l'autre.

17. 1 Cicéron, qui jouissait de la plus grande influence dans l'État et qui excitait tout le monde contre Antoine, parvint enfin à persuader le sénat de le déclarer ennemi public, d'envoyer à César les faisceaux et les insignes de la préture et de confier la mission de chasser Antoine hors d'Italie à Pansa et à Hirtius, 2 qui étaient alors consuls. Ils engagèrent la lutte contre Antoine près de la ville de Mutina, sous les yeux et avec le concours de César ; ils battirent les ennemis, mais perdirent la vie. 3 Dans sa fuite Antoine éprouva beaucoup de difficultés, dont la principale fut la famine. 4 Mais sa nature était telle que les revers l'élevaient au-dessus de lui-même, et que le malheur lui donnait toutes les apparences d'un homme de cœur. Il est commun de se souvenir de la vertu quand on est ébranlé par un insuccès, mais il n'est pas donné à tous de trouver dans les changements de Fortune assez de force pour imiter ce qu'ils approuvent et fuir ce qu'ils condamnent ; plusieurs même retombent par faiblesse dans leurs habitudes et laissent fléchir leur jugement. 5 Antoine, lui, fut alors un merveilleux exemple pour ses soldats : au sortir de la vie de délices et de luxe qu'il avait menée, on le vit boire sans répugnance de l'eau corrompue et manger des fruits sauvages et des racines. 6 On dévora même, dit-on, l'écorce des arbres, et l'on goûta à des animaux dont personne n'avait tâté auparavant, alors qu'on traversait les Alpes.

18. 1 Le projet était d'aller rejoindre au-delà des Alpes les armées que commandait Lépide, considéré par Antoine comme un ami et qui avait, grâce à lui, retiré beaucoup d'avantages de la bienveillance de César. 2 Il alla donc camper auprès de lui, et, voyant qu'on ne lui faisait aucune avance amicale, il résolut de tout risquer. Il avait la chevelure négligée et une barbe épaisse, qu'il avait laissé pousser aussitôt après sa défaite ; prenant un vêtement sombre, il s'approcha du retranchement de Lépide et se mit à parler. 3 Comme beaucoup de soldats étaient apitoyés par son aspect et gagnés par ses discours, Lépide, pris de peur, fit sonner toutes les trompettes ensemble pour empêcher Antoine d'être entendu. 4 Cela ne fit qu'accroître la pitié des soldats, qui conférèrent secrètement avec lui, en lui envoyant Laelius et Clodius déguisés en courtisanes, pour l'engager à attaquer hardiment le retranchement, car beaucoup étaient prêts à le recevoir et même, s'il le voulait, à tuer Lépide. 5 Antoine ne permit pas de toucher à Lépide, mais il tenta le lendemain de passer le fleuve avec son armée. Il entra le premier dans l'eau et s'avança vers la rive opposée, où il voyait de nombreux soldats de Lépide lui tendre les mains et arracher les palissades. 6 Il pénétra dans le camp, et tout passa sous ses ordres. Il traita Lépide avec beaucoup de douceur : en le saluant, il lui donna le nom de père, et, tout en gardant de fait l'autorité entière, il lui laissa le titre et les honneurs de commandant en chef. 7 Cette conduite détermina Munatius Plancus, qui campait non loin de là, à se joindre aussi à Antoine avec son armée, qui était importante. 8 Ainsi redevenu fort, Antoine repassa les Alpes et rentra en Italie à la tête de dix-sept légions et de dix mille cavaliers ; il avait laissé en outre six légions pour garder la Gaule, sous les ordres d'un certain Varius, un de ses amis et compagnons de beuveries, que l'on surnommait Cotylon.

19. 1 Sans s'occuper de Cicéron, qu'il voyait complètement attaché à la liberté, César fit faire à Antoine et à Lépide par l'entremise de ses amis des propositions d'accommodement. Ils se réunirent tous les trois dans une petite île au milieu d'une rivière et y tinrent conseil pendant trois jours. 2 Sur presque tous les points ils se mirent aisément d'accord et se partagèrent entre eux tout l'empire comme un héritage familial, mais, au sujet des hommes qu'ils voulaient faire mourir, la délibération leur causa les plus grands embarras, chacun voulant perdre ses ennemis et sauver ses amis. 3 À la fin, sacrifiant le respect de la parenté et les sentiments d'amitié à leur colère contre ceux qu'ils haïssaient, César abandonna Cicéron à Antoine, et Antoine à César Lucius César, son oncle maternel ; on permit aussi à Lépide de faire tuer son frère Paulus, mais certains auteurs disent que Lépide concéda Paulus aux autres, qui réclamaient sa mort. 4 Je ne crois pas qu'il se soit jamais rien fait de plus cruel ni de plus sauvage que ce marché : en échangeant ainsi meurtres contre meurtres, ils assassinaient également les victimes qu'on leur concédait et celles qu'ils laissaient sacrifier, et leur conduite était plus injuste envers leurs amis, qu'ils faisaient périr sans même les haïr.

20. 1 Les soldats qui assistaient à cette entente demandèrent que César scellât par un mariage cette amitié en épousant Clodia, fille de Fulvia, la femme d'Antoine. 2 S'étant mis d'accord aussi là-dessus, ils firent périr trois cents proscrits. 3 Cicéron fut égorgé, et Antoine lui fit couper la tête et la main droite, avec laquelle il avait écrit ses discours contre lui ; 4 quand on les lui eut apportées, il les contempla d'un œil ravi, et, dans un transport de joie, il éclata de rire à plusieurs reprises ; une fois apaisé, il les fit placer au Forum au-dessus de la tribune, comme pour insulter au mort, sans voir qu'il outrageait lui-même sa Fortune et déshonorait son pouvoir. 5 Son oncle César, recherché et poursuivi, se réfugia chez sa sœur. Et elle, comme les assassins se présentaient et voulaient forcer l'entrée de sa chambre, se tint à la porte et, écartant les bras, leur cria plusieurs fois : « Non, vous ne tuerez pas Lucius César avant de m'avoir tuée d'abord, moi, la mère de votre général. » 6 Par cet acte de courage, elle déroba son frère à leurs coups et lui sauva la vie.

21. 1 Le triumvirat paraissait dans l'ensemble insupportable aux Romains, mais l'on en voulait surtout à Antoine, plus vieux que César, plus puissant que Lépide, et qui s'était replongé dans sa vie de plaisirs et de débauches, dès qu'il avait secoué le joug des affaires. 2 À la mauvaise opinion qu'on avait généralement de lui s'ajoutait une haine violente à cause de la maison qu'il habitait et qui avait été celle de Pompée le Grand, homme non moins admiré pour sa modération et sa façon de vivre réglée et populaire que pour ses trois triomphes. 3 On s'indignait de voir cette maison le plus souvent fermée aux chefs, aux généraux et aux ambassadeurs, qui étaient repoussés loin de la porte avec insolence, alors qu'elle était pleine de mimes, de faiseurs de tours, de flatteurs avinés, dont l'entretien absorbait la plus grande partie de l'argent qu'Antoine se procurait de la façon la plus violente et la plus odieuse. 4 En effet les triumvirs ne se contentaient pas de vendre les biens des proscrits qu'ils avaient fait mourir, biens qu'ils s'appropriaient grâce à des accusations calomnieuses contre les femmes et les proches des victimes ; ils mettaient aussi en vigueur toute espèce d'impôts, et, apprenant que les Vestales avaient reçu et gardaient en dépôt des sommes appartenant à des étrangers et à des citoyens, ils allèrent saisir ces fonds. 5 Comme rien ne suffisait à Antoine, César exigea de partager avec lui les revenus publics. Ils se partagèrent aussi l'armée pour aller combattre ensemble Brutus et Cassius en Macédoine, et ils confièrent à Lépide la garde de Rome.

22. 1 Quand ils eurent traversé la mer et qu'ils eurent campé près des ennemis pour commencer la guerre, Antoine se rangea en face de Cassius, et César en face de Brutus. César ne fit rien de remarquable ; c'est Antoine qui remportait tous les succès et les victoires. 2 Dans la première bataille, César, vaincu de vive force par Brutus, perdit son camp et n'échappa que de peu à ceux qui le poursuivaient dans sa fuite. Cependant lui-même a écrit dans ses Mémoires qu'en raison d'un songe qu'avait eu l'un de ses amis, il s'était retiré avant l'action. 3 Mais Antoine battit Cassius. Il est vrai que, selon quelques auteurs, Antoine ne fut pas présent à la bataille et n'arriva qu'après, lorsque la poursuite avait déjà commencé. 4 Quant à Cassius, un de ses fidèles affranchis, Pindarus, le tua sur sa prière et sur son ordre (Cassius ignorait que Brutus était vainqueur). 5 Quelques jours après, une nouvelle bataille s'engagea, et Brutus vaincu se donna la mort. Antoine retira de cette victoire la plus grande part de renommée, car César était alors malade. 6 Mis en présence du cadavre de Brutus, Antoine lui reprocha en peu de mots la mort de son frère Caïus, que Brutus avait fait périr en Macédoine pour venger le meurtre de Cicéron, mais il ajouta qu'il accusait plutôt Hortensius que Brutus d'avoir tué son frère, et il fit égorger Hortensius sur le tombeau de Caïus. 7 Quant à Brutus, Antoine jeta son manteau de pourpre, qui était d'un grand prix, sur son corps, et ordonna à l'un de ses affranchis de prendre soin de ses funérailles. 8 Plus tard, ayant appris que cet homme n'avait pas brûlé le manteau de pourpre avec le cadavre et qu'il avait détourné une grande partie de la somme destinée aux obsèques, il le fit périr.

23. 1 Après la bataille, César se fit transporter à Rome ; il était malade, et l'on pensait qu'il ne lui restait que peu de temps à vivre. Antoine, lui, voulant aller lever des contributions dans toutes les provinces orientales, passa en Grèce avec une nombreuse armée ; en effet les triumvirs avaient promis cinq mille drachmes à chaque soldat, et ils avaient besoin d'une fiscalité et d'une perception plus rigoureuses. 2 Envers les Grecs, Antoine ne se montra d'abord ni extravagant ni grossier ; au contraire il se fit un plaisir d'écouter les conférences des lettres et de regarder les concours et les initiations. Il rendait les jugements avec équité, et il aimait à être appelé ami des Grecs, et, lui encore, ami des Athéniens, dont la ville reçut de lui des dons considérables. 3 Les Mégariens voulurent rivaliser avec Athènes en lui montrant un bel édifice et le prièrent de venir voir leur palais du Conseil ; il y monta, le visita, et, quand on lui demanda comment il le trouvait : « Petit, répondit-il, et délabré. » 4 En outre, il fit prendre les mesures du temple du dieu Pythien avec l'intention de l'achever ; c'est ce qu'il promit au sénat.

24. 1 Lorsque, laissant Lucius Censorinus en Grèce, il eut passé en Asie et mis la main sur les richesses du pays, qu'il eut vu les rois se presser à sa porte et leurs épouses, rivalisant de présents et de charmes, être prêtes à se perdre pour lui, alors qu'à Rome César usait ses forces contre les séditions et les guerres, 2 lui, au sein du loisir et de la paix, retombait dans sa vie habituelle en cédant à ses passions. Des citharèdes comme Anaxénor, des flûtistes de chœur comme Xouthos, un danseur comme Métrodore, et une troupe d'artistes asiatiques du même genre, surpassant en effronterie et en insolence les fléaux qu'il avait amenés d'Italie, firent irruption dans sa cour et la gouvernèrent. Dès lors, tout le monde se laissant porter de ce côté, la situation devint tout à fait intolérable. 3 En effet l'Asie entière, comme la ville dont parle Sophocle, « se remplit des fumées de l'encens », « Mais aussi de péans et de gémissements ». 4 Antoine entra dans Éphèse précédé par des femmes costumées en Bacchantes, des enfants et des hommes déguisés en Satyres et en Pans. La ville était pleine de lierre, de thyrses, de psaltérions, de syrinx et de flûtes. Antoine lui-même était acclamé comme Dionysos Porteur de joie et Source de paix. 5 Et c'est ce qu'il était sans doute pour quelques-uns, mais, pour le plus grand nombre, il était Dionysos Carnassier et Sauvage. Car il dépouillait de leurs biens des hommes de noble famille pour en faire cadeau à des vauriens et à des flatteurs, 6 qui lui demandaient la fortune de nombreuses personnes vivantes, en prétendant qu'elles étaient mortes, et qui l'obtenaient. Il donna, dit-on, la maison d'un citoyen de Magnésie à un cuisinier pour un seul repas où celui-ci s'était distingué. 7 Enfin il imposa aux villes un second tribut, et Hybréas, parlant au nom de l'Asie, osa lui dire sur un ton déclamatoire et qui, au goût d'Antoine, ne manquait pas d'agrément : « Si tu peux exiger de nous deux tributs par an, peux-tu aussi nous donner deux étés et deux automnes ? », 8 puis, résumant son discours de façon énergique, et audacieuse, comme l'Asie avait déjà payé deux cent mille talents, il dit : « Si tu n'as pas touché cet argent, réclame-le à ceux qui l'ont perçu, mais si tu l'as reçu et ne l'as plus, c'en est fait de nous. » 9 Par ces mots il frappa vivement Antoine. Celui-ci ignorait la plupart des exactions qui se produisaient, moins par négligence que par naïveté, parce qu'il avait confiance en son entourage. 10 En effet de la naïveté et une certaine lenteur à appréhender la réalité étaient dans son caractère, mais, quand il s'apercevait des fautes commises, il en éprouvait un vif remords, et il les reconnaissait devant ceux qui en avaient souffert. Il avait de la grandeur dans les récompenses comme dans les punitions, mais il semblait plus porté à dépasser la mesure dans les faveurs que dans les châtiments. 11 Quant à l'insolence de ses plaisanteries et de ses railleries, elle portait en elle-même son remède, car il permettait qu'on lui répondît sur le même ton persifleur et violent, et il ne se plaisait pas moins à être raillé qu'à railler lui-même. 12 Et c'est cela qui le plus souvent gâta ses affaires : persuadé que ceux qui plaisantaient librement à son sujet ne pouvaient le flatter quand ils parlaient sérieusement, il se laissait prendre aisément aux éloges. Il ignorait que certains mêlaient la franchise à la flatterie comme un assaisonnement piquant, qui prévient le dégoût ; par l'audace de leur bavardage à table, ils s'ingéniaient à le convaincre que, lorsqu'ils lui cédaient et l'approuvaient dans les affaires, ils ne parlaient pas pour lui plaire, mais parce qu'ils se reconnaissaient inférieurs à lui en intelligence.

***Cléopâtre.* – 25.** 1 Doué d'un tel caractère, Antoine mit le comble à ses maux par l'amour qu'il conçut pour Cléopâtre, amour qui éveilla et déchaîna en lui beaucoup de passions encore cachées et sommeillantes, et qui éteignit et étouffa ce qui pouvait, malgré tout, persister chez lui d'honnête et de salutaire. Voici comment il fut pris. 2 Alors qu'il entreprenait la guerre contre les Parthes, il lui envoya dire de venir le joindre en Cilicie, où elle devrait se justifier des reproches qui lui étaient faits d'avoir donné beaucoup d'argent à Cassius et de l'avoir aidé à soutenir la guerre. 3 Dellius, qui lui fut député, n'eut pas plus tôt vu l'aspect de Cléopâtre et reconnu le charme et la finesse de sa parole qu'il sentit aussitôt qu'Antoine ne ferait aucun mal à une pareille femme et qu'elle tiendrait auprès de lui la plus grande place. Il se mit donc à flatter l'Égyptienne et à la pousser, comme dit Homère, « à venir en Cilicie après s'être bien parée », et l'exhorta à ne pas craindre Antoine, le plus aimable et le plus humain des généraux. 4 Elle crut ce que lui disait Dellius, et, comptant sur le pouvoir de sa beauté d'après les rapports qu'elle avait eus précédemment avec César et Cnaeus, le fils de Pompée, elle espéra subjuguer Antoine plus facilement. 5 Les premiers, en effet, l'avaient connue alors qu'elle était encore une jeune fille sans expérience des affaires, au lieu qu'elle allait se rendre auprès d'Antoine précisément à l'âge où la beauté des femmes est dans tout son éclat et leur esprit dans toute sa force. 6 Aussi prépara-t-elle beaucoup de présents et d'argent, et tout l'apparat dont devait naturellement se pourvoir une reine qui avait un haut renom et un royaume prospère. Mais c'est surtout en elle-même, en ses charmes et en ses philtres qu'elle plaçait ses principales espérances lorsqu'elle alla trouver Antoine.

26. 1 Elle recevait beaucoup de lettres de lui et de ses amis qui l'appelaient, mais elle n'en tint pas compte et se moqua à tel point d'Antoine qu'elle se mit à remonter le Cydnus sur un navire à la poupe d'or, avec des voiles de pourpre déployées et des rames d'argent manœuvrées au son de la flûte marié à celui des syrinx et des cithares. 2 Elle-même était étendue sous un dais brodé d'or et parée comme les peintres représentent Aphrodite. Des enfants, pareils aux Amours qu'on voit sur les tableaux, debout de chaque côté d'elle, la rafraîchissaient avec des éventails. 3 Pareillement, les plus belles de ses servantes, déguisées en Néréides et en Grâces, étaient les unes au gouvernail, les autres aux cordages. De merveilleuses odeurs exhalées par de nombreux parfums embaumaient les deux rives. 4 Beaucoup de gens accompagnaient le navire de chaque côté dès l'embouchure du fleuve, et beaucoup d'autres descendaient de la ville pour jouir du spectacle. La foule qui remplissait la place publique se précipitant au-dehors, Antoine finit par rester seul sur l'estrade où il était assis. 5 Le bruit se répandait partout que c'était Aphrodite qui, pour le bonheur de l'Asie, venait en partie de plaisir chez Dionysos. 6 Antoine envoya sur-le-champ la prier à dîner, mais elle demanda que ce fût plutôt lui qui vînt chez elle. Aussitôt, voulant lui témoigner courtoisie et complaisance, il se rendit à son invitation. Il trouva près d'elle des préparatifs défiant toute expression, mais il fut surtout frappé de l'abondance des lumières : 7 il y en avait tant, dit-on, à briller de toutes parts à la fois, suspendues et inclinées de tant de façons, ou droites les unes en face des autres, et rangées en rectangles ou en cercles que, de tous les spectacles magnifiques et dignes d'être contemplés, on en connaît peu de comparables à cette illumination.

27. 1 Le lendemain Antoine, la traitant à son tour, mit son point d'honneur à la surpasser en splendeur et en élégance, mais, ayant le dessous et étant vaincu sur ces deux points, il fut le premier à railler la mesquinerie et la grossièreté de sa réception. 2 Cléopâtre, voyant que les plaisanteries d'Antoine sentaient beaucoup le soldat et l'homme du commun, en usa dès lors avec lui sur le même ton, en faisant montre de sans-gêne et d'audace. 3 Et de fait, on dit que sa beauté en elle-même n'était pas incomparable ni propre à émerveiller ceux qui la voyaient, mais son commerce familier avait un attrait irrésistible, et l'aspect de sa personne, joint à sa conversation séduisante et à la grâce naturelle répandue dans ses paroles, portait en soi une sorte d'aiguillon. 4 Quand elle parlait, le son même de sa voix donnait du plaisir. Sa langue était comme un instrument à plusieurs cordes dont elle jouait aisément dans le dialecte qu'elle voulait, car il y avait très peu de barbares avec qui elle eût besoin d'interprète : elle répondait sans aide à la plupart d'entre eux, par exemple aux Éthiopiens, aux Troglodytes, aux Hébreux, aux Arabes, aux Syriens, aux Mèdes et aux Parthes. 5 On dit qu'elle savait encore plusieurs autres langues, tandis que les rois ses prédécesseurs n'avaient pas même pris la peine d'apprendre l'égyptien et que même quelques-uns avaient oublié le macédonien.

28. 1 Ainsi donc elle conquit Antoine à tel point qu'au moment même où Fulvia, sa femme, luttait à Rome contre César pour les intérêts de son mari, et où il était menacé par une armée parthe massée en Mésopotamie, dont le chef suprême, désigné par les généraux du roi pour commander les Parthes, était Labienus, et qui s'apprêtait à envahir la Syrie, il se laissa entraîner par Cléopâtre à Alexandrie, et là, dans des amusements et des jeux de gamin oisif, il dépensait et gaspillait avec mollesse le plus précieux des biens, selon le mot d'Antiphon, à savoir le temps. 2 Cléopâtre et lui avaient formé une association dite de la Vie inimitable, et chaque jour ils s'offraient l'un à l'autre des festins en faisant des dépenses incroyables et sans mesure.

3 En tout cas, le médecin Philotas d'Amphissa racontait ceci à mon grand-père Lamprias : apprenant alors son art à Alexandrie, il avait lié connaissance avec l'un des cuisiniers royaux et, en jeune homme qu'il était, il avait accepté son offre de venir contempler les somptueux apprêts du dîner. 4 Introduit dans la cuisine, il vit, entre beaucoup d'autres choses, huit sangliers à la broche. Comme il s'étonnait du nombre des convives, 5 le cuisinier se mit à rire et lui dit : « Les convives ne sont pas nombreux : douze environ, mais il faut que chaque mets soit juste à point, et un instant suffit à le gâter ; 6 or, il se peut qu'Antoine veuille dîner tout de suite ou presque, ou que, si cela se trouve, il remette à plus tard, parce qu'il aura demandé à boire ou qu'il se sera mis à causer avec quelqu'un. Voilà pourquoi ce n'est pas un seul repas, mais plusieurs qu'on apprête à la fois, le moment de servir étant difficile à deviner. » 7 Tel

était le récit de Philotas. Dans la suite il avait été l'un des médecins qui soignaient le fils aîné d'Antoine, que celui-ci avait eu de Fulvia, et ce garçon l'admettait gentiment à sa table avec ses autres amis quand il ne dînait pas avec son père. 8 À un de ces repas participait un jour un médecin hâbleur, qui ennuyait beaucoup les convives. Philotas lui ferma la bouche par un sophisme du genre de celui-ci : « Il faut donner de l'eau froide au malade atteint d'une certaine fièvre ; or tout fiévreux a une certaine fièvre ; donc il faut donner de l'eau froide à tout fiévreux. » 9 L'homme, stupéfait, garda le silence, et l'enfant, ravi, se mit à rire et dit : « Philotas, je te fais cadeau de tout cela » en montrant une table couverte de beaucoup de grandes coupes. 10 Philotas le remercia de sa bonne intention, mais il était bien loin de croire qu'un garçon de cet âge eût la permission de faire de tels présents. Mais, peu après, il vit arriver un esclave qui lui apportait les coupes attachées ensemble dans une corbeille et qui l'invita à y mettre son sceau. 11 Comme il avait scrupule à le faire et craignait d'accepter, l'esclave lui dit : « Pourquoi hésites-tu, malheureux ? Ne sais-tu pas que celui qui te fait ce cadeau est le fils d'Antoine, et qu'il peut t'en donner autant en or ? Cependant, si tu m'en crois, échange-nous tout cela contre de l'argent, car le père pourrait peut-être regretter quelques-unes de ces coupes antiques, recherchées pour la beauté du travail. » 12 Voilà ce que mon grand-père disait avoir entendu raconter à plusieurs reprises par Philotas.

29. 1 Alors qu'il existe, selon Platon, quatre formes de flatterie, Cléopâtre les multiplia et, qu'Antoine s'occupât d'affaires sérieuses ou d'amusements, elle imaginait toujours quelque plaisir ou agrément nouveau pour le tenir en tutelle, en ne le quittant ni de jour ni de nuit. 2 Elle jouait aux dés, buvait, chassait avec lui, et assistait à ses exercices militaires. La nuit, quand il s'arrêtait aux portes et aux fenêtres des gens du pays et qu'il lançait quelque brocard à ceux qui étaient dans la maison, elle courait les rues et vagabondait avec lui, habillée en servante ; 3 en effet, il tentait lui-même de se déguiser en valet, ce qui lui attirait toujours des railleries, et souvent il rentrait ayant reçu des coups ; mais la plupart des gens soupçonnaient qui il était. 4 Pourtant les Alexandrins s'amusaient de ses bouffonneries et se prêtaient à ses jeux, qui leur plaisaient, avec assez de finesse et de goût. Ils disaient qu'Antoine jouait un rôle tragique avec les Romains, et avec eux un rôle comique. 5 Il serait fastidieux de raconter un grand nombre de ses plaisanteries d'alors ; je n'en citerai qu'une. Un jour qu'Antoine pêchait à la ligne et était contrarié de ne rien prendre en présence de Cléopâtre, il ordonna à des pêcheurs de plonger sans se faire voir et d'accrocher à son hameçon des poissons qu'ils avaient pris auparavant, et ainsi deux ou trois fois il tira sa ligne avec succès, mais l'Égyptienne ne fut pas dupe. 6 Elle feignit d'admirer et rapporta le fait à ses amis en les priant d'assister à la partie de pêche du lendemain. Ils montèrent en grand nombre dans les barques des pêcheurs, et, lorsqu'Antoine eut lancé sa ligne, elle commanda à l'un de ses gens de prendre les devants pour plonger et attacher à l'hameçon un poisson salé du Pont. 7 Antoine, persuadé qu'il tenait un poisson, ramena sa ligne, et tout le monde, comme on peut croire, éclata de rire : « Grand général, dit Cléopâtre, laisse-nous la ligne à nous qui régnons sur Pharos et Canope : ta pêche à toi, ce sont des villes, des royaumes, des continents. »

30. 1 Alors qu'Antoine perdait son temps en bagatelles et s'amusait à de tels jeux d'enfant, il reçut deux nouvelles : l'une, venue de Rome, lui apprenait que son frère Lucius et sa femme Fulvia, d'abord en conflit l'un avec l'autre, avaient ensuite fait ensemble la guerre à César, perdu la partie et quitté l'Italie ; 2 l'autre nouvelle, non moins inquiétante, était que Labienus, à la tête des Parthes, envahissait l'Asie, de l'Euphrate et de la Syrie jusqu'à la Lydie et à l'Ionie. 3 Réveillé à grand-peine de sa somnolence et de son ivresse, il se mit en devoir de faire tête aux Parthes et s'avança jusqu'en Phénicie. Mais une lettre éplorée de Fulvia le fit revenir sur ses pas, et il se mit en route pour l'Italie avec deux cents vaisseaux. 4 En cours de traversée il recueillit ceux de ses amis qui avaient pris la fuite, et apprit d'eux que Fulvia avait été l'instigatrice de la guerre : agitée et audacieuse de nature, elle espérait détacher Antoine de Cléopâtre, s'il se produisait un mouvement en Italie. 5 Mais le hasard voulut que Fulvia, en route pour le rejoindre, mourût de maladie à Sicyone, ce qui facilita la réconciliation avec César, 6 car, dès qu'Antoine eut abordé en Italie, il fut manifeste que César ne faisait aucun reproche à Antoine et que lui-même rejetait sur Fulvia les griefs que l'on avait contre lui : leurs amis ne les laissèrent pas tirer au clair leurs sujets de récrimination, mais les amenèrent à s'entendre et partagèrent entre eux l'empire de part et d'autre de la mer Ionienne, assignant à Antoine les provinces d'Orient, à César, celles d'Occident, et laissant l'Afrique à Lépide. Ils convinrent aussi que, quand ils ne voudraient pas exercer eux-mêmes le consulat, ils y nommeraient à tour de rôle leurs amis.

Octavie. – **31.** 1 Ces accords, qui paraissaient bons, réclamaient une garantie plus solide, que le hasard leur offrit. César avait une sœur, Octavie, plus âgée que lui, mais non pas de la même mère : elle était fille d'Ancharia, et César était né plus tard d'Atia ; 2 il aimait singulièrement sa sœur, qui était devenue, dit-on, une merveille de femme. Or, elle était veuve de Caïus Marcellus, dont la mort était toute récente, 3 et Antoine, lui aussi, passait pour veuf depuis le décès de Fulvia : il ne niait pas sa liaison avec Cléopâtre, mais il ne se déclarait pas marié à elle, et, sur ce point, la raison lui faisait encore combattre son amour pour l'Égyptienne. 4 Tout le monde donc préconisait ce mariage, dans l'espoir qu'Octavie, qui joignait à une très grande beauté le sérieux et l'intelligence, une fois unie à Antoine et fixant sa tendresse comme on pouvait l'attendre d'une telle femme, sauverait complètement la situation en assurant l'harmonie des deux rivaux. 5 Ceux-ci approuvèrent le projet et s'en retournèrent à Rome pour célébrer le mariage d'Octavie. La loi ne permettait pas à une veuve de se remarier moins de dix mois après la mort de son mari, mais un décret du sénat leur fit grâce de ce délai.

32. 1 Sextus Pompée occupait la Sicile, ravageait l'Italie et, avec de nombreux vaisseaux corsaires commandés par le pirate Ménas et par Ménécratès, rendait la mer impraticable à la navigation. Mais, comme il paraissait s'être comporté humainement à l'égard d'Antoine (il avait recueilli sa mère lorsqu'elle s'était enfuie avec Fulvia), ils décidèrent de se réconcilier aussi avec lui. 2 Ils se réunirent au cap et au môle de Misène, près duquel Pompée mouilla sa flotte, tandis qu'Antoine et César rangeaient en face leurs troupes de terre. 3 Ils convinrent que Pompée garderait la Sardaigne et la Sicile, qu'il purgerait la mer de ses pirates et qu'il enverrait à Rome une quantité déterminée de blé, puis ils s'invitèrent mutuellement à dîner. Ils tirèrent au sort à qui recevrait les autres le premier, et c'est Pompée qui fut ainsi désigné. 4 Antoine lui demandant où ils dîneraient : « Ici, dit-il, en montrant son navire amiral à six rangs de rames, car c'est là la seule maison paternelle qu'on ait laissée à Pompée. » Le reproche s'adressait à Antoine, qui possédait la maison de Pompée, père de Sextus. 5 Ayant mis son vaisseau à l'ancre et jeté une passerelle du promontoire à son bord, il les reçut cordialement. 6 Au beau milieu du repas, alors que fusaient les plaisanteries sur Cléopâtre et Antoine, le pirate Ménas s'approcha de Pompée et lui dit, de manière à n'être pas entendu des autres : « Veux-tu que je coupe les cordages des ancres et que je te rende maître, non seulement de la Sicile et de la Sardaigne, mais de tout l'empire romain ? » 7 L'ayant écouté, Pompée réfléchit un moment à part lui, puis répondit : « Il aurait fallu le faire, Ménas, sans m'en prévenir. Contentons-nous maintenant de ce que nous avons, car le parjure n'est pas mon fait. » 8 Après avoir été ensuite reçu à dîner par les deux autres, Sextus repartit pour la Sicile.

33. 1 Après ces accords, Antoine envoya devant lui Ventidius en Asie pour arrêter les progrès des Parthes ; lui-même, pour faire plaisir à César, se laissa nommer prêtre du culte du premier César. Dès lors, ils traitèrent en commun sur le ton de l'amitié les plus importantes des affaires politiques, 2 mais, dans leur émulation en matière de jeux, Antoine était contrarié de voir César l'emporter toujours sur lui. Il avait avec lui un devin venu d'Égypte, qui examinait les horoscopes et qui, soit qu'il voulût complaire à Cléopâtre, soit qu'il parlât à Antoine en toute franchise et sincérité, lui disait que sa Fortune, si brillante et si grande qu'elle fût, était éclipsée par celle de César, et qui lui conseillait de s'éloigner le plus possible du jeune homme : 3 « Ton Génie, lui disait-il, tremble devant le sien : fier et hautain quand il est seul, il devient, à l'approche du sien, plus timide et plus humble. » 4 Et vraiment ce qui se passait semblait donner raison à l'Égyptien : lorsqu'ils s'amusaient, dit-on, à tirer quoi que ce fût au sort ou jouaient aux dés, Antoine avait toujours le dessous ; souvent ils mettaient aux prises des cailles et souvent des coqs de combat, et ceux de César avaient l'avantage. 5 Secrètement dépité de cette infériorité, Antoine prêta plus d'attention aux prédictions de l'Égyptien. Il quitta l'Italie, en remettant entre les mains de César les affaires qui le concernaient et en emmenant jusqu'en Grèce Octavie, qui lui avait donné une fille. 6 Il passait l'hiver à Athènes lorsqu'il reçut la nouvelle des premiers succès de Ventidius, qui avait vaincu les Parthes en bataille rangée et fait périr Labienus et Phranipatès, le meilleur des généraux du roi Orodès. 7 À cette occasion, Antoine offrit des banquets aux Grecs, assuma à Athènes la fonction de gymnasiarque, et, laissant chez lui les insignes de son commandement, il sortait avec la baguette de gymnasiarque, en manteau et en sandales blanches, et il attrapait par le cou les jeunes gens qu'il fallait séparer.

34. 1 Au moment de partir pour la guerre, il prit du feuillage de l'olivier sacré pour s'en faire une couronne, et, conformément à un certain oracle, il remplit avec de l'eau de la Clepsydre un vase qu'il emporta avec lui. 2 Sur ces entrefaites, Ventidius, ayant engagé le combat avec Pacoros, le fils du roi des Parthes, qui marchait à nouveau contre la Syrie avec une grande armée, le mit en déroute dans la Cyrrhestique, et lui tua beaucoup de monde ; Pacoros lui-même tomba parmi les premiers. 3 Cet exploit, qui figure parmi les plus dignes d'être célébrés, procura aux Romains une vengeance complète de leurs malheurs du temps de Crassus, et les Parthes, vaincus de vive force dans trois batailles consécutives, furent refoulés à l'intérieur de la Médie et de la Mésopotamie. 4 Ventidius renonça à les poursuivre plus loin, de peur d'exciter la jalousie d'Antoine ; il se contenta de parcourir les pays qui avaient fait défection et de les soumettre. Il assiégea ainsi Antiochos de Commagène dans la ville de Samosate. 5 Antiochos lui offrit mille talents, avec promesse d'obéir aux ordres d'Antoine ; Ventidius lui fit dire d'envoyer une ambassade à Antoine, 6 qui déjà approchait, et n'entendait pas laisser Ventidius traiter avec Antiochos, car il voulait qu'au moins un des faits d'armes de cette guerre fût marqué de son nom et que Ventidius n'eût pas l'honneur de tous les succès. 7 Mais le siège traînait en longueur, et les assiégés, désespérant d'obtenir l'arrangement projeté, résolurent de se défendre. Antoine n'arrivait à rien ; honteux et repentant, il dut se contenter de trois cents talents pour traiter avec Antiochos. 8 Puis, après avoir réglé en Syrie quelques affaires de mince importance, il retourna à Athènes, et il rendit à Ventidius les honneurs que celui-ci méritait en l'envoyant à Rome pour y triompher. 9 Ventidius est jusqu'à présent le seul général à avoir remporté le triomphe sur les Parthes. De naissance obscure, il dut à l'amitié d'Antoine l'occasion de se signaler par des actions d'éclat, et il en profita si bien qu'il confirma ce que l'on disait d'Antoine, et aussi de César, qu'ils étaient plus heureux quand ils faisaient la guerre par l'entremise de leurs lieutenants que lorsqu'ils la faisaient en personne. 10 Et, de fait, Sossius, général d'Antoine, remporta de grands succès en Syrie, et Canidius, qu'il avait laissé chez les Arméniens, battit ceux-ci, et aussi les rois des Ibériens et des Albans, et s'avança jusqu'au Caucase. Ces exploits accrurent chez les barbares la gloire d'Antoine et le renom de sa puissance.

35. 1 Antoine, irrité de nouveau contre César par certains bruits fâcheux, se dirigea vers l'Italie avec trois cents vaisseaux. Les habitants de Brindes ayant refusé de recevoir sa flotte, il alla mouiller à Tarente. 2 Là, Octavie (elle était venue de Grèce avec lui) lui demanda de l'envoyer auprès de son frère, ce qu'il fit ; après lui avoir donné une seconde fille, elle était de nouveau enceinte. 3 Elle alla au-devant de César sur la route, ayant avec elle deux des amis de son frère, Agrippa et Mécène, et, dans l'entrevue qu'elle eut avec lui le conjura, le supplia instamment de ne pas la laisser devenir, elle la plus heureuse des femmes, la plus malheureuse de toutes : 4 « En ce moment, disait-elle, le monde entier a les yeux fixés sur moi, femme de l'un des maîtres de l'univers et sœur de l'autre. Si le pire l'emporte et si la guerre éclate, on ne sait à qui, de vous deux, le destin réserve la victoire ou la défaite, mais, pour moi, dans un cas comme dans l'autre, c'est le malheur. » 5 César se laissa fléchir par ces prières et gagna Tarente avec des dispositions pacifiques. Ce fut pour les spectateurs un coup d'œil magnifique de voir sur terre une nombreuse armée au repos, et près du rivage une flotte puissante qui restait immobile, pendant que les chefs et leurs amis se rendaient visite et s'entretenaient amicalement. 6 Antoine le premier reçut à dîner César, qui avait fait cette concession à sa sœur. 7 Il fut convenu que César donnerait à Antoine deux légions pour la guerre contre les Parthes, et qu'Antoine céderait à César cent navires à éperons de bronze. Octavie demanda en outre à son mari vingt vaisseaux légers pour son frère, et à celui-ci mille hommes de plus pour son mari. 8 Il en fut ainsi décidé, et ils se séparèrent. César s'occupa aussitôt de la guerre contre Pompée dans l'intention de lui reprendre la Sicile. Antoine lui confia Octavie avec ses deux enfants et ceux qu'il avait eus de Fulvia, et il reprit la mer en direction de l'Asie.

36. 1 Mais le terrible mal, qui était en sommeil depuis longtemps, son amour pour Cléopâtre, bien qu'on pût le croire affaibli et endormi par de meilleures idées, se ralluma avec une force et une vigueur nouvelles lorsqu'il approcha de la Syrie. 2 Finalement, regimbant contre tous les avis honnêtes et salutaires, comme dit Platon à propos du cheval indocile et déréglé qui entraîne l'âme, il envoya Fonteius Capito avec mission de lui amener Cléopâtre en Syrie. 3 À son arrivée, voulant lui complaire, il lui fit des présents qui n'avaient rien de petit ni de mesquin : la Phénicie, la Cœlé-Syrie, Chypre et une grande partie de la Cilicie ; il y ajouta la région de Judée qui produit le baume et la partie de l'Arabie nabatéenne qui touche à la mer Extérieure. 4 Ces dons mécontentèrent spécialement les Romains, plus encore que ceux qu'il fit en distribuant à beaucoup de simples particuliers des tétrarchies et des dominations sur de grands peuples, et en dépouillant de leurs royaumes beaucoup de souverains, comme Antigonos le Juif, qu'il fit décapiter en public, supplice qu'aucun autre roi n'avait encore subi. Mais la honte la plus sensible aux Romains, ce furent les honneurs rendus à Cléopâtre. 5 Et il aggrava encore sa mauvaise réputation en reconnaissant deux jumeaux qu'il avait eus d'elle et qu'il appela, l'un Alexandre, et l'autre Cléopâtre, avec, comme surnoms, Hélios pour l'un, et Séléné pour l'autre. 6 Cependant, habile à enjoliver ses actes honteux, il prétendait que la grandeur de l'empire des Romains apparaissait moins dans leurs conquêtes que dans leurs libéralités, et que la noblesse du sang se propage par la succession et la naissance de nombreux rois : 7 c'est ainsi, en tout cas, que l'auteur de sa race avait été engendré par Héraclès ; celui-ci n'avait pas confié à une seule femme le germe de sa descendance, car il n'avait pas à craindre les lois de Solon ni les règlements concernant les grossesses, et il s'en était remis à la nature pour laisser après lui les semences et les souches de tant de lignées.

Guerre contre les Parthes. – **37.** 1 Lorsque Phraate eut tué son père Orodès et se fut emparé de la royauté, un grand nombre de Parthes s'enfuirent, entre autres Monaisès, homme notable et puissant, qui se réfugia auprès d'Antoine. Celui-ci, comparant les malheurs de son hôte à ceux de Thémistocle et rivalisant de grandeur d'âme et de munificence avec les rois de Perse, lui fit don de trois villes, Larissa, Aréthuse et Hiérapolis, appelée précédemment Bambycè. 2 Mais Monaisès reçut du roi des Parthes l'engagement qu'il serait bien traité, et Antoine le laissa volontiers repartir, comptant duper Phraate en lui faisant croire que la paix durerait ; il demandait seulement de recouvrer les enseignes prises au temps de Crassus et les prisonniers survivants. 3 Lui-même, ayant renvoyé Cléopâtre en Égypte, s'avança à travers l'Arabie et l'Arménie, où il rassembla ses troupes et celles des rois alliés (ils étaient très nombreux, et le plus puissant de tous était Artavasdès, roi d'Arménie, qui lui amenait six mille cavaliers et sept mille fantassins). Il passa la revue de son armée, 4 forte d'une infanterie de soixante mille Romains et d'une cavalerie de dix mille Ibères et Celtes, enrôlés sous les enseignes romaines ; les autres peuples avaient fourni trente mille hommes, en y comprenant les cavaliers et les troupes légères. 5 Un si grand déploiement de forces effraya même les Indiens au-delà de Bactres et fit trembler l'Asie entière, mais Antoine n'en tira aucun parti à cause, dit-on, de Cléopâtre : 6 impatient d'aller passer l'hiver en sa compagnie, il commença la guerre hors de saison et agit en tout de façon désordonnée ; incapable de faire usage de sa raison, et comme ensorcelé par un enchantement ou par certaines drogues, il avait toujours les yeux tournés vers elle, plus préoccupé d'aller la rejoindre au plus vite que de vaincre les ennemis.

38. 1 Tout d'abord, alors qu'il aurait dû passer l'hiver en Arménie pour faire reposer son armée, fatiguée par une marche de huit mille stades, et envahir la Médie au début du printemps avant que les Parthes eussent bougé de leurs quartiers d'hiver, il ne voulut pas attendre, se mit aussitôt en route et, laissant l'Arménie à sa gauche, se jeta sur l'Atropatène, qu'il ravagea. 2 Puis il traînait avec lui sur trois cents chariots les machines nécessaires à un siège (entre autres un bélier de quatre-vingts pieds de long) dont aucune, en cas d'avarie, ne pouvait être réparée à temps, parce que le haut pays ne produit que du bois trop court et trop mou. 3 Il était si pressé que, regardant ces machines comme des obstacles à la rapidité de sa marche, il les laissa sous la garde d'un corps de troupes et de Statianus, qui commandait le convoi. Quant à lui, il alla assiéger Phraata, grande ville où se trouvaient les enfants et les femmes du roi de Médie. 4 Mais la réalité le convainquit aussitôt de l'énorme faute qu'il avait commise en se séparant de ses machines, car, pour attaquer la ville, il dut dresser contre elle une levée de terre, qui ne fut édifiée que lentement et avec beaucoup de peine. 5 À ce moment Phraate descendait avec une grande armée ; dès qu'il apprit l'abandon des chariots qui portaient les machines, il envoya pour les prendre une nombreuse troupe de cavaliers, qui enveloppa Statianus, le tua, et avec lui dix mille des siens. 6 Maîtres des machines, les barbares les détruisirent, et ils firent une foule de prisonniers, parmi lesquels figurait le roi Polémon.

39. 1 Cet échec affligea naturellement tous les soldats d'Antoine, qui se voyaient ainsi frappés contre toute attente en début de campagne. L'Arménien Artavasdès, désespérant de la situation des Romains, se retira avec son armée, bien qu'il fût le principal responsable de la guerre. 2 Les Parthes s'étant présentés fièrement devant les assiégeants en proférant d'insolentes menaces, Antoine, qui ne voulait pas, en laissant ses troupes au repos, voir persister et s'accroître leur découragement et leur consternation, prit avec lui dix légions et trois cohortes prétoriennes d'infanterie, ainsi que toute sa cavalerie, et les emmena pour se procurer du ravitaillement ; il était persuadé que ce serait là le moyen le plus sûr d'attirer à lui l'ennemi et d'en venir à une bataille rangée. 3 Il avait fait une journée de route quand il vit les Parthes se répandre autour de lui et chercher à tomber sur ses troupes en marche. Il fit alors élever dans son camp le signal de la bataille, mais commanda aussi de replier les tentes, comme s'il allait, non pas combattre, mais se retirer, et il passa devant l'armée des barbares disposée en forme de croissant ; il avait donné l'ordre à sa cavalerie de s'élancer sur eux, dès qu'elle verrait les premiers rangs des ennemis à portée d'être chargés par l'infanterie romaine. 4 Les Parthes, alignés en face, jugeaient l'ordonnance des Romains au-dessus de tout éloge et les regardaient défiler sans bruit ni confusion, en gardant leurs distances et brandissant leurs javelots. 5 Quand le signal fut donné et que les cavaliers, tournant bride, fondirent sur eux en hurlant, les Parthes soutinrent leur choc, bien qu'ils fussent aussitôt trop près pour l'emploi des arcs. Mais lorsque les fantassins les eurent attaqués avec des cris et un grand cliquetis d'armes, les chevaux des Parthes, effarouchés, se débandèrent, et eux-mêmes s'enfuirent avant d'en venir aux mains. 6 Antoine pressa la poursuite, avec le grand espoir de terminer par ce seul combat le tout, ou du moins le principal de la guerre. 7 Mais, lorsque l'infanterie les eut poursuivis jusqu'à une distance de cinquante stades, et la cavalerie trois fois plus loin, les Romains, examinant les ennemis morts ou prisonniers, ne trouvèrent que trente prisonniers et quatre-vingts morts, et toute l'armée fut prise de découragement et de désespoir, à la désolante pensée que dans leur victoire ils avaient tué si peu de monde, alors que, vaincus, ils subiraient autant de pertes que lors de la prise des chariots. 8 Le lendemain, ils plièrent bagage et reprirent le chemin de Phraata et de leur camp. Sur la route, ils rencontrèrent d'abord quelques ennemis, puis un plus grand nombre, et finalement toute l'armée qui, comme des troupes invaincues et fraîches, les défiait et les harcelait de tous côtés, ce qui rendit laborieux et difficile leur retour au camp. 9 Cependant, comme les Mèdes avaient fait une sortie contre la levée de terre et mis en fuite ceux qui la gardaient, Antoine irrité appliqua aux lâches ce qu'on appelle la décimation : il partagea leur troupe en dizaines et fit mettre à mort dans chacune un homme désigné par le sort ; il ordonna aussi de distribuer aux autres des rations d'orge au lieu de blé.

40. 1 La guerre était dure pour les deux partis, et l'avenir plus redoutable encore : Antoine prévoyait la famine, car il ne pouvait plus aller se ravitailler sans avoir beaucoup de blessés et de morts ; 2 de son côté, Phraate, sachant les Parthes capables de tout plutôt que d'affronter les rigueurs de l'hiver et de passer alors les nuits dehors, craignait d'être abandonné de ses troupes si les Romains s'obstinaient à rester là ; or, l'air commençait à se refroidir après l'équinoxe d'automne. 3 Il imagina donc la ruse que voici. Les plus renommés d'entre les Parthes attaquèrent plus mollement les Romains occupés à s'approvisionner et dans les autres rencontres ; ils les laissaient prendre quelques vivres, et ils louaient leur valeur, disant qu'ils excellaient à la guerre et que leur roi les admirait à juste titre. 4 Ils s'avancèrent ensuite plus près d'eux et, faisant approcher paisiblement leurs chevaux, ils invectivaient contre Antoine : « Il refuse, disaient-ils, de se prêter à un arrangement avec Phraate, qui souhaite épargner tant de braves, et il reste là sans bouger à attendre deux grands et terribles ennemis : la famine et l'hiver, auxquels il est bien difficile d'échapper, même avec l'escorte des Parthes. » 5 Plusieurs Romains rapportèrent ces propos à Antoine, qui se laissa bercer par l'espérance. Néanmoins il ne voulut pas entrer en négociations avec le Parthe avant de savoir si ces barbares si prévenants parlaient ainsi avec l'accord de leur roi. 6 Ils lui en donnèrent l'assurance et l'exhortèrent à bannir crainte et méfiance. Alors il envoya quelques-uns de ses amis redemander les enseignes et les prisonniers, afin de ne pas paraître tout heureux d'être sauvé et de s'enfuir. 7 Le Parthe le fit prier de laisser cela de côté, mais lui promit que, s'il partait sur-le-champ, il serait en paix et en sûreté. Antoine fit ses préparatifs en quelques jours et leva le camp. 8 Bien qu'il possédât l'art de parler au peuple avec persuasion et d'entraîner une armée par son éloquence mieux qu'aucun de ses contemporains, la honte et l'abattement ne lui permirent pas d'encourager lui-même ses troupes, et il chargea Domitius Ahenobarbus de le faire. 9 Quelques-uns de ses hommes s'en vexèrent comme d'une marque de mépris, mais la plupart furent émus et comprirent la raison de sa conduite ; aussi pensèrent-ils qu'ils devaient plus que jamais respecter leur général et lui obéir.

41. 1 Comme il s'apprêtait à ramener ses troupes en arrière par la même route, qui était en plaine et sans arbres, un homme d'origine marde, familiarisé de longue date avec les coutumes des Parthes, et qui déjà s'était montré dévoué aux Romains lors du combat autour des chariots, vint trouver Antoine et lui conseilla d'opérer sa retraite en prenant à sa droite à travers les montagnes, au lieu d'engager son infanterie lourde dans des chemins nus et découverts, où elle serait exposée aux attaques d'une cavalerie si nombreuse et à ses flèches : « C'est là ce que machinait Phraate, dit-il, en te faisant lever le siège à des conditions empreintes d'humanité, 2 mais je te guiderai, moi, par une route plus courte et mieux pourvue des ressources nécessaires. » 3 Antoine, après l'avoir entendu, délibéra : il ne voulait pas, après l'accord conclu, paraître se méfier des Parthes, mais, approuvant l'idée d'abréger le trajet et de passer près de villages habités, il demanda une garantie au Marde. 4 Celui-ci s'offrit à se laisser lier jusqu'à ce qu'il eût amené l'armée en Arménie, et, lié, il conduisit les troupes sans coup férir pendant deux jours. 5 Le troisième jour, comme Antoine ne pensait plus du tout aux Parthes et marchait avec confiance sans précaution, le Marde s'aperçut qu'une digue de rivière venait d'être rompue et que le courant débordait à flots sur la route qu'il fallait prendre ; il comprit que c'était là l'ouvrage des Parthes qui, pour rendre difficile et retarder la marche des Romains, leur barraient le chemin avec les eaux de la rivière. Il le fit remarquer à Antoine et lui dit de prendre garde, les ennemis n'étant pas loin. 6 En effet, à peine Antoine eut-il rangé l'armée en bataille et placé entre les lignes les hommes armés de javelots et de frondes pour préparer une charge contre les ennemis, que les Parthes apparurent et se mirent à galoper autour de l'armée pour l'encercler et y mettre de tous côtés le désordre. 7 Mais, les troupes légères s'étant élancées sur eux, les Parthes, après avoir atteint de leurs flèches un grand nombre d'adversaires et avoir eu au moins autant des leurs blessés par les balles de plomb et les javelots, se retirèrent. 8 Quand ils revinrent ensuite à l'attaque, les cavaliers celtes fondirent en masse sur eux et les dispersèrent si bien qu'ils ne se montrèrent plus ce jour-là.

42. 1 Antoine comprit par là ce qu'il devait faire : il renforça avec de nombreux soldats armés de javelots et de frondes non seulement son arrière-garde, mais aussi ses deux flancs, et il fit prendre à son armée en marche la forme d'un rectangle. Il avait donné l'ordre à la cavalerie de mettre en fuite les ennemis qui attaqueraient, mais, quand ils seraient en déroute, de ne pas les poursuivre loin. Aussi, pendant les quatre jours suivants, les Parthes, n'ayant pas fait plus de mal aux Romains qu'ils n'en avaient subi, devinrent-ils moins combatifs ; prétextant l'hiver, ils songeaient à se retirer. 2 Le cinquième jour, Flavius Gallus, un homme actif et belliqueux qui était chargé d'un commandement, vint trouver Antoine et lui demanda de lui confier davantage de troupes légères de l'arrière-garde et un certain nombre de cavaliers tirés du front de l'armée, dans l'intention d'accomplir un grand exploit. 3 Antoine ayant acquiescé, il repoussa les ennemis revenus à la charge, mais, au lieu de se replier peu à peu, comme les jours précédents, vers l'infanterie, en reculant, il tint ferme et en vint à une mêlée plus téméraire. 4 En le voyant coupé de l'armée, les chefs de l'arrière-garde lui envoyèrent dire de revenir, mais il n'en fit rien. Le questeur Titius, dit-on, saisit même les enseignes et essaya de les faire retourner en arrière, tout en accablant d'injures Gallus, qui était en train, affirmait-il, de faire périr tant de braves. 5 Mais Gallus lui rendit injures pour injures et enjoignit aux siens de rester ; Titius se retira. Cependant Gallus, poussant toujours vers ceux qui étaient en face de lui, ne s'aperçut pas qu'un grand nombre d'ennemis l'enveloppaient par-derrière. 6 Se voyant enfin attaqué de tous côtés, il envoya demander du secours. Les chefs de l'infanterie, parmi lesquels se trouvait Canidius, homme très influent auprès d'Antoine, semblent avoir commis alors une grande faute : 7 alors qu'ils auraient dû faire avancer toute la masse de la phalange, ils n'envoyèrent en renfort qu'un petit détachement, puis encore un autre quand le premier eut été battu, sans voir qu'ils livraient ainsi peu s'en faut toute l'armée à la défaite et à la panique, 8 si Antoine en personne, accourant aussitôt du front des troupes à la rescousse avec ses soldats, n'eût ouvert rapidement au travers des fuyards un passage à la troisième légion, qui empêcha les ennemis de mener plus loin la poursuite.

43. 1 Les Romains n'avaient pas perdu moins de trois mille hommes, et l'on rapporta vers les tentes cinq mille blessés. Parmi eux se trouvait Gallus, percé de quatre flèches reçues de face. 2 Il ne se remit pas de ses blessures. Antoine alla visiter les autres ; il examinait leurs plaies et les réconfortait, très ému, les larmes aux yeux. Mais eux, le visage radieux, lui prenaient la main, l'invitaient à se retirer et à prendre soin de lui-même sans se faire de mauvais sang. Ils l'appelaient Imperator et lui promettaient leur guérison, s'il restait, lui, en bonne santé.

3 En somme, il semble qu'aucun autre général en chef de ce temps-là ne réunit une armée plus brillante par la bravoure, l'endurance et la vigueur. 4 Le respect de ces hommes pour leur chef, leur obéissance accompagnée d'affection, l'esprit qui les portait également tous, connus ou inconnus, officiers ou simples soldats, à préférer l'estime et la faveur d'Antoine à leur salut et à leur sûreté, ne furent jamais dépassés même chez les Romains d'autrefois. 5 Il y avait à cela plusieurs raisons, que nous avons précédemment signalées : la noble naissance d'Antoine, la force de son éloquence, sa simplicité, sa libéralité, sa munificence, l'agrément de sa conversation et de ses plaisanteries. 6 Dans cette occasion en particulier, la compassion qu'il témoignait aux maux des soldats et à leurs souffrances, et le fait qu'il subvenait aux besoins de chacun firent que les malades et les blessés étaient plus empressés à lui obéir que les hommes valides.

44. 1 Les ennemis, qui alors commençaient à se décourager et étaient fatigués, furent tellement exaltés par cette victoire et en conçurent un tel mépris des Romains qu'ils passèrent la nuit près de leur camp, dans l'espoir de piller les tentes et les richesses des fuyards, aussitôt qu'elles seraient abandonnées. 2 Au point du jour, il arriva d'autres Parthes qui, en bien plus grand nombre, se joignirent aux premiers, et l'on assure qu'au total ils n'étaient pas moins de quarante mille cavaliers. Le roi même y avait envoyé sa garde ordinairement attachée à sa personne, comme vers une victoire sûre et certaine ; lui-même n'assista à aucun combat. 3 Antoine, voulant haranguer ses soldats, demanda un vêtement sombre, afin d'inspirer plus de compassion, mais, ses amis s'y étant opposés, il s'avança avec sa pourpre de général. Dans son discours, il fit l'éloge de ceux qui avaient vaincu et blâma ceux qui avaient fui. 4 Les premiers l'exhortèrent à avoir confiance, et les autres, pour se justifier, s'offrirent à être décimés, s'il le voulait, ou à subir un autre châtiment. Ils le conjurèrent seulement de bannir tout chagrin et toute tristesse. 5 Les voyant ainsi disposés, Antoine leva les bras vers le ciel et pria les dieux, si une jalousie divine le poursuivait pour ses succès passés, de la faire tomber sur lui seul, et de donner au reste de l'armée le salut et la victoire.

45. 1 Le lendemain ils reprirent leur marche en se protégeant mieux, et les Parthes éprouvèrent dans leurs entreprises une grande déception : 2 ils pensaient aller au pillage et au butin, non pas au combat, et voilà qu'ils se heurtèrent à une grêle de traits ; voyant des hommes vigoureux, frais et pleins d'ardeur, leur courage à nouveau fléchit. 3 Toutefois, alors que les Romains descendaient des collines à pente rapide, ils les attaquèrent et, profitant de la lenteur de leur marche, les accablèrent de flèches, mais les soldats munis de boucliers longs, faisant volte-face, enfermèrent dans leurs rangs les troupes légères et, mettant eux-mêmes un genou à terre, tinrent leurs boucliers devant eux ; ceux qui venaient derrière élevèrent les leurs par-dessus, et ainsi de suite également pour les autres rangs.

4 Cette disposition, dont l'aspect ressemble aux tuiles d'un toit, a l'apparence d'un théâtre et offre le plus impénétrable des remparts contre les flèches, qui glissent sur les boucliers. 5 Cependant les Parthes, s'imaginant que cette posture agenouillée était l'effet de la lassitude et de l'épuisement, déposèrent leurs arcs et, saisissant leurs piques, ils engagèrent la mêlée. 6 Alors les Romains se dressèrent soudain en poussant le cri de guerre et, frappant de près avec leurs javelots, tuèrent les premiers qui se trouvaient devant eux et mirent tous les autres en fuite. 7 Cette manœuvre se renouvela aussi les jours suivants, tandis qu'ils avançaient peu à peu sur leur route. Aussi la famine commença-t-elle à s'emparer des troupes, qui ne se procuraient un peu de blé qu'on combattant et qui manquaient d'ustensiles pour le moudre, car la plupart de ceux-ci avaient été laissés en arrière, les bêtes de somme étant en train de périr ou se trouvant occupées à porter les malades et les blessés. 8 On dit que le boisseau attique de blé se payait cinquante drachmes et que les pains d'orge se vendaient leur pesant d'argent. 9 Ils eurent recours aux légumes et aux racines, mais, comme ils en trouvaient peu d'habituels, ils étaient contraints de faire l'essai de ceux auxquels ils n'avaient jamais goûté auparavant, et ils tombèrent sur une herbe qui conduisait à la mort par la folie. 10 Celui qui en avait mangé ne se souvenait de rien, ne reconnaissait rien, et ne faisait autre chose que de remuer et de retourner toute sorte de pierres, comme s'il accomplissait un travail méritant une grande application. 11 La plaine était ainsi remplie de gens courbés vers le sol, occupés à déterrer des pierres et à les changer de place. À la fin, ils vomissaient de la bile et mouraient, lorsque le vin, qui était le seul antidote, vint à son tour à manquer. 12 Un grand nombre d'hommes périrent, et, comme les Parthes ne s'éloignaient pas, on raconte qu'Antoine s'écria souvent : « Oh ! les Dix Mille ! », ce qui exprimait son admiration pour les compagnons de Xénophon, qui avaient fait un plus long chemin pour descendre de la Babylonie et s'étaient sauvés en combattant des ennemis bien plus nombreux.

46. 1 Les Parthes, ne parvenant pas à disloquer l'armée ni à en rompre l'ordonnance, mais souvent déjà battus et mis en fuite, prirent de nouveau des contacts pacifiques avec les Romains qui allaient à la recherche de fourrage ou de blé : 2 leur montrant les cordes détendues de leurs arcs, ils leur disaient qu'eux-mêmes allaient retourner sur leurs pas et que c'était là le terme de la lutte, même si un petit nombre de Mèdes les suivaient encore pendant un jour ou deux, nullement pour les molester, mais pour préserver du pillage les villages écartés. 3 Ils accompagnèrent ces paroles de saluts et de protestations d'amitié, si bien que les Romains reprirent confiance et qu'Antoine, mis au courant, préféra prendre la route de plaine, d'autant qu'on lui avait dit que la route de montagne était sans eau. 4 Il allait le faire lorsqu'arriva de chez les ennemis dans son camp un homme du nom de Mithridate, cousin de ce Monaisès, qui était venu trouver Antoine et avait reçu de lui trois villes en présent. Mithridate demanda à voir quelqu'un sachant parler le parthe ou le syrien. 5 Alexandre d'Antioche, un familier d'Antoine, s'étant approché, il se fit connaître et déclara qu'il venait acquitter la dette de reconnaissance de Monaisès, puis il demanda à Alexandre s'il voyait dans le lointain une chaîne de hautes collines. 6 Sur la réponse affirmative d'Alexandre, il dit alors : « Au pied de ces collines les Parthes vous tendent une embuscade avec toute leur armée, car elles dominent les grandes plaines, et ils comptent bien que, dupés par eux, vous vous dirigerez de ce côté en abandonnant la route qui traverse les montagnes. 7 Par celle-ci vous aurez à souffrir de la soif et de la fatigue, à quoi vous êtes habitués, mais, si Antoine prend l'autre, qu'il sache bien que le sort de Crassus l'y attend. »

47. 1 Mithridate, ayant donné ces avis, s'en alla. Antoine, informé de son message, en fut fort troublé ; il appela ses amis et le Marde qui servait de guide, et celui-ci n'était pas d'une autre opinion que le Parthe. 2 Il savait en effet que, même en l'absence d'ennemis, la route de plaine était par endroits peu praticable et présentait des détours pénibles et difficiles à repérer ; il déclarait que l'autre était rude, mais sans autre grave inconvénient que le manque d'eau pendant une seule journée de marche. 3 Ainsi donc Antoine prit cette direction et partit de nuit, après avoir ordonné d'emporter de l'eau. La plupart des soldats manquant de récipients, les uns emportèrent de l'eau dans leurs casques, qu'ils remplirent ; d'autres en mirent dans des outres. 4 Antoine était déjà en chemin quand les Parthes furent avertis de son départ ; contre leur coutume, ils commencèrent la poursuite alors qu'il faisait encore nuit. Au lever du soleil ils atteignirent l'arrière-garde, épuisée par l'insomnie et la fatigue, 5 car l'armée romaine avait couvert pendant la nuit deux cent quarante stades, et l'arrivée soudaine et inattendue des ennemis les jeta dans le découragement. Les combats augmentaient encore leur soif, car ils devaient se défendre tout en avançant. 6 Ceux qui marchaient en tête rencontrèrent une rivière dont l'eau était fraîche et limpide, mais salée et malsaine : à peine bue, elle produisait des douleurs et des tiraillements d'entrailles, tout en irritant la soif. 7 Le Marde les en prévenait, mais, repoussant de force ceux qui voulaient les en empêcher, ils n'en buvaient pas moins. Antoine, parcourant les rangs, conjura ses soldats de patienter un peu de temps, car il y avait non loin de là une autre rivière, dont l'eau était potable, et ensuite, le reste de la route étant escarpé et impraticable à la cavalerie, les ennemis se retireraient définitivement. 8 En même temps il rappela les combattants et donna le signal du campement, afin que les troupes pussent au moins jouir de l'ombre.

48. 1 Tandis que l'on fixait les tentes et que les Parthes s'éloignaient aussitôt, suivant leur habitude, Mithridate vint une seconde fois, et, Alexandre s'étant avancé, lui conseilla de faire repartir l'armée dès qu'elle se serait un peu reposée, puis de gagner en hâte la rivière : les

Parthes ne la passeraient pas et ne les poursuivraient que jusque-là. 2 Alexandre fit part de cet avis à Antoine, qui le chargea d'une grande quantité de coupes et de vases d'or ; l'homme en prit tout ce qu'il put cacher dans ses vêtements et s'en alla. 3 Il faisait encore jour quand les Romains levèrent le camp et se mirent en marche. Ils ne furent pas harcelés par les ennemis, mais ils firent eux-mêmes de cette nuit-là la plus pénible et la plus effrayante qu'ils eussent jamais passée : 4 des soldats tuèrent pour les piller ceux d'entre eux qui avaient de l'argent ou de l'or et s'emparèrent des richesses que portaient les bêtes de somme ; à la fin ils s'en prirent aux bagages d'Antoine et arrachèrent pour se les partager des coupes et des tables précieuses. 5 Un grand trouble et une grande confusion se répandirent dans toute l'armée (on crut qu'une attaque des ennemis avait causé la déroute et le désordre). Alors Antoine, appelant un de ses gardes, son affranchi nommé Rhamnus, lui fit jurer que, lorsqu'il lui en donnerait l'ordre, il lui passerait son épée au travers du corps et lui couperait la tête, afin de n'être pas pris vivant par les ennemis ni reconnu après sa mort. 6 Comme ses amis versaient des larmes, le Marde rassura Antoine en lui disant que la rivière était toute proche, et en effet une brise humide qui en soufflait et un air plus frais venant de ces parages permettaient de respirer plus à l'aise ; il ajouta que le temps qu'avait duré leur marche concordait ainsi avec le terme de la route, car il ne restait plus qu'un peu de nuit. 7 En même temps, d'autres vinrent apprendre à Antoine que le tumulte n'avait d'autre cause que la cupidité et le brigandage des soldats envers leurs camarades ; aussi voulut-il, après tant de confusion et de trouble, rétablir l'ordre dans l'armée en donnant le signal du campement.

49. 1 Le jour commençait à poindre et l'armée retrouvait de l'ordre et du calme lorsque les flèches des Parthes se mirent à tomber sur l'arrière-garde. Le signal du combat fut donné aux troupes légères. De nouveau les fantassins se couvrirent les uns les autres de leurs boucliers, et tinrent tête aux ennemis, qui tiraient sur eux sans oser en venir aux mains. 2 Comme l'avant-garde progressait ainsi peu à peu, la rivière apparut. Antoine rangea sur ses bords la cavalerie face aux ennemis et fit d'abord passer les malades. Dès lors, les combattants aussi purent boire sans crainte et à leur aise, 3 car les Parthes n'eurent pas plus tôt vu la rivière que, débandant leurs arcs, ils exhortèrent les Romains à la traverser en toute confiance, tout en donnant de grandes louanges à leur valeur. Ils franchirent donc tranquillement le cours d'eau et reprirent haleine, puis continuèrent leur marche sans trop se fier aux Parthes. 4 Cinq jours après ce dernier combat, ils arrivèrent à l'Araxe, fleuve qui marque la frontière entre la Médie et l'Arménie, et qui, par sa profondeur et son impétuosité, leur parut difficile à traverser, puis le bruit courut que les ennemis, en embuscade à cet endroit, allaient les attaquer pendant le passage du fleuve. 5 Mais quand, ayant gagné sans encombre l'autre rive, ils eurent mis le pied en Arménie, alors, comme s'ils venaient de voir cette terre au sortir de la haute mer, ils se prosternèrent, fondirent en larmes et, dans les transports de leur joie, s'embrassèrent les uns les autres. 6 Puis, comme ils s'avançaient à travers un pays prospère, où ils trouvaient après une grande disette une extrême abondance, ils furent atteints d'hydropisie et de maux de ventre.

50. 1 Là, ayant fait la revue de ses troupes, Antoine trouva qu'il avait perdu vingt mille fantassins et quatre mille cavaliers, mais tous n'avaient pas été tués par les ennemis, plus de la moitié étant morts de maladie. 2 Ils avaient fait à partir de Phraata une marche de vingt-sept jours et battu les Parthes en dix-huit rencontres, mais ces victoires restaient sans effet durable, parce que leurs poursuites étaient courtes et incomplètes. 3 On vit très clairement par là que l'Arménien Artavasdès avait empêché Antoine de conduire cette guerre à bon terme, 4 car si les seize mille cavaliers qu'il avait amenés de Médie étaient restés, eux qui étaient équipés à peu près comme les Parthes et habitués à les combattre, quand les Romains auraient mis en déroute les combattants ennemis et que les Arméniens se seraient chargés des fuyards, il n'eût pas été possible aux Parthes vaincus de se ressaisir et de revenir à la charge tant de fois. 5 Aussi tous les Romains irrités pressaient-ils Antoine de tirer vengeance de l'Arménien, mais lui, usant de prudence, ne voulut ni lui reprocher sa trahison, ni rien retrancher de sa courtoisie ordinaire et des égards qu'il avait pour lui, tant que son armée se trouvait faible et sans ressources. 6 Néanmoins, plus tard, lorsqu'il fit une nouvelle incursion en Arménie, il le persuada, à force de promesses et d'invitations, de se remettre entre ses mains, le retint prisonnier et l'emmena enchaîné à Alexandrie, où il célébra son triomphe, 7 par quoi il fit la plus grande peine aux Romains, en concédant aux Alexandrins, à cause de Cléopâtre, un beau et noble spectacle qui était un privilège de sa patrie. Mais ces faits n'eurent lieu que plus tard.

51. 1 On était alors au plus fort de l'hiver, et la neige ne cessait de tomber. Pressé d'arriver, Antoine perdit huit mille hommes en chemin. 2 Il descendit lui-même vers la mer avec peu de monde jusqu'à un endroit situé entre Bérytos et Sidon (on l'appelle Bourg Blanc), et là il attendit Cléopâtre. 3 Comme elle tardait à venir, il était inquiet et agité, et bientôt il s'adonna à la boisson et à l'ivresse, mais, n'ayant pas la patience de rester étendu à table, il se levait souvent au milieu des buveurs pour courir voir si elle arrivait. Enfin elle débarqua, apportant beaucoup de vêtements et d'argent pour les soldats. 4 Cependant, selon d'autres auteurs, Antoine ne reçut d'elle que des vêtements, et ce fut son propre argent qu'il distribua en disant qu'il venait d'elle.

52. 1 Le roi des Mèdes eut avec le Parthe Phraate un différend qui commença, dit-on, à propos des dépouilles romaines, mais à la suite duquel le Mède, soupçonneux, craignit de se voir privé de son royaume.

2 Aussi envoya-t-il demander le secours d'Antoine en lui promettant de faire la guerre à ses côtés avec son armée. 3 Antoine en conçut une grande espérance (ce qui seul l'avait empêché, semble-t-il, de soumettre les Parthes, c'était d'être venu sans un corps nombreux de cavaliers et d'archers, et il se le voyait adjoindre comme une faveur qu'il accordait plutôt que comme un service qu'il demandait). Il se disposa donc à remonter à travers l'Arménie pour faire sa jonction avec le Mède sur les bords de l'Araxe et recommencer ainsi la guerre.

Préludes à la guerre civile. – **53.** 1 À Rome, Octavie voulait s'embarquer pour rejoindre Antoine. César le lui permit, comme le disent la plupart des historiens, moins pour faire plaisir à sa sœur que dans l'espoir que les outrages et le dédain auxquels elle allait s'exposer seraient pour lui un beau motif de guerre. 2 Parvenue à Athènes, elle reçut une lettre d'Antoine, qui l'engageait à y rester et annonçait son expédition en Haute Asie. Bien qu'affligée et devinant que c'était là un prétexte, elle écrivit néanmoins pour lui demander où elle devait envoyer ce qu'elle lui apportait : 3 elle apportait en effet beaucoup de vêtements pour les soldats, beaucoup de bêtes de somme, d'argent et de présents pour ses officiers et ses amis ; elle amenait en outre deux mille soldats d'élite, équipés pour servir de cohortes prétoriennes et armés de pied en cap d'armes splendides. 4 Un certain Niger, ami d'Antoine, envoyé par elle, lui expliqua tout cela, et y ajouta qu'elle méritait de grands éloges. 5 Mais Cléopâtre, voyant en elle une ennemie et craignant que, si elle joignait à la noblesse de son caractère et à la puissance de César les charmes de sa conversation et de son intimité, elle ne devînt ainsi invincible et ne s'emparât entièrement de son mari, feignit d'éprouver elle-même pour lui de la passion et affaiblit son corps en ne prenant que peu de nourriture. 6 Quand il entrait chez elle, ses yeux laissaient entrevoir le ravissement et, quand il s'en allait, l'affliction et l'abattement. 7 Elle faisait en sorte qu'il la vît souvent pleurer, et elle se hâtait d'essuyer et de cacher ses larmes, comme si elle voulait qu'il ne les aperçût pas. C'est ainsi qu'elle se comportait au moment où il s'apprêtait à quitter la Syrie pour monter chez le Mède. 8 Ses flatteurs, empressés à la servir, accusaient Antoine d'être dur, insensible et de laisser mourir une pauvre femme qui ne respirait que pour lui seul : 9 « Octavie, disaient-ils, ne s'était unie à Antoine que pour des raisons politiques, à cause de son frère, et elle jouissait du titre d'épouse, 10 tandis que Cléopâtre, souveraine d'un si grand royaume, était appelée la maîtresse d'Antoine, nom qu'elle ne refusait pas et ne jugeait pas indigne d'elle, pourvu qu'il lui fût permis de le voir et de vivre avec lui ; séparée de lui, elle ne survivrait point. » 11 À la fin, Antoine fut tellement bouleversé et attendri par de tels propos que, craignant que Cléopâtre ne renonçât à la vie, il retourna à Alexandrie et renvoya le Mède à la belle saison, bien qu'on lui rapportât qu'une sédition divisait l'Empire parthe.

12 Il remonta pourtant chez le Mède et renouvela son amitié avec lui, en fiançant une fille de ce roi, encore toute petite, à l'un des fils qu'il avait eus de Cléopâtre, et il revint, ne songeant désormais qu'à la guerre civile.

54. 1 César, voyant l'outrage que semblait avoir subi Octavie, lui donna l'ordre, quand elle fut revenue d'Athènes, d'habiter une maison à elle. 2 Mais elle déclara qu'elle n'abandonnerait pas la maison de son mari, et elle dit à son frère lui-même que, s'il n'avait pas d'autres motifs pour faire la guerre à Antoine, elle le conjurait de ne pas tenir compte de ses affaires à elle, car il serait même honteux d'entendre dire que les deux plus grands chefs plongeaient les Romains dans la guerre civile, l'un pour l'amour d'une femme et l'autre par jalousie. 3 Sa conduite fut encore plus ferme que ses paroles : elle continua d'habiter la maison de son mari, comme s'il était là, et elle éleva avec soin et magnificence non seulement ses propres enfants, mais encore ceux de Fulvia, 4 et, lorsque Antoine envoyait certains de ses amis briguer des charges ou suivre des affaires, elle les recevait et les aidait à obtenir de César ce qu'ils souhaitaient. 5 En agissant ainsi, elle causait sans le vouloir du tort à Antoine, que ses injustices envers une telle femme faisaient détester. Il se rendit odieux aussi par le partage qu'il fit à Alexandrie entre ses enfants, qui apparut comme une manifestation théâtrale et arrogante d'hostilité contre Rome. 6 Il avait rempli d'une foule immense le gymnase et fait dresser sur une estrade d'argent deux trônes d'or, l'un pour lui, l'autre pour Cléopâtre, et d'autres, plus bas, pour leurs enfants ; il commença par proclamer Cléopâtre reine d'Égypte, de Chypre, de Libye et de Cœlé-Syrie, et il associa à son règne Césarion, qui passait pour être le fils du premier César, qui avait quitté Cléopâtre alors qu'elle était enceinte. 7 Il conféra ensuite le titre de rois des rois aux fils qu'il avait eus lui-même de Cléopâtre, assignant à Alexandre l'Arménie, la Médie et l'Empire parthe, lorsqu'il serait soumis, et à Ptolémée la Phénicie, la Syrie et la Cilicie. 8 En même temps il les présenta tous les deux au peuple, Alexandre vêtu du costume des Mèdes avec la tiare et la citaris droite, Ptolémée avec les sandales, la chlamyde et le chapeau macédonien surmonté d'un diadème. Cette tenue était celle des rois successeurs d'Alexandre, et l'autre, celle des Mèdes et des Arméniens. 9 Lorsque les deux enfants eurent embrassé leurs parents, ils furent entourés, l'un d'une garde d'Arméniens, l'autre d'une garde de Macédoniens. Dès ce moment et dans la suite, Cléopâtre ne parut plus en public que revêtue de la robe sacrée d'Isis, et donna ses audiences en tant que nouvelle Isis.

55. 1 César, en rapportant ces faits au sénat et en accusant souvent Antoine devant le peuple, excita tout le monde contre lui. 2 Antoine, de son côté, envoyait des agents pour répondre à César en l'attaquant. Les plus graves de ses griefs étaient, premièrement, qu'ayant enlevé la Sicile à Pompée, il ne lui avait pas donné une partie de cette île ; en second lieu, qu'il ne lui avait pas rendu les vaisseaux empruntés pour cette guerre ;

3 en troisième lieu, qu'ayant enlevé à Lépide son pouvoir et l'ayant privé de ses honneurs, il gardait pour lui l'armée, les territoires et les revenus qui avaient été assignés à Lépide ; enfin et surtout, qu'il avait attribué à ses propres soldats presque toutes les terres d'Italie, sans rien laisser pour ceux d'Antoine. 4 À cela César répliquait, pour se justifier, qu'il avait déposé Lépide de son commandement parce qu'il en abusait insolemment, et qu'il partagerait avec Antoine ce qu'il avait conquis par la guerre quand celui-ci partagerait l'Arménie avec lui. Quant aux soldats d'Antoine, ils n'avaient aucun droit sur l'Italie, puisqu'ils avaient la Médie et la Parthie, qu'ils avaient ajoutées à l'Empire romain en combattant vaillamment avec leur général en chef.

56. 1 Antoine était en Arménie lorsqu'il reçut ces nouvelles. Aussitôt il ordonna à Canidius de prendre seize légions et de descendre vers la mer ; lui-même, emmenant Cléopâtre avec lui, se rendit à Éphèse. 2 Il y rassembla de tous côtés sa flotte, qui se montait à huit cents vaisseaux, y compris les transports. Sur ce nombre, Cléopâtre en avait fourni deux cents, avec vingt mille talents et de quoi nourrir toute l'armée pour la durée de la guerre. 3 Antoine, sur le conseil de Domitius et de quelques autres, pria Cléopâtre de retourner en Égypte et d'y attendre la fin du conflit. 4 Mais elle, craignant qu'Octavie ne le réconciliât encore une fois avec son frère, persuada Canidius, à force d'argent, de parler à Antoine en sa faveur, de lui représenter qu'il n'était ni juste d'écarter de la guerre une femme qui apportait de si larges contributions, ni avantageux de décourager les Égyptiens, qui formaient une grande partie de l'armée navale ; 5 qu'au reste on ne voyait pas non plus que Cléopâtre fût inférieure en intelligence à aucun des rois qui combattaient aux côtés d'Antoine, elle qui depuis longtemps gouvernait seule un royaume si considérable et qui, depuis longtemps aussi, vivait avec lui en apprenant ainsi à traiter les grandes affaires. 6 Ces paroles de Canidius l'emportèrent (car il fallait que le monde entier revînt à César). Lorsque toutes leurs forces furent réunies, ils s'embarquèrent pour Samos, où ils passèrent le temps en fêtes. 7 En effet, si l'on avait ordonné aux rois, aux dynastes, aux tétrarques, à toutes les villes et à tous les peuples situés entre la Syrie, le Palus-Méotis, l'Arménie et l'Illyrie, d'envoyer ou d'amener tout ce qu'ils auraient préparé pour la guerre, on tint également pour nécessaire de faire venir à Samos tous les artistes dionysiaques, 8 et, tandis que presque toute la terre habitée à la ronde retentissait de lamentations et de gémissements, une seule île pendant de longs jours fit entendre le son des flûtes et des lyros, et la foule remplissait les théâtres, où les chœurs se disputaient les prix. 9 Chaque ville envoyait un bœuf à sacrifier, et les rois rivalisaient entre eux de réceptions et de présents. 10 Aussi se demandait-on partout ce qu'ils feraient, vainqueurs, pour célébrer leur triomphe, eux qui fêtaient les préparatifs de guerre avec une telle magnificence.

57. 1 Après ces réjouissances, Antoine donna Priène pour résidence aux artistes dionysiaques, et s'embarqua pour Athènes, où de nouveau il passa son temps dans les divertissements et les spectacles. 2 Cléopâtre, jalouse des honneurs qu'Octavie avait reçus des Athéniens (car Octavie avait été très populaire auprès d'eux), gagna le peuple par de grandes libéralités. 3 Les Athéniens lui votèrent des honneurs et envoyèrent des députés lui porter le décret dans sa maison ; l'un d'eux était Antoine, au titre de citoyen d'Athènes, et, arrivé devant elle, il prononça un discours au nom de la cité. 4 Puis il envoya à Rome des gens chargés de chasser Octavie de sa maison. On dit qu'en en sortant elle emmena avec elle tous les enfants d'Antoine, à l'exception de l'aîné des fils de Fulvia (celui-ci était auprès de son père). Elle pleurait et se désolait à la pensée de paraître avoir été, elle aussi, une des causes de la guerre. 5 Les Romains éprouvaient moins de pitié pour elle que pour Antoine, surtout ceux qui, ayant vu Cléopâtre, se rendaient compte qu'elle ne l'emportait sur Octavie ni en beauté ni en jeunesse.

58. 1 César, apprenant la promptitude et l'importance des préparatifs d'Antoine, fut vivement ému et craignit d'être contraint de faire la guerre cet été-là, 2 alors qu'il lui manquait beaucoup de choses et que le peuple était mécontent des impôts à payer. Les uns étaient forcés de donner le quart de leurs revenus, et les descendants d'affranchis, le huitième de leurs biens ; aussi tout le monde criait-il contre lui, et des troubles s'élevaient dans toute l'Italie. 3 C'est pourquoi l'on regarde comme l'une des plus graves fautes d'Antoine d'avoir différé la guerre, car il laissa ainsi à César le temps de se préparer et il favorisa la fin des troubles ; car, si la perception des impôts exaspérait le peuple, il redevenait calme aussitôt qu'ils étaient perçus et acquittés. 4 Titius et Plancus, deux consulaires amis d'Antoine, que Cléopâtre avait outragés (ils s'étaient le plus vivement opposés à ce qu'elle partît avec l'armée) s'enfuirent auprès de César, et lui dénoncèrent le testament d'Antoine, dont ils connaissaient le texte. 5 Ce testament était déposé chez les Vestales. César le leur demanda ; elles refusèrent de le donner et lui firent dire de venir le prendre lui-même, s'il voulait. 6 Il y alla, l'emporta et commença par en parcourir lui-même, à part soi, les dispositions en marquant certains endroits qui pouvaient donner lieu à des accusations, puis, ayant réuni le sénat, il le lut, au grand scandale de la plupart des sénateurs, 7 car il leur parut étrange et odieux de demander compte à un homme vivant de clauses qui, dans son intention, ne devaient prendre effet qu'après sa mort. 8 César insista surtout sur les dispositions relatives à la sépulture d'Antoine, qui ordonnait que, même s'il mourait à Rome, son corps, après avoir été porté en cortège à travers le Forum, fût envoyé à Alexandrie auprès de Cléopâtre. 9 Calvisius, ami de César, ajouta encore contre Antoine d'autres griefs relatifs à Cléopâtre : il lui reprochait d'avoir fait don à la reine de la bibliothèque de Pergame, qui contenait à peu près deux cent mille volumes ; 10 de s'être levé dans un banquet, sous les yeux de nombreux convives, en heurtant les pieds de Cléopâtre, ce qui était entre eux un signal convenu ; 11 d'avoir laissé les Éphésiens, en sa présence, saluer Cléopâtre comme leur souveraine ; d'avoir souvent, alors qu'il rendait la justice, assis sur son tribunal, à des tétrarques et à des rois, reçu d'elle et lu des messages d'amour sur des tablettes d'onyx ou de cristal ; enfin, disait-il, alors que Furnius, un grand personnage et le plus éloquent des Romains, plaidait devant lui, Antoine, comme Cléopâtre venait à passer en litière sur la place publique, dès qu'il la vit, bondit de son siège et, abandonnant l'audience, alla lui faire cortège, accroché à sa litière.

59. 1 Mais Calvisius paraissait avoir porté mensongèrement la plupart de ces accusations. 2 Cependant les amis qu'Antoine avait à Rome allaient partout supplier le peuple en sa faveur, et ils envoyèrent l'un d'entre eux, Geminius, pour lui demander de veiller à ne pas être déposé de son commandement et déclaré ennemi de Rome. 3 Geminius s'embarqua pour la Grèce ; il était soupçonné par Cléopâtre d'agir dans l'intérêt d'Octavie. On ne cessa de le railler à table et de l'humilier en lui assignant des places indignes de lui, ce qu'il supporta en attendant d'obtenir audience. 4 Sommé, au cours d'un dîner, de dire pourquoi il était venu, il déclara qu'il s'agissait d'une question qui ne pouvait se traiter qu'à jeun, mais qu'il y avait une chose au moins qu'il savait en état d'ivresse comme à jeun, c'est que tout irait bien si Cléopâtre retournait en Égypte. 5 Là-dessus, comme Antoine s'indignait, Cléopâtre dit : « Tu as bien fait, Geminius, d'avouer la vérité sans être mis à la torture. » Peu de jours après, Geminius s'éclipsa et retourna à Rome. 6 Les flatteurs de la reine provoquèrent aussi le départ de beaucoup d'autres amis d'Antoine, qui ne pouvaient supporter leurs écarts de langage et leurs bouffonneries d'ivrognes. De ce nombre furent Marcus Silanus et l'historien Dellius. 7 Ce dernier rapporte même qu'il craignit d'être victime d'un attentat ourdi par Cléopâtre, dont il fut averti par le médecin Glaucos. 8 Il avait vexé la reine en disant à table qu'on leur versait de la piquette, tandis qu'à Rome Sarmentus buvait du falerne ; ce Sarmentus était un mignon de César, un de ces garçons que les Romains appellent « délices ».

Actium. – **60.** 1 Lorsque les préparatifs de César furent suffisants, il fit, par un vote, décréter la guerre contre Cléopâtre et dépouiller Antoine d'un pouvoir qu'il avait abdiqué au profit d'une femme. Il déclara en outre qu'Antoine, ensorcelé par des philtres, n'était même plus maître de lui, et que ceux qui faisaient la guerre aux Romains étaient l'eunuque Mardion, Pothin, Iras, la coiffeuse de Cléopâtre, et Charmion, car c'étaient eux qui dirigeaient les affaires les plus importantes du royaume.

2 On dit qu'avant la guerre se produisirent les présages suivants. La ville de Pisaure, colonie fondée par Antoine sur les bords de l'Adriatique, fut engloutie dans une déchirure de la terre. 3 À Albe, une de ses statues de marbre fut pendant plusieurs jours couverte d'une sueur que l'on s'ef-

força en vain d'essuyer. 4 Pendant qu'Antoine séjournait à Patras, la foudre mit le feu au sanctuaire d'Héraclès, et, à Athènes, la statue de Dionysos fut arrachée de la Gigantomachie par un tourbillon de vent et tomba sur le théâtre : 5 or Antoine rapportait l'origine de sa race à Héraclès, et, se proposant d'imiter dans la conduite de sa vie Dionysos, comme je l'ai dit, se faisait appeler le Nouveau Dionysos. 6 Le même ouragan, tombant à Athènes sur les colosses d'Eumène et d'Attale, sur lesquels était inscrit le nom d'Antoine, les renversa seuls entre plusieurs autres. 7 Le navire amiral de Cléopâtre s'appelait Antonias, et un signe effrayant y apparut : des hirondelles ayant fait leur nid sous la poupe, il en survint d'autres, qui chassèrent les premières et tuèrent leurs petits.

61. 1 Au moment où l'on s'apprêtait à combattre, Antoine n'avait pas moins de cinq cents vaisseaux de guerre, dont plusieurs à huit et dix rangs de rames, superbement décorés comme pour une fête ; son armée se montait à cent mille fantassins et douze mille cavaliers. 2 Il avait sous ses ordres des rois alliés : Bocchus, roi des Libyens ; Tarcondémos, de Haute-Cilicie ; Archélaos, de Cappadoce ; Philadelphe, de Paphlagonie ; Mithridate, de Commagène ; Sadalas, de Thrace. 3 Ceux-là étaient présents auprès de lui, mais d'autres lui avaient envoyé leurs armées : Polémon, du Pont ; Malchos, d'Arabie ; Hérode, de Judée, et encore Amyntas, roi des Lycaoniens et des Galates ; d'auprès du roi des Mèdes était venu un corps auxiliaire. 4 César, lui, avait deux cent cinquante vaisseaux de combat, quatre-vingt mille hommes d'infanterie et à peu près autant de cavaliers que les ennemis. 5 L'empire d'Antoine s'étendait depuis l'Euphrate et l'Arménie jusqu'à la mer Ionienne et à l'Illyrie ; celui de César embrassait tous les pays situés entre l'Illyrie et l'Océan occidental, et, depuis cet Océan, jusqu'aux mers d'Étrurie et de Sicile. 6 Il comprenait en outre la partie de l'Afrique qui regarde l'Italie, la Gaule et l'Espagne jusqu'aux colonnes d'Héraclès ; celle qui s'étend de Cyrène à l'Éthiopie était à Antoine.

62. 1 Antoine était de fait tellement inféodé à Cléopâtre qu'en dépit de sa grande supériorité sur terre il voulut, à cause d'elle, que la victoire appartînt à la flotte, et cela quand il voyait ses triérarques, faute d'équipages, enlever de cette Grèce « tellement éprouvée » des voyageurs, des âniers, des moissonneurs, des éphèbes, sans pouvoir, même ainsi, remplir leurs vaisseaux, dont la plupart manquaient de personnel et avaient grand-peine à naviguer. 2 Les navires de César n'avaient point cette hauteur et cette masse faites pour l'ostentation, mais ils étaient agiles, rapides et à effectifs pleins ; il les tenait réunis à Tarente et à Brindes. Il envoya faire dire à Antoine de ne pas perdre son temps, mais de venir avec ses forces, 3 promettant de fournir lui-même à sa flotte des rades et des ports où elle mouillerait sans encombre, et de se retirer de la côte avec son armée de terre à une étape de cheval jusqu'à ce qu'il eût débarqué en sûreté et établi son camp. 4 Antoine répondit à cette bravade par une autre : il le provoqua à un combat singulier, quoiqu'il fût le plus âgé ; s'il reculait devant cette rencontre, il lui demandait de venir près de Pharsale pour y livrer avec leurs armées une bataille décisive, comme l'avaient fait jadis César et Pompée. 5 Mais César devança Antoine, qui se trouvait au mouillage près d'Actium, à l'endroit où se dresse maintenant la ville de Nicopolis : il traversa la mer Ionienne et s'empara d'une place forte d'Épire appelée Torynè. 6 Antoine et les siens furent troublés à cette nouvelle (leur armée de terre était en retard) ; mais Cléopâtre dit en jouant sur ce nom : « En quoi est-il fâcheux que César se soit installé sur une cuillère à pot (*torynè*) ? »

63. 1 Au point du jour la flotte ennemie se mit en mouvement ; Antoine, craignant qu'elle ne prît ses vaisseaux dépourvus de combattants, fit armer les rameurs et les disposa sur les ponts, uniquement pour la montre, puis il fit sortir et dresser les rangées de rames de chaque côté des navires, qu'il tint ainsi à l'entrée du port d'Actium, la proue tournée vers l'ennemi, comme s'ils étaient équipés et prêts au combat. 2 César, trompé par ce stratagème, se retira. Antoine sembla aussi faire preuve d'adresse en entourant de retranchements la source utilisée par les ennemis, qui en furent coupés ; or on ne trouvait dans les environs qu'une eau rare et mauvaise. 3 D'autre part, il se comporta généreusement à l'égard de Domitius, contre l'avis de Cléopâtre. Domitius, ayant déjà la fièvre, monta dans une petite embarcation et passa à César. Antoine, en dépit de sa contrariété, lui renvoya pourtant tous ses bagages, ainsi que ses amis et ses serviteurs ; 4 et Domitius mourut aussitôt après sa défection, comme si c'était du fait que son infidélité et sa trahison étaient découvertes. 5 Parmi les rois aussi, certains changèrent de camp et rejoignirent César : ce fut le cas d'Amyntas et de Dejotarus. Antoine, voyant sa flotte échouer en tout et arriver en retard partout où l'on avait besoin d'elle, fut forcé de songer de nouveau à son armée de terre. 6 Canidius lui-même, qui la commandait, changeant d'avis devant le danger, conseilla de renvoyer Cléopâtre et de se retirer en Thrace ou en Macédoine pour livrer sur terre la bataille décisive, 7 car Dicomès, roi des Gètes, promettait à Antoine de l'appuyer avec une armée considérable : « Il n'y a pas de honte, disait Canidius, à céder la mer à César, exercé à ce genre de combat par la guerre de Sicile, mais il serait étrange qu'Antoine, très expérimenté dans les batailles terrestres, n'utilisât pas la force et l'entraînement de tant de fantassins, en dispersant et gaspillant ses troupes sur des vaisseaux. » 8 Cependant ce fut l'avis de Cléopâtre qui l'emporta : le conflit serait tranché sur mer ; déjà elle pensait à fuir et prenait ses dispositions personnelles pour se placer non pas là où elle pourrait aider à la victoire, mais là d'où elle se retirerait le plus aisément, si tout se gâtait.

9 Il y avait une longue chaussée qui menait du camp d'Antoine à la rade où mouillaient ses vaisseaux, et par laquelle il avait l'habitude de

passer sans nullement se méfier. 10 Un serviteur vint dire à César qu'on pouvait enlever Antoine quand il descendait à la mer par cette chaussée, et César plaça des hommes en embuscade. 11 Ils furent si près de le prendre qu'ils saisirent son compagnon qui marchait devant lui, mais ils s'étaient dressés trop tôt, et Antoine réussit, non sans peine, à leur échapper en courant.

64. 1 Quand il fut décidé que l'on combattrait sur mer, Antoine fit brûler les vaisseaux égyptiens, à l'exception de soixante, et il garnit ses navires les meilleurs et les plus grands, depuis ceux de trois rangs de rames jusqu'à ceux de dix, en y faisant monter vingt mille fantassins et deux mille archers. 2 On rapporte qu'alors un officier d'infanterie qui avait pris part à de très nombreux combats sous les ordres d'Antoine et qui avait le corps couvert de cicatrices, le voyant passer, se mit à se lamenter et dit : 3 « Général, pourquoi méprises-tu ces blessures et cette épée, et mets-tu tes espoirs dans de mauvais bois ? Laisse les Égyptiens et les Phéniciens combattre sur mer, et à nous, donne-nous la terre, sur laquelle nous sommes accoutumés à tenir ferme et à mourir ou à vaincre les ennemis. » 4 Antoine ne répondit rien ; il se contenta de lui faire un signe de la main et de la tête, comme pour l'encourager, et il passa. Il n'avait pas lui-même bon espoir, puisque, ses pilotes voulant abandonner les voiles, il les força à les prendre et à les emporter, en disant qu'aucun ennemi ne devait échapper à leur poursuite.

65. 1 Ce jour-là, et les trois jours suivants, la mer, soulevée par un grand vent, empêcha le combat, mais le cinquième jour, une accalmie étant survenue et les flots s'étant apaisés, les deux adversaires s'avancèrent l'un contre l'autre. Antoine tenait l'aile droite avec Publicola, Coelius l'aile gauche ; Marcus Octavius et Marcus Insteius étaient au centre. 2 César avait placé à l'aile gauche Agrippa et s'était réservé l'aile droite. 3 Quant aux armées de terre, celle d'Antoine était commandée par Canidius, et celle de César par Taurus ; elles étaient rangées sur le rivage et y restaient inactives. 4 En ce qui concerne les chefs eux-mêmes, Antoine allait de tous côtés sur une barque, exhortant les soldats à profiter de la lourdeur de leurs vaisseaux pour combattre de pied ferme, comme s'ils étaient solidement installés à terre, et recommandant aux pilotes de soutenir le choc des ennemis sans bouger, comme si leurs navires étaient au mouillage, et de se garder de la passe dangereuse du port. 5 Quant à César, on dit que, sortant de sa tente alors qu'il faisait encore nuit pour inspecter sa flotte, il rencontra un homme qui conduisait un âne et lui demanda son nom. L'homme le reconnut et lui dit : « Je m'appelle Eutychos (heureux) et mon âne, Nicon (vainqueur). » Aussi, lorsque dans la suite il orna ce lieu des éperons de navires pris à l'ennemi, il y fit ériger un groupe de bronze représentant l'âne et l'homme. 6 Quand il eut bien examiné l'ordonnance de l'ensemble de sa flotte, César se fit transporter sur une chaloupe à l'aile droite, et fut surpris de voir les ennemis immobiles dans le détroit, car, à les voir, on eût dit qu'ils étaient à l'ancre. Il en resta persuadé assez longtemps, et tint ses vaisseaux éloignés des ennemis d'environ huit stades. 7 On était à la sixième heure. Une brise de mer s'éleva, et les soldats d'Antoine, impatients de ce retard et confiants dans la hauteur et la grandeur de leurs propres navires, qu'ils croyaient invincibles, mirent en mouvement leur aile gauche. 8 En les voyant, César, plein de joie, fit reculer sa droite, afin d'attirer encore davantage les ennemis en dehors du golfe et du détroit, et d'en venir aux mains en enveloppant avec ses bateaux agiles ceux d'Antoine, que leur masse et leur manque d'effectifs rendaient lents et difficiles à manœuvrer.

66. 1 Au commencement du combat et de la mêlée, les vaisseaux ne s'entrechoquèrent ni ne se brisèrent : ceux d'Antoine, à cause de leur poids, n'avaient point cet élan qui surtout rend efficaces les coups d'éperon ; quant à ceux de César, non seulement ils se gardaient de donner de la proue contre des armatures de bronze solides et résistantes, mais ils n'osaient même pas attaquer de flanc, 2 parce que leurs éperons se brisaient facilement partout où ils heurtaient des bâtiments construits avec de grosses poutres carrées, que des tenons de fer ajustaient ensemble. 3 Cette bataille ressemblait donc à une bataille sur terre, ou, pour parler plus exactement, au siège d'une ville. Trois ou quatre navires de César s'attachaient à un de ceux d'Antoine et l'attaquaient à coup de javelines, de lances, de crocs et de traits enflammés ; les soldats d'Antoine tiraient du haut de leurs tours de bois avec des catapultes. 4 Agrippa étendit l'aile gauche pour envelopper Antoine, ce qui contraignit Publicola à gagner le large et à se trouver ainsi coupé du centre, 5 qui, aux prises avec Arruntius, se trouva bousculé. Le combat était encore indécis et douteux lorsqu'on vit tout à coup les soixante vaisseaux de Cléopâtre déployer leurs voiles pour se retirer et fuir en passant à travers les combattants, car ils avaient été rangés derrière les grands navires et en s'échappant au milieu d'eux ils causèrent du désordre. 6 Les ennemis, étonnés, les regardaient et les voyaient, poussés par le vent, cingler vers le Péloponnèse. 7 À ce moment, Antoine montra clairement qu'il n'avait pour se conduire ni la pensée d'un chef, ni celle d'un homme, ni même, pour tout dire, sa propre pensée : comme quelqu'un a dit en plaisantant que l'âme d'un amoureux vit dans le corps d'une autre personne, il fut entraîné par cette femme comme s'il ne faisait qu'un avec elle et était obligé d'accompagner tous ses mouvements ; 8 il n'eut pas plus tôt vu partir son navire qu'oubliant tout, trahissant et abandonnant ceux qui combattaient et mouraient pour lui, il monta sur une quinquérème, sans autres compagnons qu'Alexas le Syrien et Scellius, et suivit cette femme qui déjà avait commencé sa perte et qui allait l'achever.

67. 1 Cléopâtre, l'ayant reconnu, fit élever un signal sur son vaisseau. Antoine s'en approcha, puis y monta, et, sans la voir ni être vu d'elle, il alla s'asseoir seul à la proue, en silence et tenant sa tête entre ses mains.

2 À ce moment on aperçut des embarcations légères de la flotte de César qui s'étaient lancées à la poursuite. Antoine ordonna de tourner contre elles la proue du vaisseau et les refoula ; seul, le Laconien Euryclès s'acharna obstinément, brandissant une javeline du haut du pont pour la lancer contre lui. 3 Antoine, debout sur la proue, demanda : « Qui est celui qui poursuit Antoine ? » Et l'autre répondit : « C'est moi, Euryclès, fils de Lacharès, qui profite de la Fortune de César pour venger la mort de mon père. » Ce Lacharès, accusé de piraterie, avait été décapité par ordre d'Antoine. 4 Cependant Euryclès ne put se jeter sur le navire d'Antoine, mais, frappant de l'éperon de bronze l'autre vaisseau amiral (il y en avait deux), il le fit tournoyer et tomber sur le flanc ; il le prit, ainsi qu'un autre navire où se trouvait une splendide vaisselle de table. 5 Quand Euryclès se fut éloigné, Antoine retomba dans la même attitude en gardant le silence. Trois jours durant, il resta ainsi seul sur la proue, soit par colère, soit qu'il eût honte de voir Cléopâtre. On arriva enfin au Ténare ; 6 là, les femmes de l'entourage de la reine les firent d'abord s'entretenir l'un l'autre, puis les persuadèrent de dîner et de dormir ensemble.

7 Un assez grand nombre de vaisseaux de transport et plusieurs amis échappés à la défaite s'étant rassemblés auprès d'eux, ils apprirent que la flotte était perdue, mais que l'on croyait que l'armée de terre tenait encore. 8 Antoine envoya des messagers à Canidius pour lui ordonner de se retirer en hâte avec l'armée vers l'Asie à travers la Macédoine. Lui-même, s'apprêtant à passer du Ténare en Afrique, mit à part un bateau de charge, où il y avait des sommes considérables, ainsi que de l'argenterie et de l'orfèvrerie très précieuses provenant des trésors royaux ; il donna toutes ces richesses en bloc à ses amis, en leur disant de se les partager et d'assurer leur salut. 9 Comme ils refusaient en pleurant, il les consola sur un ton plein de bienveillance et d'amitié, puis les pria de partir avec des lettres pour Théophile, son commissaire à Corinthe, qu'il priait de veiller à leur sûreté et de les cacher jusqu'à ce qu'ils eussent apaisé César. 10 Ce Théophile était le père d'Hipparque, qui, après avoir joui d'un très grand crédit auprès d'Antoine, fut le premier de ses affranchis qui passa à César ; il devait dans la suite s'établir à Corinthe.

68. 1 Voilà donc ce qui concerne Antoine. À Actium, sa flotte résista longtemps à César, mais, très gravement endommagée par les hautes vagues qui se dressaient sur les proues, elle renonça à combattre, à grand-peine, à la dixième heure. 2 Il n'y eut pas plus de cinq mille morts, mais trois cents vaisseaux furent pris, selon ce qu'a écrit César lui-même. 3 Peu de gens s'étaient aperçus de la fuite d'Antoine, et ceux qui l'apprirent refusèrent d'abord de croire qu'il fût parti en abandonnant dix-neuf légions et douze mille cavaliers qui n'avaient pas subi de défaite, comme s'il n'avait pas connu à maintes reprises les vicissitudes de la Fortune, ni acquis l'expérience de ses changements dans mille batailles et tant de guerres. 4 Les soldats le regrettaient et s'attendaient à le voir bientôt reparaître quelque part. Ils montrèrent une telle fidélité et un tel courage que, même lorsqu'ils furent certains de sa fuite, ils tinrent bon pendant sept jours, en méprisant tout ce que César leur envoyait dire. 5 À la fin, leur général Canidius s'étant enfui de nuit et ayant abandonné le camp, ces troupes dépourvues de tout et trahies par leurs chefs passèrent au parti du vainqueur.

6 Ensuite César fit voile vers Athènes, et, s'étant réconcilié avec les Grecs, il fit distribuer le blé qui restait des provisions de guerre aux villes, dont l'état était misérable, car on les avait dépouillées de leur argent, de leurs esclaves et de leurs bêtes de somme. 7 Mon arrière-grand-père Nicarque racontait que tous les citoyens avaient été contraints de transporter sur leurs épaules des quantités déterminées de blé jusqu'à la mer d'Anticyre en marchant vite sous les coups de fouet. 8 Après avoir porté cette première charge, on leur en avait déjà mesuré une seconde qu'ils allaient mettre sur leur dos quand on apprit la défaite d'Antoine. Cela sauva la ville, car, à l'instant, les commissaires et les soldats d'Antoine prirent la fuite, et les gens se partagèrent le blé.

***Après la défaite.* – 69.** 1 Ayant touché terre en Afrique, Antoine fit partir de Paraetonium Cléopâtre vers l'Égypte. Lui-même jouit alors d'une profonde solitude, errant à l'aventure avec deux amis, un Grec, le rhéteur Aristocratès, et un Romain, Lucilius. 2 Nous avons parlé ailleurs de ce Lucilius, qui, à Philippes, dans l'intention de permettre à Brutus de s'échapper, s'était rendu à ceux qui le poursuivaient en prétendant qu'il était lui-même Brutus, et qui, sauvé par Antoine, lui demeura en retour dévoué et fidèle jusqu'au bout. 3 Mais, son armée d'Afrique ayant fait défection avec le chef à qui il l'avait confiée, Antoine voulut se donner la mort ; il en fut empêché par ses amis, qui l'amenèrent à Alexandrie, où il trouva Cléopâtre occupée à une grande et audacieuse entreprise. 4 L'isthme qui sépare la mer Rouge de la mer d'Égypte et qui passe pour marquer la frontière entre l'Asie et l'Afrique n'a pas, à l'endroit où il est le plus resserré par les deux mers et le moins large, plus de trois cents stades de longueur. Elle avait projeté de faire tirer et de transporter par-dessus cet isthme ses navires, qui descendraient dans le golfe arabique avec de grandes richesses et une armée, pour lui permettre d'aller habiter hors de son pays et d'échapper à la servitude et à la guerre. 5 Mais les Arabes des environs de Pétra incendièrent les premiers vaisseaux ainsi traînés, et, comme Antoine croyait que ses troupes d'Actium tenaient encore, Cléopâtre abandonna ses plans et fit garder les accès de l'Égypte. 6 Antoine, quittant la ville et cessant toute relation avec ses amis, fit établir une jetée sur la mer près de Pharos et construire là pour lui-même une demeure maritime, 7 où il vécut, fuyant la société des hommes. Il disait qu'il aimait et voulait imiter la vie de Timon, puisqu'il avait fait des expériences analogues aux siennes ; victime lui-même de l'injustice et de l'ingratitude de ses amis, pour cette raison il avait pris en défiance et en haine l'humanité entière.

70. 1 Ce Timon était un Athénien qui vécut à peu près au temps de la guerre du Péloponnèse, ainsi qu'on peut le présumer d'après les comédies d'Aristophane et de Platon, 2 qui le représentent comme un bourru et un misanthrope. Fuyant et repoussant toute relation avec les autres, il saluait et embrassait tendrement Alcibiade, qui était alors un jeune insolent ; Apémantos, étonné, lui en demanda la raison : il répondit qu'il aimait ce jeune homme parce qu'il savait qu'il ferait beaucoup de mal aux Athéniens. 3 Apémantos était le seul qu'il admît parfois auprès de lui parce qu'il lui ressemblait et imitait son genre de vie ; or, un jour qu'ils dînaient tous les deux ensemble lors de la fête des Conges, Apémantos dit : « Le bon festin que nous faisons là, Timon ! — Oui, fit Timon, si tu n'y étais pas. » 4 On raconte qu'un jour où les Athéniens étaient réunis en assemblée, il monta à la tribune ; le silence s'étant établi et la curiosité étant grande à cause de la nouveauté du fait, il dit : 5 « Je possède, Athénien, un petit terrain à bâtir, où a poussé un figuier auquel plusieurs citoyens déjà se sont pendus : comme je vais construire à cet endroit, j'ai voulu vous en prévenir publiquement, afin que, si par hasard quelques-uns d'entre vous ont envie de s'y pendre, ils le fassent avant que le figuier ne soit coupé. » 6 Quand il mourut, il fut enterré à Halai, près de la mer. La partie du rivage qui formait saillie s'éboula et les flots entourèrent le tombeau, qui fut ainsi isolé et devint inaccessible. 7 On y lisait cette inscription : « Ici je repose, l'âme brisée sous un lourd destin. Vous ne saurez pas mon nom. Puissiez-vous, misérables que vous êtes, périr misérablement ! »

8 On dit qu'avant de mourir il avait lui-même composé cette épitaphe. Une autre, que l'on colporte, est de Callimaque : « Moi, Timon le Misanthrope, j'habite ici. Allons ! va-t'en en me maudissant tant que tu voudras ; seulement, va-t'en ! »

71. 1 Voilà sur Timon quelques traits parmi beaucoup d'autres. Canidius vint en personne annoncer à Antoine la perte de son armée d'Actium, et Antoine apprit aussi qu'Hérode le Juif, qui avait quelques légions et des cohortes, était passé à César, que les autres dynastes avaient également fait défection et qu'il ne lui restait désormais plus rien en dehors de l'Égypte. 2 Cependant aucune de ces nouvelles ne le troubla, et, comme s'il était content de renoncer à ses espérances pour n'avoir plus de soucis, il quitta sa fameuse résidence maritime qu'il appelait Timonéion, 3 et, reçu à nouveau par Cléopâtre dans son palais, il replongea la ville dans les festins, les beuveries et les prodigalités. Il inscrivit sur la liste des éphèbes le fils de Cléopâtre et de César, et fit prendre la toge virile, sans bordure de pourpre, à Antyllus, le fils qu'il avait eu de Fulvia. À cette occasion, ce ne furent à Alexandrie pendant plusieurs jours que festivités, banquets et bruyants divertissements. 4 Ils mirent fin eux-mêmes à la célèbre association de la Vie inimitable, et en fondèrent une autre, qui ne le cédait en rien à la précédente pour le luxe, la débauche et les délices, et qu'ils appelèrent celle de l'Attente de la mort en commun ; 5 leurs amis s'y inscrivirent comme devant mourir avec eux, et ils passaient gaiement leur temps en s'offrant des festins à tour de rôle. 6 Cependant Cléopâtre rassemblait toute sorte de poisons mortels et, pour savoir lequel était le moins douloureux, elle les faisait prendre à des prisonniers condamnés à mort. 7 Quand elle se fut aperçue que ceux dont l'effet est prompt causent une mort non moins douloureuse que rapide, et que les poisons plus doux n'agissent que lentement, elle essaya le venin des serpents ; elle en fit appliquer, sous ses yeux, de différentes espèces à divers individus, 8 et elle renouvelait chaque jour ces expériences. Elle ne trouva guère que la morsure de l'aspic, entre toutes, pour amener sans convulsion ni gémissement à une sorte de sommeil et d'engourdissement, accompagné d'une sueur légère au visage et d'un affaiblissement des sensations ; les patients, dont le corps se paralyse doucement, sont fâchés qu'on tente de les réveiller et de les rappeler à la vie, comme ceux qui dorment profondément.

72. 1 Cléopâtre et Antoine envoyèrent aussi en même temps des ambassadeurs à César en Asie : elle, pour lui demander d'assurer à ses enfants le royaume d'Égypte ; lui, pour le prier, s'il ne voulait pas le laisser en Égypte, de lui permettre de vivre à Athènes en simple particulier. 2 Ce fut le précepteur de leurs enfants, Euphronios, qu'ils députèrent en ambassade, parce qu'ils n'avaient guère d'amis et se méfiaient d'eux à cause des désertions. 3 En effet Alexas de Laodicée, qui, à Rome avait été présenté à Antoine par Timagène et avait pris sur lui plus d'influence qu'aucun autre Grec, qui, de plus, était devenu l'instrument le plus fort dont se servait Cléopâtre pour agir sur Antoine et le détourner des pensées qui surgissaient dans son esprit en faveur d'Octavie — cet Alexas avait été envoyé auprès du roi Hérode pour empêcher sa volte-face ; or, il y était resté, et, trahissant Antoine, avait osé, confiant dans la parole d'Hérode, se présenter aux yeux de César. 4 Mais Hérode ne lui avait servi de rien : jeté aussitôt en prison et renvoyé enchaîné dans sa patrie, là il fut mis à mort par ordre de César. Et c'est ainsi qu'Alexas expia sa félonie envers Antoine, alors que celui-ci était encore vivant.

73. 1 César ne supporta pas qu'on lui parlât en faveur d'Antoine, et il répondit à Cléopâtre qu'elle serait traitée de façon équitable si elle faisait périr Antoine ou le chassait. 2 En outre il lui envoya Thyrsus, un de ses propres affranchis, qui ne manquait pas d'intelligence et qui était capable, parlant au nom d'un jeune souverain, de persuader une femme ambitieuse et étonnamment fière de sa beauté. 3 Ce Thyrsus, s'entretenant avec elle plus longuement que les autres et recevant d'elle des honneurs particuliers, inspira des soupçons à Antoine, qui le fit saisir et fouetter, puis le renvoya à César en lui écrivant que Thyrsus l'avait irrité par son insolence et son dédain, alors que ses malheurs le rendaient facilement irritable. 4 « Quant à toi, disait-il, si tu prends mal cette affaire, tu as mon affranchi Hipparque : fais-le suspendre et fouetter, pour que nous soyons quittes. » 5 Dès lors Cléopâtre, pour se justifier des accusations d'Antoine et dissiper ses soupçons, lui prodigua les plus grands égards : alors qu'elle avait célébré son propre anniversaire de naissance avec une simplicité en rapport avec ses infortunes, elle fêta celui d'Antoine avec un éclat et une magnificence extrêmes, à tel point que beaucoup des invités qui étaient venus pauvres au festin s'en retournèrent riches. 6 Quant à César, Agrippa lui écrivait plusieurs fois de Rome pour l'engager à revenir, l'état des affaires exigeant sa présence.

***La mort.* – 74.** 1 Sur le moment la guerre fut donc remise à plus tard, mais, quand l'hiver fut passé, César attaqua de nouveau par la Syrie, et ses généraux par la Libye. Péluse ayant été prise, le bruit courut que Séleucos l'avait livrée d'accord avec Cléopâtre ; 2 mais la reine remit à Antoine, pour les tuer, la femme et les enfants de Séleucos. Elle-même avait fait construire près du temple d'Isis des caveaux et des tombeaux d'une beauté et d'une hauteur extraordinaires ; elle y fit porter ce qu'il y avait de plus précieux dans les trésors royaux : or, argent, émeraudes, perles, ébène, ivoire, cinnamome, puis une grande quantité de torches et d'étoupe ; 3 aussi César, craignant pour ces richesses, à la pensée que Cléopâtre, dans un accès de désespoir, pourrait détruire et réduire en cendre ses trésors, lui envoyait continuellement des promesses de clémence, tout en marchant contre la ville avec son armée. 4 Comme il s'était établi près de l'hippodrome, Antoine fit une sortie, combattit brillamment, mit en déroute les cavaliers de César et les poursuivit jusqu'à leur camp. 5 Fier de sa victoire, il rentra au palais, embrassa Cléopâtre tout armé et lui présenta celui de ses soldats qui s'était battu avec le plus d'ardeur. 6 Pour prix de sa valeur, la reine fit don d'une cuirasse et d'un casque d'or à cet homme, qui les prit et déserta pendant la nuit pour passer à César.

75. 1 Antoine envoya de nouveau provoquer César à un combat singulier. César répondit qu'Antoine disposait de nombreux chemins pour aller à la mort. Antoine réfléchit alors qu'il n'était pas pour lui de mort préférable à celle que l'on trouve en combattant, et il résolut d'attaquer à la fois par terre et par mer. 2 On raconte qu'à table il ordonnait à ses serviteurs de lui redonner à boire et de s'appliquer à lui faire meilleure chère : « Car, disait-il, on ne sait si demain vous pourrez encore vous occuper de moi, et si vous ne servirez pas d'autres maîtres, tandis que moi, squelette gisant à terre, je ne serai plus rien. » 3 Voyant ses amis fondre en larmes à ces mots, il reprit : « Je ne vous mènerais pas à un combat où je chercherais une mort glorieuse plutôt que le salut et la victoire. »

4 On rapporte que cette nuit-là, vers minuit, alors que la ville, saisie de frayeur dans l'attente des événements, était plongée dans le silence et la consternation, on entendit tout à coup les sons harmonieux d'instruments de toute espèce et les clameurs d'une foule qui criait « Évoé ! » et dansait à la façon des satyres, comme si un thiase s'élançait bruyamment ; 5 cette foule avançait en masse à travers le centre de la ville vers la porte tournée à l'extérieur du côté où se trouvaient les ennemis, et c'est par là que le bruit devint le plus fort, puis s'éteignit. 6 Ceux qui réfléchirent sur ce signe pensèrent qu'Antoine était abandonné du dieu auquel il s'était toujours particulièrement efforcé de ressembler et de s'assimiler.

76. 1 Au point du jour, Antoine établit lui-même son infanterie sur les collines situées en avant de la ville, et il se mit à contempler ses vaisseaux qui avaient pris la mer et se portaient contre ceux des ennemis ; il restait tranquille en attendant de voir ce que les siens allaient faire. 2 Or, quand ils se furent approchés, ils saluèrent de leurs rames ceux de César, et, ceux-ci leur ayant rendu leur salut, ils passèrent de leur côté, et les deux flottes réunies en une seule voguèrent ensemble, les proues tournées vers la ville. 3 Aussitôt après avoir constaté cette désertion, Antoine fut abandonné par ses cavaliers, qui changèrent de camp, puis son infanterie fut défaite ; il rentra alors dans la ville en criant que Cléopâtre l'avait trahi et livré à ceux qu'il ne combattait qu'à cause d'elle. 4 Quant à elle, redoutant sa colère et son désespoir, elle se réfugia dans son mausolée et fit baisser les herses fortement assujetties par des serrures et des verrous, puis elle envoya dire à Antoine qu'elle était morte. 5 Il le crut, et il dit, se parlant à lui-même : « Pourquoi tardes-tu encore, Antoine ? La Fortune t'a enlevé ton seul et dernier motif de tenir à la vie. » Puis il entra dans sa chambre, 6 ouvrit et défit sa cuirasse : « Ô Cléopâtre, s'écria-t-il, ce qui m'afflige, ce n'est pas d'être privé de toi, car je vais te rejoindre à l'instant ; c'est qu'un général tel que moi se soit révélé inférieur en courage à une femme. » 7 Il avait un serviteur fidèle, nommé Éros, qu'il avait depuis longtemps invité à le tuer quand il le lui demanderait. Il le somma de tenir sa promesse. 8 Éros tira son épée et la leva comme pour frapper Antoine, mais, celui-ci ayant tourné la tête, il se tua lui-même. 9 Le voyant tombé à ses pieds, Antoine dit : « C'est bien, Éros ; tu m'apprends à faire ce que tu n'as pu faire toi-même. » Il se frappa alors au ventre et se laissa choir sur son lit. 10 Mais le coup ne causa pas immédiatement la mort : le sang s'arrêta de couler dès qu'Antoine fut étendu ; il revint à lui et supplia ceux qui étaient là de l'égorger. 11 Ils s'enfuirent de la chambre, où il cria et se débattit jusqu'à l'arrivée de Diomède, secrétaire de Cléopâtre, qu'elle avait chargé de le porter auprès d'elle dans le mausolée.

77. 1 Ayant donc appris qu'elle vivait, Antoine pressa vivement ses serviteurs de le prendre dans leurs bras, et ils le portèrent à l'entrée du monument. 2 Cléopâtre n'ouvrit pas la porte, mais elle parut à une fenêtre, d'où elle fit descendre des cordes et des chaînes auxquelles on attacha Antoine, puis, aidée de deux femmes, les seules qu'elle eût admises avec elle dans le mausolée, elle le tira à elle. 3 Il n'y eut jamais de spectacle plus pitoyable, au dire de ceux qui en furent témoins. Antoine, couvert de sang et agonisant, tendait les bras vers elle, tandis qu'elle le hissait, suspendu en l'air. 4 Ce n'était pas pour des femmes une tâche facile, et Cléopâtre, le visage tendu par l'effort, agrippant la corde à deux mains, avait grand-peine à la tirer vers le haut, tandis que ceux qui étaient en bas l'encourageaient et partageaient son angoisse. 5 Quand elle l'eut ainsi recueilli, elle le coucha, déchira ses propres vêtements pour l'en couvrir et, se frappant la poitrine et la meurtrissant de ses mains, elle essuya le sang avec son visage, en l'appelant son maître, son époux, son Impérator, et elle oubliait presque ses maux à elle dans sa pitié pour ceux d'Antoine. 6 Celui-ci arrêta ses lamentations et demanda du vin à boire, soit qu'il eût soif, soit qu'il espérât être ainsi délivré plus promptement de la vie. 7 Après avoir bu, il lui conseilla de pourvoir à son salut, si elle pouvait le faire sans déshonneur, et de se fier à Proculeius plutôt qu'à aucun autre des amis de César ; il l'exhorta à ne pas le plaindre de ce dernier changement de Fortune, mais à l'estimer heureux pour les biens dont il avait joui, ayant été le plus illustre et le plus puissant des hommes, et maintenant n'éprouvant pas de honte à être vaincu, lui Romain, par un Romain.

La fin de Cléopâtre. – **78.** 1 Il était sur le point d'expirer lorsque Proculeius se présenta de la part de César. En effet, aussitôt qu'Antoine, après s'être frappé, avait été porté auprès de Cléopâtre, un de ses gardes, nommé Dercetaeus, avait pris son épée, l'avait cachée sous son vêtement, était sorti secrètement et, courant vers César, lui avait annoncé le premier la mort d'Antoine, en lui montrant son épée ensanglantée. 2 À cette nouvelle, César se retira au fond de sa tente et pleura sur celui qui avait été son parent, son collègue et son associé dans tant de combats et d'affaires. 3 Puis il prit les lettres d'Antoine, et, ayant appelé ses amis, leur en donna lecture pour leur montrer avec quelle hauteur et quelle grossièreté Antoine avait toujours répondu aux propositions raisonnables et justes qu'il lui adressait par écrit. 4 Ensuite il envoya Proculeius en lui ordonnant avant tout de prendre, s'il le pouvait, Cléopâtre vivante, car il craignait pour ses trésors, et il pensait que sa présence contribuerait grandement à l'éclat de son triomphe. 5 Cependant elle refusa de se mettre entre les mains de Proculeius. Pour lui parler, il s'approcha du mausolée, mais resta dehors à la porte qui était de plain-pied avec le sol et se trouvait solidement fermée tout en laissant un passage à la voix. 6 Pendant cet entretien, elle demanda la royauté pour ses enfants, et Proculeius l'exhorta à avoir confiance et à s'en rapporter en tout à César.

79. 1 Quand Proculeius eut examiné les lieux et fait son rapport à

César, celui-ci envoya Gallus en vue d'un nouvel entretien avec Cléopâtre. Gallus vint à sa porte et, à dessein, fit traîner en longueur la conversation. 2 Pendant ce temps Proculeius appliqua une échelle au mur et entra par la fenêtre par laquelle les femmes avaient introduit Antoine, et il descendit aussitôt, accompagné de deux satellites, à la porte même où se tenait Cléopâtre occupée à écouter Gallus. 3 L'une des deux femmes enfermées avec Cléopâtre ayant crié : « Malheureuse Cléopâtre, te voilà prise ! », elle se retourna et, apercevant Proculeius, elle tenta de se frapper avec une dague de brigand qu'elle se trouvait porter à sa ceinture, 4 mais Proculeius, courant vite à elle et l'entourant de ses bras, dit : « Tu fais tort, Cléopâtre, à toi-même et à César, que tu veux priver d'une grande occasion de montrer sa bonté, et ainsi tu calomnies le plus doux des souverains comme s'il était sans foi et sans pitié. » 5 En même temps il lui enleva son arme et secoua son vêtement dans la crainte qu'elle n'y cachât quelque poison. 6 César envoya ensuite un de ses affranchis, Épaphrodite, avec ordre de la garder vivante et de veiller rigoureusement sur elle, en lui accordant d'ailleurs tout ce qui pouvait lui procurer la vie la plus facile et la plus agréable.

80. 1 César lui-même fit son entrée dans la ville en causant avec le philosophe Aréios, à qui il donnait la main ; il voulait, en l'honorant de façon si exceptionnelle, attirer aussitôt sur Aréios les regards et l'admiration de ses concitoyens. 2 Il se rendit au gymnase et monta sur une estrade dressée pour lui. Les Alexandrins, terrifiés, se prosternèrent. Il leur ordonna de se relever et dit qu'il absolvait le peuple de toute faute, d'abord à cause d'Alexandre, fondateur de la cité, en second lieu par admiration pour la beauté et la grandeur de la ville, en troisième lieu pour faire plaisir à son ami Aréios. 3 Tel est l'honneur qu'Aréios reçut de César, et il obtint aussi de lui la grâce de nombreuses personnes, entre autres de Philostrate, le plus habile des sophistes d'alors pour parler à l'improviste, mais qui se donnait à tort pour un philosophe de l'Académie. Aussi César, qui avait son caractère en horreur, repoussait-il ses prières. 4 Mais Philostrate, ayant laissé pousser sa barbe blanchissante et revêtu un manteau de deuil, suivit partout Aréios en lui répétant constamment ce vers : « Les sages véritablement sages sauvent les sages. » 5 César, l'ayant appris, et voulant plutôt délivrer Aréios de la malveillance que Philostrate de la crainte, pardonna.

81. 1 Un des fils d'Antoine, Antyllus, qu'il avait eu de Fulvia, fut livré par son précepteur Théodore, et mis à mort ; 2 les soldats lui ayant coupé la tête, le précepteur déroba une pierre d'une très grande valeur qu'Antyllus portait au cou, et la cousit dans sa ceinture. Il nia le vol, mais, ayant été pris sur le fait, il fut mis en croix. 3 Quant aux jeunes enfants de Cléopâtre, mis sous bonne garde avec ceux qui les élevaient, ils furent traités avec générosité. 4 Césarion, que l'on disait fils du premier César, avait été envoyé par sa mère dans l'Inde à travers l'Éthiopie, avec de grandes richesses. Mais un autre précepteur, nommé Rhodon, qui ne valait pas mieux que Théodore, le persuada de revenir à Alexandrie, en lui disant que César l'appelait à régner. 5 Comme César délibérait à son sujet, on prétend qu'Aréios lui dit : « Il n'est pas bon qu'il y ait plusieurs Césars. »

82. 1 César fit donc tuer Césarion plus tard, après la mort de Cléopâtre. 2 Quant au corps d'Antoine, bien qu'il fût réclamé par plusieurs rois et généraux qui voulaient lui faire des funérailles, César ne l'enleva pas à Cléopâtre ; elle l'ensevelit de ses propres mains avec une magnificence royale, et elle put disposer à cette fin de tout ce qu'elle voulut. 3 Mais à la suite d'un si grand chagrin et d'une douleur physique (sa poitrine s'était enflammée sous les coups qu'elle s'était donnés, et la plaie suppurait), elle fut prise de fièvre. Elle saisit ce prétexte pour s'abstenir de nourriture et se débarrasser de la vie sans en être empêchée. 4 Elle avait pour médecin ordinaire Olympos, à qui elle dit la vérité ; il la conseilla et l'aida dans son dessein de mourir, comme Olympos lui-même l'a dit dans la relation qu'il a publiée de ces événements. 5 Mais César, soupçonnant l'intention de Cléopâtre, lui adressa des menaces et lui inspira des craintes pour ses enfants ; alors elle se rendit, comme minée par un travail de sape, et elle abandonna son corps à ceux qui voulaient prendre soin d'elle et la nourrir.

83. 1 César laissa passer quelques jours, et vint ensuite lui-même pour s'entretenir avec elle et la consoler. Il la trouva misérablement couchée sur un grabat. À son entrée, elle bondit, vêtue d'une simple tunique, et se jeta à ses pieds, la tête et le visage affreusement flétris, la voix tremblante et les yeux battus. 2 On voyait sur sa poitrine les marques des nombreux coups qu'elle s'était donnés. En un mot, son corps paraissait en aussi mauvais état que son âme. 3 Cependant le charme fameux dont elle était douée et l'orgueil que lui inspirait sa beauté n'étaient pas entièrement éteints, et, même dans l'abattement où elle se trouvait, ils jaillissaient encore de l'intérieur et apparaissaient dans les mouvements de son visage. 4 César l'ayant invitée à s'étendre à nouveau et s'étant assis près d'elle, elle entreprit de se justifier, en rejetant tout ce qu'elle avait fait sur la fatalité et sur la crainte qu'elle avait d'Antoine. Mais, comme César contestait et réfutait chacun de ses arguments, elle changea vite d'attitude et eut recours à la pitié et à la prière, comme si elle était une femme très attachée à la vie. 5 Finalement elle lui remit un inventaire de l'ensemble de ses richesses. Comme Séleucos, un de ses intendants, lui reprochait de cacher et de détourner certains objets, elle se dressa soudain, le saisit aux cheveux et lui porta plusieurs coups au visage. 6 César se mettant à sourire et cherchant à la calmer : « N'est-il pas horrible, dit-elle, César, alors que tu as daigné venir chez moi et me parler dans la triste situation où je me trouve, que mes esclaves m'accusent d'avoir mis de côté quelques bijoux de femme, non pas certes pour m'en parer, malheureuse que je suis, mais pour faire quelques légers présents à Octavie et à ta Livie, afin de te trouver, grâce à elles, clément et plus doux à mon égard ? » 7 Ces paroles réjouirent César, qui crut qu'elle tenait tout à fait à la vie. Aussi lui dit-il qu'il lui abandonnait ces bijoux et que, pour le reste, elle serait traitée par lui de façon brillante et supérieure à tout espoir. Puis il se retira, persuadé qu'il l'avait trompée, alors qu'il s'était bien plutôt laissé tromper par elle.

84. 1 Il y avait parmi les amis de César un jeune homme illustre, Cornelius Dolabella, 2 qui n'était pas sans sympathie pour Cléopâtre. À ce moment, pour lui rendre service et à sa demande, il la fit avertir en secret que César, allant se retirer lui-même par terre en traversant la Syrie, avait décidé de la faire partir pour Rome trois jours après avec ses enfants. 3 Ainsi prévenue, elle demanda d'abord à César la permission d'offrir des libations à Antoine. Il la lui accorda. Alors elle se fit porter au tombeau et, se prosternant auprès du tertre funéraire avec ses suivantes ordinaires : 4 « Cher Antoine, dit-elle, quand je t'ai naguère enseveli, mes mains étaient encore libres, et maintenant que je verse ces libations, je suis captive et gardée à vue pour m'empêcher de maltraiter ce corps esclave par des coups en me lamentant et pour me réserver en vue du triomphe qui sera célébré sur toi. 5 N'attends plus de moi d'autres honneurs et d'autres libations : ce sont les dernières que t'offre Cléopâtre, que l'on veut emmener. 6 Vivants, rien ne nous a séparés l'un de l'autre, mais nous risquons en mourant d'échanger nos pays l'un pour l'autre : toi, Romain, enterré ici, et moi, malheureuse, en Italie, une tombe étant la seule part de ton pays que j'aurai reçue. 7 Mais si les dieux de là-bas ont quelque force et quelque puissance (ceux d'ici nous ayant trahis), n'abandonne pas ta femme vivante, ne souffre pas qu'on triomphe de toi en ma personne ; cache-moi ici avec toi dans le même tombeau, car, parmi les maux sans nombre qui m'accablent, aucun n'a été aussi grand ni aussi affreux que ce peu de temps que j'ai vécu sans toi. »

85. 1 Après s'être ainsi lamentée, elle couronna de fleurs et embrassa la tombe, puis elle se fit préparer un bain. Une fois baignée, elle se mit à table et prit un repas somptueux. 2 Un homme arriva alors de la campagne, portant un panier. Comme les gardes lui demandaient ce qu'il contenait, il l'ouvrit, écarta les feuilles et leur montra qu'il était plein de figues. 3 Les gardes admirant la beauté et la grosseur des fruits, l'homme sourit et les invita à en prendre ; ainsi mis en confiance, ils le laissèrent entrer avec ce qu'il portait. 4 Après son déjeuner, Cléopâtre prit une tablette qu'elle avait écrite et cachetée, et l'envoya à César, puis, ayant fait sortir tout le monde, à l'exception de ses deux femmes dont j'ai parlé, elle ferma la porte. 5 Quand César eut décacheté la tablette et lu les prières et les supplications par lesquelles elle lui demandait de l'ensevelir avec Antoine, il comprit aussitôt ce qu'elle avait fait. Il songea d'abord à aller lui-même à son secours, puis il envoya en toute hâte des gens pour voir ce qui s'était passé. Le drame avait été rapide ; 6 car, venus en courant, ils surprirent les gardes qui ne s'étaient aperçus de rien, et, ouvrant la porte, ils trouvèrent Cléopâtre morte, couchée sur un lit d'or et vêtue de ses habits royaux. 7 L'une de ses suivantes, appelée Iras, expirait à ses pieds ; l'autre, Charmion, déjà chancelante et appesantie, arrangeait le diadème autour de la tête de la reine. 8 Un des hommes lui dit avec colère : « Voilà qui est beau, Charmion ! » « Très beau, fit-elle, et digne de la descendante de tant de rois. » Elle n'en dit pas davantage et tomba sur place, près du lit.

86. 1 L'aspic, dit-on, fut apporté à Cléopâtre avec ces figues et il avait été caché sous les feuilles, car elle l'avait ainsi ordonné, afin que l'animal l'attaquât sans même qu'elle le sût ; 2 mais, en enlevant des figues, elle le vit et dit : « Le voilà donc », puis elle dénuda son bras et l'offrit à la morsure. 3 D'autres prétendent qu'elle gardait cet aspic enfermé dans un vase et que, Cléopâtre le provoquant et l'excitant avec un fuseau d'or, il bondit et s'attacha à son bras. 4 Mais personne ne sait la vérité, car on a dit aussi qu'elle portait toujours du poison dans une épingle à cheveux creuse et qu'elle cachait cette épingle dans sa chevelure. Cependant aucune tache ni aucune autre marque de poison n'apparut sur son corps. 5 On ne vit pas non plus de serpent à l'intérieur, mais on disait en avoir observé des traces le long de la mer, du côté où donnait sa chambre et où il y avait des fenêtres. Certains affirment que l'on aperçut sur le bras de Cléopâtre deux piqûres légères et peu distinctes, et c'est à ce rapport, semble-t-il, que César ajouta foi, 6 car à son triomphe on porta une statue de Cléopâtre elle-même avec l'aspic attaché à son bras. Voilà donc ce que l'on raconte à ce sujet.

7 César, tout fâché qu'il était de la mort de cette femme, admira sa grandeur d'âme, et la fit ensevelir avec une magnificence royale auprès d'Antoine. Il fit faire aussi à ses suivantes des obsèques honorables. 8 Cléopâtre mourut à l'âge de trente-neuf ans, après avoir régné vingt-deux années, dont plus de quatorze en compagnie d'Antoine. Quant à Antoine, les uns disent qu'il avait dépassé la cinquantaine de six ans, les autres de trois. 9 Les statues d'Antoine furent renversées, mais celles de Cléopâtre restèrent en place, un des amis de la reine, Archibios, ayant donné deux mille talents à César pour qu'elles n'eussent pas le même sort que celles d'Antoine.

Postérité d'Antoine. – **87.** 1 Antoine avait laissé, grâce à trois femmes, une descendance de sept enfants. L'aîné, Antyllus, fut le seul que César fit mettre à mort. Octavie, ayant recueilli les autres, les éleva avec les siens. 2 Elle maria Cléopâtre, fille de Cléopâtre, à Juba, le mieux doué des rois. Elle fit parvenir Antoine, fils de Fulvia, à un si haut rang qu'après Agrippa, qui tenait la première place auprès de César, et les fils de Livie, qui occupaient la seconde, il passait à juste titre pour avoir la troisième. 3 Octavie avait eu de Marcellus deux filles et un fils, Marcellus, que César adopta et dont il fit son gendre ; elle donna l'une de ses filles à Agrippa. 4 Le jeune Marcellus étant mort très peu de temps après son mariage, César se trouva dans l'embarras pour choisir parmi ses amis un autre gendre en qui il eût confiance, et Octavie proposa qu'Agrippa répudiât sa fille à elle et épousât celle de César. 5 César d'abord, puis Agrippa ayant approuvé sa proposition, elle reprit sa fille pour la donner à Antoine, et Agrippa épousa la fille de César. 6 Restaient les deux filles d'Antoine et d'Octavie : l'une fut mariée à Domitius Ahenobarbus, l'autre, célèbre par sa sagesse et sa beauté, Antonia, épousa Drusus, fils de Livie et beau-fils de César. 7 De ce mariage naquirent Germanicus et Claude, qui fut empereur dans la suite. 8 Des enfants de Germanicus, l'un, Caïus, après avoir régné de façon voyante et peu de temps, fut tué avec sa femme et son enfant ; l'autre, Agrippine, qui avait d'Ahenobarbus un fils, Lucius Domitius, épousa Claude César, et Claude, ayant adopté son fils, le nomma Nero Germanicus. 9 C'est celui qui a régné de nos jours, qui a tué sa mère et qui a failli, par son aveuglement et sa folie, ruiner l'Empire romain. Il était le cinquième descendant d'Antoine dans l'ordre des générations.

Comparaison de Démétrios et d'Antoine

88 (1). 1 Ces deux hommes ayant connu l'un et l'autre de grands changements de Fortune, considérons d'abord ce qui a trait à leur pouvoir et à leur illustration. Démétrios hérita l'empire précédemment conquis par son père Antigone, qui avait été le plus puissant des diadoques et qui, avant que Démétrios eût atteint l'âge d'homme, avait attaqué et soumis la plus grande partie de l'Asie. 2 Antoine, lui, dont le père, d'ailleurs homme de bien, n'étant pas doué pour la guerre, ne lui avait pas laissé un grand nom en fait de réputation, osa aspirer à la puissance de César, à laquelle sa naissance ne lui donnait aucun droit, et s'institua lui-même héritier du pouvoir acquis antérieurement par les efforts du grand homme. 3 Il parvint ainsi par ses seules ressources à une si haute situation qu'il put faire deux parts de l'univers : choisissant et prenant pour lui la plus illustre, il vainquit, quoique absent, les Parthes à plusieurs reprises grâce à ses subordonnés et à ses lieutenants, et repoussa les nations barbares du Caucase jusqu'à la mer Caspienne. 4 Les reproches mêmes qu'on lui fait sont des témoignages de sa grandeur : 5 alors que le père de Démétrios s'était contenté de le marier, en dépit de la différence d'âge, à la fille d'Antipatros, Phila, qui à ses yeux était d'un rang supérieur, Antoine encourut la honte d'épouser Cléopâtre, femme qui surpassa en puissance et en éclat tous les rois de son temps, à l'exception d'Arsacès. 6 Mais il s'était rendu si grand que les autres le jugeaient digne d'une plus haute Fortune encore que celle à laquelle il aspirait.

89 (2). 1 En ce qui concerne l'intention qui les poussa à la conquête du pouvoir, celle de Démétrios est irréprochable : il chercha à dominer et à gouverner des peuples accoutumés à être dominés et gouvernés par des rois ; mais celle d'Antoine fut violente et tyrannique, puisqu'il voulut asservir le peuple romain qui venait d'échapper au despotisme de César. 2 C'est ainsi que le plus grand et le plus éclatant des exploits d'Antoine, la guerre contre Cassius et Brutus, eut pour objet de priver de la liberté sa patrie et ses concitoyens. 3 Démétrios au contraire, avant de subir les sévices de l'adversité, s'occupa sans cesse d'affranchir la Grèce et de chasser des villes les garnisons, en cela bien différent d'Antoine, qui se glorifiait d'avoir tué en Macédoine les libérateurs de Rome. 4 Antoine avait une qualité louable, à savoir sa libéralité et sa munificence ; cependant, à cet égard, Démétrios le surpassa au point de combler ses ennemis de faveurs telles qu'Antoine n'en accordait pas à ses amis : 5 certes, en ordonnant de recouvrir et d'ensevelir le corps de Brutus, Antoine acquit un bon renom, mais Démétrios rendit les derniers devoirs à tous les ennemis tués et renvoya à Ptolémée ses prisonniers comblés de présents et de richesses.

90 (3). 1 Ils commirent tous les deux des excès dans leurs périodes de prospérité, et se laissèrent aller aux jouissances et aux débauches. 2 Mais l'on ne peut dire que Démétrios, au sein même des fêtes et des orgies, ait omis de saisir une occasion d'agir : il ne se livrait aux plaisirs que lorsqu'il disposait de grands loisirs, et sa Lamia, comme celle de la Fable, ne lui servait que de passe-temps en l'amusant et l'endormant. 3 Quand il faisait ses préparatifs de guerre, sa lance n'était pas ornée de lierre et son casque ne sentait pas les parfums ; il ne sortait pas, brillant et radieux, du gynécée pour aller se battre, mais il laissait reposer les chœurs de danse et mettait fin aux transports bachiques, devenant alors, comme dit Euripide, « un serviteur du sacrilège Arès », et jamais il ne subit d'échec à cause de ses goûts voluptueux ou de sa nonchalance. 4 Au contraire Antoine, comme Héraclès, que nous voyons dans les tableaux privé de sa massue et dépouillé de sa peau de lion par Omphale, fut souvent ainsi désarmé par Cléopâtre, dont les charmes lui firent échapper des mains de grandes entreprises et des expéditions nécessaires pour vagabonder et s'ébattre avec elle sur les rivages de Canope et de Taphosiris. 5 Enfin, comme Pâris fuyant le champ de bataille, il se réfugia dans le sein de la femme aimée, ou plutôt, alors que Pâris ne s'enfuit dans la chambre nuptiale qu'après avoir été vaincu, Antoine, lui, prit la fuite pour suivre Cléopâtre, renonçant ainsi à la victoire.

91 (4). 1 En outre Démétrios, selon une coutume que rien n'interdisait, et qui, à partir de Philippe et d'Alexandre, était passée en usage chez les rois de Macédoine, contracta plusieurs mariages, comme Lysimaque et Ptolémée, mais il se montra plein d'égards pour toutes ses épouses. 2 Antoine, lui, commença par avoir deux femmes à la fois, ce qu'aucun

Romain n'avait osé faire avant lui, puis il chassa sa concitoyenne, son épouse légitime, pour complaire à l'étrangère, qui vivait avec lui contrairement à la loi. Ainsi le mariage, qui ne causa aucun dommage au premier, fut pour le second l'origine des plus grands malheurs. 3 Cependant l'on ne trouve dans les actes d'Antoine aucune impiété comparable à celle dont se souilla Démétrios dans des débauches : les historiens disent en effet que l'on écartait de toute l'Acropole les chiens, parce que c'est cet animal surtout qui s'accouple en public ; 4 or Démétrios s'unissait aux prostituées dans le Parthénon même et y débaucha bien des citoyennes de la ville. 5 De plus, le vice que l'on pourrait croire le moins compatible avec de tels excès de sensualité et de luxure, à savoir la cruauté, s'associait chez Démétrios au goût de la volupté ; il vit mourir avec indifférence, ou plutôt il contraignit à la mort la plus affreuse le plus beau et le plus vertueux des Athéniens, qui n'échappa qu'ainsi à ses violences. 6 Bref, si les dérèglements d'Antoine ne nuisirent qu'à lui seul, ceux de Démétrios causèrent du tort à autrui.

92 (5). 1 À l'égard de ses parents Démétrios se montra en tout irréprochable, 2 tandis qu'Antoine livra le frère de sa mère pour obtenir le meurtre de Cicéron, action en elle-même honteuse et cruelle, que l'on pourrait à peine lui pardonner si la mort de Cicéron avait été le prix du salut de son oncle. 3 Tous les deux, Antoine et Démétrios se parjurèrent et violèrent la foi promise, le premier en arrêtant Artavasdès, l'autre en faisant tuer Alexandre. Mais Antoine avait un prétexte plausible, car il avait été abandonné chez les Mèdes et trahi par Artavasdès, 4 alors que, selon plusieurs historiens, Démétrios inventa de fausses accusations pour justifier son crime et sembler s'être vengé d'un agresseur, qui fut sa victime innocente. 5 En revanche, Démétrios fut personnellement l'auteur de ses succès, tandis qu'Antoine dut ses plus belles et ses plus grandes victoires à ses lieutenants qui les remportèrent en son absence.

93 (6). 1 Tous les deux ruinèrent leurs affaires par leur faute, mais d'une manière différente : l'un fut abandonné des Macédoniens, qui lui firent défection ; l'autre s'enfuit en abandonnant ceux qui risquaient leur vie pour lui. 2 Aussi peut-on reprocher au premier d'avoir rendu ses soldats si mal disposés à son égard, et au second d'avoir abandonné des hommes si dévoués et si fidèles à son service. 3 Il est impossible de louer la mort de l'un et de l'autre, mais celle de Démétrios est plus blâmable : il supporta d'être fait prisonnier, et, en captivité, il fut heureux de gagner trois années de plus pour s'enivrer et satisfaire son ventre, en se laissant apprivoiser comme un animal. 4 La fin d'Antoine fut lâche, pitoyable et honteuse, mais du moins sut-il quitter la vie avant que son ennemi ne devînt maître de sa personne.

Vies de Dion et de Brutus

C'est chronologiquement le douzième tome des Vies. *Nous sommes à peu près à mi-course de l'entreprise. Cela Plutarque ne le sait pas, mais nous savons, nous, que le procédé est déjà bien rodé. Les appariements ont eu, jusqu'à présent, leur logique et leurs raisons. Celui-ci en comporte plus encore. Car, comme dit Plutarque filant la métaphore, les deux héros « sont de la même palestre », c'est-à-dire que tous deux appartiennent à l'école platonicienne. Mais ils ont aussi en commun de s'être dressés contre la tyrannie (avec la restriction que César n'était pas un tyran). Un autre trait commun, c'est en fait l'intervention du surnaturel dans l'une et l'autre biographie. Une intervention beaucoup plus marquée que dans les autres* Vies. *On dirait que cet aspect des choses le préoccupe davantage à propos de ces héros ; sans doute s'y prêtent-ils plus d'après ce que la tradition a conservé d'eux, de récits d'apparitions, d'histoires de spectres, mais ce n'est probablement pas la seule raison.*

Vers l'époque où il compose ces Vies, *que l'on peut situer autour des années 105, Plutarque est obsédé par les questions religieuses et notamment par le rapport entre le monde des hommes et celui des démons. Ces questions le préoccupent au point que dans la* Vie de Brutus (**37**), *il y reviendra longuement en exposant par la bouche de Cassius le point de vue épicurien. Ici il se borne à renvoyer à un autre ouvrage* (Dion, **2**.7). *S'agit-il du traité* De la superstition *? Nous situerions plus volontiers ce dernier parmi les œuvres de jeunesse. On pourrait plutôt penser à un ouvrage que Plutarque méditait, relatif aux démons, et qui aurait enfin fixé sur ce sujet une doctrine que, depuis le traité sur* La disparition des oracles, *Plutarque n'avait cessé d'aborder, mais toujours partiellement, dans* Le Visage qui est dans la lune *et le* Démon de Socrate *et qu'il allait tenter de préciser dans les* Délais de la justice divine.

Mais ces années où il compose le Dion *et le* Brutus *sont également celles qui sont consacrées à une réflexion politique approfondie. Celle-ci fait suite probablement aux entretiens qu'il a eus avec ses amis de Rome. Elle se traduira par une série d'écrits d'inspiration platonicienne. Parallèlement aux* Vies, *Plutarque compose durant cette période de la première décennie du* IIe *siècle toute une série d'ouvrages de documentation historique et politique et des traités éminemment politiques rappelant les devoirs des citoyens et des magistrats. Là encore nous rencontrons Platon dont Plutarque s'inspire en essayant d'adapter ses doctrines et ses constructions à la situation politique présente telle que l'Empire l'a modelée. Ce sont des années de labeur intense, très fécondes au cours desquelles Plutarque se replonge dans la doctrine platonicienne tout en étant conscient que l'Empire des Antonins implique une révision de la doctrine de la cité. C'est dans cette atmosphère de réexamen de la politique platonicienne que Plutarque travaille à ce douzième tome des* Vies, *lui-même tout imprégné de platonisme.*

C'est pourquoi il convient probablement de prêter attention au destin des héros, pleins de leurs convictions platoniciennes et, en réalité, dans l'incapacité de les mettre totalement en pratique. Dion va trop vite dans ses réformes et il finit misérablement, renversé et assassiné. Brutus, de son côté, illustre aussi une interprétation trop brutale du platonisme. S'en prendre à César comme à un tyran est une erreur de jugement car ce dernier organisait en réalité une « politeia *» originale combinant le système hellénique et le système romain et, bien loin d'établir une tyrannie* (Vie de Brutus, **55**), *il apparaissait « comme un médecin très doux donné par la divinité elle-même à un État qui avait besoin d'un maître unique »* (Brutus, **55**). *Comme on le voit, ce n'est plus de platonisme orthodoxe qu'il s'agit, mais d'une vision optimiste et habillée de philosophie du principat. La restauration antonine aménage le passé selon les besoins de l'idéologie présente.*

J. S.

DION

Préface. – **1.** 1 Comme le dit Simonide, Sossius Sénécion, les Troyens n'en voulurent pas aux Corinthiens d'avoir pris part à l'expédition des Achéens contre eux, parce que Glaucos, originaire de Corinthe, combattait ardemment pour leur ville ; de même, n'est-il pas naturel que ni les Romains ni les Grecs ne se plaignent de l'Académie, qui a apporté autant aux uns et aux autres, comme on peut le voir par cet ouvrage qui contient les biographies de Brutus et de Dion ? 2 Celui-ci assista aux leçons de Platon lui-même, et celui-là se nourrit de sa doctrine ; tous deux sortirent donc, pour ainsi dire, de la même palestre avant d'aller livrer les plus grands combats. 3 Il n'est pas étonnant qu'en accomplissant beaucoup d'actions analogues et comme fraternelles ils aient rendu ce témoignage à lcur guide dans le chemin de la vertu, que sagesse et justice doivent se rencontrer avec puissance et Fortune, pour que la conduite politique ait à la fois de la beauté et de la grandeur. 4 En effet, de même que le maître de gymnastique Hippomaque prétendait reconnaître de loin ses anciens élèves rien qu'à les voir rapporter de la viande du marché, de même il est normal que la raison, chez ceux qui ont reçu une éducation semblable, accompagne également leurs actes et leur communique, avec la convenance, une sorte d'harmonie et de rythme.

2. 1 Les péripéties qui leur advinrent, et qui furent les mêmes en raison des circonstances plutôt que de leurs desseins, mettent une similitude entre leurs vies. 2 En effet tous les deux périrent avant d'avoir atteint le but que leur activité s'était proposé, en livrant beaucoup de grandes luttes sans y parvenir. 3 Mais le plus surprenant de tout, c'est que la divinité leur fit entrevoir leur mort à tous deux par l'apparition semblable d'un fantôme menaçant. 4 Il est vrai que certains rejettent ce genre de phénomènes en prétendant que jamais un homme sensé n'a eu la vision d'un démon ou d'un spectre, et que seuls les petits enfants, les femmes et les gens dont l'esprit est dérangé par la maladie, traînent avec eux, dans l'égarement de l'âme ou le déséquilibre du corps, ces imaginations vaines et étranges, parce qu'ils ont en eux-mêmes la superstition en fait de mauvais génie. 5 Mais si Dion et Brutus, des hommes pondérés, des philosophes, peu enclins à se laisser surprendre ou duper par une impression quelconque, furent si vivement affectés par une apparition qu'ils la racontèrent à d'autres, je ne sais si nous ne devons pas admettre cette tradition, si étrange qu'elle soit, reçue de la plus haute antiquité, 6 selon laquelle les démons mauvais et envieux, jaloux des hommes de bien et s'opposant à leurs actions, suscitent en leur esprit des troubles et des frayeurs qui agitent et ébranlent leur vertu, pour les empêcher de rester inébranlables et purs dans leur belle conduite et d'obtenir ainsi après leur mort une destinée meilleure que la leur. 7 Mais réservons ces considérations pour un autre ouvrage. Dans celui-ci, qui est le douzième tome de nos *Vies parallèles*, commençons par l'histoire du plus ancien de nos deux héros.

Dion sous Denys l'Ancien. – **3.** 1 Denys l'Ancien, dès qu'il fut arrivé au pouvoir, épousa la fille du Syracusain Hermocrate. 2 Comme sa tyrannie n'était pas encore affermie, les Syracusains se révoltèrent, et ils exercèrent sur sa femme des violences si indignes et si affreuses qu'elle se donna volontairement la mort. 3 Denys, lorsqu'il eut rétabli et consolidé son autorité, épousa deux femmes à la fois, l'une de Locride, appelée Doris, et l'autre de Syracuse même, Aristomachè, fille d'Hipparinos, l'un des plus notables parmi les Syracusains et qui avait commandé avec Denys la première fois que celui-ci fut choisi comme général en chef pour conduire la guerre. 4 On dit qu'il se maria le même jour avec les deux, et que personne ne sut jamais quelle fut celle dont il s'approcha la première. Dans la suite, il se partagea toujours également entre elles deux : l'une et l'autre prenaient habituellement leurs repas avec lui, et chacune à tour de rôle passait la nuit dans son lit. 5 Le peuple de Syracuse aurait voulu que celle du pays eût l'avantage sur l'étrangère, mais le privilège qui échut à celle-ci de donner la première à Denys un fils, qui fut l'aîné de sa descendance, la soutint contre la prévention que suscitait son origine. 6 Aristomachè, elle, demeura longtemps avec Denys sans être mère, bien qu'il désirât vivement avoir d'elle des enfants, à ce point même qu'il fit mourir la mère de la Locrienne, qu'il accusait d'employer des philtres pour rendre Aristomachè stérile.

Premier voyage de Platon en Sicile (388). – **4.** 1 Dion était frère d'Aristomachè, et il avait été d'abord tenu en honneur à cause de sa sœur, mais ensuite, fournissant la preuve de ses aptitudes, il fut dès lors apprécié pour lui-même auprès du tyran. 2 Denys, entre autres marques de faveur, enjoignit à ses trésoriers de donner à Dion tout ce qu'il demanderait, à condition de lui en rendre compte le jour même. 3 Dion avait déjà un caractère fier, magnanime et courageux ; il accrut encore ces qualités lorsque, par une chance divine, en dehors de tout calcul humain, Platon aborda en Sicile. 4 Ce fut, semble-t-il, un dieu qui, jetant de loin les fondements de la liberté pour les Syracusains, et préparant la chute de la tyrannie, amena Platon d'Italie à Syracuse et mit Dion en rapport avec lui ; 5 celui-ci, alors très jeune, fut, de tous les disciples de Platon, le mieux doué pour apprendre et le plus prompt à écouter pour se former à la vertu, ainsi que l'a écrit Platon lui-même et comme ses actes en témoignent. 6 Élevé sous un tyran dans des mœurs dégradantes, et plein des habitudes d'une vie marquée par l'inégalité et la crainte, au sein d'un luxe de parvenu, de délices grossières et d'un mode d'existence qui plaçait son idéal dans les plaisirs et les gains, 7 il n'eut pas plus tôt goûté à une doctrine et à une philosophie maîtresses de vertu que son âme s'enflamma ; dans son enthousiasme pour le bien, il s'imagina même, avec une ingénuité toute juvénile, que les mêmes discours feraient sur Denys une impression semblable, et il le pressa avec tant d'insistance qu'il le décida à se ménager du loisir pour rencontrer lui-même et écouter Platon.

5. 1 Au cours de leur entrevue, la conversation roula essentiellement sur la vertu, et la plus grande partie de la discussion porta sur le courage, Platon montrant qu'il n'y a pas d'hommes moins courageux que les tyrans ; puis, traitant de la justice, il fit voir que seule la vie de l'homme juste est heureuse et que celle de l'injuste est malheureuse. 2 Le tyran, comme se sentant visé, ne put supporter ces propos et se fâcha contre les assistants qui, pleins d'admiration, approuvaient le philosophe et étaient charmés par ses paroles. 3 Finalement, irrité, exaspéré, il demanda à Platon dans quelle intention il était venu en Sicile : 4 « Pour chercher un homme de bien » fut la réponse, à quoi Denys répliqua : « Par les dieux, il est visible que tu n'en as pas encore trouvé un de tel ! » 5 Dion pensait que sa colère ne s'arrêterait pas là, et il se hâta de faire embarquer Platon sur une trière, qui ramenait en Grèce le Spartiate Pollis. 6 Mais Denys demanda secrètement à Pollis de faire périr Platon, si possible, pendant la traversée, sinon, à tout le moins, de le vendre, en disant : « En effet il n'en souffrira en rien et son bonheur ne sera pas diminué, puisqu'il est juste, même s'il devient esclave. » 7 Aussi affirme-t-on que Pollis s'empressa de conduire Platon à Égine et de le mettre en vente, car les Éginètes étaient alors en guerre avec les Athéniens et avaient décrété que tout Athénien pris chez eux serait vendu.

8 Cependant Dion n'en garda pas moins honneur et crédit auprès de Denys. Il fut même chargé d'accomplir des ambassades parmi les plus importantes, et, envoyé à Carthage, il s'y fit singulièrement estimer. Il était presque le seul dont Denys supportait la franchise, bien qu'il lui dît sans crainte ce qui lui venait à l'esprit ; telle fut par exemple sa remontrance à propos de Gélon : 9 comme on se moquait, paraît-il, du gouvernement de Gélon qui, selon Denys, aurait été lui-même la risée de la Sicile, les courtisans firent semblant d'admirer sa plaisanterie. Dion en fut indigné : « Pourtant, dit-il, si tu règnes, c'est que l'on s'est fié à toi à cause de Gélon, tandis qu'à cause de toi l'on ne se fiera plus à personne d'autre. » 10 Effectivement, Gélon avait montré que le spectacle d'une ville gouvernée par un monarque était le plus beau du monde, et Denys montrait que c'est le plus laid.

***Dion sous Denys le Jeune.* – 6.** 1 Denys avait trois enfants de la Locrienne, et quatre d'Aristomachè, dont deux filles, Sophrosynè et Arétè. Il avait marié Sophrosynè à son fils Denys, et Arétè à son frère, Théaridès, mais, Théaridès étant mort, Dion épousa Arétè, qui était sa nièce. 2 Lorsque Denys, malade, sembla être sur le point de mourir, Dion tenta de lui parler en faveur des enfants d'Aristomachè, mais les médecins, pour complaire à celui qui allait hériter du pouvoir, ne lui en laissèrent pas le temps : 3 et même Denys, à ce que rapporte Timée, ayant demandé un somnifère, ils lui donnèrent une drogue qui lui fit perdre connaissance et le mena du sommeil au trépas.

4 Cependant, la première fois que Denys le Jeune assembla ses amis en Conseil, Dion exposa si bien les nécessités de la conjoncture qu'il fit apparaître tous les autres, pour l'intelligence, comme des enfants et, pour la franchise, comme des esclaves de la tyrannie, car, par crainte et par lâcheté, ils ne cherchaient, dans la plupart de leurs avis, qu'à faire plaisir au jeune homme. 5 Mais voici ce qui les étonna le plus : alors qu'ils redoutaient la menace carthaginoise suspendue sur l'empire, Dion s'engagea, si Denys voulait la paix, à s'embarquer aussitôt pour la Libye et à terminer le conflit aux meilleures conditions possibles, et, si au contraire

il préférait combattre, à fournir lui-même pour la guerre et entretenir à ses frais cinquante trières prêtes à prendre la mer.

7. 1 Denys admira vivement la grandeur d'âme de Dion et apprécia son zèle, 2 mais les autres, considérant sa munificence comme un affront pour eux et se sentant rabaissés par le crédit dont il jouissait, saisirent aussitôt l'occasion et n'épargnèrent aucune parole qui pût indisposer le jeune homme contre lui : Dion voulait, disaient-ils, se frayer par mer un chemin secret vers la tyrannie et arracher avec ses vaisseaux le pouvoir souverain pour le transférer aux fils d'Aristomachè, qui étaient ses neveux. 3 Mais les causes les plus apparentes et les plus fortes de leur envie et de leur haine étaient le contraste de leur genre de vie et du sien et le soin qu'il apportait à fuir leur société. 4 Dès le début en effet, au moyen des plaisirs et des flatteries, ils s'étaient faits les compagnons et les intimes du tyran jeune et mal éduqué, à qui ils ne cessaient de procurer amours, passe-temps aventureux, parties de boisson, femmes, et autres amusements honteux. 5 Par là, amollissant la tyrannie, comme le fer quand il perd sa dureté, ils la firent paraître humaine aux yeux des sujets de Denys, en lui enlevant ce qu'elle avait de trop inhumain et en l'émoussant, moins par une certaine modération que par l'insouciance du souverain. 6 Ainsi le relâchement du jeune homme, en progressant et s'étendant peu à peu, fit fondre et disparaître ces chaînes d'acier dans lesquelles Denys l'Ancien prétendait avoir enserré à jamais sa monarchie. 7 Il arrivait, dit-on, à Denys le Jeune, quand il se mettait à boire, de continuer à le faire pendant quatre-vingt-dix jours consécutifs, et durant tout ce temps son palais, fermé et inaccessible aux gens comme aux propos sérieux, n'abritait que l'ivresse, la dérision, la musique, la danse et la bouffonnerie.

8. 1 Naturellement Dion se faisait détester parce qu'il ne se livrait à aucun plaisir ni à aucun désordre ; aussi le calomniait-on en donnant à ses qualités des noms plausibles de défauts, en traitant sa gravité de dédain, sa franchise d'arrogance, et en faisant passer ses remontrances pour des accusations et son refus de participer aux excès des autres pour du mépris. 2 Il est vrai qu'il avait une fierté naturelle et une rudesse qui le rendaient difficile à aborder et peu sociable, 3 car ce n'était pas seulement pour un jeune homme aux oreilles gâtées par les flatteries qu'il se montrait désagréable et dur, mais même beaucoup de ceux qui étaient très liés avec lui et qui appréciaient la simplicité et la noblesse de son caractère, blâmaient ses manières et le trouvaient trop brusque et sévère dans ses rapports avec les gens qui avaient recours à lui pour des raisons politiques. 4 À ce sujet, Platon, comme par une inspiration prophétique, lui écrivit plus tard de se garder de « l'arrogance, compagne ordinaire de la solitude ». 5 Cependant il paraissait alors jouir du plus haut prestige en raison des affaires qu'il traitait, et il était le seul, ou du moins le mieux capable de soutenir et de sauver la tyrannie si elle chancelait, mais il se rendait bien compte que ce n'était pas de bonne grâce, mais par nécessité et contre son gré que le tyran le tenait pour le premier de ses conseillers et le plus grand.

9. 1 Pensant que Denys était ainsi à cause de son manque d'éducation, Dion conçut l'ambition de le tourner vers des occupations nobles et de lui donner le goût des lettres et des connaissances propres à former ses mœurs, pour qu'il cessât de craindre la vertu et s'accoutumât à prendre plaisir au bien. 2 Car, par nature, Denys n'était pas du genre des plus mauvais tyrans, mais son père craignait, si son esprit s'élevait et s'il vivait avec des gens intelligents, qu'il ne conspirât contre lui pour lui enlever le pouvoir ; aussi l'avait-il tenu renfermé au logis, où, privé de toute compagnie et sans expérience des affaires, il s'occupait, dit-on, à fabriquer des petits chariots, des lampes, ainsi que des sièges et des tables de bois.

3 De fait, Denys l'Ancien était si méfiant, si soupçonneux envers tout le monde, et tellement sur ses gardes à cause de sa peur qu'il ne se laissait même pas couper les cheveux avec des ciseaux, mais faisait venir un coiffeur pour les lui brûler autour de la tête avec un charbon. 4 Ni son frère ni son fils ne pouvaient entrer auprès de lui dans sa chambre avec les vêtements qu'ils se trouvaient porter ; il fallait que chacun d'eux, avant de franchir le seuil, se dépouillât de ses habits et en prît d'autres, après s'être montré nu aux gardiens. 5 Un jour, son frère Leptinès, voulant lui montrer la configuration d'une place, saisit la pique de l'un des gardes pour dessiner l'endroit ; Denys se fâcha violemment contre lui et fit mettre à mort celui qui avait prêté son arme. 6 Il disait qu'il se protégeait de ses amis parce qu'il les tenait pour des hommes de sens qui aimaient mieux exercer que subir la tyrannie. 7 Il condamna à mort un certain Marsyas, qu'il avait promu lui-même et nommé à un commandement, parce que celui-ci avait eu un songe où il se voyait égorger son maître ; Denys prétendit que cette vision lui était venue dans son sommeil à la suite d'une idée et d'un projet conçus pendant le jour. 8 Et pourtant il s'était mis en colère contre Platon, qui ne l'avait pas déclaré le plus courageux des hommes, lui dont l'âme était si craintive et pleine de tant de vices causés par la lâcheté !

10. 1 Quant à son fils, Dion, le voyant, comme je l'ai dit, corrompu par son manque d'éducation et dépravé dans ses mœurs, l'exhortait à se tourner vers l'étude et à prier instamment le prince des philosophes de venir en Sicile ; 2 quand il y serait venu, Denys se remettrait entre ses mains pour régler son caractère sur les principes de la vertu et le rendre semblable au plus divin et au plus beau modèle des êtres, à celui qui dirige l'univers docile et le fait sortir du chaos pour devenir un monde en ordre ; 3 il procurerait ainsi un grand bonheur à lui-même, un grand bonheur aussi aux citoyens, car tout ce qu'ils accordent aujourd'hui dans leur découragement aux exigences du pouvoir, Denys l'obtiendrait alors de leur bonne volonté par la sagesse et la justice d'une autorité toute paternelle, et de tyran il deviendrait roi. 4 Ces chaînes d'acier ne sont pas, comme le disait son père, la terreur, ni la violence, ni la multitude des vaisseaux, ni les dix mille barbares de la garde, mais l'affection, le zèle et la reconnaissance que suscitent la vertu et l'équité, et ces liens, tout en étant plus souples que ces autres chaînes, dures et raides, ont plus de force pour maintenir un empire. 5 En dehors de ces qualités, un souverain n'est pas honoré ni envié parce qu'il revêt son corps de magnifiques habits et que sa demeure resplendit de l'éclat de meubles luxueux, alors que, pour converser et raisonner, il n'est pas plus imposant que le premier venu, et qu'il ne cherche pas à orner le palais de son âme d'une façon convenable et royale.

Deuxième voyage de Platon en Sicile (367). – **11.** 1 Comme Dion renouvelait souvent ses exhortations en les parsemant de certaines des pensées de Platon, Denys fut pris d'un désir ardent et passionné de voir et d'entendre le philosophe. 2 En conséquence arrivèrent bientôt à Athènes plusieurs lettres de Denys, de nombreuses sollicitations de la part de Dion, et d'autres, envoyées d'Italie par les Pythagoriciens, qui l'engageaient à venir et à s'emparer d'une âme jeune, égarée par la grandeur de l'autorité et du pouvoir, afin de la dominer par des raisonnements plus forts. 3 Platon, comme il le dit, acquiesça, surtout par point d'honneur personnel pour ne point paraître s'en tenir uniquement aux paroles sans jamais consentir à passer aux actes, et espérant d'ailleurs que la guérison d'un seul homme, qui était l'organe directeur du pays, ramènerait la santé dans toute la Sicile malade.

4 Mais les ennemis de Dion, qui redoutaient la conversion de Denys, le persuadèrent de rappeler de l'exil Philistos, homme versé dans les lettres et connaissant très bien les mœurs des tyrans, afin d'avoir en lui un contrepoids à opposer à Platon et à la philosophie. 5 Philistos, en effet, dès l'établissement de la tyrannie, s'en était montré enthousiaste et avait eu longtemps la garde de la citadelle, dont il commandait la garnison. On disait même qu'il entretenait des relations amoureuses avec la mère de Denys l'Ancien et que le tyran n'était pas sans le savoir. 6 Mais, lorsque Leptinès, qui avait eu deux filles d'une femme enlevée par lui à son mari, eut donné l'une d'elles à Philistos sans même en informer Denys, celui-ci se fâcha, fit arrêter et jeter en prison la compagne de Leptinès et chassa hors de Sicile Philistos, qui se retira chez des hôtes qu'il avait sur les bords de l'Adriatique, et l'on pense que c'est là qu'il employa ses loisirs à composer la plus grande partie de son Histoire. 7 En effet, il ne revint pas du vivant de Denys l'Ancien ; ce ne fut qu'après la mort de celui-ci, ainsi que je l'ai dit, que la jalousie des courtisans à l'égard de Dion le fit rappeler comme un instrument plus propre à leurs desseins en vue d'aider plus fermement la tyrannie.

12. 1 Dès son retour donc Philistos s'était appliqué au maintien de la tyrannie, tandis que les autres calomniaient Dion auprès du tyran en l'accusant de s'être entendu pour abattre le régime avec Théodote et Héraclide. 2 Dion espérait en effet, semble-t-il, grâce à la présence de Platon, ôter à la tyrannie ce qu'elle avait de despotique et de trop absolu, et faire de Denys un souverain modéré et légal ; 3 s'il résistait et ne se laissait pas adoucir, Dion avait résolu de le renverser et de rendre aux Syracusains leur constitution, non qu'il approuvât la démocratie, mais parce qu'il la jugeait en tout cas meilleure que la tyrannie, à défaut d'une saine aristocratie.

13. 1 Telle était la situation lorsque Platon débarqua en Sicile, et dès les premiers instants il fut l'objet d'égards et d'honneurs extraordinaires. 2 On mit à sa disposition, quand il descendit de la trière, un des chars royaux, magnifiquement décoré, et le tyran offrit un sacrifice comme si un grand bonheur était arrivé à son empire. 3 La réserve observée dans les repas, la bonne tenue de la cour et la douceur manifestée par le tyran lui-même dans chacune de ses audiences firent concevoir aux citoyens de merveilleux espoirs de changement. 4 Un élan emporta tout le monde vers les études et la philosophie, et le palais du tyran fut, dit-on, envahi par la poussière, tant il y avait de gens qui s'adonnaient à la géométrie. 5 À quelques jours de là, un sacrifice traditionnel ayant lieu au palais, le héraut pria les dieux, suivant l'usage, de maintenir longtemps la tyrannie à l'abri de toute vicissitude ; Denys, qui était à ses côtés, s'écria, dit-on : « Ne cesseras-tu pas de nous lancer des imprécations ? » 6 Ces mots affligèrent profondément Philistos et ses amis qui pensèrent que le temps et la vie en commun rendraient en quelque sorte invincible l'influence de Platon, puisque dès lors une aussi courte fréquentation avait suffi pour modifier et bouleverser tellement l'état d'esprit du jeune homme.

Exil de Dion. – **14.** 1 Aussi ce ne fut plus un à un et en secret, mais tous ensemble et ouvertement qu'ils se déchaînèrent contre Dion. « On ne peut plus douter, disaient-ils, qu'il ne se serve des discours de Platon pour fasciner et ensorceler Denys, de façon à le faire abdiquer et renoncer de son plein gré au gouvernement pour s'en saisir et le transférer aux fils d'Aristomachè, ses neveux. » 2 Et certains ajoutaient en simulant l'indignation : « Autrefois les Athéniens étaient venus en Sicile avec de grandes forces maritimes et terrestres pour y périr et être exterminés avant d'avoir pris Syracuse, 3 mais maintenant c'est grâce à un unique sophiste qu'ils vont détruire la tyrannie de Denys, en le persuadant de se soustraire à ses dix mille gardes du corps et de laisser là ses quatre cents trières, ses dix mille cavaliers et ses hoplites plusieurs fois aussi nombreux, pour chercher à l'Académie ce Bien dont on fait mystère, placer son bonheur dans la géométrie et abandonner à Dion et aux neveux de Dion la félicité qui réside dans le pouvoir, les richesses et les plaisirs. » 4 Ces propos excitèrent d'abord les soupçons de Denys, puis une colère et une animosité plus manifestes. À ce moment, on lui apporta secrètement une lettre que Dion avait écrite aux autorités de Carthage, pour les prier de ne pas négocier la paix avec Denys sans qu'il fût lui-même présent aux conférences, parce qu'ils pourraient grâce à lui tout arranger sans risque d'échec. 5 Denys lut cette lettre à Philistos et, après en avoir délibéré avec lui, il trompa Dion, au dire de Timée, par une feinte réconciliation : 6 il ne lui fit que des reproches modérés et déclara qu'il voulait s'entendre avec lui ; puis, l'emmenant seul sous la citadelle, au bord de la mer, il lui montra la lettre et l'accusa de s'allier contre lui aux Carthaginois. 7 Dion voulut se justifier, mais Denys ne le supporta pas, le fit monter immédiatement, tel qu'il était, dans un petit navire et ordonna aux matelots d'aller le déposer en Italie.

15. 1 Cette conduite fut et parut cruelle à tous, et les femmes remplirent de leurs manifestations de chagrin la résidence du tyran, tandis que la ville de Syracuse s'exaltait dans l'attente d'un prompt changement et d'une révolution à la suite des troubles relatifs à Dion et de la défiance des autres à l'égard du souverain. 2 Voyant cela, Denys fut effrayé : il tenta de consoler les amis de Dion et les femmes en leur disant qu'il ne l'avait pas envoyé en exil, mais en voyage, de peur que Dion, s'il était resté, ne l'irritât et ne le forçât par son arrogance à sévir plus rigoureusement, 3 et d'autre part il remit deux vaisseaux aux parents de Dion en leur recommandant d'y embarquer tout ce qu'ils voudraient de ses richesses et de ses serviteurs pour les lui conduire au Péloponnèse. 4 Dion possédait de grands biens et un train de maison presque royal, avec toute sorte de meubles et d'objets que ses amis rassemblèrent et lui apportèrent. 5 En outre beaucoup de présents lui furent envoyés par les femmes et par ses compagnons, si bien que l'argent et le luxe le firent briller parmi les Grecs et que l'opulence du banni mit dans une vive lumière la puissance de la tyrannie.

16. 1 Denys transféra aussitôt la résidence de Platon dans l'acropole, sous prétexte de lui faire l'honneur d'une hospitalité amicale, en fait pour le tenir sous sa garde, de peur qu'en s'embarquant pour rejoindre Dion, il n'attestât l'injustice dont celui-ci était victime. 2 Mais avec le temps et la vie commune, comme un animal qui s'habitue au contact de l'homme, Denys s'accoutuma à supporter la compagnie et les propos du philosophe, et il se prit à l'aimer d'un amour tyrannique, prétendant qu'en retour Platon n'aimât que lui seul et l'appréciât plus que personne ; il était prêt à lui confier les affaires de la souveraineté, s'il ne préférait pas l'amitié de Dion à la sienne. 3 Ce fut un malheur pour Platon que cette passion de maniaque, semblable à la jalousie des mauvaises amours, passion qui suscitait en peu de temps de multiples accès de colère suivis de réconciliations et de prières. Denys brûlait du désir d'entendre ses paroles et de s'associer à ses recherches philosophiques, en redoutant ceux qui voulaient l'en détourner comme d'une étude propre à le corrompre. 4 Une guerre étant survenue à ce moment, il laissa partir Platon, après lui avoir promis de rappeler Dion au printemps. 5 Sur ce point il manqua bientôt à sa parole, mais il envoya à Dion les revenus de ses propriétés, en priant Platon de l'excuser du délai en raison de la guerre ; 6 la paix une fois rétablie, il ferait revenir Dion au plus vite, et il demandait qu'il restât tranquille, sans susciter de révolution et sans le décrier auprès des Grecs.

17. 1 Platon fit des efforts en ce sens, et il tourna Dion vers la philosophie en le retenant à l'Académie. 2 À Athènes, Dion logeait en ville chez un certain Callippos, qui était de ses relations, et il acheta pour ses loisirs un domaine campagnard, dont plus tard, en repartant pour la Sicile, il fit don à Speusippe, 3 le plus intime de ses amis d'Athènes, celui avec qui il vivait ordinairement ; car Platon voulait tempérer et adoucir le caractère de Dion par l'agrément de conversations parsemées à l'occasion de délicats jeux d'esprit. 4 Or tel était à peu près Speusippe, que Timon, dans ses *Silles*, a appelé pour cette raison « maître en plaisanterie ». 5 Platon lui-même devant organiser comme chorège un chœur d'enfants, ce fut Dion qui exerça les choreutes et assuma toute la dépense ; le philosophe lui céda cette occasion de faire aux Athéniens une libéralité qui procurerait à Dion plus de bienveillance auprès d'eux que d'honneur à lui-même. 6 Dion parcourut aussi les autres villes de la Grèce, employant ses loisirs à fréquenter, lors des fêtes, les hommes les plus sages et les plus habiles en politique, et montrant toujours, non pas une conduite déplacée, tyrannique ou orgueilleuse, mais de la tempérance, de la vertu, du courage et une application de bon aloi aux études philosophiques. 7 Il s'acquit ainsi l'estime et l'affection de tous, et aussi des honneurs publics que les cités lui conférèrent par décrets. 8 Les Lacédémoniens le firent même citoyen de Sparte, sans se préoccuper de la colère de Denys, qui les aidait alors avec zèle dans leur conflit contre les Thébains. 9 On raconte qu'un jour Dion, désirant voir Ptoïodoros de Mégare, se rendit à sa maison. Ce personnage était, à ce qu'il paraît, un homme riche et puissant, 10 et Dion trouva à sa porte une foule de solliciteurs qui, en raison du grand nombre d'affaires dont s'occupait Ptoïodoros, ne pouvaient pénétrer jusqu'à lui et l'aborder. Voyant alors ses amis murmurer et s'impatienter, Dion leur aurait dit : « Pourquoi le blâmer ? En tout cas nous-mêmes nous en faisions autant à Syracuse. »

Troisième voyage de Platon en Sicile (361). – **18.** 1 Avec le temps Denys, qui jalousait Dion et redoutait les effets de la popularité dont il jouissait chez les Grecs, cessa de lui envoyer ses revenus et mit sa fortune entre les mains d'administrateurs particuliers. 2 Voulant par ailleurs combattre la mauvaise réputation que sa conduite envers Platon lui avait value auprès des philosophes, il s'entoura de nombreuses personnes qui passaient pour cultivées. 3 Mettant son point d'honneur à surpasser tout le monde dans la discussion, il se laissait entraîner à user maladroitement des leçons de Platon, comprises de travers ; 4 alors il se mettait à le regretter en s'accusant lui-même de n'avoir pas su profiter de sa présence et de n'avoir pas bien écouté tout ce qu'il disait de beau. 5 En tyran qu'il était, toujours obnubilé par ses passions et facilement emporté au gré de chacun de ses désirs, il ne songea plus qu'à Platon et, mettant tout en œuvre, il persuada le pythagoricien Archytas de se porter garant de ses conditions et d'appeler Platon ; c'est en effet par l'entremise d'Archytas que Platon et Denys, au début, s'étaient liés d'amitié et d'hospitalité. 6 Archytas envoya Archédémos à Platon, et Denys, de son côté, expédia une trière avec des amis pour inviter le philosophe, 7 tandis qu'il écrivait lui-même en termes nets et formels qu'il n'accorderait à Dion aucun traitement favorable si Platon refusait de revenir en Sicile, mais que, s'il se laissait convaincre, il accorderait tout. 8 Dion, quant à lui, reçut plusieurs lettres de sa sœur et de sa femme, qui le conjuraient d'obtenir de Platon qu'il se rendît à l'appel de Denys en renonçant aux faux-fuyants. 9 C'est ainsi que Platon, comme il le dit lui-même, « vint pour la troisième fois dans le détroit de Scylla, affronter à nouveau la funeste Charybde ».

19. 1 Son arrivée combla Denys de joie et remplit à nouveau la Sicile d'un grand espoir : elle souhaitait tout entière ardemment que Platon l'emportât sur Philistos, et la philosophie sur la tyrannie. 2 Il y eut un grand empressement des femmes autour de lui, 3 et Denys lui témoigna une confiance extraordinaire, telle qu'il n'en accordait à personne d'autre : il le laissait approcher de lui sans le faire fouiller. Comme il lui offrait souvent en cadeau de grosses sommes d'argent et que Platon les refusait, Aristippe de Cyrène, qui était là, disait : « Denys ne risque rien à se montrer munificent, car si, aux gens tels que moi, il donne peu, alors qu'il nous faudrait davantage, il offre beaucoup à Platon, qui n'accepte rien. »

4 Après les premières congratulations, Platon commença à parler de Dion. Alors ce furent d'abord des atermoiements, 5 puis des reproches et des querelles, qui ne s'ébruitèrent pas au dehors parce que Denys les dissimulait et tâchait par ailleurs, en prodiguant attentions et honneurs à Platon, d'éloigner celui-ci de son attachement pour Dion, tandis que Platon, de son côté, dans les premiers temps du moins, cachait la méfiance que lui inspirait la fausseté de Denys, et patientait en faisant bonne contenance. 6 Ils étaient dans ces dispositions réciproques, qu'ils croyaient ignorées de tout le monde, lorsque Hélicon de Cyzique, un des familiers de Platon, prédit une éclipse de soleil, qui se produisit comme il l'avait annoncé ; le tyran l'admira tellement qu'il lui fit don d'un talent d'argent. 7 Aristippe, plaisantant avec les autres philosophes, leur dit qu'il avait lui aussi un phénomène extraordinaire à prédire ; ceux-ci le priant de s'expliquer : « Eh bien, dit-il, j'annonce que sous peu de temps Platon et Denys deviendront ennemis. » 8 Finalement Denys fit vendre les biens de Dion et en retint le produit, puis il transféra Platon, qui logeait

dans le jardin voisin du palais, au milieu des mercenaires, qui le haïssaient depuis longtemps et cherchaient à le tuer, parce qu'il conseillait à Denys d'abdiquer la tyrannie et de vivre sans gardes du corps.

20. 1 Tel était le danger auquel Platon était exposé lorsque Archytas, en ayant été informé, s'empressa d'envoyer une triacontère avec des ambassadeurs chargés de réclamer à Denys le philosophe en lui rappelant que Platon n'était venu à Syracuse que parce que lui, Archytas, avait garanti sa sûreté. 2 Denys, pour démentir son hostilité, offrit des banquets à Platon et lui prodigua les marques d'amitié au moment du départ, où il se permit de lui dire seulement : « Sans doute, Platon, vas-tu tenir beaucoup de méchants propos sur mon compte devant les philosophes de ton entourage ? » 3 À quoi Platon répondit en souriant : « Puissions-nous ne jamais manquer tellement de sujets de conversation à l'Académie que l'on y fasse mention de toi ! » 4 C'est ainsi, dit-on, que Platon prit congé. Cependant ce que dit Platon lui-même ne s'accorde pas entièrement avec ce récit.

Expédition de Dion contre Denys (357). – **21.** 1 Dion supporta mal cette conduite de Denys ; peu de temps après, il entra en conflit ouvert avec lui lorsqu'il apprit le sort fait à sa femme. À ce sujet une lettre de Platon adressée à Denys contient une allusion voilée. 2 Voici de quoi il s'agissait. Après l'expulsion de Dion, Denys, en prenant congé de Platon, l'avait prié de demander en secret à Dion s'il ne s'opposerait pas à ce que sa femme fût donnée en mariage à un autre, 3 car il courait un bruit, soit vrai, soit inventé par les ennemis de Dion, selon lequel cette union ne lui était pas agréable et qu'il s'entendait mal avec sa femme. 4 Quand Platon fut de retour à Athènes et qu'il eut entretenu Dion de tous ces sujets, il écrivit au tyran une lettre, claire par ailleurs pour tout le monde, sauf sur ce point où elle était inintelligible pour tout autre que son correspondant, disant qu'il avait parlé à Dion de cette affaire et que celui-ci manifestement se fâcherait si Denys mettait son projet à exécution. 5 Il y avait encore à ce moment de grands espoirs de réconciliation, et Denys n'entreprit rien contre sa sœur et lui permit de demeurer avec le fils qu'elle avait eu de Dion, 6 mais quand tout accord fut devenu absolument impossible, et que Platon, revenu à nouveau, fut reparti dans des conditions odieuses, il donna Arétè, malgré elle, à un de ses amis, Timocratès, n'imitant pas la modération que son père avait montrée du moins dans une occasion analogue. 7 On raconte en effet que Polyxénos, qui avait épousé Thestè, sœur de Denys l'Ancien, était devenu l'ennemi du tyran, et que, par crainte de celui-ci, il avait pris la fuite et quitté la Sicile. Denys fit venir sa sœur et se plaignit de ce que, connaissant la fuite de son mari, elle ne l'en eût pas averti. 8 Thestè, sans se troubler, ni, par Zeus, se laisser effrayer, répondit : « Me crois-tu donc, Denys, une femme si faible et si lâche que, prévenue du départ de mon mari, je ne me serais pas embarquée avec lui pour partager son sort ? Mais je n'ai rien su d'avance. Il était plus beau pour moi d'être appelée l'épouse de Polyxénos banni que ta sœur à toi, tyran. » 9 On dit que Denys admira la franchise de Thestè, et les Syracusains eux aussi admirèrent sa vertu, si bien qu'après la chute de la tyrannie, elle conserva les honneurs et le train de vie d'une princesse royale, et que, lorsqu'elle mourut, elle fut accompagnée officiellement par les citoyens jusqu'à son tombeau. C'est là une digression, mais qui ne me paraît pas dénuée d'intérêt.

22. 1 Dès lors Dion se tourna vers la guerre. Platon resta en dehors du conflit par égard pour l'hospitalité de Denys et en raison de son âge. Mais Speusippe et les autres amis de Dion firent cause commune avec lui et l'exhortèrent à libérer la Sicile, qui lui tendait les bras, toute prête à le recevoir. 2 En effet Speusippe, alors que Platon séjournait à Syracuse, s'était davantage mêlé, paraît-il, aux habitants pour chercher à connaître leurs dispositions. 3 Ils avaient d'abord suspecté la hardiesse de son langage, comme une épreuve par laquelle le tyran voulait les sonder, mais avec le temps ils s'étaient mis en confiance. Or c'était chez tous le même propos : ils priaient, ils suppliaient Dion de revenir sans flotte, sans hoplites ni cavaliers ; il suffisait qu'il s'embarquât seul sur un navire de transport et prêtât sa personne et son nom aux Siciliens contre Denys. 4 Encouragé par ce rapport de Speusippe, Dion fit recruter des mercenaires secrètement et par personnes interposées, car il voulait dissimuler son dessein. 5 Beaucoup d'hommes politiques et de philosophes le secondèrent, entre autres Eudèmos de Chypre, dont la mort inspira à Aristote son dialogue *Sur l'âme*, et Timonidès de Leucade. 6 Ils lui adjoignirent aussi le Thessalien Miltas, un devin qui avait pris part aux entretiens de l'Académie. 7 Parmi ceux qui avaient été bannis par le tyran, et qui n'étaient pas moins d'un millier, vingt-cinq seulement participèrent à l'expédition ; les autres trahirent la cause par lâcheté. 8 La base de départ fut l'île de Zacynthe, où les combattants se rassemblèrent ; ils étaient un peu moins de huit cents, mais tous étaient connus pour avoir fait beaucoup de grandes campagnes, ils avaient le corps remarquablement exercé, une expérience et une audace incomparables ; ils étaient donc capables d'enflammer et d'exciter à la lutte les multitudes que Dion espérait voir se rallier à lui en Sicile.

23. 1 Ceux-là, tout d'abord, lorsqu'ils apprirent que la flotte appareillerait contre Denys et la Sicile, furent saisis de frayeur, et ils crurent que Dion, aveuglé par une colère et une folie furieuses, ou bien par manque de perspectives favorables, se jetait dans une entreprise désespérée ; ils s'emportèrent contre leurs officiers et les recruteurs qui ne leur avaient pas annoncé tout de suite de quelle guerre il s'agissait. 2 Mais Dion, dans un discours, leur énuméra les faiblesses cachées de la tyrannie et leur apprit qu'il les emmenait moins comme soldats que comme chefs pour commander les Syracusains et les autres Siciliens depuis longtemps prêts à la révolte ; après Dion, Alciménès, leur compagnon d'armes et le premier des Achéens par la naissance et la réputation, les harangua, et ils se laissèrent persuader. 3 On se trouvait au fort de l'été, les vents étésiens régnaient sur la mer, et c'était la pleine lune. Dion, ayant préparé un magnifique sacrifice à Apollon, se rendit en procession au sanctuaire de ce dieu, à la tête de ses soldats parés de toutes leurs armes, 4 et après le sacrifice il leur fit servir un festin dans le stade de Zacynthe ; ils admirèrent les coupes d'argent et d'or et les tables, dont la splendeur dépassait la richesse d'un simple particulier, et ils se dirent alors qu'un homme d'âge déjà mûr et possesseur d'une telle fortune n'entreprendrait pas une affaire si hasardeuse, s'il n'avait une espérance bien fondée et si ses amis de là-bas ne lui fournissaient beaucoup de très grands moyens d'action.

24. 1 Après les libations et les prières d'usage se produisit une éclipse de lune. Ce phénomène n'étonna nullement Dion, qui était instruit des périodes écliptiques et savait que l'ombre portée sur la lune est l'effet de l'écran que la terre oppose au soleil. 2 Mais les soldats troublés avaient besoin d'être rassurés. Alors le devin Miltas, s'avançant au milieu d'eux, leur dit de reprendre courage et de s'attendre à triompher, 3 car la divinité annonçait l'éclipse de quelqu'une des puissances qui brillaient à présent ; or il n'y avait rien de plus brillant que la tyrannie de Denys, dont ils allaient éteindre l'éclat dès qu'ils auraient mis le pied en Sicile. 4 Voilà ce que Miltas déclara publiquement à tous. Quant aux abeilles que l'on vit près des vaisseaux et qui couvrirent d'un essaim la poupe de celui de Dion, le devin révéla en particulier à Dion et à ses amis sa crainte que les actes de celui-ci, d'abord couronnés de succès, ne fussent peu après comme des fleurs fanées.

5 On dit que Denys aussi reçut de la divinité plusieurs avertissements sous forme de prodiges. 6 Un aigle arracha à l'un de ses gardes du corps sa pique, l'emporta dans les airs, puis la laissa tomber dans l'abîme. 7 L'eau de la mer qui baigne le pied de l'acropole devint douce et potable pendant une journée, comme purent le constater tous ceux qui en goûtèrent. 8 Il naquit dans les domaines de Denys des porcs bien conformés pour tout le reste, mais sans oreilles. 9 Les devins expliquèrent que ce dernier signe était un présage de révolte et de désobéissance, et que les citoyens n'écouteraient plus le tyran. Quant à la douceur de l'eau de mer, elle annonçait aux Syracusains le changement d'une situation pénible et mauvaise en une autre meilleure. 10 Enfin, l'aigle étant le serviteur de Zeus et la pique le symbole du commandement et de la puissance, le souverain des dieux indiquait ainsi la destruction et la disparition de la tyrannie. C'est là du moins ce que rapporte Théopompe.

25. 1 Les soldats de Dion furent embarqués dans deux navires de transport, qui étaient accompagnés d'un troisième, plus petit, et de deux triacontères. 2 Comme armes, en dehors de celles qui équipaient ses troupes, il emportait deux mille boucliers, beaucoup de javelots et de lances et de très abondantes provisions afin de ne manquer de rien pendant la traversée, car ils devaient être constamment à la merci des vents et de la haute mer, parce qu'ils craignaient la terre, sachant que Philistos, mouillé sur la côte d'Iapygie, les épiait au passage. 3 Après douze jours de navigation par vent faible et doux, ils se trouvèrent le treizième à Pachynos, cap de Sicile. 4 Là, le pilote Protos leur conseilla de débarquer promptement, en disant que, s'ils s'écartaient de la terre et quittaient volontairement le promontoire, ils perdraient beaucoup de jours et de nuits en haute mer à attendre en plein été le vent du sud. 5 Cependant Dion, qui craignait d'opérer un débarquement dans le voisinage des ennemis et qui préférait donc aborder plus loin, fit doubler le cap Pachynos. 6 Mais alors un vent du nord, soufflant avec violence et agitant les flots, emporta les vaisseaux en les éloignant de la Sicile. Des éclairs et des coups de tonnerre, éclatant au lever d'Arctouros, déchaînèrent du haut du ciel une grosse tempête et une violente averse. 7 Les matelots, fort troublés, voguaient à l'aventure quand soudain ils s'aperçurent que les vagues poussaient les navires sur Cercina, près de la Libye, à l'endroit où cette île est le plus escarpée et dangereuse à approcher. 8 Ils faillirent être projetés et brisés contre les rochers, et ils eurent beaucoup de peine à les éviter à force de coups de gaffe. Enfin l'orage se calma, et, rencontrant une embarcation, ils apprirent qu'ils se trouvaient non loin de ce qu'on appelle les Têtes de la grande Syrte. 9 Ils étaient découragés par le calme plat et naviguaient au hasard, mais soudain une brise du sud se mit à souffler de la terre ; ils s'attendaient si peu à un vent de cette sorte qu'ils ne croyaient pas à ce changement. 10 Peu à peu cependant cette brise grandit et prit de la force ; ils déployèrent tout ce qu'ils avaient de voiles et, après avoir prié les dieux, ils gagnèrent le large pour fuir de Libye en Sicile. 11 Après une course rapide de quatre jours, ils mouillèrent à Minoa, petite ville de Sicile, qui était sous la dépendance de Carthage. 12 Le gouverneur carthaginois Synalos se trouvait alors présent dans la place ; c'était un hôte et un ami de Dion. Ignorant qu'il s'agissait de Dion et de son expédition, il tenta de s'opposer au débarquement des soldats. 13 Mais ceux-ci s'élancèrent au pas de course hors des vaisseaux avec leurs armes ; ils ne tuèrent personne, Dion le leur ayant interdit à cause de son amitié avec le Carthaginois, mais, poursuivant les fuyards, ils s'emparèrent de la place. 14 Quand les chefs se furent rencontrés et salués, Dion rendit la ville à Synalos sans y avoir causé aucun dommage, et Synalos donna l'hospitalité aux troupes de Dion et fournit à celui-ci ce dont il avait besoin.

26. 1 Ce qui leur donnait le plus d'assurance, c'était l'absence fortuite de Denys, qui venait de s'embarquer avec quatre-vingts navires pour l'Italie. 2 Aussi, malgré les recommandations de Dion qui engageait ses soldats à se reposer sur place après avoir été longtemps malmenés sur mer, ils s'y refusèrent, pressés qu'ils étaient de saisir l'occasion, et ils prièrent Dion de les conduire à Syracuse. 3 Ainsi donc, déposant là le surplus des armes et des bagages, qu'il demanda à Synalos de lui envoyer en temps utile, il marcha sur Syracuse. 4 Sur la route, deux cents cavaliers d'Acragas stationnés près d'Ecnomos se joignirent à lui les premiers, et après eux des gens de Géla.

5 La nouvelle de l'expédition se répandit bientôt jusqu'à Syracuse. Timocratès, qui avait épousé la femme de Dion, sœur de Denys, était à la tête des fidèles que le tyran avait laissés dans la ville ; en toute hâte il envoya à Denys un messager porteur d'une lettre annonçant l'arrivée de Dion, 6 et lui-même s'employa à prévenir les troubles et les mouvements de la ville, dont tous les habitants étaient surexcités, mais restaient encore tranquilles par méfiance et par crainte. 7 Quant au courrier dépêché par Timocratès, il lui arriva une aventure extraordinaire. Après avoir passé en Italie et traversé le territoire de Rhégion, il hâtait sa marche vers Caulonia, où se trouvait Denys, lorsqu'il rencontra un de ses amis qui transportait une victime récemment immolée ; il en reçut un morceau de viande, puis reprit rapidement son chemin. 8 Mais, comme il avait marché une partie de la nuit, la fatigue l'obligea à prendre un peu de sommeil, et il s'étendit, comme il était, au bord de la route dans un bois. 9 Un loup survint, attiré par l'odeur, et, prenant la viande attachée à son sac, il partit en emportant du même coup le sac où l'homme avait mis la lettre. 10 Quand il s'en aperçut à son réveil, il le chercha longtemps en errant vainement aux alentours, sans pouvoir le trouver. Alors il décida de ne pas continuer son voyage pour se présenter sans la lettre devant le tyran, mais de s'enfuir et de disparaître.

27. 1 Denys ne devait donc apprendre que par d'autres et tardivement la guerre de Sicile. Dion continuant sa marche, les gens de Camarina et un flot considérable de Syracusains répandus dans les campagnes se soulevèrent pour se joindre à lui. 2 Des Léontiniens et des Campaniens gardaient les Épipoles avec Timocratès ; Dion leur ayant fait donner le faux avis qu'il attaquerait d'abord leurs villes, ils abandonnèrent Timocratès pour aller défendre leurs compatriotes. 3 Quand la nouvelle en parvint à Dion, campé près d'Acrae, il fit lever ses soldats pendant la nuit et s'avança jusqu'aux bords de l'Anapos, à dix stades seulement de la ville. 4 Il s'arrêta là, offrit un sacrifice au fleuve et invoqua le soleil levant. En même temps, les devins lui prédirent de la part des dieux la victoire, et ceux qui étaient présents, voyant Dion couronné à cause du sacrifice, se couronnèrent tous d'un même élan. 5 Or ils n'étaient pas moins de cinq mille hommes à avoir grossi sa troupe pendant sa marche ; médiocrement armés avec ce qui leur était tombé sous la main, ils suppléaient par leur ardeur à l'insuffisance de leur équipement, au point, lorsque Dion ordonna le départ, de se mettre à courir avec des cris de joie en s'invitant les uns les autres à la liberté.

***Entrée de Dion à Syracuse.* – 28.** 1 Parmi les Syracusains restés dans la ville, les notables et les hommes de cœur, vêtus de robes blanches, se rendirent aux portes pour accueillir Dion, tandis que le petit peuple se jetait sur les amis du tyran et s'emparait de ceux qu'on appelait les délateurs, gens impies et ennemis des dieux, qui, circulant dans la ville et se mêlant aux Syracusains, s'ingéraient dans toutes leurs affaires pour rapporter au tyran les pensées et les propos de chacun. 2 Ceux-ci furent les premiers punis, assommés à coups de bâton par quiconque les rencontrait. Timocratès, n'ayant pu rejoindre les gardiens de l'acropole, prit un cheval, s'échappa de la ville et, dans sa fuite, remplit tout le pays de trouble et de terreur en exagérant les forces de Dion, pour ne pas paraître avoir abandonné Syracuse par la crainte d'un danger peu grave. 3 À ce moment apparut Dion, qui s'avançait le premier, couvert d'armes brillantes, et près de lui se trouvaient d'un côté son frère Mégaclès et de l'autre l'Athénien Callippos, tous trois avec des couronnes sur la tête. 4 Ils étaient suivis de cent mercenaires, qui formaient la garde de Dion. Les autres, bien équipés, étaient conduits par leurs officiers. Les Syracusains les regardaient et les recevaient comme une procession religieuse et sacrée qui ramenait dans leur ville après un intervalle de quarante-huit ans la liberté et la démocratie.

29. 1 Quand Dion fut entré par la porte Téménitide, il fit sonner de la trompette pour mettre fin au tumulte et proclamer par un héraut que Dion et Mégaclès, venus pour renverser la tyrannie, affranchissaient du joug du tyran les Syracusains et les autres Siciliens. 2 Puis, voulant parler lui-même aux habitants, il monta à travers l'Achradine, tandis que, de chaque côté de la rue, les Syracusains disposaient des victimes de sacrifice, des tables, des cratères, et, à mesure qu'il passait devant eux, lui lançaient des fleurs et lui adressaient des prières comme à un dieu. 3 Il y avait sous l'acropole et les Pentapyles un cadran solaire en un lieu élevé et bien en vue, que Denys avait fait construire ; Dion y monta pour haranguer le peuple et exhorter les citoyens à défendre leur liberté. 4 Pleins de joie, les Syracusains lui témoignèrent leur affection en le nommant lui-même et son frère stratèges avec pleins pouvoirs, et, sur leur désir et à leur demande, ils leur adjoignirent vingt collègues, dont la moitié était formée de bannis qui étaient revenus avec Dion. 5 Les devins regardèrent encore comme un signe éclatant que Dion, en parlant au peuple, eût sous ses pieds le monument élevé par l'orgueil du tyran, mais, comme il s'agissait d'un cadran solaire, sur lequel il se tenait quand il fut élu stratège, ils craignirent que Dion n'éprouvât bientôt dans ses entreprises quelque retour de Fortune. 6 Ensuite il se rendit maître des Épipoles, relâcha les citoyens qui s'y trouvaient emprisonnés et fit construire un retranchement contre la citadelle. 7 Six jours après, Denys rentra par mer dans l'acropole, tandis que des chariots ramenaient à Dion les armes qu'il avait laissées à Synalos ; 8 il les distribua aux citoyens ; ceux qui n'en eurent pas s'équipèrent comme ils purent, et tous se montrèrent soldats pleins d'ardeur.

30. 1 Denys envoya d'abord des émissaires à titre privé pour sonder les intentions de Dion. Puis, celui-ci l'ayant engagé à entrer en pourparlers avec la communauté des Syracusains, devenus libres, des entretiens eurent lieu par l'entremise d'ambassadeurs, porteurs de propositions conciliantes de la part du tyran, qui promettait une diminution des impôts et un allègement des charges militaires, au cas où celles-ci n'auraient pas été votées par eux, mais les Syracusains se moquaient de ces promesses, 2 et Dion répondit aux ambassadeurs que Denys ne devait plus chercher à négocier s'il ne renonçait pas à la tyrannie ; quand il l'aurait abdiquée, lui-même s'emploierait à garantir sa sûreté et à lui ménager toute autre condition raisonnable qu'il pourrait, en raison de leur parenté. 3 Denys agréa ces offres et envoya à nouveau des ambassadeurs pour demander que quelques Syracusains vinssent à l'acropole où, faisant des concessions sur certains points et en obtenant sur d'autres, il traiterait avec eux de leurs intérêts communs. 4 On lui dépêcha donc des gens agréés par Dion, et une forte rumeur se répandit de la citadelle dans la ville, selon laquelle Denys allait abandonner la tyrannie, et plutôt de plein gré que pour complaire à Dion. 5 Mais cette feinte du tyran n'était que ruse et machination contre les Syracusains, car il retint prisonniers les envoyés de la ville, puis, le lendemain à l'aube, ayant gorgé de vin pur ses mercenaires, il les lança au pas de course contre le retranchement des Syracusains. 6 Comme cette attaque était inattendue et que les barbares, avec beaucoup d'audace et de tumulte, démolissaient le mur en se jetant sur les Syracusains, aucun de ceux-ci n'osa tenir et résister, mais les soldats étrangers de Dion, au premier bruit de l'engagement, accoururent à leur secours. 7 Cependant ces mercenaires eux-mêmes ne savaient comment s'y prendre pour les aider et n'entendaient pas les commandements à cause des cris et du désordre des Syracusains qui, en fuyant, se mêlaient à eux et couraient dans tous les sens. À la fin, Dion, constatant qu'on n'entendait pas ses paroles et voulant montrer en agissant ce qu'il fallait faire, s'élança au premier rang sur les barbares, 8 et une lutte violente et terrible s'engagea autour de lui, qui était reconnu aussi bien par les ennemis que par ses amis dans la mêlée où tous se jetaient en hurlant. 9 Dion était déjà trop alourdi par l'âge pour de tels combats ; néanmoins, grâce à sa force et à son courage, il tint tête aux assaillants, mais, en les refoulant, il fut blessé à la main d'un coup de lance. Sa cuirasse résistait avec peine aux javelots et aux coups portés de près ; beaucoup de piques et de lances traversaient son bouclier et, en se brisant, le firent tomber. 10 Relevé alors par ses soldats, il mit à leur tête Timonidès, et lui-même, parcourant la ville à cheval, arrêta les fuyards syracusains, et, prenant avec lui les mercenaires qui gardaient l'Achradine, il les mena tout frais et pleins d'ardeur contre les barbares fatigués, et qui commençaient à désespérer de leur tentative : 11 ils s'étaient flattés d'enlever d'emblée au premier choc la ville entière, mais, tombant contre leur attente sur des hommes prêts à frapper et à se battre, ils se replièrent vers l'acropole. 12 Les voyant fléchir, les Grecs les pressèrent encore davantage, les mirent en fuite et les enfermèrent dans leurs murailles ; alors que Dion n'avait eu que soixante-quatorze tués, les pertes de l'ennemi furent considérables.

31. 1 Après cette brillante victoire, les Syracusains firent présent de cent mines aux soldats étrangers, qui eux-mêmes offrirent à Dion une couronne d'or. 2 Cependant des hérauts descendirent de la part de Denys pour apporter à Dion des lettres des femmes de sa famille ; sur l'une d'elles était écrit à l'extérieur : « À mon père, de la part d'Hipparinos. » 3 C'était le nom du fils de Dion. Pourtant Timée dit qu'il s'appelait Arétaios, du nom de sa mère Arétè, mais sur ce point je crois qu'il vaut mieux faire confiance à Timonidès, ami et compagnon d'armes de Dion. 4 Les autres lettres furent lues aux Syracusains : elles ne contenaient que des prières et des supplications de la part des femmes. Quant à celle qui paraissait être du fils de Dion, les Syracusains ne voulaient pas qu'on la décachetât en public ; cependant Dion le fit malgré eux. 5 Elle avait été écrite par Denys et, adressée formellement à Dion, elle s'adressait en réalité aux Syracusains. Sous l'apparence d'une demande et d'une justification, elle avait été composée en vue de calomnier Dion. 6 On lui rappelait avec quel zèle il avait travaillé en faveur de la tyrannie ; on y joignait des menaces contre les personnes qui lui étaient le plus chères : sœur, fils et femme, et de graves adjurations mêlées de plaintes... Ce qui surtout émut Dion, c'est qu'il était invité à ne pas abolir la tyrannie, mais à la garder pour lui, et à ne pas rendre la liberté à des hommes pleins de haine et de rancune ; il ferait mieux d'exercer le pouvoir, de façon à assurer la sûreté de ses proches et de ses amis.

32. 1 La lecture de ces lettres n'inspira pas aux Syracusains la juste admiration qu'auraient dû leur causer la constance et la magnanimité de Dion, qui sacrifiait résolument de telles affections de famille à la vertu et à l'équité ; 2 au contraire, ils se mirent à le suspecter et à le craindre, comme s'il était véritablement contraint de ménager le tyran, et dès lors ils détournèrent les yeux de lui pour suivre d'autres chefs. Ce qui surtout les excita, c'est la nouvelle qu'Héraclide était en mer pour rentrer. 3 Cet Héraclide était l'un des bannis, bon général, connu par le commandement qu'il avait exercé auprès des tyrans, mais d'esprit peu stable, léger en tout et très peu sûr, s'il devait partager le pouvoir et la gloire dans la conduite des affaires. 4 Ayant eu un différend avec Dion dans le Péloponnèse, il avait décidé d'équiper une flotte particulière contre le tyran, et, en arrivant à Syracuse avec sept trières et trois transports, il trouva Denys à nouveau assiégé et les Syracusains soulevés. 5 Il s'insinua aussitôt dans les bonnes grâces du peuple, car il possédait par nature le don d'émouvoir et de convaincre une foule qui ne demandait qu'à être flattée. Il la gagna et la manœuvra à son gré d'autant plus facilement que la gravité de Dion la rebutait et qu'elle la trouvait insupportable et inadaptée à la vie politique ; en effet elle voulait, à cause de l'audace et du relâchement consécutifs à la victoire, être gouvernée de façon démocratique, avant même de former vraiment un peuple.

33. 1 Et d'abord les Syracusains, s'étant réunis de leur propre initiative en assemblée, nommèrent Héraclide commandant de la flotte. 2 Alors Dion, montant à la tribune, se plaignit qu'en lui conférant cette autorité ils annulaient celle qui lui avait été donnée auparavant à lui-même, car il n'était plus doté des pleins pouvoirs si un autre commandait sur mer. Les Syracusains, de mauvais gré, retirèrent à Héraclide sa charge. 3 Cela fait, Dion fit venir Héraclide chez lui et lui adressa des reproches modérés sur le tort qu'il avait eu, contre la bienséance et l'intérêt public, de rivaliser pour les honneurs avec lui, à un moment où la moindre impulsion pouvait tout ruiner. Puis il convoqua lui-même une nouvelle assemblée, où il fit nommer Héraclide commandant de la flotte et conseilla aux citoyens de lui donner une garde du corps, comme il en avait une lui-même. 4 Héraclide, en paroles et en apparence, était plein d'égards pour Dion, avouait les obligations qu'il avait envers lui, le suivait humblement et exécutait ses ordres, mais en secret il travaillait à corrompre la foule et les révolutionnaires, et il suscita de tels troubles contre Dion qu'il le mit dans le plus grand embarras. 5 Dion proposait-il de laisser sortir Denys de la citadelle en traitant avec lui, on l'accusait d'épargner et de vouloir sauver le tyran ; si au contraire, pour ne pas contrarier, il se contentait de poursuivre le siège, on disait qu'il prolongeait la guerre pour avoir plus de pouvoir et tenir les citoyens par la peur.

34. 1 Il y avait un certain Sosis, bien connu des Syracusains pour sa méchanceté et son effronterie ; ils ne voyaient qu'un comble de liberté dans son franc-parler poussé jusqu'à un point extrême : 2 cet homme, conspirant contre Dion, commença, lors d'une séance de l'assemblée, par se lever pour accabler d'injures les Syracusains qui ne comprenaient pas qu'ils s'étaient seulement délivrés d'une tyrannie marquée par l'ivresse et l'hébétude, pour recevoir un maître sobre et bien éveillé. 3 Puis, quand il se fut ainsi déclaré ouvertement ennemi de Dion, il quitta la place publique pour ce jour-là, mais, le lendemain, on le vit courir nu à travers la ville, la tête et le visage couverts de sang et paraissant fuir des gens qui l'auraient poursuivi. 4 Il se précipita dans cet état sur la place publique, où il affirma être victime d'un guet-apens dressé par les mercenaires de Dion, et il montrait sa tête blessée. Beaucoup de Syracusains partagèrent son indignation et firent cause commune avec lui contre Dion en disant que celui-ci se conduisait en tyran cruel, s'il mettait en danger la vie des citoyens pour leur ôter la liberté de parole. 5 Cependant, malgré le trouble et la confusion qui régnaient dans l'assemblée, Dion s'avança pour se justifier. Il fit connaître que Sosis était le frère d'un des gardes du corps de Denys et que c'était à l'instigation de ce frère qu'il semait la dissension et le désordre dans la ville, Denys n'ayant pas d'autre moyen de salut que la discorde et la méfiance des citoyens entre eux. 6 En même temps les médecins examinèrent la blessure de Sosis et la jugèrent trop superficielle pour provenir du tranchant d'une épée ; 7 en effet la plaie faite par une épée est surtout profonde en son milieu à cause du poids de l'arme ; or celle de Sosis était mince de toute part et laissait voir plusieurs reprises, parce que, vraisemblablement, la douleur l'avait forcé à s'arrêter, pour recommencer ensuite. 8 Il vint aussi des notables qui apportèrent un rasoir à l'assemblée, et racontèrent qu'ayant rencontré dans la rue Sosis ensanglanté et disant qu'il fuyait les mercenaires de Dion qui venaient de le blesser, 9 ils s'étaient mis aussitôt à leur poursuite et n'avaient pu mettre la main sur personne, mais qu'ils avaient trouvé un rasoir déposé à terre sous une roche creuse, d'où l'on avait vu sortir Sosis.

35. 1 La situation de Sosis était donc déjà mauvaise lorsque vint s'ajouter à ces preuves le témoignage de ses esclaves attestant qu'il était sorti seul avec son rasoir à un moment où il faisait encore nuit. Alors les accusateurs de Dion retirèrent leur plainte, puis le peuple vota la peine de mort contre Sosis et se réconcilia avec Dion.

2 Mais il n'en continua pas moins à tenir en suspicion les mercenaires de Dion, d'autant plus que la plupart des combats contre le tyran se livraient désormais sur mer. En effet, Philistos était arrivé d'Iapygie au secours de Denys avec un grand nombre de trières, et, comme ces soldats étrangers étaient des fantassins, les Syracusains pensaient n'avoir plus besoin d'eux pour la guerre et espéraient même les tenir sous leur contrôle à eux, peuple de marins qui tirait sa force de sa flotte. 3 Leur fierté fut encore accrue par la victoire navale qu'ils remportèrent sur Philistos, qu'ils traitèrent ensuite avec une cruauté barbare. 4 Éphore, il est vrai, dit que Philistos, quand son vaisseau fut pris, se donna la mort, mais Timonidès, qui depuis le commencement avait pris part avec Dion à toutes les actions de cette guerre, raconte dans une lettre adressée au philosophe Speusippe que Philistos fut capturé vivant sur sa trière échouée à terre, 5 et que d'abord les Syracusains le dépouillèrent de sa cuirasse, le mirent tout nu et l'accablèrent d'outrages, lui qui était un vieillard, puis qu'ils lui coupèrent la tête et remirent le cadavre à leurs enfants en leur recommandant de le traîner à travers l'Achradine et de le jeter dans les Latomies. 6 Quant à Timée, renchérissant encore sur ces horreurs, il dit que les enfants prirent le corps de Philistos par sa jambe boiteuse et le tirèrent à travers la ville au milieu des railleries de tous les Syracusains qui regardaient traîner par la jambe celui qui avait dit : « Denys ne doit pas quitter la tyrannie sur un cheval rapide, mais en se faisant tirer par la jambe. » 7 Cependant Philistos avait rapporté ce mot comme ayant été adressé à Denys par un autre, et non par lui-même.

36. 1 Timée, prenant pour prétexte, et assez justement, le zèle et la fidélité de Philistos envers la tyrannie, a rempli son ouvrage d'accusations contre lui. On peut peut-être excuser ceux qui avaient été alors ses victimes d'avoir poussé la rancune jusqu'à se déchaîner contre un cadavre insensible, 2 mais les historiens, postérieurs aux événements, qui n'avaient donc subi aucune peine du fait de sa conduite et ne la connaissaient que par ouï-dire, devaient à leur honneur de raconter sans insultes, railleries ni vexations des malheurs dans lesquels rien n'empêche l'homme même le meilleur d'être précipité par la Fortune. 3 Éphore, de son côté, ne fait pas preuve de bon sens en louant Philistos. Celui-ci, bien qu'il fût très habile à colorer de prétextes spécieux des actes injustes et des mœurs dépravées en composant de beaux discours, ne saurait, en dépit de toutes ses inventions, échapper au grief d'avoir été lui-même l'homme le plus ami de la tyrannie et d'avoir sans cesse prôné et admiré plus que personne le faste, la puissance, les richesses et les noces des tyrans. 4 En somme, ni celui qui fait l'éloge des actions de Philistos, ni celui qui insulte à ses malheurs n'est vraiment dans la note juste.

37. 1 Après la mort de Philistos, Denys envoya offrir à Dion de lui livrer la citadelle, ses armes et ses mercenaires avec leur solde complète pour cinq mois, 2 à condition qu'on lui permît par traité de se retirer en Italie, de s'y établir et d'y jouir des revenus d'un territoire syracusain appelé Gyarta, région vaste et fertile qui s'étendait de la mer jusqu'au milieu des terres. 3 Dion n'accepta pas ces propositions et dit aux ambassadeurs de s'adresser aux Syracusains, mais ceux-ci, qui espéraient prendre Denys vivant, les chassèrent. 4 Alors Denys remit la citadelle à Apollocratès, l'aîné de ses deux fils, et, profitant d'un vent favorable, après avoir embarqué sur ses vaisseaux ce qu'il avait de plus précieux en fait de personnes et de biens, il prit la mer sans être aperçu par le navarque Héraclide. 5 Celui-ci, étant alors blâmé et hué par les citoyens, fit entrer en scène un démagogue nommé Hippon, qui appela le peuple à un partage des terres en disant que l'égalité des fortunes est la base de la liberté, comme la pauvreté est celle de l'esclavage des prolétaires. 6 Héraclide appuya Hippon et, excitant le peuple contre Dion qui s'opposait à eux, il persuada les Syracusains de voter ce partage, de supprimer la solde des mercenaires et d'élire d'autres stratèges pour se délivrer de l'austérité pesante de Dion. 7 Les Syracusains, pressés de se relever d'emblée, comme d'une longue maladie, de la tyrannie, et de se gouverner eux-mêmes prématurément, commettaient des erreurs politiques et haïssaient Dion, qui, à la façon d'un médecin, voulait maintenir la ville sous un régime rigoureux et sage.

Dion obligé de quitter Syracuse. – **38.** 1 Comme ils s'assemblaient pour élire de nouveaux magistrats, au milieu de l'été, il survint des orages extraordinaires et des signes funestes dans le ciel, qui se succédèrent sans interruption pendant quinze jours et qui, suspendant les séances, empêchèrent le peuple superstitieux de nommer d'autres stratèges. 2 Puis lorsque les démagogues virent le temps revenir au beau fixe et voulurent faire procéder aux élections, un bœuf attelé à un chariot et habitué à circuler d'ordinaire parmi la foule, mais sans doute irrité alors pour quelque autre motif contre son conducteur, rejeta le joug et s'élança à toute vitesse vers le théâtre ; 3 aussitôt le peuple se leva, s'enfuit et se dispersa en grand désordre, puis l'animal se jeta en bondissant et en semant l'effroi dans une autre partie de la ville, celle que les ennemis devaient occuper par la suite. 4 Cependant les Syracusains ne tinrent aucun compte de tout cela et élurent vingt-cinq stratèges, au nombre desquels était Héraclide. Puis ils envoyèrent secrètement des émissaires aux étrangers pour les détacher de Dion et les gagner à leur parti, leur promettant même l'égalité des droits politiques. 5 Mais les soldats rejetèrent ces offres ; ils restèrent fidèles et dévoués à Dion, le prirent avec eux et, lui faisant un rempart de leurs armes, l'emmenèrent hors de la ville, sans causer de dommage à personne, mais en reprochant vivement à ceux qu'ils rencontraient leur ingratitude et leur méchanceté. 6 Cependant les Syracusains les méprisaient à cause de leur petit nombre et parce qu'ils ne prenaient pas l'initiative de l'attaque ; étant eux-mêmes beaucoup plus nombreux, ils se jetèrent sur eux, convaincus qu'ils les battraient aisément dans la ville et pourraient les massacrer tous.

39. 1 Dion, réduit à la nécessité que lui imposait la Fortune ou de combattre contre ses concitoyens, ou de périr avec ses mercenaires, tendait les bras vers les Syracusains, les suppliant avec instance et leur montrant l'acropole pleine d'ennemis qui paraissaient sur les remparts et observaient ce qui se passait. 2 Mais l'élan de la foule ne pouvait être arrêté, et la ville, semblable à un vaisseau en haute mer, était emportée au souffle des démagogues ; Dion défendit alors à ses étrangers de charger les Syracusains, et ils se bornèrent à une démonstration en s'élançant au pas de course avec des cris et en secouant leurs armes. Aucun Syracusain ne resta de pied ferme, tous cédèrent et s'enfuirent à travers les rues, alors que personne ne les poursuivait. En effet Dion avait aussitôt fait faire volte-face à ses étrangers et les emmenait chez les Léontiniens. 3 Les chefs des Syracusains, moqués par les femmes et voulant effacer leur honte, armèrent de nouveau les citoyens et se mirent à la poursuite de Dion. 4 Ils le rejoignirent au passage d'une rivière et engagèrent une escarmouche avec leur cavalerie ; mais, quand ils virent que Dion cessait de supporter leurs incartades avec une douceur paternelle, et qu'au contraire, n'écoutant que sa colère, il ordonnait à ses soldats de faire front et les rangeait en ordre de bataille, ils s'enfuirent encore plus piteusement que la première fois et se retirèrent dans la ville, sans avoir eu beaucoup de pertes.

40. 1 Les Léontiniens accueillirent Dion avec des honneurs éclatants, prirent les étrangers à leur solde et leur conférèrent le droit de cité, puis ils adressèrent aux Syracusains des ambassadeurs pour leur demander de faire justice à ces mercenaires. 2 De leur côté, les Syracusains envoyèrent une ambassade pour accuser Dion. Tous les alliés, s'étant assemblés à Léontini et ayant débattu de la question, donnèrent tort aux Syracusains. 3 Mais ceux-ci ne tinrent pas compte de ce jugement des alliés, parce qu'ils étaient désormais insolents et hautains au point de ne plus écouter personne, leurs stratèges étant asservis au peuple et le redoutant.

41. 1 Sur ces entrefaites, des trières envoyées par Denys arrivent à Syracuse ; elles amenaient Nypsios de Néapolis, qui apportait du ravitaillement et de l'argent aux assiégés. 2 Un combat naval ayant eu lieu, les Syracusains furent vainqueurs et prirent quatre des navires du tyran ; mais, dans l'ivresse de la victoire et l'anarchie où ils vivaient, leur joie les fit s'adonner à des festins et à des débauches si folles qu'ils négligèrent les précautions utiles, si bien que, se croyant déjà maîtres de l'acropole, ils perdirent même la ville. 3 En effet, Nypsios, voyant qu'aucune partie de la cité ne restait saine, que la foule, depuis le matin jusqu'au fort de la nuit, ne songeait qu'à s'enivrer au son de la flûte et que les stratèges, eux-mêmes charmés de cette fête, hésitaient à user de contrainte envers des ivrognes, 4 profita fort bien de l'occasion pour attaquer le mur. Il s'en empara, y fit une brèche et lâcha ses barbares dans la ville, avec ordre de traiter à leur gré et comme ils pourraient ceux qui leur tomberaient sous la main. 5 Les Syracusains ne tardèrent pas à s'apercevoir du désastre, mais, frappés de stupeur, ils ne réunirent que lentement et péniblement pour y porter remède. 6 La ville était livrée au pillage : on massacrait les hommes, on sapait les murs, on emmenait vers l'acropole les femmes et les enfants tout gémissants ; les stratèges désespéraient de la situation et ne pouvaient faire agir les citoyens contre les ennemis, mêlés et confondus de tous côtés avec eux.

42. 1 Telle était la situation de la ville, et le danger approchait de l'Achradine. Tout le monde pensait au seul homme sur qui l'on pouvait encore appuyer son espoir, mais personne ne le nommait, tant l'on avait honte de l'ingratitude et de l'irréflexion dont on avait fait preuve à l'égard de Dion. 2 Cependant, sous l'empire de la nécessité, il s'éleva du côté des alliés et de la cavalerie des voix demandant qu'on rappelât Dion et qu'on fît revenir de Léontini les Péloponnésiens. 3 Aussitôt que l'on eut entendu faire cette proposition hardie, les Syracusains poussèrent des cris de joie et versèrent des larmes ; ils priaient les dieux de le faire paraître, regrettant de ne plus le voir et se souvenant de sa vaillance et de son ardeur au milieu des dangers, où non seulement il se montrait lui-même intrépide, mais encore leur inspirait de l'audace et leur faisait affronter sans crainte les ennemis. 4 Ils lui dépêchèrent donc sur le champ deux des alliés, Archonidès et Télésidès, et cinq cavaliers, dont Hellanicos. 5 Ces envoyés chevauchèrent sur la route à bride abattue et arrivèrent à Léontini vers la tombée du jour. 6 Après avoir mis pied à terre, ils se précipitèrent d'abord aux pieds de Dion, et en pleurant lui exposèrent les malheurs des

Syracusains. 7 Déjà quelques Léontiniens accouraient et plusieurs Péloponnésiens se rassemblaient autour de Dion, se doutant, à l'empressement et aux prières des envoyés, qu'il s'était produit du nouveau. 8 Immédiatement Dion conduisit les émissaires à l'assemblée, où tout le peuple se hâta de courir. Archonidès et Hellanicos, s'étant présentés, exposèrent brièvement la grandeur de leurs maux, et conjurèrent les étrangers de venir secourir Syracuse en oubliant leur rancune, car ils étaient eux-mêmes plus rigoureusement punis de leurs fautes que n'auraient pu le souhaiter ceux qu'ils avaient maltraités.

43. 1 Quand ils eurent fini de parler, un grand silence se fit dans le théâtre. Dion se leva, mais à peine eut-il pris la parole que les larmes qu'il répandait en abondance lui étouffèrent la voix. Les étrangers l'engageaient à reprendre courage et partageaient sa peine. 2 Quand il se fut un peu remis de son émotion : « Péloponnésiens, dit-il, et vous, alliés, je vous ai réunis pour que vous délibériez ici sur ce qui vous concerne personnellement ; 3 pour moi, il ne convient pas de délibérer en ce qui me regarde, quand Syracuse est en train de périr : si je ne puis la sauver, j'irai m'ensevelir dans l'incendie et la ruine de ma patrie. 4 Quant à vous, si vous consentez encore à nous secourir aujourd'hui, nous les plus mal avisés et les plus malheureux des hommes, venez relever cette ville de Syracuse qui est votre ouvrage. 5 Mais si, dans votre ressentiment contre les Syracusains, vous n'avez pas égard à leur situation, je prie les dieux de vous récompenser dignement du courage et du zèle dont vous avez fait preuve précédemment envers moi. Souvenez-vous de Dion, qui naguère, quand vous étiez victimes de l'injustice, ne vous a pas abandonnés, et qui maintenant n'abandonne pas ses concitoyens tombés dans le malheur. » 6 Il parlait encore lorsque les étrangers bondirent en poussant des clameurs et l'invitèrent à les conduire en toute hâte à l'aide de la ville. Les envoyés syracusains l'embrassèrent avec affection et supplièrent les dieux d'accorder à Dion et aux étrangers tout le bonheur possible. 7 Lorsque le tumulte fut apaisé, Dion ordonna aux soldats d'aller se préparer aussitôt à partir, et, quand ils auraient pris leur repas, de revenir avec leurs armes à ce même endroit, son intention étant de porter secours à Syracuse pendant la nuit.

44. 1 Cependant, à Syracuse, les généraux de Denys, après avoir fait beaucoup de mal à la ville pendant toute la journée, s'étaient, la nuit venue, retirés dans l'acropole, non sans avoir perdu quelques-uns de leurs hommes. 2 Alors les démagogues syracusains reprirent courage et espérèrent que les ennemis, satisfaits des dommages qu'ils avaient causés, se tiendraient tranquilles ; ils conseillèrent aux citoyens de renvoyer Dion une seconde fois, et, s'il s'approchait avec ses étrangers, de refuser de le recevoir et de ne pas s'effacer devant la vaillance de ces gens-là, comme s'ils étaient meilleurs qu'eux-mêmes, mais de sauver la ville et la liberté tout seuls et par leurs propres moyens. 3 Les stratèges envoyèrent donc de nouveaux émissaires à Dion, pour le détourner de venir, mais les cavaliers et les notables lui en dépêchèrent d'autres pour presser sa marche. 4 Aussi avançait-il en se hâtant lentement. 5 Comme la nuit allait finir, les ennemis de Dion occupèrent les portes pour lui en interdire l'entrée. Mais Nypsios, lançant à nouveau de la citadelle sur la ville des mercenaires beaucoup plus résolus et plus nombreux, se mit aussitôt à raser tout le mur de défense et à parcourir la ville en la ravageant. 6 On tuait alors non seulement les hommes, mais aussi les femmes et les enfants ; on ne pillait guère, mais l'on détruisait absolument tout, 7 car, le fils de Denys désespérant de la situation et haïssant férocement les Syracusains, Nypsios voulait pour ainsi dire ensevelir la tyrannie chancelante sous les ruines de la cité. 8 Pour prévenir l'arrivée de Dion, les soldats eurent recours au moyen de destruction et d'anéantissement le plus rapide, le feu : ils brûlaient de leurs mains avec des torches et des flambeaux tout ce qui se trouvait à leur portée, et lançaient avec leurs arcs des engins enflammés sur les objectifs plus lointains. 9 Les Syracusains qui fuyaient étaient pris et massacrés dans les rues ; ceux qui se réfugiaient dans les maisons en ressortaient chassés par le feu, et un grand nombre d'édifices déjà embrasés s'abattaient sur les passants.

Dion rentre à Syracuse. – **45.** 1 Ce fléau surtout mit tous les citoyens d'accord pour ouvrir à Dion la ville. 2 Il ne pressait plus sa marche depuis qu'il avait appris que les ennemis s'étaient renfermés dans la citadelle. Mais, comme le jour avançait, des cavaliers d'abord vinrent à sa rencontre pour lui annoncer que la ville avait été prise une seconde fois, puis même quelques-uns de ses adversaires se présentèrent pour le prier de se hâter. 3 La gravité du malheur ne cessant de croître, Héraclide lui dépêcha son frère, puis son oncle Théodote pour le supplier de secourir la ville, parce que personne ne tenait tête aux ennemis, que lui-même était blessé et qu'il s'en fallait de peu que la ville se fût détruite et complètement brûlée. 4 Quand ces messages parvinrent à Dion, il était encore à soixante stades des portes. Il informa les étrangers de l'urgence du péril, les exhorta et mena son armée vers la ville non plus au pas, mais à la course, alors qu'arrivaient constamment de nouveaux émissaires pour le prier de faire diligence. 5 Les mercenaires avancèrent avec une vitesse et une ardeur admirables, et il entra par la porte qui donne sur ce qu'on appelle l'Hécatompédos. 6 Il lança aussitôt ses troupes légères contre l'ennemi, pour faire reprendre courage aux Syracusains qui les verraient, et il rangea lui-même en ordre de bataille ses hoplites, forma en colonnes ceux des citoyens qui affluaient vers lui et se groupaient, et en partagea le commandement entre plusieurs chefs, de façon à inspirer plus de crainte en attaquant de plusieurs côtés à la fois.

46. 1 Quand il eut terminé ces préparatifs et prié les dieux, et qu'on le vit marcher à l'ennemi à travers la ville, ce fut une explosion de cris de joie et de vives acclamations mêlées de vœux et d'encouragements de la part des Syracusains, qui appelaient Dion leur sauveur et leur dieu, et les étrangers leurs frères et leurs concitoyens. 2 Nul n'était en cette circonstance si égoïste et si attaché à la vie qu'il ne montrât plus d'inquiétude pour Dion seul que pour tous les autres ensemble, alors qu'il s'avançait en tête vers le péril à travers le feu, le sang et les nombreux cadavres étendus sur les places. 3 De leur côté, les ennemis offraient un aspect redoutable : pleins de rage, ils étaient disposés en ordre de bataille le long du mur, rendu ainsi d'accès pénible et difficile à forcer. Mais c'était le danger provenant de l'incendie qui embarrassait le plus les étrangers et rendait leur marche malaisée. 4 Entourés par les flammes qui brillaient en dévorant les maisons, enjambant des ruines brûlantes, courant sous d'énormes décombres dont la chute les menaçait, et traversant de gros nuages de poussière et de fumée, ils s'efforçaient néanmoins de rester groupés sans rompre leurs rangs. 5 Quand ils abordèrent les ennemis, un petit nombre d'hommes seulement de part et d'autre purent en venir aux mains, à cause de l'étroitesse et des inégalités du terrain, mais les soldats de Dion, animés par les cris et l'ardeur des Syracusains, firent plier les troupes de Nypsios, 6 dont la plus grande partie trouva son salut en fuyant dans la citadelle toute proche ; ceux qui restèrent dehors et se dispersèrent furent poursuivis et tués par les étrangers. 7 On aurait voulu jouir sur le champ de la victoire, s'abandonner à la joie et se congratuler comme un si grand exploit le méritait, mais la circonstance ne le permit pas : les Syracusains s'occupèrent de leurs maisons et eurent de la peine à éteindre l'incendie pendant la nuit.

47. 1 Quand le jour parut, aucun des démagogues ne restait dans la ville, s'étant tous condamnés eux-mêmes à l'exil, sauf Héraclide et Théodote qui vinrent se mettre entre les mains de Dion en se reconnaissant coupables et en le priant d'être meilleur pour eux qu'ils ne l'avaient été eux-mêmes pour lui. 2 Ils disaient : « Il convient à Dion, incomparable déjà par l'ensemble de ses vertus, de se montrer aussi, en triomphant de son ressentiment, supérieur aux ingrats qui viennent maintenant s'avouer vaincus par cette vertu même à cause de laquelle ils s'étaient naguère révoltés contre lui. » 3 Tandis qu'Héraclide et Théodote le suppliaient ainsi, les amis de Dion lui conseillaient de ne pas épargner des hommes méchants et envieux, mais de livrer Héraclide aux soldats et d'extirper du gouvernement la démagogie, maladie furieuse et non moins funeste que la tyrannie. 4 Dion, voulant les rassurer, leur répondit : « Les autres généraux s'exercent principalement aux armes et à la guerre, mais moi, à l'Académie, je me suis longtemps appliqué à dompter la colère, la jalousie et tout esprit de querelle ; 5 or, on montre que l'on y est parvenu, non pas par la modération envers ses amis et les gens de bien, mais, lorsqu'on subit des torts, en se laissant fléchir par les coupables et en les traitant avec douceur. 6 Je ne désire pas tant paraître surpasser Héraclide en puissance et en intelligence qu'en bonté et en justice, 7 car c'est là que réside la véritable supériorité : les succès remportés à la guerre, même s'ils ne sont contestés par aucun des hommes, peuvent l'être par la Fortune. 8 Si l'envie rend Héraclide déloyal et méchant, ce n'est pas une raison pour que Dion ternisse sa vertu par la colère. Il est vrai que, selon la loi, il est considéré comme plus juste de se venger d'une injustice que de la commettre, mais, selon la nature, ces deux actes procèdent d'une seule et même faiblesse. 9 La méchanceté humaine, si pénible qu'elle soit, n'est pas si entièrement sauvage et intraitable qu'elle ne puisse changer, vaincue par la reconnaissance qu'inspirent des bienfaits répétés. »

48. 1 En s'appuyant sur ces raisonnements, Dion relâcha Héraclide et Théodote. 2 S'occupant du retranchement, il ordonna aux Syracusains de couper chacun un pieu et de le déposer à côté, puis il mit les étrangers à l'œuvre pendant la nuit et, alors que les Syracusains dormaient, il fit isoler l'acropole à leur insu par une palissade, si bien que, le jour venu, les citoyens et les ennemis, en voyant le résultat, furent également surpris de la rapidité avec laquelle l'ouvrage avait été exécuté. 3 Ensuite il ensevelit ceux des Syracusains qui avaient trouvé la mort, délivra les prisonniers, qui n'étaient pas moins de deux mille, et convoqua l'assemblée. 4 Héraclide, prenant la parole, proposa d'élire Dion stratège avec pleins pouvoirs sur terre et sur mer. 5 Les notables approuvèrent et demandèrent que l'on passât au vote, mais la foule des matelots et des petites gens protesta bruyamment, étant fâchée de voir Héraclide dépouillé de sa fonction d'amiral et estimant que, s'il manquait de toutes les autres qualités, il avait du moins celle d'être plus attaché au peuple et plus soumis à la multitude que ne l'était Dion. 6 Celui-ci céda sur ce point et fit rendre à Héraclide le commandement de la flotte, mais il s'opposa au partage des terres et des maisons que réclamait la foule et invalida ce qui avait été décrété auparavant à ce sujet, ce qui aigrit les esprits. 7 Tirant aussitôt de là un nouveau prétexte, Héraclide, qui se trouvait alors à Messine, fit de la démagogie auprès des soldats et des matelots qui s'étaient embarqués avec lui et les excita contre Dion, qu'il accusa de prétendre à la tyrannie, et lui-même traitait secrètement avec Denys par l'intermédiaire de Pharax de Sparte. 8 Les principaux notables de Syracuse s'en doutèrent, et il s'éleva dans l'armée une sédition, qui réduisit Syracuse à un tel embarras et à une telle disette 9 que Dion ne savait plus du tout quel parti prendre et était blâmé par ses amis d'avoir fortifié contre lui-même un homme aussi intraitable et aussi corrompu par l'envie et la méchanceté que l'était Héraclide.

49. 1 Pharax étant campé à Néapolis sur le territoire d'Acragas, Dion sortit en emmenant les Syracusains pour l'attaquer ; son intention était de livrer plus tard contre lui la bataille décisive, mais Héraclide et les matelots se récrièrent en prétendant qu'il ne voulait pas terminer la guerre par un combat, mais la faire durer pour garder le pouvoir ; il fut donc contraint d'en venir aux mains et fut battu. 2 Mais la défaite n'était pas grave et résultait surtout du désordre provoqué par la mutinerie des soldats. Dion se préparait à une nouvelle bataille et rangeait ses troupes en les haranguant et les encourageant, 3 lorsqu'au début de la nuit il reçut l'avis qu'Héraclide cinglait avec la flotte vers Syracuse, décidé à s'emparer de la ville et à lui en interdire l'entrée ainsi qu'à son armée. 4 Prenant aussitôt avec lui les plus robustes et les plus dévoués de ses cavaliers, il chevaucha toute la nuit, et à la troisième heure du jour, il était aux portes de la ville, après avoir couvert sept cents stades. 5 Héraclide, qui avec ses vaisseaux avait lutté de vitesse, arriva trop tard et reprit la mer ; il se mit à errer de côté et d'autre sans projet arrêté, lorsqu'il rencontra le Spartiate Gaisylos, qui se dit envoyé de Lacédémone pour prendre le commandement des Siciliens, comme autrefois Gylippe. 6 Héraclide l'accueillit avec joie comme sauvegarde contre Dion, à la façon d'une amulette qu'on s'attache au cou, il le montra aux alliés et envoya un héraut aux Syracusains pour les sommer de recevoir ce Spartiate pour chef. 7 Mais Dion répondit que les Syracusains ne manquaient pas de chefs compétents et qu'en tout cas, si la situation réclamait un Spartiate, c'était lui-même, puisqu'il avait reçu à Sparte le droit de cité. Alors Gaisylos renonça au commandement, se rendit auprès de Dion et le réconcilia avec Héraclide, qui prêta serment en donnant les garanties les plus solennelles, après quoi Gaisylos jura de son côté qu'il vengerait Dion et punirait Héraclide, si celui-ci tramait de mauvais desseins.

***Prise de la citadelle.* – 50.** 1 Après ces événements, les Syracusains licencièrent leur flotte, dont ils n'avaient plus besoin et qui occasionnait pour la navigation de grandes dépenses et, pour les chefs, des motifs de dissension. Puis ils se mirent à assiéger la citadelle après avoir achevé autour d'elle la construction du mur. 2 Comme personne ne venait au secours des assiégés, que les vivres manquaient et que ses mercenaires se faisaient menaçants, le fils de Denys, désespérant de la situation, traita avec Dion, lui livra l'acropole avec les armes et le reste du matériel, et lui-même, emmenant sa mère et ses sœurs, chargea cinq trières et prit la mer pour aller rejoindre son père. 3 Dion le laissa partir en toute sécurité. Il n'y eut personne dans Syracuse pour manquer ce spectacle, et l'on invoquait à grands cris ceux qui n'étaient pas là, et qui ne voyaient pas cette journée et le soleil se levant sur Syracuse libre. 4 Si aujourd'hui encore l'exil de Denys est regardé comme l'un des plus grands et des plus éclatants exemples que l'on peut citer de l'instabilité de la Fortune, quelle ne dut pas être alors la joie des Syracusains et quelle fierté ne durent-ils pas éprouver, eux qui, avec de si faibles moyens, avaient renversé la plus puissante des tyrannies qui eussent jamais existé !

51. 1 Après le départ d'Apollocratès, Dion se rendit à l'acropole. Les femmes n'eurent pas la patience d'attendre qu'il y entrât : elles coururent à la porte. Aristomachè amenait le fils de Dion ; Arétè la suivait en pleurant et se demandant comment elle saluerait son mari et lui parlerait, après avoir vécu avec un autre. 2 Dion embrassa d'abord sa sœur, puis son enfant. Alors Aristomachè fit avancer Arétè et dit : « Nous avons été bien malheureuses, Dion, pendant ton exil. 3 En revenant victorieux, tu nous as toutes délivrées du poids de nos misères, à l'exception de celle-ci seule, que j'ai eu la douleur de voir contrainte d'épouser, de ton vivant, un autre homme. 4 Maintenant que le sort te rend maître de nous, comment vas-tu juger cette nécessité où elle a été réduite ? Doit-elle t'embrasser comme son oncle ou aussi comme son mari ? » 5 Ainsi parla Aristomachè. Dion, fondant en larmes, accueillit tendrement sa femme et, lui ayant confié leur fils, l'envoya dans sa maison où il séjournait aussi lui-même, après avoir remis la citadelle aux mains des Syracusains.

52. 1 Après de tels succès, Dion ne voulut pas jouir de son bonheur présent avant d'avoir distribué faveurs et cadeaux à ses amis et à ses alliés, et surtout avant d'avoir donné aux citoyens avec lesquels il était lié et à ses soldats étrangers la part d'affection et d'honneur qu'ils méritaient, sa grandeur d'âme surpassant sa puissance. 2 Pour lui, il réglait son régime de vie sur ce qu'il trouvait à sa portée, avec simplicité et frugalité. À ce moment où on l'admirait et où non seulement la Sicile et Carthage, mais encore toute la Grèce avaient les yeux sur lui et sur sa réussite, où ses contemporains ne voyaient rien d'aussi grand que lui, où aucun autre chef ne paraissait avoir une audace et une chance plus éclatantes que les siennes, 3 il se montrait aussi modeste dans ses vêtements, son service et sa table que s'il vivait à l'Académie avec Platon, et non pas au milieu d'officiers et de mercenaires pour qui la bonne chère et les jouissances quotidiennes sont la consolation des fatigues et des dangers. 4 Platon lui écrivait que tous sur la terre entière avaient les regards tournés vers lui seul, mais il paraît bien que Dion lui-même ne dirigeait les yeux que vers un seul endroit d'une seule ville, l'Académie, ne reconnaissant comme ses examinateurs et ses juges que ceux qui s'y trouvaient et qui, au lieu d'admirer ses exploits, sa vaillance et sa victoire, observaient uniquement s'il usait de sa Fortune avec convenance et sagesse et s'il se montrait modéré dans une si grande prospérité. 5 Quant à sa gravité dans les rapports humains et à sa rigidité envers le peuple, il mettait son point d'honneur à n'en rien retrancher, à ne pas les relâcher, alors même que les affaires exigeaient de sa part de la bonne grâce et que Platon lui faisait là-dessus des remontrances, comme nous l'avons dit, et lui écrivait que « l'arrogance est la compagne ordinaire de la solitude ». 6 Mais il est évident que sa nature se prêtait difficilement aux méthodes de la persuasion et qu'il avait à cœur d'arracher les Syracusains à leur vie trop licencieuse et amollissante.

53. 1 Héraclide en effet avait repris ses attaques ; et d'abord, convoqué au Conseil, il refusa de s'y rendre, disant qu'étant simple particulier, il ne faisait partie que de l'Assemblée avec les autres citoyens. 2 Ensuite il reprocha à Dion de n'avoir pas rasé la citadelle, ni permis au peuple, comme celui-ci le souhaitait, d'ouvrir le tombeau de Denys et d'en arracher le corps, et enfin de faire venir des gens de Corinthe pour le conseiller et gouverner avec lui, marquant ainsi son dédain pour ses compatriotes. 3 Dion en effet avait appelé des Corinthiens, dans l'espoir qu'avec leur aide il établirait plus facilement le régime politique qu'il avait en vue. 4 Car il voulait empêcher l'avènement de la démocratie toute pure, qu'il regardait, ainsi que Platon, non pas comme une constitution, mais comme un bric-à-brac de constitutions, pour instituer et organiser une forme d'État apparenté aux systèmes laconien et crétois, mélange de démocratie et de royauté où l'aristocratie surveillerait et arbitrerait les affaires les plus importantes ; or il voyait que les Corinthiens avaient une constitution plutôt oligarchique et ne laissaient traiter par le peuple que peu de questions d'intérêt public. 5 Contre un tel projet il s'attendait surtout à l'opposition d'Héraclide, qu'il connaissait d'ailleurs comme un personnage turbulent, léger et factieux, si bien qu'alors il l'abandonna à ceux qui depuis longtemps voulaient le tuer et qu'il en empêchait. Ils s'introduisirent donc dans sa maison et le mirent à mort. 6 Ce meurtre chagrina vivement les Syracusains ; néanmoins, comme Dion fit faire à Héraclide de brillantes funérailles, suivit le convoi avec l'armée et les harangua ensuite, ils lui pardonnèrent en comprenant que les troubles n'auraient pu cesser dans la ville si Héraclide et Dion continuaient à participer ensemble à la vie politique.

La mort. – **54.** 1 Dion avait un compagnon venu d'Athènes, Callippos, qu'il avait connu et avec qui il s'était lié, suivant Platon, non pas au cours de leurs études, mais à la suite d'initiations aux mystères et de relations courantes. Callippos avait pris part à l'expédition et s'y était acquis tant d'honneur qu'il fut, de tous les compagnons de Dion, le premier qui entra avec lui dans Syracuse, une couronne sur la tête, et il s'était brillamment signalé dans les combats. 2 Mais, lorsque Dion eut perdu, du fait de la guerre, ses principaux et ses meilleurs amis, et qu'Héraclide fut mort, Callippos, voyant que la démocratie n'avait plus de chef à Syracuse et qu'il était lui-même fort considéré par les soldats de Dion, 3 devint le plus scélérat des hommes : espérant fermement obtenir la Sicile comme prix du meurtre de son hôte, ayant même, à ce que prétendent certains, reçu des ennemis vingt talents pour salaire de l'assassinat, il corrompit des mercenaires et les tourna contre Dion, en préparant le plus odieux et le plus perfide des complots. 4 En effet, il rapportait constamment à Dion les propos que les soldats avaient réellement tenus ou qu'il forgeait lui-même, et il avait acquis, grâce à la confiance qu'il inspirait, une telle liberté de manœuvre qu'il pouvait s'entretenir en cachette avec ceux qu'il voulait et leur parler franchement contre Dion, car celui-ci le lui avait lui-même ordonné afin de connaître ceux qui lui étaient secrètement hostiles.

5 Il en résulta que Callippos eut vite fait de découvrir et de grouper les hommes dont l'esprit était pervers ou dérangé, et si quelqu'un rejetait ses propositions et dénonçait sa tentative à Dion, celui-ci n'en éprouvait ni trouble ni mécontentement, puisque Callippos se conformait ainsi à ses instructions.

55. 1 Tandis que le complot se tramait, un fantôme énorme et monstrueux apparut à Dion : celui-ci était assis, tard le soir, dans une grande pièce de sa maison, seul et plongé dans ses pensées, 2 quand soudain un bruit se fit entendre à l'autre extrémité de la salle ; il tourna les yeux de ce côté et, comme il faisait encore jour, il vit une femme de grande taille, semblable en tout point pour le costume et le visage à une Érinye tragique, en train de nettoyer la maison avec un balai. 3 Vivement frappé et épouvanté, il fit venir ses amis, leur raconta sa vision et les pria de rester et de passer la nuit auprès de lui, car il était tout à fait bouleversé et craignait que l'apparition ne se montrât de nouveau à ses yeux, quand il serait seul. Elle ne revint pas, 4 mais quelques jours après, son fils, qui n'était pas encore complètement sorti de l'enfance, à la suite d'un accès de chagrin et de colère dont le motif était léger et puéril, se précipita du haut du toit la tête la première et se tua.

56. 1 Sachant Dion ainsi affecté, Callippos s'attacha encore davantage à l'exécution de son dessein, et répandit dans Syracuse le bruit que Dion, n'ayant plus d'enfant, avait résolu d'appeler Apollocratès, le fils de Denys, pour l'instituer son successeur, comme neveu de sa femme et petit-fils de sa sœur. 2 Cependant Dion et les femmes de sa maison commençaient à soupçonner ce qui se tramait, et des dénonciations leur parvenaient de tous côtés. 3 Mais Dion qui, semble-t-il, regrettait sa conduite envers Héraclide et était toujours fâché et peiné de ce meurtre, comme d'une souillure attachée à sa vie et à ses actes, déclara qu'il était prêt à subir mille morts et à tendre la gorge à qui voudrait le tuer plutôt que de vivre en ayant à se garder non seulement de ses ennemis, mais encore de ses amis. 4 Quant à Callippos, voyant les femmes mener une enquête rigoureuse sur l'affaire, il prit peur et alla les trouver, protestant, pleurant et offrant telle garantie qu'elles voudraient. 5 Elles lui demandèrent de prêter le grand serment, qui revêt la forme suivante : celui qui engage sa foi descend au sanctuaire des Thesmophores, et, après certains sacrifices, s'enveloppe du manteau de pourpre de la déesse et, prenant à la main une torche allumée, il s'acquitte du serment. 6 Après avoir accompli toutes les cérémonies et prononcé la formule, Callippos se moqua si bien des déesses qu'il attendit la fête de Corè, par laquelle il avait juré, pour exécuter le meurtre ce jour-là. Mais peut-être n'eut-il aucun égard à la date, puisque, de toute façon c'est un sacrilège envers la déesse qu'un mystagogue, même à tout autre moment, égorge celui qu'il a initié à son culte.

57. 1 Callippos s'étant associé d'assez nombreux complices, un jour que Dion était assis avec ses amis dans une salle à plusieurs lits, certains conjurés entourèrent la maison, et les autres se tinrent aux portes et aux fenêtres de la pièce. 2 Ceux qui devaient eux-mêmes porter les mains sur lui, des Zacynthiens, entrèrent sans épées et en tuniques, tandis que ceux du dehors tiraient à eux les portes et les gardaient fermées. Les meurtriers se jetèrent sur Dion, essayant de l'étrangler et de l'étouffer. 3 Comme ils n'y parvenaient pas, ils demandèrent une arme, mais personne n'osait ouvrir les portes, car il y avait beaucoup de monde à l'intérieur avec Dion ; pourtant chacun d'eux espérait se sauver en l'abandonnant, si bien que personne n'osa lui venir en aide. 4 Le temps passait, lorsque Lycon de Syracuse tendit par la fenêtre à l'un des Zacynthiens un poignard, avec lequel Dion fut égorgé comme une victime de sacrifice depuis longtemps maîtrisée et épouvantée. 5 Aussitôt après, ils jetèrent en prison la sœur de Dion et sa femme, qui était enceinte ; cette femme accoucha misérablement dans son cachot et mit au monde un enfant mâle qu'elles se risquèrent à nourrir, d'autant plus qu'elles avaient obtenu la connivence des gardiens, qui voyaient la situation de Callippos déjà ébranlée.

58. 1 Callippos, après avoir fait tuer Dion, jouit dans les premiers temps d'une brillante Fortune, et tint Syracuse en son pouvoir. Il envoya même une lettre à Athènes, celle de toutes les villes qu'il aurait dû le plus respecter et craindre après les dieux, à la suite de la grande souillure dont il s'était couvert. 2 Mais il semble que l'on dise vrai en affirmant que cette cité donne naissance aux hommes de bien qui sont les meilleurs de tous comme aux méchants qui sont les pires, de même que son terroir produit le miel le plus délicieux et la ciguë la plus rapidement mortelle. 3 Au reste, ce ne fut pas pour longtemps que l'existence de Callippos justifia le reproche que l'on pouvait faire à la Fortune et aux dieux de permettre à un homme de jouir de la souveraineté et de l'influence acquises au prix d'une telle impiété, car il ne tarda pas à être puni comme il le méritait. 4 En effet, ayant voulu s'emparer de Catane, il perdit du même coup Syracuse, et l'on rapporte qu'il dit alors avoir abandonné une ville pour prendre une râpe à fromage. 5 Puis, ayant attaqué Messine, il vit périr la plupart de ses soldats, parmi lesquels se trouvaient les meurtriers de Dion. Aucune cité de Sicile ne voulant le recevoir et tout le monde le détestant et le repoussant, il s'empara de Rhégion. 6 Là, il se trouva dans une situation déplorable et, comme il nourrissait mal ses mercenaires, il fut assasiné par Leptinès et Polyperchon, qui par hasard se servirent, dit-on, de ce poignard qui avait frappé Dion : 7 on reconnut l'objet à sa taille (il était court comme ceux de Laconie) et à la beauté de son travail, car il avait été ciselé avec beaucoup de soin et d'art. Voilà donc comment fut puni Callippos.

8 Quant à Aristomachè et Arétè, dès qu'elles furent relâchées de leur prison, Hicétas de Syracuse, qui avait été l'un des amis de Dion, les recueillit et parut les traiter de façon loyale et honorable. 9 Mais ensuite,

gagné par les ennemis de Dion, il fit appareiller un bateau, sous prétexte de les transporter dans le Péloponnèse, en donnant l'ordre de les égorger pendant la traversée et de jeter leurs corps à la mer. D'autres prétendent qu'elles furent noyées vivantes, et l'enfant avec elles. 10 Un châtiment digne de ce forfait atteignit aussi Hicétas : pris par Timoléon, il fut mis à mort, et les Syracusains, pour venger Dion, tuèrent en outre ses deux filles, comme on le trouve rapporté en détail dans la *Vie de Timoléon*.

BRUTUS

Origine et formation. – **1.** 1 Quant à Marcus Brutus, il descendait de Junius Brutus, celui dont les Romains d'autrefois avaient dressé une statue de bronze au Capitole, au milieu des rois, l'épée nue à la main, parce qu'il avait chassé définitivement les Tarquins. 2 Mais ce premier Brutus, comme les glaives bien trempés, avait un caractère naturellement dur et non adouci par la culture, au point de pousser la haine de la tyrannie jusqu'au meurtre de ses propres enfants. 3 Au contraire, le Brutus dont nous écrivons la biographie tempéra son humeur par l'étude des lettres et de la philosophie, et tourna vers l'action pratique sa nature grave et douce, réalisant ainsi, semble-t-il, un parfait équilibre dans le sens du bien. 4 C'est pourquoi ceux-là mêmes qui le détestent à cause de sa conspiration contre César lui attribuent ce qu'il y avait de noble dans cette entreprise et en rejettent ce qu'elle eut de plus odieux dans l'exécution sur Cassius, son ami intime, mais dont le caractère n'avait pas la simplicité ni la pureté du sien.

5 La mère de Brutus, Servilia, faisait remonter son origine à Servilius Ahala qui, voyant Spurius Moelius aspirer à la tyrannie et soulever le peuple, mit un poignard sous son aisselle, se rendit au Forum, s'approcha de lui comme pour lui parler et l'entretenir d'une affaire, et, alors qu'il penchait la tête, le frappa mortellement. 6 Cette ascendance est généralement admise, mais, en ce qui concerne la famille paternelle de Brutus, ceux qui montrent à son égard de la malveillance et de la haine à cause du meurtre de César soutiennent qu'elle ne remontait pas à l'homme qui chassa les Tarquins, parce que celui-ci, ayant fait périr ses fils, n'avait pas laissé de postérité ; Marcus Brutus serait issu d'une maison plébéienne qui portait le même nom et qui n'était parvenue aux magistratures que depuis très peu de temps. 7 En revanche le philosophe Posidonios dit que, si les fils de Brutus arrivés à l'adolescence avaient bien été mis à mort, comme le rapporte l'histoire, il lui en restait un troisième en bas âge, d'où sortit la suite de la lignée ; 8 il ajoute qu'il y avait de son temps des gens illustres de cette famille dont les traits ressemblaient à ceux de la statue de Brutus. Mais en voilà assez sur ce sujet.

2. 1 Servilia, mère de Brutus, avait pour frère Caton le philosophe, que Brutus, son neveu et plus tard son gendre, prit comme modèle entre tous les Romains. 2 Il n'est, pour ainsi dire, aucun philosophe grec dont la doctrine lui ait été inconnue ou étrangère, mais il s'intéressait tout particulièrement aux disciples de Platon. 3 Il ne goûtait guère ce que l'on appelle la nouvelle et la moyenne Académie ; c'est à l'ancienne qu'il s'attacha : il ne cessa d'admirer Antiochos d'Ascalon, et il fit de son frère Aristos un ami et le compagnon de sa vie ; cet Aristos avait des facultés oratoires inférieures à celles de beaucoup de philosophes, mais, pour la sagesse et la douceur, il pouvait rivaliser avec les plus éminents. 4 Quant à Empylos, dont Brutus parle dans ses lettres et dont ses amis font souvent mention comme de son commensal, c'était un rhéteur qui a laissé sur le meurtre de César un écrit bref, mais non dénué de valeur, intitulé *Brutus*. 5 En latin, Brutus était bien entraîné à discourir et à disputer ; en grec, il pratiquait la brièveté sentencieuse et laconique, dont il fait parfois dans ses lettres un usage remarquable. 6 C'est ainsi qu'engagé déjà dans la guerre, il écrit aux gens de Pergame : « J'entends dire que vous avez donné de l'argent à Dolabella. Si vous l'avez fait de plein gré, avouez que vous avez eu tort ; si vous avez donné cet argent malgré vous, prouvez-le en m'en donnant à moi de bonne grâce. » 7 Il écrivit aussi aux Samiens : « Vos délibérations sont négligeables, et vos secours, lents. Quel terme en escomptez-vous ? » 8 Voici encore une autre lettre : « Les Xanthiens, dédaignant mes bienfaits, ont eu leur patrie pour tombeau de leur désespoir ; les Pataréens, qui se sont confiés à moi, ne manquent d'aucune liberté pour administrer toutes leurs affaires. Vous à votre tour, vous pouvez choisir soit le discernement des Pataréens, soit le sort des Xanthiens. » Tel est le genre des billets remarquables de Brutus.

3. 1 Il était encore jeune homme lorsqu'il accompagna son oncle Caton, envoyé à Chypre contre Ptolémée. 2 Ptolémée s'étant suicidé, Caton, alors contraint de séjourner lui-même à Rhodes, avait déjà envoyé l'un de ses amis, Canidius, pour veiller sur les trésors du roi, mais, craignant que Canidius ne s'abstînt pas d'en dérober, il écrivit à Brutus de venir au plus tôt à Chypre en quittant la Pamphylie, où il se remettait alors d'une maladie. 3 Brutus fit ce voyage tout à fait à contrecœur, car il avait honte devant Canidius injurieusement évincé par Caton, et, de façon générale, une telle surveillance et un tel office, alors qu'il était un jeune étudiant, ne lui paraissaient pas convenir à un homme libre, ni à lui-même. 4 Néanmoins, il mit tous ses soins à accomplir cette mission, et il mérita les éloges de Caton. Il fit convertir en argent la fortune royale, en prit avec lui la plus grande part et revint ainsi à Rome.

Entre César et Pompée. – **4.** 1 Quand le conflit eut éclaté et que, Pompée et César ayant pris les armes, l'État fut en proie à la confusion, on pensait que Brutus choisirait le parti de César, puisque son père avait été tué jadis par ordre de Pompée. 2 Mais, jugeant que les affaires publiques ont le pas sur les affaires privées, estimant aussi que Pompée avait pour faire la guerre un motif plus juste quc César, c'est à Pompée qu'il se rallia. 3 Et pourtant, jusque-là, lorsqu'il le rencontrait, il ne lui adressait même pas la parole, car il aurait cru commettre une grande impiété en conversant avec le meurtrier de son père ; mais alors, voyant en lui le chef de la patrie, il se rangea sous ses ordres et s'embarqua pour la Cilicie, comme légat de Sestius, à qui cette province était échue. 4 Comme il n'avait rien à faire de grand là-bas, et que déjà Pompée et César combattaient en se disputant l'empire, il se rendit en Macédoine pour prendre part au danger comme volontaire. 5 On dit aussi que Pompée, surpris et charmé de son arrivée, se leva de son siège et l'embrassa devant tout le monde, comme un homme supérieur. 6 Pendant cette campagne, toute la partie de la journée qu'il ne passait pas auprès de Pompée, Brutus l'employait à étudier et à lire, et cela non seulement durant tout le temps de son séjour, mais même à la veille de la grande bataille. 7 On était au fort de l'été, par une grande chaleur, et l'on campait dans des lieux marécageux ; en outre ceux qui portaient la tente de Brutus ne se pressaient pas d'arriver. 8 Bien qu'il fût exténué par cette situation, pouvant à peine se frotter d'huile vers midi et prendre un peu de nourriture, tandis que les autres dormaient ou réfléchissaient en songeant avec inquiétude à l'avenir, Brutus, lui, travailla, jusqu'au soir à rédiger un abrégé de Polybe.

5. 1 On rapporte aussi que César ne se désintéressait pas de Brutus et qu'il avait même ordonné à ses officiers de ne pas le tuer dans la bataille, de l'épargner, et, s'il s'y prêtait de bon gré, de le lui amener, mais, s'il se défendait contre ceux qui voudraient le prendre, de le laisser aller sans lui faire violence ; il agissait ainsi, dit-on, pour complaire à la mère de Brutus, Servilia. 2 Car il paraît qu'étant encore jeune il avait eu pour maîtresse Servilia, qui était follement éprise de lui ; et, comme Brutus était né à l'époque où leur amour était le plus ardent, César avait une sorte de conviction que Brutus était son fils. 3 On raconte encore qu'au temps où vint devant le sénat la grande affaire de Catilina, qui faillit causer la ruine de l'État, César et Caton, qui différaient d'opinion, étaient placés l'un à côté de l'autre. À un moment on apporta du dehors un petit billet à César. Comme il le lisait en silence, Caton s'écria qu'il était intolérable que César reçût des communications et des lettres des ennemis. 4 Il se fit un grand tumulte dans l'assemblée. César tendit le billet, tel qu'il était, à Caton, qui lut un message passionné de Servilia, sa sœur. Il le jeta à César en disant : « Garde-le, ivrogne ! », et il reprit le fil de son discours en exposant son avis. C'est ainsi que l'amour de Servilia pour César était bien connu.

6. 1 Après la défaite de Pharsale et la fuite de Pompée vers la mer, alors que le camp était assiégé, Brutus s'en échappa sans être vu par une porte qui conduisait à un lieu marécageux, plein d'eau et de roseaux, puis, au cours de la nuit, il se réfugia à Larissa. 2 De là, il écrivit à César, qui, heureux de le savoir sauvé, l'invita à venir le trouver, et non seulement lui pardonna ses torts envers lui, mais le garda dans son entourage en le comblant d'honneurs plus qu'aucun autre. 3 Personne ne pouvait dire dans quelle direction fuyait Pompée, et l'on était fort embarrassé ; César, faisant route seul avec Brutus, s'enquit de son opinion sur ce point ; 4 il estima, grâce à certains raisonnements, que les conjectures de Brutus concernant la fuite de Pompée étaient les mieux fondées, et, abandonnant les autres pistes, il se dirigea vers l'Égypte. 5 Pompée débarqua bien en Égypte, comme l'avait supposé Brutus, mais il y trouva l'achèvement de son destin. 6 Brutus adoucit César en faveur de Cassius. Il défendit aussi la cause du roi des Galates Dejotarus, et, bien que le poids des accusations fût accablant, il parvint à force de prières et d'instances, à lui conserver une bonne partie de son royaume. 7 On rapporte que César, la première fois qu'il l'entendit parler en public, dit à ses amis : « Je ne sais ce que veut ce jeune homme, mais tout ce qu'il veut, il le veut fortement. » 8 En effet la fermeté de Brutus ne fléchissait pas facilement, et il ne cédait pas au premier venu qui lui demandait une faveur ; c'est par la raison et par un choix réfléchi qu'il poursuivait activement le bien, et, quelque parti qu'il prît, il s'y portait avec force jusqu'à ce qu'il fût parvenu à ses fins. 9 Les requêtes injustes le trouvaient inaccessible à la flatterie ; se laisser vaincre par d'impudentes exigences (défaite que certains appellent fausse honte), était à ses yeux ce qu'il y a de plus déshonorant pour un grand homme, et il avait coutume de dire que ceux qui ne savent rien refuser ne doivent pas avoir fait un bel usage de la fleur de leur jeunesse.

10 César, sur le point de passer en Libye pour combattre Caton et Scipion, confia à Brutus le gouvernement de la Gaule cisalpine, choix qui fit le bonheur de cette province : 11 tandis que les autres provinces étaient pillées comme pays conquis par la violence et l'avidité de ceux à qui elles étaient confiées, Brutus fut pour la sienne le soulagement et la consolation des maux passés. 12 Il attira sur César la reconnaissance de tous. Aussi, quand César, à son retour, parcourut l'Italie, les villes administrées par Brutus furent pour lui un très agréable spectacle, ainsi que Brutus lui-même, qui rehaussait sa gloire et dont il aimait la compagnie.

7. 1 Il y a plusieurs sortes de prétures, et l'on pensait que celle qui a le plus grand prestige, et qu'on appelle préture urbaine, serait dévolue soit à Brutus, soit à Cassius. Certains auteurs disent que ces deux hommes, qui se trouvaient pour des griefs antérieurs en léger désaccord, se brouillèrent encore davantage à cette occasion, bien qu'ils fussent parents, Cassius ayant épousé Junia, sœur de Brutus ; 2 mais d'autres prétendent que cette concurrence fut l'œuvre de César, qui flattait secrètement les espérances de chacun des deux, au point qu'enfin, ainsi poussés et excités, ils entrèrent en compétition. 3 La réputation et la vertu de Brutus étaient en balance avec les nombreux et brillants exploits accomplis par Cassius chez les Parthes. 4 César, après les avoir entendus et en avoir délibéré avec ses amis, dit : « Les raisons de Cassius sont plus justes, mais il faut donner la première préture à Brutus. » 5 Cassius fut donc nommé à la seconde, et il fut moins reconnaissant pour celle qu'il avait obtenue que fâché d'avoir manqué l'autre. 6 Pour tout le reste aussi Brutus disposait autant qu'il le voulait de la puissance de César, et il ne tenait qu'à lui d'être le premier et le plus influent de ses amis. 7 Mais la faction de Cassius le tirait à elle et s'efforçait de le détourner de César. Il n'était pourtant pas encore réconcilié avec Cassius lui-même à la suite de leur rivalité, mais il écoutait les amis de celui-ci, qui l'exhortaient à ne pas se laisser séduire et amollir par César et à fuir les caresses et les faveurs du tyran, qui avaient pour but, non pas d'honorer sa vertu, mais d'énerver sa force et de saper son courage.

8. 1 Cependant César n'était pas tout à fait sans avoir des soupçons et sans entendre des rapports défavorables sur Brutus, mais, s'il craignait sa fierté, son prestige et ses amis, il avait confiance en son caractère. 2 Et comme, une première fois, on lui disait qu'Antoine et Dolabella tramaient une révolution, il répondit que ce n'étaient pas ces hommes gras et chevelus qui l'inquiétaient, mais ceux qui étaient pâles et maigres ; il voulait dire Brutus et Cassius. 3 Une autre fois, comme on lui dénonçait Brutus en l'avertissant de se tenir en garde contre lui, il posa la main sur lui-même et dit : « Eh quoi ! croyez-vous que Brutus n'attendra pas la fin de cette pauvre chair ? » Il donnait ainsi à entendre qu'après lui il n'était personne d'autre que Brutus à qui dût revenir un si grand pouvoir. 4 Et l'on peut croire que Brutus en effet serait devenu certainement le premier dans Rome, s'il eût consenti à demeurer encore un peu de temps au second rang derrière César, en laissant la puissance de celui-ci s'effriter et la gloire de ses succès se faner. 5 Mais Cassius, homme passionné, et plutôt ennemi privé de César qu'ennemi public de la tyrannie, échauffa et entraîna Brutus. 6 On dit que Brutus haïssait la dictature, et Cassius, le dictateur. Entre autres griefs que Cassius avait contre lui, il lui en voulait de lui avoir enlevé et de s'être approprié les lions qu'il avait réunis à Mégare en vue de son édilité, lorsque cette ville fut prise par Calenus. 7 On raconte que ces animaux causèrent aux Mégariens un grand dommage : en voyant leur ville en train d'être occupée, ils ouvrirent les cages et ôtèrent les chaînes des lions, pensant ainsi les opposer aux assaillants, mais les lions se jetèrent sur les Mégariens eux-mêmes, alors que ceux-ci couraient sans armes ici et là : à ce spectacle, même les ennemis furent saisis de pitié.

9. 1 On prétend donc que telle fut la principale cause du complot fomenté par Cassius, mais c'est une erreur, car Cassius avait toujours eu une aversion et une haine innées contre la race des tyrans, comme il le fit voir dès l'enfance, alors qu'il allait à la même école que Faustus, le fils de Sylla. 2 Celui-ci faisait le fier parmi les enfants en vantant le pouvoir absolu de son père ; Cassius alors se dressa et le frappa à coups de poing. 3 Comme les tuteurs et les proches de Faustus voulaient le poursuivre en justice, Pompée les en empêcha, et, réunissant auprès de lui les deux enfants, il les interrogea sur ce qui s'était passé. 4 On rapporte que Cassius dit à ce moment : « Allons, Faustus, ose répéter devant Pompée les propos qui m'ont mis en colère, afin qu'à nouveau je te meurtrisse le visage. » 5 Tel était Cassius. Quant à Brutus, tous les discours que lui tenaient ses familiers, et, d'autre part, tous les on-dit et les libelles répandus parmi les citoyens le provoquaient et le poussaient à l'action. 6 Sur la statue de son ancêtre Brutus, qui avait aboli la royauté, on inscrivait : « Ah ! si tu existais maintenant, Brutus ! » ou « Plût au ciel que Brutus vécût ! » 7 Le tribunal de Brutus lui-même, alors préteur, se trouvait chaque jour couvert de billets tels que ceux-ci : « Dors-tu, Brutus ? » ou « Tu n'es pas un vrai Brutus. » 8 La faute en était aux courtisans de César, qui imaginaient pour lui divers honneurs propres à susciter l'envie, et notamment, couronnaient pendant la nuit de diadèmes ses statues pour amener le peuple à le proclamer roi au lieu de dictateur. 9 Mais l'événement fut contraire à leurs vœux, comme cela est raconté en détail dans la *Vie de César*.

La conspiration. – **10.** 1 Comme Cassius sondait ses amis en vue du complot contre César, tous promirent d'en être, à condition que Brutus en fût le chef ; car l'entreprise, disaient-ils, exigeait moins des bras et de l'audace que la réputation d'un homme tel que lui pour en garantir la justice, du début à la fin, par sa seule présence ; 2 sinon, les conjurés seraient moins résolus dans l'action, et ensuite plus suspects, parce que Brutus n'aurait pas refusé de prendre part à la conjuration si elle avait eu un noble motif. 3 Partageant ces vues, Cassius fit le premier pas après leur brouille et alla trouver Brutus. Ils se réconcilièrent et se donnèrent des témoignages d'amitié, après quoi Cassius demanda à Brutus s'il comptait venir au Sénat à la nouvelle lune du mois de mars : « Je sais, dit-il, que ce jour-là les amis de César proposeront de le faire roi. » 4 Brutus ayant répondu qu'il n'y serait pas, « Et que feras-tu, dit Cassius, si l'on nous convoque ? » « Mon devoir alors, répartit Brutus, sera de ne pas me taire, mais de défendre la liberté et de mourir pour elle. » 5 Alors Cassius, transporté de joie, dit : « Mais quel est le Romain qui supportera de te voir mourir ainsi ? 6 Ignores-tu, Brutus, qui tu es ? Crois-tu que ce soient les tisserands et les cabaretiers qui couvrent d'écrits ton tribunal, et non les premiers et les plus puissants des citoyens qui agissent ainsi ? Aux autres préteurs on demande des distributions, des spectacles et des combats de gladiateurs, mais ce que l'on réclame de toi, comme une dette héréditaire, c'est le renversement de la tyrannie, et les gens sont prêts à tout souffrir pour toi, si tu te montres tel qu'ils le demandent et s'y attendent. » 7 À ces mots, il étreignit Brutus et l'embrassa, puis ils se quittèrent et chacun des deux alla trouver ses amis.

11. 1 Il y avait un certain Caïus Ligarius, qui avait été l'un des amis de Pompée et qui, accusé à ce titre, avait été absous par César. 2 Cet homme avait moins de reconnaissance pour la sentence qui l'avait libéré que d'irritation contre le pouvoir qui l'avait mis en danger ; il était donc ennemi de César, et il comptait parmi les plus intimes amis de Brutus. 3 Celui-ci, étant allé le voir alors qu'il était malade : « Ah ! Ligarius, dit-il, ce n'est pas le moment d'être malade. » Aussitôt Ligarius, se soulevant sur un coude et lui prenant la main droite : « Mais, Brutus, dit-il, si tu as en tête quelque dessein digne de toi, je me porte bien. »

12. 1 Dès lors, éprouvant secrètement les notables en qui ils avaient confiance, ils leur communiquaient leur dessein et se les adjoignaient ; ils choisissaient non seulement leurs amis, mais encore tous ceux qu'ils savaient audacieux, braves et dédaigneux de la mort. 2 C'est pour cette raison qu'ils se cachèrent de Cicéron, qui était pourtant le premier auprès d'eux pour la fidélité comme pour l'affection, mais dont la nature manquait de hardiesse, et qui, de plus, avait pris avec l'âge une circonspection sénile et, dans tous ses raisonnements, poussait chaque affaire dans le détail jusqu'au plus haut degré de sécurité ; ils craignaient qu'il n'émoussât l'ardeur de leur zèle dans une entreprise qui exigeait de la promptitude. 3 Brutus, parmi ses autres amis, laissa de côté Statyllius, l'Épicurien, et Favonius, l'homme entiché de Caton : au cours d'un entretien philosophique, il avait essayé de les sonder par un détour, en amenant de loin la question ; or, Favonius avait répondu qu'une guerre civile est pire qu'une monarchie illégale, et Statyllius, qu'il ne convient pas à un homme sage et sensé de s'exposer au danger et de troubler sa vie pour des gens médiocres et insensés. 4 Labéon, qui était présent, les contredit tous les deux, mais sur le moment, Brutus, comme si le sujet était ardu et difficile à trancher, garda le silence ; plus tard seulement, il fit part du projet à Labéon, 5 qui s'empressa de l'approuver. Ils décidèrent d'y associer l'autre Brutus, appelé Albinus, non pas qu'il fût d'ailleurs très entreprenant ni audacieux, mais parce qu'il avait de l'influence grâce au grand nombre de gladiateurs qu'il entretenait pour les spectacles publics, et parce qu'il jouissait de la confiance de César. 6 Lorsque Cassius et Labéon s'ouvrirent à lui, il ne répondit rien, mais il alla trouver Brutus en particulier, et, ayant appris de lui qu'il était le chef de la conjuration, il s'engagea très volontiers à la seconder. 7 La réputation de Brutus en attira encore un très grand nombre d'autres parmi les meilleurs. 8 Et tous, sans avoir prêté serment, sans avoir pris ni donné de garanties dans des sacrifices s'accordèrent si bien entre eux pour garder le secret et persévérer ensemble que, en dépit des prédictions, des apparitions et des autres présages par lesquels les dieux annonçaient le complot, personne n'y voulut croire.

13. 1 Brutus, voyant les premiers personnages de Rome par leurs sentiments élevés, leur naissance et leurs vertus suspendus à son propre sort, et considérant le péril dans toute son étendue, s'efforçait hors de sa maison de dissimuler en lui-même et de dominer ses pensées, 2 mais chez lui et pendant la nuit, il n'était plus le même : tantôt l'inquiétude l'arrachait malgré lui au sommeil, tantôt il s'enfonçait dans ses réflexions et méditait sur les difficultés de l'entreprise. Il ne put cacher à sa femme, qui reposait à ses côtés, qu'il était en proie à un trouble inaccoutumé et qu'il roulait dans son esprit un projet lourd à porter et fort complexe. 3 Porcia était, comme je l'ai dit, fille de Caton, et Brutus, son cousin, l'avait épousée, non pas vierge, mais déjà veuve, bien qu'elle fût toute jeune encore, d'un premier mari, dont elle avait eu un petit garçon nommé Bibulus, qui écrivit un bref ouvrage conservé et intitulé *Mémoires sur Brutus*. 4 Femme affectueuse et attachée à son mari, Porcia était pleine de grandeur d'âme et d'intelligence. Elle ne voulut pas questionner Brutus sur ses secrets avant d'avoir fait sur elle-même l'épreuve que voici. 5 Elle prit un de ces petits couteaux avec lesquels les barbiers coupent les ongles, et, ayant fait sortir de sa chambre toutes ses servantes, elle s'entailla si profondément la cuisse qu'il coula beaucoup de sang et que, peu après, elle fut saisie de violentes douleurs et des frissons de la fièvre causée par sa blessure. 6 Brutus était dans une inquiétude insupportable, lorsqu'au plus fort de la souffrance elle lui parla ainsi : 7 « Brutus, moi qui suis fille de Caton, je suis entrée dans ta maison, non pas comme les concubines, pour partager seulement ton lit et ta table, mais pour être associée à tes chagrins comme à tes joies. 8 Ta conduite envers moi a toujours été celle d'un mari irréprochable ; mais, en ce qui concerne mes propres sentiments, quelle preuve ou quelle marque de reconnaissance puis-je t'en donner, s'il ne me revient pas de supporter avec toi un malheur caché ou un souci qui exige de la confiance ? 9 Je sais que la nature féminine paraît trop faible pour porter un secret, mais, Brutus, une bonne éducation et la fréquentation des gens vertueux influent beaucoup sur les mœurs. 10 Moi, de plus, j'ai l'avantage d'être fille de Caton et femme de Brutus. Je m'y fiais assez peu jusqu'à ce jour, mais maintenant je me connais moi-même comme étant supérieure même à la douleur. » 11 Cela dit, elle lui montre sa blessure et lui raconte l'épreuve qu'elle s'est infligée. Brutus, stupéfait, leva les bras vers le ciel et pria les dieux de lui accorder le succès de son entreprise pour se montrer le digne époux de Porcia. Après quoi il fit donner des soins à sa femme.

Les ides de mars. – **14.** 1 Comme une séance du sénat était annoncée, à laquelle César devait se rendre, les conjurés décidèrent d'agir : en y venant alors ensemble et groupés, ils n'exciteraient pas de soupçons, et ils auraient autour d'eux tous les premiers et les meilleurs des Romains, qui, le grand acte une fois accompli, se déclareraient aussitôt pour la liberté. 2 Le lieu même semblait marqué par la divinité pour favoriser leur dessein : c'était un des portiques entourant le théâtre, où se trouvait une salle garnie de sièges dans laquelle se dressait une statue de Pompée, que la ville lui avait élevée lorsqu'il avait orné ce quartier de portiques et de son théâtre. 3 C'est sous ce portique que le sénat était convoqué juste au milieu du mois de mars (les Romains appellent ce jour les Ides de mars), et il semblait qu'un démon allait y amener César pour subir la vengeance de Pompée. 4 Le jour venu, Brutus mit un poignard sous son vêtement, ce que sa femme était seule à savoir, puis il sortit de sa maison. Les autres, réunis chez Cassius, conduisirent au Forum le fils de celui-ci, qui revêtait ce qu'on appelle la toge virile. 5 De là, ils allèrent tous au portique de Pompée et y attendirent, en pensant que César allait arriver d'un moment à l'autre au sénat. 6 C'est alors surtout que, si l'on avait su ce qui allait se passer, on aurait été fort surpris de l'impassibilité devant le danger et du sang-froid de ces hommes qui, forcés par leur fonction de préteurs de rendre la justice à beaucoup de gens, non seulement écoutaient calmement les plaideurs qui comparaissaient devant eux, comme s'ils avaient eu l'esprit libre, mais encore rendaient, par l'attention et le soin qu'ils apportaient à chaque cas, des sentences exactes et motivées. 7 Un condamné qui ne voulait pas accepter sa peine fit appel à César en protestant et en criant de toutes ses forces ; Brutus alors, regardant vers l'assistance, dit : « Moi, César ne m'empêche ni ne m'empêchera d'agir selon les lois. »

15. 1 Cependant plusieurs incidents survinrent, qui étaient de nature à troubler les conjurés. Ce fut tout d'abord et surtout le retard de César, alors que l'heure avançait : les sacrifices étant défavorables, il avait été retenu chez lui par sa femme, et les devins voulaient l'empêcher de sortir. 2 En second lieu, quelqu'un s'étant approché de Casca, l'un des conjurés, et lui saisissant la main droite, lui dit : « Tu nous as caché ton secret, Casca, mais Brutus m'a tout révélé. » 3 Casca restait frappé de stupeur, lorsque l'autre ajouta en riant : « Comment, heureux homme, es-tu devenu assez riche en si peu de temps pour briguer l'édilité ? » Tant il s'en était fallu de peu que Casca, trompé par l'équivoque, ne livrât le secret. 4 Enfin un sénateur, Popilius Laenas, ayant salué Brutus lui-même et Cassius avec plus d'empressement que d'habitude, leur dit tout bas à l'oreille : « Je vous souhaite d'accomplir ce que vous avez en tête, et je vous engage à ne pas tarder, car l'affaire s'ébruite. » Cela dit, il s'éloigna, ayant ainsi jeté dans leur esprit de forts soupçons que le complot était découvert.

5 À ce moment on accourut de la maison de Brutus lui annoncer que sa femme était mourante. 6 De fait, Porcia, hors d'elle à la pensée de ce qui allait se passer et incapable de supporter le poids de l'anxiété, avait peine à se tenir à la maison : tressaillant à chaque bruit, à chaque cri, comme les femmes saisies de transports bachiques, elle demandait à tous

ceux qui entraient en venant du Forum ce que faisait Brutus, et elle en envoyait sans cesse d'autres aux nouvelles. 7 À la fin, comme l'attente se prolongeait, sa force physique lui manque et, épuisée, se brisa, son âme étant égarée par l'inquiétude ; elle n'eut pas le temps de gagner sa chambre ; assise comme elle était au milieu de ses gens, elle fut prise de défaillance et tomba dans une prostration insurmontable, changeant de couleur et perdant complètement la voix. 8 Ses servantes, la voyant ainsi, poussèrent des lamentations, et, les voisins étant accourus à la porte, la rumeur se répandit vite au dehors et le bruit courut qu'elle était morte. 9 Cependant elle se remit et revint rapidement à elle, puis elle reçut les soins de ses femmes. Brutus, quand la nouvelle lui parvint, fut naturellement fort troublé, mais il n'abandonna pas l'intérêt public et résista au chagrin qui le poussait à s'élancer vers ses affaires domestiques.

16. 1 Enfin on annonça l'arrivée de César, qui se faisait amener en litière. Alarmé par les signes défavorables que donnaient les sacrifices, il avait résolu de ne ratifier ce jour-là aucune des décisions importantes et de les remettre à plus tard en prétextant son mauvais état de santé. 2 À peine fut-il sorti de sa litière que Popilius Laenas, celui-là même qui, un instant auparavant, avait souhaité à Brutus bonne chance et succès, se précipita à sa rencontre et s'entretint assez longtemps avec lui ; César s'arrêta et l'écouta avec attention. 3 Les conjurés (il faut bien les appeler ainsi) n'entendaient pas sa voix, mais, en raison de leurs soupçons, ils conjecturèrent que cette conversation était une révélation du complot. Accablés à cette pensée, ils échangèrent entre eux des regards par lesquels ils convinrent mutuellement qu'ils ne devaient pas attendre d'être arrêtés pour se tuer eux-mêmes sur-le-champ. 4 Déjà Cassius et quelques autres, mettant la main sous leurs vêtements à la garde de leurs poignards, s'apprêtaient à les dégaîner, lorsque Brutus reconnut à l'attitude de Laenas que celui-ci présentait une ardente sollicitation et ne les accusait pas ; il ne dit rien, à cause de la présence auprès d'eux de beaucoup de sénateurs étrangers au complot, mais il réconforta Cassius et les autres par l'expression joyeuse de son visage. 5 Au bout d'un moment Laenas baisa la main de César et se retira, ce qui fit bien voir que cet entretien n'avait eu pour objet que lui-même et quelque affaire qui lui était personnelle.

17. 1 Les sénateurs étant entrés auparavant dans la salle, la plupart des conjurés entourèrent le siège de César, comme pour l'entretenir d'une affaire. 2 On dit que Cassius alors, tournant ses regards vers la statue de Pompée, invoqua celui-ci comme s'il pouvait l'entendre. Trebonius attira Antoine vers la porte et le retint dehors en lui parlant. 3 Quand César entra, les sénateurs se levèrent devant lui, et, dès qu'il fut assis, les conjurés se pressèrent en groupe autour de lui, en faisant avancer l'un d'entre eux, Tillius Cimber, pour prier César en faveur de son frère exilé. Tous joignirent leurs prières aux siennes et, prenant les mains de César, ils lui baisaient la poitrine et la tête. 4 Il rejeta d'abord leurs instances, puis, comme ils ne cessaient pas, il se leva pour se libérer de force. Alors Tillius, saisissant sa toge à deux mains, la tira de dessus ses épaules, et Casca le premier (il se tenait derrière lui), saisissant son épée, lui porta un coup le long de l'épaule, sans d'ailleurs le blesser profondément. 5 César mit la main sur la poignée de l'épée et s'écria en latin d'une voix forte : « Maudit Casca, que fais-tu ? » Casca, s'adressant à son frère en grec, l'appela à son secours. 6 César, déjà frappé par plusieurs conjurés, regardait autour de lui, cherchant à leur échapper, mais, quand il vit Brutus tirer son arme contre lui, il lâcha la main de Casca qu'il tenait, et, s'enveloppant la tête de sa toge, il livra son corps aux coups. 7 Comme les conjurés, serrés pêle-mêle autour de lui, se servaient sans précaution de leurs épées, ils se blessèrent les uns les autres, de sorte que Brutus lui aussi, en voulant prendre part au meurtre, reçut un coup à la main et que tous furent couverts de sang.

18. 1 César étant mort ainsi, Brutus s'avança au milieu de la salle et voulut parler pour rassurer et retenir le sénat, mais les sénateurs, saisis d'effroi, prirent la fuite en désordre et se bousculèrent pêle-mêle à la porte, bien que nul ne les poursuivît ni ne les pressât, 2 car on avait pris la ferme résolution de ne tuer personne d'autre, et d'appeler tous les citoyens à la liberté. 3 Presque tous les conjurés, au temps où ils délibéraient sur leur entreprise, avaient été d'avis de faire périr Antoine après César, à cause de ses tendances monarchiques, de sa violence et de la puissance qu'il s'était acquise par sa familiarité habituelle avec la soldatesque, et surtout parce qu'il joignait à un naturel impétueux et entreprenant l'autorité consulaire, étant alors collègue de César ; 4 seul, Brutus avait combattu ce projet, en s'appuyant d'abord sur la justice, puis en conjecturant l'espoir d'un changement chez Antoine ; 5 en effet il ne désespérait pas que, César une fois disparu, un homme aussi bien doué, aussi ambitieux et épris de gloire que l'était Antoine, ne voulût contribuer à la liberté de sa patrie, entraîné par le noble zèle des conjurés. 6 C'est ainsi que Brutus sauva la vie d'Antoine, qui, dans la frayeur du moment, s'enfuit déguisé en homme du peuple.

7 Quant à Brutus et aux siens, ils se retirèrent au Capitole, les mains ensanglantées, et, montrant leurs épées nues, ils appelaient les citoyens à la liberté. 8 Il y eut d'abord des clameurs et, sous le coup de l'émotion, des courses désordonnées çà et là, ce qui augmenta encore le tumulte, 9 mais, comme aucun autre meurtre n'était commis et que rien n'était pillé de ce qui se trouvait exposé au public, les sénateurs et un grand nombre de personnes du peuple, reprenant courage, montèrent au Capitole auprès des conjurés. 10 La foule s'étant assemblée, Brutus prononça une harangue propre à la séduire et appropriée à la circonstance. 11 Il fut approuvé par le peuple, qui lui cria de descendre. Ainsi rassurés, les conjurés descendirent au Forum, où les autres les suivirent tous ensemble tandis que beaucoup de citoyens parmi les plus en vue, prenant Brutus au

milieu d'eux, lui firent une brillante escorte, descendirent avec lui de la citadelle et le conduisirent aux Rostres. 12 En le voyant, la foule, bien que fort mélangée et prête à faire du tapage, eut peur et attendit en ordre et en silence ce qui allait se passer. 13 Quand Brutus monta à la tribune, tous l'écoutèrent paisiblement, mais on vit bien que le meurtre accompli n'était pas du goût de tous lorsque Cinna commença à parler et à s'en prendre à César : ils firent éclater leur colère et chargèrent Cinna de tant d'injures que les conjurés retournèrent au Capitole. 14 Là, Brutus, craignant d'être assiégé, renvoya les personnages les plus importants de ceux qui étaient montés avec lui : il ne trouvait pas juste de faire partager le péril à des gens qui ne s'étaient pas compromis dans l'action.

19. 1 Cependant, le sénat s'étant assemblé le lendemain dans le sanctuaire de Tellus, Antoine, Plancus et Cicéron parlèrent en faveur de l'amnistie et de la concorde, et l'on décida que non seulement on accorderait l'impunité aux conjurés, mais encore que les consuls feraient des propositions sur les honneurs à leur décerner ; puis, le décret une fois voté, on se sépara. 2 Antoine ayant envoyé son fils en otage au Capitole, Brutus et les siens descendirent, et quand tous furent réunis, ils s'embrassèrent et se serrèrent les mains. 3 Cassius alla dîner chez Antoine et Brutus chez Lépide, et les autres chez ceux avec lesquels ils avaient des liens d'amitié ou de sympathie. 4 Le lendemain matin, les sénateurs, s'étant assemblés à nouveau, félicitèrent Antoine d'avoir étouffé les germes de la guerre civile, puis on décerna des éloges à Brutus et à ceux de ses amis qui étaient là, et enfin l'on attribua les provinces : 5 à Brutus fut assignée la Crète, à Cassius la Libye, à Trebonius l'Asie, à Cimber la Bithynie et à l'autre Brutus la Gaule cisalpine.

20. 1 Après quoi l'on en vint à parler du testament de César et de ses funérailles. Antoine demanda qu'on lût le testament et qu'on ne fît pas le convoi en secret ni sans honneur, afin de ne pas irriter encore davantage le peuple. Cassius s'y opposait fermement, mais Brutus céda et consentit, paraissant ainsi commettre une deuxième faute : 2 la première avait été d'épargner Antoine et de dresser contre les conjurés un ennemi redoutable et difficile à combattre ; ensuite, en laissant Antoine conduire à son gré les obsèques, il perdit tout. 3 D'abord, la somme de soixante-quinze drachmes que César léguait à chaque Romain et le don qu'il faisait au peuple de ses jardins situés au-delà du fleuve, à l'endroit où se trouve aujourd'hui le sanctuaire de la Fortune, éveillèrent à son égard chez les citoyens des sentiments singuliers d'affection et de regret. 4 Ensuite, le corps ayant été porté au Forum, Antoine, qui prononça selon l'usage l'éloge funèbre, voyant que ses paroles émouvaient la foule, se mit tout à coup à exciter sa pitié, et, prenant la toge ensanglantée de César, il la déploya pour montrer les traces des nombreux coups portés et des blessures. 5 On put voir alors un désordre indescriptible : les uns crient qu'il faut tuer les assassins ; les autres, renouvelant ce qu'on avait fait aux funérailles du démagogue Clodius, arrachent des boutiques les bancs et les tables, les entassent et en font un énorme bûcher, 6 sur lequel ils placent le corps et le brûlent, au milieu de nombre de sanctuaires et de lieux d'asile inviolables. 7 Dès que la flamme brille, ils s'en approchent de tous côtés pour tirer de là des tisons à demi consumés, et se mettent à courir en plusieurs directions vers les maisons des meurtriers de César pour y mettre le feu ; mais ceux-ci, d'avance bien barricadés chez eux, écartèrent le danger.

8 Il y avait un homme, Cinna, qui n'avait pris aucune part au meurtre et qui était même ami de César ; 9 dans un songe, se croyant invité à dîner par César, il refusait, mais César insistait et se faisait pressant ; à la fin, prenant Cinna par la main, il l'entraînait dans un gouffre ténébreux où l'autre, frissonnant d'horreur, le suivait à son corps défendant. 10 À la suite de cette vision, durant toute la nuit il avait eu la fièvre. Cependant, à l'aube, tandis qu'on transportait le cadavre de César, il eut honte de ne pas paraître aux obsèques et il sortit pour se mêler à la foule, qui était déjà exaspérée. 11 Quand on le vit, on le prit, non pas pour le Cinna qu'il était, mais pour celui qui naguère avait mal parlé de César devant l'assemblée, et il fut mis en pièces.

21. 1 À la suite de cet incident, et surtout après le changement d'attitude d'Antoine, Brutus et les siens, pris de peur, sortirent de la ville et séjournèrent d'abord à Antium, dans l'intention de revenir à Rome quand la colère du peuple se serait relâchée et calmée. 2 Ils espéraient en effet que ces foules emportées par des mouvements changeants et passagers s'apaiseraient aisément, et ils comptaient sur la bienveillance du sénat, qui n'avait rien fait contre les meurtriers de Cinna, mais qui recherchait et ordonnait d'arrêter ceux qui avaient attaqué les maisons des conjurés. 3 Déjà même le peuple, mécontent de voir Antoine s'arroger presque le pouvoir d'un monarque, regrettait Brutus, et l'on pensait qu'il reviendrait assister en personne aux jeux qu'il devait offrir en sa qualité de préteur. 4 Mais, averti que beaucoup des anciens soldats de César, qui leur avait donné des terres et des bourgades, complotaient contre lui et s'infiltraient dans la ville par petits groupes, il n'osa pas y rentrer, et c'est en son absence que le peuple vit les spectacles magnifiques dont il avait fait les frais avec une extrême générosité. 5 Il avait acheté en effet un très grand nombre de bêtes féroces et défendu d'en vendre ou d'en réserver aucune ; toutes devaient être employées. Il descendit lui-même à Néapolis pour y rencontrer beaucoup d'artistes dionysiaques, 6 et, comme un certain Canutius jouissait d'une grande vogue dans les théâtres, il écrivit à ses amis de s'efforcer de l'engager par la persuasion, car il n'estimait pas convenable de contraindre aucun Grec. Il écrivit également à Cicéron pour le prier d'assister absolument à ses spectacles.

22. 1 Telle était la situation quand se produisit un nouveau changement : l'arrivée du jeune César. Il était le fils d'une nièce du dictateur, et celui-ci, par testament, l'avait adopté pour fils et institué son héritier. 2 Il séjournait à Apollonie quand César fut tué ; il y poursuivait ses études et y attendait le dictateur, qui avait décidé de marcher sans délai contre les Parthes. 3 Informé de l'événement, il vint aussitôt à Rome, où il prit le nom de César pour commencer à capter la faveur du peuple ; puis, distribuant l'argent légué aux citoyens, il forma un parti contre Antoine et, par ses largesses, réunit et s'adjoignit un grand nombre des anciens soldats de César. 4 Cicéron se déclara aussi pour lui, en haine d'Antoine, ce dont il fut vivement blâmé par Brutus, qui écrivait : « Cicéron n'a pas de peine à supporter un maître, il craint seulement un maître qui le hait ; sa politique est de choisir une servitude accommodante, lorsqu'il dit et écrit que César est bon », et il ajoutait : « Nos ancêtres, eux, ne supportaient même pas des maîtres doux. 5 Pour moi, en cet instant, je ne suis encore fermement décidé ni pour la guerre ni pour la paix ; je n'ai pris qu'une seule résolution, c'est de ne pas être esclave. 6 Je m'étonne que Cicéron, qui redoute les périls d'une guerre civile, ne craigne pas une paix honteuse et déshonorante, et qu'il demande, pour salaire d'avoir mis fin à la tyrannie d'Antoine, l'établissement de César comme tyran. »

***Départ de Rome.* – 23.** 1 Tel se montre Brutus dans ses premières lettres. Mais déjà l'on se partageait entre César et Antoine, et les armées se vendaient comme à la criée et se donnaient à celui qui offrait le plus. Aussi Brutus, désespérant tout à fait de la situation, résolut-il de quitter l'Italie, et par voie de terre à travers la Lucanie il gagna Vélia au bord de la mer. 2 Porcia, qui devait de là retourner à Rome, s'efforçait de cacher l'extrême douleur qu'elle ressentait, mais, en dépit de tout son courage, un tableau l'amena à se trahir : 3 le sujet était tiré de la littérature grecque ; Hector était reconduit par Andromaque, qui recevait de ses mains leur petit enfant et avait les yeux fixés sur son mari. 4 La vue de cette peinture, qui rappelait à Porcia son malheur, la fit fondre en larmes ; elle alla la regarder à plusieurs reprises dans la journée, et chaque fois elle pleurait. 5 Acilius, un des amis de Brutus, récita les vers qu'Andromaque adresse à Hector :

> Hector, tu es pour moi tout à la fois un père, une mère chérie,
> Un frère, en même temps qu'un fort et jeune époux.

6 « Quant à moi, répliqua Brutus en souriant, il ne me viendra pas à l'idée de dire à Porcia les paroles d'Hector : “À tes servantes dis de filer et tisser”, car si sa faiblesse physique ne lui permet pas les mêmes exploits qu'à nous, elle a autant que nous la résolution de se distinguer au service de la patrie. » Voilà ce que rapporte Bibulus, le fils de Porcia.

***En Grèce.* – 24.** 1 De Vélia, Brutus s'embarqua pour Athènes. Le peuple l'y reçut chaleureusement, le comblant de louanges et de décrets honorifiques. Il logea chez un hôte qu'il avait ; il suivait les leçons de l'académicien Théomnestos et du péripatéticien Cratippe, philosophait avec eux et paraissait tout à fait oisif et désœuvré. 2 Mais, sans que personne s'en doutât, il préparait la guerre. Il envoya Hérostrate en Macédoine pour gagner à son parti ceux qui commandaient les armées dans cette région, et il s'efforçait de s'attacher et de retenir auprès de lui les jeunes Romains qui faisaient leurs études dans la ville ; 3 parmi eux se trouvait le fils de Cicéron, dont il fait un éloge exceptionnel et dit qu'il s'émerveille de le voir, soit éveillé, soit rêvant, si plein d'ardeur généreuse et de haine contre les tyrans. 4 Puis il commença à mettre ouvertement la main aux affaires : averti que des vaisseaux romains chargés de richesses s'approchaient, venant d'Asie, et que le préteur Apuleius, homme de valeur et bien connu, les commandait, il alla à sa rencontre à Carystos. 5 Au cours de leur entrevue, il le persuada de lui livrer les navires et lui donna une réception des plus brillantes, car c'était le jour anniversaire de la naissance de Brutus. 6 Quand on se fut mis à boire, on fit des libations pour la victoire de Brutus et la liberté des Romains ; voulant raffermir encore davantage les convives, il demanda une plus grande coupe, la prit et sans aucun motif prononça ce vers : « Un funeste destin et le fils de Létô m'ont enlevé la vie. » 7 On ajoute qu'à Philippes, lorsqu'il s'apprêtait à livrer la bataille suprême, il donna pour mot d'ordre à ses soldats « Apollon », et c'est pourquoi l'on pense que le fait d'avoir récité ce vers était un présage de sa défaite.

25. 1 Ensuite Antistius lui remit cinq cent mille drachmes sur l'argent qu'il portait lui-même en Italie, et tous les soldats de l'armée de Pompée qui erraient encore en Thessalie accoururent vers lui avec empressement. Il enleva cinq cents cavaliers à Cinna qui les conduisait à Dolabella en Asie. 2 S'étant rendu par mer à Démétrias, d'où l'on expédiait à Antoine une quantité d'armes que le premier César avait fait fabriquer en vue de la guerre contre les Parthes, Brutus s'en empara. 3 Le préteur Hortensius lui remit la Macédoine, et les rois et les dynastes d'alentour s'unirent pour embrasser son parti. Il apprit alors que Caïus, le frère d'Antoine, venant d'Italie, avait franchi la mer pour marcher aussitôt vers les troupes que Vatinius avait à Épidamne et à Apollonie. 4 Brutus, voulant le prévenir et enlever ces troupes avant son arrivée, partit à l'instant avec ceux qui l'entouraient et traversa sous la neige des pays difficiles, en devançant de loin ceux qui portaient le ravitaillement. Quand il fut près d'Épidamne, par suite de la fatigue et du froid, il eut une crise de boulimie. 5 C'est une affection qui atteint, surtout par temps de neige, les bêtes et les hommes à bout de forces ; elle provient, soit du refroidissement et de la rétraction de la chaleur qui, renfermée tout entière à l'intérieur, absorbe en masse la nourriture, soit de la vapeur piquante et subtile que la neige exhale en fondant et qui pénètre le corps en détruisant la chaleur qui se répand au dehors ; 6 car il semble que la chaleur, en s'éteignant à la surface sous le froid qu'elle rencontre, produise les sueurs qui surviennent alors. Là-dessus j'ai discuté plus longuement dans un autre ouvrage.

26. 1 Comme Brutus défaillait et que personne dans l'armée n'avait rien à manger, ses amis furent contraints de recourir aux ennemis, et, s'étant approchés des portes, ils demandèrent du pain aux gardes. 2 Ceux-ci, apprenant le malaise de Brutus, vinrent eux-mêmes lui apporter de quoi manger et boire. En retour, Brutus, quand il se fut emparé de la ville, les traita humainement et, à cause d'eux, tous les habitants aussi.

3 Caïus Antonius se jeta sur Apollonie et appela à lui les soldats qui se trouvaient dans le voisinage, mais, comme ils allaient se joindre à Brutus et qu'il sentait les mêmes dispositions chez les Apolloniates, il quitta la ville et se rendit à Buthrote. 4 Il perdit d'abord en route trois cohortes qui furent taillées en pièces par Brutus. Ensuite, essayant de forcer les positions occupées d'avance par l'ennemi autour de Byllis, il engagea contre Cicéron un combat où il fut vaincu, car Brutus employait Cicéron comme général et lui dut plusieurs succès. 5 Puis Brutus surprit Caïus dont les troupes se trouvaient étirées en longueur dans des lieux marécageux ; il ne permit pas de l'attaquer et se contenta de l'envelopper avec sa cavalerie en ordonnant de l'épargner, dans l'espoir que ces troupes deviendraient bientôt les siennes. C'est en effet ce qui arriva : elles se rendirent et livrèrent leur général, de sorte que Brutus eut désormais une armée considérable. 6 Longtemps il traita Caïus avec honneur, sans lui enlever les insignes de son commandement, en dépit, dit-on, des lettres qu'il recevait de plusieurs de ses amis de Rome, et notamment de Cicéron, qui lui recommandaient de le faire mourir. 7 Mais, comme Caïus se mettait à avoir secrètement des entretiens avec les officiers et tramait quelque subversion, il l'embarqua sur un navire où il le fit garder. 8 Les soldats corrompus par Caïus s'étant retirés à Apollonie y appelèrent Brutus ; il répondit que tel n'était pas l'usage des Romains et que c'était à eux de venir auprès de leur chef pour tenter de fléchir sa colère provoquée par leurs fautes. Ils vinrent donc le prier, et il leur accorda son pardon.

27. 1 Il s'apprêtait à passer en Asie lorsqu'il reçut la nouvelle du changement survenu à Rome : le jeune César, fortifié par le sénat contre Antoine, avait chassé celui-ci d'Italie, était lui-même devenu redoutable, briguait le consulat en dépit de la loi et entretenait de grandes armées dont la ville n'avait nul besoin. 2 Mais, voyant que sa conduite indisposait le sénat, qui tournait les yeux à l'extérieur vers Brutus à qui il votait ou confirmait des gouvernements de provinces, il prit peur, 3 et il envoya proposer à Antoine son amitié, investit la ville de troupes, se fit donner le consulat avant même d'être tout à fait un jeune homme, car il accomplissait sa vingtième année, comme il l'a dit lui-même dans ses Mémoires. 4 Aussitôt il engagea des poursuites pour meurtre contre Brutus et ses amis, comme ayant tué sans jugement un homme qui était le premier des

Romains et investi des plus hautes charges. Il institua comme accusateurs Lucius Cornificius contre Brutus, et Marcus Agrippa contre Cassius. Les inculpés faisaient défaut et les juges votèrent sous la contrainte. 5 Mais, dit-on, lorsque le héraut, suivant l'usage, eut appelé du haut de la tribune Brutus à comparaître, la foule ne cacha pas ses gémissements de douleur et les citoyens les meilleurs se tinrent en silence, la tête baissée vers le sol ; on vit Publius Silicius répandre des larmes, et c'est pour cette raison que peu de temps après il fut mis au nombre des proscrits qui devaient périr. 6 Ensuite César, Antoine et Lépide, s'étant tous trois réconciliés, se partagèrent les provinces et proscrivirent pour les faire tuer deux cents citoyens, et parmi eux Cicéron, qui fut mis à mort.

28. 1 Quand ces nouvelles arrivèrent en Macédoine, Brutus se sentit contraint d'écrire à Hortensius de tuer Caïus Antonius, pour venger Brutus et Cicéron, dont l'un perdait son ami et l'autre son propre père. Voilà pourquoi, dans la suite, Antoine, ayant pris Hortensius à Philippes, le fit égorger sur le tombeau de son frère. 2 Brutus dit qu'il éprouvait encore plus de honte de ce qui avait causé la mort de Cicéron que de chagrin de ce malheur et qu'il en voulait à ses amis de Rome, qui étaient asservis plus par leur propre faute que par celle des tyrans et qui se résignaient à voir sous leurs yeux ce qu'ils n'auraient même pas dû supporter d'entendre.

En Asie. – 3 Il fit alors passer en Asie son armée, qui était déjà imposante, puis équipa une flotte en Bithynie et dans la région de Cyzique. Visitant lui-même les villes par voie de terre, il y établissait l'ordre et donnait audience aux dynastes. Puis il envoya dire à Cassius de venir d'Égypte en Syrie : 4 « car, lui écrivait-il, ce n'est pas pour acquérir nous-mêmes du pouvoir, mais pour délivrer la patrie que nous allons de tous côtés rassembler l'armée destinée à renverser les tyrans ; 5 nous devons donc nous rappeler et maintenir ce dessein en évitant de rester trop éloignés de l'Italie et en nous hâtant d'y porter secours à nos concitoyens. » 6 Cassius fut d'accord et partit le rejoindre ; Brutus alla au devant de lui, et c'est à Smyrne qu'ils se rencontrèrent, ce qui fut leur première entrevue depuis qu'ils s'étaient séparés au Pirée pour se rendre l'un en Syrie et l'autre en Macédoine. 7 Ce fut pour eux un grand sujet de joie et de confiance de voir les forces dont ils disposaient l'un et l'autre : ils étaient partis de l'Italie comme les plus méprisables des bannis, sans argent, sans armes, sans vaisseau équipé, sans un seul soldat, sans ville, et, très peu de temps après, ils se trouvaient réunis avec des navires, de l'infanterie, de la cavalerie et de l'argent, capables de faire front en combattant pour la domination sur Rome.

29. 1 Dans ces conditions Cassius voulait que les honneurs fussent égaux entre Brutus et lui, mais Brutus usait de prévenance et se rendait le plus souvent chez lui, qui était plus âgé et moins résistant à la fatigue physique. 2 Cassius avait la réputation d'être un habile homme de guerre, mais violent dans ses colères, et se faisant obéir plutôt en inspirant la crainte ; avec ses amis, on le disait facilement enclin à la moquerie et à la raillerie. 3 Brutus, lui, à ce que l'on rapporte, était aimé du peuple pour sa vertu, chéri par ses amis et admiré des meilleurs citoyens ; il n'était haï de personne, pas même de ses ennemis, parce qu'il était particulièrement doux, magnanime, inaccessible à la colère, au plaisir et à la convoitise, et avait une volonté droite et inflexible dans son attachement à l'honneur et à la justice. 4 Ce qui contribuait le plus à le faire aimer et estimer, c'est la confiance qu'on avait dans la pureté de ses intentions. Du grand Pompée lui-même on n'espérait guère que, s'il avait vaincu César, il eût soumis sa puissance aux lois ; on croyait au contraire qu'il aurait toujours gardé les affaires en main, tout en cherchant à apaiser le peuple sous le nom de consul, de dictateur, ou de quelque autre magistrature plus douce. 5 Quant à ce Cassius, homme fougueux, emporté, entraîné souvent par l'appât du gain hors des voies de la justice, on ne doutait point que, s'il faisait la guerre, courait de pays en pays et affrontait le danger, c'était bien plutôt pour s'assurer à lui-même un pouvoir souverain que pour donner à ses concitoyens la liberté. 6 Dans des temps encore plus anciens, les Cinna, les Marius, les Carbo, qui regardaient leur patrie comme un enjeu et la proie du vainqueur, avouaient presque formellement qu'ils combattaient pour la tyrannie, 7 alors que même les ennemis de Brutus, dit-on, ne lancèrent pas contre lui une telle accusation ; au contraire, beaucoup de gens avaient entendu Antoine déclarer qu'à son avis Brutus était le seul qui, en attaquant César, n'avait été conduit que par l'éclat et l'apparente beauté de l'entreprise, les autres ne s'étant ligués contre le dictateur que par haine et par jalousie. 8 Aussi voit-on bien par les lettres de Brutus qu'il se confiait moins en sa puissance qu'en sa vertu ; 9 quand déjà le péril était proche, il écrivait à Atticus : « Je me trouve, quant à moi, à l'apogée de mon destin, car ou bien ma victoire rendra la liberté au peuple romain, ou bien ma mort m'affranchira de la servitude ; tout est pour nous dans une situation ferme et assurée, sauf ce seul point qui reste douteux : serons-nous libres vivants ou morts ? » 10 Et il ajoutait : « Marc Antoine porte la juste peine de sa folie, lui qui, pouvant être compté au nombre des Brutus, des Cassius et des Caton, s'est fait le second d'Octave : 11 s'il n'est pas battu avec lui maintenant, dans peu de temps il devra lui faire la guerre. » Il paraît donc bien avoir admirablement prédit ce qui allait arriver.

30. 1 Alors qu'ils étaient à Smyrne, Brutus réclama sa part des grosses sommes que Cassius avait recueillies, car lui-même avait dépensé tout l'argent dont il disposait pour faire construire une flotte si considérable qu'elle devait assurer leur emprise sur toute la Méditerranée. 2 Cassius était détourné par ses amis de faire ce versement : « Il n'est pas juste, disaient-ils, que l'argent que tu gardes à force d'économies et que tu amasses en t'exposant à la haine, cet homme-là le prenne pour se rendre populaire et faire des largesses à ses soldats. » Cependant Cassius lui remit le tiers de tout ce qu'il possédait.

3 Puis ils se séparèrent à nouveau pour que chacun des deux accomplît les tâches qui lui revenaient. Cassius s'empara de Rhodes et usa sans modération de sa victoire, lui qui, en entrant dans la ville, avait répondu aux habitants qui le saluaient des titres de roi et de seigneur : « Je ne suis ni roi ni seigneur, mais le meurtrier du seigneur et roi que j'ai puni. » Brutus, quant à lui, demanda aux Lyciens de l'argent et des troupes. 4 Mais le démagogue Naucratès persuada les villes de faire sécession, et elles envoyèrent leurs soldats occuper certaines collines pour barrer la route à Brutus. Tout d'abord il lança contre eux des cavaliers, qui les surprirent en train de déjeuner et leur tuèrent six cents hommes, 5 puis, s'étant emparé de places fortes et de bourgades, il renvoya sans rançon tous les prisonniers, dans l'espoir de gagner le peuple à sa bonté. 6 Mais c'étaient des gens présomptueux qui, tout en s'irritant des dommages subis, n'avaient que mépris pour la clémence et l'humanité. Finalement Brutus refoula les plus belliqueux dans Xanthos et les y assiégea. 7 Ils essayèrent de s'échapper en plongeant dans le fleuve qui longeait la ville, mais on les capturait au moyen de filets jetés au fond de l'eau en travers du courant, filets aux extrémités desquels étaient fixées des clochettes qui signalaient immédiatement la prise. 8 Les Xanthiens firent de nuit une sortie et mirent le feu à quelques machines de siège ; les Romains, dès qu'ils s'en aperçurent, les repoussèrent vers leur rempart, où un vent violent poussa jusqu'aux créneaux la flamme, qui atteignit les maisons voisines. Brutus, craignant pour la ville, ordonna d'éteindre l'incendie et de secourir les habitants.

31. 1 Mais les Lyciens furent pris soudain d'un terrible accès de désespoir, plus fort que tout raisonnement et que l'on ne saurait mieux assimiler qu'à un désir passionné de la mort. 2 Tous, avec femmes et enfants, hommes libres et esclaves, sans distinction d'âge, pour écarter les ennemis qui voulaient les aider contre l'incendie lançaient sur eux des projectiles du haut de leurs murs, et, apportant eux-mêmes de la paille, du bois, du combustible de toute sorte, ils poussaient le feu vers la ville en jetant dans les flammes tout ce qui pouvait les alimenter, de façon à les nourrir et à les attiser par tous les moyens. 3 En voyant briller partout l'incendie qui se répandait et enveloppait la ville de tous côtés, Brutus, navré de l'événement, faisait à cheval le tour des remparts, plein de zèle pour porter secours aux Xanthiens, vers qui il tendait les bras en les suppliant d'épargner et de sauver leur cité. Personne ne lui prêtait attention, 4 mais ils utilisaient toutes les manières de se faire périr, non seulement les hommes et les femmes, mais même les petits enfants, qui, en criant et hurlant, sautaient dans le feu ou se précipitaient du haut des murs pour se rompre le cou, ou dénudaient leur gorge et la tendaient vers les épées de leurs pères, qu'ils invitaient à frapper. 5 La ville une fois détruite, on vit une femme pendue avec son petit enfant mort attaché à son cou, et s'efforçant de mettre le feu à sa maison avec un flambeau allumé. 6 Le spectacle était tragique ; Brutus ne supporta pas de le voir, mais il pleura quand il en entendit le récit, et il fit proclamer par la voix du héraut qu'il donnerait une récompense à tout soldat qui pourrait sauver un Lycien. On dit qu'il n'y en eut pas plus de cent cinquante qui consentirent à leur salut. 7 C'est ainsi que les Xanthiens, après avoir achevé au bout d'un très long temps la période marquée par le destin pour leur destruction, renouvelèrent audacieusement la catastrophe de leurs ancêtres, qui, à l'époque des guerres contre les Perses, s'étaient pareillement donné la mort en réduisant leur ville en cendres.

32. 1 Brutus, voyant la ville de Patara se disposer à lui résister, hésitait à l'attaquer, la crainte d'un pareil désespoir le rendant perplexe. Il avait fait prisonnières quelques femmes, qu'il renvoya sans rançon. 2 C'étaient les épouses et les filles de citoyens notables, à qui elles rapportèrent que Brutus était le plus modéré et le plus juste des hommes, et elles les persuadèrent de céder et de livrer la ville. 3 Alors tous les autres Lyciens se rallièrent à lui et s'en remirent à sa discrétion ; ils le trouvèrent clément et bon au-delà de ce qu'ils espéraient. 4 Vers le même temps Cassius avait obligé tous les Rhodiens à lui apporter à titre privé l'or et l'argent qu'ils possédaient (ce qui produisit une somme d'environ huit mille talents), et il imposa en outre à l'État une contribution de cinq cents talents, tandis que Brutus n'exigea des Lyciens que cent cinquante talents, puis, sans leur causer aucun autre dommage, partit pour l'Ionie.

33. 1 Brutus accomplit plusieurs actions dignes de mémoire en récompensant ou en punissant ceux qui méritaient soit des honneurs, soit des châtiments ; je vais raconter celle qui lui fit le plus de plaisir, ainsi qu'aux meilleurs des Romains. 2 Quand le grand Pompée, vaincu par César dans la bataille décisive, eut pris la fuite et alla aborder en Égypte, à Péluse, les tuteurs du roi encore enfant tinrent avec leurs amis un Conseil, où les avis furent partagés, les uns voulant recevoir Pompée, et les autres l'empêcher d'entrer en Égypte. 3 Mais un certain Théodote de Chios, appointé pour enseigner la rhétorique au roi, et qui, faute de personnages plus qualifiés, avait été admis alors au Conseil, déclara que les uns et les autres se trompaient, aussi bien ceux qui proposaient d'accueillir Pompée que ceux qui proposaient de le repousser, 4 et que, dans les circonstances présentes, il n'y avait qu'un seul parti utile, qui était de le tuer après l'avoir reçu ; et à la fin de son discours il ajouta : « Un cadavre ne mord pas. » 5 Le Conseil se rangea à son opinion, si bien que le grand Pompée devint un exemple de malheurs incroyables et inattendus, et ce fut l'œuvre de la rhétorique et de l'habileté oratoire de Théodote, comme ce sophiste s'en vantait lui-même. 6 Peu de temps après, César, arrivé en Égypte, punit ces misérables en les faisant périr misérablement ; seul

Théodote obtint de la Fortune un délai pour traîner dans la honte et le dénuement une vie errante, mais il ne put échapper à Brutus, qui parcourait l'Asie : amené devant lui, il fut puni et devint plus fameux par sa mort que par sa vie.

34. 1 Brutus appela Cassius à Sardes ; à son approche il alla au-devant de lui avec ses amis, et l'armée entière, équipée en tenue de guerre, les salua l'un et l'autre du titre d'*imperator*. 2 Comme il arrive dans les grandes affaires entre chefs entourés d'une foule d'amis et d'officiers, ils avaient des plaintes et des reproches mutuels à se faire ; aussitôt arrivés, avant d'entreprendre quoi que ce fût d'autre, ils se retirèrent seul à seul dans une pièce dont ils fermèrent la porte, et là, sans aucun témoin, ils exposèrent d'abord leurs motifs de mécontentement, puis ils passèrent aux griefs et aux accusations, 3 et enfin se laissèrent aller aux larmes et à des accès de brutale franchise. Leurs amis, étonnés de l'âpreté de leur colère et du ton de la dispute, craignaient qu'il n'en découlât quelque suite fâcheuse, mais il leur était interdit d'entrer. 4 Cependant Marcus Favonius, celui qui s'était entiché de Caton et qui philosophait moins sous l'effet de la raison que d'une fougue et d'une passion furieuses, voulut entrer auprès d'eux et en fut empêché par les serviteurs. 5 Mais c'était une tâche difficile de retenir Favonius quand son élan le précipitait quelque part, car il était en tout violent et prompt ; il comptait pour rien sa dignité de sénateur romain, et souvent, la liberté cynique de ses propos en émoussant la rudesse, les gens allaient jusqu'à accepter ses incongruités avec amusement. 6 Forçant alors la porte en dépit de ceux qui la gardaient, il entra et déclama avec des effets de voix les vers qu'Homère a placés dans la bouche de Nestor : « Écoutez-moi : tous deux vous êtes mes cadets », et la suite. 7 Cassius se mit à rire, mais Brutus chassa Favonius en le traitant de faux cynique et de vrai chien. Pourtant, sur le moment, cela mit fin à la querelle, et ils se séparèrent aussitôt. 8 Cassius offrit un dîner, auquel Brutus invita ses amis. Ils étaient déjà à table lorsque Favonius arriva sortant du bain. Brutus protesta qu'il ne l'avait pas invité et ordonna de le reléguer au lit du haut, mais Favonius s'installa de force sur le lit du milieu, et la beuverie fut assaisonnée d'une conversation agréable et plaisante, d'où la philosophie ne fut pas exclue.

35. 1 Le lendemain, Brutus jugea un Romain qui avait été préteur et en qui il avait eu confiance, Lucius Ocella, accusé de concussion par les gens de Sardes ; il le condamna publiquement et le nota d'infamie. 2 Cette affaire contraria vivement Cassius, car lui-même, peu de jours auparavant, après avoir admonesté en particulier deux de ses amis convaincus des mêmes fautes, les avait officiellement acquittés et continuait à les employer. 3 Aussi accusait-il Brutus de se montrer trop légaliste et trop féru de justice en un temps qui demandait un comportement politique et humain. 4 Brutus répondit en l'invitant à se souvenir des Ides de mars où ils avaient tué César, qui lui-même ne pillait pas tout le monde, mais laissait faire ceux qui agissaient ainsi. 5 « S'il peut exister, dit-il, quelque beau prétexte permettant de négliger la justice, il valait mieux supporter les exactions des amis de César que de tolérer celles des nôtres. 6 De cette manière-là en effet nous n'aurions été taxés que de lâcheté, tandis qu'aujourd'hui on nous taxe d'injustice, avec les dangers et les inconvénients que cela comporte. » Tels étaient les principes de Brutus.

36. 1 Comme ils étaient sur le point de sortir d'Asie, Brutus, dit-on, reçut un grand signe. 2 Par nature c'était un homme enclin à veiller, et, par ascèse et discipline, il réduisait son sommeil à une petite portion de temps : il ne dormait jamais le jour, et la nuit il ne se reposait que lorsqu'il n'avait plus rien à faire ni personne avec qui s'entretenir, et que tout le monde était couché. 3 À cette époque, depuis que la guerre était engagée, ayant entre les mains la direction générale des opérations, et son esprit étant tendu vers l'avenir, il s'assoupissait en début de soirée après le repas, mais employait ensuite le reste de la nuit à expédier les affaires urgentes. 4 Quand il avait fini de régler tout ce qu'il fallait à cet égard, il lisait un livre jusqu'à la troisième garde, heure à laquelle centurions et tribuns militaires avaient coutume de venir auprès de lui. 5 Lors donc qu'il se disposait à faire passer son armée hors d'Asie, au cours d'une nuit très profonde, sa tente n'étant que faiblement éclairée et tout le camp plongé dans le silence, 6 Brutus, tandis qu'il réfléchissait et s'absorbait dans ses pensées, crut s'apercevoir que quelqu'un entrait chez lui. Il tourne alors les yeux vers la porte et voit la forme terrible et étrange d'un être extraordinaire, effrayant, posté silencieusement près de lui. 7 Il ose le questionner : « Qui donc es-tu, lui dit-il, homme ou dieu ? Dans quelle intention es-tu venu chez moi ? » Le fantôme répond à voix sourde : « Je suis, Brutus, ton mauvais démon ; tu me verras à Philippes. » À quoi Brutus réplique sans se troubler : « Je t'y verrai donc. »

37. 1 Le fantôme une fois disparu, Brutus appela ses esclaves ; ils dirent qu'ils n'avaient entendu aucune voix ni vu aucune apparition. Alors Brutus continua de veiller, mais, au point du jour, il alla trouver Cassius et lui raconta sa vision. 2 Cassius, qui professait la doctrine d'Épicure, et qui avait coutume de discuter de ces sujets avec Brutus, lui dit : « C'est un principe de notre philosophie, Brutus, que ce que nous éprouvons et voyons n'est pas toujours vrai, que la sensation est chose fluctuante et trompeuse, et que notre esprit est encore plus prompt à la mouvoir et à la tourner vers toute sorte de représentations qui ne correspondent à aucune réalité. 3 Car l'impression des sens ressemble à l'empreinte de la cire, et l'âme de l'homme, ayant en elle à la fois ce qui modèle et ce qui est modelé, peut très facilement se diversifier et se façonner par elle-même. 4 C'est ce que prouvent les différentes formes des rêves pendant le sommeil : notre imagination les produit sous une impulsion légère qui la met en branle vers des émotions et des images de toute sorte. 5 Cette faculté a pour nature de se mouvoir sans cesse, et son mouvement coïncide avec l'apparition de représentations ou d'idées. En outre, chez toi la fatigue du corps tient naturellement l'esprit en suspens et l'égare. 6 Il n'est pas croyable qu'il existe des démons, ou, s'il en existe, qu'ils prennent figure ou voix humaine, ou que leur influence nous atteigne. Pour moi, je voudrais qu'il y en eût, afin que nous puissions compter non seulement sur cette multitude d'armes, de chevaux et de navires, mais encore sur le secours des dieux, nous les chefs de la plus sainte et de la plus belle des entreprises. » Tels furent les propos par lesquels Cassius essaya de calmer Brutus. 7 Au moment où les troupes s'embarquaient, deux aigles s'abattirent ensemble sur les premières enseignes et se laissèrent emmener ; nourris par les soldats, ils les accompagnèrent jusqu'à Philippes, d'où ils s'envolèrent à la veille de la bataille.

***Philippes.* – 38.** 1 Brutus se trouvait avoir soumis déjà la plupart des peuples voisins ; si une ville ou un dynaste avait été laissé de côté, lui et Cassius alors se les adjoignirent tous en s'avançant jusqu'à la mer de Thasos. 2 Là était campé Norbanus dans un lieu nommé les Défilés, près du mont Symbolon ; ils l'encerclèrent et le forcèrent à partir en abandonnant ses positions. 3 Peu s'en fallut même qu'ils ne prissent son armée, César étant retenu en arrière par la maladie, mais Antoine accourut au secours de Norbanus avec une promptitude si extraordinaire que Brutus ne pouvait y croire. 4 César arriva dix jours après et établit son camp en face de Brutus, tandis qu'Antoine installait le sien en face de Cassius. Les plaines qui séparaient les deux partis opposés sont appelées par les Romains « champs de Philippes ». 5 C'étaient alors les plus grandes armées romaines qui se fussent jamais rencontrées. Celle de Brutus, de beaucoup inférieure en nombre à celle de César, avait un aspect admirable par l'éclat et la magnificence des armes, 6 dans la plupart desquelles l'or et l'argent avaient été largement prodigués, bien que Brutus, pour tout le reste, habituât ses officiers à un régime strict et sévère ; 7 mais il pensait que la richesse que l'on a dans les mains ou sur le corps donne de la fierté à ceux qui sont le plus ambitieux et qu'elle rend aussi les avares plus belliqueux, parce qu'ils tiennent à leurs armes comme à des biens personnels.

39. 1 César fit une lustration dans son camp et distribua pour le sacrifice un peu de blé et cinq drachmes à chaque soldat. 2 Brutus, observant avec mépris la pénurie ou la lésinerie des ennemis, purifia d'abord son armée en plein air, comme c'est l'usage, puis répartit par compagnies des quantités de victimes et donna cinquante drachmes à chaque homme, ce qui accrut le dévouement et l'ardeur de ses troupes. 3 Pourtant, pendant la purification, se produisit un présage qui parut fâcheux pour Cassius : le licteur lui présenta la couronne à l'envers. 4 On raconte aussi qu'auparavant, lors d'une fête et d'une procession où l'on portait une Victoire d'or de Cassius, celui qui en était chargé fit un faux pas et la laissa tomber. 5 En outre beaucoup d'oiseaux de proie apparaissaient chaque jour dans son camp, et l'on vit des essaims d'abeilles se rassembler à l'intérieur du retranchement dans un endroit 6 que les devins firent enclore, pour conjurer la superstition qui se glissait peu à peu dans l'esprit de Cassius lui-même en dépit des principes d'Épicure et qui dominait complètement les soldats. 7 Aussi Cassius ne se montrait-il pas pressé de livrer immédiatement la bataille décisive ; il voulait faire traîner la guerre en longueur, parce que, s'ils étaient mieux pourvus d'argent, ils se trouvaient inférieurs en armes et en effectifs. 8 Au contraire Brutus avait hâte, comme auparavant, de régler au plus tôt le conflit, soit en rendant la liberté à la patrie, soit en délivrant de leurs maux tant de gens accablés par les dépenses, les expéditions et les exigences des généraux, et, voyant alors ses cavaliers remporter succès et victoires dans les combats préliminaires et les escarmouches, il se sentait plein de confiance. 9 En outre, un certain nombre de soldats désertaient et passaient à l'ennemi, et l'on en dénonçait d'autres, que l'on soupçonnait des mêmes intentions, ce qui eut pour résultat que dans le Conseil beaucoup des amis de Cassius se rangèrent à l'avis de Brutus. 10 Un seul des amis de Brutus, Atillius, fut d'une opinion contraire et proposa de laisser passer l'hiver. Brutus lui demandant ce qu'il comptait gagner à attendre une année : « À défaut d'autre avantage, répondit-il, j'aurai celui de vivre plus longtemps. » 11 Cette réponse d'Atillius indigna Cassius, et choqua vivement les autres. Dès lors on décida de combattre le lendemain.

40. 1 Brutus qui, pendant le repas, s'était entretenu de ses belles espérances et de sujets philosophiques, alla prendre du repos. Quant à Cassius, au dire de Messala, il dîna dans l'intimité avec quelques-uns de ses familiers et se montra pensif et taciturne, contrairement à son naturel. 2 Après le dîner, il saisit la main de Messala, la lui serra avec force et lui dit en grec, comme il avait coutume de le faire quand il exprimait son amitié, ces seuls mots : 3 « Je te prends à témoin, Messala, qu'il m'arrive la même chose qu'à Pompée le Grand, forcé que je suis de jeter les dés dans une seule bataille pour décider du sort de la patrie. Pourtant ayons bon courage, en dirigeant nos regards vers la Fortune, dont il n'est pas juste de nous méfier, même si nous avons pris un mauvais parti. » 4 Telles furent, suivant Messala, les dernières paroles qu'il lui adressa ; puis il l'embrassa et l'invita à dîner pour le lendemain, qui était son anniversaire de naissance.

5 Au point du jour fut arboré, devant le camp de Brutus et celui de Cassius, le signal de la bataille, une tunique de pourpre, et les deux chefs se réunirent dans l'intervalle entre leurs camps ; Cassius dit : 6 « Puissions-nous vaincre, Brutus, et passer nos jours ensemble après le succès ! Mais les plus grands événements humains sont les plus incertains et, si la bataille tourne contre nos intentions, il ne nous sera pas facile de nous revoir : qu'as-tu donc décidé au sujet de la fuite ou de la mort ? » 7 Brutus

répondit : « Quand j'étais jeune, Cassius, et ignorant des affaires, je tins, je ne sais comment, un propos hautain dans une discussion philosophique : je blâmai Caton de s'être suicidé, dans la pensée qu'il n'est ni religieux ni digne d'un homme de s'abandonner devant le destin, de ne pas accepter résolument le malheur et de s'enfuir de la vie comme un esclave. 8 Mais aujourd'hui la situation où nous sommes m'amène à une autre attitude, et, si la divinité n'arbitre pas le combat comme il faut, je n'éprouve pas le besoin d'essayer encore de nouvelles espérances et de nouveaux préparatifs, mais je mourrai en louant la Fortune, parce que grâce à elle, après avoir donné ma vie pour la patrie aux Ides de mars, j'ai vécu une seconde vie, libre et glorieuse. » 9 À ces mots, Cassius sourit et embrassa Brutus : « Puisque nous pensons de même, dit-il, allons à l'ennemi : ou bien nous remporterons la victoire, ou bien nous n'aurons pas à craindre les vainqueurs. » 10 Ils s'entretinrent ensuite de l'ordonnance de la bataille en présence de leurs amis. Brutus demanda à Cassius de lui laisser le commandement de l'aile droite, qui paraissait plutôt dû à Cassius en raison de son expérience et de son âge. 11 Cependant Cassius le lui accorda et ordonna à Messala, qui commandait la légion la plus belliqueuse, de se placer aussi à l'aile droite. 12 Brutus alors fit sortir aussitôt sa cavalerie splendidement équipée, et sans plus tarder rangea son infanterie à côté en ordre de combat.

41. 1 Les troupes d'Antoine se trouvaient occupées à creuser des fossés depuis les marais auprès desquels elles campaient jusque dans la plaine, pour couper à Cassius les routes conduisant à la mer. 2 César, ou plutôt son armée, car lui-même était retenu par la maladie, restait au repos ; ses soldats ne s'attendaient pas du tout à ce que l'ennemi engageât la bataille : ils croyaient seulement qu'il ferait des sorties contre les chantiers et cherchaient, à coups de traits légers, à semer le désordre et le trouble parmi ceux qui faisaient les terrassements ; 3 ne prêtant pas attention à ceux qui étaient rangés en face d'eux, ils s'étonnaient des cris indistincts et nombreux qui s'élevaient autour des fossés. 4 Cependant Brutus faisait passer à ses officiers des tessères où était écrit le mot d'ordre, et lui-même parcourait à cheval le front des légionnaires pour les exhorter. Mais, si quelques-uns eurent le temps de recevoir la transmission du mot d'ordre, la plupart ne l'attendirent pas et d'un seul élan attaquèrent l'ennemi en poussant des cris. 5 Cette charge désordonnée mit de l'inégalité et de la dispersion dans l'ordre des légions ; celle de Messala d'abord, puis celles qui marchaient avec elle dépassèrent l'aile gauche de César 6 dont elles effleurèrent les derniers rangs en tuant quelques soldats, et, après l'avoir débordée, elles se jetèrent sur le camp. 7 César, comme il le rapporte lui-même dans ses Mémoires, averti par un de ses amis, Marcus Artorius, qui pendant son sommeil avait eu une apparition lui ordonnant de dire à César de sortir du retranchement et de s'en éloigner, venait à peine de se faire porter dehors en cachette, et il passa pour mort, 8 parce que sa litière, qui était vide, fut criblée de traits et de javelots. On massacra ceux qui furent pris dans le camp, et l'on tailla en pièces deux mille Lacédémoniens récemment arrivés en renfort.

42. 1 Ceux qui n'avaient pas pris part à l'encerclement des troupes de César, mais les avaient attaquées de front, les mirent facilement en déroute à cause du désordre des rangs et détruisirent trois légions qui se trouvaient à leur merci, puis, emportés par l'élan de la victoire, ils se précipitèrent dans le camp avec les fuyards ; ils avaient Brutus parmi eux. 2 Mais ce que les vainqueurs n'aperçurent pas, les circonstances le montrèrent aux vaincus : ceux-ci en effet, voyant que le reste de l'armée ennemie, d'où l'aile droite s'était détachée à la poursuite des fuyards, était découvert et isolé, l'attaquèrent ; ils ne purent enfoncer le centre, qui les contint en luttant vigoureusement, mais ils culbutèrent l'aile gauche qui était en désordre et ignorait ce qui s'était passé ; ils la poursuivirent jusqu'au camp, qu'ils saccagèrent, sans avoir à leur tête aucun de leurs deux généraux en chef. 3 En effet Antoine, dit-on, ayant esquivé le premier choc, s'était retiré dans les marais, et César, sorti du retranchement, n'était visible nulle part ; quelques soldats même dirent à Brutus qu'ils l'avaient tué, en lui montrant leurs épées ensanglantées et en lui dépeignant sa figure et son âge. 4 Déjà le centre avait repoussé ceux qui l'attaquaient et en avait fait un grand carnage, et la victoire de Brutus semblait complète, comme la défaite de Cassius. 5 La seule chose qui gâta leurs affaires, c'est que Brutus ne se porta pas au secours de Cassius, qu'il croyait vainqueur, et que Cassius n'attendit pas Brutus, qu'il croyait perdu. Messala donne pour preuve décisive de leur victoire qu'ils prirent trois aigles et de nombreuses enseignes aux ennemis, sans se laisser enlever eux-mêmes aucun de leurs emblèmes. 6 Mais Brutus, dès qu'il se retira du camp de César, qu'il venait de piller, fut surpris de ne pas voir la tente de commandement de Cassius, placée habituellement très haut et bien en vue, non plus que les autres à leur place, car la plupart avaient été abattues et mises en pièces dès que les ennemis avaient pénétré dans le camp. 7 Des soldats qui passaient pour avoir la vue plus perçante que leurs camarades lui assuraient qu'ils voyaient étinceler de côté et d'autre, dans le camp de Cassius, beaucoup de casques et de boucliers d'argent, 8 mais qu'il leur semblait que ce n'était ni le nombre ni l'équipement des gardes qu'on y avait laissés ; ils ajoutaient qu'ils n'apercevaient pas de ce côté-là autant de morts qu'il était raisonnable d'en escompter après la défaite de si nombreuses légions. 9 Ce fut le premier indice qui fit soupçonner à Brutus le désastre qui avait eu lieu ; donc, laissant une garde dans le camp ennemi, il rappela ceux qui poursuivaient les fuyards et les rallia pour aller au secours de Cassius.

43. 1 Voici ce qui s'était passé pour Cassius. Il n'avait pas vu avec plaisir la première charge que les troupes de Brutus avaient faite sans mot d'ordre et sans commandement, et lorsqu'après leur succès elles s'étaient aussitôt élancées au pillage et au butin, en négligeant d'entourer et d'encercler l'ennemi, il ne fut pas moins mécontent. 2 Tandis qu'il hésitait et tardait, au lieu de commander avec promptitude et prévoyance, il se trouva enveloppé par l'aile droite des ennemis. Aussitôt ses cavaliers se débandèrent et s'enfuirent vers la mer ; voyant son infanterie céder à son tour, il essaya de reprendre en main et d'exhorter ses troupes. 3 Saisissant l'enseigne d'un porte-emblème qui fuyait, il la planta à ses pieds, mais, comme ses gardes du corps eux-mêmes n'avaient plus le courage de rester sur place, 4 il fut contraint de se retirer avec une poignée d'hommes sur une colline, d'où l'on avait vue sur la plaine. Lui-même ne vit rien, et c'est à peine s'il aperçut le pillage de son camp, car sa vue était faible ; mais les cavaliers qui l'entouraient distinguèrent un grand nombre de gens qui chevauchaient dans leur direction. C'était le renfort envoyé par Brutus ; 5 cependant Cassius les prit pour des ennemis lancés à sa poursuite. Il envoya néanmoins pour s'en assurer un de ceux qui étaient près de lui, Titinius. 6 L'approche de celui-ci n'échappa point aux cavaliers, et quand ils eurent reconnu en lui un ami, un loyal soldat de Cassius, ils poussèrent des cris de joie ; ses familiers, sautant à bas de leurs chevaux, l'embrassèrent et lui serrèrent la main, tandis que les autres caracolaient autour de lui à grand bruit, en chantant le péan. Cette joie excessive causa la plus grande catastrophe ; 7 Cassius en effet crut que Titinius était vraiment tombé aux mains des ennemis. Il dit alors : « Trop attaché à la vie, j'ai attendu de voir mon ami enlevé par nos adversaires », puis il se retira dans une tente abandonnée en entraînant avec lui un de ses affranchis, Pindaros, que, depuis les malheurs de Crassus, il gardait toujours à sa disposition pour une semblable nécessité. 8 Cassius avait échappé aux Parthes, mais alors, relevant sa chlamyde sur sa tête et découvrant son cou, il le lui présenta à couper. On devait trouver en effet la tête séparée du corps. Personne ne revit plus Pindaros après ce meurtre, ce qui fit penser à quelques-uns qu'il avait tué Cassius sans en avoir reçu l'ordre. 9 Un petit moment après, on vit arriver les cavaliers, et Titinius, couronné par leurs soins, qui montait vers Cassius. Lorsque les gémissements et les sanglots de ses amis désolés et éplorés eurent fait connaître à Titinius la mort de son général et la cause de la méprise, il tira son épée, maudit mille fois son retard et se trancha la gorge.

44. 1 Brutus, informé de la défaite de Cassius, se dirigeait à cheval vers lui, et il apprit sa mort en approchant du camp. 2 Il pleura sur le corps et appela Cassius le dernier des Romains, dans la pensée que Rome ne pouvait plus produire un homme d'un aussi grand cœur, puis il prit soin de ses restes et les envoya à Thasos, par crainte du trouble que ses funérailles sur place pourraient apporter. 3 Ensuite il rassembla lui-même ses soldats, tenta de les consoler et, les voyant privés de tout le nécessaire, il promit à chacun d'eux deux mille drachmes en compensation de ce qu'ils avaient perdu. 4 Ces paroles leur rendirent courage ; ils admirèrent l'importance du don, et, quand il les quitta, ils l'accompagnèrent de leurs acclamations en le glorifiant d'être le seul des quatre généraux en chef qui n'eût pas été vaincu dans la bataille. 5 L'événement prouva qu'il avait eu raison de compter sur la victoire, puisqu'avec quelques légions il avait mis en fuite tous ses adversaires. 6 S'il avait employé toute son armée dans l'action et si la plupart de ses troupes n'avaient pas dépassé les ennemis pour se précipiter au pillage, il semble bien qu'il n'aurait laissé invaincue aucune partie des forces ennemies.

45. 1 De leur côté, huit mille hommes étaient tombés, y compris les valets d'armes qui suivaient les combattants, et que Brutus appelait les Briges. Quant aux ennemis, Messala dit qu'il estimait leurs pertes à plus du double ; 2 aussi étaient-ils les plus découragés, quand un serviteur de Cassius, nommé Démétrios, arriva le soir même auprès d'Antoine, avec les vêtements et l'épée qu'il avait pris sur le cadavre de son maître. Cette remise releva tellement leur moral qu'au point du jour ils firent avancer leurs troupes en armes pour livrer bataille. 3 Mais Brutus voyait les deux camps dangereusement agités (le sien, tout rempli de prisonniers, exigeait une surveillance rigoureuse ; quant à celui de Cassius, il supportait avec peine le changement de chef, et sa défaite lui inspirait de la jalousie et de la haine à l'égard du camp victorieux) ; aussi Brutus, s'il décida de faire armer ses troupes, refusa-t-il la bataille. 4 Parmi les prisonniers, il donna l'ordre de massacrer la foule des esclaves, dont le contact avec les soldats lui était suspect, et il renvoya une partie des hommes libres, en disant que c'était plutôt l'ennemi qui les avait pris et retenus captifs et esclaves, tandis que chez lui ils étaient des citoyens libres ; 5 quant à ceux à qui il voyait ses amis et ses officiers refuser de pardonner, il les sauvait en les cachant et les faisant partir. 6 Il y avait parmi les prisonniers un mime Volumnius, et un bouffon, Sacculion, auxquels Brutus n'avait prêté aucune attention. Ses amis les lui amenèrent en les accusant de ne pas s'abstenir, même à présent, de parler et de les railler insolemment. 7 Comme Brutus, plongé dans d'autres pensées, se taisait, Messala Corvinus proposa de les faire battre de verges au théâtre, puis de les rendre nus aux généraux ennemis pour leur montrer de quels convives et de quels familiers ils avaient besoin en campagne. Quelques-unes des personnes présentes se mirent à rire, 8 mais Publius Casca, celui qui le premier avait frappé César, dit : « Ce n'est point par des amusements et des bouffonneries qu'il convient de célébrer les funérailles de Cassius. Il t'appartient à toi, Brutus, ajouta-t-il, de faire voir quel souvenir tu gardes de ce général, en punissant ou en conservant ceux qui le railleront et parleront mal de lui. » 9 Brutus, vivement piqué, répondit : « Pourquoi donc, Casca, m'interrogez-vous, et ne faites-vous ce que bon vous semble ? » Les amis de Brutus, considérant cette réponse comme un acquiescement au châtiment de ces malheureux, les emmenèrent et les firent périr.

46. 1 Il fit ensuite donner aux soldats la gratification qu'il leur avait promise, et, après leur avoir quelque peu reproché le manque de discipline avec lequel ils s'étaient rués sur les ennemis sans mot d'ordre ni commandement, il s'engagea, s'ils se battaient bien, à leur abandonner deux villes à piller et à dépouiller : Thessalonique et Lacédémone. 2 C'est là, dans la vie de Brutus, la seule faute dont on ne puisse le justifier. Il est vrai qu'Antoine et César payèrent la victoire de leurs soldats d'un prix bien plus terrible, en chassant de presque toute l'Italie ses anciens habitants pour leur donner des terres et des villes sur lesquelles ils n'avaient aucun droit. 3 Mais pour eux le but de la guerre était la conquête et la domination ; au contraire, Brutus était si réputé pour sa vertu que l'opinion générale ne lui permettait de vaincre ou d'obtenir son salut que dans l'honneur et la justice, et cela surtout depuis la mort de Cassius, que l'on accusait aussi de pousser parfois Brutus aux actes de violence. 4 Mais, de même qu'au cours d'une traversée, quand le gouvernail est brisé, on entreprend de clouer et d'ajuster d'autres pièces de bois pour lutter tant bien que mal, mais de façon indispensable contre la nécessité urgente, ainsi Brutus, au milieu d'une si grande armée et dans des circonstances si critiques, ne disposant pas d'un général approprié, était bien obligé de se servir des gens qu'il avait autour de lui, et de dire et de faire beaucoup de choses d'après leurs opinions. 5 Il approuvait donc tout ce qu'ils croyaient propre à améliorer les soldats de Crassus, car ceux-ci étaient difficiles à manier, l'absence de leur chef les rendant audacieux dans le camp, et la défaite, lâches devant l'ennemi.

47. 1 Les affaires de César et d'Antoine n'allaient nullement mieux : avec un ravitaillement réduit à l'indispensable et un camp situé dans des bas-fonds, ils s'attendaient à un hiver pénible. 2 Ils étaient en effet acculés près des marais, et les pluies d'automne, survenues après la bataille, remplissaient les tentes de boue et d'eau, que le froid gelait aussitôt. 3 Telle était leur situation quand ils reçurent la nouvelle d'une défaite éprouvée sur mer par leurs troupes. Les vaisseaux de Brutus avaient attaqué un grand renfort amené d'Italie à César et l'avaient anéanti ; très peu d'hommes avaient échappé aux ennemis, et ils avaient été réduits par la famine à manger leurs voiles et leurs cordages. 4 Ayant appris cette nouvelle, César et Antoine avaient hâte d'en venir au combat décisif, avant que Brutus connût l'étendue de son succès. 5 Il se trouva en effet que la bataille navale avait eu lieu le même jour que le combat sur terre, et le hasard, plutôt que la mauvaise volonté des commandants de la flotte, fit que Brutus n'apprit cette victoire que vingt jours plus tard. 6 Autrement, il ne se serait pas engagé dans une seconde bataille, alors qu'il avait approvisionné son armée pour longtemps des vivres nécessaires et que son camp, établi dans la meilleure partie du pays, n'avait rien à craindre de l'hiver et était difficile à forcer pour les ennemis. Enfin Brutus était fermement maître de la mer, et, personnellement vainqueur sur terre, il devait avoir les plus beaux espoirs et le plus haut moral. 7 Mais comme la situation, à ce qu'il paraît, ne permettait plus l'existence de plusieurs maîtres et réclamait une monarchie, Dieu, voulant écarter et faire disparaître le seul homme qui pouvait s'opposer au détenteur possible du pouvoir absolu, intercepta cette grande nouvelle au moment même où Brutus allait en être informé : 8 la veille du jour où il allait combattre, dans la soirée, un transfuge nommé Clodius vint de chez les ennemis annoncer que César et les siens, instruits du désastre de leur flotte, avaient hâte de livrer la bataille décisive ; 9 mais il ne fut pas cru ni présenté à Brutus : on méprisa tout à fait son avis, dans la pensée qu'il n'avait rien appris de vrai ou qu'il rapportait ces mensonges pour se faire bien voir.

48. 1 On dit que cette nuit-là le fantôme apparut de nouveau à Brutus sous la même forme, puis disparut sans rien dire. 2 Mais Publius Volumnius, un philosophe qui avait fait campagne dès le début avec Brutus, ne parle pas de ce prodige ; il dit en revanche que l'aigle de la première légion fut couverte d'abeilles ; 3 que du bras de l'un des officiers se mit à couler de l'essence de rose, et qu'à plusieurs reprises on l'essuya et le frotta sans arrêter ce phénomène ; 4 il ajoute qu'avant la bataille même deux aigles se jetèrent l'un sur l'autre entre les deux armées, qu'un silence incroyable régna alors sur la plaine, tandis que tout le monde regardait, et qu'enfin l'aigle qui se trouvait du côté de Brutus céda et s'enfuit. 5 On a beaucoup parlé aussi de l'Éthiopien qui, à l'ouverture de la porte du camp, se trouva en face de l'homme qui portait l'aigle : il fut massacré à coups d'épées par les soldats, qui avaient vu là un présage funeste.

49. 1 Brutus, après avoir fait avancer ses troupes et les avoir rangées face aux ennemis, observa une longue pause, car, pendant qu'il passait sa revue, il lui était venu des soupçons sur certains hommes et il avait reçu des dénonciations ; 2 en outre il voyait ses cavaliers peu disposés à commencer le combat et attendant toujours l'action de l'infanterie. 3 Puis soudain un excellent soldat, particulièrement estimé pour sa valeur, sortit des rangs à cheval, passa près de Brutus lui-même et alla se joindre aux ennemis ; il s'appelait Camulatus. 4 En le voyant, Brutus fut vivement chagriné, et, en partie sous l'effet de la colère, en partie par la crainte de défections et de désertions plus nombreuses, il mena aussitôt ses troupes à l'ennemi, vers la neuvième heure, alors que le soleil commençait à baisser. 5 Il fut vainqueur avec la partie de l'armée qu'il avait sous ses ordres, et il alla de l'avant en pressant l'aile gauche des ennemis, qui cédait ; il fut aidé en cela par sa cavalerie qui, voyant les adversaires en désordre, les chargea de concert avec les fantassins. 6 Mais l'autre aile, que ses chefs, craignant l'encerclement à cause de son infériorité numérique, avaient étirée en longueur, se disloqua par le milieu et, se trouvant trop faible, ne put tenir ; elle fut la première à prendre la fuite. 7 Ceux qui l'avaient coupée en deux enveloppèrent aussitôt Brutus, qui, dans le danger, montra lui-même toutes les qualités d'un général et d'un soldat décidé à vaincre avec son bras comme avec son jugement, mais ce qui lui avait procuré l'avantage dans la première bataille fut ce qui, cette fois, le perdit. 8 En effet ceux des ennemis qui avaient été alors vaincus avaient succombé sur-le-champ, et, dans la déroute des troupes de Cassius, peu d'hommes avaient été tués, mais cette fois les survivants, rendus timorés par leur défaite antérieure, remplirent de découragement et de trouble presque toute l'armée. 9 C'est alors que Marcus, le fils de Caton, combattant parmi les meilleurs et les plus valeureux des jeunes gens, épuisé par la fatigue, ne voulut ni reculer ni fuir, mais, défiant du geste les ennemis, disant tout haut son nom et celui de son père, tomba sur un monceau de cadavres ennemis. 10 Et, parmi les autres, les plus vaillants tombèrent aussi en protégeant Brutus.

La mort. – **50.** 1 Brutus avait parmi ses compagnons un certain Lucilius, qui était un homme de cœur. Ce Lucilius, voyant des cavaliers barbares qui, sans se soucier des autres fuyards, s'élançaient en masse à la poursuite de Brutus, résolut de risquer sa vie pour leur barrer la route. 2 Il resta un peu en arrière et cria qu'il était Brutus ; il les en persuada en demandant à être conduit à Antoine, parce qu'il avait confiance en lui, tandis qu'il redoutait César. 3 Ces cavaliers, ravis de l'aubaine et convaincus qu'ils avaient une chance merveilleuse, l'emmenèrent alors qu'il faisait déjà nuit, et détachèrent quelques-uns d'entre eux pour porter la nouvelle à Antoine. 4 Celui-ci, plein de joie, alla à la rencontre de ceux qui conduisaient le prisonnier, et les soldats qui entendaient dire que l'on amenait Brutus vivant accoururent en foule, les uns prenant son sort en pitié, les autres regardant comme indigne de sa renommée qu'il eût poussé l'amour de la vie jusqu'à devenir la proie de barbares. 5 Quand les cavaliers furent auprès de lui, Antoine s'arrêta, se demandant comment il devait recevoir Brutus, mais Lucilius, amené devant lui, lui dit avec beaucoup d'assurance : « Aucun ennemi, Antoine, n'a pris Marcus Brutus ni ne pourrait le prendre. À Dieu ne plaise que la Fortune ait tant de pouvoir sur la Vertu ! 6 Mais, qu'il soit vivant, ou peut-être mort, on le trouvera digne de lui-même. Pour moi, je suis ici parce que j'ai trompé tes soldats, et je suis prêt à souffrir pour ce mensonge tous les derniers tourments. » 7 Ces paroles de Lucilius frappèrent de stupeur tous ceux qui étaient là, et Antoine, se tournant vers les barbares qui l'avaient amené : « Compagnons d'armes, dit-il, sans doute vous est-il pénible de vous sentir humiliés par cette supercherie, 8 mais sachez bien que vous avez fait une capture meilleure que celle que vous cherchiez : en cherchant un ennemi, vous m'avez amené un ami. J'en atteste les dieux, je ne sais ce que j'aurais fait de Brutus vivant, mais des hommes tels que celui-ci, puissé-je les avoir pour amis plutôt que pour ennemis ! » 9 En disant ces mots, il embrassa Lucilius, et, pour l'instant, le remit aux mains de l'un de ses amis ; dans la suite, il eut sans cesse en lui un compagnon fidèle et sûr.

51. 1 Il faisait déjà nuit lorsque Brutus, ayant traversé une rivière aux bords boisés et escarpés, n'alla guère plus loin et s'assit dans un endroit creux que surplombait un grand rocher, en compagnie de quelques officiers et de quelques amis. Là, levant les yeux vers le ciel rempli d'étoiles, il prononça deux vers, dont le premier a été transcrit par Volumnius : « Qu'il ne t'échappe pas, Zeus, l'auteur de mes maux ! » Le second, Volumnius dit l'avoir oublié. 2 Un instant après, il nomma tous ceux de ses amis qui étaient tombés dans la bataille pour le défendre, et soupira surtout au souvenir de Flavius et de Labéon : Labéon était son légat, et Flavius son préfet des ouvriers. 3 À ce moment, l'un des siens, ayant soif et voyant Brutus altéré lui aussi, prit un casque et courut à la rivière. Un bruit se fit entendre alors sur l'autre rive, et Volumnius alla voir ce que c'était, avec Dardanus, l'écuyer de Brutus. 4 Ils revinrent bientôt et demandèrent s'il y avait de l'eau à boire. Brutus répondit à Volumnius avec un sourire très expressif : « On a tout bu, mais on va vous en apporter d'autre. » Le même homme envoyé pour en chercher faillit être pris par les ennemis et ne se sauva qu'à grand-peine, et blessé. 5 Comme Brutus conjecturait que la bataille n'avait pas fait beaucoup de tués, Statyllius lui dit qu'il se chargeait de passer au travers des ennemis (car on ne pouvait faire autrement), d'aller voir le camp et, s'il y trouvait les choses en bon état, d'élever une torche allumée, puis de venir le rejoindre. 6 Effectivement le flambeau fut élevé, Statyllius ayant pénétré dans le camp, mais, comme au bout d'un long temps il n'était pas de retour, Brutus dit : « Si Statyllius est en vie, il va revenir. » Mais voici ce qui arriva : en revenant il tomba au milieu des ennemis et fut tué.

52. 1 La nuit avançait lorsque Brutus, assis comme il était, se pencha vers Clitus, un de ses serviteurs, et lui parla. Clitus ne répondit rien et se mit à pleurer. Alors Brutus prit à part son écuyer Dardanus et eut avec lui un entretien particulier. 2 Finalement il s'adressa à Volumnius lui-même, en grec, pour lui rappeler leurs études et leurs exercices communs et le prier de l'aider à tenir son épée et d'en appuyer le coup. 3 Volumnius refusa, et les autres firent de même. Quelqu'un ayant opiné qu'il ne fallait pas attendre plus longtemps, mais fuir, Brutus se leva et dit : « Assurément il faut fuir, mais en se servant des mains, non des pieds. » 4 Il serra la main de chacun avec un air tout à fait radieux, et reprit : « J'éprouve une grande joie à voir qu'aucun de mes amis n'a trompé ma confiance. Je n'ai me plaindre que de la Fortune, à cause de la patrie. 5 Je me crois plus heureux que les vainqueurs, non seulement jusqu'à un passé tout récent, mais même présentement, car je laisse une renommée de vertu qu'ils n'effaceront pas avec leurs armes et leurs richesses, et l'on pensera qu'injustes ils ont triomphé d'hommes justes, et, méchants, d'hommes de bien, et qu'ils n'ont aucun droit à dominer. » 6 Puis après les avoir priés et conjurés d'assurer leur salut, il se retira à l'écart avec deux ou trois amis, au nombre desquels était Straton, qui, depuis ses études de rhétorique, était son familier. 7 Il le fit mettre tout près de lui, et saisissant de ses deux mains la poignée de son épée nue, il se jeta dessus et mourut. 8 D'autres disent que ce ne fut pas lui, mais Straton qui, sur ses instances réitérées, tint l'épée sous lui en détournant les yeux et que Brutus, se jetant impétueusement dessus, se transperça la poitrine et mourut ainsi presque sur le coup.

***Épilogue.* – 53.** 1 Ce Straton, Messala, l'ami de Brutus, quand il se fut réconcilié avec César, le lui amena, un jour que celui-ci était de loisir, et lui dit, les larmes aux yeux : « Voici, César, l'homme qui a rendu à mon Brutus le suprême service. » 2 César lui fit bon accueil et eut toujours en lui dans ses campagnes et notamment à la bataille d'Actium l'un des Grecs vaillants de son entourage. 3 On raconte que plus tard, César félicitant Messala lui-même d'avoir, bien qu'il eût été, à cause de Brutus, leur ennemi acharné à Philippes, déployé à Actium le plus grand zèle pour sa cause à lui, Messala répondit : « J'ai toujours été, César, du parti le meilleur et le plus juste. »

4 Antoine, ayant trouvé Brutus mort, fit envelopper son corps dans la plus somptueuse de ses chlamydes de pourpre, et, plus tard, ayant appris que celle-ci avait été dérobée, il fit mettre à mort le voleur. Il renvoya les restes de Brutus à sa mère Servilia.

5 Quant à Porcia, la femme de Brutus, Nicolas le philosophe et Valère Maxime rapportent que, voulant se tuer, mais en étant empêchée par tous ses amis, qui la surveillaient et ne la quittaient pas, elle prit dans le feu des charbons ardents, qu'elle avala après les avoir retenus dans sa bouche hermétiquement close, ce qui la fit mourir. 6 On cite pourtant une lettre de Brutus à ses amis, où il leur fait des reproches et déplore qu'ils ne se soient pas occupés de Porcia, alors qu'elle avait décidé de quitter la vie à cause d'une maladie. 7 Il semble donc que Nicolas a commis une erreur chronologique, et cette lettre, si du moins elle est authentique, permet d'imaginer le tourment de Porcia, sa passion pour son mari et son genre de mort.

Comparaison de Dion et de Brutus

***Supériorités de Dion.* – 54 (1).** 1 Ainsi ces hommes eurent tous deux de grands mérites, dont le premier est de s'être élevés très haut en partant de très bas, mais sur ce point c'est Dion qui excelle, 2 car il n'eut pas de rival, comme Brutus en trouva un dans Cassius, homme sans doute moins crédible en fait de vertu et de renommée, mais qui, par son audace, son habileté et son activité, n'eut pas moins de part à la guerre que Brutus ; 3 certains même lui attribuent l'initiative de toute l'entreprise et affirment qu'il fut l'instigateur de la conspiration contre César, à un moment où Brutus restait tranquille. 4 Dion, lui, après s'être procuré lui-même des armes, des vaisseaux et des troupes, sut en outre manifestement attirer à lui des amis et des collaborateurs pour l'exécution de son projet. 5 Alors que Brutus trouva richesse et puissance dans la situation des affaires et dans la guerre, il n'en fut pas de même pour Dion, qui fit seul tous les frais de l'expédition et dépensa pour la liberté de ses citoyens l'argent qui devait l'entretenir dans son exil. 6 En outre, Brutus et Cassius ne pouvaient, sortis de Rome, trouver leur sûreté dans le repos : condamnés à mort et poursuivis, ils n'avaient de refuge que dans la guerre, et, en s'en remettant aux armes pour se protéger, ils affrontaient les périls plus pour eux-mêmes que pour leurs concitoyens. 7 Dion, au contraire, menait dans son exil une existence plus sûre et plus agréable que le tyran qui l'avait banni, et c'est de son plein gré qu'il se jeta dans un si grand danger pour sauver la Sicile.

55 (2). 1 En outre, ce n'était pas la même chose pour les Syracusains d'être délivrés de Denys que pour les Romains de l'être de César. Denys ne niait même pas qu'il fût un tyran et il avait rempli la Sicile de mille maux ; 2 en revanche, si la domination de César, en s'établissant, n'avait pas ménagé les opposants, quand ceux-ci l'eurent acceptée et se furent soumis, elle ne se montra plus que comme un mot et une apparence, car elle ne produisit aucun acte cruel et tyrannique, et César apparut comme un médecin très doux donné par la divinité elle-même à un État qui avait besoin d'un maître unique. 3 Aussi le peuple romain regretta-t-il aussitôt César au point de devenir sévère et implacable pour ses meurtriers, tandis que les griefs les plus vifs des citoyens contre Dion furent d'avoir permis à Denys de sortir de Syracuse et d'avoir refusé de faire démolir le tombeau du premier tyran.

56 (3). 1 Dans la conduite même de la guerre, Dion fut un général irréprochable : il exécuta parfaitement les plans qu'il avait lui-même conçus, et il répara et tourna au mieux les échecs qu'il avait subis par la faute des autres. 2 Brutus, au contraire, paraît avoir manqué de prudence quand il risqua le tout pour le tout en engageant l'ultime combat, et n'avoir pas trouvé le moyen, une fois vaincu, de se relever, mais il se découragea et perdit toute espérance, sans même oser tenter à nouveau la Fortune, dans la mesure au moins où l'avait fait Pompée, 3 et cela au moment où il pouvait garder beaucoup d'espoir dans ses armes, ses vaisseaux lui assurant fermement la domination de toute la mer. 4 Mais voici le plus grand des reproches que l'on fait à Brutus : après que la grâce de César l'eut sauvé et, avec lui, tous ceux qu'il voulut parmi ses compagnons qui avaient été pris en même temps, après que César l'eut considéré comme son ami et honoré de préférence à beaucoup d'autres, il tua de sa main son sauveur. Dion n'encourut aucun blâme de ce genre ; 5 au contraire, parent et ami de Denys, il l'aida à rétablir et à conserver sa puissance, et c'est seulement lorsqu'il eut été chassé de sa patrie, outragé dans la personne de sa femme et dépouillé de sa fortune, qu'il entreprit ouvertement une guerre légitime et juste.

Supériorités de Brutus. – 6 Mais ce premier jugement ne peut-il s'inverser ? Ce qui fait le principal mérite de ces hommes, c'est la haine de la tyrannie et l'aversion pour le mal. Or, ce mobile fut chez Brutus pur de tout alliage, car il n'avait aucun grief privé contre César, et c'est pour la liberté publique qu'il exposa sa vie, 7 tandis que, si Dion n'avait pas été victime d'injustices, il n'aurait pas fait la guerre ; on le voit par les lettres de Platon, qui montrent clairement que, s'il renversa Denys, c'est après avoir été chassé de la cour du tyran, et non pas après l'avoir quittée volontairement. 8 De plus, ce qui a fait de Brutus l'ami de Pompée, dont il était l'adversaire, et l'ennemi de César, c'est l'intérêt général, parce qu'il réglait ses haines et ses amitiés sur la seule justice. 9 Dion, quant à lui, redressa plusieurs des erreurs de Denys pour lui faire plaisir, tant que la faveur du tyran lui fut assurée, et, dès qu'il eut perdu sa confiance, il le combattit par ressentiment. 10 Aussi ses amis eux-mêmes ne furent-ils pas tous convaincus qu'après avoir chassé le tyran il ne s'emparerait pas solidement du pouvoir pour lui-même, en trompant ses concitoyens par un mot plus doux que celui de tyrannie. 11 Au contraire, on pouvait entendre même les ennemis de Brutus dire que, de tous ceux qui s'étaient ligués contre César, il était le seul qui se fût proposé pour unique but, du commencement jusqu'à la fin, de rendre aux Romains leur constitution ancestrale.

57 (4). 1 D'ailleurs, en dehors même de ces considérations, la lutte contre Denys n'était assurément pas comparable à la lutte contre César. 2 Il n'y avait aucun des familiers de Denys qui ne méprisât cet homme dont la plupart des passe-temps étaient l'ivrognerie, le jeu de dés et les femmes. 3 Mais avoir conçu la pensée d'abattre César, sans craindre l'habileté, la puissance et la Fortune de celui dont le seul nom empêchait de dormir les rois des Parthes et des Indiens, c'était le propre d'une âme surhumaine, incapable de rien relâcher de sa fierté à cause de la peur. 4 C'est pourquoi, alors que Dion n'eut qu'à se montrer en Sicile pour voir se joindre à lui plusieurs myriades d'hommes contre Denys, la gloire de César, même quand il fut mort, soutint ses amis, et son nom rehaussa tellement le prestige de celui qui le porta qu'il fit aussitôt d'un enfant sans moyens le premier des Romains, devenant pour lui une sauvegarde contre la puissance et la haine d'Antoine, à la façon d'une amulette qu'on s'attache au cou. 5 Et si l'on dit que Dion eut à livrer de grands combats pour chasser le tyran tandis que César était sans armes et sans gardes lorsque Brutus le tua, c'est cela même qui fut l'œuvre d'une habileté et d'une stratégie consommées, que d'avoir surpris sans armes et sans gardes un homme entouré d'une si grande puissance. 6 Il ne l'attaqua et ne le tua pas précipitamment, ni seul ou avec peu de monde, mais après avoir combiné de longue main un plan qu'il exécuta avec beaucoup de complices, dont aucun ne le trahit, soit qu'il eût choisi dès le début les hommes les meilleurs, soit qu'il eût rendu tels par son choix ceux à qui il se confiait. 7 Au contraire Dion se fia à des méchants, soit qu'il les eût mal jugés, soit que l'usage qu'il fit d'eux les rendît pervers, ce qui, dans l'un comme dans l'autre cas, n'est pas le fait d'un homme avisé. 8 Aussi Platon le blâme-t-il d'avoir pris pour amis de pareilles gens, qui causèrent sa perte.

58 (5). 1 Dion une fois mort, personne n'apparut pour le venger. Brutus, lui, comptait parmi ses ennemis Antoine, qui lui fit des obsèques convenables, et César, qui lui conserva ses honneurs. 2 En effet, Brutus avait une statue de bronze à Médiolanum dans la Gaule cisalpine. Par la suite, César, voyant cette statue, qui était ressemblante et artistement faite, passa outre, puis, un moment après, il s'arrêta, appela les magistrats et leur dit en présence de nombreux témoins : « Je prends votre ville en flagrant délit de rupture de traité, puisqu'elle garde chez elle un ennemi. » 3 Les magistrats, tout d'abord, comme il était naturel, le nièrent, et, se demandant de qui il voulait parler, ils se regardaient les uns les autres. Alors César se tourna vers la statue et, fronçant les sourcils : « Eh bien ! dit-il, cet homme qui se dresse là n'est-il pas notre ennemi ? » Les magistrats, encore plus stupéfaits, gardèrent le silence. 4 Mais César se mit à sourire et, félicitant les Gaulois de rester fidèles à leurs amis, même tombés dans le malheur, il ordonna de laisser en place la statue.

Vie d'Artaxerxès

Cette biographie a beaucoup intrigué. Elle ne fait pas partie des Vies parallèles, *mais nous savons, notamment par le catalogue de Lamprias, qu'elle est loin d'être seule dans ce cas. Sa véritable originalité est de concerner un « barbare », alors que toutes les autres* Vies, *parallèles ou non, sont relatives à des héros grecs ou romains. Robert Flacelière conclut, du fait qu'elle n'est assortie d'aucune biographie parallèle, qu'elle doit être antérieure à cette entreprise, c'est-à-dire, en gros, à l'année 100 après J.-C. Le raisonnement n'est justement pas valable dans ce cas ; on peut seulement supposer qu'elle est à la fois « en marge » des* Vies parallèles *et des autres biographies, c'est-à-dire qu'elle a correspondu à une intention très exceptionnelle, quelle que soit sa date.*

L'essentiel de la dernière partie après un récit un peu confus des expéditions **(24-25)** *consiste dans les vicissitudes compliquées de la succession dynastique* **(26-30)**. *Plutarque ne nous épargne aucun détail. C'est à la fois la plus déséquilibrée et la plus désordonnée des* Vies. *On a le sentiment que Plutarque n'est pas parfaitement maître de son récit mais qu'il est asservi à ses sources et à quelques pôles d'intérêt. Xénophon, l'*Anabase, *les relations de Lacédémone et des Perses constituent certains de ces pôles ; les querelles de harem en constituent un autre ; les problèmes de succession intéressent particulièrement l'auteur ainsi que les disputes de préséance et de vanité. Il y a peu d'informations sur le reste et une assez grande confusion dans la chronologie. Dans l'ensemble on croirait à un recueil de documentation ou de curiosités plutôt qu'à une biographie élaborée et digérée. On a un peu le sentiment qu'en marge des* Vies parallèles, *composant son* Agéslas, *son* Pélopidas, *son* Thémistocle, *son* Alcibiade, *son* Périclès *et quelques autres, Plutarque a rencontré plusieurs fois l'histoire des Perses et qu'il s'est résolu à réunir certaines des données recueillies autour d'un des souverains qui avait eu une politique hellénique. Mais il n'en avait pas tiré pour autant d'idée* *directrice, d'où ce récit dans lequel la recherche du pittoresque prime le souci de la vérité et l'attrait de l'exotisme est plus fort que la préoccupation de la cohérence et n'évite pas des contradictions.*

On situerait volontiers ce récit, en marge des Vies, *à une époque où l'Orient est à la mode et où le roman commence à fleurir c'est-à-dire sous Trajan.*

J. S.

ARTAXERXÈS

Origine et caractère. – **1.** 1 Le premier des rois de Perse qui s'appela Artaxerxès et qui les surpassa tous par sa douceur et sa grandeur d'âme était surnommé Longue-Main, parce qu'il avait la main droite plus grande que l'autre ; il était fils de Xerxès. Le second Artaxerxès, surnommé Mnémon, dont il est question ici, était issu de la fille du premier. 2 Darios et Parysatis en effet avaient eu quatre fils, Artaxerxès, l'aîné, après lui Cyrus, puis deux plus jeunes, Ostanès et Oxathrès. 3 Cyrus tirait son nom de Cyrus l'Ancien, et celui-là, dit-on, du soleil, les Perses appelant le soleil Cyrus. 4 Artaxerxès fut d'abord appelé Arsicas. Deinon prétend, il est vrai, qu'il se nommait Oarsès, mais il n'est pas vraisemblable que Ctésias, bien qu'il ait d'ailleurs introduit dans ses ouvrages un immense ramassis de contes incroyables et extravagants, ait ignoré le nom du roi auprès de qui il vivait, et qu'il soignait ainsi que sa femme, sa mère et ses enfants.

2. 1 Alors que Cyrus montra dès son plus jeune âge de la vigueur et de l'énergie, Artaxerxès paraissait plus doux à tous égards, et d'un naturel moins passionné. 2 Il avait épousé une femme belle et bonne sur l'ordre de ses parents, et il la garda contre leur gré : en effet le roi, ayant fait périr le frère de cette femme, songeait à la tuer elle aussi, mais Arsicas, suppliant sa mère et fondant en larmes, obtint finalement qu'on ne la mettrait pas à mort et qu'on ne la séparerait pas de lui. 3 Cependant il se trouvait que sa mère préférait Cyrus et voulait qu'il devînt roi. Aussi, son mari étant tombé malade, elle fit venir aussitôt Cyrus du bord de la mer, et celui-ci monta vers l'intérieur plein d'espoir, pensant que sa mère l'avait fait désigner comme héritier de la royauté. 4 Parysatis avait en effet un argument plausible, dont Xerxès l'Ancien déjà avait usé sur le conseil de Démarate : c'est qu'elle avait mis au monde Arsicas quand Darios était encore un simple particulier, et Cyrus, alors qu'il était roi. 5 Mais elle ne fut pas écoutée, et l'aîné fut proclamé roi sous le nom d'Artaxerxès ; quant à Cyrus, il fut nommé satrape de Lydie et gouverneur des provinces maritimes.

3. 1 Peu après la mort de Darios, le roi se rendit à Pasargades pour s'y faire sacrer par les prêtres de Perse. 2 C'est dans le sanctuaire d'une déesse guerrière, que l'on pourrait croire être Athéna : celui que l'on sacre doit s'y rendre, quitter sa propre robe et revêtir celle que Cyrus l'Ancien avait portée avant de devenir roi, goûter d'un gâteau de figues, mâcher du térébinthe et boire jusqu'à la dernière goutte une coupe de petit-lait. Peut-être existe-t-il encore d'autres rites, mais ils sont inconnus du reste des hommes. 3 Artaxerxès se préparait à cette cérémonie lorsque Tissapherne arriva en lui amenant un des prêtres qui, ayant présidé à l'éducation de Cyrus telle qu'elle était en usage pour les enfants et lui ayant enseigné l'art des mages, semblait plus affligé qu'aucun autre Perse que son élève n'eût pas été désigné comme roi ; aussi fut-il cru lorsqu'il accusa Cyrus. 4 Il l'accusait de se préparer à tendre un guet-apens dans le sanctuaire et de vouloir, lorsque le roi aurait dépouillé son vêtement, se jeter sur lui et le tuer. 5 Les uns disent que Cyrus fut arrêté à la suite de cette dénonciation ; les autres, qu'il pénétra dans le sanctuaire, s'y cacha et fut livré par le prêtre. 6 Il fut sur le point d'être exécuté, mais sa mère, le prenant dans ses bras, l'enveloppant des tresses de ses cheveux et pressant son cou contre le sien, obtint sa grâce à force de gémissements et d'implorations, et le fit repartir vers la côte. Cyrus, peu satisfait de ce gouvernement et moins sensible au souvenir de sa libération qu'à celui de son arrestation, était gonflé de colère et aspirait plus que jamais à la royauté.

4. 1 Au dire de certains, c'est parce qu'il était mécontent de ce qu'il recevait pour sa nourriture de chaque jour, qu'il se révolta contre le roi. C'est là une sottise : à défaut d'autre ressource, sa mère était là, qui, sur sa fortune à elle, mettait à sa disposition tout ce qu'il voulait et lui en faisait don. 2 Ce qui témoigne de sa richesse, ce sont les troupes de mercenaires qu'en beaucoup d'endroits ses amis et ses hôtes entretenaient pour lui, comme le rapporte Xénophon. 3 Il ne les réunissait pas en bloc, car il cachait encore ses préparatifs, mais il avait de différents côtés des gens qui lui recrutaient des étrangers sous des prétextes divers ; sa mère, qui était auprès du roi, dissipait les soupçons de celui-ci, et Cyrus lui-même écrivait à son frère des lettres toujours respectueuses, tantôt pour lui demander quelque grâce, tantôt pour récriminer contre Tissapherne, comme si c'était avec celui-ci qu'il était en rivalité et en lutte.

4 Il y avait d'ailleurs dans le naturel du roi une certaine lenteur, qui passait aux yeux de la plupart pour de la modération. Au début, il parut vouloir imiter en tous points la douceur de son homonyme Artaxerxès : il exagérait l'affabilité envers ceux qui l'approchaient ; il prodiguait sans mesure les honneurs et les grâces, retranchait de toute punition ce qui était outrageant, manifestait sa joie quand il était l'objet de marques d'attachement, non moins à ceux qui lui offraient des présents qu'à ceux qui en recevaient de lui, et, quand il donnait, il se montrait aimable et bon. 5 Il n'y avait point de si petit cadeau qu'il n'acceptât de grand cœur : un certain Omisos lui ayant apporté une grenade d'une grosseur exception-

nelle, « Par Mithra, dit-il, cet homme-là ferait bien vite une grande ville d'une petite, si on la lui confiait. »

5. 1 Lors d'un de ses voyages, chacun lui offrait un présent ; un paysan, qui n'avait rien pu trouver à temps, courut au fleuve, puisa de l'eau dans ses deux mains et la lui apporta. Ravi, Artaxerxès lui envoya une coupe en or et mille dariques. 2 Comme le Laconien Eucleidas tenait à son égard des propos d'une audacieuse liberté, il lui fit dire par son chiliarque : « Tu peux dire ce que tu veux ; moi, je peux et dire ce que je veux et le faire. » 3 Tiribaze, à la chasse, lui faisant remarquer que sa robe était déchirée, il demanda ce qu'il fallait faire : « Mets-en une autre, répondit Tiribaze, et donne-moi celle-ci. » Le roi la lui donna en disant : « Je te la donne, Tiribaze, mais je t'interdis de la porter. » 4 Tiribaze ne se soucia pas de cette défense, car, sans être un méchant homme, il était un peu léger et extravagant : il revêtit aussitôt la robe royale et se para de colliers d'or et de bijoux réservés aux reines. Tout le monde s'indigna, car ce n'était pas permis. Cependant le roi se mit à rire et dit : « Je te donne à porter ces bijoux d'or comme à une femme, et cette robe comme à un fou. » 5 Personne ne prenait place à la table du roi, sauf sa mère ou sa femme, assises, celle-ci, au-dessous et sa mère au-dessus de lui ; Artaxerxès y invita ses jeunes frères Ostanès et Oxathrès. 6 Mais ce qui causait le plus de plaisir aux Perses, c'était de voir sa femme Stateira toujours portée dans une voiture découverte, sans rideaux, et permettant aux femmes du peuple de la saluer et de l'approcher ; aussi la reine était-elle populaire.

Guerre de Cyrus. – **6.** 1 Cependant ceux qui étaient épris de changement et d'agitation pensaient que la situation exigeait un homme tel que Cyrus, d'une valeur éclatante, supérieurement doué pour la guerre et dévoué à ses amis, et que la grandeur de l'empire réclamait un roi fier et ambitieux. 2 Ainsi, n'ayant pas moins confiance dans les Perses du haut pays que dans ceux qui l'entouraient, Cyrus entreprit la guerre. 3 Il écrivit aux Lacédémoniens pour leur demander de l'aider et de lui envoyer des soldats, auxquels il promettait de donner des chevaux, s'ils étaient à pied, ou des chars attelés, s'ils venaient à cheval, — des villages s'ils possédaient des terres, des villes s'ils possédaient des villages ; et les combattants seraient rétribués, non pas au compte, mais à la mesure. 4 Il ne tarissait pas d'éloges sur lui-même, disant qu'il avait le cœur plus grand que son frère, qu'il était plus instruit et s'entendait mieux à l'art des mages, qu'il buvait et supportait plus de vin, tandis que son frère était si lâche et mou qu'il ne se tenait même pas à cheval dans les chasses, ni à la guerre sur son siège. 5 Les Lacédémoniens envoyèrent donc une scytale à Cléarque, lui enjoignant de se mettre en tout au service de Cyrus. Alors celui-ci monta contre le roi, avec une grande armée de barbares et près de treize mille mercenaires grecs ; il alléguait prétextes sur prétextes pour expliquer les raisons de son expédition. 6 Mais il ne put longtemps cacher son dessein : Tissapherne vint lui-même en porter au roi la nouvelle, qui jeta un grand trouble dans le palais. On accusait Parysatis de porter la principale responsabilité de la guerre ; soupçons et dénonciations tombèrent sur ses amis. 7 Mais ce qui la mortifia le plus, ce furent les reproches de Stateira qui, désolée de ce conflit, lui criait : « Que sont devenues les garanties que tu donnais ? Qu'en est-il de ces prières qui ont arraché à la mort celui qui conspirait contre son frère, et grâce auxquelles tu nous plonges dans la guerre et le malheur ? » 8 Ces plaintes rendirent Stateira si odieuse à Parysatis, naturellement vindicative et barbare dans ses colères et ses rancunes, que celle-ci résolut de la faire mourir. 9 Deinon prétend qu'elle exécuta ce dessein pendant la guerre, mais Ctésias dit que ce fut après, et il n'est pas vraisemblable qu'il ait ignoré l'époque de faits dont il fut témoin ; il n'avait d'ailleurs aucune raison, en racontant comment l'acte fut accompli, d'en changer volontairement la date, encore qu'il lui arrive souvent dans sa narration de s'écarter de la vérité pour se jeter dans le fabuleux et le théâtral. Ce récit se trouvera donc à la place qu'il lui a assignée.

7. 1 À mesure qu'il avançait, Cyrus apprenait par les rumeurs et les avis qui lui parvenaient que le roi avait résolu de ne pas combattre tout de suite et de ne pas se presser d'en venir aux mains avec lui, mais d'attendre en Perse que les troupes qu'il rassemblait de toutes parts y fussent réunies. 2 Artaxerxès en effet avait fait creuser une tranchée large de dix toises et profonde d'autant qui s'étendait à travers la plaine sur une longueur de quatre cents stades. Il laissa d'ailleurs Cyrus passer au-delà et s'approcher non loin de Babylone elle-même. 3 Mais Tiribaze ayant osé le premier, affirme-t-on, lui dire qu'il ne fallait pas éviter la bataille, ni abandonner la Médie et Babylone ainsi que Suse pour se replier sur la Perse, alors qu'il avait une armée plusieurs fois plus nombreuse que celle des ennemis, et des quantités de satrapes et de généraux meilleurs que Cyrus pour le conseil et pour l'action, il décida de livrer le combat décisif dans le plus bref délai. 4 Et dès l'abord, apparaissant soudain avec neuf cent mille hommes brillamment équipés, il jeta l'étonnement et le trouble chez les adversaires qui marchaient en désordre et sans leurs armes, pleins de confiance et de mépris. Cyrus eut beaucoup de peine, au milieu du tumulte et des cris, à ranger ses troupes en bataille. 5 Puis, l'armée royale s'avançant en silence et lentement, ce bel ordre causa l'admiration des Grecs qui s'attendaient à des cris et à des mouvements désordonnés, et comptaient voir dans une si grande multitude beaucoup de trouble et de dispersion. 6 Artaxerxès avait fort bien rangé face aux Grecs les plus puissants de ses chars armés de faux, en avant de sa propre phalange, afin de rompre leurs rangs par l'attaque impétueuse de ces chars avant qu'on en vînt aux mains.

8. 1 Cette bataille a été relatée par de nombreux auteurs, et Xénophon la met pour ainsi dire sous nos yeux, non pas comme un événement passé, mais comme une action en train de s'accomplir, de sorte qu'il passionne sans cesse son lecteur et le place au milieu du danger grâce à la description animée de son récit. Ce serait donc manquer de sens que de raconter à nouveau ce combat tout au long ; on peut seulement noter les particularités dignes de mémoire que Xénophon a omises. 2 L'endroit où les armées s'affrontèrent s'appelle Counaxa et est à cinq cents stades de Babylone. Comme Cléarque, avant la bataille, conseillait à Cyrus de se tenir derrière les combattants et de ne pas exposer sa personne, on dit que Cyrus répondit : « Que dis-tu là, Cléarque ? Tu veux que je me montre indigne de la royauté à laquelle j'aspire ? » 3 Cyrus fit sans doute une grande faute en se lançant témérairement et sans aucune précaution en plein milieu des périls et du risque, mais Cléarque en commit une non moindre, sinon même plus grave, en refusant de ranger les Grecs en face du roi et en appuyant son aile droite au fleuve de peur d'être encerclé. 4 S'il recherchait avant tout la sécurité et s'il se préoccupait principalement de ne subir aucun dommage, le mieux eût été de rester chez lui : après avoir parcouru dix mille stades à partir de la mer pour gagner sous les armes le haut pays sans y être forcé par personne afin de mettre Cyrus sur le trône royal, étudier ensuite le terrain en vue d'y trouver un emplacement et une position, non pas d'où il pourrait sauver son chef qui le payait, mais où il combattrait à son aise et en sûreté, c'était agir en homme qui, par crainte du danger présent, sacrifie le souci de l'intérêt général et oublie le but de l'expédition. 5 Aucun de ceux qui étaient rangés autour du roi n'aurait tenu devant l'attaque des Grecs, et, une fois ces Perses enfoncés et le roi mis en fuite ou tué, Cyrus vainqueur était sauvé et régnait : voilà qui est clair d'après ce qui se passa. 6 C'est donc à la circonspection de Cléarque plutôt qu'à la témérité de Cyrus qu'il faut attribuer la ruine des espoirs et la mort de ce prince. 7 En effet, à supposer que le roi aurait eu lui-même à désigner l'endroit où les Grecs devaient être placés pour que ces ennemis lui fissent le moins de mal possible, il n'en aurait pas trouvé d'autre que celui qui était le plus éloigné de sa personne et de son entourage : en raison de cette disposition, lui-même ne s'aperçut pas de son échec, et Cyrus fut abattu avant d'avoir pu exploiter la victoire de Cléarque. 8 Et pourtant Cyrus avait bien vu ce qu'il convenait de faire, et il avait alors ordonné à Cléarque de se placer au centre, mais Cléarque répondit : « Tout ira pour le mieux, je m'en charge », et il gâta tout.

9. 1 En effet, si les Grecs battaient les barbares tant qu'ils voulaient et les poursuivaient très loin, Cyrus, qui montait un cheval de race, rétif et fougueux, appelé Pasacas au dire de Ctésias, fut chargé par le chef des Cadusiens, Artagersès, qui lui cria très fort : 2 « Toi qui déshonores le nom de Cyrus, le plus beau de la Perse, toi le plus injuste et le plus insensé des hommes, tu as amené ici ces Grecs maudits par une maudite route pour piller les biens des Perses et dans l'espoir de tuer ton maître et ton frère, qui commande à tant de myriades de sujets meilleurs que toi, comme tu t'en rendras compte à l'instant, car tu vas perdre ici ta propre tête avant d'avoir aperçu le visage du roi. » 3 En disant ces mots, il lança sur lui un javelot, qui fut arrêté par la solidité de la cuirasse ; Cyrus ne fut pas blessé, mais il chancela sous la violence du choc. Artagersès ayant tourné bride, Cyrus lui lança un trait qui l'atteignit et dont la pointe pénétra le long de la clavicule à travers le cou. 4 Presque tous les auteurs s'accordent pour dire qu'Artagersès fut tué par Cyrus. Quant à la mort de Cyrus lui-même, comme Xénophon la relate de façon simple et concise parce qu'il n'en fut pas témoin, rien n'empêche sans doute de rapporter en particulier le récit de Deinon, puis celui de Ctésias.

10. 1 Deinon raconte donc qu'Artagersès une fois abattu, Cyrus chargea violemment ceux qui étaient rangés devant le roi et lui blessa son cheval, en sorte qu'Artaxerxès tomba à terre. Tiribaze le fit vite monter sur un autre cheval en lui disant : « Roi, souviens-toi de cette journée : elle mérite qu'on ne l'oublie pas ! » Cyrus lança de nouveau son cheval contre Artaxerxès et le renversa. 2 Au troisième assaut, le roi, n'en pouvant plus, dit à ceux qui l'entouraient : « Mieux vaut mourir », et il attaqua Cyrus, qui se jetait témérairement et sans précaution au milieu des traits qui pleuvaient sur lui. Le roi le frappe de son javelot, et les hommes de son entourage le frappent aussi. 3 Cyrus tombe, selon les uns, sous le coup que lui porte le roi, selon certains autres, atteint par un soldat carien, à qui le roi, en récompense de cet exploit, permit de porter toujours sur sa lance, en tête de l'armée dans les expéditions, un coq d'or, car les Perses appelaient coqs les Cariens eux-mêmes à cause des aigrettes dont ils ornent leurs casques.

11. 1 Quant au récit de Ctésias, le voici à peu près, succinctement abrégé et résumé sur plusieurs points. Après avoir tué Artagersès, Cyrus poussa son cheval sur Artaxerxès lui-même, et le roi dirigea le sien sur lui, tous deux en silence. Ariaeos, l'ami de Cyrus, frappa le premier le roi, sans le blesser. 2 Le roi lança son javelot, qui manqua Cyrus, mais atteignit et tua Satiphernès, un brave tout dévoué à Cyrus. Cyrus à son tour lança son javelot et blessa le roi à travers sa cuirasse ; le trait pénétra de deux doigts dans la poitrine. Le coup fit tomber le roi de cheval, 3 et ceux qui l'entouraient s'enfuirent en désordre. Il se releva et, avec une poignée d'hommes, parmi lesquels se trouvait notamment Ctésias, il gagna une colline voisine et s'y tint en repos. Cyrus était emporté au loin par la fougue de son cheval au milieu des ennemis qui l'enveloppaient, mais qui ne le reconnaissaient pas parce qu'il faisait déjà nuit, tandis que ses amis le cherchaient. 4 Exalté par la victoire, plein d'ardeur et d'audace, il passait au travers des ennemis en criant : « Écartez-vous, petites gens ! » À ces cris souvent répétés en langue perse, on se rangeait en se prosternant devant lui, mais sa tiare tomba de sa tête, 5 et un jeune Perse, nommé Mithridate, qui passait près de lui en courant, sans savoir qui il était, le frappa de son javelot à la tempe, près de l'œil. Il perdit beaucoup de sang par cette blessure et, pris de vertige, il s'écroula évanoui. 6 Son cheval s'échappa et erra à l'aventure, mais sa housse glissa à terre et fut ramassée, couverte de sang, par un serviteur de celui qui avait blessé Cyrus. 7 Cyrus, se remettant à grand-peine du coup qu'il avait reçu, quelques eunuques qui se trouvaient là essayèrent de le faire monter sur un autre cheval pour le sauver. 8 N'ayant pas la force de se tenir en selle, il voulut marcher à pied, soutenu et conduit par les eunuques, mais il avait la tête si lourde qu'il trébuchait. Cependant il se croyait vainqueur en entendant les fuyards appeler Cyrus leur roi et implorer sa grâce. 9 À ce moment, de pauvres Cauniens sans ressources qui suivaient l'armée pour y rendre d'humbles services, se mêlèrent par hasard aux gens de Cyrus, qu'ils prenaient pour des amis, mais, à peine eurent-ils vu les saies de couleur pourpre qui couvraient leurs cuirasses qu'ils reconnurent en eux des ennemis, car les hommes du roi portaient tous des saies blanches. 10 Alors l'un deux osa frapper Cyrus par derrière avec un javelot, sans savoir qui il était ; il lui rompit la veine du jarret. Cyrus tomba, heurta sa tempe blessée contre une pierre, et expira. 11 Tel est le récit de Ctésias, où il a tant de peine à achever Cyrus, comme avec un poignard émoussé !

12. 1 Cyrus venait d'expirer quand par hasard Artasyras, l'œil du roi, passa à cheval près de là. Il reconnut les eunuques qui se lamentaient et demanda au plus dévoué d'entre eux : « Qui est cet homme, Pariscas, que tu pleures assis près de son cadavre ? » L'autre lui répondit : « Ne vois-tu pas, Artasyras, que c'est Cyrus mort ? » 2 Étonné, Artasyras l'engagea à avoir bon courage et à garder le corps, et lui-même se précipita vers Artaxerxès, qui désespérait alors de la situation et était physiquement fort mal en point à cause de la soif et de sa blessure ; tout joyeux, il lui annonça qu'il venait de voir de ses yeux Cyrus mort. 3 Le roi voulut d'abord courir aussitôt en personne à cet endroit et commanda à Artasyras de l'y conduire. Mais, comme on parlait beaucoup des Grecs avec effroi en disant que, dans leur poursuite, ils avaient l'avantage et l'emportaient sur tous les points, il parut préférable d'envoyer plusieurs personnes se rendre compte, et trente hommes partirent avec des flambeaux. 4 Mais, comme le roi mourait presque de soif, l'eunuque Satibarzanès courut de tous côtés lui chercher à boire : il n'y avait pas d'eau en ce lieu, et le camp était loin ; 5 il finit par rencontrer un de ces pauvres Cauniens qui portait une méchante petite outre contenant à peu près huit cotyles d'une eau mauvaise et corrompue. Il la prit, la porta au roi et la lui donna. 6 Quand le roi eut tout bu, il lui demanda si cette eau n'était pas trop désagréable. Le roi prit les dieux à témoin qu'il n'avait jamais bu avec autant de plaisir du vin ni de l'eau, si légère et si pure qu'elle fût, et il ajouta : « Si je n'arrive pas à retrouver pour le récompenser l'homme qui te l'a donnée, je prie les dieux de le rendre heureux et riche. »

13. 1 À ce moment les trente envoyés revenaient, tout rayonnants de joie, lui annoncer son bonheur inespéré. Déjà une foule d'hommes accouraient et se réunissaient de nouveau autour de lui ; reprenant alors confiance, il descendit de la colline à la clarté d'une multitude de lumières. 2 Quand il fut près du mort, et que, selon un usage des Perses, on eut coupé la tête et la main droite de Cyrus, il ordonna qu'on lui remît la tête, et, la saisissant par la chevelure qui était épaisse et touffue, il la montrait à ceux qui doutaient encore et qui fuyaient. 3 Étonnés, ils se prosternaient, et bientôt il eut autour de lui soixante-dix mille hommes, avec lesquels il retourna dans son camp. Il avait mené à la bataille, au dire de Ctésias, quatre cent mille hommes ; mais Deinon et Xénophon parlent d'un effectif de combattants beaucoup plus considérable. 4 Quant au nombre des morts, Ctésias dit que, d'après les rapports faits au roi, il fut de neuf mille, mais que lui-même en vit non moins de vingt mille. Ce point reste donc douteux, 5 mais ailleurs Ctésias ment de façon évidente quand il prétend avoir été lui-même envoyé aux Grecs avec Phallynos de Zacynthe et quelques autres. 6 En effet Xénophon n'ignorait pas que Ctésias vivait dans l'entourage du roi ; il fait mention de lui, et il est visible qu'il a lu ses ouvrages : si Ctésias était allé servir d'interprète pour des négociations si importantes, Xénophon n'aurait pas omis son nom, alors qu'il cite Phallynos de Zacynthe. 7 Mais Ctésias, à ce qu'il semble, aimait extraordinairement la renommée, et il n'aimait pas moins les Laconiens et Cléarque ; constamment il ménage dans son récit des passages où il puisse prodiguer des louanges à Cléarque et à Lacédémone.

14. 1 Après la bataille le roi envoya des présents considérables et magnifiques au fils d'Artagersès, qui avait été tué par Cyrus, et il combla d'honneurs Ctésias et les autres. 2 Ayant retrouvé le Caunien qui lui avait donné son outre, d'obscur et pauvre qu'il était il le rendit puissant et riche. 3 Il prit soin aussi de punir ceux qui étaient en faute. Un Mède, nommé Arbacès, avait passé à Cyrus pendant le combat, et avait réintégré le parti du roi après la mort de Cyrus ; Artaxerxès l'accusa de lâcheté et de faiblesse, mais non de trahison et de malveillance, et il le condamna à prendre sur ses épaules une courtisane nue et à la promener ainsi toute une journée à travers la place publique. 4 Un autre, qui non seulement avait déserté, mais de plus s'était vanté faussement d'avoir tué deux ennemis, eut, par ordre du roi, la langue percée de trois aiguilles. 5 Croyant et voulant que tout le monde pensât et dît que c'était lui qui avait tué Cyrus, il envoya des cadeaux à Mithridate, qui le premier avait frappé Cyrus, avec ordre à ceux qui les portaient de dire : « Le roi t'honore parce qu'ayant trouvé la housse du cheval de Cyrus, tu la lui as apportée. » 6 Le Carien qui, en frappant Cyrus au jarret, l'avait fait tomber, ayant demandé lui aussi une récompense, il ordonna aux porteurs du présent de lui dire : « Le roi te fait ce don comme second prix de la bonne nouvelle, car c'est Artasyras le premier, et toi après lui, qui lui avez annoncé la mort de Cyrus. » 7 Mithridate se retira en silence, bien qu'il fût attristé, mais le malheureux Carien fut, comme il arrive souvent, victime de sa sottise : 8 gâté, semble-t-il, par sa faveur présente et persuadé qu'il pouvait tout de suite revendiquer une situation supérieure à sa condition, il n'admit point que le cadeau du roi fût le salaire d'une bonne nouvelle ; il se fâcha et protesta en criant que personne autre que lui n'avait tué Cyrus et qu'on lui en retirait injustement la gloire. 9 Le roi, apprenant ces propos, fut très irrité, et ordonna de lui trancher la tête, mais sa mère, qui était là, lui dit : « Roi, ce n'est pas de cette façon que tu dois te débarrasser de ce maudit Carien ; il recevra de moi le juste salaire de ce qu'il a l'audace de prétendre. » 10 Le roi le lui ayant abandonné, Parysatis le mit entre les mains des bourreaux, auxquels elle ordonna de le torturer pendant dix jours, puis de lui arracher les yeux et de couler dans ses oreilles du cuivre fondu jusqu'à ce qu'il mourût.

15. 1 Mithridate aussi périt misérablement un peu plus tard, victime de la même sottise. Invité à un dîner auquel assistaient des eunuques du roi et de sa mère, il y vint paré du costume et des bijoux d'or qu'il avait reçus d'Artaxerxès. 2 Quand on se fut mis à boire, le plus influent des eunuques de Parysatis lui dit : « Quel bel habit le roi t'a donné, Mithridate ! Quels beaux bracelets, quels beaux colliers, quel riche cimeterre ! Certes, il t'a rendu heureux et enviable entre tous ! » 3 Mithridate, qui était déjà ivre, répondit : « Qu'est-ce que cela, Sparamizès ? Je me suis montré au roi ce jour-là digne de plus grandes et plus belles récompenses. » 4 Sparamizès reprit en souriant : « On ne te jalouse pas, Mithridate, mais puisque, au dire des Grecs, la vérité est dans le vin, est-ce un grand et brillant exploit, mon cher, que de trouver une housse tombée d'un cheval et de la rapporter ? » 5 Il parlait ainsi, non pas qu'il ignorât la vérité, mais parce qu'il voulait découvrir Mithridate devant l'assistance en excitant la légèreté d'un homme que le vin avait rendu bavard et incapable de se contenir. 6 Alors Mithridate, n'étant plus maître de lui, répondit : « Vous autres, dites ce que vous voulez en fait de housses et de sornettes, mais moi, je vous dis franchement que c'est cette main-ci qui a tué Cyrus, car je ne lui ai pas, comme Artagersès, décoché un javelot vain et sans effet : si j'ai manqué l'œil de peu, j'ai atteint et percé la tempe, et j'ai ainsi renversé l'homme, qui est mort de cette blessure. » 7 Tous les convives, prévoyant déjà la fin et le malheur de Mithridate, baissèrent les yeux vers la terre, et celui qui donnait le repas dit : « Cher Mithridate, pour l'instant buvons et mangeons en adorant le Génie du roi, et laissons là des propos qui nous dépassent. »

16. 1 Puis l'eunuque rapporta les propos de Mithridate à Parysatis, et celle-ci au roi, qui fut indigné de se voir démenti et privé de ce qu'il y avait de plus beau et de plus flatteur pour lui dans sa victoire, 2 car il voulait persuader tous, barbares et Grecs, que, dans les assauts et les mêlées du combat, il avait donné et reçu un coup, et qu'il avait été lui-même blessé, mais avait tué son adversaire. Il ordonna donc que Mithridate pérît par le supplice des auges. 3 Voici en quoi consiste ce supplice. On prend deux auges faites pour s'ajuster l'une sur l'autre. On couche le condamné sur le dos dans l'une d'elles, 4 puis on met l'autre par-dessus, et on l'adapte de manière que la tête, les mains et les pieds débordent en dehors et que tout le reste du corps soit couvert. On donne à manger au patient et, s'il refuse, on l'y force en lui piquant les yeux. Quand il a mangé, on lui verse dans la bouche comme boisson un mélange de miel et de lait, que l'on répand aussi sur le visage. 5 Ensuite on lui tient sans cesse les yeux tournés vers le soleil, et les mouches, s'abattant en foule sur son visage, le recouvrent tout entier. 6 Comme il est obligé de satisfaire à l'intérieur de son auge tous les besoins que produisent la nourriture et la boisson, les vers et les helminthes pullulent par suite de la corruption et de la putréfaction des excréments ; ils pénètrent à l'intérieur du corps et le font pourrir. 7 Quand on constate que l'homme est mort, on enlève l'auge du dessus, et l'on voit la chair rongée par les essaims de ces animaux qui se fixent sur les entrailles et les dévorent. C'est ainsi que Mithridate mourut à grand-peine après dix-sept jours de supplice.

17. 1 Parysatis avait encore une cible à atteindre : celui qui avait coupé la tête et la main de Cyrus, l'eunuque du roi Masabatès. 2 Comme il ne donnait sur lui aucune prise, voici quelle sorte de machination elle trama. 3 Habile en tout, elle était particulièrement adroite au jeu de dés. Aussi, avant la guerre, jouait-elle souvent avec le roi. 4 Après la guerre, s'étant réconciliée avec lui, loin d'éviter les réunions amicales, elle partageait ses divertissements, et, vivant à ses côtés, était la confidente de ses amours et les favorisait. Bref, elle ne laissait que très peu de temps à Stateira pour le voir et être en sa compagnie, car elle la détestait plus que personne au monde, et voulait que son influence à elle fût dominante. 5 Un jour, voyant Artaxerxès, sans occupation, sur le point de s'ennuyer, elle lui proposa une partie de dés avec un enjeu de mille dariques. Il joua, elle le laissa gagner et lui paya l'or. Puis, feignant la contrariété et le désir de revanche, elle lui demanda de faire une nouvelle partie avec pour enjeu un eunuque, et il y consentit. 6 Ils convinrent que chacun d'eux excepterait cinq de ses eunuques les plus dévoués, mais que, parmi les autres, le perdant livrerait celui que le gagnant choisirait. Ces conventions faites, ils se mirent au jeu. 7 Parysatis y fut très attentive et appliquée, et sans doute eut-elle aussi de la chance en jetant les dés, car elle gagna et se fit remettre Masabatès, qui n'était pas au nombre de ceux qui avaient été exceptés, et, avant que le roi se doutât de rien, elle le livra aux bourreaux en leur ordonnant de l'écorcher vif, de fixer son corps en travers sur trois pieux, et de clouer sa peau à part. 8 Ce supplice fâcha et irrita vivement le roi contre elle ; alors elle lui dit ironiquement en riant : « Vraiment, tu es plaisant et admirable de te mettre en colère pour un vieux et méchant eunuque, alors que moi, qui ai perdu mille dariques, je me tais et me résigne ! » 9 Bien qu'il regrettât d'avoir été dupé, le roi se tint tranquille, mais Stateira qui d'ailleurs s'opposait ouvertement en tout à Parysatis, se plaignit avec indignation qu'elle fît périr, pour venger Cyrus, de façon cruelle et criminelle des eunuques et de fidèles sujets du roi.

Mort de Cléarque, puis de Stateira. – **18.** 1 Lorsque Tissapherne eut trompé Cléarque et les autres stratèges en violant la trêve au mépris de ses serments, et que, les ayant fait arrêter, il les eut envoyés enchaînés au roi, Cléarque, au dire de Ctésias, pria celui-ci de lui procurer un peigne ; 2 l'ayant obtenu, il arrangea sa chevelure et fut si heureux de ce bon office qu'il donna à Ctésias son anneau, pour qu'il s'en servît comme d'un signe de reconnaissance auprès des parents et amis de Cléarque à Lacédémone ; sur le sceau de cet anneau était gravée une danse de Caryatides. 3 Selon Ctésias encore, les soldats emprisonnés avec Cléarque s'appropriaient et consommaient les vivres qu'on lui envoyait, en ne lui laissant que de minuscules portions ; Ctésias prétend avoir aussi remédié à cet abus et avoir fait en sorte que l'on adressât à Cléarque des vivres en plus grande abondance, en en donnant d'autres à part aux soldats ; il ajoute qu'il servit et ravitailla les Grecs grâce à l'accord et aux bonnes dispositions de Parysatis. 4 Cléarque, qui recevait chaque jour du jambon en plus des autres provisions, lui fit dire et le pria de lui envoyer un petit poignard qu'il devrait mettre et cacher dans la viande, afin de ne pas laisser sa vie exposée à la cruauté du roi ; mais Ctésias dit qu'il eut peur et refusa. 5 Il rapporte également que le roi fut prié par sa mère de ne pas faire tuer Cléarque et qu'il s'y engagea par serment, mais qu'ensuite il changea d'avis à l'instigation de Stateira et ordonna le meurtre de tous les prisonniers, excepté Ménon. 6 C'est à partir de ce moment selon Ctésias que Parysatis se prépara à attenter à la vie de Stateira par le poison. Mais ce qu'il dit là manque de vraisemblance, et le motif allégué est tout à fait absurde, quand il prétend que ce fut à cause de Cléarque que Parysatis commit un acte si terrible et si dangereux pour elle-même en osant tuer la femme légitime du roi, qui lui avait donné des enfants élevés pour régner. 7 Non, il n'est pas douteux que Ctésias ajoute des péripéties tragiques pour honorer la mémoire de Cléarque. Il dit en effet que, lorsque les stratèges eurent été exécutés, ils furent déchirés par des chiens et des oiseaux, à l'exception de Cléarque, dont le cadavre fut recouvert et enseveli par un grand amas de terre qu'apporta un tourbillon de vent ; 8 il dit enfin que, comme on avait jeté là des dattes de palmier, il y poussa en peu de temps un merveilleux bosquet qui ombragea l'endroit, si bien que le roi conçut un violent regret à la pensée d'avoir fait mourir en Cléarque un ami des dieux.

19. 1 Donc Parysatis, chez qui la haine et la jalousie contre Stateira couvaient depuis longtemps, voyait que son influence ne venait que du respect et de l'estime du roi, tandis que celle de Stateira était solidement fondée sur l'amour et la confiance ; ce fut pour ce motif, le plus important à ses yeux, qu'elle se risqua à cet attentat. 2 Elle avait une servante dévouée, nommée Gigis, qui jouissait auprès d'elle du plus grand crédit ; selon Deinon, Gigis prit part à l'empoisonnement, mais Ctésias dit qu'elle fut seulement dans le secret et malgré elle ; il appelle Bélitaras celui qui donna le poison, tandis que Deinon le nomme Mélantas. 3 Les deux reines, après leurs soupçons et leurs précédents conflits, avaient recommencé à se fréquenter et à prendre ensemble leurs repas ; cependant, comme elles avaient peur et se méfiaient l'une de l'autre, elles ne mangeaient que des mêmes mets servis par les mêmes mains. 4 Il existe en Perse un petit oiseau que l'on n'a point à vider et dont l'intérieur est tout rempli de graisse, ce qui fait croire que cet animal ne se nourrit que de vent et de rosée ; on l'appelle rhyntacès. 5 Suivant Ctésias, Parysatis coupa en deux un de ces oiseaux avec un petit couteau enduit de poison d'un seul côté, tandis que sur l'autre côté elle avait essuyé et enlevé le poison ; elle porta à sa bouche et mangea la moitié saine et inoffensive, et donna à Stateira la moitié empoisonnée. 6 Cependant, au dire de Deinon, ce ne fut pas Parysatis, mais Mélantas, qui coupa le mets avec le couteau et qui servit le morceau empoisonné à Stateira. 7 Celle-ci, en mourant au milieu de grandes souffrances et convulsions, se douta elle-même d'où venait le mal et amena le roi à soupçonner sa mère, dont il connaissait le caractère implacable et sauvage. 8 Aussi se livra-t-il aussitôt à une enquête, faisant arrêter et mettre à la torture les serviteurs de sa mère et ceux qui prenaient soin de sa table. Parysatis tint longtemps Gigis enfermée auprès d'elle en refusant de la livrer au roi qui la réclamait ; enfin, Gigis l'ayant priée de la laisser aller de nuit à sa propre maison, le roi, averti, organisa secrètement un guet-apens, la fit saisir et la condamna à mort. 9 Voici de quelle manière les Perses ont coutume de faire mourir les empoisonneurs : on prend une grande pierre plate sur laquelle on place leur tête, que l'on frappe et écrase avec une autre pierre jusqu'à ce que le visage et la tête soient broyés. 10 Tel fut le supplice de Gigis. Quant à Parysatis, le roi ne lui dit ni ne lui fit rien de mal, mais il la relégua, consentante, à Babylone, en disant que tant qu'elle vivrait, lui-même ne reverrait pas Babylone. Voilà ce qui se passait au palais d'Artaxerxès.

Guerre contre Sparte. – **20.** 1 Le roi n'avait pas moins à cœur de s'emparer des Grecs qui étaient montés en Asie avec Cyrus que de vaincre Cyrus lui-même et de conserver le trône, mais il ne put y parvenir : après avoir perdu leur chef Cyrus et leurs propres stratèges, ils se sauvèrent, ou peu s'en faut, du palais royal lui-même et firent voir à l'évidence que la grandeur des Perses et de leur roi ne consistait que dans l'abondance de l'or, dans le luxe et les femmes, tout le reste n'étant que vanité et forfanterie. 2 C'est pourquoi la Grèce entière s'enhardit et méprisa les barbares ; les Lacédémoniens en particulier jugèrent scandaleux de ne pas affranchir de la servitude, maintenant du moins, les Grecs établis en Asie, et de ne pas mettre un terme aux outrages que leur infligeaient les Perses. 3 C'est Thimbron d'abord, puis Dercyllidas qu'ils chargèrent de cette guerre, mais, n'arrivant ainsi à aucun résultat appréciable, ils confièrent la conduite des hostilités à leur roi Agésilas. Celui-ci, étant passé par mer en Asie, déploya aussitôt une grande activité et s'acquit beaucoup de gloire en remportant une victoire sur Tissapherne et en poussant les cités à la rébellion. 4 Ces événements firent comprendre à Artaxerxès de quelle manière il devait faire la guerre : il envoya en Grèce Timocratès de Rhodes avec des quantités d'or considérables, qu'il était chargé de remettre aux personnages les plus influents des villes pour les corrompre et susciter une offensive des Grecs contre Lacédémone. 5 Timocratès accomplissant sa mission, les plus grandes villes entraient dans la coalition, et le Péloponnèse était bouleversé, de sorte que les autorités de Sparte rappelèrent d'Asie Agésilas. 6 On rapporte qu'en partant il dit à ses amis : « Le roi me chasse de l'Asie grâce à trente mille archers », car la monnaie perse était à l'emblème de l'archer.

21. 1 Le roi chassa aussi de la mer les Lacédémoniens, en adjoignant à Pharnabaze le stratège athénien Conon. Celui-ci en effet n'avait pas quitté Chypre depuis la bataille navale d'Aegos-Potamoi, moins par souci de sécurité que pour y attendre un retournement de la situation, comme on attend en mer un changement de vent. 2 Constatant que ses projets personnels exigeaient de la puissance et que celle du roi avait besoin d'un homme habile, il écrivit à Artaxerxès pour lui faire connaître ses vues, 3 et il chargea son messager de lui communiquer sa lettre de préférence par le Crétois Zénon ou par Polycritos de Mendé (Zénon était un danseur et Polycritos un médecin), ou, s'ils n'étaient pas là, par le médecin Ctésias. 4 On dit que ce fut Ctésias qui reçut la lettre et qu'il ajouta à ce qu'elle contenait un paragraphe où Conon priait le roi de lui envoyer Ctésias, à titre d'homme utile dans les affaires navales. Mais Ctésias affirme que le roi lui confia spontanément cette mission. 5 Lorsqu'Artaxerxès, par la victoire navale que Pharnabaze et Conon remportèrent pour lui à Cnide, eut enlevé l'empire de la mer aux Lacédémoniens, il attira sur lui les regards de toute la Grèce et se vit en mesure d'imposer aux Hellènes cette fameuse paix que l'on désigne du nom d'Antalcidas. 6 Celui-ci était un Spartiate, fils de Léon, si dévoué au roi qu'il lui fit céder par les Lacédémoniens toutes les villes grecques d'Asie et les îles qui se rattachent à la côte asiatique, avec les tributs qu'il pouvait en tirer, à la condition que les Grecs jouiraient de la paix, si l'on doit appeler de ce nom un traité qui outrageait et livrait l'Hellade, et tel qu'aucune guerre n'eut jamais d'issue plus honteuse pour les vaincus.

22. 1 Voilà pourquoi Artaxerxès qui avait toujours eu les Spartiates en horreur et qui, au dire de Deinon, les regardait comme les hommes les plus impudents du monde, se prit d'une vive amitié pour Antalcidas, quand celui-ci monta chez les Perses. 2 Un jour, à table, il prit une des couronnes de fleurs, la trempa dans le parfum le plus précieux et la fit porter à Antalcidas, faveur dont tous furent surpris. 3 Antalcidas d'ailleurs, à ce qu'il paraît, était fait pour vivre dans les délices et pour accepter une telle couronne, lui qui avait parodié en dansant devant des Perses Léonidas et Callicratidas. 4 Agésilas alors, semble-t-il, quelqu'un lui disant : « Malheur à la Grèce si nous voyons les Laconiens prendre le parti des Mèdes ! », repartit : « Ne faut-il pas dire plutôt que ce sont les Mèdes qui prennent le parti des Laconiens ? » 5 La joliesse de ce mot n'effaça point la honte de l'action, et, si les Lacédémoniens ne perdirent l'hégémonie qu'après leur triste défaite de Leuctres, la gloire de Sparte avait déjà été flétrie auparavant par ce traité. 6 Tant que Lacédémone tenait le premier rang, le roi traita Antalcidas comme son hôte et l'appela son ami ; mais lorsque les Spartiates eurent été battus à Leuctres et que, réduits à s'humilier par besoin d'argent, ils eurent envoyé Agésilas en Égypte, Antalcidas retourna auprès d'Artaxerxès pour le prier de secourir ses concitoyens, 7 mais alors le roi ne lui accorda plus attention ni égard et le renvoya avec mépris, si bien que le Spartiate, de retour chez lui, bafoué par ses ennemis et redoutant en outre les éphores, se laissa mourir de faim.

8 Isménias de Thèbes, et Pélopidas, déjà vainqueur à la bataille de Leuctres, montèrent aussi auprès du roi. Pélopidas n'y fit rien dont il eut à rougir ; quant à Isménias, invité à se prosterner devant le roi, il retira son anneau, qu'il jeta à terre devant lui, et, se baissant pour le ramasser, il donna à croire qu'il se prosternait. 9 L'Athénien Timagoras, lui, envoya au roi par l'intermédiaire du secrétaire Bélouris un billet confidentiel, et Artaxerxès en fut si content qu'il lui donna dix mille dariques, et, comme Timagoras avait besoin de lait de vache pour sa santé, il le fit suivre de quatre-vingts vaches à traire. 10 Il lui envoya aussi un lit avec des couvertures et des gens pour les étendre, dans la pensée que les Grecs ne s'y connaissaient pas, et enfin des porteurs qui, en raison de sa faiblesse physique, le conduisirent jusqu'à la mer. 11 Tant que Timagoras était à la cour, on lui faisait parvenir des repas magnifiques, si bien qu'Ostanès, frère du roi, lui dit : « Timagoras, souviens-toi de cette table, car ce n'est pas pour rien qu'elle t'est si splendidement servie. » 12 C'était là lui faire injure pour sa trahison plutôt que l'engager à se souvenir du bienfait. Aussi les Athéniens condamnèrent-ils Timagoras à mort pour s'être laissé acheter.

Atossa, fille et épouse du roi. – **23.** 1 Artaxerxès procura aux Grecs un seul plaisir en échange de toutes les peines qu'il leur causait : il fit mettre à mort Tissapherne, le plus haineux et le plus acharné de leurs ennemis ; Parysatis avait contribué à sa perte en appuyant les accusations portées contre lui. 2 Le roi en effet n'avait pas gardé longtemps son ressentiment contre sa mère, mais il s'était réconcilié avec elle et l'avait rappelée, en lui reconnaissant de l'intelligence et une élévation de sentiments digne de la royauté. D'ailleurs il n'y avait plus de motif qui les empêchât de vivre ensemble et qui pût renouveler leurs soupçons et leurs griefs mutuels. 3 Dès lors elle s'appliqua à lui complaire en tout et à ne rien désapprouver de ce qu'il faisait ; elle avait un grand pouvoir sur lui et en obtenait tout ce qu'elle voulait. Elle s'aperçut qu'il était terriblement épris de l'une de ses propres filles, Atossa. Il s'en cachait surtout à cause de sa mère et, suivant certains auteurs, s'efforçait de réprimer sa passion, bien qu'il eût eu déjà des rapports secrets avec la jeune fille. 4 Quand donc elle soupçonna l'affaire, Parysatis témoigna à cette enfant plus d'affection qu'auparavant, et devant Artaxerxès elle vanta sa beauté et son caractère comme étant d'une splendeur royale. 5 Finalement elle le persuada d'épouser la jeune fille et de la déclarer sa femme légitime, en laissant de côté les opinions et les coutumes des Grecs, puisque la divinité l'avait désigné aux Perses pour être lui-même la loi et le juge du bien et du mal. 6 Quelques auteurs, parmi lesquels Héraclide de Cymè, disent qu'il n'épousa pas seulement une de ses filles, mais encore une seconde, Amestris, dont nous parlerons un peu plus bas. 7 Quant à Atossa, son père l'aima tellement, quand elle fut devenue sa femme, qu'il ne fut nullement dégoûté d'elle par une lèpre qui lui envahit le corps : il se mit à prier pour elle Héra devant qui, seule de toutes les divinités, il se prosternait jusqu'à toucher de ses mains la terre. Sur sa demande, ses satrapes et ses amis envoyèrent à cette déesse une si grande quantité de présents que l'espace de seize stades qui séparait du palais son sanctuaire se trouva rempli d'or, d'argent, de pourpre et de chevaux.

***Expéditions.* – 24.** 1 Artaxerxès fit porter la guerre en Égypte par Pharnabaze et Iphicrate, mais subit un échec à cause du dissentiment de ces deux généraux, 2 et il marcha en personne contre les Cadusiens avec trois cent mille fantassins et dix mille cavaliers : ayant envahi un pays âpre et rude, couvert de brouillards et impropre aux semailles, qui ne nourrissait ses habitants belliqueux et vaillants que de poires, de pommes et d'autres fruits non cultivés, il tomba par son imprudence dans des embarras et des dangers graves. 3 On ne trouvait rien à manger, et l'on ne pouvait apporter des vivres du dehors ; on n'avait que les bêtes de somme, que l'on dépeçait, de sorte que l'on pouvait à peine acheter une tête d'âne pour soixante drachmes ; la table même du roi cessa d'être approvisionnée, et il ne restait plus que quelques chevaux : on avait consommé les autres pour se nourrir. 4 Alors Tiribaze, homme que son courage avait souvent élevé au premier rang, d'où sa légèreté l'avait précipité aussi souvent, et qui végétait à ce moment sans crédit ni considération, sauva le roi et l'armée. 5 Les Cadusiens avaient deux rois, qui campaient chacun à distance de l'autre. Tiribaze alla trouver Artaxerxès et lui expliqua ce qu'il avait l'intention de faire, puis il se rendit lui-même chez un des rois des Cadusiens et envoya secrètement son fils chez l'autre. 6 Chacun d'eux trompa chacun des deux rois en l'assurant que l'autre envoyait des ambassadeurs à Artaxerxès afin de lui demander pour lui seul son amitié et son alliance : « Si donc tu es sage, disaient-ils, tu te mettras le premier en rapport avec Artaxerxès, et je te seconderai moi-même en tout. » 7 Les deux rois, ajoutant foi à leurs paroles et chacun croyant se devancer mutuellement, envoyèrent des ambassadeurs, l'un avec Tiribaze, l'autre avec le fils de celui-ci. 8 Comme ils tardaient à arriver, Artaxerxès recevait soupçons et calomnies contre Tiribaze ; lui-même était mécontent et se repentait d'avoir eu confiance en Tiribaze et donnait ainsi aux envieux l'occasion de l'accuser. 9 Mais quand Tiribaze et aussi son fils furent de retour, amenant les Cadusiens, un traité de paix fut conclu avec chacun des deux rois. Dès lors Tiribaze fut un grand personnage au prestige éclatant, et, quand on repartit, il était aux côtés du roi, qui montra en cette circonstance que la lâcheté et la mollesse ne proviennent pas toujours, comme on le croit communément, des délices et du luxe, mais d'une nature dépravée et basse qui se laisse entraîner à des opinions perverses. 10 En effet ni l'or ni la robe royale, ni les ornements dont le roi était toujours couvert et qui valaient douze mille talents, ne l'empêchaient de peiner et d'endurer comme le premier venu : le carquois au dos, le bouclier en main, il marchait lui-même en tête par des chemins escarpés de montagnes, sans se servir de son cheval, si bien que la vue de son entrain et de sa vigueur donnait de la légèreté et des ailes à ses troupes, 11 car il couvrait chaque jour une distance de plus de deux cents stades.

25. 1 Quand il fut descendu dans une résidence royale où se trouvaient des parcs admirables et splendidement disposés, au milieu d'un pays nu et sans végétation, comme il faisait un froid glacial, il permit à ses soldats de prendre du bois dans le parc en coupant les arbres, sans épargner ni pin ni cyprès. 2 Les voyant qui hésitaient et n'osaient toucher aux arbres à cause de leur taille et de leur beauté, il saisit lui-même une hache et donna le premier coup au plus grand et au plus beau de tous. Alors les soldats débitèrent les arbres, allumèrent beaucoup de feux et passèrent ainsi une bonne nuit. 3 Cependant le roi rentrait chez lui après avoir perdu de nombreux braves et presque tous ses chevaux. Se croyant méprisé à cause de sa malchance et de l'échec de son expédition, il tint en suspicion les premiers de ses courtisans, et il en fit périr plusieurs par colère, et plus encore par crainte. 4 En effet la lâcheté est le sentiment le plus sanguinaire chez les tyrans, tandis que le courage est clément, doux et sans méfiance. C'est pourquoi aussi les animaux difficiles à apprivoiser et sauvages sont les animaux craintifs et timides, tandis que ceux qui sont courageux, ayant plus de confiance en raison de leur bravoure, ne fuient par les caresses.

Drame de la succession. – **26.** 1 Artaxerxès, déjà avancé en âge, s'aperçut que ses fils étaient en lutte pour sa succession auprès de ses amis et des grands du royaume. Les gens sensés trouvaient juste qu'il laissât le trône à Darios par droit d'aînesse, comme lui-même l'avait reçu. 2 Mais le plus jeune de ses fils, Ochos, qui était vif et violent, avait jusque dans le palais d'assez nombreux partisans, et il espérait surtout gagner son père grâce à Atossa, 3 à qui il faisait la cour, promettant de l'épouser après la mort de son père et de la faire régner avec lui. Le bruit courait que, sans attendre cette mort, il avait avec elle des rapports secrets, mais Artaxerxès n'en sut rien ; 4 cependant celui-ci, voulant immédiatement enlever tout espoir à Ochos et l'empêcher d'imiter l'audace de Cyrus en jetant à nouveau le royaume dans des troubles et des guerres, proclama roi Darios, âgé de cinquante ans, et lui permit de porter droite la coiffure appelée *citaris*. 5 C'est l'usage en Perse que l'héritier désigné demande un présent à celui qui l'a désigné et qui doit, si cela est possible, lui accorder tout ce qu'il demande. Darios demanda Aspasie, autrefois maîtresse préférée de Cyrus et maintenant concubine du roi. C'était une Phocéenne, née en Ionie de parents libres, qui l'avaient convenablement élevée. 6 Un soir elle fut menée avec d'autres femmes au dîner de Cyrus : les autres, assises aux côtés du prince, le laissaient s'amuser avec elles, les toucher et les plaisanter, en accueillant volontiers ses caresses, 7 mais elle, debout près du lit, gardait le silence et, quand Cyrus l'appela, elle n'obéit pas. Comme les serviteurs voulaient la faire avancer près de lui, elle s'écria : « Malheur à celui d'entre vous qui portera les mains sur moi ! » Les assistants la jugèrent grossière et sauvage, 8 mais Cyrus, enchanté, se mit à rire et dit à celui qui avait amené les femmes : « Ne vois-tu pas que, de toutes celles qui sont venues, c'est la seule qui soit libre et intacte ? » 9 Il commença dès lors à s'intéresser à elle, puis il l'aima plus que toutes ses autres maîtresses et lui donna le nom de Sage. Quand Cyrus fut tombé dans la bataille, lors du pillage de son camp elle fut faite prisonnière.

27. 1 La demande qu'en fit Darios chagrina son père. Les barbares en effet sont terriblement sensibles en ce qui concerne la licence des mœurs ; c'est au point que, non seulement si l'on s'approche de l'une des concubines du roi et si on la touche, mais même si, en voyage, on dépasse et l'on frôle les chariots qui les transportent, on est puni de mort. 2 Bien qu'il eût épousé Atossa par amour et contre la loi, il entretenait en outre trois cent soixante concubines d'une éminente beauté. 3 Néanmoins il répondit à la demande de son fils qu'elle était libre et qu'il l'autorisait à la prendre, si elle y consentait, en ajoutant que, si elle refusait, il ne pourrait la contraindre. On fit donc venir Aspasie qui, contre l'attente du roi, choisit Darios. Pour obéir à l'usage, il la lui céda, mais il ne tarda pas à la lui reprendre, 4 en la désignant comme prêtresse de l'Artémis d'Ecbatane, que les Perses appellent Anaïtis, pour qu'elle passât le reste de sa vie dans la chasteté. Il crut ainsi tirer de son fils une vengeance, non pas dure, mais en quelque sorte modérée et plaisante. 5 Cependant Darios ne la supporta pas avec modération, soit qu'il fût passionnément amoureux d'Aspasie, soit qu'il se considérât comme outragé et bafoué par son père.

6 Tiribaze, trouvant Darios dans de telles dispositions, l'excita encore davantage, car il se voyait dans le même cas que lui. 7 Voici ce qu'il en était : le roi, qui avait plusieurs filles, avait promis de donner pour femme l'une d'elles, Apama, à Pharnabaze, de même que Rhodogune à Orontès et Amestris à Tiribaze. 8 Il tint parole aux deux premiers, mais il déçut Tiribaze en épousant lui-même Amestris. À la place de celle-ci, il lui promit alors sa fille la plus jeune, Atossa, 9 mais lorsque, s'étant épris encore de celle-ci, il l'eut épousée, comme je l'ai dit, Tiribaze conçut contre lui une violente haine. Il n'avait d'ailleurs aucune stabilité de caractère, mais il était d'humeur inégale et emportée. 10 Aussi, soit qu'il fût comblé d'honneurs autant que les premiers de la cour, soit qu'il se sentît vexé et méprisé, il ne supportait avec équilibre aucun changement de Fortune : honoré, il se rendait odieux par vanité ; disgracié, il ne savait ni s'abaisser ni demeurer en repos, mais se montrait rude et arrogant.

28. 1 Tiribaze donc, ajoutant des tisons au feu, poursuivait sans cesse le jeune homme et lui répétait : « Il ne sert à rien d'avoir la tiare droite sur la tête, lorsqu'on ne cherche pas à redresser par soi-même sa situation. Tu es bien sot de croire, quand ton frère s'insinue dans les affaires par le gynécée et quand ton père a un caractère si léger et instable, que la succession au trône t'est assurée. 2 Celui qui, pour une petite femme grecque, a violé l'usage inviolable des Perses n'offre certes aucune garantie de fidélité à ses promesses dans les intérêts les plus grands. 3 Ce n'est pas la même chose pour Ochos de manquer son but et pour toi d'être privé de la royauté : rien n'empêchera Ochos de vivre heureux dans une condition privée, tandis que toi, proclamé roi, tu dois nécessairement régner ou cesser de vivre. » 4 Sans doute ce mot de Sophocle est-il généralement vrai : « La Persuasion va vite en conseillant le mal. » Car le chemin qui mène à ce que l'on désire est une pente douce et unie, et la plupart des hommes désirent le mal par inexpérience et ignorance du bien. 5 D'ailleurs la grandeur du royaume et la crainte que Darios avait d'Ochos fournissaient un fondement aux arguments de Tiribaze. Et puis « la déesse de Chypre n'était pas tout à fait innocente », en ce qui concernait l'éloignement d'Aspasie.

29. 1 Darios s'abandonna donc à Tiribaze, et les conjurés étaient déjà nombreux lorsqu'un eunuque révéla au roi la conspiration et les modalités d'exécution, qu'il connaissait exactement : ils avaient résolu de pénétrer de nuit dans la chambre à coucher d'Artaxerxès et de le tuer pendant son sommeil. 2 Ainsi instruit, le roi jugea qu'il serait grave de mépriser un si grand danger en négligeant cette dénonciation, mais plus grave encore d'y ajouter foi sans aucune preuve. 3 Voici donc ce qu'il fit. Il ordonna à l'eunuque de ne pas quitter les conjurés et de les suivre, et lui-même fit percer la paroi de sa chambre qui était derrière son lit et y mit une porte que l'on dissimula derrière une tenture. 4 L'heure de l'action étant venue, au moment précis indiqué par l'eunuque, il attendit sur son lit et ne bougea pas avant d'avoir bien regardé les visages des conjurés qui arrivaient sur lui et d'avoir nettement reconnu chacun d'eux. 5 Quand il les vit tirer leurs poignards et s'avancer, il souleva vite la tenture et se retira dans la pièce intérieure en claquant la porte et en poussant des cris. 6 Les meurtriers, se voyant découverts par lui, se retirèrent, sans avoir rien fait, gagnèrent les issues et s'enfuirent, en conseillant à Tiribaze de se sauver puisqu'il avait été reconnu. 7 Ils se dispersèrent tous dans leur fuite, sauf Tiribaze qui, au moment où on voulait l'arrêter, tua plusieurs des gardes du roi ; on eut peine à l'atteindre par un javelot lancé de loin, qui le fit périr. 8 Quant à Darios, appréhendé avec ses enfants, Artaxerxès le fit comparaître devant les juges royaux, sans assister lui-même au procès ; il le fit accuser par d'autres et ordonna aux appariteurs de mettre par écrit les avis de chaque juge et de les lui apporter. 9 Tous prirent la même décision, et Darios fut condamné à mort. Les appariteurs le saisirent et l'emmenèrent dans une pièce voisine, où l'exécuteur, convoqué, vint avec le rasoir dont on se sert pour couper la tête des criminels, mais, saisi de stupeur à la vue de Darios, il recula vers la porte en détournant les yeux, comme s'il ne pouvait ni n'osait tuer le roi de sa main. 10 Cependant les juges, qui étaient dehors, à force de menaces et d'injonctions, l'obligèrent à revenir sur ses pas ; il saisit alors Darios d'une main par les cheveux en lui abaissant la tête, et, de l'autre, il lui trancha le cou avec son rasoir. 11 Quelques auteurs pourtant prétendent que le jugement eut lieu en présence du roi lui-même et que Darios, accablé par les preuves, se jeta le visage contre terre en priant et suppliant son père, mais que celui-ci se dressa sous le coup de la colère, tira son cimeterre et l'en frappa jusqu'à ce qu'il mourût, 12 puis qu'il s'avança dans la cour du palais pour adorer le Soleil et dire : « Perses, retournez joyeusement chez vous, et dites aux autres que le grand Oromasdès a puni ceux qui avaient préparé un attentat inique et criminel. »

La mort. – **30.** 1 Tel fut l'aboutissement de ce complot. Désormais Ochos conçut les plus brillantes espérances, encouragé en cela par Atossa. Cependant il craignait encore Ariaspès, le seul de ses frères légitimes encore vivant, et, parmi les bâtards, Arsamès. 2 Les Perses jugeaient qu'Ariaspès méritait de régner, non pas tant parce qu'il était né avant Ochos, mais parce qu'il était doux, simple et humain ; quant à Arsamès, Ochos n'ignorait pas qu'il passait pour intelligent et qu'il était le plus cher à son père. 3 Il s'en prit donc à l'un et à l'autre, et, comme il était à la fois rusé et sanguinaire, il employa sa cruauté naturelle contre Arsamès et son habile fourberie contre Ariaspès. 4 Il envoya secrètement à ce dernier des eunuques et des amis du roi, qui lui rapportaient sans cesse des menaces et des paroles terribles attribuées à son père, celui-ci, disaient-ils, ayant résolu de lui infliger une mort cruelle et ignominieuse. 5 Ces rapports que l'on se donnait l'air de lui faire chaque jour en grand mystère, en répétant que le roi exécuterait plus tard ses menaces ou qu'il était à la veille de les accomplir, frappèrent tellement l'esprit d'Ariaspès et lui causèrent tant d'effroi, de trouble et de découragement qu'il en perdit la tête, se procura un poison mortel et le but, se délivrant ainsi de la vie. 6 Le roi, en apprenant de quelle façon il était mort, le pleura et soupçonna la cause de son suicide, 7 mais son grand âge l'empêcha d'ouvrir une enquête et de rechercher les coupables. Il s'attacha davantage encore à Arsamès et laissa voir que c'était en lui qu'il avait le plus de confiance et avec lui qu'il s'entretenait le plus librement. 8 Aussi Ochos ne différa-t-il plus l'exécution de son projet : il s'acquit la complicité d'Arpatès, fils de Tiribaze, par lequel il fit tuer Arsamès. 9 Le moindre choc suffisait désormais pour abattre Artaxerxès en raison de sa vieillesse. Quand on lui annonça la fin d'Arsamès, il ne résista plus, si peu que ce fût : il s'éteignit aussitôt sous l'effet de la douleur et du découragement. Il était âgé de quatre-vingt-quatorze ans et en avait régné soixante-deux. Il laissait la réputation d'un prince doux et ami de ses sujets, surtout par comparaison avec son fils Ochos, qui surpassa tous les souverains par sa cruauté et son goût du sang.

La Vie d'Aratos *est fort différente de la précédente ; elle est beaucoup plus longue, près du double de celle d'Artaxerxès, et extrêmement détaillée. On sent que Plutarque a bénéficié d'une documentation exceptionnelle, provenant d'une part des* « mémoires » *d'Aratos, de Polybe, de Phylarque, de Deinias, de Polémon et de Myrsilos, mais très probablement aussi de traditions familiales pieusement conservées par Polycratès. Il est indéniable aussi que Plutarque s'est beaucoup impliqué dans ce récit. L'amitié qu'il porte à Polycratès, descendant d'Aratos, y est pour quelque chose mais les problèmes soulevés par cet épisode y sont aussi pour beaucoup. En effet c'est la fin d'une certaine Grèce des cités. Dorénavant chacune des villes doit compter avec des puissances proches ou lointaines dont l'action interfère avec leur politique et leur indépendance. C'est le début, sournois, d'une nouvelle ère. Plutarque admire la passion de la liberté qui anime ses ancêtres. Mais il sait que, depuis justement la période qu'il décrit, c'est un stade révolu de l'histoire de la Grèce, et que la vertu majeure n'est plus, dans ces temps obscurs, le dévouement intransigeant à la liberté mais la probité personnelle.*

La présence des Macédoniens pèse lourd sur l'indépendance des peuples grecs. D'autre part, les confédérations et les ligues se développent, s'affrontent et s'effritent. Les Romains se profilent à l'horizon. Les Égyptiens aussi. À quelle protection se vouer pour sauvegarder une liberté menacée ? Qui a raison de Cléomène et de ses ambitions et d'Aratos, chef des Achéens ? Ces problèmes amènent Plutarque à entrer dans des détails souvent négligés, dans des analyses psychologiques plus poussées pour expliquer ou justifier des prises de position douteuses, des volte-face imprévues. Si l'on se rappelle que c'est l'époque de Phocion, l'un des modèles de notre moraliste, on comprendra mieux l'intérêt personnel que Plutarque porte à cette vie, l'accent qu'il met sur l'honnêteté rigoureuse d'Aratos qui justifie ou excuse ses prises de position les plus douteuses.

Deux remarques sont à ajouter. La Vie d'Aratos *est un des ouvrages qui nous donne le plus d'informations concrètes sur la vie des cités durant cette période tournante, la manière dont se sont ourdis maints coups d'État à un moment où l'histoire de la Grèce entre dans l'instabilité. Il serait intéressant de connaître la date à laquelle cette* Vie *fut rédigée, mais nous manquons de repères. La maîtrise avec laquelle le récit est mené milite pour une date assez tardive. Mais cet argument ne saurait suffire. En revanche, on discerne assez nettement dans l'existence de Plutarque un moment où cette période de l'histoire grecque l'a préoccupé plus intensément. Ce sont les premières années du second siècle. Plutarque a commencé la série des* Vies parallèles *et est même assez engagé dans cette entreprise. Il a abordé la période complexe où l'histoire romaine rejoint l'histoire grecque, la période de Flamininus, de Phocion, la période de Cléomène. Ce sont les zones sensibles pour la conscience patriotique des Grecs. Plutarque non seulement se penche sur le passé, mais interroge les attitudes diverses des Grecs d'autrefois par rapport à leur civisme désemparé. Il cherche en même temps sur un plan théorique à définir et justifier la conduite politique qu'exige le présent (voir, dans les* Moralia, Qu'un philosophe doit fréquenter des grands*). L'époque d'Aratos est propice à de délicats problèmes de civisme.*

J. S.

ARATOS

***Dédicace.* – 1.** 1 Il existe, Polycratès, un vieux proverbe dont le philosophe Chrysippe me semble avoir craint l'aspect blasphématoire puisqu'il le cite, non pas tel qu'il est, mais sous une forme qu'il jugeait meilleure, à savoir : « Qui louera son père, sinon des fils heureux ? » 2 Mais Dionysodore de Trézène contredit Chrysippe en rétablissant le véritable texte, qui est le suivant : « Qui louera son père, sinon des fils malheureux ? » Et il dit que le sens de ce proverbe est de fermer la bouche à ceux qui, n'ayant par eux-mêmes aucune valeur, se couvrent des vertus de certains ascendants, à qui ils prodiguent des éloges excessifs. 3 Tout au contraire, celui qui, comme toi, selon l'expression de Pindare, « brille par nature de la vertu de ses ancêtres » et conforme sa vie aux plus beaux modèles que lui offre sa famille, doit éprouver du bonheur à se souvenir des meilleurs de ses aïeux en écoutant ou en faisant sans cesse le récit de quelqu'un de leurs exploits. 4 Car ce n'est point alors faute de mérites personnels que l'on fait dépendre sa renommée de louanges données à d'autres, mais, en rattachant ses propres actions à celles de ses ancêtres, on célèbre en eux non seulement les auteurs de sa lignée, mais aussi les guides de sa vie. 5 Voilà pourquoi j'ai composé pour toi et je t'envoie la biographie d'Aratos, ton compatriote et ton aïeul, dont tu n'es pas indigne par la réputation dont tu jouis et l'influence que tu exerces. Ce n'est pas que tu n'aies pris soin, plus que personne, de t'instruire très exactement dès ton jeune âge des actions de ce grand homme, mais c'est pour que tes fils Polycratès et Pythoclès soient élevés au milieu de ces exemples familiaux, et qu'ils entendent raconter ou qu'ils lisent ce qu'ils doivent imiter ; 6 car c'est le fait d'une personne éprise d'elle-même, et non pas du beau, de se croire toujours la meilleure de toutes.

Enfance. – **2.** 1 La ville de Sicyone, dès que la pure aristocratie dorienne y eut été renversée, à la façon d'une harmonie détruite, tomba dans les luttes des factions et les rivalités des démagogues, et elle ne cessa pas d'être malade et en état de trouble, passant d'un tyran à l'autre, jusqu'à ce que, Cléon ayant été tué, elle choisit pour chefs Timocleidas et Cleinias qui étaient, entre tous les citoyens, les plus renommés et les plus influents. 2 Comme déjà une certaine stabilité politique paraissait s'installer, Timocleidas mourut, et Abantidas, fils de Paséas, voulant s'emparer lui-même de la tyrannie, tua Cleinias, dont il chassa ou fit mettre à mort les amis et les proches. Il cherchait aussi son fils Aratos, devenu orphelin à sept ans, pour se défaire de lui. 3 Mais au milieu du désarroi de la maison, l'enfant s'était échappé avec ceux qui fuyaient et, errant dans la ville effrayé et dénué de tout secours, il entra par hasard et sans qu'on le vît, dans la maison d'une femme, sœur d'Abantidas et épouse de Prophantos, le frère de Cleinias, qui s'appelait Soso ; 4 cette femme était d'un caractère généreux, et, pensant que c'était un dieu qui avait conduit l'enfant à se réfugier chez elle, elle le cacha dans sa demeure, puis l'envoya secrètement de nuit à Argos.

3. 1 Mis ainsi furtivement à l'abri et ayant échappé au danger, Aratos sentit aussitôt naître et croître en lui une haine violente et ardente contre les tyrans. Il reçut à Argos chez les hôtes et les amis de son père une éducation libérale. Voyant son corps grandir et devenir robuste, il s'adonna aux exercices de la palestre avec tant de succès qu'il concourut au pentathle et remporta des couronnes. 2 On reconnaît du reste dans ses statues une certaine apparence athlétique, et le visage intelligent et d'aspect royal ne dissimule pas complètement le gros mangeur et l'utilisateur de la pioche. 3 Aussi s'appliqua-t-il peut-être à l'éloquence moins qu'il ne convenait à un homme politique ; cependant il était vraisemblablement plus habile à parler qu'il ne paraît à certains auteurs, qui jugent son style d'après les Mémoires qu'il a laissés et qui sont une œuvre écrite au milieu de ses luttes, à ses moments perdus et à la hâte avec les premiers mots venus.

4 Dans la suite, Deinias et Aristote le dialecticien, profitant du fait qu'Abantidas avait l'habitude d'assister à chacun des entretiens philosophiques qu'ils avaient ensemble à l'agora et de se mêler à la discussion,

l'engagèrent dans un débat de ce genre et, ayant préparé un guet-apens, le tuèrent. Paséas, père d'Abantidas, se saisit alors du pouvoir, mais il fut traîtreusement assassiné par Nicoclès, qui se proclama tyran. 5 On prétend que la figure de ce Nicoclès rappelait de façon très frappante celle de Périandre, fils de Cypsélos, de même que le Perse Orontès ressemblait à Alcméon, fils d'Amphiaraos, et à Hector ce jeune Lacédémonien qui, au dire de Myrsilos, fut foulé aux pieds par la multitude des curieux, quand cette ressemblance fut aperçue.

***Libération de Sicyone.* – 4.** 1 Nicoclès, depuis quatre mois qu'il exerçait la tyrannie, avait fait subir à la ville beaucoup de maux, en dépit des manœuvres des Étoliens qui risquaient de lui faire perdre le pouvoir. À ce moment Aratos, devenu jeune homme, était déjà très considéré pour sa noblesse et sa grandeur d'âme, qui ne laissaient transparaître ni petitesse ni paresse, mais seulement une gravité mêlée à une prudence plus ferme qu'il n'est habituel à cet âge. 2 C'est pourquoi les bannis comptaient beaucoup sur lui, et Nicoclès ne se désintéressait pas de son activité ; il le faisait observer secrètement et surveillait toutes ses démarches, non qu'il craignît un coup d'audace ni aucun acte aussi hardi que celui qui allait être tenté, mais il le soupçonnait de mener des pourparlers avec les rois qui avaient été les amis et les hôtes de son père. 3 Et de fait, Aratos essaya de s'engager dans cette voie, mais, comme Antigone, tout en lui faisant des promesses, le négligeait et laissait le temps s'écouler, et que les espoirs fondés sur l'Égypte et sur Ptolémée étaient lointains, il résolut de renverser le tyran par ses propres moyens.

5. 1 Il communiqua d'abord son dessein à Aristomachos et à Ecdélos ; le premier était un exilé de Sicyone, et Ecdélos un Arcadien de Mégalopolis, philosophe et homme d'action, qui avait été à Athènes le familier d'Arcésilas l'Académicien. 2 Accueilli par eux avec empressement, il se mit en rapport avec les autres bannis : quelques-uns, qui auraient eu honte d'abandonner leurs espoirs, s'associèrent à l'entreprise, mais la plupart cherchèrent même à en détourner Aratos, que son inexpérience, pensaient-ils, rendait téméraire. 3 Il projetait de s'emparer, sur le territoire de Sicyone, de quelque place qui pût lui servir de base pour combattre le tyran, lorsqu'arriva à Argos un Sicyonien évadé de sa prison. Il était frère de Xénoclès, un des bannis. Amené à Aratos par Xénoclès, il lui dit que l'endroit de la muraille qu'il avait franchi pour s'échapper était, à l'intérieur, presque de plain-pied avec le sol de la ville, à côté de hauts rochers, et que, du dehors, le rempart n'était pas tellement élevé qu'on ne pût le gravir avec des échelles. 4 En possession de ces renseignements, Aratos envoie avec Xénoclès deux de ses propres serviteurs, Seuthas et Technon, pour examiner la muraille, résolu, s'il était possible, à risquer d'un seul coup, à la hâte et secrètement le tout pour le tout, au lieu de s'engager dans une longue guerre et des combats en rase campagne, lui simple particulier contre le tyran. 5 Xénoclès et ses compagnons revinrent après avoir pris les mesures du rempart, et lui rapportèrent que la nature du lieu ne comportait rien d'inaccessible ni de difficile, mais qu'il était malaisé de s'en approcher sans être découvert, à cause des jeunes chiens d'un jardinier, petits il est vrai, mais extrêmement hargneux et impossibles à calmer. Aussitôt Aratos se mit à l'œuvre.

6. 1 Il était habituel de se procurer des armes, tout le monde, pour ainsi dire, pratiquant alors le brigandage et faisant des incursions chez ses voisins. Quant aux échelles, l'artisan Euphranor les fabriqua ouvertement, son métier n'excitant aucun soupçon ; il était aussi lui-même l'un des bannis. 2 Chacun de ses amis d'Argos fournit à Aratos dix hommes sur le petit nombre de ses serviteurs, et lui-même en arma trente des siens. Il prit aussi à sa solde quelques mercenaires par l'intermédiaire des chefs de bandes Protos et Xénophilos, répandant parmi eux le bruit qu'il allait faire une sortie sur le territoire de Sicyone afin d'enlever les juments du roi. La plupart furent envoyés en avant par petits groupes à la tour de Polygnote, avec ordre de l'y attendre. 3 Il fit aussi prendre les devants à Caphisias en tenue de voyage avec quatre autres : ils devaient arriver de nuit chez le jardinier en disant qu'ils étaient des voyageurs, et, s'installant là, l'enfermer, lui et ses chiens, car il n'y avait pas d'autre passage. Les échelles, étant démontables, furent mises dans des corbeilles qui les dissimulaient et expédiées à l'avance sur des chariots. 4 À ce moment, certains espions de Nicoclès arrivèrent à Argos, et l'on disait qu'ils y circulaient en cachette pour observer Aratos. Celui-ci sortit donc au point du jour et se montra sur la place publique, où il s'entretint quelque temps avec ses amis, puis il se fit frotter d'huile au gymnase, et, prenant avec lui certains des jeunes gens de la palestre avec lesquels il avait coutume de boire et de passer le temps, il les emmena dans sa maison. Quelques moments plus tard, on vit sur la place publique quelques-uns de ses serviteurs, dont l'un portait des couronnes, tandis qu'un autre achetait des flambeaux et qu'un troisième parlementait avec les femmes accoutumées à jouer de la cithare ou de la flûte dans les festins. 5 Voyant tout cela, les espions de Nicoclès furent trompés, et ils se disaient les uns aux autres en s'esclaffant : « Il n'y a vraiment rien de plus peureux qu'un tyran, puisque Nicoclès lui-même, maître d'une ville et d'une armée si puissantes, tremble devant un garçon qui dépense à s'amuser et à boire au long des jours les ressources dont il dispose dans son exil ! »

7. 1 Ainsi abusés dans leurs conjectures, ils s'en retournèrent. Aratos sortit aussitôt après déjeuner, rejoignit les hommes qui l'attendaient à la tour de Polygnote et les conduisit à Némée, où il découvrit alors son projet pour la première fois à la plupart d'entre eux, en leur adressant promesses et exhortations. 2 Puis il leur donna comme mot d'ordre « Apollon Hyperdexios » et les mena vers la ville, en réglant sur le mouvement de la lune sa marche, qu'il accélérait ou au contraire ralentissait, de façon à profiter de la clarté sur le chemin et à atteindre le jardin près du rempart au moment où l'astre se couchait. 3 Là, Caphisias vint à sa rencontre : il n'avait pas pu se rendre maître des chiens (qui s'étaient trop vite échappés), mais il avait mis le jardinier sous clé. Découragés, la plupart des hommes demandaient à se retirer ; Aratos les rassura en promettant de les ramener si les chiens leur causaient trop d'embarras. 4 En même temps il envoyait en avant ceux qui portaient les échelles, sous la conduite d'Ecdélos et de Mnasithéos, et il les suivit lentement. Les petits chiens aboyaient déjà avec force et couraient à côté d'Ecdélos et de sa troupe. Cependant ceux-ci s'approchèrent du mur et y appuyèrent solidement leurs échelles. 5 Comme les premiers commençaient à monter, l'officier qui transmettait à un autre la garde du matin faisait sa ronde avec une clochette, suivi de soldats qui portaient de nombreuses torches et menaient grand bruit. Les gens d'Ecdélos se tapirent sans bouger, tels quels, sur leurs échelles et se dérobèrent aisément à la vue. Mais la garde montante qui arrivait à son tour en sens opposé les mit dans le plus grave danger. 6 Quand elle fut passée, elle aussi, sans les apercevoir, aussitôt Mnasithéos et Ecdélos escaladèrent les premiers la muraille, s'emparèrent des deux côtés du chemin de ronde qui surmontait le rempart et envoyèrent Technon à Aratos pour lui faire dire de se hâter.

8. 1 Il n'y avait qu'une courte distance du jardin au mur et à la tour, où un grand chien de chasse faisait le guet. Mais cet animal ne sentit pas leur approche, soit qu'il fût indolent par nature, soit qu'il se fût trop fatigué le jour précédent. Mais, comme les petits chiens du jardinier l'appelaient d'en bas, il répondit d'abord par un grondement sourd et indistinct, puis, quand les assaillants passèrent devant lui, il donna davantage de la voix, 2 et dès lors tout le voisinage retentit d'aboiements, si bien que la sentinelle postée de l'autre côté demanda à grands cris au maître du chien contre qui la bête aboyait si rudement, et s'il ne se passait rien d'insolite. 3 De la tour, l'homme lui répondit qu'il n'y avait rien d'inquiétant, et que son chien avait été excité par les lumières de la ronde et par le bruit de la clochette. Cette réponse contribua beaucoup à encourager les soldats d'Aratos, qui crurent que le maître du chien voulait les cacher parce qu'il était du complot et que beaucoup d'autres dans la ville se tenaient prêts à les seconder. 4 Cependant, parvenus au mur, ils se trouvèrent en grand danger : l'affaire traînait en longueur et les échelles pliaient s'ils n'y montaient un par un et lentement ; le temps pressait d'autant plus que les coqs déjà chantaient et que les paysans qui apportaient des denrées au marché étaient sur le point d'arriver. 5 Aussi Aratos se hâta-t-il de monter, après s'être fait précéder seulement par quarante de ses hommes. Après avoir encore attendu quelques-uns de ceux qui étaient restés en bas, il marcha vers la maison du tyran et le quartier général, car c'est là que les mercenaires passaient la nuit. Il fondit sur eux à l'improviste, les prit tous sans en tuer aucun, et envoya sur-le-champ presser chacun de ses amis de sortir de chez lui. 6 Ils accoururent de tous côtés, comme le jour commençait à luire, ct le théâtre se remplit d'une foule qui était encore en suspens devant la rumeur incertaine et ne savait pas au juste ce qui se passait, mais alors le héraut s'avança, proclamant qu'Aratos, fils de Cleinias, appelait les citoyens à la liberté.

9. 1 Persuadés alors que l'événement qu'ils attendaient depuis longtemps était arrivé, ils coururent en masse à la demeure du tyran et y mirent le feu. Une grande flamme s'éleva de la maison embrasée et fut visible jusqu'à Corinthe, de sorte que les habitants de cette ville, étonnés, furent sur le point de venir porter secours. 2 Quant à Nicoclès, il s'était glissé sans être vu dans un souterrain, par où il s'échappa de la cité, tandis que les soldats, avec l'aide des Sicyoniens, éteignaient l'incendie et pillaient la demeure ; non seulement Aratos ne s'y opposa point, mais il mit à la disposition des citoyens ce qui restait des richesses des tyrans. 3 Personne absolument ne fut tué ni blessé parmi les assaillants comme parmi les ennemis : la Fortune fit en sorte que cette action demeurât pure et ne fût pas souillée du sang d'une guerre civile.

4 Aratos fit revenir ceux qui avaient été bannis par Nicoclès, au nombre de quatre-vingts, ainsi que ceux qui avaient été expulsés sous les tyrans précédents et qui n'étaient pas moins de cinq cents ; l'exil de ces derniers s'était même prolongé pendant près de cinquante ans. 5 La plupart rentraient pauvres et tentaient de recouvrer les biens qui avaient été jadis les leurs. En revendiquant ainsi leurs domaines et leurs maisons, ils mirent dans un grand embarras Aratos, qui voyait Antigone menacer du dehors Sicyone et la regarder avec convoitise maintenant qu'elle était libre et en proie aux séditions intestines. 6 Aussi, jugeant d'après les conjonctures présentes que c'était le meilleur parti à prendre, s'empressa-t-il de rattacher Sicyone aux Achéens. Les Sicyoniens étaient des Doriens ; ils adoptèrent volontiers le nom et le régime politique de l'Achaïe, qui n'avait alors ni prestige brillant ni puissance importante. La plupart des Achéens n'avaient que des petites villes ; leurs terres n'étaient ni bonnes ni fertiles ; la côte qu'ils habitaient était dépourvue de ports, et presque partout la mer menaçait de franchir la barrière des brisants pour pénétrer dans l'intérieur. 7 Cependant ils firent voir mieux qu'aucun peuple que la force des Grecs est invincible chaque fois qu'elle est ordonnée, cimentée par la concorde et dirigée par un chef intelligent. Et en effet les Achéens, qui n'étaient qu'une partie insignifiante pour ainsi dire de la puissance grecque d'autrefois, et qui maintenant, à eux tous, n'atteignaient pas à l'influence d'une seule ville de quelque importance, parvinrent cependant, par leur sagesse, leur bonne entente et parce qu'au lieu de jalouser celui que sa valeur portait au premier rang, ils ne voulaient que le suivre et lui obéir, non seulement à maintenir leur liberté au milieu de tant de cités, de puissances et de tyrannies si considérables, mais encore à affranchir et à sauver de façon durable la plupart des autres Grecs.

10. 1 Aratos avait le caractère d'un homme d'État magnanime, plus soucieux de l'intérêt général que du sien propre, ennemi acharné des tyrans et qui n'avait constamment d'autre mesure de ses haines et de ses amitiés que l'utilité publique. 2 Aussi semble-t-il avoir été moins exact comme ami que clément et doux comme ennemi : suivant les circonstances la politique le faisait évoluer d'un côté ou de l'autre ; la concorde des peuples, l'association des villes, l'assemblée et le théâtre, tout proclamait d'une seule voix qu'Aratos n'était épris que du bien, et que, s'il se montrait manifestement timide et méfiant dans la guerre et les combats, il était, pour cacher ses desseins et mettre secrètement la main sur les cités et les tyrans, le plus efficace des hommes. 3 De là vient qu'après avoir obtenu beaucoup de réussites inespérées grâce à son audace, il semble avoir gâché tout autant de succès possibles par excès de prudence. 4 En fait, de même, semble-t-il, que certains animaux, dont la vue est active dans l'obscurité, sont aveugles pendant le jour, parce que la sécheresse de leurs yeux, affectés par la raréfaction de l'humidité, ne supporte point le contact de la lumière, ainsi il y a des hommes dont l'habileté et l'intelligence sont par nature sujettes au trouble quand il faut agir au grand jour et dans les guerres déclarées, alors qu'ils reprennent leur assurance dans les entreprises secrètes et cachées. 5 Une telle anomalie provient d'un manque de formation philosophique dans les âmes bien douées, où la nature produit la valeur sans la science, comme un fruit qui pousse spontanément et sans culture. C'est là ce qu'il faudra vérifier par les faits.

11. 1 Après s'être associé, lui et sa ville, aux Achéens, Aratos servit dans la cavalerie et il se fit aimer des chefs par sa docilité : bien qu'il eût apporté à la cause commune de grandes contributions par le don de sa renommée personnelle et de la puissance de sa patrie, il se mit comme le dernier des soldats à la disposition de celui qui était successivement stratège des Achéens, soit qu'il fût de Dymè, de Tritaïa ou de toute autre ville encore plus petite. 2 Il lui vint de la part du roi un présent de vingt-cinq talents ; il les accepta, mais pour les affecter aux besoins de ses concitoyens sans ressources, et aussi au rachat des prisonniers.

Voyage en Égypte. – **12.** 1 Cependant les anciens bannis étaient intraitables et s'en prenaient aux détenteurs de leurs biens. Comme la ville risquait les affres d'une guerres civile, Aratos, ne voyant d'espoir que dans la générosité de Ptolémée, résolut de prendre la mer et d'aller prier ce roi de lui fournir l'argent nécessaire à l'apaisement de ces différends. 2 Il s'embarqua donc à Méthonè, au-dessus du Malée, dans l'intention de faire la traversée d'une seule traite. Mais un vent impétueux et de grosses vagues qui déferlaient du large contre le navire entraînèrent le pilote hors de sa route ; il s'abandonna aux flots et aborda avec peine à Hydria, terre ennemie. 3 Elle était sous la domination d'Antigone, qui y avait une garnison. Aratos prit les devants et débarqua, puis, ayant abandonné son vaisseau, il s'éloigna de la mer avec un seul de ses amis, Timanthès. Ils se jetèrent dans un lieu très boisé, où ils passèrent une nuit pénible. 4 Peu après, le commandant de la garnison arriva à la recherche d'Aratos, mais il fut trompé par les serviteurs de celui-ci, qui avaient la consigne de dire que leur maître s'était enfui aussitôt et naviguait vers l'Eubée. Le commandant déclara de bonne prise la cargaison, le navire et les serviteurs, et saisit le tout. 5 Au bout de quelques jours, Aratos, ne sachant que faire, eut la chance qu'un vaisseau romain relâcha près du lieu où il passait le temps, soit à observer la mer du haut d'un tertre, soit à se tenir caché. Le vaisseau faisait route vers la Syrie ; il y monta, après avoir obtenu du patron qu'il le menât en Carie. Il y fut conduit en effet, mais non sans avoir subi sur mer dans ce second voyage autant de périls que dans le premier. 6 Il mit ensuite beaucoup de temps à passer de Carie en Égypte. Aussitôt arrivé, il obtint une audience du roi, qu'il trouva bien disposé à son égard, et dont il avait gagné les bonnes grâces par les tableaux et les peintures qu'il lui avait fait parvenir de Grèce. Aratos en effet, qui était un fin connaisseur, rassemblait et achetait sans cesse des œuvres des grands maîtres, surtout de Pamphilos et de Mélanthos, puis les envoyait au roi.

13. 1 La renommée de l'École artistique de Sicyone et de ses excellents peintres était encore dans tout son éclat, car on pensait que là seulement la beauté restait inaltérable. C'est au point que le fameux Apelle, déjà admiré, s'y rendit et se fit pour un talent l'élève de ces maîtres, moins pour se perfectionner dans son art que pour avoir part à leur réputation. 2 Aussi Aratos qui, après avoir libéré sa patrie, avait aussitôt détruit les effigies des tyrans, hésita longtemps devant celle d'Aristratos, dont l'apogée datait de l'époque de Philippe. Ce tyran avait été peint par les élèves de Mélanthos, debout près d'un char de victoire, et Apelle avait mis la main à cet ouvrage, selon ce que rapporte Polémon le Périégète. 3 C'était une pièce admirable, au point qu'Aratos se sentait fléchir devant cet art achevé, mais, emporté de nouveau par sa haine des tyrans, il en ordonna la destruction. 4 Alors, dit-on, le peintre Néalcès, qui était un ami d'Aratos, lui demanda grâce en pleurant pour ce tableau, puis, comme il ne réussissait pas à le persuader, lui déclara qu'il fallait faire la guerre aux tyrans, mais non à leurs portraits. « Laissons donc le char et la Victoire, ajouta-t-il ; quant à la personne d'Aristratos, moi, je te la ferai disparaître du tableau. » 5 Aratos ayant consenti, Néalcès effaça Aristratos et peignit à sa place une simple palme, sans rien oser ajouter d'autre. On prétend qu'il lui échappa que les pieds d'Aristratos ainsi effacé demeuraient au bas du char.

6 Donc les envois d'Aratos lui avaient gagné l'affection du roi, qui, en le voyant de près, l'estima encore davantage, et lui fit présent pour sa ville de cent cinquante talents. Sur cette somme, Aratos emporta aussitôt avec lui quarante talents en retournant dans le Péloponnèse ; quant au reste, le

roi le partagea en plusieurs versements, qu'il lui envoya par la suite à différentes reprises.

14. 1 Ce fut pour Aratos une grande gloire d'avoir procuré à ses concitoyens une somme si importante, alors que d'autres stratèges ou démagogues, recevant des rois beaucoup moins, violaient toute justice en asservissant et en leur livrant leur patrie ; c'en fut une plus grande encore d'employer cet argent à apaiser les différends entre les pauvres et les riches, à rétablir la concorde et à assurer à tout le peuple le salut et la sécurité. Admirable fut aussi la modération d'Aratos quand il fut doté d'une si grande autorité, 2 car, nommé conciliateur avec pleins pouvoirs et autorité souveraine pour régler les affaires des bannis, il ne voulut pas exercer seul cette fonction, mais il s'adjoignit quinze citoyens avec le concours desquels, au prix de grands efforts et de longues négociations, il parvint à rétablir l'amitié et la paix dans la cité. 3 En reconnaissance, non seulement les citoyens lui attribuèrent en commun, à l'unanimité, les honneurs qui lui étaient dus, mais les bannis en particulier lui élevèrent une statue de bronze portant cette inscription en vers élégiaques :

4 Les desseins de cet homme, ses combats, sa défense de la Grèce
Sont parvenus jusqu'aux colonnes d'Héraclès.
Et nous, Aratos, à qui nous devons notre retour, nous t'avons dressé
Cette statue pour reconnaître ta valeur et ta justice,
Statue de notre sauveur dédiée aux dieux sauveurs, parce qu'à ta patrie
Tu as donné, avec l'égalité civique, de bonnes et divines lois.

15. 1 Ces services rendus par Aratos à ses concitoyens l'avaient placé dans sa patrie au-dessus de l'envie. Mais le roi Antigone, contrarié à son sujet, et désireux soit de le gagner entièrement à son amitié, soit de le brouiller avec Ptolémée, lui témoignait des attentions qu'Aratos ne sollicitait nullement. Ainsi, alors qu'il sacrifiait aux dieux à Corinthe, il lui envoya à Sicyone des portions des victimes, 2 et, au cours du festin, devant de nombreux convives, il prit la parole et dit : « Je pensais que ce jeune Sicyonien n'avait qu'une nature généreuse et de l'amour pour son pays, mais il semble aujourd'hui savoir fort bien juger de la conduite et des affaires des rois. 3 Auparavant il nous dédaignait, parce qu'il portait ses espérances au dehors et qu'il admirait la richesse de l'Égypte, en entendant parler de ses éléphants, de ses flottes et du faste de sa cour ; mais maintenant que, regardant derrière la scène, il a vu que tout cet apparat de là-bas n'est que pompe théâtrale et décor, il se tourne entièrement vers nous. J'accueille donc moi-même ce jeune homme, décidé que je suis à l'employer en toute occasion, et je vous prie de le considérer comme un ami. » 4 Les envieux et les méchants, prenant prétexte de ces paroles, rivalisèrent entre eux, dans les lettres qu'ils envoyèrent à Ptolémée, pour prodiguer contre Aratos les imputations désobligeantes, au point que Ptolémée lui adressa un émissaire chargé de lui faire des reproches. 5 Tant à ces amitiés des rois et des tyrans, où les disputes étaient ardentes comme les flèches de l'amour, se mêlait de jalousie et de malveillance !

Prise de l'Acrocorinthe. – **16.** 1 Aratos, élu stratège pour la première fois par les Achéens, alla ravager la Locride et la Calydonie, situées en face de l'Achaïe, puis il se porta avec dix mille hommes au secours des Béotiens, mais il arriva après la bataille où ceux-ci furent vaincus à Chéronée par les Étoliens et où leur béotarque Abaiocritos tomba avec mille des siens.

2 Un an plus tard, étant de nouveau stratège, Aratos engagea l'affaire de l'Acrocorinthe, non pas dans le seul intérêt des Sicyoniens et des Achéens, mais dans l'intention d'en chasser la garnison macédonienne qui, de là, tenait la Grèce entière sous un joug tyrannique. 3 L'Athénien Charès, ayant eu l'avantage dans une bataille contre les généraux du roi de Perse, écrivit au peuple d'Athènes qu'il venait de remporter une victoire sœur de celle de Marathon ; 4 on ne se tromperait pas en disant que cette entreprise d'Aratos fut la sœur de celles du Thébain Pélopidas et de l'Athénien Thrasybule quand ils éliminèrent les tyrans, avec cette différence, à l'avantage du Sicyonien, que la sienne n'était pas dirigée contre des Grecs, mais contre une puissance étrangère et intruse. 5 En effet l'Isthme, qui sépare les deux mers, rattache et unit notre continent au Péloponnèse, mais l'Acrocorinthe, haute montagne qui se dresse au beau milieu de la Grèce, dès qu'elle est occupée par une garnison, contrôle tout le territoire en deçà de l'Isthme et coupe les communications, les passages, les expéditions et les transactions terrestres et maritimes, 6 et rend seul maître et souverain celui qui occupe la place avec des troupes. Aussi peut-on croire que Philippe le Jeune ne plaisantait pas, mais qu'il était dans le vrai en désignant à tout propos la ville de Corinthe comme l'entrave de la Grèce.

17. 1 Aussi cette position était-elle constamment disputée par tous les rois et tous les princes. Antigone en particulier la convoitait avec une passion qui ressemblait à l'amour le plus fou, et il appliquait toutes ses pensées aux moyens de l'enlever par ruse à ceux qui l'occupaient, car il ne pouvait espérer s'en saisir ouvertement de force. 2 Alexandros, qui en était maître, mourut, empoisonné, dit-on, par lui, mais sa femme Nicaia prit en main le pouvoir et la garde de la citadelle. Alors, tout aussitôt, Antigone lui envoya secrètement son fils Démétrios, et la flatta du doux espoir d'épouser ce prince royal et d'unir sa vie à celle d'un jeune homme qui n'était pas pour déplaire à une femme plus âgée. Le roi était parvenu ainsi à la circonvenir, en utilisant contre elle son fils comme un appât choisi parmi d'autres. 3 Cependant, loin d'abandonner la citadelle, Nicaia continuait à la faire solidement garder. Alors, feignant de s'en désintéresser, Antigone se mit en devoir de sacrifier aux dieux pour célébrer les noces à Corinthe, donnant des spectacles et organisant tous les jours des festins, en homme qui, entraîné par le plaisir et la gaieté, songeait avant tout à s'amuser et à profiter de ses loisirs. 4 Le moment venu, comme Amoibeus chantait au théâtre, il escorta en personne Nicaia se rendant au spectacle dans une litière royalement ornée ; toute fière de cet honneur, elle était fort loin de prévoir ce qui allait se passer, 5 car, arrivé au carrefour du chemin qui monte à l'acropole, il ordonna aux porteurs de la conduire au théâtre, et lui-même, envoyant promener Amoibeus et aussi la noce, il monta à la citadelle avec une promptitude étonnante pour son âge. Trouvant la porte fermée, il frappa de son bâton en ordonnant d'ouvrir, et, stupéfiés, les gens qui étaient à l'intérieur obéirent. 6 Devenu ainsi maître de la place, il ne se contint plus : il exultait au point de plaisanter et de boire en pleine rue, puis de traverser la place publique en compagnie de joueuses de flûte, une couronne sur la tête. Ce vieillard, qui avait éprouvé tant de changements de Fortune, allait chantant et dansant, en interpellant et saluant ceux qu'il rencontrait. 7 Tant la joie non tempérée par la raison agite l'homme dans son âme, plus encore que le chagrin et la peur, et le fait sortir de lui-même !

18. 1 Antigone, s'étant emparé comme je l'ai dit de l'Acrocorinthe, la fit garder par les hommes en qui il avait le plus de confiance et en donna le commandement au philosophe Persaios. 2 Aratos avait projeté son entreprise alors qu'Alexandros était encore vivant, mais, une alliance étant intervenue entre celui-ci et les Achéens, il y avait renoncé. À ce moment s'offrit à lui une nouvelle occasion de reprendre son projet : 3 il y avait à Corinthe quatre frères d'origine syrienne, dont l'un, nommé Dioclès, servait comme mercenaire dans la garnison. 4 Les trois autres, ayant dérobé de l'or appartenant au roi, étaient venus à Sicyone auprès d'Égias, un banquier, avec qui Aratos était en relation d'affaires. Ils lui avaient aussitôt remis une partie de cet or, et l'un d'eux, Erginos, se rendait fréquemment chez lui pour échanger peu à peu le reste. 5 Devenu dès lors un familier d'Égias, un jour que celui-ci avait amené la conversation sur la garde de la citadelle, Erginos lui dit qu'en montant voir son frère il avait remarqué dans le rocher escarpé une fente oblique, qui menait à un endroit où le mur de l'acropole était le plus bas. 6 Égias, sur le ton de la plaisanterie, lui dit : « Ainsi, cher ami, vous écornez de si peu d'or les finances du roi, quand vous pourriez vendre si cher une heure de votre temps ! Est-ce que les perceurs de murs et les traîtres, quand ils sont pris, ne s'exposent pas à une même peine, la mort ? » 7 Erginos alors se mit à rire et convint avec lui de sonder Dioclès, disant qu'il ne se fiait guère à ses autres frères. Il revint quelques jours plus tard, et s'engagea à conduire Aratos à un endroit où la muraille n'avait pas plus de quinze pieds de haut, et à le seconder dans la suite de son entreprise avec Dioclès.

19. 1 Aratos s'engagea à leur donner, s'il réussissait, soixante talents, et, s'il échouait et en réchappait avec eux, une maison et un talent à chacun des deux. 2 Comme les soixante talents devaient être déposés chez Égias pour Erginos et son frère, Aratos, qui ne les possédait pas lui-même et ne voulait pas, en les empruntant, laisser deviner à quiconque son dessein, prit la plupart de ses coupes et les bijoux d'or de sa femme, et les mit en gage chez Égias comme caution de la somme. 3 Tant il était plein de grandeur d'âme et épris des belles actions ! Sachant que Phocion et Épaminondas passaient pour avoir été les plus justes et les meilleurs des Grecs parce qu'ils avaient refusé de grands présents et n'avaient pas sacrifié l'honneur à l'argent, il prit lui-même le parti de dépenser secrètement son bien pour cette entreprise et d'en avancer les fonds, malgré le danger qu'il courait seul pour tous ses concitoyens, qui ignoraient même ce qu'il faisait pour eux. 4 Qui donc n'admirerait et ne soutiendrait, aujourd'hui encore, la magnanimité d'un héros qui achetait à tel prix un si grand péril, qui engageait des biens considérés comme les plus précieux pour se faire conduire de nuit au milieu des ennemis et y combattre en risquant sa vie, et qui ne recevait des siens d'autre gage que l'espoir de l'honneur, et rien de plus ?

20. 1 L'entreprise, en elle-même dangereuse, le devint encore davantage par une faute qu'une méprise fit commettre au début. 2 Aratos avait chargé son serviteur Technon d'aller reconnaître la muraille avec Dioclès. Technon n'avait pas rencontré Dioclès auparavant et ne l'avait jamais vu ; il croyait pourtant avoir une idée de sa figure et de ses traits d'après les indications d'Erginos, qui le lui avait dépeint comme un homme aux cheveux crépus, brun de teint et sans barbe. 3 Arrivé au lieu du rendez-vous où Erginos devait venir avec Dioclès, Technon attendait devant la ville, à un endroit appelé Ornis. 4 À ce moment passa là par hasard en premier lieu un frère d'Erginos et de Dioclès, nommé Denys, qui n'était pas du complot et s'en savait rien, mais qui ressemblait à Dioclès. Technon, frappé de la ressemblance de cet homme avec le portrait qu'on lui avait fait de Dioclès, lui demanda s'il n'avait pas quelque lien avec Erginos. 5 Denys lui ayant répondu qu'il était son frère, Technon fut complètement persuadé qu'il parlait à Dioclès, et, sans lui demander son nom ni attendre aucun autre indice, il lui prend la main, bavarde au sujet des conventions passées avec Erginos et se met à lui poser des questions. 6 L'autre, adroitement, profitant de la méprise, tombait d'accord sur tout, et, rebroussant chemin en direction de la ville, il emmena Technon qui causait toujours avec lui sans soupçon. 7 Ils approchaient de la cité, et Denys était sur le point d'arrêter Technon lorsqu'un nouveau hasard amena auprès d'eux Erginos ; celui-ci, se rendant compte de l'erreur et du danger, fit signe à Technon de s'enfuir, et tous deux s'élancèrent en courant ; ils arrivèrent sains et saufs chez Aratos, 8 qui ne renonça pas pour autant à ses espoirs : il envoya aussitôt Erginos porter de l'or à Denys pour acheter son silence. Erginos s'acquitta de la commission, et il revint en ramenant avec lui Denys auprès d'Aratos. 9 Quand Denys fut là, ils ne le lâchèrent pas, mais le lièrent et le gardèrent enfermé dans une petite pièce. Puis ils se préparèrent à l'action.

21. 1 Quand tout fut prêt, Aratos donna l'ordre à une partie de ses troupes de passer la nuit sous les armes, et lui-même, emmenant quatre cents soldats d'élite, qui, à l'exception de quelques-uns, ne savaient pas ce qui se tramait, il les conduisit aux portes de Corinthe, près du sanctuaire d'Héra. 2 On était au cœur de l'été, à la pleine lune, par une nuit sans nuages et très claire, en sorte que l'éclat des armes qui réfléchissaient la lumière de la lune leur fit craindre d'être aperçus par les gardes, mais ceux qui marchaient en tête étaient déjà tout près lorsque des nuages s'élevèrent de la mer, couvrirent la ville elle-même et ombragèrent tous les alentours. 3 Alors les hommes s'assirent pour ôter leurs chaussures, parce que, lorsqu'on est pieds nus, on ne fait guère de bruit et l'on ne glisse pas en gravissant les échelles. Erginos, prenant avec lui sept jeunes gens vêtus en voyageurs, s'approcha de la porte sans être vu ; ils tuèrent le chef de poste et les gardes qui étaient avec lui. 4 En même temps on appliquait les échelles. Aratos y fit monter cent hommes en toute hâte, et ordonna aux autres de suivre le plus vite possible ; les échelles une fois retirées, il se lança dans la ville avec ses cent hommes pour gagner la citadelle, plein de joie et ne doutant déjà plus du succès, puisqu'il n'avait pas été découvert. 5 Lui et les siens virent venir de loin une patrouille de quatre hommes, qui s'avançaient avec des torches dans leur direction ; ils n'en furent pas aperçus parce que, là, les nuages cachaient la lune, tandis qu'eux-mêmes les voyaient approcher en face. 6 Aratos se retira un peu à l'abri de murs et de maisons, où il tint ses gens en embuscade. Ils tombèrent sur la patrouille et en tuèrent trois soldats, mais le quatrième, frappé d'un coup d'épée à la tête, s'enfuit en criant que les ennemis étaient à l'intérieur de la ville. 7 Quelques instants plus tard, les trompettes sonnaient l'alarme, et la cité était sur pied dans l'attente des événements : les rues se remplissaient de gens qui couraient dans tous les sens, une quantité de lumières brillaient déjà, les unes d'en bas, les autres du haut de la citadelle ; une clameur confuse éclatait de tous côtés.

22. 1 Cependant Aratos, poursuivant obstinément sa marche, s'efforçait de gravir les rochers escarpés, d'abord lentement et péniblement, parce qu'il s'était égaré et ne tenait pas le sentier qui, profondément enfoncé sous la falaise abrupte et ombragé par elle, conduisait au rempart à travers plusieurs détours et lacets. 2 Mais tout à coup, comme par miracle, la lune, dit-on, sortant des nuages, fit briller sa clarté et lui découvrit la partie la plus difficile du chemin jusqu'à ce qu'il eût atteint le rempart à l'endroit voulu ; alors, les nuages, s'assemblant de nouveau, le replongèrent dans l'ombre et le dissimulèrent. 3 Les soldats, au nombre de trois cents, qu'Aratos avait laissés hors des portes près du sanctuaire d'Héra, avaient pénétré dans la ville, pleine de lumières et de bruits de toutes sortes, mais n'ayant pu trouver le même sentier ni suivre les autres à la trace, ils se blottirent tous dans une cavité du rocher dont l'ombre les couvrait, et, serrés les uns contre les autres, ils attendirent patiemment malgré leur perplexité et leur inquiétude, 4 car les gens d'Aratos étaient déjà aux prises avec les gardes de la citadelle qui lançaient sur eux leurs javelots, et les cris des combattants parvenaient jusqu'en bas, mais c'était un bruit confus que répercutait l'écho des collines, et l'on ne pouvait discerner d'où il venait. 5 Les trois cents hommes ne savaient donc de quel côté se tourner, lorsqu'Archélaos, chef des troupes royales, passa près d'eux, à la tête d'un nombreux corps de soldats, en montant vers la citadelle au milieu des clameurs et au son des trompettes pour aller attaquer Aratos et les siens ; 6 ils se dressent alors, comme au sortir d'une embuscade, se jettent sur lui, tuent les premiers qui leur tombent sous la main et, effrayant Archélaos et les autres, les mettent en déroute et les poursuivent jusqu'à ce qu'ils se dispersent et s'éparpillent dans la ville. 7 À peine avaient-ils remporté ce succès qu'Erginos, envoyé par ceux qui combattaient en haut, vint leur annoncer qu'Aratos était aux prises avec les ennemis qui se défendaient vigoureusement, et que, soutenant un rude combat près du rempart lui-même, il avait besoin d'un prompt secours. 8 Ils lui dirent de les y mener aussitôt ; ils montèrent en s'annonçant par des cris afin de rassurer leurs amis. La pleine lune faisait briller leurs armes, et ils paraissaient ainsi aux ennemis, tout au long de la montée, plus nombreux qu'ils n'étaient en réalité, de même que l'écho qui répercutait dans la nuit leurs cris de guerre donnait l'idée d'une troupe plusieurs fois plus importante. 9 À la fin, rejoignant leurs camarades, ils repoussent les adversaires et se rendent maîtres de la citadelle et de sa garnison au moment où le jour commence à poindre. Le soleil aussitôt éclaira leur victoire, et, le reste de l'armée d'Aratos étant arrivé de Sicyone, les Corinthiens s'empressèrent de lui ouvrir leurs portes, puis ils aidèrent à la capture des soldats du roi.

23. 1 Comme tout paraissait en sûreté, Aratos descendit de la citadelle au théâtre, où une foule immense accourait pour le voir et entendre les paroles qu'il allait adresser aux Corinthiens. 2 Après avoir fait ranger les Achéens de chaque côté des deux entrées, il s'avança lui-même du fond de la scène au milieu, revêtu de sa cuirasse, le visage altéré par la fatigue et l'insomnie au point que son abattement physique reléguait au second plan la fierté et la joie de son âme. 3 Dès qu'il parut, le peuple se répandit en manifestations d'amitié. Quant à lui, il tenait sa lance de la main droite en pliant légèrement le genou et en appuyant son corps incliné sur son arme ; il resta longtemps dans cette attitude et reçut en silence les applaudissements et les acclamations de la multitude, qui louait sa valeur et le félicitait de sa Fortune. 4 Après tout ce bruit, quand le calme fut rétabli, il recueillit ses forces et prononça à la louange des Achéens un discours en rapport avec l'action accomplie, et il persuada les Corinthiens de se faire Achéens, puis il leur remit les clefs de leur ville, qui n'étaient plus entre leurs mains depuis l'époque de Philippe. 5 Quant aux généraux d'Antigone, il mit en liberté Archélaos qui était à sa merci, mais fit mourir Théophraste, qui refusait de quitter la ville. Persaios, après la prise de la citadelle, s'était enfui à Cenchrées. 6 On raconte que Persaios, plus tard, discutant à loisir avec quelqu'un qui lui disait qu'à son avis le sage seul était un bon général, répondit : « Par les dieux, il est vrai que cette maxime de Zénon était de celles que jadis j'approuvais le plus, mais aujourd'hui je n'ai plus la même opinion après la leçon que m'a donnée ce jeune homme de Sicyone. » Ce mot de Persaios est rapporté par de nombreux auteurs.

24. 1 Aratos se rendit maître aussitôt de l'Héraïon et du Léchaïon, s'empara de vingt-cinq vaisseaux du roi et prit cinq cents chevaux et quatre cents Syriens qu'il fit vendre. Les Achéens gardèrent l'Acrocorinthe avec quatre cents hoplites, et aussi cinquante chiens et leurs maîtres en nombre égal, que l'on entretint dans la citadelle.

2 Les Romains, pleins d'admiration pour Philopœmen, l'ont appelé le dernier des Grecs dans la pensée qu'aucun grand homme n'apparut plus en Grèce après lui ; pour moi, je dirais volontiers que, parmi les exploits accomplis par des Grecs, celui-ci fut le dernier en date et qu'il est égal aux plus grands par l'audace et la chance, ainsi que les événements ne tardèrent pas à le montrer. 3 En effet les Mégariens, faisant défection à Antigone, se joignirent à Aratos, et les Trézéniens avec les Épidauriens se rangèrent au côté des Achéens. Aratos, à sa première expédition, se jeta sur l'Attique, et, passant à Salamine, il mit cette île au pillage, en employant les Achéens comme une force tirée de captivité pour la faire servir à tous ses projets. 4 Il renvoya aux Athéniens les hommes libres sans rançon, afin de les encourager à recouvrer leur indépendance. Il fit de Ptolémée l'allié des Achéens, en lui donnant la direction de la guerre sur terre et sur mer. 5 Telle fut son influence parmi les Achéens que, s'il ne pouvait être stratège tous les ans, il le fut tous les deux ans, et ne cessa, par ses actes et ses conseils, d'exercer l'autorité en tout temps ; car ils voyaient bien que ni la richesse, ni la gloire, ni l'amitié des rois, ni l'intérêt de sa propre patrie, ni rien enfin ne passait pour lui avant l'accroissement de la Confédération achéenne. 6 Aratos pensait en effet que les villes, isolément faibles, se sauvent les unes par les autres quand elles sont liées par l'intérêt commun, et que, comme les parties du corps vivent et respirent ensemble grâce à leur mutuelle cohésion, mais s'atrophient et pourrissent quand elles se séparent et se mettent à l'écart, d'une manière analogue les villes périssent par la faute de ceux qui déchirent leur communauté, tandis qu'elles grandissent les unes par les autres, lorsque, devenues parties d'un grand tout, elles ont un dessein collectif.

Tentatives sur Argos. – **25.** 1 Voyant que les meilleurs des peuples voisins étaient indépendants, et étant indigné de la servitude des Argiens, Aratos projetait de faire disparaître leur tyran Aristomachos, car il avait à la fois l'ambition de rendre la liberté à cette ville comme prix de l'éducation qu'il y avait reçue et de l'associer aux Achéens. 2 On trouva pour cette entreprise des hommes résolus, à la tête desquels étaient Eschyle et le devin Chariménès. Mais ils manquaient d'épées : il était interdit d'en avoir, et le tyran infligeait des peines graves à ceux qui en possédaient. Aussi Aratos fit-il fabriquer pour eux à Corinthe de petits poignards qui, cousus dans des bâts, furent chargés sur des bêtes de somme et transportés ainsi, parmi d'autres objets sans valeur, jusqu'à Argos. 3 Mais le devin Chariménès ayant associé un homme à la conjuration, Eschyle et les autres en furent si fâchés qu'ils résolurent d'agir seuls en renonçant à l'aide de Chariménès ; celui-ci, l'ayant su, fut pris de colère et dénonça les conspirateurs, alors qu'ils marchaient déjà contre le tyran ; la plupart d'entre eux purent s'enfuir à temps de la place publique et se réfugier à Corinthe. 4 Cependant, peu après, Aristomachos fut tué par ses esclaves, mais Aristippos s'empara en hâte du pouvoir, et ce fut un tyran pire que le précédent. Aratos alors, emmenant tous les Achéens en âge de porter les armes, s'élança au secours d'Argos, en comptant sur l'accueil empressé des habitants. 5 Mais la plupart s'étaient habitués à une servitude acceptée, et comme personne ne se déclarait pour lui, il dut se retirer. Il fit tomber ainsi sur les Achéens le reproche d'avoir suscité une guerre en pleine paix : ils furent poursuivis de ce chef devant les Mantinéens, et, Aratos n'ayant pas comparu, Aristippos, qui était le plaignant, gagna sa cause ; l'amende fut estimée à trente mines. 6 Dès lors, Aristippos, qui haïssait et redoutait tout ensemble Aratos, chercha à le faire périr, secondé dans ce dessein par le roi Antigone ; ils avaient presque partout des gens apostés qui travaillaient pour eux et guettaient l'occasion. 7 Mais, pour un chef, il n'est pas de protection plus sûre qu'une sincère et solide affection : le peuple et les notables se sont accoutumés à ne pas craindre celui qui commande, mais à craindre pour lui ; il voit par beaucoup d'yeux, entend par beaucoup d'oreilles et est prévenu de ce qui se passe. 8 Aussi vais-je ici interrompre un peu mon récit pour donner quelques détails sur le genre de vie qu'imposaient à Aristippos cette tyrannie tant enviée et ce faste du pouvoir absolu dont on célèbre le bonheur.

26. 1 Donc ce fameux tyran qui avait pour allié Antigone, qui entretenait tant de gens pour la sûreté de sa personne, qui n'avait laissé vivant dans la ville aucun de ses ennemis, ordonnait pourtant à ses troupes de gardes de demeurer hors de chez lui dans le péristyle, 2 et chaque jour, aussitôt après le repas du soir, il mettait tous ses serviteurs à la porte, fermait la cour intérieure et se retirait avec sa concubine dans une petite chambre à l'étage supérieur, close par une trappe sur laquelle il plaçait son lit ; il y dormait autant que l'on peut dormir dans un pareil état de trouble et d'effroi ; 3 la mère de sa concubine retirait la petite échelle et l'enfermait dans une autre pièce, puis, au point du jour, elle la remettait en place et faisait redescendre ce tyran admiré, tel un serpent sortant de son gîte. 4 Tout au contraire, Aratos, qui s'était ménagé une autorité perpétuelle non par les armes et la violence, mais par son mérite et par la loi, vêtu d'un manteau et d'une chlamyde quelconques, lui qui s'était déclaré l'ennemi commun de tous les tyrans, il a laissé une postérité très glorieuse aujourd'hui encore parmi les Grecs, 5 tandis que très peu de ces usurpateurs de forteresses qui, en vue de leur sûreté personnelle, entretiennent leurs gardes du corps et se retranchent derrière leurs armes, leurs portes et leurs trappes, ont échappé à une mort violente, celle des lièvres, et aucun n'a laissé une maison, une race, un tombeau avec une mémoire honorée.

27. 1 Donc Aratos, à l'encontre d'Aristippos, tenta à plusieurs reprises, soit subrepticement, soit ouvertement de s'emparer d'Argos, mais sans y réussir. Une fois entre autres, il avait dressé des échelles et était monté témérairement avec une poignée d'hommes sur le rempart, et il avait tué ceux des gardes qui étaient accourus là pour le défendre. 2 Puis, le jour venu, le tyran l'attaqua de tous les côtés ; les Argiens, comme si le combat ne se livrait pas pour leur liberté, et comme s'ils étaient en train d'arbitrer les concours néméens, se contentèrent de regarder ce qui se passait, en spectateurs équitables et impartiaux, sans faire le moindre mouvement. 3 Aratos, qui luttait vigoureusement, reçut un coup de javelot qui lui traversa la cuisse ; il n'en resta pas moins maître du terrain qu'il occupait, et, bien qu'étant harcelé par les ennemis, il n'en fut pas repoussé avant la nuit. 4 S'il avait tenu en combattant encore pendant la nuit, il n'aurait pas échoué, car le tyran s'apprêtait déjà à fuir, et il avait envoyé d'avance vers la mer une grande partie de ses biens, mais en fait personne n'en avertit Aratos, et, comme l'eau était venue à lui manquer et qu'il ne pouvait plus payer de sa personne à cause de sa blessure, il remmena ses soldats.

28. 1 Renonçant dès lors à cette voie, il envahit ouvertement l'Argolide avec son armée et ravagea le pays. Ayant engagé sur les bords du Charès un grand combat contre Aristippos, il encourut le reproche d'avoir abandonné la lutte et laissé échapper la victoire : 2 une partie de son armée en effet avait remporté sans conteste l'avantage et s'était avancée fort loin dans la poursuite quand lui-même, sans être forcé dans sa position par les ennemis qu'il avait en face de lui, mais, ne croyant pas au succès et pris de frayeur, se retira en désordre dans son camp. 3 Les autres, au retour de la poursuite, se plaignirent qu'après avoir mis l'adversaire en déroute et lui avoir tué beaucoup plus de monde qu'ils n'en avaient eux-mêmes perdu, on avait laissé les vaincus dresser un trophée contre eux. Pris de honte, Aratos résolut de combattre à nouveau pour le trophée, et, ayant attendu une journée, il remit son armée en ordre de bataille. 4 Mais il s'aperçut alors que les troupes du tyran avaient augmenté en nombre et se préparaient à l'affrontement avec plus de hardiesse ; il n'osa donc pas risquer le combat et se retira, après avoir conclu une trêve pour enlever les morts. 5 Cependant, grâce à son habileté de négociateur, à son crédit et à son expérience politique, il répara cette faute en attirant Cléones au parti des Achéens, et il fit célébrer à Cléones les concours néméens, en vertu d'un droit que cette ville tenait des ancêtres et qui lui appartenait plus légitimement qu'à Argos. 6 Les Argiens les célébrèrent aussi chez eux, et ce fut alors que l'on viola pour la première fois la sûreté et l'immunité garanties aux concurrents, car les Achéens firent vendre comme ennemis tous ceux qui avaient concouru à Argos et qui passèrent par leur territoire : tant Aratos était ardent et implacable dans sa haine des tyrans !

29. 1 Peu après, Aratos, informé qu'Aristippos épiait l'occasion de surprendre Cléones, mais qu'il craignait sa présence à lui à Corinthe, donna l'ordre de rassembler l'armée, 2 lui fit prendre des vivres pour plusieurs jours et descendit à Cenchrées, voulant ainsi tromper Aristippos en le faisant croire à son absence pour l'engager à attaquer Cléones, ce qu'il fit en effet : il partit aussitôt d'Argos et parut devant Cléones avec ses troupes. 3 Mais Aratos était déjà retourné de Cenchrées à Corinthe pendant la nuit, et, après avoir disposé de place en place des postes de garde sur les routes, il emmena les Achéens, qui le suivirent avec tant d'ordre, de promptitude et d'ardeur que non seulement ils ne furent pas découverts pendant leur marche, mais qu'ils entrèrent cette nuit même à Cléones et prirent leur dispositif de combat sans qu'Aristippos se doutât de rien. 4 Au point du jour, Aratos fit ouvrir les portes et sonner la trompette, puis fondit sur les ennemis en courant et poussant le cri de guerre ; il les mit aussitôt en déroute et les poursuivit énergiquement par la route qu'il supposait que prendrait Aristippos, car le terrain offrait plusieurs issues. 5 La poursuite se prolongea jusqu'à Mycènes, où le tyran fut rattrapé et égorgé, au dire de Deinias, par un Crétois nommé Tragiscos ; les ennemis avaient perdu en outre plus de quinze cents des leurs. 6 Cependant, en dépit de cette éclatante victoire, et n'ayant perdu aucun de ses soldats, Aratos ne put prendre ni délivrer Argos : Agias et Aristomachos le Jeune y entrèrent avec des troupes du roi et s'emparèrent du pouvoir.

7 Cet événement contribua beaucoup à faire taire les calomnies, les méchants propos, les sarcasmes et les bouffonneries de ceux qui, pour flatter les tyrans et leur complaire, prétendaient que le stratège des Achéens éprouvait lors des batailles des maux de ventre, qu'il était pris d'étourdissements et de vertiges dès qu'il entendait la trompette, puis, qu'après avoir rangé son armée en ordre de bataille et donné le mot de ralliement, il demandait à ses lieutenants et à ses chefs de compagnies si sa présence restait nécessaire (puisque les dés étaient jetés), et qu'alors il allait attendre de loin l'issue du combat. 8 De tels bruits s'étaient tellement accrédités que, lorsque les philosophes dans leurs écoles recherchaient si les palpitations du cœur, l'altération du teint et les coliques lors de l'apparition des dangers proviennent de la lâcheté ou d'une mauvaise constitution physique et d'une froideur du tempérament, ils citaient sans

cesse Aratos comme exemple d'un bon général, qui pourtant était toujours sujet à ces troubles dans les combats.

***Lydiadas de Mégalopolis.* – 30.** 1 Aratos, dès qu'il eut fait périr Aristippos, se mit aussitôt à manœuvrer contre Lydiadas de Mégalopolis, tyran de sa propre patrie. 2 Ce personnage ne manquait pas de noblesse naturelle et d'amour de l'honneur ; il n'avait pas commis cette injuste usurpation, comme la plupart des despotes, par dérèglement et cupidité, mais, épris de gloire et encore jeune, il avait naïvement ajouté foi aux propos vains et trompeurs qui représentent la tyrannie comme un état bienheureux et magnifique ; plein d'une grande fierté, il s'était donc fait tyran, mais il n'avait pas tardé à se lasser des lourdes contraintes du pouvoir absolu. 3 Jalousant le bonheur d'Aratos et en même temps redoutant ses intrigues, il changea de sentiments et forma le généreux dessein de se libérer d'abord de la crainte, de la haine et de la troupe de ses gardes du corps, puis de devenir le bienfaiteur de sa patrie. 4 Il fit venir auprès de lui Aratos, déposa son pouvoir et fit entrer sa ville dans la Confédération achéenne. Les Achéens le comblèrent de louanges et l'élurent stratège. 5 Mais il se piqua aussitôt de surpasser la gloire d'Aratos, s'engagea dans plusieurs entreprises qui ne paraissaient pas nécessaires, et en particulier voulut diriger une expédition contre Lacédémone. 6 Aratos, en s'y opposant, passa pour n'agir que par envie, et Lydiadas fut élu stratège pour la seconde fois, en dépit de l'hostilité déclarée d'Aratos, qui fit tous ses efforts pour que la charge fût confiée à un autre. Aratos en effet n'exerçait le pouvoir que tous les deux ans, comme il a été dit. 7 Lydiadas continua à jouir de la faveur du peuple jusqu'à sa troisième élection à la fonction de stratège, qu'il exerçait alternativement avec Aratos. Mais, s'étant déclaré ouvertement son ennemi et l'ayant accusé à plusieurs reprises devant les Achéens, il se fit rejeter et mépriser, car on jugea qu'il voulait rivaliser par un semblant de mérite avec une véritable et pure valeur. 8 Le coucou, dit Ésope, demanda aux petits oiseaux pourquoi ils le fuyaient : « C'est, répondirent-ils, parce que tu seras un jour faucon. » Il paraît de même que Lydiadas, ayant été tyran, traînait derrière lui une certaine suspicion, qui nuisait à la confiance que l'on avait dans la sincérité de son changement.

***Affaire de Pellène.* – 31.** 1 Aratos se fit apprécier aussi dans ses démêlés avec les Étoliens. Les Achéens se disposaient à leur livrer bataille en avant de la Mégaride, et le roi des Lacédémoniens, Agis, qui était venu les rejoindre avec une armée les excitait vivement au combat. 2 Aratos s'y opposa et supporta de ce fait mille injures, mille plaisanteries et railleries sur sa mollesse et son manque d'audace, mais la crainte de passer pour lâche ne lui fit pas abandonner ce qu'il considérait comme l'intérêt public, et il laissa les ennemis franchir sans coup férir la Géranie et pénétrer dans le Péloponnèse. 3 Mais lorsqu'ils se furent au passage emparés brusquement de Pellène, il ne resta plus le même et, sans perdre un instant, sans attendre que ses troupes fussent rassemblées en venant de tout côté et concentrées au même endroit, il s'élança aussitôt, avec ce qu'il avait de soldats sous la main, sur les ennemis, alors très affaiblis par un succès qui les avait rendus indisciplinés et présomptueux. 4 En effet, à peine entrés dans la ville, les hommes s'étaient dispersés dans les maisons, se bousculant les uns les autres et se disputant le butin. Les officiers et les chefs de compagnies, courant partout, enlevaient les femmes et les filles des Pelléniens, et, ôtant leurs casques, les leur mettaient sur la tête, pour que personne d'autre ne les prît et que l'on reconnût au casque le maître de chacune. 5 Comme ils étaient ainsi occupés et se livraient à ces violences, soudain la nouvelle se répandit qu'Aratos fondait sur eux. Saisis de panique, ainsi qu'il est naturel dans un pareil désordre, avant même que tous fussent avertis du danger, les premiers qui rencontrèrent les Achéens aux portes de la ville et dans les faubourgs, s'enfuirent, déjà vaincus, et, dans leur débandade, jetèrent l'épouvante et le désarroi parmi ceux qui se ralliaient pour les secourir.

32. 1 Au milieu de ce tumulte, l'une des prisonnières, fille d'Épigéthès, un homme en vue, et remarquable elle-même par sa beauté et sa haute taille, se trouvait assise dans le sanctuaire d'Artémis, où l'avait placée le chef d'un corps d'élite, qui l'avait prise pour lui et l'avait coiffée de son casque à triple aigrette. 2 Le bruit la fit soudain courir vers l'extérieur, et, debout devant la porte du sanctuaire, elle regarda d'en haut les combattants avec la tête surmontée de ses trois panaches. Ses concitoyens eux-mêmes crurent voir en elle une figure d'une majesté surhumaine ; quant aux ennemis, ils la prirent pour une apparition divine, et, pris de frisson et d'effroi, aucun d'eux ne songea plus à se défendre. 3 Les Pelléniens, eux, disent que la statue de la déesse demeure ordinairement enfermée, sans qu'on y touche, mais que, lorsque la prêtresse la déplace et la porte au dehors, personne ne la regarde en face, tout le monde détournant les yeux parce que sa vue est effrayante et dangereuse pour les hommes, et même pour les arbres, qu'elle rend stériles et dont elle fait avorter les fruits partout où on la promène. 4 Ils prétendent donc que la prêtresse la fit sortir en cette occasion et lui tourna constamment le visage du côté des Étoliens, ce qui les mit hors d'eux-mêmes et leur ôta l'entendement. 5 Mais Aratos ne rapporte rien de semblable dans ses Mémoires ; il dit seulement qu'après avoir fait tourner le dos aux Étoliens et avoir pénétré dans la ville avec les fuyards, il les en chassa de vive force et leur tua sept cents hommes. 6 Cet exploit fut célébré parmi les plus grands, et le peintre Timanthès a représenté la bataille dans un tableau tout à fait expressif.

33. 1 Cependant, comme beaucoup de peuples et de souverains se liguaient contre les Achéens, Aratos chercha aussitôt à gagner l'amitié des Étoliens ; il fut aidé en cela par Pantaléon, le plus influent d'entre eux, et conclut non seulement la paix, mais encore une alliance entre Achéens et Étoliens.

Libération d'Athènes. – 2 Comme il consacrait ses efforts à libérer Athènes, il fut en butte à la critique et aux mauvais propos des Achéens, disant qu'il tentait de s'emparer du Pirée à un moment où ils avaient conclu une trêve avec les Macédoniens et que cet armistice restait en vigueur. 3 Il nie lui-même le fait dans les Mémoires qu'il a laissés, et il en accuse Erginos, son collaborateur dans l'affaire de l'Acrocorinthe ; il prétend qu'Erginos attaqua le Pirée de son propre chef, et que, se voyant poursuivi après que l'échelle se fut rompue, celui-ci appela à plusieurs reprises Aratos par son nom comme s'il était présent, et que c'est ainsi qu'il trompa les ennemis et s'échappa. 4 Mais cet essai de justification n'est guère convaincant, car il ne serait nullement vraisemblable qu'Erginos, simple particulier et Syrien, se fût mis en tête un pareil projet, s'il n'avait eu Aratos pour chef et s'il n'avait reçu de lui des troupes et l'indication du moment favorable à cette entreprise. 5 Aratos le prouva lui-même en s'attaquant au Pirée, non par deux ou trois fois, mais plus souvent encore, à la façon des amants malheureux, sans se laisser rebuter par des échecs, et reprenant toujours espoir et confiance parce qu'à chaque tentative il n'avait manqué son coup que de fort peu et s'était trouvé tout près du but. 6 Une fois même il se cassa la jambe en fuyant à travers la plaine de Thria ; le traitement qu'il dut subir comporta plusieurs incisions, et pendant longtemps il fit ses expéditions porté dans une litière.

34. 1 Antigone étant mort et Démétrios étant devenu roi à sa place, Aratos poursuivit avec plus d'ardeur encore ses projets sur Athènes, et il ne tenait absolument aucun compte des Macédoniens. 2 Aussi fut-il battu à Phylacia par Bithys, général de Démétrios, et le bruit s'étant répandu partout, soit qu'il avait été fait prisonnier, soit même qu'il était mort, Diogène, chef de la garnison du Pirée, écrivit à Corinthe pour enjoindre aux Achéens de quitter la ville, puisqu'Aratos avait péri. 3 Or le hasard fit que, lorsque la lettre fut apportée à Corinthe, Aratos s'y trouvait en personne, et les émissaires de Diogène durent s'en retourner, non sans avoir provoqué le rire et s'être fait beaucoup moquer d'eux. Le roi lui-même avait envoyé de Macédoine un navire qui devait lui amener Aratos enchaîné. 4 Les Athéniens, dépassant les bornes de la légèreté dans leurs flatteries à l'égard des Macédoniens, s'étaient coiffés de couronnes à la première nouvelle de la mort d'Aratos. Celui-ci, dans son irritation, marcha immédiatement contre eux et s'avança jusqu'à l'Académie, puis il se laissa fléchir et ne leur fit aucun mal. 5 Les Athéniens finirent par reconnaître son mérite, et voulant, après la mort de Démétrios, recouvrer leur liberté, l'appelèrent à eux. 6 Bien qu'un autre que lui fût cette année-là à la tête des Achéens, et que lui-même fût alité en raison d'une longue maladie, il se fit porter à Athènes en litière pour se rendre utile, et il décida Diogène, commandant de la garnison, à rendre aux Athéniens le Pirée, Mounychie, Salamine et le Sounion, moyennant cent cinquante talents, dont vingt-cinq furent versés à la ville par lui. 7 Aussitôt les Égi-nètes et les Hermionéens passèrent aux Achéens, et la plus grande partie de l'Arcadie se joignit aussi à eux. Les embarras des Macédoniens, occupés à guerroyer contre certains peuples voisins de leurs frontières, et, d'autre part, l'alliance avec les Étoliens accroissaient considérablement la puissance achéenne.

Libération d'Argos. – **35.** 1 Aratos, poursuivant son vieux projet et supportant impatiemment le voisinage de la tyrannie d'Argos, envoya proposer à Aristomachos de faire entrer sa ville dans la communauté, de l'associer aux Achéens et de préférer devenir, à l'exemple de Lydiadas, le stratège respecté et honoré d'un si grand peuple plutôt que le tyran menacé et haï d'une seule cité. 2 Aristomachos consentit et le pria de lui envoyer cinquante talents pour rétribuer en les congédiant les soldats qui l'entouraient. La somme demandée fut fournie, 3 mais Lydiadas, qui était encore stratège et qui ambitionnait de voir cette négociation passer aux yeux des Achéens pour son propre ouvrage, dénigra Aratos auprès d'Aristomachos en le représentant comme l'ennemi toujours irréconciliable des tyrans ; il le persuada de remettre l'affaire entre ses mains à lui et l'introduisit devant les Achéens. 4 Ce fut en cette occasion surtout que les membres du Conseil achéen manifestèrent leur affection et leur confiance à l'égard d'Aratos : celui-ci s'étant mis en colère et ayant exprimé son opposition, ils repoussèrent la demande d'Aristomachos, 5 puis, lorsqu'Aratos, revenant sur son avis, se mit à parler lui-même en faveur d'Aristomachos, ils votèrent aussitôt et avec empressement tout ce qu'il conseillait et admirent dans leur Confédération les Argiens et les Phliasiens, et l'année suivante ils élurent même Aristomachos stratège.

6 Celui-ci, se voyant en crédit auprès des Achéens, voulut envahir la Laconie et appela d'Athènes Aratos, qui lui écrivit pour le détourner de cette expédition, parce qu'il ne voulait pas mettre les Achéens aux prises avec Cléomène, chef audacieux dont la force croissait dangereusement. Mais, Aristomachos s'étant mis en route, Aratos se plaça entièrement sous ses ordres et le suivit à l'armée. 7 Cependant, lorsque Cléomène se montra soudainement près de Pallantion, Aratos empêcha Aristomachos d'engager la bataille et s'attira ainsi les accusations de Lydiadas, qui entra en lutte et en concurrence avec lui pour la fonction de stratège ; le vote fut favorable à Aratos, qui fut élu stratège pour la douzième fois.

Conflits avec Cléomène. – **36.** 1 Au cours de cette stratégie, il fut battu par Cléomène près du Lycée, prit la fuite et, s'étant égaré pendant la nuit, passa pour mort, si bien que le bruit de sa disparition se répandit à nouveau parmi les Grecs. 2 Mais il était sain et sauf, et, non content de s'être retiré en sécurité, il rallia ses soldats, puis, profitant au mieux de l'occasion, alors que personne ne s'y attendait ni ne se doutait de ce qui allait se passer, il tomba brusquement sur les Mantinéens, alliés de Cléomène, 3 s'empara de leur ville, y mit une garnison et donna le droit de cité aux métèques. À lui seul, il avait ainsi acquis pour les Achéens vaincus ce qu'ils auraient obtenu non sans peine par une victoire. 4 Les Lacédémoniens firent une nouvelle expédition, cette fois contre Mégalopolis. Aratos vint au secours de la ville, mais il hésitait à donner prise à Cléomène, qui le harcelait par des escarmouches, et il résista aux Mégalopolitains, qui voulaient le contraindre à livrer bataille. 5 Outre qu'il était naturellement peu doué pour les combats de front, et qu'il se trouvait alors inférieur en nombre, il avait affaire à un homme hardi et jeune, quand il sentait déjà son ardeur à lui décliner et son ambition diminuer ; il pensait que si Cléomène brûlait d'acquérir par son audace une gloire qu'il ne possédait pas encore, lui-même devait conserver par sa prudence celle qu'il avait amassée.

37. 1 Cependant les troupes légères firent une sortie au pas de course et repoussèrent les Spartiates jusqu'à leur camp, où elles se répandirent autour des tentes ; même alors Aratos ne fit pas avancer ses hoplites : il les retint devant un ravin qui séparait les deux armées et qu'il leur interdit de traverser. 2 Lydiadas, indigné de cette conduite et maudissant Aratos, appela à lui les cavaliers et leur demanda de se montrer au milieu des troupes qui poursuivaient l'ennemi, pour ne pas laisser échapper la victoire et ne pas l'abandonner, lui, dans ce combat qu'il soutenait pour sa patrie. 3 De nombreux braves s'étant groupés autour de lui, Lydiadas ainsi renforcé chargea l'aile droite des ennemis, la mit en déroute et la poursuivit, mais, emporté inconsidérément par sa fougue et son amour de la gloire dans des endroits impraticables, pleins de plantations d'arbres et de larges fossés, il y fut attaqué par Cléomène et tomba après avoir brillamment et magnifiquement combattu aux portes de sa cité. 4 Le reste de cette cavalerie s'enfuit vers la phalange, jeta le désordre parmi les hoplites et entraîna ainsi l'armée entière dans sa défaite. 5 Aratos, vivement critiqué parce qu'il paraissait avoir abandonné Lydiadas, fut contraint par les Achéens, qui se retiraient en colère, de les suivre à Aigion ; là, s'étant formés en assemblée, ils décrétèrent qu'ils ne lui fourniraient plus d'argent et cesseraient de pourvoir à l'entretien de ses mercenaires, et que, s'il voulait continuer la guerre, ce serait à ses frais.

38. 1 Se voyant si outrageusement traité, il songea d'abord à rendre le sceau public et à se démettre de sa fonction de stratège ; mais, après réflexion, il patienta pour le moment, puis il conduisit les Achéens à Orchomène, où il livra bataille à Mégistonous, beau-père de Cléomène, le battit, lui tua trois cents hommes et le prit vivant. 2 Il était habitué à être stratège une année sur deux, mais cette fois, quand son tour fut venu, il refusa d'être désigné, et c'est Timoxénos qui fut élu à cette charge. 3 On donnait pour raison de ce refus son irritation contre la foule, mais ce motif ne paraît pas vraisemblable ; la véritable cause en était la situation des Achéens. 4 Cléomène en effet n'avançait plus maintenant pas à pas et lentement comme auparavant, lorsque les magistrats entravaient ses desseins : quand il eut fait périr les éphores, partagé les terres et admis dans le corps civique un grand nombre de métèques, détenant désormais un pouvoir sans contrôle, il menaça aussitôt les Achéens et revendiqua pour lui-même l'hégémonie. 5 Aussi reproche-t-on à Aratos d'avoir, en ce temps de grande agitation et d'orage, lâché et abandonné pour ainsi dire à un autre le gouvernail du navire dont il était le pilote, alors que l'honneur lui commandait de rester à la tête des Achéens, même réticents, et de sauver leur Confédération. 6 S'il désespérait des affaires et de la force des Achéens, il valait mieux céder à Cléomène que livrer de nouveau le Péloponnèse aux barbares des garnisons macédoniennes et remplir l'Acrocorinthe de troupes d'Illyriens et de Galates. Ces hommes que lui-même avait vaincus en fait militairement et politiquement et qu'il ne cesse d'injurier dans ses Mémoires, il ne devait pas les introduire en maîtres dans les villes, en les appelant aimablement des alliés. 7 Si Cléomène était (car il faut bien le dire) injuste et tyrannique, du moins descendait-il des Héraclides, et il avait Sparte pour patrie. Or il eût mieux valu prendre pour chef le plus obscur des Spartiates que le premier des Macédoniens, si l'on tenait en quelque estime le noble caractère des Grecs. 8 Cléomène d'ailleurs, en réclamant aux Achéens le pouvoir, promettait, en reconnaissance de cet honneur et de ce titre, de faire beaucoup de bien à leurs villes ; 9 Antigone au contraire n'accepta d'être proclamé chef absolu sur terre et sur mer qu'après avoir obtenu comme salaire de son hégémonie l'Acrocorinthe. En cela il imitait tout à fait le chasseur d'Ésope, 10 car il ne monta sur le dos des Achéens qui l'en priaient et se soumettaient eux-mêmes par leurs ambassades et leurs décrets que lorsqu'il les eut bridés et assujettis par la garnison et les otages. 11 Il est vrai qu'Aratos se récrie de toutes ses forces et allègue la nécessité. Mais Polybe affirme que, depuis longtemps et avant d'y être forcé, se méfiant de l'audace de Cléomène, il était entré en pourparlers secrets avec Antigone et lui avait envoyé en avant les Mégalopolitains, qui demandaient aux Achéens d'appeler le roi de Macédoine ; c'étaient eux en effet qui avaient le plus à souffrir de la guerre en raison des incursions et des pillages incessants de Cléomène sur leur territoire. 12 Cette version est également celle de l'historien Phylarque, qui ne mériterait d'ailleurs guère de confiance s'il n'avait pour lui le témoignage de Polybe, car Phylarque, dès qu'il touche à Cléomène, pousse jusqu'à l'enthousiasme l'affection qu'il lui porte, et son Histoire ressemble à un procès, où sans cesse il requiert contre Aratos et plaide en faveur de Cléomène.

39. 1 Quoi qu'il en soit, les Achéens perdirent Mantinée, que Cléomène leur reprit, puis, vaincus dans une grande bataille près de l'Hécatombaion, ils furent si désemparés qu'ils envoyèrent aussitôt inviter Cléomène à venir à Argos pour prendre le commandement. 2 Mais lorsqu'Aratos apprit qu'il arrivait et approchait de Lerne avec son armée, sa frayeur fut telle qu'il lui adressa des ambassadeurs pour le prier de venir avec trois cents hommes seulement, comme chez des amis et alliés, et, s'il se méfiait, de recevoir des otages. 3 Cléomène répondit que c'était là l'outrager et se moquer de lui, puis il s'en retourna et écrivit aux Achéens une lettre pleine de reproches et d'invectives contre Aratos. Celui-ci, à son tour, écrivit des lettres contre Cléomène. Les injures et les mauvais propos étaient tels, de part et d'autre, qu'ils allaient jusqu'à diffamer leurs mariages et leurs femmes. 4 Après quoi, Cléomène envoya aux Achéens un héraut pour leur déclarer la guerre, et il fut sur le point de leur enlever Sicyone grâce à une trahison, mais, après s'être approché, il s'en détourna et se jeta sur Pellène, dont il s'empara, le général des Achéens s'étant enfui. Peu après il prit aussi Phénéos et Pentéléion. 5 Aussitôt les Argiens passèrent à son parti et les Phliasiens reçurent une garnison. Bref, plus rien ne restait de sûr dans les conquêtes des Achéens, et Aratos fut soudain envahi d'un grand trouble en voyant l'agitation qui régnait dans le Péloponnèse, où de toutes parts les révolutionnaires soulevaient les villes.

40. 1 En effet personne ne restait tranquille, ni n'était satisfait de la situation présente ; même à Sicyone et à Corinthe on découvrit beaucoup de gens qui étaient entrés en pourparlers avec Cléomène, et qui, désireux d'exercer eux-mêmes le pouvoir, nourrissaient depuis longtemps en secret de mauvais desseins à l'égard de la Confédération. 2 Aratos, investi d'une autorité sans contrôle contre ces novateurs, fit mourir à Sicyone ceux qui avaient été corrompus, mais, en essayant de rechercher et de punir ceux de Corinthe, il exaspéra le peuple, déjà atteint par la contagion et las de la domination achéenne. 3 Les Corinthiens s'assemblèrent en hâte au sanctuaire d'Apollon et convoquèrent Aratos, résolus à le tuer, ou du moins à l'arrêter avant de faire défection. 4 Il s'y rendit, conduisant lui-même son cheval par la bride, comme s'il n'éprouvait ni méfiance ni soupçon. Une foule de gens se lèvent soudain, l'injurient et l'accusent. Lui, d'un air calme et d'un ton doux, les invite à se rasseoir, au lieu de rester debout en poussant des cris tumultueux, et il les engage même à faire entrer ceux qui se tiennent aux portes. Et, tout en parlant, il se retire pas à pas, comme pour remettre son cheval à quelqu'un. 5 Il se glisse ainsi au dehors, adressant la parole sans se troubler à ceux des Corinthiens qu'il rencontre pour leur dire d'aller au sanctuaire d'Apollon. Quand il fut arrivé sans être inquiété près de la citadelle, il sauta sur son cheval, recommanda à Cléopatros, chef de la garnison, de garder fermement la place, puis partit au galop pour Sicyone, suivi de trente soldats seulement, les autres l'ayant abandonné et s'étant dispersés. 6 Les Corinthiens ne tardèrent pas à apprendre sa fuite ; ils le poursuivirent sans réussir à le rejoindre, puis appelèrent Cléomène et lui livrèrent leur cité ; le roi pensa ainsi recevoir d'eux moins qu'ils ne lui avaient fait perdre en laissant échapper Aratos. 7 Lorsque les habitants de la côte que l'on appelle Actè se furent joints à lui et lui eurent livré leurs villes, il fit entourer l'Acrocorinthe d'une palissade et d'un mur.

41. 1 À Sicyone la plupart des Achéens se groupèrent autour d'Aratos, formèrent une assemblée et l'élurent stratège avec pleins pouvoirs. 2 Il s'entoura d'une garde recrutée parmi ses concitoyens. Il y avait trente-trois ans qu'il dirigeait les affaires publiques des Achéens et qu'il était en puissance et en réputation le premier des Grecs ; à présent en revanche, isolé et sans moyens, il flottait brisé comme une épave dans le naufrage de sa patrie, au milieu de la tourmente et des périls. 3 Il demanda le secours des Étoliens, qui le lui refusèrent, et Athènes, bien disposée pourtant en sa faveur, fut empêchée de venir à son aide par Eurycleidès et Micion. 4 Aratos avait à Corinthe des biens et une maison ; Cléomène n'y toucha pas et ne permit à personne d'y toucher ; il convoqua les amis et les intendants d'Aratos et leur recommanda de conserver et de gérer le tout dans la pensée qu'ils devraient rendre des comptes à Aratos, 5 à qui il envoya, à titre privé, Tripylos, puis son beau-père Mégistonous, chargés de lui promettre, parmi beaucoup d'autres avantages, une pension annuelle de douze talents, le double de celle que lui servait Ptolémée ; en effet le roi d'Égypte lui envoyait chaque année six talents ; 6 en retour, Cléomène demandait à être proclamé chef des Achéens et à garder l'Acrocorinthe de concert avec eux. 7 Aratos répondit que, loin de tenir en mains les affaires, c'étaient plutôt elles qui le tenaient. Cléomène pensa qu'il se moquait de lui, et il se jeta aussitôt sur le territoire de Sicyone, le pilla, le ravagea, puis resta trois mois devant la ville, sans faire fléchir Aratos qui se demandait s'il accueillerait Antigone et lui livrerait l'Acrocorinthe, car le Macédonien ne voulait l'aider qu'à ce prix.

Les Achéens appellent les Macédoniens. – **42.** 1 Les Achéens se réunirent à Aigion et y appelèrent Aratos. Mais, comme Cléomène campait devant Sicyone, il ne pouvait faire ce trajet sans danger, et les citoyens cherchaient à le retenir par leurs prières en disant qu'ils ne le laisseraient pas exposer sa personne quand les ennemis étaient si proches. Même les femmes et les enfants le serraient alors dans leurs bras en pleurant sans vouloir le lâcher, lui, leur père commun et leur sauveur. 2 Aratos les rassura et les réconforta, puis il partit à cheval vers la mer avec dix de ses amis et son fils qui était déjà un jeune homme. Il y avait là des vaisseaux au mouillage ; ils embarquèrent et se firent transporter à Aigion, où se tenait l'assemblée. On y résolut d'appeler Antigone et de lui livrer l'Acrocorinthe. 3 Aratos joignit même son fils aux autres otages qu'on lui envoya. Irrités de cette décision, les Corinthiens pillèrent les biens d'Aratos et firent présent de sa maison à Cléomène.

43. 1 Comme Antigone approchait déjà avec son armée (il amenait vingt mille fantassins macédoniens et treize cents cavaliers), Aratos, accompagné des démiurges, alla par mer à sa rencontre jusqu'à Pègai, à l'insu des ennemis. Il n'avait pas grande confiance en Antigone et il se méfiait des Macédoniens, 2 car il savait que ses propres accroissements provenaient des dommages qu'il leur avait causés, et que le premier et le plus grand principe de sa politique avait été sa haine contre Antigone l'Ancien. Mais se voyant pressé par l'inflexible nécessité et par les circonstances auxquelles se soumettent même ceux qui passent pour être les maîtres, il marchait au-devant du danger. 3 Antigone, quand on lui annonça l'arrivée d'Aratos, salua les autres poliment, mais de façon banale, tandis qu'il accueillit Aratos, dès cette première entrevue, avec des honneurs exceptionnels, et, ensuite, découvrant en lui à l'usage un homme plein de valeur et d'intelligence, il l'admit plus avant dans son intimité. 4 Aratos en effet n'était pas seulement utile dans les grandes affaires, mais il apportait au roi, quand celui-ci était de loisir, une compagnie plus agréable que personne d'autre. 5 C'est pourquoi Antigone, bien qu'il fût encore jeune, n'eut pas plus tôt observé en lui une nature qui n'était nullement inapte pour une amitié royale, qu'il le préféra à tous, non seulement aux Achéens, mais même aux Macédoniens qu'il avait avec lui, de façon qu'il l'employa constamment. 6 Et le présage se réalisa comme le dieu l'avait indiqué par les entrailles des victimes : on raconte en effet que, peu de temps auparavant, lors d'un sacrifice offert par Aratos, on avait trouvé dans le foie d'un animal deux vésicules de fiel enveloppées dans une même couche de graisse ; le devin annonça qu'Aratos se lierait bientôt de l'amitié la plus étroite avec ce qu'il haïssait et détestait le plus. 7 Sur le moment, il négligea cette prédiction. Il avait d'ailleurs peu de confiance dans les prophéties et les sacrifices, et il ne se conduisait que d'après sa raison. 8 Mais, par la suite, Antigone, à un moment où il remportait des succès à la guerre, donna à Corinthe un festin, où il reçut de nombreux invités et fit placer Aratos au-dessus de lui ; au bout d'un moment, il réclama une couverture et demanda à Aratos s'il ne trouvait pas, lui aussi, qu'il faisait froid ; Aratos ayant répondu qu'il était tout à fait gelé, il le pria de s'approcher plus près de lui, et les esclaves apportèrent un tapis dont ils les enveloppèrent tous les deux. 9 Alors Aratos, se souvenant du sacrifice, éclata de rire et raconta au roi le présage et la prédiction. Mais ce fait n'eut lieu que plus tard.

44. 1 À Pègai donc ils se prêtèrent serment l'un à l'autre, puis marchèrent aussitôt à l'ennemi. Les Corinthiens se défendant vaillamment et Cléomène s'étant bien retranché, des combats eurent lieu autour de cette ville. 2 Mais à ce moment Aristotélès d'Argos, ami d'Aratos, lui envoie dire en secret qu'il suscitera la défection de sa cité, si Aratos vient avec des troupes. 3 Aratos en parla avec Antigone, puis emmena quinze cents hommes et avec eux se rendit en toute hâte par mer de l'Isthme à Épidaure, mais les Argiens n'attendirent pas son arrivée pour attaquer les soldats de Cléomène ; ils les enfermèrent dans l'acropole. À cette nouvelle, Cléomène, craignant de se voir couper la retraite vers son pays par les ennemis devenus maîtres d'Argos, abandonna l'Acrocorinthe et vint pendant la nuit au secours des siens. 4 Il devança Aratos, entra dans Argos et mit en fuite quelques adversaires. Mais peu après, comme Aratos approchait et que le roi apparaissait avec son armée, il se retira vers Mantinée. 5 Dès lors toutes les villes revinrent au parti des Achéens, Antigone prit possession de l'Acrocorinthe, et Aratos, élu stratège par les Argiens, les persuada de faire présent à Antigone des biens des tyrans et des traîtres. 6 On fit torturer et jeter à la mer, à Cenchrées, Aristomachos. Ce supplice fit grand tort à la réputation d'Aratos : il lui fut reproché d'avoir laissé périr illégalement un homme qui n'était pas mauvais, qui l'avait beaucoup fréquenté et qui, sur ses conseils, avait renoncé au pouvoir et avait joint sa ville aux Achéens.

45. 1 Déjà on le rendait responsable aussi des autres sujets de mécontentement : c'était sa faute, par exemple, si l'on avait fait cadeau à Antigone de la ville de Corinthe, comme s'il s'agissait d'une quelconque bourgade ; si on l'avait laissé piller Orchomène et y mettre une garnison macédonienne ; 2 si l'on avait décrété de n'écrire et de n'envoyer d'ambassadeur à un autre roi sans l'autorisation d'Antigone, si l'on avait accepté par contrainte de nourrir et de payer les Macédoniens, 3 si l'on célébrait des sacrifices, des processions et des concours en l'honneur d'Antigone, à commencer par les concitoyens d'Aratos qui avaient reçu dans leur cité Antigone, qu'Aratos y traitait en hôte. 4 On l'accusait donc de tout, sans réfléchir qu'ayant remis les rênes aux mains d'Antigone, il était entraîné par le torrent de la puissance royale et n'était plus maître que de sa seule voix, dont la franchise même pouvait être dangereuse. 5 Il laissait assez voir la peine que lui causaient de nombreux actes d'Antigone, en particulier dans l'affaire des statues : Antigone avait relevé celles des tyrans d'Argos, qui avaient été abattues, et renversé les effigies, restées debout, des hommes qui avaient pris l'Acrocorinthe, à l'exception d'une seule, celle d'Aratos ; il avait eu beau prier Antigone à se sujet, il n'avait rien obtenu. 6 On jugeait aussi qu'à l'égard de Mantinée les Achéens ne s'étaient pas conduits en vrais Grecs : devenus maîtres de cette ville grâce à l'aide d'Antigone, ils firent périr les premiers et les plus illustres des citoyens ; quant au reste des habitants, ils vendirent les uns et envoyèrent les autres, enchaînés, en Macédoine ; enfin ils réduisirent en esclavage les enfants et les femmes, partagèrent entre eux le tiers de l'argent ainsi obtenu et donnèrent les deux autres tiers aux Macédoniens. 7 C'était, il est vrai, la loi des représailles. En effet, s'il est odieux d'assouvir ainsi sa colère sur des hommes de même origine et de même sang, en cas de nécessité même la dureté devient douce, au dire de Simonide, en accordant soulagement et satisfaction au cœur endolori, qu'enflamme le ressentiment. 8 Mais ce que l'on fit ensuite à l'égard de cette ville ne permet d'attribuer à Aratos aucun motif honorable ni l'excuse de la nécessité : les Achéens ayant reçu d'Antigone la cité en présent et ayant résolu de la repeupler, c'est Aratos qui fut choisi comme fondateur et fit décider, en sa qualité de stratège, qu'on ne l'appelerait plus désormais Mantinée, mais Antigonéia, et c'est ainsi qu'on la nomme aujourd'hui encore. 9 C'est donc par sa faute, semble-t-il, que « l'aimable Mantinée » a complètement perdu son nom et garde celui des meurtriers et des bourreaux de ses citoyens.

Bataille de Sellasie et ses suites. – **46.** 1 Ensuite Cléomène fut vaincu dans une grande bataille près de Sellasie ; il quitta Sparte et s'embarqua pour l'Égypte. Quant à Antigone, après s'être montré en tout juste et humain à l'égard d'Aratos, il retourna en Macédoine. 2 Il y tomba bientôt malade et envoya dans le Péloponnèse celui qui devait lui succéder comme roi, Philippe, encore un tout jeune homme, en lui recommandant d'écouter surtout Aratos et d'user de son entremise dans les rapports avec les villes et pour se faire connaître des Achéens. 3 De fait, Aratos, ayant accueilli Philippe, le mit dans de telles dispositions qu'il était plein de dévouement pour lui et rempli de zèle et d'ardeur pour les intérêts des Grecs lorsqu'il repartit pour la Macédoine.

47. 1 Après la mort d'Antigone, les Étoliens qui méprisaient les Achéens à cause de leur insouciance (ils les voyaient habitués à recevoir leur salut des mains d'autrui, à se retirer à l'abri des armes des Macédoniens et à vivre dans l'oisiveté et l'indiscipline), s'ingérèrent dans les affaires du Péloponnèse. 2 Ils pillèrent au passage Patrai et Dymè, et envahirent la Messénie qu'ils ravagèrent. 3 Aratos s'indignait et voyait que Timoxénos, alors stratège des Achéens, hésitait et temporisait parce qu'il était presque au terme de sa fonction ; étant lui-même élu pour lui succéder, il devança de cinq jours sa prise de commandement afin d'aller au secours des Messéniens. 4 Il rassembla les Achéens, mais, comme ils manquaient d'entraînement physique et d'énergie morale pour faire la guerre, il fut vaincu près de Caphyai. 5 Il semblait avoir dirigé les opérations avec trop de fougue, mais, refroidi à nouveau par cet échec, il laissa aller les affaires et renonça à espérer, au point que, malgré la prise que les Étoliens lui donnèrent plusieurs fois sur eux, il resta tranquille et leur permit de parcourir le Péloponnèse comme en partie de plaisir, avec beaucoup d'audace et d'insolence. 6 Les Achéens tendirent donc les mains une fois encore vers la Macédoine et ils cherchèrent à attirer à eux Philippe pour qu'il vînt s'occuper des affaires de la Grèce, espérant surtout que son amitié et sa confiance envers Aratos leur feraient trouver en lui un roi facile et maniable, dont ils disposeraient en tout à leur gré.

Philippe de Macédoine. – **48.** 1 Alors, tout d'abord, comme Apellès, Mégaléas et quelques autres courtisans calomniaient Aratos, le roi les écouta, soutint pour l'élection du stratège achéen le parti hostile à Aratos et fit ainsi élire Épératos. 2 Mais celui-ci étant tout à fait méprisé par les Achéens et Aratos ne s'occupant pas des affaires, il ne se faisait plus rien de bon, et Philippe reconnut qu'il s'était complètement trompé. 3 Il revint alors à Aratos et s'en remit tout entier à lui, puis, voyant ses affaires gagner en puissance et en bonne renommée, il s'attacha à lui comme à l'homme à qui il devait sa gloire et sa grandeur. 4 Tout le monde reconnaissait qu'Aratos était un excellent précepteur non seulement de démocratie, mais aussi de monarchie, 5 car sa ligne de conduite et son caractère se reflétaient avec éclat dans les actions du roi. Et en effet la modération du jeune homme à l'égard des Lacédémoniens, pourtant fautifs, les entretiens qu'il eut avec les Crétois et qui lui gagnèrent l'île entière en quelques jours et son expédition merveilleusement efficace contre les Étoliens acquirent à Philippe la réputation d'être docile aux avis et à Aratos celle de bon conseiller. 6 Ces succès ne firent qu'augmenter la jalousie des courtisans envers Aratos et, comme ils n'arrivaient à rien en le calomniant secrètement, ils se mirent à l'insulter publiquement et à lui chercher noise dans les banquets avec beaucoup de grossièreté et d'insolence. Un jour même, comme il se retirait dans sa tente après dîner, ils le poursuivirent en lui jetant des pierres. 7 Philippe alors se fâcha et leur infligea une amende de vingt talents, puis, voyant qu'ils continuaient à troubler et ruiner ses affaires, il les fit périr.

49. 1 Mais Philippe, exalté par cet heureux cours de sa Fortune, laissa croître en lui beaucoup de grandes passions, et sa perversité naturelle, faisant éclater et détruisant le masque artificiel dont il la couvrait, mettait à nu et révélait peu à peu son caractère. 2 Il commença par un outrage privé envers Aratos le Jeune dont il séduisit la femme ; cette liaison resta longtemps secrète, le roi vivant en hôte à leur foyer. Ensuite il se montra plus rude envers les villes grecques, et l'on vit que déjà il secouait la tutelle d'Aratos. 3 Ce furent les affaires de Messène qui firent naître les premiers soupçons. La discorde s'étant installée parmi les habitants de cette cité, Aratos qui venait à leur secours arriva trop tard ; Philippe le devança d'un jour, et, à peine entré dans la ville, il excita, comme un taon, les citoyens les uns contre les autres : 4 d'un côté, il demandait aux stratèges des Messéniens s'ils n'avaient pas de lois pour réprimer les excès de la multitude, et, d'un autre côté, aux chefs du peuple s'ils n'avaient pas de bras pour se défaire des tyrans. 5 Enhardis par ces propos, les magistrats voulaient se saisir des démagogues, mais ceux-ci, se jetant sur eux avec la foule, les tuèrent, et en même temps près de deux cents autres citoyens.

50. 1 Alors que le roi s'était comporté de façon si scandaleuse en aggravant encore l'animosité mutuelle des Messéniens, Aratos arriva et laissa lui-même paraître son mécontentement ; il n'empêcha pas non plus son fils d'adresser à Philippe d'amers reproches et des injures. 2 Ce jeune homme, qui semblait aimer Philippe, lui dit alors, entre autres paroles, qu'après ce qu'il avait fait, il ne le trouvait plus beau, mais le plus laid de tous les hommes. 3 Philippe ne lui répondit rien, alors que l'on s'attendait à ce qu'il poussât sous l'effet de la colère, en entendant ces mots, beaucoup de hurlements ; mais, comme supportant avec douceur ces paroles en homme naturellement modéré et civil, il prit la main droite du vieil Aratos, le fit sortir du théâtre et l'emmena au sanctuaire de l'Ithome pour y offrir à Zeus un sacrifice et inspecter la place. 4 Celle-ci n'est pas moins forte que l'Acrocorinthe, et, si elle se trouve munie d'une garnison, elle devient redoutable et inexpugnable pour les voisins. 5 Quand le roi y fut monté et eut fait le sacrifice, le devin lui présenta les entrailles du bœuf ; il les prit à deux mains et, les montrant à Aratos et à Démétrios de Pharos en se penchant tour à tour vers l'un et vers l'autre, il leur demanda si, d'après ce qu'ils voyaient dans ces entrailles, il devait s'emparer de la citadelle ou la rendre aux Messéniens. 6 Démétrios se mit à rire et dit : « Si tu as l'âme d'un devin, tu lâcheras la place ; mais si tu as l'âme d'un roi, tu tiendras le bœuf par les deux cornes », donnant à entendre par là que, si Philippe ajoutait l'Ithome à l'Acrocorinthe, le Péloponnèse lui serait entièrement soumis et asservi. 7 Aratos se tut longtemps, mais, pressé par Philippe de donner son opinion, il répondit : « Il existe, Philippe, plusieurs grandes montagnes en Crète ; beaucoup de sommets se dressent en Béotie et en Phocide ; en Acarnanie il y a aussi sans doute beaucoup de lieux admirablement fortifiés, soit au milieu des terres, soit au bord de la mer ; 8 or tu n'as pris aucun de ces points forts, et pourtant tous y exécutent volontairement tes ordres. Ce sont les brigands qui s'accrochent aux rochers et vivent entourés de précipices, mais, pour un roi, il n'y a rien de plus solide ni de plus sûr que la confiance et l'amour des peuples : 9 c'est ce qui t'ouvre la mer de Crète, ce qui t'ouvre le Péloponnèse, et c'est en t'appuyant là-dessus que tu es déjà devenu, à ton âge, le chef des uns et le maître des autres. » 10 Il finissait à peine de parler que Philippe remit les entrailles au devin et, emmenant Aratos par la main, il lui dit : « Reprenons donc ici le même chemin », comme se trouvant contraint de renoncer à cette ville sous la pression d'Aratos.

51. 1 Cependant Aratos prenait désormais ses distances avec la cour et renonçait peu à peu à ses relations habituelles avec Philippe. Quand le roi passa par mer en Épire et le pria de l'accompagner dans cette expédition, il refusa et ne bougea pas, craignant de s'attirer une mauvaise réputation en participant à l'entreprise. 2 Lorsque Philippe eut perdu honteusement sa flotte du fait des Romains et eut échoué totalement dans son dessein, il retourna dans le Péloponnèse et chercha de nouveau à gagner les Messéniens par la ruse, mais, se voyant découvert, il eut recours ostensiblement à la violence et ravagea leur pays. 3 Alors Aratos se détourna tout à fait de lui et devint son ennemi. Il connaissait maintenant la liaison criminelle de son gynécée, et il en était personnellement très affligé, mais il n'en dit rien à son fils, qui n'aurait pu qu'apprendre l'outrage sans avoir aucun moyen de s'en venger. 4 En effet le changement le plus radical et le plus incroyable s'était produit chez Philippe : le roi bienveillant, le sage jouvenceau de naguère était devenu un homme débauché et un odieux tyran ; à vrai dire, ce ne fut pas un changement de nature, mais la manifestation, due à une impunité assurée, de sa perversité foncière, restée longtemps ignorée en raison de la crainte qui la réprimait.

***La mort.* – 52.** 1 Car l'affection qu'il avait nourrie au début pour Aratos était mêlée de respect et de crainte, comme il le montra par sa conduite envers lui : 2 bien qu'il fût désireux de le supprimer et persuadé qu'il ne serait jamais libre, ni, à plus forte raison, tyran ou roi tant qu'Aratos vivrait, il n'entreprit rien par la force, mais il chargea Taurion, l'un de ses généraux et de ses amis, d'agir secrètement à cette fin, de préférence par le poison et en son absence. 3 Taurion, s'étant lié avec Aratos, lui donna un de ces poisons qui ne sont ni violents ni prompts, mais qui provoquent d'abord dans le corps des échauffements amollissants et une faible toux, puis conduisent peu à peu à une consomption mortelle. 4 Cependant Aratos s'en aperçut, mais, comme il n'eût servi à rien de dénoncer le crime, il supporta son mal doucement et en silence, comme s'il souffrait d'une maladie banale et ordinaire. Un jour seulement, ayant craché du sang devant l'un de ses familiers qui se trouvait dans sa chambre, et qui s'étonnait à cette vue : « Voilà, Céphalon, lui dit-il, ce qu'on gagne à l'amitié d'un roi. »

53. 1 C'est ainsi qu'il mourut à Aigion, alors qu'il était stratège pour la dix-septième fois. Si les Achéens ambitionnaient de l'enterrer là et d'y élever un monument digne de la vie de ce grand homme, les Sicyoniens regardaient comme un malheur que son corps ne fût pas déposé chez eux. 2 Ils persuadèrent les Achéens de le leur remettre, mais il existait une loi antique, fortifiée encore d'une peur superstitieuse, qui interdisait d'ensevelir personne à l'intérieur des murs ; ils envoyèrent donc à Delphes consulter sur ce point la Pythie, qui leur rendit cet oracle :

3 Dois-tu toujours délibérer, Sicyone, pour payer le prix de ton salut,
Par des sacrifices et des fêtes, à Aratos, ton chef défunt ?
Car ce qui accablerait cet homme en serait accablé,
Et serait une impiété sur terre, sur mer et dans le ciel.

4 Quand cette réponse leur parvint, les Achéens se réjouirent unanimement, et de façon toute spéciale les Sicyoniens. Ceux-ci, changeant leur deuil en une fête, avec des couronnes sur la tête et en vêtements blancs, ramenèrent aussitôt d'Aigion le corps dans leur ville, au son des péans et des chœurs ; ils choisirent un lieu bien en vue et l'y enterrèrent comme le fondateur et le sauveur de la cité. 5 Cet endroit s'appelle aujourd'hui encore l'Aratéion ; on y offre des sacrifices, l'un, le jour même où Aratos

avait libéré Sicyone de la tyrannie, le cinq du mois Daesios, que les Athéniens nomment Anthestérion, et ce sacrifice s'appelle Sotéria ; l'autre était célébré au jour anniversaire de sa naissance. 6 Le premier sacrifice était offert par le prêtre de Zeus Sotèr, le second par celui d'Aratos, ceint d'un bandeau qui n'était pas entièrement blanc, mais mêlé de pourpre. Les artistes dionysiaques chantaient des mélodies accompagnées par la cithare ; le gymnasiarque conduisait le cortège à la tête des enfants et des éphèbes ; à leur suite venaient les membres du Conseil avec des couronnes sur la tête, puis tous les autres citoyens qui le voulaient. 7 Il subsiste encore maintenant en ces jours-là quelques petits vestiges des cérémonies d'autrefois, conservés par un sentiment de piété, mais la plupart de ces honneurs solennels ont cessé par l'effet du temps et des circonstances changeantes.

Épilogue. – **54.** 1 Telle fut donc la vie, tel fut le caractère d'Aratos l'Ancien au dire des historiens. 2 Quant à son fils, Philippe, étant pervers de nature et outrageusement cruel, lui fit donner un poison qui, sans être mortel, lui enleva la raison, 3 altérant ainsi son comportement et le conduisant à des désordres étranges et affreux : il désirait commettre des actions anormales et concevait des passions honteuses et funestes. Aussi, bien qu'il fût encore à la fleur de l'âge, la mort devint-elle pour lui moins un malheur qu'une délivrance de ses maux et une voie de salut.

4 Philippe, quant à lui, ne cessa de payer pendant le reste de sa vie à Zeus protecteur des hôtes et des amis le juste prix de cette impiété. 5 Vaincu par les Romains, il dut se remettre à leur discrétion, fut chassé des pays qu'il avait dominés, livra tous ses vaisseaux à l'exception de cinq, s'engagea à verser en outre mille talents et donna son fils en otage. On lui laissa par pitié la Macédoine et ses dépendances immédiates. 6 Il continua de faire mourir ses sujets les meilleurs et ses plus proches parents, remplissant tout le royaume d'horreur et de haine à son égard. 7 L'unique bonheur qui lui restait au milieu de tant de maux était un fils d'une rare vertu : envieux et jaloux des honneurs que les Romains rendaient à ce fils, il le fit périr. Il laissa la royauté à son autre fils, Persée, qui n'était pas, dit-on, un enfant légitime, mais supposé, né d'une couturière nommée Gnathaenion. 8 C'est celui dont Paul-Émile triompha et en qui finit la lignée royale des Antigonides, tandis que la descendance d'Aratos subsiste encore de nos jours à Sicyone et à Pellène.

Le lecteur remarquera assez vite quelques caractéristiques ambiguës de ces textes. Tout d'abord ils sont étroitement liés entre eux car ils se réfèrent l'un à l'autre de même qu'ils se réfèrent à un troisième que nous avons perdu : la Vie de Vitellius. *Certes, il est fréquent que, dans une* Vie, *Plutarque fasse référence à une autre* Vie *déjà composée ou en projet mais ici le ton est différent. Ces annonces ou ces rappels se présentent comme figurant dans un même texte (par exemple* Vie d'Othon, **18**. 1). *On a donc le sentiment qu'il ne s'agit pas d'ouvrages séparés, mais de chapitres différents d'un même ouvrage comme par exemple les* Histoires *de Tacite ou les* Vies des douze Césars *de Suétone.*

Ce sentiment est confirmé par le catalogue de Lamprias qui, outre ces deux vies, indique que Plutarque avait composé les Vies *d'Auguste* (**26**), *de Tibère* (**27**), *de Caligula* (**31**), *de Claude* (**29**), *de Néron* (**30**) *et de Vitellius* (**33**).

Nous sommes ici très éloignés de l'entreprise des Vies parallèles *et assez proches de la conception d'une histoire de Rome disposée par règnes d'empereur et qui viendrait se terminer à la veille de l'avènement de Vespasien. De quand daterait cet ouvrage ? On a évidemment pensé qu'il était contemporain des* Histoires *et des* Annales *de Tacite et se situerait sous Trajan ou Hadrien. Des analogies de récit pourraient confirmer ce sentiment. Mais on voit mal quand Plutarque aurait trouvé, durant cette période encombrée, le temps de composer un ouvrage aussi considérable. D'autre part, les analogies relevées ne sont pas probantes. Nous pensons pour notre part que cette histoire de l'Empire romain par règnes a été composée par Plutarque sous Vespasien au lendemain de la disparition de la dynastie julienne, sous l'influence de Mestrus Florus, lui-même proche de Vespasien. Si l'on en juge d'après ce qui nous en reste, la responsabilité de l'armée était en cause et cette histoire pouvait mettre en lumière le désordre et l'insubordination des troupes, auxquels Vespasien venait de mettre fin. Quant aux rapprochements, nombreux, que l'on peut établir entre les* Annales *de Tacite et les* Vies de Galba et d'Othon *de Plutarque, Robert Flacelière est tout à fait fondé à les attribuer à l'utilisation commune d'une même source : l'historien romain Cluvius Rufus.*

J. S.

GALBA

***Préface.* – 1.** 1 Si l'Athénien Iphicrate voulait que le soldat mercenaire fût avide de richesses et de plaisirs, afin que, cherchant à acquérir de l'argent pour satisfaire ses passions, il s'exposât plus audacieusement au danger dans les combats, en revanche la plupart des généraux souhaitent que la troupe ne suive jamais son impulsion propre et ne soit mue, comme un seul corps, que par celle de son chef. 2 Aussi dit-on que Paul-Émile, en prenant le commandement de l'armée de Macédoine, alors pleine de bavards et d'indiscrets qui jouaient aux stratèges, enjoignit que chacun eût la main prompte et l'épée tranchante, lui-même se chargeant du reste. 3 Quant à Platon, voyant qu'il ne sert à rien d'avoir un bon chef et un bon général si les soldats ne sont pas disciplinés et d'accord avec lui, il pense que la vertu d'obéissance, comme la vertu royale, demande une nature généreuse et une éducation philosophique, par excellence capables de mêler harmonieusement au courage et à l'énergie la douceur et l'humanité ; 4 une foule d'exemples témoignent en faveur de son opinion, et en particulier les malheurs qui suivirent à Rome la mort de Néron montrent qu'il n'y a rien de plus redoutable dans un empire qu'une force militaire qui se conduit selon des impulsions grossières et déraisonnables. 5 Démade, voyant après la mort d'Alexandre l'armée macédonienne sans cesse agitée de mouvements tumultueux et désordonnés, la comparait au Cyclope aveugle ; 6 c'est ainsi que l'Empire romain, en proie à ces mêmes troubles et convulsions que l'on appelle Titaniques, se déchira en de nombreuses factions et se tourna de toutes parts à plusieurs reprises contre lui-même, moins encore par l'ambition de ceux qui étaient proclamés empereurs que par la cupidité et la licence de la soldatesque, qui éliminait les empereurs les uns par les autres, comme un clou chasse l'autre. 7 Denys disait du tyran de Phères Polyphron, qui avait détenu le pouvoir en Thessalie pendant dix mois et avait été tué aussitôt après, que c'était un tyran de tragédie, se moquant ainsi de la rapidité du changement, 8 mais la maison des Césars au Palatin vit en moins de temps quatre empereurs entrer et disparaître successivement comme sur une scène. 9 Sans doute existait-il une consolation pour les victimes, qui n'avaient pas besoin d'autre vengeance contre les auteurs de leurs maux, qu'ils voyaient se massacrer eux-mêmes les uns les autres ; le premier à périr, et de la façon la plus juste, fut celui qui avait séduit les Romains en leur faisant espérer du changement de César tout ce qu'il promettait lui-même, déshonorant par ce salaire la plus belle des entreprises, la révolte contre Néron, qui dégénéra ainsi en trahison.

2. 1 En effet Nymphidius Sabinus, qui était, comme nous l'avons dit, préfet du prétoire avec Tigellin, voyant que la situation de Néron était tout à fait désespérée et qu'il semblait certain qu'il allait se réfugier en Égypte, persuada les soldats, comme s'il n'était plus là et avait déjà pris la fuite, de proclamer empereur Galba, 2 et il promit aux gardes du palais et à ceux qu'on appelle prétoriens un don de sept mille cinq cents drachmes par tête, et un de douze cent cinquante drachmes aux troupes du dehors, sommes si énormes que l'on ne pouvait les réunir sans apporter à tous les habitants de l'empire mille fois plus de maux que Néron ne leur en avait causé. 3 Cette promesse perdit aussitôt Néron et peu après Galba aussi, car ils abandonnèrent l'un pour avoir l'argent et tuèrent l'autre parce qu'ils ne le touchaient pas. 4 Ensuite, cherchant quelqu'un qui leur en donnerait autant, ils s'épuisèrent en défections et en trahisons avant d'obtenir ce qu'ils avaient espéré. 5 Relater exactement un à un les événements de ce temps, c'est la tâche de l'histoire narrative ; mais les actes et les malheurs mémorables des Césars, il ne convient pas que, de mon côté, je les passe sous silence.

Antécédents. – **3.** 1 Sulpicius Galba est généralement reconnu comme le plus riche particulier qui soit jamais entré dans la maison des Césars ; il était aussi très considéré pour sa noblesse, celle de la famille des Servii, mais il était lui-même plus fier de sa parenté avec Catulus, celui-ci ayant été le premier homme de son temps par sa vertu et sa réputation, même s'il cédait volontiers à d'autres la prééminence du pouvoir. 2 Galba était aussi quelque peu parent de Livie, la femme d'Auguste, et c'est pourquoi elle le fit sortir du Palatium pour aller prendre ses fonctions de consul. 3 On dit encore qu'il commanda glorieusement en Germanie, et que, proconsul en Afrique, il fut du petit nombre des gouverneurs dignes d'éloge. 4 Mais la simplicité de son train de vie, son esprit d'économie et sa modération dans les dépenses le firent accuser de mesquinerie quand il fut devenu empereur, la réputation d'ordre et de tempérance qu'il avait étant passée de mode. 5 Néron, qui n'avait pas encore appris à craindre les citoyens de grand renom, l'envoya gouverner l'Espagne, car il paraissait doux de nature, et sa vieillesse en outre semblait une garantie de circonspection.

4. 1 Mais là-bas les odieux procurateurs de Néron pillèrent cruellement et sauvagement les provinces de Galba. Il n'avait d'autre moyen de venir en aide aux opprimés que de leur manifester sa compassion et la douleur que lui causaient, comme à eux, ces injustices, et c'était là, dans une certaine mesure, un soulagement et une consolation pour ces malheureux, condamnés et vendus. 2 On avait fait contre Néron des couplets qui circulaient et se chantaient partout ; Galba n'y mit pas obstacle et ne partagea pas l'indignation des procurateurs, ce qui augmenta encore l'affection que les gens avaient pour lui, 3 car depuis sept ans qu'il était gouverneur, il avait eu le temps de se familiariser avec ses administrés. C'est alors que Julius Vindex, propréteur de Gaule, s'insurgea contre Néron. 4 On dit que, même avant d'en venir à une révolte ouverte, Vindex avait adressé une lettre à Galba ; celui-ci ne s'y fia pas, mais ne révéla pas non plus ni ne dénonça les projets qu'elle annonçait, comme le firent d'autres gouverneurs, qui communiquèrent à Néron les lettres reçues et compromirent, en ce qui dépendait d'eux, cette entreprise, à laquelle ils s'associèrent par la suite, avouant ainsi qu'ils n'étaient pas moins traîtres à eux-mêmes qu'à Vindex. 5 Puis, lorsque Vindex eut clairement déclaré la guerre, il écrivit de nouveau à Galba pour l'engager à accepter l'empire et à s'offrir lui-même à un corps puissant qui cherchait une tête, c'est-à-dire aux Gaules qui avaient cent mille hommes sous les armes et qui pouvaient en armer un nombre encore plus grand. Galba prit l'avis de ses amis. 6 Plusieurs conseillèrent d'attendre pour voir quel mouvement et quel effet cette initiative produirait à Rome ; 7 mais Titus Vinius, commandant de la garde prétorienne, leur dit : « Galba, quelle délibération est-ce là ? Nous demander si nous resterons fidèles à Néron, c'est déjà cesser de l'être. Il faut donc, ou bien considérer Néron comme ennemi et ne pas repousser l'alliance de Vindex, ou bien mettre tout de suite Vindex en accusation et lui faire la guerre, parce qu'il veut que les Romains t'aient pour chef plutôt que Néron pour tyran. »

Sur le chemin du pouvoir suprême. – **5.** 1 Alors Galba fit connaître par affiche une date à laquelle il affranchirait successivement les esclaves qui le demanderaient. Dès que la rumeur publique en eut répandu la nouvelle, une foule d'hommes avides de changement se rassembla, et on ne l'eut pas plus tôt vu apparaître sur son tribunal que tous d'une seule voix le proclamèrent empereur. 2 Il n'accepta pas ce titre sur-le-champ, mais, après avoir accusé Néron et déploré le meurtre de ses plus illustres victimes, il promit de consacrer tous ses soins à la patrie, sans prendre le nom de César ni d'empereur, en tant que légat du Sénat et du peuple romain. 3 Que Vindex eût bien calculé son coup en appelant Galba à l'empire, c'est ce dont Néron lui-même fournit la preuve : il avait feint de mépriser Vindex et de compter pour rien les événements de Gaule, mais, en apprenant ce qui concernait Galba (il était en train de déjeuner après avoir pris son bain), il renversa la table. 4 Toutefois, le sénat ayant déclaré Galba ennemi public, Néron, voulant lui-même en plaisanter et se donner un air d'assurance devant ses amis, dit que c'était là une occasion non négligeable qui s'offrait à lui de s'enrichir, alors qu'il avait besoin d'argent ; 5 que, lorsque les Gaulois seraient réduits à merci, il s'approprierait leurs dépouilles, et qu'il pouvait disposer des biens de Galba et les vendre, puisque celui-ci s'était déclaré son ennemi. 6 Il mit donc en vente ce qui appartenait à Galba. Celui-ci, de son côté, l'ayant appris, fit annoncer publiquement la vente de toutes les propriétés que Néron possédait en Espagne, et elles trouvèrent, plus que les siennes, beaucoup d'acquéreurs empressés.

6. 1 Nombreux étaient ceux qui faisaient défection à Néron, et presque tous se ralliaient à Galba. Seuls, Clodius Macer en Afrique, et Verginius Rufus qui avait sous ses ordres en Gaule l'armée de Germanie, agissaient pour leur propre compte, mais avec des intentions différentes : 2 Clodius, qui s'était rendu coupable de pillages et de massacres en raison de sa cruauté et de sa cupidité, flottait manifestement dans l'indécision, étant aussi incapable de maintenir son autorité que d'y renoncer ; 3 Verginius, lui, commandait les légions les plus fortes, et, celles-ci, à plusieurs reprises, le proclamant empereur et voulant le contraindre à accepter ce titre, il déclara que lui-même ne prendrait pas le pouvoir suprême, et qu'il ne le laisserait pas remettre à un autre que le sénat n'aurait pas choisi. 4 Dès l'abord cette situation jeta Galba dans un grand trouble. Mais bientôt les armées de Verginius et de Vindex, faisant pour ainsi dire violence à leurs chefs, les entraînèrent, comme des cochers incapables de tenir les rênes, en se jetant dans une grande bataille, où Vindex se tua sur les cadavres de vingt mille Gaulois, et le bruit se répandit que les vainqueurs exigeaient pour prix d'une telle victoire que Verginius acceptât l'empire, sous peine de les voir retourner à Néron. 5 Alors Galba, tout plein d'effroi, écrivit à Verginius pour l'inviter à s'entendre avec lui et à sauvegarder à la fois la souveraineté et la liberté des Romains. 6 Puis il s'en retourna avec ses amis à Clunia, ville d'Espagne, où il passait son temps à se repentir de ce qu'il avait fait et à regretter la vie de loisir dont il avait l'habitude et qui lui était devenue indispensable, plutôt que de s'occuper de ce qu'exigeait la situation présente.

7. 1 On était alors en été. Un soir, un peu avant la nuit, arriva de Rome un de ses affranchis, Icelus, qui avait couvert le trajet en sept jours. 2 Apprenant que Galba reposait seul, il monta prestement à sa chambre, en ouvrit la porte malgré la résistance des domestiques, entra et annonça que, Néron étant encore vivant, mais ne se montrant pas, l'armée d'abord, puis le peuple et le sénat avaient proclamé Galba empereur et que, peu après, on avait annoncé la mort de Néron. 3 Il ajouta : « Moi-même, ne me fiant pas à ces dires, je me suis rendu sur les lieux, j'ai vu le cadavre gisant à terre, et c'est alors seulement que je suis parti. » 4 À cette nouvelle, Galba laissa éclater sa joie ; des gens en foule accoururent à sa porte, qui furent remplis grâce à lui d'une ferme confiance. 5 Cependant la rapidité du messager paraissait incroyable. Mais deux jours après, Titus Vinius arriva du camp avec d'autres et rapporta en détail les décrets rendus par le sénat. 6 Galba le promut à un rang plein d'honneur, et donna des anneaux d'or à son affranchi Icelus, qui changea son nom en celui de Marcianus et devint le plus influent de ses affranchis.

Nymphidius Sabinus. – **8.** 1 À Rome Nymphidius Sabinus s'était empressé d'attirer à lui toutes les affaires, non pas doucement et peu à peu, mais d'un seul coup, sous prétexte que Galba était vieux et qu'il aurait à peine assez de force pour se faire porter à Rome en litière à cause de son âge (il avait soixante-treize ans) ; 2 d'ailleurs les troupes en garnison dans la ville étaient depuis longtemps dévouées à Nymphidius et ne dépendaient désormais que de lui seul : à cause de l'importance de la gratification qu'il leur avait promise, elles le regardaient comme leur bienfaiteur et Galba comme leur débiteur. 3 Il commença donc par ordonner à son collègue Tigellin de déposer son épée, puis il offrit des réceptions et des dîners aux anciens consuls et préteurs, en mettant de plus en tête des invitations le nom de Galba. Dans le camp il incita de nombreux soldats à dire qu'il fallait envoyer demander à Galba Nymphidius comme préfet du prétoire à perpétuité et sans collègue. 4 Tout ce que le Sénat faisait pour accroître ses honneurs et sa puissance, en lui conférant le titre de bienfaiteur, en accourant tous les jours à sa porte, en lui demandant de prendre l'initiative de tout décret, puis de le ratifier, tout cela accrut encore son audace au point qu'en peu de temps il devint non seulement odieux, mais aussi redoutable à ses courtisans. 5 Les consuls chargeaient des esclaves publics de porter les décrets à l'empereur et leur remettaient ce qu'on appelle les « diplômes » scellés, au vu desquels les magistrats de chaque ville fournissent en hâte des voitures aux relais pour accélérer le voyage des messagers ; Nymphidius s'irrita violemment parce que les consuls n'avaient pas pris son propre sceau et des hommes de sa garde pour ce courrier. 6 On dit même qu'il envisagea des sanctions contre les consuls, mais qu'ensuite, devant leurs justifications et leurs prières, il laissa fléchir sa colère. Pour faire plaisir au peuple, il ne l'empêchait pas de mettre à mal ceux des gens de Néron qui lui tombaient sous la main. 7 Ainsi l'on jeta sous les statues de Néron traînées à travers le Forum le gladiateur Spiculus, qui fut écrasé, et l'on renversa un délateur nommé Aponius pour faire passer sur lui des chariots chargés de pierres ; on déchira même plusieurs autres personnes, dont certaines étaient tout à fait innocentes. 8 Aussi Mauricus, considéré comme l'un des meilleurs citoyens et qui l'était en effet, dit-il au Sénat : « Je crains que bientôt nous ne regrettions Néron. »

9. 1 Nymphidius, pensant ainsi se rapprocher de l'objet de ses espérances, laissait répandre le bruit qu'il était fils de Caïus César, le successeur de Tibère. 2 Et de fait, Caïus, alors qu'il était encore adolescent, avait connu, paraît-il, la mère de Nymphidius, femme dont l'aspect était loin d'être déplaisant, et qui avait pour parents Callistus, un affranchi de l'empereur, et une couturière à gages. 3 Mais il semble que les relations de

Caïus avec elle aient été postérieures à la naissance de Nymphidius, et l'on accusait celui-ci d'être le fils du gladiateur Martianus, dont Nymphidia s'était éprise à cause de sa célébrité, et la ressemblance des traits de Nymphidius avec ceux de Martianus rendait cette origine plus vraisemblable. 4 En tout cas il reconnaissait avoir Nymphidia pour mère, mais il prétendait que la chute de Néron était son œuvre à lui seul, et il ne s'en croyait pas suffisamment payé par les honneurs et les richesses dont il jouissait ; non content de coucher avec le Sporus de Néron, qu'il avait immédiatement fait venir chez lui d'auprès du bûcher où le cadavre brûlait encore, et qu'il avait pris pour épouse en l'appelant Poppée, il manœuvrait dans l'ombre pour s'assurer la succession de l'empire. 5 Il ourdissait lui-même à Rome, par l'intermédiaire de ses amis, des intrigues auxquelles certaines femmes et certains sénateurs participaient secrètement, et, d'autre part, il envoya l'un de ses familiers, Gellianus, en Espagne comme observateur.

10. 1 Quant à Galba, depuis la mort de Néron, tout lui réussissait. Seule, l'attitude douteuse de Verginius Rufus lui causait encore de l'inquiétude ; il craignait que celui-ci, chef d'une armée nombreuse et très combative, de plus vainqueur de Vindex et maître d'une grande partie de l'Empire romain qui s'agitait et s'apprêtait à la révolte, à savoir la Gaule entière, ne prêtât l'oreille à ceux qui l'appelaient à l'empire. 2 Personne n'avait un plus grand nom que lui, personne ne l'égalait en gloire, car il avait exercé la plus grande influence sur les affaires des Romains, qu'il avait délivrés à la fois d'une odieuse tyrannie et de la guerre des Gaules, 3 mais, restant fidèle à ses premières résolutions, il réservait au Sénat le choix de l'empereur. 4 Cependant, lorsque la mort de Néron fut connue, son armée le pressa de nouveau, et l'un des tribuns de sa garde, dégainant son épée, le somma d'opter entre l'empire et le fer. 5 Quand Fabius Valens, commandant d'une légion, eut le premier fait prêter serment en faveur de Galba et qu'une lettre venue de Rome eut annoncé les décrets du sénat, il persuada ses soldats, quoique difficilement et à grand-peine, de proclamer empereur Galba. 6 Il accueillit Flaccus Hordeonius envoyé par Galba pour lui succéder, lui remit son armée, et alla en personne au-devant de Galba qui approchait, puis fit route avec lui, sans recevoir de sa part aucune marque de ressentiment ni d'honneur. 7 Galba ne lui témoigna pas de ressentiment parce qu'il le respectait, et ne lui rendit pas d'honneur, retenu qu'il était par ses amis, et surtout par Titus Vinius : celui-ci, par jalousie, pensait ainsi rabaisser Verginius, sans savoir qu'il secondait au contraire le bon Génie de Verginius, qui désormais le retirait à l'écart des guerres et de tous les maux dont les autres chefs eurent à souffrir, pour le mener à une vie sans orage, au sein d'une vieillesse pleine de paix et de tranquillité.

11. 1 Les envoyés du sénat rencontrèrent Galba à Narbonne, ville de Gaule ; ils le saluèrent et l'engagèrent à se montrer promptement au peuple, qui était impatient de le voir. 2 Dans toutes les entrevues et les entretiens qu'il eut avec eux, il leur parla avec bonté et simplicité, et, lors des repas qu'il leur offrit, bien qu'il eût à sa disposition l'apparat impérial du service de table de Néron, que Nymphidius lui avait adressé, il n'en fit aucun usage et n'employa que ce qui lui appartenait en propre : il se faisait ainsi bien juger et apparaissait comme un homme plein de noblesse d'âme et au-dessus d'un luxe de mauvais goût. 3 Mais bientôt Vinius l'amena à considérer cette magnanimité, ces manières simples et civiles comme étant de la démagogie et une délicatesse qui s'avouait incapable de grandeur, et il le persuada de faire usage des richesses de Néron et de ne rien épargner pour étaler dans les réceptions la magnificence impériale. 4 Finalement, le vieillard donna l'impression qu'il tomberait peu à peu sous la domination de Vinius.

12. 1 Or ce Vinius était esclave de l'argent au suprême degré et plus que personne d'autre, et il était en outre sujet à l'amour coupable des femmes. 2 Jeune encore et faisant sa première campagne sous les ordres de Calvisius Sabinus, il avait introduit de nuit dans le camp, déguisée en soldat, la femme de son chef, une débauchée, et avait fait l'amour avec elle au quartier général, que les Romains appellent *principia*. 3 L'empereur Caïus, pour ce motif, l'avait fait mettre en prison, mais après la mort de Caïus il eut la chance d'être relâché. 4 Un soir qu'il dînait chez l'empereur Claude, il déroba une coupe d'argent. Claude, l'ayant su, l'invita de nouveau le lendemain, et il vint ; alors l'empereur ordonna aux serviteurs de ne mettre devant lui aucun vase d'argent, mais seulement de la vaisselle de terre cuite. 5 Si la modération de Claude fit paraître ce vol plus digne de risée que de colère, et plutôt comique, en revanche les abus que Vinius commit pour s'enrichir quand il tint Galba sous son influence et disposa d'un immense pouvoir furent pour les uns la cause et pour les autres l'occasion de grands malheurs et d'événements tragiques.

13. 1 En effet Nymphidius, dès le retour de Gellianus, qu'il avait envoyé auprès de Galba en quelque sorte comme espion, apprit que Cornelius Laco avait été nommé préfet du palais et de la garde prétorienne, que toute l'autorité appartenait à Vinius, et que Gellianus n'avait jamais pu approcher Galba ni l'entretenir en particulier, parce que tout le monde le suspectait et était en garde contre lui ; ces nouvelles bouleversèrent Nymphidius. 2 Il réunit les chefs de l'armée et leur dit : « Galba est un vieillard personnellement raisonnable et modéré, mais, au lieu de se conduire d'après ses propres idées, il se laisse mal diriger par Vinius et Laco. 3 Donc, avant que ces deux hommes n'aient insensiblement acquis le pouvoir dont Tigellin a disposé dans l'État, il faut envoyer du camp des délégués à l'empereur pour lui représenter qu'en se séparant seulement de ces deux amis, il serait mieux vu de tout le monde et plus désiré. » 4 Mais les paroles de Nymphidius ne persuadèrent pas les officiers, qui jugèrent étrange et déplacé de prescrire à un empereur âgé, comme s'il s'agissait d'un jeune homme qui commence tout juste à goûter du pouvoir, quels amis il devait avoir ou rejeter ; alors il prit une autre voie et envoya des lettres à Galba pour l'effrayer, écrivant tantôt qu'il existait à Rome de nombreuses menaces cachées, tantôt que Clodius Macer retenait en Afrique les convois de blé, une autre fois enfin que les légions de Germanie s'agitaient et que l'on recevait des renseignements analogues sur les troupes de Syrie et de Judée. 5 Voyant que Galba ne prêtait aucune attention à ses avis et se méfiait de lui, Nymphidius résolut de prendre les devants. Cependant Clodius Celsus d'Antioche, un homme sensé, qui lui était fidèlement dévoué, cherchait à le dissuader en disant : « Je ne crois pas qu'il y aurait à Rome un seul foyer pour proclamer Nymphidius empereur. » 6 Mais beaucoup de gens se moquaient de Galba, et Mithridate du Pont, raillant sa calvitie et ses rides, disait : « À présent Galba passe pour être quelqu'un aux yeux des Romains, mais ils ne l'auront pas plus tôt vu qu'ils regarderont comme des jours de honte ceux où il aura porté le titre d'empereur. »

14. 1 Il fut donc résolu que l'on conduirait Nymphidius au camp vers minuit pour le proclamer empereur. 2 Mais, le soir venu, le premier parmi les tribuns militaires, Antonius Honoratus assembla les soldats qu'il avait sous ses ordres ; il leur reprocha et se reprocha à lui-même d'avoir accompli tant de volte-face en peu de temps, non pour des motifs raisonnables, ni pour choisir le meilleur parti, mais sous l'action d'un mauvais Génie qui les poussait de trahison en trahison. 3 « Notre premier changement, dit-il, avait pour excuse nos griefs contre Néron, mais aujourd'hui, pour trahir Galba, pouvons-nous l'accuser d'avoir assassiné sa mère et fait mourir sa femme ? Avons-nous à rougir de l'empereur parce qu'il s'exhibe dans les spectacles lyriques ou tragiques ? 4 Encore n'est-ce même pas pour de tels motifs que nous avons accepté d'abandonner Néron, mais parce que Nymphidius nous avait fait croire que cet empereur nous avait abandonnés le premier et s'était enfui en Égypte. 5 Allons-nous donc sacrifier Galba après Néron et, prenant pour César le fils de Nymphidia, tuer le parent de Livie, comme nous avons fait périr le fils d'Agrippine ? Ou bien n'allons-nous pas punir Nymphidius de ses crimes, afin de venger Néron et de nous montrer les gardes honnêtes et loyaux de Galba ? » 6 Ces paroles du tribun lui gagnèrent l'assentiment de tous ses soldats, qui allèrent trouver leurs camarades et, en les exhortant à rester fidèles à l'empereur, firent passer de leur côté le plus grand nombre. 7 Une clameur s'étant élevée, Nymphidius, soit qu'il fût persuadé, comme le disent certains, que les soldats l'appelaient déjà, soit qu'il eût hâte de prendre les devants pour faire cesser l'agitation et le flottement persistants, s'avança à la lumière de nombreux flambeaux en tenant à la main le manuscrit d'une harangue composée par Cingonius Varron, qu'il avait apprise par cœur pour la réciter aux soldats. 8 Mais voyant la porte du camp fermée et beaucoup d'hommes en armes sur les murs, il prit peur et, s'avançant vers eux, il demanda quelles étaient leurs intentions et qui leur avait ordonné de s'armer. 9 Ils répondirent tous d'une seule voix qu'ils tenaient Galba pour leur empereur. Alors lui, se joignant à eux, applaudit à leurs paroles et ordonna à sa suite d'en faire autant. 10 Ceux qui gardaient la porte le laissèrent entrer avec quelques acolytes. On lui lança un javelot que Septimius, placé devant lui, reçut sur son bouclier, puis, comme d'autres se jetaient sur lui avec leurs épées nues, il s'enfuit ; on le poursuivit et on l'égorgea dans la chambre d'un soldat. 11 Son corps fut traîné au milieu du camp, où on l'entoura d'une palissade pour l'offrir en spectacle le lendemain à qui voulut le voir.

Premiers actes de l'empereur. – **15.** 1 Ainsi périt Nymphidius. Informé de sa mort, Galba ordonna d'exécuter tous ceux de ses complices qui n'avaient pas été tués aussitôt auprès de lui, entre autres Cingonius, qui avait écrit la harangue, et Mithridate du Pont. Bien que cela fût juste, on pensa qu'il était contraire aux lois et à l'humanité de faire mourir sans jugement des hommes d'une telle notoriété. 2 Tous en effet s'attendaient à un autre mode de gouvernement, abusés qu'ils étaient, comme il arrive d'ordinaire, par ce que l'on disait au début. On fut encore plus contrarié de l'ordre qu'il signifia à Petronius Turpilianus, personnage consulaire resté fidèle à Néron, de se donner la mort. 3 En faisant tuer Macer en Afrique par Trebonius et Fonteius en Germanie par Valens, il avait pour excuse la crainte que lui inspiraient ces généraux, leurs armes et leurs camps ; 4 mais, pour Turpilianus, vieillard sans défense et sans armes, rien n'empêchait de l'entendre, si l'on voulait garder en fait la modération que l'on affichait par écrit.

5 Tels étaient donc les actes qu'on lui reprochait. Lorsque, en avançant vers Rome, il ne fut plus qu'à environ vingt-cinq stades de la ville, il se heurta à une foule désordonnée et tumultueuse de marins qui avaient occupé la route à l'avance et qui l'entourèrent de tous côtés. 6 C'étaient des gens que Néron avait transformés en soldats et avec lesquels il avait formé une légion. Ils étaient là pour faire confirmer leur statut militaire, et ils empêchaient ceux qui venaient à la rencontre de l'empereur de se faire voir et entendre de lui en poussant des cris et en réclamant pour leur légion des enseignes et un quartier. 7 Comme l'empereur les renvoyait à plus tard pour leur donner la parole, ils prétendirent que ce délai était un refus déguisé, se fâchèrent et le suivirent sans ménager leurs clameurs. Quelques-uns même ayant tiré leurs épées, Galba les fit charger par sa cavalerie. 8 Aucun d'entre eux ne put tenir, et ils furent tous tués, les uns abattus sur-le-champ, les autres en fuyant. Ce ne fut pas un heureux ni favorable augure pour Galba de faire son entrée dans la ville au milieu d'un si grand carnage et parmi tant de cadavres. 9 Si auparavant on le méprisait parce qu'on le voyait faible et vieux, alors il devint aux yeux de tous effrayant et terrible.

16. 1 Voulant opérer un grand changement par rapport aux largesses démesurées et aux prodigalités de Néron, il parut manquer à ce qu'exigeaient les convenances. 2 Canus ayant joué de la flûte pour lui lors d'un repas (Canus était un musicien renommé), Galba l'applaudit, le félicita et se fit apporter sa cassette, d'où il tira quelques pièces d'or qu'il lui donna en disant qu'il prenait cette gratification sur ses fonds personnels, et non sur ceux de l'État. 3 Il fit réclamer énergiquement les présents que Néron avait faits aux gens de la scène et de la palestre en ne leur laissant que le dixième, puis, comme on ne lui rapportait que de petites et maigres sommes (car la plupart des bénéficiaires étaient de grands dépensiers, qui vivaient au jour le jour et dans la débauche), il fit rechercher ceux qui avaient acheté ou reçu d'eux un bien quelconque, dont il exigea la restitution. 4 Cette inquisition, qui n'avait pas de limites et qui s'étendait loin en s'appliquant à un grand nombre de personnes, valut à l'empereur une mauvaise réputation, mais l'envie et la haine retombaient sur Vinius, qui rendait le maître avare et chiche envers tous les autres pour faire lui-même des gains éhontés en prenant et en vendant tout. 5 Hésiode dit : « Si tu entames ou achèves une jarre, puises-y tout ton saoul » ; Vinius, lui, voyant Galba faible et vieux, se gorgeait de profits, persuadé que sa Fortune, à peine commencée, était proche de sa fin.

17. 1 Ce qui faisait tort au vieillard, c'était d'abord la mauvaise administration de Vinius, puis le fait que les bons projets qu'il formait lui-même étaient combattus ou entravés par le même personnage, 2 par exemple en ce qui concernait le châtiment des amis de Néron. Il avait bien fait mettre à mort les scélérats tels que Helius, Polycleitus, Petinus et Patrobius ; 3 le peuple alors applaudissait et, en les voyant mener au supplice à travers le Forum, criait que c'était là une procession belle et agréable aux dieux, mais que les dieux et les hommes réclamaient le maître et l'initiateur de la tyrannie, Tigellin. Seulement, ce noble individu avait pris les devants en gagnant Vinius par des arrhes considérables. 4 Ainsi, Turpilianus, qui n'était haï que parce qu'il n'avait pas trahi ni détesté un empereur tel que Néron, mais qui n'était complice d'aucun grand crime, avait péri, tandis que ce Tigellin, qui avait rendu Néron digne de mort, puis l'avait abandonné et trahi quand il fut devenu tel, survivait, preuve manifeste qu'il n'était rien que l'on ne pût, en y mettant le prix, obtenir et espérer de Vinius. 5 Aucun spectacle n'était plus ardemment désiré par le peuple que de voir Tigellin conduit au supplice ; les gens ne cessaient de le demander dans tous les théâtres et tous les stades, et ils furent déconcertés par une proclamation de l'empereur disant que Tigellin, miné par une maladie de consomption, n'avait plus longtemps à vivre et les priant de ne pas rendre son pouvoir cruel et tyrannique. 6 Le peuple fut indigné, mais Tigellin et Vinius se moquèrent de lui : le premier offrit un sacrifice pour son salut et donna un brillant festin ; le second, en sortant de dîner chez l'empereur, alla chez Tigellin faire la fête en y amenant sa fille, qui était veuve. 7 Tigellin, en buvant à la santé de cette femme, lui fit don de deux cent cinquante mille drachmes, et il ordonna à la première de ses concubines d'ôter son collier et de le passer au cou de la fille de Vinius ; ce collier valait, dit-on, cent cinquante mille drachmes.

18. 1 À partir de ce moment, les actes de Galba, même modérés, furent mal interprétés, par exemple ce qu'il fit pour les Gaulois, qui avaient pris les armes avec Vindex : 2 on crut que ce n'était pas à la bonté de l'empereur, mais à la vénalité de Vinius qu'ils devaient la remise de tribut et le droit de cité qui leur furent accordés. 3 C'est pourquoi le peuple était mal disposé à l'égard du pouvoir. Quant aux soldats, qui n'avaient pas reçu la gratification promise, ils avaient espéré, du moins au début, que, s'ils ne la touchaient pas intégralement, ils auraient autant que Néron leur avait donné, 4 mais Galba, ayant appris qu'ils se plaignaient, laissa échapper une parole digne d'un grand prince : il dit qu'il avait l'habitude d'enrôler, non d'acheter des soldats ; quand ils l'apprirent, ils conçurent contre lui une haine terrible et féroce. 5 Ils pensèrent en effet qu'il ne serait pas le seul à les frustrer, mais qu'il faisait de cette conduite une loi et qu'il enseignait aux empereurs qui lui succéderaient à agir de même. 6 Cependant parmi les troupes de Rome il n'y avait encore qu'une sourde fermentation : le respect qu'inspirait la présence de Galba émoussait l'hostilité et retardait la révolte, et, comme les soldats n'apercevaient aucune occasion visible de changement, ils comprimaient et dissimulaient en quelque sorte leur malveillance. 7 Mais ceux qui, en Germanie, avaient été précédemment sous les ordres de Verginius et étaient maintenant commandés par Flaccus, et qui prétendaient être dignes de grandes récompenses par leur victoire sur Vindex, n'en obtenant aucune, se montraient intraitables envers leurs chefs. 8 Quant à Flaccus lui-même, que de forts accès de goutte rendaient impotent et qui n'avait aucune expérience des affaires, ils n'en tenaient absolument aucun compte. 9 Même, un jour qu'il y avait spectacle et que les tribuns et les centurions faisaient, suivant l'usage des Romains, des vœux pour le bonheur de l'empereur Galba, d'abord la plupart des soldats s'agitèrent bruyamment, puis, comme les officiers continuaient les prières, ils répliquèrent : « S'il le mérite. »

Othon. – **19.** 1 Les légions commandées par Vitellius lançaient souvent aussi des outrages du même genre, et Galba en était informé par des lettres de ses procurateurs. Alors il prit peur et, se jugeant méprisé non seulement à cause de son âge, mais encore parce qu'il n'avait pas d'enfant, il songea à adopter un jeune homme choisi dans une famille en vue et à le désigner comme son sucesseur à l'empire. 2 Or il y avait Marcus Othon, dont la naissance ne manquait pas d'éclat, mais qui dès l'enfance avait été corrompu par la débauche et l'amour des plaisirs jusqu'à un point où peu de Romains l'étaient. Et de même qu'Homère appelle

Alexandre « l'époux d'Hélène aux beaux cheveux », et, ne trouvant rien d'autre à louer en lui, le désigne souvent ainsi par le nom de sa femme, de même Othon était devenu célèbre à Rome par son mariage avec Poppée. 3 Néron s'était épris de Poppée alors qu'elle était mariée à Crispinus, mais, comme il respectait encore sa femme et craignait sa mère, il chargea Othon de séduire Poppée. 4 Othon était devenu à cause de sa vie dissolue le compagnon et l'ami de Néron, qui prenait plaisir à s'entendre railler par lui de sa parcimonie et de sa mesquinerie : 5 on dit qu'un jour Néron s'étant oint d'un parfum précieux et en ayant aspergé Othon, celui-ci, le recevant à son tour le lendemain, avait soudain mis en œuvre des tuyaux d'or et d'argent qui lancèrent de tous les côtés à la fois des essences, comme si c'eût été de l'eau, et en inondèrent les convives. 6 Othon débaucha donc Poppée pour le compte de Néron, la séduisit par l'espoir d'être épousée par l'empereur et la décida ainsi à quitter son mari. 7 Il la prit chez lui comme sa femme et, non content de jouir de ses faveurs, répugnait à les partager, sans que Poppée elle-même, dit-on, fût fâchée de cette jalousie. 8 On prétend en effet qu'elle fermait sa porte à Néron quand Othon était absent, soit pour prévenir la satiété du plaisir, soit, comme certains le disent, que son goût pour la débauche la fit reculer devant un mariage avec Néron et qu'elle préférât l'avoir pour amant. 9 Quoi qu'il en soit, Othon fut en danger de mort, et il est surprenant que Néron, après avoir fait mourir sa femme, qui était aussi sa sœur, pour épouser Poppée, ait épargné Othon.

20. 1 Mais il était dans les bonnes grâces de Sénèque, qui par ses conseils et ses prières décida Néron à l'envoyer comme propréteur en Lusitanie au bord de l'Océan. 2 Il ne se montra pas désagréable pour ses administrés et ne leur fut pas à charge : il savait bien que cette fonction ne lui avait été conférée que pour adoucir et déguiser son exil. 3 Lorsque Galba fit sécession, il fut le premier des gouverneurs à se joindre à lui. Il lui apporta tout ce qu'il avait de coupes et de tables en or et en argent et les lui donna pour les fondre et en faire de la monnaie ; en outre il lui fit cadeau de ceux de ses serviteurs qui étaient exercés à tenir convenablement la maison d'un haut personnage. 4 Il lui était fidèle en tout, et dans les affaires faisait preuve d'autant de capacité que personne. Il accomplit tout le voyage avec Galba, et pendant plusieurs jours dans la même voiture que lui. 5 En faisant route aussi avec Vinius, il se lia avec celui-ci et gagna sa confiance par son affabilité et ses présents, mais surtout en lui cédant le premier rang ; il s'assura ainsi après lui et grâce à lui une solide influence. Mais il avait sur lui l'avantage de n'être mal vu de personne, parce que tous les services qu'il rendait à ceux qui le sollicitaient étaient gratuits, et parce qu'il se montrait abordable et aimable pour tout le monde. 6 Il favorisait particulièrement les gens de guerre en faisant promouvoir beaucoup d'entre eux à des commandements qu'il obtenait directement de l'empereur, ou par l'entremise de Vinius et des affranchis

Icelus et Asiaticus, car ces personnages étaient les plus puissants à la cour. 7 Toutes les fois qu'il recevait Galba à un repas, il donnait à chacun des soldats de la cohorte qui était de garde une pièce d'or, afin de se les attacher, ayant l'air d'honorer ainsi l'empereur, et usant de cette ruse pour se rendre populaire auprès des soldats.

21. 1 Voyant que Galba délibérait au sujet de sa succession, Vinius lui proposa Othon, et en cela non plus il n'était pas désintéressé : il agissait ainsi en vue du mariage de sa fille, car il avait convenu avec Othon que celui-ci l'épouserait dès qu'il serait proclamé fils adoptif et successeur de l'empereur. 2 Mais Galba avait toujours montré qu'il plaçait l'intérêt public avant le sien, et qu'il cherchait à adopter non pas l'homme qui lui plaisait le plus, mais celui qui serait le plus utile aux Romains. 3 On peut croire qu'il n'aurait même pas institué Othon unique héritier de ses biens privés, le sachant débauché, prodigue et noyé sous une dette de cinquante millions de drachmes. Aussi, après avoir écouté Vinius patiemment et en silence, il ajourna sa décision. 4 Comme il s'était nommé lui-même consul avec Vinius pour collègue, on pensa qu'il désignerait son successeur au commencement de l'année suivante. Les soldats désiraient voir Othon proclamé de préférence à tout autre.

22. 1 Alors qu'il hésitait et délibérait encore, Galba fut surpris par les troubles qui éclatèrent en Germanie. 2 Tous les gens de guerre unanimement haïssaient Galba, qui ne leur versait pas la gratification promise, et ceux de Germanie alléguaient en outre des griefs qui leur étaient propres, à savoir que Verginius Rufus avait été ignominieusement renvoyé, que ceux des Gaulois qui avaient combattu contre eux recevaient des présents et que l'on punissait tous ceux qui ne s'étaient pas joints à Vindex, le seul envers qui Galba fût reconnaissant et dont il vénérait et honorait la mémoire par des sacrifices funèbres, comme si c'était lui qui l'avait nommé empereur des Romains. 3 Ces propos circulaient déjà ouvertement dans le camp lorsqu'arriva le premier jour de l'année que les Romains appellent les calendes de janvier. 4 Flaccus ayant assemblé ses troupes pour le serment qu'il est d'usage de prêter à l'empereur, les soldats s'en prirent aux effigies de Galba, les renversèrent et les mirent en pièces, puis, de leur propre mouvement, jurèrent fidélité au Sénat et au peuple romain avant de rompre les rangs. 5 Les officiers en vinrent à craindre l'anarchie comme forme de rébellion, de sorte que l'un d'entre eux alla trouver les autres et leur dit : 6 « Que nous arrive-t-il, camarades ? Nous n'élisons pas d'autre empereur et nous ne gardons pas celui qui règne maintenant, comme si nous refusions d'obéir, non pas seulement à Galba, mais à tout autre chef et ne voulions plus être aux ordres de personne. 7 Abandonnons donc Flaccus Hordeonius, qui n'est rien d'autre qu'une ombre et un fantôme de Galba, mais nous avons, à un jour de marche d'ici, Vitellius, commandant de l'autre Germanie, dont le père a été censeur, trois fois consul et associé d'une certaine manière au gouvernement de l'empereur Claude, et qui, par la pauvreté que quelques-uns lui reprochent, donne une preuve éclatante de sa probité et de sa grandeur d'âme. 8 Allons, élisons-le, et montrons au monde entier que nous savons mieux choisir un empereur que les Ibères et les Lusitaniens ! » 9 Cet avis fut approuvé par les uns et rejeté par les autres. Un porte-enseigne sortit secrètement du camp et alla pendant la nuit porter cette nouvelle à Vitellius, qu'il trouva à table avec de nombreux convives. 10 Le bruit s'en répandit dans tout le camp, et le premier, Fabius Valens, chef d'une légion, vint le lendemain, avec un grand nombre de cavaliers, saluer Vitellius empereur. 11 Celui-ci, les jours précédents, semblait repousser ce titre et se dérober sous prétexte qu'il redoutait la grandeur de la charge, mais alors, dit-on, gorgé de vin et de nourriture dès midi, il parut devant ses troupes, et accepta le nom de Germanicus, qu'elles lui donnaient, mais refusa celui de César. 12 Aussitôt l'armée de Flaccus, oubliant ses beaux serments républicains en faveur du sénat, jura obéissance à l'empereur Vitellius.

23. 1 C'est ainsi que Vitellius fut proclamé empereur en Germanie. Apprenant la sécession qui s'était produite là-bas, Galba ne différa pas plus longtemps l'adoption projetée. 2 Il savait que, parmi ses amis, les uns se prononçaient en faveur de Dolabella, et les autres, plus nombreux, en faveur d'Othon, mais il ne voulait lui-même d'aucun des deux, et soudain, sans en avoir rien dit à personne, il fit venir Pison, fils de Crassus et de Scribonia, que Néron avait fait mourir. Ce jeune homme joignait à une heureuse disposition pour toute sorte de vertus une modestie et une austérité des plus remarquables. Galba descendit avec lui au camp des prétoriens pour le proclamer César et héritier de l'empire. 3 Cependant, au moment même où il sortait du palais, de grands présages l'accompagnèrent, et quand il se mit à prononcer sa harangue dans le camp, tantôt parlant, tantôt lisant, le tonnerre et les éclairs éclatèrent si fréquemment, de si grosses averses et de si épaisses ténèbres se répandirent sur le camp et sur la ville qu'il était manifeste que la divinité n'admettait ni n'approuvait une adoption qui n'aurait pas d'heureuses conséquences. 4 De leur côté, les soldats étaient sombres et secrètement hostiles parce que même en cette occasion on ne leur donnait pas de gratification. 5 Quant à Pison, l'assistance, qui jugeait de son état d'esprit d'après son visage et sa voix, admira de le voir accueillir une si grande faveur sans en être bouleversé, bien qu'il n'y fût pas insensible. En revanche, on voyait au maintien d'Othon plus d'une marque de l'amertume et de la colère que lui causait la ruine de ses espérances : alors qu'il avait été jugé le premier digne de l'empire et qu'il était sur le point de l'obtenir, son échec lui montrait en même temps la malveillance et la haine de Galba à son égard. 6 Aussi n'était-il pas non plus exempt de crainte pour l'avenir ; redoutant Pison, accusant Galba, furieux contre Vinius, il se retira, le cœur agité de tant d'émotions. 7 Même alors, les devins et les Chaldéens dont il était toujours entouré ne le laissaient pas abandonner ses espérances et se décourager tout à fait ; Ptolémée surtout lui rappelait avec insistance qu'il avait souvent prédit que Néron ne le tuerait point, mais mourrait le premier, et qu'il lui survivrait et régnerait sur les Romains ; en lui remontrant que la première de ses prédictions s'était vérifiée, il le pressait de ne pas désespérer de la seconde. 8 Othon était principalement encouragé par ceux qui sympathisaient secrètement avec lui et qui gémissaient sur l'ingratitude dont il était victime. Enfin la plupart des gens que Tigellin et Nymphidius avaient élevés aux honneurs, se voyant alors rejetés et réduits à une condition obscure, partageaient sa détresse, s'indignaient avec lui et l'excitaient.

24. 1 Parmi ceux-ci se trouvaient Veturius et Barbius, l'un *option* et l'autre *tesséraire* (ainsi appelle-t-on ceux qui font office de messagers et d'observateurs). 2 Un affranchi d'Othon, Onomastus, se rendit au camp avec eux, et ils corrompirent, soit par de l'argent, soit par des promesses, des hommes déjà peu sûrs et qui n'attendaient qu'un prétexte pour agir. 3 Car les quatre jours qui s'écoulèrent entre l'adoption et le meurtre n'auraient pas suffi pour faire basculer la fidélité d'une armée qui eût été saine ; en effet ils furent tués le sixième jour après, c'est-à-dire, selon le compte des Romains, le dix-huitième avant les calendes de février.

4 À l'aube de ce jour-là, Galba offrait un sacrifice au Palatium en présence de ses amis. Le sacrificateur Umbricius n'eut pas plus tôt pris en main les entrailles de la victime qu'il déclara sans ambages et très nettement voir les signes d'un grand bouleversement et d'une trahison qui mettait en danger la tête de l'empereur. Peu s'en fallut que la divinité ne livrât ainsi aux mains de l'autorité Othon, 5 qui, placé derrière Galba, écoutait ce que disait Umbricius et regardait attentivement ce qu'il montrait. 6 Comme Othon se troublait et que la peur le faisait sans cesse changer de couleur, son affranchi Onomastus s'approcha et lui dit que les architectes étaient arrivés et l'attendaient chez lui : c'était le signal convenu du moment où Othon devait aller à la rencontre des soldats. 7 Il dit qu'ayant acheté une vieille maison, il voulait en faire voir aux vendeurs les parties suspectes, et il s'en alla. Il descendit par la maison dite de Tibère et se rendit au Forum, à l'endroit où se dresse la colonne d'or à laquelle aboutissent tous les chemins tracés de l'Italie.

25. 1 C'est là que les premiers soldats l'accueillirent dans leurs rangs et le saluèrent du titre d'empereur ; ils n'étaient, dit-on, pas plus de vingt-trois. 2 Aussi, bien qu'il ne fût pas moralement aussi timide qu'il était physiquement faible et efféminé, et qu'il fût au contraire hardi et intrépide en face du danger, la frayeur l'envahit ; 3 mais les soldats présents l'empêchèrent de reculer, et, entourant sa litière de leurs épées nues, ils ordonnèrent aux porteurs de l'emmener, et lui-même, criant à tout instant qu'il était perdu, les conjurait de se hâter. Quelques personnes l'entendirent et furent plus surprises que troublées par le petit nombre de ceux qui avaient osé tenter une telle entreprise. 4 Tandis qu'on le portait ainsi à travers le Forum, d'autres soldats en nombre égal aux premiers vinrent au-devant de lui, puis d'autres encore s'approchèrent par groupes de trois ou quatre. Enfin tous retournèrent au camp en l'appelant César et en tenant toujours devant lui leurs épées nues. 5 Celui des tribuns qui était ce jour-là de garde au camp, Martialis, dit-on, n'était pas du complot, mais, étonné de ce mouvement inattendu et saisi de crainte, il laissa entrer les mutins. 6 Quand Othon fut à l'intérieur, personne ne lui opposa de résistance : les soldats qui ignoraient ce qui se passait, enveloppés à dessein par ceux qui le savaient et qui s'étaient groupés ensemble, se trouvaient isolés un à un ou deux à deux, et ils suivirent les autres, d'abord par crainte, puis en se laissant persuader.

7 La nouvelle fut aussitôt portée au Palatium, à Galba, alors que le sacrificateur était encore là, tenant les entrailles de la victime entre ses mains. De la sorte, même ceux qui ne croyaient pas du tout à ses prédictions et étaient les plus fermes dans leur incrédulité, furent frappés de stupeur et admirèrent la divinité. 8 Cependant, comme des gens de toute condition accouraient en foule du Forum, Vinius, Laco et quelques-uns des affranchis se placèrent auprès de l'empereur en brandissant leurs épées nues. Pison s'avança pour haranguer les gardes du palais, 9 et, comme la légion d'Illyrie campait sous le portique dit de Vipsanius, on envoya Marius Celsus, un homme de cœur, pour prévenir la défection de ces troupes.

***La mort.* – 26.** 1 Galba délibérant pour décider s'il s'avancerait dans la ville, Vinius s'y opposait, tandis que Celsus et Laco l'y engageaient et s'en prenaient violemment à Vinius. Le bruit courut alors avec insistance qu'Othon avait été massacré dans le camp, 2 et peu après on vit Julius Atticus, un des soldats les mieux connus de la garde, accourir l'épée nue en criant qu'il avait tué l'ennemi de César ; il se fraya un passage à travers la foule et montra à Galba son épée ensanglantée. 3 Galba le regarda et lui dit : « Qui t'en a donné l'ordre ? » « La foi promise et le serment prêté », répondit l'homme. La foule cria qu'il avait bien fait et applaudit. Galba monta dans sa litière et partit pour sacrifier à Jupiter et se montrer aux citoyens.

4 À peine était-il arrivé au Forum qu'une nouvelle contraire lui parvint, comme si le vent avait tourné : Othon était maître du camp. 5 Alors, comme on peut s'y attendre dans une si grande foule, les uns lui crient de retourner d'où il vient, les autres d'avancer, ceux-ci d'avoir confiance, ceux-là de se méfier, et sa litière, poussée tantôt d'un côté, tantôt de l'autre, comme au milieu d'une tourmente, ne cesse d'être ballottée et d'osciller, quand on voit surgir soudain du côté de la basilique de Paul d'abord des cavaliers, puis des fantassins criant à tue-tête et d'une seule voix : « Hors d'ici, ce citoyen ! » 6 Alors la foule se mit à courir, non pas

pour prendre la fuite et se disperser, mais afin d'occuper les portiques et les endroits élevés du Forum, comme pour assister à un spectacle. 7 Atilius Vergilio ayant renversé l'effigie de Galba, ce fut le début de la bagarre : les soldats assaillent la litière à coups de javelots, puis, ayant manqué l'empereur, ils s'élancent sur lui avec leurs épées dégainées. 8 Personne ne le défend, personne ne résiste, excepté un homme que le soleil vit, seul parmi tant de dizaines de milliers de gens, se montrer digne de l'Empire romain, le centurion Sempronius Densus ; il n'avait jamais reçu de Galba aucun bienfait personnel, mais, pour obéir à l'honneur et à la loi, il se plaça devant la litière. 9 Levant d'abord le sarment de vigne dont les centurions se servent pour frapper ceux qui le méritent, il criait en ordonnant aux assaillants d'épargner l'empereur, 10 puis, attaqué lui-même par les soldats, il tira son épée et se défendit longtemps avant de tomber, blessé aux jarrets.

27. 1 La litière de Galba fut renversée près de ce qu'on appelle le lac Curtius ; il roula à terre, couvert de sa cuirasse, et les soldats accourus le frappèrent. Il leur tendit la gorge en disant : « Faites, si c'est pour le bien du peuple romain. » 2 Après avoir reçu plusieurs coups aux jambes et aux bras, il fut égorgé, au dire de la plupart des auteurs, par un certain Camurius, soldat de la quinzième légion ; 3 quelques-uns prétendent que ce fut par Terentius, d'autres par Lecanius, d'autres enfin par Fabius Fabullus. Le meurtrier, dit-on, après lui avoir coupé la tête, la prit en l'emportant dans son manteau, parce que la calvitie la rendait difficile à saisir, 4 mais, ses camarades ne lui permettant pas de la dissimuler et voulant qu'il fît parade de ce bel exploit, il la mit au bout d'une pique, et c'est en brandissant cette tête d'un vieillard, d'un prince modéré, d'un souverain pontife, d'un consul qu'il courait à la façon des bacchantes, en se retournant fréquemment et en secouant sa pique dégouttante de sang.

5 Quand cette tête fut apportée à Othon, on dit qu'il s'écria : « Cela n'est rien, camarades ; montrez-moi celle de Pison. » 6 Quelques instants plus tard, on la lui apportait : blessé, le jeune homme s'était enfui, mais on l'avait poursuivi et il fut égorgé par un certain Murcus près du sanctuaire de Vesta. 7 On massacra aussi Vinius, quoiqu'il avouât appartenir à la conjuration contre Galba, et il criait en effet qu'on le tuait contre la volonté d'Othon. 8 À lui aussi on coupa la tête, de même qu'à Laco, et on porta ces deux têtes à Othon en lui demandant une récompense. 9 Comme dit Archiloque :

Nous en tuâmes sept, rattrapés à la course,
Et nous voilà mille à les avoir occis.

De même en cette circonstance, nombre de gens qui n'avaient pas participé au meurtre trempèrent dans le sang leurs mains et leurs épées pour les montrer à Othon en lui présentant par écrit des demandes de gratifications. 10 Plus tard en effet on compta cent vingt de ces auteurs de requêtes, que Vitellius fit rechercher et condamna tous à mort. 11 Marius

Celsus aussi était venu au camp. Comme beaucoup de gens l'accusaient d'avoir conseillé aux soldats de secourir Galba, et que la multitude réclamait à grands cris sa mort, Othon n'y consentit pas, 12 mais, craignant de contrarier la foule, il dit qu'on ne devait pas tellement se presser de le tuer, car il y avait des secrets qu'il fallait d'abord tirer de lui ; il le fit donc enchaîner et garder en le remettant à ceux en qui il avait le plus de confiance.

28. 1 Les sénateurs furent aussitôt convoqués, et, comme s'ils étaient devenus d'autres hommes ou que les dieux eussent changé, ils se réunirent pour prêter à Othon le serment que lui-même avait prêté et qu'il n'avait pas tenu. Ils le proclamèrent César et Auguste, alors que les cadavres décapités gisaient encore dans leurs vêtements consulaires au Forum, où on les avait jetés. 2 Comme les têtes ne pouvaient plus servir à rien, celle de Vinius fut vendue à sa fille pour deux mille cinq cents drachmes ; celle de Pison fut remise à sa femme Verania qui l'avait réclamée, et celle de Galba fut donnée aux esclaves de Patrobius, 3 qui, après lui avoir fait subir toute sorte d'odieux outrages, la jetèrent à l'endroit où l'on met à mort ceux qui sont punis par les empereurs, endroit que l'on appelle Sessorium. 4 Helvidius Priscus enleva le corps de Galba, avec l'autorisation d'Othon, et un affranchi, Argius, l'ensevelit pendant la nuit.

Jugement d'ensemble. – **29.** 1 Tel fut le sort de Galba, un homme qui, soit par sa naissance soit par sa richesse, ne le cédait qu'à un petit nombre de Romains et qui, par l'union de la richesse et de la naissance, fut le premier de tous ceux de son temps. 2 Sa vie s'étendit avec honneur et gloire sous les règnes de cinq empereurs, de sorte que sa réputation plutôt que sa puissance lui permit de renverser Néron... De tous ceux qui conspiraient alors contre ce dernier, les uns ne furent jugés dignes de l'empire par personne, et les autres s'en jugèrent eux-mêmes indignes ; 3 Galba, lui, fut appelé à l'empire et l'accepta. Dès qu'il eut prêté son nom à l'audace de Vindex, un mouvement révolutionnaire que l'on considérait comme une simple rébellion devint une guerre civile, parce qu'il avait trouvé un chef capable de régner. 4 Aussi, se proposant moins de s'emparer de l'État pour lui-même que de se donner à l'État, il voulut commander à des hommes asservis par un Tigellin et un Nymphidius de la façon dont Scipion, Fabricius et Camille avaient commandé aux Romains de leur époque. 5 Bien qu'étant miné par la vieillesse, il fut, en ce qui concerne le domaine militaire et les armées, un empereur intègre et digne du passé de Rome, et si, en se livrant à Vinius, à Laco et à ses affranchis, qui faisaient trafic de tout, comme Néron s'était livré aux gens les plus insatiables, il ne laissa de regret à personne pour son gouvernement, sa mort du moins inspira de la pitié au plus grand nombre.

OTHON

Début du règne. – **1.** 1 Le nouvel empereur, au point du jour, alla offrir un sacrifice au Capitole. Là, il se fit amener Marius Celsus, l'accueillit et lui parla avec bonté en l'invitant à oublier son inculpation plutôt qu'à se souvenir de sa libération. 2 Celsus lui répondit sans bassesse ni ingratitude que le grief même avancé contre lui était garant de son caractère, puisque ce qu'on lui reprochait, c'était de s'être montré fidèle à Galba, envers qui il n'était redevable d'aucune faveur ; les assistants furent satisfaits de l'attitude de l'un et de l'autre, qui fut approuvée des soldats. 3 Au Sénat Othon tint beaucoup de propos débonnaires et bienveillants. Il partagea le temps qui restait à courir de son consulat avec Verginius Rufus, et conserva leur dignité à tous les consuls désignés par Néron et par Galba. 4 Il accorda l'honneur des sacerdoces à ceux que leur âge ou leur réputation y appelait. À tous les sénateurs exilés sous Néron et rentrés sous Galba il rendit tous ceux des biens de chacun qui n'avaient pas été vendus et que l'on put retrouver. 5 Ainsi les premiers et les principaux citoyens qui d'abord tremblaient de frayeur et regardaient Othon, non comme un homme, mais comme une Furie vengeresse ou un démon sanguinaire qui venait soudain de fondre sur l'État, passèrent à de plus douces espérances à l'égard d'un gouvernement qui s'annonçait sous un aspect souriant.

2. 1 Mais rien ne causa autant de plaisir à tous les Romains, et, en même temps, ne valut à Othon auprès d'eux autant de popularité que sa conduite envers Tigellin. 2 Celui-ci était déjà puni en secret par la crainte même du châtiment que la ville réclamait comme une dette publique, et physiquement par des maladies incurables. Les débauches infâmes et inouïes dans lesquelles il se vautrait avec d'impures courtisanes qu'au bord même de la tombe son incontinence et sa lubricité poursuivaient encore, étaient considérées comme la punition suprême et l'équivalent de mille morts par les gens sensés, 3 mais le peuple, lui, supportait avec peine qu'il vît la lumière du soleil, lui qui en avait privé tant de si grands hommes. Othon lui dépêcha donc un émissaire à son domaine campagnard de Sinuessa, où il vivait en entretenant des vaisseaux à l'ancre pour lui permettre de s'enfuir plus loin. 4 Il essaya d'abord de convaincre l'envoyé, en lui offrant beaucoup d'or, de le laisser partir ; n'ayant pu le séduire, il ne lui en fit pas moins des cadeaux et le supplia de lui accorder le temps de se raser, ce qu'ayant obtenu il se coupa la gorge.

3. 1 Après avoir donné au peuple cette très juste satisfaction, l'empereur ne manifesta lui-même nulle rancune à ses ennemis privés. Pour complaire à la foule, il ne refusa pas, au début, d'être appelé Néron dans les théâtres, et, certaines gens ayant dressé publiquement des effigies de Néron, il ne s'y opposa point. 2 Cluvius Rufus rapporte que des documents expédiés en Espagne à ceux à qui l'on envoyait des courriers portaient le nom de Néron placé en ajout à celui d'Othon, mais l'empereur, ayant senti le mécontentement qu'en éprouvaient les premiers et les meilleurs des citoyens, renonça à cette pratique.

3 Il commençait ainsi à bien asseoir son autorité, quand les soldats lui causèrent des ennuis : ils l'exhortaient à se méfier, à se tenir sur ses gardes et à rabaisser les personnages importants, soit qu'ils fussent vraiment inquiets en raison de l'attachement qu'ils avaient pour lui, soit qu'ils prissent un tel prétexte pour susciter des troubles et des mutineries. 4 Il avait envoyé Crispinus à Ostie pour en ramener la dix-septième cohorte. Crispinus fit préparer les bagages et placer les armes sur les chariots alors qu'il faisait encore nuit. Les plus audacieux alors se mirent tous à crier qu'il était venu avec de mauvaises intentions, que le Sénat tramait une révolution, et que les armes étaient expédiées, non pas à César, mais contre César. 5 Ces propos touchent et excitent beaucoup d'entre eux ; les uns s'emparent des chariots, les autres tuent deux centurions et Crispinus lui-même, qui leur tenaient tête. Tous prennent leurs dispositions pour partir et, s'exhortant mutuellement à aller au secours de César, ils marchent sur Rome. 6 Ayant appris que quatre-vingts sénateurs dînaient chez l'empereur, ils se portent vers le palais en disant qu'ils tenaient là une occasion favorable pour exterminer d'un seul coup tous les ennemis de César. 7 La ville, dans l'attente d'un prochain pillage, était en proie à un grand trouble. Dans le palais on courait de tous les côtés, et Othon éprouvait une vive perplexité : 8 il avait peur pour ses invités, et ceux-ci avaient peur de lui ; il les voyait muets, les yeux fixés sur lui, et d'autant plus effrayés que certains d'entre eux avaient amené leurs femmes. 9 En même temps qu'Othon envoyait ses officiers parler aux soldats pour tâcher de les adoucir, il dit à ses invités de se lever et les fit sortir par une porte dérobée. 10 Dans leur fuite ils ne devancèrent que de peu les soldats qui se précipitaient violemment dans la salle en demandant ce qu'étaient devenus les ennemis de César. 11 Alors Othon se dressa sur son lit de table, leur parla longtemps pour les prier de s'apaiser, sans ménager même ses larmes, et il eut beaucoup de mal à les faire partir. 12 Le lendemain, il leur fit distribuer douze cent cinquante drachmes par tête, puis il se rendit au camp, loua le plus grand nombre de l'affection et du zèle qu'ils lui témoignaient, mais ajouta qu'il y en avait quelques-uns parmi eux qui cachaient leur jeu dans de mauvaises intentions en dénigrant sa modération et le calme de leurs camarades ; il leur demanda de partager son indignation contre ceux-là et de l'aider à les punir. 13 Tous l'applaudirent et le pressèrent de sévir. Il se contenta d'en faire arrêter deux dont le châtiment ne devait affliger personne, puis il s'en alla.

***Vitellius.* – 4.** 1 Ceux qui dès lors l'aimaient et avaient confiance en lui s'étonnaient de ce changement ; les autres pensaient que ces mesures étaient rendues inévitables par les circonstances et qu'il voulait être populaire auprès des soldats en vue de la guerre. 2 Car, de fait, on annonçait déjà de source sûre que Vitellius avait revêtu la dignité et le pouvoir d'un empereur, et il arrivait tous les jours des courriers rapportant qu'il ne cessait de recevoir des adhésions ; mais d'autres faisaient savoir que les armées de Pannonie, de Dalmatie et de Mœsie, avec leurs chefs, s'étaient déclarées pour Othon. 3 Bientôt après, celui-ci reçut des lettres amicales de Mucianus et de Vespasien, qui avaient, l'un en Syrie, l'autre en Judée, des armées importantes. 4 Rassuré par ces nouvelles, Othon écrivit à Vitellius, l'invitant à la conciliation et promettant de lui donner beaucoup d'argent, ainsi qu'une ville où il mènerait en paix une existence très facile et très agréable. Vitellius lui fit d'abord une réponse ironique, sans se fâcher. 5 Puis ils s'aigrirent et s'écrivirent mutuellement des railleries injurieuses et blessantes, se reprochant sottement et de façon ridicule, mais avec vérité, les vices qui leur étaient communs ; 6 car, en fait de débauches, de mollesse, d'inexpérience de la guerre, et en ce qui concernait l'immense quantité de dettes qu'ils avaient contractées auparavant quand ils étaient pauvres, il eût été bien difficile de dire lequel des deux l'emportait sur l'autre.

7 On parlait alors de beaucoup de prodiges et d'apparitions. Il ne s'agissait le plus souvent que de rumeurs anonymes et incertaines ; 8 cependant, au Capitole, tout le monde vit une Victoire montée sur un char, qui avait laissé échapper les rênes de ses mains, comme si elle ne pouvait plus les tenir, et la statue de Caïus César, dans l'île qui est au milieu du fleuve, sans qu'il y eût ni tremblement de terre, ni coup de vent, se tourna de l'Occident vers l'Orient, 9 présage qui se produisit, dit-on, au moment où Vespasien commençait déjà à mettre ouvertement la main aux affaires. 10 Enfin la catastrophe causée par le Tibre fut considérée par la foule comme un signe fâcheux : sans doute était-ce bien la saison où les rivières se gonflent le plus, mais jamais ce fleuve n'était monté si haut et n'avait causé autant de dégâts et de pertes ; en débordant de son lit, il inonda une grande partie de la ville, et surtout l'endroit où l'on détaille le blé destiné à la vente, ce qui provoqua une grave disette pendant plusieurs jours.

***La guerre.* – 5.** 1 Cependant on annonçait que Caecina et Valens, généraux de Vitellius, étaient déjà maîtres des Alpes. À Rome Dolabella, de famille patricienne, étant soupçonné par les prétoriens de tramer une révolution, l'empereur, soit qu'il le craignît, soit qu'il en craignît d'autres à cause de lui, le fit conduire dans la ville d'Aquinum, tout en le rassurant. 2 Quand Othon désigna parmi les citoyens investis d'une magistrature ceux qui devaient l'accompagner dans son expédition, il rangea parmi eux Lucius, frère de Vitellius, sans rien ajouter ni retrancher aux honneurs dont il jouissait. 3 Il prit aussi grand soin de la mère et de la femme de Vitellius, de façon qu'elles n'eussent rien à craindre pour leurs personnes.

4 Il remit la garde de Rome à Flavius Sabinus, frère de Vespasien, soit qu'il le fît en manière d'hommage à Néron (car c'était de Néron que Sabinus avait reçu cette charge, dont Galba l'avait privé), soit plutôt pour montrer à Vespasien, par l'élévation de Sabinus, son bon vouloir et sa confiance. 5 Quant à lui, il s'arrêta à Brixellum, ville d'Italie, sur le Pô, et envoya en avant, comme généraux de ses armées, Marius Celsus, Suetonius Paulinus, et aussi Gallus et Spurinna, hommes de grand renom, mais qui furent empêchés par les circonstances d'exécuter leurs plans de campagne, en raison de l'indiscipline et de l'insolence des soldats. 6 Ceux-ci en effet refusaient d'obéir à d'autres qu'à l'empereur, sous prétexte que c'était d'eux qu'il tenait son pouvoir. 7 Il est vrai que chez les ennemis non plus tout n'était pas parfaitement sain : les troupes se montraient indociles aux ordres de leurs chefs et faisaient preuve de légèreté et d'arrogance, pour la même cause. 8 Cependant elles avaient pour elles l'expérience des combats, et elles ne fuyaient pas la fatigue, dont elles avaient l'accoutumance. Au contraire les soldats d'Othon étaient amollis par l'oisiveté et par une longue période de paix, où ils passaient leur temps dans les théâtres, les fêtes publiques et les spectacles ; ils entendaient dissimuler leur paresse sous l'apparence de la suffisance et de l'orgueil en refusant leurs obligations de service, comme s'ils étaient au-dessus d'elles, et non parce qu'ils étaient incapables de les supporter. 9 Spurinna voulut les contraindre, mais il s'en fallut de peu qu'ils n'en vinssent à le tuer ; ils ne lui épargnèrent aucune injure, aucune insolence, le traitant de traître et de misérable, qui gâchait les occasions et ruinait les affaires de l'empereur. 10 Même quelques-uns, étant ivres, se rendirent à sa tente pendant la nuit pour lui demander des provisions de route : ils prétendaient aller le dénoncer auprès de César.

6. 1 Ce qui sur le moment aida Spurinna et améliora sa situation, ce furent les insultes que son armée reçut à Placentia. 2 En effet les Vitelliens, étant allés attaquer les murs de cette place, raillèrent les soldats d'Othon, qui se tenaient debout près des créneaux, en les traitant de comédiens, de danseurs de pyrrhique, de spectateurs des fêtes pythiques et olympiques, qui, sans aucune expérience des combats et sans avoir vu la guerre, s'enorgueillissaient d'avoir coupé la tête à un vieillard désarmé (c'était de Galba qu'ils parlaient), mais qui ne seraient jamais descendus dans l'arène pour lutter et combattre à découvert contre des guerriers. 3 Les Othoniens furent tellement émus et enflammés de colère par ces outrages qu'ils vinrent se jeter aux pieds de Spurinna en le conjurant de les employer et de disposer d'eux à son gré et en protestant qu'ils ne reculeraient devant aucun danger ni aucun effort. 4 On se battit violemment près des murs, on fit avancer de nombreuses machines, et les troupes de Spurinna eurent l'avantage : elles repoussèrent leurs adversaires, en firent un grand carnage et conservèrent à leur cause une ville illustre et des plus florissantes de l'Italie.

5 Au reste les généraux d'Othon étaient moins rudes que ceux de Vitellius dans leurs rapports avec les cités et les particuliers. 6 Caecina, l'un des Vitelliens, n'avait rien de démocratique dans son langage et son extérieur : affreux et étrange avec un corps immense, c'est accoutré de braies et de moufles à la mode gauloise qu'il parlait aux gens du peuple et aux magistrats, et sa femme l'accompagnait à cheval, escortée par des cavaliers d'élite et brillamment parée. 7 Quant à l'autre général, Fabius Valens, ni les pillages faits sur les ennemis, ni les vols, ni les dons extorqués aux alliés n'assouvissaient sa cupidité, et l'on crut que c'était la raison pour laquelle il avait marché lentement et n'était arrivé qu'après la première bataille. 8 D'autres auteurs, il est vrai, reprochent à Caecina de s'être pressé de combattre avant l'arrivée de son collègue pour avoir seul l'honneur de la victoire, et, outre certaines autres fautes moins graves dans lesquelles il tomba, d'avoir engagé la bataille à contretemps et avec si peu de vigueur que cette rencontre faillit causer la ruine du parti qui était le sien.

7. 1 Car Caecina, repoussé de Placentia, se jeta sur Crémone, autre ville grande et prospère. Annius Gallus, qui marchait sur Placentia au secours de Spurinna, ayant appris en route que les gens de cette ville avaient eu le dessus, mais que Crémone était en danger, y conduisit le premier son armée et campa près des ennemis ; ensuite il fut rejoint là par les autres chefs, venus en renfort. 2 Caecina avait mis en embuscade une infanterie nombreuse dans des bois touffus, en ordonnant aux cavaliers de pousser en avant, et, si les ennemis engageaient la bataille, de se retirer peu à peu et de reculer jusqu'à ce qu'ils les eussent attirés ainsi dans l'embuscade ; mais des transfuges vinrent en informer Celsus. 3 Celui-ci lança une contre-attaque avec de valeureux cavaliers, poursuivit l'ennemi en usant de circonspection, enveloppa l'embuscade, y jeta la confusion et appela du camp son infanterie. 4 Si celle-ci était arrivée à temps, il semble bien qu'il ne serait pas resté un seul ennemi et qu'elle aurait écrasé et anéanti toute l'armée de Caecina en appuyant la cavalerie. Mais Paulinus, avançant avec lenteur, arriva trop tard pour aider Celsus et encourut le reproche d'avoir manœuvré d'une manière inférieure à sa renommée par excès de précaution. 5 La plupart des soldats l'accusèrent même de trahison et excitèrent Othon contre lui : ils se vantaient d'avoir, eux, remporté la victoire en ajoutant que, si celle-ci n'avait pas été complète, la faute en était à la médiocrité des généraux. 6 Mais Othon ne se fiait pas tellement à eux, bien qu'il tînt surtout à cacher sa méfiance à leur égard ; il envoya donc aux légions son frère Titianus et le préfet du prétoire Proculus ; celui-ci avait toute l'autorité effective, Titianus n'en possédant que l'apparence. 7 Celsus et Paulinus, traînant leur vain titre de conseillers et d'amis du prince, n'avaient ni pouvoir ni influence sur les affaires. 8 Chez les ennemis aussi se produisaient des troubles, surtout parmi les soldats de Valens, qui, à la nouvelle du combat livré autour de l'embuscade, s'indignèrent de n'avoir pas été là pour soustraire à la mort tant de camarades ; 9 ils s'apprêtaient à frapper leur général, et il eut beaucoup de peine à les persuader par ses prières de l'épargner. Puis il les emmena et rejoignit les troupes de Caecina.

Bataille de Bédriac. – **8.** 1 Othon, étant arrivé au camp de Bédriac (Bédriac est un bourg situé près de Crémone), tint conseil pour décider si on livrerait bataille. 2 Proculus et Titianus, voyant les troupes pleines d'ardeur à la suite de leur récente victoire, furent d'avis d'engager le combat décisif sans attendre dans l'inaction que l'enthousiasme de l'armée ne tiédît et que Vitellius en personne arrivât de Gaule. 3 Paulinus, au contraire, fit observer que les ennemis disposaient pour combattre de tous leurs effectifs, qui étaient au grand complet, tandis qu'Othon pouvait compter sur l'armée de Mœsie et de Pannonie, qui n'était pas moins importante que celle qu'il avait déjà, s'il attendait l'occasion propice pour lui au lieu de lutter contre celle qui favorisait les ennemis, 4 « car, ajoutait-il, l'ardeur actuelle de nos troupes, pleines de confiance malgré leur petit nombre, ne saurait tiédir alors qu'elles verraient s'accroître le nombre de nos combattants ; elles n'en auraient, au contraire, que plus d'entrain pour la bataille ; 5 en outre, les délais sont à notre avantage, parce que nous avons tout en abondance, tandis que les Vitelliens, campés en pays ennemi, seront bientôt réduits à manquer du nécessaire. » Marius Celsus joignit son suffrage à celui de Paulinus. 6 Quant à Annius Gallus, il était absent, car il se faisait soigner pour une chute de cheval, mais il répondit à une lettre d'Othon qu'il conseillait de ne pas se hâter et d'attendre l'armée de Mœsie, qui était déjà en route. Cependant Othon ne se rendit pas à ces avis, et ce furent ceux qui pressaient de combattre qui l'emportèrent.

9. 1 On donne plusieurs motifs de cette décision, différents selon les auteurs. Visiblement les soldats que l'on appelle prétoriens et qui composent la garde de l'empereur, faisant alors pour la première fois l'expérience d'une véritable campagne et regrettant les passe-temps, la vie paisible et les fêtes dont ils jouissaient à Rome, étaient difficiles à retenir dans leur impatience de combattre, convaincus qu'ils étaient de détruire leurs adversaires au premier choc. 2 Puis il paraît qu'Othon lui-même ne pouvait garder son sang-froid face à l'incertitude de l'avenir, ni supporter, par manque d'habitude et par mollesse, l'évaluation des périls qui le menaçaient ; excédé par les soucis, il voulait, semble-t-il, en finir au plus vite et jeter sa cause au hasard, les yeux fermés, comme dans un précipice. 3 C'est du moins ce que racontait l'orateur Secundus, qui avait été le secrétaire d'Othon. 4 On pouvait entendre dire aussi par d'autres que les deux armées eurent souvent envie de se réunir et, avant tout, de s'entendre entre elles pour choisir comme empereur, d'un commun accord, le meilleur des généraux présents, sinon de faire convoquer le Sénat et de lui remettre le choix du prince. 5 Et il n'est pas invraisemblable, quand ni l'un ni l'autre des deux hommes alors proclamés empereurs n'avait une bonne renommée, que de vrais soldats, aguerris et sages, en soient venus à penser qu'il était trop affreux et terrible d'avoir à supporter à présent les maux déplorables que les citoyens s'étaient faits mutuellement jadis à cause de Sylla et de Marius, puis de César et de Pompée, en offrant l'empire comme moyen de subvenir à la goinfrerie et à l'ivrognerie de Vitellius, ou au luxe et aux débauches d'Othon. 6 On soupçonne que c'est parce qu'il était au courant de ces dispositions d'esprit que Celsus proposait de différer, dans l'espoir que la situation se dénouerait sans combat et sans peine, et que c'est parce qu'Othon en avait peur qu'il hâta la bataille.

10. 1 Il retourna lui-même à Brixellum, ce qui fut une faute de plus, non seulement parce qu'il ôta ainsi à ses troupes le sentiment d'honneur et d'émulation qu'elles auraient éprouvé en combattant sous ses yeux, mais encore parce qu'en emmenant avec lui pour sa garde personnelle les plus vigoureux et les plus dévoués de ses cavaliers et de ses fantassins, il coupa pour ainsi dire la pointe de son armée. 2 Il y eut en ces jours-là un combat au bord du Pô pour un pont que Caecina voulait jeter sur le fleuve et à la construction duquel les Othoniens s'opposèrent de toutes leurs forces ; 3 comme ils n'obtenaient aucun résultat, ils mirent dans leurs barques du bois résineux enflammé et enduit de soufre et de poix, et le vent, commençant soudain à souffler pendant leur traversée, attisa le feu des matériaux préparés contre les ennemis ; 4 il s'en éleva d'abord de la fumée, puis une flamme brillante, qui les troubla et les fit sauter dans le fleuve, où, leurs barques s'étant renversées, ils furent livrés eux-mêmes aux coups et à la risée de leurs adversaires. 5 Enfin les Germains attaquèrent les gladiateurs d'Othon près d'une petite île du fleuve, les battirent et en tuèrent un bon nombre.

11. 1 À la suite de ces événements, les soldats d'Othon cantonnés à Bédriac se mirent en colère et réclamèrent la bataille. Proculus les fit sortir de ce bourg et les emmena pour camper à cinquante stades de là, mais il choisit l'endroit d'une manière si maladroite et ridicule que, bien que l'on fût au printemps et que les plaines d'alentour fussent abondamment arrosées par des sources et des rivières intarissables, on souffrit du manque d'eau. 2 Le lendemain, comme il voulait poursuivre sa route contre les ennemis, qui n'étaient pas à moins de cent stades, Paulinus s'y opposa : il pensait qu'il fallait attendre et ne pas se fatiguer d'avance ni livrer bataille aussitôt après la marche contre des ennemis qui se seraient équipés et rangés en ligne à loisir, tandis qu'eux-mêmes auraient eu tant de chemin à parcourir, embarrassés en outre par les bêtes de somme et les valets d'armes. 3 Les généraux étaient en discussion à ce sujet, lorsqu'un cavalier, de ceux qu'on appelle Numides, arriva de la part d'Othon, avec une lettre ordonnant de ne pas attendre ni différer, mais d'avancer à l'instant contre les ennemis. 4 En conséquence ils levèrent le camp et se mirent en marche. Caecina, averti de leur approche, en fut troublé et abandonna en hâte les travaux commencés et le fleuve pour regagner son camp, 5 où la plupart des soldats étaient déjà sous les armes et recevaient de Valens le mot d'ordre ; pendant que les corps de troupes se partageaient les postes de combat, l'élite de la cavalerie fut envoyée en avant.

12. 1 Une rumeur se répand soudain, on ne sait pour quel motif, parmi les premiers rangs des troupes d'Othon : les généraux de Vitellius s'apprêteraient à passer de leur côté. Aussi, dès que les deux armées furent proches l'une de l'autre, les Othoniens saluèrent-ils les autres amicalement en les appelant camarades, 2 mais les Vitelliens, loin de répondre courtoisement à ce salut, l'accueillent avec colère et poussent des cris hostiles. Ceux qui les avaient salués sont alors pris de découragement, et soupçonnés de trahison par le reste de l'armée. Cet incident jeta le trouble parmi eux, alors que les ennemis en étaient déjà venus aux mains. 3 Dès lors le désordre régna partout : les bêtes de somme, égarées parmi les combattants, mettaient beaucoup de confusion dans les rangs. D'ailleurs, le champ de bataille étant coupé de beaucoup de fossés et de trous, la crainte d'y tomber les obligeait à en faire le tour et à combattre pêle-mêle par pelotons séparés. 4 Il n'y eut que deux légions (c'est ainsi que les Romains appellent leurs corps de troupes), l'une de Vitellius, appellée la *Rapace*, l'autre d'Othon, nommée la *Secourable*, qui, s'étant déployées dans une plaine nue et découverte, se livrèrent un combat en règle et se battirent longtemps en bon ordre. 5 Les soldats d'Othon étaient vigoureux et braves, mais ils faisaient ce jour-là leur premier essai de la guerre et de la bataille ; ceux de Vitellius, au contraire, habitués à la guerre par de nombreux combats, étaient des vétérans, déjà hors d'âge. 6 Aussi les othoniens s'élancèrent-ils sur eux ; ils les firent reculer, prirent leur aigle et tuèrent presque tous les combattants des premiers rangs, mais les autres, sous le coup de la honte et de la colère, se jetèrent à leur tour sur eux, tuèrent le légat Orfidius qui commandait cette légion et enlevèrent beaucoup d'enseignes. 7 Les gladiateurs d'Othon passaient pour avoir de l'expérience et de l'audace dans les corps à corps ; Varus Alfenus les fit charger par ceux qu'on appelle Bataves, les meilleurs cavaliers de Germanie, qui habitent une île baignée par le Rhin ; 8 un petit nombre de gladiateurs soutinrent le choc, mais la plupart prirent la fuite vers le fleuve et rencontrèrent des cohortes ennemies rangées à cet endroit ; en dépit de leur résistance ils furent tous pareillement taillés en pièces. 9 La conduite la plus honteuse au combat fut celle des prétoriens : non seulement ils n'eurent pas le cœur d'en venir aux mains avec leurs adversaires, mais encore ils remplirent de trouble et de frayeur ceux de leurs camarades qui tenaient ferme, en fuyant au travers de leurs rangs. 10 Cependant beaucoup des soldats d'Othon, victorieux de ceux qu'ils avaient eus en face d'eux, s'ouvrirent un passage au milieu des ennemis vainqueurs pour regagner leur camp.

13. 1 Mais, parmi leurs généraux, ni Proculus ni Paulinus n'osèrent y rentrer avec eux ; ils s'éclipsèrent, craignant les soldats, qui déjà rejetaient sur leurs chefs la responsabilité de la défaite. 2 Annius Gallus recueillit dans le bourg ceux qui s'étaient regroupés après la bataille, et il tenta de les consoler en leur disant que le résultat avait été presque égal des deux côtés, et que sur plusieurs points ils avaient vaincu les ennemis. 3 Quant à Marius Celsus, il réunit ceux qui exerçaient un commandement et les engagea à réfléchir sur l'intérêt général : « Après un tel désastre, dit-il, et un si grand carnage de citoyens, Othon lui-même, s'il est homme de cœur, ne saurait vouloir tenter à nouveau la Fortune : 4 il sait que Caton et Scipion, pour avoir refusé après Pharsale de céder à César vainqueur, encourent le blâme d'avoir sacrifié sans nécessité tant de braves en Afrique, et cependant ils combattaient pour la liberté de Rome. 5 En effet, si la Fortune s'offre commune à tous, il y a du moins un avantage qu'elle n'enlève pas aux hommes de valeur, c'est de bien user de leur raison, même après un échec, pour envisager la conjoncture. » Ces paroles persuadèrent les officiers. 6 Ceux-ci allèrent sonder les soldats, qu'ils trouvèrent disposés à demander la paix, et Titianus fut d'avis d'envoyer une délégation pour traiter d'un accord ; on décida alors que Celsus et Gallus iraient engager des pourparlers avec Caecina et Valens. 7 Ils rencontrèrent en chemin des centurions qui leur dirent que l'armée déjà s'ébranlait pour marcher sur Bédriac et qu'ils étaient eux-mêmes envoyés par leurs généraux pour proposer un accommodement. 8 Celsus et Gallus félicitèrent ces centurions et les prièrent de rebrousser chemin afin de les accompagner auprès de Caecina. 9 Quand ce groupe approcha des Vitelliens, Celsus courut un grand danger, car il se trouva que les cavaliers qui avaient été naguère battus dans l'embuscade ouvraient la marche de l'armée ; à peine eurent-ils aperçu Celsus qui arrivait qu'ils s'élancèrent sur lui en poussant des cris. 10 Mais les centurions le couvrirent de leurs corps et arrêtèrent la ruée, tandis que les autres officiers criaient aux cavaliers de l'épargner. Caecina, apprenant ce qui se passait, accourut à cheval et fit cesser aussitôt le tumulte des cavaliers, puis il salua courtoisement Celsus, et tous ensemble firent route vers Bédriac. 11 À ce moment Titianus, qui s'était repenti d'avoir envoyé une délégation, fit remonter sur les murs les plus hardis de ses soldats, en appelant les autres à leur prêter main-forte ; 12 mais, quand ils virent Caecina s'avancer à cheval et leur tendre la main, aucun d'eux ne résista. Les uns, du haut des murs, saluèrent les soldats, les autres ouvrirent les portes, sortirent et se mêlèrent aux arrivants. 13 Personne ne commit la moindre violence ; partout ce ne furent que témoignages d'amitié et serrements de mains. Tous se rallièrent à Vitellius et lui prêtèrent serment.

14. 1 Voilà ce que rapportent sur cette bataille la plupart de ceux qui y assistèrent, mais ils avouent eux-mêmes n'en pas connaître exactement tous les détails, à cause de la confusion de la lutte et de l'irrégularité du terrain. 2 Plus tard, comme je passais par cette plaine, Mestrius Florus, personnage consulaire et l'un de ceux qui avaient suivi Othon, non par conviction, mais par nécessité, me dit en me montrant un vieux temple que, survenant sur le champ de bataille après le combat, il avait vu là un monceau de cadavres si énorme qu'ils atteignaient le niveau des frontons. 3 Il ajouta qu'il cherchait la raison de ce fait, mais qu'il ne put ni la trouver lui-même ni l'apprendre de personne. Certes, il est normal que, dans les guerres civiles, il périsse plus d'hommes que dans les autres, parce que, en cas de déroute, on ne fait pas de prisonniers, ceux qui les auraient capturés ne pouvant en tirer profit, mais un tel entassement de morts réunis au même endroit n'est pas facile à expliquer.

***La mort.* – 15.** 1 La première nouvelle qui parvint à Othon était vague, comme il est habituel pour les événements de cette importance, mais il arriva du champ de bataille des blessés qui rapportèrent ce qu'ils savaient. On ne peut guère s'étonner que ses amis aient voulu l'empêcher de désespérer et l'aient engagé à reprendre courage, mais ce qui dépassa toute croyance, c'est l'affection que lui témoignèrent ses soldats : 2 aucun ne s'en alla, aucun ne passa aux vainqueurs, et l'on n'en vit pas un seul chercher son propre intérêt alors que le prince était découragé. Ils vinrent tous indistinctement à sa porte, l'appelant leur empereur, et quand il parut, ils se tournèrent vers lui en suppliants, poussèrent des cris, voulurent lui saisir les mains, se jetèrent à ses pieds en pleurant et en le conjurant de ne pas les abandonner, de ne pas les livrer aux ennemis, mais de les employer corps et âme à son service jusqu'à leur dernier souffle. Ils lui faisaient tous ensemble les mêmes prières. 3 Et un simple soldat, des plus obscurs, tirant son épée : « Sache, César, dit-il, que nous sommes tous prêts à nous comporter ainsi pour toi », et il se tua. 4 Mais rien de tout cela ne put fléchir Othon, et, le visage riant et calme, portant ses regards partout autour de lui, il déclara : « Cette journée, camarades, me paraît plus heureuse que celle où vous m'avez fait empereur, puisque je vous vois dans de telles dispositions et que je reçois de vous de si grandes marques d'estime. 5 Mais ne me privez pas d'un sort meilleur : celui de mourir noblement pour tant de si braves citoyens. Si j'ai été digne de l'empire des Romains, je ne dois pas craindre de sacrifier ma vie à la patrie. 6 Je sais que la victoire, pour nos adversaires, n'est ni assurée ni complète. On annonce que notre armée de Mœsie se trouve seulement à quelques jours de marche et qu'elle descend déjà aux bords de l'Adriatique. L'Asie, la Syrie, l'Égypte et les troupes qui combattent contre les Juifs sont avec nous ; nous tenons le Sénat ainsi que les enfants et les femmes de nos adversaires. 7 Mais ce n'est point contre Annibal, ni Pyrrhos, ni contre les Cimbres que nous faisons la guerre pour la possession de l'Italie : des deux côtés, ce sont des Romains qui combattent contre des Romains, et, que nous soyons vainqueurs ou vaincus, nous faisons tort à la patrie, car même le succès du parti victorieux est un désastre pour elle. 8 Croyez-moi, j'y ai souvent réfléchi : je puis mourir plus glorieusement que je ne saurais régner ; en effet je ne vois pas comment ma victoire pourrait rendre aux Romains un service aussi grand que le sacrifice de ma vie pour la paix et la concorde, et pour empêcher que l'Italie revoie jamais une journée comme celle-ci. »

16. 1 Quand il eut fini de parler, on entreprit de l'exhorter à renoncer à son dessein, mais il repoussa ces instances avec fermeté, et il pria ses amis et les sénateurs présents de s'en aller ; pour ceux qui partaient, il écrivit aux villes de les accueillir avec honneur et d'assurer leur sécurité. 2 Ensuite il fit approcher son neveu Cocceianus, qui était encore un tout jeune homme, pour l'inviter à prendre courage et à ne pas craindre Vitellius, dont il avait lui-même protégé la mère, les enfants et la femme avec autant de soin que s'ils avaient appartenu à sa propre famille. 3 Il ajouta : « Si je ne t'ai pas adopté comme fils, malgré le désir que j'en avais, et si j'ai différé cette adoption, c'était pour te faire régner avec moi en cas de victoire, et pour ne pas t'entraîner dans ma perte en cas d'échec. 4 Mais voici, mon enfant, ma dernière recommandation : n'oublie pas complètement, mais ne te souviens pas trop que tu as eu un oncle empereur. » 5 Quelques instants après, il entendit du bruit et des cris à sa porte : c'étaient les soldats qui, voyant des sénateurs se préparer à partir, menaçaient de les égorger si, au lieu de rester, ils s'éloignaient en abandonnant leur empereur. 6 Celui-ci, craignant pour la vie de ces hommes, sortit donc à nouveau, non plus avec un air doux et un ton de prière, mais avec un visage sévère, et, jetant sur ceux qui causaient le plus de trouble un regard plein de colère, il les congédia soumis et tremblants.

17. 1 Le soir venu, il eut soif et but un peu d'eau. Ayant deux poignards, il examina longuement la pointe de chacun, puis rendit l'un et, mettant l'autre sous son bras, il appela ses serviteurs. 2 Il leur parla avec bonté et leur distribua de l'argent, davantage à l'un, moins à l'autre, non point avec prodigalité comme s'il s'agissait du bien d'autrui, mais dans une mesure exactement appropriée à leurs mérites respectifs. 3 Puis il les congédia, et il reposa si bien le reste de la nuit que ses valets de chambre purent constater qu'il dormait profondément. 4 Au point du jour, il appela un affranchi, celui avec lequel il avait réglé le départ des sénateurs, et lui ordonna de s'informer à leur sujet. Ayant appris qu'ils s'en étaient allés avec tout ce dont chacun d'eux avait besoin : « Eh bien ! toi, dit-il à cet affranchi, va te faire voir aux soldats, si tu ne veux pas périr misérablement sous leurs coups, comme m'ayant aidé à mourir. » 5 L'homme une fois sorti, il appuya son poignard sur le sol, le tint droit avec ses deux mains, se laissa tomber de son haut sur la pointe, et ne souffrit que juste le temps de pousser une plainte qui fut entendue par les gens du dehors. 6 Ses esclaves se lamentèrent, et aussitôt tout le camp et toute la ville retentirent de gémissements. 7 Les soldats se précipitèrent à la porte avec de grands cris de douleur, en s'accablant eux-mêmes d'invectives pour n'avoir pas veillé sur leur empereur et ne pas l'avoir empêché de mourir pour eux. 8 Aucun des siens ne s'éloigna, malgré l'approche des ennemis, et, après avoir paré le corps et dressé un bûcher, ils accompagnèrent son convoi en armes ; ceux qui avaient devancé tout le monde pour se charger du lit funèbre et le porter en étaient très fiers. 9 Parmi les autres, les uns, se jetant sur le cadavre, baisaient sa plaie ; d'autres lui prenaient les mains ; d'autres se prosternaient de loin. 10 Quelques-uns, après avoir mis des torches sous le bûcher, s'égorgèrent eux-mêmes, et cela visiblement sans avoir reçu de lui aucun bienfait et sans redouter non plus aucun mauvais traitement du vainqueur. 11 Mais il semble qu'aucun tyran, aucun souverain n'eut jamais un désir si violent, une passion si folle de dominer que ces soldats n'en avaient d'obéir et de se soumettre à Othon. 12 Ce sentiment ne les quitta pas, même après sa mort ; il dura et aboutit finalement à une haine implacable contre Vitellius.

18. 1 Pour le reste, il convient d'en parler en temps voulu ; disons seulement ici qu'après avoir mis en terre les cendres d'Othon, on lui éleva un tombeau qui ne pouvait exciter l'envie ni par la grandeur du monument ni par l'orgueil de l'épitaphe. 2 En passant à Brixellum, j'ai vu cette tombe modeste et qui porte une inscription que l'on peut traduire ainsi : « À la mémoire de Marcus Othon ». 3 Il était mort à l'âge de trente-sept ans, après avoir régné trois mois, laissant après lui autant de gens estimables pour louer sa mort que pour blâmer sa vie. En effet, s'il n'avait pas vécu plus convenablement que Néron, il était mort plus noblement.

4 Quant à ses soldats, Plotius, l'un des deux préfets du prétoire, voulut leur faire prêter serment sur-le-champ à Vitellius, ce qui provoqua leur indignation. 5 Puis, ayant appris que quelques sénateurs restaient encore dans la ville, sans se soucier des autres, ils allèrent importuner Verginius Rufus, se rendant à sa maison en armes pour faire encore appel à lui et le presser de régner ou de négocier en leur nom. 6 Mais Verginius aurait cru commettre une folie en acceptant d'une armée vaincue l'empire qu'il avait refusé des mains d'une armée victorieuse ; il craignait aussi d'aller en délégation auprès des Germains, qu'il pensait avoir souvent contraints d'agir contre leur gré. Aussi se déroba-t-il en disparaissant par une autre porte. 7 Quand les soldats le surent, ils consentirent à prêter serment à Vitellius et se joignirent aux troupes de Caecina, dont ils obtinrent le pardon.

INDEX DES NOMS PROPRES

établi par Édouard Simon

AVERTISSEMENT

L'*index* des Vies de Plutarque comporte :
— un relevé des noms propres ;
— les références du texte où chacun est cité (Vie, chapitre, paragraphe) ;
— l'identification du personnage, ou la localisation du toponyme, sauf quand elle est manifestement inutile ;
— enfin, une indication sur le contenu du passage.

1. Noms relevés

a) On a pris en compte les noms de personne et les noms de lieu, dans leur transcription française ; la consonance grecque ou latine a été généralement conservée (Callicratès, et non Callicrate), sauf usage contraire bien établi (Tite-Live et non Titus Livius).

b) Une difficulté particulière aux noms latins tient à la pluralité des vocables qui servent à désigner une personne *(praenomen, nomem, cognomen)*, et à l'absence de rigueur dans leur usage. On a adopté les dispositions suivantes :

1) Les personnages latins sont appelés dans l'index :
— en règle générale par leur *nomen* gentilice ;
— parfois, conformément à l'usage, par leur *cognomen* ; celui-ci est alors suivi d'une virgule selon la présentation : *cognomen, praenomen, nomen.*

2) Une entrée accessoire est réservée :
— au *cognomen* quand le personnage est introduit par son *nomen* ;
— au *nomen* quand le personnage est introduit par son *cognomen.*

En cas d'homonymes le *nomen* ou le *cognomen* communs ne sont cités qu'une fois.

3) Aucune entrée n'est réservée aux *praenomina.*

c) Outre les noms de personne et les noms de lieu, on a retenu dans l'*index* un certain nombre de mots abstraits, tels que Fortune, Peur, Rire. En revanche, certains mots ont été écartés : Conseil, État, Sénat, République, Empire... En règle générale, et sous cette réserve, on a pris en compte tous les noms que le traducteur a dotés d'une majuscule à l'initiale dans le texte français.

d) Plutarque ne désigne pas toujours un personnage par son nom propre ; il use parfois de périphrase. On a, dans ce cas, et lorsque l'identification est possible, noté la référence au nom propre, en signalant cette particularité par un astérisque : ainsi, quand Plutarque parle de la « mère d'Alexandre », la référence est notée à la fois à Alexandre et à Olympias*. Toutefois cette règle n'a pas été appliquée aux toponymes : si, ayant en vue Rome ou Athènes, Plutarque parle de « la ville », on n'a pas — sauf rares exceptions — enregistré la référence à ces deux noms.

2. Références

Comme on l'a dit, les références renvoient à la Vie, au chapitre et au paragraphe.

On trouvera ci-après la liste des abréviations désignant les Vies.

Quant aux références numériques, elles peuvent se présenter sous plusieurs formes :

DARIOS : *Ale.* **30**, 1 : signifie qu'il est parlé de Darios dans la *Vie d'Alexandre*, au chapitre **30**, paragraphe 1.

CLÉOPÂTRE : *Ant.* **76**, 4-11 ; signifie que, dans le chapitre *76* de la *Vie d'Antoine*, Cléopâtre est concernée, soit aux paragraphes 4 *et* 11, soit à tous les paragraphes de 4 *à* 11, soit à certains d'entre eux.

CLÉOPÂTRE : *Ant.* **56**, 3 ; **63**, 6 ; *Cés.* **49**, 3 ; *Pom.* **77**, 1 : signifie que Cléopâtre apparaît dans les *Vies d'Antoine, de César* et *de Pompée* aux chapitres et paragraphes indiqués.

3. Présentation des personnages et localisation des noms de lieu

Pour les *anthroponymes*, une brève « carte de visite » en caractères italiques permet de les identifier. On s'est néanmoins dispensé de le faire pour les personnages connus pour lesquels il n'y a pas de risque de confusion.

Pour les *toponymes*, on a procédé dans le même esprit.

4. Analyse du texte de référence

a) Cette analyse vise à faciliter la découverte d'un passage recherché, en évitant d'avoir à se reporter à une série de références « muettes », purement numériques. Rédigée dans un style laconique, elle ne permet pas de noter toutes les nuances exprimées par l'auteur et son traducteur ; c'est dire que, loin de dissuader le lecteur de recourir au texte lui-même, elle doit lui en faciliter l'accès.

b) Les noms de personne relèvent de trois catégories : ceux qui concernent les personnages dont Plutarque a écrit la Vie, ceux qui ne sont cités par Plutarque que rarement, dans une ou plusieurs Vies, et enfin ceux qui le sont souvent.

La vie des personnages dont Plutarque nous a laissé une biographie n'a pas été analysée, ni non plus le parallèle, lorsqu'il existe ; seules sont donc répertoriées les références qui figurent dans les Vies autres que celle du personnage en cause ; la mention « Vies » placée en tête de la liste des références rappelle que celle-ci n'est pas complète.

Pour les personnages cités rarement, on a classé les références dans l'ordre alphabétique des Vies, sans s'astreindre à un ordre particulier que rien n'aurait pu justifier.

Quant aux personnages autres que ceux de la première catégorie, que Plutarque mentionne souvent, on pouvait donner les références dans l'ordre alphabétique des Vies, et, à l'intérieur de chaque Vie, dans l'ordre où elles apparaissent. On a préféré introduire dans la présentation une logique moins sèche que celle de l'alphabet, en choisissant, pour chaque personnage en question, les thèmes majeurs autour desquels sa biographie est organisée, et en rattachant à ces différents thèmes les références relevées.

d) Certains noms de ville ou de peuple ont posé, par leur grande fréquence, un problème particulier, qui, selon les cas, a reçu l'une des trois solutions suivantes : ou bien chacun de ces noms, comme les autres, est accompagné d'une brève indication de contenu ; ou bien seule la référence numérique est donnée ; ou bien on a combiné les deux procédés, l'analyse étant limitée aux passages qui apportent une information particulièrement intéressante ; ce parti présente l'inconvénient d'introduire l'arbitraire dans l'index ; on espère que les choix opérés auront été assez pertinents pour limiter cet inconvénient.

Je ne saurais terminer sans rendre hommage à M. Robert Flacelière. Il n'avait pas cru devoir assurer lui-même l'établissement de cet index, mais il avait accepté, avec une bienveillance dont je lui sais gré, d'en surveiller l'exécution. Le soin et l'exactitude qu'il y a mis m'ont épargné quelques bévues, et ses avis, toujours judicieux, ont amélioré la qualité du présent travail. S'il n'a pas eu la joie de voir mise en place la dernière pierre de l'édifice qu'il a bâti, du moins a-t-il eu la satisfaction d'en suivre jusqu'au bout la préparation.

Mes remerciements vont aussi à M. l'abbé André Wartelle, qui m'a encouragé dans cette entreprise ; à M. Jean Irigoin, qui a bien voulu me faire confiance pour la mener à bien ; à M. Marcel Cuvigny, enfin, qui a accepté la tâche, combien ingrate et combien nécessaire !, de relecture des placards et des épreuves.

Et puisqu'il s'agit de Plutarque, comment ne pas invoquer le patronage du vieil Amyot ? Je prends donc à mon compte la prière qu'il adressait à ses « lisans » en leur présentant sa traduction des *Vies parallèles* : « si je me suis en quelques endroits abusé... je prieray les lisans de vouloir pour ma descharge accepter l'excuse que me donne le poète Horace quand il dit :

En œuvre longue il n'est pas de merveille
Si quelquefois l'entendement sommeille. »

É. S.

ABRÉVIATIONS[1]

Agé.	Agésilas	II, 4	*Gra. C.*	Caïus Gracchus	II, 316
Agi.	Agis	II, 266	*Gra. T.*	Tiberius Gracchus	II, 302
Alc.	Alcibiade	I, 270	*Luc.*	Lucullus	I, 670
Ale.	Alexandre	II, 94	*Lyc.*	Lycurgue	I, 58
Ant.	Antoine	II, 422	*Lys.*	Lysandre	I, 594
Ara.	Aratos	II, 569	*Marc.*	Marcellus	I, 413
Ari.	Aristide	I, 440	*Mari.*	Marius	I, 557
Art.	Artaxerxès	II, 547	*Nic.*	Nicias	I, 712
Bru.	Brutus	II, 511	*Num.*	Numa	I, 85
Cam.	Camille	I, 183	*Oth.*	Othon	II, 622
Cat. A.	Caton l'Ancien	I, 463	*Pau.*	Paul-Émile	I, 357
Cat. J.	Caton le Jeune	II, 219	*Pél.*	Pélopidas	I, 388
Cés.	César	II, 149	*Pér.*	Périclès	I, 216
Cic.	Cicéron	II, 351	*Phi.*	Philopœmen	I, 492
Cim.	Cimon	I, 654	*Pho.*	Phocion	II, 196
Clé.	Cléomène	II, 278	*Pom.*	Pompée	II, 34
Cor.	Coriolan	I, 300	*Pub.*	Publicola	I, 138
Cra.	Crassus	I, 737	*Pyr.*	Pyrrhos	I, 528
Démé.	Démétrios	II, 388	*Rom.*	Romulus	I, 26
Démo.	Démosthène	II, 332	*Ser.*	Sertorius	I, 772
Dio.	Dion	II, 478	*Sol.*	Solon	I, 114
Eum.	Eumène	I, 790	*Syl.*	Sylla	I, 617
Fab.	Fabius Maximus	I, 245	*Thém.*	Thémistocle	I, 160
Fla.	Flamininus	I, 507	*Thés.*	Thésée	I, 4
Gal.	Galba	II, 604	*Tim.*	Timoléon	I, 332

1. Les chiffres renvoient au volume et à la page de la Vie de chaque personnage.

Index des noms propres

L'astérisque signale les passages où le personnage cité ne figure pas sous son nom propre, mais est désigné par une périphrase, un titre ou tout autre procédé.

TABLE DES MATIÈRES

VIES PARALLÈLES

Contenu du premier volume :

INTRODUCTION GÉNÉRALE
ORIENTATION BIBLIOGRAPHIQUE
CHRONOLOGIE

EXAMEN DES *VIES DES HOMMES ILLUSTRES*

VIES PARALLÈLES

THÉSÉE ET ROMULUS
LYCURGUE ET NUMA
SOLON ET PUBLICOLA
THÉMISTOCLE ET CAMILLE
PÉRICLÈS ET FABIUS MAXIMUS
ALCIBIADE ET CORIOLAN
TIMOLÉON ET PAUL-ÉMILE
PÉLOPIDAS ET MARCELLUS
ARISTIDE ET CATON L'ANCIEN
PHILOPŒMEN ET FLAMININUS
PYRRHOS ET MARIUS
LYSANDRE ET SYLLA
CIMON ET LUCULLUS
NICIAS ET CRASSUS
SERTORIUS ET EUMÈNE

IMPRIMÉ EN ITALIE
PAR G. CANALE & C. S.p.A.
BORGARO TORINESE - TURIN